U0946097

公司简介 Company Profile

浙江龙士达家居用品有限公司创建于1996年，2007年在仙居成立了占地150亩、投资数亿元的现代化全新生产基地，是目前国内行业规模较大、研发能力较强的现代家居用品生产企业。

龙士达以生产塑料家居用品为主，目前公司主要生产的塑料家居产品有保鲜盒系列、卫浴系列、居室收纳系列、厨房系列、清洁系列等二十多个大类，近2000个产品。

龙士达以多元化的营销模式在全国各地建立了完善的销售服务体系，已在全国设立了16个直营办事处，在32个省市自治区设有代理商，已进驻全国性大型商超沃尔玛、家乐福、华润万家、世纪联华、大润发等，实现产品、技术、市场与国际的接轨，销售网络遍布全国各地。产品更是销往欧美、日本、韩国、俄罗斯等30多个国家和地区。

作为知名家居用品生产企业的龙士达公司，坚持“乐生活 塑时尚”的经营理念，实行多品牌发展战略，除了定位大众耐用家居消费品的龙士达品牌，还相继推出了针对不同消费者人群的全新均价子品牌“龙之选”，以及与韩国公司合力打造的高品质杯类品牌——“康酷”。产品一经推出，吸引了众多注重生活品质及审美情趣的消费者。同时，我们向着“美化生活 处处龙士达”的目标又迈进了一步。

公司以“以人为本 诚实守信 用户第一”为经营理念，是中国塑料加工工业协会、塑料家居用品专业委员会常务副会长单位、浙江省塑料行业协会特聘副会长。先后荣获“浙江省科技型中小企业”“浙江省守合同重信用AA单位”“台州市级高新技术企业”“台州市名牌产品”“市级高新技术研究开发中心”“台州市企业技术中心”“2014年度创新转型示范企业”“中国塑料家居用品行业最受欢迎电商品牌奖”“中国塑料家居用品行业创新设计奖”“企业信用评价AAA级信用企业”等荣誉称号。公司拥有的“龙士达”商标被评为“浙江省著名商标”。

龙士达以“将公司建设成一流的家居用品制造商，创‘龙士达’世界品牌”为经营目标，勇于创新，不断促进自身转型升级，为中国塑料家居行业走向国际舞台而不断努力。

浙江龙士达家居用品有限公司

地址：浙江省台州市仙居县永安工业集聚区春晖中路1号　电话：0576-89375555　www.longshida.com

东华机械

WELLTEC

1000-4000JSeⅡ

第四代超大型伺服驱动两板式注塑机

管有道，联天下

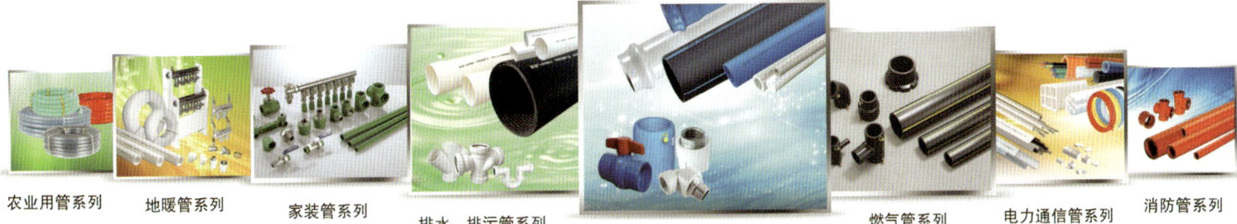

企业简介 / COMPANY PROFILE

中国联塑集团控股有限公司（简称：中国联塑，香港上市代号：2128）是国内大型建材家居产业集团，产品及服务涵盖管道产品、卫浴产品、整体厨房、型材门窗、装饰板材、消防器材、卫生材料、海洋养殖、五金建材电商平台等领域。2015年营业收入达152.64亿元人民币。

随着全球化、国际化进程步伐的推进，中国联塑已拥有逾40家控股子公司，拥有超过21个主要生产基地，分布于全国16个省份及加拿大和美国，不断完善战略布局，拓宽销售网络和市场空间，能够及时、高效地为顾客提供产品和服务。

中国联塑建有集团研究院，拥有各类科研人员1000多名，设有博士后科研工作站、CNAS国家认可实验室。目前，中国联塑拥有和正在申请的专利有逾3000项。科研成果先后入选国家火炬计划项目、国家重点新产品、全国建设行业科技成果推广项目和政府绿色采购清单；先后被国家有关部门授予国家高新技术企业、国家认定企业技术中心、中国建设科技自主创新优势企业、知识产权优势企业、建设部产业化示范基地、广东省政府质量奖等荣誉称号和奖项。

现阶段，中国联塑拥有10000多种产品，是国内建材家居领域产品体系齐全的生产商。中国联塑的产品被广泛应用于家居装修、民用建筑、市政给水、排水、电力通信、燃气、消防及农业、海洋养殖等领域。中国联塑将继续秉持“为居者构筑轻松生活”的品牌信仰，以全新的姿态，为客户提供更多高性价比的产品和服务，缔造舒适、高品质居家生活。

生产基地 / GROUP PRODUCTION BASE

广东顺德基地A区，
总部产品体验中心

广东鹤山生产基地

广东南海生产基地

广东中山生产基地

海南定安生产基地

贵州贵阳生产基地

四川德阳生产基地

云南玉溪生产基地

陕西西安生产基地

新疆乌鲁木齐生产基地

湖北武汉生产基地

河南周口生产基地

河北任丘生产基地

江苏南京生产基地

浙江台州生产基地

山东临沂生产基地

吉林长春生产基地

黑龙江省大庆基地

加拿大多伦多生产基地

美国洛杉矶生产基地

公元管道

管网系统方案解决者

PIPING SYSTEM SOLUTION PROVIDER

公司简介

公元塑业集团有限公司创建于 1983 年，是一家产业涉及塑料管道、塑料型材、光伏太阳能、家用电器开关插座和贸易等多个领域的大型集团。

永高股份有限公司是公元集团核心资公司，创建于 1993 年，系中国塑料加工工业协会副理事长单位、中国塑料加工工业协会塑料管道专业委会理事长单位、浙江省化学建材会长单位、全国塑料制品标准化技术委员会（SAC/TC48/SC3）副主任委员单位、浙江省工业行业龙头骨干企业、浙江省第一批“三名”培育试点企业。公司于 2011 年 12 月 8 日在深交所上市，股票代码：002641。

公司集研发、生产、销售和服务于一体，为客户提供全面的塑料管道系统解决方案，是城乡管网建设的综合配套服务商。公司主导产品为 PVC-U、PPR、PE、PE-RT、CPVC 和 PB 六大主系列，共计 8000 余种不同规格品种的管材、管件，拥有年产 60 万吨的生产能力。产品主要应用于建筑给排水、市政工程、工业管网、农业灌溉、燃气管网、农村节水输送等诸多领域。“ERA 公元”商标在 89 个国家（地区）注册，并荣获多项国家级荣誉。凭借优异的产品性能和品牌认知度，“公元”牌塑料管道已广泛应用于国家重点工程项目和国际援建项目，并出口欧美、中东、非洲等百余个国家和地区。产销量居全国行业第二，出口量连续多年居全国行业第一。

公司为国家高新技术企业、国家火炬计划重点高新技术企业，建有国家级博士后科研工作站、国家级企业技术中心、省级重点企业研究院、国家级实验室（CNAS 认可）等创新平台，研发实力雄厚。公司主持或参与 23 项国家（行业）标准的制修订，是行业内起草标准最多的企业之一。

公司先后荣获“全国文明单位”、“中国民营企业 500 强”、“中国轻工业百强企业”、“中国轻工业塑料行业十强企业”、工商总局“守合同重信用企业”等荣誉。

管网系统

PIPING SYSTEM

致力于提供管道系统解决方案

公元管道产品覆盖：
①建筑工程管道系统、市政工程管道系统、电力电缆护套管道系统、农业灌溉管道系统、家装系统、燃气管道“六大系统”。
②给水、排水、电力保护、五金水暖、地暖、配套“六大模块”。

系统优势

一站配套

公元管网系统为您所需量身打造最合适的解决方案，可以根据您的要求为您提供所需要的管道一站式配套，并提供专业的运输、施工及安装指导，为您解决所有相关问题。

优质服务

公元提供售前、售中及售后服务，包含咨询支持、问题解决、服务指导等，确保在您需要时提供最优质的品牌服务。

“5F”生活

公元管网系统秉承设计改变生活的理念，通过专业设计和完美品质为您带来生活新触觉，感受健康、静谧、舒适、安心、多彩的“5F”生活，构建良好人居环境，创造品质美好生活。

周全保障

为现代城市与家庭提供周全保障，精选高精度进口设备，锤炼专业的细节服务，打造完善服务保障体系，全方位满足所需，解决困扰。

系统组成

SYSTEM COMPOSITION

建筑工程管道系统

市政管道系统

电力电缆护套管道系统

农业灌溉管道系统

家装系统

燃气管道系统

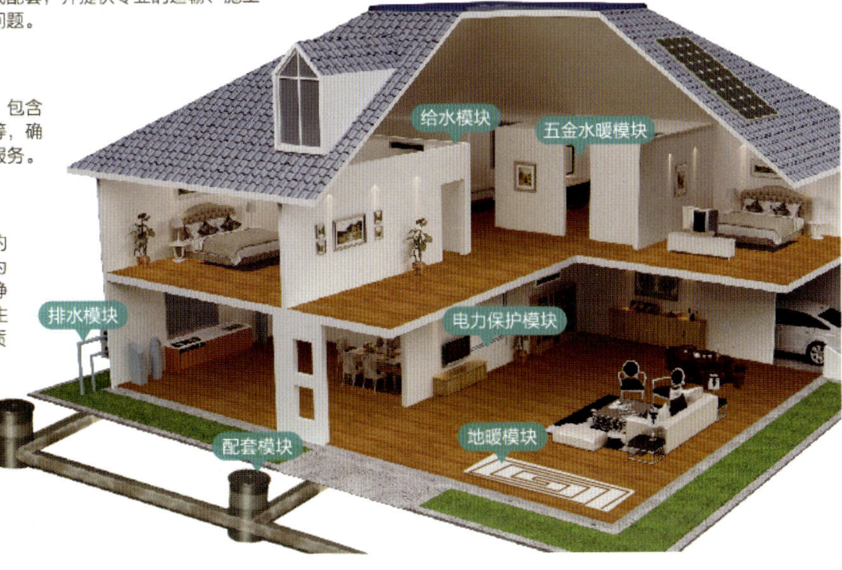

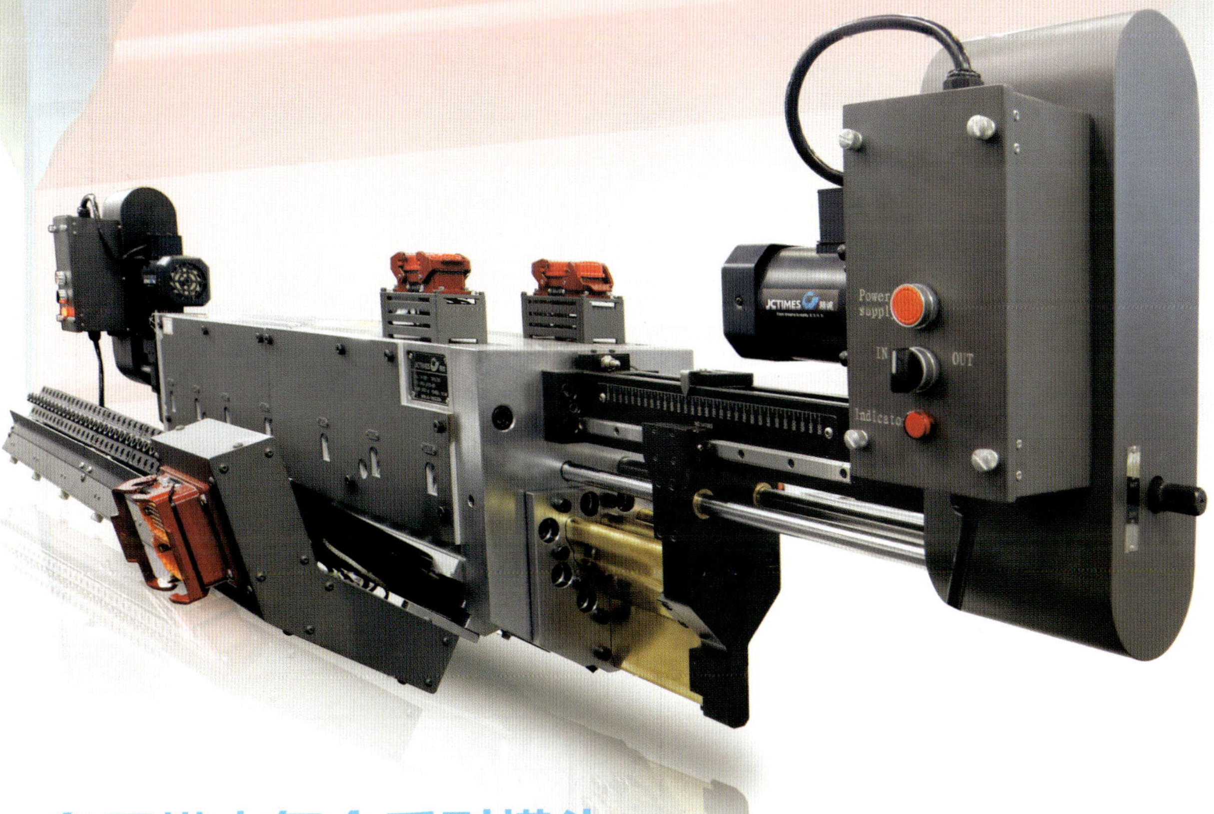

PVC-C、PVC-U 工业级船用管道系统
PVC-C Industrial and Marine Pipe System

耐腐蚀

化学稳定性上佳，因此具有超强的抗酸碱盐和抗氧化性能。在冶金和化工行业的使用环境中，表现超越金属和其他塑料管道系统。

耐火

经远东防火实验中心检测为低播焰性材料（NO.FT11071）。当空气含氧量达到60%（即限氧指数，超过27%即为难燃材料；常态空气含氧量为18%）时方可到达有焰燃烧，且不易产生烟雾和有毒气体。

耐高温

受外界高温或低温环境影响较小。导热性较低，为铜管的1/400、钢管的1/200、聚乙烯管的2/3。热膨胀表现逊于钢，但优越于其他塑料材质。推荐使用于-20-93° C温度的环境中。

耐老化

机械强度和韧性超强，抗紫外线性能优越，使用寿命长于其他的塑料管道系统。

易安装

可采用胶粘、法兰、螺纹、焊接等多种方式链接，即使安装环境狭窄也可轻松完成。安装时间比热熔管道和金属管道节省1/5至1/3；成本节省1/5至1/4左右。同时避免高昂的后期维护成本。

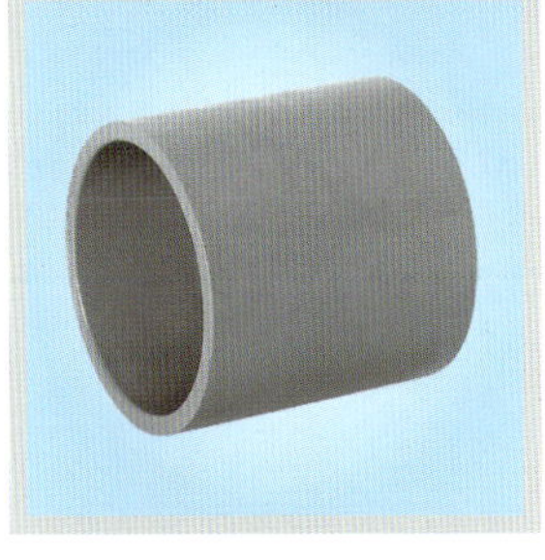
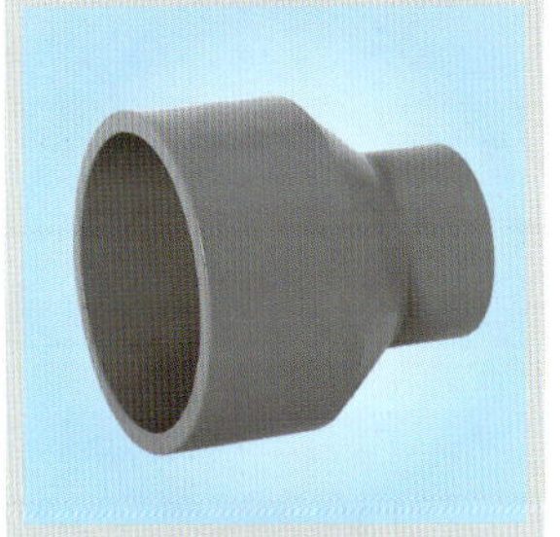
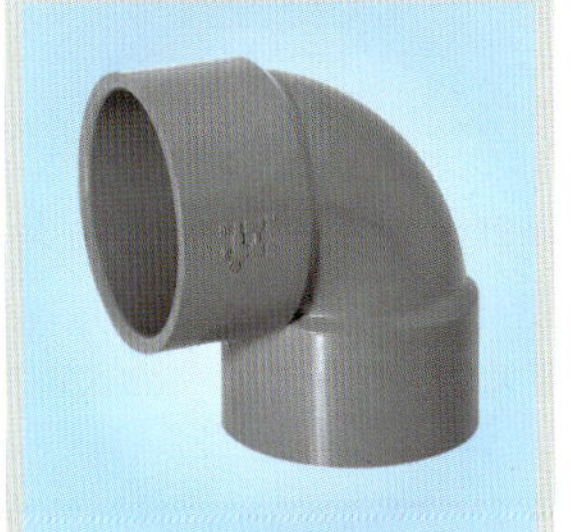

环保给水管系列

给水用聚乙烯PE管 | PP-R塑铝稳态复合管 | 高抗冲改性PVC-M饮用水管 | PVC-U环保给水管 | 聚丁烯PB管

钢丝网骨架塑料(聚乙烯)复合管 | 两层或多层共挤高强度PE复合给水管 | 抗菌PP-R环保健康给水管（冷、热）

高抗冲改性PVC-M饮用水管

两层或多层共挤高强度PE复合给水管

PP-R环保给水管配件

给水用聚乙烯PE管

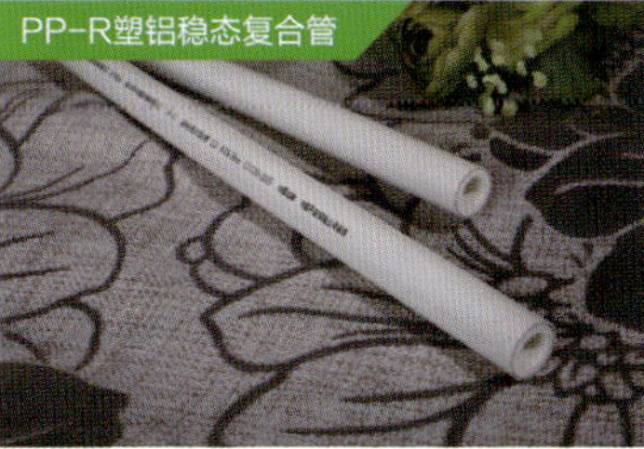
PP-R塑铝稳态复合管

钢丝网骨架管

排水排污管系列

GD型旋流静音特殊单立管（PHSP）排水系统 | GD旋流静音（PHSP）同层系统 | 埋地PVC-U双壁波纹管

埋地用高强度聚丙烯（PP-HM）双壁波纹管 | 高强度聚丙烯（PP）热态缠绕结构壁管 | 高层静音（PVC-U）排水管

新型钢带增强聚乙烯（PE）螺旋波纹管（G-MRP） | PVC-U方型雨落水管 | PVC-U实壁内螺旋降噪管

聚乙烯（PE）双壁波纹管、HDPE同层排水管 | 硬聚氯乙烯（PVC-U）环保排水管 | PVC-U中空内螺旋降噪管

新型钢带增强聚乙烯（PE）螺旋波纹管（G-MRP）

高强度聚丙烯（PP）热态缠绕结构壁管

热态缠绕PE结构壁管

埋地用高强度聚丙烯（PP-HM）双壁波纹管

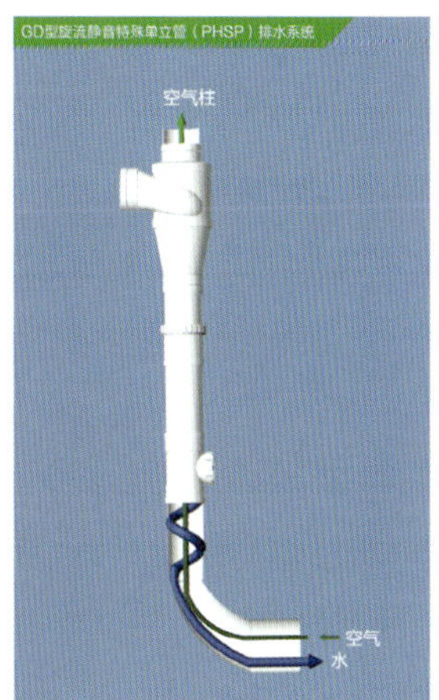

GD型旋流静音特殊单立管（PHSP）排水系统

燃气管系列

PE燃气管

PE燃气管

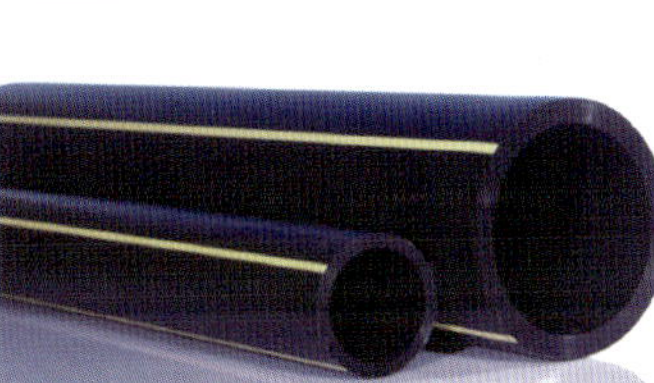
PE燃气管

魅力梁平

中国西部（重庆）塑料生态产业园

培育成中国西部地区影响力大、辐射力强的塑料产业集群

打造成国家级塑料行业转型升级示范基地

独特的区位优势

中国西部（重庆）塑料生态产业园位于重庆梁平县，距重庆主城和江北国际机场180公里，距万州深水港和万州机场67公里，处于中国经济发展的第四极、长江上游经济带的重要节点、中西部地区承接产业转移的第一梯度上。

梁平境内达郑万铁路、沪蓉高速、国道318线、省道渝巫路纵横交错，正在建设的渝万城际铁路、梁黔高速公路横贯全境。东接重庆万州，是重庆主城连接三峡库区、川渝通江达海的陆路要塞。郑万铁路明年开建，届时梁平到北京仅5个半小时。西接重庆主城，渝万高铁（京昆高铁一段）建成后到重庆车程40分钟，汇入主城水、陆、空交通大动脉，通畅全国；连接渝新欧铁路，通达世界，融入丝绸之路经济带。南接重庆黔江，经梁黔高速，是渝东北地区通向湖南及东南沿海地区的最便捷通道，快速链接21世纪海上丝绸之路。北接四川达州，经渝宜铁路汇入京广铁路大动脉，可直达河北、东北，交通物流便捷通畅。

广阔的市场需求

随着西部大开发战略纵深发展和成渝经济区的获批，重庆及周边地区社会经济将迎来快速发展，对塑料的需求也将大幅增长。梁平周边800公里范围内覆盖的省份（含重庆）人口规模约占全国的26%。根据对汽车摩托车、电子信息、家电、建筑、日用塑料、其他塑料制品、塑料模具以及机械等行业预测分析，重庆市塑料产业产量需求和市场需求到2017年分别约为400万吨、1000亿元，到2020年约为600万吨、1700亿元，到2025年约为740万吨、2100亿元，加上重庆市周边区域，整体市场需求规模将超过1万亿元。由此可见，巨大的市场需求为塑料产业发展提供了较大的发展空间。

千亿级的核心区

中国西部（重庆）塑料生态产业园位于梁平工业园区A区，是中国塑料加工工业协会、重庆市经济和信息化委员会、梁平县人民政府合力打造的千亿级塑料产业集群核心承载区，于2014年4月25日正式授牌。产业园立足重庆、面向西部、辐射全国，初步规划面积20平方公里，分近期、中期各5平方公里，远期10平方公里着力进行打造。按照产业集群化发展思路，紧紧依托重庆市周边地区汽车、电子、家电、装备、国防军工等产业，计划到2020年，打造集塑料原材料及制品交易市场、塑料模具及机械生产、改性塑料及塑料复合材料研发生产、塑料制品加工、产品研发和检测等为一体的产业链，培育成西部地区创新力强、影响力大、绿色、低碳、循环的塑料制品生产基地和集散地，打造成国家级塑料行业转型升级示范基地。

凸显的集群效应

截止目前，中国西部(重庆)塑料生态产业园共签约项目13个，总引资67.1亿元，预计年产值119.9亿元。其中与浙江中财集团签署年产10万吨塑料管材、管件项目正式协议，项目投资4亿元，预计年产值10亿元；与守布•阿迪达公司签署家电塑料制品生产项目正式协议，项目投资5亿元，预计年产值10亿元；与融康彩印包装有限公司签署彩印包装项目正式协议，项目投资近3亿元，预计年产值5亿元；与天津华今集团就年产20万吨废旧塑料颗粒及塑料编织袋项目达成意向协议，项目预计投资20亿元以上，年产值30亿元以上。同时正与山东、浙江、广东等地50余家塑料行业企业进行项目投资接洽。随着各类知名企业的入驻，中国西部（重庆）塑料生态产业园的产业集聚效应将加快显现。

重庆市常务副市长翁杰明（后排左六）莅梁见证中国西部（重庆）塑料生态产业授牌开园暨重点项目集中签约仪式

重庆市经信委主任助理艾万忠（右）为中国西部塑料生态产业园授牌，梁平县政府县长吴盛海（左）接牌

优惠的投资政策

积极指导帮助企业争取市级、国家级相关专项资金支持；工业用地按低于成本价公开出让；企业所得税享受西部大开发优惠政策，企业所得税县级分成部分，按前三年100%、后两年50%的比例给予补贴，增值税县级分成部分，按前三年50%、后两年25%的比例补贴。在贷款、融资、担保方面给予大力支持，对符合条件的企业可申报市级贴息贷款；重点项目和重大事项实行“一事一议”、“一企一策”。

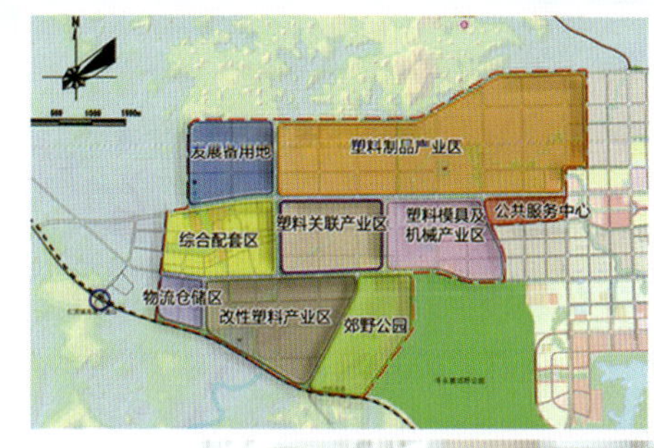

中国西部（重庆）塑料生态产业园规划示意图

优质的服务保障

园区内实行“一站式”办公，对入园企业全程代办工商注册、税务登记、项目备案等相关手续；对园区投资者实行贵宾卡制度；对重大投资项目纳入市、县重点工程进行管理，并实行县级领导联系制度。

低廉的投资成本

投资要素		投资成本					
供水	工业用水	自来水2.64元/吨，原水0.72元/吨					
供气	工业用气	2.54元/立方米（指标内）					
供电	执行平、谷、峰多级电价	种类	不满1千伏	1-10千伏	35-110千伏	110千伏	220千伏以上
		一般商业及其他用电	0.848	0.828	0.808	0.793	
		大工业用电		0.672	0.647	0.632	0.622
人工成本		最低工资标准1150元/月，非全日制最低小时工资标准11.5元/月，一般工人月工资1800-2500元/月左右；技术工人3000元/月以上；管理人员（中层以上）4500元/月以上。					

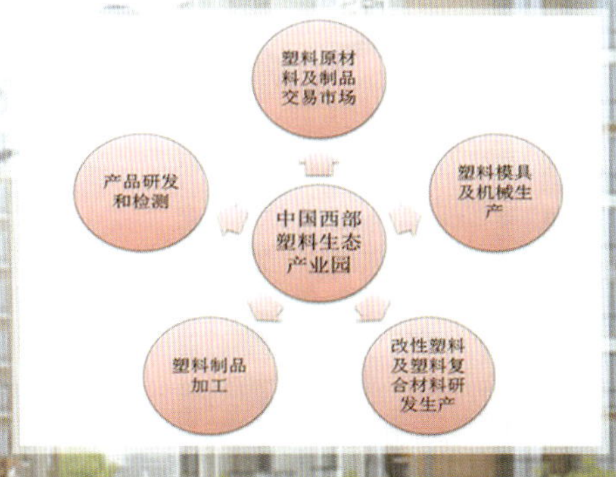

中国西部（重庆）塑料生态产业园产业链示意图

招商热线:

（023）53230269　53336371　53255546

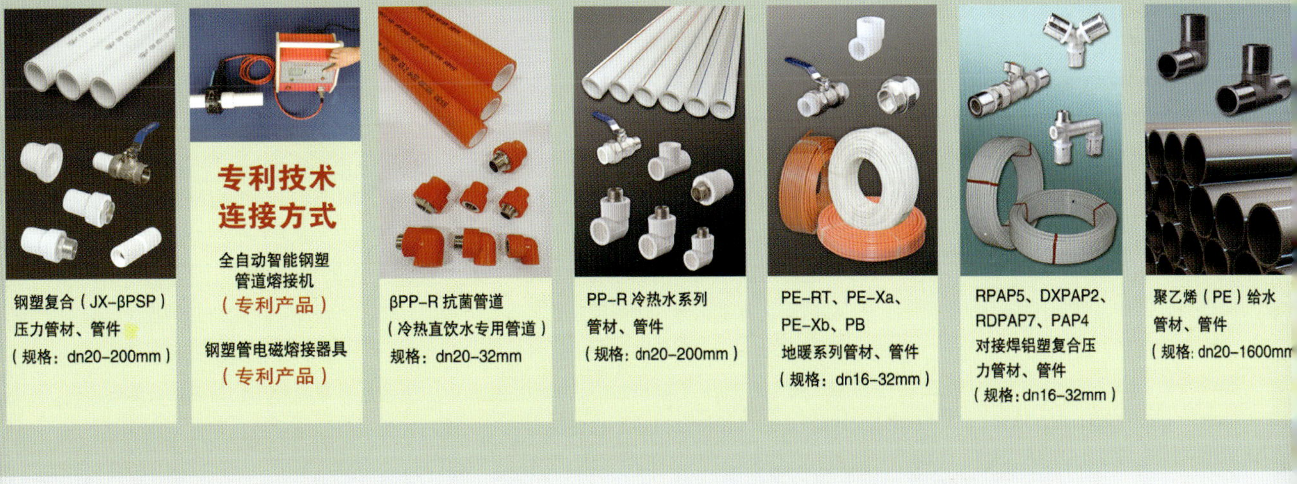

江苏晶雪节能环保科技股份有限公司

江苏晶雪节能环保科技股份有限公司，位于江苏省武进经济开发区丰泽路18号，是国内领先的冷藏库库体和节能厂房围护整体解决方案供应商，也是国内规模居前的节能保温板材生产厂家。经过20多年的发展，公司已经拥有两条国际先进的板材连续生产线，建成了两个生产基地和遍布全国的销售网络，形成了200万平方米各类节能板材、10000扇冷库门和工业门及5000个升降平台的年生产能力，能够为客户提供节能保温围护系统的设计、生产、安装和围护的全方位服务，从而可以优质高效的完成客户订单，一站式地满足不同客户的个性化围护系统建设需求。

晶雪公司参与了超过14项国家及行业标准的起草修订，获得24项专利。2009年参加GB/T21558-2008《建筑绝热用硬质聚氨酯泡沫塑料》项目获得中国轻工业联合会科技进步三等奖。晶雪先后被评为“国家级高新技术企业”、“江苏省科技型中小企业”、“江苏省民营科技企业”。同时，被国家环保部评定为“2016含氢氯氟烃使用配额许可单位”。在技术研发上，公司不断加强研发基础建设，2012年申请并成立了“江苏省冷链物流设备与材料工程技术研究中心”。2013年公司的各类节能保温板材产品通过了美国FM认证，晶雪成为国内节能板材领域里通过该认证品种规格最多的企业。在品牌建设上，“晶诺”为常州市知名商标，“晶雪”为江苏省著名商标，2015年被评为江苏省质量信用AAA级企业、常州市三星明星企业。公司连续十年荣获“全国3.15质量和服务诚信承诺企业”的称号，并且公司产品为国家绿色建筑选用产品、中国工程建设推荐产品。

晶雪公司下设上海晶雪节能科技有限公司和江苏晶雪节能环境工程有限公司两家全资子公司，分别专注于销售和安装业务。同时，晶雪拥有较强实力的研发团队和年轻化的后备力量，公司本着“以人为本，增强团队凝聚力”的团队建设思路，进一步完善人才选、育、用、留的机制，践行晶雪团队文化，有针对性的解决目前人才层次、结构问题，打造晶雪团队。

客户群方面，晶雪公司生产的“晶雪”“晶诺”品牌的各类PU、PIR、岩棉新型节能板材、各类冷冻冷藏库门、工业门和升降平台，广泛的应用于冷链物流、超市、食品加工、生物医药、餐饮酒店、机场仓储、科研院校、工业厂房和建筑围护等领域，具有较高的市场占有率。公司积累了大量的中高端客户，拥有良好的口碑，并成为众多世界500强和中国500强企业在节能保温围护系统建设中的首选。

晶雪依托丰富的行业经验和强大的研发团队，在项目前期设计阶段采用了国际上最先进的3D动态效果图，能够让客户非常直观的看到各类围护系统建成后的效果，功能区域的分布，以及晶雪是如何实现节能环保的。

聚氨酯夹芯板

金属面岩棉复合板

聚氨酯夹芯板

工业门系列产品

升降平台

意大利生产线

德国生产线

中国塑料工业年鉴

CHINA PLASTICS INDUSTRY YEARBOOK

2016

中国塑料加工工业协会 主编

中国轻工业出版社

图书在版编目（CIP）数据

中国塑料工业年鉴 . 2016/ 中国塑料加工工业协会主编—北京：中国轻工业出版社，2016. 11

ISBN 978 -7-5184-1162-7

Ⅰ. ①中… Ⅱ. ①中… Ⅲ. ①塑料工业—中国—2016—年鉴 Ⅳ. ① F426.7-54

中国版本图书馆 CIP 数据核字（2016）第 256131 号

策划编辑：王　淳

责任编辑：杨晓洁　　　　责任终审：孟寿萱

责任较对：燕　杰　　　　责任监印：马金路

出版发行：中国轻工业出版社（北京东长安街 6 号，邮编：100740）

印　　刷：三河市万龙印装有限公司

经　　销：各地新华书店

版　　次：2016 年 10 月第 1 版第 1 次印刷

开　　本：787×1092　1/16　印张：47. 5

字　　数：1 321 千字

书　　号：ISBN 978-7-5184-1162-7　定价：560. 00 元

邮购电话：010-65241695　传真：65128352

发行电话：010-85119835　85119893　传真：85113293

网址：http://www.chlip.com.cn

Email:club@chlip.com.cn

如发现图书残缺请直接与我社邮购联系调换

160447K4X101HBW

《中国塑料工业年鉴》（2016）编委会名单

张建均　永高股份有限公司　董事局主席 名誉董事长 / 中国塑协塑料管道专业委员会主任

梁　斌　浙江精诚模具机械有限公司　董事长

张小赧　三友控股集团有限公司　董事长

卢子标　浙江优耐克科技发展有限公司　董事长

尤作虎　浙江华泰塑胶股份有限公司　董事长

郑元和　长虹塑料有限公司　董事长 / 总经理

翁声锦　中国软包装集团控股有限公司　总裁

林荣东　泉州三盛橡塑发泡鞋材有限公司　董事长

刘丰田　山东省塑料协会　会长

谭方峰　山东省塑料工业有限公司　董事长 / 总经理

马之清　山东清源集团有限公司　董事长

李振平　山东蓝帆塑胶股份有限公司　董事长 / 中国塑协塑料助剂专业委员会主任

刘方毅　淄博英科环保再生资源有限公司　董事长

王乐智　山东同大海岛新材料股份有限公司　总经理

赵东日　山东日科化学有限公司　董事长

丁建生　烟台万华合成革集团有限公司　总经理

符　岸　广东省塑料工业协会　会长

李南京　金发科技股份有限公司　总经理

黄志生　广东省皮具行业协会　会长

马镇鑫　广东金明精机股份有限公司　董事长

宋旭彬　广东海兴塑胶有限公司　总经理 / 中国塑协塑料家居用品专业委员会主任

林东亮　大大科技（深圳）开发有限公司　董事长 / 中国塑协塑木制品专业委员会主任

王新良　宁波力劲机械有限公司　总经理

左满伦　广东联塑科技实业有限公司　总裁

吴耀根　佛山佛塑科技集团股份有限公司　总工程师 / 中国塑协双向拉伸聚丙烯薄膜专业委员会　主任

孙晓军　辽宁华塑实业集团有限公司　董事长

张文霖　康泰塑胶科技集团有限公司　副总裁

李忠烈　四川省犍为罗城忠烈塑料有限责任公司　董事长

吴　彬　新疆天业（集团）有限公司　董事长

杨卫民　北京化工大学　教授

夏嘉良　中国塑协复合膜制品专业委员会　主任
郑元和　中国塑协塑料配线器材专业委员会　主任
侯树亭　中国塑协泡沫塑料 EPS 专业委员会　主任
洪晓冬　中国塑协镀铝膜专业委员会　主任
郭志宏　中国塑料加工工业协会　办公室副主任兼会员部副主任
郭鑫齐　中国塑协聚苯乙烯挤出发泡板材专业委员会　主任
曹常在　中国塑协医用塑料专业委员会　主任
姜集康　中国塑协塑料编织制品专业委员会　主任
黄　锐　四川大学高分子材料系　教授
黄志刚　中国塑协降解塑料专业委员会　主任
韩国林　扬州市酒店日用品协会　会长
潘公挺　中国塑协人造革合成革专业委员会　主任
刘小东　中国塑协中空制品专业委员会　主任
陆慧慧　中国塑协注塑制品专业委员会　主任
陈　林　中国塑协塑料节水器材专业委员会　主任

主　　编　钱桂敬

副 主 编　许　琳　姜宛君

编　　者　（以姓氏笔画为序）

马占峰	王　浩	王存吉	王占杰
王庆圆	王克智	王希媛	王展伟
王焕清	王静刚	王德钧	王德禧
王慧凯	韦　华	毛维琴	冯庶君
冯俊清	龙　洁	田　岩	叶俊生
朱　锦	朱义华	许　琳	刘　敏
刘卫东	刘丰田	刘汉龙	刘志阳
刘均科	刘英俊	关平平	吕　方
孙冬泉	宋云鹤	汪建萍	杨　勇
杨　楠	杨惠娣	李　丽	李建军
吴维建	何建雄	余继春	张　扬
张文雷	张涌涛	张富强	张惠芳
陈　生	陈　岩	陈建平	陈俊尧
陈清清	郑　静	郑天禄	郑元和
范艳菊	范德标	罗子木	季德虎

周永泰	周迎鑫	周家华	周艳艳
周鸿勋	周肇枢	周黎丽	宣华荣
姜宛君	赵　艳	侯培民	钟　雁
段同生	姚　义	郭　齐	郭　晶
唐　姮	唐　维	钱桂敬	翁云宣
符　岸	曹　俭	黄　勇	黄少群
黄志刚	谢鹏程	韩简吉	焦红文
程田青	魏若奇		

中国塑料加工工业协会
中国塑料机械工业协会
中国塑料加工工业协会塑料助剂专业委员会秘书处
中国塑料加工工业协会塑料管道专业委员会秘书处
新疆塑料协会

2016 版出 版 说 明

2015 年是实现“十二五”规划各项目标任务的收官之年。中国塑料行业在《中国塑料加工业“十二五”发展规划指导意见》和《塑料加工行业技术进步“十二五”发展指导意见》的指导下，推动了我国的塑料加工工业持续健康发展。2016 年是中国“十三五”规划开局之年，也是中国经济进入深度调整期和转型期的关键之年，本卷中收录的中国塑协《塑料加工业“十三五”发展规划指导意见》，是规划未来五年我国塑料行业发展宏伟蓝图的纲领性文件，指导塑料行业主动适应经济发展新常态，保持经济发展的合理性。《中国塑料工业年鉴》（2016）翔实记录了全国塑料同仁的成绩、心血和汗水，记录了“十二五”收官之年塑料行业的成就。

《中国塑料工业年鉴》自创刊至今已出版了 14 卷。2016 版为《中国塑料工业年鉴》第 15 卷，与前 14 卷在时间和内容上保持连续性。设有“综述”、“专论”、“大事记”、“全国塑料工业生产经营情况统计”、“政策法规”、“各地区塑料工业情况”、“主要制品行业情况”、“重点企业”等栏目。为配合去库存、供给侧的产业政策，此卷中增设了“塑料薄膜”栏目。《中国塑料工业年鉴》具有工具性特点：集手册、年表、图录、书目、索引、文摘、表谱、统计资料、指南于一身；具有资料性特点：全面、系统、准确地记述了上年度塑料行业发展状况；具有可读性特点：资料翔实、功能齐全、反应及时、连续出版，同时又肩负着“资政”、“存史”和“宣传推广”的社会责任。《中国塑料工业年鉴》全面客观地记录了上年度中国塑料工业站在新起点、抓住新机遇、展现新精神、谋求新发展的重大事件和“十二五”以来取得的丰硕成果。同时对个别栏目进行了调整。

《中国塑料工业年鉴》（2016）由中国塑料加工工业协会主办，中国轻工出版社出版发行。中国塑协各分支机构、中国轻工业信息中心、中国塑料机械工业协会、中国模具协会、中国氯碱协会、中国石化联合会和各省、市自治区塑料行业协会等单位领导与专家给予了大力支持。

《中国塑料工业年鉴》编委会向所有关心、支持和参与撰稿、组织、筹划及宣传工作的领导、专家、作者和朋友们一并表示衷心的感谢。诚请广大读者对 2016 版《中国塑料工业年鉴》编写、出版中的不足之处给予批评、指正。

《中国塑料工业年鉴》编辑委员会

2016 年 8 月

目 录

专 论

大事记

政策法规

全国塑料工业生产、经营情况统计

综 述

各地区塑料工业

主要制品行业情况

塑料标准化

重点企业介绍

Contents of Yearbook 2016

MONOGRAPH

MAJOR EVENT

POLICIES AND REGULATIONS

STATISTICS OF CHINA PLASTICS INDUSTRY PRODUCTION AND BUSINESS OPERATION

SUMMARY

DEVELOPMENT OF REGIONAL PLASTICS INDUSTRY IN CHINA

DEVELOPMENT SITUATION OF MAIN PLASTICS PRODUCTS

PLASTIC WIRING ACCESSORIES STANDARDS IN PLASTICS INDUSTRY

INTRODUCTION OF KEY ENTERPRISES

专 论

中国塑料加工业2015年度发展报告

中国塑料加工工业协会

2015年，我国经济发展进入新常态，从高速增长转向中高速增长，从规模速度型粗放增长转向质量效益型集约增长，从增量扩充转向调整存量、做优增量并存，从传统经济增长点转向新的经济增长点。2015年世界经济增速放缓，各类潜在风险相互交织，经济复苏曲折缓慢。在此国内外经济背景下，处于转型升级关键时期的我国塑料加工业经历了艰难发展的一年，增长速度持续回落，内部结构加快调整，创新动力增强，行业走向分化。

一、下行压力持续加大，塑料加工业在低速中平稳发展

据国家统计局数据显示，2015年汇总统计7226个企业的塑料制品产量为7560.82万吨，同比增长0.95%，增速为30年来最低；累计完成主营业务收入21466.10亿元，同比增长4.6%，比2014年同期累计主营业务收入增长幅度下降了4.32个百分点；累计实现利润总额1302.53亿元，同比增长8.8%，比2014年同期利润总额增长幅度提高了4.56个百分点。累计主营业务收入利润率为6.07%，比2014年同期增加了0.23个百分点。

2015年，整个塑料制品行业的经济效益水平增长平稳，虽然产量和主营业务收入同比增长率持续下滑，但利润总额和主营业务收入利润率同比增长率则止跌回升，塑料加工业在低速中平稳发展。

（一）塑料制品产量增长持续放缓，增速为30年来最低

2015年汇总统计7226个企业的塑料制品产量为7560.82万吨，同比增长0.95%，增长幅度与上年同比下降了6.49个百分点，增速为“十二五”期间最低年份，见表1所示，同时也是30年来最低年份。

表1　十二五期间全国塑料制品产量对比情况

项目	2011	2012	2013	2014	2015
产量/万吨	5474.31	5781.86	6188.66	7387.78	7560.82
同比增长率/%	23.35	8.99	8.02	7.44	0.95

2015年，在国家一系列政策密集出台的环境下，在国内市场强劲需求的推动下，我国泡沫塑料产业整体保持平稳较快增长，成为唯一同比呈现两位数增长的行业，增长率为11.78%，高于上年同期增长率。其他塑料分类子行业同比增长率均较低，且增幅均低于上年同期，下降最多的是农用薄膜、日用塑料、人造革合成革，分别下降了10.32、9.80和8.75个百分点，人造革合成革同比增长率更显示为负数，见表2所示。

表2　2015年塑料制品累计产量及与上年同期比较表

塑料制品类别	累计产量/万吨	占比	同比增长率/%	同比增长率(比上年同期)/%
塑料制品	7560.82	100.00	0.96	-6.48
其中：塑料薄膜	1313.82	17.38	3.37	-5.06
其中：农用薄膜	230.95	3.05	5.25	-10.32
泡沫塑料	245.03	3.24	11.78	11.47
人造革、合成革	343.79	4.55	-6.17	-8.75
日用塑料	592.66	7.84	0.67	-9.80
其他塑料	5065.52	67.00	0.43	-6.71

（二）营收持续扩大增速下降，赢利能力有所改善

2015 年，通过行业自身的努力和国家对企业实施的系列扶持政策，特别是结构性减税、减费、降低企业成本负担等政策，塑料制品行业经济效益水平呈现稳步提升的趋势。2015 年，塑料行业累计完成主营业务收入增长率高于累计产量增长率，累计利润总额增长率高于累计完成主营业务收入增长率。行业赢利能力有所改善，运行质量正逐步提高。

1. 主营业务收入持续增长，但增速大幅降低

2015 年，全国塑料加工业累计完成主营业务收入 21466.10 亿元，同比增长 4.6%，比 2014 年同期累计主营业务收入增长幅度下降了 4.32 个百分点。

从子行业看，塑料制品主营收入中占据份额比重最大的子行业是塑料板、管、型材，占比 23.65%。而与上年同比增速最高的子行业是日用塑料制品和其他塑料制品，其同比增长率分别为 6.89% 和 6.31%。日用塑料制品，其他塑料制品，塑料包装箱及容器，塑料板、管、型材以及塑料丝、绳及编织品等 5 个子行业的主营业务收入高于塑料行业主营业务收入平均值，见表 3 所示。

表 3　　2015 年塑料制品主营业务收入增长及占比情况

塑料子行业类别	2015 年 / 千元	2014 年 / 千元	同比↓ /%	占比 /%
日用塑料制造	175 057 081	163 778 418	6.89	8.16
其他塑料制品制造	339 716 818	319 545 357	6.31	15.83
塑料包装箱及容器制造	185 171 951	174 883 119	5.88	8.63
塑料板、管、型材的制造	507 686 303	480 292 369	5.70	23.65
塑料丝、绳及编织品的制造	299 120 977	285 740 308	4.68	13.93
塑料	2 146 609 939	2 052 222 115	4.60	100.00
泡沫塑料制造	92 236 218	88 376 177	4.37	4.30
塑料零件制造	160 497 677	154 980 228	3.56	7.48
塑料人造革、合成革制造	121 591 151	120 244 869	1.12	5.66
塑料薄膜制造	265 531 763	264 381 270	0.44	12.37

2. 利润总额持续增长，增速同比有较大提高

2015 年全国塑料制品行业累计实现利润总额 1302.53 亿元，同比增长 8.8%，比 2014 年同期利润总额增长幅度提高了 4.56 个百分点。行业利润总额的增长自 2013 年 6 月达到 22.51% 的高点后，增长幅度曾一度开始大幅下滑，至 2015 年，则开始呈现止跌回升的趋势。

在各塑料子行业中，塑料板、管、型材累计完成利润总额最多，为 339.25 亿元，同比增长 9.23%，占塑料制品利润总额的 26.05%。同比增长率最高的子行业是泡沫塑料，其同比增长为 12.30%（占比 4.76%），共有泡沫塑料，日用塑料，其他塑料，塑料板、管、型材和塑料包装箱及容器制造等 5 个子行业增速高于塑料制品利润总额的平均水平。利润增速最低的子行业是塑料薄膜，其同比增速为 6.06%（占比 10.77%），见表 4 所示。

表 4　　2015 年全国塑料加工业累计利润总额子行业同比增长及占比情况

子行业类别	2015 年 / 千元	2014 年 / 千元	同比↓ /%	占比 /%
泡沫塑料制造	6 197 494	5 518 599	12.30	4.76
日用塑料制造	10 232 267	9 119 408	12.20	7.86

续表

子行业类别	2015 年 / 千元	2014 年 / 千元	同比↓ /%	占比 /%
其他塑料制品制造	19 765 028	17 937 506	10.19	15.17
塑料板、管、型材的制造	33 925 207	31 057 267	9.23	26.05
塑料包装箱及容器制造	12 143 789	11 158 001	8.83	9.32
塑料	130 253 385	119 716 171	8.80	100.00
塑料人造革、合成革制造	7 289 652	6 708 879	8.66	5.60
塑料零件制造	7 838 466	7 253 698	8.06	6.02
塑料丝、绳及编织品的制造	18 828 989	17 732 689	6.18	14.46
塑料薄膜制造	14 032 493	13 230 124	6.06	10.77

3. 主营业务收入利润率略高于 2014 年，显示回升的趋势

2015 年全国塑料行业累计主营业务收入利润率为 6.07%，比 2014 年同期增加了 0.23 个百分点，略有回升。

主营业务收入利润率最高、增速最快的子行业是泡沫塑料行业，其主营业务收入利润率为 6.72%，与上年同比提高了 0.47 个百分点。泡沫塑料，塑料板、管、型材，塑料包装箱及容器，塑料丝、绳及编织品等 4 个子行业累计主营业务收入利润率高于全国塑料行业累计主营业务收入利润率，见表 5 所示。

表 5 2015 年全国塑料加工业累计主营业务收入利润率子行业对比及同比情况

塑料制品类别	2015 年 /%	2014 年 /%	同比 /%
泡沫塑料制造	6.72	6.24	0.47
塑料人造革、合成革制造	6.00	5.58	0.42
塑料薄膜制造	5.28	5.00	0.28
日用塑料制造	5.85	5.57	0.28
塑料	6.07	5.83	0.23
塑料板、管、型材的制造	6.68	6.47	0.22
其他塑料制品制造	5.82	5.61	0.20
塑料零件制造	4.88	4.68	0.20
塑料包装箱及容器制造	6.56	6.38	0.18
塑料丝、绳及编织品的制造	6.29	6.21	0.09

（三）出口继续增长，增速进一步趋缓

2015 年，全球经济总体复苏乏力，前景艰难曲折，国内经济下行压力较大，我国塑料制品进出口贸易进入新常态。

1. 塑料制品出口继续增长，但增速进一步趋缓

根据海关总署的统计数据显示，2015 年，全国塑料制品出口量为 1651.47 万吨，比上年同期增长了 2.73%，增幅下降了 3.69 个百分点；出口额 610.62 亿美元，比上年同期增长了 1.04%，增幅下降

了5.05个百分点，出口增幅回落明显。2015年塑料制品出口量约占同期全国塑料制品总产量的21.84%，相比上年同期21.76%的出口占比，提高了0.08个百分点，如表6表示。出口量出口额虽继续增长，但增速进一步趋缓，如表7所示.

表6　　2015年塑料制品行业分类产品出口量值表

商品名称	出口量/万吨	与上年同比/%	出口额/亿美元	与上年同比/%
1. 塑料单丝、条、杆、型材及异型	19.54	3.94	4.06	-1.66
2. 塑料管及其附件	54.99	-3.00	22.29	-2.84
3. 塑料板、片、膜、箔、带及扁条	312.91	8.46	101.09	2.50
4. 塑料人造革、合成革	61.25	3.66	25.53	-0.06
5. 塑料包装箱及容器及其附件	216.68	-1.17	82.22	0.60
6. 塑料零件	3.51	-6.67	5.34	-2.85
7. 建筑用塑料制品	266.21	5.90	47.28	3.10
8. 日用塑料制品	369.13	3.07	166.49	5.76
9. 其他塑料制品	347.25	-1.33	156.32	-3.85
塑料制品总计	1651.47	2.73	610.62	1.04

表7　　近年来全国塑料制品出口量出口额对比情况表

年份	出口量/万吨	同比/%	出口额/亿美元	同比/%	出口量占总产量的比例
2012	1382.16	5.79	491.85	24.55	23.91
2013	1508.55	5.88	568.35	11.13	24.38
2014	1607.53	6.42	604.34	6.09	21.76
2015	1651.47	2.73	610.62	1.04	21.84

2. 进口量、进口额双下降

由于国内中低端塑料制品供应充足，塑料制品进口需求较前几年已明显放缓，加上塑料制品进口价格明显高于国内市场价格，一定程度上抑制了进口需求。2015年，全国塑料制品进口量为165.39万吨，比上年同期减少7.96%，进口额178.09亿美元，比上年同期减少了7.02%。塑料制品进口呈现持续下降的趋势，分类产品进口量值具体见表8所示。

表8　　2015年塑料分类产品进口量值表

商品名称	进口量/万吨	与上年同比/%	进口额/亿美元	与上年同比/%
1. 塑料单丝、条、杆、型材及异型	0.88	-5.95	1.00	-9.43
2. 塑料管及其附件	5.69	-5.14	7.98	-8.71
3. 塑料板、片、膜、箔、带及扁条	102.00	-9.36	105.51	-8.89
4. 塑料人造革、合成革	4.59	-6.27	5.39	-1.64

续表

商品名称	进口量 / 万吨	与上年同比 /%	进口额 / 亿美元	与上年同比 /%
5. 塑料包装箱及容器及其附件	19.57	-5.33	12.20	-3.72
6. 塑料零件	3.17	-7.26	11.21	-4.52
7. 建筑用塑料制品	5.06	-18.91	1.67	-15.74
8. 日用塑料制品	4.88	10.20	2.88	17.41
9. 其他塑料制品	19.53	-4.94	30.27	-4.13
塑料制品总计	165.39	-7.96	178.09	-7.02

3. 进出口贸易顺差持续增长

2015 年，我国塑料制品进出口总值为 788.72 亿美元，比上年同期下降了 0.90%；塑料制品贸易顺差为 432.53 亿美元，比上年同期增长了 4.78%；塑料制品出口占进出口总值比重 77.42%，比上年同期增长了 1.96%；塑料制品进口占进出口总值比重为 22.58%，比上年同期减少了 6.17%，见表 9 所示。

表 9　　2015 年塑料制品进出口总值完成情况

指 标 名 称	计算单位	本年本月止累计	与上年同比累计增长 /%
塑料制品行业主要商品进出口总值	亿美元	788.72	-0.90
其中：出口总值	亿美元	610.62	1.04
进口总值	亿美元	178.09	-7.02
进出口差额（+ 出超 . - 入超）	亿美元	432.53	4.78
出口占进出口总值比重	%	77.42	1.96
进口占进出口总值比重	%	22.58	-6.17

（四）生产重心持续向中西部转移

2015年，塑料制品生产的十大省区包括浙江省、广东省、湖北省、河南省、江苏省、山东省、四川省、辽宁省、福建省、安徽省等。中西部地区占有四席，塑料制品产量增幅均大大高于平均水平。东部沿海地区的浙江省、广东省、山东省和辽宁省同比增速低于全国塑料制品行业产量的平均增速，其中辽宁省产量更是大幅下降。中西部地区的产量占比逐年升高。具体见图 1、图 2、表 10 所示。

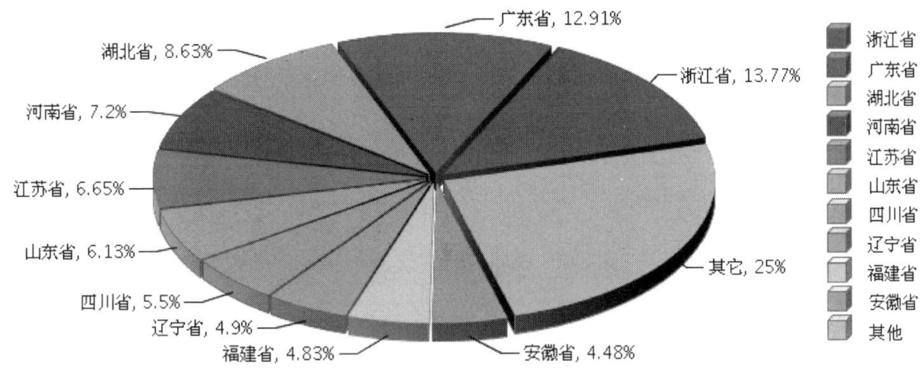

图 1　2015 年全国塑料制品行业累计产量地区占比情况

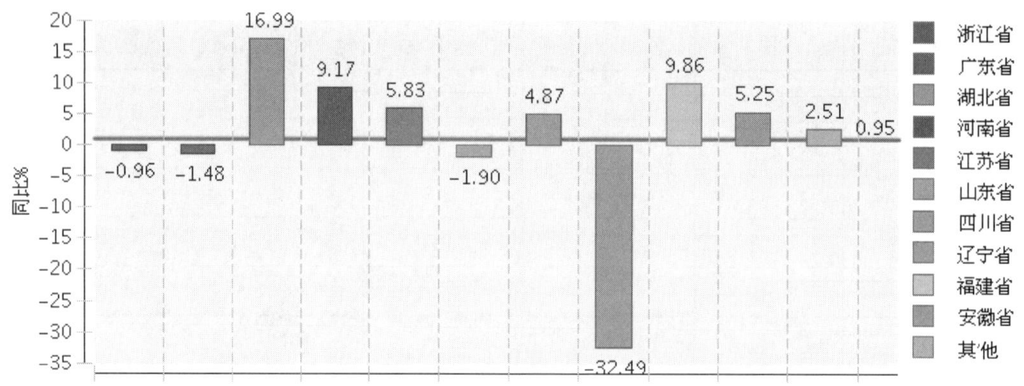

图 2　2015 年全国塑料制品行业累计产量主要地区同比增长情况

表 10　　2015 年全国塑料制品行业累计产量主要地区同比增长及占比情况

地区	2015 年产量 / 吨	2014 年产量 / 吨	同比↓ /%	占比 /%
湖北省	6 527 302	5 579 559	16.99	8.63
福建省	3 654 469	3 326 457	9.86	4.83
河南省	5 440 816	4 983 991	9.17	7.20
江苏省	5 028 313	4 751 338	5.83	6.65
安徽省	3 387 004	3 217 976	5.25	4.48
四川省	4 155 004	3 961 876	4.87	5.50
浙江省	10 411 668	10 512 492	-0.96	13.77
广东省	9 760 609	9 906 997	-1.48	12.91
山东省	4 635 177	4 724 980	-1.90	6.13
辽宁省	3 704 943	5 488 046	-32.49	4.90
其他	18 902 884	18 440 300	2.51	25.00
全国	75 608 189	74 894 010	0.95	100.00

此外，主营业务收入、利润总额以及主营业务收入利润率情况也相同。2015 年，中西部地区除河南省的利润总额增速低于全国塑料制品利润总额的平均值外，其他各省的主营业务收入、利润总额以及主营业务收入利润率的同比增速均高于全国塑料制品行业的平均增速。塑料制品利润总额最大的十大省区中，河北省在列，中西部开始占有五席，而广东、浙江等沿海发达地区的产量、主营业务收入、利润总额以及主营业务收入利润率的同比增速都低于全国塑料制品行业的平均增速，见表 11、表 12 所示。

表 11　　2015 年全国塑料加工业累计主营业务收入主要地区同比增长及占比情况

地区	2015 年 / 千元	2014 年 / 千元	同比↓ /%	占比 /%
河南省	135 368 260	121 085 690	11.80	6.31

续表

地区	2015 年 / 千元	2014 年 / 千元	同比↓ /%	占比 /%
湖北省	96 148 823	86 962 887	10.56	4.48
福建省	129 377 154	117 503 190	10.11	6.03
安徽省	101 154 751	92 534 249	9.32	4.71
江苏省	206 536 784	189 897 495	8.76	9.62
山东省	217 568 112	201 204 697	8.13	10.14
其他	478 346 371	450 199 356	6.25	22.28
四川省	79 990 069	75 613 879	5.79	3.73
全国	2 146 609 939	2 052 222 115	4.60	100.00
广东省	408 934 078	395 967 226	3.27	19.05
浙江省	209 536 931	216 499 891	-3.22	9.76
辽宁省	83 648 606	104 753 555	-20.15	3.90

来源：国家统计局

表 12　　2015 年全国塑料加工业累计利润总额主要地区同比增长及占比情况

地区	2015 年 / 千元	2014 年 / 千元	同比↓ /%	占比 /%
江苏省	12 636 427	9 856 469	28.20	9.70
湖北省	6 544 204	5 357 695	22.15	5.02
四川省	5 310 183	4 591 977	15.64	4.08
安徽省	6 534 746	5 898 048	10.80	5.02
全国	130 253 385	119 716 171	8.80	100.00
河北省	5 428 614	5 012 727	8.30	4.17
福建省	7 196 948	6 682 819	7.69	5.53
河南省	12 867 298	12 029 272	6.97	9.88
浙江省	11 417 790	10 676 433	6.94	8.77
其他	28 764 854	27 079 225	6.22	22.08
山东省	13 956 286	13 279 684	5.10	10.71
广东省	19 596 035	19 251 822	1.79	15.04

从近三年的发展情况看，中西部地区的产量、主营业务收入、利润总额占比持续稳定增长，而东部地区则相应降低，见表 13 所示。

表 13　　近几年中西部地区产量、主营业务收入、利润总额占比情况

项目	产量		主营业务收入		利润总额	
	十大省区占比 /%	中西部四省区占比 /%	十大省区占比 /%	中西部四省区占比 /%	十大省区占比 /%	中西部四省区占比 /%
2013 年	74.1	20.79	78.41	17.17	79.16	22.85
2014 年	76.19	23.4	78.3	18.08	78.31	23.44
2015 年	75	25.81	77.72	19.23	77.92	28.17

在区域规划和产业转移的作用下，中西部塑料行业持续的高速增长弥补了东部增长乏力的缺口，塑料加工行业的重心逐渐向中西部转移。

二、新常态下行业走向分化，大中型企业积极推进转型升级

2015 年，我国经济运行遭遇到不少预期内和预期外的冲击与挑战，经济下行压力持续加大，给塑料行业发展带来诸多不利因素。

国际上，欧美等发达国家近年来纷纷实施“再工业化”战略，吸引高端制造业回流，“中国制造”比较优势严重弱化；与此同时，东南亚、非洲等国的低成本生产优势相比于中国更为明显，这些新兴经济体国家加快承接全球中低端制造业转移。

从国内看，近年来，随着劳动力成本上升以及资源环境约束强化，企业各项要素成本趋于上升，塑料加工企业原来的“粗放型”经营模式已不适应当前经济发展形势。

（一）行业走向分化

人工、材料费用提高造成生产成本上升，利息、税费的经济负担以及整个经济大环境不景气导致塑料行业需求不足，给塑料加工企业造成生产经营困难。2015 年，各塑料子行业普遍反映一个共同的现象：各塑料子行业大企业经营不错，运行数字比较好看，小企业则受市场环境影响较大，处境艰难。亏损企业、倒闭企业主要是小企业，小企业逐渐退出市场竞争。

一些善于经营的优秀企业抓住机会转型升级产品，获得良好效果，生产取得较大增长，并在竞争中慢慢地发展壮大。一些没有竞争优势的企业在不利形势面前无力变革，生产不增长或负增长，逐渐被市场淘汰。大中型企业赢利能力明显增强，出现资源向大企业集聚、市场向品牌集聚、企业向产业集群集聚的现象，塑料行业走势进一步分化。

（二）企业积极探索转型升级之路

受劳动力成本和原材料价格不断上涨、行业同质化竞争加剧等影响，常见、普遍的材料近乎无利可图，只有高技术含量、新型环保的材料才能在激烈的市场竞争中争得一席之地。

2015 年，塑料行业中，业绩比较好的是有差别化、个性化产品的企业，或者技术有优势的企业。它们能够及时根据变化了的市场情况转型升级产品，并对经营模式作出调整。

这一年，数字化智能化技术也在一些企业开始尝试，沿海地区如广东、浙江等地在转型升级上走在行业前列，不少企业开始使用机器人，实现“机器换人”和“智能化”生产。信息化、工业化融合也在积极探索中。

三、未来行业要突破原料、装备、技术制约，坚持创新驱动，迈向产业中高端

在新常态下，我国塑料加工行业要确保中高速发展，迈向产业中高端，积极推动产业升级。具体要以高端化为核心，培养新的经济增长点，以提高生产效率为核心来培育新的竞争优势，加快以廉价劳动力为主的初级比较优势向技术、装备、资本、人才为主的复合竞争优势转变。

一要坚持创新驱动发展，加快以企业为主的全行业创新体系建设，牢牢把握功能化、轻量化、生态化、微成型的技术发展方向；二要坚持高端化、个性化、小批量、私人定制的市场导向，推动新型生产模式和新型业态的快速发展；三要坚持统筹规划，综合协调资源、区位优势，推动塑料加工业有序梯度转移。进一步优化产品区域布局；四要牢牢把握由大到强的目标，大力实施替代战略。加快推进引进吸收创新和集成创新步伐，缩小与国外先进水平差距。

当前，制约我国塑料工业发展的三大瓶颈，一缺少核心技术，二是高端原料依赖进口，专用料、精细料大部分需要进口。三是装备，特别是一些微

成型装备，我国几乎是空白。所以，未来塑料加工行业需要在以下几个方面发展：发展多功能高性能材料及助剂，力争在材料功能化、绿色化及环境友好化方面取得新的突破；紧紧围绕高端化，在产品结构中加快提高中高端制品的比例；加快塑机的研发，加快塑料装备智能数字改造力度，大力发展小型超高精度，超高速或智能控制的加工设备；加快绿色节能高效先进成型技术工艺的开发。这四个发展重点就是要突破原料、装备、技术制约。

China Plastics Processing Industry Development Report in 2015

China Plastics Processing Industry Association

In 2015, the economic development of our country has entered the new normal,economic growth from high speed turned in medium high speed. Growth type from the scale speed extensive type turned into quality-benefit type.from incremental expansion turned into stock adjustment and incremental optimization, from the traditional economic growth point to the new economic growth point. In 2015 the world economic growth is slowing, all kinds of potential risks are intertwined, and slow economic recovery in the twists and turns. Under the economic background at home and abroad, in a critical period of transformation and upgrading of China plastics processing industry has experienced a difficult development, growth speed continues to fall, internal structure adjustment accelerate, innovation power enhance, industry towards differentiation.

A.The increasing downward pressure and plastics processing industry steady developed in the low speed

According to the national bureau of statistics data shows that,in 2015,summary statistics 7226 enterprises finished 75.6082 million tons of products output,with the year-on-year growth of 0.95%, the growth rate is the lowest in 30 years.Main business income was 2.14661trillion yuan,with the year-on-year growth of 4.6%.compared with the same period in 2014 main business revenue growth fell by 4.32%; Accumulative total profit was130.253 billion yuan,with the year-on-year growth of 8.8% .compared with the same period in 2014 profit growth rate increased by 4.56%. Cumulative profit margin of the main business incomes was 6.07%, compared with the same period in 2014 increased by 0.23%.

In 2015, the economic benefits of the plastic products industry growth grew steady. although the year-on-year growth rate of the output and the main business income continued declining, but year-on-year growth rate of the total profit and profit margin of the main business incomes rally.plastic processing industry steady developed in the low speed

(A)Plastic Products output growth continued to slow,the rate is the lowest one in 30 years

In 2015,summary statistics 7226 enterprises finished 75.6082 million tons of products output,with the year-on-year growth of 0.95%,fell 6.49% compared with the same period in 2014. the growth was the lowest one in the "twelfth five-year" period .see table 1, and 2015 was also the lowest year in 30 years.

Tab1.The situation of the national plastics products output and the contrast during the twelfth five-year

Items	2011	2012	2013	2014	2015
Output/10/kt	5474.31	5781.86	6188.66	7387.78	7560.82
Growth Rate/%	23.35	8.99	8.02	7.44	0.95

In 2015, under the background of a series of dense policies approved in the country driven by strong demand in the domestic market, our country foam plastics industry as a whole to maintain steady and rapid growth, becoming the only double-digit growth industry every year, growth rate was 11.78%, higher than the same period of last year. Other plastic classification sub-sectors year-on-year growth rate were low, and the growth rates lower than a year earlier,. Decline in the most were agricultural film, daily-use plastic, artificial and synthetic leather, fell by 10.32, 9.80 and 8.75% respectively, artificial and synthetic leather showed negative year-on-year growth, see table 2:

Tab2.The cumulative output of plastics products in 2015 and the comparison with 2014

Plastic products category	Cumulative Output/10/kt	Proportion/%	Growth Rate/%	Amplification/%
Plastics Products	7560.82	100.00	0.96	-6.48
Plastics Films	1313.82	17.38	3.37	-5.06
Agricultural Films	230.95	3.05	5.25	-10.32
Plastics Foams	245.03	3.24	11.78	11.47
Artificial and Synthetic Leather	343.79	4.55	-6.17	-8.75
Daily Articles	592.66	7.84	0.67	-9.80
Others	5065.52	67.00	0.43	-6.71

(B).Revenues continued to expand while with growth rate declined,however profitability improved

In 2015, through the efforts of industry itself and the national implementation of a series supporting policies for the enterprise, especially the structural tax cuts, reduce cost, reduce the enterprise cost burden,etc . plastic products industry economic benefit level presented the trend of steady rise. In 2015, the cumulative plastic industry of main business revenue growth rate was higher than the cumulative production output growth rate, the accumulative total profit growth rate was higher than the total main business revenue growth. Industry’s profitability improved, operating quality gradually increased.

a.the main business incomes continued increased,while with the growth greatly reduced.

In 2015, the plastic processing industry has completed the main business income was 2.14661 trillion yuan, the year-on-year growth rate became 4.6% ,dropped by 4.32% comparing with the same period in 2014.

From the sub-sectors, the biggest proportion of the plastic products main business incomes would be plastic plates, pipes and profiles, accounted for 23.65%. While the highest sub-sectors growth would be daily plastic products and other plastic products, compared with the same previous of 2014.The year-on-year growth rate reached 6.89% and 6.31% respectively.Plastics daily articles, other plastic products,plastic packaging and container, plastic plates, pipes and profiles, and plastic filament, rope and woven products such as 5 sub-sectors’ business incomes were higher than the whole industry's main business income average. See table 3:

Tab3.Main business incomes and proportion in plastics sub-industry in 2015

Sub-industry category	2015（billion yuan）	2014（billion yuan）	Growth Rate↓/%	Proportion/%
Plastics Daily Articles	175.06	163.78	6.89	8.16
Other Plastics Products	339.72	319.55	6.31	15.83
Plastics Packaging,Container	185.17	174.88	5.88	8.63

Continue table

Sub-industry category	2015（billion yuan）	2014（billion yuan）	Growth Rate↓/%	Proportion/%
Plastics Plates,Pipes and Profiles	507.69	480.29	5.70	23.65
Plastics Filament,Rope and Woven	299.12	285.74	4.68	13.93
Plastics Products	2,146.61	2,052.22	4.60	100.00
Plastics Foams	92.24	88.38	4.37	4.30
Plastics Parts	160.50	154.98	3.56	7.48
Artificial and Synthetic Leather	121.59	120.24	1.12	5.66
Plastics Films	265.53	264.38	0.44	12.37

b.Total profit sustained growth, growth rate had a larger increase

National plastic products industry accumulative finished total profit 130.253 billion yuan in 2015, up to growth 8.8% than a year earlier, compared with the same period in 2014 profit growth rate increased by 4.56%. Industry profit growth reached the peak of 22.51% since June, 2013, then the growth rate once had a greatly decline, till 2015, began to show the trend of the rally.

From the sub-sectors, plastic plates, pipes and profiles finished the most total profits of 33.925 billion yuan. The year-on-year growth rate reached 9.23%.Accounting for 26.05% of the total profits of plastic products.While the highest sub-sectors growth would be plastics foams,the year-on-year growth rate reached 12.30%(proportion reached 4.76%). Plastics foams,plastics daily articles, other plastic products,plastic packaging and container, plastic plates, pipes and profiles,these 5 sub-sectors' growth rates were higher than the whole industry's total profits average.The lowest sub-sector was plastics film, had been 6.06%(proportion reached 10.77%).See table 4:

Tab4.The growth and proportion of accumulative total profits in plastics sub-industry in 2015

Sub-industry category	2015（billion yuan）	2014（billion yuan）	Growth Rate↓/%	Proportion/%
Plastics Foams	6.20	5.52	12.30	4.76
Plastics Daily Articles	10.23	9.12	12.20	7.86
Other Plastics Products	19.77	17.94	10.19	15.17
Plastics Plates, Pipes and Profiles	33.93	31.06	9.23	26.05
Plastics Packaging,Container	12.14	11.16	8.83	9.32
Plastics Products	130.25	119.72	8.80	100.00
Artificial and Synthetic Leather	7.29	6.71	8.66	5.60
Plastics Parts	7.84	7.25	8.06	6.02
Plastics Filament, Rope and Woven	18.83	17.73	6.18	14.46
Plastics Films	14.03	13.23	6.06	10.77

c.Main operation margin had a slightly higher than 2014,showed the trend to raise.

In 2015,national plastic industry accumulated main operation margins was 6.07%, compared with the same period in 2014 increased by 0.23%, slightly rebounded.

Plastics foams industry would be the most high and fast sub-sector,with the main operation margin became 6.72%,raised 0.47% than last year. Plastic foams, plastic plates,,pipe, profiles, plastic packaging and containers, plastic filament, rope and woven products,above four sub-sectors industry's main operation margin were higher than the national plastic industry margin. As shown in table 5:

Tab5.Growth rates of accumulative main business income total profit rates in plastics industry in 2015

Plastic products category	2015/%	2014/%	Growth Rate/%
Plastics Foams	6.72	6.24	0.47
Artificial and Synthetic Leather	6.00	5.58	0.42
Plastics Films	5.28	5.00	0.28
Plastics Daily Articles	5.85	5.57	0.28
Plastics Products	6.07	5.83	0.23
Plastics Plates,Pipes and Profiles	6.68	6.47	0.22
Other Plastics Products	5.82	5.61	0.20
Plastics Parts	4.88	4.68	0.20
Plastics Packaging,Container	6.56	6.38	0.18
Plastics Filament,Rope and Woven	6.29	6.21	0.09

(C).Export continued growth,while the speed became slowly further

The global economy recovery has been weak in 2015,Prospects full of the difficulties and reverses. Domestic economy faced the downward pressure.Plastic products import and export trade of our country has entered into the new normal.

a.plastic products exports continued to grow, while the growth became slowly further.

According to the general administration of customs statistics show that in 2015, the national plastic products exports volume reached 16.5147 million tons, up growth to 2.73% than a year earlier, growth drop down 3.69%; Exports amount was 61.062 billion dollar. The year-on-year growth was 1.04%, fell by 5.05%,Export growth dropped significantly.In 2015 plastic products exports volume accounted for about 21.84% of the total plastic products output. a increased by 0.08%,than that the same period of 2014,which exports accounted for 21.76% . as shown in table 6. .plastic products exports continued to grow, while the growth became slowly further as shown in table 7

Tab6.The export value table of the plastics classification products in 2015

Products	Export Value/10/kt	Growth Rate/%	Amount /billion dollar	Growth Rate/%
1.Plastics Monofilaments,Strips, Rods and Profiles	19.54	3.94	4.06	-1.66
2.Plastics Pipes and Attachment	54.99	-3.00	22.29	-2.84

Continue table

Products	Export Value/10/kt	Growth Rate/%	Amount /billion dollar	Growth Rate/%
3.Plastics Plates,Films,Foils, Belts and Flat Bars	312.91	8.46	101.09	2.50
4.Artificial and Synthetic Leather	61.25	3.66	25.53	-0.06
5.Plastics Packaging,Container and Accessories	216.68	-1.17	82.22	0.60
6.Plastics Parts	3.51	-6.67	5.34	-2.85
7.Plastics Products Used in construction	266.21	5.90	47.28	3.10
8.Plastics Daily Articles	369.13	3.07	166.49	5.76
9.Other Plastics Products	347.25	-1.33	156.32	-3.85
Total	1651.47	2.73	610.62	1.04

Tab7.National export volume and amount contrast table of the plastic production recently years

Year	Export Value 10/kt	Growth Rate/%	Amount (billion dollar)	Growth Rate/%	Exports Accounted For the Proportion of Total Output
2012	1382.16	5.79	49.185	24.55	23.91
2013	1508.55	5.88	56.835	11.13	24.38
2014	1607.53	6.42	60.434	6.09	21.76
2015	1651.47	2.73	61.062	1.04	21.84

b.double down of import volume and amount

Due to domestic mid-range plastic products supply is adequate, plastic products import demand reduced than a few years earlier.In addition,plastic products import prices are significantly higher than the domestic market, to a certain extent inhibited the import demand. In 2015, the national plastic products imports volume was 1.6539 million tons, 7.96% less than the same period last year. Imports amount was17.809 billion dollar, dropped down more than 7.02% than the same period of the year earlier. Plastic products import present the declining trend. Specific Classification of products import quantity see table 8:

Tab8.The import value table of the plastics classification products in 2015

Products	Import Value /10/kt	Growth Rate/%	Amount (billion dollar)	Growth Rate/%
1.Plastics Monofilaments,Strips, Rods and Profiles	0.88	-5.95	0.1	-9.43
2.Plastics Pipes and Attachment	5.69	-5.14	0.798	-8.71
3.Plastics Plates,Films,Foils, Belts and Flat Bars	102.00	-9.36	10.551	-8.89
4.Artificial and Synthetic Leather	4.59	-6.27	0.539	-1.64
5.Plastics Packaging,Container and Accessories	19.57	-5.33	1.220	-3.72

Continue table

Products	Import Value /10/kt	Growth Rate/%	Amount (billion dollar)	Growth Rate/%
6.Plastics Parts	3.17	-7.26	1.121	-4.52
7.Plastics Products Used in Construction	5.06	-18.91	0.167	-15.74
8.Plastics Daily Articles	4.88	10.20	0.288	17.41
9.Other Plastics Products	19.53	-4.94	3.027	-4.13
Total	165.39	-7.96	17.809	-7.02

c.The favorable balance of trade continued growth.

In 2015, our country plastic products import and export gross amount reached 78.872 billion dollar,dropped down 0.90% than a year earlier.The favorable balance of trade achieved 43.253 billion dollar, more than the same period of last year's 4.78%;.Plastic products export gross accounts for 77.42% of the total import and export, growth up to 1.96% than 2014; Plastic products imports volume accounted for 22.58% of import and export gross amount, decreased by 6.17% than 2014. See table 9:

Tab9.The completion of the plastics products total value of import and export in 2015

Index	Calculating Unit	Until The End of This Year	Growth Rate/%
The Total Value of The Main Plastics Products'Import and Export	billion	78.872	-0.90
The Total Value of Export	billion	61.062	1.04
The Total Value of Import	billion	17.809	-7.02
Import and Export Trade Balance(+Favorable Balance of Trade -Unfavorable Balance of Trade)	billion	43.253	4.78
Export Accounted for The Proportion of The Total Import and Export Value	%	7.742	1.96
Import Accounted for The Proportion of The Total Import and Export Value	%	2.258	-6.17

(D).Product core shifted to the mid-west of China.

In 2015, plastic products production top ten provinces would be Zhejiang, Guangdong, Hubei, Henan, Jiangsu, Shandong, Sichuan, Liaoning, Fujian, Anhui province. The Midwest hold four seats, plastic products production growth was significantly higher than the average. The eastern coastal area of Zhejiang, Guangdong, Shandong and Liaoning province year-on-year growth was lower than the national average for all plastic products industry output growth, among them Liaoning province has more sharp drop in production output. The output of the Midwest proportion rose year by year. As shown in figure 1, figure 2, and table 10:

The proportions of plastics products industry accumulative output in different area of China in 2015

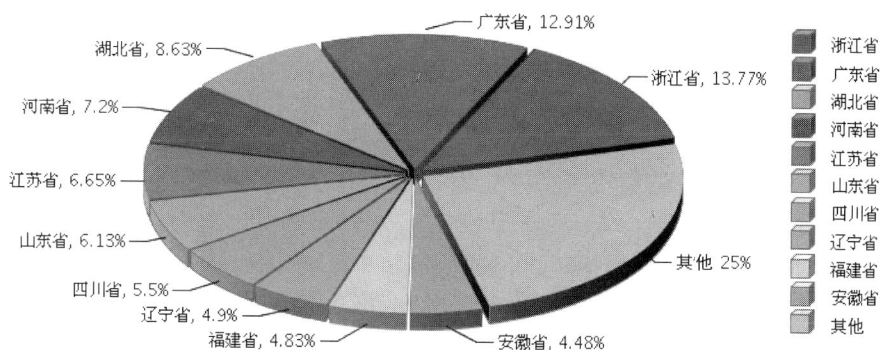

Fig1.The proportions of plastics products industry accumulative output in diffierent area of China in 2015

The Cumulative Production in Main Area with the Year-on-year Growth in China Plastic Industry in 2015

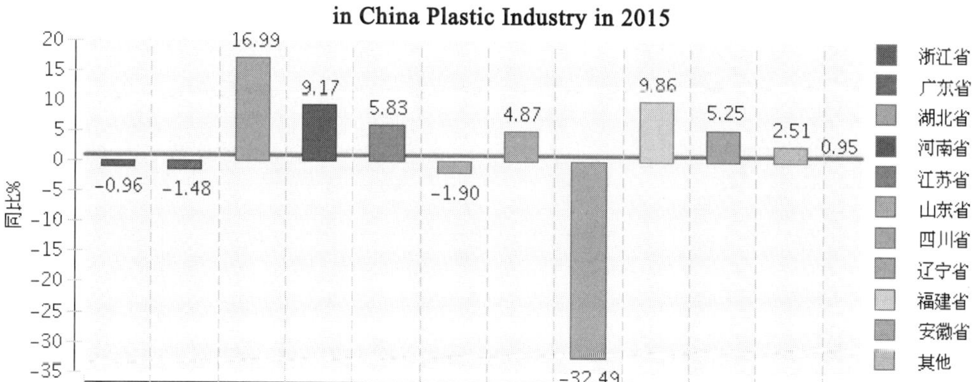

Fig2.The Cumulative Production in Main Area with the Year-on-year Growth in China Plastic Industry in 2015

Tab10.Cumulative Production and Proportion in Main Area with the Year-on-year Growth in China Plastic Industry in 2015

Area	Output in 2015/t	Output in 2015/t	Growth Rate↓/%	Proportion/%
Hubei Province	6 527 302	5 579 559	16.99	8.63
Fujian Province	3 654 469	3 326 457	9.86	4.83
Henan Province	5 440 816	4 983 991	9.17	7.20
Jiangsu Province	5 028 313	4 751 338	5.83	6.65
Anhui Province	3 387 004	3 217 976	5.25	4.48
Sichuan Province	4 155 004	3 961 876	4.87	5.50
Other Province	18 902 884	18 440 300	2.51	25.00
The National	75 608 189	74 894 010	0.95	100.00

Continue table

Area	Output in 2015/t	Output in 2015/t	Growth Rate↓/%	Proportion/%
Zhejiang Province	10 411 668	10 512 492	-0.96	13.77
Guangdong Province	9 760 609	9 906 997	-1.48	12.91
Shandong Province	4 635 177	4 724 980	-1.90	6.13
Liaoning Province	3 704 943	5 488 046	-32.49	4.90

In addition, the main business incomes, total profit as well as main operation margin had the same situation. In 2015, only Henan province's total profit growth was lower than the national average for all plastic products industry other provinces main business income,total profit as well as main operation margin growth were higher than the average growth of the national plastic products industry.Top ten total profits product provinces,Hebei province in the column. hebei province in the column, the Midwest hasd five seats, while the coastal developed regions such as Guangdong, Zhejiang, plastics production,the growth of the output,main business income,total profits and main operation margin,all lower than the average growth of the national plastic products industry. As shown in table 11, 12:

Tab11.The Year-on-year Growth and Proportion of Accumulative Main Business Incomes in Main Regions in Plastics Sub-industry in 2015

Area	2015 Prime Operating Revenue (billion yuan)	2014Prime Operating Revenue(billion yuan)	Growth Rate↓/%	Proportion/%
Henan Province	135.37	121.09	11.80	6.31
Hubei Province	96.15	86.96	10.56	4.48
Fujian Province	129.38	117.50	10.11	6.03
Anhui Province	101.15	92.53	9.32	4.71
Jiangsu Province	206.54	189.90	8.76	9.62
Shandong Province	217.57	201.20	8.13	10.14
Others	478.35	450.20	6.25	22.28
Sichuan Province	79.99	75.61	5.79	3.73
National	2,146.619	2,052.22	4.60	100.00
Guangdong Province	408.93	395.97	3.27	19.05
Zhejiang Province	209.54	216.50	-3.22	9.76
Liaoning Province	83.66	104.75	-20.15	3.90

Date from：national bureau

Tab12.The Year-on-year Growth and Proportion of Accumulative Total Profits in main regions in plastics industry in 2015

Area	Total Profits in 2015(billion)	Total Profits in 2015(billion)	Growth Rate↓/%	Proportion/%
Jiangsu Province	12.64	9.86	28.20	9.70

Continue table

Area	Total Profits in 2015(billion)	Total Profits in 2015(billion)	Growth Rate↓/%	Proportion/%
Jiangsu Province	12.64	9.86	28.20	9.70
Hubei Province	6.54	5.36	22.15	5.02
Sichuan Province	5.31	4.59	15.64	4.08
Anhui Province	6.53	5.90	10.80	5.02
National	130.25	119.72	8.80	100.00
Hebei Province	5.43	5.01	8.30	4.17
Fujian Province	7.20	6.68	7.69	5.53
Henan Province	12.87	12.03	6.97	9.88
Zhejiang Province	11.42	10.68	6.94	8.77
Others	28.76	27.08	6.22	22.08
Shandong Province	13.96	13.28	5.10	10.71
Guangdong Province	19.60	19.25	1.79	15.04

In nearly three years of development, the proportion of the output,main business income and main operation margin in the Midwest sustained stable growth.while the eastern region became lower. As shown in table 13:

Tab13.The Proportion of the Midwest Regions Plastics Products output, Main Business Incomes and Total Profits

Items	Output		Main Business Incomes		Total Profits	
	The proportions of ten provinces in China/%	The proportions of four provinces in midwset China/%	The proportions of ten provinces in China/%	The proportions of four provinces in midwset China/%	The proportions of ten provinces in China/%	The proportions of four provinces in midwset China/%
2013	74.1	20.79	78.41	17.17	79.16	22.85
2014	76.19	23.4	78.3	18.08	78.31	23.44
2015	75	25.81	77.72	19.23	77.92	28.17

Under the action of regional planning and industry transfer, the Midwest plastic industry continued rapid growth make up for the gap of growth in the east, the core of the plastic processing industry gradually shift to the central and western regions.

B Under the new normal,plastics industry lead to differentiation,large and medium-sized enterprises promote the transformation and upgrading actively.

In 2015, our country economy encountered many expected and unexpected impact and challenges,the economic downward pressure continued to increase. Brought many unfavorable factors to the development of plastic industry.

Internationally, Europe and the United States and other developed countries implement the strategy of "industrialization again" in succession recent years, for attracting high-end manufacturing backflow. "made in China" comparative advantage severely weakened; At the same time, countries in southeast Asia or Africa,compared with China the low cost of production advantages are more apparent, these emerging economies speed up undertaking the global low-end manufacturing transfer.

Domestic, in recent years, with the labor costs risen and resources and environment constraints strengthened, the enterprise cost of various elements tend to rise, The original "extensive" management pattern of plastic processing enterprises has not adapted to the current situation of economic development.

(A)Industry lead to differentiation

Due to the increase in labor and materials costs rising ,the cost of production kept rising. Cause the economic burden of the interest and the taxes, as well as the whole economic environment downturn ,lead to plastic industry demand was insufficient. That made plastic processing enterprises product and management difficulties. In 2015, the sub-industry of plastics generally reflect a common phenomenon: big size enterprise operated well, digital indicators looked nice. small size enterprises were affected by market greatly being in a tough position. Loss,of the enterprise and the collapse of enterprises were mainly small size enterprises, they gradually exit the competition in the market.

Some enterprises which are good at operating seize the opportunity of transformation and upgrading of products, obtain good effect, production had greater growth, and gradually develop in the competition. The enterprises that have no competitive advantage are unable to change in front of the unfavorable situation, production without growth or negative growth, gradually being eliminated by the market. Large and medium-sized enterprises profitability significantly enhanced, appear that resources agglomeration to large enterprises, the market to the brand cluster, enterprise to the phenomenon of industrial cluster ,plastic industry moves further differentiation.

(B)Enterprise explore the road of transformation and upgrading actively.

Affected by rising labor costs and raw material prices, industry homogeneity competition intensifying, popular and common materials were almost unprofitable, only high technical content, and new environmental protection material can secure a position in the fierce market competition.

In 2015, the performance good enterprise is who produce the differentiation and personalized products, or has the advantages in technology. They can upgrade their production immediately according to the changed market situation and adjust the management pattern.

This year, digital intelligent technology also has started to be tried in some enterprises .Coastal regions such as Guangdong, Zhejiang and other places walked on the front of the industry on the transformation and upgrading, many enterprises begin to use robot, realizing "machine substitution" and "intelligent production". Also the informatization and industrialization combine are being explored actively.

C The industry should break through the raw, equipment, technology restriction in the future and insist on innovation driving, towards high-end industries.

Under the new normal, plastic processing industry must ensure the high speed development, towards high-end industries, promote industrial upgrading. Specific for high-end as the core, to cultivate new economic growth point, in order to improve the production efficiency as the core to foster new competitive advantages, speeding up shift from cheap Labour's primary comparative advantage to the technology, equipment, capital and talents compound competitive advantage.

On the one hand, insisting on innovation driving development, speeding up is the industry innovation system construction with enterprise as the core, firmly grasp the technology development direction of functionalization, lightweight, ecological and micro molding. On the other hand, we must stick to high-end, personalization, small batch, private custom market orientation, to promote a new mode of production and the rapid development of new formats; Third one, we need to adhere to the overall planning, comprehensive coordination of resources, location advantage, promote orderly plastic processing industry gradient transfer. Further optimize product area layout; The Fourth, to firmly grasp from big size shift to strong goal, vigorously implement the strategy of alternative. Speed up the pace of advance and introduction absorption innovation and integrated innovation, narrowing the gap of the advanced level with foreign.

At present, three major bottlenecks are restricting the development of our country plastic industry, one is for the lack of core technology, the second one is high-end raw materials depending on import. Most of the special material and delicate material must be imported. The third one is equipment, especially some micro molding equipment was almost blank in our country. So, plastic processing industry future development needs comply with the following aspects: develop the multi-functional and high-performance materials and additives, strive to achieve new breakthrough in materials functional, green and environmental friendly development .Closely around high-end, speed up increase the proportion of high-end production in the product structure.Speed up the molding machine research and development, accelerate the reform of plastic equipment intelligent digital efforts, vigorously develop small ultra-high precision, ultra-high speed or intelligent control of processing equipment; Speed up the development of green energy-saving efficient advanced molding technology. The four priorities is to break through the raw material, equipment, technical constraints.

(中国塑料加工工业协会 唐姮)

(China Plastics Processing Industry Association Tang Heng)

塑料加工业“十三五”发展规划指导意见（送审稿）

中国塑料加工工业协会

前 言

塑料加工业是以制品成型加工为核心，以合成树脂及助剂、塑料机械及模具为重要组成部分的新兴制造业，既是为经济社会提供产品、配件和材料的国民经济基础性产业，也是为消费者提供安全、卫生、优质可靠产品的民生产业，同时还是推动新材料产业发展的重要组成部分。

“十三五”时期是我国全面建成小康社会最后冲刺的五年，是深化改革开放、加快转变经济发展方式的攻坚时期，也是塑料加工业由大变强的重要时期。制定科学合理的《塑料加工业“十三五”发展规划指导意见》对于塑料加工业继续把握住我国发展的重要战略机遇期、进一步赶超国际先进水平、推进产业结构调整转型升级、促进塑料加工业长期平稳健康发展，具有十分重要的意义。

编制《中国塑料加工业“十三五”发展规划指导意见》（规划期为2016-2020年），作为未来五年我国塑料加工业发展的指导性文件和实现塑料制造强国目标的行动纲领，同时也可作为塑料加工业各子行业和各地区编制规划的重要依据。

一、“十二五”塑料加工业取得的主要成绩与存在问题

“十二五”是塑料加工业实现跨越式发展关键时期，是进入优化结构调整，转变发展方式，提升产业素质的重要发展阶段，是成长壮大期迈向成熟期的重要过渡期，在全球金融危机持续影响下，实现了稳定增长，结构进一步优化，质量效益稳步提高。

（一）主要成绩

1. 塑料加工业实现了稳定增长，但下行压力逐步加大、增速持续下降

据国家统计局数据，“十二五”塑料制品产量由2011年的5474.31万吨增加到2015年的7560.82万吨（汇总统计7226个企业），2011-2015同比增长分别为22.35%、8.99%、8.02%、7.44%、0.95%，年均增长为8.41%，比“十一五”20.1%的年均增长下降了11.69个百分点。“十二五”塑料制品产量增速逐年下降，特别是2015年降幅较大，进入中速增长的新阶段。

表 1　　2011-2015 年塑料加工业主要经济运行指标

指标＼时间	2011 年	2012 年	2013 年	2014 年	2015 年	年均增长率 /%
产量 / 万吨	5474.31	5781.86	6188.66	7387.78	7560.82	8.41
主营业务收入 / 亿元	15583.74	16310.13	18686.44	20392.39	21466.10	8.34
利润 / 亿元	882.29	963.27	1123.18	1182.86	1302.53	10.21
出口量 / 万吨	1304.70	1382.16	1508.55	1607.53	1651.47	6.07
出口额 / 亿美元	393.09	491.85	568.35	604.34	610.62	11.64

2. 规模增大集中度提高，经济运行质量稳定提高

据国家统计局数据，“十二五”塑料加工业规上企业由 2011 年的 12963 个增加到 2015 年的 14763 个，年均增长 3.3%，集中度有所提升；规模以上企业主营业务收入由 2011 年的 15583.74 亿元增长到 2015 年的 21466.10 亿元，年均增长 8.34%；利润由 2011 年的 882.29 亿元增长到 2015 年的 1302.53 亿元，年均增长 10.21%。“十二五”塑料加工业经济运行质量和效益不断提高，其利润增速高于主营业务收入增速 1.87 个百分点。主营业务收入利润率由 2011 年的 5.66% 提高到 2015 年为 6.07%。但以人工成本为核心的生产要素成本不断增加，资源、环境、能源约束增强，企业利润空间被大大压缩，主营业务收入和利润增速下滑，致使全行业利润增速逐年下降。

3. 出口稳步增长

据国家统计局数据，2011 至 2015 年塑料制品出口量由 1304.70 万吨增加到 1651.47 万吨，年均增长 6.07%。2015 年出口量已占到制品总量的 21.84%， 2011 至 2015 年出口额由 393.09 亿美元增加到 610.62 亿美元，年均增长 11.64%。出口额的增速高于出口量增速 5.57 个百分点。但出口下滑明显，2015 年出口量和出口额仅增长 2.73% 和 1.04%。

4. 产业结构进一步优化，清洁生产、节能减排效果明显

塑料加工业加快结构调整转型升级步伐，产业结构进一步优化，高新技术产品比例明显提高；行业生产集中度大幅提高，大中型企业数量明显增多，品牌效应日益凸显，企业竞争力进一步加强；从注重数量增加转向质量提升，从劳动密集型向技术、资本密集型逐渐转变，出口产品由中低档向中高档产品逐渐转变；通过加快实施“走出去”、“请进来”的发展战略，行业资源配置得到进一步优化。

塑料异型材门窗、耐热保温塑料管道、聚苯板（EPS）、挤塑聚苯板（XPS）、聚氨酯泡沫塑料等在建筑、冷库保温，冷热介质输送、水产保鲜等领域深化节能应用。电磁加热节能技术、气凝胶保温节能技术、注塑机两板机技术、塑料动态成型技术、同向锥形双螺杆技术、伺服驱动与控制技术等新技术应用提高了塑料加工业节能效率。新的成型技术如超剪切塑化、功率超声塑化、微层叠技术等应用于塑料加工过程，在提高加工技术水平的同时降低能耗。绿色环保助剂开发及应用取得进展。无溶剂复合工艺、水性聚氨酯浆料和胶粘剂技术的逐渐成熟，以及有机废气高效净化处理回收技术取得突破逐步改变了塑料软包装以传统溶剂复合为主的局面，VOC 排放量大幅降低。废旧塑料循环利用逐步向高品质、低能耗、规模化方向发展，高值化利用实例屡见不鲜。

5. 创新发展迈出了新步伐

“十二五”期间，塑料加工业累计获得科技进步奖 10 余项，部分技术达到国际先进水平；获得中国专利金奖两项，优秀奖累计 10 余项；按照国际专利分类方法，2011 ～ 2014 年期间，塑料加工业授权发明专利数量达到 12104 件，超过“十一五”（6377 件）近一倍；截止到 2014 年底，塑料加工业国家级企业技术中心已达 25 个，约占国家认定的技术中心总数的 2.3%。科技创新和技术进步对塑料加工业支撑和保障作用越来越明显。全行业以企业为主体，产学研相结合的技术创新体系已初步形成。

（二）存在的问题

1. 产品结构不合理，中低档产品比例高，

产品同质化程度严重

塑料加工业基础薄弱，产业素质偏低，整体创新能力薄弱导致产品结构不合理，盲目投资加剧产品同质化程度，低水平竞争加剧，中低档产品比例过高，产品结构不合理，高端产品市场需求不足。

——高端专用料、工程塑料尤其是特种工程塑料研发及应用水平与国际先进水平差距较大，多种工程塑料、专用料依赖进口，直接影响塑料制品高端化应用，与我国快速发展的新能源、生物医药、交通运输、航天航空、电子电器、信息等高端应用领域不相匹配；

——医用塑料产业在原材料选用、新产品应用、总体消耗等指标与发达国家差距较大，主要以一次性注射器、医用输液袋、PVC导管等消耗量较大的中低档产品为主，用于透析、心血管以及心脏类等高端医用塑料制品仍需大量进口；

——塑料管道产品多以中低端为主，用于工业领域的耐磨、耐腐蚀、耐热、清洁等特种介质输送管材，市政建设需要的大口径、高强刚度管材，矿山阻燃、抗静电管材，中高压油气输送管材，特别海上油田用油气管等高端产品与国外差距较大；

——盲目引进引发的阶段性、结构性产能过剩尚未有效化解，而高端产品仍需大量进口。如双向拉伸产业在普通包装膜产能严重过剩尚未化解的情况下，锂离子电池隔膜产能预计在2015年达到23亿平方米，大大超过全球需求量，又形成新的产能过剩，而高端隔膜进口比例达80%以上，整个隔膜进口率达70%。说明结构性、阶段性产能过剩顽疾已严重影响企业健康持续发展。

2. 科技创新能力薄弱，创新体系有待完善

“十二五”期间塑料加工业整体创新体系不健全、协同创新体系的缺失以及科研成果转化体制的约束，使得企业与大专院校、科研院所对接不畅，研究成果产业转化率偏低，难以形成合力。企业技术中心、行业科研机构的科研活动缺乏前瞻性、系统性研究，尤其是对基础课题、前沿技术和关键共性技术的研发投入不足。作为行业技术创新中坚力量的企业技术中心别是中小企业普遍面临技术人才匮乏、资金不足等问题，创新有待提升。

3. 行业区域发展不平衡，产业布局有待调整

我国塑料加工业主要集中在东部沿海，中西部相对落后。随着西部大开发战略的深度实施，中西部地塑料制品的产量年均增幅高于东部。从产品结构方面，东部塑料加工业随着配套工业的完善逐步趋向成熟，高端产品产量和生产企业数量等均远高于中西部，而中西部塑料加工业无论产业规模、产品质量及技术水平与东部相比差距进一步拉大，产业布局仍有待调整。

4. 知名品牌产品不多，贸易摩擦频发

“十二五”期间，塑料制品产量稳步增长，规模化集约化有所提升，但在品牌建设、品质提升上滞后，技术创新能力薄弱，以致发展后劲不足。随着我国塑料制品出口量的逐年增加，相关的贸易摩擦事件频发。一方面是由于我国出口的塑料制品仍以技术含量较低的中低端产品为主；另一方面是有关国家加强了劳动密集型产业的贸易保护以此来扩大就业。出口的塑料袋、塑料型材门窗以及双向拉伸聚酯(BOPET)薄膜均不同程度受到反倾销调查;欧盟通过频繁制定并更新食品接触塑料制品的技术法规和标准、儿童玩具安全指令等措施，形成了阻挡我国塑料制品进入欧盟市场的“绿色技术壁垒”。

二、“十三五”期间面临发展的机遇和挑战

塑料加工业正进入增长阶段转换和结构转型升级的关键时期，产业正步入成熟期，面临难得产业升级的发展机遇。在经济新常态下，塑料加工业要在中高速中实现中高端化，任务艰巨，面料严峻挑战。

（一）发展机遇

“十三五”是我国完成小康社会最后冲刺的关键时期，是我国由中等收入国家迈向高收入国家最低门槛的重要历史阶段，也是创新发展新阶段。同时正值新一轮科技革命、产业变革大潮与我国加快转变发展方式形成历史性交汇的重要节点，是深化改革开放、转方式、调结构的攻坚时期，是塑料加工业由大变强的重要时期。

——塑料作为21世纪新材料，在新材料中占有重要的地位，特别是国家大力发展新材料、生物技术、新能源、新一代信息技术、新能源汽车、节能减排、装备七大新兴战略性产业，对塑料加工业提出了新的更高要求，为塑料加工业发展带来了难得的发展机遇。

——扩大内需刺激经济发展、改善民生、加快高端产业发展等政策，对公共卫生事业、公共医疗保障、公共基础设施以及新能源、新材料、交通运输、航天航空、电子信息、生物医药、物联网等高端领域的支持和投入，将为塑料加工业的发展注入了强大动力和活力；

——2015年两会政府工作报告强调推进“一

带一路”、长江经济带和京津冀协同发展“三大支撑带”战略，对优化我国经济发展空间、构建全方位对外开放新格局具有重要意义，将为塑料加工业带来巨大的发展机遇；

——《国家新型城镇化规划（2014-2020年）》以及海绵城市、地下管廊建设带来城市基础设施智能化建设的提速，将推动塑料管道、异型材门窗、装饰材料、外墙保温及防水材料等产业的发展；

——国家重点支持的大飞机项目、高铁、船舶、汽车、信息、物流等领域高速发展将为我国工程塑料及其复合材料的发展提供机遇；

——“十八大”报告提出要大力推进生态文明建设，将支持农膜回收、生物降解地膜推广和塑料节水器材大面积应用，推进食品接触塑料、环保助剂上台阶，推进循环经济发展；

——医用塑料、氟塑料、改性塑料、抗菌塑料、导热导电塑料等新材料将助推塑料加工业高端化发展，前景广阔。

（二）面临挑战

“十三五”塑料加工行业将面临严峻挑战。一是新一轮技术革命和产业变革浪潮的冲击。二是进入新常态后，塑料加工业面临转变发展方式、优化调整结构、产业升级繁重任务的挑战。因此“十三五”是实施创新驱动发展的关键时期，发展难度将明显加大。

当前全球范围内，新一代信息技术在工业领域广泛渗透正引发制造业发展理念、技术体系、制造模式和价值链的重大变革，协同、智能、绿色、服务等正逐渐成为制造业的核心价值体现，工业互联网、物联网、大数据、云计算等将重构制造业技术体系。欧美等发达国家纷纷推出重振制造业的国家战略和计划，力图抢占高端制造业并不断扩大竞争优势。例如，美国的“再工业化”、“制造业复兴”、“先进制造业伙伴计划”，德国的“工业4.0”，日本的“再兴战略”，法国的“新工业法国”等。未来全球范围内围绕市场、技术、资本和产业转移的竞争将更加激烈。在这一大背景下，工信部提出“中国制造2025”战略，适时提出新材料、高性能医疗器械等十大突破领域，为我国塑料加工业向高端化和智能化发展指明了发展方向，也提出更高的要求。

中国塑料加工业目前仍然是以劳动密集型为主的传统制造业，在国际上处于产业价值链中低端，其竞争优势基本是以廉价劳动力支撑的初级比较优势且正逐渐削弱。同时，资源、环境、能源的约束力也在加大，传统盈利模式受到挑战。

目前正值塑料加工业转型升级的关键时期，新一轮科技和产业变革的酝酿和推进，对塑料加工业提出严峻挑战，面临加快推进劳动密集型向技术、资本密集型产业结构转变；面临加快以低人工成本为主的低端比较优势向技术、装备、人才、研发为主的复合竞争优势的转变；面临加快以引进、模仿、招商为主向自主创新、集成创新、智能创新的转变。

三、“十三五”指导思想、基本原则和发展目标

（一）指导思想

深入贯彻落实党的“十八大”、十八届三中、四中、五中全会、中央经济工作会议精神，按照加快培育发展战略性新兴产业的总体要求，紧紧围绕国民经济和社会发展重大需求，以加快塑料加工业转型升级为主要突破点；以提高塑料加工业自主创新能力为核心，以新材料、新技术、新装备和新产品为发展重点，大力实施高端化战略，全面提高产业素质，加快完善创新体系建设，大力推进两化深度融合，力争在智能制造、数字制造、网络制造上取得新的突破，为塑料加工业进入世界先进国家行业打好基础。

（二）基本原则

——坚持“资源节约型、环境友好型、科技创新型”的产业方向，大力实施“绿色、低碳、循环、生态”发展战略，推动塑料加工业健康和可持续发展。

——坚持创新驱动发展，进一步发挥技术进步、科技创新的保证和支撑作用。大力实施高端化战略，牢牢把握“功能化、轻量化、生态化、微成型”技术发展方向，全面推进产业转型升级。

——坚持把提高发展质量和效益放在首位，不断提升要素质量，提高要素配置效率。

——坚持“高端化、个性化、小批量、私人订制”的市场导向，推动新型生产模式和新兴业态的快速成长。

——坚持协调发展、统筹兼顾。统筹资源、市场及区位优势，推动塑料工业有序梯度转移，优化区域布局。

（三）发展目标

——2016-2020年规模以上塑料制品企业产量年均增长率达到4%；主营业务收入年均增长6%；利润总额年均增长8%；出口量年均增长3%，出口额

年均增长6%。

——企业创新能力逐步增强，研发经费的投入占比力争达到2%，国家级企业技术中心数量达到30家以上，国家中小企业公共服务示范平台数量达到5家；产学研用结合进一步加强，重点行业关键技术和装备自主化率力争达到40%～50%，新产品贡献率超过40%。

——争取到2025年，塑料加工业主要产品及配件能够满足国民经济和社会发展尤其是高端领域的需求，部分产品和技术达到世界领先水平；塑料加工业结构调整和产业升级取得显著成效，基本实现我国由塑料加工大国向塑料制造强国的历史性战略转变。

四、重点任务和产品发展方向

“十三五”塑料加工业紧紧围绕“功能化、轻量化、生态化、微成型”的技术方向，重点突破原料、先进成型技术与工艺、装备三大发展瓶颈；要认真贯彻《中国制造2025》，紧紧围绕国家重点实施新兴战略产业，发挥塑料加工业作为国民经济基础性产业的重要作用；要紧紧围绕“高端化”战略，加强以产学研为主的协同创新和联合攻关，突破制约行业发展的关键共性和核心技术。

一是重点发展多功能、高性能材料及助剂，力争在材料功能化、绿色化及环境友好化取得新的突破。

——严格执行《食品安全法》，加强与食品接触的制品和原料生产和安全、卫生、质量控制。

——加快高端聚烯烃管道专用料、3D打印耗材、医用塑料、生物基高分子、生物质分解塑料和生物基塑料等专用材料的开发与应用。

——加快导电、导热、抗菌、耐温、防雾、高韧、超强、阻燃等多功能合金材料的开发应用。

——加快芳杂环聚合物及其高性能复合材料等特种工程塑料及高性能改性材料等的生产和应用。

——加快绿色环保增塑剂、热稳定剂等的研发、应用。

二是紧紧围绕高端化，加快提升中高端产品的比例。

——要加强选择性多孔薄膜开发，力争在微滤膜、超滤膜、纳滤膜、反渗透膜等膜材料和组膜取得突破。力争在高端电池隔膜、新型光学膜、新型柔性屏膜等取得突破。

——重点发展生物基塑料汽车零部件、生物基塑料包装制品、高性能聚氯乙烯建筑模板、高性能环保硬质聚氯乙烯发泡制品、大口径高强度聚烯烃排水、排污管道等的生产。

——进一步推广水性聚氨酯、无溶剂等生态合成革的生产和应用，推动无铅PVC异型材和管材的生产和应用，推动绿色转型。

——加强废旧塑料，特别是车用等工程塑料的改性、高附加值应用。

三是加快塑料成型装备的研发。加快塑料装备智能化、数字化改造力度，大力发展小型、超高精度、超高速和智能控制的加工设备，为智能制造、数字制造、网络制造提供先进装备和生产线。在迎接工业互联网+时代的同时，更重要的是要为“新硬件时代”打好基础。

——加快新型超大型塑料成型重大装备的研发和应用。

——加快小型精密电动注塑机的开发应用，力争在高精、灵敏、快捷伺服电机控制系统取得突破，在成型精度、制造精度、控温精度等方面更适应小型精密注塑制品的生产。

——加快小型、多功能的特种功能薄膜生产设备的开发应用。

——加快低定量、轻量、微量涂布设备的开发应用。

——加快微成型加工设备的开发应用。

四是加快绿色、节能、高效新型加工成型工艺和技术的开发和应用。要加快超高分子量聚乙烯基础加工技术、要加快CO_2超临界发泡工艺的推广应用、加快电磁感应节能技术等的推广。

五、重点工作

1. 实施创新驱动战略，引领行业转型升级

创新驱动战略是以推进科技创新为核心的全面创新。塑料加工业要牢牢把握科技进步大方向，牢牢把握产业革命大趋势。一方面要努力跟踪全球先进成型工艺和技术最新动态，努力赶超，缩小差距，加快形成技术、装备、人才为主的复合竞争优势。另一方面要坚持问题导向，努力突破瓶颈制约，攻克核心技术，在跟进中突破、在跟进中加快发展。

为此要加快人才、技术、资金等创新资源和要素的积聚，加快以企业为主体的创新体系建设。

有条件的企业和产业集中区一定要建立自己的研发和技术中心。培养一批能够引领产业变革和具有核心技术攻关能力的创新型骨干企业，发挥其

创新整合资源作用，壮大科技型中小企业，激发创新合力，推动塑料行业技术升级。

塑料加工业中小企业数量众多，自主创新、研发能力弱，行业组织或地方政府要积极帮助搭建公共服务平台；发挥大专院校、科研院所力量尤为重要，要借力发展、借智发展。企业要积极为科研成果提供中试条件，主动承担中试工厂作用。要加强产学研用的深度融合；要加强从原料、加工到装备的垂直创新体系建设；要发动同行业企业共同攻关面临的关键核心技术，形成横向联合、协同创新和攻关体系。

2. 大力开展“增品种、提质量、创品牌”活动，加快结构调整

塑料加工业是快速成长的新兴制造业，并非产能过剩行业，但在部分产品中出现结构性和阶段性过剩现象，产品结构不合理问题突出，中低档产品比例过高，同质化现象严重，技术含量高的制品仍依赖进口。产能过剩的本质是供给能力不适应市场需求，迫切要求供给水平加快升级。当前在经济新常态下，在发挥市场导向作用、深化需求侧改革的同时，正加大供给侧结构性改革。供给侧结构性改革主要任务是加快结构调整，进一步提高供给水平、供给质量和供给有效性。塑料加工业要抓住供给侧结构性改革的机遇，围绕“三品”工程，大力开展“增品种、提质量、创品牌”活动。一是以高端化为核心，实施进口替代战略，大力开发市场急需的新产品，努力培养新的增长点。二是认真开展品质提升三年行动计划，制定塑料加工业重点产品、目标和措施。三是加快品牌培育和品牌体系建设，力争在“十三五”期间能培育出一批国内外知名的品牌。

供给侧结构性改革涉及人工、资本、技术和制度等要素，是提升产业素质、加快产业升级、推动结构调整、培育新的发展动力的重要战略举措，塑料加工业全行业要抓住机遇，有所作用。

3. 加快工业互联网工程建设，迎接智能制造、数字制造和网络制造的挑战

德国率先提出工业 4.0 概念，在全球掀起新一轮技术革命和产业变革的浪潮，各国竞相跟进。美国在再工业化基础上，提出工业互联网战略。是以强大的 IT 技术为基础，集成全球智慧资源来构建工业互联网，将信息网络和制造系统融合为社会化网络制造环境和系统。它的核心层和基础是物联网。中间管理层是企业资源管理系统和制造信息系统。上层是电子商务平台。它所打造的是柔性化、协同化、网络化、智能化的工业制造模式，是要素根据信息资源进行动态配置的工业形态，是产业链社会化大协作，实现跨界协作的一种新型产业形态。

我国提出《中国制造 2025》，提出三步走战略。用十年时间实现制造强国目标，用 20 年时间全面实现工业化，制造业水平位居世界制造强国的中等水平。到建国 100 周年，综合实力进入世界制造强国行列。李克强总理提出“互联网 +”，以推动互联网、云计算、大数据、物联网与现代制造业的融合，促进电子商务、工业互联网和互联网金融的健康发展。与发达国家相比，我国差距不小。德国是在工业 3.0 基础上向工业 4.0 探索和迈步。而我国要在工业 2.0、3.0、4.0 同步平行展开，很明显我国基础差、起步晚，难度大，特别是塑料加工业面临严峻和巨大挑战。新一轮技术革命其核心是提高制造业生产效率和减少人工，这是在更高层面上解决制造业两个传统问题即提高产出和降低成本。新一轮技术革命将深刻改变制造业生产模式和产业形态，必将对全球制造业的重构和再造产生重大影响，因此这是一场抢占未来制造业制高点的革命。这对塑料加工业提出了严峻挑战，不能输在新的起跑线上。塑料加工业要根据自身实际，紧紧围绕两化融合这一核心，以信息技术与制造技术深度融合的智能制造为发展主线，加快生产型制造向服务型制造的转变。

4. 必须加快转换盈利模式，培育新的利润源，以应对高成本的挑战

当前塑料加工业正面临增长速度放缓和生产要素成本不断增加，资源、环境、能源约束全面增强的双重压力。市场需求不旺，成本上升，企业合理利润空间被大大压缩。传统的以“提高质量，降低消耗”为主要内容的降低变动成本和以“扩大规模，提高产量”为主要内容的降低固定成本的盈利模式遇到极大挑战。迫使我们必须加快转换盈利模式，培育新的利润源。要在降低变动成本和降低固定成本传统盈利模式的基础上，加快培育新的利润源。一是大力培育资源配置效益利润源。十八届三中全会提出要让市场在资源配置上起决定性作用，充分肯定了市场的作用，同时也提出了如何发挥市场作用，提高资源配置效益这一核心问题，提高资源配置效率是提高效益，也就是获取资源配置效益

的有效途径。提高资源配置效率，一方面要提高全要素劳动生产率，就是要对劳动生产率、资源利用率、能源利用率、资金利用率、投入产出率、资本替代人工、人才红利等进行综合统筹、优化，实现综合成本最低和综合效益最大。另一方面是充分利用市场、人力、物流等资源，进行生产合理布局，同时充分利用全球智慧资源，开展研发、设计“众创”和产业链全球化。二是大力培育生产服务型的增值效益利润源。加快产业链延伸，推动单纯生产型向生产服务型的转变，获得更多的增值效益。三是加强品牌建设，大力培育品牌溢出效益利润源，提高产品盈利能力。

5. 推动塑料加工业安全工程体系建设，保障食品和环境安全

（1）加强食品接触塑料制品安全工程建设

塑料制品目前约占全球食品包装产品总量30%的市场份额，因此要把卫生、安全工作放在首位。

严格遵守新版《食品安全法》规定和要求，切实做好塑料制品的卫生、安全工作，需要依靠技术进步，大力开发安全可靠的食品接触新材料及助剂，加快建立食品包装材料卫生安全溯源机制和方法，从源头上保证原料及助剂达到食品级要求；要加快食品包装材料标准化体系建设，建立健全食品包装材料安全评价制度和方法。

（2）推进环保型助剂在塑料制品中的替代

绿色、无毒、环保型助剂在塑料制品尤其是与食品接触塑料制品的应用越来越受到全社会的关注。发达国家对塑料制品中助剂的使用基本上都有明确限制或相关禁令。

——欧洲禁用铅/镉类重金属热稳定剂已进入倒计时，已于2016年1月1日开始禁止使用，我国虽然规定了部分产品禁止使用铅盐类热稳定剂，仍无针对大部分产品的具体禁铅时间表；

——欧洲已开始限制含卤阻燃剂的销售，以六溴环十二烷（HBCD）为例，2013年召开的联合国化学会议决定在全球禁用阻燃剂HBCD，并将其加入到《关于持久性有机污染物的斯德哥尔摩公约》禁用化学制品的附录A名单（从全球淘汰名单），但目前国内聚苯乙烯基建筑保温材料仍主要采用HBCD作为阻燃剂。

（3）推进塑料再生利用产业发展

目前，我国塑料再生利用行业正处于起步阶段，存在市场竞争激烈，再生利用率偏低、利润空间不大，技术落后等问题。随着党的十八大报告中首次把“生态文明建设”提升到更高的战略层面，一系列促进循环经济政策的出台，废旧塑料的处理、回收和高值化利用成为行业发展的焦点。

推动我国塑料再生利用产业的健康发展，需要按照国家低碳经济发展战略，建立完善的废旧塑料回收体系，发展废旧塑料高效分选及高值化利用技术，通过改性提高产品的利用率和附加值，促使废塑料行业逐渐向集约化、规模化、深加工方向发展，实现经济效益、社会效益和生态效益的统一。

6. 推进企业清洁生产和节能减排，逐步实现行业可持续发展

鼓励和支持企业通过采取技术创新、管理提升、技术改造和淘汰落后等措施来降低单位产品的能耗水平，进一步提高复合膜、镀铝膜、人造革合成革、塑料再生、助剂等重点行业的环保准入门槛；争取更多的绿色塑料制品通过中国环境标志产品认证；通过在行业内推动应用技术示范对企业进行引导，加大先进、适用、成熟的绿色低碳技术的推广力度；国家和地方政府对企业进行清洁生产和技能减排专项改造给予重点支持，同时强化监督管理制度，对于超标排放污染物的企业依法严肃处理。

7. 加强行业品牌建设工作，提升产业整体素质

品牌建设是促进企业可持续发展的原动力。经过多年高速发展，我国塑料加工业涌现出了一批在国内具有较大影响力的品牌，但仍缺乏有国际影响力的品牌；加上中小企业数量居多，对品牌定位重要性意识不足，缺乏科学的战略规划，导致产业整体品牌意识不强。

通过组织开展品牌培训活动，提高企业品牌培育意识；引导企业开发切合实际的品牌管理机制和品牌塑造方法；通过技术改造、产学研用等方式引导企业提高创新能力，提高产品质量水平；鼓励企业加大在技术研发和质量提升等方面的投入；鼓励企业更多参与行业标准、国家标准甚至国际标准的制定，抢占产业发展的制高点。

8. 加强行业培训工作，推进专业人才队伍建设

当前塑料加工业众多中小企业科技人才创新方面存在投入不足，配置不合理，高级技工匮乏等问题。企业应主动出击，全方位选拔人才，为科技人才的创新提供服务，提高科技人才创新能力；协会通过借鉴发达国家行业协会的先进经验做法，加强企业、高校及科研院所的交流与合作，架接为企

业培养高技术人才的“立交桥”，加强行业专业人才的培训工作，联合培养行业创新型人才。

六、政策建议

（一）加强政策引导和支持，加快推进行业的产业化进程

政府部门应加强对塑料加工业的政策引导和资金支持。通过科技支撑计划、产业振兴和技术改造、强基工程、中小企业创新基金等专项工程及项目，支持塑料加工业新材料、新产品、新技术、新装备的研发升级及产业化；出台相关政策为企业营造自主创新的良好氛围，引导企业走技术创新、科学发展的道路，通过创新驱动提高行业的整体竞争力；强化知识产权保护，支持国家级技术中心的建立，扶持建立更多针对中小企业的多功能公共服务平台，为行业提供信息、技术及检测等全方位服务。

（二）充分发挥行业协会的作用，促进行业繁荣发展

塑料加工业要继续坚持以市场需求为导向，以企业为创新体系主体，产学研用全面结合的发展模式。协会要积极发挥政府和企业之间桥梁和纽带作用，将企业诉求积极向政府部门反映并沟通协调，通过积极参与国家产业政策、法律法规、行业规划及产品标准的制定及在企业的宣传落实，为企业尽量营造良好的发展空间和公平的竞争环境。呼吁加强知识产权保护，鼓励跨界联合，交叉创新活动，鼓励企业加大对研究开发、自主创新的投入，推动行业加快步入健康、有序、良性发展的快车道。

（三）引导企业开拓国际市场，积极应对国外技术贸易壁垒

鼓励企业实施“走出去”战略，到树脂原料及市场资源丰富的国家和地区设厂开拓国际市场；提升高技术含量产品的出口比例，逐步减少加工贸易和低附加值产品；充分发挥协会的组织协调作用，促进出口市场向亚非拉等新兴市场转变调整。分析评估国外技术贸易壁垒对我国塑料加工业出口的影响，引导企业合理利用国外技术贸易壁垒带来的产品升级契机，通过加强管理和自主创新来提高产品竞争力。

（四）推进行业标准化工作，建立较为完善合理的标准体系

针对塑料加工业目前存在的标准老化、缺失、滞后，标准体系不合理，标准管理混乱等问题，按照《国务院关于印发深化标准化工作改革方案》要求，鼓励协会与企业积极参与到包括塑料原料、制品及助剂等的国标、行标、企标的制定和修订，特别是与食品接触塑料制品及助剂相关标准的制修订；整合、优化推荐性标准，建立合理完善的标准体系，使其与塑料加工业的发展速度相匹配，能够支撑起塑料加工业的转型升级。国家相关部门应强化对标准执行情况的监管，大力推进先进检测认证技术及体系，鼓励实施团体标准试点工作，推动积极引导有实力的企业参与国际标准的制修订，提高由中国主导的国际标准所占比例，提升中国标准在国际上的话语权和认可度。

2016 年 4 月 24 日

关于《塑料加工业“十三五”发展规划指导意见》（送审稿）的说明

中国轻工业联合会副会长
中国塑料加工工业协会理事长
钱桂敬

各位理事：

我代表中国塑料加工工业协会就《塑料加工业“十三五”发展规划指导意见》（以下简称规划）作一简要说明。其目的是更方便各位理事重点了解“十三五”规划有关内容，便于更好审议。

一、编制过程

2015 年初协会组织力量，开始收集材料，广泛征求意见，在初步形成“十三五”规划思路的基础上，召开了协会科技咨询委员会第二次会议，讨论和通过了“十三五”规划框架初稿，并提交六届五次理事会审议。

根据六届五次理事会审议意见，协会又组织力量进行修改，形成“十三五”规划征求意见稿，经协会科技咨询委员会第三次会议集体讨论和修改后，

形成了“十三五”规划送审稿，提交六届六次理事会审议。

“十三五”规划包括“十二五”塑料加工业取得的主要成绩与存在问题；“十三五”期间面临发展的机遇和挑战；“十三五”指导思想、基本原则和挑战；重点任务和产品发展方向；重点工作；政策建议六大部分。

“十三五”规划在“创新、协调、绿色、开放、共享”五大发展理念指引下，认真贯彻《中华人民共和国国民经济和社会发展第十三个五年规划纲要》，突出了塑料加工业在我国经济进入新常态后，在国内外发展环境更加错综复杂情况下，从破解发展难题，加快结构调整、产业升级和提高发展质量和效益出发，提出了“十三五”塑料加工业发展指导思想、发展目标和发展重点。

“十三五”规划的编制，严格遵循问题导向和目标导向相统一的原则。规划认真总结了“十三五”塑料加工业取得的成绩，深入分析了存在产品结构不合理、创新能力薄弱、区域发展不平衡和品牌建设能力不强等问题。“十三五”规划针对这些问题和“十三五”发展目标，坚持问题导向和目标导向相统一，提出依靠技术进步和科技创新，实施创新驱动发展战略。

“十三五”规划在编制中从过去重视总量目标向更加重视结构目标转变，“十三五”规划中重点增加了重点任务和产品发展方向，规划中提出了要重点突破原料、先进成型技术和工艺、装备三大瓶颈制约。提出了重点发展多功能高性能材料及助剂；紧紧围绕高端化，加快提高中高端制品比例；加快塑机研发；加快绿色、节能、高效新型加工工艺的开发四个方面的产品发展方向，这也充分体现了规划更加重视结构目标。

二、关于“十三五”规划指导思想、基本原则和发展目标

“十三五”规划指导思想核心是按照加快培育发展战略性新兴产业的总体要求，紧紧围绕国民经济和社会发展重大需求，以加快转型升级为突破点，以提高自主创新能力为核心，以新材料、新技术、新装备和新产品为发展重点，大力实施高端化战略，全面提高产业素质，加快完善创新体系建设，大力推进两化深度融合，力争在智能制造、数字制造和网络制造上取得新的突破。为塑料加工业进入世界先进国家行列打好基础。指导思想明确了塑料加工业作为国民经济重要的基础性产业，必须服务和推动国家战略性新兴产业的发展，必须把握好塑料作为二十一世纪新材料革命的重要领域这一历史机遇，推动塑料加工业更好发展，这是塑料加工业“十三五”重要发展方向。这也是塑料加工业在国民经济中重要作用所决定的。指导思想明确塑料加工业“十三五”发展中的突破点、核心和新材料、新技术、新装备、新产品 “四新”发展重点，是塑料加工业具体发展方向。指导思想提出高端化战略、完善创新体系建设、大力推进两化深度融合等，这是实现“十三五”塑料加工业发展目标的重要措施，也是创新发展的重要内容。

“十三五”规划提出塑料加工业发展所遵循的五个原则：

——坚持“资源节约型、环境友好型、科技创新型”的产业方向，大力实施“绿色、低碳、循环、生态”发展战略，推动塑料加工业健康和可持续发展。

——坚持创新驱动发展，进一步发挥技术进步、科技创新的保证和支撑作用。大力实施高端化战略，牢牢把握“功能化、轻量化、生态化、微成型”技术发展方向，全面推进产业转型升级。

——坚持把提高发展质量和效益放在首位，不断提升要素质量，提高要素配置效率。

——坚持“高端化、个性化、小批量、私人订制”的市场导向，推动新型生产模式和新兴业态的快速成长。

——坚持协调发展、统筹兼顾。统筹资源、市场及区位优势，推动塑料工业有序梯度转移，优化区域布局。

关于“十三五”发展目标，规划建议“十三五”制品产量增速为4%，主营业务收入为6%，利润为8%。这主要考虑塑料加工业跨越了数量主导型发展阶段后，为适应结构优化、产业高端化新阶段的特点而提出的导向性指标，“十三五”塑料加工业发展一个显著特点是量的增长将让位于发展质量和发展效益的提高，立足点要放在进一步优化增量的基础上，重点进行存量调整，加快结构调整、化解产能过剩、用先进产能替代落后产能。“十三五”速度目标比“十二五”要低 4.41 个百分点，也说明“十三五”发展难度加大。

关于研发经费投入（R&D）建议目标为力争达到占主营业务收入 2% 以上。全国 2015 年研发经费投入已达 2.1%，2020 年目标为 2.8%。考虑到塑料加工业小企业多，“十二五”期间研发经费投入较低，“十三五”期间研发经费投入不可能大幅增加，故其建议目标仍低于全国工业系统平均水平。说明了塑料加工业研发投入不足，创新能力薄弱这一短板。

三、关于“十三五”的重点工作

“十三五”规划中提出实施创新驱动战略、引领行业转型升级；大力开展“增品种、提质量、创品牌”活动，加快结构调整；推动塑料加工业安全工程建设体系建设，保障食品和环境安全等八项重点工作。我想在这里强调两点：

（一）以高端化为核心，大力培养新的增长点，以提高效率为核心，培育新的竞争优势

培养新的增长点，就是要大力发展新技术、新产品、新业态、新模式。重点是以高端化为核心，开发新产品，推动产品升级换代。塑料加工业要紧紧围绕“功能化、轻量化、生态化、微成型”这一技术发展方向，大力开发新产品，要大力实施进口替代战略，占领产业链中高端。在规划第四部分《重点任务和产品发展方向》中，已初步列出新产品方向。从中可以看到要在功能化产品方向实现新的突破，如光学基膜、新能源薄膜、水处理膜、液晶聚合物膜LCP等的开发。特别是光学膜在显示产业方面应用。在塑料管道方向要加大改性PVC管、大口径城市排污管、高压连续增强热塑性油气管、家庭地热用工程塑料管、海绵城市塑料砌块等。在轻量化方面，大力开发轻质高强材料。要在医用塑料制品、精密注塑制品等方面实现新的突破。这里强调一下“生态化”，生态化是指充分利用生物质高分子材料和生物基高分子材料，加快开发生物质分解塑料，加快生物基塑料研发进程。生态化发展空间大，发展领域宽，充分体现石油基高分子和生物质高分子的跨界发展和融合，也是新产品开发的重要领域之一。

在大力开发新产品同时，要以高端化为导向，认真开展“增品种、提品质、创品牌”活动，全面升级换代，推动产品结构调整。

培养新的竞争优势。当前塑料加工业正面临生产要素成本全面上升，资源环境、能源约束全面加强和下行压力加大的双重影响。受此影响整个行业成本上升，效益全面下降。因此加快培育新的竞争优势，确保塑料加工业健康发展是当务之急。

培养新的竞争优势主要是技术、装备优势和成本优势。

一是依靠技术进步，坚持用更新技术改造传统产业，打造技术装备优势。

当前以工业4.0、工业互联网、《中国制造2025》为标志的新一轮技术革命正在兴起。中国塑料加工业目前技术装备水平有了一定提高，但发展不平衡，从整体上讲仍然是以劳动密集型为主的传统制造业，技术装备水平和“十三五”塑料加工业实施高端化战略和实现产业升级目标还很不适应。因此以两化融合来统领技术装备水平的提升，建立现代生产体系，打造技术装备优势，进一步提升竞争优势是“十三五”的重要任务。

二是提高资源配置效率，提高全要素劳动生产率。

资源配置效率集中体现在全要素劳动生产率上，就是要对劳动生产率、资源利用率、能源利用率、投入产出率、资本替代人工、资本和人才红利进行综合、统筹和优化，使之综合效益最大化，这是降低成本，培育成本优势最主要的措施。

三是进一步转换盈利模式，培养新的利润源，提高盈利水平。

当前以“提高质量，降低消耗”为主要内容的降低变动成本和以“扩大规模，提高产量”为主要内容的降低固定成本的传统盈利模式正面临严峻挑战，致使盈利水平普遍下滑。为此必须加快转换盈利模式，努力培养新的利润增长源。一要努力培养资源配置效率利润源，通过提高要素质量和资源配置效率来提高盈利水平。二是要加快培育生产服务型增值效益利润源，加快产业链延伸，加快单纯生产型向生产服务型转变，扩大利润空间，提高盈利水平。三要加强质量、品牌建设，努力培养品牌溢出效益利润源，同时要充分利用互联网、云计算、大数据平台，更好推动“众创”，努力缩小新产品开发周期，抢占新产品上市的早期效益。

（二）推进供给侧结构性改革，培育塑料加工业创新发展新动能

在刚刚结束的十二届全国人大四次会议上，李克强总理在政府工作报告中提出，今年要加强供给侧结构性改革，增强持续增长动力。围绕解决重点领域的突出矛盾和问题，加快破除体制机制障碍，以供给侧结构性改革提高供给体系的质量和效益，进一步激发市场活力和社会创造力。从政府工作报告中，我们可以看到供给侧结构性改革目的是增强持续增长动力，基本目标是提高供给体系的质量和效益。

提到供给侧结构性改革不能不弄清其与供给学派的异同。供给学派产生于美国新自由主义最盛

行的时代，20 世纪 80 年代美国总统里根采用了供给学派政策主张。供给学派是新自由主义经济的代表。在其主张中，突出一点是反对产业政策，认为不应该针对某一个产业制定政策，应该用普遍降税的方式来提高投资积极性。而我们讲“着力加强供给侧结构性改革”是针对我国经济出现的结构性矛盾，而进行的补短板、去库存、去杠杆、降成本、减税负，这与美国供给学派政策是有本质区别的。首先是经济制度不同；其次是我们推行的是“宏观政策要稳，产业政策要准”，是在中央“十三五”规划建议指导下进行的，是以产业政策为指导的，是在充分发挥市场需求基础上，是在深化需求侧改革的同时来推行供给侧结构性改革的。

供给侧改革基本目标和任务是要进一步提高供给水平、供给质量和供给的有效性，就是要从需求侧“元动力”出发，通过创新供给催生新需求。轻工业是供给侧改革的主战场，当前必须紧紧围绕“增品种，提质量，创品牌”来进一步提升供给水平，创造新的价值和提高竞争优势。

供给侧改革涉及人工、资本、技术和制度四大要素，供给侧结构性改革的核心是要解决生产要素的合理配置问题，是要大力提高资源配置效率，提高全要素生产率，目的是实现效率驱动。可以讲，供给侧改革是推动要素效率革命的重要举措。也是转变发展方式、推进产业升级的持久的战略举措。

供给侧结构性改革核心是制度创新和供给创新。改革成效体现在以下三个方面。一是创造和改善企业改革、发展、经营的社会和市场环境，通过“政策供给”引导结构优化，通过“制度创新”激发增长潜力的释放。二是通过结构性减税，减轻企业负担，降低经营成本。三是加大企业技术改造投入，提高装备和控制过程智能化水平。

推进供给侧结构性改革，落脚点是培育发展新动力。当前在传统要素红利和“三驾马车”动力减弱的新常态下，我们必须通过供给侧结构性改革寻找我国经济增长的动力源和动力转换，培育发展新动力。

“十三五”是“创新引领发展、科技赢得未来”的时代。创新是引领发展的第一动力，是提高社会生产力和综合国力的战略支撑。创新驱动发展是推进以科技创新为核心的全面创新，包括管理创新、制度创新。供给侧结构性改革是一场推动要素效率的革命，核心是提高要素配置效率，是转变发展方式，提高发展质量和效益，全面筑牢发展基础，缩小与发达国家差距的一场变革。是培育新的发展动力重要战略措施。

“十三五”塑料加工业正面临市场需求不旺、结构不合理和行业效益全面下滑的严峻挑战，全面推进创新驱动发展战略，培育新的发展动力，加快实现塑料加工业强国战略目标是塑料加工业工业最重要的任务。“十三五”塑料加工业要在供给侧结构性改革基础上，牢牢把握推进以技术创新为核心的全面创新，加快发展动力转换，坚持创新驱动发展。

一是要牢牢把握科技进步大方向。科学技术是世界性、时代性，必须要有全球视野，紧紧跟踪当代塑料加工业最新发展动态和发展趋势，在工业 4.0、工业互联网、云计算、大数据等快速发展中，按《中国制造 2025》部署要求，以两化深度融合为方向，加快塑料加工业互联网工程建设，要在 ERP、信息管理系统进一步完善的基础上，补好 MES 制造执行系统等短板，并做好 ERP 和 MES 融合，为效率驱动、智能制造打好基础。

二是牢牢把握产业革命大趋势。以工业 4.0 和工业互联网为标志的新一轮技术革命正深刻改变制造业生产模式和产业形态，同时将大大提高企业的生产、经营管理水平，将对传统生产经营管理模式产生巨大冲击。塑料加工业作为国民经济重要基础性产业和重要的民生产业，同时作为新兴制造业要迎接挑战，要在提升产业链价值、探索“服务化”制造新模式、加快国际化经营步伐、建设创新型企业等方面取得新进展。

三是牢牢把握聚集人才大举措。创新驱动实质是人才驱动，人才资源是第一资源，也是创新驱动活动中最活跃、最积极的因素。塑料加工业要加快人才、技术、资金等创新资源和创新要素的集聚，加快以企业为主体的创新体系建设。特别要加强原料、助剂、装备、控制系统等产业链垂直创新体系建设，大力推动协同创新、联合攻关。

“十三五”是塑料加工业进入创新发展新的历史时期，制定“十三五”规划目的是为了更好认清塑料加工业面临的发展机遇和挑战，理清发展思路，明确发展目标，统一行业思想，为塑料加工业由大变强、由快到好，加快产业升级共同努力，希望各位理事对规划送审稿进行认真审议，以更好发挥规划的引领作用、指导作用。

中国塑料加工工业协会 2015 年工作报告及 2016 年工作要点

中国塑料加工工业协会
常务副理事长 曹俭

各位理事：

受钱桂敬理事长委托，由我向大会做 2015 年中国塑料加工工业协会第六届六次理事会工作报告和 2016 年工作安排。2015 年是“十二五”规划收官之年，也是我国塑料工业进入新常态之年，也是全面推动大众创业，万众创新实施创新驱动战略之年。我们要全面认真贯彻落实党的十八届三中、四中、五中全会精神。要持之以恒推进党风廉政建设和反腐败斗争。经“十二五”期间的稳步调整，我国塑料工业逐步进入正常化，平稳健康发展。

2015 年塑料制品行业的经济运行情况：据国家统计局数据显示，2015 年汇总统计 7226 个企业的塑料制品产量为 7560.82 万吨，同比增长 0.95%，比 2014 年 7.44% 的增长下降了 6.49 个百分点。

2015 年我国塑料制品规模以上企业 14763 个，累计实现主营业务收入 21466. 10 亿元，同比增长 4.60%；实现利税 1937.86 亿元，同比增长 8.26%；其中：利润总额 1302.53 亿元，同比增长 8.8%。

据海关总署的统计数据显示，2015 年全国塑料制品出口量为 1651.47 万吨，比上年同期增长了 2.73%；出口额 610.62 亿美元，比上年同期增长了 1.04%。

尽管 2015 年塑料加工业产量增幅、主营业务收入增幅、利润总额增幅均有所回落，但从整体上看，我国塑料加工业仍保持了平稳的发展态势，运行位于合理区间。预计 2016 年我国塑料加工业的经济运行趋势仍将保持平稳增长。

一、2015 年主要做了如下几项工作

（一）5 月 19 日在广州召开“中国塑协六届五次理事扩大会议暨塑料加工工业技术应用论坛”

会议期间，召开中国塑协六届九次常务理事扩大会议和六届五次理事扩大会议。邀请 6 位国内外行业知名专家做行业新技术报告，并出版《塑料加工业技术应用论坛论文集》，发表塑料行业技术论文和文章 22 篇。

参与中国工程院、先进成型技术学会主办的学术活动并做报告。提升中国塑协在行业中的地位。

（二）认真倾听企业意见，积极反映企业诉求，向政府提出意见建议，维护、争取行业利益

通过大量走访企业，参加各专委会年会等行业活动，宣传贯彻国家有关政策，了解企业运行情况，研究行业发展状况和存在问题，提出解决问题的对策，并积极帮助企业解决实际困难，对于行业重大情况组织力量积极研究并向上级有关部门提出合理建议。

根据征集意见提出塑料行业 2016 年关税调整意见、中日韩自贸区谈判塑料产品降税模式建议、塑料例外产品及适用零关税产品清单意见以及对《食品接触用塑料成型品》、《食品接触用塑料树脂》国家标准的意见等报国家工信部、商务部、卫生部、轻工联合会。

（三）接受政府委托，完成各类承担课题

1. 研究行业科技发展现状，撰写行业研究报告

（1）承担工信部下达《生物基塑料发展政策研究》课题研究，携协会相关专委会完成研究报告，提出国家支持农用生物材料及降解地膜发展的意见建议，顺利通过工信部验收。

（2）承担轻工联合会 2016 年度塑料技改项目重点方向研究课题，组织征集、整理完成“2016 年度塑料技改项目重点方向”研究报告，提出行业申报技改项目。

（3）根据塑料加工业现状及发展方向，组织撰写轻工联合会布置的“消费品品质提升三年行动计划”材料、“塑料加工业“十三五”行业节能减排形势分析”，“塑料行业装备技术进步“十三五”发展指导意见”等报告。

（4）组织协会复合膜、合成革专委会完成“中国塑料加工行业 VOC 有关情况”报告提交中国轻工联合会和环保部。

调研“塑料行业‘走出去’情况征求政策意见，与专委会、企业沟通征集企业信息上报轻工联合会。

2. 搭建科技平台，根据行业需要，开展专题、专项研究，推进行业技术进步

(1)承担质检总局《食品相关产品风险监控与安全监督管理技术规范》研究制定课题，组织开展行业相关调研及专题研讨会。

(2)携相关专委会联合全国农业技术推广服务中心、中国农用塑料应用技术学会共同继续组织开展“农用生物降解地膜农田应用试验”，推进生物降解地膜科研及产业化。

3. 及时发布文件、信息，组织行业企业参加各种科技项目、奖励的申报

通过网站、信箱、电话通知等多种渠道尽量让更多企业知道并参与，帮助企业审查、把关文字材料。

组织了轻工行业国家重点推广的低碳技术，国家发改委、工信部技术改造项目，《国家鼓励的有毒有害原料（产品）替代品目录（2012 年版）》实施效果调查和新版目录，塑料制品业领域开展技术经济安全评估等项目的申报；帮助行业企业组织部级科技项目技术鉴定 4 项；推荐企业申报国家知识产权局第十七届中国专利奖；推荐了行业 21 家企业申报 2015 年中国轻工业联合会科学技术奖

经我协会提出、由轻工联合会上报的长效光温调控温室大棚膜、大口径钢带增强聚乙烯螺旋波纹管、PBSA 全生物降解塑料及系列产品、类纳米材料改性聚苯乙烯树脂、高性能氟塑料、废旧塑料高性能化技术示范等 6 个技改项目入选 2015 年国家技改计划；推荐的 4 项专利中 3 项专利获得中国专利优秀奖；推荐“佛山佛塑科技集团股份有限公司”获得国家知识产权运用标杆企业；推荐广东海兴塑胶公司获第一届中国轻工业优秀设计优秀设计奖

（四）组织力量认真编制《塑料加工业“十三五”发展规划指导意见（框架初稿）》，启动《塑料加工业“十三五”技术进步指导意见》

2015 年，协会组织力量，收集材料，整理征集意见，认真编写《塑料加工业“十三五”发展规划指导意见（框架初稿）》，提交六届五次理事会扩大会议审议。启动《塑料加工业“十三五”技术进步指导意见》的编制工作。

组织召开协会科技咨询委员会第二次会议，研究并讨论了《塑料加工业“十三五”发展规划指导意见(框架初稿)》、塑料加工行业涉及的“十三五”技术进步、技术装备和节能减排、2016 年度技术改造项目；《塑料加工业“十三五”技术进步指导意见》中应提出的前沿技术、关键共性技术、重点推广技术及清洁生产、重点装备研发技术项目；引导塑料加工行业开展的重大技术项目等相关内容。

（五）积极为行业和企业提供信息服务

1. 做好《中国塑协通讯》编辑工作

《中国塑协通讯》积极做好会员服务工作，开辟了政策法规，行业动态，新材料、新技术、新设备，专题论述，统计数据，市场信息，质量与标准，行业公告等栏目，及时向会员单位提供行业数据，提供信息咨询，加强信息交流，服务行业企业，引导行业健康发展。为了使塑料加工行业的运营状态、存在问题、热点、难点以及行业、企业诉求能够及时报送给中办、国办以及有关政府部门，信息部不定期向轻工联合会报送行业热点信息。全年报送了 2 篇信息，分别为“媒体误导舆论　消费引恐慌”，“谨防复合膜软包装行业的 VOCs 排污收费导致劣币驱良币”。

2. 加强中国塑协网站 www.cppia.com.cn 运行维护工作

中国塑协信息网紧跟国家方针政策，抓住行业热点和发展动向，力争快速、准确、客观地进行报道。访问量达到近 2190 万，成为国内最有影响力的塑料行业网站之一。积极配合我协会举办的“2016 中国国际塑料新材料、新技术、新装备、新产品展览会”，中国塑协信息网在首页醒目位置设立通栏横幅，设立了“展览会倒计时栏目牌”，时刻提醒访问者关注这一重要展会的召开。

针对行业出现情况，及时报道社会热点。对北京卫视频道《我是大医生》播出的“掐掉肿瘤的口粮”和“冰箱保卫战”两期节目中有关塑料制品的使用知识和各品种塑料的性能表述有错误的事件，在首页醒目位置设立通栏横幅及时报道，并组织多位行业内的权威专家的文章，纠正北京卫视频道的错误言论，从正面对塑料制品的卫生安全性能、使用方法、标准、标识等进行了大量报道。

3. 按时编辑出版行业季度和年度经济运行分析报告

作为服务行业服务企业的重要举措，六届以来信息部定期按时编辑出版行业季度和年度经济运行分析报告，对国家统计局数据进行全面深入分析，并结合行业发展状况作出点评，引导行业发展方向，积极打造行业信息服务平台，为会员企业做好信息服务工作。

（六）做好会员的组织基础服务工作

(1)自 2013 年协会参加了民政部的 5A 级评估工作后，会员管理逐步规范。针对协会分支机构

多、会员重叠、信息老化、会员分散、变化快等特点，我们加强了会员的发展、组织和管理等系列管理工作，逐步理顺会员之间的各种关系，特别是重点抓好会员组织体系完善。①协会直接发展会员入会手续办理规范、快速，信息全面，会费缴纳及时；分支机构代为发展的会员逐渐按照规范管理要求进行，统一填报入会申请表，由会员部按照会员所属塑料子行业的情况，归类到有关分支机构进行专业的服务。②各分支机构在进行换届筹备中，能够按照要求对会员进行重新登记，对没有办理入会手续的进行补办，以完善会员的资格和保证信息的全面和会员的沟通。

（2）做好为特色区域和产业集群的培育、共建的服务工作

当前国家经济进入新常态，依据区域优势，弘扬区域品牌，加大产业集群的发展力度，带动全行业整体水平的提高，对塑料行业的发展具有极其重要的战略意义。根据《中国轻工业特色区域和产业集群共建管理办法》和《关于授予中国塑料加工行业特色区域荣誉称号的管理办法》的有关规定，继续规范塑料行业的特色区域和产业集群培育和共建，在去年工作的基础上不断总结经验，解决存在的问题，按照国家和中轻联的有关要求规范好、建设好。根据地方政府的申请和行业的实际情况，对新申请的严格按照管理办法进行初评，对到期的进行复评，对以前协会自行授予的，按照相关规定在复评时，规范到与中轻联一起共建。为此，我们与中轻联一起分别对浙江省温岭市“中国日用塑料名城·温岭”、福建省福鼎市“中国生态合成革产业园区·福鼎”、广东省揭阳市“中国塑料时尚鞋之都·揭阳”进行了初评；对温州市“中国塑编之都·温州”和“中国塑料薄膜生产基地·温州”进行复评。还应重庆市人民政府要求，为响应国家“一带一路”“长江经济带”战略要求，促进重庆市梁平县塑料工业的快速发展，我协会还与重庆市梁平县共同培育“中国西部（重庆）塑料生态产业园”。

（3）继续做好中国塑料行业企业信用等级评价和结果的推广应用工作

为贯彻落实党的十八大精神，充分发挥企业的市场经济主体作用，切实推进社会诚信和信用体系建设，努力营造诚实、自律、守信、互信的社会信用环境。根据商务部、国资委的有关要求，我协会开始每年上下半年分两期常态有序地开展此项工作。同时，按照今年 8 月份商务部、国资委下发的《关于进一步做好行业信用评价工作的意见》（商信用字（2015）1 号）中有关规定，我们根据行业具体情况，修改了申报通知，按照企业性质不同分别制定了制造类、非制造类评价体系，制定了不同的评估指标，使我们设立的考核指标更加具有行业特色和企业特点，从而更全面、科学的反映企业信用的真实情况。

我们还积极参加和学习商务部、国资委召开的有关诚信建设的各种会议和文件，学习兄弟协会的好的经验，注重结果的使用和推广，使我们的参评企业的评价结果及时上报商务部的“中国市场秩序网”和刊登在商务部的“中国行业信用企业名录”中，供商务部在相关机构进行推广。去年共计三批次进行了 72 家初评、61 家复评。近几年来，商务部积极推进行政管理信息共享机制建设工作。商务领域企业信用信息交换共享平台的第一批（包括我协会认证的企业在内）1 万家 A 级以上企业的信用信息在中央平台上线运行，为商务部在行政管理事项中使用企业信用记录提升宏观决策和行政管理效率，提供了有效的技术支撑。同时，商务部正通过发展改革委、人民银行牵头的不良的信用记录，共建共享工作机制和国家电子政务外网，逐步将上述行业信用评价结果与国家信用信息平台以及各相关部门进行信息交换共享，从而在更大的范围内实现应用。为此，我们借助政府在推动行业信用建设的力量，积极开展塑料行业信用体系建设，加强行业自律、规范行业行为，对接政府职能和服务转移，充分发挥协会熟悉行业，是政府与企业桥梁纽带的作用，真正将这项工作抓紧抓实。目前，中国塑料行业企业信用等级评价结果已得到相关政府部门、机构的认可，并在他们的相关工作中加以应用。同时，这项工作已逐渐得到行业企业的认可，企业咨询的多了，参加评价的多了，这项工作正有序地开展。

（4）召开 2015 年全国塑料行业省、市商、协会工作座谈会。

完成中空、塑编、EPS、塑木四专委会换届．XPS 专委会成立。注塑专委会筹备换届工作。

（5）完成中国轻工塑料行业十强企业申报工作

按照中轻联要求，积极参加 2015 年中国轻工业联合会开展的轻工行业十强企业、轻工百强企业评价工作。通过我们宣传、组织、布置、协调、推荐、审核等，评出广东联塑科技实业有限公司等十家企业为“2014 年度中国轻工塑料行业十强企业”；

公元塑业集团有限公司等九家企业入选“2014年度年中国轻工行业百强企业”；同时还分别评出塑料异型材、塑料管材、塑料人造革合成革和板片材4个子行业的十强企业。

（6）积极支持指导各分支机构开展工作

2015年各专委会举办各种技术交流，国际论坛。学习报告会三十多场。其中专家委员会、塑料管道专委会、工程塑料专委会、氟塑料专委会、BOPET专委会等举办的国际论坛，技术交流收到行业的赞扬。完成中空、塑编、EPS、塑木四专委会换届，XPS专委会成立。注塑专委会筹备换届工作。

（七）组织国内外交流活动

积极开展国际交流合作活动，2015年5月应意大利方面邀请，中国塑协组团参观了米兰国际橡塑展，取得了良好效果，扩大了中国塑协与其他国家塑料行业领域的合作和交流。

（八）积极推进标准化工作

（1）组织开展GB13735-92《聚乙烯吹塑农用地面覆盖薄膜》国家标准修订工作；

（2）组织开展《一次性非可降解餐饮具通用技术要求》国家标准制定工作；

（3）配合国家海关和轻工联合会，组织开展好加工贸易单耗标准制定工作，组织征集、筛选并申报2016年加工贸易单耗标准项目3个提交轻工联和海关总署。

（九）加强秘书处自身建设

深入开展党的思想教育工作，认真开展“三严三实”活动。加强秘书处自身建设，提升新形势下行业组织的服务能力，进一步提高说清行业、引领行业发展的专业业务水平，进一步提高服务行业、企业，服务政府、服务社会的能力，进一步完善自身制度建设和规范管理，进一步加强班子和人才队伍建设，以优异服务和高素质队伍增强行业协会竞争力，赢得企业和行业认可。同时做好财务管理工作，年检通过，理顺秘书处与各专委会人员管理，完善社保等管理工作。

2015年工作上存在的不足：

（1）由于协会秘书处工作人员较少，深入企业调查研究不多，不能及时掌握企业和行业存在的问题。向上级政府反映情况不够及时。

（2）协会对行业内职工的教育培训方面做的工作还不够。2016年要着重开展教育培训工作。

（3）协会秘书处的工作人员要不断提高对行业服务的能力和水平。

二、2016年主要工作要点

（1）4月份在上海召开中国塑协六届六次理事扩大会议和准备在下半年召开第七次会员代表大会。并举办宏观经济论坛和塑料加工业技术应用论坛。

（2）组织编制《塑料加工业“十三五”发展规划指导意见》和《塑料加工业十三五技术进步指导意见》

（3）组织办好中国塑协第二届“四新展览会”初步定在南京，时间11月份（11月6-8日）

（4）组织实施开展“消费品品质提升三年行动计划”塑料专题的撰写和实施工作。

（5）建设健全职工教育培训委员会工作

（6）组织各专委会、专家参加2015年K展，找出我国塑料加工业各子行业与德国塑料工业4.0的差距。研究制定塑料行业中国制造2025技术路线图。

（7）继续抓好协会秘书处和各专委会的日常工作：科技技改、环保申报、会员管理、财务规范。

（8）进一步加强党组织建设，认真开展上级党组织交办的各项任务、严肃党风党纪建设。认真学习贯彻党的十八大和三中、四中、五中全会和中央经济工作会议精神。

（9）做好行业协会脱钩改革工作。我协会是第二批开展脱钩改革工作。从2016年6月开始。

（10）做好塑料行业“互联网+”融合工作。

创新驱动　提质增效　打造改性塑料行业升级版

——改性塑料“十二五”成就及“十三五”展望

摘　要：回顾改性塑料行业发展历程，总结“十二五”期间成就，提出在“十三五”开始的新常态下改性塑料行业发展的方向——创新驱动、提质增效，打造技术与产品的升级版，重点介绍极具市场前景的科技成果及发展项目。

一、“新常态”下我国改性塑料行业从高速增长步入中高速增长发展时期

近几年来，我国塑料加工工业在整个国民经济步入“新常态”历史时期时，从高速增长转变到增速、减缓的轨道上来，呈现出平稳健康发展的态势。

2012 年以前，塑料制品年产量始终保持高速增长，十一五期间塑料制品年产量年均增长速达到 10% 以上，从 2012 年起逐渐下降，2012 年为 8. 99%，到 2015 年下半年，增速已下滑到 1% 左右，塑料制品出口量也明显下降，增速大幅度减缓。在我国塑料加工工业能力进一步扩大，技术和装备水平不断提高的背景下，制品产量及出口量增长减缓，增速下滑的主要原因是国内、国际市场需求不足。

另一方面，改革开放以来，赖以支撑高速发展的“红利”正在减弱和消失，资源、环境、劳动力成本、市场化等多方面的矛盾意味着经济增长的传统模式面临从根本上扭转的局面，创新驱动、提质增效、打造技术和产品的升级版，建设资源节约型，环境友好型社会从上到下形成共识，新的经济发展任务就是从技术和产品创新入手，解决多年堆积的产能过剩、产品过剩、产品类同、低值等问题的同进，寻找新的经济增长点，保持国民经济平衡健康的增长。

我们改性塑料行业是为广大用户提供质优价廉、高性价比的中间料产品——各种母料和专用料，是比较容易做到技术和产品创新的。我们要树新常态理念、立新时期方略，打造行业升级版，向轻量化、功能、生态化、智能化进军。

二、改性塑料行业发展历程回顾及十二五期间成就

三十多年来伴随着我国塑料加工工业的成长，改性塑料行业也获得迅速的发展。图 1 为我国塑料制品年产量从 20 世纪 80 年代初到 2014 年的增长轨迹，图 2 为改性塑料年产量近 6 年来的增长情况。

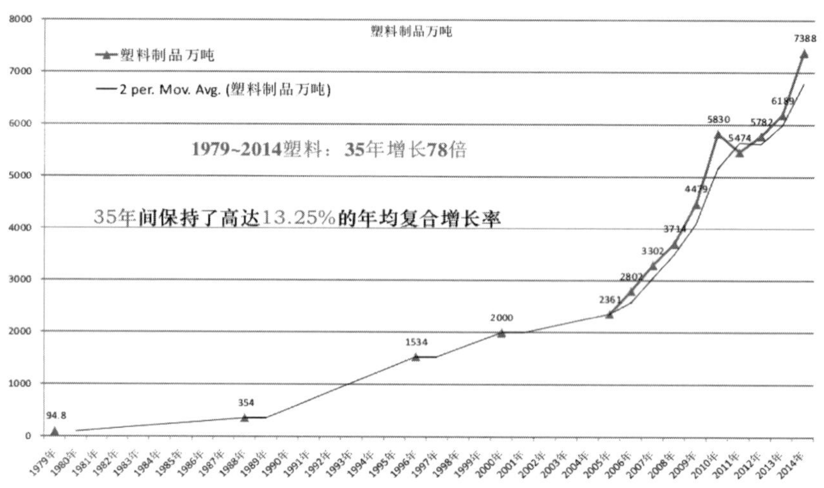

图 1 过去 35 年塑料制品年产量增长情况

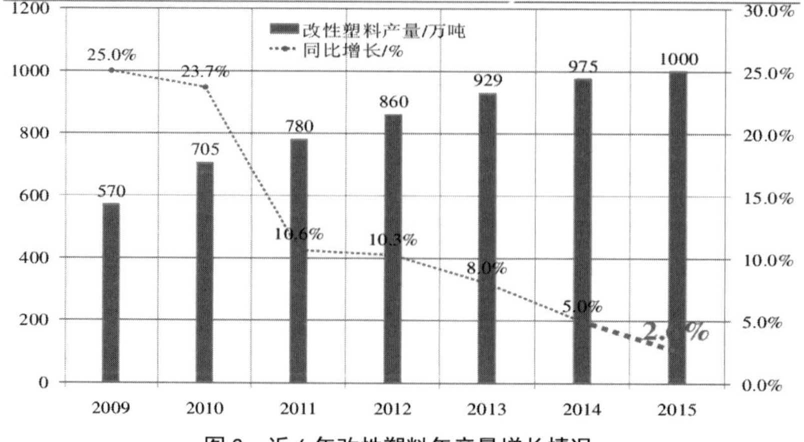

图 2 近 6 年改性塑料年产量增长情况

改性塑料行业龙头企业——金发科技股份有限公司自 1994 ~ 2014 年，21 年间改性塑料年产量大幅度增长，1994 年 ~ 2010 年 17 年间保持了高达 58.9% 的年复合增长率，2010 年 ~ 2014 年 5 年间虽然增幅下降，但仍然保持了年均 9.8% 的复合增长率（见图 3），目前国内改性塑料年总产量达 1000 万吨左右，年产量排在前十位的企业见图 4。

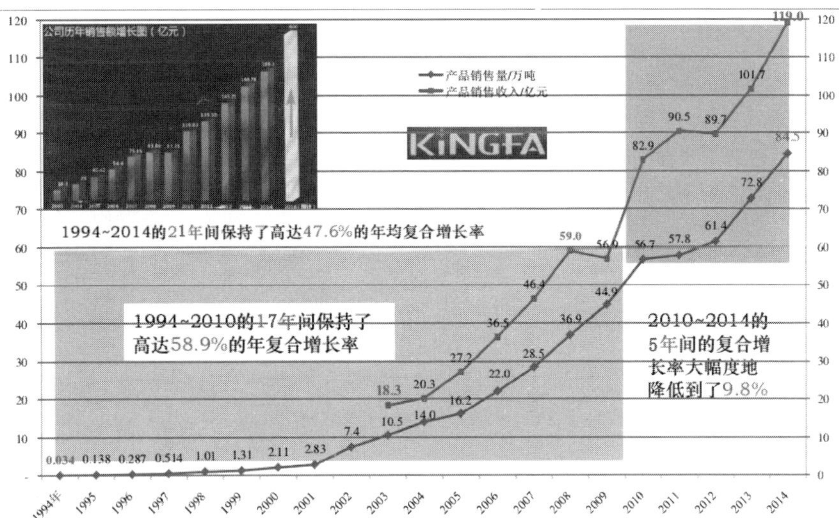

图 3　金发科技股份有限公司 21 年间改性塑料年产量

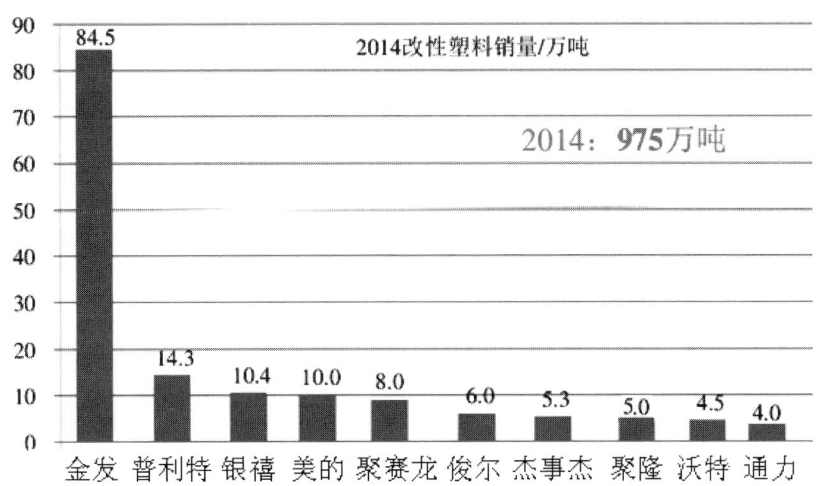

图 4　国内改性塑料 2014 年产量前 10 名企业情况

（注：此图中的改性塑料企业仅限改性塑料共混料和专用料，未包括以碳酸钙为主要成分的填充母料）

“十二五”期间，尽管改性塑料年产量增速有所回落，但从产品总量看已经具有相当规模，而且从发展思路、技术装备水平、产品品种、性能、应用领域等方面都有着显著提高。

1）在实现改性塑料行业专业化、规模化的基础上，努力实现功能化和精品化。改性塑料产品从数量到性能基本上能满足汽车、家电、包装、管道、电子、运输等下游领域使用的要求。

2）行业骨干企业率先提出并实践普通塑料高性能化、工程塑料低成本化的目标，一大批高水平科技成果涌现出来并在实际应用取得成效。

例如南京聚隆科技股份有限公司研制成功的高速铁路轨道交通用尼龙工程塑料荣获中国优秀专利奖，并大量用于高铁建设中。

又如上海优珀斯材料科技有限公司通过材料改性及二次拉伸复合工艺制成HDPE强力交叉薄膜，其拉伸强度最高达到50MPa以上，达到国际知名品牌同类产品同样性能，完全可替代进口产品为我国防水卷材提供了质优价廉的新一代表面材料。

上海心尔新材料科技股份有限公司研制成功系列功能母粒，致力于低碳新材料和环保节能塑料制品，取得自主知识产权专利三十多项，以科技为先导，为行业实现改性塑料产品的升级换代树立了样板。

3）关注国际市场，让改性塑料技术和产品走出国门

碳酸钙为主要成分的填充母为在国内是司空见惯的大路货产品，但在许多国家还是新生事物。北京大正伟业塑料助剂有限公司已将填充母料技术、装备、产品出口到中亚塔吉克斯坦、东南亚印度尼西亚、南非，甚至俄罗斯等国，取得显著经济效益。济南大华塑料加工厂和济南天海任行进出口公司不但重视技术和产品创新，如pH为中性，达到发展国家对接触皮肤的流涎专用母料，代替韩国产品，价格便宜一半，而且出口到泰国、柬埔寨，已占领泰国同类用途产品市场50%以上，而在柬埔寨，其市场占有率有望占到80%以上。上海心尔新材料科技股份有限公司的功能母料产品和技术已走出国门，覆盖韩国、印尼、马来西亚、泰国、越南等东南亚国家及欧美市场。还有很多企业已将目光投向国际市场，积极参加国际橡塑展，开拓海外业务和市场。

4）塑料改性技术与废弃塑料再生利用更加紧密的结合，彻底改变了塑料再生利用低价值、高污染的面貌。

5）塑料改性加工设备实现高效、节能、规格范围广、品种多样化、更多的选择余地。

除仍在大量使用的平行双螺杆混炼机外，密炼加单螺杆混炼生产线、一字型和三角形三螺杆混炼挤出机、连续密炼混炼挤出机等经过实践检验，已批量用于改性塑料的生产，给用户提供了更大的选择性。

三、改性塑料行业“十三五”发展思路

在以往取得辉煌成就的基础上，步入“新常态”历史时期，改性塑料行业同样要进一步认清形势，改变观念，从扩大规模、产量为主的增长模式转移到“创新驱动、提质增效、绿色环保和内外并举”的新的模式上来，寻找全新的增长点，向轻量化、功能化、生态化、智能化进军，再续行业辉煌。

——实现行业由发展壮大期到成熟期的转变

——确立在全球本产业中的地位，寻找差距，努力从低端走向高端

——继续努力提高技术与装备水平

——从劳动密集型向技术资本型转变

——鼓励技术、产品、装备的原始性创新，充分重视和发挥科技人才的作用

——在关注产品种类、数量、质量的同时，要坚决实现与绿色、环保、安全并举，协调发展

1）轻量化　就是在保障使用性能的前提下，尽量减轻塑料制品的重量。对于使用非金属粉体材料的改性塑料材料就是要打破“增重”瓶颈，在达到使用性能的前提下，把改性塑料材料的密度降下来。

2）功能化　就是要实现塑料材料性能按需要方向转变，或者经改性具备普通树脂所不具备的功能，如耐老化、抗静电、阻燃、转光、耐热、阻隔、磁性等多种功能。

3）生态化　就是努力提高资源利用率、减轻对生产和使用环节对环境产生的污染，节能降耗、绿色低碳。

4）智能化　就是实现机械化、自动化、电脑控制，减少人为因素对生产过程的影响，大幅度提高生产效率。

四、具有良好的市场前景的科技成果和重点项目

1. 轻量化

通过使用特色原料和改进加工技术，将改性塑料材料的密度降低。

1）不使用交联剂实现聚乙烯（PE）和聚丙烯（PP）微发泡从而降低塑料制品的密度。例如加有30%重钙的HDPE片材（厚3毫米）比同样配比的未采用该技术的对比片材密度下降10%以上。

2）人工合成的微孔硅酸钙具有和炭黑相似的比表面积，电镜照片表明，其孔壁和孔径均接近纳米尺度（见图5）。

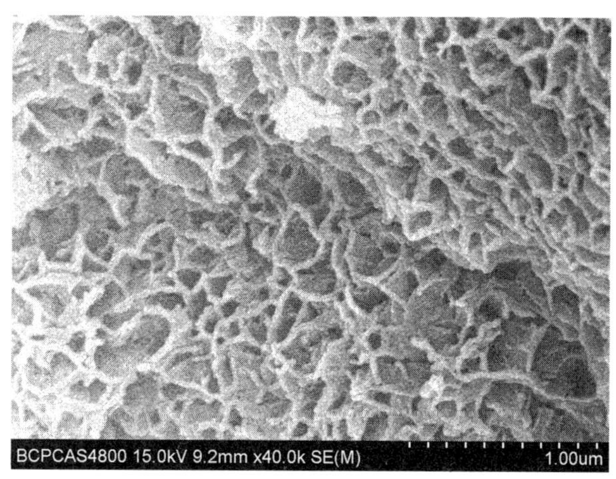

1 微米标尺
图 5 微孔硅酸钙微观结构

使用微孔硅酸钙可将填充 HDPE 塑料材料的密度下降 10% 以上，而在材料性能上没有明显区别。

3）晶须碳酸钙是指直径为数微米，长径比达到 15 以上的碳酸钙，依靠其在基体塑料中堆积形成的微孔，可以使填充塑料材料的密度比普通轻质碳酸钙的填充塑料材料密度下降 5%，同时还能改善材料的抗冲击性能。

4）人工合成异形中空微粒粒径为 100 微米以下，具有低容重、低密度、色白、流动性好等优点，初步试验表明，填充塑料有良好的加工流动性，在同样添加量情况下，其填充塑料材料的密度可下降 5% 以上。更为可贵的是与早为大家所知的粉煤灰中空玻璃微珠相比，这种中空微粒对金属材料的磨耗小，几乎和滑石粉相似，在填充塑料加工时可以放心使用。

2. 功能化

1）微孔硅酸钙的吸附能力及在聚乙烯无滴膜中的缓释与保湿作用。

微孔硅酸钙致密繁多的微孔可以吸附流滴剂，拖延其向薄膜表面迁移的时间，从而达到缓释作用。试验表明，在不影响薄膜力学性能，甚至还有可能提高的情况下，其流滴剂有效时间可以提高一倍以上。更为可贵的是微孔硅酸钙在延长流滴期同时，还因与滑石粉同样具有阻隔红外线的作用，从而达到流滴和保温的双重效果。

2）微孔硅酸钙的微孔结构使其具有高吸附能力，可以制成吸异味母料，解决多年来困扰很多塑料加工过程及制品应用时散发的异味问题。例如硅酸钙母料对甲醛吸附作用明显，24 小时的吸附量达到 2.7%，而其他母料如碳酸钙、滑石粉、硫酸钡制成的母料等都不具有这种能力。

3. 生态化

我国资源过度消费已造成经济发展的制约因素，国家提出建设资源节约型和环境友好型社会就是努力提高资源利用率，把过去不被看好的或不被正确对待的资源利用起来，同时也是对环境的维护。

1）黑滑石在我国分布广泛、蕴藏量大，但过去人们总是选择色度白、二氧化硅含量高的滑石矿石，黑滑石因色黑，且二氧化硅含量达不到 50% 而不被看好。研究表明，滑石之所以具有良好的增强塑料刚性的作用主要是因为粉体颗粒的几何形状是片状的，化学组成和矿物组成不是决定增刚作用好坏的唯一因素。使用拥有片状结构，但不一定二氧化硅含量高的、颜色不白的黑滑石，可以在对色泽要求不高的塑料制品（如 HDPE 双壁波纹管、汽车保险杠、黑色注塑制品等）中使用，仍可达到和高档白滑石粉相近的增刚效果和抗冲击性能，同时还显示出加工流动性好的优点。因二者价格相差 5~10 倍，故在适当场合下使用黑滑石粉可以达到资源充分利用、保护环境、节省塑料制品原材料成本，提高生产效率等多重目的。

2）无粉尘清洁运行的粉体填充塑料生产线

以阜新鑫克机械制造有限公司加工制造的“密闭无粉尘改性塑料粉体表面处理及输送生产线”为代表的无粉尘清洁运行粉体填充塑料生产线正在向全国推广，为当前国家治理环境，减轻雾霾危害做出了积极贡献。

3）阿莫斯特环保科技（北京）有限公司多年来致力于循环经济领域内环境问题的解决方案的研究和推广。在废杂塑料再生利用和塑料造粒时产生的废气无害化处理设备的研制方面已取得重要进展。AWS 造粒废气处理系统以全新的设计理念，将废气中异味气体分子链打断，逐渐分解为无味的小分子气体后外排。这种设备不需负担太多的易耗（如活性炭等）品，一次投资，长期受益。

4. 智能化

1）杭州港湾机械制造有限公司研制的 HW 系列粉体表面活化机组已获得一项专利发明权和两项实用新型专利权。该机组在粉体表面活化处理上取得高效、节能、清洁、环保四重显著效果，不仅自动化程度高，而且比传统使用的其他类型粉体表面处理的单位能耗降低一半以上。

2）无锡灵鸽机械科技股份有限公司研制生产的 H 型和 R 型失重式喂料机及液体失重式喂料机、振动失重式喂料机、体积式喂料机可以适合各种形态的物料计量喂料，可单独使用，也可组合使用，大大减少了人工配料的误差影响，提高了生产效率，是改性塑料行业技术进步的重要标志。

五、结束语

改性塑料行业成就喜人，发展潜力巨大。通过技术、设备和产品不断创新，甚至原始性的创新，必能找到发展的新增长点。我们国家经济已进入“新常态”历史时期，谁能在科技上先行，在创新上领先，谁就能在竞争激烈的市场上赢得主动权。“十三五”乃至将来，我们要高举“创新驱动、提质增效”的旗帜，努力拼搏，向轻量化、功能化、生态化、智能化进军，打造行业升级版，再续行业辉煌。

（中国塑协改性塑料专业委员会 刘英俊 李建军）

中国塑料管道行业“十三五”期间（2016～2020 年）发展建议

在国家相关政策的推动下，在相关部门的支持下，在上、下游行业的协助下，在行业企业的共同努力下，“十二五”期间的中国塑料管道行业实现了历史性跨越，已成为塑料管道的最大生产和应用国家，行业保持着持续、稳定发展，在转变发展方式、优化产业结构、提升发展质量、提高行业整体水平等方面不断进步。

根据《国民经济和社会发展第十三个五年规划纲要》及《塑料加工业“十三五”发展规划指导意见》的精神，中国塑料加工工业协会塑料管道专业委员会根据“十二五”期间中国塑料管道行业的发展情况及存在问题，结合当前行业的发展趋势以及相关行业的有关情况，编制《中国塑料管道行业“十三五”期间（2016-2020）发展建议》。

一、“十二五”期间取得主要成就、突出亮点与存在问题

“十二五”期间，中国塑料管道行业取得了显著成就，主要表现在产量增长、出口量增加、应用领域拓宽、产业结构优化、产品质量水平提升等多个方面，与此同时，科技创新和技术进步成为“十二五”期间行业发展的突出亮点，充分体现在塑料管道新产品增加，生产效率和自动化水平提高等方面，在行业取得显著成就的同时，还存在一些不足和问题需要进一步解决。

（一）主要成就

1. 产量进一步增长

“十二五”期间，我国塑料管道行业保持着持续、稳定的发展，产量由 2010 年的 840.2 万吨，到 2015 年末增长到 1380 万吨，平均年增长率为 10.43%，超过了“十二五”期间预期的发展目标。表 1 为“十二五”期间塑料管道产量增长情况。

表 1 “十二五”期间塑料管道产量和增长速度

年份	2011	2012	2013	2014	2015
产量 / 万吨	1000.0	1100.0	1210.0	1300.0	1380.0
增长率 /%	19.0	10.0	10.0	7.4	6.15

2. 出口稳定增加

“十二五”期间，塑料管道的出口保持相对稳定增长。出口量由2010年的39.62万吨，到2015年末达到54.47万吨，平均年增长率为6.57%；出口额由2010年的11.59亿美元，到2015年末增加到22.13亿美元，平均年增长率为13.81%；2015年塑料管道出口单价4062.80美元/吨，比2010年的平均单价增长了38.89%。表2为此期间的塑料管道出口情况。

表 2 “十二五”期间塑料管道出口情况

时间 / 年 \ 项目	出口量 / 万吨	增长率 /%	占总产量比例 /%	出口额 / 亿美元	增长率 /%	平均单价美元 / 吨
2011	44.87	13.20	4.5	14.99	29.30	3340.76
2012	48.92	9.00	4.4	18.67	24.50	3816.00
2013	52.75	7.83	4.4	21.45	14.91	4067.00
2014	56.69	7.47	4.4	22.94	6.93	4046.50
2015	54.47	-3.94	4.0	22.13	-3.50	4062.80

3. 应用领域进一步拓宽

建筑及市政给、排水管道和农业用（含饮水、灌排等）管道是塑料管道的主要应用领域，其他领域的应用比例也在不断提高。以城市供水管道为例，据中国城镇供水排水协会2015年对全国城市中594个供水单位的调查统计，2014年供水管道共计500266.59千米，其中塑料管道116661.36千米，占总长度的23.32%。按长度统计，1985年～2014年间供水管道材料的变化情况见表3。表4为分析2015年塑料管道在主要应用领域的用量。

表 3 1985～2014年塑料管道在供水领域的应用比例

时间 / 年	1985	2003	2006	2011	2012	2014
应用比例 /%	0.29	6.66	13.37	20.21	21.59	23.32

表 4 2015年塑料管道主要应用领域

应用领域 \ 项目	应用量 / 万吨	比例 /%	应用领域 \ 项目	应用量 / 万吨	比例 /%
市政给水	150	10.9	市政排水	150	10.9
市政燃气	65	4,7	建筑给水	100	7.2
建筑排水	120	8.7	供暖	35	2.5
农业	400	29.0	工业	55	4.0
护套	130	9.4	其他	175	12.7

4. 行业进一步优化产业结构，提升发展质量

“十二五”期间，塑料管道行业逐步重视优化产业结构、提升发展质量工作，引导行业进一步健康发展。产业集中度进一步提高，有的小企业已经兼、停、并、转、破，但品牌、质量好的规模企业增长明显，部分大规模企业异地布点、兼并扩张的步伐加快，带动了行业区域分布的进一步合理。

市场上低端产品逐步减少，更多的加工企业重视高水平、高性能产品的研发。新产品在产量中的比重进一步加大。

5. 产品质量水平逐步提升

“十二五”期间，随着社会的进步和行业的呼吁，产品品牌意识、质量水平，以及应用行业的质量意识进一步提高。总体上，生产、应用合格产品已成为大部分塑料管道生产企业和应用者的共识。

由于市场环境的逐步规范和个别问题工程的出现,用户行业也越来越关注塑料管道的产品质量。有的工程指定产品标准和材料牌号，有的工程项目要求管材企业对应用产品专门标识，有的项目采用驻厂监督生产、检验方式等。优质产品已成为市场的主流，骨干企业的合格产品销售明显好于一些品质、品牌较差的产品。

6. 塑料管道产品标准化水平逐步提升

“十二五”期间，塑料管道产品标准和相关标准的制定、修订工作逐步加强，目前已有100个左右的国家、相关行业、地方和协会的产品标准，数十个检测方法等相关基础标准,以及十几个设计、施工、安装、验收等工程相关标准、规程、规范和图集，其中大部分等同、修改、参照采用了国际标准和一些发达国家、行业组织标准，为中国的塑料管道生产和应用创造了条件。

（二）突出亮点

在塑料管道行业的不断发展中，科技创新和技术进步发挥了重要的作用。在市场需求逐步提高和行业竞争加剧的情况下，“十二五”期间，行业技术进步步伐明显加快，行业整体技术水平不断提升。

1. 塑料管道新产品不断增加

一些大型骨干企业带头加快科技创新步伐，加强新材料、新技术、新装备、新产品的研发工作。塑料管道行业相关的发明、实用新型专利技术超过2000项，国家级企业技术中心超过5个。科技创新和技术进步带动了塑料管道新产品不断增加，既完善了使用性能，又扩大了应用领域。

在聚氯乙烯（PVC）、聚乙烯（PE）、聚丙烯（PP）等传统管道材料的基础上，管材生产企业与材料行业密切合作，利用改性、增强、复合等技术，开发更高性能的材料，加工各种不同应用领域的塑料管道、复合管道以及配套产品。

我国是PVC树脂产能最高的国家，近年生产企业也加快了共混和接枝改性聚氯乙烯（PVC-M）、双轴取向（定向）拉伸聚氯乙烯（PVC-O）、氯化聚氯乙烯（PVC-C）管道的研发、生产和应用。传统的实壁硬聚氯乙烯（PVC-U）管材口径已可达到1600毫米，高韧性的PVC-M管材和中、小口径PVC-O管道已在一些压力管道工程得到成功应用，行业还在积极推动PVC-C管道在热水、工业和消防管网等工程的进一步应用。

在聚乙烯类管道产品上，向更大口径、更高耐压等级、更高应用温度、更好综合性能、更苛刻施工条件等方向进步。如口径大于2000毫米的高密度聚乙烯（HDPE）缠绕管材、各种纤维增强的HDPE大口径压力管材、电熔或柔性橡胶圈连接方式的缠绕塑钢复合管材、分子量超过200万的超高分子量聚乙烯（UHMW-PE）管材、大口径耐热聚乙烯（PE-RT II）管材等产品，有关性能得到提高，一些产品成功应用在不同的应用领域中。

聚丙烯类管材利用改性、增强、复合等方式，以及采用后处理工艺技术，改善了传统无规共聚聚丙烯（PP-R）材料的韧性、低温脆性等性能，拓展了应用范围，如PP-RCT管材、玻纤增强PP-R管材等产品。随着高模量PP材料的应用，大口径高模量PP双壁波纹管和缠绕增强管等产品满足了环刚度要求更高的需求，在排水等领域有更广阔的应用市场。

某些特殊需求的塑料管道及不同材料的复合塑料管道系统的研发工作也在进步中，如满足中、高压力冷、热水，油气输送管道，给水用抗菌类聚烯烃管道，矿山等工业用阻燃和抗静电管道，以及输送特种介质等不同应用领域的管道等。

与此同时，各品种塑料管道连接技术，不同材料的管件、阀门、检查井、化粪池，以及海绵城市配套的雨水收集、处理和利用系统等相关塑料产品也日趋完善。

2. 关注生产效率和自动化水平的提高

随着人工等生产要素成本的增加，以及对质量要求的提升，塑料管道行业比以往更加关注生产

效率以及自动化程度的提高。高效挤出装备、大长径比挤出机、自动监测与计量系统、多模管材挤出模具、管件自动化生产系统、产品自动包装机械等装备、设施的研发和应用，既减轻了生产人员的劳动强度，提高效率，又相对节约了生产成本，还减少了质量水平提升对操作人员责任心的依赖。

3. 绿色环保、节约能源工作有较大进步

PVC 管材、管件采用环保型热稳定剂替换铅盐热稳定剂的工作有了较大的进展，目前钙锌复合热稳定剂已成功应用到较大口径的 PVC-U 管材和管件生产中，加速了替换工作尽快、全面地完成。

动力等成本的增加和市场竞争的加剧，促使管道生产企业更加关注加工装备的节能要求，伺服电机改造、传统加热模式的转变、加工机械余热回用、风冷降温、水冷降温以及采用立体仓储等这些细节工作也受到重视。

PVC 混料采用高速混合真空除湿、除尘技术，既做到了清洁生产，又减少了对环境的污染；聚烯烃原料的除湿、预热促进了管材生产的高效和稳定；自动计量调整装置使生产连续稳定，并减少了原料的浪费。

此外，在一些管道新产品的设计、研发、生产上也越来越重视环保节能，如建筑物内热水管材的保温、城镇集中供热预制保温直埋塑料管道等。

（三）存在问题

“十二五”期间，塑料管道行业虽取得了较大的进步，但还存在一些不足和问题需要进一步解决，其中有的是行业多年仍然存在的老问题。总体上行业还存在关注增长速度，忽视综合效益；关注增加产量，忽视质量控制；关注产品生产，忽视工程技术；关注传统应用，忽视科技创新等问题。

1. 生产能力持续供大于求，市场竞争进一步加剧

目前塑料管道年生产能力已达到 3000 万吨，行业总体加工设备利用率较低，有的企业的设备已经长期闲置，但还有企业仍在扩大加工能力。整体上行业已经出现较严重的供大于求情况，更加大了行业的竞争压力。

2. 有的企业产品质量达不到标准要求，影响行业声誉

个别企业的质量意识、诚信意识、品牌意识、服务意识不强，市场上的产品质量水平参差不齐，有的地区有集中生产假冒低劣产品的现象。行业“廉价低质”的现象依然存在，有的企业用不合格原辅材料以及过量添加填充料等方式降低成本，损害了消费者的权益，败坏了行业的信誉。

3. 整体市场环境依然不够规范

造成目前塑料管道产品质量水平参差不齐主要原因之一是市场不规范，产品标准的执行监管缺失。有的购买者不是产品的最终使用者，不重视产品质量，更愿意低价采购不一定合格的塑料管道产品。而有的高档、优质塑料管道产品受到价格的制约，合格产品有时反而得不到应用者的认可，失去应有的市场竞争能力。

4. 产品创新方面仍需加强

有的企业还偏重于仿制产品，关心规模做大，不关心做精做专、做百年老店。行业对于塑料管道基础技术研究重视不够，有的企业科技研发投入不高，产品创新的动力不足。应用市场的不规范也造成了一些企业不愿投资进行产品创新。相对而言，行业相类似的中低端产品、通用产品占了大部分市场，而高技术、高附加值的产品相对较少。

5. 工程施工质量需进一步完善

有的企业只注重塑料管道生产，忽视应用技术的研究和应用服务。有的产品工程技术标准、施工技术不配套。有的设计、施工、监理、应用等部门对塑料管道产品的性能、特点、设计、安装等技术还了解不够，存在不按规程安装、使用不合格施工装备、野蛮施工等现象，影响了塑料管道合理的设计、施工安装和应用，还造成了一些问题管道工程的出现。

6. 原辅材料仍然影响行业的更好发展

尽管近年国内树脂和助剂行业有较大进步，但受加工技术、生产习惯和应用要求等限制，有的品种依然存在着规格、数量的不足，有的品种质量尚不十分稳定，有的牌号需依靠进口。PVC 树脂品质进一步提升和多样化进展速度相对不快，接枝改性等高性能树脂研发进度缓慢；HDPE 混配料的产量和牌号相对少，有的牌号的加工性能和产品性能还有待提高；有的 PP 树脂品种性能提高达不到需求；有的加工企业自行混配一些品种混配料；个别色母粒料和添加剂等辅助材料甚至卫生等性能还存在问题，因而使管道制品进一步提高性能受到制约。

二、“十三五”期间面临形势

（一）发展机遇

“十三五”期间，塑料管道行业仍有较好的市场机会，预期总量仍会保持适度增长。根据市场的变化，分析今后一段时间内市政建设用排水、给

水、供热以及农业节水灌溉和农村饮水安全巩固提升工程等项目仍是塑料管道的主要应用领域。

1. 政府工作部署会促进塑料管道行业的进步与推广应用

在 2016 年 3 月 5 日召开的十二届全国人大四次会议上，李克强总理所做的《政府工作报告》中，明确了今后五年经济社会发展的主要目标任务，从保持经济中高速增长，推动产业迈向中高端水平、强化创新引领作用、推进新型城镇化和农业现代化、推动形成绿色生产生活方式，加快改善生态环境、深化改革开放，构建发展新体制和持续增进民生福祉，在全体人民共享发展成果六个方面提出了一系列支撑发展的重大政策、重大工程和重大项目。

其中，加快推进产业结构优化升级，实施一批技术水平高、带动能力强的重大工程；建设一批高水平的国家科学中心和技术创新中心，培育壮大一批有国际竞争力的创新型领军企业；加快建设质量强国、制造强国；深入推进以人为核心的新型城镇化，实现 1 亿左右农业转移人口和其他常住人口在城镇落户，完成约 1 亿人居住的棚户区和城中村改造，引导约 1 亿人在中西部地区就近城镇化；实施一批水利等工程；加强重大基础设施建设，高铁营业里程达到 3 万公里，新建改建高速公路通车里程约 3 万公里；实现城乡宽带网络全覆盖；生态环境质量总体改善；完善住房保障体系，城镇棚户区住房改造 2000 万套等政策和措施，都会为行业的健康发展和应用市场的进一步拓展起到促进作用。

2015 年 12 月 20 日至 21 日在北京举行的中央城市工作会议也提出，要提升建设水平，加强城市地下和地上基础设施建设，建设海绵城市，加快棚户区和危房改造，有序推进老旧住宅小区综合整治，力争到 2020 年基本完成现有城镇棚户区、城中村和危房改造，推进城市绿色发展，提高建筑标准和工程质量，高度重视建筑节能。

2. 计划实施的多个重大工程及项目与塑料管道行业密切相关

十二届全国人大四次会议审议通过的《国民经济和社会发展第十三个五年规划纲要》中，提出未来五年中国计划实施多方面重大工程及项目。涉及科技、装备制造、农业、环保、交通、能源、人才、文化和教育等多个领域，将对中国经济、社会和民生等各方面产生深远影响。其中的实施创新驱动发展战略、推进农业现代化、优化现代产业体系、拓展网络经济空间、构筑现代基础设施网络、推进新型城镇化、构建全方位开放新格局、加快改善生态环境、全力实施脱贫攻坚、加强和创新社会治理等部分都与塑料管道行业密切相关，会促进塑料管道行业的技术水平提升和健康发展，促进塑料管道应用市场的进一步拓展。

而其中的新增高效节水灌溉面积 1 亿亩、建设高速大容量光通信传输系统、加快推进国家高速公路网建设、建成北京新机场、新增民用运输机场 50 个以上、新增城市轨道交通运营里程约 3000 公里、核电运行装机容量达到 5800 万千瓦、农田有效灌溉面积达到 10 亿亩以上、推进南水北调东中线后续工程建设、推进 1 亿左右农业转移人口和其他常住人口在城镇落户、加快推进约 1 亿人居住的棚户区和城中村改造。引导约 1 亿人在中西部地区就近城镇化、建设海绵城市、建设地下管廊（网）、农村自来水普及率达到 80%、新增用气 450 亿米^{3}等具体项目都会给塑料管道的应用市场开拓带来重大机遇。

3. 海绵城市建设

海绵城市是指城市在适应环境变化和应对自然灾害等方面具有良好的“弹性”，下雨时能够吸水、蓄水、渗水、净水，解决当一些极端天气出现时，一些城市由于原来的排水等基础设施相对老旧，出现城市内涝现象。在确保城市排水防涝安全的前提下，最大限度地实现雨水在城市区域的积存，并经过渗透和净化处理。需要时将收集、蓄存的水加以利用，既节约了珍贵的水资源，促进了雨水资源的充分利用，还保护和改善了城市的生态环境。

2014 年 10 月，住建部提出《海绵城市建设技术指南—低影响开发雨水系统构建（试行）》。2015 年 4 月确定 16 个城市进行海绵城市建设先行试点工作。2015 年 10 月 16 日，国务院办公厅发出《关于推进海绵城市建设的指导意见（国办发[2015]75 号）》。2016 年 2 月 25 日，财政部办公厅、住房城乡建设部办公厅和水利部办公厅联合发出《关于开展 2016 年中央财政支持海绵城市建设试点工作的通知（财办建 [2016]25 号）》，决定启动2016年中央财政支持海绵城市建设试点工作。2016 年 3 月 11 日，住建部发出《海绵城市专项规划编制暂行规定（建规 [2016]50 号）》。

这些政策为塑料雨水收集模块、蓄水装置、塑料检查井、相关用途塑料管道系统等产品的大量应用创造了条件。

4. 加强城市地下管线建设和管理

2014 年 6 月，国务院办公厅发出《关于加强城市地下管线建设管理的指导意见（国办发[2014]27 号）》，提出要力争用 5 年时间，完成城市地下老旧管网改造。用 10 年左右时间，建成较为完善的城市地下管线体系。

2015 年 4 月住建部公示了 2015 年地下综合管廊十个试点城市名单，计划 3 年内建设地下综合管廊 389 公里，总投资 351 亿元。据统计，目前全国共有 69 个城市在建地下综合管廊，约 1000 公里，总投资约 880 亿元。

2016 年 3 月 5 日，李克强总理在十二届全国人大四次会议所做的《政府工作报告》中提出，2016 年要开工建设城市地下综合管廊 2000 公里以上。

5. 棚户区改造计划

2015 年 6 月 17 日召开的国务院常务会议决定，进一步强化城镇棚户区和城乡危房改造及配套基础设施建设。增加安排中央投资，重点投向城区老工业区和独立工矿区改造搬迁等 7 类重大工程建设。计划三年内改造包括城市危房、城中村在内的各类棚户区住房 1800 万套，农村危房 1060 万套，同步规划和建设公共交通、水气热、通讯等配套设施。

李克强总理在《政府工作报告》中也提出要深入推进新型城镇化，重点抓好农业转移人口市民化、推进城镇保障性安居工程建设和房地产市场平稳健康发展工作，2016 年实现棚户区住房改造 600 万套。

6. 水利系统工程建设

“十二五”期间，塑料管道在水利系统的农村饮水安全和水利灌溉领域有较大的应用范围。水利部《全国农村饮水安全工程“十二五”规划》提出，2015 年后还要抓好重大供水工程建设，加快构建供水安全保障体系。围绕解决城镇供水问题，着力实施一批重大城镇供水工程，搞好城镇供水管网建设和改造，积极开发利用海水、中水、微咸水等非常规水源，提高城镇供水保证率。围绕解决农村饮水安全问题，以城乡发展一体化为方向，优先实施城镇供水管网向农村延伸，大力发展规模化集中供水和村村通自来水工程，对农村饮水安全工程进行配套改造和联网提升。

“十三五”期间，我国将新增高效节水灌溉面积 1 亿亩，还要加快东北节水增粮、华北节水压采、西北节水增效、南方节水等工程，发展区域规模化高效节水灌溉，管道输水灌溉、喷灌和微灌的模式都会使塑料管道产品在节水灌溉应用中大有可为。

7. 水污染防治行动计划

2015 年 4 月，国务院正式发布《水污染防治行动计划》（简称“水十条”）。提出到 2020 年，全国水环境质量得到阶段性改善，饮用水安全保障水平持续提升，地下水污染加剧趋势得到初步遏制，京津冀、长三角、珠三角等水生态环境好转。到 2030 年，力争全国水环境质量总体改善，水生态系统功能初步恢复。计划到 2020 年，所有县城和重点镇具备污水收集处理能力，重点区域提前一年完成。要全面加强配套管网建设，加快实施雨污分流改造。到 2017 年，城市污水基本实现全收集、全处理。对使用超过 50 年和材质落后的供水管网进行更新改造，到 2017 年，全国公共供水管网漏损率控制在 12% 以内；到 2020 年，控制在 10% 以内。发展农业节水，推广渠道防渗、管道输水、喷灌、微灌等节水灌溉技术。

李克强总理在《政府工作报告》中提出要加大环境治理力度，推动绿色发展取得新突破。治理污染、保护环境，全面推进城镇污水处理设施建设与改造。

对于黑臭水体治理、雨污分流改造、再生水输送等项目也会大量使用塑料管道材料。

（二）面临挑战

我国经济发展目前面临的困难增大，机遇与困难并存。国际环境的不稳定、不确定因素对我国发展的影响不可低估。总体上国内的经济增速换挡、结构调整阵痛、经济下行的压力加大。

随着国内经济发展进入新常态阶段，塑料管道市场需求逐步趋于平稳，行业已由“高速发展期”逐步转变为“平稳期”和“转型期”。受到生产能力持续供大于求、竞争加剧、科技创新动力不足、生产要素成本持续提升、资金紧张等问题的影响，行业进一步发展受到制约。

三、“十三五”期间总体发展思路和目标

（一）总体发展思路

“十三五”期间是塑料管道行业发展中的重要时期，增长速度会进一步放缓，增速下降，行业的竞争加剧。行业要适应宏观经济发展新常态，在发展中调整、优化产业结构，稳中求进，加强供给侧结构性改革，注重相关行业交流与合作，形成有竞争优势的产业集群，加快科技创新和技术进步，进一步加强高性能、高附加值的新产品开发，加强

品牌建设，提升质量水平，提高综合竞争能力，以适应不同市场、不同领域对塑料管道产品的不同需求。

“十三五”期间行业的产业结构调整将会继续深化，行业洗牌和落后产能的淘汰速度将逐步加快，行业发展资源会逐步集中到有品牌优势、有质量保障、有竞争实力的企业。

（二）“十三五”期间发展目标

1. 产量目标

“十三五”期间，分析塑料管道生产量将保持在3%左右的年增长速度，到2020年，预期全国塑料管道产量将达到1600万吨（参见表5），其中涉水产品仍然是塑料管道的主要应用领域，尤其以市政给水排水管道增长为主。预期塑料管道长度在各类材料管道中平均市场占有率超过55%。

表5　“十三五”期间塑料管道预期增长和产量

项目	2016	2017	2018	2019	2020
预期产量 / 万吨	1435.0	1485.0	1530.0	1668.0	1600.0
预期增长率 /%	4.0	3.5	3.0	2.5	2.0

2. 产品结构优化目标

应对市场需求、资源条件和经营环境的变化，实现塑料管道系统的优化，实现资源的优化配置，淘汰低端的过剩生产能力。塑料管道产品的品种与规格齐全，配套水平显著提高，整体水平达到国际先进水平。继续巩固和提升传统市场，拓宽应用领域，开发能源、石油工业等行业用特种功能的塑料管道。

3. 科技进步目标

科技创新及技术进步将成为行业发展的核心驱动力，预期创新技术覆盖80%的产品和工艺技术。依靠科技创新和技术进步，加强塑料管道系统研究，开发高技术含量新产品，提高产品附加值，完善工程应用技术，推动塑料管道行业的持续、稳定、健康发展。

4. 技术标准制定目标

在保证标准的适用性、先进性、统一性和协调性的原则下，建议加快现行国家和行业标准的更新速度，提升产品标准水平。

加强塑料管道相关产品的协会团体标准的制定工作，尽快形成完整的协会团体标准体系，以做到产品标准全覆盖；协会团体产品标准应关注管道功能性、安全性及耐久性要求，并逐步达到现行国际标准水平。协会团体产品标准中的一些标准或项目应严于国家和行业标准水平。

加强与工程设计、科研单位的密切合作，积极配合、参与工程应用技术标准的制定工作。积极参与国际标准化活动，引导和组织针对具有国际先进水平的塑料管道产品提出并参与国际标准的起草工作，增强话语权。

推动、配合产品标准、工程应用技术标准的宣贯和实施监督，使标准化工作落到实处。

5. 产品质量目标

行业应高度重视产品质量水平的提高，加强供给侧结构性改革，加强品牌建设，推行行业自律，提高产品质量意识和产品质量水平，杜绝生产和销售假冒伪劣产品。

生产企业应完善质量保障体系，配置应有的检验设备，注重过程控制和出厂检验控制，严把产品质量关。行业应逐步建立产品质量认证制度，继续完善产品质量的承诺制度，鼓励有条件的企业积极投保产品质量责任险，使产品质量满足市场的需求。

四、行业发展重点建议及措施

（一）行业发展重点建议

“十三五”期间，行业应在PVC、PE、PP等传统材料的基础上，加大改性、复合以及其他新材料的新型塑料管材和配套产品的研发，重视基础科研工作，完善管道生产和应用技术，完善现有品种的功能，开发高性能、高附加值的管道产品，以拓展新的应用领域。

——充分发挥中国PVC树脂产能大的优势，大力推进PVC管道的技术进步和质量提升。继续加快接枝改性聚氯乙烯（PVC-M）、取向（定向）拉伸聚氯乙烯（PVC-O）、氯化聚氯乙烯（PVC-C）管道、可熔接聚氯乙烯（F-PVC）的研发和生产，以扩大在压力等管道系统的应用。

——在2017年末完成PVC管材、管件中采用环保型热稳定剂替代铅盐稳定剂工作，鼓励有条件企业提前完成。

——推进给水用HDPE管道混配料国产化生产和稳定应用，以满足HDPE压力管道的生产需求；促进耐应力开裂（如PE-RC）等材料管道更好应用，以适用不同的施工条件、非开挖施工技术和管道修复工程的需求；继续加快缠绕熔接增强PE压力管技术的研发和应用。

——利用改性、增强、增韧、共挤、复合、后续工艺处理等方式，提高传统PP-R材料的韧性、低温抗冲击等性能，以拓展其应用范围。促进复合挤出、高模量缠绕增强及高模量双壁波纹管等大口径PP材料的原料生产和管材加工水平的提高，以适应大口径压力及排水管网的需求。

——加强挤出、复合挤出或缠绕等加工方式，利用改性、复合等方法生产不同材料实壁、结构壁的高耐压等级，以及某些特殊需求的大口径塑料或复合塑料管道系统的研发，以分别满足中、高压力水、油气输送管道，以及特种介质输送等不同应用领域的需求。如高压增强热塑性塑料（RTP）管材、大口径交联聚乙烯（PE-X）管材、分子量大于200万超高分子量聚乙烯（UHMW-PE）管材、钢塑复合管材等。

——继续加强开发海绵城市建设系统中涉及的蓄水砌块、管材、管件、检查井等塑料制品，城镇集中供热预制保温直埋塑料管，聚酰胺燃气管等管道系统的研究、生产与应用。

——关注用户不断增长的新需求，满足卫生、环保、抗菌、阻燃、防火、保温、耐低温、耐热、高压、增强、抗震、抗磨、阻氧、降噪以及复杂、极端应用环境等不同的性能指标、不同材料塑料管道系统的研发与生产。

——进一步提高同层排水塑料管道系统、低噪声排水管道系统、地板辐射采暖塑料管道系统、太阳能等生活热水塑料管道系统、室内通风塑料管道系统以及消防用水塑料管道系统等建筑领域应用产品的技术水平、质量水平和连接等配套水平。

——努力扩大矿山、石油、化工、造船等工业领域，以及节能环保相关的地源热泵系统、海水淡化工程、垃圾集中填埋处理等领域相关塑料管道产品的研发与推广应用。

——加强农业用各种塑料管道系统的完善与新产品研发，提升管灌、喷灌、滴管等方式节水灌溉塑料管材，蓄水用塑料水窖，人饮工程用塑料管道系统等产品的品质。

——不断完善不同材料和结构塑料管道系统的连接方式和配套技术，继续加强塑料管件、阀门、检查井、化粪池等相关产品的研发，保证管道系统运行的安全和可靠。

——重视塑料管道用主要原辅材料的优选，制定相关技术要求和标识，建立、完善管理机制。

——关注再生原料的合理回收利用，制定相关标准、标识和合适的应用范围，建立、完善回用管理制度。

——关注智慧管网建设的发展，引进智能和数字化技术，在塑料管道系统的设计、安装、运行和维护保养等方面，做好相关技术研究和储备。

（二）主要措施建议

1．深入推进结构调整，促进产业优化升级

深入推进供给侧结构性改革，提高供给体系质量和效率，加快培育新的发展动能，改造提升传统比较优势，推动行业向中高端迈进，进一步优化产业布局，逐步化解过剩产能。加快企业技术改造，运用集成度和智能化程度更高的设备来改造传统制造工艺，实现硬件的提升。

促进大企业与中小企业协调发展，鼓励企业通过收购、兼并、重组、联营等多种形式，壮大实力，形成有效的组织形式，更加有效地配置资源，发挥大企业龙头企业作用，形成合理的产业集群。

2．加强行业自律，完善质量保证体系，提升产品质量，引导市场健康发展

十二届全国人大四次会议上，总理李克强在政府工作报告中明确提出“建设质量强国”的目标，行业应把提升塑料管道产品质量，作为新常态下行业发展的主攻方向和内生动力。

行业鼓励企业开展个性化定制，培育精益求精的工匠精神，增品种、提品质、创品牌。强化做百年企业的理念，把行业和企业做强。要有长期的质量和品牌意识，不以“廉价低质”管道产品追逐短期不当利益。

行业要逐步开展塑料管道产品信誉承诺活动，引导企业自觉履行质量责任，促进产品品质的提升。推广卓越绩效等先进质量管理方法，逐步推进塑料管道品牌培育和品牌评价工作。

加强行业自律，加强信仰、道德、诚信、责任的培养，完善质量保证体系，健全质量认证和监督制度，先期做好燃气用埋地聚乙烯管材、管件的产品质量认证工作，并逐步扩大到其他塑料管道品

种。相关产品及工程项目应实行质量承诺及保证制度。对于涉及公共安全、人身安全的塑料管道产品，建立、健全强制性的管理办法，建立质量惩罚性赔偿制度。

行业要认真履行《给水用塑料管道行业自律公约》和《钢塑复合管道行业自律倡议书》等自律公约。在创造条件、完善相关条件要求、落实工作机制的基础上，加速“给水用塑料管道质量保障联盟”和“燃气用PE管道质量保证联盟”等质量承诺联盟的组建和运行。

建议应用领域制定合理的招投标管理办法，完善管理体制，通过合理的竞争机制，打破“物美价廉”的传统习惯，选用符合标准要求、价格合理的塑料管道产品。

呼吁国家相关管理部门重视行业协会的作用，给予协会适度的监管职能，配合相关部门对塑料管道及相关产品进行质量控制和监督、抽查。

3．实施创新驱动的发展战略，提高行业的整体水平和竞争力

注重理念的创新，注重基础理论的研究，促进产品品质的提高。

倡导成立国家塑料管道工程技术研究机构及平台，支持骨干企业建设高水平研发机构，引导积极研究新技术、开发新产品，提高产品附加值，走出低价竞争的误区，逐步实现产业升级换代。制定鼓励政策，促进企业与科研机构合作，加强新材料、改性材料、复合材料以及新型管道的研究、生产和配套工作，形成多样化的产品市场，提高行业可持续发展能力。

行业将发挥各工作小组的积极性，牵头成立专项研究小组，针对海绵城市建设系统适用塑料制品；城市地下管廊建设用塑料管道系统；塑料管道可靠性连接、快速抢修及配套技术；复合管和改性塑料管道的长期性能研究等课题，进行重点研究。

4．以绿色为方向，引领行业可持续发展

行业应从发展战略角度综合分析，以绿色化发展作为产业转型升级的主要方向之一，支持绿色清洁生产，推进绿色节能改造，争取政策支持，鼓励企业工艺技术装备更新改造，推动建立绿色低碳循环产业发展体系，获得新的市场竞争力和可持续发展能力。

配合相关行业，积极推广绿色建筑和建材，提高建筑工程标准和质量水平。

5．完善标准体系，强化标准的执行力度

促进完善塑料管道标准体系，及时制定、修订产品标准和工程技术标准，确保产品质量和应用质量。要加强标准的宣贯，强化标准的执行力度，引导规范生产和市场环节，保证产品质量水平、施工安装水平和管道系统满足规范要求。

2016年3月10日，质检总局、国标委发布《关于培育和发展团体标准的指导意见》，提出培育发展团体标准，是发挥市场在标准化资源配置中的决定性作用、加快构建国家新型标准体系的重要举措。2015年3月11日国务院制定的《深化标准化工作改革方案》也提出要培育发展团体标准，放开搞活企业标准。在标准制定主体上，鼓励具备相应能力的学会、协会等社会组织和产业技术联盟协调相关市场主体共同制定满足市场和创新需要的标准，供市场自愿选用。行业应在组织企业参与相关国家、行业、地方标准、技术规程的制定外，加快塑料管道协会团体标准的工作进程，鼓励企业制定高于国家标准、行业标准、地方标准，具有竞争力的企业标准。以解决目前塑料管道产品标准覆盖不全，一些标准制定、修订速度过慢，有的产品标准水平相对不高，原料、工程技术等相关标准、规程、规范还不配套等问题。

6．注重与上游行业的协调发展，促进行业提升发展质量

配合和推进上游原料行业，加快高性能、高附加值的管道专用树脂及混配料的研发和稳定生产。促进PE压力管道用混配料的国产化和多样化；开发PVC功能化树脂、接枝改性PVC树脂；推进大口径排水用高模量PP管道专用料等材料的研发，减轻、扭转专用树脂及混配料生产与需求失衡的局面。

开展对管材生产企业自行混配原料课题的专门研究，了解技术信息，指导生产。

促进助剂行业的技术进步，提高功能化助剂的技术水平，制定相关政策，加速推进PVC管道制品铅盐热稳定剂的替换工作。制定主要原辅材料的筛选、监测机制，有害物质限量要符合RoSH环保指令要求。

促进装备业企业与加工企业间的合作，推进高端装备应用，推进生产装备的技术改造升级，加速“机器换人”步伐，提高生产效率、自动化水平和产品生产的稳定性。采用先进技术，降低加工能耗。

7．加强对应用市场的服务，便于用户选好、

用好塑料管道产品

加强和应用领域的交流与合作，协助应用者选择最佳的塑料管道产品，关注建设系统运营模式的转变，选择不同特点、符合自身特长的合作方式，注重产品质量、技术创新和后续服务的持续改进。关注用户的需求，做好相关产品和服务的延伸。

组织编制不同塑料管道产品各领域的应用指南和应用手册，积极培训工程技术人员，促进完善施工技术，提高塑料管道工程质量。要加强与应用行业的交流，普及塑料管道产品相关知识，配合应用单位和设计单位选好、用好塑料管道产品。生产企业还应成为整个管道系统的供应商，提供整体应用方案和全套技术服务。塑料管道生产企业不应只做好施工安装的指导，还应成为工程安装的施工监理。

8. 加强信息化建设，逐步建设行业展示平台

行业将充分利用现有的专委会官方网站、微信公众平台（中国塑协管道专委会管道行业联盟）、《中国塑料管道资讯》信息平台，及时发布塑料管道行业相关的国家政策、最新的行业动态、国内市场信息等，并将扩大在设计院、水行业、燃气行业、房地产、水利及农业等应用领域的发行面，为塑料管道的应用扩大宣传。

计划推进“塑料管道制造及应用＋互联网”模式，全面整合行业的信息资源，为行业企业提供多元化展示平台，新的商业模式和市场机会并利用协会平台的服务、监督职能，为用户行业了解行业企业及管道产品提供放心、有效的途径。

9. 构建行业文化，促进和谐发展

坚持以文化培育理念、以文化规范行为、以文化凝聚力量、以文化引领发展，扎实推进行业文化建设，使行业文化在行业内部“落地、生根、开花、结果”。

强化精神动力，引领和谐发展。鼓励行业企业进行文化建设，形成共同的价值观，对行业目标、准则、观念具有深入的认同感、使命感、归属感和自豪感，遵守《中国塑料管道行业职业道德准则》，发挥行业整体优势。

10. 加强国际交流，提高行业的国际影响力

加强国际交流，关注国际上最新动态、技术进步及市场信息，积极与国外相关企业和机构合作，参加和承办国际交流会议和活动，学习国外先进经验和技术，取长补短，缩短差距，树立品牌，提高中国塑料管道行业的国际影响力。

抓住“一带一路”建设契机，走出国门，开拓国际市场。逐步从最初的推广产品发展到深层次的投资合作项目，推动扩大国际产能合作，实现合作共赢。

（中国塑协塑料管道专业委员会）

大事记

2015 年塑料行业大事记

【1月】

中国塑料加工工业协会（以下简称：中国塑协）塑料管道专业委员会第九届二次理事会议召开

1 月 23 日，中国塑协塑料管道专业委员会第九届二次理事会议在浙江嘉兴召开。

中国塑协曹俭常务副理事长在会上介绍了中国塑料加工业 2014 年的发展情况。

理事会审议了 10 家单位的理事单位申请，在申请单位分别介绍企业情况和承担行业发展责任的表态后，参会理事进行无记名投票。该申请将在第九届三次会员大会上进行正式表决。审议并通过了专委会2014年工作总结，专委会2014年度财务报告，2015 年专委会工作计划。专委会各工作组组长单位分别总结了本工作组 2014 年度的工作情况，汇报了 2015 年工作计划，提出了在工作开展中存在的问题与困难。

会议还就塑料管道行业“十二五”发展建议的完成情况以及“十三五”的发展建议框架进行了交流。

2014 年度中国塑协分支机构秘书长工作会议召开

1 月 31 日，中国塑协在北京召开 2014 年度中国塑协分支机构秘书长工作会议。参加会议的有钱桂敬理事长、曹俭常务副理事长、各专委会秘书长及中国塑协秘书处工作人员共 47 人。

会议由钱桂敬理事长主持。曹俭常务副理事长作中国塑协 2014 年度工作总结和 2015 年工作计划报告；马占峰秘书长介绍中国塑协贯彻落实“民政部、财政部关于加强社会组织反腐倡廉工作的意见”的建议；刘姝主任介绍中国塑协贯彻落实“民政部等八部委关于推进协会商会诚信自律建设工作的意见”的相关措施；冯庶君主任作“2014 中国塑料展”总结，并提出“2016 年中国塑料展”初步意见；郭志宏副主任作财务工作总结，并介绍有关财务要求；许琳主任介绍网站管理的有关规定，并向与会代表汇报了给北京电视台发出的中国塑协【2015】第 005 号 “关于敬请贵台纠正《我是大医生》栏目中歪曲诋毁塑料产品言论的函”，以及关于《中国塑料工业年鉴》、《中国塑料发展史》等工作；田岩主任就《中国塑料加工业“十三五”发展规划指导意见》和《中国塑料加工业“十三五”技术进步指导意见》起草工作介绍了有关的具体安排。

各分支机构秘书长分别报告了 2014 年的工作总结、讨论了 2015 年工作要点和工作计划，同时介绍了各子行业的现状及当前面临的主要困难和问题。

最后钱桂敬理事长作总结讲话，钱部长指出塑料加工行业已从“十一五”的高速发展期进入了当前的中速发展期，要求各从业人员要适应新常态，确保行业平稳健康发展。下一步，各子行业要以产品高端化为核心，开发新产品，培养行业新的增长点。

会上各分支机构秘书长发言踊跃、沟通充分、气氛热烈。

【2月】

中国塑协抗议北京电视台报道失实

2 月 2 日，中国塑协信息部在其网站发文指出，北京卫视频道《我是大医生》栏目中存在多处“歪曲诋毁塑料产品”的言论，希望北京电视台能够及时进行澄清，给予纠正。

全文如下：

近期，在北京电视台个别电视节目中屡次出现对塑料制品的歪曲诋毁的言论。例如，2014 年 12 月 15 日，北京卫视频道《我是大医生》的栏目的“掐掉肿瘤的口粮”中断定：“如将 PE（聚乙烯）或 PVC（聚氯乙烯）保鲜膜覆盖肉类食品，放入微波炉加热后，会产生二恶英等致癌物……”。

中国塑协相关行业专家认为，首先这种说法本身是错误的。众所周知，保鲜膜的功能是延长被包装食品的保存时间，或者说延长食品保质期，主要适合常温和低温使用，并不建议在微波炉中使用。使用保鲜膜延长食品保质期是绿色低碳的体现，是人类节约食材避免浪费形成良好品德的手段。

第二，目前市场上销售的 PE 和 PVC 保鲜膜在微波炉加热过程中均不会产生和放出二恶英。这是科学，不容置疑！

北京电视台节目中采用燃烧的方法来鉴别保鲜膜的好坏及可否适用于微波炉的演示方法更是不正确的。因为燃烧法只适用于对塑料材质进行简单的鉴别，而不能以此作为其是否可以在微波炉中使用的依据。

又如，在2015年1月8日的《我是大医生》播出的“冰箱保卫战”节目中，主持人取来了4个分别装有矿泉水、可乐、辣椒酱和蜂蜜的塑料瓶，节目中的所谓的“专家”说：“这些塑料瓶都含有致癌物：二甲基羟胺，还有塑化剂，又说瓶子底部的“1”表示是一次性的；还说PE-HD（高密度聚乙烯）塑料袋含有大量塑化剂，塑化剂是致癌的。

中国塑协专家认为，上述“专家”的说法简直错得离谱，甚至于可笑。其实，按照国家标准GB/T 16288-2008《塑料制品的标志》，瓶底的标识是塑料制品回收标志图案，标示的数字是表示塑料制品所使用的材料品种，以便于回收再利用时识别。一共有7个数字，分别表示不同的材料。标识“1”是PET（聚对苯二甲酸乙二醇酯），该材料中既不含二甲基羟胺，也不含塑化剂。标识“2”的PE-HD用于制造塑料袋材料，根本不含塑化剂。

事实上，不是所有塑料制品都要加入“塑化剂”，除聚氯乙烯（PVC）软制品，其他塑料制品一般无需加入塑化剂。北京电视台请的“专家”说：“塑料中都有塑化剂”、“塑化剂都致癌”也是错误的。即使是塑化剂，只要采用符合国家标准GB9685-2015规定的可与食品接触的塑化剂，都是安全的。

中国塑协是中国塑料加工业的行业组织。错误的言论不仅会降低北京电视台作为首都重要大众媒体的地位和影响，也会误导观众和消费者，造成消费者对塑料材料认知的混乱，产生不信任感，甚至恐惧感，引发消费者对食品包装安全的担忧。所以中国塑协请北京电视台进行澄清，给予纠正。

中国塑料加工工业协会

2015.2.2

北京电视台报道失实，引起社会强烈反响
保鲜膜有毒无科学依据

在北京电视台个别电视节目中屡次出现对塑料制品的有悖事实的言论。例如：2014年12月15日，北京卫视频道《我是大医生》的栏目的“掐掉肿瘤的口粮”中称“如将PE（聚乙烯）或PVC（聚氯乙烯）保鲜膜覆盖肉类食品，放入微波炉加热后，会产生二恶英等致癌物……”。

对此，中国塑协相关行业专家明确表示，这种说法毫无科学依据。众所周知，使用保鲜膜延长食品保质期是绿色低碳的体现，是节约食材避免浪费的重要的技术手段，其功能是延长食品保质期，主要适合常温和低温使用，并不建议在微波炉中使用。目前市场上销售的PE和PVC保鲜膜在微波炉加热过程中均不会产生并释放二恶英。

中国塑协相关行业专家表示：“这是有科学依据的。二恶英的生成需要两个必要的条件，一是物质含有氯元素；二是燃烧温度至少达到300℃以上且不完全燃烧。通常情况下产生二恶英的主要途径有3种：含氯垃圾不完全燃烧；其他含氯、含碳物质如纸张、木制品、食物残渣等经过铜、钴等金属离子的催化作用生成二恶英；在制造农药等含氯化学物质过程中派生出二恶英。”

北京电视台专业错误百出

中国塑协指出，1月8日的北京电视台在同一栏目中对瓶子底部的标识的解释也是无稽之谈。在“冰箱保卫战”节目中，主持人展示了4个分别装有矿泉水、可乐、辣椒酱和蜂蜜的塑料瓶，节目中的所谓的医生说，这些塑料瓶都含有致癌物二甲基羟胺，还有塑化剂，又说瓶子底部的标识“1”表示是一次性的，反复使用会导致塑化剂析出。还说HDPE（高密度聚乙烯）塑料袋含有大量塑化剂，塑化剂是致癌的。

“节目中‘医生’的说法简直错得离谱，甚至于可笑。”中国塑协专家表示：“有一点专业常识的人都不会犯这么幼稚的错误。其实，按照国家标准GB/T16288-2008《塑料制品的标志》，瓶底的标识是塑料制品回收标志图案，数字是表示塑料制品所使用的原材料种类，以便于回收再利用时识别分类，一共有7个数字，分别表示不同的材料。标识“1”是PET（聚对苯二甲酸乙二醇酯），该材料中既不含二甲基羟胺，也不含塑化剂。标识“2”是指HDPE，其中根本不含塑化剂。”

中国塑协相关行业专家同时指出，目前社会上有一个误区，认为凡是塑料就含塑化剂，凡是塑化剂就是有毒有害的。事实上，并不是所有塑料制品都要加入塑化剂，除PVC软制品，其他塑料制品一般无需加入塑化剂。北京电视台请的“专家”说：“塑料中都有塑化剂”、“塑化剂都致癌”是错误的。塑化剂的种类很多，只有一些品种对人体健康有害，而危害的程度还与添加量的多少有关。事实上只要按照国家标准GB9685-2015规定添加可与食品接触的塑化剂的塑料制品就都是安全的。

另外，北京电视台节目中演示的用燃烧的方法来鉴别保鲜膜的好坏及可否适用于微波炉的方法更是不恰当的，因为燃烧法只适用于对塑料材质进行简单的分类鉴别，而不能以此作为其是否可以在微

波炉中使用的依据。

塑料制品的安全性不容置疑

对于“我是大医生”的错误言论，各地方塑料协会，“中国化工报”等主流媒体给予了极大的关注，发表了大量的驳斥性文章和报导，相信“我是大医生”的错误言论，不会影响塑料制品在正确使用下的安全性。

中国塑料加工业发展史主编工作会议召开

2月10日，在中国塑协信息部办公室召开了“中国塑料加工业发展史主编工作会议”，检查了工作进展，安排了今后工作共5项：

①安排一次编委会、②进一步落实约稿人员的编写工作、③查阅档案、④与塑料相关的大专院校名录、教育发展史、⑤计划先行出版上海地区塑料加工业发展史，出版时间初步确定在2016年。

上述工作，①已经完成；②还需进一步跟上盯紧。③因轻工联合会组织编史，档案不对外，未完成；④、⑤进行中，但有困难，主要是时间得不到保证。

【3月】

上海地区第四次《中国塑料加工业发展史》编辑工作会议召开

3月10日，在上海国际印刷包装城召开了上海地区第四次《中国塑料加工业发展史》编辑工作会议，就书稿的具体组织工作，以及对已有约10万字的初稿进行了讨论并提出了进一步补充修改的意见。

对书稿补充修改和进度要求的具体意见汇总如下：

（1）会议介绍了上海地区《中国塑料加工业发展史》初稿编写概况，提出本次会议拟落实事项，特别落实的重点是补足缺项，包括加强完善1992年后的资料，以及补充塑料机械、塑料模具和塑料添加剂等内容。

（2）具体落实《发展史》承担相关部分内容如下：

①塑料机械部分请原上海挤出机厂厂长赵永正补充撰写；

②塑料模具部分请原上海塑料模具厂厂长田椿年补充撰写；

③上海塑料工业协会秘书长秦建旺负责树脂原料部分的完善工作；

④上海三宜包装制品有限公司总经理陈英承担CPP；

⑤中国塑协滚塑专委会秘书长史春才与温岭市旭日滚塑科技有限公司王昌荣共同完善滚塑制品工业发展史；

⑥上海市包装技术协会绿色包装委员会秘书长陈昌杰提供滚塑工业发展史、尼龙高频干燥及无溶剂复合等相关资料；

⑦上海尚塑实业有限公司执行董事及党总支书记陈昌麟负责手头现有资料录入完善工作；

⑧进度安排：4月底提交稿件，以便汇总后于5月19日的全国发展史编辑工作会议上作为样本供与会者讨论。

另外，有些人员，如上海化工研究院信息部副主任刘虹、中国塑协BOPET薄膜秘书长王德均、上海金纬机械制造有限公司副总经理陈建龙、上海华熠化工助剂有限公司总经理戴伟平，因故未能参会，会后将进行拜访和联络，通报会议情况并落实具体工作。

（3）对于编写《上海塑料加工业发展史》的编委会和具体编辑部人、职责进行了较为充分的议论，将在会后积极组建，以更好发挥各方面的积极因素，有效推动相关工作的开展。

中国塑协塑料管道专业委员会发布塑料管道行业产品价格信息

3月24日，中国塑协塑料管道专业委员会发布塑料管道行业产品价格信息

（2015年第1号）：

在相关部门、行业以及塑料管道行业企业的积极支持和配合下，中国塑料加工工业协会塑料管道专业委员会自2004年10月起，坚持制定、发布“塑料管道产品行业指导价格”工作，并根据原材料、行业企业加工成本等方面的变化，定期调整发布，到目前止历时11年，为加工企业、用户单位及相关部门和机构在生产、销售、采购、制定招标文件及相关政策等方面提供了参考数据。塑料管道专业委员会秘书处感谢大家一直以来的积极支持！

根据国家政策及行业情况变化，经过“中国塑料加工工业协会塑料管道专业委员会第九届二次理事会议”审议通过，从2015年1月起“塑料管道产品行业指导价格”更名为“塑料管道行业产品价格信息”，其制定、参考、发布等机制与以往方式相同，将继续秉承科学、实际、公平、公开的原则，为行业企业、用户和相关单位服务，希望继续得到大家的支持，并欢迎大家提出意见及建议。

1. 给水用硬聚氯乙烯（PVC-U）管材（非铅盐稳定剂）

（1）产品标准：GB/T 10002.1-2006 给水用硬聚氯乙烯（PVC-U）管材。

（2）行业指导价格（出厂价）：10000 元 / 吨（PVC 树脂参考价按 5600 元 / 吨计）。

2. 排水用 PVC-U 管材

（1）产品标准：GB/T 5836.1-2006 建筑排水用硬聚氯乙烯管材。

GB/T 20221-2006 无压埋地排污、排水用硬聚氯乙烯（PVC-U）管材。

（2）行业指导价格（出厂价）：9000 元 / 吨（PVC 树脂参考价按 5600 元 / 吨计）。

3. 埋地排水用 PVC-U 双壁波纹管材

（1）产品标准：GB/T 18477.1-2007 埋地排水用硬聚氯乙烯（PVC-U）结构壁管道系统 第一部分 双壁波纹管材。

（2）行业指导价格（出厂价）：9700 元 / 吨（PVC 树脂参考价按 5600 元 / 吨计）。

4. 燃气用埋地聚乙烯（PE）管材

（1）产品标准：GB 15558.1-2003 燃气用埋地聚乙烯（PE）管道系统 第一部分 管材。

（2）行业指导价格（出厂价）：17200 元 / 吨（PE 原材料参考价按 12500 元 / 吨计）。

5. 给水用 PE 管材

（1）产品标准：GB/T 13663-2000 给水用聚乙烯（PE）管材。

（2）行业指导价格（出厂价）：15700 元 / 吨（PE 原材料参考价按 11000 元 / 吨计）。

6. 埋地排水用 PE 双壁波纹管材

（1）产品标准：GB/T 19472.1-2004 埋地用聚乙烯（PE）结构壁管道系统 第一部分 聚乙烯双壁波纹管材。

（2）行业指导价格（出厂价）：15400 元 / 吨（PE 原材料参考价按 10700 元 / 吨计）。

7.PE 缠绕结构壁管材

（1）产品标准：GB/T 19472.2-2004 埋地用聚乙烯（PE）结构壁管道系统 第二部分 聚乙烯缠绕结构壁管材及相关标准。

（2）行业指导价格（包括现场施工安装指导费用的出厂价）：16400 元 / 吨（PE 原材料参考价按 10700 元 / 吨计）。

BOPET 年度会议召开

3 月 26 日，中国塑协 BOPET 专委会 2015 年度工作会议在杭州举行，业内 41 家会员单位的 62 名企业领导或代表参加了会议。

徐理事长代表专委会作行业 2014 年度工作总结和 2015 年度工作要点。秘书处向会议介绍行业“十三五”发展规划起草情况；向会议报告 2014 年会费收支和 2015 年费用预算； 秘书处还就 BOPET 产业情况（产能概况、行业运行、市场价格、进出口等）做了专项报告，与大家分享了相关统计数据。会议就薄膜产品、上游原料、行业配套等市场情况进行交流时。会议邀请了 iflm 薄膜网 CEO 唐蔚波作国内外 BOPET 功能膜的种类、发展状况的介绍。

【4 月】

国家标准《全生物降解农用地面覆盖薄膜》起草首次讨论会召开

4 月 22 日，全国生物基材料及降解制品标准化技术委员会在北京召开了《全生物降解农用地面覆盖薄膜》标准的起草讨论会。杭州曦茂新材料科技有限公司等单位代表和专家参加。

2015 中国塑协工程塑料专委会常务理事会议召开

4 月 22 日，2015 中国塑协工程塑料专业委会常务理事会议在山东兰陵召开。20 余家常务理事及副理事长单位参加了会议。中国塑协秘书长马占峰、副秘书长许琳出席会议。

会议由中国塑协工程塑料专业委员会理事长、中科院宁波工业技术研究院材料技术研究所所长朱锦研究员主持。

会议共有四项议程：①由潘伟国副秘书长作工程塑料专委会 2014 年度主要工作结和 2015 年度工作计划的报告；②由工程塑料专委会会展部部长杜明汇报“2015 年首届中国国际工程塑料产业创新大会”策划方案；③由工程塑料专委会林敏刚秘书长通报 2014 年度新加入工程塑料专业委员会会员单位（人）名单；④与会代表对 2015 年工作计划、“2015 年首届中国国际工程塑料产业创新大会”策划方案和工程塑料专委会今后工作内容提出建议和意见并作交流。

副理事长徐同考，专家组成员海天集团顾建华总监（技术），副理事长单位中塑在线戴石磊总经理，山今化学总经理岑建达总经理等代表在会上作了专题发言。中国塑协秘书长马占峰，就本届常务理事会作了总结性发言。对本届工程塑料专委会在2014年的工作给予了充分肯定，对2015年工作提出了更高的希望和要求。

会后，宁波锦地工程塑料有限公司、上海石化西尼尔化工科技有限公司、一汽大众、副理事长徐同考、余姚塑料城、宁波奥捷工业自动化有限公司等10家常务理事、副理事长单位递交了书面材料，对工程塑料专委会提出了非常中肯的意见和建议。

第二届国际生物基高分子材料论坛举办

4月22日，由中国塑协支持；中科院宁波材料技术与工程研究所、山东省兰陵县人民政府主办，中国塑协工程塑料专业委员会承办的第二届国际生物基高分子材料论坛在山东省兰陵县举办。

中国工程院院士薛群基担任本届论坛名誉主席，并为大会致辞。中国塑协常务副理事长曹俭作了重要讲话。中国塑协秘书长马占峰、副秘书长许琳出席论坛。

由中科院宁波工研院材料技术研究所所长、中国塑协工程塑料专业委员会理事长朱锦研究员，担任会议主席。论坛以生物基高分子材料为主题，共邀请到来自中国、美国、加拿大、澳大利亚等国内外300多位优秀科学家和企业家代表共同探讨生物基高分子材料最新科研成果及成果转化应用案例。

论坛议题涵盖生物基塑料、生物基纤维、生物基弹性体等生物基高分子材料各个领域。论坛期间，美国农业部国家农业应用中心高级研究员刘增社、中科院宁波工研院材料技术所所长、中国塑协工程塑料专业委员会理事长朱锦研究员、吉林省发展和改革委员会张志勇处长、凯赛生物董事长刘修才博士等20多位国内外著名专家及企业领袖发表了主题演讲。朱锦研究员作了题为：“生物基高分子材料研究进展和行业发展探析”的演讲，受到了与会嘉宾的热烈欢迎。当前，发展绿色低碳循环经济，建设资源节约和环境友好型社会已成为大家的共同选择。而生物基材料作为再生循环利用中对环境负荷最小、对人类身体健康无害的材料则备受科学家和消费者的关注。同时生物基高分子材料作为战略性新兴产业，在几个五年计划和‘863’计划支持下取得了长足的发展，已经生产出了一些具有自主知识产权的产品。

4月23日下午，“2015第二届国际生物基高分子材料论坛”PLA（聚乳酸）发泡设备生产现场观摩会在山东通佳机械有限公司举行。论坛组织与会代表前往山东通佳机械有限公司，现场观摩了PLA（聚乳酸）发泡设备生产过程。张建群董事长发表了热情洋溢的讲话，中国塑协马占峰秘书长和清华大学郭宝华教授代表参观者，对通佳的机械设备给予高度评价，对张建群董事长给予论坛的大力支持深表感谢。

“2015第二届国际生物基高分子材料论坛”PLA（聚乳酸）发泡设备生产现场观摩会举办

4月23日，“2015第二届国际生物基高分子材料论坛”PLA（聚乳酸）发泡设备生产现场观摩会在山东通佳机械有限公司举行。中国塑协领导、中国科学院专家和来自美国、加拿大、澳大利亚等30个国家和地区的近200位专家、学者和企业界代表共同参观了山东通佳机械有限公司系列生物基高分子材料生产装备的现场生产演示。

“PLA超临界发泡片材生产线”的生产现场演示，获得了与会专家的广泛关注和高度评价，该生产技术解决了PLA（聚乳酸）材料熔体强度低、加工窗口窄的世界性技术难题，达到世界先进水平。参会代表还深入探讨了山东通佳机械有限公司关于生物基高分子材料最新研究成果及应用实际案例，为生物基高分子行业人员提供了专业学习、研讨、交流的平台。

生物基高分子材料是利国利民，循环经济，可持续发展的新兴产业，针对生物基高分子材料应用的不断扩大，以及市场对相应加工技术装备的需求，近年来山东通佳开发了聚乳酸全降解发泡片材生产线，全生物基木塑制品生产线，PLA系列吹膜生产线等一批全生物基高分子材料加工技术装备，通过技术攻关，解决了多项PLA材料加工技术装备和加工工艺等关键技术难题，前后共取得了19项国家专利和国家火炬计划立项，并获得了山东省和中国机械工业科技进步奖。并成功地实现了产业化。山东通佳机械有限公司将和生物基高分子材料相关领域的同仁一道，更加致力于生物基高分子材料加工技术装备的研发和生产，把企业品牌优势战略，成本优势战略、创新发展战略、智能化应用战略与研发生物基高分子材料加工技术装备相结合，进一步加大研发投入，将科技成果迅速转化为生产力，为创建我国规模最强大、技术最领先、国际一流的生物基高分子材料加工技术装备产业集团而努力，为我国生物基高分子材料行业的又好又快发展作出贡献。

中国塑协塑料管道专业委员会第九届三次会员大会暨2015年塑料管道行业交流会召开

4月23日，主题为“创新、安全、责任”的中国塑协塑料管道专业委员会第九届三次会员大会暨2015年塑料管道行业交流会在河北省衡水市召开。来自国内外相关单位领导、专家、会员单位、塑料管道生产企业、上下游企业、行业协会、检测机构、认证单位、相关媒体等单位代表559人参加会议。

中国塑协常务副理事长曹俭介绍了中国塑料加工业2014年的情况，并分析了经济新常态下塑料管道行业的发展方向。

中国塑协塑料管道专业委员会理事长张建均在会上作了《中国塑协塑料管道专业委员会2014年工作报告》，并得到审议通过。

会议审议通过了昆明普尔顿环保科技股份有限公司等10家会员单位为专委会新的理事单位。

中国塑协塑料管道专业委员会秘书长王占杰向大会汇报了《给水用塑料管道行业自律公约》的执行情况。截止至2015年3月，共有240家行业企业通过公约的方式承诺为用户提供合格的产品及服务。期间未发现企业违反自律公约的规定。行业欢迎用户单位、媒体、相关机构以及塑料管道企业共同监督，保障自律公约的有效运行。

大会审议通过了王占杰秘书长作的《中国塑协塑料管道专业委员会2015年工作计划》。

中国塑协塑料管道专业委员会与西班牙AENOR认证机构在会上签署了合作备忘录，为提高和加强中国塑料管道生产企业在其他国家的贸易水平，扩大国际市场，提升产品质量水平，达到国际认证水平创造条件。

会议围绕“创新、安全、责任”的主题内容安排了塑料管道原料、助剂、设备、新技术、检测、应用、质量管理及行业发展等方面25个专题报告。

会议提出“创新，安全，责任”的主题，旨在逐步解决当前行业当前存在的问题与困难，引导未来行业的发展方向。创新是行业和企业生存与发展的动力，行业要加强科技创新和技术进步，促进塑料管道产品的性能和功能提升，以扩大塑料管道的应用领域。不仅要在技术、材料、装备、产品研发等方面加大创新投入，还应加强理念的创新，还要提高思想、意识的转变，不断提高产品品质，满足用户正当需求。安全是市场的基本和重要的要求，对于塑料管道行业而言，更是行业健康发展的核心。随着市场的逐步规范和应用者的认识提高，安全可靠、高品质的塑料管道一定成为市场主流。要积极学习先进国家的产品安全意识和管理，加快质量保障联盟建设，制定、完善相关公约、认证等工作的标准和监督措施，保障塑料管道产品的应用安全。责任是实现行业健康发展目标的重要基础之一。要树立行业责任心，勇于担当责任，加强行业自律，共同维护行业信誉，做百年企业和百年行业。本次会议的召开对行业提高塑料管道生产和应用水平，加强新产品研发，提升产品品质，保证产品安全，承担行业责任有着积极的推动作用。

在国民经济进入“新常态”的大背景下，塑料管道行业要积极抓住机遇，迎接挑战，利用加快新型城镇化建设、建设“海绵”城市、加强城市地下管网建设与改造、加强农村水利建设等市场机会，优化产品结构，转变发展方式，提升发展质量。通过“创新，安全，责任”，共同促进塑料管道行业的持续、稳定、健康发展。

“中国西部（重庆）塑料生态产业园”通过专家评审

中国塑协组织专家考评组，对重庆梁平　“中国西部（重庆）塑料生态产业园”进行评审。

考评组认为，在重庆市政府的整体规划和推动下，梁平塑料产业集群发展布局科学合理，招商引资态势良好，园区建设推进迅速，塑料产业发展成效显著，考评组一致同意授予重庆梁平“中国西部（重庆）塑料生态产业园”称号。考评组指出，西部地区处于经济加快发展阶段，对塑料材料及制品的需求十分旺盛，重庆市拥有我国汽车、电子信息、国防军工等领军产业，为塑料产业园的建设提供了广阔的下游应用市场。　“中国西部（重庆）塑料产业园”要以创新驱动，不断提高新型工业化水平，推动塑料产业行业转型升级，延长产业链，实现生态、优质、高效发展，为推动全国塑料产业发展起到示范带动作用。

市经信委党组成员、主任助理艾万忠陪同考察评审。

中国塑协为重庆梁平授牌“中国西部（重庆）塑料生态产业园”

4月27日，中国西部（重庆）塑料生态产业园授牌仪式在重庆市梁平县举行。中国塑协常务副理事长曹俭在仪式上宣读了中国西部（重庆）塑料生态产业园授牌文件，中国轻工业联合会副会长、中国塑协理事长钱桂敬将“中国西部（重庆）塑料生态产业园”牌匾授予梁平县县长吴盛海，并发表致辞。随着授牌仪式的举行，中国塑协各专委会的参与，将大大推进产业园的开发和建设工作。

重庆市市委常委、常务副市长翁杰明、重庆市经济和信息化委员会主任郭坚、工业和信息化部消费品工业司副巡视员汪敏燕、国家发改委产业经济与技术经济研究所工业室副主任付保宗副研究员等领导出席授牌仪式。

中国轻工业联合会副会长、中国塑协理事长钱桂敬在致辞中表示，随着东部地区土地、生产要素成本的大幅提高，塑料产业的重心正逐步向西部转移，这为重庆塑料产业的发展带来了新机遇，重庆梁平打造500亿级完整产业链的塑料生态产业集群是务实创新之举。“中国西部（重庆）塑料生态产业园”发展思路清晰、发展定位准确、发展措施有力、发展态势喜人，可谓成效显著。中国轻工业联合会和中国塑协将联合各地塑料协会及企业对中国西部（重庆）塑料生态园区的建设予以大力支持和帮助，共推中国西部（重庆）塑料产业园的快速发展。

2013年12月25日，梁平县人民政府与中国塑协、重庆市经信委成功签订三方战略合作协议，组建了中国塑协、重庆市经信委、梁平县政府三方联动推进领导小组，在充分调研、反复论证的基础上，决定在梁平打造完整塑料产业链。

《重庆梁平塑料产业集群规划》显示，中国西部（重庆）塑料生态产业园规划面积14平方公里，将重点打造塑料制品、塑料模具、塑料机械、塑料改性、交易市场五大领域，力争到2025年形成500亿级塑料产业集群。

梁平县已与浙江中财集团、守布。阿迪达公司等签订正式合同16个，合同引资38亿元，设计年产值76亿元。已入驻塑料制品企业27家，产品涵盖汽车塑料零部件、塑料管/板材、木塑复合材料、日用塑料、再生塑料等多个领域。

中国塑协聚苯乙烯挤出发泡板材专委会成立大会召开

4月28日，中国塑协聚苯乙烯挤出发泡板材（XPS）专委会成立大会暨技术交流会在北京召开。中国塑协秘书长马占峰代表中国塑协钱桂敬理事长、曹俭常务副理事长出席会议并讲话。聚苯乙烯发泡板材生产企业，设备企业，阻燃剂、发泡剂企业，原料、检验检测等相关企业人员共98名出席会议。

大会的主题是“发挥优势、扭转局面、同心同德、共创共赢”，来自聚苯乙烯挤出板材相关领域的专家学者和企业代表进行了积极的沟通和交流，专委会的成立为XPS行业搭建了技术交流、合作洽谈以及政策咨询的广阔平台。

会上审议通过了《中国塑协聚苯乙烯挤出发泡板材专业委员会工作条例》（草案），产生了第一届常委会主任、副主任、常委委员，聘任了专委会秘书长。南京法宁格节能科技公司等27家单位被推举为中国塑协聚苯乙烯发泡板材（XPS）专业委员会第一届主任、副主任、常委委员。中国塑协领导向第一届常委会单位表示祝贺并颁发证书。南京法宁格节能科技有限公司董事长郭鑫齐被推选为常委会主任，中国塑协主任助理焦红文为秘书长。郭鑫齐主任发表了就任讲话，阐明了专委会的职责和任务，并对2015年专委会的工作提出了规划和展望。

在XPS行业应用与发展研讨会上，住房和城乡建设部科技发展促进中心副总工程师杨西伟解读了《建筑设计防火规范》对墙体保温技术的新要求》，中国建筑材料科学研究总院高级工程师张玉辉作了GB8624-2012《建筑材料及制品燃烧性能分级》国标介绍；上海市建筑科学研究院高级工程师杨星虎进行了GB/T 30595-2014 《挤塑聚苯板（XPS）薄抹灰外墙外保温系统材料》的国标解读；中国塑协副秘书长孟庆君介绍了XPS 泡沫行业HCFCs 淘汰管理计划第一阶段进展及第二阶段准备情况；北京工商大学材料与机械工程学院博士刘本刚分别就《冷库用挤塑聚苯乙烯泡沫塑料（XPS）》、《土工用挤塑聚苯乙烯泡沫塑料（XPS）》、《硬质泡沫塑料 冻融循环试验方法》三项行业标准的制定和GB/T 10801.2-2002《绝热用挤塑聚苯乙烯泡沫塑料（XPS）》的国标修订情况进行了讲解；意大利GAMMA MECCANICA公司技术总监NICO GUALERZI对本公司的挤塑板生产线和自动回收装置技术进行了介绍和问答。最后，郭鑫齐主任与参会人员进行了互动交流并作了总结发言。

中国塑协聚苯乙烯挤出发泡板材（XPS）专委会的成立代表着XPS行业形成了统一规范的组织，将在引导行业发展、促进行业自律、提升技术水平、促进国际交流、拓展应用合作、扩大宣传推广等方面发挥着举足轻重的作用，在中国XPS发展史上具有里程碑的意义。

BOPET市场分析会举行

4月28日，中国塑协BOPET专委会根据近期市场异常变化的情况，在杭州召开市场分析专题会。会议由徐志强理事长主持，25 家行业单位的 35 名代表出席会议。

会议特别邀请中石化销售公司合成纤维处张有定处长介绍 4、5 月来原料价格变化的市场因素、聚酯切片结算情况，以及如何规避不正当竞争的应对措施。聚酯切片价格与聚酯原料价格高度相关，其相关系数在 0.985 左右。可以预测，该系数在未来相当一段时期内将继续存在。2014 年，聚酯需求增长较低；进入 2015 年的纺织大环境仍然偏弱，尽管受产品低价和补充库存的拉动让需求有小幅增长，但总体需求对行情的驱动力依旧较弱。因此，分析聚酯切片行情走势，需要特别关注 PX、PTA 和 MEG 的供需变化和行情走势。目前，由于供应过剩，供应商对价格的影响力在减弱；相反，期货市场对行情的影响却在增强。预测未来较长时期内，PTA 和 PX 市场将多次重复出现效益下降、开工压缩和价格反弹的格局。PTA 的平均加工价在 500 元 / 吨左右价格反弹的格局。PTA 的平均加工价在 500 元 / 吨左右，PX 的价格将决定聚酯类产品价格的高低。各 PX 供应商的生产成本虽然各有一些差异，但是它与原油的相关性较高，为此，原油价格和低成本的 PX 装置生产成本将共同决定 PX 价格。4 月份聚酯市场大幅上涨的主要原因：一是布伦特原油价格上涨 6% 以上；二是下游恢复开机达到满负荷；三是 PX 集中检修，发生厦门古雷 PX 爆炸；四是 MEG 社会库存明显下降，扬子 EO/MEG 继古雷 PX 后再次爆炸；五是当前市场价甚低，处于历史低位。5 月份，原油价明显下跌的概率较小，MEG 供应偏紧，翔鹭 PTA 难以全面恢复，聚酯开工率高起；预计 5 月的市场行情基本稳定，聚酯切片结算价较 4 月份有一定上涨。

诸多老总在聆听市场情况分析后，认为最近阶段，聚酯薄膜行情的攀升受产品替代和需求增长的影响，出现了暂时的供货平衡；业间的产量受市场牵制，仍旧与生产装置的产能保持一定的距离；用户（包括出口用户）都不期望市场价格波动太大，行业急切指望上游原料的月初报价与月末结算能尽可能一致；当今市场划分已成基本稳定的局面，原材料价和大企业的薄膜价直接影响整个行业的价格走势。

章少华副理事长在作会议总结发言时表示，供需关系是市场活动中最基本的经济规律，它常常左右着市场价格的不同变化。行业人对自己产品应抱有信心，要增强自己的从业信心，面对或上或下的行情突变，需要大家的理性对待。在目前产业集中度并不高的前提下，适当控制产品的供给量和确保产品的交易成本是必须的。

【5月】

2015 年塑料检测实验室认可知识与要求培训班举办

5 月 12 日，中国塑协教育与培训委员会举办的 2015 年塑料检测实验室认可知识与要求培训班开课。

培训班特别聘请中国合格评定国家认可委员会、国家塑料制品质量监督检验中心、国家化学建筑材料测试中心等国家权威机构的专家集中授课。相关单位和企业的质量管理人员、检验人员参加培训。培训结束时进行实验室认可及能力验证相关考核，合格者由中国塑协颁发培训合格证书。

培训内容：

（1）实验室认可基础；

（2）CNAS 认可准则、规则文件介绍；

（3）实验室认可条件与基本义务；

（4）实验室认可基本流程；

（5）实验室认可准则宣贯学习；

（6）申请认可检测能力的仪器设备配置要求；

（7）实验室认可现场评审的过程及注意事项；

（8）实验室认可其他问题。

中国塑协医用塑料专委会 2015 年年会暨国际医用塑料创新技术论坛举办

5 月 14 日，中国塑协医用塑料专委会 2015 年年会暨国际医用塑料创新技术论坛在上海举办。论坛由中国塑协医用塑料专委会主办，天津市塑料研究所有限公司、深圳市塑讯科技有限公司承办，数百位参会嘉宾齐聚上海，为医用塑料的发展当“参谋”。

中国塑协副理事长曹俭在论坛上作了重要讲话。中国塑协医用塑料专业委员会理事长、天津市塑料研究所有限公司总经理曹常在预测，到“十二五”末，即 2015 年中国整个医疗仪器与设备市场预计将翻一番，达到 3000 多亿元，中国医疗器械行业复合增长率将维持在 20% 至 30%，行业发展潜力巨大。而医用塑料作为医用耗材和医用器械用量最大、最为重要的基础材料，也必定受到这一主流趋势的影响，成为令世界瞩目的新兴市场。

因此通过这次论坛我们要着重讨论我国医疗产业，特别是医用塑料耗材行业存在的共性问题，认真讨论破解方案和建议，以便推动行业的快速发展。

围绕“创新”这一主题，以“加强技术交流与合作”为宗旨，天津市医药质量协会、广州市海珥玛植物油脂有限公司、瓦克化学(中国)有限公司、ARBURG、博闻中国、圣戈班高功能塑料（上海）有限公司、德尼培橡胶塑料材料科技(苏州)有限公司、北京迈迪克豪尔医药技术咨询服务有限公司、福路明精密管材（北京）有限公司、山东道恩高分子材料股份有限公司等十几位专家和企业界精英就医疗器械相关法规条例调整更新要点或热点问题解析、透明材料在医疗行业的应用与技术发展、PVC 在医疗行业还可以走多远、医用 PVC 增塑剂替代与新技术、国际医用塑料应用创新与发展趋势等 11 个方面的议题，进行了精彩的主旨演讲和专题演讲。

论坛主要内容包括主旨和专题演讲、自由提问和交流两个环节，全面展示医用塑料创新技术的发展和建设成果。

论坛的成功举办为提升中国塑协医用塑料专委会在行业中的影响力；为医用塑料行业的新发展提供智力支持；加强专家学者和企业界的合作交流，沟通信息、广交朋友；推动医用塑料技术创新、成果转化和行业发展；将中国塑协医用塑料专委会国际医用塑料创新技术论坛打造成推动医用塑料发展的权威性、专业性交流平台。国际医用塑料创新技术论坛成功搭建起一个高端交流平台，为推动医用塑料行业发展发挥了重要的作用。

全国机械行业继续教育工作研讨会召开

5 月 14 日，由中国机械工业联合会教育培训部、机械工业教育发展中心主办，湖南大学远程与继续教育学院承办的全国机械行业继续教育工作研讨会在湖南长沙召开。中国机械工业联合会教育培训部主任、机械工业教育发展中心主任陈晓明，湖南大学党委书记刘克利出席会议并讲话，来自全国机械工业人才培养行业联盟、国家开放大学机械工业学院各学习中心、机械行业高等院校继续教育联盟和相关企业的专家教授等百余名代表参加了会议。

会议旨在更好地适应机械工作发展新常态，逐步构建机械行业继续教育体系，交流行业继续教育经验，合力探索、实践行业人才继续教育新模式。

会议以“共建行业继续教育体系、共享继续教育成果”为主题，安排了行业继续教育项目发布、国家开放大学机械工业学院理事会成立、“机械行业专业技术人员继续教育中心”揭牌、典型继续教育经验交流等版块的内容，并分组进行座谈研讨，深入推动了行业继续教育项目的洽谈与对接，受到了与会代表的一致认可。

会上，陈主任围绕“对接、合作、聚焦、创新”这八个字做了重要讲话。会上，进行了“机械行业专业技术人员继续教育中心”成立揭牌仪式，继续教育中心主要承担机械行业专业技术人才知识更新工程，为机械行业专业技术人才培养、岗位培训、研修等提供教学平台和培训资源，主办方发布了行业继续教育项目信息。

随后，与会代表介绍了典型继续教育经验，代表们还就机械工业继续教育合作项目与合作意向、继续教育工作经验、国家开放大学机械学院建设等问题进行了广泛交流和深入讨论。随后，来自高校、企业和协会的代表分别围绕机械行业继续教育问题、国家开放大学机械学院建设等问题进行交流研讨，并对未来机械工业继续教育项目合作进行了对接与洽谈。

会后，与会代表还参观了位于湖南大学的三大国家超级计算中心之一—长沙中心，感受超算中心主机的超性能与大容量带来的科技震撼。

一年一度的机械行业继续教育工作会议，受到了中国机械工业联合会和各相关院校的高度重视，全国机械工业人才培养行业联盟、国家开放大学机械工业学院、机械行业高等院校继续教育联盟和相关企业，每年均会选派代表参会，学习其他高校的有益经验，推动全国机械行业继续教育工作新发展。

首届中国塑料 / 化工研究院所发展论坛召开

5 月 18 日，中国塑协塑料技术协作委员会在广州举办 “首届中国塑料 / 化工研究院所发展论坛”。来自全国的部分塑料、化工类研究院所，以及相关科技型企业的代表约 70 人参加了会议。中国轻工联合会副会长 / 中国塑协理事长钱桂敬出席了开幕式并作了重要讲话，中国塑协塑料技术协作委员会理事长包建成和塑料技术协作委员会挂靠单位轻工业塑料加工应用研究所所长黄志刚分别致辞。

会议内容主要包括三大部分：技术进展专题报告、研究院所发展状况及研究特色介绍和技术交流等。

技术进展专题报告有：北京化工大学长江学者特聘杨卫民教授的“聚合物熔体微积分模内层叠复合成型加工新技术”、华南理工大学杨智韬副教授代表瞿金平院士团队的“高分子材料加工成型技术创新与发展”、中石化北京化工研究院首席专家刘立志的“高分子薄膜的结构性能及加工条件关系研究”；还有因故不能现场讲演而发领导书面报告有：中石化北京化工研究院张师军副总工的“聚烯烃新牌号开发现况及进展”、航天材料及工艺研究所赵云峰副总工程师的“高性能塑料在航天工业领域的应用”、广东炜林纳新材料科技股份有限公司郑德总经理的“PVC无铅化进展看法及应用举例”等。高水平的学术报告受到了与会代表的热烈欢迎。

研究所发展方向介绍有：轻工业塑料加工应用研究所黄志刚院长教授的“轻工业塑料加工应用研究所介绍”、山西省化工研究所王克智总工的“塑料助剂研究方向与创新成果”、上海华谊集团技术研究院先进材料研究所陈朝泉所长助理的“华谊新材料研究进展”、上海化工研究院王新威总工的“在新材料领域的研究进展”、金发科技股份有限公司宁红涛副总的“基于先进聚合物材料自主创新的创新体系工程——金发科技股份有限公司介绍”、新疆天业集团化工研究院张磊副院长的“创新驱动成就企业核心竞争力——新疆天业集团化工研究院整体情况介绍”、吉林省塑料研究院魏忠良院长的“吉林省塑料研究院发展之路”、福州市福塑科学技术研究所有限公司彭超所长的“福塑科学技术研究所有限公司改制及研发方向介绍”、大连塑料研究所有限公司于文杰的“大连塑料研究所发展历程”，以及天津塑料研究所有限公司曹常在所长的书面介绍“医用塑料现状与进展——天津所介绍”。

技术交流报告有：广州市海珥玛植物油脂有限公司李道斌技术经理的“绿色创新—HM828的可持续发展”、荷兰Corbion公司涂浩明工程师的“聚乳酸：一种真正意义上的生物基塑料”、杜邦公司孟莫克化工成套设备（上海）有限公司刘红英经理的“杜邦布林克®有机气雾处理系统——减少塑料工业PM2.5排放的成熟解决方案”、赛默飞世尔科技（中国）有限公司李健经理的“加工流变仪在材料研发中的应用探讨”、科倍隆（南京）机械有限公司朱益东·许源工程师的“双螺杆挤出机在EPS微粒加工方面的应用”、中国中轻国际工程有限公司（原轻工部设计院）康俊祥经理的“塑料加工工厂节能减排实用技术推介”、上海思尔达科学仪器有限公司姚汉樑总工的“黏数和流变实验中的数值处理技术”等。

另外，福建师大聚合物资源绿色循环利用教育部工程技术研究中心陈庆华主任／教授的“再生资源创新平台建设与再生塑料技术战略联盟筹建方案”反映出当前“互联网+”新形势下的创新。

中国塑协六届五次理事会扩大会议暨塑料加工业技术应用论坛召开

5月19日，中国塑协六届五次理事会扩大会议暨塑料加工业技术应用论坛在广州召开。出席六届五次理事会扩大会议的有中国轻工业联合会名誉会长／中国塑协名誉理事长陈士能、中国轻工业联合会副会长／中国塑协理事长钱桂敬、中国塑协常务副理事长曹俭、名誉理事长廖正品、中石化销售公司副总经理房琳、广东省轻工协会会长杨大行以及六届理事会的副理事长、常务理事、理事、特聘理事及理事单位的代表、部分会员单位代表，分支机构负责人，协会各部门等共184人。陈士能名誉理事长、钱桂敬理事长、曹俭常务副理事长、廖正品名誉理事长、房琳副总经理、杨大行会长、符岸副理事长、刘丰田副理事长、韩新伟副理事长等主席台就座。会议由钱桂敬理事长主持。

六届五次理事会扩大会议审议通过了《2014年中国塑协工作报告》、《中国塑协2014年度会费收支报告》；审议通过了《新增会员单位的议案》，《增补理事、常务理事、特邀副理事长的议案》以及《陈士能、廖正品等同志不再担任中国塑协第六届理事会名誉理事长的议案》。听取了《中国塑协分支机构管理办法》的修订说明并通过了《中国塑协分支机构管理办法（修订稿）》，同意将此修订稿提请中国塑协第七届会员代表大会审议通过；对专利工作先进企业进行了表彰，宣布了2014年第二批中国塑料行业信用等级评价企业名单并举行颁牌仪式。

曹俭常务副理事长在协会工作报告中回顾了中国塑协2014年工作和取得的成绩，提出了2015年工作要点。

钱桂敬理事长做了中国“塑料加工业当前形势和“十三五”规划思路”的主旨报告。

理事会扩大会议后举行了《塑料加工业应用与发展论坛》，会议由曹俭常务副理事长主持。佛山佛塑科技集团股份有限公司总工程师吴耀根，中国塑协专家委员会主任王德禧，北京华腾新材料股份有限公司董事长陈宇，四川大学王玉忠教授，北京化工大学杨卫民教授、薛平教授等行业知名专家、学者在论坛上分别做了题为“功能性薄膜的现状及发展趋势探讨”、“塑料创新技术与应用”、“规治环境下的塑料技术创新与发展”、“生物基与可循利用高分子材料”、“聚合物加工节能环保技术创新与可持续发展”、“绿色聚合物材料成型加工—理论研究及应用”的精彩报告。专家们的报告深入浅出，通俗易懂，得到了与会者的高度赞扬和肯定。最后，曹俭常务副理事长专题介绍了“美国塑料工业发展现状及 2015 年美国 NPE、米兰 PLAST 塑料展情况”，并对会议做了总结。

《中国塑料加工业发展史》编写工作会议（广州）召开

5 月 19 日，中国塑协信息部在广州市召开了《中国塑料加工业发展史》编写工作会议，中国轻工联合会副会长 / 中国塑协理事长钱桂敬、中国塑协常务副理事长曹俭，以及编委会成员、中国轻工业出版社编辑和各地参与编写《中国塑料加工业发展史》的作者等 39 人出席了会议。

会议由中国塑协副秘书长许琳主持；中国塑协塑料技术协作委员会秘书长 /《中国塑料加工业发展史》主编杨惠娣汇报了编委会成立以来的工作进展，并简单介绍了《上海篇》（初稿）、《滚塑篇》（初稿）的组织编写经过；《滚塑篇》（初稿）的主要撰稿人温岭市旭日滚塑科技有限公司王昌荣高工，同与会者分享了编写过程的体会和心得；中国轻工业出版社林媛编辑从工业发展史编写的体例等相关编辑须知事项作了说明；参会代表比较热烈地就如何编写好发展史进行了讨论。最后，钱桂敬副会长 / 理事长对如何编写做了原则指示：盛世修史。几十年来，我国塑料加工业从小到大，逐渐成长、壮大，现在已经成为全球生产、消费大国。把我国塑料工业的发展历程、壮大的足迹保留、记录下来，《中国塑料加工业发展史》编撰意义非常深远、重大，任务非常艰巨、困难。我们要依靠大家、发动大家。很高兴看到现在我们的专委会、地方协会做了大量工作，有些已经交了稿，没交稿的也在撰写，大家辛苦了。《中国塑料加工业发展史》要明确顶层设计，明确提纲，突出塑料工业从无到有到大的历程，大的事件要反映出来，重大的技术创造要反映出来。科技进步篇章中，大的技术突破、奖项等，删繁就简，精益求精。重点地区篇章中，发达地区作为重点，保证重点省、地区包含在内。行业篇章中，可以不介绍企业，写行业突破，企业放在企业篇中，以简求繁。总之，《中国塑料加工业发展史》意义重大，是协会的重要工作之一，相信在大家的共同努力下，一定能撰写成功。

会议虽然仅短短 2 小时，但会议达到了预期效果，对于《中国塑料加工业发展史》必将起到积极的推进作用。

中国塑协与意大利塑机协会达成合作意向

5 月 20 日，在第二十九届中国国际塑料橡胶工业展览会期间，曹俭常务副理事长在意大利馆会见了意大利塑料橡胶机设备和模具制造商协会总经理 Mario Maggiani 先生、Stefania Arioli 女士、北京办事处康先生等人，双方就今后开展技术合作事宜达成初步意向，并商量签署合作备忘录事宜。

双方表示将互相支持对方所办的展会。中国塑协将组织中国企业代表团参加于 2017 年 9 月 26 ～ 30 日在意大利米兰举办的 plast2017（米兰塑料和橡胶展），同时邀请意大利塑料橡胶机设备和模具制造商协会组织意大利企业家代表团参加中国塑协举办的展会，Mario Maggiani 表示同意并欣然接受邀请。

曹俭常务副理事长还向 Mario Maggiani 等人介绍了中国塑料产业发展的现状，也向他们了解了欧洲塑料市场的情况。

自上个世纪 80 年代中国塑料企业开始引进意大利塑料机械及设备以来，意大利塑料机械是中国引进国外塑料加工技术及装备的主要渠道之一。

中国塑协与美国塑协签署 OCS 项目协议

5 月 20 日，在广州琶洲中国进出口商品交易会展馆会议室，中国塑协曹俭常务副理事长与美国塑料工业协会（SPI）国际事务与贸易高级总监迈克尔 • 泰勒先生就中国塑协获得使用 OPERATION CLEAN SWEEP® (OCS) 商标及其项目材料的许可一事签署协议。

该协议的签署表明，中国塑协承诺在中国实施 OPERATION CLEAN SWEEP® (OCS) 项目，未来将更加关注环境并致力于零塑料粒子损失，愿向世界传递该项目的价值。

(OCS) 是一项国际性的计划，由美国塑料工业协会和美国化学理事会（ACC）发起，旨在减少塑料粒子在运输途中的流失并保护海洋环境。该项目计划可在塑料工业的每一个环节发挥作用，包括原材料生产商、物流商、码头运营商和塑料加工业者，通过实施好仓库管理和颗粒控制，实现零塑料粒子流失。

近20位企业领导参加了签约仪式。

中国轻工业联合会领导视察2015国际橡塑展

5月20日上午，中国轻工业联合会前会长陈士能，中国轻工业联合会副会长、中国塑协理事长钱桂敬，中国塑协常务副理事长曹俭，前理事长廖正品一行在雅式展览服务有限公司董事长朱裕伦先生、董事副总经理彭华女士、副总经理梁雅琪女士的陪同下，视察了在广州琶洲中国进出口商品交易会展馆举办的第二十九届中国国际塑料橡胶工业展览会。

几位领导观看了巴斯夫公司、佛山佛塑科技集团股份有限公司、三菱电机自动化（中国）有限公司、威猛巴顿菲尔机械设备（上海）有限公司、广东正茂精机有限公司等公司的展台，不时地向展商询问产品、技术和行业发展问题，并进行了亲切的交谈。

几位领导还参加了象征着各界人士为橡塑行业可持续发展注入能量的“共植同心树”活动，在共植“同心树”展板上签上名字并合影留念，寓意对未来的美好期许。

自与香港雅式展览服务有限公司合作以来，中国塑协参与举办并对国际橡塑展均给予大力宣传和支持，在促进国际橡塑展览会的发展壮大和服务做出了很大贡献。

2015塑机行业新产品、新技术交流会召开

5月22日，由中国塑料机械工业协会主办的“2015塑机行业新产品、新技术交流会”在广州琶洲展馆召开。会议由中国塑料机械行业专家委员会常务副主任委员、北京化工大学机电工程学院副院长吴大鸣教授主持，来自塑料工业产业链的100多位企业人员和专家、学者参加了本次会议，中国塑料机械工业协会朱康建会长致辞。

交流会上，中国塑料机械工业协会钱耀恩常务副会长介绍了当前大型注塑机现状与发展趋势；博创机械股份有限公司发布“BH系列高精密快速成型机”；中国塑料机械行业专家委员会委员、中南大学蒋炳炎教授介绍了无螺杆超声塑化微注射成型机研究成果；苏州同大机械有限公司对最新吹塑技术研究成果进行发布；科倍隆（南京）机械有限公司、四川中旺科技有限公司分别发布最新挤出机开发生产成果；宁波弘讯科技股份有限公司、山东博特精工有限公司、北京启能国际能源管理有限公司和浙江双飞无油轴承股份有限公司分别就智能控制系统、电动注塑机用滚珠丝杠副技术、气凝胶节能罩和自润滑轴承应用技术同与会代表进行了分享和交流。中国塑料机械行业专家委员会委员、深圳市塑讯科技有限公司段庆生总经理对塑料行业新产品、新技术发展趋势进行了深入解读；最后，中国塑料机械行业专家委员会常务副主任委员、北京化工大学机电工程学院副院长吴大鸣教授则对聚合物微尺度制造技术应用前景进行了全新展望。

近些年来，中国塑料机械工业协会坚持“自主创新、重点跨越、支撑发展、引领未来”的指导方针，注重搭建科技交流平台与行业专家队伍建设，着力构建以企业为主体、以市场为导向的技术创新体系，推动实施知识产权战略，促进发展科技创新文化，加强产、学、研、用协同创新，积极培育行业经济增长点，取得了良好效果。

【6月】

中国氟塑料加工代表团赴意大利等地考察

6月9日，应意大利ITAflon等公司的邀请，由陈生秘书长领队的中国氟塑料加工企业考察团一行13人对意大利Paolo Gozio、Doss、ITAflon、FLUORSEALS、CMP-Press、GUIN TECHNOLOGY Srl、For Lab、Faber和Baruffaldi九家公司进行了访问考察。考察同期参观了2015德国阿赫玛展会。

此次考察得到了上述几家公司尤其是ITAflon公司的周密安排和热情的接待，每到一处都听取了接待企业的详细介绍，与企业负责人员进行了座谈交流，并参观了有关车间和实验室。

意大利贝加莫地区是欧洲最大的聚四氟乙烯半成品和制成品生产基地，中国氟塑料加工企业考察拜访的FLUORSEALS公司由FLUORSEALS、POLIS、ciflon、flon gaskets和fluorone子公司组成，主要生产PTFE半成品和制成品，还涵盖了混料和HPM高性能材料的生产和加工，目前PTFE树脂消耗量达5000吨/年，已经成为意大利最大的聚四氟乙烯制品企业，该公司1994年通过ISO9001认证，并取得FDA、WRAS、EN1337-2:2004、USP等多项专业认证。FLUORSEALS的企业规模、自动化水平、完备的检测手段和现代化的管理模式给团员们留下了深刻的印象。

该地区的氟塑料共混料市场也非常发达，2013年专委会曾组织代表团拜访过规模较大的FLONTECH和HEROFLON公司，此次拜访的ITAflon也是生产PTFE混合料、粉料、造粒料和预烧结料的公司，虽然成立时间很短，但公司拥有先进的造粒和共混料设备，在中国嘉善地区还成立了分厂，相信在不久的将来公司会有很大的发展。

另外，还拜访了自动模压设备生产企业Paolo Gozio、检测设备生产企业Doss、烧结炉生产企业For Lab和自动上料机生产企业Faber等氟塑料相关设备生产企业，团员们不禁赞叹国外设备的先进，尤其是Doss公司生产的在线检测设备，通过多工位的高清晰摄像头和高灵敏的扫描设备，可以快速分离不合格品并对不合格品自动分类，对于杂质以及尺寸的判定精确度极高，大大的提高了工作效率和质量管控的精度。

考察同期团员们参观了2015德国阿赫玛展会。本届展会中国已晋级为德国阿赫玛第二大参展团，参展公司达到300多家，由于氟塑料制品在流程及相关行业特别是密封、化工防腐、环境保护、泵阀、过滤等领域应用广泛，展会也吸引了众多氟塑料企业的参加，专委会的会员单位浙江嘉日氟塑料有限公司、浙江国泰密封材料股份有限公司、上海金由氟材料有限公司、南京肯特复合材料有限公司、浙江有氟密阀门有限公司、株洲宏大高分子材料有限公司、无锡市祥健四氟制品有限公司、中昊晨光化工研究院有限公司、浙江东氟塑料科技有限公司、江西艾得曼密封材料有限公司、扬中市福达绝缘电器有限公司和宁波泰弗诺氟塑制品有限公司参加了本届展览会，展示了氟塑料产品在化工、电子、机械密封、节能环保等领域的最新应用。

2015中国塑料产业大会召开

6月11日，“2015中国塑料产业大会”在成都召开。自2008年起，大连商品交易所、中国石油和化学工业联合会与中国轻工业联合会已成功举办七届中国塑料产业大会，积极发挥期货市场服务国民经济、服务产业的功能，有效推动了期货市场与实体产业的深度融合，大力促进了企业风险管理理念和技能的提高，受到相关产业广大企业和投资者的好评。

为顺应市场发展，继续为广大企业搭建一个信息共享、交流合作、共谋发展的高端市场服务平台，推动金融市场更好地服务实体产业，来自政府相关部门、行业协会、产业链企业、金融投资、信息咨询等单位的精英们将汇聚一堂，共同分析宏观经济走势，研判市场价格走势，探讨产业发展的前景和机遇，寻求企业发展的有效途径。

全国塑料排水管、检查井及雨水收集系统检测技术培训班举办

6月11日，由国家化学建筑材料测试中心（材料测试部）和中国塑协塑料管道专业委员会共同主办的“全国塑料排水管、检查井及雨水收集系统检测技术培训班”在北京举办，来自全国塑料排水管道、检查井、雨水收集系统生产企业及相关企业代表参加培训。

培训班上，中国塑协塑料管道专业委员会秘书长王占杰、国家化学建筑材料测试中心（材料测试部）主任魏若奇、副主任者东梅以及相关技术人员分别介绍了排水用塑料管道系统等行业现状及发展，塑料检查井国际（ISO）和欧洲（EN）标准详析，《塑料排水检查井应用技术规程》中的测试问题，滚塑技术在基础设施建设领域中的应用，塑料检查井性能评价方法，注塑检查井的设计、加工及其质量控制技术，塑料管道国家实验室认可知识，城市雨水收集利用系统，塑料排水管道测试技术等相关内容。培训期间还对相关问题进行了交流与探讨。

培训内容针对性较强，更加专业、具体，有利于大家更好的掌握、运用相关知识，对排水塑料管道系统的生产、测试、质量控制和应用实践有较好的指导作用。

全国塑料标准化技术委员会工程塑料分会聚苯硫醚（PPS）国家标准征求意见会召开

6月15日，由敦煌市政府主办、敦煌西域特种新材股份有限公司承办的2015年甘肃敦煌西域特种新材料技术创新暨制定PPS国家标准专家研讨会在敦煌市召开。

由国内特种新材料首席科学家、中国工程院蹇锡高院士领衔、中国工程院、大连理工大学、四川大学、兰州大学、兰州理工大学、西北师范大学、沈阳飞机设计研究所、上海材料研究所、中蓝晨光化工研究院、四川晨光工程设计院、国家塑料制品质量监督检验中心、国家合成树脂质监检验中心、高分子材料与制品质量监督检验中心等高校、科研机构的专家、学者参加了会议。会议得到了国家、省、市有关部门的高度重视和大力支持，国家工业和信息化部、国家质量技术监督局标准化委员会和省直有关部门的领导、中共酒泉市委常委、敦煌市市委书记詹顺舟、市长贾泰斌、市委常委、常务副市长苟小卫亲临会议。

聚苯硫醚（英文名PPS），是特种工程塑料第一大品种，被誉为“世界第六大工程塑料”，也是八大宇航材料之一，具有“塑料黄金”之称。聚苯硫醚因具有耐高温、耐辐射、耐腐蚀、耐磨、阻燃、尺寸稳定性、电性能优良、成型加工性能好等特点，广泛应用于航天航空、电子电器、汽车工业、精密机械、环保产业、石油化工等行业。特别是以其独特的性能在军事上具有特殊的用途，是发达国家不可缺少的一种化工新材料。聚苯硫醚生产技术长期以来被美、日等少数国家所把持，也因其涉及军工，我国进口受限。该公司历经八年，投巨资研发出“一种生产聚苯硫醚的工艺”发明专利，并采用该新技术投入4亿元，建成西北首条千吨级聚苯硫醚生产线，成为国内第三家拥有千吨级聚苯硫醚产业化生产装置并实现产品批量销售的企业。

中国工程院院士蹇锡高、大连理工大学化工学院副院长王锦艳教授、四川大学余自力研究员、中科院宁波材料技术与工程研究院薛立新研究员、四川德阳工程塑料研究中心刘文良高工、敦煌新材股份公司总工李春雷教授分别作了《新型杂环高性能工程塑料研发进展》、《PPS低聚物的资源化应用》、《聚苯硫醚（PPS）生产技术与应用》等内容精彩报告，在参会专家中引起了强烈的反响。专家、学者一致认为，本次会议的召开对推动我国聚苯硫醚战略新兴产业发展将会起到深远的影响。

中国塑协农膜专委会2015年年会召开

6月16日，中国塑协农用薄膜专业委员会2015年年会在江苏省苏州市召开。

中国塑协曹俭常务副理事长，全国农业技术推广服务中心首席科学家、中国农用塑料应用技术学会会长张真和，全国农业技术推广服务中心经作处处长、中国农用塑料应用技术学会秘书长李莉，中国塑协田岩副秘书长以及茂康材料科技（常熟）有限公司魏贵生副总经理以及来自全国各地的农用薄膜生产、研究、应用及市场的相关高校学者，外商驻中国代理机构和商社代表，农膜企业和原料、助剂、设备、科研院所等各方面的专家、企业代表、新闻媒体朋友共计291位。

曹俭代表中国塑协致辞。专委会曹志强主任做《农膜专委会工作报告》。田岩介绍了《中国塑协组织制订“塑料加工业‘十三五’规划指导意见”和农膜行业“十三五”发展规划指导意见》草案稿。专委会徐双宏副秘书长介绍了受国家工信部委托中国塑协和农膜专委会启动《农膜行业品牌评价》工作的情况，解释了相关文件要求。专委会刘敏秘书长宣读四届常委会调整议案。白山市喜丰塑料(集团)股份有限公司李炳君高工介绍了GB 13735-1992《聚乙烯吹塑农用地面覆盖薄膜》国家标准修订工作进展情况。

张真和、山东农业大学米庆华教授、中石化北京化工研究院高达利高工、苏州莫立克新型材料有限公司黄斌总经理等12位专家学者就农膜原料市场分析、农膜生产及相关技术等方面进行了交流讲座，分享了农膜产品相关新材料、新技术、新装备，使与会代表开拓了视野、丰富了知识，加强了会员单位之间的技术交流和彼此了解与友谊。

与会代表还参观了“茂康材料科技（常熟）有限公司”。

中、日PVC建材再生资源化发展合作交流会召开

6月29日，由中国塑协塑料再生利用专委会和硬质PVC发泡制品专业委员会共同组织的首届中、日PVC建材再生资源化发展合作交流会在青岛胶州举行。

中国循环经济协会王书文副秘书长着重介绍了塑木与PVC废料使用的相关情况和产品发展的良好前景；国家有关部门已经制定和开始实施对再生塑料利用企业和产品给予优惠政策，原有的认证制度也予取消，现在企业可以直接申报，这对塑料再生企业无疑是一重大利好消息。财政部2015年78号文件正式出台，加大了对再生资源企业的补贴力度，与废塑料相关的是文件的第3.7项，包括使用PVC等废料做出的产品均能享受优惠税收政策；使用70%的项下原料，即能享受50%的退税；使用废弃纤维和化学纤维原料的90%，退税50%。另外，所得税国家也给予优惠政策，统一减按10%的政策，即减少10%所得税，比如原来需要按100%征收所得税，现在按90%征收。发改委每年也给予资源循环利用比较好的企业10%的补贴。

中国塑协塑料再生利用专委会宁红涛会长简明扼要地概述了我国塑料再生行业当前的整体现状，包括塑料再生行业的企业构成、进口数量、品种分布、区域特点、存在的问题、技术发展方向和行业发展的趋势。根据国家的产业发展方向，在未来5～10年废塑料的产业发展会向着兼并重组、资源整合、规模化发展、高值化利用和集约化方向发展，这也是必须选择的路径；高污染、小作坊模式必将被淘汰。

日本东京大学清家刚教授就日本、韩国和台湾地区的PVC产品的再生利用的现状、相关政策和技术等专题向在座的企业做了详细介绍，特别提到日本在自身资源匮乏的情况下之所以要出口PVC废料，主要是因为日本当地人工成本过高。 在当前韩国和中国对废塑料进口加以限制的情况下，日本也面临着废旧PVC出口受限的问题，因此，他们正致力于加大本国再生资源行业的自身发展。

青岛三益塑料机械有限公司董事长周玉亮代表中国塑协硬质PVC发泡制品专业委员会对国内PVC发泡板的应用做了详细介绍。

交流会的最后，由日本东京大学的专家和学者现场解答了参会企业代表提出的问题并进行了交流。

参会的中、日代表参观了青岛三益塑料机械有限公司的设备生产车间，以及当地PVC废料回收场。 参观了威海森达新型复合材料有限公司，参观了解该公司利用PVC废料生产加工的建筑模板。

【7月】

中国塑料机械工业协会行规行约发布

7月3日，中国塑料机械工业协会发布中国塑料机械工业协会行规行约：

第一章 总则

第一条 为建立完善行业自律性管理约束机制，规范行业生产经营行为，倡导行业诚信道德，协调会员单位关系，促进塑料机械行业持续健康发展，努力实现由大变强的目标，为国民经济各行业的发展做出更大的贡献，特制定本规约。

第二条 本规约坚持以科学发展观为统领，以国家有关政策和法律法规为依据，以国务院办公厅《关于加快推进行业协会商会改革和发展的若干意见》为指导，以《中国塑料机械工业协会章程》为依托。

第三条 制定本规约的目的是，维护国家利益和塑料机械行业整体利益，保障企业合法权益和消费者正当权益，制止不正当竞争行为，防止道德失范、诚信缺失现象，维护公平竞争的市场环境，提升行业良好形象，推进行业又好又快发展。

第四条 本规约是实现行业自律、有序发展的行为准则，本协会会员单位应自觉遵守。在我国境内从事塑料机械主、辅机及配套零部件生产、经营企业和相关单位，也应共同遵守。

第二章 行业规约

第五条 自觉遵纪守法，执行国家政策。自觉遵守国家法律法规和条例，坚持依法生产、守法经营，照章纳税。坚决贯彻执行国家政策和产业政策，维护国家利益和产业利益，坚持走中国特色新型工业化道路，加快转变经济发展方式，推进产业转型升级，不断增强产业的国际竞争力。

第六条 践行以人为本，维护职工权益。按照国家政策规定，保障职工基本权益，坚持“安全第一、预防为主”的方针，加强安全生产和安全管理，不断改善劳动条件和环境，保障职工的安全与健康，避免和减少工伤事故、职业病的发生。对于歧视职工、侵害职工合法权益、违规用工、违章作业等行为，要及时制止和整改。

第七条 坚持诚实守信，保证诚信经营。强化诚信意识，弘扬诚信理念，加强诚信体系建设，坚持重合同、守信用、严履约，信守对用户和消费者的承诺。坚持货真价实和优质服务，保证用户的合法利益不受损害，形成守信光荣、失信可耻的氛围。坚决杜绝制假售假、以次充好、失信违约、商业欺诈、故意拖欠债务等不良现象，制止虚假性、误导性宣传和广告，以良好的商业道德提升中国塑机的形象。

第八条 坚持质量标准，确保产品质量。坚决贯彻国家质量法规，执行国家和行业质量安全标准，坚持质量第一，严格质量管理，强化质量安全，推行ISO9000质量体系，加强标准化工作，切实提高质量保障能力，全力确保产品优质安全，努力提高产品信誉度，为加快振兴中国塑机产业提供质量支撑。要反对生产、采购、销售不合格产品，禁止有安全缺陷、有严重质量问题的产品出厂或进入市场，严禁质量违法等不良行为。

第九条 遵守市场规则，维护市场秩序。坚持社会主义市场经济的改革方向，坚持公开公正公平的市场竞争，维护好市场经济秩序，维护优质优价、公平交易的原则，在竞争中学会合作与共赢，在竞争中做大市场蛋糕，共同维护行业的合法利益。不得以价格欺诈、任意压价、打击报复、造谣中伤竞争对手等手段，侵害其他企业的利益，反对任何方式的不正当竞争。若有3家及以上会员企业书面反映同一种不正当竞争现象，由理事会委托协会秘书处出面进行相关方面的协调，如确定情况属实，督促涉及企业遵守行规行约、规范经营行为，并将有关情况向理事会报告。

第十条 推进自主创新，保护知识产权。深入实施知识产权战略，大力推进科技进步和创新，积极培养和发展具有自主知识产权的知名品牌，全力营造尊重和保护知识产权的良好环境。不得采取侵犯专利、商标等知识产权的不法行为，损害其他企业的合法权益。

第十一条 坚持绿色发展，强化节能减排。贯彻执行国家关于节能减排的方针政策和规定，实施绿色发展战略，推进节能减排工作，推进节能降耗新技术、新产品、新工艺、新材料的运用，坚决淘汰技术落后、污染环境、资源利用率较低的工艺、技术和设备，积极研发和生产节能环保型塑机产品。对于违反国家节能减排规定、污染环境的行为，要及时制止和纠正，并制止高能耗产品、违反能耗限额标准的产品出厂和进入市场。

第十二条 加强行业团结，促进和谐发展。强化团结意识，加强行业团结，做到互相尊重、互相支持、讲求原则、坦诚相待，努力形成和衷共济、和睦相处、和谐发展的良好局面。加强企业与企业之间的联系，及时交流意见和看法，不断增进理解和信任，以宽广胸襟增强团结，以严格自律维护团结。对于会员单位之间或行业内出现的矛盾和意见分歧，以理性和建设性的态度，求同存异、凝聚共识，友好协商，妥善处理，共同克服前进道路上存在的困难。不得采取离心离德、相互内耗等不当方式，激化矛盾，损害行业团结。

第十三条 加强信息交流，实现信息共享。支持行业信息、统计工作，及时向协会提供企业经济信息和统计资料，共同营造信息互通、信息共享、优势互补、互惠共赢的良好氛围，促进会员单位关注行业和企业发展动态，掌握国内外市场的行情，提升战略动态管理能力和市场把握能力。要避免自身不愿提供信息、却片面要求信息共享的现象，反对和制上提供虚假信息、虚假统计资料的行为。协会应加强与企业的沟通和相关政策法规的信息交流，充分发挥政策在行业和企业的导向作用，指导企业快速、稳定、健康地发展。

第十四条 掌握世贸规则，应对贸易争端。了解掌握WTO规则和应对贸易争端知识，避免不必要的贸易摩擦和损失。积极实施“走出去”战略，努力提升塑机产品的国际竞争力。强化行业自律，维护出口秩序，避免“国内消耗战”，不得以竞相压价、自相残杀等不当手段，损害业内企业的利益。面对国际贸易摩擦将成为常态的趋势，业内企业要关注出口动态，互通信息通报。一旦贸易争端发生，业内企业要团结一心，联手对外，积极应诉，并加强与政府部门和行业协会的联系，主动利用法律武器捍卫企业权益，为中国塑机企业赢得更加公平的待遇。

第十五条 协会为会员提供的增值服务，收取增值经费的5%作为行业管理费用。

第三章 行业道德

第十六条 弘扬行业道德，促进和谐发展。加强社会主义道德建设，弘扬社会公德、行业道德，提倡崇德重德、敬业奉献、关心行业、共促发展的良好风尚，营造知荣辱、讲正气、作贡献、促和谐的良好氛围，反对有损国格、有损行业整体利益，以及损人利己、见利忘义等不道德行为。

第十七条 加强行业协作，做大做强产业。坚持相互支持、相互促进、优势互补、合作双赢的原则，加强企业经济联系和合作交流，挖掘产业发展空间，搭建平等互惠、优势互补、共同发展的平台，加强企业科学技术、产品开发、人才培训、市场开拓等领域的合作，不断探寻企业合作的新领域、新途径、新方法，共同推进塑料机械工业的振兴。

第十八条 弘扬先进文化，塑造企业精神。积极推进企业文化建设，坚持用先进文化塑造企业精神，用先进理论武装职工，用共同理想凝聚职工，用高尚道德感召职工，用科学知识提升职工，用人文关怀关爱职工，培养一支德才兼备、锐意创新、结构合理、素质优良的人才队伍，为推进企业和行业发展奠定坚实基础。

第十九条 适应人才流动，维护企业利益。面对人才流动的趋势，企业在招聘同行企业的人才时，应尊重原企业的合法权益，不得非法获取、使用原企业的技术成果、知识产权和商业秘密。

第二十条 履行社会责任，回报国家社会。树立科学的社会责任观，自觉履行企业的社会责任，关注社会公益和社会民生，关心支持教育，坚持扶贫帮困，积极组织参与社会公益慈善活动，用发展的成果回报国家、回馈客户、关怀员工、关注环境、惠及社会，争做合格的负责任的企业、受人尊敬和信赖的企业，以爱心和实际行动促进和谐，反哺社会。

第四章 规约管理

第二十一条 本规约的贯彻实施和日常管理工作，由本协会秘书处负责。对于违反本规约的行为，由本协会常务理事会负责协调和仲裁处理。

第二十二条　为切实加强本规约的贯彻执行，本协会建立健全规约管理档案，及时记载本规约执行情况和违反规约的事例。对于模范执行本规约、事迹突出的企业，在行业内宣传、表彰；对于执行本规约较差的企业，给予批评教育；对于严重违反本规约的单位，采取行业通报、媒体曝光、公开谴责、经济制裁等措施，促进停止违规违约和立即改正；对于情节特别严重，造成重大损失的，本协会将协助司法机关追究其刑事、经济责任。

第二十三条　在执行本规约中，如会员单位之间发生矛盾纠纷时，可向本协会提出申诉，由本协会常务理事会进行协调处理。

第二十四条　对于本规约的不完善之处，会员单位均可向秘书处提出修改或补充意见，经本协会理事会同意后进行修改补充，并提交会员代表大会审议通过。

第五章　附则

第二十五条　本规约如与国家现行政策、法规不符，或国家已有相关政策、规定的，均以国家政策、法规为准。

第二十六条　本规约自本协会会员代表大会审议通过之日起执行，本规约的解释权属本协会常务理事会。

2015 年全国塑料异型材及门窗行业年会召开

7 日 8 日，由中国塑协主办，中国塑协异型材及门窗制品专业委员会承办的 2015 年全国塑料异型材及门窗行业年会在新疆维吾尔自治区昌吉州召开。中国轻工业联合会常务副会长中国塑协理事长钱桂敬；塔吉克斯坦商务部副部长古洛夫；新疆维吾尔自治区轻工业行业管理办公室主任党委书记柳奇；昌吉回族自治州党委常委库兰赛富汗；专委会第七届主任顾百良；中国氯碱工业协会副秘书长张鑫 ；新疆维吾尔自治区塑料协会秘书长孔德海等 300 余人出席会议。

大会同期在主会场附近布置了简易宣传展示，举办了为时一天半的技术交流会，组织与会代表参观了新疆蓝山屯河化工股份有限公司、新疆蓝山屯河型材股份有限公司 、新疆中泰化学股份有限公司。

大会审议并通过专委会第七届理事长顾百良代表专委会做《工作报告》。

大会组织了三项活动，1）专委会七届二次常委会；2）“一带一路”中塔塑料建材商贸发展洽谈会；3）技术交流会。

会期第二天，1)全天进行技术交流；2） GB/T 8814-2004 ，国家标准修订工作会议。

会期第三天，全体代表参观新疆蓝山屯河型材股份有限公司、新疆中泰化学股份有限公司。组织了重点骨干企业的技术骨干与新疆中泰化学股份有限公司进行了上下游制品间战略合作研讨会。

年会以《抓住战略机遇期，依靠“提质增效升级”，促“创新转变跨越”》为主题，举办了先进技术交流和讲座；标准修订工作会议；中外商贸发展洽谈会；上下游制品合作研讨会；进行了设备与模具，型材与门窗，原辅材料等产品洽谈活动。交流会期间进行了新产品、新技术、新专利介绍活动。

大会指出：行业开始步入转型发展的第四个十年，即将进入“十三五”，下决心加快转变以往粗放型发展模式，通过“提质增效升级”促进行业“创新转变跨越”，进入一个新的发展阶段。今后，依靠国家政策、制度变革、加速实现行业结构优化、依靠要素升级和创新，从而形成行业在“提质增效升级”、“创新转变跨越”作用的推动下，打造行业新的磅礴发展气势。

大会介绍创新事迹：介绍了行业内企业实现技术进步、科技创新、转型发展的优秀典型事迹。

大会提醒企业：为了保证行业健康转型发展必须尽快实现的五个“转变”。

1）产能规模转变。2）市场秩序转变。3）主流产品的转变。4）门窗组装企业转变。5）定位与宣传的转变。

大会强调：变压力为动力，化挑战为机遇，实现重点跨越，打造行业发展的“高速铁路”，在为国家经济建设、

为“绿色、环保，节能、减排”做出更大贡献。“以改革创新打造中国制造新优势，用转型升级推动发展迈向中高端”。

大会建议：今后，我们要紧紧抓住“四大战略”的战略机遇期，依靠“提质增效升级”，促“创新转变跨越”，促进行业上下游协同发展。

（1）加快行业产能与产品结构的调整，为行业发展奠定坚实基础；

（2）坚持调整与发展相结合、坚持近期目标与长远目标相结合；

（3）坚持自主创新与引进消化吸收先进技术相结合；

（4）坚持创新驱动发展和技术进步相结合，要实现思维创新、制度创新、科技创新、文化创新以及其他各方面创新。

会议过程中举办的“一带一路”中塔塑料建材商贸发展洽谈会，得到了与会代表的高度评价，希望这一形式能更广泛地展开，依托“一带一路”促进行业健康发展。

会议过程中召开了专委会七届二次常委会，常委会顺利通过了《塑料异型材及门窗行业自律规约》、《塑料异型材及门窗行业职业道德准则》。常委会上，秘书处向常委会提交了《行业“十三五”规划草案》并向常委征求修改意见。

会议过程中组织了行业中骨干企业中的专家、专业技术骨干专程到中泰进行了较全面的参观考察，听取了中泰技术专家的全面详细介绍。座谈中供需双方就产品提升、产品创新、品质改进与提高进行了认真交流。

针对中泰所具有的实验、研究、分折实力和具有微型实验用生产设备的具体优势，为今后上下游制品间、上下游企业间展开深层次合作、研发、创新提出了许多建设性意見。供需双方座谈会代表深深感到这次交流会对促进双方产品的进步与提升开了一个好头，是一次新的起点。

中国塑协 XPS 专委会行业发展研讨会召开

7 月 10 日，由部分 XPS 生产企业负责人及住建部相关专家参加的行业发展研讨会在南京召开。住房和城乡建设部科技与产业化发展中心副总工程师、中国建筑节能协会副秘书长杨西伟，江苏省住房和城乡建设厅科技发展中心总工程师王然良等人参加会议。会议围绕《建筑设计防火规范》（GB50016-2014）的执行、《外墙外保温工程技术规程 JGJ144-2004》（征求意见修改稿）的修订、《建筑材料及制品燃烧性能分级》（GB/T 8624-2012）、《挤塑聚苯板（XPS）薄抹灰外墙外保温系统材料》（GB/T 30595-2014）标准、《绝热用挤塑聚苯乙烯泡沫塑料（XPS）（GB/T 10801.2-2002）等标准、近期各地出台的关于 XPS 挤塑板的应用政策及国家对建筑领域的绿色、环保、节能等要求进行了深入讨论。

针对《外墙外保温工程技术规程 JGJ144-2004》（征求意见修改稿）的内容，征求意见是在广泛调查研究的基础上，吸取和总结多方面实践经验，进行补充修订；同时也是为积极响应和配合国家愈加严格的外墙外保温工程标准，以及为应用单位提供具体明晰的质量指引；本次修订主要涵盖了外墙外保温系统和主要组成材料性能要求，外墙外保温工程设计与施工，外墙外保温系统构造和技术要求，工程验收，现场试验方法等内容；此外还增加了外墙外保温系统和材料防火性能要求及施工防火管理，外墙外保温系统构造以及现场检验项目等内容。对优质 XPS 制品的各项性能指标表示认可，对于《江苏省建设领域推广应用新技术和限制、禁止使用落后技术目录》（节能建筑保温隔热技术）公告（征求意见稿）的内容进行了解释。

在座的企业家代表纷纷表示，严格的行业政策是对生产企业的一种鞭策，行业的健康、有序、持续发展需要共同的组织来引导。现在，中国塑协 XPS 专委会已经成立，各会员单位一定会配合专委会开展行业自律和相互监督，不断提升产品质量，满足市场需求。

中国塑协塑料管道专业委员会发布塑料管道行业产品价格信息

7 月 13 日，中国塑协塑料管道专业委员会发布塑料管道行业产品价格信息（2015 年第 2 号）：

1. 给水用硬聚氯乙烯（PVC-U）管材（非铅盐稳定剂）

（1）产品标准：GB/T 10002.1-2006 给水用硬聚氯乙烯（PVC-U）管材。

（2）行业指导价格（出厂价）：10500 元 / 吨（PVC 树脂参考价按 6100 元 / 吨计）。

2. 排水用 PVC-U 管材

（1）品标准：GB/T 5836.1-2006 建筑排水用硬聚氯乙烯管材。

GB/T 20221-2006 无压埋地排污、排水用硬聚氯乙烯（PVC-U）管材。

（2）行业指导价格（出厂价）：9500 元 / 吨（PVC 树脂参考价按 6100 元 / 吨计）。

3. 埋地排水用 PVC-U 双壁波纹管材

（1）产品标准：GB/T 18477.1-2007 埋地排水用硬聚氯乙烯（PVC-U）结构壁管道系统 第一部分 双壁波纹管材。

（2）行业指导价格（出厂价）：10200 元 / 吨（PVC 树脂参考价按 6100 元 / 吨计）。

4. 燃气用埋地聚乙烯（PE）管材

（1）产品标准：GB 15558.1-2003 燃气用埋地聚乙烯（PE）管道系统 第一部分 管材。

（2）行业指导价格（出厂价）：17000 元 / 吨（PE 原材料参考价按 12300 元 / 吨计）。

5. 给水用 PE 管材

（1）产品标准：GB/T 13663-2000 给水用聚乙烯（PE）管材。

（2）行业指导价格（出厂价）：16700 元 / 吨（PE 原材料参考价按 12000 元 / 吨计）。

6. 埋地排水用 PE 双壁波纹管材

（1）产品标准：GB/T 19472.1-2004 埋地用聚乙烯（PE）结构壁管道系统 第一部分 聚乙烯双壁波纹管材。

（2）行业指导价格（出厂价）：16400 元 / 吨（PE 原材料参考价按 11700 元 / 吨计）。

7. PE 缠绕结构壁管材

（1）产品标准：GB/T 19472.2-2004 埋地用聚乙烯（PE）结构壁管道系统 第二部分 聚乙烯缠绕结构壁管材及相关标准。

（2）行业指导价格（包括现场施工安装指导费用的出厂价）：17400 元 / 吨（PE 原材料参考价按 .11700 元 / 吨计）。

中国塑协领导赴阜新调研指导工作

7 月 15 日，应市经信委邀请，中国塑协常务副理事长曹俭带领有关专家到阜新市调研指导工作。副市长金东海、市经信委主任高正民会见了曹俭一行，并介绍了阜新市塑料工业发展情况。

曹俭一行在市经信委分管负责人陪同下，深入到阜新市鑫克机械制造公司、義利原实业发展公司、华美装饰工贸公司等塑料机械、塑料制品生产企业，详细了解了企业发展历程和当前生产运营、设备采用、技术研发、市场开拓、发展规划及存在的问题等情况，并与企业负责人及工程技术人员进行了座谈交流和研讨，介绍了当前国内外塑料产业发展形势和先进技术装备研发应用情况，对企业产品、技术升级特别是在提高清洁生产水平方面，有针对性地提出了中肯的指导意见和建议。勉励企业坚持走创新发展之路，不断提高塑料产品的科技含量，在提高产品附加值和市场竞争力方面取得新突破。

中国塑协塑料技术协作委员会 2015 年理事扩大会议召开

7 月 29 日，中国塑协塑料技术协作委员会于在天津召开理事扩大会议，完成以下议程：

（1）汇报 2014 年和 2015 年上半年工作；

（2）讨论 2015 年下半年和 2016 年上半年工作安排；

（3）讨论与修改了工作条例，对于会费做出如下调整；

（4）新会员介绍；

（5）关于与异型材和助剂专委会联合成立“PVC 热稳定剂应用技术研发企业联盟”的相关事项，继续完成 PVC 热稳定剂标准工作，以及如何组织好“导热塑料产业联盟”等事宜；

（6）编写《中国塑料加工业发展史》事宜；

（7）撰写《中国塑料工业科技水平调查报告（2015）》事宜。

第十届中国塑料工业高新技术及产业化研讨会暨 2015 中国塑协塑料技术协作委员会年会・技术交流会召开

7 月 30 日，由中国塑协主办，中国塑协塑料技术协作委员会与天津市塑料研究所有限公司承办的“第十届中国塑料工业高新技术及产业化研讨会论坛暨 2015 中国塑协塑料技术协作委员会年会・技术交流会”在天津举行。来自全国各地的相关科研院所、高等院校、科技型企业，以及在华外企专家、管理和科技人员等 120 多名代表参加了会议。会议围绕有关在“新常态”形势下塑料加工行业的现状和发展方向，重点就近年来国内外在新材料、新技术、新产品、新设备等方面的创新成果进行了报告和技术交流；并通过论坛这一平台开展了技术成果交易，有力地推进了科研院所研究成果的产业化。

会议主要讨论了如下内容：

1. 国内外塑料行业市场及技术概况和发展趋势。

2. 塑料行业新材料、新产品、新技术、新设备及其应用，重点：

（1）医用塑料；

（2）先进鞋材；

（3）高性能以及导热、导电等功能材料；

（4）新型混炼和成型技术及设备的开发与应用；

（5）其他先进材料、技术和设备。

3. 塑料与环境问题，重点：

（1）环保型聚氯乙烯（PVC）中非铅热稳定剂、环保型增塑剂的开发和应用；

（2）塑料再生技术；

（3）节能减排新技术；

（4）与 PM2.5 治理相关的技术；

（5）生物基和可降解塑料及其制品开发和应用。

中国塑协常务副理事长曹俭、天津市塑料行业协会秘书长郑天禄、天津市塑料研究所有限公司总经理曹常在、北京航天航空大学教授詹茂盛、北京工商大学教授温变英等做了精彩演讲。

2015 年第一批中国塑料行业企业信用等级评价结果公示

7 月 30 日，中国塑协公示 2015 年第一批中国塑料行业企业信用等级评价结果：

各有关单位：

根据商务部信用工作办公室、国资委行业协会联系办公室《关于公布第三批行业信用评价参与单位名单的通知》（商信用函 [2009]3 号）和《关于行业信用评价工作有关事项的通知》（商秩字 [2009]7 号）的文件精神要求，本着“诚信、自愿、公平、公正、科学、严谨”的原则，上海天力实业（集团）有限公司等 56 家企业申请参加了 2015 年第一批中国塑料行业企业信用等级评价的初评或复评。经我协会初审、专业评估机构评价、专家组论证，现将上述企业评价结果予以公示。

2015 年第一批中国塑料行业企业信用等级评价结果

一、初评企业

序号	企业名称	等级	编　号
1	上海天力实业（集团）有限公司	AAA	201509911100250
2	温州晨光集团有限公司	AAA	201509911100251
3	广东雄塑科技集团股份有限公司	AAA	201509911100252
4	泉州兴源塑料有限公司	AAA	201509911100253
5	常州市永明机械制造有限公司	AAA	201509911100254
6	南雄市金叶包装材料有限公司	AAA	201509911100255
7	蘇州漢揚精密电子有限公司	AAA	201509911100256
8	浙江华庆集团有限公司	AAA	201509911100257
9	厦门市台亚塑胶有限公司	AAA	201509911100258
10	山东信诺塑胶有限公司	AAA	201509911100259
11	青岛邦尼化工有限公司	AAA	201509911100260
12	四川多联实业有限公司	AAA	201509911100261
13	江苏华塑新型建材有限公司	AAA	201509911100262
14	开源塑业科技（南通）有限公司	AAA	201509911100263
15	宝天高科（广东）有限公司	AAA	201509911100264
16	樟树市赣通塑胶制品有限公司	AAA	201509911100265
17	南通市金马包装材料有限公司	AA	201509901100266

续表

序号	企业名称	等级	编　　号
18	山东新达塑化有限公司	AAA	201509911100267
19	温州瓯亚管业有限公司	AA	201509901100268
20	山东中鲁管业有限公司	AAA	201509911100269
21	陕西中昌科技有限公司	AAA	201509911100270
22	江苏龙骏环保实业发展有限公司	AAA	201509911100271
23	浙江龙士达家居用品有限公司	AAA	201509911100272
24	积水化成品（上海）国际贸易有限公司	AAA	201509911100273
25	广东鑫瑞新材料科技有限公司	AAA	201509911100274
26	烟台阳光澳洲环境科技有限公司	AAA	201509911100275
27	杭州邦德市政塑管有限公司	AAA	201509911100276
28	云南曲靖塑料（集团）有限公司	AAA	201509911100277
29	江苏建投宝塑科技有限公司	AAA	201509911100278
30	广东海兴塑胶有限公司	AAA	201509911100279
31	湖北大洋塑胶有限公司	AAA	201509911100280
32	唐山聚丰普广农业科技有限公司	AAA	201509911100281
33	山东文远建材科技股份有限公司	AAA	201509911100282
34	宜昌宜硕塑业有限公司	AAA	201509911100283
35	河北长安塑胶有限公司	AAA	201509911100284
36	河源市鑫达科技有限公司	AAA	201509911100285
38	烟台新环塑业有限公司	AAA	201509911100286
37	安徽万安环境科技股份有限公司	AAA	201509911100287
39	盐城广源管业有限公司	AAA	201509911100288
二、复评企业			
1	湖北中硕科技有限公司	AAA	201409911100152
2	江苏中乾塑业有限公司	AAA	201409911100159
3	浙江天井塑业有限公司	AAA	201409911100160

续表

序号	企业名称	等级	编　　号
4	河北建投宝塑管业有限公司	AAA	201409911100163
5	江苏河马井股份有限公司	AAA	201409911100164
6	福建亚通新材料科技股份有限公司	AAA	201409911100166
7	河北精信化工集团有限公司	AAA	201409911100170
8	义乌市鑫挺人造革有限公司	AAA	201409911100172
9	天津军星管业集团有限公司	AAA	201409911100175
10	安徽华驰塑业有限公司	AAA	201409911100178
11	上海康捷保新材料股份有限公司	AAA	201409911100179
12	深圳市志海实业有限公司	AAA	201409911100183
13	山东金达双鹏集团有限公司	AAA	201409911100190
14	昆明创辉塑胶科技股份有限公司	AAA	201409911100191
15	惠州市成达实业发展有限公司	AAA	201409911100199
16	杭州锦程实业有限公司	AAA	201409911100200
17	山东东宏管业有限公司	AAA	201309911100234

中国塑协农膜专委会 2015 年主任会议召开

7 月 30 日，在北京召开了“中国塑协农膜专委会 2015 年主任会议”。国家工业和信息化部消费品司谢立安处长、中国塑协田岩副秘书长出席会议，农膜专委会主任委员、副主任委员、秘书长及兼职副秘书长等共计 28 人到会。

谢立安处长介绍了开展《中国农膜行业品牌评价》工作的背景和要求，提出推动中国农膜行业品牌建设，实施品牌战略的必要性和紧迫性，要求对讲诚信、重质量、重视品牌创建并作出一定成绩的企业进行推荐、评价和宣传，提高其知名度，起到榜样引领作用，并强调入选企业将在国家工业和信息化部网站进行发布。

与会代表就《中国农膜行业品牌评价》的相关文件逐一进行了讨论、修订，集思广益，力求客观公正评价。

与会人员对“十三五”期间中国农膜行业标准体系建设以及在“十三五”期间拟申报修订、制订的行业标准进行了详细的梳理、归纳，查漏补缺。

最后，结合中国轻工联合会部署的编制《轻工业技术进步”十三五“发展指导意见》、《轻工装备技术进步“十三五“发展指导意见》、《“十三五”行业节能减排形势分析》、《2016 年度技术改造重点方向研究》报告的工作，着重就《农膜行业“十三五”发展规划指导意见（草案）》进行了认真、细致的商讨，要求各主任单位根据会议精神，结合行业现状和本企业特长，提交能代表中国农膜产品发展方向的项目，为我国农膜行业“十三五”期间的发展方向起到引领、推动的作用。

与会代表一致认为会议的召开对于促进我国农膜行业未来的健康发展将起到积极的推动作用，剖析目前最新的农膜科技成果及行业发展动向，是我国农膜行业技术进步方向性、导向性的会议。

【8月】

内蒙古自治区塑料加工工业协会成立大会举行

8月8日，内蒙古塑料加工工业协会成立大会暨第一届一次会员大会在呼和浩特市举行。内蒙古亿利塑业有限责任公司总经理张杰当选理事长，呼和浩特市君子兰塑胶有限责任公司总经理王生龙当选副理事长。中国塑协常务副理事长曹俭、副秘书长兼塑料管道专业委员会秘书长王占杰、内蒙古质检院院长李显光出席大会并分别讲话。

塑料建材产业的发展是衡量自治区地方经济发展的重要标志，也是促进西部大开发，建设质量强区的重要组成部分。自治区市场前景广阔，科研技术雄厚，资源广阔丰富，加之国家提出的“西部大开发”战略，为自治区企业及地方经济的发展提供了新的契机。内蒙古塑料加工工业协会的成立，有利于促进政府职能的转变，有利于促进自治区塑料产业的做大做强，有利于建立一支专业化的管理、营销、科研队伍，必将为我区塑料产业的健康发展产生深远的影响。

中国塑协科技咨询委第二次工作会召开

8月21日，中国塑协在北京召开科技咨询委第二次工作会议，中国轻工联合会副会长、中国塑协理事长钱桂敬，中国塑协常务副理事长曹俭、秘书长马占峰以及来自国内塑料加工相关高等院校、科研机构和生产企业、行业协会30多位各领域专家参加会议。

会议主要内容包括：审议并讨论协会《塑料加工业“十三五”发展规划指导意见》（框架）；审议并讨论协会将于8月下旬向轻工联合会提交的“十三五”技术进步、装备技术进步和节能减排、2016年技术改造涉及的项目等内容；研究并讨论协会《塑料加工业“十三五”技术进步指导意见》中应提出的前沿技术、关键共性技术、重点推广技术及清洁生产、重点装备研发技术项目；研究“十三五”期间塑料加工行业应组织、引导行业开展的重大技术项目等相关内容等。

会议由协会理事长、科技咨询委主任委员钱桂敬主持。他首先介绍了当前塑料行业的现状和《塑料加工业“十三五”发展规划指导意见》（框架）的主要内容，并请各专家发表意见。各专家则踊跃发言，从各自工作领域提出相应的项目和专业的意见及建议，并希望中国塑协能代表塑料行业提出共性问题，组织专家制订出规划的框架，做好顶层设计工作。常务副理事长、科技咨询委副主任委员曹俭认为目前塑料行业对职工培训不够，希望在“十三五技术进步指导意见”中增加“发挥地市县的优势，加强职工培训”这一条。

中国塑协科技咨询委员会为中国塑协领导下的非常设机构，于2014年7月成立，由国内塑料加工相关高等院校、科研机构和生产企业、行业协会具有丰富实践经验、较深学术造诣和较高知名度的专家、学者等科技工作者组成，主要职责是受协会及政府等有关部门的委托，作为行业最高咨询参谋机构，为塑料加工行业重大决策、重要规章制度或文件的制定提供客观、科学的咨询建议，为塑料加工行业的发展进步贡献了自己的一份力量。

2015镀膜行业市场与技术发展论坛召开

8月26日，由中国塑协主办，中国塑协镀铝膜专委会与江苏兴业聚化有限公司承办的“2015镀膜行业市场与技术发展论坛”在江阴召开。来自镀铝膜产业链的170多名企业负责人出席会议。

中国塑协秘书长马占峰讲话。中国塑协镀铝膜专委会理事长、上海永超真空镀膜有限公司董事长洪晓冬在会上做了“论宏观经济与镀铝行业面临的挑战与机遇”的发言。

江苏兴业聚化有限公司聚酯工程师沈陈斌和薄膜车间主任於冬雷、浙江海宁长宇镀铝材料有限公司总经理徐相峰、青州市宝丰镀膜科技有限公司董事长刘佩杰、南京安顺电气科技有限公司总经理马寅、潍坊弘润包装材料有限公司副总经理潘晓冬分别做了“江苏兴业聚化薄膜装置介绍”、“2015年上半年市场形势分析和下半年需求预测”、“大型悬浮式镀膜机的介绍”、“工位式分切机在镀铝膜行业中的应用”、“镀铝膜企业转型升级发展探讨”、“立体化ERP系统与现代企业管理”、“镀铝膜生产企业经营策略探讨”、“制造优质蒸发舟，服务广大镀铝膜客户”、“多层共济功能性流涎CPE薄膜现状及装备分析”、“镀膜行业的真空应用”、“高纯铝技术及市场前景”、“真空镀铝膜铝层厚度指标检测方法探讨”的发言。

论坛是镀铝膜行业的一次盛会，镀铝膜生产企业参会非常踊跃，包括浙江海宁长宇镀铝材料有限公司、上海永超真空镀膜有限公司、安徽宁国双津实业有限公司、潍坊弘润包装材料有限公司等著名企业在内的全国著名镀铝膜生产企业均参加本次会议，与会企业对各个主题报告与会议效果一致表示肯定，论坛的成功召开对于镀铝膜企业健康发展起到了指导作用。

2015 中国国际合成革展开幕

8 月 27 日，2015 中国国际合成革展览会、第二十届中国（温州）国际皮革鞋材鞋机展览会、2015 中国（温州）国际缝制制衣设备展览会在浙江温州国际会展中心开幕。中国轻工业联合会名誉会长陈士能和中国轻工业联合会副会长兼秘书长王世成参加开幕式。陈士能名誉会长宣布展会开幕，并与王世成副会长及众嘉宾一起为开幕式亮灯。

展会展览面积 42000 平方米，共有 700 家来自海内外的参展企业，全球数万专业客商到达展会现场参观、采购。

展会期间，由中国塑协合成革专委会主办的 2015 中国合成革峰会暨无溶剂合成革技术与市场论坛于 27 日下午在温州国际会展中心 3 号馆会议室举行。会议现场座无虚席，近 200 位从业人员和专家、领导一起探讨无溶剂合成革技术与市场，将对合成革行业无溶剂新技术应用产生重要影响。

2015 年中国（温州）无溶剂合成革技术与市场论坛举办

8 月 27 日，中国塑料加工工业协会主办，中国塑协人造革合成革专委会、温州合成革商会、德纳公司协办的“2015 年中国（温州）无溶剂合成革技术与市场论坛”，是首次以无溶剂合成革技术为主题的全国性的行业峰会。

自 2002 年中国塑协人造革合成革专委会提出“发展生态合成革”以来，经过合成革产业专家以及产业工人长年的不懈努力，目前水性生态合成革、无溶剂合成革以及热塑弹性体树脂合成革的应用技术和在清洁生产、节能减排技术中，不断领先创造世界先进水平。无溶剂合成革在新材料、新工艺、新技术、新装备等方面以及拓展市场上均取得长足的进步。

“2015 年中国（温州）无溶剂合成革技术与市场论坛”是以无溶剂合成革科技成果交流为核心，其宗旨是全面推进无溶剂合成革产业化，继续巩固提升生态合成革健康持续发展。

“论坛”是在温州市搭建的无溶剂合成革政策研讨、学术交流、产品展示、项目合作的综合性平台，同时在 2015 中国国际合成革展中举办无溶剂合成革专业展区，参观无溶剂合成革生产线，相互配套的具有实践性的行业交流活动，必将再次推动我国无溶剂合成革产业化再上新水平。

“论坛”有领导讲话、行业形势分析、清洁生产技术、无溶剂合成革新树脂及助剂、表处剂新材料以及无溶剂合成革工艺与设备新装备等方面的专家到会并发表专题演讲，代表了我国无溶剂合成革领域最新研究成果，总体反映了合成革行业生态建设发展趋势和规律，对推进无溶剂合成革产业化具有较强的指导意义。

【9 月】

《挤出聚苯乙烯泡沫塑料中残留发泡剂的测定》行业标准草案稿研讨会召开

9 月 10 日，《挤出聚苯乙烯泡沫塑料中残留发泡剂的测定》行业标准草案稿研讨会在南京召开。江苏省产品质量监督检验中心朱宇宏总工等 16 人参加了研讨会。

由于聚苯乙烯（XPS）泡沫行业使用的发泡剂 HCFC 是破坏臭氧层物质，环保部外经办第一阶段 HCFC 淘汰管理计划于 2011 年获得《关于消耗臭氧层物质的蒙特利尔议定书》多边基金执委会第 64 次会议批准。自行业计划获批以来，为了如期实现上述履约目标，XPS 泡沫行业开展了一系列的 HCFCs 淘汰活动，包括 HCFCs 替代改造项目、技术援助活动和相关管理措施的颁布施行。截至目前，行业计划下共与 25 家 XPS 泡沫企业签署了 HCFCs 淘汰合同。为了在淘汰消耗臭氧层物质的同时实现更多的环境效益，行业鼓励企业在替代 HCFCs 的过程中，采用碳氢、二氧化碳等零 ODP（消耗臭氧潜能值）、低 GWP（全球变暖潜能值）的替代技术。

为了 HCFCs 替代工作顺利、扎实有效进行，由江苏省产品质量监督检验研究院牵头，接受工信部下达的起草《挤出聚苯乙烯泡沫塑料中残留发泡剂的测定》行业标准的制定任务。标准制定参照 ASTM D 7132-14《挤出型聚苯乙烯泡沫中残留发泡剂物质检测方法标准》，制定适合我国挤出聚苯乙烯泡沫塑料中残留发泡剂的准确检测手段和方法。

会议讨论了标准所涵盖的发泡剂的品种范围、取样方法、测试环境调节时间、标准发泡剂的获取等事宜。欢迎各位行业相关人员积极提出各类建议和意见。

第二届中国聚酯薄膜产业技术与市场研讨会召开

9月11日， 由中国塑协双向拉伸聚酯薄膜专业委员会、双向拉伸设备专业委员会（筹）和中国塑膜网携手组织的2015 “第二届中国聚酯薄膜产业技术与市场研讨会”在杭州举行。国内外136家企业单位的超过246名行业代表或业内专家、学者汇聚一堂，共商中国聚酯薄膜产业的发展大计。

会议精心安排了19位主讲嘉宾的精彩演讲和特别邀请了5位膜企董事长、总经理上台围坐讨论BOPET产业的创新与可持续发展问题，还有29篇专业会刊论文供与会代表交流，分别从产品与市场、原料与研究、装备与工艺和经营与管理的几个不同视角，叙述各自不同的见解，与会者表示会议内容充实、形式多样，说存在问题看外面世界，讨论解决方法还有可走的路，是很有国际观的一场研讨会。

中国工程科技论坛——先进高分子材料创新与产业化大会召开

9月16日，由中国工程院主办，中国工程院化工、冶金与材料工程学部、辽宁省科技厅、大连市人民政府和大连理工大学共同承办的中国工程科技论坛（第213场）——先进高分子材料创新与产业化大会在大连召开。会议旨在针对国际高分子材料领域的发展动态，结合国内高分子材料行业的发展需求，交流学术思想，展示最新科技成果，研讨我国高分子材料行业和相关领域的科技协同创新思路和策略，推动我国高分子材料以及相关产业科学、健康发展。

中国工程院副院长徐德龙、大连市副市长刘岩、中国塑协常务副理事长曹俭、大连理工大学校长郭东明院士等四人分别为大会开幕式致辞。

曹俭常务副理事长希望在座的大专院校、科研单位的院士、专家和代表，将研究的高精尖科研成果转移到塑料行业，实现产业化，进一步提升我国塑料工业在全球的技术水平，使我国的塑料工业由世界生产大国走向世界生产制造强国，并邀请在座的各位院士、专家和学者到塑料行业、企业来参观指导工作。

中国科学院院士李永舫、中国工程院院士瞿金平和蹇锡高分别作了题为“聚合物太阳能电池光伏材料和器件研究进展”、“基于拉伸流变的聚合物绿色加工成型技术研究进展”、“新型杂萘联苯高性能高分子材料研发进展”的大会报告。国内高分子材料领域长江学者、杰出青年基金获得者、千人计划专家等38位专家围绕会议主题，结合各类高分子材料“基础研究”、“制备关键技术”、“产业化”、“应用”及“建议与展望”等环节作学术报告。论坛期间，与会院士、专家还就 “先进高分子材料创新与产业化”的发展建议进行了专题研讨。

还有化工、冶金与材料工程学部主任薛群基、程耿东、李永舫、瞿金平、郭东明、毛炳权、胡永康、桑凤亭、陈祥宝、蹇锡高、丁文江、李仲平等两院共13位院士，以及来自北京化工大学、大连理工大学、四川大学、华东理工大学、中科院化学所、长春应化所、中石化北京化工研究院、国家纳米科学中心等60余家单位的100余位专家、学者、企业领导和科技人员出席论坛。

2015中国塑协多功能母料专委会年会召开

9月18日，由中国塑协主办，中国塑协多功能母料专委会承办的2015中国塑协多功能母料年会暨创新发展论坛在广东东莞召开，年会主题为“整合资源、创新发展、推动行业战略转型升级，是中国塑协多功能母料专委会第三届理事会第一次年会。参加年会的主要领导：中国轻工业联合会副会长兼中国塑协会长钱桂敬、中国工程院院士瞿金平、东莞市凤岗镇人民政府副镇长罗永林、中国塑协常务副会长曹俭、中国塑协多功能母料专委会理事长季德虎、广东省塑料协会会长符岸。会议由秘书长许琳主持。

钱桂敬理事长、曹俭常务副理事长、罗永林镇长、符岸会长先后致辞。华南理工大学瞿金平院士、北京化工大学信春玲教授、季德虎理事长、沈阳化工大学葛铁军教授、福建师范大学陈庆华教授、武汉纺织大学刘欣教授、华南理工大学何慧教授、广州合成材料研究院有限公司杨育农教授、广州质量监督检测研究院赵慕莲教授等先后作报告：“基于拉伸流变的聚合物加工技术研究”“三螺杆与双螺杆混炼加工性能比较研究”“中国塑料多功能母料发展浅析”“色母粒抗老化功能赋予方案与实例”“以”塑料+”的视角来审视塑料助剂的环境友好化与功能化”“聚烯烃纤维染料着色新技术及其应用”“功能母料的发展新趋势”“多功能母粒的防老化功能与智能化”“塑胶着色新选择／液体着色技术”等。

会议充分体现了第三届领导班子的号召力和凝聚力，解决了母料行业出现的新问题。

2015 年全国塑料行业协会座谈会召开

9 月 20 日，全国塑料行业协会座谈会于在浙江省台州市召开。出席会议的有中国轻工业联合会副会长、中国塑协理事长钱桂敬，中国塑协秘书长马占峰以及广东、浙江、山东、江苏、上海、安徽、天津、江西、云南、甘肃、四川、新疆、深圳、宁波等省市区地方协会的理事长或秘书长、副秘书长共计 45 人。

会议由钱桂敬理事长主持。台州塑料行业协会张小郝会长、广东塑协符岸会长、天津塑协郑天禄秘书长、浙江塑协韩新伟会长、江苏塑协韦华会长、上海塑协秦建旺秘书长、安徽塑协韦明会长、甘肃塑协张永显理事长等分别就各自省市塑料行业经济运行及存在的问题和新形势下全国塑料行业协会间如何加强交流与合作问题，对塑料行业“十三五”规划框架意见等方面的建议和意见做了很好的发言。

马占锋秘书长介绍了塑料行业“十三五”规划（框架）的总体思路，提出了“十三五”期间行业增长速度以及发展重点。

与会者提出：根据国家对社会组织的改革要求，建议在中国塑协领导下，探索新常态下中国塑协与各地方协会的合作方式，建立一个有机体系、统一制定纲领或规则，加强团结合作、形成合力，共同发展。大家希望继续坚持每年一度的全国塑料行业协会座谈会，进一步加强国家级协会与地方协会的沟通交流。

会议最后，钱桂敬会长根据大家的发言做了总结讲话。

第十五届中国塑料交易会及中国（国际）塑料台州论坛举办

9 月 21 日上午，第十五届中国塑料交易会在台州市国际会展中心隆重开幕。同期还举办了中国（国际）塑料台州论坛。中国塑协理事长钱桂敬及秘书长马占峰出席交易会的开幕式，钱理事长在开幕式上讲话。重点突出“工业 4.0”“互联网 +”等概念，促进加速塑料产业转型升级。

展会由中国石油化工股份有限公司、中国石油天然气集团、浙江省商务厅、中国塑协、中国塑料机械工业协会、中国中小企业国际合作协会和台州市人民政府共同主办。此次展览面积达到 3 万平方米，1500 个标准展位，500 多家海内外企业参展，以及来自 30 多个国家和地区近千人的境外采购商组团参观。展出内容涉及塑料制品、原料、机械、模具机床。以“四位一体”展示模式，涵盖塑料整个产业链。展会开幕式当天约 10000 人参观了展会。

展会的亮点是增设了一些与时俱进的新项目。展会首次引进了机械手，这将是塑料行业今后的一个发展趋势。并且上届的亮点 3D 打印技术在本届展会得到更好的展示，三维扫描仪也是首次亮相塑胶会。成为一个代表整个塑料产业发展的最新技术和最新趋势的展会。

9 月 21 日下午，钱桂敬理事长和马占峰秘书长出席了中外塑料行业协会联席会议。马占峰秘书长在会议上发言。出席会议的还有浙江省塑料行业协会、上海市塑料行业协会、广东省塑料行业协会、山东省塑料行业协会、台州市塑料行业协会、美国塑料工业协会、全印度塑料行业协会、西班牙瓦伦西亚大区企业发展局、印度古吉拉特邦塑料协会、斯里兰卡模具制造协会、义乌苏丹工商会、印中工商会。各省市行业协会的会长及秘书长分别介绍了该地区塑料行业发展现状，并对塑料行业今后的发展方向及目标提出了宝贵的意见和建议。来自国外的协 / 商会，重点分析了与中国的塑料贸易及合作机遇。在会议结尾，台州塑料行业协会还与国外塑料协会签订了友好合作协议。

为期四天的展会在 9 月 24 日下午落下帷幕。展会硕果累累，上了一个新台阶，站上了新高度。同时，中国塑协与台州塑协的合作伙伴关系更加牢固。

第四届中国（2015 · 上海）国际塑料管道交流会召开

9 月 21 日，由中国塑协塑料管道专业委员会（CPPA）和国际塑料管道会议协会（PPCA）联合主办的“第四届中国（2015 • 上海）国际塑料管道交流会”在上海召开。

会议的支持单位为中国塑协（CPPIA）、美国塑料管道协会（PPI）、欧洲 PE100+ 协会（PE100+）、欧洲 PVC 管材协会（PVC 4 PIPES）、欧洲塑料管材管件协会（TEPPFA），承办单位为上海邦中高分子材料有限公司、上海展业展览有限公司。

会议是 2014 年 9 月在美国芝加哥举办的第十七届国际塑料管道会议的延续会议，也是在中国举办的第四届国际塑料管道交流会。会议主席为中国塑协塑料管道专业委员会秘书长王占杰和第十八届（柏林）国际塑料管道会议主席 Zoran Davidovski。

来自中国、美国、加拿大、英国、法国、奥地利、比利时、日本、印度、越南、阿联酋等国家的塑料管道生产行业、原料行业、装备行业、建设行业、水行业，以及相关协会、检测机构、设计院、研究院、大学、媒体等共266个单位的338位代表参加会议。中国塑协常务副理事长曹俭、中国建筑金属结构协会秘书长刘哲、给水排水分会会长华明九、中国建筑设计研究院副院长赵锂、上海市化学建材行业协会秘书长邵沧伟以及相关国家和国际机构等领导及专家出席会议。

曹俭副理事长在开幕式上致词。Zoran Davidovski主席在开幕式的发言中讲到，目前中国已成为世界上最大的塑料管道生产国。中国塑料管道行业的繁荣推动了经济的发展，拉动了近2200亿美元（14000亿人民币）的相关产业链的发展。

会议围绕塑料管道材料、装备、研发、生产、检测、安装、应用和可持续发展等方面，共安排了国内外专家的28个专业报告，与会代表还对相关问题进行了交流与探讨。

会议期间，中国塑协塑料管道专业委员会与美国塑料管道协会（PPI）就聚乙烯管道手册的中文翻译签署了合作协议。

Zoran Davidovski主席介绍了将于2016年9月在德国柏林举办的第十八届国际塑料管道会议的相关情况。Zoran Davidovski和王占杰在会议闭幕式上分别作总结发言。

会议还设立了展示区域，共12家单位参加了展示。

中国（重庆）国际智能制造技术装备博览会举办

9月22日，由中国仪器仪表学会、中国塑料机械工业协会、中国石油和石油化工设备工业协会、中国印刷及设备器材工业协会、中国机械工业金属切削刀具技术协会联合创办的“中国（重庆）国际智能制造技术装备博览会”在重庆国际博览中心举办。中国塑协常务副理事长曹俭应邀参加开幕式。

“中国（重庆）国际智能制造技术装备博览会”下有第26届中国国际测量控制与仪器仪表展览会、中国（重庆）国际塑料工业展、中国国际油气技术装备展、中国（重庆）工具及装备展览会、中国（重庆）国际“智”造技术与机床博览会5个产业链展会，占用重庆国际博览中心8个展馆，总展出面积达10万平方米。

参加塑料工业展展出的有宁波海达塑机、浙江申达机械、浙江金鹰塑机、宁波海雄塑机、伊之密、海星机械、苏州同大机械、海天国际、博创机械、华热机械、史陶比尔（杭州）、泰瑞机器、力劲集团、富强鑫集团、上海纪威机械、伯乐塑机、北京化工大学塑机及塑料工程研究所、金纬机械、大禹机械、宁波通用塑机、琮伟机械、泓阳机械、海航塑机、华业螺杆、信易集团、江苏维达机械、弘讯科技、双马机械、南京艺工、江苏联冠、山东通佳等数十家塑料机械制造企业。

2015中国国际工程塑料产业创新大会召开

9月23日，由中国塑协和重庆市经济和信息化委员会联合主办，中国塑协工程塑料专委会和重庆市梁平县人民政府共同承办的2015中国国际工程塑料产业创新大会在重庆召开。大会由中国工程院蹇锡高院士担任大会主席，中国科学院宁波材料所朱锦研究员担任执行主席。资深科研人员、国内外行业组织代表、知名企业负责人等约600人参会。

大会围绕“融合与创新——中国制造2025背景下工程塑料产业的新作为”主题共设置了一个主论坛：主题为“工程塑料技术及产业发展趋势”和4个分论坛：主题分别为“工程塑料创新技术”、“塑料机械创新技术”、“工程塑料在汽车工业中的应用”和“工程塑料在电子电器工程中的应用”。

主论坛上由中国塑协工程塑料专委会理事长朱锦研究员、美国塑料工业协会副主席Michael Taylor先生、中国工程院蹇锡高院士、台湾区塑胶制品工业同业公会谢胜海秘书长、重庆市经济和信息化委员会马奇昌副主任分别应邀做大会报告。报告内容涵盖“中国工程塑料产业发展现状及趋势”、“全球工程塑料产业挑战和机遇”、“新型杂萘联苯高性能高分子材料研发进展”、“台湾工程塑料产业现状及发展”、“重庆市战略性新兴产业现状及发展趋势”等前沿问题及行业发展趋势。

主论坛之后，大会分为四场分会场逐步进行，涵盖创新技术场、塑料机械设备场、汽车工业应用和电子电器工业应用场。其中，来自国内外著名科研机构及企业精英带来40余场最前沿的工程塑料创新技术和科研成果报告。议题涵盖工程塑料行业整个产业链，发言嘉宾精彩演讲和高峰讨论，参会代表均表示受益匪浅。

蹇锡高院士、瞿金平院士、王德禧、何嘉松、季君辉等行业资深科研人员，美国、俄罗斯、德国、意大利、加大拿、越南、新加坡、日本、台湾等16个国家和地区的行业组织，杜邦、巴斯夫、帝斯曼、三菱、金发、俊尔等行业知名企业负责人，长安、力帆、格力、美的、海尔等用户单位共计约600人参会。本届大会，无论从规模上和层次上，还是从行业代表性上而言，达到了大会预期目的。

会议期间，由中国、美国、俄罗斯、意大利、日本、台湾等国家和地区塑料行业协会代表签署了“2015中国国际工程塑料创新大会重庆倡议”，共同倡议塑料行业“绿色低碳循环发展”的理念。

大会还进一步宣传重庆发展塑料产业集群的规划思路和扩大“中国西部（重庆）塑料生态产业园”的国际影响力。开幕式上举行了“中国西部（重庆）塑料生态产业园集中签约仪式”，签约项目21个，总投资金额97.38亿元，预计产值185.7亿元。会议期间，重庆市梁平县人民政府对中国西部（重庆）塑料生态产业园做了推介发言。9月24日下午，参会代表100多人前往重庆市梁平县参观中国西部（重庆）塑料生态产业园。

“中国国际工程塑料产业创新大会”是为贯彻落实创新驱动和工业转型升级战略，由中国塑协倡导并主办，定位为中国层次最高、规模最大的工程塑料行业盛会，计划从2015年开始每年举办一次，通过技术研讨会、项目对接、展览展示等活动，引导我国工程塑料产业与国际接轨、与关联产业融合，推动产业转型升级、健康发展。

中国国际工程塑料产业创新大会 现场签约97亿元项目

9月23日，2015中国国际工程塑料产业创新大会在重庆国际博览中心召开，来自全球15个国家和地区的行业组织及一些知名企业负责人共计600人参会。开幕式上，共签约21个项目，总投资金额97.38亿元，预计产值185.7亿元。重庆市委常委、市政府常务副市长翁杰明出席会议并在开幕式上致辞。

大会由中国塑协与重庆市经信委联合主办，围绕“融合与创新——中国制造2025背景下工程塑料产业的新作为”主题，共设置1个主论坛和4个分论坛，邀请到中国工程院院士蹇锡高等行业资深专家，并有来自美国、俄罗斯、德国、意大利等15个国家和地区的行业组织以及一些知名企业负责人参会。

参会的中国塑协工程塑料专委会理事长朱锦介绍，工程塑料的应用十分广泛，运输、电子电器、机械，建筑等方面都有很大的需求。

开幕式上举行了中国西部（重庆）塑料生态产业园集中签约仪式，共签署了21个项目，总投资金额97.38亿元，预计产值185.7亿元。据了解，中国西部（重庆）塑料生态产业园位于重庆梁平县，是我国西部最大的塑料产业园，也是重庆市政府规划布局的西部唯一全产业链塑料产业基地。

由中国塑协工程塑料专委会发出的倡议书将在国博中心签署，倡议书建议全球塑料加工行业推行清洁生产，实施绿色转型，加快对塑料助剂和填料的无毒、低烟、低腐蚀、无菌、无重金属性能的研发，生产环保、安全、健康、可靠塑料制品。到时，与会多国的行业组织都将会在倡议书上签字。

中国国际塑料机械创新论坛暨中国塑料机械工业协会五届六次理事（扩大）会议召开

9月23日，中国国际塑料机械创新论坛暨中国塑料机械工业协会五届六次理事（扩大）会议，在重庆召开。

会议得到了国家工业和信息化部装备工业司、国家发展和改革委员会产业协调司、中国机械工业联合会的高度关注，得到了中国塑协工程塑料专业委员会、滚塑专业委员会、中国模具工业协会、中国铸造协会、中国机电工业价格协会、以及美国塑料工业协会、意大利塑料橡胶机械和模具制造者协会、俄罗斯塑料加工者协会、日本塑料机械协会、全印度塑料制造商协会等的大力支持，会议目的是探讨塑料机械产业发展的新模式、新经验，推动和引导塑料机械行业新常态下的持续健康发展。

中国塑料机械工业协会朱康建会长发表“中国塑料机械工业发展现状与创新趋势”为主题的演讲，中国工程院院士、中国塑料机械行业专家委员会主任委员瞿金平教授就“流变学支配作用转变的塑料机械技术创新”发表主题演讲，会议还邀请到了意大利塑料橡胶机械和模具制造者协会市场部主管Stefania Arioli、宁波长飞亚秦明波副总经理、日本塑料机械协会秘书长柴田稔先生、俄罗斯塑料加工者协会副会长Igor Tsapenko、太仓摩丹卡勒多尼塑料机械有限公司吕槟分别就“意大利橡塑机械发展趋势”、“中国注塑机高端品牌改变市场格局”、“日本塑料成型装备的可持续发展”、“俄罗斯塑料加工业的发展情况”等方面发表主题演讲。

演讲嘉宾分别是中国塑料机械工业协会常务副会长钱耀恩、中国塑料机械行业专家委员会常务副主任委员吴大鸣教授、美国塑料工业协会主管Michael Taylor（迈克尔·泰勒）、海天塑机技术中心副总监高世权、博创智能装备股份有限公司智能事业部技术总监黄士荣，以上嘉宾分别以“中国塑料机械工业协会创新建设”、“聚合物微尺度制造技术进展”、“美国塑料工业可持续发展与装备创新需求”、“中国两板式注塑机的发展”以及“‘互联网+注塑’助推中国制造2025”为主题发表了演讲。

在高端对话环节，特别邀请到“2015中国塑料机械行业优势企业”的代表与各参会代表就行业关注的热点问题进行互动交流。其中包括“2015中国塑料注射成型机行业15强企业”海天塑机集团有限公司技术中心副总监高世权先生、“2015中国塑料中空成型机行业10强企业”苏州同大机械有限公司副总经理朱建新先生，以及“2015中国塑机辅机及配套件行业5强企业”宁波弘讯科技股份有限公司副总经理阴昆先生分别就企业所处行业发展现状及未来发展方向从不同角度分享了看法。

宣布注塑机节能技术推广课题的启动，该内容是协会在国家工信部的指导下，根据“数控一代”装备创新工程行动计划部署，积极推动塑机节能技术行业推广服务平台建设的一项重要工作。

会议认为，协会不断有新鲜血液的加入，标志着协会的工作得到了行业的充分认可，协会应该以此为契机，使行业能更加紧密的团结在一起，为塑机行业的发展创造更有力的条件。同时，与会代表也表示了对注塑机节能技术推广课题及《中国战略性新兴产业研究与发展·塑料机械》书籍素材征集两项工作的关注与支持。

【10月】

“中国塑料时尚鞋之都·揭阳”通过复评

10月11日，由中国轻工业联合会、中国塑协共同组织，中国塑协常务副理事长曹俭任组长的考评专家组莅揭，正式通过对揭阳市“中国塑料时尚鞋之都。揭阳”荣誉称号的首次复评考核，揭阳市将继续成为中国现有的三大鞋都之一。

专家组认为，揭阳市塑料时尚鞋产业通过近年来的不懈努力，产业规模、产业链配套、知名度、行业竞争能力等方面均保持在行业前列。自2011年被中国塑协授予“中国塑料时尚鞋之都·揭阳”荣誉称号以来，揭阳塑料鞋生产企业充分发挥区域品牌优势，加快鞋类产业转型升级和产品结构调整，产业发展迅猛，竞争力和区域影响力显著提高，已成为我国制鞋业的重要生产基地。

近年来，揭阳市塑料时尚鞋产业保持较快增长，产品畅销国内各大中城市，并大量直接或间接出口东南亚、欧美、中东及非洲100多个国家和地区。截至去年底，全市从事制造销售成品鞋及鞋底、配套鞋料和销售的企业商家4000多家，从业人员约30万人，并形成了以榕城区、蓝城区、揭东区、空港经济区为主的区域性特色产业集群，对揭阳市经济作出了重要贡献。

揭阳市表示，将以此次考评为新的起点，围绕“产业发展集聚化、制造技术高新化、企业经营国际化、产业发展生态化”的目标，按照“布局合理、特色鲜明、集约高效、生态环保”的要求，进一步完善产业配套和服务环境，加大扶持力度，把揭阳塑料时尚鞋产业发展成为国内外重要的鞋业生产出口基地，打响“中国塑料时尚鞋之都”的品牌，力争到2020年，制鞋工业总产值达到750亿元，出口交货值超过60亿美元。

在揭期间，考评组一行实地考察了市嘉霖泰鞋业有限公司、广东远大实业有限公司、广东东方鞋业有限公司、市金达利鞋业有限公司、市创力塑胶实业有限公司、广东思迪嘉鞋业有限公司、玉浦鞋类批发市场等重点企业、机构和交易市场。副市长张时义参加活动。

中国塑协改性塑料专业委员会2015年年会暨塑料轻量化、功能化、生态化、改性创新成果发布会召开

10月20日，由中国塑协塑料改性专委会主办的，主题为“机遇加挑战　创新求发展、引领改性塑料行业发展新潮流”的中国塑协改性塑料专业委员会2015年年会在江西省宜春萍乡召开年会，同时发布塑料轻量化、功能化、生态化改性的新成果。中国塑协常务副理事长曹俭出席会议并致辞。刘英俊秘书长汇报了专委会工作，增补常务理事单位及副理事长单位。发布了深圳中京科林环保塑料有限公司设立为专委会科研试验生产开发基地的决定。

论坛部分：解读“塑料加工‘十三五’发展规划指导意见”；发布塑料轻量化、功能化、生态化改性创新成果；突破粉体填充塑料改性技术发展瓶颈，实现填充塑料轻量化；介绍塑料的功能化改性技术及产品：“高吸附性粉体及在塑料中的应用”、“聚酯（PET）共混改性及高附加值应用”、“可降解的生物基环保塑料”、“塑木复合材料加工技术进展”、“交联塑料的裂解技术及装备”、

推荐新粉体、新助剂、新设备，包括：碳酸钙晶须、黑滑石粉、空心微球、高性价比铝酸酯偶联剂、澳达粉体分散剂、HW系列粉体表面活化机等。介绍清洁生产技术及装备进展：粉体的气密性输送及加工过程中无尘化技术与装备、废塑料加工时异味气体的处理技术及装备等。

与会代表赴江西省萍乡市参观深圳中京科林环保塑料有限公司江西生产基地和萍乡轩品塑胶母料制品有限公司。

世界塑料理事会中国塑料回收与再生利用分论坛暨中国塑协塑料再生利用专委会 2015 年会召开

10 月 20 日，中国石油和化学工业联合会、中国轻工业联合会、余姚市人民政府主办 ，中国化工经济技术发展中心、中国塑协塑料再生利用专委会，广东金发科技有限公司承办的第三届世界塑料理事会议暨第十一届中国塑料产业发展国际论坛在浙江省余姚市召开期间，举行塑料回收与再生分论坛暨中国塑协塑料再生利用专委会 2015 年年会。与世界塑料理事会在塑料再生利用方面进行对接交流。

世界塑料理事会（WPC）主席、巴西石化、雪佛龙菲利浦斯化学公司等嘉宾分别做了“ 塑料行业的材料创新”、“ 生物基塑料的创新” 、“北美地区天然气相关的塑料产业的发展”、“ 中国塑料产业可持续发展战略与重点”等主题演讲。

召开了主题为“推进再生塑料产业国际合作与绿色低碳循环发展”的分论坛 。世界塑料理事会、中国塑协塑料再生利用专委会宁红涛会长、美国塑料协会等嘉宾先后做了题为：“世界主要国家和地区塑料再生产业概况”、“ 中国塑料再生产业链现状与发展趋势”、“ .美国塑料回收及再生技术发展方向”等主题演讲。

会上，世界塑料理事会、中国塑协塑料再生利用专委会、美国塑料协会、日本塑料循环利用协会、福建师大陈庆华教授、广东金发科技有限公司、格林美股份有限公司、桑德集团、盈创再生资源回收有限公司等进行了“如何推进各国再生塑料产业国际合作与绿色低碳循环发展”的对话。

2015 塑料新材料、新技术、新成果交流暨中国塑协专家委员会三届三次会议召开

10 月 22 日，由中国塑协主办，中国塑协专家委员会、山东通佳机械有限公司承办的“2015 塑料新材料、新技术、新成果交流暨中国塑协专家委员会三届三次会议”在山东济宁召开。

来自全国塑料加工相关的高校、研究院所及原料、助剂、制品生产企业的专家、代表 188 人注册参加会议。

专家委员会王德禧主任简要回顾了专家委员会上一年度的工作，分析了当前塑料行业的形势。

中国轻工业联合会副会长、中国塑协钱桂敬理事长讲话并做“关于塑料加工行业‘十三五’技术进步发展方向的思考”的报告。理清了行业的现状和形势，明确了今后工作的任务方向，给与会专家们极大的鼓励和鞭策，也让大家感受到自己对行业所负的责任。

中石化首席专家 中国石化北京化工研究院乔金樑副院长、中国塑料机械工业协会粟东平秘书长、中国塑协专家委员会王德禧主任、香港科技大学高福荣教授、中科院宁波材料技术与工程研究所材料技术研究所朱锦所长、清华大学－长江学者石高全教授、华东理工大学谢林生教授、北京化工大学机电工程学院副院长吴大鸣教授、四川大学卢灿辉教授、北京化工大学－长江学者杨卫民教授、北京理工大学化工与环境学院王建博士、山东通佳机械有限公司李勇副总经理、宁波格林美孚新材料科技有限公司秦柳总经理、中国科学院宁波材料技术与工程研究所翟文涛研究员、山东永健机械有限公司杜永胜总经理、北京化工大学谢鹏程教授、北京化工大学苑会林教授共 17 位专家分别作《合成树脂的技术创新及展望》《中国塑料机械工业发展现状与创新趋势》、《3D 打印及其它创新技术应用进展》《模塑智能－塑胶工业 4.0 的发展之路》《生物基高分子材料最新进展和展望》《化学修饰石墨烯的可控制备及应用》《基于混沌流动的高效低耗连续混炼装备的开发与工程应用》、《聚合物微纳尺度制造技术》《纳米纤维素及其复合材料技术、应用和产业化现状》《注塑成型创新技术进展》《单聚合物复合材料的制备》《模内熔体编织挤出网片与生物基高分子轻量化成型技术应用》《新型 TPU 微孔粒子的应用研究》《超轻、超强韧气凝胶功能材料制造及应用技术进展》《多功能和灵活运行的双拉膜试验线的特点及其应用》《石墨烯镀层辅助快变模温与熔体微分 3D 打印技术研究进展》《塑料改性与新产品开发》的主题报告。新鲜的内容、精彩的演讲，吸引了到会的代表们，大家纷纷表示收获很大，有专家感言到：“专家也需要不断补充新知识！”

闭幕环节，田岩秘书长向大会报告了22日晚专委会主任委员会议的主要内容和通过增补翟文涛、秦柳为中国塑协专家委员会副秘书长的决议。

中国塑协曹俭常务副理事长做会议总结讲话。

与会专家学者和企业代表们集体参观、考察了山东通佳机械有限公司位于济宁高新区的两个厂区包括塑木、发泡、注塑、中空、土工网、缠绕管等多条塑机制造生产线。

年会《论文集》共收录塑料加工相关论文、报告41篇，计520页。

会上还给新聘任专家会员颁发了证书。2015年新聘专家64人，至此，中国塑协专家委员会第三届委员达409人。

【11月】

2015中国国际氟塑料加工发展论坛举办

11月2日，由中国塑协氟塑料加工专业委员会主办“2015中国国际氟塑料加工发展论坛”在西安召开。会议吸引了全国各地从事氟塑料研发、生产、加工和应用企业的专家、学者及部分高校资深教授等诸多业内精英，还有来自美国、意大利、韩国、日本等国外氟塑料行业龙头企业代表，与会人数多达300余人。

中国塑协常务副理事长曹俭和副秘书长许琳出席会议。论坛主题为“新常态下的氟塑料产业发展”，从氟塑料行业的发展现状与发展趋势，分析了如何适应新常态，把握新机遇，推动产业转型升级，促进行业健康可持续发展。各企业代表之间就行业内的相关技术和发展进行了相互交流和学习，此次论坛为行业的发展注入了新的思想和发展思路。

庄理事长分析了我国氟塑料加工行业面临的发展形势，并对今后行业的发展进行了美好的憧憬。中国塑协常务副理事长曹俭，从氟塑料行业的发展、国家政策给氟塑料行业带来的机遇与挑战和增强国际间的交流与合作三个方面，分析了整个行业的发展趋势和发展方向，西安安德高分子材料有限公司董事长刘全安代表企业发言。

论坛共安排了21个主题报告。陈生秘书长做了题为《中国氟塑料制品业“十三五”发展建议》的报告，总结了中国氟塑料产业“十二五”期间取得的主要成绩和存在的问题，分析了行业“十三五”发展环境和需求趋势，提出行业“十三五”发展建议及重点产品发展方向。论坛邀请到美国、意大利等国外专家做主题报告。美国塑料工业协会（SPI）国际事务与贸易副总裁Michael Taylor先生发表了《美国氟聚合物市场和全球机遇》，重点介绍了美国塑料工业、美国氟聚合物贸易和全球市场机遇和氟聚合物在主要终端市场应用的发展，为与会代表带来了氟塑料发展的新思路。意大利Fluorseals公司总经理Fabio Saladini先生与参会代表分享了题为《不断增加技术要求的欧洲氟塑料市场》的报告，介绍了欧洲PTFE的市场状况、市场对氟塑料的性能和解决方案提出更高要求的原因和Fluorseals面对新市场要求遵循的工艺路线和优化路径。意大利DOSS公司常务董事Daniel Salvá与参会代表分享了《DOSS视觉检测系统在氟塑料市场的应用》，DOSS公司拥有最前沿的视觉检测设备，可以对零件的缺陷自动分类识别，大大提高了工作效率。意大利意德珑有限公司技术总监Marco Vitale重点讲解了复合PTFE加工过程的定量分析技术。此外，论坛还邀请到国电新能源技术研究院孙振新博士带来了题为《氟塑料在电力行业应用及前景分析》的报告，从电力行业的应用需求出发，结合氟塑料的独特性能，分析了氟塑料在电力系统中的应用方向和前景，并介绍了研究院应用会议期间，南京肯特复合材料有限公司等公司在会场外设立展位，更加宏观的展示了相关产品，面对面与同仁们进行交流与学习，取得了良好的效果。

第九届全国线缆材料配方与工艺及应用技术研讨会召开

11月11日，中国塑协教育与培训委员会主办、宜兴百通塑业有限公司协办的第九届全国线缆材料配方与工艺及应用技术研讨会宜兴市召开。

会议主要探讨了如下内容：

（1）PVC护套料H-70防出油配方的开发；

（2）热塑性弹性体材料的主要类别与性能特点及其在特种电缆上的应用介绍；

（3）橡皮绝缘料EPDM/CPE共用配方空气弹老化性能的提升；

（4）硅烷交联聚乙烯电缆料一步法、两步法的配方、生产工艺、设备要求，原材料控制指标及检测控制指标；

（5）35KV以下过氧化物交联电缆料的配方、生产工艺、设备要求，原材料控制指标要求；

（6）无卤低烟阻燃电缆料的生产与加工；

（7）低聚合度聚氯乙烯和高聚合度聚氯乙烯

的结构性能差别以及在电缆料中的应用特点；

（8）典型增塑剂（DOP、DOTP、DOS、TOTM、氯化石蜡、环氧大豆油等）的性能特点以及在 PVC 电缆料中应用的注意事项；

（9）塑料成型剂聚氯乙烯电缆料中的应用；

（10）PVC 电缆料的设备工艺选择以及在应用中的常见质量事故分析；

（11）汽车线束用薄壁PVC电线的耐高温老化、耐低温缠绕、耐磨改性的设计思路及配方研究；

（12）影响电缆电性能原因的关键技术；

（13）防火电缆工艺及其他电缆生产中的一些问题分析；

（14）耐高温（氟塑料／硅橡胶等）特种电缆料的配方简介。

第二届“中国塑机风采”摄影作品展举办

11 月 16 日，中国塑料机械工业协会特在 2015 中国（重庆）国际塑料工业展览会期间举办第二届“中国塑机风采”摄影作品展。

摄影作品展得到了广大会员单位的积极支持和参与，共收到作品约 400 幅，内容丰富，动感十足，很好地展现出塑机产业新技术和新应用，展现了塑机人昂扬向上的新风采。有的作品捕捉到高分子复合材料设备生产加工的动态瞬间、有的拍摄出体现塑机新应用的高分子复合材料制品、还有的抓拍了反映企业文化、企业人物、员工劳动和厂房场景的精彩时刻。

“中国塑机风采”摄影作品展，正在用一幅幅画面记录着中国塑机行业发展的印记和亮点，用一个个瞬间讲述着“中国塑机”和“中国塑机人”的故事。

“第十二届先进成型与材料加工技术国际研讨会”召开

11 月 20 日，持续四天的第十二届先进成型与材料加工技术国际研讨会在南沙举行，吸引了来自美国及中国两岸三地的众多高校和企业的专家学者等约 400 人参加。

该项国际研讨会开办十二年以来，首次在南沙举办，本届大会将材料、工艺、注塑、模具、自动化等领域的顶尖专家都聚集一堂，大会规模、报告水平及参会人员数量都创下了历届之最。加拿大皇家科学院和工程院 Musa Kamal 院士，中国知识产权局局长、中国科学院申长雨院士，中国工程院瞿金平院士，中国工程院桂卫华院士，中国工程院 2015 候选院士李德群教授等进行了精彩的大会报告；捷普、华为、海尔、富士康、广汽、毅昌、博创等知名企业的高层代表也在产业论坛中针对各自的产业进行了分析；另外，中国塑协钱桂敬理事长、马占峰秘书长、中国模具工业协会武兵书秘书长以及广东省和周边各市的行业协会等机构代表也悉数到场，共享共议；同时，作为承办地政府代表，南沙开发局管委会副巡视员王志荣在代表大会开幕式上向各位来宾进行了致辞。

国际研讨会共举行了 82 场技术报告与演讲，包括 12 场大会报告、13 场产业论坛报告以及 57 场技术分会场报告，带来最先进技术研发成果、行业最新动态，产业最具前瞻性的战略分析、并披露塑料工业、模具工业的“十三五”规划思路。在现场，企业界和学术界实现了直接对接。在 22 日下午的“工业 4.0 下的智能制造”产业论坛专题中，在场专家针对南沙开发区的工业 4.0 发展进行了深入研讨，不少国外专家认为南沙是珠三角几何中心，是我国三大工业基地的核心，提出了南沙有潜力引领中国工业发展的想法。同时希望承办方广州市香港科大霍英东研究院在南沙牵头设立一个跨行业的机构，让这些互相关联但平时又是隔行如隔山的行业交叉在一起，找到工业发展的未来方向，让这种打破行业壁垒、直接紧密对接的机制在南沙保留下来。本次会议可谓南沙的一大盛事，一方面是南沙区向世界展示自贸区形象、建设成果的一次重要契机；另一方面能为南沙自贸区带来全球视野的产业发展趋势、前瞻性的战略分析、最先进技术研发成果，同时，对推广南沙自贸区的平台起到重要的促进作用，提升南沙自贸区的国际知名度。

中国塑料加工工业协会塑料家居用品专委会 2015 年年会暨成立周年庆典会议召开

11 月 20 日，中国塑协塑料家居用品专委会 2015年年会暨专委会成立周年庆典在宁波市举行。会议由中国塑料加工工业协会主办、中国塑协塑料家居用品专委会承办。中国轻工联合会步正发会长、中国塑料加工工业协会曹俭常务副理事长、中国百货商业协会楚修齐会长、中国塑协塑料家居用品专委会宋旭彬会长及协会相关部门负责人出席了会议。参加会议的还有来自全国各地塑料家居用品行业的生产企业，及与之相关的原料、模具及设备企业等单位代表近 300 人。

宋旭彬会长作《2015 年专委会工作报告》、陈葵生常务副会长作《2015 年专委会财务报告》；张灵伟常务副会长介绍了专委会《2016 年工作计划》；金亚雪常务副会长作《中国塑料家居用品行业发展报告》；江桂兰常务副会长通报了2015年新增会员名单；潘世兵常务副会长通报了专委会第一届理事会2015年新增理事名单；谭浣君常务副会长宣布了专委会2015年聘任的专家名单。

中国塑协曹俭常务副理事长作重要讲话。中国轻工联合会步正发会长作了《关于中国塑协塑料家居用品专委会未来的工作方向》的重要讲话，对专委会未来的工作提出了希望。

年会上，在专委会的积极倡导下，成立了由广东海兴控股集团等18家单位和个人组成的中国塑料家居用品行业诚信联盟，通过了《中国塑料家居用品行业诚信联盟章程》和联盟机构设置，选举了联盟理事会主席、常务副主席、副主席和秘书长等18家单位和个人组成的联盟理事会，并发布了《中国塑料家居用品行业诚信联盟自律公约》。中国塑料家居用品行业诚信联盟启动仪式将本次成立盛典推向了高潮。步正发会长和曹俭常务副理事长为联盟成员颁发证书。

进行了表彰颁奖活动，共颁发“塑料家居用品行业贡献奖”9名、“最受欢迎电商品牌奖”7名和“创新设计奖”8名。

与会代表集体参观了宁波利时日用品有限公司和海天塑机集团有限公司，并参加了在海天塑机集团有限公司举行的第五届中国塑料家居用品行业高峰论坛。

2015年塑料助剂生产与应用技术、信息交流会召开

11月26日，由中国塑料加工工业协会主办，中国塑协塑料助剂专业委员会承办的“中国塑料加工工业协会塑料助剂专业委员会年会暨2015年塑料助剂生产与应用技术、信息交流会”在浙江杭州召开。会议为促进我国塑料助剂行业整体水平的提高，介绍行业动向及最新技术进展，加强塑料助剂行业内及与相关行业之间的交流，会议期间进行技术和市场信息交流，并出版《2015年塑料助剂生产与应用技术信息交流会论文集》。

北京华腾新材料股份有限公司陈宇教授、中科院宁波材料技术与工程研究所姚强 博导、清华大学于建教授、南京师范大学化学与材料科学学院杨锦飞教授等分别作了题为“规治环境下的塑料助剂创新与发展”、“ 工程塑料用磷系阻燃剂的进展”、“ 芳酰胺型β成核剂的形态演变及其对PP树脂的诱导结晶行为”、“四溴双酚A-双(2,3-二溴丙基醚)的绿色合成”等报告。

2015年第一、二批中国塑料行业初评和复评企业信用等级评价结果公布

11月26日，中国塑协〔2015〕第069号文，《关于对“2015年第一、二批中国塑料行业初评和复评企业信用等级评价结果”的公告》

各有关单位：

根据商务部信用工作办公室、国资委行业协会联系办公室（商信用函[2009]3号）《关于公布第三批行业信用评价参与单位名单的通知》和（商信用函[2015]1号）《关于进一步做好行业信用评价工作的意见》文件精神，结合中国塑料行业企业实情，本着“诚信、自愿、公平、公正、科学、严谨”的原则，2015年第一批56家、第二批31家企业自愿申报参加初评或年度复评，经我协会初审、专业评估机构评价和专家组论证，评估结果经公示无异议，现将参评企业信用等级评价结果予以公告。

此评价结果（名单附后）已在商务部信用工作办公室、国资委行业协会联系办公室备案。

2015年第一批中国塑料行业企业信用等级评价结果

一、初评企业

序号	企业名称	等级	编　　号
1	上海天力实业（集团）有限公司	AAA	201509911100250
2	温州晨光集团有限公司	AAA	201509911100251
3	广东雄塑科技集团股份有限公司	AAA	201509911100252

2015年第一批中国塑料行业企业信用等级评价结果

一、初评企业

序号	企业名称	等级	编　　号
4	泉州兴源塑料有限公司	AAA	201509911100253
5	常州市永明机械制造有限公司	AAA	201509911100254
6	南雄市金叶包装材料有限公司	AAA	201509911100255
7	蘇州漢揚精密电子有限公司	AAA	201509911100256
8	浙江华庆集团有限公司	AAA	201509911100257
9	厦门市台亚塑胶有限公司	AAA	201509911100258
10	山东信诺塑胶有限公司	AAA	201509911100259
11	青岛邦尼化工有限公司	AAA	201509911100260
12	四川多联实业有限公司	AAA	201509911100261
13	江苏华塑新型建材有限公司	AAA	201509911100262
14	开源塑业科技（南通）有限公司	AAA	201509911100263
15	宝天高科（广东）有限公司	AAA	201509911100264
16	樟树市赣通塑胶制品有限公司	AAA	201509911100265
17	南通市金马包装材料有限公司	AA	201509901100266
18	山东新达塑化有限公司	AAA	201509911100267
19	温州瓯亚管业有限公司	AA	201509901100268
20	山东中鲁管业有限公司	AAA	201509911100269
21	陕西中昌科技有限公司	AAA	201509911100270
22	江苏龙骏环保实业发展有限公司	AAA	201509911100271
23	浙江龙士达家居用品有限公司	AAA	201509911100272
24	积水化成品（上海）国际贸易有限公司	AAA	201509911100273
25	广东鑫瑞新材料科技有限公司	AAA	201509911100274
26	烟台阳光澳洲环境科技有限公司	AAA	201509911100275
27	杭州邦德市政塑管有限公司	AAA	201509911100276
28	云南曲靖塑料（集团）有限公司	AAA	201509911100277

续表

序号	企业名称	等级	编　　号
29	江苏建投宝塑科技有限公司	AAA	201509911100278
30	广东海兴塑胶有限公司	AAA	201509911100279
31	湖北大洋塑胶有限公司	AAA	201509911100280
32	唐山聚丰普广农业科技有限公司	AAA	201509911100281
33	山东文远建材科技股份有限公司	AAA	201509911100282
34	宜昌宜硕塑业有限公司	AAA	201509911100283
35	河北长安塑胶有限公司	AAA	201509911100284
36	河源市鑫达科技有限公司	AAA	201509911100285
37	烟台新环塑业有限公司	AAA	201509911100286
38	安徽万安环境科技股份有限公司	AAA	201509911100287
39	盐城广源管业有限公司	AAA	201509911100288

二、年度复评企业

序号	企业名称	等级	编号
1	湖北中硕科技有限公司	AAA	201409911100152
2	江苏中乾塑业有限公司	AAA	201409911100159
3	浙江天井塑业有限公司	AAA	201409911100160
4	河北建投宝塑管业有限公司	AAA	201409911100163
5	江苏河马井股份有限公司	AAA	201409911100164
6	福建亚通新材料科技股份有限公司	AAA	201409911100166
7	河北精信化工集团有限公司	AAA	201409911100170
8	义乌市鑫挺人造革有限公司	AAA	201409911100172
9	天津军星管业集团有限公司	AAA	201409911100175
10	安徽华驰塑业有限公司	AAA	201409911100178
11	上海康捷保新材料股份有限公司	AAA	201409911100179
12	深圳市志海实业有限公司	AAA	201409911100183
13	山东金达双鹏集团有限公司	AAA	201409911100190
14	昆明创辉塑胶科技股份有限公司	AAA	201409911100191

续表

序号	企业名称	等级	编　　号
15	惠州市成达实业发展有限公司	AAA	201409911100199
16	杭州锦程实业有限公司	AAA	201409911100200
17	山东东宏管业有限公司	AAA	201309911100234

2015 年第二批中国塑料行业企业信用等级评价结果

一、初评企业			
序号	企业名称	等级	编　　号
1	山东陆宇塑胶工业有限公司	AAA	201509911100290
2	宁波利时日用品有限公司	AAA	201509911100291
3	双马塑业有限公司	AAA	201509911100292
4	浙江金燕印业有限公司	AAA	201509911100293
5	中基天谷（宜昌）复合材料有限公司	AAA	201509911100294
6	揭阳市永新塑料有限公司	AA	201509901100295
7	西安高科建材科技有限公司	AAA	201509911100296
8	四川东泰新材料科技有限公司	AAA	201509911100297
9	广东联塑科技实业有限公司	AAA	201509911100298
10	台州富岭塑胶有限公司	AAA	201509911100299
11	茶花现代家居用品股份有限公司	AAA	201509911100300
12	福鼎市金港高分子材料有限公司	AA	201509901100301
13	广州市振兴实业有限公司	AAA	201509911100302
14	四川森普管材股份有限公司	AA	201509901100303
15	台州旗峰环保材料有限公司	AAA	201509911100304
16	南安市华益塑胶制造有限公司	AAA	201509911100305
17	广州市新力实业有限公司	AAA	201509911100306
18	汕头海湾物资有限公司	AAA	201509911100307
19	华瀚科技有限公司	AAA	201509911100308

续表

一、初评企业			
序号	企业名称	等级	编　　号
20	浙江中财管道科技股份有限公司	AAA	201509911100309
21	成都川路塑胶集团有限公司	AAA	201509911100310
22	广东宏达印业股份有限公司	AAA	201509911100311
二、年度复审企业			
1	武汉金牛经济发展有限公司	AAA	201309911100067
2	大禹节水集团股份有限公司	AAA	201409911100161
3	山东华信塑胶股份有限公司	AAA	201509911100162
4	南亚塑胶工业（郑州）有限公司	AAA	201409911100176
5	山东日科化学股份有限公司	AAA	201509911100189
6	北京禧天龙塑料制品有限公司	AAA	201509911100212
7	深圳市华瀚管道科技股份有限公司	AAA	201509911100214
8	台州市希尔家庭用品有限公司	AAA	201309911100271
9	河北宝硕管材有限公司	AAA	201409911100184

【12月】

《中国塑料工业年鉴》出版发行

《中国塑料工业年鉴》（2015）为《年鉴》第14卷，与前13卷在时间和内容上保持连续性。《年鉴》全面、系统、准确地记述了上年度塑料行业发展状况，设有“综述”、“专论”、“大事记”、“全国塑料工业生产经营情况统计”、“各地区塑料工业情况”、“主要制品行业情况”、“国家标准、行业标准目录”、“重点企业”等栏目；集手册、年表、图录、书目、索引、文摘、表谱、统计资料、指南于一身；具有权威性、资料性、工具性、系统性的特点，同时又肩负着“资政”、“存史”和“宣传推广”的社会责任。为满足海外读者的需要，部分文章译成了英文，设有英文目录。借助中国轻工业出版社的发行渠道向全国发行，本书记载了中国塑料业的辉煌成就。全书750页，约1321千字，16开本精装，定价520元。

2015年全国聚氯乙烯行业技术年会召开

12月9日，中国氯碱协会主办、广东塑料交易所和包头市联丰稀土新材料有限公司协办的2015年全国聚氯乙烯行业技术年会暨“广塑杯”论文大赛在广州市召开，来自国内外聚氯乙烯行业及相关行业的120多名代表参加了会议。

张文雷秘书长介绍了当前氯碱行业经济运行状况，以及行业发展中的重点问题和协会的主要工作；与会嘉宾分别作了题为《提质增效重塑成本模型 创新驱动推进转型升级》、《稀土新材料介绍与应用》、《共同携手中国PVC加工制造》、《PVC塑料助剂（热稳定剂）的现状和展望》和《中国弹性地板发展趋势》的专题报告；聚氯乙烯专家还就聚氯乙烯行业发展、新型湿法和干法乙炔工艺对比、聚氯乙烯树脂颗粒结构调控和化学改性、低汞触媒应用注意事项等方面进行专题介绍，杰瑞德工业设备、南通星球石墨和北京钟华鼎盛等公司分别介绍了产品研发与应用进展情况。会议还对征集的论文进行了评选，并对获奖论文进行了点评和颁奖。最后，张鑫副秘书长对会议进行了总结。会议期间，参会代表还参观了广东塑料交易所及广州圆大厦。与会代表表示，此次会议内容丰富，对企业提质增效、调结构转方式、技术进步、PVC 树脂向专用化和系列化方向发展以及打造 PVC 产业链绿色化进一步拓展应用等工作具有非常重要的指导意义。

第十七届中国专利奖颁奖大会举行

12 月 15 日，第十七届中国专利奖颁奖大会在北京举行，中国塑协的 6 家会员单位有 7 项专利获表彰。他们分别是：杭州福膜新材料科技有限公司的“一种聚偏氟乙烯薄膜专用料”专利、大连实德科技发展有限公司的“自增强型塑料异型材及其生产方法”专利、广东邦宝益智玩具股份有限公司的“一种拼插式玩具的插接结构”专利、金发科技股份有限公司的“一种汽车用低 TVOC 聚丙烯组合物及其制备方法”和“一种聚酰胺 6 复合材料及其制备方法”专利、好孩子儿童用品有限公司的“儿童推车（D340）”专利、新疆蓝山屯河聚酯有限公司的“高速纺丝专用聚对苯二甲酸丁二醇酯制备方法”专利。

中国专利奖，是我国唯一的专门对授予专利权的发明创造给予奖励的政府部门奖，其评奖标准不仅强调项目的专利技术水平和创新高度，也注重对专利的保护状况以及在市场转化过程中的运用情况。获奖单位多以企业为主。

第三届 XPS 产品技术交流会暨“CO_2 发泡挤塑板生产技术”成果发布会召开

12 月 18 日 ，由中国塑协信息部主办，中国塑协教育与培训委员会承办，宁夏鼎盛阳光科技股份有限公司协办第三届 XPS 产品技术交流会暨“CO_2 发泡挤塑板生产技术”成果发布会在宁夏吴忠市举办。

会议邀请了国家有关建筑节能政策法规、标准制定主管部门以及行业内有影响的专家学者，解读国家有关建筑节能外墙保温的新政策和推广目录，分析行业发展中面临的新情况、新问题、新机遇，并请有关专家介绍一批先进适用的建筑节能外墙保温新材料、新产品、新技术、新系统，以及针对满足建筑节能和绿色建筑发展新的技术要求的 XPS 系统化解决方案。

住房与城乡建设部科技发展促进中心副总工、中国建筑节能协会副秘书长杨西伟，中国建筑标准设计研究院顾问总工李晓明，公安部消防局法规标准处马恒处长，. 国家建筑防火产品安全质量监督检验中心 防火检测部孔祥荣主任，北京建筑材料科学研究总院、固废资源化利用与节能建材国家重点实验室、建筑节能与保温材料研究所 所长路国忠，北京化工大学 材料科学与工程学院苑会林教授，XPS 行业 HCFCs 淘汰项目组相关领导以及 . 环保部相关领导出席会议。

会议主要研讨了如下内容：

1. 十三五建筑节能与绿色建筑规划内容简介

GB 50016-2014 新版《建筑设计防火规范》中有关外墙保温防火技术探讨

2. 技术交流：（1）XPS 行业氟利昂发泡剂替代技术；（2）XPS 生产过程常见问题及解决方案；（3）XPS 生产技术创新（包括原料和设备）；（4）改善导热系数的技术和方法；（5）XPS 外墙外保温系统安全性影响因素分析及解决措施；（6）75% 节能外墙外保温系统防火性能研究；（7）石墨在发泡聚苯乙烯建筑保温板中的应用等。

中国塑协硬质 PVC 发泡制品专委会 2015 年年会召开

12 月 19 日，中国塑协硬质 PVC 发泡制品专业委员会 2015 年年会暨技术交流会在青岛胶州举行。会议是由中国塑协主办，由中国塑协硬质 PVC 发泡制品专委会、青岛三益塑料机械有限公司承办。胶州市发改局局长于龙春、中国塑协常务副理事长曹俭、中国塑协硬质 PVC 发泡制品专委会秘书长周家华、中国政法大学教授胡继晔、中国木材节约发展中心主任刘能文、清华大学教授梁吉、西安交大教授陈兴华、湖北工业大学教授陈绪煌等领导及专家学者出席了会议，参加会议有来自全国各地 PVC 发泡制品生产企业，及与之相关的原料企业、模具及设备企业、科研院校等单位代表 300 多人参加会议。

专委会周家华秘书长做《开拓创新，合作共享，推进行业健康发展》为题的 2015 中国塑协硬质 PVC 发泡制品专业委员会工作报告，

在技术交流会上，多位国内外 PVC 发泡行业的技术专家到会讲解行业发展新技术及应用。清华大学梁吉教授介绍了《固体废弃物在 PVC 发泡板上的应用》，。西安交大的陈兴华教授介绍《硬质 PVC 发泡制品增强机理研究》。湖北工业大学的余鹏博士介绍了《聚乳酸超临界二氧化碳微孔发泡研究》。另外，德国巴顿菲尔 - 辛辛那提、意大利友宁机械等国外著名公司介绍了国外先进的 PVC 发泡设备，由上海威垒模具、舟山宇鑫机械、青岛中塑机械、上海一柯模具、江西宏远化工等国内先进企业的专家介绍了国内 PVC 发泡设备及模具的先进技

术，国内最大的 PVC 原料生产企业 -- 中泰化学的王雅玲总工介绍了我国聚氯乙烯产业及相关的技术发展。

会议不仅为行业企业交流提供了一个平台，也成功地将 PVC 发泡制品生产企业与上下游企业及科研单位连接在一起，针对 PVC 发泡产品中存在的问题找出更好的解决办法，为行业健康发展保驾护航。

2015 中国塑协塑料节水器材专业委员会年会召开

12 月 19 日，2015 中国塑协塑料节水器材专委会年会暨中国塑协节水灌溉产业在农业现代化中应用科技研讨会在北京召开。中国轻工业联合会副会长、中国塑协理事长钱桂敬出席会议并讲话。在微灌产品和微灌技术应用模式方面有较大的创新和突破的重点企业：新疆天业、大禹节水、甘肃亚美特、白山喜峰、北京绿源等公司出席会议。

会议主要研究探讨如何搞好塑料节水器材的生产和推广应用，以助力现代农业实现稳产、高产和我国水资源的高效充分利用。

《国家农业节水纲要（2012—2020 年）》提出，到 2020 年，全国农田有效灌溉面积达到 10 亿亩，节水灌溉工程面积达到 7.6 亿亩，其中新增高效节水灌溉工程面积 1.5 亿亩以上；灌溉水有效利用系数达到 0.55 以上；旱作节水农业技术推广面积达到 5 亿亩以上，高效用水技术覆盖率达到 50% 以上。“十三五”期间，国家将大力推广轻简增效设施园艺，强调农事作业环境调控智能化、水肥一体化，逐步实现设施微环境光、温、水、肥、气监测自动化、智能化调控，利用微灌系统和水溶性肥料实行水肥一体化管理；还将在全国建设 100 个有特色、成规模的节水农业核心示范区，新增节水农业技术示范推广面积 1 亿亩，灌溉水和自然降水生产效率提高 10%；大力推广地膜覆盖栽培、膜下滴灌、膜上灌、缺墒灌溉等农艺节水技术。所有这些，都给塑料节水器材行业指明了方向，需要我们为我国农业的发展提供更多、更好的塑料节水产品及高效节水技术。

中国塑协塑料配线器材专业委员会二届三次会员大会召开

12 月 19 日，中国塑协塑料配线器材专委会在浙江省乐清市柳市镇召开“低谷创新、困境求进、稳增长促转型”为主题的二届三次会员大会。会员单位代表共计 100 余人参加了会议。

会议听取和审议了郑元和主任的专委会年度工作报告和 2016 年专委会工作思路和要点。听取和审议专委会年度财务收支情况报告；宣读了《关于吸收新会员的通知》；通知了《关于专委会秘书处办公室地址变更的通知》。

会员企业将积极推动产业升级，应对塑料配线器材行业国际化发展需求。推进行业内科技进步和技术创新，提倡节约资源，推行清洁生产，提高可持续发展能力。规范国内塑料配线器材市场秩序，实现行业的良性竞争和健康发展，产品品质高端化，地区产业均衡化的发展目标，进一步促进塑料配线器材行业稳步发展。

第三届全国塑料颜色应用技术研讨会召开

12 月 27 日，中国塑协教育与培训委员会、中国塑协多功能母料专业委员会主办的第三届全国塑料颜色应用技术研讨会在南京举办。参会者认识最新的颜色知识与理论，学会合理选用色料，了解如何配色，懂得如何进行颜色沟通，和使用相关技术与仪器创建颜色标准和测试及管理颜色等，全面提升色彩管理人员的知识水平与应用能力，更好地对接和服务国际市场与用户，降低公司产品因色差造成的损失，真正使颜色成为公司的竞争力。

主要内容：

1. 色彩的基础知识

光与色的关系、光色加色法、色料减色法、颜色的三个基础特征、色域。

2. 当今流行的颜色体系

蒙赛尔颜色理论、奥斯瓦尔德颜色理论 CNCSCOLOR 颜色体系、NCS 颜色体系。

3. 配色的基本原理

（1）不同色相的色彩的简单调和；

（2）不同色彩的高阶调和方法。

4. 色彩的风格与流行趋势

（1）色彩风格的定义；

（2）流行色的基本原理。

5. 色彩在塑料行业的实际应用：

（1）塑胶常用染料、颜料的介绍与应用；

（2）荧光颜料的选用；

（3）色彩的色差判定；

（4）特殊视觉效果材料的应用与配色；

（5）塑料的颜料选择与应用及注意事项；

（6）相关的环保法规介绍。

6. 色彩在塑料供应链上的重要性及影响

（1）注塑成型中的颜色控制要点；

（2）塑料板片材、塑料薄膜、塑料型材、弹性塑料地板的颜色解决方案；

（3）汽车整车和内外饰颜色解决方案。

7. 塑料领域的颜色解决方案及案例说明

如何创建和识别颜色标准；如何通过颜色标准和样件完成配色；如何在生产中控制颜色；企业如何建立完整的颜色控制体系和流程案例分享。

8. “易科学”——企业最新的研发和测试解决方案

“易科学” 技术服务流程、案例分享。

9. 现场活动和交流

（1）仪器展示与讲解

（2）仪器实际测试演示

全国重点聚氯乙烯生产企业研讨会召开

12 月 23 日，中国氯碱工业协会组织的全国重点聚氯乙烯生产企业研讨会在北京召开，中泰化学、新疆天业、陕西北元、天津大沽、宜宾天原、山东信发、内蒙君正、中盐吉兰泰和安徽华塑等重点聚氯乙烯生产企业的董事长或总经理出席会议，中国氯碱工业协会理事长罗云、专家委员会主任孙绍刚出席会议。与会代表充分交流了各企业生产经营情况，对协会 2016 年的工作重点进行了讨论，特别是就促进聚氯乙烯健康发展的产业政策、市场协调、安全环保和下游应用等方面的工作进行了深入探讨，达成了共识。罗云理事长在总结中指出，协会下一步要重点作好氯碱行业结构调整三年行动方案的编写工作；要继续加强国内聚氯乙烯市场的有效协调，同时加大促进产品出口工作力度；要作好行业汞污染防治工作，加快行业无汞触媒研发应用；协会专家委员会要精心组织行业力量，在促进聚氯乙烯加工和应用领域方面全方位开展工作。

2015 年度中国塑协分支机构秘书长工作会议召开

12 月 28 日，中国塑协在北京市召开 2015 年度中国塑协分支机构秘书长工作会议。钱桂敬理事长、曹俭常务副理事长、各专委会秘书长及塑协秘书处工作人员 47 人参加了会议。

会议是在党的十八届五中全会和中央经济工作会议胜利闭幕后召开的，是“十二五”收官之年和“十三五”即将开局之际召开的，对中国协会总结过去五年完成情况和探讨中国塑料加工业下一个五年计划的实施十分重要。会议对中国塑料加工工业协会 2015 年工作进行了总结，提出了 2016 年中国塑协工作要点；协会相关部门对有关工作进行部署，对相关工作和事项提出了具体要求；各分支机构重点介绍了一年来所做工作的亮点和重点工作，结合 2015 年工作完成情况及行业发展情况，讨论了 2016 年工作要点。曹俭常务副理事长代表协会对中国塑协 2015 年工作情况进行了总结。

会议重点听取各分支机构秘书长汇报。2015 年分支机构都能做到积极热情、全心全意为政府、为行业、为企业服务。他们积极举办年会、论坛、国际会议、技术交流会、市场研讨会、标准工作会等各种会议，参会人数均在百人以上，有的会议达到数百人。除此之外还开展形式多样的活动：如组团参观参展、各种培训班、现场咨询、倡导建立行业联盟组织、农技推广、制修订标准等，取得良好的效果。各分支机构还积极走访会员单位学习取经、了解行业动态、搭建对接平台、互动整合资源、反映诉求、提供帮助，与会员单位随时保持沟通交流等紧密联系。同时，分支机构也注重加强自身建设，一年来积极学习掌握国家各相关政策、法律法规，能够按照民政部、国资委、中轻联和中国塑协的各级领导部门规定和要求规范运作，不论从用人还是财务收支、报销等都能按照国家和协会要求执行。不但在政治上努力提高自己水平，而且还积极学习业务知识，深入企业学习实践，提高自己的服务水平和能力。

马占峰秘书长就编制《中国塑料加工业“十三五”发展规划》提出了要求。

钱桂敬理事长根据大家的发言，就如何学习贯彻中央“十八届五中全会”和“中央经济工作会议”精神、编制中国塑料加工业“十三五”发展规划和塑料加工业“十三五”技术进步指导意见、筹备组织 2016 中国塑料“四新展”的相关事宜和要求、筹备召开中国塑协第七届会员代表大会的有关工作、加强协会依法办会、自身建设等方面做了总结发言。

与此同时，他就 2016 年的相关工作提出了意见。

2015 年第三批中国塑料行业企业信用等级评价结果发布

2016 年 2 月 1 日，中国塑协 2016 第 011 号文，公布 2015 年第三批中国塑料行业企业信用等级评价结果：

2015年第三批中国塑料行业企业信用等级评价结果

一、初评企业

序号	企业名称	等级	编　　号
1	天津中财型材有限责任公司	AAA	201509911100312
2	广州找塑料网络科技有限公司	AAA	201509911100313
3	甘肃天宝塑业有限责任公司	AAA	201509911100314
4	江西广源化工有限责任公司	AAA	201509911100315
5	山东东信塑胶有限公司	AAA	201509911100316
6	山东华鑫塑业有限公司	AAA	201509911100317
7	宁波恒元精工管阀科技有限公司	AA	201509901100318
8	上海优珀斯材料科技有限公司	AAA	201509911100319
9	金发科技股份有限公司	AAA	201509911100320
10	内蒙古蒙西高分子材料有限公司	AAA	201509911100321
11	山东东宏管业股份有限公司	AAA	201509911100322
12	东莞元林塑料有限公司	AAA	201509911100289

二、年度复审企业

序号	企业名称	级别	编号
1	昆山协孚新材料股份有限公司	AAA	201309911100154
2	四川金易管业有限公司	AAA	201309911100157
3	康泰塑胶科技集团有限公司	AAA	201409911100169
4	昆明普尔顿环保科技股份有限公司	AAA	201409911100174
5	浙江诚德包装科技股份有限公司	AAA	201409911100181
6	上海乐扣乐扣贸易有限公司	AAA	201409911100186
7	四川攀西塑胶有限责任公司	AAA	201409911100187
8	华亚东营塑胶有限公司	AAA	201409911100188
9	汕头市康家宝塑料制品实业有限公司	AAA	201409911100197
10	四川省犍为罗城忠烈塑料有限责任公司	AAA	201509911100201
11	浙江伟星新型建材股份有限公司	AAA	201509911100203

续表

序号	企业名称	等级	编　　号
12	顾地科技股份有限公司	AAA	201509911100205
13	汕头卜高通美实业有限公司	AAA	201509911100207
14	福建恒杰塑业新材料有限公司	AAA	201509911100208
15	永高股份有限公司	AAA	201509911100209
16	河北金天塑胶新材料有限公司	AAA	201509911100210
17	上海远洲管业科技股份有限公司	AAA	201509911100211
18	山东圣大管业有限公司	AAA	201509911100213
19	新疆天业（集团）有限公司	AAA	201509911100215
20	内蒙古亿利塑业有限责任公司	AAA	201509911100219
21	山东清源集团有限公司	AAA	201509911100220
22	烟台镇泰滚塑有限公司	AAA	201509911100221
23	广东正茂精机有限公司	AAA	201509911100223
24	三友控股集团有限公司	AAA	201509911100225
25	义乌市大大箱包有限公司	AAA	201509911100226
26	福建纳川管材科技股份有限公司	AAA	201509911100227
27	江苏江特科技有限公司	AAA	201509911100239
28	浙江众成包装材料股份有限公司	AAA	201509911100240
29	中塑联新材料科技湖北有限公司	AAA	201509911100241
30	四川华西德顿塑料管道有限公司	AAA	201509911100242
31	湖北永晟塑料管业有限责任公司	AAA	201509911100243
32	广东亿龙新材科技有限公司	AAA	201509911100244
33	融林塑胶（福建）有限公司	AAA	201509911100245
34	白山市喜丰塑业有限公司	AAA	201509911100247
35	福建博大塑业新材料有限公司	AAA	201509911100248
36	山东泰丰新水管业股份有限公司	AAA	201509911100249

（中国塑料加工工业协会　许琳）

2015 年塑料化工行业反倾销大事记

一、日本将对中国产甲苯二异氰酸酯征收 5 年反倾销税

2015 年 4 月 7 日，日本政府做出裁定，对中国生产的甲苯二异氰酸酯征收 5 年反倾销税，理由是这些产品以不当低价在日本销售，损害了日企的利益。甲苯二异氰酸酯被用于制造汽车坐椅和寝具。

2014 年 12 月，日本政府针对中国产甲苯二异氰酸酯采取了为期 4 个月的临时反倾销措施，截止到 2015 年 4 月 24 日。内阁会议近期将决定从 4 月 25 日起征收 5 年反倾销税，税率为进口价格的 69.4%。

据财务省称，中国政府迄今没有对日本征收反倾销税的举措做出特别的反应。

又讯：日本延期对华甲苯二异氰酸酯反倾销调查 4 个月

日前，日本经济贸易产业省（METI）与财政部共同决定延长对原产中国的进口 TDI 反倾销调查期限，延期 4 个月。

2013 年 12 月 17 日，日本三井化学提交申请，要求对原产中国的 TDI 征收反倾销税。2014 年 2 月 14 日，展开了此次反倾销调查。

原本计划一年后结束调查，但现在延期至 2015 年 6 月 13 日。届时，将就倾销产品是否对国内行业造成了重大实质性的损害做出最终决定。随后，日本政府再商讨是否征收反倾销税。

再讯：日本内阁批准对华甲苯二异氰酸酯征收 5 年反倾销税

据日本共同社消息，日本政府内阁会议决定将对中国生产的甲苯二异氰酸酯征收 5 年反倾销税。政令将于 17 日公布，税率为进口价格的 69.4%，征税期为 4 月 25 日起到 2020 年 4 月 24 日为止。

日方称，这些产品以“过于低廉的价格”在日本销售，损害了日企的利益。

据悉，这些产品从 2014 年 12 月起已经征收了 4 个月临时性反倾销税。

二、印度对中国台湾和沙特丙酮做出反倾销终裁

2015 年 1 月 22 日，印度对中国台湾和沙特的丙酮做出反倾销终裁：自中国台湾和沙特进口的涉案产品存在倾销，对国内产业造成了实质性损害，且倾销和实质性损害之间存在因果关系，因此建议采取反倾销措施，具体税率如下表所示。涉案产品海关编码为 29141100。

2013 年 7 月，印度对原产于中国台湾和沙特的丙酮进行反倾销立案调查。

<table>
<tr><th>原产国（地区）</th><th>出口国（地区）</th><th>生产商</th><th>出口商</th><th>反倾销税
美元 / 吨</th></tr>
<tr><td rowspan="4">中国台湾</td><td rowspan="4">中国台湾</td><td>Formosa Chemicals and Fibre Corporation</td><td>Formosa Chemicals and Fibre Corporation</td><td>86.10</td></tr>
<tr><td>Formosa Chemicals and Fibre Corporation</td><td>Kolmar Group AG,Switzerland</td><td>86.10</td></tr>
<tr><td>Taiwan Prosperity Chemical Corporation</td><td>Taiwan Prosperity Chemical Corporation</td><td>205.05</td></tr>
<tr><td colspan="2">除上述企业外的其他中国台湾企业</td><td>271.37</td></tr>
<tr><td>中国台湾</td><td>除中国台湾和沙特外的其他国家（地区）</td><td>任何企业</td><td>任何企业</td><td>271.37</td></tr>
<tr><td>除中国台湾和沙特外的其他国家（地区）</td><td>中国台湾</td><td>任何企业</td><td>任何企业</td><td>271.37</td></tr>
</table>

续表

原产国（地区）	出口国（地区）	生产商	出口商	反倾销税美元 / 吨
沙特阿拉伯	沙特阿拉伯	Saudi Kayan Petrochemical Company	Saudi Basic Industries Corporation	132.98
		Saudi Kayan Petrochemical Company	Saudi Kayan Petrochemical Company	132.98
		除上述沙特企业外的其他沙特企业		203.85
沙特阿拉伯	除中国台湾和沙特外的其他国家（地区）	任何企业	任何企业	203.85
除中国台湾和沙特外的其他国家（地区）	沙特阿拉伯	任何企业	任何企业	203.85

又讯：印度对中国台湾和沙特丙酮正式征反倾销税 5 年

2015 年 4 月 16 日，印度消费税和海关中央委员会发布公告称，接受印度商工部于 2015 年 1 月 22 日对原产于中国台湾和沙特丙酮反倾销终裁，决定自公告发布之日起对中国台湾和沙特涉案产品征收为期 5 年的反倾销税，其中中国台湾涉案产品反倾销税 86.10 ～ 271.37 美元 / 吨，沙特涉案产品反倾销税为 132.98 ～ 203.85 美元 / 吨。涉案产品海关编码为 29141100。

2013 年 7 月，印度对原产于中国台湾和沙特丙酮进行反倾销立案调查；2015 年 1 月，印度对此案作出肯定性终裁。

三、印度对华二氯甲烷做出反倾销初裁

2015 年 10 月 30 日，印度商工部对原产于中国和俄罗斯的二氯甲烷做出反倾销初裁：自中国和俄罗斯进口的涉案产品存在倾销，对国内产业造成实质性损害，且倾销和实质性损害之间存在因果关系，因此建议对原产于中国和俄罗斯的二氯甲烷进口征收临时反倾销税。涉案产品海关编码为 29031200。

2015 年 4 月 7 日，印度对原产于中国和俄罗斯的二氯甲烷进行反倾销立案调查。

原产国	出口国	生产商	出口商	临时反倾销税美元 / 吨
中国	中国	山东东岳氟硅材料有限公司（Shandong Dongyue Fluo-Silicon Materials Co., Ltd.）	山东东岳氟硅材料有限公司（Shandong Dongyue Fluo-Silicon Materials Co., Ltd.）	144.41
		浙江衢化氟化学有限公司（Zhejiang Quhua Flourchemistry Co. Ltd）	Farmasino Holding (HK) Limited,Hong Kong	163.70
		浙江衢化氟化学有限公司（Zhejiang Quhua Flourchemistry Co. Ltd）	Polychem Corporation,Taiwan	163.70
		浙江衢化氟化学有限公司（Zhejiang Quhua Flourchemistry Co. Ltd）	Mercy Group Co.,Ltd., Hong kong	163.70
		除上述中国公司外的其他公司		232.47

续表

原产国	出口国	生产商	出口商	临时反倾销税美元／吨
中国	任何国家	任何企业	任何企业	232.47
除中国和俄罗斯外的任何国家（地区）	中国	任何企业	任何企业	232.47
俄罗斯	俄罗斯	任何企业	任何企业	194.43
俄罗斯	任何国家	任何企业	任何企业	194.43
除中国和俄罗斯外的任何国家（地区）	俄罗斯	任何企业	任何企业	194.43

又讯、印度对华二氯甲烷征收6个月的临时反倾销税

2015年12月8日，印度消费税和海关中央委员会发布公告称，接受印度商工部于2015年10月30日对原产于中国和俄罗斯二氯甲烷做出的反倾销初裁，决定自官方公告发布之日起对中国和俄罗斯进口的涉案产品征收不超过6个月的临时反倾销税。其中，中国临时反倾销税为144.41～232.47美元／吨，俄罗斯为194.43美元／吨。涉案产品海关编码为29173600。

2015年4月，印度商工部对原产于中国和俄罗斯二氯甲烷进行反倾销立案调查；2015年10月，印度商工部对此案作出肯定性初裁。

四、印度对华三聚氰胺做出反倾销日落复审终裁

2015年12月5日，印度商工部对原产于中国的三聚氰胺做出反倾销日落复审终裁：取消对华三聚氰胺反倾销措施将会使对国内产业的损害继续或再度发生，因此建议继续对原产于或自中国进口的涉案产品征收331.10美元／吨的反倾销税。涉案产品海关编码为29336100。

2014年12月9日，印度商工部对原产于中国的三聚氰胺进行反倾销日落复审立案调查。

又讯：印将于9月28日召开对华三聚氰胺反倾销听证会

印度商工部反倾销局近日通知，于9月28日下午3点在该局会议厅对来自中国的三聚氰胺（Melamine，海关编码29336100）举行反倾销日落复审调查听证会。

印方于2014年11月9日发起本次日落复审，复审调查期为2013年4月1日～2014年6月3日，损害调查期为2010年4月1日～2014年6月3日。

2008年11月，印方发起本案第一次日落复审，并于2009年11月发布终裁，建议对来自中国的三聚氰胺延长征收最低限价为1681.49美元／吨的反倾销税。

五、印度对华密胺餐具和厨具征收5年反倾销税

2015年12月4日，印度消费税和海关中央委员会发布公告称，接受印度商工部于2015年10月20日对原产于中国、泰国和越南密胺餐具和厨具做出的反倾销终裁结果，决定自官方公告发布之日正式征收5年反倾销税公告，其中中国反倾销税为1284.16美元／吨，泰国反倾销税为582.85美元／吨，越南反倾销税为1732.11美元／吨。涉案产品海关编码为39241010、39241090、39249090、39264049、39269099。

2014年10月，印度对原产于中国、泰国和越

南密胺餐具和厨具进行反倾销立案调查；2015 年 10 月，印度对此案作出肯定性终裁。

六、印度对华精对苯二甲酸做出反倾销终裁

2015 年 4 月 7 日，印度对原产于中国、欧盟、韩国和泰国的精对苯二甲酸做出反倾销终裁：由于在调查期自中国和欧盟进口的涉案产品占印度涉案产品进口量的比重不到 3%，因此决定终止对中国和欧盟精对苯二甲酸的反倾销调查，对原产于韩国和泰国精对苯二甲酸反倾销终裁。涉案产品海关编码为 29173600。

又讯：印度对华精对苯二甲酸进行反倾销调查

2015 年 6 月 18 日，应 MCC PTA India Corp. Pvt. Ltd. 和Reliance Industries Limited的申请，印度商工部对原产于或出口自中国、伊朗、印度尼西亚、马来西亚和中国台湾的精对苯二甲酸（纯对苯二酸）进行反倾销立案调查。涉案产品海关编码为 29173600。

本案的倾销调查期为 2014 年 4 月 1 日～ 2015 年 3 月 31 日，损害调查期包括 2011 年 4 月～ 2012 年3月、2012年4月～2013年3月、2013年4月～2014 年 3 月和倾销调查期（2014 年 4 月 1 日～ 2015 年 3 月 31 日）。

再讯：印度对华精对苯二甲酸征收 6 个月的临时反倾销税

2015 年 11 月 12 日，印度商工部发布公告，对精对苯二甲酸反倾销案做出初裁，建议对自中国进口的精对苯二甲酸征收 80.13 美元 / 吨的临时反倾销税，公告要求利害关系方于 40 天内对其初裁提交评论。

2015 年 12 月 10 日，印度消费税和海关中央委员会发布公告称，接受印度商工部于 2015 年 11 月 12 日对原产于中国、伊朗、印尼、马来西亚和中国台湾精对苯二甲酸做出的反倾销初裁，决定自官方公告发布之日起对上述国家进口的涉案产品征收不超过 6 个月的临时反倾销税。其中，中国临时反倾销税为 80.13 美元 / 吨，伊朗为 108.28 美元 / 吨，印尼为 76.13 美元 / 吨，马来西亚为 98.15 美元 / 吨，中国台湾为 56.14 美元 / 吨。涉案产品海关编码为 29173600。

2015 年 6 月，印度商工部对原产于中国、伊朗、印尼、马来西亚和中国台湾精对苯二甲酸进行反倾销立案调查；2015 年 11 月，印度商工部对此案做出肯定性初裁。

七、印度对华 4,4’ - 二氨基二苯乙烯 -2,2’ - 二磺酸进行反倾销期中复审调查

2015 年 10 月 1 日，应印度染料制造商协会（The Dyestuffs Manufactures Association of India）的申请，印度对原产于中国的 4,4’ - 二氨基二苯乙烯 -2,2’ - 二磺酸进行反倾销期中复审立案调查。涉案产品海关编码为 29215990。

本案的倾销调查期为 2014 年 4 月 1 日～ 2015 年 3 月 31 日，损害调查期包括 2011/12 财年、2012/13 财年、2013/14 财年和倾销调查期（2014 年 4 月 1 日～ 2015 年 3 月 31 日）。

八、印度对进口聚醚多元醇作出保障措施终裁

2015 年 1 月 13 日，印度对进口相对分子质量 3000 ～ 4000 聚醚多元醇做出保障措施终裁：在调查期涉案产品进口呈现增长态势，但未对印国内产业造成严重损害或损害威胁，因此不建议采取保障措施。

2014 年 5 月 22 日，印度对进口相对分子质量 3000 ～ 4000 聚醚多元醇进行保障措施立案调查。

又讯：印度取消对华聚醚多元醇反倾销日落复审调查

2015 年 7 月 28 日，印度对原产于中国、韩国和中国台湾的聚醚多元醇做出反倾销日落复审终裁：由于申诉方撤销对原产于中国、韩国和中国台湾的聚醚多元醇的反倾销日落复审调查，因此决定取消上述调查，并建议取消对中国、韩国和中国台湾聚醚多元醇的反倾销措施。涉案产品海关编码为 39072010、39072090。

2014 年 8 月 28 日，印度对原产于中国、韩国和中国台湾的聚醚多元醇进行第二次反倾销日落复审立案调查。

九、印度对华 PVC 胶膜发起反倾销日落复审调查

印度商工部反倾销局于 2015 年 7 月 2 日对来自中国的 PVC 胶膜（PVC FlexFilms，税则号前四位：3920/3921）发起反倾销日落复审调查。

印于 2010 年 2 月对我上述产品发起反倾销调查，调查期为 2008 年 4 月 1 日至 2009 年 9 月 30 日，2011 年 7 月发布肯定性终裁，决定对我上述产品征收 0.034 ～ 0.538 美元 / 千克的反倾销税。

又讯：印度对华 PVC 胶膜进行反倾销日落复审调查

2015 年 7 月 27 日，印度商工部发布公告，应印度 M/s Pioneer Polyleathers Ltd 和 M/s SRF Ltd 的申请，决定对原产于中国的进口 PVC 胶膜进行反倾销日落复审调查。涉案产品海关编码为39201019、39201012、39204900、39219026、39219029、39269099、39199090、39181090、39189090、39269080。本案的倾销调查期为2014年4月～2015年3月，损害调查期为2011年4月～2012年3月、2012年4月～2013年3月、2013年4月～2014年3月以及倾销调查期。

2010年2月1日，印度对原产于中国的进口PVC胶膜进行反倾销调查，2011年7月，印度对本案作出肯定性终裁。

再讯：印度延长对华PVC胶膜反倾销措施1年

2015年8月18日，印度消费税和海关中央委员会发布公告称，由于印度商工部于2015年7月27日对原产于中国的进口PVC胶膜启动了反倾销日落复审调查，因此决定将印度对原产于中国的进口PVC胶膜反倾销措施延长一年，至2016年7月27日。

2011年7月27日，印度商工部对原产于中国的进口PVC胶膜反倾销案做出肯定性初裁，并为期5年的反倾销措施。2015年7月27日，印度商工部发布公告，应印度M/s Pioneer Polyleathers Ltd 和M/s SRF Ltd的申请，决定对原产于中国的进口PVC胶膜进行反倾销日落复审调查。涉案产品海关编码为39201019、39201012、39204900、39219026、39219029、39269099、39199090、39181090、39189090、39269080。本案的倾销调查期为2014年4月～2015年3月，损害调查期为2011年4月～2012年3月、2012年4月～2013年3月、2013年4月～2014年3月以及倾销调查期。

十、印度对华聚氯乙烯糊树脂进行反倾销日落复审调查

2015年4月27日，应Chemplast Sanmar Ltd的申请，印度对原产于中国、韩国、中国台湾、马来西亚、泰国、俄罗斯和欧盟的聚氯乙烯糊树脂进行反倾销日落复审立案调查。涉案产品海关编码为3904。

本案的倾销调查期为2013年10月～2014年9月，损害调查期包括2011/12财年、2012/13财年、2013/14财年和倾销调查期（2013年10月～2014年9月）。

又讯：印度延长对华聚氯乙烯糊树脂反倾销措施1年

2015年6月1日，印度消费税和海关中央委员会发布公告称，由于印度商工部于2015年4月27日对原产于中国、韩国、中国台湾、马来西亚、泰国和俄罗斯聚氯乙烯糊树脂启动反倾销日落复审调查，因此决定将该反倾销措施延长1年，至2016年7月25日。涉案产品海关编码为3904。

2009年11月，印度对原产于中国、韩国、中国台湾、马来西亚、泰国和俄罗斯的聚氯乙烯糊树脂进行反倾销立案调查；2011年5月，印度对此案做出肯定性终裁。

再讯：印度延期对华聚氯乙烯糊树脂反倾销日落复审终裁

2015年6月11日，印度商工部发布公告称，在对原产于中国、韩国、中国台湾、马来西亚、泰国、俄罗斯和欧盟聚氯乙烯糊树脂反倾销日落复审案中，将提交调查问卷的截止时间延至2015年6月26日。

2015年4月，印度对原产于中国、韩国、中国台湾、马来西亚、泰国、俄罗斯和欧盟聚氯乙烯糊树脂进行反倾销日落复审立案调查。

十一、印度延期对华四氮六甲圜反倾销终裁

2015年4月13日，印度商工部发布公告称，将完成对原产于中国和阿联酋四氮六甲圜反倾销调查和发布终裁公告的截止时间延至2015年9月24日。涉案产品海关编码为2921.2910。

2014年3月，印度对原产于中国的四氮六甲圜进行反倾销立案调查。

又讯：印度对华四氮六甲圜征收5年反倾销税

2015年10月21日，印度消费税和海关中央委员会发布公告称，接受印度商工部于2015年9月21日对原产于中国和阿联酋四氮六甲圜做出的反倾销终裁结果，决定自官方公告发布之日起对中国进口的涉案产品征收为期5年的反倾销税，其中中国反倾销税为84.25美元/吨，阿联酋反倾销税为113.05美元/吨。涉案产品海关编码为2921.2910。

2014年3月，印度商工部对原产于中国和阿联酋的四氮六甲圜进行反倾销立案调查；2015年9月，印度商工部对此案作出肯定性终裁。

十二、印度对华二氯甲烷进行反倾销调查

2015年4月7日，应Chemplast Sanmar Ltd和Gujarat Fluorochemicals Ltd的申请，印度对原产于中国和俄罗斯的二氯甲烷进行反倾销立案调查。涉案产品海关编码为29031200。

本案的倾销调查期为2013年10月～2014年9月，损害调查期包括2011年4月～2012年3月、2012年4月～2013年3月、2013年4月～2014年

3月和倾销调查期（2013年10月～2014年9月）。

十三、印度发布涉华纯对苯二酸反倾销调查事实披露

3月28日，印度商工部反倾销局发布对来自中国、欧盟、韩国和泰国的纯对苯二酸（Purified Terephthalic Acid，缩写为PTA）反倾销调查事实披露，裁定中国和欧盟由于出口量微被排除，韩国和泰国的倾销幅度均为0～15%，损害幅度均为0～10%。要求利益相关方4月2日下午6点前提交评论意见。

十四、印度对华乙酰乙酸甲酯进行反倾销调查

2015年1月7日，应印度拉克西米有机实业有限公司（Laxmi Organic Industries Ltd）的申请，印度对原产于美国和中国的乙酰乙酸甲酯进行反倾销立案调查。涉案产品海关编码为29183040。

本案的倾销调查期为2013年4月1日～2014年6月31日，损害调查期包括2010/11财年、2011/12财年、2012/13财年和倾销调查期（2013年4月1日～2014年6月31日）。

十五、印度延期对华塑料加工机械反倾销日落复审调查

2015年8月18日，印度商工部发布公告称，将完成对原产于中国的塑料加工机械反倾销日落复审调查和发布终裁公告的截止日期延至2015年11月8日。

2014年5月，印度对原产于中国的塑料加工机械进行第一次反倾销日落复审立案调查。

又讯：印度对华塑料加工机械做出反倾销日落复审终裁

2015年10月8日，印度商工部对原产于中国的塑料加工机械做出反倾销日落复审终裁：如果取消对华涉案产品的反倾销措施将会使倾销和实质性损害继续或再度发生，因此建议对原产于或自中国进口的涉案产品征收29%的反倾销税。涉案产品海关编码为8477.1000。

2014年5月9日，印度商工部对原产于中国的塑料加工机械进行反倾销日落复审立案调查。

再讯：印度对华塑料加工机械征收5年反倾销税

2015年12月4日，印度消费税和海关中央委员会发布公告称，接受印度商工部于2015年10月8日对原产于中国塑料加工机械做出的反倾销日落复审终裁结果，决定自官方公告发布之日继续征收5年反倾销税公告，中国反倾销税为29%。涉案产品海关编码为8477.1000。

2014年5月，印度对原产于中国塑料加工机械进行反倾销日落复审立案调查；2015年10月，印度对此案做出肯定性终裁。

十六、阿根廷对华塑料游泳池启动反倾销调查

2015年4月29日，阿根廷经济和公共财政部贸易国务秘书处外贸副国务秘书处照会中国驻阿使馆经商处，通告阿方根据4月20日第71/2015号决议，对原产于中国和巴西的容积超过或等于500升且小于或等于24000升的塑料游泳池启动反倾销调查。涉案产品海关编码为：9506.99.00。

照会指出，涉案企业应于收到调查问卷时起30个工作日内将问卷提交至阿方。相关利益方应于10个工作日内提供证明材料。有关资料和答卷应由阿国家注册翻译员译为西班牙语，并由阿驻华使领馆认证。参与调查的相关利益方还应随材料附上证明其签字权资格的认证文件。

又讯：阿根廷通过对塑料游泳池反倾销调查初裁报告

2015年8月7日，阿根廷经济和公共财政部外贸国务秘书处照会中国驻阿使馆经商参赞处，通告阿方已通过对原产于中国和巴西的容积超过或等于500升且小于或等于24000升的塑料游泳池（税号为：95069900）的反倾销调查初裁报告。利害关系方可自通报之日起10个工作日向阿方提供证明材料。

再讯：阿根廷延长对我塑料游泳池反倾销调查期

2015年9月21日，阿根廷经济和公共财政部外贸国务秘书处照会我驻阿根廷经商参赞处，通告阿方对原产于中国和巴西的容积超过或等于500升且小于或等于24000升的塑料游泳池进行反倾销复审调查已完成取证，涉案企业可查阅有关文件。

2015年11月25日，我国驻阿根廷使馆经商参赞处收到阿根廷经济和公共财政部贸易国务秘书处外贸副国务秘书处照会，通告阿方将延长对原产于中国和巴西的塑料游泳池（南共市税号：9506.99.00）的反倾销调查期限，以便做出最终裁决。

十七、埃及终止对华聚对苯二甲酸乙二醇酯双反调查

2015年11月3日，埃及贸工部发布终裁公告称，鉴于自中国进口的聚对苯二甲酸乙二醇酯（PET）产品的补贴、倾销与国内产业受到的损害间没有因果关系，决定终止对华聚对苯二甲酸乙二醇酯的反倾销和反补贴调查。

2014 年 8 月 25 日，埃及对原产于中国的聚对苯二甲酸乙二醇酯进行反倾销立案调查；2014 年 9 月 1 日，埃及对原产于中国的聚对苯二甲酸乙二醇酯进行反补贴立案调查。

又讯：埃及对进口聚对苯二甲酸乙二醇酯进行保障措施调查

2015 年 12 月 10 日，应 Egyptian Indian Polyester Company 的申请，埃及对进口聚对苯二甲酸乙二醇酯进行保障措施立案调查。涉案产品海关编码为 390760。

十八、澳大利亚对华聚氯乙烯扁平电缆做出反倾销初裁

2015 年 1 月 19 日，澳大利亚对原产于中国的聚氯乙烯扁平电缆做出反倾销初裁：自中国进口的涉案产品存在倾销，且对国内产业造成了实质性损害，因此初步裁定倾销幅度如下表所示。涉案产品海关编码为 8544.49.20。

2014 年 11 月，澳大利亚对原产于中国的聚氯乙烯扁平电缆进行反倾销立案调查。

又讯：澳大利亚延期发布对华聚氯乙烯扁平电缆反倾销重要事实公告

2015 年 2 月 24 日，澳大利亚反倾销委员会发布公告称，将发布对华聚氯乙烯扁平电缆反倾销案重要事实公告的截止时间延至 2015 年 5 月 25 日。

2014 年 11 月，澳大利亚对原产于中国的聚氯乙烯扁平电缆进行反倾销立案调查。

2015 年 5 月 25 日，澳大利亚对原产于中国的聚氯乙烯扁平电缆发布反倾销重要事实公告。根据该公告，倾销裁决如下：广西桂林国际电线电缆集团有限责任公司（Guilin International Wire & Cable Group Co.,Ltd.）的倾销幅度为 0.2%，东莞市民兴电缆有限公司（Dongguan MinXing Cables Co.,Ltd.）为 -2.7%，未合作出口商为 6.6%。损害裁决：澳大利亚国内产业以以下形式遭受了损害：价格不振、价格受抑、利润减少、利润率下降。倾销与损害的因果关系裁决：由涉案产品倾销所造成的损害为微量。

2014 年 11 月，澳大利亚对原产于中国的聚氯乙烯扁平电缆进行反倾销立案调查；2015 年 1 月，澳大利亚对此案做出肯定性初裁。

再讯：澳大利亚取消对华聚氯乙烯扁平电缆反倾销调查

2015 年 7 月 9 日，澳大利亚反倾销委员会对原产于中国聚氯乙烯扁平电缆做出反倾销终裁：（1）东莞市民兴电缆有限公司（Dongguan MinXing Cables Co.,Ltd.）对澳出口涉案产品不存在倾销，因此终止对该公司的反倾销调查；（2）广西桂林国际电线电缆集团有限责任公司（Guilin International Wire & Cable Group Co.,Ltd.）、广西桂林祥龙电线电缆有限责任公司（Guilin XiangLong Wire and Cable Co.,Ltd.）、广西桂林飞龙国际电线电缆有限公司（Guilin FeiLong Wire and Cable Co.,Ltd.）和 Aoning Electric Cables Co.，Ltd. 对澳出口涉案产品存在倾销，但倾销幅度低于 2%，因此终止对上述公司的反倾销调查；（3）其他中国公司对澳出口涉案产品对其国内产业造成的损害为微量，因此终止对其他中国公司的反倾销调查。涉案产品海关编码为 8544.49.20。

2014 年 11 月，澳大利亚对原产于中国的聚氯乙烯扁平电缆进行反倾销立案调查；2015 年 1 月，澳大利亚对此案做出肯定性初裁。

十九、巴基斯坦对华邻苯二甲酸酐进行反倾销日落复审调查

2015 年 9 月 23 日，应 Nimir Chemicals Pakistan Ltd, Lahore 的申请，巴基斯坦对原产于巴西、印尼、韩国、中国和中国台湾的邻苯二甲酸酐进行反倾销日落复审立案调查。涉案产品海关编码为 2917.3500。

本案的调查期为 2012 年 7 月 1 日～ 2015 年 6 月 30 日。

二十、巴基斯坦对苯酐发起反倾销日落复审调查

2015 年 9 月 24 日，巴基斯坦关税委员会发布公告，称应其国内产业申请，决定对自中国大陆、台湾地区、巴西、印尼和韩国进口的苯酐发起反倾销日落复审调查，该项调查涉及巴基斯坦海关 29173500 税号项下产品。该案调查期为 2012 年 7 月至 2015 年 6 月。

二十一、巴基斯坦对华聚丙烯薄膜发起反倾销日落复审调查

2015 年 8 月 4 日，巴基斯坦关税委员会发布公告，称应其国内产业申请，决定对自中国进口的聚丙烯薄膜发起反倾销日落复审调查，该项调查涉及巴基斯坦海关 39202010 和 39202030 税号项下产品。

二十二、哥伦比亚将召开对华塑料板反倾销复审听证会

2015 年 4 月 10 日，哥伦比亚贸工部外贸司发布通告称，将于 4 月 16 日上午 9 ～ 12 点召开对原产于中国的进口氯乙烯聚合物塑料板（税号：3920.43.00.00 和 3920.49.00.00）的反倾销行政复审听证会。利益相关方可最迟于 4 月 13 日通过邮件报名出席。

2014 年 11 月 14 日，哥伦比亚贸工部颁布第 229 号决议，决定对自 2013 年 11 月 13 日起开始实施的对原产于中国的氯乙烯聚合物制塑料板（税号为 39204300.00 和 39204900.00）的反倾销措施启动行政复审。

又讯：哥伦比亚公布塑料板反倾销复审技术报告

近日，哥伦比亚贸工部外贸司公布了氯乙烯聚合物制塑料板（税号：3920.43.00.00 和 3920.49.00.00）反倾销复审技术报告。根据哥政府 2010 年第 2550 号法令第 38 条规定，利益相关方可最迟于 2015 年 7 月 22 日前致函哥贸工部外贸司贸易实践副司就报告内容研复意见。哥方将在结合各方回复意见后于近期对该案做出终裁。

再讯：哥伦比亚继续对中国产塑料板征收反倾销税

哥伦比亚贸易、工业和旅游部于近日发布第 173 号决议，公布了对中国产氯乙烯聚合物制塑料板（HS 编码：3920.43.00.00 和 3920.49.00.00）的反倾销期中复审结果，决定继续按照原税率征收该产品反倾销税至 2016 年 11 月 13 日。

二十三、哥伦比亚对华 PVC 薄膜复审终裁征税

近日，哥伦比亚贸工部公布对中国产 PVC 薄膜情势变迁复审终裁，决定继续征收反倾销税，维持原税率不变，征税有效期截止 2016 年 11 月 13 日。涉案产品税号为 39204300 和 39204900。

二十四、欧盟对华聚对苯二甲酸乙二醇酯发布反倾销措施即将到期公告

2015 年 3 月 5 日，欧盟委员会发布公告称，对原产于中国的聚对苯二甲酸乙二醇酯的反倾销措施即将于 2015 年 11 月 18 日到期，成员国内企业须在自本公告发布之日起至正式到期日前 3 个月的时间内向欧盟委员会提交反倾销日落复审申请。涉案产品海关编码为 39076020。

2003 年 5 月，欧盟对原产于中国的聚对苯二甲酸乙二醇酯进行反倾销立案调查；2004 年 8 月，欧盟对此案做出肯定性终裁。

又讯：欧盟对华聚对苯二甲酸乙二醇酯进行反倾销日落复审调查

2015 年 11 月 13 日，应欧洲聚对苯二甲酸乙二醇酯（PET）制造商委员会（The Committee of Polyethylene Terephthalate (PET) Manufacturers in Europe (C.P.M.E.)）的申请，欧盟对原产于中国的聚对苯二甲酸乙二醇酯进行第二次反倾销日落复审立案调查。涉案产品海关编码为 39076020。

本案的倾销调查期为 2014 年 10 月 1 日～ 2015 年 9 月 30 日，损害调查期为 2012 年 1 月 1 日～ 2015 年 9 月 30 日。

二十五、欧盟对华三聚氰胺发布反倾销措施即将到期公告

2015 年 8 月 25 日，欧盟委员会发布公告称，对原产于中国三聚氰胺的反倾销措施即将于 2016 年 5 月 14 日到期，成员国内企业须在自本公告发布之日起至正式到期日 3 个月前的时间内向欧盟委员会提交反倾销日落复审申请。涉案产品海关编码 29336100。

2010 年 2 月，欧盟对原产于中国三聚氰胺进行反倾销立案调查；2011 年 5 月，欧盟对此案做出肯定性终裁。

二十六、墨西哥对塑料喷雾器反倾销复审调查作出终裁

2015 年 2 月 16 日，墨西哥经济部国际贸易惯例总局函告中国驻墨西哥使馆经商参赞处，称墨方已于当日在《官方日报》上公布决议，对原产自中国的塑料喷雾器反倾销复审调查做出终裁，决定继续执行原审的反倾销措施，对涉案产品征收 86% 的反倾销税，有效期为 5 年，自 2014 年 4 月 22 日起算。涉案产品海关编码为：96161001。

二十七、巴西将召开对华塑料真空采血管反倾销案最终听证会

近日，巴西发展工贸部致函中国驻巴西使馆经商参赞处，告拟于 2015 年 1 月 29 日上午 10 时 30 分在巴西利亚召开对华塑料真空采血管反倾销案最终听证会。听证会报名截止日期为 1 月 23 日。涉案产品南共市税号：3822.00.90，3926.90.40 和 9018.39.99。

又讯：巴西对华塑料采血管征收反倾销税

近期，巴西外贸委员会发布 2015 年第 26 号令，决定对华塑料真空采血管征收 49.5% ～ 638.1% 的从价税。涉案产品南共市税号为 3822.00.90、3926.90.40、9018.39.99。

本次决定对华塑料真空采血管的征税期限为 5 年。

二十八、巴西对华 PVC 涂料布进行反倾销调查

2015 年 3 月 23 日，应 Sansuy 的申请，巴西对原产于中国和韩国的 PVC 涂料布进行反倾销立案调查。涉案产品海关编码为 3921.90.19。

又讯：巴西延长对华 PVC 涂料布反倾销调查期

近日，巴西发展工贸部在其官方日报上发布公告，通报巴西贸易保护局决定将对华 PVC 涂料布反倾销调查期延长 8 个月，并推迟做出终裁。延期自 2016 年 1 月 23 日起算，涉案产品的南共市税号为 39219019。

二十九、巴西决定对华 PET 薄膜反倾销调查延期

近日，巴西发展工贸部致函中国驻巴使馆经商参赞处，称决定对进口自中国的 PET 薄膜反倾销调查期限自 2015 年 4 月 30 日起延期 8 个月。涉案产品南共市税号为：3920.62.19，3920.62.91 和 3920.62.99。

又讯：巴西对华 PET 薄膜反倾销调查做出终裁裁决

2015 年 5 月 22 日，巴西发展工贸部发布 Resolução CAMEX Nº 46, DOU 22/05/2015，对自中国、埃及和印度进口的 PET 薄膜反倾销案做出终裁裁决，涉案产品海关编码为：3920.62.19、3920.62.91、3920.62.99。

巴西发展工贸部最终裁定，中国涉案企业的反倾销终裁税率为 946.36 美元 / 吨，埃及涉案企业的反倾销终裁税率为 419.45 美元 / 吨～ 483.83 美元 / 吨，印度涉案企业的反倾销终裁税率为 222.15 美元 / 吨～ 854.36 美元 / 吨。征收期限为 5 年，即截至 2020 年 5 月 22 日。

三十、巴西对华 PET 树脂启动反倾销调查

2015 年 6 月 22 日，巴西发展、工业和外贸部发布第 39 号令，对原产于中国、印度、印度尼西亚和中国台湾地区的 PET 树脂启动反倾销调查。涉案产品南共市税号为 39076000。该案的申诉企业为巴西 M&G Polímeros 公司。

又讯：巴西对华 PET 树脂反倾销初裁不征税

近日，巴西外贸委员会发布初裁公告，认定自中国进口的 PET 树脂产品存在倾销和损害，但不征收临时反倾销税。涉案产品税号为 39076000。

三十一、巴西对华聚二苯甲烷二异氰酸酯免征一年反倾销税

巴西外贸委员会发布 2015 年第 41 号令，决定对华聚二苯甲烷二异氰酸酯自 2015 年 5 月 7 日起免征一年的反倾销税，涉案产品南共市税号为 3909.30.20。

2012 年 10 月 31 日，巴对华聚二苯甲烷二异氰酸酯征收 619.27 美元 / 吨～ 1079.68 美元 / 吨的反倾销税，征税期限为 5 年。

三十二、巴西对华己二酸做出反倾销终裁

2015 年 4 月 1 日，巴西对原产于中国、德国、美国、法国和意大利的己二酸做出反倾销终裁：决定自 2015 年 4 月 1 日起对原产于中国、德国、美国、法国和意大利的涉案产品征收为期 5 年的反倾销税，正式到期日为 2020 年 4 月 1 日。其中，德国企业反倾销税率为 375.88 美元 / 吨，中国企业反倾销税率为 321.05 美元 / 吨，美国企业反倾销税率为 405.92 美元 / 吨，法国企业反倾销税率为 184.63 美元 / 吨，意大利反倾销税率为 287.24 美元 / 吨。涉案产品海关编码为 29171210。

2013 年 12 月，巴西对原产于中国、德国、美国、法国和意大利的己二酸进行反倾销立案调查。

三十三、巴西终止对华甲基丙烯酸甲酯制板反倾销调查

近日，巴西外贸委员会发布 2015 年第 18 号令，决定终止对进口自中国的甲基丙烯酸甲酯制板（涉案产品南共市税号为：3920.51.00）反倾销调查，不采取反倾销措施。

三十四、巴西对中国台湾等国（地区）丙烯酸丁酯做出反倾销初裁

2015 年 3 月 16 日，巴西对原产于德国、南非和中国台湾的丙烯酸丁酯做出反倾销初裁：自德国、南非和中国台湾进口的丙烯酸丁酯存在倾销，且对国内产业造成了实质性损害。涉案产品海关编码为 2916.12.30。

2014 年 12 月，巴西对原产于德国、南非和中国台湾的丙烯酸丁酯进行反倾销立案调查。

又讯：巴西对丙烯酸丁酯反倾销案做出终裁

2015 年 9 月 25 日，巴西外贸委员会（CAMEX）发布 2015 年第 90 号令（Resolução CAMEX nº 90/2015），对原产于德国、南非和中国台湾地区的进口丙烯酸丁酯反倾销调查做出如下终裁：

对德国 3 家企业最终征收的反倾销税为 585.34 美元 / 吨，其他德国企业为 585.34 美元 / 吨；对南非沙索化学实业有限公司（Sasol Chemicals Industries Limited）征收的反倾销税为 650.42 美元 / 吨，其他南非企业为 650.42 美元 / 吨；对中国台湾地区的台塑公司（Formosa Plastics Corporation）征收的最终反倾销税为 155.64 美元 / 吨，其他企业为 155.64 美元 / 吨。该反倾销措施将于2020年9月25日到期。

该案的申诉企业为Basf S.A.，涉案产品南共市税号为2916.12.30。

三十五、韩决定延长征收中印两国PTE薄膜反倾销税3年

据韩联社9月24日报道，韩国产业通商资源部24日表示，决定对中国和印度产的PTE薄膜产品延长征收7.42%～12.92%反倾销税，期限为3年。

据悉，PET薄膜广泛用于LCD、容器盖、贴膜和不干胶等。韩国2014年PTE薄膜产量约为28万吨，占市场总量79.5%，中国和印度产市场占有率为1.7%。

韩国贸易委员会表示，调查自1月开始，通过对韩国内生产商、进口商及海外供货商等进行调查听证，确定中国和印度产PTE薄膜是否对韩国相关产业造成不利影响。延长征收反倾销税可防止低价PTE薄膜给韩国PET企业带来冲击，同时也希望通过征税进一步加强韩国产PET产业结构调整。

三十六、马来西亚对华PET做出反倾销终裁

2015年3月13日，马来西亚贸工部发布公告，对进口PET反倾销案做出终裁，建议对自中国、韩国和印尼进口的PET征收反倾销税，中国涉案产品反倾销税率为0～14.91%。

又讯：马来西亚对中印韩PET征收5年反倾销税

日前，马来西亚财政部发布指令，对来自中国、印尼和韩国的聚对苯二甲酸乙二脂（PolyethyleneTerephthalate，简称PET）产品征收长达5年的反倾销税。指令生效期是从2015年3月14日起至2020年3月13日。

这项指令是对固定黏性0.7克的聚对苯二甲酸乙二酯实施反倾销措施。来自中国的6家厂商征收税率有起落。不过，在新指令下，征收的税率介于4.26%～14.91%。

印尼3家厂商征收的税率则是介于2.87～7.21%;韩国方面则是一律征收14.91%的税率。

三十七、 美国对华三聚氰胺做出反补贴初裁

2015年4月14日，美国商务部发布公告，对原产于中国的三聚氰胺做出反补贴初裁，裁定山东青岛Far-Reaching Chemical Co., Ltd.：147.62%；四川美胺化工有限责任公司（M and A Chemicals Corp China ）：147.62%；青岛泛化国际贸易公司（Qingdao Unichem International Trade Co., Ltd.）：147.62%；山东联合化工股份有限公司（Shandong Liaherd Chemical Industry Co., Ltd）：150.52%；河南省煤业化工集团中原大化公司（Zhongyuan Dahua Group Co., Ltd.）：147.62%；中国普遍：148.20%。

根据相关法律程序，美国商务部预计于2015年8月24日左右做出反补贴终裁，美国国际贸易委员会预计于2015年10月做出反补贴产业损害终裁，如果均为肯定性裁决，美国商务部将发布反补贴征税令。

2014年12月9日，美国商务部对原产于中国的三聚氰胺进行反补贴立案调查。补贴调查期为2013年1月1日～2013年12月31日，涉案产品海关编码为2933.61.0000。

又讯：美国发布对华三聚氰胺反倾销普遍税率企业名单

2015年6月11日，美国商务部对华三聚氰胺做出反倾销初裁，中国普遍税率：363.31%。

2015年6月18日，美国商务部公布中国普遍税率企业名单，主要包括以下企业：

1. 河南中原大化公司（Zhongyuan Dahua Group Inc）；

2. 河北辛集市九元化工有限责任公司（Xinji Jiuyuan Inc）；

3.Golden Elephant公司。

另外，中国普遍税率企业还包括安徽金禾实业股份有限公司（Anhui Jinhe Industrial Co., Ltd）、安徽三星化工有限责任公司（Anhui Sunson Chemical Group）、成都玉龙化工有限公司（Chengdu Yulong Chemical Co., Ltd、河北晶龙丰利化工有限公司（Hebei Jinglong Fengli Chemical Co., Ltd）、江苏连云港市和友化工有限公司（Jiangsu Heyou Group Co., Ltd）、奥喜埃（上海）国际贸易有限公司（OCI Trading(Shanghai) Co., Ltd）等26家未提交答卷的企业。

2014年12月9日，美国商务部对华三聚氰胺进行反倾销立案调查，倾销调查期为2013年1月1日～2013年12月31日，涉案产品海关编码为2933.61.0000。

再讯：美国对华三聚氰胺做出双反终裁

2015年11月2日，美国商务部发布公告，对原产于中国的三聚氰胺做出反倾销终裁，中国普遍倾销幅度：363.31%。

同时，美国商务部做出反补贴终裁：山东青岛Far-Reaching Chemical Co., Ltd.：154.00%；四川

美胺化工有限责任公司（M and A Chemicals Corp China ）：154.00%；青岛泛化国际贸易公司（Qingdao Unichem International Trade Co.， Ltd.）：154.00%；山东联合化工股份有限公司（Shandong Liaherd Chemical Industry Co.， Ltd）：156.90%；河南省煤业化工集团中原大化公司(Zhongyuan Dahua Group Co.， Ltd.)：154.00%；中国普遍：154.58%。

2014 年 12 月 9 日，应美国 Cornerstone Chemical Company 公司的申请，美国商务部对原产于中国的三聚氰胺进行反倾销和反补贴立案调查。涉案产品海关编码为 2933.61.0000。

2015 年 12 月 28 日，根据美国国际贸易委员会和美国商务部的肯定性终裁结果，美国商务部对华三聚氰胺发布反倾销和反补贴征税令。

中国普遍的反倾销税率为 363.31%。

反补贴税率分别为：山东青岛 Far-Reaching Chemical Co.， Ltd.：154.00%；四川美胺化工有限责任公司（M and A Chemicals Corp China ）：154.00%；青岛泛化国际贸易公司（Qingdao Unichem International Trade Co.， Ltd.）：154.00%；山东联合化工股份有限公司（Shandong Liaherd Chemical Industry Co.， Ltd）：156.90%；河南省煤业化工集团中原大化公司(Zhongyuan Dahua Group Co.， Ltd.)：154.00%；中国普遍：154.58%。

2014 年 12 月 9 日，应美国 Cornerstone Chemical Company 公司的申请，美国商务部对原产于中国的三聚氰胺进行反倾销和反补贴立案调查。涉案产品海关编码为 2933.61.0000。

三十八、美国对华聚酯薄膜做出反倾销行政复审终裁

2015 年 6 月 11 日，美国商务部对华聚酯薄膜做出反倾销行政复审终裁：富维薄膜（山东）有限公司 (Fuwei Films (Shandong) Co.， Ltd.) 和四川东方绝缘材料股份有限公司（Sichuan Dongfang Insulating Material Co.， Ltd ）在调查期内无可审查交易；绍兴翔宇绿色包装有限公司（Shaoxing Xiangyu Green Packing Co.， Ltd.） ：35.10%；天津万华股份有限公司（Tianjin Wanhua Co.， Ltd.）：72.15%；

2013 年 12 月 30 日，美国商务部对华聚酯薄膜进行反倾销行政复审立案调查，调查期为 2012 年 11 月 1 日～2013 年 10 月 31 日，涉案产品海关编码为 39206200.90。

又讯：美国对华聚酯薄膜做出反倾销行政复审初裁

2015 年 8 月 12 日，美国商务部对华聚酯薄膜做出反倾销行政复审初裁，中国普遍税率：76.72%。

2014 年 12 月 23 日，美国商务部对华聚酯薄膜进行反倾销行政复审立案调查，调查期为 2013 年 11 月 1 日～2014 年 10 月 31 日，涉案产品海关编码为 39206200.90。

2015 年 11 月 17 日，美国商务部对华聚酯薄膜做出反倾销行政复审终裁，中国普遍税率（包括绍兴翔宇绿色包装有限公司（Shaoxing Xiangyu Green Packing Co.， Ltd.））：76.72%。

2014 年 12 月 23 日，美国商务部对华聚酯薄膜进行反倾销行政复审立案调查，调查期为 2013 年 11 月 1 日～2014 年 10 月 31 日，涉案产品海关编码为 39206200.90 等。

三十九、美国对华咔唑紫颜料做出反倾销日落复审终裁

2015 年 8 月 6 日，美国商务部对华咔唑紫颜料做出反倾销日落复审终裁：若取消反倾销措施，涉案产品对美国国内产业的损害将会按照 241.32% 的倾销幅度继续发生。

2015 年 4 月 1 日，美国商务部对华咔唑紫颜料进行反倾销日落复审立案调查，涉案产品海关编码为 32041790。

又讯：美国对华咔唑紫颜料做出反倾销日落复审产业损害裁决

2015 年 10 月 14 日，美国国际贸易委员会发布公告，对原产于中国的咔唑紫颜料做出反倾销日落复审产业损害肯定性裁决，裁定若取消反倾销措施，在合理的、可预见的期间内，涉案产品对美国国内产业造成的实质性损害将会继续或再度发生。在该裁决中，6 名委员均投肯定票。

2015 年 4 月 1 日，美国商务部对原产于中国的咔唑紫颜料进行反倾销日落复审立案调查，涉案产品海关编码为 32041790。

四十、美国对华聚对苯二甲酸乙二醇酯树脂进行双反调查

2015 年 3 月 31 日，应 DAK Americas, LLC (NC)；M&G Chemicals (WV)；Nan Ya Plastics Corporation, America (SC) 的申请，美国商务部对原产于中国、加拿大、印度、阿曼的聚对苯二甲酸

乙二醇酯树脂进行反倾销和反补贴立案调查。涉案产品海关编码为3907.60.00.30。

根据美国商务部的统计，2014年，美国自中国、加拿大、印度、阿曼进口涉案产品金额分别为9212.8万美元、2.39亿美元、5166.6万美元和5106.8万美元。

又讯：美国对华聚对苯二甲酸乙二醇酯树脂做出双反产业损害初裁

2015年4月23日，美国国际贸易委员会发布公告，对原产于中国的聚对苯二甲酸乙二醇酯树脂做出反倾销产业损害肯定性初裁，裁定涉案产品在美国的销售价格低于正常价值，对美国国内产业造成实质性损害。同时做出反补贴产业损害初裁，涉案产品存在政府补贴。在该裁决中，5名委员均投肯定票，1名委员未参加投票。

另外，美国对从加拿大、阿曼、印度进口的聚对苯二甲酸乙二醇酯树脂做出反倾销产业损害肯定性初裁，对阿曼、印度做出反补贴产业损害肯定性初裁。

根据美国国际贸易委员会的肯定性裁决，美国商务部将对原产于上述国家的聚对苯二甲酸乙二醇酯树脂继续进行调查。

2015年4月6日，美国商务部对原产于中国的聚对苯二甲酸乙二醇酯树脂进行反倾销和反补贴调查，涉案产品海关编码为3907.60.00.30。

2015年8月10日，美国商务部发布公告，对原产于中国的聚对苯二甲酸乙二醇酯树脂做出反补贴初裁：

1）江阴兴宇新材料有限公司（Jiangyin Xingyu New Material Co., Ltd）、江苏兴业塑化股份有限公司（Jiangsu Xingye Plastic Co., Ltd）、江阴Xingjia 塑胶有限公司（Jiangyin Xingjia Plastic Co., Ltd）、江阴兴泰新材料有限公司（Jiangyin Xingtai New Material Co., Ltd）、江苏兴业聚化有限公司（Jiangsu Xingye Polarization Co., Ltd）、江苏三房巷集团有限公司（Jiangsu Sanfangxiang Group Co.,Ltd.）、江苏海伦石化有限公司（Jiangyin Hailun Petrochemicals Co., Ltd）、江阴市新纶化纤设备有限公司（Jiangyin Xinlun Chemical Fiber Co., Ltd）、江阴华盛聚合物有限公司（Jiangyin Huasheng Polymer Co., Ltd）、江苏三房巷国际贸易公司（Jiangsu Sanfangxiang International Trading Co.,Ltd.）、江阴华谊聚合物有限公司（Jiangyin Xingsheng Plastic Co., Ltd）、江阴化纤有限公司（Jiangyin Chemical Fiber Co., Ltd）、江阴市华兴针织有限公司（Jiangyin Huaxing Synthetic Co., Ltd）、江阴博伦化纤有限公司（Jiangyin Bolun Chemical Fiber Co., Ltd）补贴率为：4.27%；

2）福建厦门腾龙特种树脂有限公司（Dragon Special Resin (Xiamen) Co., Ltd.）、厦门翔鹭石化股份有限公司（Xiang Lu Petrochemicals Co., Ltd）、福建漳州翔鹭石化股份有限公司（ Xianglu Petrochemicals (Zhangzhou) Co., Ltd）、厦门翔鹭化纤公司（Xiamen Xianglu Chemical Fiber Company Limited）：18.88%；

3）中国普遍：11.58%。

根据相关法律程序，美国商务部预计于2015年12月21日左右做出反补贴终裁，美国国际贸易委员会预计于2016年2月做出反补贴产业损害终裁，如果均为肯定性裁决，美国商务部将发布反补贴征税令。

同时，美国商务部对印度和阿曼进口的聚对苯二甲酸乙二醇酯树脂做出反补贴初裁：

1）印度：Dhunseri Petrochem Ltd：5.50%；JBF Industries Limited：115.04%；普遍：5.50%。

2）阿曼：OCTAL SAOC－FZC、OCTAL Holding SAOC：0.28%（微量）。

2015年4月6日，应美国DAK Americas, LLC 、M&G Chemicals 、Nan Ya Plastics Corporation等企业的申请，美国商务部对原产于中国的聚对苯二甲酸乙二醇酯树脂进行反补贴立案调查。补贴调查期为2014年1月1日～2014年12月31日，涉案产品海关编码为3907.60.00.30。

再讯：美国对中国等国聚对苯二甲酸乙二醇酯树脂做出反倾销初裁

2015年10月7日，美国商务部对华聚对苯二甲酸乙二醇酯树脂做出反倾销初裁：

1）远纺工业（上海）有限公司（Far Eastern Industries (Shanghai) Ltd）、亚东工业（苏州）有限公司（Oriental Industries (Suzhou) Limited）倾销幅度为：125.12%。

2）江阴兴宇新材料有限公司（Jiangyin Xingyu New Material Co., Ltd）、江苏兴业塑化股份有限公司（Jiangsu Xingye Plastic Co., Ltd）、江阴Xingjia 塑胶有限公司（Jiangyin Xingjia Plastic Co., Ltd）、江阴兴泰新材料有限公司

（Jiangyin Xingtai New Material Co., Ltd）、江苏兴业聚化有限公司（Jiangsu Xingye Polytech Co., Ltd）：131.16%;

3）福建厦门腾龙特种树脂有限公司（Dragon Special Resin (Xiamen) Co., Ltd.）：129.42%;

4）海南逸盛石化有限公司（Hainan Yisheng Petrochemical Co., Ltd.）：129.42%;

5）上海恒逸聚酯纤维有限公司（Shanghai Hengyi Polyester Fiber Co. Ltd. ：129.42%;

6）浙江万凯新材料有限公司（Zhejiang Wankai New Materials Co., Ltd.）：129.42%;

7）中国普遍：145.94 %;

同时，美国商务部对加拿大、印度、阿曼作出初裁，分别如下：

加拿大：

Selenis Canada Inc.：13.29% ;

普遍：13.29%。

印度：

Dhunseri Petrochem Ltd. ：19.41%;

Ester Industries Ltd. ：10.68%;

JBF Industries Ltd. ：19.41%;

Reliance Industries Ltd. ：6.31% ;

普遍 ：8.50% 。

阿曼：

OCTAL SAOC FZC：6.62%;

普遍 ： 6.62%。

2015年4月6日，美国商务部对中国等国进口的聚对苯二甲酸乙二醇酯树脂进行反倾销立案调查，倾销调查期为2014年7月1日～2014年12月31日，涉案产品海关编码为3907.60.00.30。

四十一、美国对中国、印尼、马来西亚、越南、泰国、中国台湾产聚乙烯零售包装袋做出反倾销日落复审终裁

2015年7月13日，美国商务部对中国、印度尼西亚、马来西亚、越南、泰国、中国台湾产聚乙烯零售包装袋做出反倾销日落复审终裁：若取消反倾销措施，涉案产品对美国国内产业的损害将会．按照以下倾销幅度继续发生：

中国：77.57%;

印度尼西亚：85.17%;

马来西亚：101.74%;

越南：76.11%;

泰国：122.88%;

中国台湾：95.81%。

2015年4月1日，美国商务部对上述国家（地区）产聚乙烯零售包装袋进行反倾销日落复审立案调查，涉案产品海关编码为39232100。

四十二、美国对华三氯异氰尿酸做出反倾销行政复审初裁

2015年7月8日，美国商务部对华三氯异氰尿酸做出反倾销行政复审初裁，河北冀衡化学股份有限公司(Hebei Jiheng Chemical Co., Ltd.）：1.38%;鄄城康泰化工有限公司（Juancheng Kangtai Chemical Co., Ltd.）：0.00%;菏泽华意化工有限公司（Heze Huayi Chemical Co. Ltd）：0.00%。

2014年7月31日，美国商务部对华三氯异氰尿酸进行反倾销行政复审立案调查，调查期为2013年6月1日～2014年5月31日，涉案产品海关编码为29336960.15、 29336960.21等。

四十三、美国对华聚乙烯醇做出反倾销日落复审产业损害裁决

2015年4月28日，美国国际贸易委员会发布公告，对原产于中国、日本的聚乙烯醇做出反倾销日落复审产业损害肯定性裁决，裁定若取消反倾销措施，在合理的、可预见的期间内，涉案产品对美国国内产业造成的实质性损害将会继续或再度发生。在该裁决中，6名委员均投肯定票。同时，对原产于韩国的聚乙烯醇做出反倾销日落复审产业损害否定性裁决。在该裁决中，6名委员均投否定票。

2014年3月3日，美国商务部对原产于中国的聚乙烯醇进行反倾销第二次日落复审立案调查，涉案产品海关编码为3905.30.00。

四十四、美国对华复合编织袋做出反倾销行政复审初裁

2015年1月28日，美国商务部对华复合编织袋做出反倾销行政复审初裁，中国普遍（包括昌乐宝都塑料有限公司（Changle Baodu Plastic Co., Ltd）、淄博齐凯塑料制品有限公司(Shandong Qikai Plastics Product Co., Ltd.)、Wenzhou Hotsun Plastics、淄博艾福迪塑料包装有限公司(Zibo Aifudi Plastic Packaging Co. Ltd.)、淄博市临淄瑞通塑编有限公司(Zibo Linzi Luitong Plastic Fabric Co., Ltd.)、淄博市临淄帅强塑胶有限公司(Zibo Linzi Shuaiqiang Plastics Co., Ltd.)、 淄博市临淄齐天利塑编有限公司(Zibo Linzi Qitianli Plastic Fabric Co., Ltd.)、淄博市临淄沃润包装制品有限公司(Zibo Linzi Worun Packaging Product Co., Ltd.)、淄博齐高塑胶有限

公司(Zibo Qigao Plastic Cement Co., Ltd.))为：47.64%。

2014年9月30日，美国商务部对华复合编织袋进行反倾销行政复审立案调查，调查期为2013年8月1日～2014年7月31日，涉案产品海关编码为6305.33.0050、6305.33.0080等。

又讯：美国对华复合编织袋做出反倾销行政复审终裁

2015年4月21日，美国商务部对华复合编织袋做出反倾销行政复审终裁，中国普遍（包括昌乐宝都塑料有限公司(Changle Baodu Plastic Co., Ltd)、淄博齐凯塑料制品有限公司(Shandong Qikai Plastics Product Co., Ltd.)、Wenzhou Hotsun Plastics、淄博艾福迪塑料包装有限公司(Zibo Aifudi Plastic Packaging Co. Ltd.)、淄博市临淄瑞通塑编有限公司(Zibo Linzi Luitong Plastic Fabric Co., Ltd.)、淄博市临淄帅强塑胶有限公司(Zibo Linzi Shuaiqiang Plastics Co., Ltd.)、淄博市临淄齐天利塑编有限公司(Zibo Linzi Qitianli Plastic Fabric Co., Ltd.)、淄博市临淄沃润包装制品有限公司(Zibo Linzi Worun Packaging Product Co., Ltd.)、淄博齐高塑胶有限公司(Zibo Qigao Plastic Cement Co., Ltd.)为：47.64%。

2014年9月30日，美国商务部对华复合编织袋进行反倾销行政复审立案调查，调查期为2013年8月1日～2014年7月31日，涉案产品海关编码为6305.33.0050、6305.33.0080、6305.33.0020等。

四十五、中华人民共和国商务部公告2015年第24号 对原产于韩国和泰国的进口精对苯二甲酸反倾销措施进行期终复审调查的立案公告（2015年8月10日）

2010年8月12日，商务部发布2010年第47号公告，决定对原产于韩国和泰国的进口精对苯二甲酸实施最终反倾销措施，实施期限为自2010年8月12日起5年。其后，应利害关系方申请，商务部发布2013年第52号和2014年第52号公告，依法认定相关更名事宜。

2015年6月10日，商务部收到浙江逸盛石化有限公司、逸盛大化石化有限公司、翔鹭石化股份有限公司代表国内精对苯二甲酸产业递交的反倾销措施期终复审申请书。申请人主张，如果终止反倾销措施，原产于韩国和泰国的进口精对苯二甲酸的倾销将继续或再度发生，对中国国内产业造成的损害将继续或再度发生，请求商务部裁定维持对原产于韩国和泰国的进口精对苯二甲酸实施的反倾销措施。

依据《中华人民共和国反倾销条例》有关规定，商务部对申请人资格、被调查产品和中国同类产品有关情况、反倾销措施实施期间被调查产品进口情况、倾销继续或再度发生的可能性、损害继续或再度发生的可能性及相关证据等进行了审查。现有证据表明，申请人符合《中华人民共和国反倾销条例》第十一条、第十三条和第十七条关于产业及产业代表性的规定，有资格代表中国精对苯二甲酸产业提出申请。调查机关认为，申请人的主张以及所提交的表面证据符合期终复审立案的要求。

根据《中华人民共和国反倾销条例》第四十八条规定，商务部决定自2015年8月10日起，对原产于韩国和泰国的进口精对苯二甲酸所适用的反倾销措施进行期终复审调查。现将有关事项公告如下：

一、继续实施反倾销措施

根据商务部建议，国务院关税税则委员会决定，在反倾销措施期终复审调查期间，对原产于韩国和泰国的进口精对苯二甲酸继续按照商务部2010年第47号公告、2013年第52号公告和2014年第52号公告公布的征税范围和税率征收反倾销税。

二、复审调查期

本次复审的倾销调查期为2014年4月1日至2015年3月31日，产业损害调查期为2011年1月1日至2015年3月31日。

三、复审调查产品范围

复审产品范围是原反倾销措施所适用的产品，与商务部2010年第47号公告中的产品范围一致。

四、复审内容

本次复审调查的内容为：如果终止对原产于韩国和泰国的进口精对苯二甲酸实施的反倾销措施，是否可能导致倾销和损害的继续或再度发生。

五、参加调查登记

利害关系方可于本公告发布之日起20日内，向商务部贸易救济调查局登记参加本次反倾销期终复审调查。参加调查的利害关系方应根据《登记参加调查的参考格式》提供基本信息、倾销调查期内向中国出口或进口本案被调查产品的数量及金额、生产和销售同类产品的数量及金额以及关联情况等说明材料。《登记参加调查的参考格式》可在商务部网站贸易救济调查局子网站(http://trb.mofcom.gov.cn)下载。

本公告所指的利害关系方是《中华人民共和国反倾销条例》第十九条规定的个人和组织。

六、查阅公开信息

调查过程中，利害关系方可通过前述网站查阅本案申请人提交的申请书及案件公开信息目录，或到商务部贸易救济公开信息查阅室（电话：0086-10-65197878）查找、阅览、抄录并复印案件公开信息。

七、对立案的评论

利害关系方对本次调查的产品范围及产品分类、申请人资格、被调查国家（地区）及其他相关问题如需发表评论，可于本公告发布之日起20日内将书面意见提交至商务部贸易救济调查局。

八、调查方式

根据《中华人民共和国反倾销条例》第二十条的规定，商务部可以采用问卷、抽样、听证会、现场核查等方式向有关利害关系方了解情况，进行调查。

为获得本案调查所需要的信息，商务部通常在本公告规定的参加调查登记截止之日起10个工作日内向登记的外国出口商或生产商、国内生产者和国内进口商发放调查问卷。同时，商务部将在前述网站登载调查问卷。

未参加调查登记的其他利害关系方可直接从前述网站下载，或向商务部贸易救济调查局索取调查问卷，并按要求填报。

所有公司应在商务部规定时间内提交完整而准确的答卷。答卷应当包括调查问卷所要求的全部信息。

九、保密信息的提交和处理

利害关系方提交的信息需保密的，其应向商务部提出保密处理的请求并说明理由，并应同时提供该保密信息的非保密概要。非保密概要应当包含充分的有意义的信息，以使其他利害关系方对保密信息能有合理的理解。

十、不合作的后果

根据《中华人民共和国反倾销条例》第二十一条的规定，商务部进行调查时，利害关系方应当如实反映情况，提供有关资料。利害关系方不如实反映情况、提供有关资料的，或者没有在合理时间内提供必要信息的，或者以其他方式严重妨碍调查的，商务部可以根据已经获得的事实和可获得的最佳信息做出裁定。

十一、调查期限

本次调查自2015年8月10日起开始，于2016年8月10日前结束。

十二、商务部联系方式（略）

附件：登记参加调查的参考格式（略）

精对苯二甲酸申请书（略）

精对苯二甲酸申请书附件（略）

又讯：中华人民共和国海关总署 公告2015年第38号 关于对原产于韩国和泰国的进口精对苯二甲酸在反倾销措施期终复审期间继续征收反倾销税的公告（2015年8月10日）

2010年国务院关税税则委员会决定，自2010年8月12日起对原产于韩国和泰国的进口精对苯二甲酸征收反倾销税，期限为5年。征税期限届满之际，国务院关税税则委员会决定在该反倾销措施期终复审期间对原产于韩国和泰国的进口精对苯二甲酸继续征收反倾销税。现将有关事项公告如下：

自2015年8月12日起，海关对申报进口原产于韩国和泰国的精对苯二甲酸（税则号列：29173611），继续按照中华人民共和国海关总署公告2010年第51号相关规定征收反倾销税。

特此公告。

再讯：中华人民共和国商务部 公告2015年第57号 关于同意韩华综合化学株式会社继承三星综合化学株式会社精对苯二甲酸反倾销税率的公告（2015年11月20日）

2010年8月12日，商务部发布2010年第47号公告，决定对原产于韩国和泰国的进口精对苯二甲酸实施最终反倾销措施，实施期限自2010年8月12日起5年。其中，韩国三星石油化学株式会社（Samsung Petrochemicals Company Limited）的反倾销税率为2.0%。2014年8月8日，商务部发布2014年第52号公告，决定由韩国三星综合化学株式会社（Samsung General Chemicals Co, Ltd）继承韩国三星石油化学株式会社（Samsung Petrochemicals Company Limited）在上述反倾销措施中所适用的2.0%的反倾销税率及其他权利义务。

2015年6月12日，韩国韩华综合化学株式会社（Hanwha General Chemical Co., Ltd.）向商务部提交申请，请求继承韩国三星综合化学株式会社（Samsung General Chemicals Co, Ltd）在精对苯二甲酸反倾销措施中的权利义务，并提交了股东大会决议、注册登记文件、公司章程、股东名单、董事名单、原材料供应商清单、生产设备清单、销售客户清单以及相关公证和中国驻韩国大使馆的认证文件等相关证明材料。商务部就上述申请事宜通知了中国精对苯二甲酸产业。在规定时间内，中国精对苯二甲酸产业未提出异议。

2015 年 8 月 10 日，商务部发布 2015 年第 24 号公告，决定自公告之日起，对原产于韩国和泰国的进口精对苯二甲酸所适用的反倾销措施进行期终复审调查。根据商务部建议，国务院关税税则委员会决定，在反倾销措施期终复审调查期间，上述反倾销措施继续实施。

经审查，商务部认为，现有证据材料表明，三星综合化学株式会社（Samsung General Chemicals Co, Ltd）将企业名称变更为韩华综合化学株式会社（Hanwha General Chemical Co., Ltd.）符合韩国相关法律规定，公司更名前后关于被调查产品的经营管理、生产设备、生产水平、供应商关系、销售渠道和客户基础等均未发生变化。

据此，商务部决定：

一、由韩华综合化学株式会社（Hanwha General Chemical Co., Ltd.）继承三星综合化学株式会社（Samsung General Chemicals Co, Ltd）在精对苯二甲酸反倾销措施中所适用的 2.0% 反倾销税税率及其他权利义务。

二、以三星综合化学株式会社（Samsung General Chemicals Co, Ltd）名称向中国出口的被调查产品，适用精对苯二甲酸反倾销措施中“其他韩国公司”所适用的 11.2% 反倾销税税率。

本公告自 2015 年 11 月 20 日起执行。

四十六、中华人民共和国商务部 公告 2015 年第 69 号 关于甲醇反倾销措施终止的公告（2015 年 12 月 23 日）

2010 年 12 月 23 日，商务部发布 2010 年第 91 号公告，公布了对原产于马来西亚、印度尼西亚和新西兰的进口甲醇反倾销调查的最终裁定，并决定暂不实施该反倾销措施。

2015 年 1 月 20 日，商务部发布 2015 年第 4 号公告，告知利害关系方上述反倾销措施将于 2015 年 12 月 23 日到期。自该公告发布之日起，国内产业或代表国内产业的自然人、法人或有关组织可在该反倾销措施到期日 60 天前，以书面形式向商务部提出期终复审申请。在公告规定的时限内，国内甲醇产业未提出期终复审申请，商务部亦决定不主动发起期终复审调查。

根据《反倾销条例》第四十八条的规定，商务部决定自 2015 年 12 月 24 日起，终止实施对原产于马来西亚、印度尼西亚和新西兰的进口甲醇的反倾销措施。

四十七、中华人民共和国商务部公告 2015 年第 29 号 关于对原产于新加坡、泰国和日本的进口甲基丙烯酸甲酯反倾销调查初步裁定的公告（2015 年 7 月 24 日）

根据《中华人民共和国反倾销条例》(以下称《反倾销条例》）的规定，2014 年 8 月 8 日，商务部（以下称调查机关）发布 2014 年第 53 号公告，决定对原产于新加坡、泰国和日本的进口甲基丙烯酸甲酯（以下称被调查产品）进行反倾销调查。

调查机关对被调查产品是否存在倾销及倾销幅度、被调查产品是否对国内产业造成损害及损害程度以及倾销与损害之间的因果关系进行了调查。根据调查结果和《反倾销条例》第二十四条的规定，调查机关做出初步裁定（见附件）。现就有关事项公告如下：

一、初步裁定

调查机关初步裁定，原产于新加坡、泰国和日本的进口甲基丙烯酸甲酯存在倾销，中国甲基丙烯酸甲酯产业受到了实质损害，而且倾销与实质损害之间存在因果关系。

二、征收保证金

根据《反倾销条例》第二十八条和第二十九条的规定，调查机关决定采用保证金形式实施临时反倾销措施。自 2015 年 8 月 1 日起，进口经营者在进口被调查产品时，应依据本初裁决定所确定的各公司的保证金比率向中华人民共和国海关提供相应的保证金。

被调查产品的具体描述如下：

被调查产品名称：甲基丙烯酸甲酯，英文名称：Methyl Methacrylate(MMA)。

分子式：$C_5H_8O_2$

化学结构式：

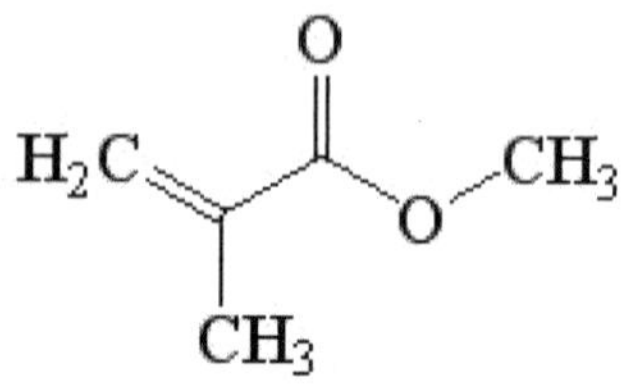

O
H_2C O CH_3
CH_3

物理化学特征：甲基丙烯酸甲酯为无色液体，易挥发，易燃。熔点为 -48℃，沸点 100-101℃，24℃（4.3kPa），相对密度 0.9440（20/4℃），折射率1.4142，闪点（开杯）10℃，蒸气压（25.5℃）5.33kPa。溶于乙醇、乙醚、丙酮等多种有机溶剂，微溶于乙二醇和水。在光、热、电离辐射和催化剂存在下易聚合。

主要用途：甲基丙烯酸甲酯是一种重要的有机化工原料，主要用于合成有机玻璃（聚甲基丙烯酸甲酯PMMA）。也可用于合成其他树脂、塑料、涂料、黏合剂、改性剂、乳胶增塑剂、纺织上浆剂、防水剂、润滑剂、木材和软木的浸润剂、电机线圈的浸透剂、离子交换树脂、皮革处理剂、纸张上光剂、印染助剂、人造大理石和绝缘灌注材料等。

该产品归在《中华人民共和国进出口税则》：29161400。该税则号项下甲基丙烯酸甲酯以外的其他产品不在本次调查产品范围之内。

对各公司征收的保证金比率如下：

新加坡公司：

1. 璐采特国际（新加坡）有限公司　6.8%

（Lucite International Singapore Pte. Ltd.）

2.Sumitomo Chemical Singapore Pte Ltd 14.5%

3. 其他新加坡公司（All Others）　6.8%

泰国公司：

1. 泰国MMA单体制造销售公司　15.2%

（THAI MMA CO., LTD.）

2.PTT旭化成化学有限公司　10.7%

（PTT Asahi Chemical Company Limited）

3. 其他泰国公司（All Others）　15.2%

日本公司：

1. 三菱丽阳株式会社　14.4%

（Mitsubishi Rayon Co., Ltd.）

2. 旭化成化学株式会社　12.2%

（ASAHI KASEI CHEMICALS CORPORATION）

3. 日本住友化学株式会社　13.3%

（Sumitomo Chemical Company,Limited）

4. 可乐丽株式会社　34.6%

（KURARAY CO., LTD.）

5. 三菱瓦斯化学株式会社　34.6%

（Mitsubishi Gas Chemical Co., Inc.）

6. 三井化学株式会社　34.6%

（Mitsui Chemicals, Inc.）

7. 其他日本公司（All Others）　14.4%

三、征收保证金的方法

自2015年8月1日起，进口经营者在进口原产于新加坡、泰国和日本的甲基丙烯酸甲酯时，应依据本初裁决定所确定的各公司的倾销幅度向中华人民共和国海关提供相应的保证金。保证金以海关审定的完税价格从价计征，计算公式为：保证金金额＝（海关审定的完税价格×保证金征收比率）×（1+进口环节增值税税率）。

四、评论和提交新证据

各利害关系方在本公告发布之日起20天内，可向调查机关提出书面评论并附相关证据。对于未在问卷（含补充问卷）及公告所要求的规定期限内提交的证据，由于调查时间的限制，调查机关将不予考虑。

附件：中华人民共和国商务部关于原产于新加坡、泰国和 日本的进口甲基丙烯酸甲酯反倾销调查的初步裁定

根据《中华人民共和国反倾销条例》（以下称《反倾销条例》）的规定，2014年8月8日，商务部（以下称调查机关）正式发布立案公告，决定对原产于新加坡、泰国和日本的进口甲基丙烯酸甲酯（以下称被调查产品）进行反倾销立案调查。

调查机关对被调查产品是否存在倾销和倾销幅度、被调查产品是否对国内产业造成损害及损害程度以及倾销与损害之间的因果关系进行了调查。根据调查结果和《反倾销条例》的规定，调查机关做出初步裁定如下：

一、调查程序

（一）立案及通知。

1. 立案。

2014年6月18日，中国石油天然气股份有限公司吉林石化分公司和黑龙江中盟龙新化工有限公司代表国内甲基丙烯酸甲酯产业正式向调查机关提起对原产于新加坡、泰国和日本的进口甲基丙烯酸甲酯进行反倾销调查的申请。

调查机关审查了申请材料后，认为申请人符合《反倾销条例》第十一条及第十三条和第十七条有关中国国内产业提出反倾销调查申请的规定。同时，申请书中包含了《反倾销条例》第十四条、第十五条规定的反倾销调查立案所要求的内容及有关的证据。

根据上述审查结果及《反倾销条例》第十六条的规定，调查机关于2014年8月8日发布立案公告，决定对原产于新加坡、泰国和日本的进口甲基丙烯酸甲酯进行反倾销立案调查。倾销调查期为2013年1月1日至2013年12月31日（以下称倾销调查期）。产业损害调查期为2011年1月1日至2013年12月

31 日（以下称损害调查期）。

2. 立案通知。

在决定立案调查前，根据《反倾销条例》第十六条规定，调查机关就收到中国甲基丙烯酸甲酯产业反倾销调查申请书一事通知了新加坡、泰国和日本驻华使馆。

2014 年 8 月 8 日，调查机关发布立案公告，并向新加坡、泰国和日本驻华使馆正式提供了立案公告和申请书的公开文本。同日，调查机关将本案立案情况通知了本案申请人及申请书中列名的外国企业。

3. 公开信息。

在立案公告中，调查机关告知利害关系方，可以通过商务部贸易救济公开信息查阅室查阅本次反倾销调查相关信息的非保密版本。

立案当天，调查机关通过商务部贸易救济公开信息查阅室公开了本案申请人提交的申请书的非保密版本。

（二）初裁前调查。

1. 登记参加调查。

在规定时间内，新加坡应诉企业璐彩特国际（新加坡）有限公司、Sumitomo Chemical Singapore Pte Ltd；泰国应诉企业泰国 MMA 单体制造销售公司、PTT 旭化成化学有限公司；日本应诉企业三菱丽阳株式会社、旭化成化学株式会社和住友化学株式会社，以及国内进口商河北新运隆进出口有限公司、国内生产商中国石油天然气股份有限公司吉林石化分公司和黑龙江中盟龙新化工有限公司向调查机关登记参加调查。

2. 抽样调查。

由于登记参加调查的日本生产商数量较多，根据《反倾销条例》第二十条的规定，调查机关决定采用抽样调查的方法调查日本生产商的倾销幅度。

调查机关于 2014 年 8 月 29 日，向未登记参加调查的三家日本甲基丙烯酸甲酯生产商—日本可乐丽株式会社、日本三菱瓦斯化学株式会社和日本三井化学株式会社分别发放了《关于拟对甲基丙烯酸甲酯反倾销案日本涉案生产商 / 出口商进行抽样调查的通知》。在规定时间内，上述三家企业未向调查机关提交相关材料。根据《反倾销条例》第二十条的规定，在抽样调查时的可获得信息的基础上，调查机关从登记参加调查的三家日本甲基丙烯酸甲酯生产商中，选取向中国出口量最大的两家日本公司——三菱丽阳株式会社、旭化成化学株式会社作为样本企业。

本案未有利害关系方对调查机关采取的上述抽样方法及抽样结果提出异议。

3. 发放问卷和收取答卷。

2014 年 9 月 22 日，调查机关发布《关于发放甲基丙烯酸甲酯反倾销案调查问卷的通知》，向上述新加坡、泰国和日本应诉企业发放了《国外出口商 / 生产商调查问卷》；向国内生产企业发放了《国内生产者调查问卷》；向国内进口商发放了《国内进口商调查问卷》。

调查机关要求上述公司在规定时间内提交准确、完整的答卷。在法定期间内，新加坡、泰国和日本的应诉企业均向调查机关申请延期递交答卷并陈述了相关理由。经审查，调查机关同意给予适当延期。至答卷递交截止之日，调查机关共收到了 5 份国外生产商提交的调查问卷答卷，2 家国内生产企业提交的调查问卷答卷，未收到国内进口商提交的调查问卷答卷。

针对部分国外生产商提交的答卷中存在的问题，调查机关向其发放了反倾销调查补充问卷。在规定时间内，调查机关收到了反倾销调查补充问卷答卷。

4. 听取利害关系方意见。

（1）召开听证会。

2014 年 11 月 6 日，三菱丽阳株式会社、泰国 MMA 单体制造销售公司和璐彩特国际（新加坡）有限公司向调查机关提出召开本案反倾销产业损害调查听证会的申请。经审查，调查机关于 2014 年 11 月 20 日给相关利害关系方回复《关于同意召开进口甲基丙烯酸甲酯反倾销案初裁前阶段听证会的函》，决定召开本案反倾销产业损害调查听证会。

本案 2 家国内申请企业、5 家国外生产商、1 家国内下游用户及泰国和日本驻华使馆，在规定时间内向调查机关提交了书面发言概要。

2015 年 2 月 10 日，调查机关召开了本案反倾销产业损害调查听证会。上述向调查机关提交书面发言概要的利害关系方代表在听证会上发言，并在会后规定时间内，向调查机关提交了听证会发言的书面材料。

（2）会见有关利害关系方。

2014 年 12 月 11 日，调查机关应约会见了国内甲基丙烯酸甲酯产品下游用户上海亚克力化工有限公司和汤臣压克力有限公司代表，听取其对本案的相关意见和建议。

（3）接受利害关系方评论意见。

2015 年 1 月 9 日，调查机关收到 PTT 旭化成化学有限公司委托其代理律师提交的《甲基丙烯酸甲酯反倾销案产业损害抗辩意见书》。

2015 年 1 月 12 日，调查机关收到日本旭化成化学株式会社委托其代理律师提交的《甲基丙烯酸甲酯反倾销案产业损害抗辩意见书》。

2015 年 2 月 6 日，调查机关收到三菱丽阳株式会社、泰国 MMA 单体制造销售公司和璐彩特国际（新加坡）有限公司委托其代理律师提交的《进口甲基丙烯酸甲酯反倾销调查无损害评论意见》。

2015 年 2 月 9 日，调查机关收到泰国政府提交的《甲基丙烯酸甲酯反倾销案的评论意见》。

2015 年 3 月 13 日，调查机关收到国内申请企业提交的《关于泰国 MMA 单体制造销售公司及日本三菱丽阳株式会社甲基丙烯酸甲酯产品区分不同型号问题的评论》。

5. 初裁前实地核查。

根据《反倾销条例》第二十条的规定，2014 年 12 月 9 日，调查机关发布《关于甲基丙烯酸甲酯反倾销案国内企业实地核查的通知》，决定将对本案 2 家国内申请企业进行初裁前实地核查。

2014 年 12 月 16—19 日和 2015 年 1 月 14-16 日，调查机关对本案国内申请企业中国石油天然气股份有限公司吉林石化分公司和黑龙江中盟龙新化工有限公司分别进行了初裁前实地核查，核查结束后，上述被核查企业向调查机关提交了对调查问卷答卷的补充修正材料。

6. 公开信息。

根据《反倾销条例》的规定，调查机关已将调查过程中收到和制作的本案所有公开材料及时送交商务部贸易救济公开信息查阅室。各利害关系方可以查找、阅览、摘抄、复印有关公开信息。

二、被调查产品

根据调查机关 2014 年 8 月 8 日发布的立案公告，本案的被调查产品是原产于新加坡、泰国和日本的进口甲基丙烯酸甲酯。

被调查产品名称：甲基丙烯酸甲酯，英文名称：Methyl Methacrylate(MMA)。

分子式：$C_5H_8O_2$

化学结构式：

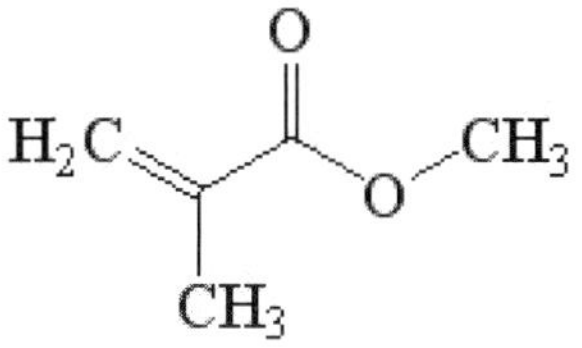

物理化学特征：甲基丙烯酸甲酯为无色液体，易挥发，易燃。熔点为 -48℃，沸点 100-101℃，24℃（4.3kPa），相对密度 0.9440（20/4℃），折射率 1.4142，闪点（开杯）10℃，蒸汽压（25.5℃）5.33kPa。溶于乙醇、乙醚、丙酮等多种有机溶剂，微溶于乙二醇和水。在光、热、电离辐射和催化剂存在下易聚合。

主要用途：甲基丙烯酸甲酯是一种重要的有机化工原料，主要用于合成有机玻璃（聚甲基丙烯酸甲酯 PMMA）。也可用于合成其他树脂、塑料、涂料、黏合剂、改性剂、乳胶增塑剂、纺织上浆剂、防水剂、润滑剂、木材和软木的浸润剂、电机线圈的浸透剂、离子交换树脂、皮革处理剂、纸张上光剂、印染助剂、人造大理石和绝缘灌注材料等。

该产品归在《中华人民共和国进出口税则》：29161400。该税则号项下甲基丙烯酸甲酯以外的其他产品不在本次调查产品范围之内。

三、倾销和倾销幅度

（一）配合调查公司的正常价值、出口价格、调整项目的初步认定和价格比较。

新加坡公司

璐采特国际（新加坡）有限公司

（Lucite International Singapore Pte. Ltd.）

1. 正常价值。

该公司在答卷中未主张将被调查产品和同类产品分为不同型号。经初步审查，调查机关在初裁中暂不对该公司被调查产品和同类产品划分不同型号。

调查机关初步审查了该公司在新加坡国内销售情况。在公司答卷填报的国内交易中，部分交易客户位于新加坡，但产品被运往第三国，且公司无法确定这些产品是否最终被用于新加坡国内消费。应调查机关要求，公司在补充答卷中重新填报了国内销售表格，并对答卷其他相关表格进行了相应调整。经审查，倾销调查期内，该公司同类产品国内销售数量占同期向中国出口销售被调查产品数量的比例超过了 5%。符合作为确定正常价值基础的数量要求。倾销调查期内，该公司国内同类产品全部直接销售给非关联客户。经审查，调查机关决定在初裁中暂以该公司销售给国内非关联客户的价格作为确定正常价值的基础。

调查机关初步审查了该公司提交的生产成本及销售、管理和财务费用数据。经审查，调查机关初步认定公司答卷和补充答卷报告的生产成本及销售费用、管理费用和财务费用能够合理反映该公司被调查产品和同类产品的生产销售情况，决定暂予以接受。调查机关据此对该公司同类产品在新加坡国内是否低于成本销售进行了测试。经审查，倾销调查期内该公司国内销售同类产品的价格均高于成本。根据《反倾销条例》第四条的规定，调查机关在初裁中暂决定以该公司同类产品的全部国内销售作为确定其正常价值的基础。

2. 出口价格。

调查机关初步审查了该公司向中国出口销售被调查产品的情况。倾销调查期内，该公司直接向中国非关联客户出口被调查产品。根据《反倾销条例》第五条的规定，调查机关暂决定以该公司与中国非关联客户之间的销售价格作为确定出口价格的基础。

3. 价格调整。

根据《反倾销条例》第六条的规定，为公平合理比较，调查机关对该公司影响价格可比性的调整项目逐一进行了审查。

（1）正常价值部分。

就该公司主张的正常价值调整项目，经初步审查，调查机关决定暂接受内陆运费、内陆保险费、出厂装卸费、信用费用和其他费用调整主张。

关于售前仓储费，公司补充答卷称，公司在销售所有被调查产品和同类产品时均使用了位于新加坡的某分销设施，但主张仅对国内销售和第三国销售分摊相关费用。经审查，调查机关认为，针对上述分销设施所发生的售前仓储费应由使用该设施的所有产品分摊，即该项费用并不影响正常价值和出口价格的公平合理比较。因此，调查机关决定在初裁中暂不接受公司上述主张。

关于佣金，经初步审查，公司未能提交关于佣金支付金额的证明文件，答卷和补充答卷有关材料也无法证明其与关联公司之间存在佣金支付关系，调查机关决定在初裁中暂不予以接受。

（2）出口价格部分。

就该公司主张的出口价格调整项目，经初步审查，调查机关决定暂接受回扣、售前仓储费，内陆运费、内陆保险费、国际运保费、信用费用、报关代理费和其他费用调整主张。

关于国际运费，公司补充答卷称，部分对中国出口销售的交易在运输时，尚无法确认销售目的地，因此主张不对这部分交易进行国际运费调整。经审查，调查机关认为该部分交易所发生的国际运费影响到了正常价值和出口价格的公平合理比较。因此，调查机关决定在初裁中暂按照公司补充答卷提交的数据对这部分交易进行国际运费调整。

4. 关于到岸价格 (CIF)。

经审查，现有证据表明该公司所报告的到岸价格是合理的，调查机关在初裁中暂决定接受该公司报告的到岸价格数据。

泰国公司

泰国 MMA 单体制造销售公司

（THAI MMA CO., LTD.）

1. 正常价值。

调查机关初步审查了该公司被调查产品和同类产品的型号划分。该公司在答卷中主张其被调查产品和同类产品分为两种型号。申请人有关评论认为，被调查产品和同类产品不存在品种或型号的差别。经审查，调查机关认为，该公司主张的不同型号的被调查产品具有相同的物理特征和化学特性，且主要用途相同，可相互替代；该公司为被调查产品设置不同的产品编码，不足以据此将被调查产品分为不同的型号。因此，调查机关在初裁中暂不接受该公司关于被调查产品和同类产品型号划分的主张。同时，调查机关会在价格比较时充分考虑公司主张的包装形态差异。

调查机关初步审查了该公司在泰国国内销售的情况。经审查，倾销调查期内，该公司在泰国国内销售同类产品的数量占同期向中国出口销售被调查产品数量的比例超过了 5%，符合作为确定正常价值基础的数量要求。倾销调查期内，该公司国内同类产品销售给关联公司和非关联公司。经审查，该公司与关联公司之间的价格较销售给非关联公司之间的价格无显著差异，可以反映国内正常贸易过程，因此，调查机关决定暂不排除该部分关联交易。

调查机关初步审查了该公司报告的生产成本和销售、管理及财务费用数据。经审查，调查机关认为公司主张的生产成本和费用计算方法，能够合理反映公司被调查产品和同类产品的生产销售情况，决定在初裁中暂予以接受。调查机关据此对该公司同类产品在泰国国内是否低于成本销售进行了测试。经审查，倾销调查期内该公司在泰国国内销售同类产品的价格均高于成本。根据《反倾销条例》第四条的规定，调查机关在初裁中暂决定以该公司同类产品的全部国内销售作为确定其正常价值的基础。

2. 出口价格。

调查机关初步审查了该公司向中国出口被调查产品的情况。倾销调查期内，该公司通过以下四种方式向中国出口被调查产品：一是通过日本关联公司和日本非关联贸易商向中国非关联客户销售；二是通过日本关联公司向中国关联最终用户销售；三是通过日本关联公司和中国关联进口商向中国关联最终用户销售；四是通过日本关联公司和中国关联进口商向中国非关联客户销售。

根据《反倾销条例》第五条的规定，对于第一种销售方式，调查机关暂决定以该公司的日本关联公司与日本非关联贸易商之间的价格作为确定出口价格的基础；对于第四种销售方式，调查机关暂决定以该公司的中国关联进口商与中国非关联客户之间的转售价格作为确定出口价格的基础；对于第二种和第三种销售方式，由于该公司中国关联最终用户将被调查产品加工成下游产品，不存在转售行为，因此，调查机关暂决定以合理方法确定出口价格。

3. 价格调整。

根据《反倾销条例》第六条的规定，为公平合理比较，调查机关对该公司影响价格可比性的调整项目逐一进行了审查。

（1）正常价值部分。

就该公司主张的正常价值调整项目，经初步审查,调查机关决定暂接受发票中的折扣、退款及赔偿、内陆运费、信用费用等调整项目。此外，调查机关充分考虑了公司主张的包装成本差异，并按照公司答卷相关信息，对相关产品的交易价格进行了调整，确保正常价值和出口价格在相同的产品基础上进行比较。

关于回扣项目，经初步审查，公司所提交材料无法证明其回扣金额确定方法，调查机关决定暂不接受其部分调整主张。

（2）出口价格部分。

就该公司主张的出口价格调整项目，经初步审查，调查机关决定暂接受内陆运费、国际运输费、国际运输保险费、港口装卸等相关费用、售后仓储费、其他折扣、进口报关费、中国大陆内陆运费、装卸费、售前仓储费等调整项目。

关于信用费用，该公司在答卷中主张，该费用是一种虚拟费用，并未实际发生，由于在国内销售中只计算生产商首次销售同类产品时的信用费用，因此在出口销售中即使存在多个商流环节，信用费用也只应调整一次，以便与国内销售保持在同一贸易水平。经审查，调查机关认为，在现代贸易模式下，公司销售货物与收到货款之间往往存在时间差，收到货款时间的提前或滞后在公司依托的金融体系中会产生交易之外的收益或损失。在反倾销调查中，为保证国内销售与出口销售在同一贸易水平上进行比较，应将这部分特定的收益或损失，即信用费用进行调整。因此，调查机关决定暂不接受该公司有关信用费用的部分调整主张，而是对该公司和中国关联进口商的信用费用进行了调整。

此外，在确定出口价格时，为保证公平比较，调查机关在调整项目中暂包括了三菱丽阳株式会社的费用。

4. 关于到岸价格 (CIF)。

经审查，现有证据表明该公司所报告的到岸价格是合理的，调查机关在初裁中暂决定接受该公司报告的到岸价格数据。

PTT 旭化成化学有限公司

（PTT Asahi Chemical Company Limited）

1. 正常价值。

该公司在答卷中未主张将被调查产品和同类产品分为不同型号。经初步审查，调查机关在初裁中暂不对该公司被调查产品和同类产品划分不同型号。

调查机关初步审查了该公司在泰国国内销售被调查产品同类产品情况。经审查，倾销调查期内该公司同类产品国内销售数量占同期向中国出口销售被调查产品数量的比例超过 5%，符合作为确定正常价值基础的数量要求。倾销调查期内，该公司国内同类产品全部直接销售给非关联客户。经审查，调查机关决定在初裁中暂以该公司销售给泰国国内非关联客户的价格作为确定正常价值的基础。

调查机关初步审查了该公司提交的生产成本及销售、管理和财务费用数据。公司主张，倾销调查期内其仍处于投产期，开工率未能达到正常水平，应按照 2014 年上半年的生产成本和费用对倾销调查期内的成本费用进行调整。经初步审查，公司经审计财务报告显示，公司已从 2013 年 1 月 1 日开始商业化生产运营；公司答卷和补充答卷所提交材料无法证明倾销调查期内公司被调查产品和同类产品的生产受到公司投产的影响；此外，公司关于投产期结束时间的主张缺乏证据支持，开工率是否达到正常水平并不是公司是否处于或者结束投产期的判断标准。因此，调查机关在初裁中对公司上述主张暂不予以支持。经审查，调查机关暂认定，公司提交的倾销调查期内被调查产品和同类产品的实际生产成本和费用数据反映了公司甲基丙烯酸甲酯的生产和销售情况，并据此对倾销调查期内该公司同类产品在泰国国内是否低于成本销售进行了测试。经审查，倾销调查期内该公司同类产品在泰国国内低于成本销售的数量占该公司同类产品泰国国内全部销售数量的比例超过20%，根据《反倾销条例》第四条的规定，调查机关在初裁中暂决定以排除低于成本销售的交易后该公司同类产品剩余国内销售作为确定其正常价值的基础。

2. 出口价格。

调查机关初步审查了该公司向中国出口销售被调查产品的情况。倾销调查期内，该公司通过其位于第三国的关联贸易商向中国出口被调查产品。根据《反倾销条例》第五条的规定，调查机关暂决定以该公司关联贸易商与其非关联客户之间的销售价格作为确定出口价格的基础。

3. 调整项目。

根据《反倾销条例》第六条规定，为公平合理比较，调查机关对该公司影响价格可比性的调整项目逐一进行了审查。

（1）正常价值部分。

就该公司报告的正常价值调整项目，经初步审查，调查机关决定暂接受售前仓储费、内陆运输（工厂/仓库至客户）、内陆保险费、出厂装卸费、包装费用、信用费用、其他需要调整的项目等调整主张。

关于广告费用，经初步审查，该公司主张调整的广告费用并非专门用于被调查产品的销售，且公司未能证明该项费用影响了正常价值和出口价格的公平合理比较。因此，调查机关决定在初裁中暂不接受该主张。

（2）出口价格部分。

就该公司主张的出口价格调整项目，经初步审查，调查机关决定暂接受内陆运费（工厂至海边储罐）、出厂装卸费、信用费用、出口检验费、报关代理费等调整主张。

关于售前仓储费，公司主张采用关联仓储公司的储罐折旧费用进行调整。经初步审查，公司未就上述主张提交证据材料，同时，该折旧费用也没有考虑仓储公司为维持运营所必须发生的其他支出。因此，调查机关暂按照倾销调查期内公司根据协议向仓储公司支付的固定费用作为售前仓储费在出口价格中予以扣除。

关于广告费用，经初步审查，该公司主张调整的广告费用并非专门用于被调查产品同类产品的销售，且公司未能证明该项费用影响了正常价值和出口价格的公平合理比较。因此，调查机关决定在初裁中暂不接受该主张。

此外，在确定出口价格时，为保证公平比较，调查机关在调整项目中暂包括了该公司位于第三国关联贸易商的费用。

4. 关于到岸价格（CIF价格）。

经审查，现有证据表明该公司所报告的到岸价格是合理的，调查机关在初裁中暂决定接受该公司报告的到岸价格数据。

日本公司

三菱丽阳株式会社

（Mitsubishi Rayon Co., Ltd.）

1. 正常价值。

调查机关初步审查了该公司被调查产品和同类产品的型号划分。该公司在答卷中主张其被调查产品和同类产品分为两种型号。申请人有关评论认为，被调查产品和同类产品不存在品种或型号的差别。经审查，调查机关认为，该公司主张的不同型号的被调查产品具有相同的物理特征和化学特性，且主要用途相同，可相互替代；该公司为被调查产品设置不同的产品编码，不足以据此将被调查产品分为不同的型号。因此，调查机关在初裁中暂不接受该公司关于被调查产品和同类产品型号划分的主张。同时，调查机关会在价格比较时充分考虑公司主张的包装形态差异。

调查机关初步审查了该公司在日本国内销售的情况。经审查，在倾销调查期内，该公司同类产品国内销售数量占同期向中国出口销售被调查产品数量的比例超过了5%，符合作为确定正常价值基础的数量要求。

倾销调查期内，该公司同类产品销售给关联公司和非关联公司。经审查，该公司销售给关联公司的价格与销售给非关联公司的价格无显著差异，可以反映国内正常贸易过程，因此，调查机关决定暂不排除该部分关联交易。

调查机关初步审查了该公司提交的生产成本及销售、管理和财务费用数据。经审查，调查机关初步认定公司报告的生产成本及销售费用能够合理反映该公司被调查产品和同类产品的生产销售情况，决定暂予以接受。

关于管理费用，公司答卷称，大部分费用项目为直接计入生产被调查产品的部门，另有部分费用按公司内部计算公式从公司总费用中分摊至生产被调查产品的部门。经审查，对于直接计入的费用项目，公司在答卷和补充答卷中仅提供了相关金额，未提供日常会计记录中的相关证明材料；对于分摊计入的费用项目，公司仅简单说明了计算公式，未提供关于分摊比例的具体数据，且未按补充问卷要求提交公司日常会计记录中关于上述分配方式的相关证明材料。因此，调查机关在初裁中暂按销售额的比例将管理费用进行重新分摊。

关于财务费用中的投融资（红利等）项目，公司主张，该费用为其在倾销调查期内从几家位于日本境外的公司获取的投资收益，这几家公司与被调查产品有直接关系，该费用是公司日常会计实践和会计记录的真实反映，应当被计入财务费用。经审查，调查机关认为，该部分费用是公司投资日本境外企业取得的投资收益，上述境外企业虽然生产甲基苯丙烯酸甲酯产品，但与三菱丽阳株式会社在日本国内被调查产品和同类产品的生产经营活动没有直接关系，因此不应当计入日本被调查产品和同类产品的成本，调查机关在初裁中暂不接受该部分费用。关于公司主张的其他财务费用数据，调查机关暂予以接受。

根据上述调整，调查机关重新计算了被调查产品同类产品的成本，并测试了倾销调查期内该公司在日本国内是否存在低于成本销售。在测试过程中，调查机关已充分考虑产品包装差异的影响。经审查，该公司在倾销调查期内国内同类产品低于成本销售的数量超过 20%。因此，根据《反倾销条例》第四条的规定，调查机关决定在初裁中暂排除该部分低于成本的交易，采用剩余的国内销售作为确定其正常价值的基础。

2. 出口价格。

调查机关初步审查了该公司向中国出口销售被调查产品的情况。倾销调查期内，该公司通过以下四种方式向中国出口被调查产品：一是直接销售给中国关联最终用户；二是通过日本非关联贸易商向中国客户销售；三是通过香港关联贸易商和香港非关联贸易商向中国客户销售；四是通过上海关联贸易商和香港非关联贸易商向中国客户销售。

根据《反倾销条例》第五条的规定，对于第一种销售方式，由于该公司中国关联最终用户将被调查产品加工成下游产品，不存在转售行为，因此，调查机关在初裁中暂决定采用合理方法确定出口价格；对于第二种销售方式，暂决定采用公司与日本非关联贸易商之间的销售价格作为确定出口价格的基础；对于第三种销售方式，暂决定采用该公司香港关联贸易商与香港非关联贸易商之间的销售价格作为确定出口价格的基础；对于第四种销售方式，暂决定采用以该公司上海关联贸易商与香港非关联贸易商之间的销售价格作为确定出口价格的基础。

3. 价格调整。

根据《反倾销条例》第六条的规定，为公平合理比较，调查机关对该公司影响价格可比性的调整项目逐一进行了审查。

（1）正常价值部分。

就该公司主张的正常价值调整项目，经初步审查，调查机关决定暂接受内陆运费（工厂－分销仓库）、售前仓储费、内陆运输（工厂／仓库－客户）、内陆保险费、信用费用的主张。此外，调查机关充分考虑了公司主张的包装成本差异，并按照公司答卷相关信息对部分交易价格进行了调整，确保正常价值和出口价格在相同的产品基础上进行比较。

关于“其他需要调整的项目”，公司主张按照国内销售包装形态的不同，归集并计算大批量和小批量两种包装形态之间的发票价格差异，然后按该差异对小批量包装的交易进行调整。经初步审查，调查机关认为，首先，公司所提交材料无法证明该调整方式的合理性，在实际交易中，引起发票价格的差异有很多原因，并不只是包装差异；其次，公司主张的所谓差异，实质是不同的包装形态引发的不同运输方式价格差异，而这种差异具体包含在不同的运费中，且调查机关已对运费进行了调整。综上，调查机关在价格比较时，已充分考虑了包装形态和运输方式的差异，决定在初裁中暂不接受公司对该项目的主张。

（2）出口价格部分。

就该公司主张的出口价格调整项目，经初步审查，调查机关决定暂接受公司及其上海、香港关联贸易商在出口时发生的内陆运费(工厂－分销仓库)、售前仓储费、检验费用、内陆运输（工厂／仓库－出口港）、国际运输费用、国际运输保险费、港口装卸费、信用费用、出口检验费、报关代理费、其他需要调整的项目（中国国内运费）等费用。

经初步审查，该公司香港、上海关联贸易商答卷中填报的转售数量与该公司自己答卷中的出口数量存在差异。关于经香港贸易商转售的交易，调查机关发现有一部分交易是香港贸易商转售其他公司的产品，因此调查机关暂排除了该部分交易，以香港贸易商销售三菱丽阳株式会社的产品数量作为转售的出口数量。同时，香港贸易商在答卷中称香港转售环节没有发生任何费用。经审查，该公司答卷表6-5中填报了与被调查产品相关的销售、管理和财务费用。因此，调查机关在初裁中暂将该部分费用作为香港转售环节的费用进行了调整。综上，调查机关按照重新认定的转售出口数量占原答卷出口数量的比例，重新计算并调整了香港转售环节的相关费用。

关于经上海关联贸易商转售的交易，经初步审查,该交易均为转售三菱丽阳株式会社的产品;因此，调查机关暂依据上海关联贸易商填报的实际数量作为转售出口数量。同时，根据该转售数量占日本公司填报的出口数量的比例，对公司在日本销售环节的相关费用进行了调整。此外，调查机关暂接受公司主张，对其上海关联贸易商转售环节的相关费用和利润进行了调整。

关于“其他需要调整的项目－基于包装形态的价格调整”，由于公司主张的理由与正常价值部分基本相同，调查机关基于相同考虑，决定在初裁中暂不接受公司对该项目的主张。

4. 关于到岸价格(CIF)。

经审查，现有证据表明该公司所报告的到岸价格是合理的，调查机关在初裁中暂决定接受该公司报告的到岸价格数据。此外，由于公司在确定通过香港贸易商出口交易的CIF价格时所采用换算汇率有误，因此调查机关采用公司答卷中的数据进行了调整。

旭化成化学株式会社

（ASAHI KASEI CHEMICALS CORPORATION）

1. 正常价值。

该公司在答卷中主张被调查产品不存在型号上的区别。经初步审查，调查机关在初裁中暂接受公司上述主张，对该公司被调查产品不区分型号。

调查机关初步审查了该公司在日本国内销售的情况。该公司在国内销售本公司生产和其他日本公司生产的同类产品，调查机关依据该公司自产同类产品的国内销售确定其正常价值。经审查，倾销调查期内，该公司同类产品国内销售数量占同期该公司向中国出口销售被调查产品数量的比例超过了5%。符合作为确定正常价值基础的数量要求。倾销调查期内，该公司国内同类产品被销往关联客户和非关联客户。经审查，关联销售价格较非关联销售价格差异显著，不属于国内正常贸易过程，在确定正常价值时，调查机关暂决定排除这部分关联交易。

调查机关初步审查了该公司提交的生产成本及销售、管理和财务费用数据。经审查，调查机关初步认定公司报告的生产成本能够合理反映该公司被调查产品和同类产品的生产情况，决定暂予以接受。关于管理费用，公司主张，部分管理费用项目为直接计入被调查产品，其余管理费用项目为按规定的比例从总公司分摊至各部门，再分摊到部门内各产品。经审查，对于直接计入的管理费用项目，公司在答卷和补充问卷中均未提供相关证明材料；对于分摊计入的费用项目，公司未能提供具体的分摊比例数据及其证明文件。调查机关决定暂按销售额所占比例将公司全部管理费用分摊至被调查产品及其同类产品。关于被调查产品及其同类产品的销售费用和财务费用数据，调查机关暂接受公司主张。

关于在不同市场上销售被调查产品及其同类产品所发生的销售费用、管理费用和财务费用的分摊，公司主张，该公司在转售第三国关联公司生产的被调查产品时未发生物流费，因此这部分转售产品不应分摊任何费用。经审查，调查机关认为，物流费仅是公司所有费用中的一个组成项目，未发生物流费并不意味着没有发生其他费用。该公司转售第三国关联公司的被调查产品是公司经营业务的组成部分，理应分摊公司转售过程中所发生的费用。鉴此，调查机关对除物流费以外的其他费用项目在公司自产和转售的所有被调查产品及其同类产品之间进行了分摊。

根据上述计算结果，调查机关对倾销调查期内该公司同类产品在日本国内是否低于成本销售进行了测试。经审查，倾销调查期内该公司同类产品在日本国内低于成本销售的数量占该公司同类产品日本国内全部销售数量的比例超过20%，根据《反倾销条例》第四条的规定，调查机关在初裁中暂决定以排除低于成本销售的交易后该公司同类产品剩余国内销售作为确定其正常价值的基础。

2. 出口价格。

调查机关初步审查了该公司向中国出口销售被调查产品的情况。倾销调查期内，该公司通过位于日本的非关联贸易商向中国出口被调查产品。根据《反倾销条例》第五条的规定，调查机关暂决定以该公司与日本非关联贸易商之间的销售价格作为确定出口价格的基础。

3. 价格调整。

根据《反倾销条例》第六条的规定，为公平合理比较，调查机关对该公司影响价格可比性的调整项目逐一进行了审查。

（1）正常价值部分。

就该公司主张的正常价值调整项目，经初步审查，调查机关决定暂接受回扣、售前仓储费、内陆运费、内陆保险费、槽车固定费、出厂装卸费、包装费、信用费用调整主张。

关于“其他需要调整的项目”，公司主张按照发货方式等将客户分为大用户和小用户，在计算两者之间平均价格的差异后据此对小用户交易价格进行相应调整。经初步审查，公司答卷和补充答卷均未能提交公司关于大用户和小用户划分标准的证据材料，无法证明其相关主张，且调查机关已在其他调整项目中考虑了包装方式和运输方式的差异。因此，调查机关决定在初裁中暂不接受公司上述主张。

（2）出口价格部分。

就出口价格调整项目，经初步审查，调查机关决定在初裁中暂接受公司提出的售前仓储费、内陆运费、内陆保险费、信用费用、出口检验费、报关代理费等调整主张。

4. 关于到岸价格 (CIF)。

经审查，现有证据表明该公司所报告的到岸价格是合理的，调查机关在初裁中暂决定接受该公司报告的到岸价格数据。

价格比较

根据《反倾销条例》第六条的规定，调查机关对进口产品的出口价格和正常价值，在考虑了影响价格的各种可比性因素基础上，按照公平、合理的方式进行了比较。调查机关在配合调查公司提交的证明材料基础上，将公司的正常价值和出口价格在出口国出厂价的基础上予以比较。在计算倾销幅度时，调查机关将加权平均正常价值和加权平均出口价格进行比较，得出倾销幅度。

（二）申请书列明、调查机关已尽通知义务，但未配合调查的公司的正常价值、出口价格、调整项目的初步认定及价格比较。

2014 年 8 月 8 日，调查机关对新加坡、泰国和日本进口甲基丙烯酸甲酯发起反倾销调查立案当日，调查机关通知了申请书上列明的出口商或生产商，通知了涉案国驻华使馆，同日，调查机关将立案公告登载在商务部网站上，任何利害关系方均可在商务部网站上查阅本案立案公告。立案后，调查机关给予各利害关系方 20 天的登记应诉期，给予所有利害关系方合理的时间获知立案有关情况。

立案后，调查机关向申请书中列明的新加坡和泰国的出口商以及被选取的日本出口商发放了调查问卷，并将调查问卷登载在商务部网站上，任何利害关系方可在商务部网站上查阅并下载本案调查问卷。

调查机关尽最大能力通知了所有已知的利害关系方，也尽最大能力向所有已知利害关系方提醒不配合调查的结果。

对于申请书中列明的、调查机关已尽通知义务但没有提供必要信息配合调查的公司，调查机关根据《反倾销条例》的规定，在可获得事实的基础上裁定各公司的正常价值、出口价格及价格调整如下：

新加坡公司

Sumitomo Chemical Singapore Pte Ltd

调查机关采纳了申请书的证据材料作为可获得的事实，认定上述未配合调查公司的正常价值、出口价格及调整项目。

日本公司

可乐丽株式会社（KURARAY CO., LTD.）

三菱瓦斯化学株式会社（Mitsubishi Gas Chemical Co., Inc.）

三井化学株式会社（Mitsui Chemicals, Inc.）

调查机关采纳了申请书的证据材料作为可获得的事实，认定上述三家未配合调查公司的正常价值、出口价格及调整项目。

价格比较

根据《反倾销条例》第六条的规定，调查机关对进口产品的出口价格和正常价值，在考虑了影响价格的各种可比性因素基础上，按照公平、合理的方式，将正常价值和出口价格调整至出厂价的基础上予以比较。在计算倾销幅度时，调查机关将加权平均正常价值和加权平均出口价格进行比较，得出倾销幅度。

（三）其他公司的正常价值、出口价格、调整项目的初步认定及价格比较。

对于申请书中未列名的其他公司，调查机关根据新加坡、泰国和日本配合调查公司数据和信息确定相应的正常价值和出口价格。

新加坡：调查机关采纳了璐采特国际（新加坡）有限公司的证据材料，认定了其他新加坡公司的正常价值、出口价格和调整项目。

泰国：调查机关采纳了泰国 MMA 单体制造销售公司的证据材料，认定了其他泰国公司的正常价值、出口价格和调整项目。

日本：调查机关采纳了三菱丽阳株式会社的证

据材料，认定了其他日本公司的正常价值、出口价格和调整项目。

价格比较

根据《反倾销条例》第六条的规定，调查机关对被调查产品的正常价值和出口价格，在考虑了影响价格的各种可比性因素的基础上，按照公平、合理的方式，将正常价值和出口价格调整至出厂水平进行比较。在计算倾销幅度时，调查机关将加权平均正常价值和加权平均出口价格进行了比较，得出倾销幅度。

对于配合调查并未被单独审查的日本住友化学株式会社（Sumitomo Chemical Company, Limited）的倾销幅度，根据《反倾销条例》第二十条的规定和《反倾销调查抽样暂行规则》第十三条的规定，调查机关在初裁中暂决定按三菱丽阳株式会社和旭化成化学株式会社的加权平均倾销幅度确定。

（四）倾销幅度。

经计算，各公司初步裁定的倾销幅度分别为：

新加坡公司：

1. 璐采特国际（新加坡）有限公司 6.8%
（Lucite International Singapore Pte. Ltd.）

2.Sumitomo Chemical Singapore Pte Ltd 14.5%

3. 其他新加坡公司（All Others） 6.8%

泰国公司：

1. 泰国 MMA 单体制造销售公司 15.2%
（THAI MMA CO., LTD.）

2.PTT 旭化成化学有限公司 10.7%
（PTT Asahi Chemical Company Limited）

3. 其他泰国公司（All Others） 15.2%

日本公司：

1. 三菱丽阳株式会社 14.4%
（Mitsubishi Rayon Co., Ltd.）

2. 旭化成化学株式会社 12.2%
（ASAHI KASEI CHEMICALS CORPORATION）

3. 日本住友化学株式会社 13.3%
（Sumitomo Chemical Company,Limited）

4. 可乐丽株式会社 34.6%
（KURARAY CO., LTD.）

5. 三菱瓦斯化学株式会社 34.6%
（Mitsubishi Gas Chemical Co., Inc.）

6. 三井化学株式会社 34.6%
（Mitsui Chemicals, Inc.）

7. 其他日本公司（All Others） 14.4%

四、国内同类产品、国内产业和国内市场

（一）国内同类产品认定。

根据《中华人民共和国反倾销条例》第十二条的规定，同类产品是与倾销进口产品相同的产品，或与倾销进口产品特性最相似的产品。

调查机关对国内生产的甲基丙烯酸甲酯与被调查产品的物理和化学特性、生产工艺流程、产品用途等因素进行了调查：

1. 物理和化学特性。

国内生产的甲基丙烯酸甲酯与被调查产品的物理化学特性相同。外观均为无色液体，易挥发，易燃。熔点为 -48℃，沸点 100-101℃，24℃（4.3kPa），相对密度 0.9440（20/4℃），折射率 1.4142，闪点（开杯）10℃，蒸气压（25.5℃）5.33kPa。溶于乙醇、乙醚、丙酮等多种有机溶剂，微溶于乙二醇和水。在光、热、电离辐射和催化剂存在下易聚合。

2. 产品用途。

国内生产的甲基丙烯酸甲酯与被调查产品的用途相同，主要用于合成有机玻璃（聚甲基丙烯酸甲酯 PMMA），也可用于合成其他树脂、塑料、涂料、黏合剂、改性剂、乳胶增塑剂、纺织上浆剂、防水剂、润滑剂、木材和软木的浸润剂、电机线圈的浸透剂、离子交换树脂、皮革处理剂、纸张上光剂、印染助剂、人造大理石和绝缘灌注材料等。

3. 销售渠道和客户群体、消费者评价。

国内生产的甲基丙烯酸甲酯与被调查产品的销售渠道基本相同，均通过直接销售、代理销售等方式在中国市场进行销售，二者存在相同的客户群体。某些下游用户既购买、使用被调查产品，也购买、使用国内生产的产品。因此，被调查产品和国内生产的甲基丙烯酸甲酯产品可以相互替换，下游用户既可以选择购买被调查产品，也可以选择购买国内产品。被调查产品同国内产品竞争获得其客户的采购订单。

4. 生产工艺流程。

甲基丙烯酸甲酯产品的生产方法主要包括丙酮氰醇法、异丁烯氧化法、乙烯氧化法等。目前初步证据显示，璐彩特国际（新加坡）有限公司采用乙烯氧化法生产甲基丙烯酸甲酯；泰国 MMA 单体制造销售公司、日本旭化成化学株式会社采用异丁烯氧化法生产甲基丙烯酸甲酯；泰国 PTT 旭化成化学品有限公司采用丙酮氰醇法生产甲基丙烯酸甲酯；日本三菱丽阳株式会社采用异丁烯氧化法和丙酮氰醇法两种方法生产甲基丙烯酸甲酯。国内甲基丙烯酸甲酯产业采用丙酮氰醇法生产甲基丙烯酸甲酯。

调查机关初步认为，上述三种生产工艺虽然存在部分差异，但生产的甲基丙烯酸甲酯产品在产品的物理和化学特性、产品用途等方面相同，均可以替换使用。

上述初步证据表明，国内甲基丙烯酸甲酯产业生产的甲基丙烯酸甲酯与被调查产品在物理和化学特性、产品用途、生产工艺流程、销售渠道和客户群体、消费者和生产者评价等方面基本相同，具有相似性和可替代性。因此，调查机关初步认定，国内生产的甲基丙烯酸甲酯与被调查产品属于同类产品，产品之间具有可替换性。

（二）国内产业认定。

本案申请人提出，调查期内，中国国内共有六家甲基丙烯酸甲酯生产企业，其中，璐彩特国际（中国）化工有限公司和惠州惠菱化成有限公司是与日本三菱丽阳株式会社存在关联关系的外商独资企业，应将其排除在国内产业之外。

本案5家国外应诉企业在其向调查机关提交的相关文件中提出，本案申请人不应将璐彩特国际（中国）化工有限公司和惠州惠菱化成有限公司排除在国内产业之外。

经初步调查，上述两家关联企业为日本三菱丽阳株式会社的在华外商独资企业。本案立案后，该两家企业未对立案公告发表评论意见，未登记参加调查，也未提交国内生产者调查答卷及其他相关材料。调查机关据此有理由相信或怀疑由于存在紧密关联关系，使其行为不同于无关联关系的国内生产者。根据《反倾销条例》第十一条的规定，调查机关决定将璐彩特国际（中国）化工有限公司和惠州惠菱化成有限公司排除在国内产业之外。

在本案中，中国石油天然气股份有限公司吉林石化分公司、黑龙江中盟龙新化工有限公司两家国内甲基丙烯酸甲酯生产企业向调查机关提交了国内生产者调查问卷答卷。2011年至2013年，上述两家国内企业的甲基丙烯酸甲酯产量之和占同期国内产业总产量的比例分别为：61.18%、66.71%和73.01%，符合《反倾销条例》第十一条关于国内产业认定的规定。因此，在本案中，上述两家国内生产者可以代表中国甲基丙烯酸甲酯产业，其数据可以作为损害和因果关系分析的基础（本裁决所使用相关数据见附表）。

（三）国内市场分析。

调查机关分析了中国甲基丙烯酸甲酯市场状况、涉案企业的定价策略等，认为被调查产品和国内同类产品在中国市场相互竞争，价格是影响甲基丙烯酸甲酯销售的重要因素，被调查产品的价格会影响国内同类产品的价格变化。

1. 中国市场状况。

国内甲基丙烯酸甲酯消费市场是竞争的市场。被调查产品可以不断地进入中国市场，并与国内同类产品进行价格竞争。

（1）进口甲基丙烯酸甲酯可以持续进入中国市场。

损害调查期内，新加坡、泰国和日本等外国生产企业向中国下游用户销售甲基丙烯酸甲酯产品，进口产品的数量总体呈现增长趋势，且被调查产品占中国总进口数量的比例均在70%左右。损害调查期内，进口产品可以持续地以较大的数量对中国出口，增加对中国市场的供应。

（2）被调查产品占有国内市场较大份额。

据中国海关数据统计，损害调查期内，被调查产品占国内甲基丙烯酸甲酯市场份额分别为25.21%、35.21%和32.49%，2012年比2011年增加了10个百分点，2013年虽比2012年减少了2.72个百分点，但仍比2011年增加了7.28个百分点。上述数据表明被调查产品占有国内甲基丙烯酸甲酯消费市场较大份额，且市场份额总体呈现上升趋势。

（3）相同的客户群体表明被调查产品和国内同类产品存在竞争。

如前所述，被调查产品之间、被调查产品与国内同类产品之间可以相互替换，拥有共同的客户群体。由于共同的客户群体采购和使用不同来源的甲基丙烯酸甲酯产品，被调查产品之间、被调查产品和国内同类产品之间存在直接的竞争。

（4）定价策略表明中国市场存在价格竞争。

在中国销售甲基丙烯酸甲酯产品时，涉案外国企业和国内生产企业采用相同或类似的定价策略，即依据中国市场条件确定销售价格。尤其是国内生产企业会参照中国海关统计的新加坡、泰国和日本产品进口价格确定自己的销售价格。并且，价格是影响产品销售的重要因素。定价方法以及价格对销售的重要影响表明，被调查产品之间、被调查产品与国内同类产品之间存在价格竞争。

（5）市场供求状况表明国内同类产品与被调查产品存在价格竞争。

调查期内，国内甲基丙烯酸甲酯表观消费量持续增长。2011 年 -2013 年，国内甲基丙烯酸甲酯的表观消费量分别为 432024.86 吨、514442.80 吨、520937.82 吨。2012 年比 2011 年增长了 19.08%，2013 年比 2012 年增长了 1.26%，比 2011 年增长了 20.58%。在国内甲基丙烯酸甲酯市场需求出现上述增长的情况下，被调查产品和国内同类产品价格均呈现逐年下降趋势，国内市场上包括本案被调查产品和国内同类产品在内的多种来源供给的甲基丙烯酸甲酯，在质量、规格和用途等方面基本相同的情况下，产品的销售价格成为市场竞争的关键因素。调查机关认为，被调查产品与国内同类产品的价格竞争明显。

（6）被调查产品与国内同类产品的销售渠道基本相同。

调查期内，国内同类产品与被调查产品均通过直接销售、代理销售等方式在中国市场进行销售。相同和类似的销售渠道，表明被调查产品和国内同类产品存在进行竞争的市场环境。

因此，上述情况表明，在国内甲基丙烯酸甲酯消费市场上，被调查产品之间、以及被调查产品和国内同类产品之间存在竞争。

2. 销售定价策略。

外国应诉企业和国内产业采用相同或类似的定价策略，即根据中国市场状况，与客户协商确定在中国市场销售甲基丙烯酸甲酯产品的价格。

外国应诉企业在调查问卷答卷中表示，其依据市场状况或条件，根据与客户协商确定向中国客户出售甲基丙烯酸甲酯的价格。

国内产业在调查问卷答卷中表示，确定产品销售价格是“以市场价格为主要参考对象，同时兼顾下游用户情况”。

上述情况表明，本案国外应诉企业和国内产业在中国销售甲基丙烯酸甲酯产品的定价策略基本相同，即按照中国市场条件确定产品销售价格。因此，中国甲基丙烯酸甲酯产品的市场价格，是被调查产品和国内同类产品及其他的产品供给客户相互竞争的结果。就被调查产品和国内同类产品而言，销售价格是获取下游用户采购订单的重要因素。

上述初步证据表明，被调查产品和国内同类产品存在竞争关系。由于这种竞争关系的存在，加之价格是影响销售的重要因素，以及国内生产企业和涉案外国企业采用的定价策略，被调查产品的价格会对国内同类产品的价格变化产生影响。

五、产业损害及损害程度

（一）累积评估。

根据《反倾销条例》第九条的规定，调查机关考虑了就原产于新加坡、泰国和日本的进口甲基丙烯酸甲酯对国内产业造成的影响进行累积评估的适当性。

1. 倾销幅度不属于微量。

倾销调查期内，来自新加坡、泰国和日本的进口被调查产品均存在倾销，倾销幅度均在 2% 以上，不属于微量的倾销幅度。

2. 进口数量不属于可忽略不计。

根据中国海关数据统计，损害调查期内，来自新加坡、泰国和日本的进口甲基丙烯酸甲酯数量占中国总进口数量的比例均超过 3%，不属于可忽略不计的范围。

3. 竞争条件。

调查机关对被调查产品之间，以及被调查产品与国内同类产品之间的竞争条件进行了以下调查：

第一，被调查产品与国内同类产品的物理化学特性和最终用途等方面基本相同，可以相互替换。二者的客户群体相同且存在交叉，下游用户选择采购、替代使用被调查产品以及国内同类产品。

第二，被调查产品与国内同类产品的销售渠道相同或类似，均主要通过直接销售、代理销售等方式在中国市场进行销售。二者的销售范围和时间条件基本相同。调查期内，被调查产品和国内同类产品同时在中国市场上竞争销售，并存在共同的客户群体。没有利害关系方主张其产品销售的时间范围和销售地域与其他外国应诉企业以及国内产业的产品不同。各种来源产品的销售，没有明显的时间和地域偏好。

上述初步证据表明，从被调查产品之间、被调查产品与国内同类产品之间的竞争条件分析，对原产于新加坡、泰国和日本的被调查产品进行累积评估是适当的。且没有证据证明，也没有利害关系方主张竞争条件将发生变化，因此被调查产品和国内同类产品在短期内仍将继续竞争。

因此，调查机关在初裁中暂决定对原产于新加坡、泰国和日本的进口被调查产品对国内产业造成的影响进行累积评估。

（二）倾销进口产品进口数量及所占中国国内市场份额。

调查机关对倾销进口产品的进口数量是否存在大幅增长及所占市场份额情况进行了初步审查。调查期内，原产于新加坡、泰国和日本的进口甲基丙烯酸甲酯进口数量总体呈现上升趋势。近年来新加坡、泰国和日本甲基丙烯酸甲酯对中国出口数量总体呈大幅增长趋势。2011 年至 2013 年，上述三国甲基丙烯酸甲酯合计对中国出口数量分别为 108926.80 吨、181135.40 吨、169265.70 吨，2012 年比 2011 年增长了 66.29%，2013 年比 2012 年下降了 6.55%，比 2011 年增长了 55.39%。

上述三国甲基丙烯酸甲酯占中国国内市场份额的比例一直比较高，且总体呈上升趋势。2011 年至 2013 年三国合计市场份额分别为 25.21%、35.21%、32.49%，2012 年比 2011 年增加了 10 个百分点，2013 年比 2012 年减少了 2.72 个百分点，比 2011 年增加了 7.28 个百分点。

因此，倾销进口产品进口数量持续大幅增长，所占中国市场份额大幅攀升的情况下，国内同类产品所占市场份额大幅减少，总体呈下降趋势。2012 年国内同类产品市场份额比 2011 年减少了 8.09 个百分点，2013 年比 2012 年增加了 3.42 个百分点，比 2011 年下降了 4.67 个百分点。

（三）倾销进口产品价格对国内同类产品价格的影响。

调查机关就倾销进口产品进口价格对国内同类产品价格的影响进行了审查分析。由于倾销进口产品和国内同类产品存在竞争关系，加之价格是影响销售的重要因素，以及国内生产企业和涉案外国企业采用的定价策略，倾销进口产品的价格会对国内同类产品的价格变化产生影响。

关于价格比较所采用的数据。三菱丽阳株式会社、璐彩特国际（新加坡）有限公司和泰国 MMA 单体制造销售公司在 2015 年 2 月 6 日向调查机关提交在《进口甲基丙烯酸甲酯反倾销调查无损害评论意见》中提出，申请书中使用的甲基丙烯酸甲酯数据，是“甲基丙烯酸酯”这一更大范围进口产品类别的数据，而不是甲基丙烯酸甲酯的具体数据。PTT 旭化成化学有限公司在 2015 年 1 月 9 日向调查机关提交的《甲基丙烯酸甲酯反倾销案产业损害抗辩意见书》中提出，“申请人在分析被调查产品数量时，未能将被调查产品与该税则号下的其他甲基丙烯酸酯产品区别开来。”

经审查，新加坡、泰国和日本提交的调查问卷答卷显示，损害调查期内，上述三国应诉企业向中国出口的被调查产品数量占中国海关统计的三国进口数量的比例分别为：55%、60% 和 82%。同时调查机关注意到，由于中国海关仅统计“甲基丙烯酸酯”数据，并非是单独的甲基丙烯酸甲酯数据，因此，在以上使用的中国海关统计的三国进口数量应大于实际的甲基丙烯酸甲酯数量，即，新加坡、泰国和日本向中国出口的被调查产品数量实际占三国甲基丙烯酸甲酯进口数量的比例应更大。据此，调查机关认为新加坡、泰国和日本应诉企业提交的价格数据更具有代表性，可以代表倾销进口产品的价格情况。初裁中，调查机关决定采用上述三国应诉答卷企业在调查问卷答卷中提交的价格数据进行价格影响分析。

调查机关采用本案应诉企业在答卷中提供的损害调查期内向中国出口被调查产品的价格数据，包含应缴进口关税的倾销进口产品加权平均销售价格，并考虑各年度平均汇率等因素后作为进口价格，与经调查机关对国内产业初裁前实地核查后认定的国内同类产品的加权平均销售价格进行比较，二者贸易水平相当，均主要为销售给最终用户的交易价格，具有可比性。因此，调查机关将以上两种价格进行比较来分析价格影响。

上述价格比较结果显示，损害调查期内倾销进口产品的进口价格均低于国内同类产品的销售价格，对国内同类产品的价格构成了价格削减，削减幅度分别为：2011 年 4.56%，2012 年 3.99%，2013 年 6.21%。

（四）调查期内国内产业状况。

申请人主张，来自新加坡、泰国和日本的甲基丙烯酸甲酯的倾销行为已经给国内产业造成了实质损害，对国内甲基丙烯酸甲酯产业造成了严重影响。

根据《反倾销条例》第七条和第八条的规定，调查机关对损害调查期内国内产业的相关经济因素和指标进行了调查。

初步证据显示，损害调查期内，中国甲基丙烯酸甲酯市场表观消费量持续增加，2012 年和 2013 年分别较上年同比增长 19.08% 和 1.26%。为满足增长的国内市场需求，国内产业同类产品产能、产量和销售数量总体呈现增长趋势，就业人数增加。由于调查期内倾销进口产品进口数量总体呈现增长趋势，2012 年比 2011 年增长了 66.29%；2013 年比 2012 年下降了 6.55%，比 2011 年增长了 55.39%，造成同期国内同类产品市场份额总体呈现下降趋势，2012 年比 2011 年下降了 8.09 个百分点，2013 年比 2012 年增加了 3.42 个百分点，但比 2011 年下降了 4.67 个百分点。与此同时，调查期内倾销进口产品价格始终低于国内产业同类产品价格，对国内产业同类产品价格产生了削减作用，倾销进口产品对国内产业生产经营产生了明显影响。在市场需求增长的背景下，国内产业已有产能未能得到充分利用，开工率始终较低且逐年下降，2012 年和 2013 年较上年同比分别下降 4.23 个百分点和 4.58 个百分点；受倾销进口产品价格削减作用的影响，国内同类产品价格逐年下降，2012 年比 2011 年下降了 18.07%，2013 年比 2012 年下降了 0.65%。国内同类产品价格的下降，使得国内产业同期产品销售数量虽然有所增长，但销售收入总体呈现下降趋势，国内同类产品销售收入 2012 年比 2011 年大幅下降 28.69%，2013 年比 2012 年增长 16.26%，但比 2011 年下降了 17.09%。国内同类产品税前利润大幅下降，2012 年比 2011 年下降了 99.18%，2013 年出现巨额亏损。投资收益率 2012 年比 2011 年下降 26.27 个百分点，2013 年投资收益率为负值。国内产业产品期末库存大幅增加，2012 年比 2011 年大幅增加 63.25%，2013 年比 2012 年减少 7.79%，但比 2011 年增加了 50.53%。现金净流量大幅减少，2013 年比 2011 年减少 56.81%，其中 2012 年度现金流量为净流出。国内产业由于生产经营困难，压缩成本，减少人员工资支出，企业人均工资逐年下降，2012 年比 2011 年下降了 1.30%，2013 年比 2012 年继续下降了 7.19%。国内产业劳动生产率总体呈现下降趋势，2012 年比 2011 年下降 8.48%，2013 年比 2012 年上升 3.81%，但比 2011 年下降 5%。

（五）实质损害。

申请人主张，倾销进口产品对国内产业造成了实质损害。调查机关对此进行了调查。

上述初步证据和分析表明，损害调查期内，倾销进口产品进口数量大幅增长，占国内市场份额大幅攀升，进口价格各年度均低于国内同类产品价格，并对国内同类产品价格构成了价格削减。国内甲基丙烯酸甲酯产业受到了实质损害。

调查机关对倾销进口产品的倾销幅度也进行了审查，证据显示倾销进口产品的倾销幅度为 6.8% ~ 34.6%，不属于微量倾销。

外国应诉企业依据本案申请书中的相关数据对国内产业状况进行了分析后提出：被调查产品对中国的出口数量没有出现大幅增加；进口被调查产品没有对国内同类产品的价格造成不利影响；调查期内多项经济指标显示国内产业发展良好，国内产业所面临的困难和经营波动在调查期末已经大幅缓解，国内产业没有受到实质损害。

对此，申请人认为：调查期内，被调查产品进口数量大幅增长，价格大幅下降；在国内产业损害考察的经济指标中，只有产能、产量、销量、就业人数等几个指标总体呈现上升趋势，其余大部分指标均呈恶化趋势，特别是由于税前利润持续下降并出现巨额亏损，使国内企业处于减产甚至停产状态，足以证明国内产业受到实质损害。

调查机关认为：

第一，损害调查期内，在被调查产品出口数量持续大幅增长，所占中国市场份额大幅攀升的情况下，国内同类产品所占市场份额大幅减少，总体呈下降趋势。

第二，损害调查期内，倾销进口产品的进口价格均低于国内同类产品的销售价格，对国内同类产品的价格构成了价格削减。

第三，损害调查期三年内的所有经济指标综合显示，国内产业受到了实质损害。

六、因果关系

如前所述，被调查产品与中国国内生产的甲基丙烯酸甲酯是同类产品，在中国市场上存在竞争关系。国内产业参照被调查产品进口价格确定其销售价格，被调查产品的价格变化影响国内产业同类产品的价格变化。在损害调查期内，倾销进口产品价格对国内同类产品价格持续产生价格削减，进口绝对数量大幅增加，对中国国内产业造成实质损害。

（一）倾销进口产品造成了国内产业的实质损害。

上述数据显示，损害调查期内，中国甲基丙烯酸甲酯市场表观消费量持续增加，为满足增长的国内市场需求，国内产业同类产品产能、产量和销售数量总体呈现增长趋势，就业人数增加。调查期内倾销进口产品进口数量总体呈现增长趋势，2012 年比 2011 年增长了 66.29%；2013 年比 2012 年下降了 6.55%，比 2011 年增长了 55.39%。同期国内同类产品市场份额总体呈现下降趋势，2012 年比 2011 年下降了 8.09 个百分点，2013 年比 2012 年增加了 3.42 个百分点，但比 2011 年下降了 4.67 个百分点。与此同时，调查期内倾销进口产品价格始终低于国内产业同类产品价格，对国内产业同类产品价格产生了削减作用，倾销进口产品对国内产业生产经营产生了明显影响。在市场需求增长的背景下，国内产业已有产能未能得到充分利用，开工率始终较低且逐年下降，2012年和2013年较上年同比分别下降4.23个百分点和 4.58 个百分点；受倾销进口产品价格削减作用的影响，国内同类产品价格逐年下降，2012年比2011年下降了18.07%，2013年比2012年下降了0.65%。国内同类产品价格的下降，使得国内产业同期产品虽然销售数量有所增长，但销售收入总体呈现下降趋势，国内同类产品销售收入2012年比2011年大幅下降28.69%，2013年比2012年增长16.26%，但比2011年下降了17.09%。国内同类产品税前利润大幅下降，2012年比2011年下降了99.18%，2013年出现巨额亏损。投资收益率2012年比2011年下降26.27个百分点，2013年投资收益率为负值。国内产业产品期末库存大幅增加，2012年比2011年大幅增加63.25%，2013年比2012年减少7.79%，但比2011年增加了50.53%。现金净流量大幅减少，2013年比2011年减少56.81%，其中2012年度现金流量为净流出。由于生产经营困难，国内产业压缩成本，减少人员工资支出，企业人均工资逐年下降，2012年比2011年下降了1.30%，2013年比2012年继续下降了7.19%。国内产业劳动生产率总体呈现下降趋势，2012年比2011年下降8.48%，2013年比2012年上升3.81%，但比2011年下降5%。

调查机关认为，上述证据表明，倾销进口产品造成了国内产业的实质损害。

（二）其他已知因素分析。

1. 其他国家（地区）进口产品的数量和价格。

中国海关统计数据显示，损害调查期内的三年中，其他国家（地区）进口产品进口量分别为30670.66吨、57396.1吨和75819.07吨，在总进口量中占比分别为21.97%、24.06%和30.94%。相对倾销进口产品，其他国家（地区）进口产品数量较少。从中国海关统计的进口价格（CIF价格）看，损害调查期的三年中，其他国家（地区）进口甲基丙烯酸甲酯平均价格分别为2282.21美元/吨、2037.11美元/吨、和2051美元/吨。由于中国海关仅统计“甲基丙烯酸酯”数据，而无法区分其中的“甲基丙烯酸甲酯”和“甲基丙烯酸甲酯以外的其他产品”的具体数据，因此无法对其他国家（地区）进口产品与倾销进口产品的价格水平进行精确比较，但由于其他国家（地区）进口产品相对于倾销进口产品而言数量较少，因此，即便其他国家（地区）进口产品可能对国内产业造成不利影响，也无法由此否定倾销进口产品对国内产业造成的不利影响。而且中国化工信息中心提供的数据显示，新加坡、泰国和日本拥有较大的产能和产量，出口能力强，对境外市场依赖程度高，其对中国市场进一步加大倾销出口的可能性较其他国家（地区）更大。

2. 国内需求和消费模式的变化。

中国国内甲基丙烯酸甲酯表观消费量数据显示，损害调查期内国内甲基丙烯酸甲酯市场需求持续增长。国内没有出现限制甲基丙烯酸甲酯产业发展的政策变化，也没有出现其他替代产品等消费模式变化而导致中国国内甲基丙烯酸甲酯需求的萎缩。因此国内需求和消费模式没有对国内产业造成负面影响。

3. 商业流通渠道和贸易政策及国内外竞争状况。

调查显示，目前国内同类产品实行市场化的价格机制，生产经营受市场规律调节。国内产业同类产品的销售渠道、销售区域与倾销进口产品基本相同，在商业流通领域并不存在其他阻碍国内产业同类产品销售或造成国内产业损害的因素。损害调查期内国内没有颁布限制甲基丙烯酸产业发展的贸易政策。国内外正当的竞争也没有对国内产业造成损害。国内产业遭受的实质损害不是由于商业流通渠道、贸易政策及国内外正当竞争造成的。

4. 国内产业经营管理的变化和技术发展情况。

证据显示，国内产业在生产工艺、技术装备、产品质量、生产经营管理等方面都具备良好的市场竞争能力。调查机关未发现因生产工艺及技术落后和管理不善而对国内产业造成负面影响的情况。

5. 国内产业同类产品出口状况。

损害调查期内，国内产业同类产品没有出口，因此，国内产业遭受到的实质损害不是由国内产业同类产品的出口造成的。

6. 不可抗力因素。

调查机关未发现在损害调查期内国内产业受到自然灾害或其他严重不可抗力的事件。

七、初步调查结论

根据上述调查结果，调查机关初步裁定，原产于新加坡、泰国和日本的进口甲基丙烯酸甲酯存在倾销，中国国内甲基丙烯酸甲酯产业受到了实质损害，且倾销与实质损害之间存在因果关系。

附表

甲基丙烯酸甲酯反倾销案数据表（略）

又讯：海关总署公告2015年第36号 关于对进口原产于新加坡、泰国和日本的甲基丙烯酸甲酯实施临时反倾销措施的公告 （2015年7月31日）

根据《中华人民共和国反倾销条例》的规定，商务部决定自2015年8月1日起对进口原产于新加坡、泰国和日本的甲基丙烯酸甲酯实施临时反倾销措施（详见附件1）。现将有关事项公告如下：

一、自2015年8月1日起，海关对进口原产于新加坡、泰国和日本的甲基丙烯酸甲酯(税则号列:29161400)，除按现行规定征收关税和进口环节增值税外，还将区别不同的供货厂商，按照本公告附件2所列的适用征收比率和下述计算公式征收反倾销保证金及相应的进口环节增值税保证金。

反倾销保证金及进口环节增值税保证金合计计算公式为：

保证金总额＝(海关完税价格×反倾销保证金征收比率)×(1+进口环节增值税税率)

实施临时反倾销措施产品的详细描述和标准详见本公告附件1。

二、凡申报进口甲基丙烯酸甲酯的进口经营单位，应当向海关如实申报原产地并提交相关原产地证明文件。如果原产地为新加坡、泰国或日本的，还需提供原生产厂商发票。对于无法确定原产地的上述货物，海关按照本公告附件2所列的最高反倾销保证金征收比率征收保证金。对于能够确定货物的原产地是新加坡、泰国或日本，但进口经营单位不能提供原生产厂商发票，且通过其他合法、有效的单证仍无法确定原生产厂商的，海关将按照本公告附件2所列相应国家中的最高反倾销保证金征收比率征收保证金。

三、有关加工贸易保税进口原产于新加坡、泰国和日本的甲基丙烯酸甲酯如何征收反倾销保证金等方面的问题，海关按照中华人民共和国海关总署令第111号和海关总署公告2001年第9号的规定执行。

四、对于所征收的反倾销保证金及进口环节增值税保证金的处理，海关总署将根据终裁结果另行公告。

特此公告。

附件：1. 中华人民共和国商务部公告2015年第29号（略）

2. 甲基丙烯酸甲酯反倾销保证金征收比率表

甲基丙烯酸甲酯反倾销保证金征收比率表

原产地	厂商名称	征收比率
新加坡	璐采特国际（新加坡）有限公司 Lucite International Singapore Pte. Ltd.	6.8%
	Sumitomo Chemical Singapore Pte Ltd	14.5%
	其他新加坡公司 All Others	6.8%
泰国	泰国MMA单体制造销售公司 THAI MMA CO., LTD.	15.2%
	PTT旭化成化学有限公司 PTT Asahi Chemical Company Limited	10.7%
	其他泰国公司 All others	15.2%
日本	三菱丽阳株式会社 Mitsubishi Rayon Co., Ltd.	14.4%
	旭化成化学株式会社 ASAHI KASEI CHEMICALS CORPORATION	12.2%
	日本住友化学株式会社 Sumitomo Chemical Company,Limited	13.3%
	可乐丽株式会社 KURARAY CO., LTD.	34.6%

续表

原产地	厂商名称	征收比率
日本	三菱瓦斯化学株式会社 Mitsubishi Gas Chemical Co., Inc.	34.6%
	三井化学株式会社 Mitsui Chemicals, Inc.	34.6%
	其他日本公司 All Others	14.4%

再讯：中华人民共和国商务部公告2015年第60号 关于原产于新加坡、泰国和日本的进口甲基丙烯酸甲酯反倾销调查最终裁定的公告（2015年12月1日）

根据《中华人民共和国反倾销条例》（以下简称《反倾销条例》）的规定，2014年8月8日，商务部（以下称调查机关）发布2014年第53号公告，决定对原产于新加坡、泰国和日本的进口甲基丙烯酸甲酯（以下称被调查产品）进行反倾销调查。

调查机关对被调查产品是否存在倾销及倾销幅度、被调查产品是否对国内产业造成损害及损害程度以及倾销与损害之间的因果关系进行了调查。根据调查结果和《反倾销条例》第二十四条的规定，2015年7月24日，调查机关发布初裁公告，初步认定原产于新加坡、泰国和日本的进口甲基丙烯酸甲酯存在倾销，中国甲基丙烯酸甲酯产业受到了实质损害，而且倾销与实质损害之间存在因果关系。

初步裁定后，调查机关对倾销和倾销幅度、损害和损害程度以及倾销与损害之间的因果关系进行了进一步调查。现本案调查结束，根据《中华人民共和国反倾销条例》第二十五条的规定，调查机关做出最终裁定（见附件）。现就有关事项公告如下：

一、最终裁定

经过调查，调查机关最终裁定，在本案调查期内，原产于新加坡、泰国和日本的进口甲基丙烯酸甲酯存在倾销，中国甲基丙烯酸甲酯产业受到了实质损害，而且倾销与实质损害之间存在因果关系。

二、征收反倾销税

根据《反倾销条例》第三十八条规定，商务部向国务院关税税则委员会提出征收反倾销税的建议，国务院关税税则委员会根据商务部的建议做出决定，自2015年12月1日起，对原产于新加坡、泰国和日本的进口甲基丙烯酸甲酯征收反倾销税。

本案征收反倾销税的具体描述如下：

被调查产品名称：甲基丙烯酸甲酯，英文名称：Methyl Methacrylate(MMA)。

分子式：$C_5H_8O_2$

化学结构式：

物理化学特征：甲基丙烯酸甲酯为无色液体，易挥发，易燃。熔点为 -48℃，沸点 100 ~ 101℃，24℃（4.3kPa），相对密度 0.9440（20/4℃），折射率 1.4142，闪点（开杯）10℃，蒸气压（25.5℃）5.33kPa。溶于乙醇、乙醚、丙酮等多种有机溶剂，微溶于乙二醇和水。在光、热、电离辐射和催化剂存在下易聚合。

主要用途：甲基丙烯酸甲酯是一种重要的有机化工原料，主要用于合成有机玻璃（聚甲基丙烯酸甲酯 PMMA）。也可用于合成其他树脂、塑料、涂料、黏合剂、改性剂、乳胶增塑剂、纺织上浆剂、防水剂、润滑剂、木材和软木的浸润剂、电机线圈的浸透剂、离子交换树脂、皮革处理剂、纸张上光剂、印染助剂、人造大理石和绝缘灌注材料等。

该产品归在《中华人民共和国进出口税则》：29161400。该税则号项下甲基丙烯酸甲酯以外的其他产品不在本次调查产品范围之内。

对各公司征收的反倾销税税率如下：

新加坡公司：

1. 璐彩特国际（新加坡）有限公司　6.7%
（Lucite International Singapore Pte. Ltd.）

2. Sumitomo Chemical Singapore Pte Ltd　14.5%

3. 其他新加坡公司（All Others） 14.5%

泰国公司：

1. 泰国 MMA 单体制造销售公司 15.2%
（THAI MMA CO., LTD.）

2.PTT 旭化成化学有限公司 11.1%
（PTT Asahi Chemical Company Limited）

3. 其他泰国公司（All Others） 18.4%

日本公司：

1. 三菱丽阳株式会社 14.6%
（Mitsubishi Rayon Co., Ltd.）

2. 旭化成化学株式会社 12.3%
（ASAHI KASEI CHEMICALS CORPORATION）

3. 日本住友化学株式会社 13.4%
（Sumitomo Chemical Company,Limited）

4. 可乐丽株式会社 34.6%
（KURARAY CO., LTD.）

5. 三菱瓦斯化学株式会社 34.6%
（Mitsubishi Gas Chemical Co., Inc.）

6. 三井化学株式会社 34.6%
（Mitsui Chemicals, Inc.）

7. 其他日本公司（All Others） 34.6%

三、征收反倾销税的方法

自 2015 年 12 月 1 日起，进口经营者在进口原产于新加坡、泰国和日本的甲基丙烯酸甲酯时，应向中华人民共和国海关缴纳相应的反倾销税。反倾销税以海关审定的完税价格从价计征，计算公式为：

反倾销税额＝海关完税价格 × 反倾销税税率。

进口环节增值税以海关审定的完税价格加上关税和反倾销税作为计税价格从价计征。

四、反倾销税的追溯征收

对自 2015 年 8 月 1 日起至 2015 年 11 月 30 日止，有关进口经营者依初裁公告向中华人民共和国海关所提供的保证金，按终裁所确定的征收反倾销税的具体描述和反倾销税税率计征并转为反倾销税，并按相应的增值税税率计征进口环节增值税。在此期间有关进口经营者所提供的保证金超出反倾销税的部分，以及由此多征的进口环节增值税部分，海关予以退还，少征部分则不再征收。

对临时反倾销措施实施之日前进口的原产于新加坡、泰国和日本的进口甲基丙烯酸甲酯不再追溯征收反倾销税。

五、征收反倾销税的期限

对原产于新加坡、泰国和日本的进口甲基丙烯酸甲酯征收反倾销税的实施期限自 2015 年 12 月 1 日起 5 年。

六、新出口商复审

对于新加坡、泰国和日本的未在调查期内向中华人民共和国出口被调查产品的新出口经营者，符合条件的，可依据《反倾销条例》第四十七条的规定，向调查机关书面申请新出口商复审。

七、期中复审

在征收反倾销税期间，有关利害关系方可以根据《中华人民共和国反倾销条例》第四十九条的规定，向调查机关书面申请期中复审。

八、行政复议和行政诉讼

对本案终裁决定及征收反倾销税的决定不服的，根据《中华人民共和国反倾销条例》第五十三条的规定，可以依法申请行政复议，也可以依法向人民法院提起诉讼。

九、本公告自 2015 年 12 月 1 日起执行

附件：中华人民共和国商务部关于原产于新加坡、泰国和日本的进口甲基丙烯酸甲酯反倾销调查的最终裁定

根据《中华人民共和国反倾销条例》(以下简.称《反倾销条例》）的规定，2014 年 8 月 8 日，商务部（以下称调查机关）正式发布立案公告，决定对原产于新加坡、泰国和日本的进口甲基丙烯酸甲酯（以下称被调查产品）进行反倾销立案调查。

调查机关对被调查产品是否存在倾销和倾销幅度、被调查产品是否对国内产业造成损害及损害程度以及倾销与损害之间的因果关系进行了调查。根据调查结果和《反倾销条例》第二十四条的规定，2015 年 7 月 24 日，调查机关发布初裁公告，初步认定原产于新加坡、泰国和日本的进口甲基丙烯酸甲酯存在倾销，中国甲基丙烯酸甲酯产业受到了实质损害，而且倾销与实质损害之间存在因果关系。

初步裁定后，调查机关对倾销和倾销幅度、损害和损害程度以及倾销与损害之间的因果关系进行了进一步调查。现本案调查结束，根据《中华人民共和国反倾销条例》第二十五条的规定，调查机关做出最终裁定如下：

一、调查程序

（一）立案及通知。

1. 立案。

2014 年 6 月 18 日，中国石油天然气股份有限公司吉林石化分公司和黑龙江中盟龙新化工有限公司代表国内甲基丙烯酸甲酯产业正式向调查机关提起对原产于新加坡、泰国和日本的进口甲基丙烯酸

甲酯进行反倾销调查的申请。

调查机关审查了申请材料后，认为申请人符合《反倾销条例》第十一条、第十三条和第十七条有关中国国内产业提出反倾销调查申请的规定。同时，申请书中包含了《反倾销条例》第十四条、第十五条规定的反倾销调查立案所要求的内容及有关的证据。

根据上述审查结果及《反倾销条例》第十六条的规定，调查机关于2014年8月8日发布立案公告，决定对原产于新加坡、泰国和日本的进口甲基丙烯酸甲酯进行反倾销立案调查。倾销调查期为2013年1月1日至2013年12月31日（以下称倾销调查期）。产业损害调查期为2011年1月1日至2013年12月31日（以下称损害调查期）。

2. 立案通知。

在决定立案调查前，根据《反倾销条例》第十六条规定，调查机关就收到中国甲基丙烯酸甲酯产业反倾销调查申请书一事通知了新加坡、泰国和日本驻华使馆。

2014年8月8日，调查机关发布立案公告，并向新加坡、泰国和日本驻华使馆正式提供了立案公告和申请书的公开文本。同日，调查机关将本案立案情况通知了本案申请人及申请书中列名的外国企业。

3. 公开信息。

在立案公告中，调查机关告知利害关系方，可以通过商务部贸易救济公开信息查阅室查阅本次反倾销调查相关信息的非保密版本。

立案当天，调查机关通过商务部贸易救济公开信息查阅室公开了本案申请人提交的申请书的非保密版本。

（二）初裁前调查。

1. 登记参加调查。

在规定时间内，璐彩特国际（新加坡）有限公司、Sumitomo Chemical Singapore Pte Ltd、泰国MMA单体制造销售公司、PTT旭化成化学有限公司、三菱丽阳株式会社、旭化成化学株式会社和住友化学株式会社，以及国内进口商河北新运隆进出口有限公司、国内生产商中国石油天然气股份有限公司吉林石化分公司和黑龙江中盟龙新化工有限公司向调查机关登记参加调查。

2. 抽样调查。

由于登记参加调查的日本生产商数量较多，根据《反倾销条例》第二十条的规定，调查机关决定采用抽样调查的方法调查日本生产商的倾销幅度。

调查机关于2014年8月29日，向未登记参加调查的三家日本甲基丙烯酸甲酯生产商—日本可乐丽株式会社、日本三菱瓦斯化学株式会社和日本三井化学株式会社分别发放了《关于拟对甲基丙烯酸甲酯反倾销案日本涉案生产商/出口商进行抽样调查的通知》。在规定时间内，上述三家企业未向调查机关提交相关材料。根据《反倾销条例》第二十条的规定，在抽样调查时的可获得信息的基础上，调查机关从登记参加调查的三家日本甲基丙烯酸甲酯生产商中，选取向中国出口量最大的两家日本公司—三菱丽阳株式会社、旭化成化学株式会社作为样本企业。

本案未有利害关系方对调查机关采取的上述抽样方法及抽样结果提出异议。

3. 发放问卷和收取答卷。

2014年9月22日，调查机关发布《关于发放甲基丙烯酸甲酯反倾销案调查问卷的通知》，向上述新加坡、泰国和日本应诉企业发放了《国外出口商/生产商调查问卷》；向国内生产企业发放了《国内生产者调查问卷》；向国内进口商发放了《国内进口商调查问卷》。

调查机关要求上述公司在规定时间内提交准确、完整的答卷。在法定期间内，新加坡、泰国和日本的应诉企业均向调查机关申请延期递交答卷并陈述了相关理由。经审查，调查机关同意给予适当延期。至答卷递交截止之日，调查机关

共收到了5份国外生产商提交的调查问卷答卷，2家国内生产企业提交的调查问卷答卷，未收到国内进口商提交的调查问卷答卷。

针对部分国外生产商提交的答卷中存在的问题，调查机关向其发放了反倾销调查补充问卷。在规定时间内，调查机关收到了反倾销调查补充问卷答卷。

4. 听取利害关系方意见。

（1）召开听证会。

2014年11月6日，三菱丽阳株式会社、泰国MMA单体制造销售公司和璐彩特国际（新加坡）有限公司向调查机关提出召开本案反倾销产业损害调查听证会的申请。经审查，调查机关于2014年11月20日给相关利害关系方回复《关于同意召开进口甲基丙烯酸甲酯反倾销案初裁前阶段听证会的函》，决定召开本案反倾销产业损害调查听证会。

本案2家国内申请企业、5家国外生产商、1家

国内下游用户及泰国和日本驻华使馆，在规定时间内向调查机关提交了听证会书面发言概要。

2015 年 2 月 10 日，调查机关召开了本案反倾销产业损害调查听证会。上述向调查机关提交书面发言概要的利害关系方代表在听证会上发言，并在会后规定时间内，向调查机关提交了听证会发言的书面材料。

（2）会见有关利害关系方。

2014 年 12 月 11 日，调查机关应约会见了国内甲基丙烯酸甲酯产品下游用户上海亚克力化工有限公司和汤臣压克力有限公司代表，听取其对本案的相关意见和建议。

（3）接收利害关系方评论意见。

2015 年 1 月 9 日，调查机关收到 PTT 旭化成化学有限公司委托其代理律师提交的《甲基丙烯酸甲酯反倾销案产业损害抗辩意见书》。

2015 年 1 月 12 日，调查机关收到日本旭化成化学株式会社委托其代理律师提交的《甲基丙烯酸甲酯反倾销案产业损害抗辩意见书》。

2015 年 2 月 6 日，调查机关收到三菱丽阳株式会社、泰国 MMA 单体制造销售公司和璐彩特国际（新加坡）有限公司委托其代理律师提交的《进口甲基丙烯酸甲酯反倾销调查无损害评论意见》。

2015 年 2 月 9 日，调查机关收到泰国政府提交的《甲基丙烯酸甲酯反倾销案的评论意见》。

2015 年 3 月 13 日，调查机关收到国内申请企业委托其代理律师提交的《关于泰国 MMA 单体制造销售公司及日本三菱丽阳株式会社甲基丙烯酸甲酯产品区分不同型号问题的评论》。

5. 初裁前实地核查。

根据《反倾销条例》第二十条的规定，2014 年 12 月 9 日，调查机关发布《关于甲基丙烯酸甲酯反倾销案国内企业实地核查的通知》，决定对本案 2 家国内申请企业进行初裁前实地核查。

2014 年 12 月 16—19 日和 2015 年 1 月 14-16 日，调查机关对本案国内申请企业中国石油天然气股份有限公司吉林石化分公司和黑龙江中盟龙新化工有限公司分别进行了初裁前实地核查。核查结束后，上述被核查企业向调查机关提交了对调查问卷答卷的补充修正材料。

6. 公开信息。

根据《反倾销条例》的规定，调查机关已将调查过程中收到和制作的本案所有公开材料及时送交商务部贸易救济公开信息查阅室。各利害关系方可以查找、阅览、摘抄、复印有关公开信息。

（三）延期公告。

2015 年 7 月 24 日，调查机关发布公告，决定将本案调查期限延长 4 个月，即截止日期为 2015 年 12 月 8 日。

（四）初裁决定及公告。

2015 年 7 月 24 日，调查机关发布 2015 年第 29 号公告，公布了本案的初裁决定，认定原产于新加坡、泰国和日本的进口甲基丙烯酸甲酯存在倾销，中国甲基丙烯酸甲酯产业受到了实质损害，而且倾销与实质损害之间存在因果关系。公告决定自 2015 年 8 月 1 日起，中华人民共和国对被调查产品实施临时反倾销措施。自该日起，进口经营者在进口被调查产品时，应依据初裁决定所确定的各公司倾销幅度向中华人民共和国海关提供相应的保证金。

公告当日，调查机关将公告登载在商务部网站上供各利害关系方和公众查阅。

（五）初裁后调查。

1. 初裁后信息披露和证据收集。

根据初裁决定公告的要求，各利害关系方在初裁决定发布之日起 20 天之内可以就初裁决定向调查机关提出书面评论并附相关证据。同时，本案初裁决定后，调查机关依据《反倾销调查信息披露暂行规则》的规定，向新加坡、泰国和日本驻华使馆以及提交答卷的应诉公司披露并说明了初裁决定中计算公司倾销幅度时所依据的基本事实，并给予其提出评论意见的机会。

调查机关在规定的时间内收到了璐彩特国际（新加坡）有限公司、泰国 MMA 单体制造销售公司、PTT 旭化成化学有限公司、三菱丽阳株式会社、旭化成化学株式会社对初裁披露以及对初裁决定的书面评论。

调查机关将上述评论意见的公开材料向各利害关系方进行了披露。

2. 接收利害关系方书面评论意见。

2015 年 8 月 3 日，调查机关收到璐彩特国际（新加坡）

有限公司、三菱丽阳株式会社、旭化成化学株式会社委托其代理律师分别提交的各自公司对初裁披露的书面评论意见。

2015 年 8 月 7 日，调查机关收到泰国 MMA 单体制造销售公司、PTT 旭化成化学有限公司委托其代理律师分别提交的各自公司对初裁披露的书面评论意见。

2015年8月12日，调查机关收到璐彩特国际(新加坡)有限公司、泰国MMA单体制造销售公司、PTT旭化成化学有限公司、三菱丽阳株式会社、旭化成化学株式会社委托其代理律师提交的对初裁决定的书面评论意见。

3. 实地核查。

为进一步核实应诉公司提交材料的真实性、完整性和准确性，调查机关组成反倾销调查实地核查小组，于2015年9月6日至13日，分别对旭化成化学株式会社、三菱丽阳株式会社、MRC香港有限公司（三菱丽阳的关联贸易商）进行了实地核查。2015年9月15日至22日，分别对璐彩特国际（新加坡）有限公司、泰国MMA单体制造销售公司、PTT旭化成化学有限公司进行了实地核查。2015年10月8日至9日，对三菱丽阳（上海）管理有限公司（三菱丽阳的关联贸易商）进行了实地核查。

核查期间，核查小组询问了被核查公司的财务人员、销售人员和管理人员，对上述各公司的整体情况、被调查产品对中国出口销售情况、被调查产品同类产品在各自国家的销售情况以及生产被调查产品及同类产品的成本及相关费用情况进行了核查，对公司提交材料的完整性、真实性和准确性进行了调查，并进一步收集了相关证据。

经核对和整理实地核查中收集的材料和信息后，调查机关依据《反倾销调查信息披露暂行规则》和《反倾销调查实地核查暂行规则》的规定，向被核查公司披露了实地核查记录。

2015年10月27日，调查机关收到PTT旭化成化学有限公司委托其代理律师提交的《甲基丙烯酸甲酯反倾销案核查披露的评论》。

对实地核查中收集到的材料和信息以及实地核查后有关利害关系方就实地核查披露的评论意见，调查机关在最终裁定中依法予以了考虑。

4. 价格承诺。

2015年9月7日，璐彩特国际（新加坡）有限公司向调查机关提交了《对原产于新加坡的进口甲基丙烯酸甲酯反倾销调查签订价格承诺协议的申请》，请求商签反倾销价格承诺协议。

2015年10月16日，本案申请人向调查机关提交了《申请人关于璐彩特国际（新加坡）有限公司<对原产于新加坡的进口甲基丙烯酸甲酯反倾销调查签订价格承诺协议的申请>的评论》。申请人表示，不同意商务部与璐彩特国际（新加坡）有限公司签订价格承诺协议。

根据《反倾销价格承诺暂行规则》第十条和第十一条的规定，调查机关对璐彩特国际（新加坡）有限公司提交的该申请进行了考虑。2015年10月21日，调查机关回复《关于甲基丙烯酸甲酯反倾销案璐彩特国际（新加坡）有限公司价格承诺申请的复函》。调查机关认为，如果接受璐彩特国际（新加坡）有限公司的价格承诺，不足以消除倾销所造成的损害；且璐彩特国际（新加坡）有限公司采用的销售模式存在规避反倾销措施的可能性，调查机关难以监管。因此，调查机关决定不接受璐彩特国际（新加坡）有限公司提出的商签价格承诺协议的申请。

5. 终裁前信息披露。

本案终裁前，调查机关依据《中华人民共和国反倾销条例》第二十五条的规定，向新加坡使馆、泰国使馆、日本使馆和涉案应诉公司披露并说明了本次反倾销调查终裁决定所依据的基本事实，并给予其提出评论意见的机会。在规定的时间内，PTT旭化成化学有限公司、旭化成化学株式会社发表了对终裁披露的评论意见。调查机关在终裁决定中均予以了考虑。

二、被调查产品

根据调查机关2014年8月8日发布的立案公告，本案的被调查产品是原产于新加坡、泰国和日本的进口甲基丙烯酸甲酯。

被调查产品名称：甲基丙烯酸甲酯，英文名称：Methyl Methacrylate(MMA)。

分子式：$C_5H_8O_2$

化学结构式：

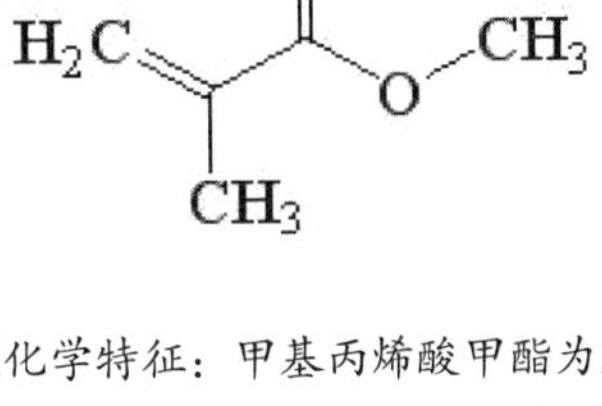

物理化学特征：甲基丙烯酸甲酯为无色液体，易挥发，易燃。熔点为-48℃，沸点100-101℃，24℃（4.3kPa），相对密度0.9440（20/4℃），折射率1.4142，闪点(开杯)10℃，蒸汽压(25.5℃)5.33kPa。溶于乙醇、乙醚、丙酮等多种有机溶剂，微溶于乙二醇和水。在光、热、电离辐射和催化剂存在下易聚合。

主要用途：甲基丙烯酸甲酯是一种重要的有机化工原料，主要用于合成有机玻璃（聚甲基丙烯酸甲酯PMMA)。也可用于合成其他树脂、塑料、涂料、黏合剂、改性剂、乳胶增塑剂、纺织上浆剂、防水剂、润滑剂、木材和软木的浸润剂、电机线圈的浸透剂、离子交换树脂、皮革处理剂、纸张上光剂、印染助剂、人造大理石和绝缘灌注材料等。

该产品归在《中华人民共和国进出口税则》：29161400。该税则号项下甲基丙烯酸甲酯以外的其他产品不在本次调查产品范围之内。

三、倾销和倾销幅度

（一）配合调查公司的正常价值、出口价格、调整项目的最终认定和价格比较。

新加坡公司

璐彩特国际（新加坡）有限公司

（Lucite International Singapore Pte. Ltd.）

1. 正常价值。

该公司在答卷中未主张将被调查产品和同类产品分为不同型号。初裁中,调查机关暂接受公司主张,不对其被调查产品和同类产品划分不同型号。初裁后，没有利害关系方就此提出异议，经实地核查和进一步调查，调查机关决定在终裁中维持初裁时的相关认定。

初裁后，调查机关进一步审查了该公司在新加坡国内销售情况。

公司在答卷中填报的部分国内交易虽然客户位于新加坡，但产品被运往第三国，且公司无法确定这些产品是否最终被用于新加坡国内消费。应调查机关要求，公司在补充答卷中重新填报了国内销售表格，并对答卷其他相关表格进行了相应调整。初裁时，调查机关将上述被运往第三国的交易从国内销售中排除。初裁后,没有利害关系方就此提出异议。经实地核查和进一步调查，调查机关决定在终裁中维持初裁时的认定。

经审查，倾销调查期内，该公司同类产品国内销售数量占同期向中国出口销售被调查产品数量的比例超过了5%。符合作为确定正常价值基础的数量要求。该公司国内同类产品全部直接销售给非关联客户。初裁时，调查机关暂决定以该公司销售给国内非关联客户的价格作为确定正常价值的基础。初裁后，没有利害关系方就此提出异议。经实地核查和进一步调查，调查机关决定在终裁中维持初裁时的认定。

初裁中，调查机关对该公司提交的成本费用进行了审查，初步认定公司报告的生产成本和销售、管理及财务费用能够合理反映被调查产品和同类产品的生产与销售情况，决定暂予以接受。经实地核查和进一步调查，调查机关决定在终裁中维持初裁时的认定，并据此对该公司同类产品在新加坡国内是否低于成本销售进行了测试。经审查，倾销调查期内该公司国内销售同类产品的价格均高于成本。根据《反倾销条例》第四条的规定，调查机关决定以该公司同类产品的全部国内销售作为确定其正常价值的基础。

2. 出口价格。

初裁后，调查机关进一步审查了该公司向中国出口被调查产品的情况。

倾销调查期内，该公司直接向中国非关联客户出口被调查产品。初裁中，根据《反倾销条例》第五条的规定，调查机关暂决定以该公司与中国非关联客户之间的销售价格作为确定出口价格的基础。初裁后，没有利害关系方就此提出异议，经实地核查和进一步调查，调查机关决定在终裁中维持初裁时的相关认定。

3. 价格调整。

根据《反倾销条例》第六条的规定，为公平合理比较，调查机关对该公司影响价格可比性的调整项目逐一进行了审查。

（1）正常价值部分。

初裁中，调查机关暂接受了内陆运费、内陆保险费、出厂装卸费、信用费用和其他费用调整主张。初裁后，没有利害关系方就此提出异议。经实地核查和进一步调查，调查机关决定在终裁中维持初裁时的相关认定。对于调查机关在初裁中暂未接受的售前仓储费和佣金调整主张，该公司在初裁后提交了评论意见。

关于售前仓储费，评论意见重述了答卷和补充答卷的内容，解释了公司租用的位于新加坡港口的设施对国内客户和第三国客户的关键作用，并主张仅对国内销售和第三国销售分摊该项费用。在实地核查过程中，公司确认其在向所有市场销售被调查产品和同类产品时均使用了位于新加坡港口的设施。调查机关认为，针对该设施所发生的费用应由使用该设施的所有产品分担，而根据实地核查结果，公司会计系统并未按照不同的销售市场分别记录其各自应分担的费用金额。因此，现有证据无法支持公司的主张，也无法证明该项费用影响了正常价值和出口价格的公平合理比较，调查机关决定在终裁中维持初裁时的相关认定。

关于佣金，评论意见对公司答卷主张进行了解释说明，并就针对部分国内销售发生的公司按销售额一定比例支付的佣金提交了补充证明材料。在实地核查过程中，调查机关审查了与该部分佣金主张有关的转让定价政策文件。经实地核查和进一步调查，现有证据能够证明该公司与关联公司之间就部分国内销售发生的佣金支付关系。调查机关决定在终裁中接受该部分佣金调整的主张。对于该公司答卷和补充答卷以及初裁后评论意见中提出的，将公司支付给关联公司的固定费用也作为佣金调整的主张，由于公司一直未能就其所主张的调整金额提交证明文件，因此，调查机关决定在终裁中维持初裁时的相关认定，不接受该部分调整主张。

（2）出口价格部分。

初裁中，调查机关暂接受了回扣、售前仓储费，内陆运费、内陆保险费、国际运保费、信用费用、报关代理费和其他费用等调整主张，并暂对部分出口销售交易追加了国际运费调整。初裁后，没有利害关系方就此提出异议。经实地核查和进一步调查，调查机关决定在终裁中维持初裁时的相关认定。

4. 关于到岸价格 (CIF)。

调查机关在初裁中暂接受了该公司报告的到岸价格数据。初裁后，没有利害关系方就此提出异议。经实地核查，调查机关决定在终裁中维持初裁时的相关认定。

泰国公司

泰国 MMA 单体制造销售公司

（THAI MMA CO., LTD.）

1. 正常价值。

该公司在答卷中主张其被调查产品和同类产品分为两种型号。申请人有关评论认为，被调查产品和同类产品不存在品种或型号的差别。初裁中，调查机关认为，该公司主张的不同型号的被调查产品具有相同的物理特征和化学特性，且主要用途相同，可相互替代；该公司为被调查产品设置不同的产品编码，不足以据此将被调查产品分为不同的型号。因此，调查机关在初裁中暂不接受该公司关于被调查产品和同类产品型号划分的主张。同时，调查机关已在价格比较时充分考虑公司主张的包装形态差异。初裁后，没有利害关系方就此提出异议。经实地核查和进一步调查，调查机关决定在终裁中维持初裁时的相关认定。

初裁后，调查机关进一步审查了该公司在泰国国内销售情况。

经审查，倾销调查期内，该公司在泰国国内销售同类产品的数量占同期向中国出口销售被调查产品数量的比例超过了 5%，符合作为确定正常价值基础的数量要求。倾销调查期内，该公司国内同类产品销售给关联公司和非关联公司。经审查，该公司与关联公司之间的价格较销售给非关联公司之间的价格无显著差异，可以反映国内正常贸易过程，因此，在初裁时，调查机关暂决定不排除该部分关联交易。初裁后，没有利害关系方就此提出异议。经实地核查和进一步调查，调查机关决定在终裁中维持初裁时的相关认定。

初裁中，调查机关对该公司提交的成本费用进行了审查，初步认定公司报告的生产成本和销售、管理及财务费用能够合理反映被调查产品和同类产品的生产与销售情况，决定暂予以接受。经实地核查，调查机关发现，公司在填写答卷时，少报了国内销售的部分销售费用。根据实地核查结果，调查机关对公司答卷的销售费用数据进行了调整，并据此对该公司同类产品在泰国国内是否低于成本销售进行了测试。经审查，倾销调查期内该公司在泰国国内销售同类产品的价格均高于成本。根据《反倾销条例》第四条的规定，调查机关决定以该公司同类产品的全部国内销售作为确定其正常价值的基础。

2. 出口价格。

初裁后，调查机关进一步审查了该公司向中国出口被调查产品的情况。

倾销调查期内，该公司通过以下四种方式向中国出口被调查产品：一是通过日本关联公司和日本非关联贸易商向中国非关联客户销售；二是通过日本关联公司向中国关联最终用户销售；三是通过日本关联公司和中国关联进口商向中国关联最终用户销售；四是通过日本关联公司和中国关联进口商向中国非关联客户销售。

初裁时，根据《反倾销条例》第五条的规定，对于第一种销售方式，调查机关暂决定以该公司的日本关联公司与日本非关联贸易商之间的价格作为确定出口价格的基础；对于第四种销售方式，调查机关暂决定以该公司的中国关联进口商与中国非关联客户之间的转售价格作为确定出口价格的基础；对于第二种和第三种销售方式，由于该公司中国关联最终用户将被调查产品加工成下游产品，不存在转售行为，因此，调查机关暂决定以合理方法确定出口价格。初裁后，没有利害关系方就此提出异议，经实地核查和进一步调查，调查机关在终裁中决定维持初裁时的相关认定。

3. 价格调整。

根据《反倾销条例》第六条的规定，为公平合理比较，调查机关对该公司影响价格可比性的调整项目逐一进行了审查。

（1）正常价值部分。

初裁中，调查机关暂接受了发票中的折扣、退款及赔偿、内陆运费、信用费用等调整主张，并考虑了公司主张的包装成本差异，按照公司答卷相关信息，对相关产品的交易价格进行了调整，确保正常价值和出口价格在相同的产品基础上进行比较。关于回扣项目，由于公司所提交材料无法证明其回扣金额确定方法，调查机关决定在初裁中暂未接受其部分调整主张。初裁后，没有利害关系方就此提出异议。经实地核查和进一步调查，调查机关决定在终裁中维持初裁时的相关认定。

（2）出口价格部分。

初裁中，调查机关暂接受了内陆运费、国际运输费、国际运输保险费、港口装卸等相关费用、售后仓储费、其他折扣、进口报关费、中国大陆内陆运费、装卸费、售前仓储费等调整主张。关于信用费用，调查机关暂未接受公司有关主张，而是对该公司和中国关联进口商的信用费用进行了调整。初裁后，没有利害关系方就此提出异议。经实地核查和进一步调查，调查机关决定在终裁中维持初裁时的相关认定。

初裁时，为保证公平比较，调查机关在调整项目中暂包括了三菱丽阳株式会社的费用。初裁后，该公司提交评论称，公司是独立的法人和会计实体，调查机关不应调整三菱丽阳株式会社的费用，即使调整，也应使用三菱丽阳株式会社自身费用数据，而不是调查机关调整后的费用数据，此外，公司还补充提交了三菱丽阳株式会社管理费用的明细。

经实地核查和进一步调查，调查机关认为，首先，公司是否为独立的法人和会计实体，与调查机关是否将三菱丽阳株式会社的费用作为调整项目无关；其次，公司在调查机关对其进行实地核查时，就三菱丽阳株式会社在该公司被调查产品向中国出口过程中的地位和作用进行了确认；第三，三菱丽阳株式会社在其答卷中也主张对其转售的该部分出口分摊费用；第四，三菱丽阳株式会社在答卷和补充答卷中未能提交关于管理费用的有关证明文件；第五，三菱丽阳株式会社所主张的投融资（红利等）项目与其在日本国内被调查产品和同类产品的生产经营活动无关。

对于公司在评论意见中提交的关于三菱丽阳株式会社管理费用的明细，由于公司未在调查问卷和补充调查问卷所要求的期限内提交该文件，也未解释没有按时提交的原因，此外由于调查时间的限制，为按时完成调查，调查机关决定对该文件不予考虑。而且，该文件本身也无法证明公司在答卷中所主张的管理费用项目的直接计入和具体分摊标准。综上，并根据对三菱丽阳株式会社的实地核查结果，调查机关决定在终裁中维持初裁时的相关认定。

4. 关于到岸价格 (CIF)。

调查机关在初裁中暂接受了该公司报告的到岸价格数据。初裁后，没有利害关系方就此提出异议。经实地核查，调查机关决定在终裁中维持初裁时的相关认定。

PTT 旭化成化学有限公司

（PTT Asahi Chemical Limited）

1. 正常价值。

该公司在答卷中未主张将被调查产品和同类产品分为不同型号。初裁中，调查机关暂接受公司主张，不对其被调查产品和同类产品划分不同型号。初裁后，没有利害关系方就此提出异议，经实地核查和进一步调查，调查机关决定在终裁中维持初裁时的相关认定。

初裁后，调查机关进一步审查了该公司在泰国国内销售情况。

经审查，倾销调查期内该公司同类产品国内销售数量占同期向中国出口销售被调查产品数量的比例超过5%，符合作为确定正常价值基础的数量要求。倾销调查期内，该公司国内同类产品全部直接销售给非关联客户。初裁中，调查机关暂以该公司销售给泰国国内非关联客户的价格作为确定正常价值的基础。初裁后，没有利害关系方就此提出异议，经过实地核查和进一步调查，调查机关决定在终裁中维持初裁时的认定。

初裁中，调查机关对该公司提交的成本费用进行了审查，初步认定公司报告的倾销调查期内的生产成本和销售、管理及财务费用能够合理反映被调查产品和同类产品的生产与销售情况，决定暂予以接受。

公司在答卷中称，倾销调查期内其仍处于投产期，开工率未能达到正常水平，主张按照2014年上半年的生产成本和费用对倾销调查期内的成本费用进行调整。初裁中，调查机关认为，公司日常会计记录和经审计财务报告均显示公司从2013年1月1日开始商业化生产运营，公司答卷和补充答卷所提交材料无法证明倾销调查期内公司被调查产品和同类产品的生产受到公司投产的影响，因此对公司上述主张暂不予以支持。

初裁后，公司提交评论意见称，商业化生产并不意味着正常生产；试运营结束时公司在会计记录上将项目从“在建工程”转入“固定资产”，只能说明项目达到了预定使用状态，并不意味着工厂实现了正常运营；工厂关闭是投产期运营造成的；倾销调查期期末公司的开工率才达到正常水平。

公司在该评论意见中提交了关于贷款协议下商业化运营推迟的证明文件。经审查，该文件与公司答卷提交的经审计财务报告有关内容相矛盾，对此，公司未能进行解释。对于公司在评论意见中提交的全面运营许可证申请，经审查，该文件未经完整翻译，调查机关无法了解其具体内容，因此，调查机关决定在终裁中对其不予考虑。此外，对于评论意见中提交的工厂状况报告、缺陷报告往来邮件以及2014年工作规划等文件，由于公司未在调查问卷和补充调查问卷所要求的期限内提交，公司也未解释没有按时提交的原因，此外由于调查时间的限制，为按时完成调查，调查机关决定对这部分信息不予考虑。

经实地核查，调查机关发现，该公司于2011年第2季度即开始试运行，2012年7月已开始产出合格的MMA产品；专利许可方在2012年12月底移交了项目性能测试证明，根据该证明，项目通过了试运营测试，而且公司经审计财务报告显示，公司从2013年1月1日开始商业化生产运营；公司会计记录显示，2013年1月1日，该项目由“在建工程”科目转入“固定资产”科目，此后公司生产的被调查产品及其同类产品在销售时计入“产品销售收入”科目。

综上，调查机关认为，现有证据表明，公司未能证明其倾销调查期内仍处于投产期。因此，调查机关决定在终裁中维持初裁时的相关认定，采用公司答卷中报告的倾销调查期内被调查产品同类产品的生产成本和销售、管理及财务费用数据。

该公司在实地核查正式开始前提出，其答卷表6-3存在微小计算错误，申请更正。经实地核查和进一步审查，调查机关决定在终裁中接受公司微小更正后的成本及费用数据，并据此对倾销调查期内该公司同类产品在泰国国内是否低于成本销售进行了测试。经审查，倾销调查期内该公司同类产品在泰国国内低于成本销售的数量占该公司同类产品泰国国内全部销售数量的比例超过20%，根据《反倾销条例》第四条的规定，调查机关在终裁中以排除低于成本销售的交易后该公司同类产品剩余国内销售作为确定其正常价值的基础。

2. 出口价格。

初裁后，调查机关进一步审查了该公司向中国出口销售被调查产品的情况。

倾销调查期内，该公司通过其位于第三国的关联贸易商向中国出口被调查产品。初裁中，调查机关决定暂以该公司关联贸易商与其非关联客户之间的销售价格作为确定出口价格的基础。初裁后，没有利害关系方就此提出异议，经实地核查和进一步调查，调查机关在终裁中决定维持初裁时的相关认定。

3. 调整项目。

根据《反倾销条例》第六条规定，为公平合理比较，调查机关对该公司影响价格可比性的调整项目逐一进行了审查。

（1）正常价值部分。

初裁中，调查机关暂接受了售前仓储费、内陆运输（工厂/仓库至客户）、内陆保险费、出厂装卸费、包装费用、信用费用、其他需要调整的项目等调整主张。关于广告费用，由于公司未能证明该项费用影响了正常价值和出口价格的公平合理比较，调查机关在初裁中暂未接受。

关于售前仓储费，该公司答卷称，公司内储罐仅用于储存国内销售的被调查产品的同类产品，主张仅对国内销售调整该储罐发生的相关费用。经实地核查，调查机关发现，公司对所有市场销售的被调查产品及其同类产品都使用了上述公司内储罐。调查机关认为，针对该储罐所发生的费用应由使用该设施的所有产品分担，而根据实地核查结果，公司会计系统并未按照不同的销售市场分别记录其各自应分担的费用金额。因此，现有证据无法支持公司的主张，也无法证明该项费用影响了正常价值和出口价格的公平合理比较，调查机关决定在终裁中不接受公司上述调整主张。

此外，在实地核查中，调查机关发现，公司在答卷表4-2中对个别交易错误地填报了内陆运保费。根据实地核查结果，调查机关对相关数据进行了调整。

对于国内销售的其他调整项目，初裁后，没有利害关系方提出异议。经过实地核查和进一步调查，调查机关决定在终裁中维持初裁的相关认定。

（2）出口价格部分。

在初裁中，调查机关决定暂接受内陆运费（工厂至海边储罐）、出厂装卸费、信用费用、出口检验费、报关代理费等调整主张。关于广告费用，由于公司未能证明该项费用影响了正常价值和出口价格的公平合理比较，调查机关在初裁中暂未接受。初裁后，没有利害关系方就此提出异议。经实地核查和进一步调查，调查机关决定在终裁中维持初裁时的相关认定，并根据实地核查结果对境外关联公司的信用费用进行了调整。

关于售前仓储费，公司答卷称其在出口销售被调查产品时租用关联仓储公司的储罐，主张按照该储罐折旧费用进行售前仓储费调整，但答卷未提交该关联仓储公司初始投资成本的证明文件，也未详细说明该储罐维护费等费用的发生和支付情况。初裁时，调查机关暂未接受公司上述主张，而是采用公司根据仓储协议实际支付的固定费用进行了调整。在初裁后评论意见中，公司重述了答卷主张，并补充提交关于初始投资成本的证明文件。经审查，该文件未能完整翻译成中文，调查机关无法理解其内容，因此，调查机关决定对该文件不予考虑。

在实地核查中，调查机关对该公司根据仓储协议支付费用的情况进行了核实。经实地核查，调查机关发现，公司根据仓储协议实际支付了固定费用、变动费用和附加费用。公司在答卷中将一部分变动费用作为内陆运费（工厂至海边储罐）进行填报，但未填写其余的变动费用和附加费用。经实地核查和进一步调查，调查机关认为，公司根据仓储协议实际支付的所有费用合理反映了公司在出口销售被调查产品和同类产品过程中发生的相关售前仓储费和内陆运费（工厂至海边储罐）的情况。根据实地核查结果，调查机关决定终裁中在维持初裁认定将公司实际支付的固定费用作为售前仓储费进行调整的同时，将公司答卷中漏报的附加费用和未列入内陆运费的一部分变动费用也作为售前仓储费进行调整。

初裁时，为保证公平比较，调查机关在调整项目中暂包括了该公司位于第三国关联贸易商的费用。初裁后，该公司评论称，调查问卷表3–4中没有包括境外关联贸易公司间接费用的调整项目；如果调查机关决定调整境外关联贸易公司的间接费用，应使用其会计系统数据，同时也应该调整国内销售中发生的间接费用。

经实地核查和进一步调查，调查机关认为，首先，公司在调查机关对其进行实地核查时，对答卷中所填报的该境外关联贸易商在该公司被调查产品向中国出口过程中的地位和作用进行了确认；第二，该境外关联贸易商关于其答卷中管理费用的主张，以及对转售PTT旭化成化学有限公司的被调查产品不分摊相关费用的主张，均没有证据支持；第三，公司在国内销售被调查产品同类产品时并未通过关联贸易商进行，调查机关在确定正常价值时已经考虑了与出口价格的可比性。综上，现有证据表明，该公司在初裁评论中的上述相关主张没有证据支持，调查机关决定在终裁中维持初裁时的相关认定。

4. 关于到岸价格（CIF价格）。

调查机关在初裁中暂接受了该公司报告的到岸价格数据。初裁后，没有利害关系方就此提出异议。经实地核查，调查机关决定在终裁中维持初裁时的相关认定。

日本公司

三菱丽阳株式会社

（Mitsubishi Rayon Co., Ltd.）

1. 正常价值。

初裁中，调查机关暂未接受该公司关于被调查产品和同类产品型号划分的主张。在初裁后的评论中，公司继续主张应当考虑两种型号在用途、制造工序、生产成本和销售价格差额等因素上的差别。经过进一步调查，调查机关了解到，日本国内没有将被调查产品区分为两种型号的行业标准，公司自己的产品目录中也没有关于这两种型号的区分说明。该公司主张的两种型号被调查产品的主要区别是一种型号在制造工序的最后多了一道储罐充填工序，因此在包装形态上存在差异。综上，调查机关认为，该公司主张的两种型号被调查产品具有相同的物理特征和化学特性；除储罐充填工序外，具有相同的制造工序；不同包装形态的产品可以相互替代。因此，调查机关决定在终裁中维持初裁相关认定，不接受公司关于被调查产品和同类产品型号划分的主张，但在价格比较时会充分考虑公司主张的包装形态差异。

初裁后，调查机关进一步审查了该公司在日本国内的销售情况。

初裁中，调查机关暂认定，在倾销调查期内，该公司同类产品国内销售数量占同期向中国出口销售被调查产品数量的比例超过了5%，符合作为确定正常价值基础的数量要求。同时，该公司将同类产品销售给关联公司和非关联公司，销售给关联公司的价格与销售给非关联公司的价格无显著差异，可以反映国内正常贸易过程，因此，调查机关暂不排除该部分关联交易。初裁后，没有利害关系方就此提出异议。经实地核查和进一步调查，调查机关决定在终裁中维持初裁时的认定。

初裁中，调查机关暂接受了公司报告的生产成本及销售费用，经过实地核查和进一步调查，调查机关决定在终裁中维持初裁相关认定。

关于管理费用，初裁中，由于公司未能按照问卷和补充问卷要求，就直接计入的数据提供日常会计记录中的相关证明材料，就分摊的数据提供关于分摊比例的具体数据和公司日常会计记录中关于上述分配方式的相关证明材料。因此，调查机关暂按销售额的比例将管理费用进行重新分摊。初裁后，公司提交评论意见，主张其答卷中填报的相关费用是真实发生的，分摊方法符合会计实践，调查机关应予以采用，同时补充提交了公司会计系统中管理费用各明细项目在倾销调查期内的具体金额，并简要说明了相关金额与答卷表 6-6 中各项目的对应关系。

调查机关已在补充调查问卷中要求公司提供日常会计记录中关于管理费用直接计入的证明文件，并就分摊的项目提供关于分摊比例的具体数据和公司日常会计记录中关于上述分配方式的相关证明文件。但是，公司未在补充调查问卷所要求的期限内提交该文件，也未解释没有按时提交的原因，只是在评论意见中提交了其管理费用的明细。由于公司未按时提交相关证明文件，也未解释没有按时提交的原因，此外由于调查时间的限制，为按时完成调查，调查机关决定对评论意见中提交的管理费用明细不予考虑。而且，该文件本身也无法证明公司在答卷中所主张的管理费用项目的直接计入和具体分摊标准。综上，现有证据表明公司答卷中关于管理费用的相关主张没有证据支持。经进一步调查，调查机关决定在终裁中维持初裁时的认定，即按销售额所占比例将公司总体的管理费用分摊至被调查产品及其同类产品。

关于财务费用中的投融资（红利等）项目，调查机关在初裁中认定，该部分费用是公司投资日本境外企业取得的投资收益，上述境外企业虽然生产甲基苯丙烯酸甲酯产品，但与三菱丽阳株式会社在日本国内被调查产品和同类产品的生产经营活动没有直接关系，因此不应当计入日本被调查产品和同类产品的成本。在初裁后的评论中，公司继续主张该部分收益为实际发生，不应当从财务费用中排除，否则将严重扭曲公司的实际利润状况。经进一步调查，调查机关认为，首先，财务费用通常是企业为筹集生产经营所需资金而发生的费用，不应当包括公司主张的投融资（红利等）项目。其次，公司未能提供将该部分收益列入财务费用的相关证明材料，在其答卷、补充答卷中提供的利润表、月度损益报告等相关资料显示，公司将该项目列入了营业外收益（费用）。第三，调查机关认为，该部分收益与公司在日本国内被调查产品和同类产品的生产经营活动没有关系。综上，调查机关决定在终裁中维持初裁相关认定，不接受公司关于将投融资（红利等）项目计入财务费用的主张。

关于公司主张的其他财务费用数据，调查机关在初裁中暂予以接受。在随后的调查过程中，没有利害关系方对此提出评论意见。经进一步调查，调查机关决定在终裁中维持初裁相关认定。

此外，公司在实地核查时表示，由于答卷工作失误，按照日本会计年度（2013 年 4 月 -2014 年 3 月）统计、填报了原答卷表 6-5 中的公司调查期总销售收入。公司重新提交了按照调查期（2013 年全年）统计的总销售收入，希望予以更正。经实地核查，调查机关决定在终裁中接受公司相关更正。

据此，调查机关重新计算了被调查产品同类产品的成本，并测试了倾销调查期内该公司在日本国内是否存在低于成本销售。在测试过程中，调查机关已充分考虑产品包装差异的影响。经审查，该公司在倾销调查期内国内同类产品低于成本销售的数量超过 20%。因此，根据《反倾销条例》第四条的规定，调查机关决定在终裁中排除该部分低于成本的交易，采用剩余的国内销售作为确定其正常价值的基础。

2. 出口价格。

初裁后，调查机关进一步审查了该公司向中国出口销售被调查产品的情况。

倾销调查期内，该公司通过以下四种方式向中国出口被调查产品：一是直接销售给中国关联最终用户；二是通过日本非关联贸易商向中国客户销售；三是通过香港关联贸易商和香港非关联贸易商向中国客户销售；四是通过上海关联贸易商和香港非关联贸易商向中国客户销售。

初裁时，根据《反倾销条例》第五条的规定，对于第一种销售方式，由于该公司中国关联最终用户将被调查产品加工成下游产品，不存在转售行为，因此，调查机关暂决定采用合理方法确定出口价格；对于第二种销售方式，调查机关暂决定采用公司与日本非关联贸易商之间的销售价格作为确定出口价格的基础；对于第三种销售方式，调查机关暂决定采用该公司香港关联贸易商与香港非关联贸易商之间的销售价格作为确定出口价格的基础；对于第四种销售方式，调查机关暂决定采用以该公司上海关联贸易商与香港非关联贸易商之间的销售价格作为确定出口价格的基础。

初裁后，没有利害关系方就此提出异议，经实地核查和进一步调查，调查机关在终裁中决定维持初裁时的相关认定。

3. 价格调整。

根据《反倾销条例》第六条的规定，为公平合理比较，调查机关对该公司影响价格可比性的调整项目逐一进行了审查。

（1）正常价值部分。

初裁中，调查机关暂接受了内陆运费（工厂－分销仓库）、售前仓储费、内陆运输（工厂/仓库－客户）、内陆保险费等调整主张，暂未接受“其他需要调整的项目”。此外，调查机关充分考虑了公司主张的包装成本差异，并按照公司答卷相关信息对部分交易价格进行了调整，确保正常价值和出口价格在相同的产品基础上进行比较。初裁后，没有利害关系方就此提出异议，经实地核查和进一步调查，调查机关在终裁中决定维持初裁时的相关认定。

关于信用费用，调查机关在初裁时暂接受了公司答卷相关数据。经实地核查，调查机关发现，公司向日本国内某客户销售被调查产品同类产品时，同时还向该客户购买其他产品，两家公司存在在销售日期的次月相互抵消账款的情况。因此，调查机关认为这部分交易实际发生的平均收款期与答卷不符，并在终裁时对这部分交易的收款期限进行了调整，重新计算了信用费用。

（2）出口价格部分。

初裁中，调查机关暂接受了公司及其上海、香港关联贸易商在出口时发生的内陆运费（工厂－分销仓库）、售前仓储费、检验费用、内陆运输（工厂/仓库－出口港）、国际运输费用、国际运输保险费、港口装卸费、信用费用、出口检验费、报关代理费、其他需要调整的项目（中国国内运费）等调整主张。初裁后，没有利害关系方就此提出异议，经实地核查和进一步调查，调查机关在终裁中决定维持初裁时的相关认定。

同时，该公司香港、上海关联贸易商答卷中填报的转售数量与该公司自己答卷中的出口数量存在差异。因此，调查机关在初裁时决定：

在香港关联贸易商转售环节，以香港贸易商销售三菱丽阳株式会社的产品数量作为转售的出口数量，并用该公司香港贸易商答卷表 6–5 中填报的与被调查产品相关的销售、管理和财务费用作为香港转售环节的费用进行了调整。调查机关按照重新认定的转售出口数量占原答卷出口数量的比例，重新计算并调整了香港转售环节的相关费用。初裁后，没有利害关系方就此提出异议，经实地核查，调查机关在终裁中决定维持初裁时的相关认定。

在上海关联贸易商转售环节，以上海关联贸易商填报的实际数量作为转售出口数量。同时，根据该转售数量占日本公司填报的出口数量的比例，对公司在日本销售环节的相关费用进行了调整。此外，调查机关接受了公司主张，按照公司答卷中的数据，对其上海关联贸易商转售环节的相关费用和利润进行了调整。初裁后，没有利害关系方就此提出异议，经实地核查和进一步调查，调查机关在终裁中决定维持初裁时的相关认定。

关于“其他需要调整的项目－基于包装形态的价格调整”，调查机关在初裁中没有接受该主张。初裁后，没有利害关系方就此提出异议，经实地核查和进一步调查，调查机关在终裁中决定维持初裁时的相关认定。

4. 关于到岸价格 (CIF)。

调查机关在初裁中暂接受了该公司报告的到岸价格数据，并以此为基础计算了公司的倾销幅度。初裁后，该公司在评论中主张，如果调查机关认为对中国关联最终用户的出口价格受关联关系影响而不可靠，则在计算到岸价格时也不应该将该 CIF 价格作为计算倾销幅度的基础。

调查机关认为，采用公司答卷报告的实际到岸价格数据作为计算倾销幅度的基础，目的是与海关征收反倾销税的依据相一致，因此，调查机关决定在终裁中维持初裁相关认定。

此外，由于公司在确定通过香港贸易商出口交易的 CIF 价格时所采用换算汇率有误，因此，调查机关在初裁中采用公司答卷中的数据进行了调整。初裁后，没有利害关系方就此提出异议，经实地核查和进一步调查，调查机关在终裁中决定维持初裁时的相关认定。

旭化成化学株式会社

（ASAHI KASEI CHEMICALS CORPORATION）

1. 正常价值。

该公司在答卷中主张被调查产品不存在型号上的区别。初裁中，调查机关暂接受公司主张，不对其被调查产品和同类产品划分不同型号。初裁后，没有利害关系方就此提出异议，经实地核查和进一步调查，调查机关决定在终裁中维持初裁时的相关认定。

初裁后，调查机关进一步审查了该公司在日本国内销售情况。

公司在国内销售本公司生产和其他日本公司生产的同类产品，调查机关依据该公司自产同类产品的国内销售确定其正常价值。经审查，倾销调查期内，该公司同类产品国内销售数量占同期该公司向中国出口销售被调查产品数量的比例超过了5%。符合作为确定正常价值基础的数量要求。该公司国内同类产品被销往关联客户和非关联客户。经审查，关联销售价格较非关联销售价格差异显著，不属于国内正常贸易过程。初裁中，调查机关暂决定以非关联交易价格作为确定正价值的基础。初裁后，没有利害关系方就此提出异议。经实地核查和进一步调查，调查机关决定在终裁中维持初裁时的认定。

初裁中，调查机关对该公司提交的成本费用进行了审查，初步认定公司报告的生产成本和销售费用、财务费用能够合理反映被调查产品和同类产品的生产与销售情况，决定暂予以接受。关于管理费用，公司主张，部分管理费用项目为直接计入被调查产品，其余管理费用项目为按规定的比例从总公司分摊至各部门，再分摊到部门内各产品。经审查，对于直接计入的管理费用项目，公司在答卷和补充问卷中均未提供相关证明材料；对于分摊计入的费用项目，公司未能提供具体的分摊比例数据及其证明文件。初裁时，调查机关决定暂按销售额所占比例将公司全部管理费用分摊至被调查产品及其同类产品。初裁后，公司提交评论意见，主张其管理费用分摊方法符合会计原则并具有合理性，调查机关应予以采用。

在实地核查中，调查机关对公司答卷和补充答卷中填报的生产成本数据进行了核实。经实地核查，调查机关发现，公司填报的生产成本数据与公司会计系统中保存的生产成本记录不一致，公司将差异原因解释为自产原材料计价方式的调整和保险收益的冲抵。经审查，调查机关认为，与公司答卷和补充答卷中填报的经过调整的生产成本数据相比，公司会计系统中保存的按半年度最终确定的实际生产成本数据能够合理反映被调查产品和同类产品的生产情况。因此，调查机关决定在终裁中采用实地核查时从公司会计系统中获取的半年度最终确定的实际生产成本数据。

关于销售费用，公司答卷主张该类费用下各具体费用项目均可直接计入被调查产品。经实地核查，公司会计系统可以对销售费用中的物流费和一部分差旅费按照产品直接归集，但对部门内其他的销售费用项目则均按照一定的标准进行分摊后计入到具体的产品。公司未能就各项目所适用的具体分摊标准进行解释，也未提交相应证明文件。根据实地核查结果并经进一步调查，调查机关决定在终裁中接受公司答卷填报的被调查产品物流费，但对被调查产品所在部门发生的其他的销售费用项目，则按照销售额所占比例分摊至部门内各产品。

关于管理费用，公司在对初裁披露的评论意见和对初裁的评论意见中均称，对于直接计入的项目，公司原则上按产品掌握，根据会计系统中的实际费用填报；对于需要分摊的项目，公司填写了按适当标准汇总算出的数字，答卷报告的管理费用各项目的分摊金额均由会计系统按照确定分摊标准计算得出，公司会计系统中所有的分摊标准均为一贯延续使用，符合日本的公认会计准则，并经外部审计人员予以确认，但评论意见并未就此提交任何证明文件。而且，经审查，公司答卷提交的经审计财务报告中也无外部审计人员对公司管理费用分摊标准予以确认的内容。

调查机关已在补充调查问卷中要求公司提供日常会计记录中关于管理费用直接计入的证明文件，并就分摊的项目提供关于分摊比例的具体数据和公司日常会计记录中关于上述分配方式的相关证明文件。但是，公司未在补充调查问卷所要求的期限内提交该文件，也未解释没有按时提交的原因，只是在评论意见中提交了其管理费用的明细。由于公司未按时提交相关证明文件，也未解释没有按时提交的原因，此外由于调查时间的限制，为按时完成调查，调查机关决定对评论意见中提交的管理费用明细不予考虑。而且，该文件本身也无法证明公司在答卷中所主张的管理费用项目的直接计入和具体分摊标准。综上，现有证据表明公司答卷中关于管理费用的相关主张没有证据支持。经进一步调查，调查机关决定在终裁中维持初裁时的认定，即按销售额所占比例将公司总体的管理费用分摊至被调查产品及其同类产品。

关于财务费用，经进一步调查，调查机关决定在终裁中维持初裁时的认定，接受公司答卷数据。

关于在不同市场上销售被调查产品及其同类产品所发生的销售费用、管理费用和财务费用的分摊，公司主张，该公司在转售第三国关联公司生产的被调查产品时未发生物流费，因此这部分转售产品不应分摊任何费用。初裁中，调查机关认为，物流费仅是公司所有费用中的一个组成项目，未发生物流费并不意味着没有发生其他费用。该公司转售第三国关联公司的被调查产品是公司经营业务的组成部分，理应分摊公司转售过程中所发生的费用。鉴此，调查机关对除物流费以外的其他费用项目在公司自产和转售的所有被调查产品及其同类产品之间进行了分摊。

初裁后，PTT 旭化成化学有限公司提交评论意见，主张调查机关不应该为旭化成化学株式会社转售第三国关联公司的被调查产品分摊相关费用。经实地核查和进一步调查，调查机关认为，转售其他日本公司生产的被调查产品和转售第三国关联公司生产的被调查产品都是旭化成化学株式会社经营业务的组成部分，旭化成化学株式会社在答卷和补充答卷中均未就其仅对转售其他日本公司的产品分摊费用的主张提供证明材料。因此，调查机关决定在终裁中维持初裁时的认定，对除物流费以外的其他费用项目在公司自产和转售的所有被调查产品及其同类产品之间进行分摊。

根据上述计算结果，调查机关对倾销调查期内该公司同类产品在日本国内是否低于成本销售进行了测试。经审查，倾销调查期内该公司同类产品在日本国内低于成本销售的数量占该公司同类产品日本国内全部销售数量的比例超过 20%，根据《反倾销条例》第四条的规定，调查机关决定以排除低于成本销售的交易后该公司同类产品剩余国内销售作为确定其正常价值的基础。

2. 出口价格。

初裁后，调查机关进一步审查了该公司向中国出口被调查产品的情况。

倾销调查期内，该公司通过位于日本的非关联贸易商向中国出口被调查产品。初裁中，根据《反倾销条例》第五条的规定，调查机关暂决定以该公司与日本非关联贸易商之间的销售价格作为确定出口价格的基础。初裁后，没有利害关系方就此提出异议，经实地核查和进一步调查，调查机关在终裁中决定维持初裁时的相关认定。

3. 价格调整。

根据《反倾销条例》第六条的规定，为公平合理比较，调查机关对该公司影响价格可比性的调整项目逐一进行了审查。

（1）正常价值部分。

初裁中，调查机关暂接受了回扣、售前仓储费、内陆运费、内陆保险费、槽车固定费、出厂装卸费、包装费调整主张。初裁后，没有利害关系方就此提出异议。经实地核查和进一步调查，调查机关决定在终裁中维持初裁时的相关认定。对于调查机关在初裁中已经接受的信用费用和暂未接受的“其他需要调整的项目”，该公司在初裁后提交了评论意见。

关于信用费用，公司在答卷中主张采用法定利率作为计算信用费用时的贷款利率，但未提交证明文件。在补充答卷中，公司重新主张采用日本银行公布的调查期内短期最优惠利率最频值作为贷款利率并提交了证明文件。初裁中，调查机关接受了公司主张，采用公司补充答卷提交的贷款利率计算信用费用。在对初裁披露的评论意见中，该公司称调查机关未在初裁披露中解释为何在计算信用费用时不使用答卷主张的法定利率，并主张应采用该法定利率计算信用费用。经实地核查和进一步调查，调查机关认为，由于公司答卷未提交法定利率的任何证明文件，而补充答卷中提交的贷款利率附有证明文件且经实地核查核实，因此，调查机关决定在终裁中维持初裁时的相关认定。

关于“其他需要调整的项目”，公司在初裁后评论意见中重述了答卷内容，主张进行数量差异调整。经进一步调查，调查机关发现，公司答卷和补充答卷以及评论意见均未能提供关于大用户和小用户划分标准的完整证明文件，而且未能按照问卷第四部分问题 12 中关于数量差异调整的要求提供相关证据。因此，调查机关认为，现有证据无法证明公司该项调整主张。调查机关决定在终裁中维持初裁时的相关认定。

（2）出口价格部分。

初裁中，调查机关暂接受了售前仓储费、内陆运费、内陆保险费、信用费用、出口检验费、报关代理费等调整主张。初裁后，没有利害关系方就此提出异议。经实地核查和进一步调查，调查机关决定在终裁中维持初裁时的相关认定。

4. 关于到岸价格 (CIF)。

调查机关在初裁中暂接受了该公司报告的到岸

价格数据。初裁后，没有利害关系方就此提出异议。经实地核查和进一步调查，调查机关决定在终裁中维持初裁时的相关认定。

价格比较

根据《反倾销条例》第六条的规定，调查机关对被调查产品的正常价值和出口价格，在考虑了影响价格的各种可比性因素基础上，按照公平、合理的方式，将正常价值和出口价格调整至出厂水平进行比较。在计算倾销幅度时，调查机关将加权平均正常价值和加权平均出口价格进行比较，得出倾销幅度。

对于配合调查但未被单独审查的日本住友化学株式会社（Sumitomo Chemical Company, Limited）的倾销幅度，根据《反倾销条例》第二十条的规定和《反倾销调查抽样暂行规则》第十三条的规定，调查机关在初裁中暂按三菱丽阳株式会社和旭化成化学株式会社的加权平均倾销幅度确定。初裁后，没有利害关系方就此提出异议。经进一步调查，调查机关决定在终裁中维持初裁时的相关认定。

（二）未配合调查公司和其他公司的正常价值、出口价格、调整项目的最终认定及价格比较。

2014 年 8 月 8 日，调查机关对新加坡、泰国和日本进口甲基丙烯酸甲酯发起反倾销调查立案当日，调查机关通知了申请书上列明的出口商或生产商，通知了涉案国驻华使馆，同日，调查机关将立案公告登载在商务部网站上，任何利害关系方均可在商务部网站上查阅本案立案公告。立案后，调查机关给予各利害关系方 20 天的登记应诉期，给予所有利害关系方合理的时间获知立案有关情况。

立案后，调查机关向申请书中列明的新加坡和泰国的出口商以及被选取的日本出口商发放了调查问卷，并将调查问卷登载在商务部网站上，任何利害关系方可在商务部网站上查阅并下载本案调查问卷。

调查机关尽最大能力通知了所有已知的利害关系方，也尽最大能力向其提醒不配合调查的结果。对于申请书中列明的、调查机关已尽通知义务但没有提供必要信息配合调查的 Sumitomo Chemical Singapore Pte Ltd、可乐丽株式会社、三菱瓦斯化学株式会社、三井化学株式会社，以及申请书中未列明的其他公司，根据《反倾销条例》的规定，调查机关决定在可获得事实的基础上裁定各公司的正常价值、出口价格及价格调整项目。

调查机关比较分析了在调查中可获得的信息，认为申请书中关于新加坡、泰国和日本的被调查产品的正常价值、出口价格及调整项目的信息可以分别较为准确、合理的反映上述新加坡、泰国和日本公司对中国出口被调查产品的情况。因此，调查机关决定，根据申请书中关于新加坡、泰国和日本的被调查产品的正常价值、出口价格及调整项目的信息分别认定上述新加坡、泰国和日本公司的正常价值、出口价格及调整项目。

价格比较

根据《反倾销条例》第六条的规定，调查机关对被调查产品的正常价值和出口价格，在考虑了影响价格的各种可比性因素基础上，按照公平、合理的方式，将正常价值和出口价格调整至出厂水平进行比较。在计算倾销幅度时，调查机关将加权平均正常价值和加权平均出口价格进行比较，得出倾销幅度。

（三）倾销幅度。

经计算，各公司最终裁定的倾销幅度分别为：

新加坡公司：

1. 璐彩特国际（新加坡）有限公司 6.7%
（Lucite International Singapore Pte. Ltd.）

2.Sumitomo Chemical Singapore Pte Ltd 14.5%

3. 其他新加坡公司（All Others） 14.5%

泰国公司：

1. 泰国 MMA 单体制造销售公司 15.2%
（THAI MMA CO., LTD.）

2.PTT 旭化成化学有限公司 11.1%
（PTT Asahi Chemical Company Limited）

3. 其他泰国公司（All Others） 18.4%

日本公司：

1. 三菱丽阳株式会社 14.6%
（Mitsubishi Rayon Co., Ltd.）

2. 旭化成化学株式会社 12.3%
（ASAHI KASEI CHEMICALS CORPORATION）

3. 日本住友化学株式会社 3.4%
（Sumitomo Chemical Company,Limited）

4. 可乐丽株式会社 34.6%
（KURARAY CO., LTD.）

5. 三菱瓦斯化学株式会社 4.6%
（Mitsubishi Gas Chemical Co., Inc.）

6. 三井化学株式会社 34.6%
（Mitsui Chemicals, Inc.）

7. 其他日本公司（All Others） 34.6%

四、国内同类产品、国内产业

（一）国内同类产品认定。

根据《中华人民共和国反倾销条例》第十二条的规定，同类产品是与倾销进口产品相同的产品，或与倾销进口产品特性最相似的产品。

调查机关对国内生产的甲基丙烯酸甲酯与被调查产品的物理和化学特性、生产工艺流程、产品用途等因素进行了调查：

1. 物理和化学特性。

国内生产的甲基丙烯酸甲酯与被调查产品的外观均为无色液体，易挥发，易燃。熔点为 −48℃，沸点 100 ~ 101℃，24℃（4.3kPa），相对密度 0.9440（20/4℃），折射率 1.4142，闪点（开杯）10℃，蒸气压（25.5℃）5.33kPa。溶于乙醇、乙醚、丙酮等多种有机溶剂，微溶于乙二醇和水。在光、热、电离辐射和催化剂存在下易聚合。

因此，调查机关认定，国内生产的甲基丙烯酸甲酯与被调查产品的物理化学特性相同。

2. 产品用途。

国内生产的甲基丙烯酸甲酯与被调查产品均主要用于合成有机玻璃(聚甲基丙烯酸甲酯 PMMA)，也可用于合成其他树脂、塑料、涂料、黏合剂、改性剂、乳胶增塑剂、纺织上浆剂、防水剂、润滑剂、木材和软木的浸润剂、电机线圈的浸透剂、离子交换树脂、皮革处理剂、纸张上光剂、印染助剂、人造大理石和绝缘灌注材料等。

因此，调查机关认定，国内生产的甲基丙烯酸甲酯与被调查产品的用途相同。

3. 销售渠道和客户群体、消费者评价。

国内生产的甲基丙烯酸甲酯与被调查产品的销售渠道均通过直接销售、代理销售等方式在中国市场进行销售。二者拥有相同的国内客户群体。生产相同下游产品的用户既可以选择使用国内生产的甲基丙烯酸甲酯产品，也可以选择使用被调查产品，国内生产的甲基丙烯酸甲酯与被调查产品具有完全的可替代性。

因此，调查机关认定，国内生产的甲基丙烯酸甲酯与被调查产品的销售渠道、客户群体及消费者评价基本相同。

4. 生产工艺流程。

甲基丙烯酸甲酯产品的生产方法主要包括丙酮氰醇法、异丁烯氧化法、乙烯氧化法等。证据显示，璐彩特国际（新加坡）有限公司采用乙烯氧化法生产甲基丙烯酸甲酯；泰国 MMA 单体制造销售公司、旭化成化学株式会社采用异丁烯氧化法生产甲基丙烯酸甲酯；PTT 旭化成化学有限公司采用丙酮氰醇法生产甲基丙烯酸甲酯；三菱丽阳株式会社采用异丁烯氧化法和丙酮氰醇法两种方法生产甲基丙烯酸甲酯。国内甲基丙烯酸甲酯产业采用丙酮氰醇法生产甲基丙烯酸甲酯。

调查机关认为，上述三种生产工艺虽然存在部分差异，但此差异并不影响对国内生产的甲基丙烯酸甲酯与被调查产品属于同类产品的认定。

调查机关对上述方面调查后认定，国内生产的甲基丙烯酸甲酯与被调查产品属于同类产品。

（二）国内产业认定。

本案申请人提出，调查期内，中国国内共有六家甲基丙烯酸甲酯生产企业，其中，璐彩特国际（中国）化工有限公司和惠州惠菱化成有限公司是与三菱丽阳株式会社存在关联关系的外商独资企业，应将其排除在国内产业之外。

本案 5 家被调查产品生产商 / 出口商在其向调查机关提交的相关材料中提出，本案申请人不应将璐彩特国际（中国）化工有限公司和惠州惠菱化成有限公司排除在国内产业之外。

经调查，上述两家企业为三菱丽阳株式会社的在华外商独资企业。本案立案后，该两家企业未对立案公告发表评论意见，未登记参加调查，也未提交国内生产者调查问卷答卷及其他相关材料。调查机关据此有理由相信或怀疑由于存在关联关系，使其行为不同于无关联关系的国内生产者。根据《反倾销条例》第十一条的规定，调查机关初裁决定将璐彩特国际（中国）化工有限公司和惠州惠菱化成有限公司排除在国内产业之外。

本案初裁后，PTT 旭化成化学有限公司在其委托律师向调查机关提交的《关于甲基丙烯酸甲酯反倾销案初步裁定的评论意见》中再次提出，不应将璐彩特国际（中国）化工有限公司和惠州惠菱化成有限公司排除在国内产业之外。请求商务部重新评估申请人的代表性。调查机关对此予以充分考虑后决定，维持初裁决定中的认定理由和结论，在本案终裁中将璐彩特国际（中国）化工有限公司和惠州惠菱化成有限公司排除在国内产业之外。

在本案中，中国石油天然气股份有限公司吉林石化分公司、黑龙江中盟龙新化工有限公司两家国内甲基丙烯酸甲酯生产企业向调查机关提交了国内生产者调查问卷答卷。2011 年至 2013 年，上述两家国内企业的甲基丙烯酸甲酯产量之和占同期国内产业总产量的比例分别为：61.18%、66.71% 和 73.01%。

调查机关认定，本案申请人符合《反倾销条例》第十一条关于国内产业认定的标准，可以代表中国甲基丙烯酸甲酯产业，其数据可以作为损害和因果关系分析的基础。

五、产业损害及损害程度

（一）累积评估。

根据《反倾销条例》第九条的规定，调查机关考虑了就原产于新加坡、泰国和日本的进口甲基丙烯酸甲酯对国内产业造成的影响进行累积评估的适当性。

1. 倾销幅度不属于微量。

倾销调查期内，来自新加坡、泰国和日本的进口被调查产品均存在倾销，倾销幅度均在 2% 以上，不属于微量的倾销幅度。

2. 进口数量不属于可忽略不计。

根据中国海关数据统计，损害调查期内，来自新加坡、泰国和日本的进口甲基丙烯酸甲酯数量占中国总进口数量的比例均超过 3%，不属于可忽略不计的范围。

3. 被调查产品之间的竞争条件。

被调查产品的物理和化学特性、产品用途、生产工艺等方面基本相同；新加坡、泰国和日本等企业均通过直接销售、代理销售等方式在中国市场销售甲基丙烯酸甲酯产品，占有中国国内相应的市场份额；均根据中国市场状况或条件，与客户协商确定销售价格，具有相同或类似的定价策略。并且，价格是影响产品销售的重要因素。被调查产品拥有相同的客户群体，国内下游企业可以自由采购和使用新加坡、泰国和日本的甲基丙烯酸甲酯产品。

因此，调查机关认为，被调查产品之间存在直接竞争。

4. 被调查产品与国内同类产品之间的竞争。

调查显示，被调查产品与国内同类产品的物理化学特性和最终用途等方面基本相同，可以相互替换；二者均主要通过直接销售、代理销售等方式同时在中国市场进行销售，并存在共同的客户群体；各种来源产品的销售，没有明显的时间和地域偏好。

上述证据表明，不同来源的被调查产品之间、被调查产品与国内同类产品之间存在直接的竞争关系，且没有证据证明，也没有利害关系方主张竞争条件将发生变化。

调查机关根据上述证据认定，从竞争关系的角度看，对原产于新加坡、泰国和日本的进口被调查产品的影响进行累积评估是适当的。

（二）倾销进口产品进口数量。

调查机关对倾销进口产品的绝对数量或相对于中国生产或消费的数量是否大幅增加进行了调查。

本案被调查产品生产商 / 出口商提出，被调查产品对中国的出口数量没有出现大幅增加。

调查显示，2011 ～ 2013 年，上述三国甲基丙烯酸甲酯合计对中国出口数量分别为 108926.80 吨、181135.40 吨、169265.70 吨，2012 年比 2011 年增长了 66.29%，2013 年比 2012 年下降了 6.55%，比 2011 年增长了 55.39%。损害调查期内，原产于新加坡、泰国和日本的进口甲基丙烯酸甲酯进口数量大幅增加。

2011 年至 2013 年上述三国合计进口数量占中国国内市场份额分别为 25.21%、35.21%、32.49%，2012 年比 2011 年增加了 10 个百分点，2013 年比 2012 年减少了 2.72 个百分点，比 2011 年增加了 7.28 个百分点。损害调查期内，原产于新加坡、泰国和日本的进口甲基丙烯酸甲酯相对于中国生产或消费的数量亦有所增加。

调查机关认定，倾销进口产品的绝对数量在损害调查期出现大幅增加。

（三）倾销进口产品价格对国内同类产品价格的影响。

调查机关就倾销进口产品进口价格对国内同类产品价格的影响进行了调查。

第一，关于价格比较所采用的数据。

本案被调查产品生产商 / 出口商提出，申请人使用的甲基丙烯酸甲酯数据，是“甲基丙烯酸酯”进口产品的数据，未能将被调查产品与该税则号下的其他甲基丙烯酸酯产品区别开来。

经调查，本案被调查产品归在《中华人民共和国进出口税则》：29161400。该税则号项下绝大部分产品为本案被调查产品，其他少部分产品无法具体区分，但并不影响调查机关对倾销进口产品进行分析认定。

新加坡、泰国和日本提交的调查问卷答卷显示，损害调查期内，上述三国企业向中国出口的被调查产品数量占中国海关统计的三国进口数量的比例分别为：55%、60% 和 82%。同时调查机关注意到，由于中国海关仅统计“甲基丙烯酸酯”数据，并非是单独的甲基丙烯酸甲酯数据，因此，在以上使用的中国海关统计的三国进口数量应大于实际的甲基丙烯酸甲酯数量，即，新加坡、泰国和日本向中国出口的被调查产品数量实际占三国甲基丙烯酸甲酯进口数量的比例应更大。据此，调查机关认为新加坡、泰国和日本提交调查问卷答卷的企业提供的价格数据更具有代表性，可以代表倾销进口产品的价格情况。调查机关决定采用上述三国提交调查问卷答卷企业提供的价格数据进行价格影响分析。

调查机关采用提交调查问卷答卷的企业提供的损害调查期内向中国出口被调查产品的价格数据，包含应缴进口关税的倾销进口产品加权平均销售价格，并考虑各年度平均汇率等因素后作为进口价格，与经调查机关对国内产业初裁前实地核查后认定的国内同类产品的加权平均销售价格进行比较，贸易水平相当，均主要为销售给最终用户的交易价格，二者具有可比性。因此，调查机关将以上两种价格进行比较来分析价格影响。

本案初裁后，PTT 旭化成化学有限公司在其向调查机关提交的《关于甲基丙烯酸甲酯反倾销案初步裁定的评论意见》中提出，在比较被调查产品的进口价格与国内同类产品的销售价格时，调查机关并没有考虑对进口产品征收的增值税。国内同类产品的销售价格包含了增值税，而被调查产品的进口价格不包含增值税。被调查产品的进口价格对国内同类产品的价格不存在价格削减，也就没有实质损害。调查机关对此予以了充分考虑。

本案初裁中，调查机关将国内同类产品的销售价格与倾销进口产品价格进行比较时，采用的国内同类产品的加权平均销售价格不包含增值税。因此，在终裁决定中，调查机关仍然维持初裁决定中认定的数据。

第二，据调查，倾销进口产品和国内同类产品在中国国内销售时，均根据中国市场状况或条件，与客户协商确定销售价格，具有相同或类似的定价策略。数据显示，2011 年至 2013 年，倾销进口产品价格分别为 14366 元 / 吨、11834 元 / 吨和 11511 元 / 吨，2012 年比 2011 年下降 17.62%，2013 年比 2012 年下降 2.73%。国内同类产品价格 2012 年比 2011 年下降 18.07%，2013 年比 2012 年下降 0.65%。倾销进口产品价格与国内同类产品价格变化趋势相同，均呈逐年下降趋势，二者价格呈现联动态势。

第三，损害调查期内，国内甲基丙烯酸甲酯表观消费量持续增长。2011 ~ 2013 年，国内甲基丙烯酸甲酯的表观消费量分别为 432024.86 吨、514442.80 吨、520937.82 吨。2012 年比 2011 年增长了 19.08%，2013 年比 2012 年增长了 1.26%，比 2011 年增长了 20.58%。在国内甲基丙烯酸甲酯市场需求出现上述增长的情况下，在正常贸易条件下国内产业有理由期望国内同类产品价格能够出现相应的增长。但由于倾销进口产品和国内同类产品价格均呈现逐年下降趋势，倾销进口产品的进口价格均低于国内同类产品的销售价格，对国内同类产品的价格构成了价格削减，削减幅度分别为：2011 年 4.56%，2012 年 3.99%，2013 年 6.21%。国内市场上包括本案被调查产品和国内同类产品在内的多种来源供给的甲基丙烯酸甲酯，在质量、规格和用途等方面基本相同，二者完全可以替代使用的情况下，国内下游客户采购甲基丙烯酸甲酯产品时，价格成为其选择产品的重要因素。由于倾销进口产品对国内同类产品价格削减，导致国内同类产品价格未能出现上涨，国内产业呈现亏损状态。

本案被调查产品生产商 / 出口商提出，倾销进口产品没有对国内同类产品价格造成不利影响。

调查机关通过对倾销进口产品的进口价格和国内同类产品价格进行比较分析后认定，倾销进口产品的价格对国内同类产品的价格变化产生了影响。

（四）调查期内国内产业状况。

根据《反倾销条例》第七条、第八条的规定，调查机关对国内产业的相关经济因素和指标进行了调查（数据见附表），证据显示：

1. 表观消费量。

损害调查期内，中国甲基丙烯酸甲酯表观消费量 2011 年为 432025 吨；2012 年为 514443 吨，比 2011 年增长 19.08%；2013 年为 520938 吨，比 2012 年增长 1.26%。

2. 产能。

损害调查期内，中国甲基丙烯酸甲酯产能 2011 年和 2012 年均为 218000 ~ 267000 吨；2013 年为 266000 ~ 326000 吨，比 2012 年增长 22.22%。

3. 产量。

损害调查期内，国内产业同类产品产量 2011 年为 118000 ~ 144000 吨；2012 年为 109000 ~ 134000 吨，比 2011 年下降 7.27%；2013 年为 122000 ~ 150000 吨，比 2012 年增长 11.85%。

4. 国内销售量。

损害调查期内，国内产业同类产品销售量 2011 年为 116000~142000 吨；2012 年为 101000~124000 吨，比 2011 年下降 12.96%；2013 年为 118000~145000 吨，比 2012 年增长 17.03%。

5. 市场份额。

损害调查期内，国内产业同类产品占中国国内市场的份额2011年为28%～34%；2012年为20%～26%，比2011年下降8.09个百分点；2013年为23%～29%，比2012年增长3.42个百分点。

6. 销售价格。

损害调查期内，国内产业同类产品销售价格2011年为13000～16000元/吨；2012年为10600～13100元/吨，比2011年下降18.07%；2013年为10500～13000元/吨，比2012年下降0.65%。

7. 销售收入。

损害调查期内，国内产业同类产品销售收入2011年为173000万～212000万元；2012年为123000万～151000万元，比2011年下降28.69%；2013年为143000万～176000万元，比2012年上升16.26%。

8. 税前利润。

损害调查期内，国内产业同类产品税前利润2011年为31000万～38000万元；2012年为250万～310万元，比2011年下降99.18%；2013年亏损6200万～7600万元。

9. 投资收益率。

损害调查期内，国内产业同类产品投资收益率2011年为24%～30%；2012年为0%～5%，比2011年下降26.27个百分点；2013年为（-7%）～（-2%）。

10. 开工率。

损害调查期内，国内产业同类产品开工率2011年为50%～60%；2012年为45%～55%，比2011年下降4.23个百分点；2013年为40%～50%，比2012年下降4.58个百分点。

11. 就业人数。

损害调查期内，国内产业同类产品就业人数2011年为890～1100人；2012年为900～1100人，比2011年上升1.33%；2013年为970～1200人，比2012年上升7.75%。

12. 劳动生产率。

损害调查期内，国内产业同类产品劳动生产率2011年为120～140吨/年/人；2012年为110～130吨/年/人，比2011年下降8.48%；2013年为110～130吨/年/人，比2012年上升3.81%。

13. 人均工资。

损害调查期内，国内产业同类产品就业人员人均工资2011年为40000～49000元/年/人；2012年为39000～48000元/年/人，比2011年下降1.30%；2013年为36000～45000元/年/人，比2012年下降7.19%。

14. 期末库存。

损害调查期内，国内产业同类产品期末库存2011年为3600～4400吨；2012年为5900～7200吨，比2011年增加63.25%；2013年为5400～6600吨，比2012年下降7.79%。

15. 经营活动现金净流量。

损害调查期内，国内产业同类产品经营活动现金净流量2011年为现金净流入76000～93000万元；2012年为现金净流出2600～3200万元；2013年为现金净流入33000～40000万元。

16. 投融资能力。

调查期内，没有证据显示国内产业同类产品投融资能力受到被调查产品的进口的不利影响。

调查机关对倾销进口产品的倾销幅度也进行了审查，证据显示倾销进口产品的倾销幅度为6.7%～34.6%，不属于微量倾销，足以对国内市场价格造成不利影响。

以上证据表明，损害调查期内，中国甲基丙烯酸甲酯市场表观消费量持续增加。为满足增长的国内市场需求，国内产业同类产品产能、产量和销售数量总体呈现增长趋势，就业人数增加。但国内产业已有产能并未得到充分利用，开工率始终较低且逐年下降；由于损害调查期内倾销进口产品进口数量总体呈现大幅增长趋势，造成同期国内同类产品市场份额总体相应地呈现下降趋势；国内同类产品价格逐年下降，使得国内产业同期产品销售数量虽然有所增长，但销售收入总体呈现下降趋势；国内同类产品税前利润大幅下降，2013年出现亏损；投资收益率2012年比2011年下降26.27个百分点，2013年投资收益率为负值；国内产业产品期末库存增加；现金净流量大幅减少，2012年度现金流量为净流出；国内产业由于生产经营困难，压缩成本，减少人员工资支出，企业人均工资逐年下降；国内产业劳动生产率总体呈现下降趋势。

本案被调查产品生产商/出口商提出，损害调查期内多项经济指标显示国内产业发展良好，国内产业所面临的困难和经营波动在调查期末已经大幅缓解，国内产业没有受到实质损害。

调查机关认为，关于倾销进口产品对国内产业影响的审查应包括对影响产业状况的所有有关经济因素和指标的评估，就此因素中的一个或多个均未必能够给予决定性的指导。且评估期间应当包括全部调查期。

调查机关综合分析有关数据后认定，损害调查期内，国内甲基丙烯酸甲酯产业受到了实质损害。

六、因果关系

根据《反倾销条例》第二十四条，调查机关审查了原产于新加坡、泰国和日本的甲基丙烯酸甲酯倾销进口与中国国内产业受到实质性损害之间是否存在因果关系。同时审查了除倾销进口之外，已知的可能对中国国内产业造成损害的其他因素。

（一）倾销进口产品造成了国内产业的实质损害。

损害调查期内倾销进口产品数量总体呈现增长趋势，2012 年比 2011 年增长了 66.29%；2013 年比 2012 年下降了 6.55%，比 2011 年增长了 55.39%。同期国内同类产品市场份额总体呈现下降趋势，2012 年比 2011 年下降了 8.09 个百分点，2013 年比 2012 年增加了 3.42 个百分点，但比 2011 年下降了 4.67 个百分点。

由于倾销进口产品与国内同类产品在物理和化学特性、产品用途、生产工艺、销售渠道和客户群体、消费者评价等方面基本相同，可以相互替代，二者存在竞争关系，价格成为下游客户选择产品的重要因素。损害调查期内，倾销进口产品价格始终低于国内产业同类产品价格，对国内产业同类产品价格产生了削减作用。国内产业为了维持市场份额，被迫采取降价销售的方法与倾销进口产品竞争，损害调查期内，国内同类产品价格逐年下降，2012 年比 2011 年下降了 18.07%，2013 年比 2012 年下降了 0.65%。国内产业同类产品销售价格下降，造成销售收入、税前利润等指标相应下降，投资收益率下降，期末库存增加，劳动生产率下降，现金净流量大幅减少。倾销进口产品对国内产业生产经营产生了不利影响。

调查机关据此认定，倾销进口产品与国内甲基丙烯酸甲酯产业受到的实质损害存在因果关系。

（二）其他已知因素分析。

调查机关对除倾销进口产品以外的，可能使国内产业受到实质损害的其他已知因素进行了审查。

经调查，没有证据表明，未以倾销价格销售的进口产品的数量和价格、需求的减少或消费模式的变化、外国与国内生产者的限制贸易的做法及它们之间的竞争、技术发展以及国内产业的出口实绩和生产率等因素，与国内甲基丙烯酸甲酯产业受到的实质损害之间存在因果关系。

本案初裁后，PTT 旭化成化学有限公司在其向调查机关提交的《关于甲基丙烯酸甲酯反倾销案初步裁定的评论意见》中提出，分析因果关系时，调查机关没有考虑所有的其他因素，包括：2012 年 MMA 产业的需求萎靡；原材料的短缺；申请人的竞争劣势；损害调查期内产能急剧增加；申请人自身的管理是损害调查期内经营困难的主要原因；损害调查期内出口因素。调查机关对此予以了充分考虑。

调查机关在初裁后的进一步调查后认为：

第一，损害调查期内，甲基丙烯酸甲酯的国内需求量呈逐年上升趋势。2012 年比 2011 年上升了 19.08%，2013 年比 2012 年上升了 1.26%。PTT 旭化成化学有限公司提出的“2012 年 MMA 产业的需求萎靡”与事实不符。

第二，申请人中国石油天然气股份有限公司吉林石化分公司生产甲基丙烯酸甲酯的原材料主要采用自给的形式，供应充足。黑龙江中盟龙新有限公司原材料采购充足。损害调查期内，国内申请企业均没有出现原材料短缺的现象。PTT 旭化成化学有限公司提出的“原材料短缺”的结论，缺乏相应的证据。

第三，甲基丙烯酸甲酯产品的生产方法主要包括丙酮氰醇法、异丁烯氧化法、乙烯氧化法等。损害调查期内，国内产业和 PTT 旭化成化学有限公司、三菱丽阳株式会社均采用该种生产方式生产甲基丙烯酸甲酯。没有证据表明，该种生产方式在竞争力方面存在劣势。

第四，损害调查期内，由于国内甲基丙烯酸甲酯市场需求持续增长，国内产业生产能力相应增加。国内产业产能增长趋势与增长幅度均与市场需求增长幅度基本相同。且国内产业生产能力远远低于市场需求。PTT 旭化成化学有限公司提出的，国内产业产能急剧增加，国内产业产能过剩的结论与事实不符。

第五，PTT 旭化成化学有限公司向调查机关提交的“吉林石化修建公司”、“中国石油天然气集团公司”的相关材料，不能成为本案的证据，不能证明其提出的“申请人自身的管理是调查期内经营困难的主要原因”的结论。调查机关未发现国内产业在损害调查期内存在管理混乱的现象。

第六，本案两家国内申请企业中国石油天然气股份有限公司吉林石化分公司和黑龙江中盟龙新有限公司代表国内甲基丙烯酸甲酯产业。损害调查期内，上述两家国内企业没有出口甲基丙烯酸甲酯产品，同类产品出口并非是造成国内产业损害的原因。

根据以上调查，调查机关认定，PTT 旭化成化学有限公司提出的上述因素，不是造成国内甲基丙烯酸甲酯产业受到实质损害的因素。

七、最终裁定调查结论

根据上述调查结果，调查机关最终裁定，原产于新加坡、泰国和日本的进口甲基丙烯酸甲酯存在倾销，中国国内甲基丙烯酸甲酯产业受到了实质损害，且倾销与实质损害之间存在因果关系。

附表

甲基丙烯酸甲酯反倾销案数据表（略）

又讯：商务部贸易救济调查局 商救济进三函[2015] 第 3 号 关于召开甲基丙烯酸甲酯反倾销案听证会的通知（2015 年 1 月 9 日）

各利害关系方：

2014 年 8 月 8 日，中华人民共和国商务部发布公告，对原产于新加坡、泰国和日本的进口甲基丙烯酸甲酯产品进行反倾销立案调查。

应三菱丽阳株式会社、泰国 MMA 单体制造销售公司、璐彩特国际（新加坡）有限公司申请，为保证调查程序的公平、公正、透明，根据《中华人民共和国反倾销条例》第二十条以及商务部《反倾销调查听证会暂行规则》的规定，商务部贸易救济调查局决定于 2015 年 2 月 10 日（星期二）在商务部召开甲基丙烯酸甲酯反倾销案听证会。现将有关事项通知如下：

一、本次听证会的主题为甲基丙烯酸甲酯反倾销案损害听证会，除此以外的其他事项不作为本次听证会的听证内容。

二、申请参加听证会的利害关系方，应填写《申请参加甲基丙烯酸甲酯反倾销案听证会登记表》（见附件），并在本通知发布之日起 10 日内（截止至 2015 年 1 月 19 日下午 17：00 前）将登记表传真至商务部贸易救济调查局。如果利害关系方未在本通知规定的时间内向商务部递交申请，商务部有权拒绝其参加听证会，拒绝接受其递交的有关材料。

三、申请在听证会上发言的利害关系方，应在提交上述登记表的同时，提交听证会发言书面概要和相关证据材料正式文本一式 3 份。听证会指定语言和文字为中文。

四、参加听证会的代表发言时间，将由商务部根据报名情况确定。

五、本通知和登记表在中华人民共和国商务部网站贸易救济调查局子站上发布（http://trb.mofcom.gov.cn）。有关利害关系方可直接由网上下载。

六、经商务部审查后确定的参加听证会的各利害关系方名单、听证会的具体时间、地点等事项将在上述网站公布。

商务部联系方式：（略）

特此通知。

附件：申请参加甲基丙烯酸甲酯反倾销案听证会登记表（略）

四十八、中华人民共和国商务部 公告 2015 年第 46 号 关于终止原产于日本、美国、马来西亚和台湾地区的进口乙醇胺反倾销措施的公告（2015 年 11 月 12 日）

2004 年 11 月 14 日，商务部发布 2004 年第 57 号公告，决定对原产于日本、美国、伊朗、马来西亚、台湾地区和墨西哥的进口乙醇胺（单乙醇胺和二乙醇胺）实施反倾销措施，实施期限为 5 年。

2009 年 11 月 13 日，商务部发布 2009 年第 90 号公告，决定终止对原产于伊朗和墨西哥的进口乙醇胺所适用的反倾销措施。

2010 年 11 月 13 日，商务部发布 2010 年第 75 号公告，决定维持对原产于日本、美国、马来西亚和台湾地区的进口乙醇胺的反倾销措施，实施期限为 5 年。

2015 年 1 月 20 日，商务部发布 2015 年第 4 号公告，宣布上述反倾销措施将于 2015 年 11 月 13 日到期。自该公告发布之日起，中国大陆产业或代表中国大陆产业的自然人、法人或有关组织可在该反倾销措施到期日 60 天前，以书面形式向商务部提出期终复审申请。

在公告规定的时限内，中国大陆乙醇胺产业或其代表未提出期终复审申请，商务部亦决定不主动发起期终复审调查。鉴此，自 2015 年 11 月 13 日起，对原产于日本、美国、马来西亚和台湾地区的进口乙醇胺所适用的反倾销措施终止实施。

四十九、中华人民共和国商务部公告 2015 年第 37 号 关于对原产于美国、意大利、英国、法国和台湾地区的进口聚酰胺 -6, 6 切片所适用的反倾销措施期的终复审裁定（2015 年 10 月 12 日）

2009 年 10 月 12 日，中华人民共和国商务部（以下称调查机关）发布该年度第 79 号公告，决定对原产于美国、意大利、英国、法国和台湾地区的进口聚酰胺 -6, 6 切片实施反倾销措施，实施期限自 2009 年 10 月 13 日起 5 年。

2014 年 10 月 10 日，应中国大陆聚酰胺 -6, 6

切片产业申请，调查机关发布公告，决定对原产于美国、意大利、英国、法国和台湾地区的进口聚酰胺 -6, 6 切片所适用的反倾销措施进行期终复审调查。

本次期终复审调查的被调查产品与原反倾销调查的被调查产品相同，即聚酰胺 -6, 6 切片，全称聚己二酰己二胺（英文简称"Polyamide-6, 6"），该产品归在《中华人民共和国进出口税则》税则号：39081011。

调查机关对如果终止反倾销措施，原产于美国、意大利、英国、法国和台湾地区的进口聚酰胺 -6, 6 切片对中国大陆的倾销和损害继续或再度发生的可能性进行了调查，并依据《中华人民共和国反倾销条例》（以下简称《反倾销条例》）第四十八条，调查机关做出复审裁定（见附件）。

调查机关根据调查结果向国务院关税税则委员会提出实施反倾销措施的建议，根据《中华人民共和国反倾销条例》第五十条及国务院关税税则委员会的决定，现将有关事项公告如下：

一、复审裁定

调查机关裁定，如果终止反倾销措施，原产于美国、意大利、法国和台湾地区的进口聚酰胺 -6,6 切片对中国大陆的倾销可能继续发生，原产于英国的进口聚酰胺 -6,6 切片对中国大陆的倾销不会继续或再度发生；原产于美国、意大利、法国和台湾地区的进口聚酰胺 -6,6 切片对中国大陆产业造成的损害可能继续或再度发生。

二、反倾销措施

自 2015 年 10 月 13 日起，按商务部 2009 年第 79 号公告公布的产品描述和反倾销税税率对原产于美国、意大利、法国和台湾地区的进口聚酰胺 -6,6 切片继续征收反倾销税，实施期限 5 年。

自 2015 年 10 月 13 日起，终止对原产于英国的进口聚酰胺 -6,6 切片的反倾销措施。

三、征收反倾销税的方法

自 2015 年 10 月 13 日起，进口经营者在进口原产于美国、意大利、法国和台湾地区的进口聚酰胺 -6,6 切片时，应向中华人民共和国海关缴纳相应的反倾销税。反倾销税以海关审定的完税价格从价计征，计算公式为：反倾销税额 = 海关完税价格 × 反倾销税税率。进口环节增值税以海关审定的完税价格加上关税和反倾销税作为计税价格从价计征。

四、行政复议和行政诉讼

根据《中华人民共和国反倾销条例》第五十三条的规定，对本复审决定不服的，可以依法申请行政复议，也可以依法向人民法院提起诉讼。

五、本公告自 2015 年 10 月 13 日起执行

附件：中华人民共和国商务部对原产于美国、意大利、英国、法国和台湾地区的进口聚酰胺 -6,6 切片所适用的 反倾销措施的期终复审裁定

2014 年 10 月 10 日，商务部（以下称调查机关）发布 2014 年第 62 号公告，决定对原产于美国、意大利、英国、法国和台湾地区的进口聚酰胺 -6, 6 切片（以下称被调查产品）所适用的反倾销措施进行期终复审调查。

调查机关对如果终止反倾销措施，原产于美国、意大利、英国、法国和台湾地区的进口聚酰胺 -6, 6 切片对中国大陆的倾销和损害继续或再度发生的可能性进行了调查。根据调查结果和《中华人民共和国反倾销条例》（以下简称《反倾销条例》）第四十八条，调查机关做出复审裁定如下：

一、原反倾销措施

2009 年 10 月 12 日，调查机关发布 2009 年第 79 号公告，决定对原产于美国、意大利、英国、法国和台湾地区的进口聚酰胺 -6,6 切片征收反倾销税，实施期限为自 2009 年 10 月 13 日起 5 年。

反倾销措施实施期间，调查机关未发起过任何形式的复审调查。

二、期终复审调查程序

（一）到期公告。

2014 年 5 月 16 日，调查机关发布 2014 年 37 号公告，宣布对原产于美国、意大利、英国、法国和台湾地区的进口聚酰胺 -6,6 切片实施的反倾销措施将于 2014 年 10 月 12 日到期。根据《反倾销条例》规定，经复审确定终止征收反倾销税有可能导致倾销和损害继续或者再度发生的，反倾销税的征收期限可以适当延长。自该公告发布之日起，中国大陆产业或代表中国大陆产业的自然人、法人或有关组织可在反倾销措施到期日 60 天前，向调查机关提出书面复审申请。

（二）立案及通知。

1. 复审申请。

2014 年 8 月 12 日，调查机关收到平顶山神马工程塑料有限责任公司代表中国大陆聚酰胺 -6,6 切片产业正式递交的反倾销措施期终复审申请书。申请人主张，如果终止反倾销措施，原产于美国、意大利、英国、法国和台湾地区的进口聚酰胺 -6,6 切片对中国大陆的倾销行为可能继续发生，对中国大

陆产业造成的损害可能再度发生，请求调查机关继续维持该反倾销措施。

2. 立案前通知。

在决定立案调查前，调查机关就收到期终复审申请事宜通知美国、意大利、法国和英国驻华使馆、欧盟驻华使团以及台湾、澎湖、金门和马祖单独关税区驻世界贸易组织代表团。

3. 立案。

根据《反倾销条例》第十一条、第十三条、第十七条和第四十八条规定，调查机关对申请人资格和申请书的主张及相关证明材料进行审查后，认为申请人资格和申请书符合立案要求。

根据上述审查结果及《反倾销条例》第十六条、第四十八条、第五十一条规定，调查机关于2014年10月10日发布立案公告，决定自2014年10月13日起对原产于美国、意大利、英国、法国和台湾地区的进口聚酰胺 -6,6 切片所适用的反倾销措施进行期终复审调查。本次复审的倾销调查期为2013年7月1日至2014年6月30日（以下称倾销调查期），产业损害调查期为2009年1月1日至2014年6月30日（以下称损害调查期）。

4. 复审内容。

本次复审调查的内容为，如果终止原反倾销措施，是否可能导致倾销和损害的继续或再度发生。

5. 立案通知及利害关系方评论。

立案当日，调查机关就立案事宜通知了美国、意大利、法国和英国驻华使馆、欧盟驻华使团以及台湾、澎湖、金门和马祖单独关税区驻世界贸易组织代表团，并提供了立案公告和申请书公开文本，请其通知本国（地区）相关生产商和出口商。同日，调查机关将立案事宜通知了本案申请人及已知的涉案国（地区）生产商和出口商。

在规定时间内，没有利害关系方对本次复审立案发表评论意见。

6. 公开信息。

在立案公告中，调查机关告知利害关系方，可以通过商务部贸易救济公开信息查阅室查阅本次反倾销调查相关信息的非保密版本。

立案当天，调查机关通过商务部贸易救济公开信息查阅室公开了本案申请人提交的申请书的非保密版本。

（三）裁决前调查

1. 登记参加调查。

调查机关在2014年第62号公告中公布，所有利害关系方可于立案公告发布之日起20天内，向调查机关登记参加本次反倾销复审调查。

在规定期限内，美国奥升德功能材料有限公司、奥升德功能材料（上海）有限公司、台湾地区晋伦科技股份有限公司、法国罗地亚经营管理股份有限公司（以下称罗地亚公司）、欧盟驻华使团以及中国大陆生产商平顶山神马工程塑料有限责任公司向调查机关登记参加调查。

2. 发放问卷和收取答卷。

2014年11月5日，调查机关发布《关于发放聚酰胺 -6,6 切片反倾销期终复审案调查问卷的通知》（商救济进四局函〔2014〕第97号），向本案利害关系方发放了《国外（地区外）生产商 / 出口商调查问卷》、《中国大陆生产者调查问卷》和《中国大陆进口商问卷》，并将调查问卷电子版本在商务部网站贸易救济调查局子网站和中国贸易救济信息网公布。调查机关同时将上述调查问卷送至商务部贸易救济公开信息查阅室，供利害关系方查阅和复制。

调查机关已尽可能通知所有利害关系方，告知所有利害关系方不提交答卷的后果。在规定期间内，法国罗地亚公司和中国大陆平顶山神马工程塑料有限责任公司向调查机关申请延期递交答卷并陈述了相关理由。经审查，调查机关同意给予适当延期。至答卷递交截止之日，调查机关收到了法国罗地亚公司和平顶山神马工程塑料有限责任公司提交的调查问卷答卷，未收到其他利害关系方提交的调查问卷答卷。

针对法国罗地亚公司提交的答卷中存在的问题，调查机关向其发放了补充问卷。在规定时间内，调查机关收到了补充问卷答卷。

3. 听取利害关系方意见。

2015年1月19日，调查机关收到平顶山神马工程塑料有限责任公司委托其代理律师提交的《对双6案法国罗地亚公司保密信息处理的评论意见》。

2015年2月6日，调查机关收到平顶山神马工程塑料有限责任公司委托其代理律师提交的《对罗地亚经营管理公司日落复审调查问卷答卷的评论意见》。

2015年3月25日，调查机关收到平顶山神马工程塑料有限责任公司委托其代理律师提交的《对罗地亚经营管理公司聚酰胺 -6，6 切片反倾销期终复审调查的补充问卷答卷的评论意见》。

4. 实地核查。

根据《反倾销条例》第二十条的规定，2015 年 1 月 14 日，调查机关发布《关于开展聚酰胺 -6，6 切片期终复审实地调查的通知》（商救济进四局函〔2015〕第 1 号），决定对本案中国大陆答卷企业进行实地核查。

2015 年 1 月 26 日至 30 日，调查机关对本案中国大陆答卷企业平顶山神马工程塑料有限责任公司进行了实地核查，核查结束后，被核查企业向调查机关提交了《聚酰胺 -6，6 切片反倾销期终复审案中国大陆产业实地核查后的补充材料》。

5. 公开信息。

平顶山神马工程塑料有限责任公司提出，由于本案中国大陆聚酰胺 -6，6 切片产业仅包括 1 家企业数据，披露相关指标的绝对数据将对该企业造成不利影响，因此申请对相关数据进行保密处理。根据《反倾销条例》第二十二条规定，调查机关认为，申请人为了避免资料泄露产生不利影响，请求调查机关对有关信息进行保密处理的申请符合法律规定，决定申请人对上述信息按保密处理。

申请人对需保密的数据采用区间与百分比相结合的方式进行披露，区间所代表数据的实际值可能位于所公布区间的任一水平。调查机关认为申请人的披露足以令其他利害关系方合理了解有关保密信息的实质内容。

根据《反倾销条例》的规定，调查机关已将调查过程中收到和制作的本案所有公开材料及时送至商务部贸易救济公开信息查阅室。各利害关系方可以查找、阅览、摘抄、复印有关公开信息。

6. 信息披露。

根据《反倾销条例》第二十五条和《产业损害调查信息查阅与信息披露规定》第十八、第十九条、第二十条和第二十一的规定，2015 年 8 月 31 日调查机关向本案利害关系方披露了本案裁定所依据的基本事实，并给予其提出评论意见的机会。在规定时间内，没有利害关系方提出评论意见。

调查机关对期终复审申请书及所附材料证据材料、收回的调查问卷答卷和实地调查结果进行了认真分析和全面评估，并收集和补充了相关证据材料。调查机关对利害关系方提出的意见依法予以了充分考虑。

三、被调查产品

根据调查机关 2014 年 10 月 10 日发布的立案公告，本次期终复审的被调查产品范围与原反倾销调查裁定的被调查产品范围（商务部 2009 年第 79 号公告）一致，即原产于美国、意大利、英国、法国和台湾地区的进口聚酰胺 -6,6 切片。

该产品归在《中华人民共和国进出口税则》税则号：39081011。

四、倾销继续或再度发生的可能性

调查机关注意到，美国、意大利、英国和台湾地区的涉案生产商、出口商未提交答卷，调查机关未能从美国、意大利、英国和台湾地区等涉案生产商、出口商直接获得倾销调查期内被调查产品的正常价值、出口价格、调整因素以及出口国（地区）出口能力、国内（地区内）消费、对中国大陆出口和对第三国（地区）出口等方面的数据和证据。依据《反倾销条例》第二十一条，调查机关决定采用已经获得的事实和可获得的最佳信息进行认定。调查机关认为，中华人民共和国海关统计数据和申请人提供的信息是可获得的最佳信息，并据此对美国、意大利、英国和台湾地区被调查产品的的倾销继续或再度发生的情况进行认定。

关于法国被调查产品的倾销继续或再度发生的情况，调查机关注意到，在规定时限内，法国只有罗地亚公司登记应诉本次复审调查并提交了倾销答卷，调查机关将根据罗地亚公司的答卷确定该公司的倾销情况。

罗地亚公司在答卷中主张调查期后期该公司为法国唯一的被调查产品生产商，主张以该公司的相关生产销售数据代表法国，并在补充问卷答卷中提供“行业内关于被调查产品的权威年度供需报告”作为证据。公司主张，根据该报告，法国共有两家生产企业，即罗地亚和 Nexis Fibres，但是后者已于 2012 年底停产，因此，报告中关于 Nexis Fibres 的生产能力数据为零。公司还提供了 Nexis Fibres 已于 2012 年底停产的相关报道。

申请人评论指出，罗地亚公司有关 Nexis Fibres 已于 2012 年底停产的相关报道不属实，公司答卷证据并未提及 Nexis Fibres 停产的任何相关内容，只是提到“由于没有买家对聚酰胺纤维生产商 Meryl Fiber 公司提出收购，因此该公司进入清算程序”，因此罗地亚公司没有提供足够证据。罗地亚公司未对申请人的评论意见提出反驳意见。

经审查，调查机关发现，罗地亚公司提供的相关报道仅指出 Meryl Fiber 公司进入清算程序，但没有证据表明 Meryl Fiber 与 Nexis Fibres 是同一家公司，也未证明后者已于 2012 年底停产。

调查机关还发现，罗地亚公司提供的“权威年度供需报告”为《PCI尼龙中间体和纤维年报》。而根据该年报，法国聚酰胺－6，6切片的全国整体产能、产量和出口量数据与罗地亚公司答卷主张的数据相差极大。此外，罗地亚公司答卷填报的被调查产品对中国大陆出口量与中华人民共和国海关统计数据也有显著差异。

调查机关认为，法国罗地亚公司关于以公司数据代表法国聚酰胺－6，6切片整体情况的主张和其提供的相关证据、中华人民共和国海关统计数据均存在矛盾，因此调查机关决定不接受以公司数据代表法国的主张。考虑到该公司提供的“权威年度供需报告”与申请人提供的法国被调查产品整体情况的数据来源相同，为双方所认可，且该报告为独立第三方编撰。调查机关决定采用该年度报告中有关被调查产品产能、产量和出口量等数据来分析法国被调查产品对中国大陆出口倾销继续或再度可能性。

（一）美国。

1. 倾销调查期内的倾销情况。

调查机关根据中华人民共和国海关统计数据和申请人提供的数据对美国被调查产品的正常价值、出口价格进行了认定，对影响正常价值和出口价格可比性的因素进行了调整，并在同一贸易环节进行了比较。

经调查，调查机关认定，在调整销售条件和贸易水平等影响价格可比性的因素后，倾销调查期内，原产于美国的进口聚酰胺－6，6切片向中国大陆的出口价格为2970.88美元/吨，正常价值为3026.53美元/吨。

据此调查机关认定，倾销调查期内，原产于美国的进口聚酰胺－6，6切片以低于正常价值的价格向中国大陆出口，存在倾销。

同时，调查机关注意到，在原反倾销调查的最终裁定中，原产于美国的聚酰胺－6，6切片倾销幅度为25.2%～37.5%。措施实施期间没有美国聚酰胺－6，6切片生产商向调查机关申请倾销及倾销幅度期中复审。根据现有材料，没有证据证明美国聚酰胺－6，6切片对中国大陆倾销出口情况发生了变化。

2. 出口能力。

（1）产能、产量和闲置产能。

单位：万吨

期　间	2010年	2011年	2012年	2013年	2014年
产　能	100	104	105	105	111.5
产　量	71.5	73.1	72.2	78.9	80.4
闲置产能	29	31	33	26	31

数据来源：《聚酰胺－6，6切片反倾销期终复审案的补充材料》附件6：《PCI尼龙中间体和纤维年报》（2014年）。

申请人提供的材料和数据显示，2010～2014年，美国聚酰胺－6，6切片的产能维持在100万吨以上，整体呈增长趋势。产能占全球聚酰胺－6，6切片产能的三分之一以上。

申请人提供的材料和数据显示，2010～2014年美国聚酰胺－6，6切片的产量维持在71.5万吨以上，整体呈增长趋势，2014年产量比2010年增长了12.45%。

申请人提供的材料和数据显示，2010～2014年，美国聚酰胺－6，6切片的闲置产能虽有波动，但始终保持在较高水平，闲置产能稳定在26万吨以上。

以上分析表明，美国是全球聚酰胺－6，6切片的主要生产国之一，聚酰胺－6，6切片的产能、产量巨大，同时美国还存在着较大的闲置产能，如果释放，美国聚酰胺－6，6切片产量会进一步增加，出口能力将进一步增强。

（2）美国国内市场需求情况。

单位：万吨

期间	2010年	2011年	2012年	2013年	2014年
产能	100	104	105	105	111.5

续表

期间	2010 年	2011 年	2012 年	2013 年	2014 年
需求量	51.7	49.4	49.2	52.2	53.7
需求量占产能比例 /%	51.7	47.5	46.86	49.71	48.16

数据来源：《聚酰胺 -6，6 切片反倾销期终复审案的补充材料》附件 6：《PCI 尼龙中间体和纤维年报》（2014 年）。

申请人提供的材料和数据显示，2010 ~ 2014 年，美国国内市场聚酰胺 - 6，6 切片需求量由 51.7 万吨上升至 53.7 万吨，仅增加 3.87%，市场需求趋于饱和。在此期间，美国国内聚酰胺 - 6，6 切片的产量呈上升趋势，增幅远大于需求的增幅，而需求量占产能的比例保持在 52% 以下。

由此可见，相对于其巨大的生产能力，美国聚酰胺 - 6，6 切片国内市场需求已趋于饱和，呈现出明显的供过于求。

（3）对国外市场的依赖程度。

单位：万吨

期间	2010 年	2011 年	2012 年	2013 年	2014 年
出口量	21.9	25.5	25.2	28.7	28.6
产量	71.5	73.1	72.2	78.9	80.4
出口量占产量比例 /%	30.63	34.88	34.90	36.38	35.57

数据来源：《聚酰胺 -6，6 切片反倾销期终复审案的补充材料》附件 6：《PCI 尼龙中间体和纤维年报》（2014 年）。

申请人提供的材料和数据显示，2010 ~ 2014 年，美国聚酰胺 - 6，6 切片出口量占其当年产量的比例一直保持在 30% 以上。

以上数据表明，美国聚酰胺 - 6，6 切片产量对国外市场的依赖程度较高，对外出口是美国消化国内聚酰胺 - 6，6 切片剩余产量的重要渠道。

3. 对中国大陆出口情况。

单位数量：万吨　价格：美元 / 吨

期间	2010 年	2011 年	2012 年	2013 年	2014 年
对中国大陆出口数量	1.81	2.03	3.23	2.89	4.73
对中国大陆出口平均价格	3054.27	3604.32	3394.72	3244.76	3211.00
中国大陆总进口数量	10.61	11.96	15.51	23.78	30.48
对中国大陆出口占中国大陆总进口量比例	17.06%	16.97%	20.83%	12.15%	15.52%

数据来源：《聚酰胺 -6，6 切片反倾销期终复审案的补充材料》附件 1：《聚酰胺 -6，6 切片海关进出口交易数据统计》及《聚酰胺 -6，6 切片反倾销期终复审案中国大陆产业实地核查后修改补充答卷》附件 9：《聚酰胺 -6，6 切片进口海关数据》。

根据中华人民共和国海关统计数据，美国聚酰胺 - 6，6 切片对中国大陆的出口数量由 2010 年的 1.81 万吨上升至 2014 年的 4.73 万吨，总体呈上升趋势，增长了 161.33%；美国聚酰胺 - 6，6 切片对中国大陆出口量占中国大陆总进口量的比例维持在 12% 以上。

根据中华人民共和国海关统计数据，在反倾销措施实施期间，美国聚酰胺 - 6，6 切片对中国大陆出口价格先升后降，但前述倾销调查表明，原产于美国的进口聚酰胺 - 6，6 切片对中国大陆出口价格仍属倾销价格。

4. 对第三国（地区）出口情况。

根据申请人提供的统计数据，2013 年 7 月至 2014 年 6 月期间，美国聚酰胺－6，6 切片生产商、出口商向中国大陆以外的其他国家（地区）大量低价出口聚酰胺－6，6 切片，低价出口数量占其总出口量的比例达 48.89%，这表明其寻求对国外市场低价出口的需求很强。如果终止反倾销措施，美国聚酰胺－6，6 切片生产商、出口商向第三国（地区）的出口可能会转向中国大陆市场。

5. 中国大陆市场情况。

申请人提供的数据显示，2009 年至 2013 年，中国大陆聚酰胺－6，6 切片消费量平均增长率为 23.86%，是全球消费量增长最快的国家之一。2013 年，中国大陆聚酰胺－6，6 切片表观消费量达 37 万吨。中国大陆是全球聚酰胺－6，6 切片消费的重要市场。

根据中华人民共和国海关统计数据，2010 年至 2014 年上半年美国仍然在向中国大陆出口聚酰胺－6，6 切片，即使被采取反倾销措施，原产于美国的聚酰胺－6，6 切片也没有停止向中国大陆的出口。

申请人提供的数据显示，2010 年至 2014 年，美国向中国大陆出口聚酰胺－6，6 切片的数量占其出口总量的比例一直保持在 11% 左右。中国大陆市场是美国聚酰胺－6，6 切片出口的重要市场。

因此，即使在征收反倾销税的情况下，美国仍然在向中国大陆倾销出口聚酰胺－6，6 切片产品，且中国大陆是美国聚酰胺－6，6 切片的重要的出口市场。中国大陆市场对美国聚酰胺－6，6 切片产品具有较强的吸引力。

6. 其他因素。

目前，中国大陆正在对原产于美国的进口己二酸采取反倾销措施，而己二酸是制造聚酰胺－6，6 切片的主要原料。由于反倾销措施抑制了上游原材料己二酸的出口，如果取消聚酰胺－6，6 切片的反倾销措施，聚酰胺－6，6 切片产量很可能会增大以消化受限的己二酸，加大聚酰胺－6，6 切片对中国大陆倾销出口的可能性。另外，调查机关注意到，己二酸反倾销案与本案的美国涉案生产商或出口商有重合，说明倾销是其营销手段之一。

上述调查表明，自 2010 年以来，美国聚酰胺－6，6 切片的产能、产量巨大，闲置产能较大，国内市场需求趋于饱和，出口能力较强，对国外市场依赖程度较高。美国大量低价向第三国（地区）出口聚酰胺－6，6 切片，说明其寻求对国外市场低价出口的需求很强，而中国大陆是美国聚酰胺－6，6 切片出口的重要市场，且中国大陆对美国聚酰胺－6，6 切片具有较强的吸引力。此外，对自美国进口己二酸的反倾销措施说明倾销是其营销手段之一，也将加大美国聚酰胺－6，6 切片对中国大陆倾销出口的可能性。综上所述，如果终止反倾销措施，美国聚酰胺－6，6 切片对中国大陆的倾销可能继续。

（二）意大利。

1. 倾销调查期内的倾销情况。

调查机关根据中华人民共和国海关统计数据和申请人提供的数据对意大利被调查产品的正常价值、出口价格进行了认定，对影响正常价值和出口价格可比性的因素进行了调整，并在同一贸易环节进行了比较。

经调查，调查机关认定，在调整销售条件和贸易水平等影响价格可比性的因素后，倾销调查期内，原产于意大利的进口聚酰胺－6，6 切片向中国大陆的出口价格为 3097.20 美元 / 吨，正常价值为 3345.07 美元 / 吨。

据此调查机关认定，倾销调查期内，原产于意大利的进口聚酰胺－6，6 切片以低于正常价值的价格向中国大陆出口，存在倾销。

同时，调查机关注意到，在原反倾销调查的最终裁定中，原产于意大利的聚酰胺－6，6 切片倾销幅度为 5.3% 至 20.9%。措施实施期间没有意大利聚酰胺－6，6 切片生产商向调查机关申请倾销及倾销幅度期中复审。根据现有材料，没有证据证明意大利聚酰胺－6，6 切片对中国大陆倾销出口情况发生了变化。

2. 出口能力。

（1）产能、产量和闲置产能。

单位：万吨

期　间	2010 年	2011 年	2012 年	2013 年	2014 年
产　能	9	9	9	9	9
产　量	6.9	7.4	7.1	7.3	7.7
闲置产能	2.1	1.6	1.9	1.7	1.3

数据来源：《聚酰胺 -6，6 切片反倾销期终复审案的补充材料》附件 6：《PCI 尼龙中间体和纤维年报》（2014 年）。

申请人提供的材料和数据显示，2010～2014年意大利聚酰胺－6，6切片的产能保持不变，均为9万吨，产量维持在6.9万吨以上，整体呈增长趋势。2010年至2014年，意大利聚酰胺－6，6切片的闲置产能虽有波动，但始终保持在1.3万吨以上。

以上分析表明，意大利聚酰胺－6，6切片的产能、产量较大，存在着一定的闲置产能，如果释放，意大利聚酰胺－6，6切片产量会增加，出口能力将会增强。

（2）意大利国内市场需求情况。

单位：万吨

期间	2010年	2011年	2012年	2013年	2014年
产能	9	9	9	9	9
需求量	6.7	7.2	7.3	6.9	7.5
需求量占产能比例/%	74.44	80.00	81.11	76.67	83.33

数据来源：《聚酰胺－6，6切片反倾销期终复审案的补充材料》附件6：《PCI尼龙中间体和纤维年报》（2014年）。

申请人提供的材料和数据显示，2010～2014年，意大利国内市场聚酰胺－6，6切片需求量由6.7万吨上升至7.5万吨，整体呈增长趋势，但自2011年后增长幅度很小，市场需求趋于饱和。在此期间，意大利国内聚酰胺－6，6切片的需求量占产能的比例维持在84%以下，产量呈小幅上升趋势。

由此可见，相对于其生产能力，意大利聚酰胺－6，6切片国内市场需求已趋于饱和，呈现出供过于求的特征。

（3）对国外市场的依赖程度。

单位：万吨

期间	2010年	2011年	2012年	2013年	2014年
出口量	1.8	1.6	1.2	1.8	2
产量	6.9	7.4	7.1	7.3	7.7
出口量占产量比例/%	26.09	21.62	16.90	24.66	25.97

数据来源：《聚酰胺－6，6切片反倾销期终复审案的补充材料》附件6：《PCI尼龙中间体和纤维年报》（2014年）。

申请人提供的材料和数据显示，2010～2014年，意大利聚酰胺－6，6切片出口量占其产量的比例一直保持在16.90%以上。

以上数据表明，意大利聚酰胺－6，6切片产量对国外市场的依赖程度较高，对外出口是意大利消化国内聚酰胺－6，6切片剩余产量的重要渠道。

3. 对中国大陆出口情况。

单位数量：万吨　价格：美元/吨

期间	2010年	2011年	2012年	2013年	2014年
对中国大陆出口数量	0.18	0.14	0.30	0.23	0.41
对中国大陆出口平均价格	3419.95	3568.41	3676.13	3306.62	3058.85
中国大陆总进口数量	10.61	11.96	15.51	23.78	30.48
对中国大陆出口占中国大陆总进口量比例/%	1.73	1.17	1.92	0.98	1.34

数据来源：《聚酰胺－6，6切片反倾销期终复审案的补充材料》附件1：《聚酰胺－6，6切片海关进出口交易数据统计》及《聚酰胺－6，6切片反倾销期终复审案中国大陆产业实地核查后修改补充答卷》附件9：《聚酰胺－6，6切片进口海关数据》。

根据中华人民共和国海关统计数据，2010～2014年，意大利聚酰胺－6，6切片对中国大陆的出口数量总体呈上升趋势，增长了122.22%；意大利聚酰胺－6，6切片对中国大陆出口量占中国大陆总进口量的比例通常维持在1%以上。

根据中华人民共和国海关统计数据，在反倾销措施实施期间，意大利聚酰胺－6，6切片对中国大陆出口价格先升后降，整体呈下降趋势。前述倾销调查表明，原产于意大利的进口聚酰胺－6，6切片对中国大陆出口价格仍属倾销价格。

4. 对第三国（地区）出口情况。

根据申请人提供的统计数据，2013年7月～2014年6月，意大利聚酰胺－6，6切片生产商、出口商向除中国大陆以外的其他国家（地区）低价出口聚酰胺－6，6切片，低价出口数量占其总出口量的比例达10.54%，这表明其有寻求对国外市场低价出口的需求。如果终止反倾销措施，意大利聚酰胺－6，6切片生产商、出口商向第三国（地区）的出口可能会转向中国大陆市场。

5. 中国大陆市场情况。

申请人提供的数据显示，2009～2013年，中国大陆聚酰胺－6，6切片消费量平均增长率为23.86%，是全球聚酰胺－6，6切片消费量增长最快的国家之一。2013年，中国大陆聚酰胺－6，6切片表观消费量达37万吨。中国大陆是全球聚酰胺－6，6切片消费的重要市场。

根据中华人民共和国海关统计数据，2010～2014年上半年意大利仍然在向中国大陆出口聚酰胺－6，6切片，即使被采取反倾销措施，原产于意大利的聚酰胺－6，6切片也没有停止向中国大陆的出口。

申请人提供的数据显示，2010～2014年，意大利向中国大陆出口聚酰胺－6，6切片的数量占其出口总量的比例，一直保持在15%左右。中国大陆市场是意大利聚酰胺－6，6切片出口的重要市场。

因此，即使在征收反倾销税的情况下，意大利仍然在向中国大陆倾销出口聚酰胺－6，6切片产品，且中国大陆是意大利聚酰胺－6，6切片的重要的出口市场。中国大陆市场对意大利聚酰胺－6，6切片产品具有较强的吸引力。

6. 其他因素。

目前，中国大陆正在对原产于欧盟的进口己二酸采取反倾销措施，而己二酸是制造聚酰胺－6，6切片的主要原料。由于反倾销措施抑制了上游原材料己二酸的出口，如果取消聚酰胺－6，6切片的反倾销措施，聚酰胺－6，6切片产量很可能会增大以消化受限的己二酸，加大聚酰胺－6，6切片对中国大陆倾销出口的可能性。另外，调查机关注意到，己二酸反倾销案与本案的意大利涉案生产商或出口商有重合，说明倾销是其营销手段之一。

上述调查表明，自2010年以来，意大利聚酰胺－6，6切片有一定的产能、产量，存在一定闲置产能，意大利聚酰胺－6，6切片国内市场需求趋于饱和，有出口能力，对国外市场依赖程度较高。意大利有寻求对国外市场低价出口聚酰胺－6，6切片的需求，而中国大陆是意大利聚酰胺－6，6切片出口的市场之一，且中国大陆对美国聚酰胺－6，6切片具有较强的吸引力。此外，对自欧盟进口己二酸的反倾销措施也将加大意大利聚酰胺－6，6切片对中国大陆倾销出口的可能性。综上所述，如果终止反倾销措施，意大利聚酰胺－6，6切片对中国大陆的倾销可能继续。

（三）英国。

1. 倾销调查期内的倾销情况。

调查机关根据中华人民共和国海关统计数据和申请人提供的数据对英国被调查产品进行了分析，鉴于复审倾销调查期内英国不存在被调查产品的产能和产量，调查机关认定，倾销调查期内，原产于英国的聚酰胺－6，6切片对中国大陆出口不存在倾销。

2. 出口能力。

单位：万吨

期间	2010年	2011年	2012年	2013年	2014年
产能	0	0	0	0	0
产量	0	0	0	0	0
总出口量	1.08	0.56	0.44	0.82	0.17
对中国大陆出口量	0.0020	0.0002	0.0063	0.0019	0.0058

续表

期间	2010 年	2011 年	2012 年	2013 年	2014 年
中国大陆总进口数量	10.61	11.96	15.51	23.78	30.48
对中国大陆出口占中国大陆总进口量比例 /%	0.019	0.002	0.041	0.008	0.019

数据来源：《聚酰胺 -6，6 切片反倾销期终复审案的补充材料》附件 1：《聚酰胺 -6，6 切片海关进出口交易数据统计》，附件 6：《PCI 尼龙中间体和纤维年报》（2014 年）及《聚酰胺 -6，6 切片反倾销期终复审案中国大陆产业实地核查后修改补充答卷》附件 9：《聚酰胺 -6，6 切片进口海关数据》。

申请人提供的材料和数据显示，2010 ~ 2014 年英国聚酰胺 - 6，6 切片无产能和产量，对外出口量较小，对中国大陆出口量非常小。反倾销措施实施期间，英国聚酰胺 - 6，6 切片对中国大陆出口量占中国大陆总进口量的比例均不超过 0.05%。

综上，调查机关认定，如果终止反倾销措施，英国聚酰胺 - 6，6 切片对中国大陆的倾销可能不会继续或再度发生。

（四）法国。

1. 倾销调查期内的倾销情况。

在复审倾销调查期内，法国仅有罗地亚公司提供调查问卷答卷，且其对中国大陆出口占法国对中国大陆出口的主要部分，因此，调查机关决定以该公司的倾销情况来推断法国被调查产品的倾销情况。

罗地亚公司在答卷中主张其法国国内生产销售的被调查产品同类产品和出口中国的被调查产品相同，产品分为多个型号。经审查，调查机关决定接受该公司关于被调查产品和同类产品的相似性以及型号划分的主张。

（1）正常价值。

调查期内，该公司在法国没有销售与被调查产品相同型号的同类产品。根据《反倾销条例》第四条规定，调查机关决定采用生产成本加合理费用、利润确定其正常价值。调查机关对该公司报告的生产成本，销售、管理及财务费用和利润进行了审查。关于生产成本，公司在会计记录中不分型号记录成本，采用各型号产品销售收入占总销售收入比例进行分摊的方法计算各型号被调查产品及其同类产品的生产成本。经审查，调查机关注意到，不同型号被调查产品及其同类产品销售地区不同、销售数量差异巨大，销售价格也有较大差别，采用销售收入分摊成本容易受市场供求、市场偏好等因素影响，从而无法体现生产成本的真实投入。且调查期内公司向中国大陆出口被调查产品仅有一笔交易，调查机关认为，公司采用销售收入分摊成本的方法具有较大的随意性，不能合理反映与被调查产品有关的生产成本。相反，采用生产数量分摊方法，能较客观反映有关成本的投入情况，因此，调查机关决定采用生产数量占比的分摊方法重新计算被调查产品的生产成本。

关于销售、管理及财务费用以及利润率，经审查，调查机关认为该公司答卷填报的数据反映了被调查产品的生产和销售情况，决定接受公司答卷的数据。

（2）出口价格。

根据《反倾销条例》第五条的规定，调查机关决定以公司报告的对中国大陆客户实际出口价格作为确定出口价格的基础。

（3）调整与比较。

根据《反倾销条例》第六条的规定，调查机关在审查公司答卷的基础上，对影响正常价值和出口价格可比性的因素进行调整，并在同一贸易环节进行比较。经审查，调查机关认定，倾销调查期内，原产于法国罗地亚公司的被调查产品对中国大陆出口存在倾销，并进而认定法国对中国大陆出口被调查产品存在倾销。

2. 出口能力。

（1）产能、产量和闲置产能。

单位：万吨

期间	2010 年	2011 年	2012 年	2013 年	2014 年
产能	18.1	18.1	13.1	13.1	13.1

续表

期间	2010 年	2011 年	2012 年	2013 年	2014 年
产量	10.4	8.3	9.3	8.3	7.9
闲置产能	7.7	9.8	3.8	4.8	5.2

数据来源:《聚酰胺 -6，6 切片反倾销期终复审案的补充材料》附件 6:《PCI 尼龙中间体和纤维年报》(2014 年)。

根据《PCI 尼龙中间体和纤维年报》，2010 年和 2011 年法国聚酰胺 - 6，6 切片的产能均为 18.1 万吨，2012 年同比下降 27.62%，2012 年之后一直维持在 13.1 万吨。

根据《PCI 尼龙中间体和纤维年报》，2010 ~ 2014 年法国聚酰胺 - 6，6 切片的产量维持在 7.9 万吨以上，整体呈下降趋势，2014 年比 2010 年下降了 24.04%。

根据《PCI 尼龙中间体和纤维年报》，2010 ~ 2014 年法国聚酰胺 - 6，6 切片的闲置产能虽然整体呈下降趋势，但自 2012 年后呈增长势头。

以上分析表明，法国聚酰胺 6，6 切片的产能、产量较大，存在着较大的闲置产能，且闲置产能自 2012 年后逐年增加，如果释放，法国聚酰胺 - 6，6 切片产量会进一步增加，出口能力将进一步增强。

(2) 法国国内市场需求情况。

单位：万吨

期间	2010 年	2011 年	2012 年	2013 年	2014 年
产能	18.1	18.1	13.1	13.1	13.1
需求量	8.6	7.5	7.6	6.7	6.6
需求量占产能比例 /%	47.51	41.44	58.02	51.15	50.38

数据来源:《聚酰胺 -6，6 切片反倾销期终复审案的补充材料》附件 6:《PCI 尼龙中间体和纤维年报》(2014 年)。

根据《PCI 尼龙中间体和纤维年报》，2010 年到 2014 年，法国国内市场聚酰胺 - 6，6 切片需求量由 8.6 万吨下降至 6.6 万吨，下降了 23.26%，市场需求已经饱和。

由此可见，相对于其生产能力，法国聚酰胺 - 6，6 切片国内市场需求已经饱和，呈现出明显的供过于求。

(3) 对国外市场的依赖程度。

单位：万吨

期间	2010 年	2011 年	2012 年	2013 年	2014 年
出口量	6.1	5.3	5.4	5.2	5.6
产量	10.4	8.3	9.3	8.3	7.9
出口量占产量比例 /%	58.65	63.86	58.06	62.65	70.89

数据来源:《聚酰胺 -6，6 切片反倾销期终复审案的补充材料》附件 6:《PCI 尼龙中间体和纤维年报》(2014 年)。

根据《PCI 尼龙中间体和纤维年报》，2010 ~ 2014 年，法国聚酰胺 - 6，6 切片出口量占其产量的比例一直保持在 58% 以上。

以上数据表明，法国聚酰胺 - 6，6 切片对国外市场的依赖程度很高，对外出口是法国消化国内聚酰胺 - 6，6 切片剩余产量的重要渠道。

3. 对中国大陆出口情况。

单位数量：万吨　价格：美元 / 吨

期间	2010 年	2011 年	2012 年	2013 年	2014 年
对中国大陆出口数量	0.05	0.01	0.02	0.01	0.11

续表

期间	2010 年	2011 年	2012 年	2013 年	2014 年
对中国大陆出口平均价格	3330.67	3697.07	3351.38	4011.52	3005.80
中国大陆总进口数量	10.61	11.96	15.51	23.78	30.48
对中国大陆出口占中国大陆总进口量比例 /%	0.45	0.08	0.12	0.04	0.35

数据来源：《聚酰胺 -6，6 切片反倾销期终复审案的补充材料》附件 1：《聚酰胺 -6，6 切片海关进出口交易数据统计》及《聚酰胺 -6，6 切片反倾销期终复审案中国大陆产业实地核查后修改补充答卷》附件 9：《聚酰胺 -6，6 切片进口海关数据》。

根据中华人民共和国海关统计数据，2010 ~ 2014 年，法国聚酰胺 – 6，6 切片对中国大陆的出口数量不大，但总体呈上升趋势，增长了 120.75%；法国聚酰胺 – 6，6 切片对中国大陆出口量占中国大陆总进口量的比例维持在 1% 以下。

根据中华人民共和国海关统计数据，在反倾销措施实施期间，法国聚酰胺 – 6，6 切片对中国大陆出口价格波动幅度较大，整体呈下降趋势。前述倾销调查表明，原产于法国的进口聚酰胺 – 6，6 切片对中国大陆出口价格仍属倾销价格。

4. 对第三国（地区）出口情况。

根据申请人提供的统计数据，2013 年 7 月 ~ 2014 年 6 月期间，法国聚酰胺 – 6，6 切片生产商、出口商向除中国大陆以外的其他国家（地区）低价出口聚酰胺 – 6，6 切片，低价出口数量占其总出口量的比例达 15.40%，这表明其有寻求对国外市场低价出口的需求。

如果终止反倾销措施，法国聚酰胺 – 6，6 切片生产商、出口商向第三国（地区）的出口可能会转向中国大陆市场。

5. 中国大陆市场情况。

申请人提供的数据显示，2009 ~ 2013 年，中国大陆聚酰胺 – 6，6 切片消费量平均增长率为 23.86%，是全球聚酰胺 – 6，6 切片消费量增长最快的国家之一。2013 年，中国大陆聚酰胺 – 6，6 切片表观消费量达 37 万吨。中国大陆是全球聚酰胺 – 6，6 切片消费的重要市场。

根据中华人民共和国海关统计数据，2010 ~ 2014 年上半年法国仍然在向中国大陆出口聚酰胺 – 6，6 切片，即使被采取反倾销措施，原产于法国的聚酰胺 – 6，6 切片也没有停止向中国大陆的出口。中国大陆市场是法国聚酰胺 – 6，6 切片出口的市场之一。

因此，即使在征收反倾销税的情况下，法国仍然在向中国大陆倾销出口聚酰胺 – 6，6 切片产品。中国大陆市场对法国聚酰胺 – 6，6 切片产品具有一定的吸引力。

6. 其他因素。

目前，中国大陆正在对原产于欧盟的进口己二酸采取反倾销措施，而己二酸是制造聚酰胺 – 6，6 切片的主要原料。由于反倾销措施抑制了上游原材料己二酸的出口，如果取消聚酰胺 – 6，6 切片的反倾销措施，聚酰胺 – 6，6 切片产量很可能会增大以消化受限的己二酸，加大法国聚酰胺 – 6，6 切片对中国大陆倾销出口的可能性。

上述调查表明，自 2010 年以来，法国聚酰胺 – 6，6 切片的产能、产量虽然有所降低，但仍然较大，闲置产能较大，法国聚酰胺 – 6，6 切片国内市场需求已经饱和，出口能力较大，对国外市场依赖程度很高。法国有寻求对国外市场低价出口聚酰胺 – 6，6 切片的需求，而中国大陆是法国聚酰胺 – 6，6 切片的出口市场之一，且中国大陆对法国聚酰胺 – 6，6 切片具有较强的吸引力。此外，对自欧盟进口己二酸的反倾销措施也会加大法国聚酰胺 – 6，6 切片对中国大陆倾销出口的可能性。综上所述，如果终止反倾销措施，法国聚酰胺 – 6，6 切片对中国大陆的倾销可能继续。

（五）台湾地区。

1. 倾销调查期内的倾销情况。

调查机关根据中华人民共和国海关统计数据和申请人提供的数据对台湾地区被调查产品的正常价值、出口价格进行了认定，对影响正常价值和出口价格可比性的因素进行了调整，并在同一贸易环节进行了比较。

经调查，调查机关认定，在调整销售条件和贸易水平等影响价格可比性的因素后，倾销调查期内，原产于台湾地区的进口聚酰胺 – 6，6 切片向中国大陆的出口价格为 2817.71 美元 / 吨，正常价值为 2934.77 美元 / 吨。

因此，调查机关认为，倾销调查期内，原产于台湾地区的进口聚酰胺－6，6切片以低于正常价值的价格向中国大陆出口，存在倾销。

同时，调查机关注意到，在原反倾销调查的最终裁定中，原产于台湾地区的聚酰胺－6，6切片倾销幅度为20.9%。措施实施期间没有台湾地区聚酰胺－6，6切片生产商向调查机关申请倾销及倾销幅度期中复审。根据现有材料，没有证据证明台湾地区聚酰胺－6，6切片对中国大陆倾销出口情况发生了变化。

2. 出口能力。

（1）产能、产量和闲置产能。

单位：万吨

期间	2010年	2011年	2012年	2013年	2014年
产能	0	0	0.25	1	1.5
产量	0	0	0.2	1	1.3
闲置产能	0	0	0.05	0	0.2

数据来源：《聚酰胺－6，6切片反倾销期终复审案的补充材料》附件6：《PCI尼龙中间体和纤维年报》（2014年）。

申请人提供的材料和数据显示，2010年和2011年台湾地区没有聚酰胺－6，6切片的产能，2012～2014年台湾地区聚酰胺－6，6切片的产能从0.25万吨增长到1.5万吨，虽然数量不大，但呈快速增长趋势。2012年～2014年台湾地区聚酰胺－6，6切片产量从0.2万吨增长到1.3万吨，增长了5.5倍。2012年和2014年，台湾地区聚酰胺－6，6切片有一定的闲置产能。

以上分析表明，台湾地区聚酰胺－6，6切片的产能、产量自2012年后快速增长，存在着一定的闲置产能，如果释放，台湾地区聚酰胺－6，6切片产量会增加，出口能力将会增强。

（2）台湾地区市场需求情况。

单位：万吨

期间	2010年	2011年	2012年	2013年	2014年
产能	0	0	0.25	1	1.5
需求量	4.8	6.2	4.3	5	5.4
进口量	4.9	6.3	4.3	4.8	4.9

数据来源：《聚酰胺－6，6切片反倾销期终复审案的补充材料》附件6：《PCI尼龙中间体和纤维年报》（2014年）。

申请人提供的材料和数据显示，2010～2014年，台湾地区市场聚酰胺－6，6切片需求量由4.8万吨上升至5.4万吨，整体呈增长趋势，但自2012年后增长幅度很小，市场需求趋于饱和。

（3）对地区外市场的依赖程度。

单位：万吨

期间	2010年	2011年	2012年	2013年	2014年
出口量	0.1	0.1	0.2	0.8	0.8
产量	0	0	0.2	1	1.3
出口量占产量比例/%	–	–	100.00	80.00	61.54

数据来源：《聚酰胺－6，6切片反倾销期终复审案的补充材料》附件6：《PCI尼龙中间体和纤维年报》（2014年）。

申请人提供的材料和数据显示，2010年以来，台湾地区聚酰胺－6，6切片有一定的出口，自2012年起，出口量占其当年产量的比例一直保持在61.54%以上。

以上数据表明，台湾地区聚酰胺－6，6切片对地区外市场的依赖程度很高，对外出口是台湾地区消化聚酰胺－6，6切片剩余产量的主要渠道。

3. 对中国大陆出口情况。

单位数量：万吨　价格：美元 / 吨

期间	2010 年	2011 年	2012 年	2013 年	2014 年
对中国大陆出口数量	0.11	0.46	0.52	0.25	0.41
对中国大陆出口平均价格	2786.72	2539.99	2580.17	3032.87	4125.18
中国大陆总进口数量	10.61	11.96	15.51	23.78	30.48
对中国大陆出口占中国大陆总进口量比例 /%	1.04	3.85	3.35	1.05	1.35

数据来源：《聚酰胺 -6，6 切片反倾销期终复审案的补充材料》附件 1：《聚酰胺 -6，6 切片海关进出口交易数据统计》及《聚酰胺 -6，6 切片反倾销期终复审案中国大陆产业实地核查后修改补充答卷》附件 9：《聚酰胺 -6，6 切片进口海关数据》。

根据中华人民共和国海关统计数据，2010 年到 2014 年，台湾地区聚酰胺－6，6 切片对中国大陆的出口数量总体呈上升趋势，增长了 272.73%；台湾地区聚酰胺－6，6 切片对中国大陆出口量占中国大陆总进口量的比例维持在 1% 以上，整体呈增长趋势。

根据中华人民共和国海关统计数据，在反倾销措施实施期间，台湾地区聚酰胺－6，6 切片对中国大陆出口价格先降再升，整体呈上升趋势。前述倾销调查表明，原产于台湾地区的进口聚酰胺－6，6 切片对中国大陆出口价格仍属倾销价格。

4. 对第三国（地区）出口情况。

根据申请人提供的统计数据，2013 年 7 月～2014 年 6 月期间，台湾地区聚酰胺－6，6 切片生产商、出口商向除中国大陆以外的其他国家（地区）低价出口聚酰胺－6，6 切片，低价出口占其总出口量的比例达 65.49%，这表明其寻求对地区外市场低价出口的需求很强。

如果终止反倾销措施，台湾地区聚酰胺－6，6 切片生产商、出口商向第三国（地区）的出口可能会转向中国大陆市场。

5. 中国大陆市场情况。

申请人提供的数据显示，2009～2013 年，中国大陆聚酰胺－6，6 切片消费量平均增长率为 23.86%，是全球聚酰胺－6，6 切片消费量增长最快的国家之一。2013 年，中国大陆聚酰胺－6，6 切片表观消费量达 37 万吨。中国大陆是全球聚酰胺－6，6 切片消费的重要市场。

根据中华人民共和国海关统计数据，2010～2014 年上半年中国台湾地区仍然在向中国大陆出口聚酰胺－6，6 切片，即使被采取反倾销措施，原产于中国台湾地区的聚酰胺－6，6 切片也没有停止向中国大陆的出口。

申请人提供的数据显示，2013～2014 年，中国台湾地区向中国大陆出口聚酰胺－6，6 切片的数量占其出口总量的比例，一直保持在 30% 以上。中国大陆市场是中国台湾地区聚酰胺－6，6 切片出口的重要市场。

因此，即使在征收反倾销税的情况下，中国台湾地区仍然在向中国大陆倾销出口聚酰胺－6，6 切片产品，且中国大陆是中国台湾地区聚酰胺－6，6 切片的重要的出口市场。中国大陆市场对中国台湾地区聚酰胺－6，6 切片产品具有较强的吸引力。

上述调查表明，自 2010 年以来，台湾地区聚酰胺－6，6 切片有一定的产能、产量，存在闲置产能，台湾地区聚酰胺－6，6 切片市场需求趋于饱和，有一定的出口能力，对地区外市场依赖程度很高。台湾地区寻求对地区外市场低价出口聚酰胺－6，6 切片的需求很强，而中国大陆是台湾地区聚酰胺－6，6 切片出口的重要市场，且中国大陆具有较强的吸引力。综上所述，如果终止反倾销措施，台湾地区聚酰胺－6，6 切片对中国大陆的倾销可能继续。

（六）倾销调查结论。

上述调查表明，原产于美国、意大利、法国和台湾地区的进口聚酰胺－6，6 切片在倾销调查期内存在倾销，如果终止对其所适用的反倾销措施，原产于上述国家和地区的进口聚酰胺－6，6 切片对中国大陆的倾销可能继续发生。原产于英国的进口聚酰胺－6，6 切片在倾销调查期没有产能，如果终止对其所适用的反倾销措施，原产于英国的进口聚酰胺－6，6 切片对中国大陆的倾销可能不会继续或再度发生。在后面的裁决部分，调查机关不再对原产于英国的进口聚酰胺－6，6 切片对中国大陆产业的影响进行分析。

五、中国大陆同类产品、中国大陆产业和中国大陆市场

（一）中国大陆同类产品认定。

商务部2009年第79号公告发布的聚酰胺-6,6切片反倾销案件最终裁定中认定，中国大陆生产的聚酰胺-6,6切片与被调查产品的物理和化学特性相同，生产设备、工艺和采用的原材料相同，产品用途基本相似，销售渠道基本相同，市场销售区域基本重叠。中国大陆生产的聚酰胺-6，6切片与被调查产品属于同类产品。

根据商务部2014年第62号公告，本次期终复审被调查产品范围与原反倾销调查被调查产品范围一致。

经审查，在聚酰胺-6，6切片反倾销措施实施期间，没有证据表明，中国大陆生产的聚酰胺-6，6切片与原审案件调查期内生产的聚酰胺-6，6切片在物理和化学特征、生产设备和工艺、产品用途、销售渠道、市场销售区域等方面发生了实质变化。

法国罗地亚公司就其生产和销售的聚酰胺-6,6切片和中国大陆产业的聚酰胺-6,6切片是否构成同类产品提出如下评论意见：

罗地亚公司提出其销售法国生产的涉案产品给一家中国客户，该客户与本案申请人平顶山神马工程塑料有限责任公司在下游产品市场上存在竞争关系，该客户不从中国大陆产业采购涉案产品。罗地亚公司还销售德国生产的聚酰-6,6切片，并转售给其他两个中国大陆客户，该产品具有高质量而中国大陆产业无法生产。罗地亚公司由此认为，其对中国大陆出口的被调查产品和中国大陆产业的同类产品不具有竞争关系。

罗地亚公司还提出，法国生产的被调查产品与中国大陆产业生产的产品在质量上存在差异。法国生产的被调查产品包括有光、半消光和全消光产品，而申请人不能生产全消光的纺织切片，只有很少规格的半消光和有光聚酰胺-6，6纺织切片。法国生产的聚酰胺-6，6切片的紫外线指数较低，热稳定性更强，切片的端胺基较高，可染性更好，法国生产的聚酰胺-6，6切片相比于平顶山神马的切片有更好的可纺性（纱线少断头等）。另外，法国拥有聚酰胺-6，6切片的间接生产工艺，可以充分满足客户对产品量身定制的要求，具有较强的灵活性。

对此，平顶山神马工程塑料有限公司认为，罗地亚公司提出的其下游客户与平顶山神马工程塑料有限责任公司在市场上存在激烈竞争的观点不属实。其认为，罗地亚公司生产的涉案产品与平顶山神马工程塑料有限公司生产的同类产品具有竞争关系，但不是上下游的关系。而罗地亚公司的中国大陆客户为罗地亚公司的下游客户，与平顶山神马工程塑料有限公司没有直接竞争关系。因此，罗地亚公司提出的其下游客户与平顶山神马工程塑料有限责任公司在市场上竞争激烈的论点与事实不符。

平顶山神马工程塑料有限公司还指出，罗地亚公司所说的“起诉方不能生产全消光的纺织切片，只有很少规格的半消光和有光尼龙66纺织切片”的情况不存在。中华人民共和国工业和信息化部发布的《中华人民共和国行业标准：尼龙66切片》中规定了全消光切片和半消光切片的标准，全消光和半消光切片属于常规产品，生产其产品分别达到了全消光切片和半消光切片的国家标准。平顶山神马工程塑料公司不仅生产和销售该产品，且在其全年产品总量中占比较高，平顶山神马工程塑料有限公司提供了其出售的全消光尼龙66切片销售合同和半消光尼龙66切片销售合同。

平顶山神马工程塑料有限公司还认为，罗地亚公司关于其产品比中国大陆产品具有更好的热稳定性、可燃性和可纺性的观点是主观臆测，没有事实根据。同时，平顶山神马工程塑料有限公司提供了《关于半消光尼龙66切片客户调查函的反馈》以及《关于尼龙66切片客户调查函的反馈》证明其产品与来自法国的被调查产品在质量上没有明显差异。

平顶山神马工程塑料有限公司还提出，其同时拥有直接尼龙66聚合切片的生产工艺和间接尼龙66聚合切片的生产工艺，完全可以充分满足客户对产品量身定制的要求。

平顶山神马工程塑料有限公司提出上述评论意见和证据后，罗地亚公司未提出进一步的评论意见。

调查机关的分析与认定：

关于竞争关系问题。调查机关对罗地亚公司和平顶山神马工程塑料有限公司的评论意见进行了分析，并在实地核查中进行了调查。调查机关首先了解到，调查期内，平顶山神马工程塑料有限公司只生产聚酰胺-6，6切片，并不生产下游产品，因此，被调查产品下游用户与申请人在下游产品市场上存在竞争关系的主张缺乏事实基础。而且，个别被调查产品下游用户出于与申请人在下游产品市场存在竞争关系的考虑而避免购买中国大陆产业同类产品的主张，也说明被调查产品与中国大陆产业同类产品存在竞争关系，可以相互替代。

关于转售的德国产品问题，由于德国并非本案涉案国，调查机关在本次调查中对此将不作认定。

关于产品种类和质量问题。调查机关分析考虑了罗地亚公司和平顶山神马工程塑料有限公司关于自法国进口的被调查产品与中国大陆产业产品种类和质量的评论意见。

调查机关在实地核查中收集到了《中华人民共和国行业标准：尼龙66切片》和平顶山神马工程塑料有限公司全消光产品销售合同、半消光产品销售合同。上述证据表明，调查期内，中国大陆产业生产并销售全消光聚酰胺–6，6切片和半消光聚酰胺–6，6切片。

调查机关收集到的平顶山神马工程塑料有限公司产品标准显示，其生产的产品符合国家有关标准。平顶山神马工程塑料有限公司提交的《下游客户调查函的反馈》也显示，中国大陆产业同类产品与被调查产品在产品质量上并无影响下游用户使用的明显差异。

鉴于上述分析和证据，调查机关认为，罗地亚公司关于涉案产品与国内产业生产的聚酰胺–6,6切片之间没有竞争关系以及国内产业产品品种和质量问题等主张不能成立。

调查机关认为，认定被调查产品和中国大陆产品是否具有可替代性或竞争关系，应综合考虑产品的物理特征和化学性能、生产设备和工艺、产品用途、客户群体、消费者和生产者的评价、销售渠道、销售价格等方面。因此，根据原审裁定以及上述分析结论，调查机关认定，中国大陆生产的聚酰胺–6，6切片与本次期终复审被调查产品属于同类产品。

（二）中国大陆产业的认定。

根据《反倾销条例》第十一条规定，调查机关对本案中国大陆产业范围进行了审查和认定。

本案立案公告告知各利害关系方可向调查机关登记参加期终复审调查，并告知利害关系方《聚酰胺–6,6切片反倾销期终复审登记参加调查的参考格式》和产业损害调查问卷可在中国贸易救济信息网下载。在规定期限内，除平顶山神马工程塑料有限公司一家中国大陆企业外，没有其他中国大陆生产者申请参加调查活动或提交中国大陆生产者调查问卷答卷。

证据显示，2009年、2010年、2011年、2012年、2013年和2014年上半年，申请人生产的聚酰胺–6,6切片产量占中国大陆聚酰胺–6,6切片总产量的比例均超过50%，符合《反倾销条例》第十一条的规定。因此，调查机关认定，平顶山神马工程塑料有限公司构成本案的中国大陆产业。除特别说明外，本案关于损害继续或再度发生的可能性裁决所依据的中国大陆产业数据，均来自平顶山神马工程塑料有限公司。

（三）中国大陆市场分析。

1. 中国大陆市场状况。

调查机关已在前述“中国大陆同类产品的认定”部分认定，被调查产品和中国大陆产品属于同类产品，具有可替代性和竞争关系。

在本次复审调查中，除罗地亚公司外，无其他利害关系方主张被调查产品与中国大陆同类产品之间不存在竞争关系。对于罗地亚公司的有关主张，根据上述分析和证据，调查机关已明确表示不予接受。

根据原审裁决，并考虑到被调查产品（不含英国）仍然继续进入中国大陆市场且占有一定市场份额，与中国大陆同类产品拥有相同的客户群体和销售渠道，而且无利害关系方在本次调查中提出被调查产品与中国大陆同类产品之间竞争关系可能发生改变的有关主张和证据，调查机关认定，中国大陆聚酰胺–6,6切片消费市场相互竞争,被调查产品(不含英国）之间，以及被调查产品（不含英国）与中国大陆同类产品之间可以相互替代，存在竞争关系。

2. 销售定价策略。

在本次复审调查中，应诉企业罗地亚公司明确表示，其考虑成本和市场情况，根据与客户协商确定向中国客户出售聚酰胺–6，6切片的销售价格。中国大陆产业明确表示，中国大陆同类产品价格极度敏感，易受被调查产品的影响；其根据具体市场情况灵活定价，可结合市场上主要竞争对手的售价经与客户协商确定销售价格。

上述证据表明，本案国外应诉企业和国内产业在中国大陆销售聚酰胺–6,6切片产品的定价策略基本相同，即按照中国市场条件经与客户协商确定产品的销售价格。因此，中国大陆聚酰胺–6,6切片产品的市场价格，是被调查产品和国内同类产品及其他的产品供给客户相互竞争的结果，销售价格是获取下游用户采购订单的重要因素。

综上，调查机关认定，被调查产品（不含英国）和中国大陆同类产品之间存在竞争关系。由于这种竞争关系的存在，加之价格是影响销售的重要因素，以及应诉企业和中国大陆产业采用的定价策略，被调查产品（不含英国）的价格会对中国大陆同类产品的价格变化产生影响。

六、损害继续或再度发生的可能性。

（一）累积评估的适当性。

商务部2009年第79号公告认定，被调查产品之间以及被调查产品与中国大陆同类产品之间在物理和化学特性、生产设备和工艺流程、产品用途、产品的可替代性、销售渠道、客户群体、消费者和生产者评价等方面基本相同。因此，被调查产品之间以及被调查产品与中国大陆同类产品之间在中国大陆市场上存在相互竞争关系，且竞争条件基本相同。对被调查产品对中国大陆聚酰胺-6,6切片产业造成的影响进行累积评估是适当的。

本次复审调查显示，在聚酰胺-6,6切片反倾销措施实施期间，被调查产品（不含英国）均继续向中国大陆出口且保持一定的出口数量和份额。没有证据显示，被调查产品（不含英国）之间以及被调查产品（不含英国）与中国大陆同类产品之间在物理和化学特性、生产设备和工艺流程、产品用途、产品的可替代性、销售渠道、客户群体、消费者和生产者评价等方面发生实质性变化，上述产品之间在中国大陆市场上的相互竞争关系及竞争条件发生实质性变化，也没有利害关系方主张累积评估的条件发生了改变。

因此，根据《反倾销条例》第九条的规定，调查机关认定，被调查产品（不含英国）之间以及被调查产品（不含英国）与中国大陆同类产品之间在中国大陆市场上存在相互竞争关系，且竞争条件基本相同，对原产于美国、意大利、法国和台湾地区的被调查产品对中国大陆聚酰胺-6,6切片产业造成的影响进行累积评估是适当的。

（二）被调查产品进口情况及进口数量进一步增加的可能性。

本案仅有法国罗地亚公司向调查机关递交了国外(地区外)出口商或生产商调查问卷答卷并提供了向中国大陆出口的数量和价格数据。为保证数据的准确性和不同涉案国家（地区）进口数据之间的一致性，调查机关使用中华人民共和国海关统计数据作为确定被调查产品进口数量和价格的依据。关于涉案国的产能、产量、出口能力等数据，如前所述，调查机关决定采用第三方编制的《PCI尼龙中间体和纤维年报》的数据。

根据中华人民共和国海关统计，2009～2013年，被调查产品（不含英国）进口数量分别为27359吨、21443吨、26415吨、40656吨和33735吨，2010年比2009年下降21.62%，2011年比2010年增长23.19%，2012年比2011年增长53.91%,2013年比2012年下降17.02%。2013上半年为10763吨，2014年上半年为25794吨，比2013年上半年增长139.65%。

2009年到2013年，被调查产品（不含英国）进口数量占中国大陆聚酰胺-6，6切片总进口量的比例分别为29.51%、20.21%、22.08%、26.22%和14.19%，2013年上半年为10.14%，2014年上半年为17.81%。调查期内，被调查产品进口数量占中国大陆市场份额2009年至2013年分别为17.23%、11.14%、11.96%、14.91%和9.10%,2013年上半年为6.57%，2014年上半年为11.69%。

上述证据表明，损害调查期内，被调查产品（不含英国）进口数量调查期前期下降后，在调查期中后期逐渐回升，被调查产品占中国大陆市场份额保持在10%～20%之间，进口数量占中国大陆聚酰胺-6，6切片总进口量的比例保持在10%～30%之间（2009年该比例略微超过30%），美国、意大利、法国和台湾地区是中国大陆进口聚酰胺-6，6切片的主要来源国（地区）。

1. 美国。

根据中华人民共和国海关统计，调查期内原产于美国的被调查产品进口数量总体呈上升趋势，2009年到2013年进口数量分别为16811吨、18050吨、20314吨、32302吨和28870吨，2010年比2009年增加了7.37%，2011年比2010年增加了12.54%，2012年比2011年增加了59.01%,2013年比2012年减少了10.62%。2013年上半年为9200吨，2014年上半年为21420吨，比上年同期增加了132.82%。原产于美国的被调查产品在中国大陆总进口中的比例2009～2013年分别为18.13%、17.01%、16.98%、20.83%和12.14%；2013年上半年为8.67%，2014年上半年为14.79%。

根据本案申请人提供的数据，美国聚酰胺-6，6切片产能总体上升，2009～2014年分别为107.8万吨、100万吨、104万吨、105万吨、105万吨和111.5万吨。美国聚酰胺-6，6切片产量总体呈上升趋势，2009年到2014年分别为64.4万吨、71.5万吨、73.1万吨、72.2万吨、78.9万吨和80.4万吨。同期，美国聚酰胺-6，6切片闲置产能2009年到2014年分别为43.4万吨、28.5万吨、30.9万吨、32.8万吨、26.1万吨和31.1万吨。闲置产能占当年产能的比例分别为40.26%、28.5%、29.71%、31.24%、24.86%和

27.89 %。上述数据表明，美国聚酰胺 -6，6 切片闲置产能较大，一直位于 25 至 40 万吨之间。

2009 ～ 2014 年，美国国内聚酰胺 -6，6 切片需求量基本稳定，增长并不明显，美国国内聚酰胺 -6,6 切片 2009 ～ 2014 年的需求量分别为 47.9 万吨、51.7 万吨、49.4 万吨、49.2 万吨、52.2.8 万吨和 53.7 万吨。调查期内，美国国内市场需求已经饱和，美国国内聚酰胺 -6,6 产品的需求量只占到其产能的 50% 左右，美国可供出口能力一直较高，2009 年到 2014 年分别为 59.9 万吨、48.3 万吨、54.6 万吨、55.8 万吨、52.8 万吨和 57.8 万吨，占其同期聚酰胺 -6,6 切片生产能力的比例分别为 55.57%、48.30%、52.50%、53.14%、50.29% 和 51.84%。上述数据表明，在调查期内，美国聚酰胺 -6,6 切片产业出口能力占其产能的比例基本都在 50% 以上，具有较强的出口能力。

损害调查期内，美国聚酰胺 -6，6 切片出口量总体呈上升趋势，2009 年到 2014 年分别为 18.5 万吨、21.9 万吨、25.5 万吨、25.2 万吨、28.7 万吨和 28.6 万吨，占同期聚酰胺 -6，6 切片产量的比例分别为 28.73%、30.63%、34.88%、34.90%、36.38% 和 35.57%。上述数据表明，美国聚酰胺 -6，6 切片对出口市场的依赖程度较高，对外出口是美国聚酰胺 -6，6 切片企业销售产品的重要方式。

根据申请人提供的《PCI 尼龙中间体和纤维年报》和中华人民共和国海关统计数据 ,2009 年到 2014 年，美国对中国大陆聚酰胺 -6，6 切片出口占其总出口的比例呈总体上升趋势，分别为 9.10%、8.24%、7.97%、12.82% 、10.06% 和 16.55%。上述数据表明，中国大陆是美国聚酰胺 -6，6 切片的重要出口市场。

上述证据表明，损害调查期内，美国聚酰胺 -6，6 切片产业具有较大的闲置产能，及较强的出口能力，对出口市场依赖程度较高，中国大陆是其主要出口目标市场。在实施反倾销措施的情况下，美国聚酰胺 -6，6 切片对中国大陆出口数量仍呈大幅增加趋势。综合上述因素，调查机关认为，如果终止原反倾销措施，美国聚酰胺 -6，6 切片对中国大陆出口数量将可能大量增加。

而且，根据商务部 2014 年第 72 号公告，中国大陆目前正在对原产于美国的己二酸征收反倾销税，而己二酸是生产聚酰胺 -6，6 切片的重要原料。由于己二酸反倾销措施抑制了己二酸的出口，如果取消聚酰胺 -6，6 切片的反倾销措施，将可能导致美国企业将己二酸用于生产聚酰胺 -6，6 切片，美国聚酰胺 -6，6 切片对中国大陆出口可能增加。

2. 意大利。

根据中华人民共和国海关统计，损害调查期内，原产于意大利的被调查产品进口数量总体呈上升趋势，2009 年到 2013 年进口数量分别为 2257 吨、1840 吨、1399 吨、2976 吨和 2322 吨，2010 年比 2009 年减少了 18.48%，2011 年比 2010 年减少了 23.97%，2012 年比 2011 年增加了 112.72%,2013 年比 2012 年下降了 21.98%。2013 年上半年为 863 吨，2014 年上半年为 1761 吨，比上年同期增加了 104.06%。原产于意大利的被调查产品在中国大陆总进口中的比例 2009 年到 2013 分别为 2.43%、1.73%、1.17%、1.92% 和 0.98%；2013 年上半年为 0.81%，2014 年上半年为 1.22%。

根据本案申请人提供的数据，意大利聚酰胺 -6，6 切片产能呈下降趋势，2009 年为 11 万吨，2010 年至 2014 年为 9 万吨。意大利聚酰胺 -6，6 切片产量总体呈上升趋势，2009 年到 2014 年分别为 6.7 万吨、6.9 万吨、7.4 万吨、7.1 万吨、7.3 万吨和 7.7 万吨。同期，意大利聚酰胺 -6，6 切片闲置产能分别为 4.30 万吨、2.1 万吨、1.6 万吨、1.9 万吨、1.7 万吨和 1.3 万吨。闲置产能占当年产能的比例分别为 39.09%、23.33%、17.78%、21.11%、18.89% 和 14.44%。上述数据表明，意大利聚酰胺 -6,6 切片存在闲置产能。

2009 ～ 2014 年，意大利国内聚酰胺 -6,6 切片需求量呈小幅增长趋势，2009 ～ 2014 年分别为 6 万吨、6.7 万吨、7.2 万吨、7.3 万吨、6.9 万吨和 7.5 万吨。调查期内，意大利国内聚酰胺 -6,6 产品的需求量虽呈增长趋势，但增量不大，意大利国内的市场需求已经饱和，意大利存在一定的可供出口能力，2009 年到 2014 年分别为 5.0 万吨、2.3 万吨、1.8 万吨、1.7 万吨、2.1 万吨和 1.5 万吨，占同期聚酰胺 -6,6 切片生产能力的比例分别为 45.45%、25.56%、20.00%、18.89%、23.33% 和 16.67%。上述数据表明，在调查期内，意大利聚酰胺 -6,6 切片产业出口能力占其产能的比例较高，具有较强的出口能力。

损害调查期内，意大利聚酰胺 -6,6 切片出口量呈波动状态，2009 年到 2014 年分别为 2.2 万吨、1.8 万吨、1.6 万吨、1.2 万吨、1.8 万吨和 2.0 万吨，占同期聚酰胺 -6,6 切片产量的比例分别为 32.84%、26.09%、21.62%、16.90%、24.66% 和 25.97%。上述数据表明，意大利聚酰胺 -6,6 切片对出口市场的依赖程度较高，对外出口是意大利聚酰胺 -6,6 切片企业销售产品的重要方式。

根据申请人提供的《PCI 尼龙中间体和纤维年报》和中华人民共和国海关统计数据 ,2009 年到 2014 年，意大利对中国大陆聚酰胺 -6，6 切片出口占其总出口的比例总体呈上升趋势，分别为 10.26%、10.22%、8.74%、24.8% 、12.9% 和 27.45%。上述数据表明，中国大陆是意大利聚酰胺 -6，6 切片的重要出口市场。

上述证据表明，损害调查期内，意大利聚酰胺 -6，6 切片国内需求量虽占产能较大比例，但其仍具有一定的闲置产能，及较强的出口能力，对出口市场依赖程度较高，中国大陆是其主要出口目标市场。在实施反倾销措施的情况下，意大利聚酰胺 -6，6 切片对中国大陆出口数量在调查期初 2009 年到 2011 年呈下降趋势，但 2012 ~ 2014 年 6 月，意大利出口至中国大陆的聚酰胺 -6，6 切片数量又有明显增幅。综合上述因素，调查机关认为，如果终止原反倾销措施，意大利聚酰胺 -6，6 切片对中国大陆出口数量将可能大量增加。

而且，根据商务部 2014 年第 72 号公告，中国大陆目前正在对原产于欧盟的己二酸征收反倾销税，而己二酸是生产聚酰胺 -6，6 切片的重要原料。由于己二酸反倾销措施抑制了己二酸的出口，如果取消聚酰胺 -6，6 切片的反倾销措施，将可能导致意大利企业将己二酸用于生产聚酰胺 -6，6 切片，意大利聚酰胺 -6，6 切片对中国大陆出口可能增加。

3. 法国。

根据中华人民共和国海关统计，损害调查期内，原产于法国的被调查产品进口数量呈先下降再上升趋势，2009 ~ 2013 年进口数量分别为 629 吨、482 吨、94 吨、184 吨和 85 吨，2010 年比 2009 年下降了 23.37% ，2011 年比 2010 年下降了 80.5%，2012 年比 2011 年增加了 95.74%,2013 年比 2012 年减少了 53.8%。2013 年上半年为 56 吨，2014 年上半年为 452 吨，2014 年上半年比 2013 年上半年增加了 707.14%。原产于法国的被调查产品在中国大陆总进口中的比例 2009 年到 2013 年分别为 0.68%、0.45%、0.08%、0.12% 和 0.04%；2013 年上半年为 0.05%，2014 年上半年为 0.31%。

根据《PCI 尼龙中间体和纤维年报》，损害调查期内，法国聚酰胺 -6,6 切片产能呈下降趋势，2009 ~ 2011 年法国聚酰胺 -6,6 切片产能保持在 18.1 万吨，2012 ~ 2014 年产能保持在 13.1 万吨。法国聚酰胺 -6,6 切片产量总体呈下降趋势，2009 ~ 2014 年分别为 10.9 万吨、10.4 万吨、8.3 万吨、9.3 万吨、8.3 万吨和 7.9 万吨。同期，法国聚酰胺 -6,6 切片闲置产能分别为 7.2 万吨、7.7 万吨、9.8 万吨、3.8 万吨、4.8 万吨和 5.2 万吨。闲置产能占当年产能的比例分别为 39.78%、42.54%、54.14%、29.01%、36.64% 和 39.69%。上述数据表明，法国聚酰胺 -6,6 切片闲置产能较大。

2009 ~ 2014 年，法国国内聚酰胺 -6，6 切片需求量下降，法国国内聚酰胺 -6,6 切片 2009 ~ 2014 年的需求量分别为 9.8 万吨、8.6 万吨、7.5 万吨、7.6 万吨、6.7 万吨和 6.6 万吨。调查期内，法国国内市场需求已经饱和，法国国内聚酰胺 -6,6 切片的需求量只占到其产能的 50% 左右，法国可供出口能力一直较高，2009 ~ 2014 年分别为 8.3 万吨、9.5 万吨、10.6 万吨、5.5 万吨、6.4 万吨和 6.5 万吨，占其同期聚酰胺 -6，6 切片生产能力的比例分别为 45.86%、52.49%、58.56%、41.98%、48.85% 和 49.62%。上述数据表明，在调查期内，法国聚酰胺 -6，6 切片产业出口能力占其产能的比例基本都在 40% ~ 60% 之间，具有较强的出口能力。

损害调查期内，法国聚酰胺 -6，6 切片出口量总体呈上升趋势，2009 ~ 2014 年分别为 3.9 万吨、6.1 万吨、5.3 万吨、5.4 万吨、5.2 万吨和 5.6 万吨，占同期聚酰胺 -6,6 切片产量的比例分别为 35.78%、58.65%、63.86%、58.06%、62.65% 和 70.89%。上述数据表明，法国聚酰胺 -6,6 切片对出口市场的依赖程度较高，对外出口是法国聚酰胺 -6,6 切片企业销售产品的重要方式。

根据《PCI 尼龙中间体和纤维年报》和中华人民共和国海关统计数据 ,2009 ~ 2014 年，法国对中国大陆聚酰胺 -6，6 切片出口占其总出口的比例呈先下降再上升趋势，分别为 1.61%、0.79%、0.18%、0.34% 、0.16% 和 1.9%。

上述证据表明，损害调查期内，法国聚酰胺 -6，6 切片产业具有较大的闲置产能，及较强的出口能力，对出口市场依赖程度较高。中国大陆聚酰胺 -6,6 切片需求呈增长趋势，受实施反倾销措施的影响，法国聚酰胺 -6，6 切片对中国大陆出口数量呈先下降再上升趋势，2014 年上半年出现了出口数量激增的情况。综合上述因素，调查机关认为，如果终止原反倾销措施，法国聚酰胺 -6，6 切片对中国大陆出口数量将可能大量增加。

而且，根据商务部2014年第72号公告，中国大陆目前正在对原产于欧盟的己二酸征收反倾销税，而己二酸是生产聚酰胺-6，6切片的重要原料。由于己二酸反倾销措施抑制了己二酸的出口，如果取消聚酰胺-6，6切片的反倾销措施，将可能导致法国企业将己二酸用于生产聚酰胺-6，6切片，法国聚酰胺-6，6切片对中国大陆出口可能增加。

4. 台湾地区。

根据中华人民共和国海关统计，损害调查期内，原产于台湾地区的被调查产品进口数量总体呈下降趋势，2009年到2013年进口数量分别为7664吨、1071吨、4609吨、5193吨和2458吨，2010年比2009年下降了86.03%，2011年比2010年增加了330.35%，2012年比2011年增加了12.67%,2013年比2012年减少了52.67%。2013年上半年为643吨，2014年上半年为2161吨，2014年上半年同比增加了236.08%。原产于台湾地区的被调查产品在中国大陆总进口中的比例2009年到2013年分别为8.27%、1.01%、3.85%、3.35%和1.03%；2013年上半年为0.61%，2014年上半年为1.49%。

根据本案申请人提供的数据，损害调查期内，台湾地区聚酰胺-6，6切片产能呈上升趋势，2009～2014年分别为0、0、0、0.25万吨、1万吨和1.5万吨。台湾地区聚酰胺-6,6切片产量呈上升趋势，2009～2014年分别为0、0、0、0.2万吨、1.0万吨和1.3万吨。台湾地区聚酰胺-6，6切片闲置产能2012～2014年分别为0.05万吨、0和0.2万吨，闲置产能占当年产能的比例分别为20.00%、0和13.33%。上述数据表明，台湾地区聚酰胺-6,6切片存在闲置产能。

2012～2014年，台湾地区聚酰胺-6,6切片出口量呈上升趋势，分别为0.2万吨、0.8万吨和0.8万吨，占同期聚酰胺-6,6切片产量的比例分别为100%、80.00%和61.54%。上述数据表明，台湾地区聚酰胺-6,6切片对出口市场的依赖程度较高，对外出口是台湾地区聚酰胺-6,6切片企业销售产品的重要方式。

根据申请人提供的《PCI尼龙中间体和纤维年报》和中华人民共和国海关统计数据,2013年和2014年，台湾地区对中国大陆聚酰胺-6，6切片出口占其总出口的比例分别为30.73%和51.56%。上述数据表明，中国大陆是台湾地区聚酰胺-6，6切片的重要出口市场。

上述证据表明，损害调查期内，台湾地区聚酰胺-6，6切片的生产能力有所增加，存在一定的闲置产能，且对出口市场依赖程度较高，中国大陆是其重要出口目标市场。受实施反倾销措施的影响，台湾地区聚酰胺-6，6切片对中国大陆出口数量尽管在部分时期下降，但也曾出现出口数量激增的情况。综合上述因素，调查机关认为，如果终止原反倾销措施，台湾地区聚酰胺-6，6切片对中国大陆出口数量将可能大量增加。

综上所述，上述证据表明，损害调查期内，美国、意大利、法国和台湾地区的聚酰胺-6，6切片生产能力持续保持高位，闲置产能较高，拥有较强出口能力，对国外（地区外）市场的依赖度高。近年来，中国大陆聚酰胺-6，6切片市场需求总体保持较快增长，中国大陆是美国、意大利、法国和台湾地区对外出口的重要市场，如果终止反倾销措施，美国、意大利、法国和台湾地区对中国大陆聚酰胺-6，6切片的出口数量将可能大量增加。

（三）被调查产品对中国大陆同类产品价格的可能影响。

中国大陆产业提交的申请书、调查问卷答卷及实地核查补充材料等资料显示，被调查产品和中国大陆产品属于同类产品，二者在销售渠道、销售市场和客户群体等方面具有相似性和可比性。

损害调查期内，被调查产品（不含英国）进口价格呈先升后降态势。根据中华人民共和国海关统计，2009年到2013年，被调查产品缴纳一般关税（不含反倾销税）后人民币平均价格分别为16723.69元/吨、22166.29元/吨、23490.73元/吨、22227.23元/吨和21451.86元/吨。2010年比2009年上升32.54%，2011年比2010年上升5.98%，2012年比2011年下降5.38%,2013年比2012年下降3.49%。2013年上半年为22155.06元/吨，2014年上半年为20600.64元/吨，比2013年上半年下降7.02%。同期，中国大陆产业同类产品销售价格呈先升后降态势，2009年为10000～20000元/吨，2010年比2009年上升29.18%，2011年比2010年上升9.92%，2012年比2011年下降19.95%，2013年比2012年下降3.3%，2014年上半年比2013年上半年下降2.41%。

上述数据显示，调查期内，被调查产品（不含英国）进口价格与中国大陆产业同类产品价格变化趋势相同，二者关联密切。

在前述裁决“中国大陆市场分析”部分，调查机关对被调查产品（不含英国）进口价格和中国大陆同类产品价格的关系进行了分析，认定由于被调查产品（不含英国）和中国大陆同类产品之间存在竞争关系，加之价格是影响销售的重要因素，被调查产品（不含英国）的价格会对国内同类产品的价格变化产生影响。该部分被调查产品（不含英国）价格和中国大陆同类产品价格的具体数据进一步说明，中国大陆产业同类产品对被调查产品（不含英国）的进口价格变动敏感，容易受到被调查产品（不含英国）进口价格变化的影响。

该部分具体价格数据还表明，被调查产品（不含英国）与中国大陆产业同类产品在产品用途、产品质量、产品的可替代性、销售渠道、客户群体、消费者和生产者评价等方面基本相同的情况下，产品价格成为企业营销的决定因素，对下游用户选择产品起着重要作用。在原审裁决中，调查机关认定被调查产品价格对中国大陆同类产品价格造成了价格抑制影响。如前所述，在本次调查中，调查机关已经认定如果取消反倾销措施，美国、意大利、法国和台湾地区将可能大量增加对中国大陆的聚酰胺-6，6切片的出口。调查机关认为，由于市场是高度价格竞争的，价格是被调查产品（不含英国）与中国大陆产业同类产品竞争的重要手段，而且中国大陆产业同类产品的销售价格始终跟随被调查产品（不含英国）变化。如果终止反倾销措施，被调查产品（不含英国）不仅将继续影响中国大陆同类产品价格，而且其还存在较大的降价空间并可能转化为实际的降价幅度，并可能通过压低销售价格来扩大对中国大陆的出口，以恢复和扩大其在中国大陆的市场份额，很可能对中国大陆同类产品价格产生压低或抑制的明显影响。受此影响，中国大陆产业为维持一定的销量和市场份额，将很可能不得不随之降低价格或者在很大程度上无法实现本该发生的价格增长。

因此，基于上述证据与分析，调查机关认定，如果终止反倾销措施，被调查产品（不含英国）将可能对中国大陆的聚酰胺-6，6切片产生不利的价格影响。

（四）调查期内中国大陆产业状况。

根据《反倾销条例》第七、八条的规定，调查机关对损害调查期内中国大陆产业的相关经济因素和指标进行了调查，具体数据详见附表。

上述指标显示，在实施反倾销措施的情况下，2009～2010年，中国大陆产业在需求增长带动下，呈现出良性发展势头。中国大陆产业同类产品的产量、开工率、销售量、销售价格、市场份额、销售收入、税前利润、员工人数、劳动生产率、投资收益率和经营活动现金流量净额等指标均有明显增加，中国大陆产业同类产品的生产经营状况较未实施反倾销措施之前有明显好转，但是这种良好势头未能够得以持续。

2011～2012年，中国大陆产业同类产品的相关经济指标出现恶化，中国大陆产业陷入生产经营困难，2012年甚至出现亏损。2011年，随着被调查产品进口数量的增加，中国大陆产业同类产品产量和开工率的增幅大幅下降，销售量和市场份额开始出现下降，库存增加。在销售量下降，销售价格增幅大幅下降的情况下，销售收入增幅出现下降，税前利润和投资收益率也显著下降，员工人数减少，经营活动现金流量净额为负值且净流出额金额较大，中国大陆产业2009～2010年良好的经营发展势头在2011年未能得到延续。2012年，随着被调查产品进口数量的进一步增加，中国大陆产业同类产品的产量、销售量、市场份额、开工率等指标出现不同程度的下降。同时，被调查产品进口价格的下降，中国大陆同类产品的销售价格大幅下降，中国大陆产业同类产品的销售收入大幅下降，税前利润和投资收益率均为负值，中国大陆产业同类产品出现亏损、员工人数、劳动生产率、人均工资等指标也出现不同程度的下降，中国大陆产业陷入生产经营困难。另外，申请人的新投资项目也因市场影响未能按期开工建设。

2013～2014年上半年，中国大陆产业在需求进一步增长的带动下，生产经营状况有所改善，部分指标呈增长趋势。2013年，中国大陆产业同类产品的产量、销售量、市场份额、开工率等指标出现不同程度的增长，但库存有所增加。在销售价格进一步下降的情况下，销售收入继续下降，税前利润由亏转盈，投资收益率由负转正，经营活动现金流量净额为正值，但税前利润仍未达到合理盈利水平，经营活动现金流量的流入额与上年相比也大幅下降，中国大陆产业生产经营状况有所改善。2014年1-6月，中国大陆产业同类产品的部分指标与上年同期相比有所增长，包括产量、销售量、开工率、销售收入、税前利润、投资收益率和经营活动现金流量净额等指标，中国大陆产业出现恢复性增长，但其销售价格和市场份额均下降，库存有所增加。

可见，在损害调查期内中国大陆产业同类产品销售价格、销售收入出现过下降的情况，税前利润和投资收益率也出现过下降的情况，且2012年税前利润和投资收益率均转为负值。此外，中国大陆产业同类产品经营活动现金流量净额也呈现波动趋势，2013年甚至呈现净流出状态，市场份额总体呈下降趋势，期末库存总体呈上升趋势。上述事实显示，中国大陆聚酰胺–6,6切片产业生产经营状况不稳定，仍然较为脆弱。

本案对中国大陆产业各项指标的综合分析说明，调查期内，由于实施聚酰胺–6,6切片反倾销措施，使原产于美国、意大利、法国和台湾地区的进口聚酰胺–6,6切片产品的倾销行为受到一定遏制，中国大陆聚酰胺–6,6切片产品市场环境有所改善，中国大陆聚酰胺–6,6切片产业得到初步恢复和发展，但生产经营状况仍然不稳定、较为脆弱，容易受到倾销进口产品的冲击和影响。

（五）产业损害调查结论。

1. 美国、意大利、法国和台湾地区的聚酰胺–6,6切片闲置产能较大，具有较强的出口能力，对国外（地区外）市场的依赖程度较高，而中国大陆是被调查国家（地区）对外出口的重要市场，近年来中国大陆聚酰胺–6,6切片市场需求旺盛且总体保持较快增长，对被调查国家（地区）具有较强的吸引力。如果终止反倾销措施，原产于美国、意大利、法国和台湾地区的聚酰胺–6,6切片产品对中国大陆的出口数量将可能大量增加。

2. 如果终止反倾销措施，被调查产品（不含英国）不仅将继续影响中国大陆同类产品价格，而且其还存在较大的降价空间并可能转化为实际的降价幅度，可能对中国大陆的聚酰胺–6，6切片产生不利的价格影响。

3. 调查期内，由于实施反倾销措施，原产于美国、意大利、法国和台湾地区的进口聚酰胺–6,6切片的倾销行为得到一定遏制，中国大陆聚酰胺–6,6切片产品市场环境有所改善，中国大陆聚酰胺–6,6切片产业得到初步恢复和发展，但中国大陆聚酰胺–6,6切片产业仍然很脆弱。如果终止反倾销措施，原产于美国、意大利、法国和台湾地区的进口聚酰胺–6,6切片出口数量将可能大量增加，对中国大陆产业同类产品价格将产生不利影响，造成中国大陆同类产品销售价格、数量和市场份额的下降和期末库存的上升，降低中国大陆产业的产量和产能利用率，抑制投融资活动，影响就业人数、员工工资和劳动生产率，并进而对销售收入和利润等产生进一步的负面影响，即对中国大陆聚酰胺–6,6切片产业造成的损害可能继续或再度发生。

七、复审裁定

根据上述调查结果，调查机关裁定，如果终止反倾销措施，原产于美国、意大利、法国和台湾地区的进口聚酰胺–6,6切片对中国大陆的倾销可能继续发生，原产于英国的进口聚酰胺–6,6切片对中国大陆的倾销可能不会继续或再度发生；原产于美国、意大利、法国和台湾地区的进口聚酰胺–6,6切片对中国大陆产业造成的损害可能继续或再度发生。

表1　海关统计的被调查产品进口数量

（单位：吨）

期间	2009年	2010年	2011年	2012年	2013年	2013年上半年	2014年上半年
美国	16811	18050	20314	32302	28870	9200	21420
意大利	2257	1840	1399	2976	2322	863	1761
法国	629	482	94	184	85	56	452
台湾地区	7664	1071	4609	5193	2458	643	2161
合计进口数量	27359	21443	26415	40656	33735	10763	25794

表2　中国大陆市场份额情况

（单位：吨）

时间	2009年	2010年	2011年	2012年	2013年	2013年上半年	2014年上半年
中国大陆同类产品销量	50000～60000【100】	–【131.79】	–【122.95】	–【119.86】	–【122.77】	–【59.06】	–【65.54】
海关统计的被调查产品进口数量	27359	21443	26415	40656	33735	10763	25794

续表

时间	2009 年	2010 年	2011 年	2012 年	2013 年	2013 年上半年	2014 年上半年
其他进口	65348	84667	93199	114403	204038	95376	119019
表观消费量	158791	192443	220795	272637	370868	163859	220634
申请人产量	60000 ～ 70000 【100】	— 【137.39】	– 【137.96】	– 【126.03】	– 【143.57】	– 【70.27】	– 【77.74】
市场变化							
表观消费量变化		33652	28352	51842	98231		56775
同类产品销量变化 /%		31.79	-6.7	-2.51	2.42		10.96
被调查产品进口变化		-5916	4972	21443	-6921		15031
其他进口变化		19319	28352	51842	98231		56775
市场份额							
同类产品 /%	36	39	32	25	19	21	17
被调查产品 /%	17	11	12	15	9	7	12
其他来源进口 /%	41	44	42	42	55	58	54
其他 /%	6	6	14	18	17	14	17

表 3　　中国大陆市场价格情况

（单位：美元 / 吨）

时间	2009 年	2010 年	2011 年	2012 年	2013 年	2013 年上半年	2014 年上半年
中国大陆同类产品 /（人民币 / 吨）	10000 ～ 20000 【100】	– 【129.18】	– 【142.00】	– 【113.66】	– 【109.91】	– 【111.18】	– 【108.50】
被调查产品 /（美元 / 吨）	2302	3078	3417	3311	3253	3334	3151
被调查产品 /（人民币 / 吨）	16723.69	22166.29	23490.73	22227.23	21451.86	22155.06	20600.64
汇率	6.82	6.76	6.46	6.3	6.19	6.24	6.14
价格变化							
中国大陆同类产品 /%		29.18	9.92	-19.95	-3.30		-2.41

续表

时间	2009 年	2010 年	2011 年	2012 年	2013 年	2013 年上半年	2014 年上半年
被调查产品（人民币 / 吨）/%		32.54	5.98	-5.38	-3.49		-7.02

表 4　　中国大陆产业指标汇总

项目	时间						
	2009 年	2010 年	2011 年	2012 年	2013 年	2013 年上半年	2014 年上半年
表观消费量 / 吨	158791	192443	220795	272637	370868	163859	220634
变化率 /%		21.19	14.73	23.48	36.03		34.65
产能 / 万吨	10 ～ 15	10—15	10—15	10—15	10—15	10—15	10—15
变化率 /%		0	0	0	0		0
产量 / 万吨	6 ～ 7	—	—	—	—	—	—
变化率 /%		37.39	0.41	-8.64	13.92		10.62
国内销量 / 万吨（不含自用）	5 ～ 6	—	—	—	—	—	—
变化率 /%		30.44	-5.51	-2.87	2.69		11.11
市场份额（不含自用量）/%	30 ～ 40	—	—	—	—	—	—
增加量 /%		2.77	6.89	-6.86	1.45		-3.63
国内销售价格 /（元 / 吨）	10000 ～ 20000	—	—	—	—	—	—
变化率 /%		29.18	9.92	-19.95	-3.3		-2.41
总销售收入 / 万元	100000 ～ 150000	—	—	—	—	—	—
变化率 /%		68.51	3.86	-22.25	-0.71		8.44
税前利润 / 万元	2000 ～ 2500	—	—	—	—	—	—
变化率 /%		348.49	-74.03	-363.10	148.33		697.24
投资收益率 /%	0 ～ 10%	—	—	—	—	—	—
增加量		11.87	-11.7	-15.54	17.9		4.91

续表

项目	时间						
	2009 年	2010 年	2011 年	2012 年	2013 年	2013 年上半年	2014 年上半年
开工率 /%	50 ～ 60	—	—	—	—	—	—
增加量 /%		19.5	0.3	-6.22	9.14		19.5
就业人数 / 人	400 ～ 500	—	—	—	—	—	—
变化率 /%		12.8	-0.36	-1.99	0.18		0.00
劳动生产率 /（吨 / 年 / 人）	100 ～ 200	—	—	—	—	—	—
变化率 /%		21.79	0.78	-6.79	13.71		10.62
人均工资 /（元 / 年 / 人）	40000 ～ 50000	—	—	—	—	—	—
变化率 /%		-13.49	19.78	-17.43	11.73		5.31
期末库存 / 吨	1000 ～ 2000	—	—	—	—	—	—
变化率 /%		134.73	58.29	-57.60	32.37		38.25
经营活动现金流量净额 / 万元	6000 ～ 6500	—	—	—	—	—	—
变化率 /%			-166.14	293.79	-74.10		98.92

表 5　中国大陆市场产能产量情况

（单位：吨）

年份	2009 年	2010 年	2011 年	2012 年	2013 年	2013 年上半年	2014 年上半年
中国大陆表观消费量	158791	192443	220795	272637	370868	163859	220634
中国大陆聚酰胺 -6,6 切片总产量	60000 ～ 70000 [100]	[137.39]	[137.96]	[126.03]	[143.57]	[70.27]	[77.74]
中国大陆产业合计产能	100000 ～ 150000 [100]	[100]	[100]	[100]	[100]	[100]	[100]

五十、中华人民共和国商务部公告 2015 年第 40 号　关于 2016 年反倾销反补贴措施到期情况的公告（2015 年 10 月 9 日）

根据《中华人民共和国反倾销条例》第四十八条规定，反倾销税的征收期限和价格承诺的履行期限不超过 5 年；但是，经复审确定终止征收反倾销税有可能导致倾销和损害的继续或者再度发生的，反倾销税的征收期限可以适当延长。同时，根据《中华人民共和国反补贴条例》第四十七条规定，反补贴税的征收期限和承诺的履行期限不超过 5 年；但是，经复审确定终止征收反补贴税有可能导致补贴和损害的继续或者再度发生的，反补贴税的征收期限可以适当延长。为使利害关系方及时了解措施期限，商务部对 2015 年 12 月 31 日至 2016 年 12 月 31 日将到期的反倾销反补贴措施公告如下：

一、将于 2015 年 12 月 31 日至 2016 年 12 月 31 日到期的反倾销反补贴措施均通过本公告一并对外告知（见附件），商务部不再发布个案措施到期公告。

二、在本公告附件所列个案反倾销反补贴措施到期日 60 天前，相关国内产业或代表国内产业的自然人、法人或有关组织如认为，终止征收该措施有可能导致倾销 / 补贴和损害的继续或者再度发生，可以书面形式向商务部提出期终复审申请。

三、该申请书应包含要求进行期终复审的明确表示和终止该反倾销反补贴措施将可能导致倾销 / 补贴和损害的继续或再度发生的充分证据。

四、如相关国内产业或代表国内产业的自然人、法人或有关组织未按本公告的规定提出期终复审申请，同时在相关反倾销反补贴措施到期前，商务部也未主动发起期终复审调查，则该反倾销反补贴措施将自措施到期之日起终止实施。

附件：将于 2015 年 12 月 31 日至 2016 年 12 月 31 日到期的反倾销反补贴措施一览表

序号	措施类型	产品名称	涉案国别和地区	终裁公告号	措施起始日期	措施到期日期
6	反倾销措施	水合肼	日本、韩国、美国、法国	2011 年第 32 号	2011 年 6 月 17 日	2016 年 6 月 16 日
7	反倾销措施	三氯乙烯	俄罗斯、日本	2011 年第 39 号	2011 年 7 月 22 日	2016 年 7 月 21 日
9	反倾销措施	己内酰胺	欧盟、美国	2011 年第 68 号	2011 年 10 月 22 日	2016 年 10 月 21 日

五十一、中华人民共和国海关总署公告 2015 年第 44 号关于环氧氯丙烷反倾销措施中美国企业权利义务变更事项的公告（2015 年 8 月 28 日）

根据《中华人民共和国反倾销条例》的规定，国务院关税税则委员会决定自 2012 年 6 月 28 日起对原产于俄罗斯、韩国、日本和美国的进口环氧氯丙烷继续征收反倾销税，期限为 5 年。海关总署为此发布了 2012 年第 34 号公告。最近，根据涉案企业申请，商务部审查后决定由美国兰科运营有限责任公司（Blue Cube Operations LLC）继承陶氏化学公司（The Dow Chemical Company）在该环氧氯丙烷反倾销措施中适用的反倾销税税率及其他权利义务。现将有关事项公告如下：

一、自 2015 年 9 月 1 日起，对以兰科运营有限责任公司（Blue Cube Operations LLC）为原生产厂商名称申报进口的环氧氯丙烷，海关按照 4.3% 的反倾销税税率征收反倾销税；对以陶氏化学公司（The Dow Chemical Company）为原生产厂商名称申报进口的环氧氯丙烷，海关按照“其他美国公司”71.5% 的反倾销税税率征收反倾销税。

二、对原产于俄罗斯、韩国、日本和美国的进口环氧氯丙烷征收反倾销税的其他事项，仍按照海关总署相关公告的规定执行。

特此公告。

又讯：中华人民共和国商务部公告 2015 年第 28 号 关于同意兰科运营公司继承陶氏化学公司环氧氯丙烷案反倾销税率的公告（2015 年 8 月 17 日）

2006 年 6 月 28 日，中华人民共和国商务部发布当年第 44 号公告，决定对原产于俄罗斯、韩国、日本和美国的进口环氧氯丙烷征收反倾销税，实施期限为自 2006 年 6 月 28 日起 5 年。其中，美国陶氏化学公司（The Dow Chemical Company）的反倾销税率为 4.3%。

2011 年 6 月 27 日，商务部发布当年第 34 号公告，宣布对原产于俄罗斯、韩国、日本和美国的进口环氧氯丙烷实施的反倾销措施进行期终复审调查。2012 年 6 月 27 日，商务部发布当年第 32 号公告，决定自 2012 年 6 月 28 日起，继续对俄罗斯、韩国、日本和美国的进口环氧氯丙烷实施反倾销措施，实施期限为 5 年。

2015 年 6 月 16 日，美国兰科运营有限责任公司（Blue Cube Operations LLC）向商务部提交申请，请求继承陶氏化学公司（The Dow Chemical Company）在环氧氯丙烷反倾销措施中所适用的反倾销税税率，并提交了并购协议、董事会决议、经营管理、生产设备、供货关系、客户名单等相关证明材料。2015 年 6 月 16 日，商务部就上述申请事宜通知了中国环氧氯丙烷产业，在规定时间内，中国环氧氯丙烷产业未提出异议。

经审查，现有证据表明，兰科运营有限责任公司为陶氏化学公司的子公司，为并购安排，原由陶氏化学公司运营的环氧氯丙烷的所有业务于2015年5月剥离给兰科运营有限责任公司运营。并购后，除公司名称改变外，兰科运营有限责任公司在环氧氯丙烷业务的生产设备、产能产量、供货关系、客户基础等均未发生实质性变化。

据此，商务部决定：

一、由兰科运营有限责任公司（Blue Cube Operations LLC）继承陶氏化学公司（The Dow Chemical Company）在环氧氯丙烷反倾销措施中所适用的4.3%反倾销税税率及其他权利义务。

二、继续使用陶氏化学公司（The Dow Chemical Company）名称向中国出口的环氧氯丙烷产品，适用环氧氯丙烷反倾销措施中其他美国公司所适用的71.5%的反倾销税率。

本公告自2015年9月1日起执行。

五十二、中华人民共和国商务部公告2015年第39号，关于原产于美国、欧盟和韩国的进口已二酸所适用的反倾销措施的期终复审裁定（2015年10月23日）

2009年11月1日，中华人民共和国商务部（以下称调查机关）发布年度第78号公告，决定对原产于美国、欧盟和韩国的进口己二酸实施为期5年的反倾销措施。

2011年6月23日，调查机关发布年度第36号公告，决定由罗地亚韩国有限公司（RhodiaKoreaCo.,Ltd.）继承罗地亚聚酰胺有限公司（RhodiaPolyamideCo.Ltd.）在己二酸反倾销案中所适用的5.9%的反倾销税税率。同时，以罗地亚聚酰胺有限公司名称出口的被调查产品，适用“其他韩国公司”所适用的16.7%的反倾销税税率。

2014年4月18日，调查机关发布年度第21号公告，由索尔维化学韩国有限公司（SolvayChemicalsKoreaCo.,Ltd.）继承罗地亚韩国有限公司（RhodiaKoreaCo.,Ltd.）在己二酸反倾销措施案中所适用的5.9%的反倾销税税率，以罗地亚韩国有限公司名称出口的被调查产品，适用“其他韩国公司”所适用的16.7%的反倾销税税率。

调查机关对如果终止反倾销措施，原产于美国、欧盟和韩国的进口己二酸对中国国内己二酸产业的倾销和损害继续或再度发生的可能性进行了调查。根据调查结果，并依据《中华人民共和国反倾销条例》（以下简称《反倾销条例》）第四十八条，调查机关做出复审裁定（见附件）。

调查机关根据调查结果向国务院关税税则委员会提出实施反倾销措施的建议。根据《反倾销条例》第五十条及国务院关税税则委员会的决定，现将有关事项公告如下：

一、复审裁定

调查机关裁定，如果终止反倾销措施，原产于美国、欧盟和韩国的进口己二酸对中国的倾销和损害可能继续或再度发生。

二、征收反倾销税

自2015年11月2日起，按照调查机关2009年第78号、2011年第36号和2014年第21号公告规定的反倾销税率，对原产于美国、欧盟和韩国的进口己二酸征收反倾销税，实施期限5年。本案征收反倾销税产品的描述与调查机关2009年第78号公告中的被调查产品描述一致。

三、征收反倾销税的方法

自2015年11月2日起，进口经营者在进口原产于美国、欧盟和韩国的进口己二酸时，应向中华人民共和国海关缴纳相应的反倾销税。反倾销税以海关审定的完税价格从价计征，计算公式为：反倾销税额＝海关完税价格×反倾销税税率。进口环节增值税以海关审定的完税价格加上关税和反倾销税作为计税价格从价计征。

四、行政复议和行政诉讼

对本案终裁决定及征收反倾销税的决定不服的，根据《反倾销条例》第五十三条的规定，可以依法申请行政复议，也可以依法向人民法院提起诉讼。

五、本公告自2015年11月2日起执行

附件：商务部关于原产于美国、欧盟和韩国的进口己二酸所适用的反倾销措施的期终复审裁定

2014年10月31日，中华人民共和国商务部（以下简称调查机关）发布2014年第72号公告，决定自2014年11月2日起对原产于美国、欧盟和韩国的进口己二酸所适用的反倾销措施进行期终复审调查。

调查机关对如果终止反倾销措施，原产于美国、欧盟和韩国的进口己二酸对中国国内己二酸产业的倾销和损害继续或再度发生的可能性进行了调查。根据调查结果，并依据《中华人民共和国反倾销条例》（以下简称《反倾销条例》）第四十八条，做出复审裁定如下：

一、反倾销措施

2009 年 11 月 1 日，调查机关发布 2009 年第 78 号公告，决定对原产于美国、欧盟和韩国的进口己二酸征收反倾销税，实施期限为自 2009 年 11 月 2 日起 5 年。

2011 年 6 月 23 日，调查机关发布 2011 年第 36 号公告，决定由罗地亚韩国有限公司（ Rhodia Korea Co., Ltd.）继承罗地亚聚酰胺有限公司（ Rhodia Polyamide Co. Ltd.）在己二酸反倾销案中所适用的 5.9% 的反倾销税税率。同时，以罗地亚聚酰胺有限公司名称出口的被调查产品，适用“其他韩国公司”所适用的 16.7% 的反倾销税税率。

2014 年 4 月 18 日，调查机关发布 2014 年第 21 号公告，由索尔维化学韩国有限公司（ Solvay Chemicals Korea Co., Ltd.）继承罗地亚韩国有限公司（ Rhodia Korea Co., Ltd.）在己二酸反倾销措施案中所适用的 5.9% 的反倾销税税率，以罗地亚韩国有限公司名称出口的被调查产品，适用“其他韩国公司”所适用的 16.7% 的反倾销税税率。

二、调查程序

（一）立案及通知。

1. 立案。

2014 年 8 月 29 日，调查机关收到中国石油天然气股份有限公司辽阳石化分公司、山东海力化工股份有限公司、江苏海力化工股份有限公司和山东华鲁恒升化工股份有限公司代表中国国内己二酸产业提交的反倾销期终复审申请。申请人主张，如果终止反倾销措施，原产于美国、欧盟和韩国的进口己二酸对中国的倾销行为可能继续或再度发生，对中国国内产业造成的损害可能再度发生，请求商务部裁定维持对原产于美国、欧盟和韩国的进口己二酸实施的反倾销措施。

调查机关对申请人资格和申请书的主张及相关证明材料进行了审查，认为申请人和申请书符合《反倾销条例》第十一条、第十三条、第十四条、第十五条、第十七条和第四十八条的规定。

根据审查结果，调查机关于 2014 年 10 月 31 日发布公告，决定对原产于美国、欧盟和韩国的进口己二酸所适用的反倾销措施进行期终复审调查。本次复审调查的倾销调查期为 2013 年 7 月 1 日 ~ 2014 年 6 月 30 日，产业损害调查期为 2009 年 1 月 1 日 ~ 2014 年 6 月 30 日。

2. 立案通知。

2014 年 10 月 31 日，调查机关发布立案公告，向美国和韩国驻华使馆以及欧盟驻华使团正式提供了立案公告和申请书的公开部分。同日，调查机关将本案立案情况通知了本案申请人及申请书中列名的外国（地区）企业。

3. 公开信息。

在立案公告中，调查机关告知利害关系方，可以通过商务部贸易救济公开信息查阅室查阅本次反倾销调查相关信息的非保密版本。

立案当天，调查机关通过商务部贸易救济公开信息查阅室公开了本案申请人提交的申请书的非保密版本。（二）登记参加应诉。在规定期限内，外国出口商索尔维化学韩国有限公司登记应诉；国内己二酸生产者中国石油天然气股份有限公司辽阳石化分公司、山东海力化工股份有限公司、江苏海力化工股份有限公司和山东华鲁恒升化工股份有限公司登记参加本次调查。

（三）发放调查问卷和收取答卷。

2014 年 11 月 28 日，调查机关向外国（地区）企业发放了反倾销外国（地区）生产商调查问卷；向国内生产企业发放了反倾销国内生产者问卷；向国内进口商发放了反倾销国内进口商调查问卷。

调查机关要求上述公司在规定时间内提交准确、完整的答卷。至答卷递交截止之日，调查机关收到了中国石油天然气股份有限公司辽阳石化分公司、山东海力化工股份有限公司、江苏海力化工股份有限公司和山东华鲁恒升化工股份有限公司提交的反倾销国内生产者调查问卷的答卷，以及索尔维化学韩国有限公司递交的反倾销外国（地区）生产商调查问卷的答卷。没有国内进口商向调查机关递交答卷。

（四）实地核查。

根据《反倾销条例》第二十条的规定，2015 年 9 月 8 至 11 日，调查机关对答卷的国内生产者山东海力化工股份有限公司和山东华鲁恒升化工股份有限公司进行了反倾销实地核查。

（五）公开信息。

根据《反倾销条例》的规定，调查机关已将调查过程中收到和制作的本案所有公开材料及时送交商务部贸易救济公开信息查阅室。各利害关系方可以查找、阅览、摘抄、复印有关公开信息。

三、被调查产品

本次反倾销期终复审产品范围是反倾销措施所适用的产品，与商务部 2009 年第 78 号公告、2011 年第 36 号公告和 2014 年第 21 号公告中的产品范围一致。

四、倾销继续或再度发生的可能性

（一）美国。

1. 倾销调查情况。

调查机关在2009年第78号公告中认定，原产于美国的进口己二酸存在倾销，倾销幅度为16.8% ~ 35.4%。

2. 对中国出口及变化情况。申请人主张，由于反倾销措施的实施，美国被调查产品进口数量出现明显下降。

中国海关统计数据显示，2009年至2013年，美国向中国出口己二酸的数量分别为3514.51吨、2903.38吨、3573.29吨、366.38吨和860.91吨。原审立案前的2007年，美国向中国出口己二酸的数量约为4.88万吨。与原审立案前相比，反倾销措施实施以来，美国向中国出口己二酸的数量出现明显下降。

3. 原产于美国的己二酸依赖国际市场。

申请人提出，反倾销措施实施期间内，美国己二酸闲置产能数量较大。且同期美国国内消费量整体出现下滑，可供出口的能力出现上升态势，有能力扩大对外出口。在此期间内，美国己二酸对外出口则出现持续大幅增长。因此，申请人主张美国己二酸对国际市场的依赖程度较高。

（1）产能、产量及闲置产能。

申请人提出，反倾销措施实施期间内，美国己二酸产能略有上升。2009 ~ 2011年美国己二酸产能由100万吨增长至105万吨。同期，其产量也有明显增加，从2009年的53.9万吨增加到2013年的约82万吨。在此期间内，美国己二酸的闲置产能（产能 - 产量）一直保持在较高水平。2009年至2013年分别为46.1万吨、27.6万吨、22.5万吨、23.0万吨和23.0万吨，闲置产能占产能的比例也始终维持在20%以上。

（2）美国国内市场消费情况。

申请人提出，由于受到金融危机的影响，2009年美国己二酸消费处于较低水平，消费量仅为47.5万吨；2010年和2011年，美国己二酸消费量分别为60.8万吨和65.2万吨，同比有所增长，但2012年以来，美国己二酸消费量再度出现下降的趋势，2012年和2013年美国消费量分别为58.7万吨和58万吨，分别同比上年下降了10%和1%。

同期美国己二酸可供出口的能力（产能 - 消费量）总体呈上升趋势。2009年至2013年美国己二酸出口能力分别为52.5万吨、39.2万吨、39.8万吨、46.3万吨和47万吨，占其产能的比例分别为52.50%、39.20%、37.90%、44.10%和44.76%。

（3）美国己二酸出口情况。

申请人提出，2009年美国己二酸出口数量仅为9.1万吨，2013年出口数量则大幅增长至25.8万吨。2014年上半年，美国己二酸对外出口量为12.9万吨，仅半年的出口量就已经高于2009年全年的出口量。与此同时，美国己二酸出口量占其产量的比例也由2009年的16.89%大幅提升至2014年上半年的32.25%。

4. 美国产品在中国市场的情况。

申请人提出，中国是全球己二酸消费的重要市场；实施反倾销措施以来，美国该产品一直在向中国出口。并且，美国生产商、出口商对中国市场比较熟悉。因此申请人主张，中国是美国己二酸产品重要的目标市场。

（1）中国市场消费情况。

申请人提出，2009年以来，中国己二酸消费量持续大幅增长。中国己二酸消费量由2009年的52.9万吨大幅增至2013年的81万吨。中国己二酸消费量占全球总消费量的比例也由2009年的24.22%上升至2013年的29.68%。中国已经超过美国和欧盟地区成为全球最大的己二酸消费市场。随着下游行业的发展，预计中国己二酸消费量还将进一步增长。

（2）美国己二酸没有停止对中国的出口。申请人提出，中国海关统计数据显示，2009年至2014年上半年美国一直在向中国出口被调查产品。

（3）美国生产商和出口商了解中国市场。

申请人提出，美国己二酸厂商对中国市场非常熟悉。由于长期在中国市场低价倾销，其在中国的市场通路、销售渠道较为健全。如果终止反倾销措施，美国己二酸厂商很可能利用其熟悉的销售渠道和客户群体迅速扩大对华的倾销出口。

美国生产商、出口商未配合本次反倾销期终复审调查。根据《反倾销条例》第二十一条的规定，调查机关决定根据已经获得的事实和可获得的最佳信息对如终止反倾销措施，美国己二酸产品对中国倾销的可能性做出裁决。本案只有申请人向调查机关提供了相关的证据材料。调查机关通过海关统计数据等方式对其进行了核实，认定申请人提交的材料为可获得的最佳信息。

调查机关认为，美国己二酸闲置产能和可供出口的能力较大，其对外出口持续大幅增长，且中国是美国产品重要的出口市场，因此如果终止反倾销措施，美国己二酸可能仍会对中国的出口。且在实施反倾销措施的情况下，美国己二酸向中国出口数量下降明显，因此如果终止反倾销措施，美国己二酸可能仍会向中国倾销出口。

因此，调查机关认定，如终止反倾销措施，原产于美国的进口己二酸对中国的倾销可能将继续或再度发生。

（二）韩国。

1. 倾销调查情况。

（1）原审调查。

调查机关在 2009 年第 78 号公告中认定，原产于韩国的进口己二酸存在倾销，倾销幅度为 5%–16.7%。

（2）本次反倾销期终复审倾销调查期内的调查情况。

索尔维化学韩国有限公司（Solvay Chemicals Korea Co., Ltd）

索尔维化学韩国有限公司提交了反倾销调查答卷。调查机关对该公司被调查产品的正常价值、出口价格及影响正常价值和出口价格可比性的因素进行了调查，并在同一贸易水平对正常价值和出口价格进行了比较。

经审查，调查机关接受了该公司报告的产品型号划分。

在答卷中，该公司主张了其正常价值及确定方法。经审查，根据《反倾销条例》第四条的规定，调查机关决定接受该公司的相关主张，以其同类产品的排除低于成本销售的交易后剩余国内销售，作为确定正常价值的基础。

在答卷中，该公司主张了其出口价格及其确定方法。经审查，根据《反倾销条例》第五条的规定，调查机关决定以其销售给非关联客户的价格作为确定其出口价格的基础。

为公平合理比较，调查机关对影响价格可比性的各项因素进行了审查。在正常价值部分，该公司主张了内陆运输和包装费用等调整项目。在出口价格部分，该公司主张了内陆运输、国际运输和保险费用、佣金以及包装费用等调整项目。经审查发现，该公司并未提交关于内陆运输部分的具体说明和证据。调查机关通过补充问卷要求该公司说明未提供该部分证据的原因；该公司随后并未提交相关材料。因此调查机关决定不接受其内陆运输项目的调整主张。

经调查，调查机关认定，倾销调查期内，索尔维化学韩国有限公司生产的己二酸的出口价格低于其正常价值。

其他韩国公司

根据中国海关数据统计和索尔维化学韩国有限公司报告的出口数据，调查机关发现本次反倾销期终复审倾销调查期内，还有其他韩国生产商、出口商向中国出口被调查产品。由于没有其他韩国公司配合本次反倾销期终复审调查，根据《反倾销条例》第二十一条的规定，调查机关决定根据已经获得的事实和可获得的最佳信息，对这部分被调查产品对中国出口是否存在倾销做出裁决。

经调查，调查机关认定，其他韩国公司的己二酸对中国的出口存在倾销。

因此，调查机关认定，倾销调查期内，原产于韩国的进口己二酸以低于正常价值的价格向中国出口，存在倾销。

2. 对中国出口及变化情况。申请人主张，由于反倾销措施的实施，韩国被调查产品进口数量出现明显下降。

中国海关统计数据显示，2009 ~ 2013 年，韩国向中国出口己二酸的数量分别为 39721.12 吨、21703.86 吨、19790.54 吨、18841.21 吨和 11846.02 吨。原审立案前的 2007 年，韩国向中国出口己二酸的数量约为 7.23 万吨。与原审立案前相比，反倾销措施实施以来，韩国向中国出口己二酸的数量出现明显下降。

3. 原产于韩国的己二酸依赖国际市场。

申请人提出，反倾销措施实施期间内，韩国己二酸有较大的生产能力和出口能力，闲置产能有所增加。且同期韩国国内消费量处于较低水平，可供出口的能力绝对数值较大。在此期间内，韩国己二酸对外出口数量占产量的比例较高。因此，申请人主张韩国己二酸可能仍会继续大量对外出口。

（1）产能、产量及闲置产能。

申请人主张，反倾销措施实施期间内，韩国己二酸产能保持不变，但其产量呈现下降趋势。以 2009 年数据作为基准（100），2010 ~ 2013 年韩国己二酸产量分别相当于 2009 年的 101、97、91 和 82。在此期间内，韩国己二酸闲置产能有明显增长。以 2009 年数据作为基准（100），2010 年 –2013 年韩国己二酸闲置产能分别相当于 2009 年数据的 26、379、851 和 1,546。

（2）韩国国内市场消费情况。

申请人主张，反倾销措施实施期间内，除了2009年因受到金融危机的影响之外，韩国己二酸的消费量基本维持在5万～10万吨左右的较低水平。同期韩国己二酸可供出口的能力（产能－消费量）始终维持在较高水平，所占其产能的比例也基本在50%左右。

（3）韩国己二酸出口情况。

申请人主张，韩国己二酸产业属于出口导向型产业。在反倾销措施实施期间内，尽管其己二酸总出口量有所下降，但始终保持在5万～10万吨以上的较高水平，其总出口量占产量的比例也始终维持在50%左右的水平。

4. 韩国产品在中国市场的情况。

申请人提出，中国是全球己二酸消费的重要市场；实施反倾销措施以来，韩国该产品一直在向中国出口。并且，韩国生产商、出口商对中国市场比较熟悉。因此申请人主张，中国是韩国己二酸产品重要的目标市场。

（1）中国市场消费情况。

申请人主张，2009年以来，中国己二酸消费量持续大幅增长。中国己二酸消费量由2009年的52.9万吨大幅增至2013年的81万吨。中国己二酸消费量占全球总消费量的比例也由2009年的24.22%上升至2013年的29.68%。中国已经超过美国和欧盟地区成为全球最大的己二酸消费市场。随着下游行业的发展，预计中国己二酸消费量还将进一步增长。

（2）韩国己二酸没有停止对中国的出口。

申请人提出，中国海关统计数据显示，2009～2014年上半年韩国持续向中国出口己二酸。即使被采取反倾销措施，韩国己二酸也没有停止向中国的出口。在反倾销措施实施期间内，中国市场始终是韩国排名前三的出口市场。

（3）韩国生产商和出口商了解中国市场。

申请人主张，由于长期在中国大量低价倾销，韩国己二酸厂商对中国市场非常熟悉，其在华市场客户和销售渠道较为健全。如果终止反倾销措施，韩国己二酸厂商很可能利用其熟悉的销售渠道和客户群体迅速扩大对华的倾销出口。

在本次反倾销期终复审调查中，索尔维化学韩国有限公司向调查机关提交了反倾销答卷。经比较申请人提交的证据材料，调查机关决定主要采用索尔维化学韩国有限公司提供的证据，对如终止反倾销措施，韩国己二酸产品对中国倾销的可能性做出裁决。

调查机关认为，韩国己二酸闲置产能和可供出口的能力较大，其对外出口数量占产量比例较大，且中国是其产品重要的出口市场，因此如果终止反倾销措施，韩国可能仍会对中国的出口己二酸。在实施反倾销措施的情况下，韩国己二酸仍在向中国倾销出口，且出口数量出现明显下降，则如终止反倾销措施，韩国己二酸向中国的倾销可能仍会发生。

因此，调查机关认定，如终止反倾销措施，原产于韩国的进口己二酸对中国的倾销可能将继续或再度发生。

（三）欧盟。

1. 倾销调查情况。

（1）原审调查。

调查机关在2009年第78号公告中认定，原产于欧盟的进口己二酸存在倾销，倾销幅度为7.4%～16.7%。

（2）本次反倾销期终复审倾销调查期内的调查情况。

由于没有欧盟公司配合本次反倾销期终复审调查，根据《反倾销条例》第二十一条的规定，调查机关决定根据已经获得的事实和可获得的最佳信息，对原产于欧盟的被调查产品对中国出口是否存在倾销作出裁决。在本次调查中，仅有申请人提交了相关证据材料，调查机关通过海关统计数据等方式对其进行了核实，认定申请人提交的材料为可获得的最佳信息。

经调查，调查机关认定，倾销调查期内，原产于欧盟的进口己二酸以低于正常价值的价格向中国出口，存在倾销。

2. 欧盟对中国出口及变化情况。申请人主张，由于反倾销措施的实施，欧盟被调查产品进口数量出现明显下降。

中国海关统计数据显示，2009～2013年，欧盟向中国出口己二酸的数量分别为800吨、1000吨、800吨、100吨和200吨。原审立案前的2007年，欧盟向中国出口己二酸的数量约为7.06万吨。与原审立案前相比，反倾销措施实施以来，欧盟向中国出口己二酸的数量出现明显下降。

3. 原产于欧盟的己二酸依赖国际市场。

申请人提出，在反倾销措施实施期间内，欧盟己二酸的闲置产能和可供出口的能力的绝对数量仍处于较高水平。

（1）产能、产量及闲置产能。

申请人提出，反倾销措施实施期间内，欧盟己二酸产能始终维持在83.1万吨，其产量也总体保持在70万吨左右的水平。同期其闲置产能（产能－产量）一直处于较高水平。2009年至2013年分别为14.8万吨、9.5万吨、12.3万吨、13.1万吨和12.9万吨。

（2）欧盟国内市场消费情况。

申请人提出，反倾销措施实施期间内，欧盟己二酸消费量相对平稳，始终保持在75万吨左右的水平。同期欧盟己二酸可供出口的能力（产能－消费量）保持在较高的水平。2009～2013年，欧盟己二酸可供出口的能力分别为15.8万吨、8.3万吨、8.7万吨、8.1万吨和7.5万吨。

4. 欧盟产品在中国市场的情况。

申请人提出，中国是全球己二酸消费的重要市场；实施反倾销措施以来，欧盟被调查产品一直在向中国出口。并且，欧盟生产商、出口商对中国市场比较熟悉。因此申请人主张，中国是欧盟己二酸产品重要的目标市场。

（1）中国市场消费情况。

申请人提出，2009年以来，中国己二酸消费量持续大幅增长。中国己二酸消费量由2009年的52.9万吨大幅增至2013年的81万吨。中国己二酸消费量占全球总消费量的比例也由2009年的24.22%上升至2013年的29.68%。中国已经超过美国和欧盟地区成为全球最大的己二酸消费市场。随着下游行业的发展，预计中国己二酸消费量还将进一步增长。

（2）欧盟己二酸没有停止对中国的出口。

申请人提出，中国海关统计数据显示，2009～2014年上半年欧盟仍然在向中国出口己二酸。即使被采取反倾销措施，原产于欧盟的己二酸也没有停止向中国的出口。

（3）欧盟生产商和出口商了解中国市场。

申请人提出，由于长期以来在中国市场低价倾销，欧盟己二酸厂商对中国市场非常熟悉，其在中国的市场通路、销售渠道仍较为健全。欧盟主要的己二酸生产商巴斯夫公司还在中国设有分公司。如果终止反倾销措施，欧盟己二酸厂商很可能利用其熟悉的销售渠道和客户群体迅速扩大对华的倾销出口。

欧盟生产商、出口商未配合本次反倾销期终复审调查。根据《反倾销条例》第二十一条的规定，调查机关决定根据已经获得的事实和可获得的最佳信息，对如终止反倾销措施，欧盟己二酸产品对中国倾销的可能性做出裁决。本案只有申请人向调查机关提供了相关的证据材料。调查机关通过海关

统计数据等方式对其进行了核实，认定申请人提交的材料为可获得的最佳信息。

调查机关认为，欧盟己二酸闲置产能和可供出口的能力较大，且中国是欧盟产品重要的出口市场，因此如果终止反倾销措施，欧盟可能仍将对中国的出口己二酸。在实施反倾销措施的情况下，欧盟己二酸仍在向中国倾销出口，且出口数量出现明显下降，因此如终止反倾销措施，欧盟己二酸向中国的倾销可能仍会发生。

因此，调查机关认定，如终止反倾销措施，原产于欧盟的进口己二酸对中国的倾销可能将继续或再度发生。

（四）调查结论。

综上，调查机关认为，如果终止反倾销措施，原产于美国、欧盟和韩国的进口己二酸对中国的倾销可能继续或再度发生。

四、国内同类产品、国内产业和国内市场

（一）国内同类产品认定。

《反倾销条例》第十二条的规定，同类产品是与倾销进口产品相同的产品，或与倾销进口产品特性最相似的产品。

调查机关在2009第78号公告中认定，原产于美国、欧盟和韩国的进口己二酸与中国国内企业生产的己二酸是同类产品。

调查机关在2014年第72号公告规定，本次反倾销期终复审被调查产品范围是反倾销措施所适用的产品，与商务部2009年第78号公告中规定的产品范围一致。

申请人主张，在本次反倾销期终复审调查期内，原产于美国、欧盟和韩国的进口己二酸，与中国国内生产的己二酸产品在物理和化学性能、生产工艺、产品用途、销售渠道等方面未发生实质性变化。没有利害关系方就此提出不同意见。

因此，根据《反倾销条例》第十二条的规定，调查机关认定，被调查产品与国内生产的己二酸是同类产品。

（二）国内产业认定。

根据《反倾销条例》第十一条的规定，中国国内产业是指中国同类产品的全部生产者，或者其总产量占中国同类产品总产量的主要部分的生产者。

中国石油天然气股份有限公司辽阳石化分公司、山东海力化工股份有限公司、江苏海力化工股份有限公司和山东华鲁恒升化工股份有限公司主张

其构成了本次反倾销期终复审调查中的国内己二酸产业，并提交了中国己二酸的总产量，以及四家公司的合计产量。没有利害关系方就此提出不同意见。

根据《反倾销条例》第十一条的规定，调查机关认定，2009-2014年上半年，答卷的中国国内生产者的合计产量，占同期中国己二酸总产量的比例分别均超过了50%。因此，中国石油天然气股份有限公司辽阳石化分公司、山东海力化工股份有限公司、江苏海力化工股份有限公司和山东华鲁恒升化工股份有限公司构成了本次反倾销期终复审调查的中国国内己二酸产业，其数据可以代表中国国内产业情况。

（三）中国国内市场分析。

调查机关在2009第78号公告中认定，原产于美国、欧盟和韩国的进口己二酸，与中国国内企业生产的同类产品具有可替代性。

国内产业主张在本次反倾销期终复审调查期内，原产于美国、欧盟和韩国的进口己二酸，与中国同类产品的竞争和可替代性方面未发生实质性变化。没有利害关系方就此提出不同意见。

因此，调查机关认定，被调查产品与国内同类产品互竞争，具有可替代性。

六、损害继续或再度发生的可能性

（一）累积评估。

根据《反倾销条例》第九条的规定，调查机关考虑了如终止反倾销措施，原产于美国、欧盟和韩国的进口己二酸对中国国内产业造成的可能的影响进行累积评估的适当性。

调查机关在2009第78号公告中认定，原产于美国、欧盟和韩国的进口己二酸之间，以及其与中国国内企业生产的同类产品之间，竞争条件基本相同。

国内产业主张在本次反倾销期终复审调查期内，被调查产品之间，以及其与国内同类产品之间的竞争条件未发生变化。没有利害关系方就此提出不同意见。

前述倾销调查部分表明，原产于美国、欧盟和韩国的进口己二酸对中国的倾销可能继续或再度发生，且可能将继续对中国出口。

根据《反倾销条例》第九条的规定，调查机关决定对原产于美国、欧盟和韩国的进口己二酸对中国国内产业造成的损害进行累积评估。

（二）被调查产品进口大量增加的可能性。

调查机关在2009第78号公告中认定，原产于美国、欧盟和韩国的进口己二酸，向中国的出口数量及占中国己二酸市场份额均呈逐持续上升趋势，且被调查产品在中国市场所占份额处于较高水平。

国内产业主张，国内己二酸需求可能仍会持续增加。由于美国、欧盟和韩国己二酸存在较大的闲置产能和可供出口的能力，如果终止反倾销措施，被调查产品进口数量可能出现大幅增加。

国内产业提出，反倾销措施实施后，中国国内己二酸需求不断增长。2009～2013年中国己二酸的表观消费量分别为52.87万吨、63.49万吨、66.69万吨、72.07万吨、81.00万吨。随着中国下游行业的继续增长，中国己二酸消费量仍将保持持续增长的态势。

中国海关数据统计显示，反倾销措施实施期间内，被调查产品进口数量呈逐年下降趋势。2009年至2013年，三国（地区）合计出口数量分别为6.97万吨、3.27万吨、2.92万吨、2.39万吨和2.01万吨0.73万吨；2014年上半年与2013年同期相比下降31.3%。被调查产品占中国国内市场份额也呈下降趋势。2009年至2013年，三国（地区）合计的出口量占中国市场的份额分别为13.19%、5.16%、4.38%、3.32%、2.48%，2013年上半年和2014年上半年，三国(地区)合计的出口量占中国市场份额分别为2.84%和1.84%。

外国己二酸生产商和出口商没有提交该部分的证据材料。根据《反倾销条例》第八条的规定，调查机关对如终止反倾销措施，进口数量是否可能出现激增做出了认定：

在反倾销措施实施前，美国、欧盟和韩国己二酸向中国出口数量较大并占据了中国市场较大份额。反倾销措施实施期间内，三国（地区）己二酸的闲置产能和可供出口的产能数量相对较大，对国际市场依赖程度较高，且中国是其重要的出口市场。因此，调查机关认为，如终止反倾销措施，原产于美国、欧盟和韩国的己二酸的进口数量可能出现大幅增长。

（三）被调查产品进口价格对国内同类产品价格可能造成的影响。

调查机关在2009第78号公告中认定，原产于美国、欧盟和韩国的进口己二酸价格下降，对中国同类产品的价格产生了明显的压低和抑制作用。

国内产业主张，被调查产品价格与国内同类产品价格变化趋势基本相同，产生了明显的压低作用。如终止反倾销措施，被调查产品价格对国内同类产品价格可能产生明显的不利影响。

反倾销措施后，原产于美国、欧盟和韩国的进口己二酸价格呈现先升后降趋势。根据中国海关数据统计，2009 年至 2013 年，被调查产品对中国出口价格分别为 1104.59 美元 / 吨、2229.82 美元 / 吨、2382.09 美元 / 吨、1777.18 美元 / 吨、1941.54 美元 / 吨 ,2013 年上半年和 2014 年上半年，被调查产品对中国出口价格分别为 1977.48 美元 / 吨和 1982.65 美元 / 吨。2013 年和 2014 年上半年被调查产品对中国出口价格明显低于 2010 年和 2011 年的出口价格水平。

同时中国同类产品国内销售价格也呈现先升后降态势。2010 年比 2009 年大幅上升了 65.01%，但 2011 年以后国内同类产品内销价格明显下降，2013 年较 2011 年大幅下降了 32%，与 2010 年相比大幅下降了 38%，2014 年上半年较 2013 年同期继续下降了 5.81%。

反倾销措施实施后，被调查产品和国内同类产品价格变化趋势基本一致，尤其是产业损害调查期的后期均呈现大幅下降的趋势。

外国己二酸生产商和出口商没有提交该部分的证据材料。根据《反倾销条例》第八条的规定，调查机关，对如终止反倾销措施，被调查产品价格对国内同类产品价格可能产生的不利影响做出了认定：

调查机关认为，在产业损害调查期的后期，被调查产品的价格和中国同类产品的价格同时呈现下降的趋势，并且在原审中调查机关认定被调查产品价格对中国同类产品价格造成了明显的压低和抑制作用。因此，调查机关认定，在产业损害调查期内，尤其是后期，被调查产品价格对中国同类产品价格产生了明显的压低作用；如果终止反倾销措施，在可预见的将来，被调查产品可能仍将会对国内同类产品价格产生不利的影响。

（四）中国产业状况。

根据《反倾销条例》第七、八条，调查机关对调查期内中国己二酸产业的相关经济因素和指标进行了调查。具体数据详见附表。

调查机关在 2009 第 78 号公告中认定，在市场需求总体快速增长的情况下，国内产业生产扩建项目被迫搁置，同类产品生产能力未能相应增长，产量和销量呈现下降趋势，库存数量出现上升，市场份额下降，国内产业的成长和发展受到抑制。中国己二酸产业受到实质损害。

国内产业主张，反倾销措施实施以来，国内己二酸产业虽有一定程度的恢复和发展，但仍然比较脆弱。如果终止反倾销措施，倾销进口产品可能对国内己二酸产业造成严重的损害。

在本次调查中，本案只有中国国内产业向调查机关提供了中国国内产业状况的相关证据材料，而索尔维化学韩国有限公司及其他外国（地区）相关出口商、生产商以及中国进口商未能提交相关材料。调查机关根据代表国内己二酸产业的国内生产者提交的数据，对本次反倾销期终复审调查期内的中国己二酸产业相关经济指标进行了分析。指标显示，本次反倾销期终复审调查期内，中国己二酸产业得到了一定的恢复和发展，但是仍然比较脆弱，容易遭受倾销进口产品的负面影响。

国内己二酸需求快速增长。2009 ~ 2013 年，中国己二酸的表观消费量分别为 52.87 万吨、63.49 万吨、66.69 万吨、72.07 万吨和 81.00 万吨；2013 年上半年和 2014 年上半年表观消费量分别为 37.56 万吨和 39.90 万吨。2009 年至 2013 年期间，中国表观消费量持续增长。2014 年上半年，表观消费量同比 2013 年同期进一步增长了 6.25%。

反倾销措施实施以来，中国国内产业的产能、产量等指标较快增长，但开工率下降明显。2010 ~ 2013 年，国内产业产能年增幅分别为 25.00%、0.00%、58.67% 和 40.34%，2014 年上半年国内产业产能比 2009 年数据累计增长了 39%。

同期国内同类产品产量年增长幅度为 14.15%、13.67%、10.30% 和 −1.83%，2014 年上半年产量与上年同期相比增长了 20.65%。但国内产业的开工率总体呈下降趋势。2010 年至 2013 年，国内产业的开工率年变化幅度为减少 8.73%，增长 12.55%，减少 31.82% 和减少 21.80%，2013 年开工率仅相当于 2009 年水平的一半左右。虽然 2014 年上半年开工率比上年同期有所上升，但仍大幅低于 2009 年至 2011 年的水平。

反倾销措施实施以来，国内产业同类产品的销售情况明显改善。在国内需求持续增长的情况下，国内同类产品的内销数量总体呈上升趋势，2010 年至 2013 年分别比上年同期增长 8.7%、增长 18.29%、增长 2.49%、下降 7.32%，2014 年上半年数据同上期相比增长了 31.36%。2009 年至 2013 年，国内同类产品所占中国市场份额波动下行。产业损害调查期内，国内同类产品占中国市场份额分别比上年同期减少 5.10%、增加 10.14%、减少7.44% 和减少 11.11%。虽然 2014 年上半年国内同类产品市场份额较上年同期增长了 11.45%，但仍然低于 2009 年的水平 4 个百分点。损害调查期内，国内同类产品销售收入方面先升后降。2009 年至 2011 年，销售收入呈现大幅增长的趋势。但在 2012 年和 2013 年，随着其内销价格的大幅下降，国内同类产品的内销收入出现了大幅明显的下降，2012 年和 2013 年分别同比下降了 31.54% 和 5.59%。2014 年上半年，尽管国内同类产品内销数量的大增 31.36%，但同类产品内销收入却仅比 2013 年同期增长了 23.73%。2009 ~ 2014 年上半年，国内同类产品内销价格波动变化比较明显，呈现先升后降趋势。反倾销措施实施初期，国内同类产品内销价格一度出现了大幅的上升，2010 年比 2009 年大幅上升了 65.01%。但 2011 年后国内同类产品内销价格出现大幅下降，2013 年比 2011 年下降了 32%，与 2010 年相比下降了 38%，2014 年上半年比 2013 年同期继续下降了 5.81%。产业损害调查期末的 2014 年上半年价格与 2009 年价格基本相当。调查期内，国内同类产品的期末库存总体呈大幅增长趋势。与 2009 年相比，2013 年国内同类产品的期末库存大幅增长了 333.23%，尽管 2014 年上半年同比有所下降，但仍比 2009 年多 355%。

反倾销措施实施以来，国内产业劳动生产相关指标逐年稳步提高，就业人数、人均工资和劳动生产率总体呈增长趋势。2010 ~ 2014 年上半年，国内产业员工人数与上年同期相比变化分别 13.71%、9.89%、7.72%、−1.39% 和 4.57%。同期，劳动生产率稳步提高，2013 年数据比 2009 年增长 6%，2014 年上半年比上年同期进一步增加了 15.37%。调查期内，就业人员员工工资也逐年提高，年增幅分别为 8.41%、7.41%、0.36% 和 11.15%；2014 年上半年同比增加 2.89%。虽然反倾销措施实施后，国内产业的生产、销售情况有所改善，但其在产业损害调查期的后期仍然出现了较大亏损。2009 ~ 2010 年，国内产业同类产品的销量和销售收入实现较快增长，国内产业税前利润大幅增加，盈利能力得到了明显的提升。但自 2011 年后，国内产业同类产品的税前利润出现了大幅下降的趋势，其中 2011 ~ 2010 年下降了 51.76%，2012 年比 2011 年更是大降了 271.81%，并出现了较大损失；虽然 2013 年和 2014 年上半年，国内产业损失额在收窄，但仍然于亏损的状态。与税前利润相同，国内产业投资收益率也呈先升后降的趋势，2010 ~ 2009 年大涨了 47.07 个百分点，但 2011 年比 2010 年下降 26.11 个百分点，2012 年同比 2011 年进一步下降了 43.7 个百分点。2013 年和 2014 年上半年，国内产业同类产品的投资收益率均继续处于负值水平。反倾销措施实施初期，国内同类产品分摊的经营活动现金净流量一度有所好转，但自 2011 年起国内产业经营活动现金净流量转为净流出，且流出净额迅速扩大。

通过上述指标的分析可以发现，在产业损害调查期间内，由于反倾销措施的实施，中国己二酸产业有了一定程度的恢复和发展，部分经济指标有了明显改善，尤其是反倾销措施实施初期，国内产业同类产品的产能、产量、销量、销售收入、税前利润、投资收益率和人均工资等指标总体均出现不同程度的增长或提高。

虽然国内产业状况有所好转，但国内产业仍然较为脆弱。

一是国内产业抵御风险能力不强。一方面刚投产的新建和扩建的装置，容易受到倾销进口产品的冲击和影响；另一方面，国内产业开工率普遍较低的现状，使其难以有效抵抗倾销进口产品的冲击。

二是国内产业盈利能力仍然较弱。尤其是产业损害调查期的后半段，国内同类产品的销售价格出现了较大下降，导致国内产业的税前利润、投资收益率均出现大幅下降，并最终出现巨额亏损。

经过对相关经济指标和产业状况的分析表明，国内产业虽有一定恢复和发展，但仍然比较脆弱，国内产业盈利能力和财务状况较差，容易受到倾销进口产品冲击和影响。如果终止反倾销措施，被调查产品的倾销进口可能大量增加，可能对国内同类产品产生不利的价格影响，有可能造成中国同类产品销售价格、数量和市场份额的下降和期末库存的上升，降低中国国内产业的产量和产能利用率，抑制投融资活动，影响就业人数、员工工资和劳动生产率，并进而对销售收入和利润等产生严重的负面影响。因此，如终止反倾销措施，在可预见的将来，原产于美国、欧盟和韩国的进口己二酸，可能对中国己二酸产业造成严重的损害。

反倾销措施实施期间内，上述三国（地区）合计向中国出口己二酸数量，占同期中国进口总量的绝大部分。上述三国（地区）是中国己二酸产品的主要进口来源。其他来源的进口己二酸占中国己二酸市场的份额很小。因此，其他来源的进口己二酸将对中国己二酸产业造成较大的负面影响的可能性很低。

因此，调查机关认定，如终止反倾销措施，在可预见的将来，原产于美国、欧盟和韩国的进口己二酸对中国国内产业的损害可能继续或再度发生。

五、复审裁定

根据调查结果，调查机关裁定，如果终止反倾销措施，原产于美国、欧盟和韩国的进口己二酸对中国的倾销和损害可能继续或再度发生。

表 1 被调查产品进口海关统计（略）

表 2.1：2009 年至 2013 年美国己二酸产能、产量、消费量及出口能力（略）

表 2.2：2009 年至 2013 年韩国己二酸产能、产量、消费量及出口能力（略）

表 3 中国己二酸产业指标（略）

五十三、中华人民共和国商务部 公告 2015 年第 10 号 关于对原产于美国、欧盟、俄罗斯和台湾地区的进口锦纶 6 切片进行反倾销期终复审立案调查的公告（2015 年 4 月 21 日）

2010 年 4 月 20 日，中华人民共和国商务部（以下简称商务部）发布年度第 15 号公告，决定对原产于美国、欧盟、俄罗斯和台湾地区的进口锦纶 6 切片（被调查产品）征收反倾销税，实施期限为自 2010 年 4 月 22 日起 5 年。

2014 年 10 月 21 日，商务部发布年度第 64 号公告，宣布对原产于美国、欧盟、俄罗斯和台湾地区的进口锦纶 6 切片实施的反倾销措施将于 2015 年 4 月 21 日到期。根据《中华人民共和国反倾销条例》第四十八条规定，经复审确定终止征收反倾销税有可能导致倾销和损害继续或者再度发生的，反倾销税的征收期限可以适当延长；自该公告发布之日起，中国大陆产业或代表中国大陆产业的自然人、法人或有关组织可在该反倾销措施到期日 60 天前，以书面形式向商务部提出期终复审申请。

2015 年 2 月 21 日，商务部收到广东新会美达锦纶股份有限公司、福建锦江科技有限公司、长乐力恒锦纶科技有限公司、杭州宏福锦纶有限公司、岳阳巴陵石化化工化纤有限公司、浙江美邦实业集团有限公司、浙江华建尼龙有限公司、无锡市长安高分子材料厂有限公司代表中国大陆锦纶 6 切片产业正式递交的反倾销措施期终复审申请书。申请人主张，如果终止反倾销措施，原产于美国、欧盟、俄罗斯和台湾地区的进口锦纶 6 切片对中国大陆的倾销行为可能继续发生，对中国大陆产业造成的损害可能再度发生，请求商务部裁定维持对原产于美国、欧盟、俄罗斯和台湾地区的进口锦纶 6 切片实施的反倾销措施。

依据《中华人民共和国反倾销条例》有关规定，商务部对申请人资格、被调查产品和中国大陆同类产品有关情况、反倾销措施实施期间被调查产品进口情况、倾销继续发生的可能性、损害再度发生的可能性及相关证据等进行了审查。根据申请人提供的证据和商务部的初步审查，申请人锦纶 6 切片产量符合《中华人民共和国反倾销条例》第十一条、第十三条和第十七条有关国内产业提出反倾销调查申请的规定。商务部认为，申请人的主张以及所提交的表面证据符合期终复审立案的要求。

根据《中华人民共和国反倾销条例》第四十八条规定，商务部决定自 2015 年 4 月 22 日起，对原产于美国、欧盟、俄罗斯和台湾地区的进口锦纶 6 切片所适用的反倾销措施进行期终复审调查。现将有关事项公告如下：

一、继续实施反倾销措施

根据商务部建议，国务院关税税则委员会决定，在反倾销期终复审调查期间，对原产于美国、欧盟、俄罗斯和台湾地区的进口锦纶 6 切片继续按照商务部 2010 年第 15 号公告公布的征税范围和税率征收反倾销税。

二、复审调查期

本次复审的倾销调查期为 2014 年 1 月 1 日至 2014 年 12 月 31 日，产业损害调查期为 2010 年 1 月 1 日至 2014 年 12 月 31 日。

三、复审调查产品范围

复审调查产品范围是原反倾销措施所适用的产品，与商务部 2010 年第 15 号公告中的产品范围一致，该产品归在《中华人民共和国进出口税则》：39081012。

四、复审调查内容

本次复审调查的内容为，如果终止对原产于美国、欧盟、俄罗斯和台湾地区的进口锦纶 6 切片实施的反倾销措施，是否可能导致倾销和损害的继续或再度发生。

五、参加调查登记

任何利害关系方可于本公告发布之日起 20 天内，向商务部贸易救济调查局登记参加本次反倾销期终复审调查。参加调查的利害关系方应根据《登记参加调查的参考格式》提供基本身份信息、倾销调查期内向中国大陆出口或进口本案被调查产品的数量及金额、生产和销售同类产品的数量及金额以及关联情况等说明材料。《登记参加调查的参考格式》

可在相关网站下载。

本公告所指的利害关系方是《中华人民共和国反倾销条例》第十九条规定的个人和组织。

六、查阅公开信息

利害关系方可在相关网站下载或到商务部贸易救济公开信息查阅室（电话：0086-10-65197878）查找、阅览、抄录并复印本案申请人提交的申请书的非保密文本。调查过程中，利害关系方可通过上述相关网站查阅案件公开信息，或到商务部贸易救济公开信息查阅室查找、阅览、抄录并复印案件公开信息。

七、对立案的评论

利害关系方对本次调查的产品范围及产品分类、申请人资格、被调查国家（地区）及其他相关问题如需发表评论，可于本公告发布之日起20天内将书面意见提交至商务部贸易救济调查局。

八、调查方式

根据《中华人民共和国反倾销条例》第二十条的规定，商务部可以采用问卷、抽样、听证会、现场核查等方式向有关利害关系方了解情况，进行调查。

为获得本案调查所需要的信息，商务部通常在本公告规定的参加调查登记截止之日起10个工作日内向涉案的有关国家（地区）出口商或生产商、国内生产者和国内进口商发放调查问卷。参加调查登记的利害关系方也可以从相关网站下载调查问卷。

未参加调查登记的其他利害关系方可直接从相关网站下载，或向商务部贸易救济调查局索取以上调查问卷，并按要求填报。

所有公司应在规定时间内提交完整而准确的答卷。答卷应当包括调查问卷所要求的全部信息。

九、保密信息的提交和处理

利害关系方向商务部提交的信息如需保密，可向商务部提出对相关信息进行保密处理的请求并说明理由。如商务部同意其请求，申请保密的利害关系方应当同时提供该保密信息的非保密概要。非保密概要应当包含充分的有意义的信息，以使其他利害关系方对保密信息能有合理的理解。如不能提供非保密概要，应说明理由。如利害关系方提交的信息未说明需要保密的，商务部将视该信息为公开信息。

十、不合作的后果

根据《中华人民共和国反倾销条例》第二十一条的规定，商务部进行调查时，利害关系方应当如实反映情况，提供有关资料。利害关系方不如实反映情况、提供有关资料的，或者没有在合理时间内提供必要信息的，或者以其他方式严重妨碍调查的，商务部可以根据已经获得的事实和可获得的最佳信息做出裁定。

十一、调查期限

本次调查自2015年4月22日开始，通常应在2016年4月22日前结束。

十二、商务部联系方式（略）

附件：关于锦纶6切片反倾销措施期终复审调查申请书的补充修正说明（略）

锦纶6复审登记调查表格（略）

锦纶6切片反倾销措施期终复审调查申请书（略）

锦纶6切片反倾销措施期终复审调查申请书－附件（略）

又讯：商务部贸易救济调查局 商救济进四局函[2015]第18号 关于发放锦纶6切片反倾销期终复审案调查问卷的通知（2015年5月14日）

各有关利害关系方：

2015年4月21日，中华人民共和国商务部发布年度第10号公告，决定自2015年4月22日起对原产于美国、欧盟、俄罗斯和台湾地区的进口锦纶6切片所适用的反倾销措施进行期终复审调查。

根据《中华人民共和国反倾销条例》有关规定，现就该期终复审案调查问卷发放的相关工作通知如下：

一、本案期终复审调查问卷分为国（地区）外出口商或生产商问卷、中国大陆生产者问卷、中国大陆进口商问卷三类（见附件）。有关答卷要求、提交方式及提交时限详见各问卷。

二、本通知发出之日即为问卷发放之日，利害关系方应按要求在各问卷规定时限内如实填写，并提交完整准确的答卷。如出现《中华人民共和国反倾销条例》第二十一条规定的情况，调查机关可以根据已经获得的事实和可获得的最佳信息做出裁定。

三、请在商务部网站贸易救济调查局子网站案件动态栏目或中国贸易救济信息网下载问卷。各利害关系方在本次问卷发放或答卷过程如有疑问，可向本案经办人员咨询。

联系人：（略）

附件：

1. 锦纶 6 切片反倾销期终复审案国（地区）外生产商、出口商问卷（略）

2. 锦纶 6 切片反倾销期终复审案中国大陆生产者问卷（略）

3. 锦纶 6 切片反倾销期终复审案中国大陆进口商问卷（略）

五十四、中华人民共和国商务部 公告 2015 年第 5 号 关于终止对原产于日本、韩国、美国和台湾地区的进口苯酚反倾销措施的公告（2015 年 1 月 30 日）

2010 年 1 月 30 日，商务部发布年度第 2 号公告，决定自 2010 年 1 月 31 日起，继续对原产于日本、韩国、美国和台湾地区的进口苯酚实施反倾销措施，实施期限为 5 年。

2014 年 7 月 30 日，商务部发布年度第 50 号公告，宣布上述反倾销措施将于 2015 年 1 月 30 日到期。自该公告发布之日起，国内产业或代表国内产业的自然人、法人或有关组织可在该反倾销措施到期日 60 天前，以书面形式向商务部提出期终复审申请。

在公告规定的时限内，苯酚国内产业未提出期终复审申请，商务部亦决定不主动发起期终复审调查。鉴此，自 2015 年 1 月 31 日起，对原产于日本、韩国、美国和台湾地区的进口苯酚所适用的反倾销措施终止实施。

五十五、中华人民共和国商务部 公告 2015 年第 36 号 关于对原产于美国、韩国、日本、俄罗斯和台湾地区的进口聚氯乙烯的反倾销期终复审裁定的公告（2015 年 9 月 28 日）

2003 年 9 月 29 日，中华人民共和国商务部（以下称调查机关）发布该年度第 48 号和第 53 号公告，决定对原产于美国、韩国、日本、俄罗斯和台湾地区的进口聚氯乙烯实施为期 5 年的反倾销措施。

2009 年 9 月 29 日，调查机关发布该年度第 69 号公告，决定延长对原产于美国、韩国、日本、俄罗斯和台湾地区的进口聚氯乙烯实施的反倾销措施，实施期限为 5 年。

2014 年 9 月 28 日，应中国大陆聚氯乙烯产业申请，调查机关发布公告，决定对原产于美国、韩国、日本、俄罗斯和台湾地区的进口聚氯乙烯所适用的反倾销措施进行期终复审调查。

调查机关对如终止反倾销措施，原产于美国、韩国、日本、俄罗斯和台湾地区的进口聚氯乙烯对中国大陆的倾销和损害继续或再度发生的可能性进行了调查。根据调查结果，并依据《中华人民共和国反倾销条例》（以下简称《反倾销条例》）第四十八条，调查机关做出复审裁定（见附件）。

调查机关根据调查结果向国务院关税税则委员会提出实施反倾销措施的建议。根据《中华人民共和国反倾销条例》第五十条及国务院关税税则委员会的决定，现将有关事项公告如下：

一、复审裁定

调查机关裁定，如果终止反倾销措施，原产于美国、韩国、日本和台湾地区的进口聚氯乙烯对中国大陆的倾销可能继续发生，原产于俄罗斯的进口聚氯乙烯对中国大陆的倾销可能不会继续或再度发生；原产于美国、韩国、日本和台湾地区的进口聚氯乙烯对中国大陆产业造成的损害可能继续或再度发生。

二、征收反倾销税

自 2015 年 9 月 28 日起，按照调查机关 2003 年 48 号公告和 2009 年第 69 号公告规定的反倾销税率，对原产于美国、韩国、日本和台湾地区的进口聚氯乙烯征收反倾销税，实施期限 3 年。本案征收反倾销税产品的描述与调查机关 2003 年 48 号公告和 2009 年第 69 号公告中的被调查产品描述一致。

原产于俄罗斯的进口聚氯乙烯的反倾销措施自 2015 年 9 月 28 日起终止实施。

三、征收反倾销税的方法

自 2015 年 9 月 28 日起，进口经营者在进口原产于美国、韩国、日本和台湾地区的进口聚氯乙烯时，应向中华人民共和国海关缴纳相应的反倾销税。反倾销税以海关审定的完税价格从价计征，计算公式为：反倾销税额 = 海关完税价格 × 反倾销税税率。进口环节增值税以海关审定的完税价格加上关税和反倾销税作为计税价格从价计征。

四、行政复议和行政诉讼

对本案终裁决定及征收反倾销税的决定不服的，根据《中华人民共和国反倾销条例》第五十三条的规定，可以依法申请行政复议，也可以依法向人民法院提起诉讼。

五、本公告自 2015 年 9 月 28 日起执行

附件： 中华人民共和国商务部对原产于美国、韩国、日本、俄罗斯和台湾地区的进口聚氯乙烯所适用的反倾销措施期终复审裁定

2014 年 9 月 28 日，应中国大陆聚氯乙烯产业申请，中华人民共和国商务部（以下称调查机关）发布公告，决定对原产于美国、韩国、日本、俄罗斯和台湾地区的进口聚氯乙烯所适用的反倾销措施

进行期终复审调查。

调查机关对如终止反倾销措施，原产于美国、韩国、日本、俄罗斯和台湾地区的进口聚氯乙烯对中国大陆的倾销和损害继续或再度发生的可能性进行了调查。根据调查结果，并依据《中华人民共和国反倾销条例》（以下简称《反倾销条例》）第四十八条，做出复审裁定如下：

一、反倾销措施

2003 年 9 月 29 日，调查机关发布该年度第 48 号和第 53 号公告，决定对原产于美国、韩国、日本、俄罗斯和台湾地区的进口聚氯乙烯实施为期 5 年的反倾销措施。

2009 年 9 月 29 日，调查机关发布该年度第 69 号公告，决定延长对原产于美国、韩国、日本、俄罗斯和台湾地区的进口聚氯乙烯实施的反倾销措施，实施期限为 5 年。

二、调查程序

（一）立案及通知。

1. 立案。

2014 年 7 月 29 日，商务部收到新疆中泰化学股份有限公司、新疆天业（集团）有限公司、陕西北元化工集团有限公司、天津大沽化工股份有限公司、内蒙古亿利化学工业有限公司、上海氯碱化工股份有限公司、昊华宇航化工有限责任公司、宜宾天原集团股份有限公司和茌平信发聚氯乙烯有限公司代表中国大陆聚氯乙烯产业向调查机关提交的期终复审申请。申请人主张，如果终止反倾销措施，原产于美国、韩国、日本、俄罗斯和台湾地区的进口聚氯乙烯对中国大陆的倾销有可能继续或再度发生，倾销对中国大陆聚氯乙烯产业造成的损害有可能继续发生，请求调查机关裁定维持反倾销措施。

调查机关对申请人资格和申请书的主张及相关证明材料进行了审查，认为申请人和申请书符合《反倾销条例》第十一条、第十三条、第十四条、第十五条、第十七条和第四十八条的规定。

根据审查结果，调查机关于 2014 年 9 月 28 日发布公告，决定对原产于美国、韩国、日本、俄罗斯和台湾地区的进口聚氯乙烯所适用的反倾销措施进行期终复审调查。本次复审调查的倾销调查期为 2013 年 7 月 1 日至 2014 年 6 月 30 日，产业损害调查期为 2011 年 1 月 1 日至 2014 年 6 月 30 日。

2. 立案通知。

2014 年 9 月 28 日，调查机关发布立案公告，向美国、韩国、日本和俄罗斯驻华使馆，并通过常驻世界贸易组织代表团向台湾、澎湖、金门、马祖单独关税区常驻世界贸易组织代表团，提供了立案公告和申请书的非保密版本。同日，调查机关将本案立案情况通知了本案申请人及申请书中列名的外国（地区）企业。

3. 公开信息。在立案公告中，调查机关告知利害关系方，可以通过商务部贸易救济公开信息查阅室查阅本次反倾销调查相关信息的非保密版本。

立案当天，调查机关通过商务部贸易救济公开信息查阅室公开了本案申请人提交的申请书的非保密版本。

（二）登记参加应诉。

在规定期限内，没有外国（地区）企业登记应诉本次反倾销期终复审调查。国内申请企业及支持企业新疆中泰化学股份有限公司等 20 家公司登记参加本次复审调查。

（三）发放调查问卷和收取答卷。

2014 年 11 月 5 日，调查机关向外国（地区）企业发放了反倾销外国（地区）生产商调查问卷；向中国大陆生产企业发放了反倾销中国大陆生产商问卷；向中国大陆进口商发放了反倾销中国大陆进口商调查问卷。

调查机关要求上述公司在规定时间内提交准确、完整的答卷。在法定期间内，没有外国（地区）应诉公司和中国大陆进口商向调查机关递交答卷。至答卷递交截止之日，调查机关收到了新疆中泰化学股份有限公司等 20 家中国大陆生产企业提交的有关反倾销调查答卷。

针对提交的答卷中存在的问题，调查机关向其发放了反倾销调查补充问卷。在规定时间内，调查机关收到了反倾销调查补充问卷的答卷。

（四）听取利害关系方意见。

2014 年 10 月 17 日，俄罗斯联邦工业贸易部提交了《俄罗斯联邦工业贸易部对中华人民共和国商务部决定对原产于包括俄罗斯的进口聚氯乙烯所适用的反倾销措施进行期终复审调查的评论》。

2015 年 1 月 23 日，俄罗斯贸易发展部提交了《就聚氯乙烯反倾销期终复审的来函》。

（五）实地核查。

根据《反倾销条例》第二十条的规定，2015 年 8 月 3–7 日，调查机关对答卷的中国大陆生产者新疆中泰化学股份有限公司和新疆天业（集团）有限公司进行了反倾销实地核查。

（六）公开信息。

根据《反倾销条例》的规定，调查机关已将调查过程中收到和制作的本案所有公开材料及时送交商务部贸易救济公开信息查阅室。各利害关系方可以查找、阅览、摘抄、复印有关公开信息。

三、被调查产品

本次反倾销期终复审产品范围是反倾销措施所适用的产品，与商务部2003年48号公告和2009年第69号公告中的产品范围一致。

四、倾销继续或再度发生的可能性

（一）美国。

美国生产商、出口商未配合本次反倾销期终复审调查。根据《反倾销条例》第二十一条的规定，调查机关决定根据已经获得的事实和可获得的最佳信息做出裁决。

1. 倾销调查情况。

（1）原审调查和第一次期终复审调查中的倾销调查情况。2003年9月29日，调查机关在该年度第48号中认定，原产于美国的进口聚氯乙烯存在倾销。

2009年9月29日，调查机关在该年度第69号公告中认定，在第一次期终复审调查倾销调查期内，原产于美国的进口聚氯乙烯对中国大陆的出口存在倾销；原产于美国的进口聚氯乙烯对中国大陆的倾销可能将继续发生。

（2）本次反倾销期终复审倾销调查期内的调查情况。

根据中国海关数据统计和申请人提供的数据等材料，调查机关对自美国进口的被调查产品的正常价值、出口价格及影响正常价值和出口价格可比性的因素进行了调查，并在同一贸易水平对正常价值和出口价格进行了比较。

经调查，调查机关认定，在调整销售条件和贸易水平等影响价格可比性的因素后，倾销调查期内，原产于美国的进口聚氯乙烯向中国大陆的出口价格为777.07美元/吨，正常价值为977.6美元/吨。

因此，调查机关认为倾销调查期内，原产于美国的进口聚氯乙烯以低于正常价值的价格向中国大陆出口，存在倾销。

2. 对第三国（地区）出口的情况。调查机关在2009第69号公告中认定，2003年至2007年美国向第三国（地区）低价出口聚氯乙烯比例很高。

根据申请人提供的数据，2009年至2013年，美国聚氯乙烯生产商、出口商还同时向除中国大陆以外其他国家（地区）低价出口聚氯乙烯产品，且占很大比例。2009年至2013年美国向第三国（地区）低价出口聚氯乙烯数量占同期对外出口总量的比例分别为83%、88%、0.1%、59%和20%。

由此可以看出，反倾销措施实施期间内美国大量低价向其他国家（地区）出口聚氯乙烯。

3. 对中国大陆出口及变化情况。

前述倾销调查表明，在反倾销措施继续实施期间内，原产于美国的进口聚氯乙烯对中国大陆的出口仍然存在倾销。

调查机关在2009第69号公告中认定，2003～2007年，美国向中国大陆出口聚氯乙烯数量呈下降趋势。

中国大陆海关统计数据显示，2009～2013年，美国向中国大陆出口聚氯乙烯的数量分别为30.29万吨、32.84万吨、36.37万吨、34.58万吨和24.96万吨；2014年上半年的数量为11.04万吨。

由此可见，反倾销措施继续实施以来，美国向中国大陆出口聚氯乙烯的数量呈现先升后降趋势，且自2011年起出现了明显下降。上述调查结果表明，原产于美国的进口聚氯乙烯难以通过公平的贸易，即不以倾销的方式维持对中国大陆的出口。

4. 原产于美国的聚氯乙烯依赖国际市场。

（1）产能、产量及闲置产能。

调查机关在2009第69号公告中认定，在反倾销措施实施期间内，美国聚氯乙烯的产能呈上升趋势，而美国国内聚氯乙烯产量保持相对稳定，没有显著增长的趋势，因此闲置产能可能进一步大幅增长。

根据申请人提供的数据，反倾销措施继续实施期间内，美国聚氯乙烯产能、产量总体上仍有增长，出口能力有一定下降。

根据申请人提供的数据，反倾销措施继续实施期间内，美国聚氯乙烯产能略有增长。2009年至2011年分别比上年下降7.82%，下降3.19%，增长6.49%，2012年与2013年没有变化。2013年美国聚氯乙烯产能与2009年相比增长了3.09%。

根据申请人提供的数据，反倾销措施继续实施期间内，美国聚氯乙烯产量明显增加。2009年至2013年，美国聚氯乙烯产量分别比上年下降0.24%，增长10.29%，增长2.62%，增长6.06%，增长1.92%。2013年产量与2009年相比增长了22.33%。

根据申请人提供的数据，美国聚氯乙烯的闲置产能虽然在逐年减少，但绝对量一直保持在高水平。2009年至2013年美国聚氯乙烯闲置产能（产能－

产量）分别为 262.7 万吨、198.2 万吨、113.9 万吨、146 万吨、106.3 万吨；同期美国聚氯乙烯可供出口的能力（产能 – 消费量）虽然有增降波动，但绝对出口能力一直很大。2009 年至 2013 年美国聚氯乙烯出口能力分别为 366.1 万吨，336.7 万吨，399.2 万吨， 365.9 万吨和 352.9 万吨，占其产能的比例分别为 47%、45%、50%、46%、44%。

（2）美国国内市场消费情况。

调查机关在 2009 第 69 号公告中认定，在反倾销措施实施期间内，美国聚氯乙烯国内市场消费在上下波动中略有增长，增长幅度不大。

根据申请人提供的数据，在反倾销措施继续实施期间内，美国聚氯乙烯消费量呈下降趋势。2009 年至 2013 年，美国国内聚氯乙烯消费量分别比上年下降 16.26%，增长 1.12%，下降 3.30%，增长 8.29%，增长 2.99%。但是 2013 年美国国内聚氯乙烯消费量，与 2008 年（490.3 万吨）相比下降了 8.67%。

（3）美国聚氯乙烯对外出口情况。调查机关在 2009 第 69 号公告中认定，在反倾销措施实施期间内，美国聚氯乙烯对国际市场的依赖程度逐年提高。

根据申请人提供的数据，在反倾销措施继续实施期间内，美国聚氯乙烯对外出口数量有较大幅度增长。2009 年至 2013 年，出口数量分别为 212.76 万吨，273.46 万吨，292.42 万吨，301.61 万吨和 292.43 万吨。2013 年出口数量，比 2009 年增长了 37.4%。

根据申请人提供的数据，2009 年至 2013 年美国聚氯乙烯对外出口数量分别占了其产量的 36.78%、42.86%、44.66%、43.43%、41.32%。美国聚氯乙烯出口数量占产量的比例较大。

综上，在反倾销措施继续实施期间内，美国聚氯乙烯的闲置产能较大，可供出口的产能较大；同期美国国内聚氯乙烯消费量呈下降趋势，且出口数量有较大幅度的增长。因此，美国聚氯乙烯对国际市场的依赖程度较高。

5. 美国产品在中国大陆市场的情况。

调查机关在 2009 第 69 号公告中认定，2003 ~ 2007 年，在实施反倾销措施期间内，美国始终在向中国大陆出口聚氯乙烯。

根据申请人提供的数据，2008 ~ 2013 年，中国大陆聚氯乙烯消费量平均增长率为 11.79%，是全球聚氯乙烯消费量增长最快的国家。2013 年，中国大陆聚氯乙烯表观消费量达 1471 万吨，居世界第一。中国大陆是全球聚氯乙烯消费的重要市场。

根据中国海关统计数据显示，2009 ~ 2014 年上半年美国仍然在向中国大陆出口聚氯乙烯。即使被采取反倾销措施，原产于美国的聚氯乙烯也没有停止向中国大陆的出口。

根据申请人提供的数据，2009 ~ 2013 年，美国向中国大陆出口聚氯乙烯的数量占其出口总数量的比例，一直保持在 9% ~ 14%。中国大陆市场是美国聚氯乙烯出口的重要市场之一。

因此，即使在征收反倾销税的情况下，美国仍然在向中国大陆倾销出口聚氯乙烯产品，且中国大陆是美国聚氯乙烯的重要的出口市场。中国大陆市场对美国聚氯乙烯产品具有较强的吸引力。

6. 对原产于美国的聚氯乙烯产品的贸易限制措施。2014 年 6 月 13 日，印度决定对原产于美国、日本和台湾地区等的悬浮级聚氯乙烯树脂继续征收反倾销税。

2015 年 6 月 1 日，印度决定对原产于韩国、俄罗斯和台湾地区等的聚氯乙烯糊树脂继续实施反倾销措施。

由于其他国家（地区）存在对原产于美国的聚氯乙烯产品的贸易限制措施，可能影响其对这些国家（地区）的出口，因此如果中国大陆终止反倾销措施，其原本出口至这些国家（地区）的聚氯乙烯可能转而向中国大陆出口。

综合上述调查分析，在原审调查期内和第一次期终复审调查期内，美国聚氯乙烯以倾销价格向中国大陆出口；在反倾销措施继续实施期间内，美国仍然以倾销价格向中国大陆出口聚氯乙烯；且以大量、低价的方式向第三国（地区）出口聚氯乙烯，说明低价甚至倾销出口是美国聚氯乙烯出口的销售方式。

调查期内，原产于美国的进口聚氯乙烯向中国大陆出口的数量下降明显，说明美国聚氯乙烯难以通过非倾销的方式维持对中国大陆的出口。由于美国聚氯乙烯对国际市场的依赖程度很高，中国大陆市场对其的吸引力较强，且其他国家（地区）存在对其的贸易限制措施。因此，美国可能继续向中国大陆出口聚氯乙烯。

因此，调查机关认为，如终止反倾销措施，原产于美国的进口聚氯乙烯对中国大陆的倾销可能将继续发生。

（二）韩国。

韩国生产商、出口商未配合本次反倾销期终复审调查。

根据《反倾销条例》第二十一条的规定，调查机关决定根据已经获得的事实和可获得的最佳信息作出裁决。

1. 倾销调查情况。

（1）原审调查和第一次期终复审调查中的倾销调查情况。2003 年 9 月 29 日，调查机关在该年度第 48 号中认定，原产于韩国的进口聚氯乙烯存在倾销。

2009 年 9 月 29 日，调查机关在该年度第 69 号公告中认定，在第一次期终复审调查倾销调查期内，原产于韩国的进口聚氯乙烯对中国大陆的出口存在倾销；原产于韩国的进口聚氯乙烯对中国大陆的倾销可能将继续发生。

（2）本次反倾销期终复审倾销调查期内的调查情况。

根据中国大陆海关数据统计和申请人提供的数据等材料，调查机关对自韩国进口的被调查产品的正常价值、出口价格及影响正常价值和出口价格可比性的因素进行了调查，并在同一贸易水平对正常价值和出口价格进行了比较。

经调查，调查机关认定，在调整销售条件和贸易水平等影响价格可比性的因素后，倾销调查期内，原产于韩国的进口聚氯乙烯向中国大陆的出口价格为 1100.73 美元 / 吨，正常价值为 1170.30 美元 / 吨。

因此，调查机关认为，倾销调查期内，原产于韩国的进口聚氯乙烯以低于正常价值的价格向中国大陆出口，存在倾销。

2. 对第三国（地区）出口的情况。调查机关在 2009 第 69 号公告中认定，2003 年至 2007 年韩国向第三国（地区）低价出口聚氯乙烯比例很高。

根据申请人提供的数据，在反倾销措施继续实施期间内，韩国聚氯乙烯生产商、出口商还同时向除中国大陆以外其他国家（地区）低价出口聚氯乙烯产品，且比例在不断扩大。2009 年至 2013 年韩国向第三国（地区）低价出口聚氯乙烯数量占同期对外出口总量的比例分别为 64%、74%、69%、66% 和 76%。

由此可以看出，调查期内韩国大量低价向其他国家（地区）出口聚氯乙烯。

3. 对中国大陆出口及变化情况。前述倾销调查表明，在反倾销措施继续实施期间内，原产于韩国的进口聚氯乙烯对中国大陆的出口仍然存在倾销。调查机关在 2009 第 69 号公告中认定，2003 ~ 2007 年，韩国向中国大陆出口聚氯乙烯数量呈下降趋势。

中国大陆海关统计数据显示，2009 ~ 2013 年，韩国向中国大陆出口聚氯乙烯的数量分别为 10.83 万吨，2.48 万吨，21.99 万吨，4.37 万吨和 3.08 万吨。2014 年上半年，韩国出口数量约为 0.76 万吨。

由此可见，反倾销措施实施以来，韩国向中国大陆出口聚氯乙烯的数量出现了明显下降。上述调查结果表明，原产于韩国的进口聚氯乙烯难以通过公平的贸易，即不以倾销的方式维持对中国大陆的出口。

4. 原产于韩国的聚氯乙烯依赖国际市场。

（1）产能、产量及闲置产能。

调查机关在 2009 第 69 号公告中认定，在反倾销措施实施期间内，韩国聚氯乙烯的产能和产量均呈上升趋势，而其国内消费量总体小幅下降，韩国聚氯乙烯可供出口的生产能力呈逐年上升趋势。

根据申请人提供的数据，在反倾销措施继续实施期间内，韩国聚氯乙烯有较大的生产能力和出口能力。韩国聚氯乙烯的生产能力、产量、出口能力均有一定增长，特别是出口能力增幅较大。

根据申请人提供的数据，反倾销措施继续实施期间内，韩国聚氯乙烯产能略有增长。2009 ~ 2010 年，韩国聚氯乙烯产能为 138 万吨，没有增长；但在 2011 年增长到 142.5 万吨，比上年增长了 3.26%；2012 年与 2013 年产能没有变化。

根据申请人提供的数据，反倾销措施继续实施期间内，韩国聚氯乙烯产量明显增加。2009 ~ 2013 年，韩国聚氯乙烯产量分别比上年增长 1.88%，下降 1.56%，增长 2.31%，增长 2.11%，增长 0.00%，2013 年比 2009 年增长了 2.84%。

根据申请人提供的数据，反倾销措施继续实施期间内，韩国聚氯乙烯没有闲置产能。韩国聚氯乙烯的装置开工率（产量 / 产能）一直较高，2009 ~ 2013 年分别为 102%、101%、100%、102%、102%，一直维持在满负荷的开工，没有闲置的产能。但同期韩国聚氯乙烯可供出口的能力（产能 - 消费量）则呈上升趋势，2009 ~ 2013 年，韩国聚氯乙烯出口能力分别比上年增长 22.25%，下降 18.38%，增长 7.06%，增长 24.74%，增长 0.00%，2013 年比 2009 年增长了 9.00%。

（2）韩国国内市场消费情况。调查机关在 2009 第 69 号公告中认定，在反倾销措施实施期间内，韩国聚氯乙烯国内市场消费呈小幅下降趋势。

根据申请人提供的数据，反倾销措施继续实施期间内，韩国聚氯乙烯消费量下降较大。2009～2013年，韩国聚氯乙烯消费量分别比上年下降10.91%，增长12.36%，增长1.40%，下降12.77%，增长0.00%。韩国聚氯乙烯消费量整体呈下降趋势。

（3）韩国聚氯乙烯对外出口情况。

调查机关在2009第69号公告中认定，在反倾销措施实施期间内，韩国聚氯乙烯对国际市场的依赖程度较高且有进一步提高的趋势。

根据申请人提供的数据，在反倾销措施继续实施期间内，韩国聚氯乙烯对外出口数量仍然保持较大的绝对数量。2009～2013年，出口数量分别为66.69万吨、59.8万吨、63.33万吨、69.91万吨和65.22万吨。

根据申请人提供的数据，2009～2013年韩国聚氯乙烯对外出口数量分别占了其产量的47.30%、43.08%、44.60%、48.21%和44.98%。韩国聚氯乙烯出口数量占产量的比例较大。

综上，在反倾销措施继续实施期间内，韩国聚氯乙烯的可供出口的产能较大，其国内聚氯乙烯消费量呈下降趋势，且出口数量占产量的比例较大。因此，韩国聚氯乙烯对国际市场的依赖程度较高。

5. 韩国产品在中国大陆市场的情况。

调查机关在2009第69号公告中认定，2003～2007年，在实施反倾销措施期间内，韩国始终在向中国大陆出口聚氯乙烯。

根据申请人提供的数据，2008～2013年，中国大陆聚氯乙烯消费量平均增长率为11.79%，是全球聚氯乙烯消费量增长最快的国家。2013年，中国大陆聚氯乙烯表观消费量达1471万吨，居世界第一。中国大陆是全球聚氯乙烯消费的重要市场。

根据中国大陆海关统计数据，2009～2014年上半年韩国仍然在向中国大陆出口聚氯乙烯。即使被采取反倾销措施，原产于韩国的聚氯乙烯也没有停止向中国大陆的出口。

因此，即使在征收反倾销税的情况下，韩国仍然在向中国大陆倾销出口聚氯乙烯产品，且中国大陆是韩国聚氯乙烯的重要的出口市场。中国大陆市场对韩国聚氯乙烯产品具有较强的吸引力。

6. 对原产于韩国的聚氯乙烯产品的贸易限制措施。2012年10月19日，澳大利亚决定对原产于韩国的聚氯乙烯树脂实施反倾销措施。2015年6月1日，印度决定对原产于韩国、俄罗斯和台湾地区等的聚氯乙烯糊树脂继续实施反倾销措施。

由于其他国家（地区）存在对原产于韩国的聚氯乙烯产品的贸易限制措施，可能影响其对这些国家（地区）的出口，因此如果中国大陆终止反倾销措施，其原本出口至这些国家（地区）的聚氯乙烯可能转而向中国大陆出口。

综合上述调查分析，在原审调查期内和第一次期终复审调查期内，韩国聚氯乙烯以倾销价格向中国大陆出口；在本次反倾销期终复审调查期内，韩国仍然以倾销价格向中国大陆出口聚氯乙烯；且以大量、低价的方式向第三国（地区）出口聚氯乙烯，说明低价甚至倾销出口是韩国聚氯乙烯出口的销售方式。

调查期内，原产于韩国的进口聚氯乙烯向中国大陆出口的数量大幅明显下降，说明韩国聚氯乙烯难以通过非倾销的方式维持对中国大陆的出口。由于韩国聚氯乙烯对国际市场的依赖程度很高，中国大陆市场对其的吸引力较强，且其他国家（地区）存在贸易限制措施。因此，韩国可能继续向中国大陆出口聚氯乙烯。

因此，调查机关认为，如终止反倾销措施，原产于韩国的进口聚氯乙烯对中国大陆的倾销可能将继续发生。

（三）日本。

日本生产商、出口商未配合本次反倾销期终复审调查。根据《反倾销条例》第二十一条的规定，调查机关决定根据已经获得的事实和可获得的最佳信息做出裁决。

1. 倾销调查情况。

（1）原审调查和第一次期终复审调查中的倾销调查情况。2003年9月29日，调查机关在该年度第48号中认定，原产于日本的进口聚氯乙烯存在倾销。

2009年9月29日，调查机关在该年度第69号公告中认定，在第一次期终复审调查倾销调查期内，原产于日本的进口聚氯乙烯对中国大陆的出口存在倾销；原产于日本的进口聚氯乙烯对中国大陆的倾销可能将继续发生。

（2）本次反倾销期终复审倾销调查期内的调查情况。

根据中国海关数据统计和申请人提供的数据等材料，调查机关对自日本进口的被调查产品的正常价值、出口价格及影响正常价值和出口价格可比性的因素进行了调查，并在同一贸易水平对正常价值和出口价格进行了比较。

经调查，调查机关认定，在调整销售条件和贸易水平等影响价格可比性的因素后，倾销调查期内，原产于日本的进口聚氯乙烯向中国大陆的出口价格为 969.03 美元 / 吨，正常价值为 1579.2 美元 / 吨。

因此，调查机关认为，倾销调查期内，原产于日本的进口聚氯乙烯以低于正常价值的价格向中国大陆出口，存在倾销。

2. 对第三国（地区）出口的情况。调查机关在 2009 第 69 号公告中认定，2003 年至 2007 年日本向第三国（地区）存在一定比例的低价出口。

根据申请人提供的数据，在反倾销措施继续实施期间内，日本聚氯乙烯生产商、出口商还同时向除中国大陆以外其他国家（地区）低价出口聚氯乙烯产品。2009 ~ 2013 年日本向第三国（地区）低价出口聚氯乙烯数量占同期对外出口总量的比例分别为 45%、38%、39%、36% 和 50%。

由此可以看出，调查期内日本大量低价向其他国家（地区）出口聚氯乙烯。

3. 对中国大陆出口及变化情况。

前述倾销调查表明，在反倾销措施实施期间内，原产于日本的进口聚氯乙烯对中国大陆的出口仍然存在倾销。

调查机关在 2009 第 69 号公告中认定，2003 ~ 2007 年，日本向中国大陆出口聚氯乙烯数量不降反升。

中国大陆海关统计数据显示，2009 ~ 2013 年，日本向中国大陆出口聚氯乙烯的数量分别为 39.20 万吨、42.79 万吨、28.63 万吨、16.50 万吨和 18.71 万吨。2014 年上半年，日本出口数量约为 8.4 万吨。

由此可见，反倾销措施继续实施以来，日本向中国大陆出口聚氯乙烯的数量出现了明显下降。上述调查结果表明，原产于日本的进口聚氯乙烯难以通过公平的贸易，即不以倾销的方式维持对中国大陆的出口。

4. 原产于日本的聚氯乙烯依赖国际市场。

（1）产能、产量及闲置产能。

调查机关在 2009 第 69 号公告中认定，在反倾销措施实施期间内，日本聚氯乙烯的产能和产量基本保持稳定，闲置产能没有显著增加，但绝对数量仍然较大。

根据申请人提供的数据，在反倾销措施继续实施期间内，日本聚氯乙烯有较大的闲置产能和出口能力。反倾销措施继续实施期间，日本聚氯乙烯的生产能力、产量、消费量、出口能力都有所下降，但日本聚氯乙烯的闲置产能和可供出口的能力的绝对数量仍处于较高水平。

根据申请人提供的数据，反倾销措施继续实施期间内，日本聚氯乙烯产能有所下降。2009 年至 2013 年，日本聚氯乙烯产能分别比上年下降 6.35%，增长 1.06%，下降 3.38%，下降 5.71%，下降 0.00%，2013 年比 2009 年下降了 7.93%。

根据申请人提供的数据，反倾销措施继续实施期间内，日本聚氯乙烯产量也有下降。2009 年至 2013 年，日本聚氯乙烯产量分别比上年下降 6.48%，增长 3.93%，下降 12.99%，下降 13.98%，增长 17.98%，2013 年比 2009 年下降了 8.22%。

根据申请人提供的数据，反倾销措施继续实施期间内，日本聚氯乙烯的闲置产能（产能 - 产量）绝对量一直保持在相对较高的水平。2009 年至 2013 年闲置产能分别为 53.9 万吨、49.8 万吨、64.4 万吨、72.9 万吨、50.1 万吨。但同期日本聚氯乙烯可供出口的能力（产能 - 消费量）也保持在较高的水平。2009 年至 2013 年，日本聚氯乙烯出口能力分别为 120.9 万吨、116.2 万吨、107.9 万吨、97 万吨和 90.1 万吨。

（2）日本国内市场消费情况。调查机关在 2009 第 69 号公告中认定，在反倾销措施实施期间内，日本聚氯乙烯国内市场消费下降比较明显。

根据申请人提供的数据，反倾销措施继续实施期间内，日本聚氯乙烯消费量也有所下降。2009 年至 2013 年，日本聚氯乙烯消费量分别比上年下降 18.23%，增长 7.29%，增长 0.87%，下降 1.15%，增长 6.72%。日本聚氯乙烯消费量整体呈下降趋势。

（3）日本聚氯乙烯对外出口情况。调查机关在 2009 第 69 号公告中认定，在反倾销措施实施期间内，日本聚氯乙烯对国际市场的依赖程度有所提高。

根据申请人提供的数据，在反倾销措施继续实施期间内，日本聚氯乙烯对外出口数量仍然保持较大的绝对数量。2009 ~ 2013 年，出口数量分别为 72.85 万吨、68.29 万吨、45.45 万吨、26.87 万吨和 36.81 万吨。

根据申请人提供的数据，2009 ~ 2013 年日本聚氯乙烯对外出口数量分别占了其产量的 44.69%、40.31%、30.83%、21.19% 和 24.61%。日本聚氯乙烯出口数量占产量的比例较大。

综上，本次反倾销期终复审调查期内，日本聚氯乙烯的闲置产能和可供出口的产能仍然保持较高水平，其国内聚氯乙烯消费量呈下降趋势，且出口数量占产量的比例较大。因此，日本聚氯乙烯对国际市场的依赖程度较高。

5. 日本产品在中国大陆市场的情况。

调查机关在 2009 第 69 号公告中认定，2003 ~ 2007 年，在实施反倾销措施期间内，日本始终在向中国大陆出口聚氯乙烯。

根据申请人提供的数据，2008 ~ 2013 年，中国大陆聚氯乙烯消费量平均增长率为 11.79%，是全球聚氯乙烯消费量增长最快的国家。2013 年，中国大陆聚氯乙烯表观消费量达 1471 万吨，居世界第一。中国大陆是全球聚氯乙烯消费的重要市场。

根据中国大陆海关统计数据，2009 ~ 2014 年上半年日本仍然在向中国大陆出口聚氯乙烯。即使被采取反倾销措施，原产于日本的聚氯乙烯也没有停止向中国大陆的出口。

根据申请人提供的数据，2009 ~ 2013 年，日本向中国大陆出口聚氯乙烯的数量占其出口总数量的比例，一直保持在 50% 以上。中国大陆市场是日本聚氯乙烯出口的重要市场。

因此，即使在征收反倾销税的情况下，日本仍然在向中国大陆倾销出口聚氯乙烯产品，且中国大陆是日本聚氯乙烯的重要的出口市场。中国大陆市场对日本聚氯乙烯产品具有较强的吸引力。

6. 对原产于日本的聚氯乙烯产品的贸易限制措施。2014 年 6 月 13 日，印度决定对原产于美国、日本和台湾地区等的悬浮级聚氯乙烯树脂继续征收反倾销税。

由于其他国家（地区）存在对原产于日本的聚氯乙烯产品的贸易限制措施，可能影响其对这些国家（地区）的出口，因此如果中国大陆终止反倾销措施，其原本出口至这些国家（地区）的聚氯乙烯可能转而向中国大陆出口。

综合上述调查分析，在原审调查期内和第一次期终复审调查期内，日本聚氯乙烯以倾销价格向中国大陆出口；在本次反倾销期终复审调查期内，日本仍然以倾销价格向中国大陆出口聚氯乙烯；且以大量、低价的方式向第三国（地区）出口聚氯乙烯，说明低价甚至倾销出口是日本聚氯乙烯出口的销售方式。

调查期内，原产于日本的进口聚氯乙烯向中国大陆出口的数量大幅明显下降，说明日本聚氯乙烯难以通过非倾销的方式维持对中国大陆的出口。由于日本聚氯乙烯对国际市场的依赖程度很高，中国大陆市场对其的吸引力较强，且其他国家（地区）存在贸易限制措施。因此，日本可能继续向中国大陆出口聚氯乙烯。

因此，调查机关认为，如终止反倾销措施，原产于日本的进口聚氯乙烯对中国大陆的倾销可能将继续发生。

（四）俄罗斯。

俄罗斯生产商、出口商未配合本次反倾销期终复审调查。根据《反倾销条例》第二十一条的规定，调查机关决定根据已经获得的事实和可获得的最佳信息做出裁决。

1. 倾销调查情况。

（1）原审调查和第一次期终复审调查中的倾销调查情况。2003 年 9 月 29 日，调查机关在该年度第 48 号中认定，

原产于俄罗斯的进口聚氯乙烯存在倾销。2009 年 9 月 29 日，调查机关在该年度第 69 号公告中认定，在第一次期终复审调查倾销调查期内，原产于俄罗斯的进口聚氯乙烯对中国大陆的出口存在倾销；原产于俄罗斯的进口聚氯乙烯对中国大陆的倾销可能将继续发生。

（2）本次反倾销期终复审倾销调查期内的调查情况。

根据中国大陆海关数据统计，本次反倾销期终复审倾销调查期内，中国大陆没有进口原产于俄罗斯的聚氯乙烯。因此，调查机关认为，倾销调查期内，原产于俄罗斯的进口聚氯乙烯没有倾销。

2. 原产于俄罗斯的聚氯乙烯对中国大陆出口的可能性。

（1）产能、产量及闲置产能。

调查机关在 2009 第 69 号公告中认定，在反倾销措施实施期间内，俄罗斯聚氯乙烯的产能、产量和闲置产能均呈上升趋势。

根据申请人提供的数据，在反倾销措施继续实施期间内，俄罗斯聚氯乙烯产能、产量和出口能力发生了较大变化。反倾销措施继续实施期间，俄罗斯聚氯乙烯的生产能力大幅下降，产量有一定增长，且出口能力很小。

根据申请人提供的数据，反倾销措施继续实施期间内，俄罗斯聚氯乙烯产能大幅下降。2009 年至 2013 年，俄罗斯聚氯乙烯产能分别比上年下降 5.19%，下降 16.94%，下降 0.00%，下降 0.00%，下降 6.44%，2013 年比 2009 年下降了 22.29%。

根据申请人提供的数据，反倾销措施继续实施期间内，俄罗斯聚氯乙烯基本不具有闲置产能，且出口能力很小。2009～2013年，俄罗斯聚氯乙烯仅在2009年具有5.8万吨的出口能力，其他年份里没有出口能力。

（2）俄罗斯国内市场消费情况。

调查机关在2009第69号公告中认定，在反倾销措施实施期间内，俄罗斯聚氯乙烯国内消费量呈上升趋势。由于俄罗斯国内建筑材料需求迅速增加，其聚氯乙烯国内市场消费量增长显著，每年均保持两位数增长。

根据申请人提供的数据，反倾销措施继续实施期间内，俄罗斯聚氯乙烯消费量仍有较大增长。由于近几年来俄罗斯建筑市场快速发展，带动了聚氯乙烯窗户对聚氯乙烯消费的增长。2009～2013年，俄罗斯聚氯乙烯消费量分别比上年下降24.90%，增长35.76%，增长8.71%，增长11.84%，增长4.17%。2013年与2009年相比，俄罗斯聚氯乙烯消费量增长了72%。

（3）俄罗斯聚氯乙烯对外出口情况。

调查机关在2009第69号公告中认定，在反倾销措施实施期间内，俄罗斯聚氯乙烯对国际市场的依赖程度一直保持高水平，并呈现总体上升的态势。

根据申请人提供的数据，反倾销措施继续实施期间内，俄罗斯聚氯乙烯对外出口发生了明显变化，其出口大幅减少，对国际市场的依赖程度明显降低。由于俄罗斯聚氯乙烯国内消费量有较大增长，导致其对外出口数量相应下降，2013年比2009年下降了约92%；2013年出口数量仅为1000吨左右。

根据中国大陆海关统计，2009年–2013年，中国大陆进口原产于俄罗斯的聚氯乙烯数量分别为0吨，0吨，0.2吨，0吨和2.4吨。由此可见，原产于俄罗斯的聚氯乙烯已经基本停止向中国大陆的出口。

综上，本次反倾销期终复审调查期内，俄罗斯聚氯乙烯闲置产能、出口能力很小且国内需求持续快速扩大，对外出口下降明显，对中国大陆的出口基本停止；俄罗斯产品对国际市场的依赖程度明显降低并保持较低水平。因此在可预见的将来，俄罗斯国内聚氯乙烯需求可能继续维持较高水平，俄罗斯产品对国际市场的依赖程度尤其是对中国大陆市场的出口依赖程度可能仍然保持在较低的水平；俄罗斯产品可能将不会对中国大陆出口。

因此，调查机关认为，如终止反倾销措施，原产于俄罗斯的进口聚氯乙烯对中国大陆的倾销可能不会继续或再度发生。

（五）台湾地区。

台湾地区生产商、出口商未配合本次反倾销期终复审调查。根据《反倾销条例》第二十一条的规定，调查机关决定根据已经获得的事实和可获得的最佳信息做出裁决。

1. 倾销调查情况。

（1）原审调查和第一次期终复审调查中的倾销调查情况。2003年9月29日，调查机关在该年度第48号中认定，原产于台湾地区的进口聚氯乙烯存在倾销。

2009年9月29日，调查机关在该年度第69号公告中认定，在第一次期终复审调查倾销调查期内，原产于台湾地区的进口聚氯乙烯对中国大陆的出口存在倾销；原产于台湾地区的进口聚氯乙烯对中国大陆的倾销可能将继续发生。

（2）本次反倾销期终复审倾销调查期内的调查情况。

根据中国大陆海关数据统计和申请人提供的数据等材料，调查机关对自台湾地区进口的被调查产品的正常价值、出口价格及影响正常价值和出口价格可比性的因素进行了调查，并在同一贸易水平对正常价值和出口价格进行了比较。

经调查，调查机关认定，在调整销售条件和贸易水平等影响价格可比性的因素后，倾销调查期内，原产于台湾地区的进口聚氯乙烯向中国大陆的出口价格为965.95美元/吨，正常价值为1480.5美元/吨。

因此，调查机关认为，倾销调查期内，原产于台湾地区的进口聚氯乙烯以低于正常价值的价格向中国大陆出口，存在倾销。

2. 对第三国（地区）出口的情况。

调查机关在2009第69号公告中认定，2003～2007年台湾地区向第三国（地区）低价出口聚氯乙烯的比例，说明其存在低价寻求地区外市场的意愿。

根据申请人提供的数据，在反倾销措施继续实施期间内，台湾地区聚氯乙烯生产商、出口商还同时向除中国大陆以外其他国家（地区）低价出口聚氯乙烯产品，且比例在不断扩大。2009～2013年台湾地区向第三国（地区）低价出口聚氯乙烯数量占同期对外出口总量的比例分别为50%、56%、58%、65%、64%和73%。

由此可以看出，调查期内台湾地区大量低价向其他国家（地区）出口聚氯乙烯。

3. 对中国大陆出口及变化情况。

前述倾销调查表明，在反倾销措施继续实施期间内，原产于台湾地区的进口聚氯乙烯对中国大陆的出口仍然存在倾销。

调查机关在2009第69号公告中认定，2003～2007年，台湾地区向中国大陆出口聚氯乙烯数量呈下降趋势。中国大陆海关统计数据显示，2009年至2013年，台湾地区向中国大陆出口聚氯乙烯的数量分别为32.63万吨、28.47万吨、26.66万吨、31.40万吨和24.72万吨。2014年上半年，台湾地区的出口数量约为11.4万吨。

由此可见，反倾销措施实施以来，台湾地区向中国大陆出口聚氯乙烯的数量出现了明显下降。上述调查结果表明，原产于台湾地区的进口聚氯乙烯难以通过公平的贸易，即不以倾销的方式维持对中国大陆的出口。

4. 原产于台湾地区的聚氯乙烯依赖国际市场。

（1）产能、产量及闲置产能。

调查机关在2009第69号公告中认定，在反倾销措施实施期间内，台湾地区聚氯乙烯的产能有小幅上升，产量有所下降，而其地区内消费量呈下滑态势，闲置产能绝对数量和增加幅度都相当可观。

根据申请人提供的数据，在反倾销措施继续实施期间内，台湾地区聚氯乙烯有较大的生产能力和迅速扩大的出口能力。反倾销措施继续实施期间，台湾地区聚氯乙烯的生产能力、产量、出口能力均有所增长，特别是出口能力增幅较大。

根据申请人提供的数据，反倾销措施继续实施期间内，台湾地区聚氯乙烯产能有所增长。2009～2013年，台湾聚氯乙烯产能有一定增长，2013年比2009年增长了2.16%。

根据申请人提供的数据，反倾销措施继续实施期间内，台湾地区聚氯乙烯产量稳步增加。2009～2013年，台湾地区聚氯乙烯产量分别比上年增长2.24%，增长0.99%，增长3.08%，下降13.98%，增长18.30%，2013年比2009年增长了5.93%。

根据申请人提供的数据，反倾销措施继续实施期间内，台湾地区聚氯乙烯的闲置产能（产能－产量）绝对量一直保持在相对较高的水平。2009～2013年闲置产能分别为34.7万吨、33.3万吨、32.7万吨、53.3万吨和30.1万吨。但同期台湾地区聚氯乙烯可供出口的能力（产能－消费量）则迅速扩大。2009年至2013年，台湾地区聚氯乙烯出口能力分别为123.4万吨、113.1万吨、116.6万吨、126.1万吨和120.1万吨。

（2）台湾地区内市场消费情况。调查机关在2009第69号公告中认定，在反倾销措施实施期间内，台湾地区聚氯乙烯地区内市场消费呈下滑态势。

根据申请人提供的数据，反倾销措施继续实施期间内，台湾地区聚氯乙烯消费量也有所下降。2009年至2013年，台湾地区聚氯乙烯消费量分别比上年下降33.71%，增长19.47%，增长0.47%，下降14.96%，增长11.11%。台湾地区聚氯乙烯消费量整体呈下降趋势。

（3）台湾地区聚氯乙烯对外出口情况。

调查机关在2009第69号公告中认定，在反倾销措施实施期间内，台湾地区聚氯乙烯对国际市场的依赖程度一直保持高水平，并呈现总体上升的态势。

根据申请人提供的数据，在反倾销措施继续实施期间内，台湾地区聚氯乙烯对外出口数量仍然保持较大的绝对数量。2009年至2013年，出口数量分别为74.83万吨、67.86万吨、68.68万吨、74.03万吨和80.34万吨。

根据申请人提供的数据，2009年至2013年台湾地区聚氯乙烯对外出口数量分别占了其产量的52.85%、47.45%、46.59%、58.38%和53.56%。台湾地区聚氯乙烯出口数量占产量的比例呈逐渐增加趋势。

综上，本次反倾销期终复审产业损害调查期内，台湾地区聚氯乙烯的闲置产能较大，可供出口的产能迅速增加，其地区内聚氯乙烯消费量呈下降趋势，且出口数量占产量的比例逐渐提高。因此，台湾地区聚氯乙烯对国际市场的依赖程度不断提高。

5. 台湾地区产品在中国大陆市场的情况。

调查机关在2009第69号公告中认定，2003～2007年，在实施反倾销措施期间内，台湾地区始终在向中国大陆出口聚氯乙烯。

根据申请人提供的数据，2008～2013年，中国大陆聚氯乙烯消费量平均增长率为11.79%，是全球聚氯乙烯消费量增长最快的国家。2013年，中国大陆聚氯乙烯表观消费量达1471万吨，居世界第一。中国大陆是全球聚氯乙烯消费的重要市场。

根据中国大陆海关统计数据，2009～2014年上半年台湾地区仍然在向中国大陆出口聚氯乙烯。即使被采取反倾销措施，原产于台湾地区的聚氯乙烯也没有停止向中国大陆的出口。

根据申请人提供的数据，2009 ~ 2013 年，台湾地区向中国大陆出口聚氯乙烯的数量占其出口总数量的比例，一直保持在 40% 左右。中国大陆市场是台湾地区聚氯乙烯出口的重要市场。

因此，即使在征收反倾销税的情况下，台湾地区仍然在向中国大陆倾销出口聚氯乙烯产品，且中国大陆是台湾地区聚氯乙烯的重要的出口市场。中国大陆市场对台湾地区聚氯乙烯产品具有较强的吸引力。

6. 对原产于台湾地区的聚氯乙烯产品的贸易限制措施。2014 年 6 月 13 日，印度决定对原产于美国、日本和台湾地区等的悬浮级聚氯乙烯树脂继续征收反倾销税。2015 年 6 月 1 日，印度决定对原产于韩国、俄罗斯和台湾地区等的聚氯乙烯糊树脂继续实施反倾销措施。

由于其他国家（地区）存在对原产于台湾地区的聚氯乙烯产品的贸易限制措施，可能影响其对这些国家（地区）的出口，因此如果中国大陆终止反倾销措施，其原本出口至这些国家（地区）的聚氯乙烯可能转而向中国大陆出口。

综合上述调查分析，在原审调查期内和第一次期终复审调查期内，台湾地区聚氯乙烯以倾销价格向中国大陆出口；在本次反倾销期终复审调查期内，台湾地区仍然以倾销价格向中国大陆出口聚氯乙烯；且以大量、低价的方式向第三国（地区）出口聚氯乙烯，说明低价甚至倾销出口是台湾地区聚氯乙烯出口的销售方式。

调查期内，原产于台湾地区的进口聚氯乙烯向中国大陆出口的数量大幅明显下降，说明台湾地区聚氯乙烯难以通过非倾销的方式维持对中国大陆的出口。由于台湾地区聚氯乙烯对国际市场的依赖程度不断提高，中国大陆市场对其吸引力较强，且其他国家（地区）存在贸易限制措施。因此，台湾地区可能继续向中国大陆出口聚氯乙烯。

因此，调查机关认为，如终止反倾销措施，原产于台湾地区的进口聚氯乙烯对中国大陆的倾销可能将继续发生。

（六）倾销调查结论。

综上，调查机关认为，如果终止反倾销措施，原产于美国、韩国、日本和台湾地区的进口聚氯乙烯对中国大陆的倾销可能继续发生，原产于俄罗斯的进口聚氯乙烯对中国大陆的倾销可能不会继续或再度发生。

五、中国大陆同类产品、中国大陆产业和中国大陆市场

（一）中国大陆同类产品认定。

《中华人民共和国反倾销条例》第十二条的规定，同类产品是与倾销进口产品相同的产品，或与倾销进口产品特性最相似的产品。

调查机关在 2003 第 48 号公告中认定，原产于美国、韩国、日本、俄罗斯和台湾地区的进口聚氯乙烯，与中国大陆企业生产的聚氯乙烯是同类产品。

调查机关在 2009 第 69 号公告中认定，原产于美国、韩国、日本、俄罗斯和台湾地区的进口聚氯乙烯，与中国大陆企业生产的聚氯乙烯是同类产品。

调查机关在 2014 年第 63 号公告规定，本次反倾销期终复审被调查产品范围是反倾销措施所适用的产品，与商务部 2009 年第 69 号公告中规定的产品范围一致。

经调查，调查机关发现，在本次反倾销期终复审调查期内，中国大陆生产的聚氯乙烯在物理和化学性能、生产工艺、产品用途、销售渠道等方面未发生实质性变化。证据记录显示，没有利害关系方就此提出不同意见。

因此，调查机关认定，本次反倾销期终复审调查的被调查产品与中国大陆生产的聚氯乙烯是同类产品。

（二）中国大陆产业认定。

根据《中华人民共和国反倾销条例》第十一条的规定，中国大陆产业是指中国大陆同类产品的全部生产者，或者其总产量占中国大陆同类产品总产量的主要部分的生产者。

调查机关对中国大陆聚氯乙烯的总产量，以及新疆中泰化学股份有限公司等 20 家答卷的中国大陆生产者合计产量进行了审查。根据申请人提供的数据以及中国大陆生产商答卷证据显示，2009−2013 年，答卷的中国大陆生产者合计产量，占同期中国大陆聚氯乙烯总产量的比例分别为 58%、53%、58%、62% 和 61%。

根据《中华人民共和国反倾销条例》第十一条，调查机关认定，填报中国大陆生产者问卷的新疆中泰化学股份有限公司等 20 家公司构成了本次反倾销期终复审调查的中国大陆聚氯乙烯产业，其数据可以代表中国大陆产业情况。

（三）中国大陆市场分析。

调查机关在 2003 第 48 号公告中认定，原产于美国、韩国、日本、俄罗斯和台湾地区的进口聚氯乙烯，与中国大陆企业生产的聚氯乙烯具有可替代

性。

调查机关在 2009 第 69 号公告中认定，原产于美国、韩国、日本、俄罗斯和台湾地区的进口聚氯乙烯，与中国大陆企业生产的聚氯乙烯具有可替代性。

经调查，调查机关发现，在本次反倾销期终复审调查期内，原产于美国、韩国、日本、俄罗斯和台湾地区的进口聚氯乙烯，与中国大陆生产的聚氯乙烯具有可替代性，其之间的竞争状况未发生实质性变化，在市场上仍具有直接竞争关系。证据记录显示，没有利害关系方就此提出不同意见。

根据申请人提供的数据，调查机关认为，聚氯乙烯产品具有商品货物的特征。产品具有统一的标准，不同生产者的产品基本没有差异；销售方面的特征基本相同，不存在品牌等方面的明显差异；价格依据市场确定，且是消费者选购的主要因素。在损害调查期内及可预见的将来，中国大陆生产的聚氯乙烯与被调查产品之间存在着价格竞争。

首先，不同生产者的聚氯乙烯基本没有差异，都是生产线上连续生产的产品。由于聚氯乙烯生产历史较长、技术成熟，属于国民经济建设中的大宗商品；目前各国（地区）的发展水平基本相当。中国大陆具有统一的标准（《悬浮法通用型聚氯乙烯树脂》GB/T5761-2006），在中国大陆销售的产品均符合或高于该产品标准。通过产品纯度、特性（包括物理特征和化学特性，产品外观、包装）及外观、密度、含氯量、溶解性等物理化学特性的对比，中国大陆生产的产品与进口产品在质量与品质方面基本没有差异。

其次，中国大陆生产的产品与进口产品在销售方面基本相同，均没有其他任何突出的竞争优势。不同生产者的聚氯乙烯在品牌方面没有明显的差异；都是采用直销或通过中间商转销，销售渠道方面也基本相同。

再次，在销售定价策略方面，各来源产品都是随行就市，以卖出为原则，采取灵活的定价方式，或每周定价或单笔交易定价。

最后，在决定销售的因素方面，价格是主要的因素。消费者在采购不同来源的产品时，主要考虑的因素首先是价格，其次是质量（主要为纯度），第三考虑供货的及时、完善的售后服务以及是否提供运输等因素。其中，价格是消费者在采购时考虑的首要因素。

证据记录显示，没有利害关系方就此提出不同意见。因此，调查机关认为，在损害调查期内及可预见的将来，中国大陆生产的聚氯乙烯与被调查产品存在着价格竞争。

六、损害继续或再度发生的可能性

（一）累积评估。

根据《反倾销条例》第九条的规定，调查机关考虑了如终止反倾销措施，原产于美国、韩国、日本、俄罗斯和台湾地区的进口聚氯乙烯对中国大陆产业造成的可能影响进行累积评估的适当性。

由于原产于俄罗斯的进口聚氯乙烯基本停止出口并可能将不会再度向中国大陆倾销出口，因此调查机关不再评估原产于俄罗斯的进口聚氯乙烯对中国大陆产业造成损害的可能性。鉴此，调查机关对原产于美国、韩国、日本和台湾地区的进口聚氯乙烯，对中国大陆产业造成的可能影响进行累积评估的适当性进行了分析。

经调查，调查机关发现，在本次反倾销期终复审调查期内，原产于美国、韩国、日本和台湾地区的进口聚氯乙烯之间，以及其与中国大陆生产的聚氯乙烯之间的竞争条件未发生实质性变化。证据记录显示，没有利害关系方就此提出不同意见。

本次反倾销期终复审的倾销调查部分表明，原产于美国、韩国、日本和台湾地区的进口聚氯乙烯对中国大陆的倾销可能继续发生，且可能将继续对中国大陆出口。

综上，调查机关决定对原产于美国、韩国、日本和台湾地区的进口聚氯乙烯对中国大陆产业造成的可能的损害进行累积评估。

（二）被调查产品进口大量增加的可能性。

根据《反倾销条例》第七条和第八条的规定，调查机关对被调查产品进口数量大量增加的可能性进行了分析。具体数据详见附表。

调查机关在 2003 第 48 号公告中认定，原产于美国、韩国、日本、俄罗斯和台湾地区的进口聚氯乙烯，向中国大陆的出口数量及占中国大陆聚氯乙烯市场份额均呈逐年大幅上升趋势。

调查机关在 2009 第 69 号公告中认定，2003 ~ 2007 年，原产于美国、韩国、日本、俄罗斯和台湾地区的进口聚氯乙烯，向中国大陆的出口数量及占中国大陆聚氯乙烯市场份额均呈逐年下降趋势。

根据中国大陆海关统计，本次反倾销期终复审调查期内，被调查产品进口数量呈逐年下降趋势。2009 年至 2013 年，原产于美国、韩国、日本和台湾地区的被调查产品进口数量分别为 112.95 万吨、

106.58 万吨、93.86 万吨、86.84 万吨和 71.47 万吨。2010 年比 2009 年减少了 5.64%，2011 年比 2010 年减少了 11.94%，2012 年比 2011 年减少了 7.47%，2013 年比 2012 年减少了 17.71%。2014 年 1 ~ 6 月比 2013 年同期减少了 11.68%。

根据申请人提交的数据，产业损害调查期内，被调查产品占中国大陆市场份额继续呈下降趋势。2009 年至 2013 年，被调查产品占中国大陆市场份额分别为 11.18%、9.06%、7.21%、6.64% 和 4.86%。调查机关在 2009 第 69 号公告中认定，2003 ~ 2007 年，原产于美国、韩国、日本、俄罗斯和台湾地区的进口聚氯乙烯占中国大陆市场份额分别为 22.44%、19.56%、14.99%、11.78% 和 9.46%。

根据中国大陆海关统计，产业损害调查期内，原产于美国、韩国、日本和台湾地区的被调查产品合计进口量占中国大陆聚氯乙烯总进口量的比例总体呈上升趋势。2009 年至 2013 年，原产于上述四国（地区）的进口聚氯乙烯合计向中国大陆出口聚氯乙烯数量占同期中国大陆总进口的比例分别为 69.24%、88.68%、89.28%、92.35%、94.04%。上述四国(地区)是中国大陆聚氯乙烯产品的主要进口来源。

根据申请人提交的数据，产业损害调查期内，中国大陆聚氯乙烯需求不断增长，年平均增长率为超过 9%，是全球聚氯乙烯消费量增长最快的国家。2009 ~ 2013 年，中国大陆聚氯乙烯市场需求（表观消费量)分别为 1010.3 万吨,1176.4 万吨,1302.3 万吨,1308.5 万吨和 1471.4 万吨。2013 年，中国大陆聚氯乙烯表观消费量达 1471 万吨，居世界第一。中国大陆是全球聚氯乙烯消费的重要市场。

且目前，其他国家（地区）存在对原产于美国、韩国、日本和台湾地区的进口聚氯乙烯的贸易限制措施。如中国大陆终止反倾销措施，其原本出口至其他国家（地区）的聚氯乙烯可能转而向中国大陆出口。

因此，考虑到美国、韩国、日本和台湾地区闲置产能和可供出口的产能数量相对中国大陆聚氯乙烯表观消费量较大的情况，对国际市场依赖程度较高的情况，中国大陆市场是全球聚氯乙烯消费重要市场的情况，其他国家（地区）存在对其贸易限制措施的情况，以及被调查产品曾经占有中国大陆市场大量市场份额的情况，调查机关认为，如终止反倾销措施，在可预见的将来，原产于美国、韩国、日本和台湾地区的聚氯乙烯的进口绝对数量可能出现大幅增加，其占有中国大陆市场的份额可能也将大量增长。

以下就美国、韩国、日本以及台湾地区在可预见的将来对中国大陆出口聚氯乙烯的情况进行逐一分析。

1. 美国。

现有证据显示，本次反倾销期终复审调查期内，美国国内聚氯乙烯闲置产能和可供出口的产能数量较大。与同期中国大陆聚氯乙烯表观消费量相比，其闲置产能和可供出口的产能相对较大。

本次反倾销期终复审调查期内，美国聚氯乙烯对外出口数量占其同期产量比例较大。美国聚氯乙烯对国际市场的依赖程度较高。

即使在征收反倾销税的情况下，美国仍然在向中国大陆倾销出口聚氯乙烯产品，且中国大陆是美国聚氯乙烯的重要的出口市场。中国大陆市场对美国聚氯乙烯产品具有较强的吸引力。并且，其他国家（地区）存在对其产品的贸易限制措施。

上述证据表明，美国国内聚氯乙烯闲置产能和可供出口的产能较大，相对中国大陆市场表观消费量的比例较高；美国聚氯乙烯对外出口数量占其产量的比例较大，对国际市场的依赖程度较高；中国大陆市场是美国聚氯乙烯的主要出口市场，具有较强的吸引力；其他国家（地区）存在对其产品的贸易限制措施。因此，如终止反倾销措施，原产于美国的进口聚氯乙烯的数量可能大幅增加。

2. 韩国。

现有证据显示，在反倾销措施继续实施期间内，韩国聚氯乙烯有较大的生产能力和出口能力。韩国聚氯乙烯的生产能力、产量、出口能力均有一定增长，特别是出口能力增幅较大，而消费量则下降较大。

在反倾销措施继续实施期间内，韩国聚氯乙烯的可供出口的产能较大，其国内聚氯乙烯消费量呈下降趋势，且出口数量占产量的比例较大。因此，韩国聚氯乙烯对国际市场的依赖程度较高。

即使在征收反倾销税的情况下，韩国仍然在向中国大陆倾销出口聚氯乙烯产品，且中国大陆是韩国聚氯乙烯的重要的出口市场。中国大陆市场对韩国聚氯乙烯产品具有较强的吸引力。

上述证据表明，韩国国内聚氯乙烯闲置产能和可供出口的产能较大；韩国聚氯乙烯对外出口数量占其产量的比例较大，对国际市场的依赖程度较高；中国大陆市场是韩国聚氯乙烯的主要出口市场，具有较强的吸引力；其他国家（地区）存在对其产品的贸易限制措施。因此，如终止反倾销措施，原产于韩国的进口聚氯乙烯的数量可能大幅增加。

3. 日本。

现有证据显示，在反倾销措施继续实施期间内，日本聚氯乙烯有较大的闲置产能和出口能力。反倾销措施继续实施期间，日本聚氯乙烯的生产能力、产量、消费量、出口能力都有所下降，但日本聚氯乙烯的闲置产能和可供出口的能力的绝对数量仍处于较高水平。

在反倾销措施继续实施期间内，日本聚氯乙烯的闲置产能和可供出口的产能仍然保持较高水平，其国内聚氯乙烯消费量呈下降趋势，且出口数量占产量的比例较大。因此，日本聚氯乙烯对国际市场的依赖程度较高。

即使在征收反倾销税的情况下，日本仍然在向中国大陆倾销出口聚氯乙烯产品，且中国大陆是日本聚氯乙烯的重要的出口市场。中国大陆市场对日本聚氯乙烯产品具有较强的吸引力。

上述证据表明，日本国内聚氯乙烯闲置产能和可供出口的产能较大，相对中国大陆市场表观消费量的比例较高；日本聚氯乙烯对外出口数量占其产量的比例较大，对国际市场的依赖程度较高；中国大陆市场是日本聚氯乙烯的主要出口市场，具有较强的吸引力；其他国家（地区）存在对其产品的贸易限制措施。因此，如终止反倾销措施，原产于日本的进口聚氯乙烯的数量可能大幅增加。

4. 台湾地区。

现有证据显示，在反倾销措施继续实施期间内，台湾地区聚氯乙烯有较大的生产能力和迅速扩大的出口能力。反倾销措施继续实施期间，台湾地区聚氯乙烯的生产能力、产量、出口能力均有所增长，特别是出口能力增幅较大。

本次反倾销期终复审调查期内，台湾地区聚氯乙烯的闲置产能较大，可供出口的产能迅速增加，其地区内聚氯乙烯消费量呈下降趋势，且出口数量占产量的比例逐渐提高。因此，台湾地区聚氯乙烯对国际市场的依赖程度不断提高。

即使在征收反倾销税的情况下，台湾地区仍然在向中国大陆倾销出口聚氯乙烯产品，且中国大陆是台湾地区聚氯乙烯的重要的出口市场。中国大陆市场对台湾地区聚氯乙烯产品具有较强的吸引力。

上述证据表明，台湾地区国内聚氯乙烯闲置产能和可供出口的产能较大，相对中国大陆市场表观消费量的比例较高；台湾地区聚氯乙烯对外出口数量占其产量的比例较大，对国际市场的依赖程度较高；中国大陆市场是台湾地区聚氯乙烯的主要出口市场，具有较强的吸引力；其他国家（地区）存在对其产品的贸易限制措施。因此，如终止反倾销措施，原产于台湾地区的进口聚氯乙烯的数量可能大幅增加。

综上，如终止反倾销措施，原产于美国、韩国、日本和台湾地区的进口聚氯乙烯向中国大陆的进口数量可能将大量增加。

（三）被调查产品进口价格对中国大陆同类产品价格的可能影响。

根据《反倾销条例》第七条和第八条的规定，调查机关对被调查产品对中国大陆同类产品可能造成的价格影响进行了分析。具体数据详见附表。

调查机关在 2003 第 48 号公告中认定，原产于美国、韩国、日本、俄罗斯和台湾地区的进口聚氯乙烯价格下降，对中国大陆同类产品的价格产生了明显的压制。

调查机关在 2009 第 69 号公告中认定，原产于美国、韩国、日本、俄罗斯和台湾地区的进口聚氯乙烯价格的下降，将会对中国大陆产业价格造成不利的影响。

反倾销措施继续实施期间，美国、韩国、日本和台湾地区向中国出口聚氯乙烯的价格有一定上升。根据中国大陆海关统计，2009 年至 2014 年上半年，上述四国（地区）合计向中国大陆出口聚氯乙烯的平均价格，2010 年比 2009 年上涨了 27.94%，2011 年比 2010 年上涨了 9.44%，2012 年比 2011 年下降了 7.93%，2013 年比 2012 年上涨了 4.73%，2014 年上半年比 2013 年同期上涨了 4.66%。

根据代表中国大陆产业的生产者提交的反倾销答卷的数据，2013 年中国大陆产业的内销价格比 2009 年增长了 2.53%。但同期，单位直接原材料增长了 3.03%，比内销价格增长高出了 0.5 个百分点；单位直接人工增长了 88.89%，比内销价格高出了 86.36 个百分点；单位燃料和动力增长了 17.86%，比内销价格高出了 15.33 个百分点；单位生产成本增长了 4.33%，比内销价格高出了 1.8 个百分点。由此可以发现，本次反倾销期终复审损害调查期内，中国大陆聚氯乙烯产业生产成本的增长速度，超过了销售价格增长的速度。

通过进一步考察中国大陆聚氯乙烯产业的税前利润可以发现，损害调查期内，中国大陆聚氯乙烯产业持续亏损，且损失额基本呈快速增长趋势。

因此，调查机关认为，在原审调查和第一次期终复审调查中调查机关发现原产于美国、韩国、日本、俄罗斯和台湾地区的进口聚氯乙烯产品价格对中国大陆聚氯乙烯价格造成了不利影响。

在倾销部分调查中，调查机关发现原产于美国、韩国、日本和台湾地区的进口聚氯乙烯仍在继续向中国大陆倾销出口。且经进一步分析本次反倾销期终复审损害调查期内的情况，调查机关认为，中国大陆聚氯乙烯的价格没有实现合理的增长，原产于美国、韩国、日本和台湾地区的进口聚氯乙烯的价格对中国大陆同类产品的价格产生了抑制作用，造成了不利影响。

综上，考虑到调查机关在原审调查、第一次期终复审调查和本次期终复审调查中认定的，原产于美国、韩国、日本和台湾地区的进口聚氯乙烯对中国大陆聚氯乙烯产品价格造成了不利影响的情况，调查机关认为，如终止反倾销措施，在可预见的将来，上述四国（地区）的进口被调查产品可能会对中国大陆聚氯乙烯产品造成不利的价格影响。

（四）中国大陆产业状况。

根据《反倾销条例》第七条和第八条的规定，调查机关对调查期内中国大陆聚氯乙烯产业的相关经济因素和指标进行了调查。具体数据详见附表。

根据调查机关发布的 2003 第 48 号公告的相关规定，中国大陆对原产于美国、韩国、日本、俄罗斯和台湾地区的进口聚氯乙烯实施了反倾销措施。

调查机关在 2009 第 69 号公告中认定，在反倾销措施实施期间内，中国大陆聚氯乙烯市场需求快速增长，生产能力得到明显提高，产品产量、销售量均有较大幅度的增长；中国大陆聚氯乙烯市场份额呈逐年上升趋势，销售价格、销售收入、劳动生产率、就业人数、人均工资等经济指标均出现了不同程度的好转。与此同时，同期中国大陆聚氯乙烯产品成本大幅增加，导致中国大陆聚氯乙烯产业产品税前利润大幅下降；中国大陆聚氯乙烯产业开工率、投资收益率等经济指标也总体呈下降趋势，产品期末库存大幅增加，产品积压严重。中国大陆聚氯乙烯产业部分聚氯乙烯生产企业存在不同程度的亏损现象，个别企业亏损严重。在第一次期终复审损害调查期内，在对被调查产品实施反倾销措施的情况下，中国大陆聚氯乙烯市场环境有所改善，中国大陆聚氯乙烯产业与实施反倾销措施之前相比，得到了初步的恢复和发展，但是仍然容易受到低价进口产品的冲击和影响。

由于外国（地区）相关出口商、生产商以及中国大陆进口商没有应诉并提交反倾销调查答卷。调查机关主要根据代表中国大陆生产者的 20 家企业提交的数据，对本次反倾销期终复审调查期内的中国大陆聚氯乙烯产业相关经济指标进行了分析。相关指标显示，在继续实施反倾销措施的情况下，中国大陆聚氯乙烯产业在本次反倾销期终复审损害调查期内，得到了一定的恢复和发展，但是仍然比较脆弱，容易受到倾销进口被调查产品的不利影响。

中国大陆聚氯乙烯需求继续增长。在反倾销措施继续实施期间内，中国大陆聚氯乙烯市场需求年平均增长率约为 9%。2009 ~ 2013 年，中国大陆表观消费量分别为 1010.3 万吨，1176.4 万吨，1302.3 万吨，1308.5 万吨和 1471.4 万吨。

中国大陆聚氯乙烯产业的产能、产量等指标增速回落。2009 ~ 2013 年，中国大陆聚氯乙烯产能继续逐年增长，2013 年比 2009 年累积增长了约 79.2%，但产能增长速度明显低于第一次期终复审产业损害调查期内的增长速度。中国大陆同类产品产量也呈逐年增长态势，2013 年比 2009 年累积增长了约 74.7%；而产量增长也低于显著低于前次产业损害调查期内的增长。同期，中国大陆聚氯乙烯产业开工率先降后升，总体保持基本稳定；但同前次产业损害调查期相比，开工率数据整体呈下降趋势。

中国大陆聚氯乙烯产业劳动生产相关指标继续改善。2009 ~ 2014 年上半年，中国大陆聚氯乙烯产业员工人数从 15594 人增加到 22475 人；但是 2014 年上半年就业人数仍然低于 2008 年同期就业人数。同时，全员劳动生产率从 2009 年的 299.51 吨 / 人，提高到 2013 年的 368.55 吨 / 人。就业人员员工工资也随之有所提高，从 2009 年的 29503.41 元 / 人 · 年，提高到 2013 年的 51670.96 元 / 人 · 年。劳动生产率和员工工资比前次产业损害调查期数据相比改善明显。

中国大陆同类产品的销售情况进一步改善，但增长势头明显减弱。受益于反倾销措施的实施，2009 ~ 2013 年，中国大陆同类产品销售数量出现较大增长，年度分别增长了 16.69%、22.51%、6.46% 和 13.54%，2014 年上半年比上年同期增长了 6.59%。但是 2009 ~ 2013 年销售数量累计增长 72.8%，明显低于 2003 ~ 2007 年 126% 的销售数量增速。与此同时，销售价格继续震荡走低，2014 年上半年价格比 2009 年价格下降约 5.4%，更比前次产业损害调查期末的 2008 年同期价格大减了 23%。销售收入方面，中国大陆同类产品销售收入也有明显增长，但受累于价格持续走低，销售收入增幅较前期相比下降明显。本次反倾销期终复审产业损害调查期内，中国大陆同类产品占中国大陆市场份额有一定增加，但期末库存延续前期发展趋势，呈现先升后降、整体上升态势。2014年上半年期末库存比2009年增长了约129.1%。

虽然调查期内中国大陆同类产品的生产、销售情况有所改善，但中国大陆聚氯乙烯产业仍然持续亏损，与前次产业损害调查期相比明显恶化。2009～2013年，中国大陆聚氯乙烯产业连年亏损，且损失额基本呈快速增长趋势，从2009年的约10.1亿元人民币大幅增长至2013年35.6亿元人民币，并且2014年上半年比上年同期损失进一步增加约12.2%。在前次反倾销期终复审产业损害调查期内，虽然中国大陆产业税前利润总体呈大幅下降趋势，但整体仍保持净盈利。由此可见，在本次产业损害调查期内，中国大陆产业财务状况明显恶化。与之相应，本次反倾销期终复审调查期内，中国大陆产业的利润率和投资收益率也进一步恶化。随着销售收入的增加，中国大陆同类产品生产企业的现金流量也有一定程度的好转，但整体表现仍不稳定。

通过上述指标的分析可以发现，即使在反倾销措施实施的情况下，中国大陆聚氯乙烯产业部分指标有了一定程度的发展和好转，但产业整体盈利能力和水平仍然处于较低水平，财务状况仍然较差，且部分经济指标与前次反倾销期终复审产业损害调查期的指标相比，有增速放缓和进一步恶化的趋势。中国大陆聚氯乙烯产业仍然比较脆弱。

因此，如终止反倾销措施，被调查产品的倾销进口可能大量增加，可能对中国大陆同类产品产生不利的价格影响，加之中国大陆聚氯乙烯产业的脆弱状态，倾销进口被调查产品有可能造成中国大陆同类产品销售价格、数量和市场份额的下降和期末库存的上升，降低中国大陆产业的产量和产能利用率，抑制投融资活动，影响就业人数、员工工资和劳动生产率，并进而对销售收入和利润等产生进一步的负面影响。因此，如终止反倾销措施，在可预见的将来，原产于美国、韩国、日本和台湾地区的进口聚氯乙烯，可能对中国大陆聚氯乙烯产业造成严重的不利影响。

如前所述，在本次反倾销期终复审调查期内，上述四国(地区)合计向中国大陆出口聚氯乙烯数量，占同期中国大陆进口总量的绝大部分。上述四国(地区)是中国大陆聚氯乙烯产品的主要进口来源。其他来源的进口聚氯乙烯占中国大陆聚氯乙烯市场的份额很小。因此，其他来源的进口聚氯乙烯将对中国大陆聚氯乙烯产业造成严重的负面影响的可能性很低。

综上，如终止反倾销措施，在可预见的将来，原产于美国、韩国、日本和台湾地区的进口聚氯乙烯对中国大陆聚氯乙烯产业的损害可能继续或再度发生。

七、复审裁定

根据调查结果，调查机关裁定，如果终止反倾销措施，原产于美国、韩国、日本和台湾地区的进口聚氯乙烯对中国大陆的倾销可能继续发生，原产于俄罗斯的进口聚氯乙烯对中国大陆的倾销可能不会继续或再度发生；原产于美国、韩国、日本和台湾地区的进口聚氯乙烯对中国大陆产业造成的损害可能继续或再度发生。

表1海关统计的被调查产品进口数量（略）

五十六、中华人民共和国商务部 公告2015年第4号 关于2015年反倾销反补贴措施到期情况的公告（2015年1月20日）

根据《中华人民共和国反倾销条例》第四十八条规定，反倾销税的征收期限和价格承诺的履行期限不超过5年；但是，经复审确定终止征收反倾销税有可能导致倾销和损害的继续或者再度发生的，反倾销税的征收期限可以适当延长。同时，根据《中华人民共和国反补贴条例》第四十七条规定，反补贴税的征收期限和承诺的履行期限不超过5年；但是，经复审确定终止征收反补贴税有可能导致补贴和损害的继续或者再度发生的，反补贴税的征收期限可以适当延长。为使利害关系方及时了解措施期限，商务部对2015年将到期的反倾销反补贴措施公告如下：

一、2014年7月30日，商务部发布2014年第50号公告，对外告知原产于日本、韩国、美国和台湾地区的进口苯酚反倾销措施将于2015年1月30日到期。

2014年10月10日，商务部发布2014年第67号公告，对外告知原产于美国和俄罗斯的进口取向电工钢反倾销措施及原产于美国的进口取向电工钢反补贴措施将于2015年4月10日到期。

2014年10月21日，商务部发布2014年第64号公告，对外告知原产于美国、欧盟、俄罗斯和台湾地区的进口锦纶6切片反倾销措施将于2015年4月21日到期。

除上述措施外，其他将于2015年到期的反倾销反补贴措施均通过本公告一并对外告知(见附件)，商务部不再发布个案措施到期公告。

二、在本公告附件所列个案反倾销反补贴措施到期日60天前，相关国内产业或代表国内产业的自然人、法人或有关组织如认为，终止征收该措施有可能导致倾销/补贴和损害的继续或者再度发生，可以书面形式向商务部提出期终复审申请。

三、该申请书应包含要求进行期终复审的明确表示和终止该反倾销反补贴措施将可能导致倾销/补贴和损害的继续或再度发生的充分证据。

四、如相关国内产业或代表国内产业的自然人、法人或有关组织未按本公告的规定提出期终复审申请，同时在相关反倾销反补贴措施到期前，商务部也未主动发起期终复审调查，则该反倾销反补贴措施将自措施到期之日起终止实施。

附件：将于2015年到期的反倾销反补贴措施一览表

序号	措施类型	产品名称	涉案国别和地区	终裁公告号	措施起始日期	措施到期日期
1	反倾销措施	苯酚	美国、日本、韩国、台湾地区	2010年第2号	2010年1月31日	2015年1月30日
4	反倾销措施	锦纶6切片	美国、欧盟、俄罗斯、台湾地区	2010年第15号	2010年4月22日	2015年4月21日
6	反倾销措施	对苯二甲酸	韩国、泰国	2010年第47号	2010年8月12日	2015年8月11日
10	反倾销措施	乙醇胺（单乙醇胺MEA、二乙醇胺DEA）	日本、美国、德国、伊朗、马来西亚、墨西哥、台湾地区	2010年第75号	2010年11月14日	2015年11月13日
11	反倾销措施	甲醇	印度尼西亚、马来西亚、新西兰、沙特阿拉伯	2010年第91号	2010年12月24日	2015年12月23日

（其他略）

（中国塑料加工工业协会 郭齐 马占峰）

政策法规

2015年国家与塑料行业相关的政策法规

一、中华人民共和国商务部 国家发展改革委令第22号 外商投资产业指导目录（2015年修订）（2015年3月10日）

《外商投资产业指导目录（2015年修订）》已经国务院批准，现予以发布，自2015年4月10日起施行。2011年12月24日国家发展和改革委员会、商务部发布的《外商投资产业指导目录（2011年修订）》同时废止。

外商投资产业指导目录（2015年修订）

鼓励外商投资产业目录（其他略）

一、农、林、牧、渔业

二、采矿业

11. 石油、天然气（含油页岩、油砂、页岩气、煤层气等非常规油气）的勘探、开发和矿井瓦斯利用（限于合资、合作）

三、制造业

（九）石油加工、炼焦和核燃料加工业

33. 酚油加工、洗油加工、煤沥青高端化利用（不含改质沥青）

（十）化学原料和化学制品制造业

34. 聚氯乙烯和有机硅新型下游产品开发与生产

35. 合成材料的配套原料：过氧化氢氧化丙烯法环氧丙烷、萘二甲酸二甲酯（NDC）、1,4-环己烷二甲醇（CHDM）、5万吨/年及以上丁二烯法己二腈、己二胺生产

36. 合成纤维原料：尼龙66盐、1,3-丙二醇生产

37. 合成橡胶：异戊橡胶、聚氨酯橡胶、丙烯酸酯橡胶、氯醇橡胶，以及氟橡胶、硅橡胶等特种橡胶生产

38. 工程塑料及塑料合金：6万吨/年及以上非光气法聚碳酸酯（PC）、均聚法聚甲醛、聚苯硫醚、聚醚醚酮、聚酰亚胺、聚砜、聚醚砜、聚芳酯（PAR）、聚苯醚及其改性材料、液晶聚合物等产品生产

39. 精细化工：催化剂新产品、新技术，染（颜）料商品化加工技术，电子化学品和造纸化学品，皮革化学品（N-N二甲基甲酰胺除外），油田助剂，表面活性剂，水处理剂，胶粘剂，无机纤维、无机纳米材料生产，颜料包膜处理深加工

40. 环保型印刷油墨、环保型芳烃油生产

41. 天然香料、合成香料、单离香料生产

42. 高性能涂料，高固体粉、无溶剂涂料，水性工业涂料及配套水性树脂生产

43. 高性能氟树脂、氟膜材料，医用含氟中间体，环境友好型含氟制冷剂、和清洁剂、发泡剂生产

44. 从磷化工、铝冶炼中回收氟资源生产

45. 林业化学产品新技术、新产品开发与生产

46. 环保用无机、有机和生物膜开发与生产

47. 新型肥料开发与生产：高浓度钾肥、复合型微生物接种剂、复合微生物肥料、秸秆及垃圾腐熟剂、特殊功能微生物制剂

48. 高效、安全、环境友好的农药新品种、新剂型、专用中间体、助剂的开发与生产，以及相关清洁生产工艺的开发和应用（甲叉法乙草胺、水相法毒死蜱工艺、草甘膦回收氯甲烷工艺、定向合成法手性和立体结构农药生产、乙基氯化物合成技术）

49. 生物农药及生物防治产品开发与生产：微生物杀虫剂、微生物杀菌剂、农用抗生素、昆虫信息素、天敌昆虫、微生物除草剂

50. 废气、废液、废渣综合利用和处理、处置

51. 有机高分子材料生产：飞机蒙皮涂料、稀土硫化铈红色染料、无铅化电子封装材料、彩色等离子体显示屏专用系列光刻浆料、小直径大比表面积超细纤维、高精度燃油滤纸、锂离子电池隔膜、表面处理自我修复材料、超疏水纳米涂层材料

（十二）化学纤维制造业

63. 差别化化学纤维及芳纶、碳纤维、高强高模聚乙烯、聚苯硫醚（PPS）等高新技术化纤（粘胶纤维除外）生产

64. 纤维及非纤维用新型聚酯生产：聚对苯二甲酸丙二醇酯（PTT）、聚葵二甲酸乙二醇酯（PEN）、聚对苯二甲酸环己烷二甲醇酯（PCT）、二元醇改性聚对苯二甲酸乙二醇酯（PETG）

65. 利用新型可再生资源和绿色环保工艺生产生物质纤维，包括新溶剂法纤维素纤维（Lyocell）、以竹、麻等为原料的再生纤维素纤维、聚乳酸纤维（PLA）、甲壳素纤维、聚羟基脂肪酸酯纤维（PHA）、动植物蛋白纤维等

66. 尼龙11、尼龙1414、尼龙46、长碳链尼龙、耐高温尼龙等新型聚酰胺开发与生产

67. 子午胎用芳纶纤维及帘线生产

（十三）橡胶和塑料制品业

68. 新型光生态多功能宽幅农用薄膜开发与生产

69. 废旧塑料的回收和再利用

70. 塑料软包装新技术、新产品（高阻隔、多功能膜及原料）开发与生产

（十八）专用设备制造业

145. 非金属制品模具设计与制造

184. 废旧塑料、电器、橡胶、电池回收处理再生利用设备制造

五、交通运输、仓储和邮政业

六、批发和零售业

七、租赁和商务服务业

八、科学研究和技术服务业

九、水利、环境和公共设施管理业

十、教育

十一、卫生和社会工作

十二、文化、体育和娱乐业（其他略）

限制外商投资产业目录（略）

禁止外商投资产业目录（略）

二、中华人民共和国商务部 公告2015年第12号 自由贸易试验区外商投资备案管理办法（试行）（2015年4月8日）

为进一步扩大对外开放，推进外商投资管理制度改革，在自由贸易试验区（以下称自贸试验区）营造国际化、法治化、市场化的营商环境，经全国人大常委会授权，国务院决定在自贸试验区对外商投资实行准入前国民待遇加负面清单的管理模式。为落实改革外商投资管理模式的相关要求，规范自贸试验区外商投资备案管理工作，现公布《自由贸易试验区外商投资备案管理办法（试行）》，自发布之日起30日后实施。

自由贸易试验区外商投资备案管理办法（试行）

第一条　为进一步扩大对外开放，推进外商投资管理制度改革，在中国（广东）自由贸易试验区、中国（天津）自由贸易试验区、中国（福建）自由贸易试验区、中国（上海）自由贸易试验区（以下简称自贸试验区）营造国际化、法治化、市场化的营商环境，根据《全国人大常委会关于授权国务院在中国（上海）自由贸易试验区暂时调整有关法律规定的行政审批的决定》、《全国人大常委会关于授权国务院在中国（广东）、中国（天津）、中国（福建）自由贸易试验区以及中国（上海）自由贸易试验区扩展区域暂时调整有关法律规定的行政审批的决定》、相关法律、行政法规及国务院决定，制定本办法。

第二条　外国投资者在自贸试验区投资《自由贸易试验区外商投资准入特别管理措施(负面清单)》以外领域，外商投资企业设立、变更（以下统称投资实施）及合同章程备案，适用本办法。法律、行政法规和国务院决定另有规定的，从其规定。

投资实施的时间对外商投资企业设立而言，为企业营业执照签发时间；对外商投资企业变更而言，涉及换发企业营业执照的，投资实施时间为企业营业执照换发时间，不涉及换发企业营业执照的，投资实施时间为变更事项发生时间。

第三条　自贸试验区管理机构（以下简称备案机构）负责自贸试验区外商投资事项的备案管理。

备案机构通过商务部外商（港澳台侨）投资备案信息系统（以下简称备案系统），开展自贸试验区外商投资事项的备案工作。

第四条　外国投资者在自贸试验区投资设立企业，属于本办法规定的备案范围的，外国投资者在取得企业名称预核准通知书后，可在投资实施前，或投资实施之日起30日内，登录自贸试验区一口受理平台（以下简称受理平台），在线填报和提交《自贸试验区外商投资企业设立备案申报表》（以下简称《设立申报表》）。

第五条　属于本办法规定的备案范围的外商投资企业，发生以下变更事项的，可在投资实施前，或投资实施之日起30日内，在线填报和提交《自贸试验区外商投资企业变更事项备案申报表》）（以下简称《变更申报表》），办理变更备案手续：

（一）投资总额变更；

（二）注册资本变更；

（三）股权、合作权益变更或转让；

（四）股权质押；

（五）合并、分立；

（六）经营范围变更；

（七）经营期限变更；

（八）提前终止；

（九）出资方式、出资期限变更；

（十）中外合作企业外国合作者先行回收投资；

（十一）企业名称变更；

（十二）注册地址变更。

其中，依照相关法律法规规定应当公告的，应当在办理变更备案手续时说明依法办理公告手续情况。

第六条 备案管理的外商投资企业发生需审批的变更事项，应按照外商投资管理的相关规定办理审批手续。

第七条 自贸试验区内于本办法实施前已设立的外商投资企业发生变更，或自贸试验区外的外商投资企业迁入，且属于本办法规定的备案范围的，应办理变更备案手续，并缴销《外商（港澳台侨）投资企业批准证书》。

第八条 外国投资者或外商投资企业在提交《设立申报表》或《变更申报表》时承诺，申报内容真实、完整、有效，申报的投资事项符合相关法律法规的规定。

第九条 外国投资者或外商投资企业在线提交《设立申报表》或《变更申报表》后，备案机构对申报事项是否属于备案范围进行甄别。属于本办法规定的备案范围的，备案机构应在3个工作日内完成备案，通知外国投资者或外商投资企业。不属于备案范围的，通知外国投资者或外商投资企业按有关规定办理审批手续。

第十条 备案机构应即时在备案系统发布备案结果，并向受理平台共享备案结果信息。

第十一条 收到备案完成通知后，外国投资者或外商投资企业可向备案机构领取《外商投资企业备案证明》（以下简称《备案证明》）。领取时需提交以下文件：

（一）企业名称预先核准通知书（复印件）；

（二）外国投资者或其授权代表签章的《设立申报表》，或外商投资企业或其授权代表签章的《变更申报表》；

（三）外国投资者、实际控制人主体资格证明或身份证明（复印件）。

第十二条 自贸试验区外商投资企业应在每年6月30日前登录备案系统，填报《外商投资企业投资经营情况年度报告表》。

第十三条 备案机构对自贸试验区外国投资者及外商投资企业遵守外商投资法律法规规定情况实施监督检查。

备案机构可采取定期抽查、根据举报进行检查、根据有关部门或司法机关的建议和反映进行检查，以及依法定职权启动检查等方式开展监督检查。

第十四条 备案机构的监督检查内容包括：外国投资者或外商投资企业是否按本办法规定履行备案程序；外商投资企业投资经营活动是否与填报的备案信息一致；是否按本办法规定填报年度报告；是否存在违反外商投资法律法规规定的其他情形。

第十五条 经监督检查发现外国投资者或外商投资企业存在违反外商投资法律法规规定的情形的，备案机构应以书面通知责成其说明情况，并依法开展调查。经调查确认存在违法行为的，责令其限期整改；情节严重的，备案机构应取消备案，并提请相关部门依法予以处罚。

第十六条 外国投资者、外商投资企业在备案、登记及投资经营等活动中所形成的信息，以及备案机构和其他主管部门在监督检查中掌握的反映其诚信状况的信息，将纳入商务部外商（港澳台侨）投资诚信档案系统。

商务部与相关部门共享外国投资者及外商投资企业的诚信信息。对于备案信息不实，或未按本办法规定填报年度报告的，备案机构将把相关信息记入诚信档案，并采取适当方式予以公示。

诚信信息共享与公示不得含有外国投资者、外商投资企业的商业秘密、个人隐私。

第十七条 自贸试验区外商投资事项涉及国家安全审查、反垄断审查的，按相关规定办理。

第十八条 外商投资的投资性公司、创业投资企业在自贸试验区投资，视同外国投资者，适用本办法。

自贸试验区内的外资并购、外国投资者对上市公司战略投资、外国投资者以其持有的中国境内企业股权出资、外商投资企业境内再投资，应符合相关规定要求。

第十九条 香港特别行政区、澳门特别行政区、台湾地区投资者在自贸试验区投资《自由贸易试验区外商投资准入特别管理措施（负面清单）》以外领域的，参照本办法办理。

第二十条 本办法自发布之日起30日后实施。

附件：1. 自贸试验区外商投资企业设立备案申报表（略）

2. 自贸试验区外商投资企业变更事项备案申报表（略）

3. 中国（ ）自由贸易试验区外商投资企业备案证明（略）

又讯：中华人民共和国商务部 商资发〔2015〕313号 关于支持自由贸易试验区创新发展的意见（2015年8月25日）

天津市、上海市、福建省、广东省商务主管部门：

为落实党中央、国务院部署，积极推进自由贸易试验区（以下简称自贸试验区）建设，发挥自贸试验区改革开放排头兵、创新发展先行者的作用，现提出以下意见：

一、统筹协调方案实施

（一）积极发挥国务院自由贸易试验区工作部际联席会议统筹协调职能，做好联席会议办公室工作，会同有关部门按照任务分工支持自贸试验区推进方案全面落实；对于自贸试验区在发展过程中遇到的问题，及时协调有关部门研究解决，重大问题提请联席会议协调；组织开展改革开放试点事项的总结评估，会同有关部门提出向全国复制推广的建议。

二、促进对外贸易转型升级

（二）支持在自贸试验区试点设立加工贸易采购、分拨和结算中心，鼓励跨国公司开展离岸结算业务，促进加工贸易转型升级。

（三）依托自贸试验区产业集群优势，支持区内企业开展航空维修等面向国内外市场的高技术含量、高附加值的检测维修业务。

（四）支持自贸试验区发展跨境电子商务，在总结评估中国（杭州）跨境电子商务综合试验区试点情况的基础上，将海关监管、检验检疫、进出口税收和结售汇等方面的政策，优先向自贸试验区复制推广，促进跨境电子商务健康快速发展。

（五）促进自贸试验区内设立的外贸综合服务企业健康规范发展，建立重点企业联系制度，在有效防范各类监管风险的前提下，向符合条件的重点外贸综合服务企业提供快速通关、简易退税和财政金融等支持，提高企业综合竞争力。

（六）在自贸试验区推进自动进口许可证通关作业无纸化试点和电子许可证的推广工作，建立和完善电子许可证应用服务系统，推动国际贸易单一窗口的建设。

（七）充分发挥自贸试验区现代服务业集聚作用，认定一批特色服务出口基地，开展服务贸易统计试点，培育一批创新发展的服务贸易龙头企业和具备较强国际竞争力的服务品牌。积极发展服务外包业务，研究将服务外包示范城市的支持政策扩大至自贸试验区。

（八）支持上海市牵头在上海自贸试验区推进亚太示范电子口岸网络建设，尽快启动亚太示范电子口岸网络运营中心，加强国际贸易互联互通。

（九）支持天津市牵头在天津自贸试验区加快建设亚太经济合作组织绿色供应链合作网络天津示范中心，探索建立绿色供应链管理体系，鼓励开展绿色贸易。

（十）支持福建自贸试验区探索创新管理方式和监管模式，促进对台小额贸易规范发展，会同有关部门建立工作协调机制，及时总结评估、加强风险防范。

三、降低投资准入门槛

（十一）支持自贸试验区所在地省级人民政府进一步简政放权，在法定职权范围内可依照法定程序，将省级商务部门外商投资、对外投资、融资租赁、典当、拍卖等管理权限委托给自贸试验区管理机构。商务部将做好业务指导和有关技术支持服务。

（十二）放宽自贸试验区内外商投资企业申请直销经营许可资质的条件，取消外国投资者需具备3年以上在中国境外从事直销活动经验的要求。

（十三）支持自贸试验区开展商业保理试点，探索适合商业保理发展的外汇管理模式，积极发展国际保理业务，充分发挥商业保理在扩大出口、促进流通、解决中小企业融资难等方面的积极作用。

（十四）允许外国投资者在自贸试验区投资设立典当企业，设立条件、监督管理与内资典当企业保持一致，参照《典当管理办法》进行管理。

（十五）支持自贸试验区内企业加大融资租赁业务创新力度，允许符合条件的融资租赁公司设立专业子公司；支持融资租赁公司在符合相关规定的前提下，设立项目公司经营大型设备、成套设备等融资租赁业务，并开展境内外租赁业务。允许注册在自贸试验区内的内资融资租赁企业享受与现行内资融资租赁试点企业同等待遇。

（十六）允许外国投资者以独资形式在自贸试验区内设立企业，从事加油站的建设、经营，不受门店数量的限制。

（十七）研究支持广东自贸试验区在《内地与香港/澳门关于建立更紧密经贸关系的安排》框架下，进一步取消或放宽对港澳服务提供者的资质要求、持股比例、经营范围等准入限制。

四、完善市场竞争环境

（十八）支持自贸试验区开展汽车平行进口，建立多渠道、多元化汽车流通模式。试点企业可以向商务部申领汽车产品自动进口许可证。

（十九）指导自贸试验区开展大宗商品现货交易试点，建立完善制度规则，加强风险防范，推动大宗商品现货交易和资源配置平台建设。

（二十）在自贸试验区内试点开展融资租赁管理改革，统一内外资融资租赁企业的管理模式，建立统一的现场监管、机构约谈、信息报送及核查等监管制度，探索建立登记备案、经营异常名录管理、监管评级等制度。

（二十一）支持自贸试验区开展外商投资统计改革试点，实施外商投资统计直报。

（二十二）指导自贸试验区建立健全外商投资投诉受理机构，创新涉及政府行为的投资纠纷解决机制，不断提高外国投资者在华投资保护水平。

（二十三）支持自贸试验区建设“走出去”综合信息服务平台，利用政府、商协会、企业、金融机构、中介组织等渠道，及时发布相关政策，提供市场需求、项目合作等信息资源，为区内企业“走出去”提供综合信息服务。

（二十四）支持自贸试验区配合商务部开展经营者集中反垄断审查工作。受商务部委托，督促达到国务院规定申报标准的企业向商务部进行经营者集中申报，对发现的应申报而未申报或未获批准而启动实施的经营者集中向商务部报告，在本区域内协助商务部开展案件调查工作，协助商务部对禁止性、附加限制性条件的经营者集中案件进行监督和执行。

（二十五）指导自贸试验区建立产业安全预警体系，以《对外贸易法》为依据，结合自贸试验区的开放特点，以“四体联动”机制为基础，创建与之相适应的预警体系，在扩大开放的同时，保障我国产业安全。

五、做好试点总结评估

（二十六）天津市、上海市、福建省、广东省商务主管部门要坚决贯彻简政放权、放管结合、优化服务的要求，支持自贸试验区以市场为导向，先行先试，大胆创新，扎实推进商务领域各项试点任务的实施，及时总结评估试点成效。

三、中华人民共和国国务院　国发〔2015〕32号　关于大力推动大众创业万众创新若干政策措施的意见（2015年6月11日）

各省、自治区、直辖市人民政府，国务院各部委、各直属机构：

推进大众创业、万众创新，是发展的动力之源，也是富民之道、公平之计、强国之策，对于推动经济结构调整、打造发展新引擎、增强发展新动力、走创新驱动发展道路具有重要意义，是稳增长、扩就业、激发亿万群众智慧和创造力，促进社会纵向流动、公平正义的重大举措。根据2015年《政府工作报告》部署，为改革完善相关体制机制，构建普惠性政策扶持体系，推动资金链引导创业创新链、创业创新链支持产业链、产业链带动就业链，现提出以下意见。

一、充分认识推进大众创业、万众创新的重要意义

——推进大众创业、万众创新，是培育和催生经济社会发展新动力的必然选择。随着我国资源环境约束日益强化，要素的规模驱动力逐步减弱，传统的高投入、高消耗、粗放式发展方式难以为继，经济发展进入新常态，需要从要素驱动、投资驱动转向创新驱动。推进大众创业、万众创新，就是要通过结构性改革、体制机制创新，消除不利于创业创新发展的各种制度束缚和桎梏，支持各类市场主体不断开办新企业、开发新产品、开拓新市场，培育新兴产业，形成小企业“铺天盖地”、大企业“顶天立地”的发展格局，实现创新驱动发展，打造新引擎、形成新动力。

——推进大众创业、万众创新，是扩大就业、实现富民之道的根本举措。我国有13亿多人口、9亿多劳动力，每年高校毕业生、农村转移劳动力、城镇困难人员、退役军人数量较大，人力资源转化为人力资本的潜力巨大，但就业总量压力较大，结构性矛盾凸显。推进大众创业、万众创新，就是要通过转变政府职能、建设服务型政府，营造公平竞争的创业环境，使有梦想、有意愿、有能力的科技人员、高校毕业生、农民工、退役军人、失业人员等各类市场创业主体“如鱼得水”，通过创业增加收入，让更多的人富起来，促进收入分配结构调整，实现创新支持创业、创业带动就业的良性互动发展。

——推进大众创业、万众创新，是激发全社会创新潜能和创业活力的有效途径。目前，我国创业创新理念还没有深入人心，创业教育培训体系还不健全，善于创造、勇于创业的能力不足，鼓励创新、宽容失败的良好环境尚未形成。推进大众创业、万众创新，就是要通过加强全社会以创新为核心的创业教育，弘扬“敢为人先、追求创新、百折不挠”的创业精神，厚植创新文化，不断增强创业创新意识，使创业创新成为全社会共同的价值追求和行为习惯。

二、总体思路

按照“四个全面”战略布局，坚持改革推动，加快实施创新驱动发展战略，充分发挥市场在资源配置中的决定性作用和更好发挥政府作用，加大简政放权力度，放宽政策、放开市场、放活主体，形

成有利于创业创新的良好氛围，让千千万万创业者活跃起来，汇聚成经济社会发展的巨大动能。不断完善体制机制、健全普惠性政策措施，加强统筹协调，构建有利于大众创业、万众创新蓬勃发展的政策环境、制度环境和公共服务体系，以创业带动就业、创新促进发展。

——坚持深化改革，营造创业环境。通过结构性改革和创新，进一步简政放权、放管结合、优化服务，增强创业创新制度供给，完善相关法律法规、扶持政策和激励措施，营造均等普惠环境，推动社会纵向流动。

——坚持需求导向，释放创业活力。尊重创业创新规律，坚持以人为本，切实解决创业者面临的资金需求、市场信息、政策扶持、技术支撑、公共服务等瓶颈问题，最大限度释放各类市场主体创业创新活力，开辟就业新空间，拓展发展新天地，解放和发展生产力。

——坚持政策协同，实现落地生根。加强创业、创新、就业等各类政策统筹，部门与地方政策联动，确保创业扶持政策可操作、能落地。鼓励有条件的地区先行先试，探索形成可复制、可推广的创业创新经验。

——坚持开放共享，推动模式创新。加强创业创新公共服务资源开放共享，整合利用全球创业创新资源，实现人才等创业创新要素跨地区、跨行业自由流动。依托“互联网＋”、大数据等，推动各行业创新商业模式，建立和完善线上与线下、境内与境外、政府与市场开放合作等创业创新机制。

三、创新体制机制，实现创业便利化

（一）完善公平竞争市场环境。进一步转变政府职能，增加公共产品和服务供给，为创业者提供更多机会。逐步清理并废除妨碍创业发展的制度和规定，打破地方保护主义。加快出台公平竞争审查制度，建立统一透明、有序规范的市场环境。依法反垄断和反不正当竞争，消除不利于创业创新发展的垄断协议和滥用市场支配地位以及其他不正当竞争行为。清理规范涉企收费项目，完善收费目录管理制度，制定事中事后监管办法。建立和规范企业信用信息发布制度，制定严重违法企业名单管理办法，把创业主体信用与市场准入、享受优惠政策挂钩，完善以信用管理为基础的创业创新监管模式。

（二）深化商事制度改革。加快实施工商营业执照、组织机构代码证、税务登记证“三证合一”、“一照一码”，落实“先照后证”改革，推进全程电子化登记和电子营业执照应用。支持各地结合实际放宽新注册企业场所登记条件限制，推动“一址多照”、集群注册等住所登记改革，为创业创新提供便利的工商登记服务。建立市场准入等负面清单，破除不合理的行业准入限制。开展企业简易注销试点，建立便捷的市场退出机制。依托企业信用信息公示系统建立小微企业名录，增强创业企业信息透明度。

（三）加强创业知识产权保护。研究商业模式等新形态创新成果的知识产权保护办法。积极推进知识产权交易，加快建立全国知识产权运营公共服务平台。完善知识产权快速维权与维权援助机制，缩短确权审查、侵权处理周期。集中查处一批侵犯知识产权的大案要案，加大对反复侵权、恶意侵权等行为的处罚力度，探索实施惩罚性赔偿制度。完善权利人维权机制，合理划分权利人举证责任，完善行政调解等非诉讼纠纷解决途径。

（四）健全创业人才培养与流动机制。把创业精神培育和创业素质教育纳入国民教育体系，实现全社会创业教育和培训制度化、体系化。加快完善创业课程设置，加强创业实训体系建设。加强创业创新知识普及教育，使大众创业、万众创新深入人心。加强创业导师队伍建设，提高创业服务水平。加快推进社会保障制度改革，破除人才自由流动制度障碍，实现党政机关、企事业单位、社会各方面人才顺畅流动。加快建立创业创新绩效评价机制，让一批富有创业精神、勇于承担风险的人才脱颖而出。

四、优化财税政策，强化创业扶持

（五）加大财政资金支持和统筹力度。各级财政要根据创业创新需要，统筹安排各类支持小微企业和创业创新的资金，加大对创业创新支持力度，强化资金预算执行和监管，加强资金使用绩效评价。支持有条件的地方政府设立创业基金，扶持创业创新发展。在确保公平竞争前提下，鼓励对众创空间等孵化机构的办公用房、用水、用能、网络等软硬件设施给予适当优惠，减轻创业者负担。

（六）完善普惠性税收措施。落实扶持小微企业发展的各项税收优惠政策。落实科技企业孵化器、大学科技园、研发费用加计扣除、固定资产加速折旧等税收优惠政策。对符合条件的众创空间等新型孵化机构适用科技企业孵化器税收优惠政策。按照税制改革方向和要求，对包括天使投资在内的投向种子期、初创期等创新活动的投资，统筹研究相关税收支持政策。修订完善高新技术企业认定办法，完善创业投资企业享受70%应纳税所得额税收抵免政策。抓紧推广中关村国家自主创新示范区税收试点政策，将企业转增股本分期缴纳个人所得税试点政策、股权奖励分期缴纳个人所得税试点政策推广至全国范围。落实促进高校毕业生、残疾人、退役军人、登记失业人员等创业就业税收政策。

（七）发挥政府采购支持作用。完善促进中小企业发展的政府采购政策，加强对采购单位的政策指导和监督检查，督促采购单位改进采购计划编制和项目预留管理，增强政策对小微企业发展的支持效果。加大创新产品和服务的采购力度，把政府采购与支持创业发展紧密结合起来。

五、搞活金融市场，实现便捷融资

（八）优化资本市场。支持符合条件的创业企业上市或发行票据融资，并鼓励创业企业通过债券市场筹集资金。积极研究尚未盈利的互联网和高新技术企业到创业板发行上市制度，推动在上海证券交易所建立战略新兴产业板。加快推进全国中小企业股份转让系统向创业板转板试点。研究解决特殊股权结构类创业企业在境内上市的制度性障碍，完善资本市场规则。规范发展服务于中小微企业的区域性股权市场，推动建立工商登记部门与区域性股权市场的股权登记对接机制，支持股权质押融资。支持符合条件的发行主体发行小微企业增信集合债等企业债券创新品种。

（九）创新银行支持方式。鼓励银行提高针对创业创新企业的金融服务专业化水平，不断创新组织架构、管理方式和金融产品。推动银行与其他金融机构加强合作，对创业创新活动给予有针对性的股权和债权融资支持。鼓励银行业金融机构向创业企业提供结算、融资、理财、咨询等一站式系统化的金融服务。

（十）丰富创业融资新模式。支持互联网金融发展，引导和鼓励众筹融资平台规范发展，开展公开、小额股权众筹融资试点，加强风险控制和规范管理。丰富完善创业担保贷款政策。支持保险资金参与创业创新，发展相互保险等新业务。完善知识产权估值、质押和流转体系，依法合规推动知识产权质押融资、专利许可费收益权证券化、专利保险等服务常态化、规模化发展，支持知识产权金融发展。

六、扩大创业投资，支持创业起步成长

（十一）建立和完善创业投资引导机制。不断扩大社会资本参与新兴产业创投计划参股基金规模，做大直接融资平台，引导创业投资更多向创业企业起步成长的前端延伸。不断完善新兴产业创业投资政策体系、制度体系、融资体系、监管和预警体系，加快建立考核评价体系。加快设立国家新兴产业创业投资引导基金和国家中小企业发展基金，逐步建立支持创业创新和新兴产业发展的市场化长效运行机制。发展联合投资等新模式，探索建立风险补偿机制。鼓励各地方政府建立和完善创业投资引导基金。加强创业投资立法，完善促进天使投资的政策法规。促进国家新兴产业创业投资引导基金、科技型中小企业创业投资引导基金、国家科技成果转化引导基金、国家中小企业发展基金等协同联动。推进创业投资行业协会建设，加强行业自律。

（十二）拓宽创业投资资金供给渠道。加快实施新兴产业“双创”三年行动计划，建立一批新兴产业“双创”示范基地，引导社会资金支持大众创业。推动商业银行在依法合规、风险隔离的前提下，与创业投资机构建立市场化长期性合作。进一步降低商业保险资金进入创业投资的门槛。推动发展投贷联动、投保联动、投债联动等新模式，不断加大对创业创新企业的融资支持。

（十三）发展国有资本创业投资。研究制定鼓励国有资本参与创业投资的系统性政策措施，完善国有创业投资机构激励约束机制、监督管理机制。引导和鼓励中央企业和其他国有企业参与新兴产业创业投资基金、设立国有资本创业投资基金等，充分发挥国有资本在创业创新中的作用。研究完善国有创业投资机构国有股转持豁免政策。

（十四）推动创业投资“引进来”与“走出去”。抓紧修订外商投资创业投资企业相关管理规定，按照内外资一致的管理原则，放宽外商投资准入，完善外资创业投资机构管理制度，简化管理流程，鼓励外资开展创业投资业务。放宽对外资创业投资基金投资限制，鼓励中外合资创业投资机构发展。引导和鼓励创业投资机构加大对境外高端研发项目的投资，积极分享境外高端技术成果。按投资领域、用途、募集资金规模，完善创业投资境外投资管理。

七、发展创业服务，构建创业生态

（十五）加快发展创业孵化服务。大力发展创新工场、车库咖啡等新型孵化器，做大做强众创空间，完善创业孵化服务。引导和鼓励各类创业孵化器与天使投资、创业投资相结合，完善投融资模式。引导和推动创业孵化与高校、科研院所等技术成果转移相结合，完善技术支撑服务。引导和鼓励国内资本与境外合作设立新型创业孵化平台，引进境外先进创业孵化模式，提升孵化能力。

（十六）大力发展第三方专业服务。加快发展企业管理、财务咨询、市场营销、人力资源、法律顾问、知识产权、检验检测、现代物流等第三方专业化服务，不断丰富和完善创业服务。

（十七）发展“互联网+”创业服务。加快发展“互联网+”创业网络体系，建设一批小微企业创业创新基地，促进创业与创新、创业与就业、线上与线下相结合，降低全社会创业门槛和成本。加强政府数据开放共享，推动大型互联网企业和基础电信企业向创业者开放计算、存储和数据资源。积极推广众包、用户参与设计、云设计等新型研发组织模式和创业创新模式。

（十八）研究探索创业券、创新券等公共服务新模式。有条件的地方继续探索通过创业券、创新券等方式对创业者和创新企业提供社会培训、管理咨询、检验检测、软件开发、研发设计等服务，建立和规范相关管理制度和运行机制，逐步形成可复制、可推广的经验。

八、建设创业创新平台，增强支撑作用

（十九）打造创业创新公共平台。加强创业创新信息资源整合，建立创业政策集中发布平台，完善专业化、网络化服务体系，增强创业创新信息透明度。鼓励开展各类公益讲坛、创业论坛、创业培训等活动，丰富创业平台形式和内容。支持各类创业创新大赛，定期办好中国创新创业大赛、中国农业科技创新创业大赛和创新挑战大赛等赛事。加强和完善中小企业公共服务平台网络建设。充分发挥企业的创新主体作用，鼓励和支持有条件的大型企业发展创业平台、投资并购小微企业等，支持企业内外部创业者创业，增强企业创业创新活力。为创业失败者再创业建立必要的指导和援助机制，不断增强创业信心和创业能力。加快建立创业企业、天使投资、创业投资统计指标体系，规范统计口径和调查方法，加强监测和分析。

（二十）用好创业创新技术平台。建立科技基础设施、大型科研仪器和专利信息资源向全社会开放的长效机制。完善国家重点实验室等国家级科研平台（基地）向社会开放机制，为大众创业、万众创新提供有力支撑。鼓励企业建立一批专业化、市场化的技术转移平台。鼓励依托三维（3D）打印、网络制造等先进技术和发展模式，开展面向创业者的社会化服务。引导和支持有条件的领军企业创建特色服务平台，面向企业内部和外部创业者提供资金、技术和服务支撑。加快建立军民两用技术项目实施、信息交互和标准化协调机制，促进军民创新资源融合。

（二十一）发展创业创新区域平台。支持开展全面创新改革试验的省（区、市）、国家综合配套改革试验区等，依托改革试验平台在创业创新体制机制改革方面积极探索，发挥示范和带动作用，为创业创新制度体系建设提供可复制、可推广的经验。依托自由贸易试验区、国家自主创新示范区、战略性新兴产业集聚区等创业创新资源密集区域，打造若干具有全球影响力的创业创新中心。引导和鼓励创业创新型城市完善环境，推动区域集聚发展。推动实施小微企业创业基地城市示范。鼓励有条件的地方出台各具特色的支持政策，积极盘活闲置的商业用房、工业厂房、企业库房、物流设施和家庭住所、租赁房等资源，为创业者提供低成本办公场所和居住条件。

九、激发创造活力，发展创新型创业

（二十二）支持科研人员创业。加快落实高校、科研院所等专业技术人员离岗创业政策，对经同意离岗的可在3年内保留人事关系，建立健全科研人员双向流动机制。进一步完善创新型中小企业上市股权激励和员工持股计划制度规则。鼓励符合条件的企业按照有关规定，通过股权、期权、分红等激励方式，调动科研人员创业积极性。支持鼓励学会、协会、研究会等科技社团为科技人员和创业企业提供咨询服务。

（二十三）支持大学生创业。深入实施大学生创业引领计划，整合发展高校毕业生就业创业基金。引导和鼓励高校统筹资源，抓紧落实大学生创业指导服务机构、人员、场地、经费等。引导和鼓励成功创业者、知名企业家、天使和创业投资人、专家学者等担任兼职创业导师，提供包括创业方案、创业渠道等创业辅导。建立健全弹性学制管理办法，支持大学生保留学籍休学创业。

（二十四）支持境外人才来华创业。发挥留学回国人才特别是领军人才、高端人才的创业引领带动作用。继续推进人力资源市场对外开放，建立和完善境外高端创业创新人才引进机制。进一步放宽外籍高端人才来华创业办理签证、永久居留证等条件，简化开办企业审批流程，探索由事前审批调整为事后备案。引导和鼓励地方对回国创业高端人才和境外高端人才来华创办高科技企业给予一次性创业启动资金，在配偶就业、子女入学、医疗、住房、社会保障等方面完善相关措施。加强海外科技人才离岸创业基地建设，把更多的国外创业创新资源引入国内。

十、拓展城乡创业渠道，实现创业带动就业

（二十五）支持电子商务向基层延伸。引导和鼓励集办公服务、投融资支持、创业辅导、渠道开拓于一体的市场化网商创业平台发展。鼓励龙头企业结合乡村特点建立电子商务交易服务平台、商品集散平台和物流中心，推动农村依托互联网创业。鼓励电子商务第三方交易平台渠道下沉，带动城乡基层创业人员依托其平台和经营网络开展创业。完善有利于中小网商发展的相关措施，在风险可控、商业可持续的前提下支持发展面向中小网商的融资贷款业务。

（二十六）支持返乡创业集聚发展。结合城乡区域特点，建立有市场竞争力的协作创业模式，形成各具特色的返乡人员创业联盟。引导返乡创业人员融入特色专业市场，打造具有区域特点的创业集群和优势产业集群。深入实施农村青年创业富民行动，支持返乡创业人员因地制宜围绕休闲农业、农产品深加工、乡村旅游、农村服务业等开展创业，完善家庭农场等新型农业经营主体发展环境。

（二十七）完善基层创业支撑服务。加强城乡基层创业人员社保、住房、教育、医疗等公共服务体系建设，完善跨区域创业转移接续制度。健全职业技能培训体系，加强远程公益创业培训，提升基层创业人员创业能力。引导和鼓励中小金融机构开展面向基层创业创新的金融产品创新，发挥社区地理和软环境优势，支持社区创业者创业。引导和鼓励行业龙头企业、大型物流企业发挥优势，拓展乡村信息资源、物流仓储等技术和服务网络，为基层创业提供支撑。

十一、加强统筹协调，完善协同机制

（二十八）加强组织领导。建立由发展改革委牵头的推进大众创业万众创新部际联席会议制度，加强顶层设计和统筹协调。各地区、各部门要立足改革创新，坚持需求导向，从根本上解决创业创新中面临的各种体制机制问题，共同推进大众创业、万众创新蓬勃发展。重大事项要及时向国务院报告。

（二十九）加强政策协调联动。建立部门之间、部门与地方之间政策协调联动机制，形成强大合力。各地区、各部门要系统梳理已发布的有关支持创业创新发展的各项政策措施，抓紧推进“立、改、废”工作，将对初创企业的扶持方式从选拔式、分配式向普惠式、引领式转变。建立健全创业创新政策协调审查制度，增强政策普惠性、连贯性和协同性。

（三十）加强政策落实情况督查。加快建立推进大众创业、万众创新有关普惠性政策措施落实情况督查督导机制，建立和完善政策执行评估体系和通报制度，全力打通决策部署的“最先一公里”和政策落实的“最后一公里”，确保各项政策措施落地生根。

各地区、各部门要进一步统一思想认识，高度重视、认真落实本意见的各项要求，结合本地区、本部门实际明确任务分工、落实工作责任，主动作为、敢于担当，积极研究解决新问题，及时总结推广经验做法，加大宣传力度，加强舆论引导，推动本意见确定的各项政策措施落实到位，不断拓展大众创业、万众创新的空间，汇聚经济社会发展新动能，促进我国经济保持中高速增长、迈向中高端水平。

四、中华人民共和国国务院办公厅 国办发〔2015〕50号 关于加快推进“三证合一”登记制度改革的意见（2015年6月23日）

各省、自治区、直辖市人民政府，国务院各部委、各直属机构：

为加快推进“三证合一”登记制度改革，经国务院同意，现提出如下意见。

一、充分认识推行“三证合一”登记制度改革的重要意义

“三证合一”登记制度是指将企业登记时依次申请，分别由工商行政管理部门核发工商营业执照、质量技术监督部门核发组织机构代码证、税务部门核发税务登记证，改为一次申请、由工商行政管理部门核发一个营业执照的登记制度。全面推行“三证合一”登记制度改革，是贯彻党的十八大和十八届二中、三中、四中全会精神，落实国务院决策部署，深化商事登记制度改革的重要举措。加快推进这一改革，可以进一步便利企业注册，持续推动形成大众创业、万众创新热潮。这是维护交易安全、消除监管盲区的有效途径，是推进简政放权、建设服务型政府的必然选择，对于提高国家治理体系和治理能力现代化水平，使市场在资源配置中起决定性作用和更好发挥政府作用，具有十分重要的意义。各地区、各部门要站在全局高度充分认识这一改革的重要意义，提高思想认识，加强协调配合，确保这一利国利民的改革举措顺利实施。

二、改革目标和基本原则

（一）改革目标

通过“一窗受理、互联互通、信息共享”，将

由工商行政管理、质量技术监督、税务三个部门分别核发不同证照，改为由工商行政管理部门核发一个加载法人和其他组织统一社会信用代码的营业执照，即“一照一码”登记模式。

（二）基本原则

1 便捷高效。要按照程序简便、办照高效的要求，优化审批流程，创新服务方式，提高登记效率，方便企业准入。

2 规范统一。要按照优化、整合、一体化的原则，科学制定“三证合一”登记流程，实行统一的“三证合一”登记程序和登记要求，规范登记条件、登记材料。

3 统筹推进。大力推行一窗受理、一站式服务工作机制，将“三证合一”登记制度改革与全程电子化登记管理、企业法人国家信息资源库建设、企业信用信息公示系统建设、政务信息共享平台建设、统一社会信用代码制度建设等工作统筹考虑、协同推进。

三、改革步骤和基本要求

（一）改革步骤

现阶段，已试行“一窗受理、并联审批、三证统发”登记模式改革和“一窗受理、并联审批、核发一照、一照三号”登记模式改革的省、自治区、直辖市可继续试点；支持上海、广东、天津、福建自贸试验区率先推行“一照一码”登记模式改革试点。各地区要积极推进“三证合一”登记制度改革各项工作，做好实施“一照一码”登记模式改革各项准备工作，待统一社会信用代码实施后，2015 年底前在全国全面推行“一照一码”登记模式。

（二）基本要求

1. 统一申请条件和文书规范。要以方便企业办事、简化登记手续、降低行政成本为出发点，按照企业不重复填报登记申请文书内容和不重复提交登记材料的原则，依法梳理申请事项，统一明确申请条件，整合简化文书规范，实行“一套材料”和“一表登记”申请，并在“一窗受理”窗口公示申请条件和示范文本。

2. 规范申请登记审批流程。按照“三证合一”登记制度改革的新要求，整合优化申请、受理、审查、核准、公示、发照等程序，缩短登记审批时限。“一个窗口”统一受理企业申请并审核后，申请材料和审核信息在部门间共享，实现数据交换、档案互认。电子登记档案与纸质登记档案具有同等法律效力。各地区要结合本地区实际，制定简明易懂的“三证合一”登记办事指南，明确企业设立（开业）登记、变更登记、注销登记等各个环节的操作流程。

3. 优化登记管理服务方式。适应实行“三证合一”登记制度改革的需要，加快推进“一个窗口”对外统一受理模式，方便申请人办理。要坚持公开办理、限时办理、透明办理，坚持条件公开、流程公开、结果公开。除涉及国家秘密、商业秘密或个人隐私外，要及时公开登记企业的基础信息。各相关部门要切实履行对申请人的告知义务，及时提供咨询服务，强化内部督查和社会监督，提高登记审批效率。

4. 建立跨部门信息传递与数据共享的保障机制。要加大信息化投入，按照统一规范和标准，改造升级各相关业务信息管理系统，实现互联互通、信息共享。充分利用统一的信用信息共享交换平台，推动企业基础信息和相关信用信息在政府部门间广泛共享和有效应用。积极推进“三证合一”申请、受理、审查、核准、公示、发照等全程电子化登记管理，最终实现“三证合一”网上办理。

5. 实现改革成果共享应用。实行“三证合一”登记制度改革后，企业的组织机构代码证和税务登记证不再发放。企业原需要使用组织机构代码证、税务登记证办理相关事务的，一律改为使用“三证合一”后的营业执照办理。实行更多证照合一的，只要与本意见的原则和要求相一致，都可以先行先试。各地区、各部门、各单位都要予以认可和应用。

四、保障措施

（一）加强组织领导。县级以上地方各级人民政府要建立“三证合一”登记制度改革领导机制，切实加强组织领导和协调，落实工作责任，为顺利实施“三证合一”登记制度改革提供必要的人员、场所、设施和经费保障。要加强对“三证合一”登记制度改革的跟踪了解和检查指导，加大统筹和督查力度，及时协调解决改革中出现的重大问题。

（二）加强协同推进。“三证合一”登记制度改革涉及工商行政管理、质量技术监督、税务及其他相关职能部门，各地区、各部门要建立协同推进工作机制，加强信息化保障，形成工作合力。有序做好已登记企业（包括已试点“三证合一”登记制度改革的企业）原发证照换发工作，与统一社会信用代码的过渡期相衔接，变更换证不能收费。过渡期内，原发证照（包括各地探索试点的“一照三号”营业执照、“一照一号”营业执照）继续有效，过渡期结束后一律使用加载统一社会信用代码的营业执照，原发证照不再有效。强化法制保障，认真梳理“三证合一”登记制度改革涉及营业执照、组织机构代码证、税务登记证的法律、法规、规章及规范性文件，及时进行修订和完善，努力使“三证合一”涉及的各个环节衔接顺畅，保证“三证合一”登记制度改革顺利实施。

（三）加强宣传引导。要充分利用各种新闻媒介，加大对“三证合一”登记制度改革的宣传解读力度，及时解答和回应社会关注的热点问题，在全社会形成关心改革、支持改革、参与改革的良好氛围。

又讯：国家工商总局 中央编办 国家发展改革委 税务总局 质检总局 国务院法制办 工商企注字〔2015〕121号 关于贯彻落实《国务院办公厅关于加快推进“三证合一”登记制度改革的意见》的通知（2015年8月7日）

各省、自治区、直辖市、计划单列市、副省级市工商行政管理局（市场监督管理部门），编办，发展改革委，国家税务局、地方税务局，质量技术监督局，法制办：

为深入贯彻《国务院关于促进市场公平竞争维护市场正常秩序的若干意见》（国发〔2014〕20号），加快推进“三证合一”登记制度改革，确保“三证合一、一照一码”登记模式如期实施，按照《国务院办公厅关于加快推进“三证合一”登记制度改革的意见》（国办发〔2015〕50号，以下简称《意见》）和《国务院关于批转发展改革委等部门法人和其他组织统一社会信用代码制度建设总体方案的通知》（国发〔2015〕33号，以下简称《方案》）的文件精神，现就有关事项通知如下：

一、统一思想，提高认识

各相关部门要充分认识实行“三证合一”登记制度改革对深化市场准入制度、推进商事制度改革的重要意义。全面推行“三证合一”登记制度改革是贯彻落实党的十八大和十八届二中、三中、四中全会精神的重要举措，是简政放权、便利市场准入、鼓励投资创业、激发市场活力的重要途径。通过实施“三证合一、一照一码”登记模式，能够有效推动相关部门工作整合归并和内部信息共享，进一步优化准入流程、减少重复性审查，加快建立程序更为便利、内容更为完善、流程更为优化、资源更为集约的市场准入新模式，有力推动大众创业、万众创新。

二、突出重点，统一模式

（一）全面实施“三证合一”登记制度，实行“一照一码”登记模式。按照《意见》和《方案》要求，根据相关法律法规和国家标准，建立统一登记流程、统一编码和赋码规则等，全面实行“三证合一、一照一码”登记模式。通过“一窗受理、互联互通、信息共享”，将由工商行政管理、质量技术监督、税务三个部门分别核发不同证照，改为由工商行政管理部门核发加载法人和其他组织统一社会信用代码（以下称统一代码）的营业执照，企业和农民专业合作社（以下统称“企业”）的组织机构代码证和税务登记证不再发放。

（二）统一登记条件，规范登记流程。以依法行政、方便企业办事、降低行政成本为出发点，按照“保留必需、合并同类、优化简化”的原则，整合优化登记申请文书提交材料规范（样式附后）。实行统一的登记条件、登记程序和登记申请文书材料规范，申请人办理企业注册登记时只需填写“一表”，向“一个窗口”提交“一套材料”即可，登记部门审核后，直接核发加载统一代码的营业执照，并在全国企业信用信息公示系统公示。办理注销时，企业需提供税务部门开具的“清税证明”。具备联网条件的，税务机关应将企业清税信息共享给登记机关供登记机关核对用。登记机关将企业基本登记信息共享给税务（含计划单列市）、质检（含计划单列市、副省级市）等相关部门。

（三）改造升级系统，实现信息共享。各地要依托已有设施资源，建设完善省（自治区、直辖市，下同）级统一的信用信息共享交换平台、政务信息平台、部门间的数据接口（以下统称信息共享交换平台），以省为单位，建立工作机制，确定工作职责，落实责任人员，明确共享内容，严格操作规程，建立跨层级、跨区域、跨部门的信息交换传递和数据共享机制。登记机关按有关要求将企业基本登记信息实时传输至信息共享交换平台。暂不具备联网实时共享信息条件的，登记机关限时提供企业基本登记信息共享。各有关部门要加强协调，积极创造条件，采取有效措施，加快信息交换传递和数据共享机制、平台建设，加快系统升级改造，尽快实现数据实时交换。各相关部门要适应“一照一码”登记模式的变化，以统一代码为标识，改造升级现有的业务管理系统，实现与省内跨区域、跨部门的信息交换传递和数据共享机制相对接，推动企业基本登记信息和相关信用信息共享和应用。

（四）梳理完善法规，实现成果广泛认可和应用。各相关部门要按照《意见》要求，及时梳理本部门与“三证合一、一照一码”登记模式相冲突的行政法规、规章及规范性文件，对有冲突的，尽快在制度框架内依法及时进行修订和完善，确保改革在法治轨道内运行。各相关部门要在各自的领域认可、使用、推广“一照一码”营业执照，对已领取“一照一码”营业执照、探索试点的“一照三号”营业执照和“一照一号”营业执照的企业在办理相关事务时，不再要求企业提供组织机构代码证、税务登记证。

（五）统筹衔接有序，确保平稳过渡。自2015年10月1日起，全国各级工商行政管理部门向新设立企业、变更企业发放加载统一代码的营业执照。各地要统筹做好改革前后的过渡衔接工作，尽快完成现有登记模式向“三证合一、一照一码”登记模式的过渡。要与统一代码过渡期相衔接，有序做好已登记企业（包括已试点“三证合一”登记制度的企业）证照的换发工作。企业在办理变更登记时，对已领取组织机构代码证的，核发加载嵌入原9位组织机构代码的统一代码的营业执照，收缴其原发营业执照、组织机构代码证、税务登记证；没有领取组织机构代码证的，按照“三证合一、一照一码”登记模式核发加载统一代码的营业执照，收缴其相关证照。在过渡期内，未换发的证照（包括各地探索试点的“一照三号”营业执照、“一照一号”营业执照，下同）可继续使用；过渡期结束后，一律使用加载统一代码的营业执照办理相关业务，未换发的营业证照不再有效。

三、明晰权责，协同推进

各相关部门要加强协调配合，确保改革举措顺利开展、全面实施。工商、编办、发改、税务、质检、法制等部门要各负其责，各司其职，协同配合，使“三证合一”登记制度改革各个环节运行顺畅。工商部门要倒排时间，按照任务分工，协调各相关部门完成包括法规梳理和完善、文书材料整合规范、升级改造对接各部门业务系统、实现信息共享等任务。编制部门要科学划分部门职责，为“三证合一”改革提供必要的人员保障。发展改革部门要积极协调，推动省级信用信息共享交换平台的建设，为信息共享提供平台支撑。税务部门、质检部门要及时做好本部门业务系统的改造，实现内部管理业务有序衔接。质检部门还要会同相关部门做好统一代码制度建设有关国家标准的编制工作。法制部门要配合各相关部门，做好行政法规、规章及规范性文件的系统审查、修订、完善工作。其他相关部门包括应用部门，也要对涉及这项改革的相关制度规定进行梳理，该修订的及时修订，确保“一照一码”营业执照在与企业有关的所有领域和环节都能够畅通无阻使用。

四、强化措施，确保落实

（一）加强组织领导。积极推动县级以上地方各级人民政府按照《意见》要求强化统筹，建立健全政府主导、相关部门参与工作协调机制，加强对“三证合一”登记制度改革工作的领导，协调解决改革中出现的重大问题，做好人、财、物、网络、技术等的保障。各相关部门要按照部门职责搞好分工协作，制定切实可行的部门实施方案，强化组织领导，精心组织实施，确保改革各项工作落实到位。

（二）加强培训宣传。各相关部门要围绕“三证合一、一照一码”登记模式涉及的法律法规、技术标准、业务流程、文书规范、信息传输等开展专门的业务培训，切实提高相关工作人员的思想认识和业务水平。同时利用好各种新闻媒介，及时向相关部门、单位和社会公众宣传“三证合一”登记制度改革，加大对改革内容的宣传解读，及时解答和回应社会关注的热点问题，使社会各界充分知晓改革、支持改革，自觉应用改革成果。

（三）加强督促检查。各相关部门要根据本通知提出的要求，制定督促检查工作计划，按照责任单位、时间节点和工作要求，做好跟踪督查。要严肃工作纪律，对实施改革工作协调配合不力，造成工作脱节、延误改革进程的单位和个人进行通报批评，加大问责和考核力度。

各地区在改革推进过程中遇到的新情况、新问题，要及时报告国务院相关部门。

附件：1 企业登记申请文书规范

2 企业登记提交材料规范

再讯：中华人民共和国工商总局 税务总局 工商企注字〔2015〕147号 关于做好“三证合一”有关工作衔接的通知（2015年9月9日）

各省、自治区、直辖市、计划单列市工商行政管理局（市场监督管理部门），国家税务局、地方税务局：

根据《国务院办公厅关于加快推进“三证合一”登记制度改革的意见》（国办发〔2015〕50号）和《工商总局等六部门关于贯彻落实〈国务院办公厅关于加快推进“三证合一”登记制度改革的意见〉的通知》（工商企注字〔2015〕121号）的要求，现就工商（市场监管）、税务部门协同推进“三证合一”登记制度改革，做好企业登记和税务管理衔接有关工作通知如下：

一、建立健全信息共享机制，确保衔接顺畅高效

企业登记机关核准企业、农民专业合作社（下统称企业）新设登记、变更登记（备案）后，应当将其基本登记信息、变更登记（备案）信息即时共享到省（自治区、直辖市、计划单列市，下同，）级信息共享交换平台（以下简称交换平台）。

税务机关确认纳税人信息后，应当将该税务主管机关全称即时共享到交换平台。企业登记机关应当及时到交换平台获取税务主管机关信息，并建立与企业登记信息的关联关系。

税务主管机关办理完生产经营地、财务负责人、核算方式等事项变更或出具清税证明后，应当即时将上述事项的变更信息、清税信息共享到交换平台，企业登记机关应当及时到交换平台获取并更新相关变更信息、清税信息，并建立与企业登记信息的关联关系。

暂不具备联网实时共享信息条件的，企业登记机关、税务主管机关应当在共享信息产生之日起3个工作日内将信息共享到交换平台。

二、完善业务衔接流程，确保登记规范有序

自2015年10月1日起，已登记企业申请变更登记或者申请换发营业执照的，应当换发载有统一社会信用代码的营业执照。原营业执照、组织机构代码证、税务登记证由企业登记机关收缴、存档。原证件遗失的，申请人应当提交刊登遗失公告的报纸报样。

生产经营地、财务负责人、核算方式由企业登记机关在新设时采集。在税务管理过程中，上述信息发生变化的，由企业向税务主管机关申请变更。

已实行“三证合一、一照一码”登记模式的企业办理注销登记，申请人应持税务机关出具的《清税证明》（附件1），向企业登记机关申请办理注销登记。

过渡期内未换发“三证合一、一照一码”营业执照的企业申请注销，企业登记机关按照原规定办理。

三、强化宣传提升服务，确保改革落实到位

（一）优化服务

企业办理相关登记手续时，各级工商（市场监管）、税务部门要优化服务，切实履行告知义务，通过多种渠道主动提供详细办事指南，增设咨询窗口及导办人员，避免企业“多头跑”。

（二）加强培训

工商（市场监管）、税务部门应积极配合协作，及时对窗口人员开展“三证合一、一照一码”综合业务操作、登记材料提交、工作流程运转等培训，保障窗口人员熟悉流程、精通业务。

（三）加大宣传

利用各种媒体做好“三证合一、一照一码”登记制度改革政策的宣传解读，及时解答和回应社会关注问题。并通过印发宣传材料，加大改革宣传力度，在全社会形成理解改革、关心改革、支持改革的良好氛围。

（四）技术保障

在已开展工作基础上，各省市工商（市场监管）、税务部门要根据“三证合一”信息共享技术方案（附件2）要求，在2015年9月20日前搭建完成跨部门信息共享交换平台，改造各自业务系统，实现登记等信息的交换和数据共享。

附件：1. 清税证明（略）

2.“三证合一”工商税务信息共享技术方案（略）

五、中华人民共和国国家质量监督检验检疫总局 公告2015年第81号 关于工业用三乙醇胺等118种化学品不再实施工业产品生产许可证制度管理的公告（2015年7月6日）

根据安全监管总局、工业和信息化部、公安部、质检总局等10部委联合公告的《危险化学品目录（2015版）》，工业用三乙醇胺等118种化学品不再实施危险化学品管理。按照《工业产品生产许可证管理条例》和《危险化学品管理条例》规定，工业用三乙醇胺等118种化学品不再实施工业产品生产许可证制度管理。具体产品见附件。

自即日起各省级质量技术监督部门停止受理工业用三乙醇胺等118种化学品生产企业办理工业产品生产许可证的申请。对于已经受理的企业办理生产许可证的申请，不再组织进行现场核查、发证检验等工作，终止行政许可程序。未进行实地核查的退回企业已缴纳的审查费，未进行产品检验的退回检验样品及检验费。对已获得上述产品的获证企业，各省级质量技术监督部门按照审批权限办理生产许可证注销或变更手续。

特此公告。

附件：不再实施工业产品生产许可证制度管理的化学品名单

序号	产品名称
1	工业用三乙醇胺
2	工业氢氧化镁
3	漂白液
4	1,4- 二氧六环
5	丙三醇
6	磷酸三丁酯
7	乙醇（95%）
8	乙酸丁酯
9	碘
10	碘化钾
11	粉状氧化铜
12	还原铁粉
13	活性炭
14	焦硫酸钾
15	磷酸二氢铵
16	磷酸二氢钾
17	磷酸钠
18	磷酸氢二铵
19	磷酸氢二钾
20	十二水合磷酸氢二钠（磷酸氢二钠）
21	五水合硫代硫酸钠（硫代硫酸钠）
22	硫氰酸铵
23	硫氰酸钾
24	硫氰酸钠
25	硫酸铵
26	硫酸钡
27	硫酸钾
28	硫酸铝
29	硫酸镁
30	十二水合硫酸铁（Ⅲ）铵
31	六氰合铁（Ⅲ）酸钾（铁氰化钾）
32	三水合六氰合铁（Ⅱ）酸钾（亚铁氰化钾）
33	六水合硫酸铁（Ⅱ）铵（硫酸亚铁铵）
34	氯化铵
35	氯化钾
36	氯化锂
37	六水合氯化镁（氯化镁）
38	氯化钠
39	氯化亚铜
40	二水合氯化亚锡（Ⅱ）（氯化亚锡）
41	氯金酸（氯化金）

续表

序号	产品名称
42	七水合硫酸锌（硫酸锌）
43	七水合硫酸亚铁（硫酸亚铁）
44	十水合四硼酸钠（四硼酸钠）
45	四水合钼酸铵（钼酸铵）
46	碳酸钡
47	碳酸钙
48	碳酸钾
49	碳酸氢钠
50	无水硫酸钠
51	无水碳酸钠
52	无水亚硫酸钠
53	线状氧化铜
54	溴化钾
55	溴化钠
56	氧化锌
57	一水合硫酸锰（硫酸锰）
58	二水合 5- 磺基水杨酸（5- 磺基水杨酸）
59	二水合草酸（草酸）
60	草酸铵
61	草酸钠
62	丁二酮肟（二甲基乙二醛肟）
63	二水合柠檬酸三钠（柠檬酸三钠）
64	L(+)- 酒石酸
65	邻苯二甲酸氢钾
66	六次甲基四胺
67	氯化羟胺（盐酸羟胺）
68	脲（尿素）
69	一水合柠檬酸（柠檬酸）
70	偶氮胂Ⅲ [2,7- 双 (2- 苯砷酸 -1- 偶氮)-1,8- 二羟基萘 -3,6- 二磺酸]
71	葡萄糖
72	三水合乙酸钠（乙酸钠）
73	四苯硼钠
74	四水合酒石酸钾钠（酒石酸钾钠）
75	无水乙酸钠
76	乙二胺四乙酸
77	乙二胺四乙酸二钠
78	乙酸铵
79	蔗糖
80	苯甲酸
81	草酸钠
82	邻苯二甲酸氢钾

续表

序号	产品名称
83	氯化钾
84	氯化钠
85	碳酸钙
86	无水碳酸钠
87	氧化锌
88	乙二胺四乙酸二钠
89	五水合硫酸铜（Ⅱ）（硫酸铜）
90	无砷锌粒
91	2- 萘酚
92	1- 萘胺 -8- 羟基 -3，6- 二磺酸单钠盐（H 酸单钠盐）
93	蒽醌
94	2- 氨基 -1- 萘磺酸（吐氏酸）
95	J 酸 (2- 氨基 -5- 萘酚 -7- 磺酸）
96	N- 苯基 -1- 萘胺 -8- 磺酸（苯基周位酸）
97	猩红酸双钠盐
98	2- 氰基 -4- 硝基苯胺
99	乙酰苯胺
100	1- 氨基蒽醌
101	2- 羟基 -3- 萘甲酸
102	溴氨酸钠盐（1- 氨基 -4- 溴蒽醌 -2- 磺酸钠盐）
103	1- 萘酚 -4- 磺酸（NW 酸）
104	2- 氨基 -8- 萘酚 -6- 磺酸（ γ 酸）
105	对氨基乙酰苯胺
106	2- 萘酚 -3，6- 二磺酸二钠盐（R 盐）
107	2- 萘酚 -6，8- 二磺酸二钾盐（G 盐）
108	1- 萘胺 -4- 磺酸钠
109	1- 萘胺 -8- 磺酸 (周位酸）
110	邻羟基苯甲酸（水杨酸）
111	间氨基乙酰苯胺
112	6- 氯 -2,4- 二硝基苯胺
113	3- 氯 -2- 甲基苯胺
114	1- 萘酚
115	对氨基苯磺酸钠
116	耐火材料用酚醛树脂
117	硅铁
118	低碳硅铁

六、中华人民共和国工业和信息化部 环境保护部 公告 2015 年第 43 号 对二甲苯项目建设规范条件（2015 年 7 月 9 日）

为促进对二甲苯行业健康发展，严格新建项目建设标准，根据国家有关法律法规，经商有关部门，工业和信息化部会同环境保护部研究制定了《对二甲苯项目建设规范条件》，现予以公告。

附件：对二甲苯项目建设规范条件

为促进对二甲苯行业健康发展，严格新建项目建设标准，根据国家有关法律法规，按照“科学选址、技术先进、资源节约、安全环保”的可持续发展原则，特制定本规范条件。

一、项目选址

（一）新建、改扩建对二甲苯项目应符合国家产业政策和《石化产业规划布局方案》等发展规划，符合相关法律法规、生态环境规划和土地利用规划要求。新建、改扩建项目厂址应位于污染治理和环境风险防范设施齐全并经规划环评的化工园区内，项目应符合规划环评的相关要求。

（二）对二甲苯项目防护距离应符合相关国家标准或规范要求。装置外部安全防护距离要符合《危险化学品生产、储存装置个人可接受风险标准和社会可接受风险标准》要求。

二、工艺、技术、装备

（一）对二甲苯生产装置一般应包括预加氢、催化重整、芳烃抽提、歧化及烷基转移、二甲苯异构化、对二甲苯提纯、二甲苯分馏等工艺过程。

（二）新建和改扩建对二甲苯项目应采用符合以下技术指标的工艺：

连续重整工艺的碳五以上液体收率应高于87%，如超低压连续重整工艺等；歧化和烷基转移工艺歧化总转化率不低于45%（纯甲苯原料除外）；二甲苯异构化工艺中，对于选择性吸附分离工艺，转化型异构化工艺的乙苯转化率高于23%、碳八芳烃开环损失率不高于2.5%，脱烷基型异构化工艺乙苯转化率高于60%、二甲苯损失率不高于1.5%；选择性吸附分离工艺对二甲苯单程收率不低于97%。

（三）鼓励采用《节能机电设备（产品）推荐目录》中的设备，主要耗能设备应达到国家I级能效标准。

（四）新建和改扩建对二甲苯生产装置鼓励采用具有自主知识产权的技术、催化剂和装备。鼓励选用热联合、低温位热能、余压综合利用等节能技术。

（五）可能散发可燃气体的工艺装置，应布置在明火或散发火花地点全年最小频率风向的上风侧，在山区或丘陵地区应避免布置在窝风地带。可能泄漏、散发有毒或腐蚀性气体的工艺装置，应避开人员集中场所，布置在其他主要生产装置区全年最小频率风向的上风侧。

（六）新建或改扩建项目要有稳定可靠的原料来源，鼓励炼化一体化布局，对于无大型炼油装置作为依托的项目，主要原料的外购合同期须在3年以上，且原料购货量必须达到总需求量的70%以上。鼓励集中利用区域混二甲苯、甲苯、碳九及以上重芳烃资源为原料生产对二甲苯。

（七）对二甲苯企业应遵循循环经济理念，提高与周边企业在原料、产品方面的相关性，实现产业链上下游协同发展。

三、能源消耗与产品质量

（一）新建或改扩建对二甲苯生产装置单位产品综合能耗准入值不大于530千克标油/吨，先进值应不大于500千克标油/吨。

（二）新建及改扩建对二甲苯生产装置中工业加热炉的热效率须达到92%以上。生产企业须具备健全的能源管理体系，并鼓励通过第三方认证。要配备必要的能源计量器具。有条件的企业应建立能源管理中心。

（三）对二甲苯产品必须满足《石油对二甲苯》（SH/T 1486.1）的指标要求，并按规定取得工业产品生产许可证。

四、环境保护与清洁生产

（一）生产企业应当遵守《环境保护法》等法律法规，建立健全环境保护管理体系。生产企业应依法取得排污许可证，严格执行国家和地方关于污水和废气排放、噪声控制、固体废物（含危险废物）污染防治有关法律法规、标准、规范和排污许可证的要求，做到达标、达总量控制要求排放和依法合规处置。

（二）新建或改扩建项目必须严格执行环境影响评价制度。优先采用资源利用率高以及污染物产生量少的清洁生产技术、工艺和设备。配套的环境保护设施必须与主体工程同时设计、同时施工、同时投产使用。建设项目经竣工环境保护验收合格后，方可正式投产。项目在环境影响评价文件审批前，须取得主要污染物排放总量指标。企业应当对生产和服务过程中的资源消耗以及废物的产生情况进行监测，依法开展清洁生产审核，并通过清洁生产实施效果评估验收。

（三）新建或改扩建项目应通过新技术、新工艺、新设备和新材料，并采用全密闭生产方式，从源头上减少三废的排放量。

（四）生产企业应严格实行清污分流、雨污分流，制定初期雨水收集、切换措施。设置污水处理设施，建设事故应急池并配套污染水隔断和回抽系统，配备污染和事故监控设施。全面推行泄漏检测与修复技术，明确无组织排放位置，排放规律、排放量估算方法，建立信息管理平台，分析泄漏点信息并对泄漏环节制定针对性改进措施。在生产过程中产生的各种废催化剂、废瓷球等固体废物中，含有贵金属的催化剂应交有资质的单位回收利用，不能回收利用的危险废物应按照有关要求进行无害化处理；一般工业固体废物应优先进行综合利用，不能综合利用的应送符合要求的一般工业固体废物贮存、处置的设施或场所进行处理。

（五）生产装置应设置火炬系统和火炬气回收设施，其中正常排气经气柜回收利用；不正常排放的气体应密闭送入火炬系统。严禁直接排放。

（六）新建和改扩建对二甲苯生产企业应按照环境影响报告书（表）及其批复、国家或地方污染物排放（控制）标准、环境监测技术规范的要求，开展监测工作，公开监测信息。

（七）企业应加强环境风险防控工作，制定相应的环境应急制度，配备应急物资和装备，建设风险防控设施，制定突发环境事件应急预案并备案，及时报告并有效应对废气、废水非正常排放或生产原料泄漏等引发的突发环境事件。

五、安全、消防和职业病防治

（一）对二甲苯项目必须符合相关法律、行政法规规定和国家标准、行业标准要求的安全条件。应按甲类火灾危险石油化工装置的要求进行消防设计，严格遵守相关的电气防火防爆规范，设备及建、构筑物防火规范。要采用可靠的工艺安全措施，装备自动化控制和安全仪表系统，配置完善的火灾报警及可燃气监测设施。要建立完善的全员安全生产责任制、安全管理制度和运行机制，强化化工过程管理。在厂区内有危险因素的场所和有关设施设备上，要求设置明显的安全警示标识。

（二）新建和改扩建对二甲苯项目的安全设计要严格执行有关规定。安全设施必须与主体工程同时设计、同时施工、同时投入生产和使用。要开展安全生产标准化建设，提升安全管理水平，确保安全生产。

（三）要根据生产工艺和装置的特点，建立应急救援队伍，制定生产安全事故应急救援预案，并定期组织开展演练，应当配备必要的应急救援器材、设备及物资。

（四）新建及改扩建对二甲苯项目中从事生产技术、设备、安全管理的人员，应有3年以上同类装置工作经历。对二甲苯生产企业应建立安全培训制度，根据不同操作岗位的特点，制定和完善安全操作规程，定期开展集中培训，并对员工的安全知识进行考评。

六、监督与管理

新建或改扩建项目投料试车前，需具备完善的安全、环保、消防、急救系统，齐全的政府相关部门审批手续，项目投入试生产，应在法定期限内完成各项验收。

七、附则

（一）本规范条件涉及的法律法规、国家标准若进行修订，则按修订后的执行。

（二）本规范条件自2015年10月1日起实施，由工业和信息化部负责解释。工业和信息化部将根据对二甲苯行业发展状况和国家经济社会发展要求适时对本规范条件进行修订。

七、中华人民共和国财政部 财建〔2015〕458号 关于印发《中小企业发展专项资金管理暂行办法》的通知（2015年7月17日）

各省、自治区、直辖市、计划单列市财政厅（局），新疆生产建设兵团财务局：

为促进中小企业特别是小型微型企业健康发展，规范和加强中小企业发展专项资金的管理和使用，财政部制定了《中小企业发展专项资金管理暂行办法》。现印发给你们，请遵照执行。

附件：中小企业发展专项资金管理暂行办法

第一条为了规范中小企业发展专项资金的管理和使用，提高资金使用效益，根据《中华人民共和国预算法》、《中华人民共和国中小企业促进法》、《中华人民共和国民族区域自治法》等，制定本办法。

第二条本办法所称中小企业发展专项资金（以下简称专项资金），是指中央财政预算安排用于优化中小企业发展环境、引导地方扶持中小企业发展及民族贸易、少数民族特需商品定点生产企业发展的资金。

第三条专项资金旨在引领带动地方积极探索政府扶持中小企业的有效途径，支持改善中小企业发展环境，加大对薄弱环节的投入，突破制约中小企业发展的短板与瓶颈，建立扶持中小企业发展的长效机制，有效促进形成“大众创业、万众创新”的良好局面。

第四条专项资金的管理应当遵循公开透明、公平公正、突出重点、加强监督的原则，实行专款专用，专项管理，确保资金使用规范、安全和高效。

第五条财政部会同工业和信息化部、科技部、商务部、国家工商行政管理总局、国家民委等部门确定专项资金支持重点。财政部负责专项资金的预算管理和资金拨付，并对专项资金的管理情况和实施效果等开展预算监管和绩效管理。

第六条专项资金支持范围包括：

（一）小微企业创业创新基地城市示范。

（二）中小企业参加重点展会、完善中小企业公共服务体系、中小企业创新活动、融资担保及国内贸易信用保险等。

（三）民族贸易和少数民族特需商品定点生产企业发展。

（四）其他促进中小企业发展的工作。

第七条财政部会同相关部门根据国家促进中小企业发展的决策部署适时适当调整专项资金支持的重点领域，并通过发布工作指南等组织实施。

第八条对本办法第六条第一项工作，省级财政部门会同同级相关部门向财政部等部门申报。申报城市应按照工作指南要求编制实施方案，财政部会同工业和信息化部、科技部、商务部、国家工商行政管理总局等部门按照工作指南明确的程序组织竞争性评审，确定示范城市。

财政部负责确定示范期内对示范城市的资金支持总额，并根据资金需求、预算安排进度要求、管理绩效等因素分年拨付。工业和信息化部、科技部、商务部、国家工商行政管理总局等部门按照各自职责指导小微企业创业创新基地城市示范工作。

第九条对本办法第六条第二项工作，省级财政、工信、科技、商务、工商行政管理等部门应引导小微企业创业创新基地示范城市加大对重点工作的支持，推动示范城市积极开展先行先试，发挥好示范带动作用；具备条件的工作由财政部分别会同工业和信息化部、科技部、商务部、国家工商行政管理总局等部门专项组织实施，不断扩大中小企业受益范围，切实提高各专项工作的针对性和有效性。

第十条对本办法第六条第三项工作，国家民委综合考虑有关省份民族贸易企业网点和民族特需商品生产布局、供需平衡、上年度预算执行及绩效评价等情况，提出年度专项资金分配建议，财政部按照预算管理规定审核后切块下达到有关省份。

民族贸易企业和少数民族特需商品定点生产企业有关省份包括内蒙古、广西、西藏、宁夏、新疆等5个民族自治区；贵州、云南、青海等3个多民族省；吉林、湖北、湖南、四川、甘肃等5个辖有民族自治州的省。

第十一条专项资金补助对象按照政府机构、事业单位和企业等分类，专项资金补助根据支持内容的不同，可以采取无偿资助、投资补助、政府购买服务等方式。

第十二条专项资金支付按照财政国库管理制度有关规定执行。

第十三条财政部会同相关部门建立定期评价和退出机制，根据实际工作需要组织开展绩效评价，并加强绩效评价结果的应用。

第十四条财政部会同相关部门加强预算监管，对监管发现的问题及时督促整改，对违反本办法规定，截留、挤占、挪用专项资金的行为，依照《财政违法行为处罚处分条例》规定处理。

第十五条地方财政部门应会同同级相关部门制定专项资金管理实施细则，并及时将专项资金分配结果向社会公开。

第十六条本办法自发布之日起施行。财政部、工业和信息化部、科技部、商务部《关于印发〈中小企业发展专项资金管理暂行办法〉的通知》（财企〔2014〕38号），财政部、国家民委《关于印发〈民族贸易企业网点建设和民族特需商品定点生产企业技术改造专项资金管理办法〉的通知》（财建〔2014〕234号）同时废止。

八、中华人民共和国国务院办公厅 国办发〔2015〕55号 关于促进进出口稳定增长的若干意见（2015年7月22日）

各省、自治区、直辖市人民政府，国务院各部委、各直属机构：

推进新一轮更高水平对外开放，是经济提质增效升级的重要支撑。要进一步推动对外贸易便利化，改善营商环境，为外贸企业减负助力，促进进出口稳定增长，培育国际竞争新优势。为此，经国务院同意，现提出如下意见：

一、坚决清理和规范进出口环节收费。深入开展全国范围内的涉企收费集中整治专项行动。对依法合规设立的进出口环节行政事业性收费、政府性基金以及实施政府定价或指导价的经营服务性收费实行目录清单管理，未列入清单的一律按乱收费查处。加大对取消收费项目落实情况的督查力度，形成外贸企业松绑减负长效机制，防止乱收费问题反弹。增强口岸查验针对性和有效性，对查验没有问题的免除企业吊装、移位、仓储等费用，此类费用由中央财政负担；对有问题的企业依法加大处罚力度。（发展改革委、工业和信息化部、财政部、交通运输部根据各自职责分别牵头）

二、保持人民币汇率在合理均衡水平上基本稳定。完善人民币汇率市场化形成机制，扩大人民币汇率双向浮动区间。进一步提高跨境贸易人民币结算的便利化水平，扩大结算规模。研究推出更多避险产品，帮助企业规避汇率风险，减少汇兑损失。（人民银行、外汇局负责）

三、加大出口信用保险支持力度。进一步扩大短期出口信用保险规模，加大对中小微企业及新兴市场开拓的支持力度。实现大型成套设备出口融资保险应保尽保，进一步简化程序。（财政部、商务部、进出口银行、中国出口信用保险公司负责）

四、加快推进外贸新型商业模式发展。抓紧落实《国务院办公厅关于促进跨境电子商务健康快速发展的指导意见》（国办发〔2015〕46号）。积极推进中国（杭州）跨境电子商务综合试验区建设。抓紧启动扩大市场采购贸易方式试点工作，将江苏海门叠石桥国际家纺城、浙江海宁皮革城列入试点范围。制订支持外贸综合服务企业发展的政策措施。2015年底前提出进一步扩大相关试点范围和推广外贸新型商业模式的方案，于2016年初开始实施。（商务部、发展改革委、财政部、海关总署、税务总局、工商总局、质检总局、外汇局负责）

五、继续加强进口工作。扩大优惠利率进口信贷覆盖面，将《鼓励进口技术和产品目录》纳入支持范围。2015年7月底前调整出台《鼓励进口技术和产品目录》，相应调整进口贴息政策支持范围，促进国内产业升级。完善消费品进口相关政策，对部分国内需求较大的日用消费品开展降低进口关税试点，适度增设口岸进境免税店，合理扩大免税品种，增加一定数量的免税购物额，丰富国内消费者购物选择。（商务部、发展改革委、财政部、工业和信息化部、海关总署、税务总局、质检总局、进出口银行负责）

六、进一步提高贸易便利化水平。进一步简政放权，提高服务效率。进一步落实出口退税企业分类管理办法，加快出口退税进度，确保及时足额退税。提高口岸通关效率，强化跨部门、跨地区通关协作，加快推进形成全国一体化通关管理格局。加快复制推广自由贸易试验区的贸易便利化措施，在沿海各口岸开展国际贸易“单一窗口”试点。（海关总署、税务总局、质检总局、商务部、财政部、交通运输部、外汇局负责）

七、切实改善融资服务。加大对有订单、有效益企业的融资支持。鼓励采取银团贷款、混合贷款、项目融资等方式支持企业开拓国际市场，开展国际产能合作，推动中国装备“走出去”。支持金融机构开展出口退税账户托管贷款等融资业务。鼓励商业银行按照风险可控、商业可持续原则开展出口信用保险保单融资业务。大力拓展外汇储备委托贷款平台业务，继续扩大外汇储备委托贷款规模和覆盖范围，进一步推进外汇储备多元化运用。在宏观和微观审慎管理框架下，稳步放宽境内企业人民币境外债务融资，进一步便利跨国企业开展人民币双向资金池业务。（人民银行、银监会、财政部、商务部、外汇局、进出口银行、中国出口信用保险公司负责）

各地区、各部门要进一步提高认识，更加重视外贸工作，加强组织领导，顾全大局，增强工作主动性、针对性和有效性。要深化与“一带一路”沿线国家的经贸合作，突出创新驱动，切实加大稳增长政策落实力度，共同推动对外贸易平稳健康发展。各地区要结合实际主动作为，多措并举，促进本地区对外贸易稳定增长和转型升级。各部门要根据本意见制订具体工作方案，并进一步在简化手续、减免收费等方面加力增效，用便利和稳定增长的进出口助力经济发展。商务部要加强指导、督促检查，确保各项政策措施落实到位。

九、北京市人民政府办公厅京政办发〔2015〕42号 关于印发市发展改革委等部门制定的《北京市新增产业的禁止和限制目录（2015年版）》的通知（2015年8月17日）

各区、县人民政府，市政府各委、办、局，各市属机构：

经市政府同意，现将市发展改革委、市教委、市经济信息化委、市国土局、市环保局、市规划委、市住房城乡建设委、市市政市容委、市交通委、市农委、市水务局、市商务委、市卫生计生委、市工商局、市新闻出版广电局、市统计局、国家统计局北京调查总队联合制定的《北京市新增产业的禁止和限制目录(2015年版)》印发给你们，请认真遵照执行。各有关部门要抓紧完善相关配套措施；各区县政府要切实强化属地责任，结合实际抓好贯彻落实。《北京市新增产业的禁止和限制目录(2014年版)》即日起失效。

北京市新增产业的禁止和限制目录(2015年版)说明

为深入贯彻落实《京津冀协同发展规划纲要》及本市贯彻意见，有序疏解北京非首都功能，加快构建高精尖经济结构，市发展改革委、市教委、市经济信息化委、市国土局、市环保局、市规划委、市住房城乡建设委、市市政市容委、市交通委、市农委、市水务局、市商务委、市卫生计生委、市工商局、市新闻出版广电局、市统计局、国家统计局北京调查总队联合对《北京市新增产业的禁止和限制目录(2014年版)》进行了修订，形成了《北京市新增产业的禁止和限制目录(2015年版)》(以下简称《目录》)。

一、编制体例

《目录》按照《国民经济行业分类》(GB/T4754-2011)编制。《目录》中的管理措施分为禁止性和限制性两类。其中，禁止性是指不允许新增固定资产投资项目，不允许新设立或新迁入法人单位、产业活动单位、个体工商户；限制性主要包括区域限制、规模限制和产业环节、工艺及产品限制。

二、适用范围

(一)新增固定资产投资项目，新设立或新迁入法人单位、产业活动单位、个体工商户须执行《目录》。经市政府批准，需采取专项政策的地区按照相关政策执行。在途项目、改造升级项目不适用《目录》。国家法律、行政法规、国务院文件有专门规定的，从其规定。外商投资执行《外商投资产业指导目录》。

(二)《目录》中管理措施分为全市和功能区域两个层面，全市层面的管理措施须在全市范围内普遍执行；功能区域层面的管理措施是指须在执行全市层面管理措施基础上，增加的差异化管理措施。

三、管理使用

(一)拟新增固定资产投资项目，拟新设立或新迁入法人单位、产业活动单位、个体工商户可对照《目录》进行自查。市、区县两级相关项目审批主管部门，法人单位、产业活动单位、个体工商户注册登记主管部门，在履行办理程序时，须依据《目录》先予审查。

(二)市发展改革委、市教委、市经济信息化委、市国土局、市环保局、市规划委、市住房城乡建设委、市市政市容委、市交通委、市农委、市水务局、市商务委、市卫生计生委、市工商局、市新闻出版广电局负责《目录》相关条目的解释工作。

(三)《目录》为2015年版，将根据相关法律法规和首都经济社会发展需要适时修订。

(四)《目录》自发布之日起生效。

附件：

《北京市新增产业的禁止和限制目录》(一)(其他略)

门类(名称)	大类(名称)	管理措施	主管部门
制造业(研发、设计、采购、营销、技术服务、财务等非生产制造环节除外)	(26)化学原料和化学制品制造业	禁止新建和扩建[涉及国家和北京市鼓励发展的新材料产品制造除外；保障医院、军工、科研机构、重点企业应用的气体生产除外；日用化学产品制造中城市医疗、应急保障类产品除外)	市经济信息化委
	(29)橡胶和塑料制品业	禁止新建和扩建(为航空航天、军工等配套的特种橡胶和塑料制品制造除外)	

《北京市新增产业的禁止和限制目录》(二)(其他略)

门类(名称)	大类(名称)	管理措施	主管部门
制造业		禁止新建和扩建	市经济信息化委

十、中华人民共和国财政部 国家税务总局 财税〔2015〕96号 关于继续执行小微企业增值税和营业税政策的通知（2015年8月27日）

各省、自治区、直辖市、计划单列市财政厅（局）、国家税务局、地方税务局，新疆生产建设兵团财务局：

为继续支持小微企业发展、推动创业就业，经国务院批准，《财政部国家税务总局关于进一步支持小微企业增值税和营业税政策的通知》（财税〔2014〕71号）规定的增值税和营业税政策继续执行至2017年12月31日。

又讯：中华人民共和国财政部 国家税务总局 财税〔2015〕99号 关于进一步扩大小型微利企业所得税优惠政策范围的通知（2015年9月2日）

各省、自治区、直辖市、计划单列市财政厅（局）、国家税务局、地方税务局，新疆生产建设兵团财务局：

为进一步发挥小型微利企业在推动经济发展、促进社会就业等方面的积极作用，经国务院批准，现就小型微利企业所得税政策通知如下：

一、自2015年10月1日起至2017年12月31日，对年应纳税所得额在20万元到30万元（含30万元）之间的小型微利企业，其所得减按50%计入应纳税所得额，按20%的税率缴纳企业所得税。

前款所称小型微利企业，是指符合《中华人民共和国企业所得税法》及其实施条例规定的小型微利企业。

二、为做好小型微利企业税收优惠政策的衔接，进一步便利核算，对本通知规定的小型微利企业，其2015年10月1日至2015年12月31日间的所得，按照2015年10月1日后的经营月份数占其2015年度经营月份数的比例计算。

三、《财政部 国家税务总局关于小型微利企业所得税优惠政策的通知》（财税〔2015〕34号）继续执行。

四、各级财政、税务部门要严格按照本通知的规定，做好小型微利企业所得税优惠政策的宣传辅导工作，确保优惠政策落实到位。

十一、中华人民共和国主席令第三十二号 公布《全国人民代表大会常务委员会关于修改<中华人民共和国促进科技成果转化法>的决定》（2015年8月29日）

《全国人民代表大会常务委员会关于修改〈中华人民共和国促进科技成果转化法〉的决定》已由中华人民共和国第十二届全国人民代表大会常务委员会第十六次会议于2015年8月29日通过，现予公布，自2015年10月1日起施行。

全国人大常委会关于修改《中华人民共和国促进科技成果转化法》的决定（2015年8月29日第十二届全国人民代表大会常务委员会第十六次会议通过）

第十二届全国人民代表大会常务委员会第十六次会议决定对《中华人民共和国促进科技成果转化法》作如下修改：

一、将第二条修改为：“本法所称科技成果，是指通过科学研究与技术开发所产生的具有实用价值的成果。职务科技成果，是指执行研究开发机构、高等院校和企业等单位的工作任务，或者主要是利用上述单位的物质技术条件所完成的科技成果。

“本法所称科技成果转化，是指为提高生产力水平而对科技成果所进行的后续试验、开发、应用、推广直至形成新技术、新工艺、新材料、新产品，发展新产业等活动。”

二、将第三条修改为：“科技成果转化活动应当有利于加快实施创新驱动发展战略，促进科技与经济的结合，有利于提高经济效益、社会效益和保护环境、合理利用资源，有利于促进经济建设、社会发展和维护国家安全。”科技成果转化活动应当尊重市场规律，发挥企业的主体作用，遵循自愿、互利、公平、诚实信用的原则，依照法律法规规定和合同约定，享有权益，承担风险。科技成果转化活动中的知识产权受法律保护。

“科技成果转化活动应当遵守法律法规，维护国家利益，不得损害社会公共利益和他人合法权益。”

三、增加一条，作为第四条：“国家对科技成果转化合理安排财政资金投入，引导社会资金投入，推动科技成果转化资金投入的多元化。”

四、增加一条，作为第五条：“国务院和地方各级人民政府应当加强科技、财政、投资、税收、人才、产业、金融、政府采购、军民融合等政策协同，为科技成果转化创造良好环境。

“地方各级人民政府根据本法规定的原则，结合本地实际，可以采取更加有利于促进科技成果转化的措施。”

五、增加一条，作为第六条：“国家鼓励科技成果首先在中国境内实施。中国单位或者个人向境外的组织、个人转让或者许可其实施科技成果的，应当遵守相关法律、行政法规以及国家有关规定。”

六、增加一条，作为第七条：“国家为了国家安全、国家利益和重大社会公共利益的需要，可以依法组织实施或者许可他人实施相关科技成果。”

七、将第四条改为第八条，第一款修改为：“国务院科学技术行政部门、经济综合管理部门和其他有关行政部门依照国务院规定的职责，管理、指导和协调科技成果转化工作。”

八、增加一条，作为第十条：“利用财政资金设立应用类科技项目和其他相关科技项目，有关行政部门、管理机构应当改进和完善科研组织管理方式，在制定相关科技规划、计划和编制项目指南时应当听取相关行业、企业的意见；在组织实施应用类科技项目时，应当明确项目承担者的科技成果转化义务，加强知识产权管理，并将科技成果转化和知识产权创造、运用作为立项和验收的重要内容和依据。”

九、将第六条改为第十二条，修改为：“对下列科技成果转化项目，国家通过政府采购、研究开发资助、发布产业技术指导目录、示范推广等方式予以支持：

（一）能够显著提高产业技术水平、经济效益或者能够形成促进社会经济健康发展的新产业的；

（二）能够显著提高国家安全能力和公共安全水平的；

（三）能够合理开发和利用资源、节约能源、降低消耗以及防治环境污染、保护生态、提高应对气候变化和防灾减灾能力的；

（四）能够改善民生和提高公共健康水平的；

（五）能够促进现代农业或者农村经济发展的；

（六）能够加快民族地区、边远地区、贫困地区社会经济发展的。

十、增加一条，作为第十四条：“国家加强标准制定工作，对新技术、新工艺、新材料、新产品依法及时制定国家标准、行业标准，积极参与国际标准的制定，推动先进适用技术推广和应用。

“国家建立有效的军民科技成果相互转化体系，完善国防科技协同创新体制机制。军品科研生产应当依法优先采用先进适用的民用标准，推动军用、民用技术相互转移、转化。”

十一、将第九条改为第十六条，增加一项，作为第六项：“（六）其他协商确定的方式”。

十二、增加一条，作为第十七条：“国家鼓励研究开发机构、高等院校采取转让、许可或者作价投资等方式，向企业或者其他组织转移科技成果。

“国家设立的研究开发机构、高等院校应当加强对科技成果转化的管理、组织和协调，促进科技成果转化队伍建设，优化科技成果转化流程，通过本单位负责技术转移工作的机构或者委托独立的科技成果转化服务机构开展技术转移。”

十三、增加一条，作为第十八条：“国家设立的研究开发机构、高等院校对其持有的科技成果，可以自主决定转让、许可或者作价投资，但应当通过协议定价、在技术交易市场挂牌交易、拍卖等方式确定价格。通过协议定价的，应当在本单位公示科技成果名称和拟交易价格。”

十四、增加一条，作为第二十条：“研究开发机构、高等院校的主管部门以及财政、科学技术等相关行政部门应当建立有利于促进科技成果转化的绩效考核评价体系，将科技成果转化情况作为对相关单位及人员评价、科研资金支持的重要内容和依据之一，并对科技成果转化绩效突出的相关单位及人员加大科研资金支持。

“国家设立的研究开发机构、高等院校应当建立符合科技成果转化工作特点的职称评定、岗位管理和考核评价制度，完善收入分配激励约束机制。”

十五、增加一条，作为第二十一条：“国家设立的研究开发机构、高等院校应当向其主管部门提交科技成果转化情况年度报告，说明本单位依法取得的科技成果数量、实施转化情况以及相关收入分配情况，该主管部门应当按照规定将科技成果转化情况年度报告报送财政、科学技术等相关行政部门。”

十六、将第十条改为第二十二条，修改为：“企业为采用新技术、新工艺、新材料和生产新产品，可以自行发布信息或者委托科技中介服务机构征集其所需的科技成果，或者征寻科技成果转化的合作者。

“县级以上地方各级人民政府科学技术行政部门和其他有关部门应当根据职责分工，为企业获取所需的科技成果提供帮助和支持。”

十七、增加一条，作为第二十四条：“对利用财政资金设立的具有市场应用前景、产业目标明确的科技项目，政府有关部门、管理机构应当发挥企业在研究开发方向选择、项目实施和成果应用中的主导作用，鼓励企业、研究开发机构、高等院校及其他组织共同实施。”

十八、将第十二条改为第二十五条，修改为：“国家鼓励研究开发机构、高等院校与企业相结合，联合实施科技成果转化。

“研究开发机构、高等院校可以参与政府有关部门或者企业实施科技成果转化的招标投标活动。”

十九、增加一条，作为第二十七条：“国家鼓励研究开发机构、高等院校与企业及其他组织开展科技人员交流，根据专业特点、行业领域技术发展需要，聘请企业及其他组织的科技人员兼职从事教学和科研工作，支持本单位的科技人员到企业及其他组织从事科技成果转化活动。”

二十、增加一条，作为第二十八条：“国家支持企业与研究开发机构、高等院校、职业院校及培训机构联合建立学生实习实践培训基地和研究生科研实践工作机构，共同培养专业技术人才和高技能人才。”

二十一、将第十三条改为第二十九条，删去第二款。

二十二、将第十四条改为第十九条，第一款修改为：“国家设立的研究开发机构、高等院校所取得的职务科技成果，完成人和参加人在不变更职务科技成果权属的前提下，可以根据与本单位的协议进行该项科技成果的转化，并享有协议规定的权益。该单位对上述科技成果转化活动应当予以支持。”

二十三、将第十五条改为第二十六条，修改为：“国家鼓励企业与研究开发机构、高等院校及其他组织采取联合建立研究开发平台、技术转移机构或者技术创新联盟等产学研合作方式，共同开展研究开发、成果应用与推广、标准研究与制定等活动。

“合作各方应当签订协议，依法约定合作的组织形式、任务分工、资金投入、知识产权归属、权益分配、风险分担和违约责任等事项。”

二十四、将第十六条、第十七条合并，作为第三十条，修改为：“国家培育和发展技术市场，鼓励创办科技中介服务机构，为技术交易提供交易场所、信息平台以及信息检索、加工与分析、评估、经纪等服务。

“科技中介服务机构提供服务，应当遵循公正、客观的原则，不得提供虚假的信息和证明，对其在服务过程中知悉的国家秘密和当事人的商业秘密负有保密义务。”

二十五、删去第十八条。

二十六、将第十九条改为第三十一条，修改为：“国家支持根据产业和区域发展需要建设公共研究开发平台，为科技成果转化提供技术集成、共性技术研究开发、中间试验和工业性试验、科技成果系统化和工程化开发、技术推广与示范等服务。”

二十七、增加一条，作为第三十二条：“国家支持科技企业孵化器、大学科技园等科技企业孵化机构发展，为初创期科技型中小企业提供孵化场地、创业辅导、研究开发与管理咨询等服务。”

二十八、删去第二十条。

二十九、将第二十一条改为第三十三条，修改为：“科技成果转化财政经费，主要用于科技成果转化的引导资金、贷款贴息、补助资金和风险投资以及其他促进科技成果转化的资金用途。”

三十、将第二十二条改为第三十四条，修改为：“国家依照有关税收法律、行政法规规定对科技成果转化活动实行税收优惠。”

三十一、将第二十三条改为第三十五条，修改为：“国家鼓励银行业金融机构在组织形式、管理机制、金融产品和服务等方面进行创新，鼓励开展知识产权质押贷款、股权质押贷款等贷款业务，为科技成果转化提供金融支持。

“国家鼓励政策性金融机构采取措施，加大对科技成果转化的金融支持。”

三十二、增加一条，作为第三十六条：“国家鼓励保险机构开发符合科技成果转化特点的保险品种，为科技成果转化提供保险服务。”

三十三、增加一条，作为第三十七条：“国家完善多层次资本市场，支持企业通过股权交易、依法发行股票和债券等直接融资方式为科技成果转化项目进行融资。”

三十四、增加一条，作为第三十八条：“国家鼓励创业投资机构投资科技成果转化项目。

“国家设立的创业投资引导基金，应当引导和支持创业投资机构投资初创期科技型中小企业。”

三十五、将第二十五条改为第十一条，修改为：“国家建立、完善科技报告制度和科技成果信息系统，向社会公布科技项目实施情况以及科技成果和相关知识产权信息，提供科技成果信息查询、筛选等公益服务。公布有关信息不得泄露国家秘密和商业秘密。对不予公布的信息，有关部门应当及时告知相关科技项目承担者。

“利用财政资金设立的科技项目的承担者应当按照规定及时提交相关科技报告，并将科技成果和相关知识产权信息汇交到科技成果信息系统。

“国家鼓励利用非财政资金设立的科技项目的承担者提交相关科技报告，将科技成果和相关知识产权信息汇交到科技成果信息系统，县级以上人民政府负责相关工作的部门应当为其提供方便。”

三十六、将第二十七条改为第四十一条，删去第二款。

三十七、增加一条，作为第四十三条："国家设立的研究开发机构、高等院校转化科技成果所获得的收入全部留归本单位，在对完成、转化职务科技成果做出重要贡献的人员给予奖励和报酬后，主要用于科学技术研究开发与成果转化等相关工作。"

三十八、增加一条，作为第四十四条："职务科技成果转化后，由科技成果完成单位对完成、转化该项科技成果做出重要贡献的人员给予奖励和报酬。

"科技成果完成单位可以规定或者与科技人员约定奖励和报酬的方式、数额和时限。单位制定相关规定，应当充分听取本单位科技人员的意见，并在本单位公开相关规定。"

三十九、将第二十九条、第三十条合并，作为第四十五条，修改为："科技成果完成单位未规定、也未与科技人员约定奖励和报酬的方式和数额的，按照下列标准对完成、转化职务科技成果做出重要贡献的人员给予奖励和报酬：

"（一）将该项职务科技成果转让、许可给他人实施的，从该项科技成果转让净收入或者许可净收入中提取不低于百分之五十的比例；

"（二）利用该项职务科技成果作价投资的，从该项科技成果形成的股份或者出资比例中提取不低于百分之五十的比例；

"（三）将该项职务科技成果自行实施或者与他人合作实施的，应当在实施转化成功投产后连续三至五年，每年从实施该项科技成果的营业利润中提取不低于百分之五的比例。

"国家设立的研究开发机构、高等院校规定或者与科技人员约定奖励和报酬的方式和数额应当符合前款第一项至第三项规定的标准。

"国有企业、事业单位依照本法规定对完成、转化职务科技成果做出重要贡献的人员给予奖励和报酬的支出计入当年本单位工资总额，但不受当年本单位工资总额限制、不纳入本单位工资总额基数。"

四十、增加一条，作为第四十六条："利用财政资金设立的科技项目的承担者未依照本法规定提交科技报告、汇交科技成果和相关知识产权信息的，由组织实施项目的政府有关部门、管理机构责令改正；情节严重的，予以通报批评，禁止其在一定期限内承担利用财政资金设立的科技项目。

"国家设立的研究开发机构、高等院校未依照本法规定提交科技成果转化情况年度报告的，由其主管部门责令改正；情节严重的，予以通报批评。"

四十一、将第三十一条改为第四十七条，并将其中的"责令改正"修改为"由政府有关部门依照管理职责责令改正"。

四十二、将第三十二条、第三十六条合并，作为第四十八条，修改为："科技服务机构及其从业人员违反本法规定，故意提供虚假的信息、实验结果或者评估意见等欺骗当事人，或者与当事人一方串通欺骗另一方当事人的，由政府有关部门依照管理职责责令改正，没收违法所得，并处以罚款；情节严重的，由工商行政管理部门依法吊销营业执照。给他人造成经济损失的，依法承担民事赔偿责任；构成犯罪的，依法追究刑事责任。

"科技中介服务机构及其从业人员违反本法规定泄露国家秘密或者当事人的商业秘密的，依照有关法律、行政法规的规定承担相应的法律责任。"

四十三、将第三十三条改为第四十九条，修改为："科学技术行政部门和其他有关部门及其工作人员在科技成果转化中滥用职权、玩忽职守、徇私舞弊的，由任免机关或者监察机关对直接负责的主管人员和其他直接责任人员依法给予处分；构成犯罪的，依法追究刑事责任。"

四十四、将第三十五条改为第五十一条，修改为："违反本法规定，职工未经单位允许，泄露本单位的技术秘密，或者擅自转让、变相转让职务科技成果的，参加科技成果转化的有关人员违反与本单位的协议，在离职、离休、退休后约定的期限内从事与原单位相同的科技成果转化活动，给本单位造成经济损失的，依法承担民事赔偿责任；构成犯罪的，依法追究刑事责任。"

本决定自 2015 年 10 月 1 日起施行。

《中华人民共和国促进科技成果转化法》根据本决定作相应修改，重新公布。

中华人民共和国促进科技成果转化法

（1996 年 5 月 15 日第八届全国人民代表大会常务委员会第十九次会议通过根据 2015 年 8 月 29 日第十二届全国人民代表大会常务委员会第十六次会议《关于修改〈中华人民共和国促进科技成果转化法〉的决定》修正）

目录

第四章　技术权益

第五章　法律责任

第六章　附则

第一章总则

第一条为了促进科技成果转化为现实生产力，规范科技成果转化活动，加速科学技术进步，推动经济建设和社会发展，制定本法。

第二条本法所称科技成果，是指通过科学研究与技术开发所产生的具有实用价值的成果。职务科技成果，是指执行研究开发机构、高等院校和企业等单位的工作任务，或者主要是利用上述单位的物质技术条件所完成的科技成果。

本法所称科技成果转化，是指为提高生产力水平而对科技成果所进行的后续试验、开发、应用、推广直至形成新技术、新工艺、新材料、新产品，发展新产业等活动。

第三条科技成果转化活动应当有利于加快实施创新驱动发展战略，促进科技与经济的结合，有利于提高经济效益、社会效益和保护环境、合理利用资源，有利于促进经济建设、社会发展和维护国家安全。

科技成果转化活动应当尊重市场规律，发挥企业的主体作用，遵循自愿、互利、公平、诚实信用的原则，依照法律法规规定和合同约定，享有权益，承担风险。科技成果转化活动中的知识产权受法律保护。

科技成果转化活动应当遵守法律法规，维护国家利益，不得损害社会公共利益和他人合法权益。

第四条国家对科技成果转化合理安排财政资金投入，引导社会资金投入，推动科技成果转化资金投入的多元化。

第五条国务院和地方各级人民政府应当加强科技、财政、投资、税收、人才、产业、金融、政府采购、军民融合等政策协同，为科技成果转化创造良好环境。

地方各级人民政府根据本法规定的原则，结合本地实际，可以采取更加有利于促进科技成果转化的措施。

第六条国家鼓励科技成果首先在中国境内实施。中国单位或者个人向境外的组织、个人转让或者许可其实施科技成果的，应当遵守相关法律、行政法规以及国家有关规定。

第七条国家为了国家安全、国家利益和重大社会公共利益的需要，可以依法组织实施或者许可他人实施相关科技成果。

第八条国务院科学技术行政部门、经济综合管理部门和其他有关行政部门依照国务院规定的职责，管理、指导和协调科技成果转化工作。

地方各级人民政府负责管理、指导和协调本行政区域内的科技成果转化工作。

第二章组织实施

第九条国务院和地方各级人民政府应当将科技成果的转化纳入国民经济和社会发展计划，并组织协调实施有关科技成果的转化。

第十条利用财政资金设立应用类科技项目和其他相关科技项目，有关行政部门、管理机构应当改进和完善科研组织管理方式，在制定相关科技规划、计划和编制项目指南时应当听取相关行业、企业的意见；在组织实施应用类科技项目时，应当明确项目承担者的科技成果转化义务，加强知识产权管理，并将科技成果转化和知识产权创造、运用作为立项和验收的重要内容和依据。

第十一条国家建立、完善科技报告制度和科技成果信息系统，向社会公布科技项目实施情况以及科技成果和相关知识产权信息，提供科技成果信息查询、筛选等公益服务。公布有关信息不得泄露国家秘密和商业秘密。对不予公布的信息，有关部门应当及时告知相关科技项目承担者。

利用财政资金设立的科技项目的承担者应当按照规定及时提交相关科技报告，并将科技成果和相关知识产权信息汇交到科技成果信息系统。

国家鼓励利用非财政资金设立的科技项目的承担者提交相关科技报告，将科技成果和相关知识产权信息汇交到科技成果信息系统，县级以上人民政府负责相关工作的部门应当为其提供方便。

第十二条对下列科技成果转化项目，国家通过政府采购、研究开发资助、发布产业技术指导目录、示范推广等方式予以支持：

（一）能够显著提高产业技术水平、经济效益或者能够形成促进社会经济健康发展的新产业的；

（二）能够显著提高国家安全能力和公共安全水平的；

（三）能够合理开发和利用资源、节约能源、降低消耗以及防治环境污染、保护生态、提高应对气候变化和防灾减灾能力的；

（四）能够改善民生和提高公共健康水平的；

（五）能够促进现代农业或者农村经济发展的；

（六）能够加快民族地区、边远地区、贫困地区社会经济发展的。

第十三条国家通过制定政策措施，提倡和鼓励采用先进技术、工艺和装备，不断改进、限制使用或者淘汰落后技术、工艺和装备。

第十四条国家加强标准制定工作，对新技术、新工艺、新材料、新产品依法及时制定国家标准、行业标准，积极参与国际标准的制定，推动先进适用技术推广和应用。

国家建立有效的军民科技成果相互转化体系，完善国防科技协同创新体制机制。军品科研生产应当依法优先采用先进适用的民用标准，推动军用、民用技术相互转移、转化。

第十五条各级人民政府组织实施的重点科技成果转化项目，可以由有关部门组织采用公开招标的方式实施转化。有关部门应当对中标单位提供招标时确定的资助或者其他条件。

第十六条科技成果持有者可以采用下列方式进行科技成果转化：

（一）自行投资实施转化；

（二）向他人转让该科技成果；

（三）许可他人使用该科技成果；

（四）以该科技成果作为合作条件，与他人共同实施转化；

（五）以该科技成果作价投资，折算股份或者出资比例；

（六）其他协商确定的方式。

第十七条国家鼓励研究开发机构、高等院校采取转让、许可或者作价投资等方式，向企业或者其他组织转移科技成果。

国家设立的研究开发机构、高等院校应当加强对科技成果转化的管理、组织和协调，促进科技成果转化队伍建设，优化科技成果转化流程，通过本单位负责技术转移工作的机构或者委托独立的科技成果转化服务机构开展技术转移。

第十八条国家设立的研究开发机构、高等院校对其持有的科技成果，可以自主决定转让、许可或者作价投资，但应当通过协议定价、在技术交易市场挂牌交易、拍卖等方式确定价格。通过协议定价的，应当在本单位公示科技成果名称和拟交易价格。

第十九条国家设立的研究开发机构、高等院校所取得的职务科技成果，完成人和参加人在不变更职务科技成果权属的前提下，可以根据与本单位的协议进行该项科技成果的转化，并享有协议规定的权益。该单位对上述科技成果转化活动应当予以支持。

科技成果完成人或者课题负责人，不得阻碍职务科技成果的转化，不得将职务科技成果及其技术资料和数据占为己有，侵犯单位的合法权益。

第二十条研究开发机构、高等院校的主管部门以及财政、科学技术等相关行政部门应当建立有利于促进科技成果转化的绩效考核评价体系，将科技成果转化情况作为对相关单位及人员评价、科研资金支持的重要内容和依据之一，并对科技成果转化绩效突出的相关单位及人员加大科研资金支持。

国家设立的研究开发机构、高等院校应当建立符合科技成果转化工作特点的职称评定、岗位管理和考核评价制度，完善收入分配激励约束机制。

第二十一条国家设立的研究开发机构、高等院校应当向其主管部门提交科技成果转化情况年度报告，说明本单位依法取得的科技成果数量、实施转化情况以及相关收入分配情况，该主管部门应当按照规定将科技成果转化情况年度报告报送财政、科学技术等相关行政部门。

第二十二条企业为采用新技术、新工艺、新材料和生产新产品，可以自行发布信息或者委托科技中介服务机构征集其所需的科技成果，或者征寻科技成果转化的合作者。

县级以上地方各级人民政府科学技术行政部门和其他有关部门应当根据职责分工，为企业获取所需的科技成果提供帮助和支持。

第二十三条企业依法有权独立或者与境内外企业、事业单位和其他合作者联合实施科技成果转化。

企业可以通过公平竞争，独立或者与其他单位联合承担政府组织实施的科技研究开发和科技成果转化项目。

第二十四条对利用财政资金设立的具有市场应用前景、产业目标明确的科技项目，政府有关部门、管理机构应当发挥企业在研究开发方向选择、项目实施和成果应用中的主导作用，鼓励企业、研究开发机构、高等院校及其他组织共同实施。

第二十五条国家鼓励研究开发机构、高等院校与企业相结合，联合实施科技成果转化。

研究开发机构、高等院校可以参与政府有关部门或者企业实施科技成果转化的招标投标活动。

第二十六条国家鼓励企业与研究开发机构、高等院校及其他组织采取联合建立研究开发平台、技术转移机构或者技术创新联盟等产学研合作方式，共同开展研究开发、成果应用与推广、标准研究与制定等活动。

合作各方应当签订协议，依法约定合作的组织形式、任务分工、资金投入、知识产权归属、权益分配、风险分担和违约责任等事项。

第二十七条国家鼓励研究开发机构、高等院校与企业及其他组织开展科技人员交流，根据专业特点、行业领域技术发展需要，聘请企业及其他组织的科技人员兼职从事教学和科研工作，支持本单位的科技人员到企业及其他组织从事科技成果转化活动。

第二十八条国家支持企业与研究开发机构、高等院校、职业院校及培训机构联合建立学生实习实践培训基地和研究生科研实践工作机构，共同培养专业技术人才和高技能人才。

第二十九条国家鼓励农业科研机构、农业试验示范单位独立或者与其他单位合作实施农业科技成果转化。

第三十条国家培育和发展技术市场，鼓励创办科技中介服务机构，为技术交易提供交易场所、信息平台以及信息检索、加工与分析、评估、经纪等服务。

科技中介服务机构提供服务，应当遵循公正、客观的原则，不得提供虚假的信息和证明，对其在服务过程中知悉的国家秘密和当事人的商业秘密负有保密义务。

第三十一条国家支持根据产业和区域发展需要建设公共研究开发平台，为科技成果转化提供技术集成、共性技术研究开发、中间试验和工业性试验、科技成果系统化和工程化开发、技术推广与示范等服务。

第三十二条国家支持科技企业孵化器、大学科技园等科技企业孵化机构发展，为初创期科技型中小企业提供孵化场地、创业辅导、研究开发与管理咨询等服务。

第三章保障措施

第三十三条科技成果转化财政经费，主要用于科技成果转化的引导资金、贷款贴息、补助资金和风险投资以及其他促进科技成果转化的资金用途。

第三十四条国家依照有关税收法律、行政法规规定对科技成果转化活动实行税收优惠。

第三十五条国家鼓励银行业金融机构在组织形式、管理机制、金融产品和服务等方面进行创新，鼓励开展知识产权质押贷款、股权质押贷款等贷款业务，为科技成果转化提供金融支持。

国家鼓励政策性金融机构采取措施，加大对科技成果转化的金融支持。

第三十六条国家鼓励保险机构开发符合科技成果转化特点的保险品种，为科技成果转化提供保险服务。

第三十七条国家完善多层次资本市场，支持企业通过股权交易、依法发行股票和债券等直接融资方式为科技成果转化项目进行融资。

第三十八条国家鼓励创业投资机构投资科技成果转化项目。

国家设立的创业投资引导基金，应当引导和支持创业投资机构投资初创期科技型中小企业。

第三十九条国家鼓励设立科技成果转化基金或者风险基金，其资金来源由国家、地方、企业、事业单位以及其他组织或者个人提供，用于支持高投入、高风险、高产出的科技成果的转化，加速重大科技成果的产业化。

科技成果转化基金和风险基金的设立及其资金使用，依照国家有关规定执行。

第四章技术权益

第四十条科技成果完成单位与其他单位合作进行科技成果转化的，应当依法由合同约定该科技成果有关权益的归属。合同未作约定的，按照下列原则办理：

（一）在合作转化中无新的发明创造的，该科技成果的权益，归该科技成果完成单位；

（二）在合作转化中产生新的发明创造的，该新发明创造的权益归合作各方共有；

（三）对合作转化中产生的科技成果，各方都有实施该项科技成果的权利，转让该科技成果应经合作各方同意。

第四十一条科技成果完成单位与其他单位合作进行科技成果转化的，合作各方应当就保守技术秘密达成协议；当事人不得违反协议或者违反权利人有关保守技术秘密的要求，披露、允许他人使用该技术。

第四十二条企业、事业单位应当建立健全技术秘密保护制度，保护本单位的技术秘密。职工应当遵守本单位的技术秘密保护制度。

企业、事业单位可以与参加科技成果转化的有关人员签订在职期间或者离职、离休、退休后一定期限内保守本单位技术秘密的协议；有关人员不得违反协议约定，泄露本单位的技术秘密和从事与原单位相同的科技成果转化活动。

职工不得将职务科技成果擅自转让或者变相转让。

第四十三条国家设立的研究开发机构、高等院校转化科技成果所获得的收入全部留归本单位，在对完成、转化职务科技成果做出重要贡献的人员给予奖励和报酬后，主要用于科学技术研究开发与成果转化等相关工作。

第四十四条职务科技成果转化后，由科技成果完成单位对完成、转化该项科技成果做出重要贡献的人员给予奖励和报酬。

科技成果完成单位可以规定或者与科技人员约定奖励和报酬的方式、数额和时限。单位制定相关规定，应当充分听取本单位科技人员的意见，并在本单位公开相关规定。

第四十五条科技成果完成单位未规定、也未与科技人员约定奖励和报酬的方式和数额的，按照下列标准对完成、转化职务科技成果做出重要贡献的人员给予奖励和报酬：

（一）将该项职务科技成果转让、许可给他人实施的，从该项科技成果转让净收入或者许可净收入中提取不低于百分之五十的比例；

（二）利用该项职务科技成果作价投资的，从该项科技成果形成的股份或者出资比例中提取不低于百分之五十的比例；

（三）将该项职务科技成果自行实施或者与他人合作实施的，应当在实施转化成功投产后连续三至五年，每年从实施该项科技成果的营业利润中提取不低于百分之五的比例。

国家设立的研究开发机构、高等院校规定或者与科技人员约定奖励和报酬的方式和数额应当符合前款第一项至第三项规定的标准。

国有企业、事业单位依照本法规定对完成、转化职务科技成果做出重要贡献的人员给予奖励和报酬的支出计入当年本单位工资总额，但不受当年本单位工资总额限制、不纳入本单位工资总额基数。

第五章法律责任

第四十六条利用财政资金设立的科技项目的承担者未依照本法规定提交科技报告、汇交科技成果和相关知识产权信息的，由组织实施项目的政府有关部门、管理机构责令改正；情节严重的，予以通报批评，禁止其在一定期限内承担利用财政资金设立的科技项目。

国家设立的研究开发机构、高等院校未依照本法规定提交科技成果转化情况年度报告的，由其主管部门责令改正；情节严重的，予以通报批评。

第四十七条违反本法规定，在科技成果转化活动中弄虚作假，采取欺骗手段，骗取奖励和荣誉称号、诈骗钱财、非法牟利的，由政府有关部门依照管理职责责令改正，取消该奖励和荣誉称号，没收违法所得，并处以罚款。给他人造成经济损失的，依法承担民事赔偿责任。构成犯罪的，依法追究刑事责任。

第四十八条科技服务机构及其从业人员违反本法规定，故意提供虚假的信息、实验结果或者评估意见等欺骗当事人，或者与当事人一方串通欺骗另一方当事人的，由政府有关部门依照管理职责责令改正，没收违法所得，并处以罚款；情节严重的，由工商行政管理部门依法吊销营业执照。给他人造成经济损失的，依法承担民事赔偿责任；构成犯罪的，依法追究刑事责任。

科技中介服务机构及其从业人员违反本法规定泄露国家秘密或者当事人的商业秘密的，依照有关法律、行政法规的规定承担相应的法律责任。

第四十九条科学技术行政部门和其他有关部门及其工作人员在科技成果转化中滥用职权、玩忽职守、徇私舞弊的，由任免机关或者监察机关对直接负责的主管人员和其他直接责任人员依法给予处分；构成犯罪的，依法追究刑事责任。

第五十条违反本法规定，以唆使窃取、利诱胁迫等手段侵占他人的科技成果，侵犯他人合法权益的，依法承担民事赔偿责任，可以处以罚款；构成犯罪的，依法追究刑事责任。

第五十一条违反本法规定，职工未经单位允许，泄露本单位的技术秘密，或者擅自转让、变相转让职务科技成果的，参加科技成果转化的有关人员违反与本单位的协议，在离职、离休、退休后约定的期限内从事与原单位相同的科技成果转化活动，给本单位造成经济损失的，依法承担民事赔偿责任；构成犯罪的，依法追究刑事责任。

第六章附则

第五十二条本法自 1996 年 10 月 1 日起施行。

十二、中华人民共和国国务院 国发〔2015〕53 号 关于加快构建大众创业万众创新支撑平台的指导意见（2015 年 9 月 23 日）

各省、自治区、直辖市人民政府，国务院各部委、各直属机构：

当前，全球分享经济快速增长，基于互联网等方式的创业创新蓬勃兴起，众创、众包、众扶、众筹（以下统称四众）等大众创业万众创新支撑平台快速发展，新模式、新业态不断涌现，线上线下加快融合，对生产方式、生活方式、治理方式产生广泛而深刻的影响，动力强劲，潜力巨大。同时，在四众发展过程中也面临行业准入、信用环境、监管机制等方面的问题。为落实党中央、国务院关于大力推进大众创业万众创新和推动实施“互联网 +”行动的有关部署，现就加快构建大众创业万众创新支撑平台、推进四众持续健康发展提出以下意见。

一、把握发展机遇，汇聚经济社会发展新动能

四众有效拓展了创业创新与市场资源、社会需求的对接通道，搭建了多方参与的高效协同机制，丰富了创业创新组织形态，优化了劳动、信息、知识、技术、管理、资本等资源的配置方式，为社会大众广泛平等参与创业创新、共同分享改革红利和发展成果提供了更多元的途径和更广阔的空间。

众创，汇众智搞创新，通过创业创新服务平台聚集全社会各类创新资源，大幅降低创业创新成本，使每一个具有科学思维和创新能力的人都可参与创新，形成大众创造、释放众智的新局面。

众包，汇众力增就业，借助互联网等手段，将传统由特定企业和机构完成的任务向自愿参与的所有企业和个人进行分工，最大限度利用大众力量，以更高的效率、更低的成本满足生产及生活服务需求，促进生产方式变革，开拓集智创新、便捷创业、灵活就业的新途径。

众扶，汇众能助创业，通过政府和公益机构支持、企业帮扶援助、个人互助互扶等多种方式，共助小微企业和创业者成长，构建创业创新发展的良好生态。

众筹，汇众资促发展，通过互联网平台向社会募集资金，更灵活高效满足产品开发、企业成长和个人创业的融资需求，有效增加传统金融体系服务小微企业和创业者的新功能，拓展创业创新投融资新渠道。

当前我国正处于发展动力转换的关键时期，加快发展四众具有极为重要的现实意义和战略意义，有利于激发蕴藏在人民群众之中的无穷智慧和创造力，将我国的人力资源优势迅速转化为人力资本优势，促进科技创新，拓展就业空间，汇聚发展新动能；有利于加快网络经济和实体经济融合，充分利用国内国际创新资源，提高生产效率，助推“中国制造2025”，加快转型升级，壮大分享经济，培育新的经济增长点；有利于促进政府加快完善与新经济形态相适应的体制机制，创新管理方式，提升服务能力，释放改革红利；有利于实现机会公平、权利公平、人人参与又人人受益的包容性增长，探索一条中国特色的众人创富、劳动致富之路。

二、创新发展理念，着力打造创业创新新格局

全面贯彻党的十八大和十八届二中、三中、四中全会精神，按照党中央、国务院决策部署，加快实施创新驱动发展战略，不断深化改革，顺应“互联网 +”时代大融合、大变革趋势，充分发挥我国互联网应用创新的综合优势，充分激发广大人民群众和市场主体的创业创新活力，推动线上与线下相结合、传统与新兴相结合、引导与规范相结合，按照“坚持市场主导、包容创业创新、公平有序发展、优化治理方式、深化开放合作”的基本原则，营造四众发展的良好环境，推动各类要素资源集聚、开放、共享，提高资源配置效率，加快四众广泛应用，在更大范围、更高层次、更深程度上推进大众创业、万众创新，打造新引擎，壮大新经济。

——坚持市场主导。充分发挥市场在资源配置中的决定性作用，强化企业和劳动者的主体地位，尊重市场选择，积极发展有利于提高资源利用效率、激发大众智慧、满足人民群众需求、创造经济增长新动力的新模式、新业态。

——包容创业创新。以更包容的态度、更积极的政策营造四众发展的宽松环境，激发人民群众的创业创新热情，鼓励各类主体充分利用互联网带来的新机遇，积极探索四众的新平台、新形式、新应用，开拓创业创新发展新空间。

——公平有序发展。坚持公平进入、公平竞争、公平监管，破除限制新模式新业态发展的不合理约束和制度瓶颈，营造传统与新兴、线上与线下主体之间公平发展的良好环境，维护各类主体合法权益，引导各方规范有序发展。

——优化治理方式。转变政府职能，进一步简政放权，强化事中事后监管，优化提升公共服务，加强协同，创新手段，发挥四众平台企业内部治理和第三方治理作用，健全政府、行业、企业、社会共同参与的治理机制，推动四众持续健康发展。

——深化开放合作。“引进来”与“走出去”相结合，充分利用四众平台，优化配置国际创新资源，借鉴国际管理经验，积极融入全球创新网络。鼓励采用四众模式搭建对外开放新平台，面向国际市场拓展服务领域，深化创业创新国际合作。

三、全面推进众创，释放创业创新能量

（一）大力发展专业空间众创。鼓励各类科技

园、孵化器、创业基地、农民工返乡创业园等加快与互联网融合创新，打造线上线下相结合的大众创业万众创新载体。鼓励各类线上虚拟众创空间发展，为创业创新者提供跨行业、跨学科、跨地域的线上交流和资源链接服务。鼓励创客空间、创业咖啡、创新工场等新型众创空间发展，推动基于“互联网+”的创业创新活动加速发展。

（二）鼓励推进网络平台众创。鼓励大型互联网企业、行业领军企业通过网络平台向各类创业创新主体开放技术、开发、营销、推广等资源，鼓励各类电子商务平台为小微企业和创业者提供支撑，降低创业门槛，加强创业创新资源共享与合作，促进创新成果及时转化，构建开放式创业创新体系。

（三）培育壮大企业内部众创。通过企业内部资源平台化，积极培育内部创客文化，激发员工创造力；鼓励大中型企业通过投资员工创业开拓新的业务领域、开发创新产品，提升市场适应能力和创新能力；鼓励企业建立健全股权激励机制，突破成长中的管理瓶颈，形成持续的创新动力。

四、积极推广众包，激发创业创新活力

（四）广泛应用研发创意众包。鼓励企业与研发机构等通过网络平台将部分设计、研发任务分发和交付，促进成本降低和提质增效，推动产品技术的跨学科融合创新。鼓励企业通过网络社区等形式广泛征集用户创意，促进产品规划与市场需求无缝对接，实现万众创新与企业发展相互促动。鼓励中国服务外包示范城市、技术先进型服务企业和服务外包重点联系企业积极应用众包模式。

（五）大力实施制造运维众包。支持有能力的大中型制造企业通过互联网众包平台聚集跨区域标准化产能，满足大规模标准化产品订单的制造需求。结合深化国有企业改革，鼓励采用众包模式促进生产方式变革。鼓励中小制造企业通过众包模式构筑产品服务运维体系，提升用户体验，降低运维成本。

（六）加快推广知识内容众包。支持百科、视频等开放式平台积极通过众包实现知识内容的创造、更新和汇集，引导有能力、有条件的个人和企业积极参与，形成大众智慧集聚共享新模式。

（七）鼓励发展生活服务众包。推动交通出行、无车承运物流、快件投递、旅游、医疗、教育等领域生活服务众包，利用互联网技术高效对接供需信息，优化传统生活服务行业的组织运营模式。推动整合利用分散闲置社会资源的分享经济新型服务模式，打造人民群众广泛参与、互助互利的服务生态圈。发展以社区生活服务业为核心的电子商务服务平台，拓展服务性网络消费领域。

五、立体实施众扶，集聚创业创新合力

（八）积极推动社会公共众扶。加快公共科技资源和信息资源开放共享，提高各类公益事业机构、创新平台和基地的服务能力，推动高校和科研院所向小微企业和创业者开放科研设施，降低大众创业、万众创新的成本。鼓励行业协会、产业联盟等行业组织和第三方服务机构加强对小微企业和创业者的支持。

（九）鼓励倡导企业分享众扶。鼓励大中型企业通过生产协作、开放平台、共享资源、开放标准等方式，带动上下游小微企业和创业者发展。鼓励有条件的企业依法合规发起或参与设立公益性创业基金，开展创业培训和指导，履行企业社会责任。鼓励技术领先企业向标准化组织、产业联盟等贡献基础性专利或技术资源，推动产业链协同创新。

（十）大力支持公众互助众扶。支持开源社区、开发者社群、资源共享平台、捐赠平台、创业沙龙等各类互助平台发展。鼓励成功企业家以天使投资、慈善、指导帮扶等方式支持创业者创业。鼓励通过网络平台、线下社区、公益组织等途径扶助大众创业就业，促进互助互扶，营造深入人心、氛围浓厚的众扶文化。

六、稳健发展众筹，拓展创业创新融资

（十一）积极开展实物众筹。鼓励消费电子、智能家居、健康设备、特色农产品等创新产品开展实物众筹，支持艺术、出版、影视等创意项目在加强内容管理的同时，依法开展实物众筹。积极发挥实物众筹的资金筹集、创意展示、价值发现、市场接受度检验等功能，帮助将创新创意付诸实践，提供快速、便捷、普惠化服务。

（十二）稳步推进股权众筹。充分发挥股权众筹作为传统股权融资方式有益补充的作用，增强金融服务小微企业和创业创新者的能力。稳步推进股权众筹融资试点，鼓励小微企业和创业者通过股权众筹融资方式募集早期股本。对投资者实行分类管理，切实保护投资者合法权益，防范金融风险。

（十三）规范发展网络借贷。鼓励互联网企业依法合规设立网络借贷平台，为投融资双方提供借贷信息交互、撮合、资信评估等服务。积极运用互联网技术优势构建风险控制体系，缓解信息不对称，防范风险。

七、推进放管结合，营造宽松发展空间

（十四）完善市场准入制度。积极探索交通出行、无车承运物流、快递、金融、医疗、教育等领域的准入制度创新，通过分类管理、试点示范等方式，依法为众包、众筹等新模式新业态的发展营造政策环境。针对众包资产轻、平台化、受众广、跨地域等特点，放宽市场准入条件，降低行业准入门槛。（交通运输部、邮政局、人民银行、证监会、银监会、卫生计生委、教育部等负责）

（十五）建立健全监管制度。适应新业态发展要求，建立健全行业标准规范和规章制度，明确四众平台企业在质量管理、信息内容管理、知识产权、申报纳税、社会保障、网络安全等方面的责任、权利和义务。（质检总局、新闻出版广电总局、知识产权局、税务总局、人力资源社会保障部、网信办、工业和信息化部等负责）因业施策，加快研究制定重点领域促进四众发展的相关意见。（交通运输部、邮政局、人民银行、证监会、银监会、卫生计生委、教育部等负责）

（十六）创新行业监管方式。建立以信用为核心的新型市场监管机制，加强跨部门、跨地区协同监管。建立健全事中事后监管体系，充分发挥全国统一的信用信息共享交换平台、企业信用信息公示系统等的作用，利用大数据、随机抽查、信用评价等手段加强监督检查和对违法违规行为的处置。（发展改革委、工业和信息化部、工商总局、相关行业主管部门负责）

（十七）优化提升公共服务。加快商事制度改革，支持各地结合实际放宽新注册企业场所登记条件限制，推动“一址多照”、集群注册等住所登记改革，为创业创新提供便利的工商登记服务。简化和完善注销流程，开展个体工商户、未开业企业、无债权债务企业简易注销登记试点。推进全程电子化登记和电子营业执照应用，简化行政审批程序，为企业发展提供便利。加强行业监管、企业登记等相关部门与四众平台企业的信息互联共享，推进公共数据资源开放，加快推行电子签名、电子认证，推动电子签名国际互认，为四众发展提供支撑。进一步清理和取消职业资格许可认定，研究建立国家职业资格目录清单管理制度，加强对新设职业资格的管理。（工商总局、发展改革委、科技部、工业和信息化部、人力资源社会保障部、相关行业主管部门负责）

（十八）促进开放合作发展。有序引导外资参与四众发展，培育一批国际化四众平台企业。鼓励四众平台企业利用全球创新资源，面向国际市场拓展服务。加强国际合作，鼓励小微企业和创业者承接国际业务。（商务部、发展改革委牵头负责）

八、完善市场环境，夯实健康发展基础

（十九）加快信用体系建设。引导四众平台企业建立实名认证制度和信用评价机制，健全相关主体信用记录，鼓励发展第三方信用评价服务。建立四众平台企业的信用评价机制，公开评价结果，保障用户的知情权。建立完善信用标准化体系，制定四众发展信用环境相关的关键信用标准，规范信用信息采集、处理、评价、应用、交换、共享和服务。依法合理利用网络交易行为等在互联网上积累的信用数据，对现有征信体系和评测体系进行补充和完善。推进全国统一的信用信息共享交换平台、企业信用信息公示系统等与四众平台企业信用体系互联互通，实现资源共享。（发展改革委、人民银行、工商总局、质检总局牵头负责）

（二十）深化信用信息应用。鼓励发展信用咨询、信用评估、信用担保和信用保险等信用服务业。建立健全守信激励机制和失信联合惩戒机制，加大对守信行为的表彰和宣传力度，在市场监管和公共服务过程中，对诚实守信者实行优先办理、简化程序等“绿色通道”支持激励政策，对违法失信者依法予以限制或禁入。（发展改革委、人民银行牵头负责）

（二十一）完善知识产权环境。加大网络知识产权执法力度，促进在线创意、研发成果申请知识产权保护，研究制定四众领域的知识产权保护政策。运用技术手段加强在线创意、研发成果的知识产权执法，切实维护创业创新者权益。加强知识产权相关法律法规、典型案例的宣传和培训，增强中小微企业知识产权意识和管理能力。（知识产权局牵头负责）

九、强化内部治理，塑造自律发展机制

（二十二）提升平台治理能力。鼓励四众平台企业结合自身商业模式，积极利用信息化手段加强内部制度建设和管理规范，提高风险防控能力、信息内容管理能力和网络安全水平。引导四众平台企业履行管理责任，建立用户权益保障机制。（网信办、工业和信息化部、工商总局等负责）

（二十三）加强行业自律规范。强化行业自律，规范四众从业机构市场行为，保护行业合法权益。推动行业组织制定各类产品和服务标准，促进企业之间的业务交流和信息共享。完善行业纠纷协调和解决机制，鼓励第三方以及用户参与平台治理。构建在线争议解决、现场接待受理、监管部门受理投诉、第三方调解以及仲裁、诉讼等多元化纠纷解决机制。（相关行业主管部门、行政执法部门负责）

（二十四）保障网络信息安全。四众平台企业应当切实提升技术安全水平，及时发现和有效应对各类网络安全事件，确保网络平台安全稳定运行。妥善保管各类用户资料和交易信息，不得买卖、泄露用户信息，保障信息安全。强化守法、诚信、自律意识，营造诚信规范发展的良好氛围。（网信办、工业和信息化部牵头负责）

十、优化政策扶持，构建持续发展环境

（二十五）落实财政支持政策。创新财政科技专项资金支持方式，支持符合条件的企业通过众创、众包等方式开展相关科技活动。充分发挥国家新兴产业创业投资引导基金、国家中小企业发展基金等政策性基金作用，引导社会资源支持四众加快发展。降低对实体营业场所、固定资产投入等硬性指标要求，将对线下实体众创空间的财政扶持政策惠及网络众创空间。加大中小企业专项资金对小微企业创业基地建设的支持力度。大力推进小微企业公共服务平台和创业基地建设，加大政府购买服务力度，为采用四众模式的小微企业免费提供管理指导、技能培训、市场开拓、标准咨询、检验检测认证等服务。（财政部、发展改革委、工业和信息化部、科技部、商务部、质检总局等负责）

（二十六）实行适用税收政策。加快推广使用电子发票，支持四众平台企业和采用众包模式的中小微企业及个体经营者按规定开具电子发票，并允许将电子发票作为报销凭证。对于业务规模较小、处于初创期的从业机构符合现行小微企业税收优惠政策条件的，可按规定享受税收优惠政策。（财政部、税务总局牵头负责）

（二十七）创新金融服务模式。引导天使投资、创业投资基金等支持四众平台企业发展，支持符合条件的企业在创业板、新三板等上市挂牌。鼓励金融机构在风险可控和商业可持续的前提下，基于四众特点开展金融产品和服务创新，积极发展知识产权质押融资。大力发展政府支持的融资担保机构，加强政府引导和银担合作，综合运用资本投入、代偿补偿等方式，加大财政支持力度，引导和促进融资担保机构和银行业金融机构为符合条件的四众平台企业提供快捷、低成本的融资服务。（人民银行、证监会、银监会、保监会、发展改革委、工业和信息化部、财政部、科技部、商务部、人力资源社会保障部、知识产权局、质检总局等负责）

（二十八）深化科技体制改革。全面落实下放科技成果使用、处置和收益权，鼓励科研人员双向流动等改革部署，激励更多科研人员投身创业创新。加大科研基础设施、大型科研仪器向社会开放的力度，为更多小微企业和创业者提供支撑。（科技部牵头负责）

（二十九）繁荣创业创新文化。设立“全国大众创业万众创新活动周”，加强政策宣传，展示创业成果，促进投资对接和互动交流，为创业创新提供展示平台。继续办好中国创新创业大赛、中国农业科技创新创业大赛等赛事活动。引导各类媒体加大对四众的宣传力度，普及四众知识，发掘典型案例，推广成功经验，培育尊重知识、崇尚创造、追求卓越的创新文化。（发展改革委、科技部、工业和信息化部、中央宣传部、中国科协等负责）

（三十）鼓励地方探索先行。充分尊重和发挥基层首创精神，因地制宜，突出特色。支持各地探索适应新模式新业态发展特点的管理模式，及时总结形成可复制、可推广的经验。支持全面创新改革试验区、自由贸易试验区、国家自主创新示范区、战略性新兴产业集聚区、国家级经济技术开发区、跨境电子商务综合试验区等加大改革力度，强化对创业创新公共服务平台的扶持，充分发挥四众发展的示范带动作用。（发展改革委、科技部、商务部、相关地方省级人民政府等负责）

各地区、各部门应加大对众创、众包、众扶、众筹等创业创新活动的引导和支持力度，加强统筹协调，探索制度创新，完善政府服务，科学组织实施，鼓励先行先试，不断开创大众创业、万众创新的新局面。

十三、中华人民共和国国务院 国发〔2015〕54 号 关于国有企业发展混合所有制经济的意见（2015 年 9 月 23 日）

各省、自治区、直辖市人民政府，国务院各部委、各直属机构：

发展混合所有制经济，是深化国有企业改革的重要举措。为贯彻党的十八大和十八届三中、四中全会精神，按照“四个全面”战略布局要求，落实党中央、国务院决策部署，推进国有企业混合所有制改革，促进各种所有制经济共同发展，现提出以下意见。

一、总体要求

（一）改革出发点和落脚点。国有资本、集体资本、非公有资本等交叉持股、相互融合的混合所有制经济，是基本经济制度的重要实现形式。多年来，一批国有企业通过改制发展成为混合所有制企业，但治理机制和监管体制还需要进一步完善；还有许多国有企业为转换经营机制、提高运行效率，正在积极探索混合所有制改革。当前，应对日益激烈的国际竞争和挑战，推动我国经济保持中高速增长、迈向中高端水平，需要通过深化国有企业混合所有制改革，推动完善现代企业制度，健全企业法人治理结构；提高国有资本配置和运行效率，优化国有经济布局，增强国有经济活力、控制力、影响力和抗风险能力，主动适应和引领经济发展新常态；促进国有企业转换经营机制，放大国有资本功能，实现国有资产保值增值，实现各种所有制资本取长补短、相互促进、共同发展，夯实社会主义基本经济制度的微观基础。在国有企业混合所有制改革中，要坚决防止因监管不到位、改革不彻底导致国有资产流失。

（二）基本原则。

——政府引导，市场运作。尊重市场经济规律和企业发展规律，以企业为主体，充分发挥市场机制作用，把引资本与转机制结合起来，把产权多元化与完善企业法人治理结构结合起来，探索国有企业混合所有制改革的有效途径。

——完善制度，保护产权。以保护产权、维护契约、统一市场、平等交换、公平竞争、有效监管为基本导向，切实保护混合所有制企业各类出资人的产权权益，调动各类资本参与发展混合所有制经济的积极性。

——严格程序，规范操作。坚持依法依规，进一步健全国有资产交易规则，科学评估国有资产价值，完善市场定价机制，切实做到规则公开、过程公开、结果公开。强化交易主体和交易过程监管，防止暗箱操作、低价贱卖、利益输送、化公为私、逃废债务，杜绝国有资产流失。

——宜改则改，稳妥推进。对通过实行股份制、上市等途径已经实行混合所有制的国有企业，要着力在完善现代企业制度、提高资本运行效率上下功夫；对适宜继续推进混合所有制改革的国有企业，要充分发挥市场机制作用，坚持因地施策、因业施策、因企施策，宜独则独、宜控则控、宜参则参，不搞拉郎配，不搞全覆盖，不设时间表，一企一策，成熟一个推进一个，确保改革规范有序进行。尊重基层创新实践,形成一批可复制、可推广的成功做法。

二、分类推进国有企业混合所有制改革

（三）稳妥推进主业处于充分竞争行业和领域的商业类国有企业混合所有制改革。按照市场化、国际化要求，以增强国有经济活力、放大国有资本功能、实现国有资产保值增值为主要目标，以提高经济效益和创新商业模式为导向，充分运用整体上市等方式，积极引入其他国有资本或各类非国有资本实现股权多元化。坚持以资本为纽带完善混合所有制企业治理结构和管理方式，国有资本出资人和各类非国有资本出资人以股东身份履行权利和职责，使混合所有制企业成为真正的市场主体。

（四）有效探索主业处于重要行业和关键领域的商业类国有企业混合所有制改革。对主业处于关系国家安全、国民经济命脉的重要行业和关键领域、主要承担重大专项任务的商业类国有企业，要保持国有资本控股地位，支持非国有资本参股。对自然垄断行业，实行以政企分开、政资分开、特许经营、政府监管为主要内容的改革，根据不同行业特点实行网运分开、放开竞争性业务，促进公共资源配置市场化，同时加强分类依法监管，规范营利模式。

——重要通信基础设施、枢纽型交通基础设施、重要江河流域控制性水利水电航电枢纽、跨流域调水工程等领域，实行国有独资或控股，允许符合条件的非国有企业依法通过特许经营、政府购买服务等方式参与建设和运营。

——重要水资源、森林资源、战略性矿产资源等开发利用，实行国有独资或绝对控股，在强化环境、质量、安全监管的基础上,允许非国有资本进入,依法依规有序参与开发经营。

——江河主干渠道、石油天然气主干管网、电网等，根据不同行业领域特点实行网运分开、主辅分离，除对自然垄断环节的管网实行国有独资或绝对控股外，放开竞争性业务，允许非国有资本平等进入。

——核电、重要公共技术平台、气象测绘水文等基础数据采集利用等领域，实行国有独资或绝对控股，支持非国有企业投资参股以及参与特许经营和政府采购。粮食、石油、天然气等战略物资国家储备领域保持国有独资或控股。

——国防军工等特殊产业，从事战略武器装备科研生产、关系国家战略安全和涉及国家核心机密的核心军工能力领域，实行国有独资或绝对控股。其他军工领域，分类逐步放宽市场准入，建立竞争性采购体制机制，支持非国有企业参与武器装备科研生产、维修服务和竞争性采购。

——对其他服务国家战略目标、重要前瞻性战略性产业、生态环境保护、共用技术平台等重要行业和关键领域，加大国有资本投资力度，发挥国有资本引导和带动作用。

（五）引导公益类国有企业规范开展混合所有制改革。在水电气热、公共交通、公共设施等提供公共产品和服务的行业和领域，根据不同业务特点，加强分类指导，推进具备条件的企业实现投资主体多元化。通过购买服务、特许经营、委托代理等方式，鼓励非国有企业参与经营。政府要加强对价格水平、成本控制、服务质量、安全标准、信息披露、营运效率、保障能力等方面的监管，根据企业不同特点有区别地考核其经营业绩指标和国有资产保值增值情况，考核中要引入社会评价。

三、分层推进国有企业混合所有制改革

（六）引导在子公司层面有序推进混合所有制改革。对国有企业集团公司二级及以下企业，以研发创新、生产服务等实体企业为重点，引入非国有资本，加快技术创新、管理创新、商业模式创新，合理限定法人层级，有效压缩管理层级。明确股东的法律地位和股东在资本收益、企业重大决策、选择管理者等方面的权利，股东依法按出资比例和公司章程规定行权履职。

（七）探索在集团公司层面推进混合所有制改革。在国家有明确规定的特定领域，坚持国有资本控股，形成合理的治理结构和市场化经营机制；在其他领域，鼓励通过整体上市、并购重组、发行可转债等方式，逐步调整国有股权比例，积极引入各类投资者，形成股权结构多元、股东行为规范、内部约束有效、运行高效灵活的经营机制。

（八）鼓励地方从实际出发推进混合所有制改革。各地区要认真贯彻落实中央要求，区分不同情况，制定完善改革方案和相关配套措施，指导国有企业稳妥开展混合所有制改革，确保改革依法合规、有序推进。

四、鼓励各类资本参与国有企业混合所有制改革

（九）鼓励非公有资本参与国有企业混合所有制改革。非公有资本投资主体可通过出资入股、收购股权、认购可转债、股权置换等多种方式，参与国有企业改制重组或国有控股上市公司增资扩股以及企业经营管理。非公有资本投资主体可以货币出资，或以实物、股权、土地使用权等法律法规允许的方式出资。企业国有产权或国有股权转让时，除国家另有规定外，一般不在意向受让人资质条件中对民间投资主体单独设置附加条件。

（十）支持集体资本参与国有企业混合所有制改革。明晰集体资产产权，发展股权多元化、经营产业化、管理规范化的经济实体。允许经确权认定的集体资本、资产和其他生产要素作价入股，参与国有企业混合所有制改革。研究制定股份合作经济（企业）管理办法。

（十一）有序吸收外资参与国有企业混合所有制改革。引入外资参与国有企业改制重组、合资合作，鼓励通过海外并购、投融资合作、离岸金融等方式，充分利用国际市场、技术、人才等资源和要素，发展混合所有制经济，深度参与国际竞争和全球产业分工，提高资源全球化配置能力。按照扩大开放与加强监管同步的要求，依照外商投资产业指导目录和相关安全审查规定，完善外资安全审查工作机制，切实加强风险防范。

（十二）推广政府和社会资本合作（PPP）模式。优化政府投资方式，通过投资补助、基金注资、担保补贴、贷款贴息等，优先支持引入社会资本的项目。以项目运营绩效评价结果为依据，适时对价格和补贴进行调整。组合引入保险资金、社保基金等长期投资者参与国家重点工程投资。鼓励社会资本投资或参股基础设施、公用事业、公共服务等领域项目，使投资者在平等竞争中获取合理收益。加强信息公开和项目储备，建立综合信息服务平台。

（十三）鼓励国有资本以多种方式入股非国有企业。在公共服务、高新技术、生态环境保护和战略性产业等重点领域，以市场选择为前提，以资本为纽带，充分发挥国有资本投资、运营公司的资本运作平台作用，对发展潜力大、成长性强的非国有企业进行股权投资。鼓励国有企业通过投资入股、联合投资、并购重组等多种方式，与非国有企业进行股权融合、战略合作、资源整合，发展混合所有制经济。支持国有资本与非国有资本共同设立股权投资基金，参与企业改制重组。

（十四）探索完善优先股和国家特殊管理股方式。国有资本参股非国有企业或国有企业引入非国有资本时，允许将部分国有资本转化为优先股。在少数特定领域探索建立国家特殊管理股制度，依照相关法律法规和公司章程规定，行使特定事项否决权，保证国有资本在特定领域的控制力。

（十五）探索实行混合所有制企业员工持股。坚持激励和约束相结合的原则，通过试点稳妥推进员工持股。员工持股主要采取增资扩股、出资新设等方式，优先支持人才资本和技术要素贡献占比较高的转制科研院所、高新技术企业和科技服务型企业开展试点，支持对企业经营业绩和持续发展有直接或较大影响的科研人员、经营管理人员和业务骨干等持股。完善相关政策，健全审核程序，规范操作流程，严格资产评估，建立健全股权流转和退出机制，确保员工持股公开透明，严禁暗箱操作，防止利益输送。混合所有制企业实行员工持股，要按照混合所有制企业实行员工持股试点的有关工作要求组织实施。

五、建立健全混合所有制企业治理机制

（十六）进一步确立和落实企业市场主体地位。政府不得干预企业自主经营，股东不得干预企业日常运营，确保企业治理规范、激励约束机制到位。落实董事会对经理层成员等高级经营管理人员选聘、业绩考核和薪酬管理等职权，维护企业真正的市场主体地位。

（十七）健全混合所有制企业法人治理结构。混合所有制企业要建立健全现代企业制度，明晰产权，同股同权，依法保护各类股东权益。规范企业股东（大）会、董事会、经理层、监事会和党组织的权责关系，按章程行权，对资本监管，靠市场选人，依规则运行，形成定位清晰、权责对等、运转协调、制衡有效的法人治理结构。

（十八）推行混合所有制企业职业经理人制度。按照现代企业制度要求，建立市场导向的选人用人和激励约束机制，通过市场化方式选聘职业经理人依法负责企业经营管理，畅通现有经营管理者与职业经理人的身份转换通道。职业经理人实行任期制和契约化管理，按照市场化原则决定薪酬，可以采取多种方式探索中长期激励机制。严格职业经理人任期管理和绩效考核，加快建立退出机制。

六、建立依法合规的操作规则

（十九）严格规范操作流程和审批程序。在组建和注册混合所有制企业时，要依据相关法律法规，规范国有资产授权经营和产权交易等行为，健全清产核资、评估定价、转让交易、登记确权等国有产权流转程序。国有企业产权和股权转让、增资扩股、上市公司增发等，应在产权、股权、证券市场公开披露信息，公开择优确定投资人，达成交易意向后应及时公示交易对象、交易价格、关联交易等信息，防止利益输送。国有企业实施混合所有制改革前，应依据本意见制定方案，报同级国有资产监管机构批准；重要国有企业改制后国有资本不再控股的，报同级人民政府批准。国有资产监管机构要按照本意见要求，明确国有企业混合所有制改革的操作流程。方案审批时，应加强对社会资本质量、合作方诚信与操守、债权债务关系等内容的审核。要充分保障企业职工对国有企业混合所有制改革的知情权和参与权，涉及职工切身利益的要做好评估工作，职工安置方案要经过职工代表大会或者职工大会审议通过。

（二十）健全国有资产定价机制。按照公开公平公正原则，完善国有资产交易方式，严格规范国有资产登记、转让、清算、退出等程序和交易行为。通过产权、股权、证券市场发现和合理确定资产价格，发挥专业化中介机构作用，借助多种市场化定价手段，完善资产定价机制，实施信息公开，加强社会监督，防止出现内部人控制、利益输送造成国有资产流失。

（二十一）切实加强监管。政府有关部门要加强对国有企业混合所有制改革的监管，完善国有产权交易规则和监管制度。国有资产监管机构对改革中出现的违法转让和侵吞国有资产、化公为私、利益输送、暗箱操作、逃废债务等行为，要依法严肃处理。审计部门要依法履行审计监督职能，加强对改制企业原国有企业法定代表人的离任审计。充分发挥第三方机构在清产核资、财务审计、资产定价、股权托管等方面的作用。加强企业职工内部监督。进一步做好信息公开，自觉接受社会监督。

七、营造国有企业混合所有制改革的良好环境

（二十二）加强产权保护。健全严格的产权占有、使用、收益、处分等完整保护制度，依法保护混合所有制企业各类出资人的产权和知识产权权益。在立法、司法和行政执法过程中，坚持对各种所有制经济产权和合法利益给予同等法律保护。

（二十三）健全多层次资本市场。加快建立规则统一、交易规范的场外市场，促进非上市股份公司股权交易，完善股权、债权、物权、知识产权及信托、融资租赁、产业投资基金等产品交易机制。建立规范的区域性股权市场，为企业提供融资服务，促进资产证券化和资本流动，健全股权登记、托管、做市商等第三方服务体系。以具备条件的区域性股权、产权市场为载体，探索建立统一结算制度，完善股权公开转让和报价机制。制定场外市场交易规

则和规范监管制度，明确监管主体，实行属地化、专业化监管。

（二十四）完善支持国有企业混合所有制改革的政策。进一步简政放权，最大限度取消涉及企业依法自主经营的行政许可审批事项。凡是市场主体基于自愿的投资经营和民事行为，只要不属于法律法规禁止进入的领域，且不危害国家安全、社会公共利益和第三方合法权益，不得限制进入。完善工商登记、财税管理、土地管理、金融服务等政策。依法妥善解决混合所有制改革涉及的国有企业职工劳动关系调整、社会保险关系接续等问题，确保企业职工队伍稳定。加快剥离国有企业办社会职能，妥善解决历史遗留问题。完善统计制度，加强监测分析。

（二十五）加快建立健全法律法规制度。健全混合所有制经济相关法律法规和规章，加大法律法规立、改、废、释工作力度，确保改革于法有据。根据改革需要抓紧对合同法、物权法、公司法、企业国有资产法、企业破产法中有关法律制度进行研究，依照法定程序及时提请修改。推动加快制定有关产权保护、市场准入和退出、交易规则、公平竞争等方面法律法规。

八、组织实施

（二十六）建立工作协调机制。国有企业混合所有制改革涉及面广、政策性强、社会关注度高。各地区、各有关部门和单位要高度重视，精心组织，严守规范，明确责任。各级政府及相关职能部门要加强对国有企业混合所有制改革的组织领导，做好把关定向、配套落实、审核批准、纠偏提醒等工作。各级国有资产监管机构要及时跟踪改革进展，加强改革协调，评估改革成效，推广改革经验，重大问题及时向同级人民政府报告。各级工商联要充分发挥广泛联系非公有制企业的组织优势，参与做好沟通政企、凝聚共识、决策咨询、政策评估、典型宣传等方面工作。

（二十七）加强混合所有制企业党建工作。坚持党的建设与企业改革同步谋划、同步开展，根据企业组织形式变化，同步设置或调整党的组织，理顺党组织隶属关系，同步选配好党组织负责人，健全党的工作机构，配强党务工作者队伍，保障党组织工作经费，有效开展党的工作，发挥好党组织政治核心作用和党员先锋模范作用。

（二十八）开展不同领域混合所有制改革试点示范。结合电力、石油、天然气、铁路、民航、电信、军工等领域改革，开展放开竞争性业务、推进混合所有制改革试点示范。在基础设施和公共服务领域选择有代表性的政府投融资项目，开展多种形式的政府和社会资本合作试点，加快形成可复制、可推广的模式和经验。

（二十九）营造良好的舆论氛围。以坚持“两个毫不动摇”（毫不动摇巩固和发展公有制经济，毫不动摇鼓励、支持、引导非公有制经济发展）为导向，加强国有企业混合所有制改革舆论宣传，做好政策解读，阐释目标方向和重要意义，宣传成功经验，正确引导舆论，回应社会关切，使广大人民群众了解和支持改革。

各级政府要加强对国有企业混合所有制改革的领导，根据本意见，结合实际推动改革。

金融、文化等国有企业的改革，中央另有规定的依其规定执行。

十四、中华人民共和国商务部　公告 2015 年第 58 号　公布 23 项国内贸易行业标准编号、名称及实施日期（2015 年 11 月 9 日）

《快餐企业经营规范》等 23 项国内贸易行业标准已经商务部审核，现予公布。

附件：23 项国内贸易行业标准编号、名称及实施日期

序号	标准编号	标准名称	实施日期
21	SB/T 11149-2015	废塑料回收分选技术规范	2016 年 9 月 1 日

（其他略）

十五、商务部　海关总署　公告 2015 第 59 号　关于调整加工贸易禁止类商品目录的公告（2015 年 11 月 10 日）

为落实国务院决定，保持外贸稳定增长，商务部和海关总署对加工贸易禁止类商品目录进行调整，现将有关事项公告如下：

一、将《商务部 海关总署 2014 年第 90 号公告》加工贸易禁止类商品目录中符合国家产业政策，不

属于高耗能、高污染的产品以及具有较高技术含量的产品剔除，共计剔除11个十位商品编码(见附件)。

二、调整后的加工贸易禁止类商品目录共计1862个十位商品编码，仍按《商务部 海关总署2014年第90号公告》有关规定执行。

三、请商务、海关等部门做好加工贸易企业经营状况和生产能力核查工作，严禁环保不达标的落后产能开展相关业务。

四、本公告自发布之日起执行。

附件：从加工贸易禁止类目录调整的商品目录

序号	商品编码	商品名称	原禁止方式	备注
3	2910200000	甲基环氧乙烷（氧化丙烯）	出口	仅允许直接氧化法（HPPO工艺）生产出口甲基环氧乙烷（氧化丙烯），其他仍按禁止类管理
4	2922509090	其他氨基醇酚、氨基酸酚	出口	剔除
5	3203001990	其他植物质着色料及制品	出口	剔除
6	3915200000	苯乙烯聚合物的废碎料及下脚料	进出口	仅允许进口，出口仍按禁止类管理

（其他略）

十六、中华人民共和国环境保护部公告2015年第70号 限制进口类可用作原料的固体废物环境保护管理规定（2015年11月17日）

为进一步完善可用作原料的固体废物进口管理工作，依据《中华人民共和国固体废物污染环境防治法》，结合第十二届全国人大常委会第十四次会议对《中华人民共和国固体废物污染环境防治法》作出的修订内容，我部制定了《限制进口类可用作原料的固体废物环境保护管理规定》。现予以公布，自发布之日起施行。

《进口废钢铁环境保护管理规定》（环境保护部公告2009年第66号）、《进口可用作原料的固体废物环境保护管理规定》（环境保护部公告2011年第23号）同时废止。

附件：限制进口类可用作原料的固体废物环境保护管理规定

一、适用范围

本规定适用于列入《限制进口类可用作原料的固体废物目录》中固体废物进口的环境保护管理。

进口特定类别固体废物环境保护有专门规定的，从其规定。

二、加工利用企业环境保护要求

进口固体废物加工利用企业应当符合以下环境保护要求：

（一）属于依法成立的具有固体废物加工利用经营范围的企业法人。

（二）具有加工利用所申请进口固体废物的场地、设施、设备及配套的污染防治设施和措施，并符合国家或者地方环境保护标准规范的要求。

（三）符合建设项目环境保护管理有关规定。

（四）具有防止进口固体废物污染环境的相关制度和措施，包括建立了进口固体废物加工利用的经营情况记录制度、日常环境监测制度；设置专门部门或专人负责检查、督促、落实本单位进口可用作原料的固体废物的相关环境保护和污染防治工作，相关工作人员和管理人员应当掌握国家相关政策法规、标准规范的规定；依法开展了清洁生产审核等。

（五）自营进口的，应当具有进口可用作原料的固体废物国内收货人注册登记资格；委托其他企业代理进口的，所委托的代理进口企业应当具有进口可用作原料的固体废物国内收货人注册登记资格，且加工利用企业为相应《进口可用作原料的固体废物国内收货人注册登记证书》中列明的“国内利用企业”；以加工贸易方式进口固体废物的，应当位于出口加工区内，或者已获得商务主管部门签发的有效的加工贸易业务批准文件。

（六）申请进口固体废物数量与加工利用能力和污染防治能力相适应；进口口岸符合就近原则和国家有关口岸管理规定。

（七）加工利用企业及其法定代表人或者所委托的代理进口企业及其法定代表人，近两年内没有以下违法行为记录：

1. 进口属于禁止进口的固体废物；

2. 隐瞒有关情况或者提供虚假材料申请固体废物进口许可证；

3. 以欺骗或者其他不正当手段获取固体废物进口许可证；

4. 转让固体废物进口许可证。

（八）近一年内没有以下违反环境保护等法律、法规的行为记录：

1. 超过国家或者地方规定的污染物排放标准或者总量控制要求排放污染物；

2. 所加工利用的进口固体废物不符合进口可用作原料的固体废物环境保护控制标准或者相关技术规范等强制性要求；

3. 生产过程产生的固体废物以及进口固体废物中的夹杂物未进行无害化利用或者处置；

4. 环境监测记录或者进口固体废物经营情况未按规定向环境保护部门报告，或者在报告时弄虚作假；

5. 其他违反环境保护、海关、检验检疫等法律、法规的行为。

（九）从事《限制进口类可用作原料的固体废物目录》内固体废物加工利用的企业，应当符合国家或者省、自治区、直辖市有关规划以及“圈区管理”等要求。

三、申请、审批和监督管理

（一）申请

1. 申请单位（限制进口类固体废物加工利用企业）应当通过全国固体废物管理信息系统（以下简称信息系统）向环境保护部提出申请，提交电子申请材料的同时需提交相同内容的纸质材料。申请材料包括：

（1）申请报告。申请报告应包括：拟进口废物的名称、数量、来源国、进口口岸及进口方式，本年度已申请许可证的使用情况等。

（2）申请表（见附 1）。申请表通过信息系统在线填写并打印，纸质申请表与信息系统申请表内容必须一致。

（3）环境保护报告（见附 2）。本规定发布实施后首次申请限制进口类可用作原料的固体废物的加工利用企业应提供企业环境保护报告。

（4）符合环境保护要求的证明材料（见附 3），包括省级环境保护主管部门根据县级以上地方环境保护主管部门的监督管理情况，出具的对加工利用企业监督管理情况及初步意见表（见附 4）。

2. 近 3 年内领取过相同种类固体废物进口许可证的单位，加工利用场地、设施、设备及配套的污染防治设施和措施，相关环境管理制度或人员未发生变化的，可免予提交相应证明材料；按照相关法律规定，不需要重新履行环评和验收等手续的，免予提交有关符合建设项目环境保护管理有关规定的证明材料。上述未变化事项，应当在申请表中备注栏注明上次申请日期及未发生变化的事项。

3. 固体废物加工利用企业向环境保护部提出申请，由省级环境保护主管部门代收。省级环境保护主管部门可通过书面审查和实地核查等方式对申请材料进行初步审查，在 10 个工作日内，将监督管理情况及初步意见表和申请材料报送至环境保护部。监督管理情况及初步意见表的纸质材料应加盖公章，监督管理情况及初步意见表的电子件应通过信息系统报送。

每年 11 月 15 日起，可受理下一年度限制进口类固体废物进口申请，原则上不再受理当年固体废物进口申请。

（二）技术审查

环境保护部委托环境保护部固体废物与化学品管理技术中心（以下简称固管中心）受理申请材料并进行技术审查。

固管中心收到电子材料与纸质材料后，应在 5 个工作日内开展受理工作。在 10 个工作日内，对受理的申请通过书面审查或实地核查等方式进行技术审查，并将技术审查情况予以公示，征求公众意见，公示期为 3 个工作日。对公众意见，由环境保护部组织进行核实。技术审查工作原则上以电子材料为准。

公示期满，固管中心将技术审查情况和公示情况报送环境保护部。

（三）审批

环境保护部根据固管中心的技术审查意见，在 10 个工作日内对进口固体废物的申请进行审定。

（四）许可证的颁发

环境保护部委托固管中心原则上将固体废物进口许可证统一邮寄至省级环境保护主管部门，由省级环境保护主管部门代为发放。

（五）监督管理

省级环境保护主管部门应当组织对本地区进口固体废物加工利用企业进行监督检查，并及时对限制进口固体废物加工利用企业出具监督管理情况表，作为审查申请单位是否有违法行为的重要依据。

（六）资料保存

进口固体废物申请材料的保存期限为三年。

四、变更、遗失和延期处理

（一）变更

固体废物进口许可证上载明的事项发生变化的，加工利用企业应当按照原申请程序和要求重新申请领取固体废物进口许可证，并交回原证。

（二）遗失

加工利用企业遗失所申领的固体废物进口许可证，应当在全国性的综合或环境类报纸上刊登作废声明，并向环境保护部、所在地省级环境保护主管部门及许可证注明的进口口岸地海关书面报告挂失。

在有效期内需要重新办理固体废物进口许可证的，加工利用企业应按原申请程序和要求重新申请固体废物进口许可证。环境保护部根据加工利用企业的遗失报告、声明作废的报样等材料，扣除已使用的数量后，撤销或者注销原证并换发新证，并在新证备注栏注明原证证号和“遗失换证”字样。

（三）延期

固体废物进口许可证因故在有效期内未使用完的，加工利用企业可在有效期届满 30 日前，按原申请程序和要求提出延期申请，并交回原证。

环境保护部扣除已使用的数量后，重新签发固体废物进口许可证，并在新证备注栏注明原证证号和“延期使用”字样。

固体废物进口许可证只能延期一次，延期最长不超过 60 日。延期批准数量计入下年度固体废物进口许可证的批准数量。

五、经营情况和年度环境保护报告备案

进口限制进口类固体废物的加工利用企业应当于每季度第一个月 15 日之前将上季度进口固体废物经营情况，通过信息系统向所在地省级环境保护主管部门报告并附报表（报表样式见附 6）。

进口限制进口类固体废物的加工利用企业应当于每年 1 月 15 日之前将上年度企业环境保护报告（并附上年度进口固体废物加工利用经营情况报表，见附 6），通过信息系统向所在地省级环境保护主管部门报告。省级环境保护主管部门应当将有关情况汇总后于每年 3 月 31 日前通过信息系统报环境保护部。报告样式见附 7。

附 1：限制进口类可用作原料的固体废物进口许可证申请表（略）

附 2：限制进口类可用作原料的固体废物加工利用企业环境保护报告（略）

附 3：有关证明材料的说明（略）

附 4：关于对申请进口限制进口类可用作原料的固体废物的监督管理情况及初步意见表（略）

附 5：限制进口类固体废物加工利用经营情况记录簿参考样式（略）

附 6：限制进口类固体废物加工利用经营情况报表（略）

附 7：省（区、市）年限制进口固体废物经营情况北京市人民政府办公厅关于印发市发展改革委等部门制定的（略）

十七、中华人民共和国商务部 海关总署 公告 2015 年第 63 号 关于加工贸易限制类商品目录的公告（2015 年 11 月 25 日）

为保持外贸稳定增长、调整进出口商品结构，现对加工贸易限制类目录进行调整，并将有关事项公告如下：

一、根据 2015 年海关商品编码，调整后的限制类目录共计 451 项商品编码（见附件）。其中，限制出口 95 项商品编码，限制进口 356 项商品编码。

二、海关根据企业信用状况将企业认定为高级认证企业、一般认证企业、一般信用企业和失信企业。企业按照海关信用管理分类缴纳台账保证金，在规定期限内加工成品出口并办理核销结案手续后，保证金及利息予以退还。

（一）对管理方式为“实转”的 81 个商品编码，高级认证企业与一般认证企业实行“空转”管理（即无需缴纳台账保证金），东部地区一般信用企业缴纳按实转商品项下保税进口料件应缴进口关税和进口环节增值税之和 50% 的保证金；对其他 370 个商品编码，高级认证企业、一般认证企业与一般信用企业均实行“空转”管理。

（二）经营企业及其加工企业同时属于中西部地区的，开展限制类商品加工贸易业务，高级认证企业、一般认证企业和一般信用企业实行银行保证金台账“空转”管理。

（三）失信企业开展限制类商品加工贸易业务均须缴纳 100% 台账保证金。

三、本公告所指中西部地区是指除东部地区以外的其他地区。东部地区包括北京市、天津市、上海市、辽宁省、河北省、山东省、江苏省、浙江省、福建省、广东省。

四、本公告不适用于出口加工区、保税区等海关特殊监管区域，以及海关特殊监管区域外以深加工结转方式在国内转入限制进口类商品和转出限制出口类商品的加工贸易业务。

五、本公告自发布之日起执行，此前有关规定与本公告不一致的，以本公告为准。

附件：加工贸易限制类商品目录

	海关商品编码	商品名称	限制方式	管理方式
1	3901902000	线型低密度聚乙烯	出口	
2	3902200000	初级形状的聚异丁烯	出口	
3	3902900010	端羧基聚丁二烯,CTPB	出口	
4	3902900020	端羟基聚丁二烯,HTPB	出口	
5	3902900090	其他初级形状的烯烃聚合物	出口	
6	3903199000	其他初级形状的聚苯乙烯	出口	
7	3903900000	初级形状的其他苯乙烯聚合物	出口	
8	3904300000	氯乙烯－乙酸乙烯酯共聚物	出口	
9	3904400000	初级形状的其他氯乙烯共聚物	出口	
10	3904500000	初级形状的偏二氯乙烯聚合物	出口	
11	3904900000	初级形状的其他卤化烯烃聚合物	出口	
12	3905120000	聚乙酸乙烯酯的水分散体	出口	
13	3905190000	其他初级形状聚乙酸乙烯酯	出口	
14	3905210000	乙酸乙烯酯共聚物的水分散体	出口	
15	3905290000	其他初级形状的乙酸乙烯酯共聚物	出口	
16	3905300000	初级形状的聚乙烯醇	出口	
17	3905990000	其他乙烯酯或乙烯基的聚合物	出口	
18	3906100000	初级形状的聚甲基丙烯酸甲酯	出口	
19	3906901000	聚丙烯酰胺	出口	
20	3906909090	其他初级形状的丙烯酸聚合物	出口	
21	3907109000	其他初级形状的聚缩醛	出口	
22	3907300001	初级形状的环氧树脂	出口	
23	3907300090	初级形状的环氧树脂	出口	
24	3907500000	初级形状的醇酸树脂	出口	
25	3909100000	初级形状的尿素树脂及硫尿树脂	出口	
26	3909200000	初级形状的蜜胺树脂	出口	
27	3909309000	其他初级形状的氨基树脂	出口	
28	3909400000	初级形状的酚醛树脂	出口	
29	3911100000	初级形状的石油树脂等	出口	

续表

	海关商品编码	商品名称	限制方式	管理方式
30	3911900001	芳基酸与芳基胺预缩聚物	出口	
31	3911900003	改性三羟乙基脲酸酯类预缩聚物	出口	
32	3911900005	偏苯三酸酐和异氰酸预缩聚物	出口	
33	3911900090	其他初级形状的多硫化物、聚砜等	出口	
34	3912110001	未塑化二醋酸纤维素等	出口	
35	3912110090	初级形状的未塑化醋酸纤维素	出口	
36	3912120000	初级形状的已塑化醋酸纤维素	出口	
37	3912200000	初级形状的硝酸纤维素	出口	
38	3912310000	初级形状的羧甲基纤维素及其盐	出口	
39	3912390000	初级形状的其他纤维素醚	出口	
40	3912900000	初级形状的其他未列名的纤维素	出口	
41	3913100000	初级形状的藻酸及盐和酯	出口	
42	3914000000	初级形状的离子交换剂	出口	
126	3901100001	初级形状比重 < 0.94 的聚乙烯	进口	实转
127	3901100090	初级形状比重 < 0.94 的聚乙烯	进口	实转
128	3901200001	初级形状比重 ≥ 0.94 的聚乙烯	进口	实转
129	3901200090	初级形状比重 ≥ 0.94 的聚乙烯	进口	实转
130	3907601100	高黏度聚对苯二甲酸乙二酯切片	进口	实转
131	3907601900	其他聚对苯二甲酸乙二酯切片	进口	实转
132	4001100000	天然胶乳	进口	实转
133	4001210000	天然橡胶烟胶片	进口	实转
134	4001220000	技术分类天然橡胶 (TSNR)	进口	实转
135	4001290000	其他初级形状的天然橡胶	进口	实转
360	5402200010	非零售聚酯高强力纱	进口	
361	5402200020	非零售聚酯高强力纱	进口	
362	5402200090	非零售聚酯高强力多股纱	进口	
363	5402331000	非零售聚酯弹力丝	进口	
364	5402339000	非零售聚酯变形纱线	进口	
365	5402460000	其他部分定向聚酯单纱	进口	
366	5402470000	其他聚酯单纱	进口	
367	5402520000	非零售加捻的其他聚酯纱线	进口	

续表

	海关商品编码	商品名称	限制方式	管理方式
368	5402620000	非零售聚酯多股纱线	进口	
369	5501200000	聚酯长丝丝束	进口	
370	5501300000	聚丙烯腈长丝丝束	进口	
371	5502009000	其他人造纤维长丝丝束	进口	
372	5503200000	未梳的聚酯短纤	进口	
373	5503300000	未梳的聚丙烯腈短纤维	进口	
374	5504101000	未梳的竹制粘胶短纤	进口	
375	5504109000	其他未梳的粘胶短纤	进口	
376	5504900000	未梳的其他人造纤维短纤	进口	
377	5506200000	已梳的聚酯短纤	进口	
378	5506300000	已梳的聚丙烯腈及其变性短纤	进口	
379	5507000000	已梳的人造纤维短纤	进口	
380	5509210000	非零售纯聚酯短纤单纱	进口	
381	5509220010	非零售聚酯短纤多股纱线或缆线	进口	
382	5509220090	非零售其他聚酯短纤多股纱线缆线	进口	
383	5509310000	非零售纯聚丙烯腈短纤单纱	进口	
384	5509320000	非零售纯聚丙烯腈短纤多股纱线	进口	
385	5509510000	非零售与人纤短纤混纺聚酯短纤纱	进口	
386	5509520000	非零售与毛混纺聚酯短纤纱线	进口	
387	5509530000	非零售与棉混纺聚酯短纤纱线	进口	
388	5509590000	非零售与其他混纺聚酯短纤纱线	进口	

（其他略）

十八、国家质检总局关于《进口可用作原料的固体废物检验检疫监督管理办法》（修订草案）公开征求意见的通知（2015 年 11 月 25 日）

为落实国务院行政审批制度改革要求，规范进口可用作原料的固体废物检验检疫监管工作，国家质检总局组织对《进口可用作原料的固体废物检验检疫监督管理办法》进行了修订。现将征求意见稿(见附件）予以公示，欢迎各有关单位或个人提出修改意见，并于 2015 年 12 月 24 日前反馈国家质检总局。

公众可通过以下途径和方式提出反馈意见：（略）

进口可用作原料的固体废物检验检疫监督管理办法（修订草案）（征求意见稿）

第一章总则

第一条为加强进口可用作原料的固体废物检验检疫监督管理，保护环境，根据《中华人民共和国进出口商品检验法》及其实施条例、《中华人民共和国国境卫生检疫法》及其实施细则、《中华人民共和国进出境动植物检疫法》及其实施条例、《中华人民共和国固体废物污染环境防治法》等有关法律法规规定，制定本办法。

第二条本办法适用于进口可用作原料的固体废物（以下简称废物原料）的检验检疫和监督管理。

第三条国家质量监督检验检疫总局（以下简称

国家质检总局）主管全国进口废物原料的检验检疫和监督管理工作。

国家质检总局设在各地的出入境检验检疫部门（以下简称检验检疫部门）负责所辖区域进口废物原料的检验检疫和监督管理。

第四条国家对进口废物原料的供货商、收货人实行注册登记制度。供货商、收货人在签订对外贸易合同前，应当取得注册登记。

注册登记有效期为5年。

第五条国家对进口废物原料实行装运前检验制度。国家质检总局对装运前检验和装运前检验机构依法实施监督管理。

进口废物原料报检时，收货人应当提供检验检疫部门或者检验机构（以下称装运前检验机构）出具的装运前检验证书。

进口废物原料到达中国境内口岸后，由检验检疫部门依法实施检验检疫。

第六条国家质检总局对进口废物原料实行检验检疫风险预警和快速反应管理。

第二章供货商注册登记

第七条国家质检总局负责进口废物原料国外供货商注册登记的申请受理、审查、批准和监督管理工作。

第八条申请供货商注册登记应当符合下列条件：

（一）具有所在国家（地区）合法的经营资质；

（二）在其所在国家（地区）具有固定的办公场所；

（三）熟悉并遵守中国出入境检验检疫、环境保护、固体废物管理的法律法规；

（四）获得ISO9001质量管理体系、RIOS体系等认证；

（五）具有对所供商品进行环保质量控制的措施和能力，保证其所供商品符合中国出入境检验检疫、环境保护、固体废物管理的国家技术规范的强制性要求；

（六）近3年内未发生过重大的安全、卫生、环保质量问题；

（七）具有在互联网申请注册登记及申报装运前检验的能力；

（八）具备放射性检测设备及其他相应的基础设施。

第九条申请注册登记应当提供以下材料：

（一）注册登记申请书；

（二）经公证的税务登记文件，有商业登记文件的还需提供经公证的商业登记文件；

（三）组织机构、部门和岗位职责的说明；

（四）标明尺寸的固定办公场所平面图，有加工场地的，还应提供加工场地平面图，3张以上能全面展现上述场所和场地实景的照片；

（五）ISO9001质量管理体系或者RIOS体系等认证证书彩色复印件；

（六）委托代理人提出注册登记申请的，应当提交委托书原件以及委托双方身份证明复印件。

提交的文字材料，应使用中文或者中英文对照文本。

第十条国家质检总局对申请人提出的注册登记申请，应当根据下列情况分别做出处理：

（一）申请材料不齐全或者不符合法定形式的，应当当场或者在收到申请材料后5日内一次告知申请人需要补正的全部内容，逾期不告知的，自收到申请材料之日起即为受理。

（二）申请材料齐全、符合法定形式，或者申请人按照国家质检总局的要求提交全部补正申请材料且补正材料符合法定形式的，应当受理。

（三）未在规定期限内补正有关申请材料的，应当终止办理注册登记，并告知申请人。

（四）未按要求全部补正申请材料或者补正后申请材料仍不符合法定形式的，应当不予受理该申请。

第十一条国家质检总局应当自受理注册登记申请之日起10日内组成专家评审组，实施书面评审。专家评审所需时间不计算在本节规定的期限内，但应当书面告知申请人。

评审组应当在评审工作结束后做出评审结论，向国家质检总局提交评审报告。

第十二条国家质检总局自收到评审报告之日起10日内做出是否准予注册登记的决定。

国家质检总局对审查合格的，准予注册登记并颁发注册登记证书；对审查不合格的，不予注册登记，并书面说明理由，告知申请人享有依法申请行政复议或者提起行政诉讼的权利。

注册登记证书应注明注册登记有效期的起止时间。

第十三条供货商注册登记内容发生变化的，应当自变化之日起30日内向国家质检总局提出变更申请。

（一）涉及注册登记证书内容变更的，供货商申请变更时应交回原证书。国家质检总局批准的变更涉及原注册登记证书内容的，应重新颁发证书。

（二）供货商的名称、商业登记地址、法定代表人任意两项或以上发生变化的，应当重新向国家质检总局申请注册登记。

第十四条供货商需要延续注册登记有效期的，应当在注册登记有效期届满90日前向国家质检总局提出延续申请，并按照本管理办法第九条要求提交材料。

在注册登记有效期内，国家质检总局只受理一次延续申请。

供货商未按规定期限提出延续申请的，国家质检总局可以认定为不符合注册登记延续的法定条件，不予受理该申请，在注册登记有效期届满后，其注册登记自动失效。

第十五条国家质检总局应当根据供货商的申请，在注册登记有效期届满前做出是否准予延续注册登记的决定；逾期未做出决定的，视为准予延续。

第十六条质检总局做出不予受理注册登记、终止办理注册登记、不予注册登记决定的，申请人可以向国家质检总局重新申请注册登记。

（一）重新申请注册登记，应当按本办法第九条的规定提交有关材料。

（二）申请人因隐瞒有关情况或者提供虚假材料被不予受理或者不予注册登记的，国家质检总局一年内不受理该申请人注册登记申请。

（三）申请人因所供货物发生过重大的安全、卫生、环保质量问题被吊销注册登记证书的，国家质检总局三年内不受理该申请人注册登记申请。

（四）申请人以欺骗、贿赂等不正当手段取得注册登记后被撤销注册登记的，国家质检总局三年内不受理该申请人注册登记申请。

第十七条申请人应通过进境货物检验检疫监管系统提交注册登记申请，包括新申请、变更申请、延续申请和重新申请；在网络提交注册登记申请成功后的30日内，向国家质检总局提交全套书面材料。

第三章收货人注册登记

第十八条直属检验检疫局负责所辖区域收货人注册登记申请的受理、审查、批准和监督管理工作。

第十九条申请收货人注册登记应当符合下列条件：

（一）具有合法的进出口贸易经营资质；

（二）具有固定的办公场所；

（三）熟悉并遵守中国检验检疫、环境保护技术规范的强制性要求和相关环境保护控制标准；

（四）建立并运行质量管理制度；

（五）具有相对稳定的供货来源和国内利用单位。

第二十条申请收货人注册登记应当提供以下材料：

（一）注册登记申请书；

（二）工商营业执照及其复印件；

（三）《对外贸易经营者备案注册登记证》等进出口资质许可文件及其复印件；

（四）质量管理体系文件；

（五）代理国内利用单位进口的，应当提供代理进口文件、国内利用单位工商营业执照（复印件）和代理国内利用单位当地环保部门批准其从事进口废物原料加工的书面证明。

第二十一条检验检疫部门对申请人提出的收货人注册登记申请，应当根据下列情况分别作出处理：

（一）申请材料不齐全或者不符合法定形式的，应当当场或者在5日内一次告知申请人需要补正的全部内容，逾期不告知的，自收到申请材料之日起即为受理。

（二）申请材料齐全、符合法定形式，或者申请人按照检验检疫部门的要求提交全部补正申请材料且补正材料符合法定形式的，应当受理。

（三）未在规定期限内补正有关申请材料的，应当终止办理注册登记。

（四）未按要求全部补正申请材料或者补正后申请材料仍不符合法定形式的，应当不予受理该申请。

第二十二条检验检疫部门应当自受理申请之日起10日内组成专家评审组，实施书面评审和现场核查。专家评审所需时间不计算在本节规定的期限内，但应当书面告知申请人。

对书面评审合格的申请人，评审组应进行现场核查。评审组应当制定现场核查计划，并在核查实施日期前15日通知申请人。

评审组应当在评审工作结束后做出评审结论，向检验检疫部门提交评审报告。

第二十三条检验检疫部门自收到评审报告之日起10日内做出是否准予注册登记的决定。

检验检疫部门对审查合格的，准予注册登记并颁发注册登记证书；对书面评审不合格、现场核查不合格或者发现存在违反我国法律法规情况的，不予注册登记，并书面说明理由，告知申请人享有依法申请行政复议或者提起行政诉讼的权利。

注册登记证书应注明注册登记有效期的起止时间。

第二十四条收货人注册登记内容发生变化的，应当自变化之日起30日内向批准注册登记的检验检疫部门提出变更申请。

（一）涉及注册登记证书内容变更的，申请变更时应将原证书交回。检验检疫部门批准的变更涉及原注册登记证书内容的，应重新颁发证书。

（二）收货人的名称、商业登记地址、法定代表人中任意两项或以上发生变化的，应当重新向检验检疫部门提出注册登记申请。

第二十五条收货人需要延续注册登记有效期的，应当在注册登记有效期届满90日前向批准注册登记的检验检疫部门提出延续申请。

检验检疫部门在注册登记有效期内，只受理一次延续申请。

第二十六条检验检疫部门应当在注册登记有效期届满之日前，做出是否准予延续注册登记决定。

收货人未按时提交延续申请的，检验检疫部门可以认定为不符合注册登记延续的法定条件，不予受理该申请，在注册登记有效期届满后，其注册登记自动失效。

第二十七条检验检疫部门做出不予受理注册登记、终止办理注册登记、不予注册登记决定的，申请人可以重新申请注册登记。

重新申请注册登记，应当按本办法第二十条的规定提交有关材料。

第二十八条申请人应通过“进境货物检验检疫监管系统”提交注册登记申请，包括新申请、变更申请、延续申请和重新申请；在网络提交注册登记申请成功后的30日内，向检验检疫部门提交全套书面材料。

第四章装运前检验

第二十九条供货商应在废物原料被装运前，通过进口废物原料装运前检验电子管理系统向检验检疫部门或者装运前检验机构申请装运前检验。

第三十条装运前检验机构应在国家质检总局备案，并应符合以下条件：

（一）是所在国家（地区）合法注册的第三方检验机构；

（二）具有所在国家（地区）固定的办公场所；

（三）熟悉并遵守中国出入境检验检疫、环境保护、固体废物管理的法律法规和规章；

（四）从事检验鉴定业务五年以上；

（五）具备按照中国环境保护、固体废物管理的国家技术规范的强制性要求和国家质检总局关于进口废物原料装运前检验有关规定开展检验的能力；

（六）具备与装运前检验业务相适应的检验人员及检测设备；

（七）通过ISO/IEC 17020认可。

第三十一条检验检疫部门、装运前检验机构应通过进口废物原料装运前检验电子管理系统受理供货商的装运前检验申请、录入检验结果、签发证书。

第三十二条装运前检验机构应当按经国家质检总局备案的检验业务范围和区域，在境外装货地或发货地，按照中国国家环境保护控制标准、相关技术规范的强制性要求和装运前检验规程实施装运前检验。

第三十三条装运前检验机构对经其检验合格的废物原料签发电子和纸质的装运前检验证书。

装运前检验机构的装运前检验证书格式、证书编号规则应在国家质检总局备案。

第三十四条检验检疫部门在口岸到货检验检疫监管中发现货证不符或者环保项目不合格的，装运前检验机构应当向国家质检总局报告装运前检验情况，并提供记录检验过程等情况的图像和书面资料。

第三十五条装运前检验机构不能申请或代理申请供货商注册登记。

第五章到货检验检疫

第三十六条废物原料运抵口岸后，收货人应当向入境口岸检验检疫部门报检，接受检验检疫监管。报检时应当提供以下材料：

（一）供货商注册登记证书（复印件）；

（二）收货人注册登记证书（复印件）；

（三）装运前检验证书（电子或纸质）；

（四）废物原料进口许可证明；

（五）合同、发票、装箱单、提/运单等必要的纸质或者电子单证。

第三十七条检验检疫部门应当依照国家环境保护控制标准或者国家技术规范的其他强制性要求、检验检疫规程在第一入境口岸对进口废物原料实施卫生检疫、动植物检疫、环保项目检验等检验检疫监管。

对进口废物原料，国家质检总局可以根据便利对外贸易和检验工作的需要，指定在其他地点检验。

第三十八条检验检疫部门实施进口废物原料检

验检疫工作的场所应当符合《进口废物原料检验检疫场所建设规范》（SN/T2753）要求。

第三十九条从事进口废物原料检验检疫监管人员应当经过国家质检总局的培训考试合格。

从事进口废物原料检验检疫监管人员，执行检验检疫监管任务时，应当佩戴国家质检总局配发的“进口废物原料检验检疫监管资格证”。

第四十条检验检疫部门对经检验检疫符合国家环境控制标准或者国家技术规范的其他强制性要求的进口废物原料，出具合格证明并放行货物；对不符合国家环境控制标准或者国家技术规范的其他强制性要求的，出具退货处理通知单并书面告知海关。

第六章监督管理

第四十一条供货商和收货人应当依照注册登记范围开展供货、进口等活动。

收货人不自行开展废物原料加工利用的，应当将进口废物原料交付环保部门批准的加工利用单位。

第四十二条国家质检总局或者检验检疫部门可以对供货商、收货人、装运前检验机构实施现场检查、验证、追踪货物环保质量状况和流向等形式的监督管理。

第四十三条国家质检总局对进口废物原料检验检疫实施A、B、C三类风险预警及快速反应管理。

（一）A类预警管理措施包括：

1. 撤销供货商、收货人注册登记；

2. 对特定供货商所供废物原料，检验检疫部门不受理进口报检申请；

3. 对特定收货人进口废物原料，检验检疫部门不受理进口报检申请；

4. 对特定装运前检验机构实施装运前检验的废物原料，检验检疫部门不受理进口报检申请；

5. 对源自特定国家/地区、特定类别的废物原料，检验检疫部门不受理进口报检申请；

6. 对因环保项目不合格被退运的废物原料，检验检疫部门禁止其再次入境。

（二）B类预警管理措施包括：

1. 对源自特定国家/地区、特定类别的废物原料，检验检疫部门实施全数检验；

2. 对特定供货商所供废物原料，检验检疫部门实施全数检验；

3. 对特定收货人进口废物原料，检验检疫部门实施全数检验；

4. 对特定装运前检验机构实施装运前检验的废物原料，检验检疫部门实施全数检验。

（三）C类预警管理措施包括：

1. 对因环保项目不合格被退运的废物原料，检验检疫部门禁止其再次入境；

2. 对源自特定国家/地区、特定类别的废物原料，检验检疫部门实施加严检验；

3. 对特定供货商所供的废物原料，检验检疫部门实施加严检验；

4. 对特定收货人报检的废物原料，检验检疫部门实施检验；

5. 对特定装运前检验机构实施装运前检验的废物原料，检验检疫部门实施加严检验。

第四十四条监督管理中发现下列情况之一的，国家质检总局、检验检疫部门实施A类预警管理措施，撤销供货商、收货人注册登记：

（一）申请注册的地址不存在；

（二）商业登记文件无效；

（三）法定代表人不存在；

（四）实际法定代表人与申请注册的法定代表人不一致；

（五）隐瞒有关情况或者提供虚假材料取得注册登记的；

（六）以欺骗、贿赂等不正当手段取得注册登记的。

第四十五条供货商发生下列情形之一的，国家质检总局实施A类预警管理措施，吊销供货商注册登记证书：

（一）输出的废物原料被检验检疫部门检出环保项目严重不合格的；

（二）B类预警期间再次被检验检疫部门检出环保项目不合格的；

（三）将已退运的不合格废物原料再次运抵中国大陆地区的；

（四）将注册登记证书或者注册登记编号转让其他企业使用的；

（五）提供虚假材料，包括提供虚假入境证明文件的；

（六）输出废物原料时存在弄虚作假等欺诈行为的；

（七）不配合收货人退运不合格货物的或者出具环保项目不合格证明后半年内因供货商原因未将不合格货物退运出境的；

（八）不接受监督管理的；

（九）违反国家有关规定，情节严重的；

（十）监督管理发现不符合本办法第八条规定的。

第四十六条供货商发生下列情形之一的，由质检总局实施A类预警管理，检验检疫部门一年内不受理其所供废物原料进口报检申请：

（一）输出的废物原料存在严重疫情风险的；

（二）B类预警期间再次被检出检疫项目不合格的。

第四十七条供货商发生下列情形之一的，由质检总局实施B类预警管理，检验检疫部门对其输出的废物原料实施为期不少于180日的全数检验：

（一）一年内货证不符或者环保项目不合格累计3批以上（含3批）的；

（二）检疫不合格并具有较大疫情风险的；

（三）按本办法第四十四条、第四十五条实施的A类预警解除后重新获得注册登记的；

（四）按本办法第四十六条实施的A类预警解除后，恢复受理进口报检申请的；

（五）现场检查发现质量管理体系存在缺陷的。

第四十八条收货人发生下列情形之一的，检验检疫部门实施A类预警管理措施：

（一）伪造、变造、买卖或者使用伪造、变造的有关证件的；

（二）提供虚假材料，包括提供虚假入境证明文件的；

（三）将注册登记证书或者注册登记编号转让其他企业使用的；

（四）进口废物原料时存在弄虚作假等欺诈行为的；

（五）拒不退运不合格货物或者出具环保项目不合格证明后半年内因收货人原因未将不合格货物退运出境的；

（六）将废物原料交付未经环保部门批准的加工利用单位的；

（七）不接受监督管理的；

（八）违反国家有关规定，情节严重的。

第四十九条收货人发生下列情形之一的，检验检疫部门实施A类预警管理，一年内不受理其废物原料进口报检申请：

（一）进口的废物原料存在严重货证不符，经查确属收货人责任的；

（二）B类预警期间再次被检出环保或检疫项目不合格，经查确属收货人责任的。

第五十条收货人发生下列情形之一的，检验检疫部门实施B类预警管理，对其报检的废物原料实施为期不少于180日的全数检验：

（一）进口的废物原料存在货证不符、申报不实，经查确属收货人责任的；

（二）收货人注册登记内容发生变更，未在规定期限内向检验检疫部门办理变更手续的；

（三）一年内货证不符或者环保项目不合格累计3批以上（含3批），经查确属收货人责任的；

（四）按本办法第四十四条、第四十八条实施的A类预警解除后，重新取得注册登记的；

（五）按本办法第四十九条实施的A类预警解除后，恢复受理进口报检申请的；

（六）现场检查发现质量控制体系存在缺陷的。

第五十一条装运前检验机构发生下列情形之一的，国家质检总局实施A类预警管理，检验检疫部门不受理经其实施装运前检验的废物原料进口报检申请：

（一）经检验的废物原料，一个月内经被检验检疫部门检出不合格超过十批（含十批）的；

（二）经检验的废物原料，一年内被检验检疫部门检出环保项目严重不合格超过三批(含三批)的；

（三）不按规定对货物实施检验就出具装运前检验证书的；

（四）B类预警期间，经检验的废物原料再次被检验检疫部门检出环保项目不合格的；

（五）不接受监督管理的。

第五十二条装运前检验机构发生下列情形之一的，由国家质检总局实施B类预警管理，检验检疫部门对经其实施装运前检验的进口的废物原料实施为期不少于90日的全数检验：

（一）经检验的废物原料，一个月内被检验检疫部门检出不合格超过五批（含五批）的；

（二）经检验的废物原料，一年内被检验检疫部门检出环保项目严重不合格的；

（三）经检验的废物原料，检验检疫部门检出环保项目不合格，装运前检验机构未按规定向国家质检总局报告有关情况的；

（四）日常监管中发现质量管理体系存在缺陷的；

（五）按本办法第五十一条实施的A类预警解除后，恢复受理进口报检申请的。

第七章法律责任

第五十三条进口废物原料供货商、收货人未取得注册登记，或者未按规定进行装运前检验的，按照国家有关规定责令退货；情节严重的，由检验检疫部门按照《中华人民共和国进出口商品检验法实施条例》第五十一条的规定并处10万元以上100万元以下罚款。

第五十四条进口废物原料的收货人弄虚作假的，由检验检疫部门按照《国务院关于加强食品等产品安全监督管理的特别规定》第八条的规定处货值金额3倍的罚款；构成犯罪的，依法追究刑事责任。进口废物原料的报检人、代理人弄虚作假的，处货值金额等值的罚款。

第五十五条进口废物原料检验检疫工作人员玩忽职守、徇私舞弊或者滥用职权，依法给予行政处分；构成犯罪的，依法追究其刑事责任。

第八章附则

第五十六条对从境外进入保税区、出口加工区、自贸区等特殊监管区域的废物原料的管理，按照本办法执行。

前款规定的区域在生产加工过程中产生的废品、残次品、边角料以及受灾货物属于废物原料需出区进入国内的，免于实施检验检疫，依据有关规定签发《入境货物通关单》。

第五十七条对进口废船舶和外籍船舶、航空器及器材在境内维修产生的废物原料，检验检疫部门依法实施检验检疫，收货人或其代理人免于提交供货商注册登记证书和装运前检验证书。

第五十八条本办法中所称证书的电子和纸质证书具有同等效力。

第五十九条本办法规定的注册登记的期限以工作日计算，不含法定节假日。

第六十条来自中国香港、澳门和台湾地区的废物原料的检验检疫监督管理依照本办法执行。

第六十一条进口废物原料的供货商、收货人向国家质检总局或者检验检疫部门提交的所有文件均以中文文本为准。

第六十二条从事注册登记审查的人员应当取得国家质检总局规定的相应资质。国家质检总局根据业务需要和现场评审工作的实际需求，可以聘请相关专业人员辅助现场核查工作。

第六十三条本办法由国家质检总局负责解释。

第六十四条本办法自XXXX年XX月XX日起施行。国家质检总局2009年8月21日发布的《进口可用作原料的固体废物检验检疫监督管理办法》同时废止。

十九、中华人民共和国国务院 国发〔2015〕69号 关于加快实施自由贸易区战略的若干意见（2015年12月6日）

各省、自治区、直辖市人民政府，国务院各部委、各直属机构：

加快实施自由贸易区战略是我国新一轮对外开放的重要内容。党的十八大提出加快实施自由贸易区战略，十八届三中、五中全会进一步要求以周边为基础加快实施自由贸易区战略，形成面向全球的高标准自由贸易区网络。当前，全球范围内自由贸易区的数量不断增加，自由贸易区谈判涵盖议题快速拓展，自由化水平显著提高。我国经济发展进入新常态，外贸发展机遇和挑战并存，“引进来”、“走出去”正面临新的发展形势。加快实施自由贸易区战略是我国适应经济全球化新趋势的客观要求，是全面深化改革、构建开放型经济新体制的必然选择。为加快实施自由贸易区战略，现提出如下意见：

一、总体要求

（一）指导思想。全面贯彻党的十八大和十八届三中、四中、五中全会精神，认真落实党中央、国务院决策部署，按照“四个全面”战略布局要求，坚持使市场在资源配置中起决定性作用和更好发挥政府作用，坚持统筹考虑和综合运用国际国内两个市场、两种资源，坚持与推进共建“一带一路”和国家对外战略紧密衔接，坚持把握开放主动和维护国家安全，逐步构筑起立足周边、辐射“一带一路”、面向全球的高标准自由贸易区网络。

（二）基本原则。

一是扩大开放，深化改革。加快实施更加主动的自由贸易区战略，通过自由贸易区扩大开放，提高开放水平和质量，深度参与国际规则制定，拓展开放型经济新空间，形成全方位开放新格局，开创高水平开放新局面，促进全面深化改革，更好地服务国内发展。

二是全面参与，重点突破。全方位参与自由贸易区等各种区域贸易安排合作，重点加快与周边、“一带一路”沿线以及产能合作重点国家、地区和区域经济集团商建自由贸易区。

三是互利共赢，共同发展。树立正确义利观，兼顾各方利益和关切，考虑发展中经济体和最不发达经济体的实际情况，寻求利益契合点和合作公约数，努力构建互利共赢的自由贸易区网络，推动我国与世界各国、各地区共同发展。

四是科学评估，防控风险。加强科学论证，做好风险评估，努力排除自由贸易区建设中的风险因素。同时，提高开放环境下的政府监管能力，建立健全并严格实施安全审查、反垄断和事中事后监管等方面的法律法规，确保国家安全。

（三）目标任务。近期，加快正在进行的自由贸易区谈判进程，在条件具备的情况下逐步提升已有自由贸易区的自由化水平，积极推动与我国周边大部分国家和地区建立自由贸易区，使我国与自由贸易伙伴的贸易额占我国对外贸易总额的比重达到或超过多数发达国家和新兴经济体水平；中长期，形成包括邻近国家和地区、涵盖“一带一路”沿线国家以及辐射五大洲重要国家的全球自由贸易区网络，使我国大部分对外贸易、双向投资实现自由化和便利化。

二、进一步优化自由贸易区建设布局

（四）加快构建周边自由贸易区。力争与所有毗邻国家和地区建立自由贸易区，不断深化经贸关系，构建合作共赢的周边大市场。

（五）积极推进“一带一路”沿线自由贸易区。结合周边自由贸易区建设和推进国际产能合作，积极同“一带一路”沿线国家商建自由贸易区，形成“一带一路”大市场，将“一带一路”打造成畅通之路、商贸之路、开放之路。

（六）逐步形成全球自由贸易区网络。争取同大部分新兴经济体、发展中大国、主要区域经济集团和部分发达国家建立自由贸易区，构建金砖国家大市场、新兴经济体大市场和发展中国家大市场等。

三、加快建设高水平自由贸易区

（七）提高货物贸易开放水平。坚持进出口并重，通过自由贸易区改善与自由贸易伙伴双向市场准入，合理设计原产地规则，促进对自由贸易伙伴贸易的发展，推动构建更高效的全球和区域价值链。在确保经济安全、产业安全和考虑产业动态发展需要的前提下，稳步扩大货物贸易市场准入。同时，坚持与自由贸易伙伴共同削减关税和非关税壁垒，相互开放货物贸易市场，实现互利共赢。

（八）扩大服务业对外开放。通过自由贸易区等途径实施开放带动战略，充分发挥服务业和服务贸易对我国调整经济结构、转变经济发展方式和带动就业的促进作用。推进金融、教育、文化、医疗等服务业领域有序开放，放开育幼养老、建筑设计、会计审计、商贸物流、电子商务等服务业领域外资准入限制。

加快发展对外文化贸易，创新对外文化贸易方式，推出更多体现中华优秀文化、展示当代中国形象、面向国际市场的文化产品和服务。讲好中国故事、传播好中国声音、阐释好中国特色，更好地推动中华文化“走出去”。吸引外商投资于法律法规许可的文化产业领域，积极吸收借鉴国外优秀文化成果，切实维护国家文化安全。

在与自由贸易伙伴协商一致的基础上，逐步推进以负面清单模式开展谈判，先行先试、大胆探索、与时俱进，积极扩大服务业开放，推进服务贸易便利化和自由化。

（九）放宽投资准入。大力推进投资市场开放和外资管理体制改革，进一步优化外商投资环境。加快自由贸易区投资领域谈判，有序推进以准入前国民待遇加负面清单模式开展谈判。在维护好我国作为投资东道国利益和监管权的前提下，为我国投资者“走出去”营造更好的市场准入和投资保护条件，实质性改善我国与自由贸易伙伴双向投资准入。在自由贸易区内积极稳妥推进人民币资本项目可兑换的各项试点，便利境内外主体跨境投融资。加强与自由贸易伙伴货币合作，促进贸易投资便利化。

（十）推进规则谈判。结合全面深化改革和全面依法治国的要求，对符合我国社会主义市场经济体制建设和经济社会稳定发展需要的规则议题，在自由贸易区谈判中积极参与。参照国际通行规则及其发展趋势，结合我国发展水平和治理能力，加快推进知识产权保护、环境保护、电子商务、竞争政策、政府采购等新议题谈判。

知识产权保护方面，通过自由贸易区建设，为我国企业“走出去”营造更加公平的知识产权保护环境，推动各方完善知识产权保护制度，加大知识产权保护和执法力度，增强企业和公众的知识产权保护意识，提升我国企业在知识产权保护领域的适应和应对能力。

环境保护方面，通过自由贸易区建设进一步加强环境保护立法和执法工作，借鉴国际经验探讨建立有关环境影响评价机制的可行性，促进贸易、投资与环境和谐发展。

电子商务方面，通过自由贸易区建设推动我国与自由贸易伙伴电子商务企业的合作，营造对彼此有利的电子商务规则环境。

竞争政策方面，发挥市场在资源配置中的决定性作用，通过自由贸易区建设进一步促进完善我国竞争政策法律环境，构建法治化、国际化的营商环境。

政府采购方面，条件成熟时与自由贸易伙伴在自由贸易区框架下开展政府采购市场开放谈判，推动政府采购市场互惠对等开放。

（十一）提升贸易便利化水平。加强原产地管理，推进电子联网建设，加强与自由贸易伙伴原产地电子数据交换，积极探索在更大范围实施经核准出口商原产地自主声明制度。改革海关监管、检验检疫等管理体制，加强关检等领域合作，逐步实现国际贸易“单一窗口”受理。简化海关通关手续和环节，加速放行低风险货物，加强与自由贸易伙伴海关的协调与合作，推进实现“经认证经营者”互认，提升通关便利化水平。提高检验检疫效率，实行法检目录动态调整。加快推行检验检疫申报无纸化，完善检验检疫电子证书联网核查，加强与自由贸易伙伴电子证书数据交换。增强检验检疫标准和程序的透明度。

（十二）推进规制合作。加强与自由贸易伙伴就各自监管体系的信息交换，加快推进在技术性贸易壁垒、卫生与植物卫生措施、具体行业部门监管标准和资格等方面的互认，促进在监管体系、程序、方法和标准方面适度融合，降低贸易成本，提高贸易效率。

（十三）推动自然人移动便利化。配合我国“走出去”战略的实施，通过自由贸易区建设推动自然人移动便利化，为我国境外投资企业的人员出入境提供更多便利条件。

（十四）加强经济技术合作。不断丰富自由贸易区建设内涵，适当纳入产业合作、发展合作、全球价值链等经济技术合作议题，推动我国与自由贸易伙伴的务实合作。

四、健全保障体系

（十五）继续深化自由贸易试验区试点。上海等自由贸易试验区是我国主动适应经济发展新趋势和国际经贸规则新变化、以开放促改革促发展的试验田。可把对外自由贸易区谈判中具有共性的难点、焦点问题，在上海等自由贸易试验区内先行先试，通过在局部地区进行压力测试，积累防控和化解风险的经验，探索最佳开放模式，为对外谈判提供实践依据。

（十六）完善外商投资法律法规。推动修订中外合资经营企业法、中外合作经营企业法和外资企业法，研究制订新的外资基础性法律，改革外商投资管理体制，实行准入前国民待遇加负面清单的管理模式，完善外商投资国家安全审查制度，保持外资政策稳定、透明、可预期。

（十七）完善事中事后监管的基础性制度。按照全面依法治国的要求，以转变政府职能为核心，在简政放权的同时，加强事中事后监管，通过推进建立社会信用体系、信息共享和综合执法制度、企业年度报告公示和经营异常名录制度、社会力量参与市场监督制度、外商投资信息报告制度、外商投资信息公示平台、境外追偿保障机制等，加强对市场主体“宽进”以后的过程监督和后续管理。

（十八）继续做好贸易救济工作。在扩大产业开放的同时，有效运用世贸组织和自由贸易协定的合法权利，依法开展贸易救济调查，加大对外交涉力度，维护国内产业企业合法权益。强化中央、地方、行业协会商会、企业四体联动的贸易摩擦综合应对机制，指导企业做好贸易摩擦预警、咨询、对话、磋商、诉讼等工作。

（十九）研究建立贸易调整援助机制。在减少政策扭曲、规范产业支持政策的基础上，借鉴有关国家实践经验，研究建立符合世贸组织规则和我国国情的贸易调整援助机制，对因关税减让而受到冲击的产业、企业和个人提供援助，提升其竞争力，促进产业调整。

五、完善支持机制

（二十）完善自由贸易区谈判第三方评估制度。参照我国此前自由贸易区谈判经验，借鉴其他国家开展自由贸易区谈判评估的有益做法，进一步完善第三方评估制度，通过第三方机构对自由贸易区谈判进行利弊分析和风险评估。

（二十一）加强已生效自由贸易协定实施工作。商务部要会同国内各有关部门、地方政府，综合协调推进协定实施工作。优化政府公共服务，全面、及时提供有关自由贸易伙伴的贸易、投资及其他相关领域法律法规和政策信息等咨询服务。加强地方和产业对自由贸易协定实施工作的参与，打造协定实施的示范地区和行业。特别要加强西部地区和有关产业的参与，使自由贸易区建设更好地服务西部地区经济社会建设，促进我国区域协调发展。做好宣传推介，定期开展评估和分析，查找和解决实施中存在的问题，不断挖掘协定潜力，研究改进实施方法，提升企业利用自由贸易协定的便利性，提高协定利用率，用足用好优惠措施。

（二十二）加强对自由贸易区建设的人才支持。增强自由贸易区谈判人员配备，加大对外谈判人员教育培训投入，加强经济外交人才培养工作，逐步建立一支政治素质好、全局意识强、熟悉国内产业、精通国际经贸规则、外语水平高、谈判能力出色的自由贸易区建设领导、管理和谈判人才队伍。积极发挥相关领域专家的作用，吸收各类专业人士参与相关谈判的预案研究和政策咨询。

六、加强组织实施

加快实施自由贸易区战略是一项长期、涉及面广的系统工作，各有关方面要加强协调，形成合力。商务部要会同相关部门研究制订加快实施自由贸易区战略的行动计划，建立协调工作机制。地方各级人民政府要结合本地实际，围绕实施自由贸易区战略推进地方相关工作，调动有关企业充分利用自由贸易协定的积极性，提高协定利用率。

二十、中华人民共和国商务部 海关总署 公告 2015 年第 74 号 公布《2016 年自动进口许可管理货物目录》（2015 年 12 月 10 日）

依据《中华人民共和国对外贸易法》、《中华人民共和国货物进出口管理条例》和有关规章，现公布《2016 年自动进口许可管理货物目录》，自 2016 年 1 月 1 日起执行。商务部、海关总署 2014 年 12 月 10 日发布的《2015 年自动进口许可管理货物目录》同时废止。

附件：2016 年自动进口许可管理货物目录

37	化工装置	8412390000	其他气压动力装置		台 / 千瓦
		8413709960	其他离心泵多重密封泵	两用物项管制	台 / 千瓦
		8417100000	矿砂、金属的焙烧、熔化用炉	含烘箱及黄铁矿的焙烧、熔化或其他热处理用炉及烘箱	台
		8417803000	水泥回转窑		台
		8417805000	垃圾焚烧炉		台 / 千克
		8417809010	平均温度 > 1000℃的耐腐蚀焚烧炉	为销毁管制化学品或化学弹药用	台
		8417809090	其他非电热的工业用炉及烘箱	包括实验室用炉、烘箱和焚烧炉	台
		8419409010	氢－低温蒸馏塔	温度≤ −238℃，压力为 0.5−5 兆帕，内径≥ 1 米等条件	台
		8419409020	耐腐蚀蒸馏塔	内径大于 0.1 米，接触表面由特殊耐腐蚀材料制成	台
		8419409090	其他蒸馏或精馏设备		台
		8419500010	热交换器	专用于核反应堆的一次冷却剂回路的	台
		8419500040	冷却气体用热交换器	用耐 UF6 腐蚀材料制成或加以保护的	台
		8419500050	耐腐蚀热交换器	0.15 米 ^{2} < 换热面积 < 20 米 ^{2}	台
		8419609010	液化器	将来自级联的 UF6 气体压缩并冷凝成液态 UF6	台
		8419609090	其他液化空气或其他气体用的机器		台
		8419899010	带加热装置的发酵罐	不发散气溶胶，且容积大于 20 升	台

（其他略）

二十一、中华人民共和国商务部 海关总署 国家质量监督检验检疫总局 公告 2015 年第 75 号 公布《2016 年进口许可证管理货物目录》（2015 年 12 月 30 日）

依据《中华人民共和国对外贸易法》、《中华人民共和国货物进出口管理条例》和《重点旧机电产品进口管理办法》，现公布《2016 年进口许可证管理货物目录》，自 2016 年 1 月 1 日起执行。商务部、海关总署、质检总局 2014 年 12 月 31 日发布的《2015 年进口许可证管理货物目录》同时废止。

附件：2016 年进口许可证管理货物目录

一、重点旧机电产品进口目录（其他略）

序号	货物种类	海关商品编号	货物名称	单位
1	化工设备	8419409090	其他蒸馏或精馏设备	台
		8419609010	液化器（将来自级联的 UF6 气体压缩并冷凝成液态 UF6）	台
		8419899010	带加热装置的发酵罐（不发散气溶胶，且容积> 20 升）	台

二、消耗臭氧层物质

序号	货物种类	海关商品编号	货物名称	单位
13	消耗臭氧层物质	2903191010	1，1，1- 三氯乙烷（甲基氯仿），用于清洗剂的除外	千克
		2903191090	1，1，1- 三氯乙烷（甲基氯仿），用于清洗剂的	千克
		2903399020	溴甲烷（甲基溴）	千克
		2903710000	一氯二氟甲烷	千克
		2903720000	二氯三氟乙烷	千克
		2903730000	二氯一氟乙烷	千克
		2903740000	一氯二氟乙烷	千克
		2903750010	1，1，1，2，2- 五氟 -3，3- 二氯丙烷	千克
		2903750020	1，1，2，2，3- 五氟 -1，3- 二氯丙烷	千克
		2903750090	其他二氯五氟丙烷	千克
		2903760010	溴氯二氟甲烷	千克
		2903760020	溴三氟甲烷	千克
		2903771000	三氯氟甲烷	千克
		2903772011	二氯二氟甲烷	千克
		2903772012	三氯三氟乙烷，用于清洗剂除外（CFC-113）	千克
		2903772014	二氯四氟乙烷（CFC-114）	千克
		2903772015	一氯五氟乙烷（CFC-115）	千克
		2903772016	一氯三氟甲烷（CFC-13）	千克
		2903791011	一氟二氯甲烷	千克
		2903791012	1，1，1，2- 四氟 -2- 氯乙烷	千克
		2903791013	三氟一氯乙烷	千克
		2903791014	1- 氟 -1，1- 二氯乙烷	千克
		2903791015	1，1- 二氟 -1- 氯乙烷	千克
		2903791090	其他仅含氟和氯的甲烷、乙烷及丙烷的卤化衍生物	千克

续表

序号	货物种类	海关商品编号	货物名称	单位
13	消耗臭氧层物质	2903799021	其他仅含溴、氟的甲烷、乙烷和丙烷	千克
		3824710011	二氯二氟甲烷和二氟乙烷的混合物（R-500）	千克
		3824710012	一氯二氟甲烷和二氯二氟甲烷的混合物（R-501）	千克
		3824710013	一氯二氟甲烷和一氯五氟乙烷的混合物（R-502）	千克
		3824710014	三氟甲烷和一氯三氟甲烷的混合物（R-503）	千克
		3824710015	二氟甲烷和一氯五氟乙烷的混合物（R-504）	千克
		3824710016	二氯二氟甲烷和一氟一氯甲烷的混合物（R-505）	千克
		3824710017	一氟一氯甲烷和二氯四氟乙烷的混合物（R-506）	千克
		3824710018	二氯二氟甲烷和二氯四氟乙烷的混合物（R-400）	千克
		3824740011	二氟一氯甲烷、二氟乙烷和一氯四氟乙烷的混合物（R-401）	千克
		3824740012	五氟乙烷、丙烷和二氟一氯甲烷的混合物（R-402）	千克
		3824740013	丙烷、二氟一氯甲烷和八氟丙烷的混合物（R-403）	千克
		3824740014	二氟一氯甲烷、二氟乙烷、一氯二氟乙烷和八氟环丁烷的混合物（R-405）	千克
		3824740015	二氟一氯甲烷、2-甲基丙烷（异丁烷）和一氯二氟乙烷的混合物（R-406）	千克
		3824740016	五氟乙烷、三氟乙烷和二氟一氯甲烷的混合物（R-408）	千克
		3824740017	二氟一氯甲烷、一氯四氟乙烷和一氯二氟乙烷的混合物（R-409）	千克
		3824740018	丙烯、二氟一氯甲烷和二氟乙烷的混合物（R-411）	千克
		3824740019	二氟一氯甲烷、八氟丙烷和一氯二氟乙烷的混合物（R-412）	千克
		3824740021	二氟一氯甲烷、一氯四氟乙烷、一氯二氟乙烷和2-甲基丙烷的混合物（R-414）	千克
		3824740022	二氟一氯甲烷和二氟乙烷的混合物（R-415）	千克
		3824740023	四氟乙烷、一氯四氟乙烷和丁烷的混合物（R-416）	千克
		3824740024	丙烷、二氟一氯甲烷和二氟乙烷的混合物（R-418）	千克
		3824740025	二氟一氯甲烷和八氟丙烷的混合物（R-509）	千克
		3824740026	二氟一氯甲烷和一氯二氟乙烷的混合物	千克
		3824740090	其他含甲烷、乙烷或丙烷的氢氯氟烃混合物（不论是否含甲烷、乙烷或丙烷的全氟烃或氢氟烃，但不含全氯氟烃）	千克

二十二、中华人民共和国商务部 海关总署 公告2015年第77号 发布《两用物项和技术进出口许可证管理目录》（2015年12月31日）

根据《两用物项和技术进出口许可证管理办法》（商务部 海关总署令2005年第29号）和2016年《中华人民共和国进出口税则》，商务部和海关总署对《两用物项和技术进出口许可证管理目录》进行了调整，现将调整后的《两用物项和技术

进出口许可证管理目录》进行了调整，现将调整后的《两用物项和技术进出口许可证管理目录》（见附件）予以公布。

进口放射性同位素需按《放射性同位素与射线装置安全和防护条例》和《两用物项和技术进出口许可证管理办法》有关规定，报环境保护部审批后，在商务部配额许可证事务局申领两用物项和技术进口许可证。进口经营者持两用物项和技术进口许可证向海关办理进口手续。

本公告自2016年1月1日起正式实施，商务部、海关总署2015年第21号公告公布的《两用物项和技术进出口许可证管理目录》同时废止。

附件 ：两用物项和技术进出口许可证管理目录

说明：

一、本目录分为《两用物项和技术进口许可证管理目录》与《两用物项和技术出口许可证管理目录》。

二、本目录所列物项和技术是指《中华人民共和国核出口管制条例》、《中华人民共和国核两用品及相关技术出口管制条例》、《中华人民共和国导弹及相关物项和技术出口管制条例》、《中华人民共和国生物两用品及相关设备和技术出口管制条例》、《中华人民共和国监控化学品管理条例》、《中华人民共和国易制毒化学品管理条例》、《中华人民共和国放射性同位素与射线装置安全和防护条例》和国务院批准的《有关化学品及相关设备和技术出口管制办法》等相关行政法规所附清单和名录以及国家依据相关法律、行政法规予以管制、临时管制或特别管制的物项和技术。

三、进出口本目录的物项和技术，不论该物项和技术是否在本目录中列明海关商品编号，均应依法办理两用物项和技术进出口许可证。

四、本目录所列物项和技术及其商品名称和描述与相关法律规定不一致时，以相关法律规定为准。

Ⅰ两用物项和技术进口许可证管理目录

一、监控化学品管理条例监控名录所列物项

序号	商品名称	描述	海关商品编号	单位
1	氮芥气 HN1：N,N- 二（2- 氯乙基）乙胺	第一类 可作为化学武器的化学品	2921193000	千克
2	氮芥气 HN2：N,N- 二（2- 氯乙基）甲胺	第一类 可作为化学武器的化学品	2921194000	千克
3	氮芥气 HN3：三（2- 氯乙基）胺	第一类 可作为化学武器的化学品	2921195000	千克
4	硫芥气：2- 氯乙基氯甲基硫醚	第一类 可作为化学武器的化学品	2930909013	千克
5	芥子气：二（2- 氯乙基）硫醚	第一类 可作为化学武器的化学品	2930909014	千克
6	二（2- 氯乙硫基）甲烷	第一类 可作为化学武器的化学品	2930909015	千克
7	倍半芥气：1,2- 二（2- 氯乙硫基）乙烷	第一类 可作为化学武器的化学品	2930909016	千克
8	1,3- 二（2- 氯乙硫基）正丙烷	第一类 可作为化学武器的化学品	2930909017	千克
9	1,4- 二（2- 氯乙硫基）正丁烷	第一类 可作为化学武器的化学品	2930909018	千克
10	1,5- 二（2- 氯乙硫基）正戊烷	第一类 可作为化学武器的化学品	2930909019	千克
11	二（2- 氯乙硫基甲基）醚	第一类 可作为化学武器的化学品	2930909021	千克
12	氧芥气；二（2- 氯乙硫基乙基）醚	第一类 可作为化学武器的化学品	2930909022	千克
13	烷基（甲基、乙基、正丙基或异丙基）硫代膦酸烷基（氢或少于或等于10个碳原子的碳链，包括环烷基）-S-2二烷（甲、乙、正丙或异丙）氨基乙酯及相应烷基化盐或质子化盐 例如： VX：甲基硫代膦酸乙基 -S-2- 二异丙氨基乙酯	第一类 可作为化学武器的化学品	2930909026	千克

续表

序号	商品名称	描述	海关商品编号	单位
14	路易氏剂 1：2- 氯乙烯基二氯胂	第一类 可作为化学武器的化学品	2931909011	千克
15	路易氏剂 2：二（2- 氯乙烯基）氯胂	第一类 可作为化学武器的化学品	2931909012	千克
16	路易氏剂 3：三（2- 氯乙烯基）胂	第一类 可作为化学武器的化学品	2931909013	千克
17	烷基（甲基、乙基、正丙基或异丙基）氟膦酸烷（少于或等于 10 个碳原子的碳链，包括环烷）酯 例如： 沙林：甲基氟膦酸异丙酯 梭曼：甲基氟膦酸频那酯	第一类 可作为化学武器的化学品	2931901913	千克
18	二烷(甲、乙、正丙或异丙)氨基氰膦酸烷(少于或等于 10 个碳原子的碳链，包括环烷)酯 例如： 塔崩：二甲氨基氰膦酸乙酯	第一类 可作为化学武器的化学品	2931901914	千克
19	烷基（甲基、乙基、正丙基或异丙基）膦酰二氟 例如： DF：甲基膦酰二氟	第一类 可作为化学武器的化学品	2931901915	千克
20	烷基（甲基、乙基、正丙基或异丙基）亚膦酸烷基（氢或少于或等于 10 个碳原子的碳链，包括环烷基）－ 2 －二烷（甲、乙、正丙或异丙）氨基乙酯及相应烷基化盐或质子化盐 例如： QL：甲基亚膦酸乙基 −2− 二异丙氨基乙酯	第一类 可作为化学武器的化学品	2931901911	千克
21	氯沙林：甲基氯膦酸异丙酯	第一类 可作为化学武器的化学品	2931901912	千克
22	氯梭曼：甲基氯膦酸频那酯	第一类 可作为化学武器的化学品	2931901912	千克
23	石房蛤毒素	第一类 可作为化学武器的化学品	3002901000	千克
24	蓖麻毒素	第一类 可作为化学武器的化学品	3002902000	千克
25	三氯化砷	第二类：可作为生产化学武器前体的化学品	2812104400	千克
26	PFIB:1,1,3,3,3- 五氟 −2− 三氟甲基 −1− 丙烯（又名：全氟异丁烯；八氟异丁烯）	第二类：可作为生产化学武器前体的化学品	2903391000	千克
27	频哪基醇：3,3- 二甲基丁 −2− 醇	第二类：可作为生产化学武器前体的化学品	2905191000	千克
28	2,2- 二苯基 −2- 羟基乙酸 : 二苯羟乙酸；二苯乙醇酸	第二类：可作为生产化学武器前体的化学品	2918191000	千克
29	二烷（甲、乙、正丙或异丙）氨基乙基 −2 −氯及相应质子化盐	第二类：可作为生产化学武器前体的化学品	2921196000	千克
30	二烷（甲、乙、正丙或异丙）氨基乙 −2 −醇及相应质子化盐 例外：二甲氨基乙醇及相应质子化盐二乙氨基乙醇及相应质子化盐	第二类：可作为生产化学武器前体的化学品	2922192900	千克
31	二烷（甲、乙、正丙或异丙）氨基膦酰二卤	第二类：可作为生产化学武器前体的化学品	2929902000	千克
32	二烷（甲、乙、正丙或异丙）氨基膦酸二烷（甲、乙、正丙或异丙）酯	第二类：可作为生产化学武器前体的化学品	2929903000	千克

续表

序号	商品名称	描述	海关商品编号	单位
33	胺吸膦：硫代磷酸二乙基－S－2－二乙氨基乙酯及相应烷基化盐或质子化盐）	第二类：可作为生产化学武器前体的化学品	2930909023	千克
34	二烷（甲、乙、正丙或异丙）氨基乙 -2 -硫醇及相应质子化盐	第二类：可作为生产化学武器前体的化学品	2930909024	千克
35	硫二甘醇：二（2- 羟乙基）硫醚；硫代双乙醇	第二类：可作为生产化学武器前体的化学品	2930909025	千克
36	含有一个磷原子并有一个甲基、乙基或（正或异）丙基原子团与该磷原子结合的化学品，不包括含更多碳原子的情形，但第一类名录所列者除外。 例外：地虫磷：二硫代乙基膦酸 -S- 苯基乙酯	第二类：可作为生产化学武器前体的化学品	2930909027	千克
	1. 甲基膦酰二氯 2. 甲基膦酸二甲酯 3. 丙基膦酸 4. 甲基膦酸 5. 乙基膦酸二乙酯 6. 环状膦酸酯 A 化学名：甲基膦酸（5- 乙基 -2- 甲基 -2- 氧代 -1,3,2- 二氧磷杂环己 -5- 基）甲基甲基酯 化学文摘登记号：41203-81-0 7. 环状膦酸酯 B 化学名：甲基膦酸二 [5-（5- 乙基 -2- 甲基 -2- 氧代 -1,3,2- 二氧磷杂环己基）甲基]酯 化学文摘登记号：42595-45-9 8. 甲基膦酸二聚乙二醇酯　化学文摘登记号：294675-51-7 9. 甲基亚膦酸二乙酯 10. 甲基二氯化膦 11. 1- 丙基膦酸环酐 12. 环状膦酸酯 CU 化学名：甲基膦酸的混合物（化合物 6 和 7 的混合物） 化学文摘登记号：170836-68-7		2931901922 3824909951	
37	BZ：二苯乙醇酸 -3- 奎宁环酯（*）	第二类：可作为生产化学武器前体的化学品	2933391000	千克
38	奎宁环 -3- 醇	第二类：可作为生产化学武器前体的化学品	2933392000	千克
39	氰化氢	第三类：可作为生产化学武器主要原料的化学品	2811191000	千克
40	亚硫酰氯：氯化亚砜；氧氯化硫	第三类：可作为生产化学武器主要原料的化学品	2812101000	千克
41	磷酰氯：三氯氧磷；氧氯化磷	第三类：可作为生产化学武器主要原料的化学品	2812102000	千克
42	光气：碳酰二氯	第三类：可作为生产化学武器主要原料的化学品	2812103000	千克
43	一氯化硫	第三类：可作为生产化学武器主要原料的化学品	2812104100	千克
44	二氯化硫	第三类：可作为生产化学武器主要原料的化学品	2812104200	千克

续表

序号	商品名称	描述	海关商品编号	单位
45	三氯化磷	第三类：可作为生产化学武器主要原料的化学品	2812104300	千克
46	五氯化磷	第三类：可作为生产化学武器主要原料的化学品	2812104500	千克
47	五硫化二磷	第三类：可作为生产化学武器主要原料的化学品	2813900010	千克
48	氰化钠	第三类：可作为生产化学武器主要原料的化学品	2837111000	千克
49	氰化钾	第三类：可作为生产化学武器主要原料的化学品	2837191000	千克
50	氯化氰	第三类：可作为生产化学武器主要原料的化学品	2853002000	千克
51	氯化苦；三氯硝基甲烷	第三类：可作为生产化学武器主要原料的化学品	2904903000	千克
52	频哪酮	第三类：可作为生产化学武器主要原料的化学品	2914190010	千克
53	二苯乙醇酸甲酯	第三类：可作为生产化学武器主要原料的化学品	2918199010	千克
54	亚磷酸三甲酯	第三类：可作为生产化学武器主要原料的化学品	2920901100	千克
55	亚磷酸三乙酯	第三类：可作为生产化学武器主要原料的化学品	2920901200	千克
56	亚磷酸二甲酯	第三类：可作为生产化学武器主要原料的化学品	2920901300	千克
57	亚磷酸二乙酯	第三类：可作为生产化学武器主要原料的化学品	2920901400	千克
58	二甲胺	第三类：可作为生产化学武器主要原料的化学品	2921110010	千克
59	二甲胺盐酸盐	第三类：可作为生产化学武器主要原料的化学品	2921110020	千克
60	三乙醇胺	第三类：可作为生产化学武器主要原料的化学品	2922131000	千克
61	三乙醇胺盐酸盐	第三类：可作为生产化学武器主要原料的化学品	2922132020	千克
62	乙基二乙醇胺	第三类：可作为生产化学武器主要原料的化学品	2922193000	千克
63	甲基二乙醇胺	第三类：可作为生产化学武器主要原料的化学品	2922194000	千克
64	3- 羟基 -1- 甲基哌啶	第三类：可作为生产化学武器主要原料的化学品	2933399030	千克
65	3- 奎宁环酮	第三类：可作为生产化学武器主要原料的化学品	2933399040	千克

二、易制毒化学品（其他略）

序号	商品名称	描述	海关商品编号	单位
26	1－苯基－2－丙酮（苯丙酮）	可用于制造毒品	2914310000	千克
27	N－乙酰邻氨基苯酸（N-乙酰邻氨基苯甲酸、2-乙酰氨基苯甲酸）	可用于制造毒品	2924230010	千克
28	3，4－亚甲基二氧苯基－2－丙酮	可用于制造毒品	2932920000	千克
29	高锰酸钾	可用于制造毒品	2841610000	千克
30	醋酸酐（乙酸酐）	可用于制造毒品	2915240000	千克
31	黄樟油	可用于制造毒品	3301299910	千克
32	苯乙酸	可用于制造毒品	2916340010	千克
33	盐酸（氯化氢）	可用于制造毒品	2806100000	千克
34	硫酸	可用于制造毒品	2807000010	千克
35	甲苯	可用于制造毒品	2902300000	千克
36	乙醚	可用于制造毒品	2909110000	千克
37	丙酮	可用于制造毒品	2914110000	千克
38	甲基乙基酮（丁酮）	可用于制造毒品	2914120000	千克
39	邻氨基苯甲酸（氨茴酸）	可用于制造毒品	2922431000	千克
40	哌啶（六氢吡啶）	可用于制造毒品	2933321000	千克
41	三氯甲烷（氯仿）	可用于制造毒品	2903130000	千克
42	羟亚胺及其盐	可用于制造毒品	2925290020	千克
43	邻氯苯基环戊酮	可用于制造毒品	2914399014	千克
44	1-苯基-2-溴-1-丙酮（又名溴代苯丙酮、2-溴代苯丙酮、α-溴代苯丙酮等）	可用于制造毒品	2914700016	千克
45	3-氧-2-苯基丁腈（又名α-氰基苯丙酮、α-苯乙酰基乙腈、2-苯乙酰基乙腈等）	可用于制造毒品	2926909070	千克

三、放射性同位素（略）

Ⅱ、两用物项和技术出口许可证管理目录

一、核出口管制清单所列物项和技术（略）

二、核两用品及相关技术出口管制清单所列物项和技术（略）

三、生物两用品及相关设备和技术出口管制清单所列物项和技术（略）

四、监控化学品管理条例名录所列物项

序号	商品名称	描述	海关商品编号	单位
1	氮芥气 HN1：N,N-二（2-氯乙基）乙胺	第一类 可作为化学武器的化学品	2921193000	千克
2	氮芥气 HN2：N,N-二（2-氯乙基）甲胺	第一类 可作为化学武器的化学品	2921194000	千克
3	氮芥气 HN3：三（2-氯乙基）胺	第一类 可作为化学武器的化学品	2921195000	千克

续表

序号	商品名称	描述	海关商品编号	单位
4	硫芥气：2- 氯乙基氯甲基硫醚	第一类 可作为化学武器的化学品	2930909013	千克
5	芥子气：二（2- 氯乙基）硫醚	第一类 可作为化学武器的化学品	2930909014	千克
6	二（2- 氯乙硫基）甲烷	第一类 可作为化学武器的化学品	2930909015	千克
7	倍半芥气：1,2- 二（2- 氯乙硫基）乙烷	第一类 可作为化学武器的化学品	2930909016	千克
8	1,3- 二（2- 氯乙硫基）正丙烷	第一类 可作为化学武器的化学品	2930909017	千克
9	1,4- 二（2- 氯乙硫基）正丁烷	第一类 可作为化学武器的化学品	2930909018	千克
10	1,5- 二（2- 氯乙硫基）正戊烷	第一类 可作为化学武器的化学品	2930909019	千克
11	二（2- 氯乙硫基甲基）醚	第一类 可作为化学武器的化学品	2930909021	千克
12	氧芥气；二（2- 氯乙硫基乙基）醚	第一类 可作为化学武器的化学品	2930909022	千克
13	烷基（甲基、乙基、正丙基或异丙基）硫代膦酸烷基（氢或少于或等于 10 个碳原子的碳链，包括环烷基）-S-2 二烷（甲、乙、正丙或异丙）氨基乙酯及相应烷基化盐或质子化盐 例如： VX：甲基硫代膦酸乙基 -S-2- 二异丙氨基乙酯	第一类 可作为化学武器的化学品	2930909026	千克
14	路易氏剂 1：2- 氯乙烯基二氯胂	第一类 可作为化学武器的化学品	2931909011	千克
15	路易氏剂 2：二（2- 氯乙烯基）氯胂	第一类 可作为化学武器的化学品	2931909012	千克
16	路易氏剂 3：三（2- 氯乙烯基）胂	第一类 可作为化学武器的化学品	2931909013	千克
17	烷基（甲基、乙基、正丙基或异丙基）氟膦酸烷（少于或等于 10 个碳原子的碳链，包括环烷）酯 例如： 沙林：甲基氟膦酸异丙酯 梭曼：甲基氟膦酸频那酯	第一类 可作为化学武器的化学品	2931901913	千克
18	二烷(甲、乙、正丙或异丙)氨基氰膦酸烷(少于或等于 10 个碳原子的碳链，包括环烷）酯 例如： 塔崩：二甲氨基氰膦酸乙酯	第一类 可作为化学武器的化学品	2931901914	千克
19	烷基（甲基、乙基、正丙基或异丙基）膦酰二氟 例如： DF：甲基膦酰二氟	第一类 可作为化学武器的化学品	2931901915	千克
20	烷基（甲基、乙基、正丙基或异丙基）亚膦酸烷基（氢或少于或等于 10 个碳原子的碳链，包括环烷基）－ 2 －二烷（甲、乙、正丙或异丙）氨基乙酯及相应烷基化盐或质子化盐 例如： QL：甲基亚膦酸乙基 -2- 二异丙氨基乙酯	第一类 可作为化学武器的化学品	2931901911	千克
21	氯沙林：甲基氯膦酸异丙酯	第一类 可作为化学武器的化学品	2931901912	千克
22	氯梭曼：甲基氯膦酸频那酯	第一类 可作为化学武器的化学品	2931901912	

续表

序号	商品名称	描述	海关商品编号	单位
23	石房蛤毒素	第一类 可作为化学武器的化学品	3002901000	千克
24	蓖麻毒素	第一类 可作为化学武器的化学品	3002902000	千克
25	三氯化砷	第二类：可作为生产化学武器前体的化学品	2812104400	千克
26	PFIB:1,1,3,3,3- 五氟 -2- 三氟甲基 -1- 丙烯（又名：全氟异丁烯；八氟异丁烯）	第二类：可作为生产化学武器前体的化学品	2903391000	千克
27	频哪基醇：3,3- 二甲基丁 -2- 醇	第二类：可作为生产化学武器前体的化学品	2905191000	千克
28	2,2- 二苯基 -2- 羟基乙酸：二苯羟乙酸；二苯乙醇酸	第二类：可作为生产化学武器前体的化学品	2918191000	千克
29	二烷（甲、乙、正丙或异丙）氨基乙基 -2 -氯及相应质子化盐	第二类：可作为生产化学武器前体的化学品	2921196000	千克
30	二烷（甲、乙、正丙或异丙）氨基乙 -2 -醇及相应质子化盐 例外：二甲氨基乙醇及相应质子化盐二乙氨基乙醇及相应质子化盐	第二类：可作为生产化学武器前体的化学品	2922192900	千克
31	二烷（甲、乙、正丙或异丙）氨基膦酰二卤	第二类：可作为生产化学武器前体的化学品	2929902000	千克
32	二烷（甲、乙、正丙或异丙）氨基膦酸二烷（甲、乙、正丙或异丙）酯	第二类：可作为生产化学武器前体的化学品	2929903000	千克
33	胺吸膦：硫代磷酸二乙基－S－2－二乙氨基乙酯及相应烷基化盐或质子化盐）	第二类：可作为生产化学武器前体的化学品	2930909023	千克
34	二烷（甲、乙、正丙或异丙）氨基乙 -2 -硫醇及相应质子化盐	第二类：可作为生产化学武器前体的化学品	2930909024	千克
35	硫二甘醇：二（2- 羟乙基）硫醚；硫代双乙醇	第二类：可作为生产化学武器前体的化学品	2930909025	千克
36	含有一个磷原子并有一个甲基、乙基或（正或异）丙基原子团与该磷原子结合的化学品，不包括含更多碳原子的情形，但第一类名录所列者除外。 例外：地虫磷：二硫代乙基膦酸 -S- 苯基乙酯	第二类：可作为生产化学武器前体的化学品	2930909027	千克
	1. 甲基膦酰二氯 2. 甲基膦酸二甲酯 3. 丙基膦酸 4. 甲基膦酸 5. 乙基膦酸二乙酯 6. 环状膦酸酯 A 化学名：甲基膦酸（5- 乙基 -2- 甲基 -2-氧代 -1,3,2- 二氧磷杂环己 -5- 基）甲基甲基酯 化学文摘登记号：41203-81-0 7. 环状膦酸酯 B 化学名：甲基膦酸二 [5-（5- 乙基 -2- 甲基 -2- 氧代 -1,3,2- 二氧磷杂环己基）甲基]酯 化学文摘登记号：42595-45-9 8. 甲基膦酸二聚乙二醇酯　化学文摘登记号：294675-51-7 9. 甲基亚膦酸二乙酯 10. 甲基二氯化膦 11.1- 丙基膦酸环酐		2931901922	

续表

序号	商品名称	描述	海关商品编号	单位
	12. 环状膦酸酯 CU 化学名：甲基膦酸的混合物（化合物 6 和 7 的混合物） 化学文摘登记号：170836-68-7		3824909951	
37	BZ：二苯乙醇酸 -3- 奎宁环酯（★）	第二类：可作为生产化学武器前体的化学品	2933391000	千克
38	奎宁环 -3- 醇	第二类：可作为生产化学武器前体的化学品	2933392000	千克
39	氰化氢	第三类：可作为生产化学武器主要原料的化学品	2811191000	千克
40	亚硫酰氯：氯化亚砜；氧氯化硫	第三类：可作为生产化学武器主要原料的化学品	2812101000	千克
41	磷酰氯：三氯氧磷；氧氯化磷	第三类：可作为生产化学武器主要原料的化学品	2812102000	千克
42	光气：碳酰二氯	第三类：可作为生产化学武器主要原料的化学品	2812103000	千克
43	一氯化硫	第三类：可作为生产化学武器主要原料的化学品	2812104100	千克
44	二氯化硫	第三类：可作为生产化学武器主要原料的化学品	2812104200	千克
45	三氯化磷	第三类：可作为生产化学武器主要原料的化学品	2812104300	千克
46	五氯化磷	第三类：可作为生产化学武器主要原料的化学品	2812104500	千克
47	五硫化二磷	第三类：可作为生产化学武器主要原料的化学品	2813900010	千克
48	氰化钠	第三类：可作为生产化学武器主要原料的化学品	2837111000	千克
49	氰化钾	第三类：可作为生产化学武器主要原料的化学品	2837191000	千克
50	氯化氰	第三类：可作为生产化学武器主要原料的化学品	2853002000	千克
51	氯化苦；三氯硝基甲烷	第三类：可作为生产化学武器主要原料的化学品	2904903000	千克
52	频哪酮	第三类：可作为生产化学武器主要原料的化学品	2914190010	千克
53	二苯乙醇酸甲酯	第三类：可作为生产化学武器主要原料的化学品	2918199010	千克
54	亚磷酸三甲酯	第三类：可作为生产化学武器主要原料的化学品	2920901100	千克
55	亚磷酸三乙酯	第三类：可作为生产化学武器主要原料的化学品	2920901200	千克
56	亚磷酸二甲酯	第三类：可作为生产化学武器主要原料的化学品	2920901300	千克
57	亚磷酸二乙酯	第三类：可作为生产化学武器主要原料的化学品	2920901400	千克
58	二甲胺	第三类：可作为生产化学武器主要原料的化学品	2921110010	千克
59	二甲胺盐酸盐	第三类：可作为生产化学武器主要原料的化学品	2921110020	千克

续表

序号	商品名称	描述	海关商品编号	单位
60	三乙醇胺	第三类：可作为生产化学武器主要原料的化学品	2922131000	千克
61	三乙醇胺盐酸盐	第三类：可作为生产化学武器主要原料的化学品	2922132020	千克
62	乙基二乙醇胺	第三类：可作为生产化学武器主要原料的化学品	2922193000	千克
63	甲基二乙醇胺	第三类：可作为生产化学武器主要原料的化学品	2922194000	千克
64	3- 羟基 -1- 甲基哌啶	第三类：可作为生产化学武器主要原料的化学品	2933399030	千克
65	3- 奎宁环酮	第三类：可作为生产化学武器主要原料的化学品	2933399040	千克

五、有关化学品及相关设备和技术出口管制清单所列物项和技术

（一）化学品

序号	商品名称	描述	海关商品编号	单位
1	氰化氢（别名：无水氢氰酸）		2811110000	千克
2	氰化钠		2826192010	千克
3	硫化钠		2830101000	千克
4	氟化氢钠		2826192020	千克
5	氟化氢铵		2826191010	千克
6	氟化钾		2826199010	千克
7	氟化氢钾		2826199020	千克
8	二异丙胺		2921199020	千克
9	2 －二乙氨基乙醇（或称 N,N －二乙基乙醇胺）		2922192210	千克
10	2 －氯乙醇		2905590020	千克

（二）有关化学品生产设备

1. 阀

序号	商品名称	描述	海关商品编号	单位
11	耐腐蚀多重密封阀	带有检漏孔，且其直接与化学品接触的所有表面由下列任何材料制成： 1）玻璃或玻璃衬里（包括陶化或釉化涂层） 2）含氟聚合物 3）钛或钛合金 4）锆或锆合金 5）钽或钽合金 6）镍含量大于 25%（重量百分比）和铬含量大于 20%（重量百分比）的合金 7）镍或镍含量大于 40%（重量百分比）的合金	8481802110 8481802910 8481803110 8481803910 8481804010	套 / 千克

续表

序号	商品名称	描述	海关商品编号	单位
12	耐腐蚀波纹管密封阀	带有检漏孔，且其直接与化学品接触的所有表面由下列任何材料制成： 1）玻璃或玻璃衬里（包括陶化或釉化涂层） 2）含氟聚合物 3）钛或钛合金 4）锆或锆合金 5）钽或钽合金 6）镍含量大于25%（重量百分比）和铬含量大于20%（重量百分比）的合金 7）镍或镍含量大于40%（重量百分比）的合金	8481802110 8481802910 8481803110 8481803910 8481804010	套 / 千克
13	耐腐蚀单向阀	带有检漏孔，且其直接与化学品接触的所有表面由下列任何材料制成： 1）玻璃或玻璃衬里（包括陶化或釉化涂层） 2）含氟聚合物 3）钛或钛合金 4）锆或锆合金 5）钽或钽合金 6）镍含量大于25%（重量百分比）和铬含量大于20%（重量百分比）的合金 7）镍或镍含量大于40%（重量百分比）的合金	8481802110 8481802910 8481803110 8481803910 8481804010	套 / 千克

2. 泵

序号	商品名称	描述	海关商品编号	单位
14	多重密封泵	其制造商设定最大流量大于0.6米^3/小时[标准温度(0℃)和大气压(101.30千帕）状态下]，其直接与化学品接触的所有表面由下列材料制成： 1）玻璃或玻璃衬里（包括陶化或釉化涂层） 2）含氟聚合物 3）钛或钛合金 4）锆或锆合金 5）钽或钽合金 6）镍含量大于25%（重量百分比）和铬含量大于20%的合金； 7）镍或镍含量大于40%（重量百分比）的合金 8）硅铁 9）陶瓷 10）石墨	8413502030 8413602110 8413602220 8413603110 8413603210 8413604010 8413701030 8413709960	台

续表

序号	商品名称	描述	海关商品编号	单位
15	屏蔽泵	其制造商设定最大流量大于0.6米^3/小时[标准温度(0℃)和大气压(101.30千帕)状态下]，其直接与化学品接触的所有表面由下列任何材料制成： 1）玻璃或玻璃衬里（包括陶化或釉化涂层） 2）含氟聚合物 3）钛或钛合金 4）锆或锆合金 5）钽或钽合金 6）镍含量大于25%（重量百分比）和铬含量大于20%的合金 7）镍或镍含量大于40%（重量百分比）的合金 8）硅铁 9）陶瓷 10）石墨	8413709930	台
16	磁力泵	其制造商设定最大流量大于0.6米^3/小时[标准温度(0℃)和大气压(101.30千帕)状态下]，其直接与化学品接触的所有表面由下列任何材料制成： 1）玻璃或玻璃衬里（包括陶化或釉化涂层） 2）含氟聚合物 3）钛或钛合金 4）锆或锆合金 5）钽或钽合金 6）镍含量大于25%（重量百分比）和铬含量大于20%的合金； 7）镍或镍含量大于40%（重量百分比）的合金 8）硅铁 9）陶瓷 10）石墨	8413709940	台
17	气动式耐腐蚀波纹或隔膜泵	其制造商设定最大流量大于0.6米^3/小时[标准温度(0℃)和大气压(101.30千帕)状态下]，其直接与化学品接触的所有表面由下列任何材料制成： 1）玻璃或玻璃衬里（包括陶化或釉化涂层） 2）含氟聚合物 3）钛或钛合金 4）锆或锆合金 5）钽或钽合金 6）镍含量大于25%（重量百分比）和铬含量大于20%的合金 7）镍或镍含量大于40%（重量百分比）的合金 8）硅铁 9）陶瓷 10）石墨	8413501020	台

续表

序号	商品名称	描述	海关商品编号	单位
18	电动式耐腐蚀波纹或隔膜泵	其制造商设定最大流量大于0.6米³/小时[标准温度(0℃)和大气压(101.30千帕)状态下]，其直接与化学品接触的所有表面由下列任何材料制成： 1）玻璃或玻璃衬里（包括陶化或釉化涂层） 2）含氟聚合物 3）钛或钛合金 4）锆或锆合金 5）钽或钽合金 6）镍含量大于25%（重量百分比）和铬含量大于20%的合金 7）镍或镍含量大于40%（重量百分比）的合金 8）硅铁 9）陶瓷 10）石墨	8413502020	台
19	液压式耐腐蚀波纹或隔膜泵	其制造商设定最大流量大于0.6米³/小时[标准温度(0℃)和大气压(101.30千帕)状态下]，其直接与化学品接触的所有表面由下列任何材料制成： 1）玻璃或玻璃衬里（包括陶化或釉化涂层） 2）含氟聚合物 3）钛或钛合金 4）锆或锆合金 5）钽或钽合金 6）镍含量大于25%（重量百分比）和铬含量大于20%的合金 7）镍或镍含量大于40%（重量百分比）的合金 8）硅铁 9）陶瓷 10）石墨	8413503920	台
20	其他耐腐蚀波纹或隔膜泵	其制造商设定最大流量大于0.6米³/小时[标准温度(0℃)和大气压(101.30千帕)状态下]，其直接与化学品接触的所有表面由下列任何材料制成： 1）玻璃或玻璃衬里（包括陶化或釉化涂层） 2）含氟聚合物 3）钛或钛合金 4）锆或锆合金 5）钽或钽合金 6）镍含量大于25%（重量百分比）和铬含量大于20%的合金 7）镍或镍含量大于40%（重量百分比）的合金 8）硅铁 9）陶瓷 10）石墨	8413509020	台

续表

序号	商品名称	描述	海关商品编号	单位
21	耐腐蚀真空泵	其制造商设定最大流量大于5米^3/小时[标准温度（0℃）和大气压（101.30千帕）状态下]，其直接与化学品接触的所有表面由下列任何材料制成： 1）玻璃或玻璃衬里（包括陶化或釉化涂层） 2）含氟聚合物 3）钛或钛合金 4）锆或锆合金 5）钽或钽合金 6）镍含量大于25%（重量百分比）和铬含量大于20%的合金 7）镍或镍含量大于40%（重量百分比）的合金 8）硅铁 9）陶瓷 10）石墨	8414100010	台

3. 储罐、容器或贮槽

序号	商品名称	描述	海关商品编号	单位
22	储罐	总容积大于0.1米^3（100升）的，其直接与所处理或盛放的化学品接触的所有表面由下列材料制成： 1）玻璃或玻璃衬里（包括陶化或釉化涂层） 2）含氟聚合物 3）钛或钛合金 4）锆或锆合金 5）钽或钽合金 6）镍含量大于25%（重量百分比）和铬含量大于20%（重量百分比）的合金 7）镍或镍含量大于40%（重量百分比）的合金	7310100010	千克
23	容器	总容积大于0.1米^3（100升）的，其直接与所处理或盛放的化学品接触的所有表面由下列材料制成： 1）玻璃或玻璃衬里（包括陶化或釉化涂层） 2）含氟聚合物 3）钛或钛合金 4）锆或锆合金 5）钽或钽合金 6）镍含量大于25%（重量百分比）和铬含量大于20%（重量百分比）的合金 7）镍或镍含量大于40%（重量百分比）的合金	7310100010	千克

续表

序号	商品名称	描述	海关商品编号	单位
24	贮槽	总容积大于0.1米^3（100升）的，其直接与所处理或盛放的化学品接触的所有表面由下列材料制成： 1）玻璃或玻璃衬里（包括陶化或釉化涂层） 2）含氟聚合物 3）钛或钛合金 4）锆或锆合金 5）钽或钽合金 6）镍含量大于25%（重量百分比）和铬含量大于20%（重量百分比）的合金 7）镍或镍含量大于40%（重量百分比）的合金	7310100010	千克

4. 多壁式管道

序号	商品名称	描述	海关商品编号	单位
25	多壁式管道	带有检漏孔，其直接与化学品接触的所有表面由下列材料制成： 1）玻璃或玻璃衬里（包括陶化或釉化涂层） 2）含氟聚合物 3）钛或钛合金 4）锆或锆合金 5）钽或钽合金 6）镍含量大于25%（重量百分比）和铬含量大于20%（重量百分比）的合金 7）镍或镍含量大于40%（重量百分比）的合金 8）石墨	7306900010	千克

5. 蒸馏塔或吸收塔

序号	商品名称	描述	海关商品编号	单位
26	耐腐蚀蒸馏塔	内径大于0.1米，其直接与所处理的化学品接触的所有表面由下列任何材料制成： 1）玻璃或玻璃衬里（包括陶化或釉化涂层） 2）含氟聚合物 3）钛或钛合金 4）锆或锆合金 5）钽或钽合金 6）镍含量大于25%（重量百分比）和铬含量大于20%（重量百分比）的合金 7）镍或镍含量大于40%（重量百分比）的合金 8）石墨	8419409020	台

续表

序号	商品名称	描述	海关商品编号	单位
27	吸收塔	内径大于0.1米，其直接与所处理的化学品接触的所有表面由下列材料制成： 1）玻璃或玻璃衬里（包括陶化或釉化涂层） 2）含氟聚合物 3）钛或钛合金 4）锆或锆合金 5）钽或钽合金 6）镍含量大于25%（重量百分比）和铬含量大于20%（重量百分比）的合金 7）镍或镍含量大于40%（重量百分比）的合金 8）石墨	8414609014 8414809054	台

6. 热交换器或冷凝器

序号	商品名称	描述	海关商品编号	单位
28	耐腐蚀热交换器	换热面积大于0.15米^{3}和小于20米^3，其直接与所处理或盛放的化学品接触的所有表面由下列任何材料制成： 1）玻璃或玻璃衬里（包括陶化或釉化涂层） 2）含氟聚合物 3）钛或钛合金 4）锆或锆合金 5）钽或钽合金 6）镍含量大于25%（重量百分比）和铬含量大于20%（重量百分比）的合金 7）镍或镍含量大于40%（重量百分比）的合金 8）石墨 9）钛碳化物 10）碳化硅	8419500050	台
29	耐腐蚀冷凝器	换热面积大于0.15米^{2}和小于20米^2，其直接与所处理或盛放的化学品接触的所有表面由下列任何材料制成： 1）玻璃或玻璃衬里（包括陶化或釉化涂层） 2）含氟聚合物 3）钛或钛合金 4）锆或锆合金 5）钽或钽合金 6）镍含量大于25%（重量百分比）和铬含量大于20%（重量百分比）的合金 7）镍或镍含量大于40%（重量百分比）的合金 8）石墨 9）钛碳化物 10）碳化硅	8418999910	千克

7. 反应罐、反应器

序号	商品名称	描述	海关商品编号	单位
30	反应罐	无论其是否带有搅拌器，其总容积大于 0.1 米^3（100 升）和小于 20 米^3（20000 升），且其直接与所处理或盛放的化学品接触的所有表面由下列材料制成： 1）玻璃或玻璃衬里（包括陶化或釉化涂层） 2）含氟聚合物 3）钛或钛合金 4）锆或锆合金 5）钽或钽合金 6）镍含量大于 25%（重量百分比）和铬含量大于 20%（重量百分比）的合金 7）镍或镍含量大于 40%（重量百分比）的合金	8479820010	台
31	反应器	无论其是否带有搅拌器，其总容积大于 0.1 米^3（100 升）和小于 20 米^3（20000 升），且其直接与所处理或盛放的化学品接触的所有表面由下列材料制成： 1）玻璃或玻璃衬里（包括陶化或釉化涂层） 2）含氟聚合物 3）钛或钛合金 4）锆或锆合金 5）钽或钽合金 6）镍含量大于 25%（重量百分比）和铬含量大于 20%（重量百分比）的合金 7）镍或镍含量大于 40%（重量百分比）的合金	8479820010	台
32	耐腐蚀搅拌器	用于上述 30、31 项的，其直接与所处理或盛放的化学品接触的所有表面由下任何列材料制成： 1）玻璃或玻璃衬里（包括陶化或釉化涂层） 2）含氟聚合物 3）钛或钛合金 4）锆或锆合金 5）钽或钽合金 6）镍含量大于 25%（重量百分比）和铬含量大于 20%（重量百分比）的合金 7）镍或镍含量大于 40%（重量百分比）的合金	8479820010	台

8. 焚烧炉

序号	商品名称	描述	海关商品编号	单位
33	平均温度 >1000℃的耐腐蚀焚烧炉	为销毁国家实施出口管制的化学品或化学弹药设计，其具有特别设计的废料传输系统、特别装卸设施和燃烧室平均温度超过1000℃，其废料传输系统与废料产品直接接触的所有表面由以下任何材料制成： 1）镍含量大于25%（重量百分比）和铬含量大于20%（重量百分比）的合金 2）镍或镍含量大于40%（重量百分比）的合金 3）陶瓷	8417809010	台

9. 充装设备

序号	商品名称	描述	海关商品编号	单位
34	充装设备	远程操作充装设备，且其直接与所处理的化学品接触的所有表面由下列材料制成： 1）镍含量大于25%（重量百分比）和铬含量大于20%（重量百分比）的合金 2）镍或镍含量大于40%（重量百分比）的合金	8422309010	台

（三）专用检测器和毒气监视系统

序号	商品名称	描述	海关商品编号	单位
35	检测器	1. 为连续操作而设计，并可用于国家实施出口管制的化学品或有机化合物（含有磷、硫、氟或氯，其浓度低于0.3毫克/米^{3}）的检测 2. 为检测受抑制的胆碱酯酶的活性而设计。	9027100010	台
36	毒气监视系统	1. 为连续操作而设计，并可用于国家实施出口管制的化学品或有机化合物（含有磷、硫、氟或氯，其浓度低于0.3毫克/米^{3})的检测。 2. 为检测受抑制的胆碱酯酶的活性而设计。		台

（四）有关技术

序号	商品名称	描述	海关商品编号	单位
37	技术	1、技术转让是指在国家法律允许范围之内，直接涉及化学武器或国家实施出口管制的化学品或相关设备的“技术”转让，包括许可证 2、技术转让的控制不适用于“公共领域内”或“基础科学研究”的信息 3、生产设备出口一经批准，即可对同一最终用户出口最低限度的用于设备安装、操作、维护及修理的相关技术		

六、导弹及相关物项和技术出口管制清单所列物项和技术（其他略）（四）材料

序号	商品名称	描述	海关商品编号	单位
34	聚酰亚胺复合材料	结构复合材料，包括各种复合材料结构件、层压板和制品，以及以树脂或金属为基体的用纤维和丝材增强而制成的各种预浸件和预成形件，其中增强材料的比拉伸强度大于 7.62×10^4（米）和比模量大于 3.18×10^6（米）	3926909010	千克
35	聚酰胺基复合材料	结构复合材料，包括各种复合材料结构件、层压板和制品，以及以树脂或金属为基体的用纤维和丝材增强而制成的各种预浸件和预成形件，其中增强材料的比拉伸强度大于 7.62×10^4（米）和比模量大于 3.18×10^6（米）	3926909010	千克
36	聚碳酸脂复合材料	结构复合材料，包括各种复合材料结构件、层压板和制品，以及以树脂或金属为基体的用纤维和丝材增强而制成的各种预浸件和预成形件，其中增强材料的比拉伸强度大于 7.62×10^4（米）和比模量大于 3.18×10^6（米）	3926909010	千克
37	石英纤维增强的复合材料	结构复合材料，包括各种复合材料结构件、层压板和制品，以及以树脂或金属为基体的用纤维和丝材增强而制成的各种预浸件和预成形件，其中增强材料的比拉伸强度大于 7.62×10^4（米）和比模量大于 3.18×10^6（米）	3921909010	千克

续表

序号	商品名称	描述	海关商品编号	单位
38	碳纤维增强的复合材料	结构复合材料，包括各种复合材料结构件、层压板和制品，以及以树脂或金属为基体的用纤维和丝材增强而制成的各种预浸件和预成形件，其中增强材料的比拉伸强度大于 7.62×10^4（米）和比模量大于 3.18×10^6（米）	3921909010	千克
39	硼纤维增强的复合材料	结构复合材料，包括各种复合材料结构件、层压板和制品，以及以树脂或金属为基体的用纤维和丝材增强而制成的各种预浸件和预成形件，其中增强材料的比拉伸强度大于 7.62×10^4（米）和比模量大于 3.18×10^6（米）	3921909010	千克

七、易制毒化学品（一）（其他略）

序号	商品名称	描述	海关商品编号	单位
26	1－苯基－2－丙酮（苯丙酮）	可用于制造毒品	2914310000	千克
27	N－乙酰邻氨基苯酸（N- 乙酰邻氨基苯甲酸、2- 乙酰氨基苯甲酸）	可用于制造毒品	2924230010	千克
28	3，4－亚甲基二氧苯基－2－丙酮	可用于制造毒品	2932920000	千克
29	高锰酸钾	可用于制造毒品	2841610000	千克
30	醋酸酐（乙酸酐）	可用于制造毒品	2915240000	千克
31	黄樟油	可用于制造毒品	3301299910	千克
32	苯乙酸	可用于制造毒品	2916340010	千克
33	盐酸（氯化氢）	可用于制造毒品	2806100000	千克
34	硫酸	可用于制造毒品	2807000010	千克
35	甲苯	可用于制造毒品	2902300000	千克
36	乙醚	可用于制造毒品	2909110000	千克
37	丙酮	可用于制造毒品	2914110000	千克
38	甲基乙基酮（丁酮）	可用于制造毒品	2914120000	千克
39	邻氨基苯甲酸（氨茴酸）	可用于制造毒品	2922431000	千克
40	哌啶（六氢吡啶）	可用于制造毒品	2933321000	千克

续表

序号	商品名称	描述	海关商品编号	单位
41	三氯甲烷（氯仿）	可用于制造毒品	2903130000	千克
42	羟亚胺及其盐	可用于制造毒品	2925290020	千克
43	邻氯苯基环戊酮	可用于制造毒品	2914399014	千克
44	1-苯基-2-溴-1-丙酮（又名溴代苯丙酮、2-溴代苯丙酮、α-溴代苯丙酮等）	可用于制造毒品	2914700016	千克
45	3-氧-2-苯基丁腈（又名α-氰基苯丙酮、α-苯乙酰基乙腈、2-苯乙酰基乙腈等）	可用于制造毒品	2926909070	千克

八、易制毒化学品（二）

序号	商品名称	描述	海关商品编号	单位
1	氯化铵	可用于制造毒品	2827101000 2827109000	千克
2	硫酸钡	可用于制造毒品	2833270000	千克
3	氯化钯	可用于制造毒品	2843900010	克
4	醋酸钠	可用于制造毒品	2915291000	千克
5	乙醇	可用于制造毒品	2207100000 2207200010 2207200090	升／千克
6	氢氧化钠	可用于制造毒品	2815110000 2815120000	千克
7	碳酸钠（纯碱）	可用于制造毒品	2836200000	千克
8	碳酸氢钠（小苏打）	可用于制造毒品	2836300000	千克
9	活性炭	可用于制造毒品	3802101000 3802109000	千克
10	乙酸	可用于制造毒品	2915211100 2915211900 2915219010 2915219020 2915219090	千克
11	乙酸乙酯	可用于制造毒品	2915310000	千克
12	异丙醇	可用于制造毒品	2905122000	千克
13	碘	可用于制造毒品	2801200000	千克
14	氢碘酸	可用于制造毒品	2811199010	千克
15	红磷	可用于制造毒品	2804709010	千克
16	三氯乙醛	可用于制造毒品	2913000010	千克

续表

序号	商品名称	描述	海关商品编号	单位
17	二氢黄樟素	可用于制造毒品	2932999080	千克

九、部分两用物项和技术（略）

（中国塑料加工工业协会 郭齐 马占峰）

2016年塑料及其制品海关进出口税率

商品编码	附加编号	商品名称（点击查询商品进出口统计数据）	进口税率		出口税率	增值税	消费税	计量单位	监管条件
			优惠	普通					
39011000	01	初级形状比重＜0.94的聚乙烯	6.5	45.0	0.0	17.0	0.0	千克	A
39011000	90	初级形状比重＜0.94的聚乙烯	6.5	45.0	0.0	17.0	0.0	千克	A
39012000	01	初级形状比重≥0.94的聚乙烯	6.5	45.0	0.0	17.0	0.0	千克	A
39012000	90	初级形状比重≥0.94的聚乙烯	6.5	45.0	0.0	17.0	0.0	千克	A
39013000		初级形状乙烯－乙酸乙烯酯共聚物	6.5	45.0	0.0	17.0	0.0	千克	A
39019010		乙烯－丙烯共聚物（乙丙橡胶）	6.5	45.0	0.0	17.0	0.0	千克	A
39019020		线型低密度聚乙烯	6.5	45.0	0.0	17.0	0.0	千克	A
39019090		其他初级形状的乙烯聚合物	6.5	45.0	0.0	17.0	0.0	千克	A
39021000	10	电工级初级形状聚丙烯树脂	6.5	45.0	0.0	17.0	0.0	千克	A
39021000	90	其他初级形状的聚丙烯	6.5	45.0	0.0	17.0	0.0	千克	A
39022000		初级形状的聚异丁烯	6.5	45.0	0.0	17.0	0.0	千克	AB
39023010		乙烯－丙烯共聚物（乙丙橡胶）	6.5	45.0	0.0	17.0	0.0	千克	
39023090		其他初级形状的丙烯共聚物	6.5	45.0	0.0	17.0	0.0	千克	
39029000	10	端羧基聚丁二烯,CTPB	6.5	45.0	0.0	17.0	0.0	千克	3
39029000	20	端羟基聚丁二烯,HTPB	6.5	45.0	0.0	17.0	0.0	千克	3
39029000	90	其他初级形状的烯烃聚合物	6.5	45.0	0.0	17.0	0.0	千克	

续表

商品编码	附加编号	商品名称（点击查询商品进出口统计数据）	进口税率		出口税率	增值税	消费税	计量单位	监管条件
			优惠	普通					
39031100		初级形状的可发性聚苯乙烯	6.5	45.0	0.0	17.0	0.0	千克	A
39031900		初级形状的其他聚苯乙烯	6.5	45.0	0.0	17.0	0.0	千克	A
39032000		初级形状苯乙烯－丙烯腈共聚物	12.0	45.0	0.0	17.0	0.0	千克	
39033000		丙烯腈－丁二烯－苯乙烯共聚物	6.5	45.0	0.0	17.0	0.0	千克	A
39039000		初级形状的其他苯乙烯聚合物	6.5	45.0	0.0	17.0	0.0	千克	
39041010		聚氯乙烯糊树脂	6.5	45.0	0.0	17.0	0.0	千克	A
39041090	01	聚氯乙烯纯粉	6.5	45.0	0.0	17.0	0.0	千克	A
39041090	90	其他初级形状的纯聚氯乙烯	6.5	45.0	0.0	17.0	0.0	千克	A
39042100		初级形状未塑化的聚氯乙烯	6.5	45.0	0.0	17.0	0.0	千克	
39042200		初级形状已塑化的聚氯乙烯	6.5	45.0	0.0	17.0	0.0	千克	
39043000		氯乙烯－乙酸乙烯酯共聚物	9.0	45.0	0.0	17.0	0.0	千克	
39044000		初级形状的其他氯乙烯共聚物	12.0	45.0	0.0	17.0	0.0	千克	
39045000		初级形状的偏二氯乙烯聚合物	6.5	45.0	0.0	17.0	0.0	千克	
39046100		初级形状的聚四氟乙烯	10.0	45.0	0.0	17.0	0.0	千克	
39046900		初级形状的其他氟聚合物	6.5	45.0	0.0	17.0	0.0	千克	
39049000		初级形状的其他卤化烯烃聚合物	10.0	45.0	0.0	17.0	0.0	千克	
39051200		聚乙酸乙烯酯的水分散体	10.0	45.0	0.0	17.0	0.0	千克	
39051900		其他初级形状聚乙酸乙烯酯	10.0	45.0	0.0	17.0	0.0	千克	
39052100		乙酸乙烯酯共聚物的水分散体	10.0	45.0	0.0	17.0	0.0	千克	
39052900		其他初级形状的乙酸乙烯酯共聚物	10.0	45.0	0.0	17.0	0.0	千克	
39053000		初级形状的聚乙烯醇	14.0	45.0	0.0	17.0	0.0	千克	AB
39059100		其他乙烯酯或乙烯基的共聚物	10.0	45.0	0.0	17.0	0.0	千克	
39059900		其他乙烯酯或乙烯基的聚合物	10.0	45.0	0.0	17.0	0.0	千克	
39061000		初级形状的聚甲基丙烯酸甲酯	6.5	45.0	0.0	17.0	0.0	千克	

续表

商品编码	附加编号	商品名称（点击查询商品进出口统计数据）	进口税率		出口税率	增值税	消费税	计量单位	监管条件
			优惠	普通					
39069010		聚丙烯酰胺	6.5	45.0	0.0	17.0	0.0	千克	AB
39069090	01	聚丙烯酸钠	6.5	45.0	0.0	17.0	0.0	千克	
39069090	90	其他初级形状的丙烯酸聚合物	6.5	45.0	0.0	17.0	0.0	千克	
39071010		初级形状的聚甲醛	6.5	45.0	0.0	17.0	0.0	千克	
39071090		其他初级形状的聚缩醛	6.5	45.0	0.0	17.0	0.0	千克	
39072010		聚四亚甲基醚二醇	6.5	45.0	0.0	17.0	0.0	千克	
39072090		初级形状的其他聚醚	6.5	45.0	0.0	17.0	0.0	千克	
39073000	01	初级形状溴质量≥ 18% 或进口 CIF 价	6.5	45.0	0.0	17.0	0.0	千克	
39073000	90	初级形状的环氧树脂	6.5	45.0	0.0	17.0	0.0	千克	
39074000		初级形状的聚碳酸酯	6.5	45.0	0.0	17.0	0.0	千克	
39075000		初级形状的醇酸树脂	10.0	45.0	0.0	17.0	0.0	千克	
39076011		高黏度聚对苯二甲酸乙二酯切片	6.5	45.0	0.0	17.0	0.0	千克	A
39076019		其他聚对苯二甲酸乙二酯切片	6.5	45.0	0.0	17.0	0.0	千克	A
39076090		其他初级形状聚对苯二甲酸乙二酯	6.5	45.0	0.0	17.0	0.0	千克	A
39077000		初级形状的聚乳酸	6.5	45.0	0.0	17.0	0.0	千克	
39079100		初级形状的不饱和聚酯	6.5	45.0	0.0	17.0	0.0	千克	
39079910	01	未经增强或改性的初级形状 PBT 树	6.5	45.0	0.0	17.0	0.0	千克	
39079910	90	其他聚对苯二甲酸丁二酯	6.5	45.0	0.0	17.0	0.0	千克	
39079990		初级形状的其他聚酯	6.5	45.0	0.0	17.0	0.0	千克	AB
39081011		聚酰胺 –6,6 切片	6.5	45.0	0.0	17.0	0.0	千克	
39081019	10	尼龙 11、尼龙 12 切片	6.5	45.0	0.0	17.0	0.0	千克	
39081019	90	聚酰胺 –6 切片等	6.5	45.0	0.0	17.0	0.0	千克	
39081090		其他初级形状的聚酰胺 –6,6 等	6.5	45.0	0.0	17.0	0.0	千克	
39089000		初级形状的其他聚酰胺	10.0	45.0	0.0	17.0	0.0	千克	

续表

商品编码	附加编号	商品名称（点击查询商品进出口统计数据）	进口税率		出口税率	增值税	消费税	计量单位	监管条件
			优惠	普通					
39091000		初级形状的尿素树脂及硫尿树脂	6.5	45.0	0.0	17.0	0.0	千克	
39092000		初级形状的蜜胺树脂	6.5	45.0	0.0	17.0	0.0	千克	
39093010		聚（亚甲基苯基异氰酸酯）(聚合MDI	6.5	35.0	0.0	17.0	0.0	千克	
39093090		其他初级形状的氨基树脂	6.5	45.0	0.0	17.0	0.0	千克	
39094000		初级形状的酚醛树脂	6.5	45.0	0.0	17.0	0.0	千克	
39095000		初级形状的聚氨基甲酸酯	6.5	45.0	0.0	17.0	0.0	千克	
39100000		初级形状的聚硅氧烷	6.5	45.0	0.0	17.0	0.0	千克	
39111000		初级形状的石油树脂等	6.5	45.0	0.0	17.0	0.0	千克	
39119000	01	芳基酸与芳基胺预缩聚物	6.5	45.0	0.0	17.0	0.0	千克	
39119000	03	改性三羟乙基脲酸酯类预缩聚物	6.5	45.0	0.0	17.0	0.0	千克	
39119000	04	聚苯硫醚	6.5	45.0	0.0	17.0	0.0	千克	
39119000	05	偏苯三酸酐和异氰酸预缩聚物	6.5	45.0	0.0	17.0	0.0	千克	
39119000	90	其他初级形状的多硫化物、聚砜等	6.5	45.0	0.0	17.0	0.0	千克	
39121100	01	未塑化二醋酸纤维素等	6.5	40.0	0.0	17.0	0.0	千克	
39121100	90	初级形状的未塑化醋酸纤维素	6.5	40.0	0.0	17.0	0.0	千克	
39121200		初级形状的已塑化醋酸纤维素	6.5	40.0	0.0	17.0	0.0	千克	
39122000		初级形状的硝酸纤维素	6.5	45.0	0.0	17.0	0.0	千克	
39123100		初级形状的羧甲基纤维素及其盐	6.5	45.0	0.0	17.0	0.0	千克	
39123900		初级形状的其他纤维素醚	6.5	45.0	0.0	17.0	0.0	千克	
39129000		初级形状的其他未列名的纤维素	6.5	45.0	0.0	17.0	0.0	千克	
39131000		初级形状的藻酸及盐和酯	10.0	45.0	0.0	17.0	0.0	千克	AB
39139000		初级形状的其他未列名天然聚合物	6.5	50.0	0.0	17.0	0.0	千克	
39140000		初级形状的离子交换剂	6.5	45.0	0.0	17.0	0.0	千克	
39151000		乙烯聚合物的废碎料及下脚料	6.5	50.0	0.0	17.0	0.0	千克	AP

续表

商品编码	附加编号	商品名称（点击查询商品进出口统计数据）	进口税率		出口税率	增值税	消费税	计量单位	监管条件
			优惠	普通					
39152000		苯乙烯聚合物的废碎料及下脚料	6.5	50.0	0.0	17.0	0.0	千克	AP
39153000		氯乙烯聚合物的废碎料及下脚料	6.5	50.0	0.0	17.0	0.0	千克	AP
39159010		聚对苯二甲酸乙二酯废碎料及下脚	6.5	50.0	0.0	17.0	0.0	千克	AP
39159090		其他塑料的废碎料及下脚料	6.5	50.0	0.0	17.0	0.0	千克	AP
39161000		乙烯聚合物制单丝，条，杆及型材	10.0	45.0	0.0	17.0	0.0	千克	
39162000		氯乙烯聚合物制单丝，条，杆及型材	10.0	45.0	0.0	17.0	0.0	千克	
39169010		聚酰胺制的单丝，条，杆及型材	10.0	45.0	0.0	17.0	0.0	千克	
39169090		其他塑料制单丝，条，杆及型材	10.0	45.0	0.0	17.0	0.0	千克	
39171000		硬化蛋白或纤维素材料制人造肠衣	10.0	50.0	0.0	17.0	0.0	千克	A
39172100		乙烯聚合物制的硬管	10.0	45.0	0.0	17.0	0.0	千克	
39172200		丙烯聚合物制的硬管	10.0	45.0	0.0	17.0	0.0	千克	
39172300		氯乙烯聚合物制的硬管	10.0	45.0	0.0	17.0	0.0	千克	
39172900		其他塑料制的硬管	10.0	45.0	0.0	17.0	0.0	千克	
39173100		塑料制的软管	10.0	45.0	0.0	17.0	0.0	千克	
39173200		其他未装有附件的塑料制管子	6.5	45.0	0.0	17.0	0.0	千克	
39173300		其他装有附件的塑料管子	6.5	45.0	0.0	17.0	0.0	千克	
39173900		塑料制的其他管子	6.5	45.0	0.0	17.0	0.0	千克	
39174000		塑料制的管子附件	10.0	45.0	0.0	17.0	0.0	千克	
39181010		氯乙烯聚合物制糊墙品	10.0	45.0	0.0	17.0	0.0	千克	
39181090		氯乙烯聚合物制的铺地制品	10.0	45.0	0.0	17.0	0.0	千克	
39189010		其他塑料制的糊墙品	10.0	45.0	0.0	17.0	0.0	千克	
39189090		其他塑料制的铺地制品	10.0	45.0	0.0	17.0	0.0	千克	
39191010		丙烯酸树脂类为主的自粘塑料板等	6.5	45.0	0.0	17.0	0.0	千克	
39191091		宽度≤20cm的胶囊型反光膜	6.5	45.0	0.0	17.0	0.0	千克	

续表

商品编码	附加编号	商品名称（点击查询商品进出口统计数据）	进口税率		出口税率	增值税	消费税	计量单位	监管条件
			优惠	普通					
39191099		其他宽度≤ 20cm 的自粘塑料板片等	6.5	45.0	0.0	17.0	0.0	千克	
39199010		其他胶囊型反光膜	6.5	45.0	0.0	17.0	0.0	千克	
39199090		其他自粘塑料板，片，膜等材料	6.5	45.0	0.0	17.0	0.0	千克	
39201010		乙烯聚合物制电池隔膜	6.5	45.0	0.0	13.0	0.0	千克	
39201090	01	乙烯－四氟乙烯膜（四氟乙烯单体含	6.5	45.0	0.0	13.0	0.0	千克	
39201090	10	农用非泡沫聚乙烯薄膜	6.5	45.0	0.0	13.0	0.0	千克	
39201090	90	其他非泡沫乙烯聚合物板，片，膜，	6.5	45.0	0.0	17.0	0.0	千克	
39202010		丙烯聚合物制电池隔膜	6.5	45.0	0.0	13.0	0.0	千克	
39202090	10	农用非泡沫聚丙烯薄膜	6.5	45.0	0.0	13.0	0.0	千克	
39202090	90	非泡沫丙烯聚合物板，片，膜，箔及	6.5	45.0	0.0	17.0	0.0	千克	
39203000		非泡沫苯乙烯聚合物板，片，膜，箔，	6.5	45.0	0.0	17.0	0.0	千克	
39204300	10	农用软质聚氯乙烯薄膜	6.5	45.0	0.0	17.0	0.0	千克	
39204300	90	氯乙烯聚合物板，片，膜，箔及扁条	6.5	45.0	0.0	17.0	0.0	千克	
39204900	10	其他农用软质聚氯乙烯薄膜	6.5	45.0	0.0	13.0	0.0	千克	
39204900	90	其他氯乙烯聚合物板，片，膜，箔	6.5	45.0	0.0	17.0	0.0	千克	
39205100		聚甲基丙烯酸甲酯板片膜箔及扁条	6.5	45.0	0.0	17.0	0.0	千克	
39205900		其他丙烯酸聚合物板片膜箔及扁条	6.5	45.0	0.0	17.0	0.0	千克	
39206100		聚碳酸酯制板，片，膜，箔，扁条	6.5	45.0	0.0	17.0	0.0	千克	
39206200	01	9 ≤厚≤ 15.9 微米聚酯薄膜	6.5	45.0	0.0	17.0	0.0	千克	
39206200	02	5 ≤厚≤ 8.9 微米聚酯薄膜	6.5	45.0	0.0	17.0	0.0	千克	
39206200	03	16 ≤厚≤ 29.9 微米聚酯薄膜	6.5	45.0	0.0	17.0	0.0	千克	
39206200	04	50 ≤厚≤ 99.9 微米聚酯薄膜	6.5	45.0	0.0	17.0	0.0	千克	
39206200	09	其他聚对苯二甲酸乙二酯板片膜等	6.5	45.0	0.0	17.0	0.0	千克	
39206300		不饱和聚酯板，片，膜，箔及扁条	10.0	45.0	0.0	17.0	0.0	千克	

续表

商品编码	附加编号	商品名称（点击查询商品进出口统计数据）	进口税率		出口税率	增值税	消费税	计量单位	监管条件
			优惠	普通					
39206900		其他聚酯板，片，膜，箔及扁条	10.0	45.0	0.0	17.0	0.0	千克	
39207100		再生纤维素制板，片，膜，箔及扁条	6.5	45.0	0.0	17.0	0.0	千克	
39207300		醋酸纤维素制板，片，膜，箔及扁条	6.5	45.0	0.0	17.0	0.0	千克	
39207900		其他纤维素衍生物制板，片，膜箔及	10.0	45.0	0.0	17.0	0.0	千克	
39209100	01	聚乙烯醇缩丁醛膜	6.5	45.0	0.0	17.0	0.0	千克	
39209100	90	聚乙烯醇缩丁醛板，片，箔，扁条	6.5	45.0	0.0	17.0	0.0	千克	
39209200		聚酰胺板，片，膜，箔，扁条	10.0	45.0	0.0	17.0	0.0	千克	
39209300		氨基树脂板，片，膜，箔，扁条	6.5	45.0	0.0	17.0	0.0	千克	
39209400		酚醛树脂板，片，膜，箔，扁条	10.0	45.0	0.0	17.0	0.0	千克	
39209910		聚四氟乙烯制非泡沫塑料板，片，箔	6.5	45.0	0.0	17.0	0.0	千克	
39209990		其他非泡沫塑料板，片，膜，箔，扁条	6.5	45.0	0.0	17.0	0.0	千克	
39211100		泡沫聚苯乙烯板，片，带，箔，扁条	10.0	45.0	0.0	17.0	0.0	千克	
39211210		泡沫聚氯乙烯人造革及合成革	9.0	70.0	0.0	17.0	0.0	千克	5
39211290		泡沫聚氯乙烯板，片，带，箔，扁条	6.5	45.0	0.0	17.0	0.0	千克	5
39211310		泡沫聚氨酯制人造革及合成革	9.0	70.0	0.0	17.0	0.0	千克	5
39211390		泡沫聚氨酯板，片，带，箔，扁条	6.5	45.0	0.0	17.0	0.0	千克	5
39211400		泡沫再生纤维素板，片，膜，箔，扁条	10.0	45.0	0.0	17.0	0.0	千克	
39211910		其他泡沫塑料制人造革及合成革	9.0	45.0	0.0	17.0	0.0	千克	
39211990		其他泡沫塑料板，片，膜，箔，扁条	6.5	45.0	0.0	17.0	0.0	千克	
39219020		以聚乙烯为基本成分的板片	6.5	45.0	0.0	17.0	0.0	千克	
39219030		聚异丁烯为基本成分的板片卷材	6.5	45.0	0.0	17.0	0.0	千克	
39219090	01	离子交换膜	6.5	45.0	0.0	17.0	0.0	千克	5
39219090	10	敏感物项管制结构复合材料的层压	6.5	45.0	0.0	17.0	0.0	千克	35
39219090	90	未列名塑料板，片，膜，箔，扁条	6.5	45.0	0.0	17.0	0.0	千克	5

续表

商品编码	附加编号	商品名称（点击查询商品进出口统计数据）	进口税率		出口税率	增值税	消费税	计量单位	监管条件
			优惠	普通					
39221000		塑料浴缸，淋浴盘，洗涤槽及盥洗盆	10.0	80.0	0.0	17.0	0.0	千克	
39222000	10	含濒危动物成分的塑料马桶座圈及	10.0	80.0	0.0	17.0	0.0	千克	EF
39222000	90	其他塑料马桶座圈及盖	10.0	80.0	0.0	17.0	0.0	千克	
39229000		塑料便盆，抽水箱等类似卫生洁具	10.0	80.0	0.0	17.0	0.0	千克	
39231000		塑料制盒，箱及类似品	10.0	80.0	0.0	17.0	0.0	千克	
39232100		乙烯聚合物制袋及包	10.0	80.0	0.0	17.0	0.0	千克	
39232900		其他塑料制的袋及包	10.0	80.0	0.0	17.0	0.0	千克	
39233000		塑料制坛，瓶及类似品	6.5	80.0	0.0	17.0	0.0	千克	
39234000		塑料制卷轴，纡子，筒管及类似品	10.0	35.0	0.0	17.0	0.0	千克	
39235000		塑料制塞子，盖子及类似品	10.0	80.0	0.0	17.0	0.0	千克	
39239000		供运输或包装货物用其他塑料制品	10.0	80.0	0.0	17.0	0.0	千克	
39241000		塑料制餐具及厨房用具	10.0	80.0	0.0	17.0	0.0	千克	AB
39249000		塑料制其他家庭用具及卫生或盥洗	10.0	80.0	0.0	17.0	0.0	千克	B
39251000		塑料制囤，柜，罐，桶及类似容器	10.0	80.0	0.0	17.0	0.0	千克	
39252000		塑料制门，窗及其框架，门槛	10.0	80.0	0.0	17.0	0.0	千克	
39253000		塑料制窗板，百叶窗及类似制品	10.0	80.0	0.0	17.0	0.0	千克	
39259000		其他未列名的建筑用塑料制品	10.0	80.0	0.0	17.0	0.0	千克	
39261000		办公室或学校用塑料制品	10.0	80.0	0.0	17.0	0.0	千克	
39262011		聚氯乙烯制手套（包括分指手套、	10.0	90.0	0.0	17.0	0.0	双	
39262019		其他塑料制手套（包括分指手套、	10.0	90.0	0.0	17.0	0.0	双	
39262090		其他塑料制衣服及衣着附件	10.0	90.0	0.0	17.0	0.0	千克	
39263000		塑料制家具，车厢及类似品的附件	10.0	80.0	0.0	17.0	0.0	千克	
39264000		塑料制小雕塑品及其他装饰品	10.0	100.0	0.0	17.0	0.0	千克	
39269010		塑料制机器及仪器用零件	10.0	35.0	0.0	17.0	0.0	千克	

续表

商品编码	附加编号	商品名称（点击查询商品进出口统计数据）	进口税率		出口税率	增值税	消费税	计量单位	监管条件
			优惠	普通					
39269090	10	敏感物项管制结构复合材料的预成	10.0	80.0	0.0	17.0	0.0	千克	3
39269090	90	其他塑料制品	10.0	80.0	0.0	17.0	0.0	千克	

本类注释说明：

一、本目录所称“塑料”，是指品目39.01至39.14的材料，这些材料能够在聚合时或聚合后在外力（一般是热力和压力，必要时加入溶剂或增塑剂）作用下通过模制、浇铸挤压、滚轧或其他工序制成一定的形状，成形后除去外力，其形状仍保持不变。本目录所称“塑料”，还应包括钢纸，但不包括第十一类的纺织材料。

二、本章不包括：

（一）品目27.12或34.04的蜡；

（二）单独的已有化学定义的有机化合物（第二十九章）；

（三）肝素及其盐（品目30.01）；

（四）品目39.01至39.13所列的任何产品溶于挥发性有机溶剂的溶液（胶棉除外），但溶剂的重量必须超过溶液重量的50%（品目32.08）；品目32.12的压印箔；

（五）有机表面活性剂或品目34.02的制剂；

（六）再熔胶及酯胶（品目38.06）；

（七）附于塑料衬背上的诊断或实验用试剂（品目38.22）；

（八）第四十章规定的合成橡胶及其制品；

（九）鞍具及挽具（品目42.01）；品目42.02的衣箱、提箱、手提包及其他容器；

（十）第四十六章的缏条、编织品及其他制品；

（十一）品目48.14的壁纸；

（十二）第十一类的货品（纺织原料及纺织制品）；

（十三）第十二类的物品（例如，鞋靴、帽类、雨伞、阳伞、手杖、鞭子、马鞭及其零件）；

（十四）品目71.17的仿首饰；

（十五）第十六类的物品（机器、机械器具或电气器具）；

（十六）第十七类的航空器零件及车辆零件；

（十七）第九十章的物品（例如，光学元件、眼镜架及绘图仪器）；

（十八）第九十一章的物品（例如，钟壳及表壳）；

（十九）第九十二章的物品（例如，乐器及其零件）；

（二十）第九十四章的物品（例如，家具、灯具、照明装置、灯箱及活动房屋）；

（二十一）第九十五章的物品（例如，玩具、游戏品及运动用品）；

（二十二）第九十六章的物品（例如，刷子、纽扣、拉链、梳子、烟斗的嘴及柄、香烟嘴及类似品、保温瓶的零件及类似品、钢笔、活动铅笔）。

三、品目39.01至39.11仅适用于化学合成的下列货品：

（一）温度在300℃时，压力转为1013毫巴后减压蒸馏出的液体合成聚烯烃以体积计小于60%的货品（品目39.01及39.02）；

（二）非高度聚合的苯并呋喃 -- 茚式树脂（品目39.11）；

（三）平均至少有五个单体单元的其他合成聚合物；

（四）聚硅氧烷（品目39.10）；

（五）甲阶酚醛树脂（品目39.09）及其他预聚物。

四、所称“共聚物”，包括在整个聚合物中按重量计没有一种单体单元的含量在95%及以上的各种聚合物。在本章中，除条文另有规定的以外，共聚物（包括共缩聚物、共加聚物、嵌段共聚物及接枝共聚物）及聚合物混合体应按聚合物中重量最大的那种共聚单体单元所构成的聚合物归入相应品目。在本注释中，归入同一品目的聚合物的共聚单体单元应作为一种单体单元对待。如果没有任何一种共聚单体单元重量为最大，共聚物或聚合物混合体应按号列顺序归入其可归入的最末一个品目。

五、化学改性聚合物，即聚合物主链上的支链通过化学反应发生了变化的聚合物，应按未改性的聚合物的相应品目归类。本规定不适用于接枝共聚物。

六、品目39.01至39.14所称“初级形状”，只限于下列各种形状：

（一）液状及糊状，包括分散体（乳浊液及悬浮液）及溶液；

（二）不规则形状的块，团、粉（包括压型粉）、颗粒、粉片及类似的散装形状。

七、品目39.15不适用于已制成初级形状的单一热塑材料废碎料及下脚料（品目39.01至39.14）。

八、品目39.17所称“管子”，是指通常用于输送或供给气体或液体的空心制品或半制品（例如，肋纹浇花软管、多孔管），还包括香肠用肠衣及其他扁平管。除肠衣及扁平管外，内截面如果不呈圆形、椭圆形、矩形（其长度不超过宽度的1.5倍）或正几何形，则不能视为管子，而应作为异型材。

九、品目39.18所称“塑料糊墙品”，适用于墙壁或天花板装饰用的宽度不小于45厘米的成卷产品，这类产品是将塑料牢固地附着在除纸张以外任何材料的衬背上，并且在塑料面起纹、压花、着色、印制图案或用其他方法装饰。

十、品目 39.20 及 39.21 所称“板、片、膜、箔、扁条”，只适用于未切割或仅切割成矩形（包括正方形）（含切割后即可供使用的），但未经进一步加工的板、片、膜、箔、扁条（第五十四章的物品除外）及正几何形块，不论是否经过印制或其他表面加工。

十一、品目 39.25 只适用于第二分章以前各品目未包括的下列物品：

（一）容积超过 300 升的囤、柜（包括化粪池）、罐、桶及类似容器；

（二）用于地板、墙壁、隔墙、天花板或屋顶等方面的结构件；

（三）槽管及其附件；

（四）门、窗及其框架和门槛；

（五）阳台、栏杆、栅栏、栅门及类似品；

（六）窗板、百叶窗（包括威尼斯式百叶窗）或类似品及其零件、附件；

（七）商店、工棚、仓库等用的拼装式固定大型货架；

（八）建筑用的特色（例如，凹槽、圆顶及鸽棚式）装饰件；

（九）固定装于门窗、楼梯、墙壁或建筑物其他部位的附件及架座，例如，球形把手、拉手、挂钩、托架、毛巾架、开关板及其他护板。

子目注释：

一、属于本章任一品目项下的聚合物（包括共聚物）及化学改性聚合物应按下列规则归类：

（一）在同级子目中有一个“其他”子目的：1. 子目所列聚合物名称冠有“聚（多）”的（例如，聚乙烯及聚酰胺—6,6），是指列名的该种聚合物单体单元含量在整个聚合物中按重量计必须占 95％及以上。2. 子目号 3901.30、3903.20、3903.30 及 3904.30 所列的共聚物，如果该种共聚单体单元含量在整个聚合物中按重量计占 95％及以上，即应归入上述子目。3. 化学改性聚合物如未在其他子目具体列名，应归入列明为“其他”的子目内。4. 不符合上述（一）、（二）、（三）款规定的聚合物，应按聚合物中重量最大的那种单体单元（与其他各种单一的共聚单体单元相比）所构成的聚合物归入该级其他相应子目。为此，归入同一子目的聚合物单体单元应作为一种单体单元对待。只有在同级子目中的聚合物共聚单体单元才可以进行比较。

（二）在同级子目中没有“其他”子目的：

1. 聚合物应按聚合物中重量最大的那种单体单元（与其他各种单一的共聚单体单元相比）所构成的聚合物归入该级相应子目。为此，归入同一子目的聚合物单体单元应作为一种单体单元对待。只有在同级子目中的聚合物共聚单体单元才可以进行比较。

2. 化学改性聚合物应按相应的未改性聚合物的子目归类。聚合物混合体应按单体单元比例相等、种类相同的聚合物归入相应子目。

二、子目 3920.43 所称增塑剂，包括次级增塑剂。

（刘均科）

全国塑料工业生产、经营情况统计

茶花
CHAHUA
公司简介 | Company Profule
茶花现代家居用品股份有限公司成立于 1997 年，专业从事现代家居用品的研发、生产和销售，是中国塑料家居用品行业的龙头企业，公司“茶花”商标 2002 年被评为福建省著名商标，并于 2010 年荣获中国著名商标。
多年来，茶花品牌得到了同行业及全国各大终端超市的一致认可，有着良好的品牌美誉度和知名度。茶花牌产品始终如一的高品质形象早已深入人心，深受全国各地广大消费者的青睐。迄今，茶花品牌已成为行业公认的领先品牌。
公司目前拥有 3 个大型生产基地，配备先进的生产设备以及自动化生产线，具有强大的产品研发能力，不断开发出新颖、时尚、独具一格的家居用品，引领国内现代家居用品行业的新潮流。目前公司产品分类齐全、系列品项丰富，涵盖家居生活的方方面面。
经过近二十年的发展，公司建立了完善的营销通路和网络，在全国范围拥有省、地级茶花专营销售代理商，独特的营销模式铸就了强大的渠道优势。公司一贯坚持开拓创新、规模经营和品牌经营并举。作为本土自主品牌，茶花人以振兴民族品牌、引领行业发展为己任，为向广大消费者奉献高品质、新时尚的家居用品而不断努力奋斗！
茶花现代家居用品股份有限公司
CHAHUA MODERN HOUSEWARES CO.,LTD.
地址：福建省福州市晋安区蕉坑路168号 邮编：350014
电话：0591-83625317 http://www.chahuajj.com
DESIGNED BY CHAHUA
VIRGIN MATERIAL
ONE FAMILY ONE CHAHUA

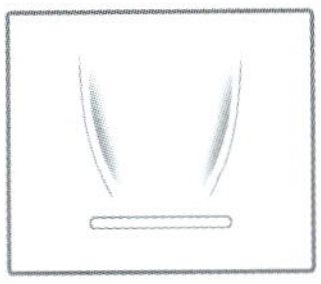

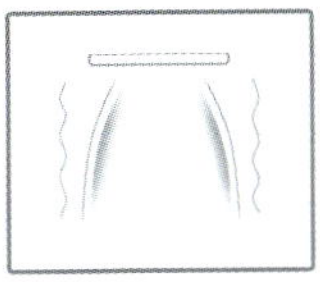

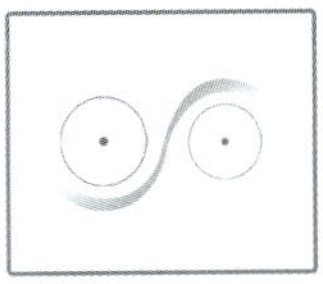

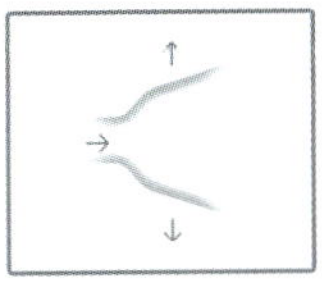

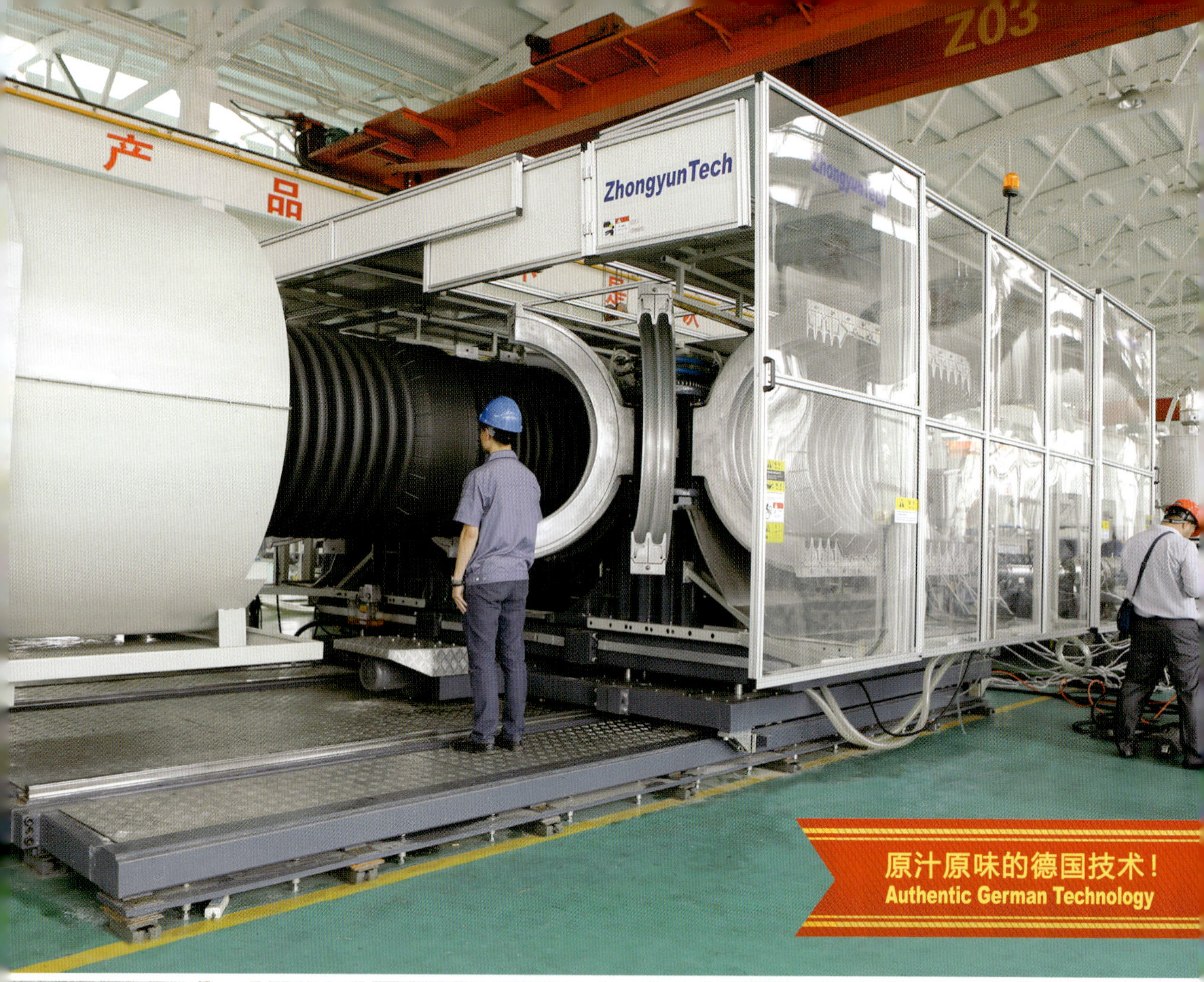

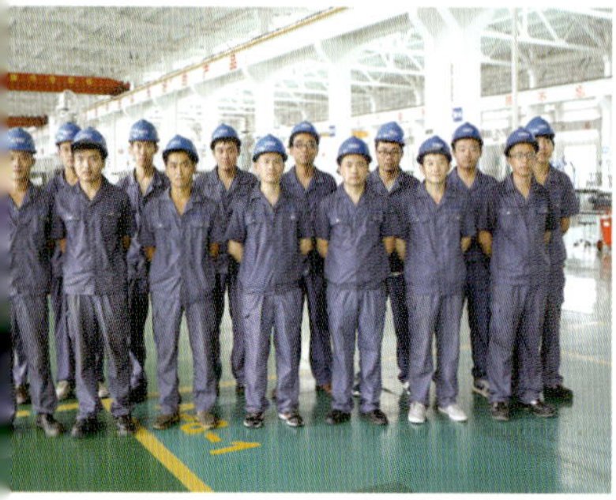

专业、专职的高素质售后服务团队
其中80%以上员工拥有本科学历

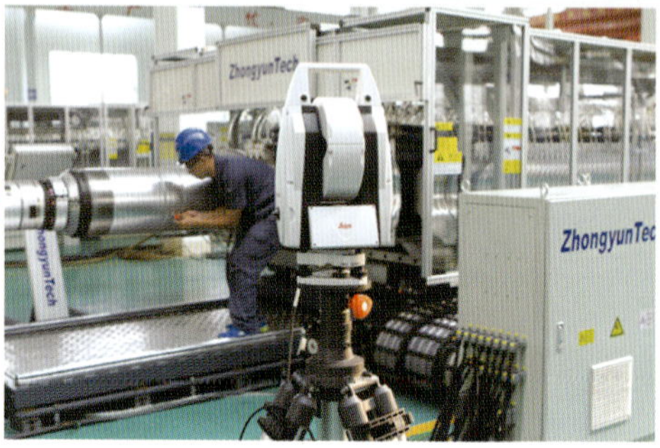

世界顶级的三坐标测量设备
确保产品质量受到严格控制

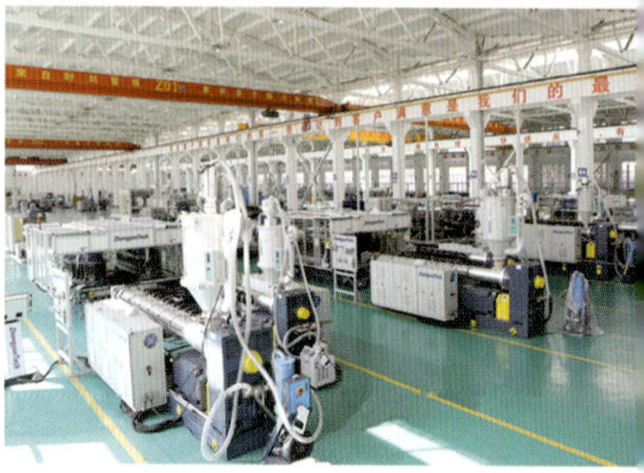

现代化的设备装配与测试现场
所有的设备出厂前均进行实际开机测试

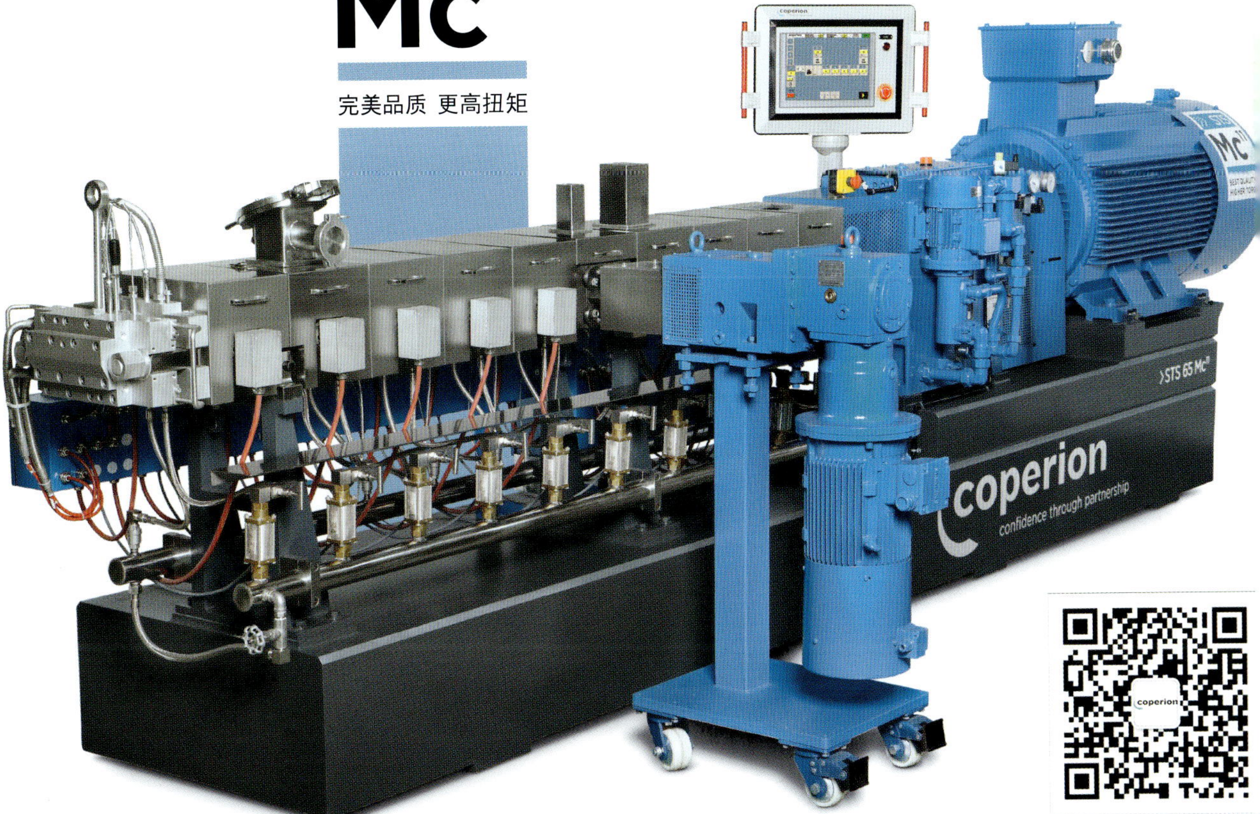

2015 年塑料制品行业经济运行分析

2015 年，塑料制品行业发展呈现缓中趋稳、稳中有进的发展态势。塑料制品行业工业增加值增速高于同期全国工业。行业投资增速高于同期制造业及全国投资增速。行业出口增速恢复正增长。但行业景气指数处于蓝色渐冷区间，未来发展仍面临严峻挑战。

一、主要经济指标完成情况

2015 年，塑料制品行业规模以上企业 14763 个，工业增加值累计增速 8.1%，高于同期全国工业增加值增速 2.0 个百分点。全年完成主营业务收入 2.15 万亿元，同比增长 4.6%。实现利税 1937.8 亿元，同比增长 8.26%，其中：利润总额 1302.5 亿元，同比增长 8.8%。塑料制品产量 7560.8 万吨，同比增长 0.95%。

2015 年橡胶和塑料制品业完成固定资产投资 6531 亿元，同比增长 10.1%，增速高于同期制造业及全国投资增速。

二、中轻塑料景气指数

中国轻工业经济运行及预测预警系统（www.qgysj.org）数据显示：2015 年中轻塑料景气指数自 3 月份起运行在蓝色渐冷区间，震荡走低。12 月份中轻塑料景气指数为 87.59，为全年最低值。

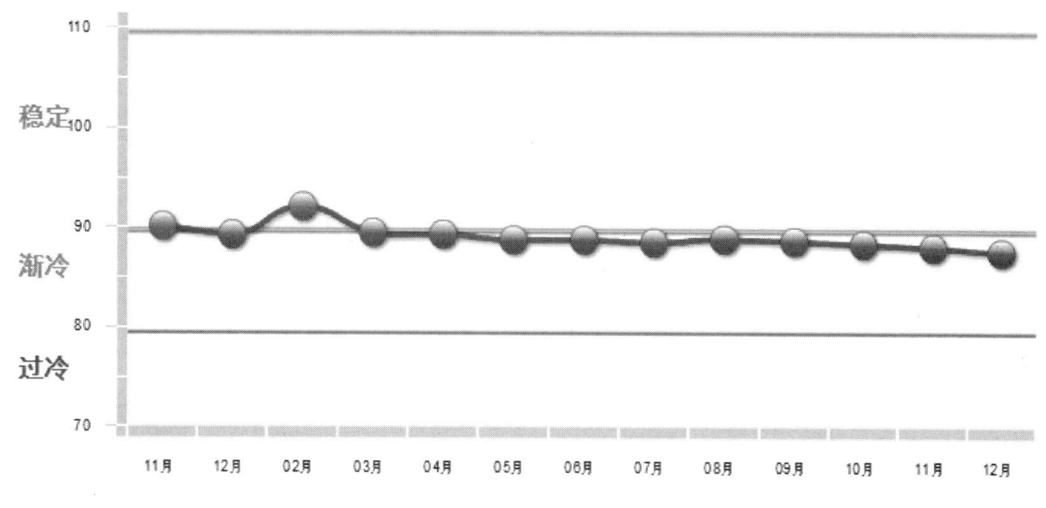

图 1　2014 年 11 月～2015 年 12 月中轻塑料景气指数走势

2015 年 12 月各分项指数为：主营业务收入景气指数 86.64、出口景气指数 90.51、资产景气指数 93.23、利润景气指数 85.52。塑料制品行业资产、出口景气指数保持稳定，主营业务、利润指数趋冷。

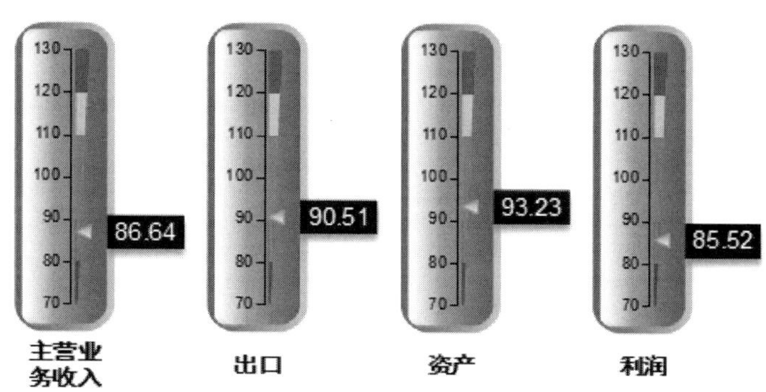

图 2　2015 年 12 月中轻塑料分项景气指数

（一）主营业务景气指数

2015 年塑料主营业务景气指数自 3 月份起进入渐冷区间运行，12 月指数 86.64，为年内新低。

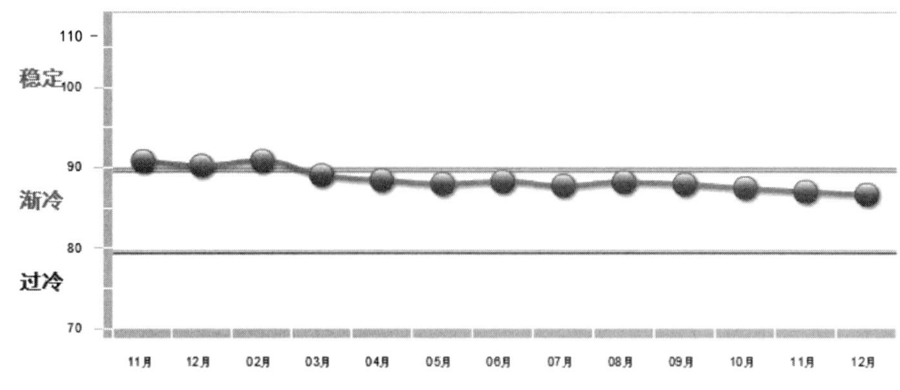

图 3　2014 年 11 月～ 2015 年 12 月中轻塑料主营业务景气指数走势

（二）利润景气指数

2015 年塑料利润景气指数除 2 月份外，均运行在蓝色渐冷区间，震荡走低。12 月利润景气指数为 85.52，利润指数连续下行，创年内新低。

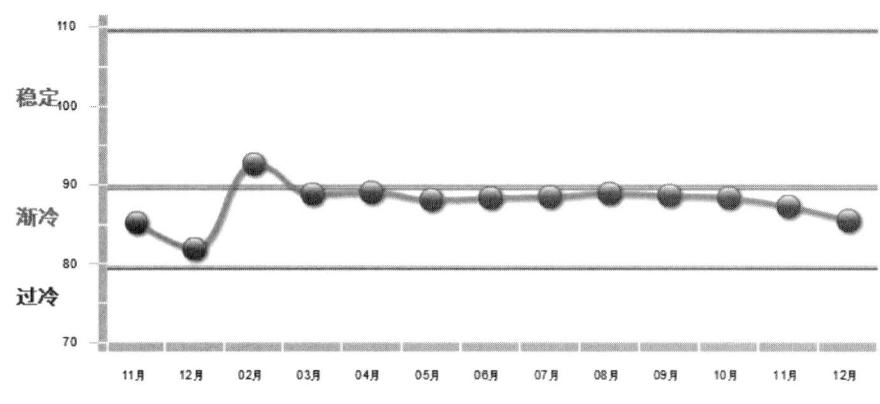

图 4　2014 年 11 月～ 2015 年 12 月中轻塑料利润景气指数走势

（三）出口景气指数

2015 年塑料出口景气指数呈前低后高走势，12 月塑料出口景气指数为 90.51，回升至绿色稳定区间。全年出口指数绝大部分时间趋冷，自 10 月份起出口指数连续回升，出口严峻形势有所缓和，但仍不能乐观。

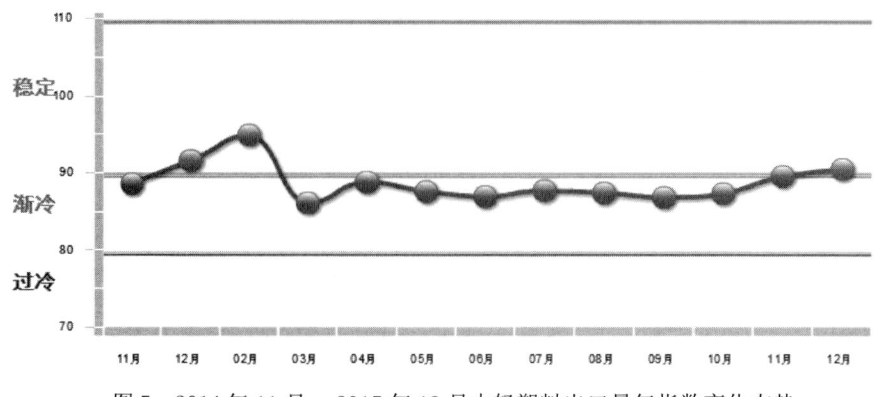

图 5　2014 年 11 月～ 2015 年 12 月中轻塑料出口景气指数变化态势

（四）地区景气指数

分地区看，2015年景气指数为蓝色趋冷的地区数量已超过绿色稳定地区数量。12月份地区塑料景气指数为渐冷的省份有10个、过冷的省份11个，而绿色稳定省份只有7个。多地景气度趋冷，对行业总体走势影响较大。

沿海主产区中：江苏省（塑料景气指数92.83）、福建省（92.06）塑料景气指数处于绿色稳定区域。广东省（88.87）、山东省（86.37）、浙江省（85.80）塑料景气指数继续趋冷。

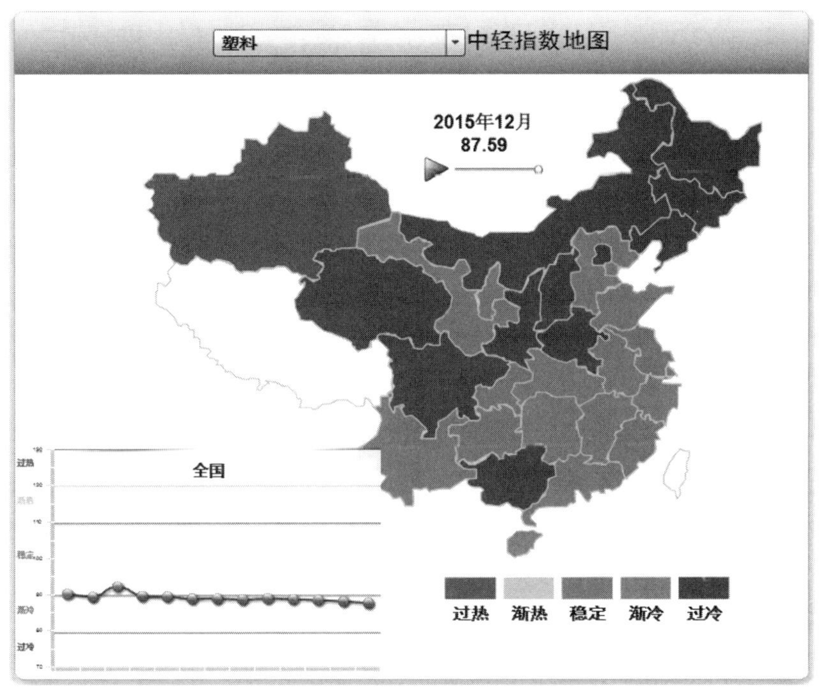

图6　2015年12月塑料制品行业景气指数地图

三、工业增加值增速

2015年前三季度塑料制品行业工业增加值增速保持稳中有升态势，四季度增速有所回落，12月份增加值增速为5.7%（见图7）。1～12月工业增加值累计增速达到了8.1%，高于同期全国工业增加值累计增速2.0个百分点。

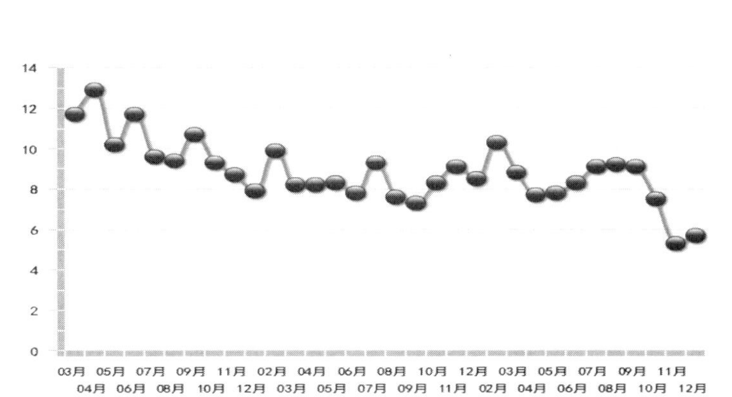

图7　2013年-2015年塑料制品行业工业增加值增速月度走势

四、产品产量

2015 年，塑料制品行业规模以上企业塑料制品产量 7560.82 万吨，同比增长 0.95%。其中：12 月份完成产量 739.77 万吨，同比增长 4.96%，增幅比 11 月回升 6.22 个百分点。

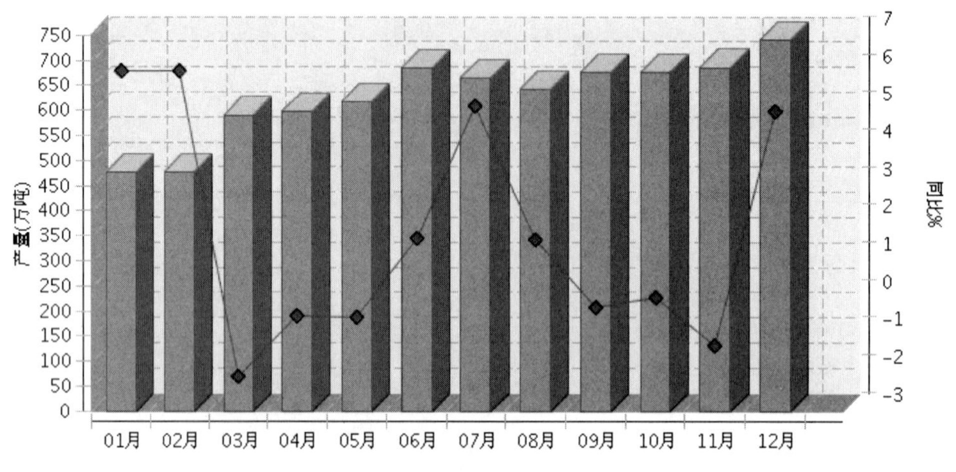

图 8　2015 年塑料制品月度产量及增速情况

2015 年按品种产量，泡沫塑料增幅为 11.78%，增幅居各品种首位。各品种中仅塑料人造革、合成革产量负增长，同比下降 6.17%，其余品种产量均保持正增长，各品种产量情况详见表 1。

表 1　　2015 年塑料制品产量完成情况表

产品名称	单位	完成产量		同比增长 /%	
		本月	累计	本月	累计
塑料制品	吨	7397721	75608189	4.96	0.95
其中：塑料薄膜	吨	1292463	13138245	9.13	3.37
其中：农用薄膜	吨	199822	2309493	3.70	5.25
泡沫塑料	吨	256370	2450269	24.01	11.78
塑料人造革、合成革	吨	318964	3437863	-9.52	-6.17
日用塑料制品	吨	593564	5926636	4.13	0.67
其他塑料制品	吨	4936360	50655176	4.26	0.43

分地区看，塑料制品产量比重主要集中在浙江省、广东省、湖北省、河南省、江苏省、山东省、四川省等地区。

其中：浙江省塑料制品产量 1041.17 万吨，同比下降 0.96%；广东省产量 976.06 万吨，同比下降 1.48%；湖北省产量 652.73 万吨，同比增长 16.99%；河南省产量 544.08 万吨，同比增长 9.17%；江苏省产量 502.83 万吨，同比增长 5.83%；山东省产量 463.52 万吨，同比增长 -1.9%；四川省产量 415.5 万吨，同比增长 4.87%，2015 年塑料制品产量地区占比情况见图 9。

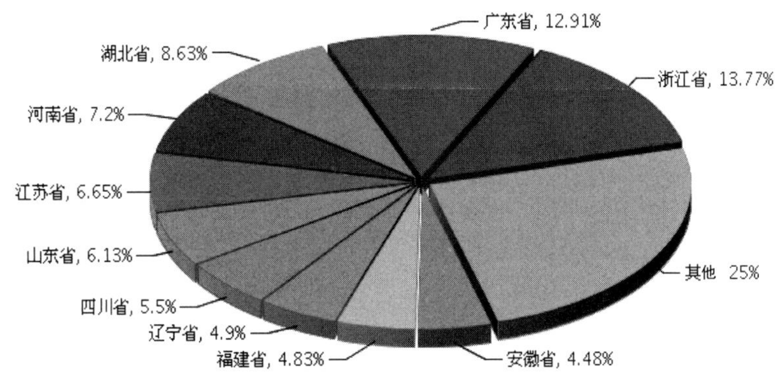

图 9　2015 年塑料制品产量地区占比情况

湖北省塑料制品产量增幅达到 16.99%，继续稳居首位。其次为福建省，产量增速为 9.86%、河南省产量增幅为 9.17%，居第三位。辽宁省塑料产量同比下降 32.49%，居末位。主要产区中浙江、广东、山东、辽宁产量增速低于全国平均水平，且产量增速均为负增长。

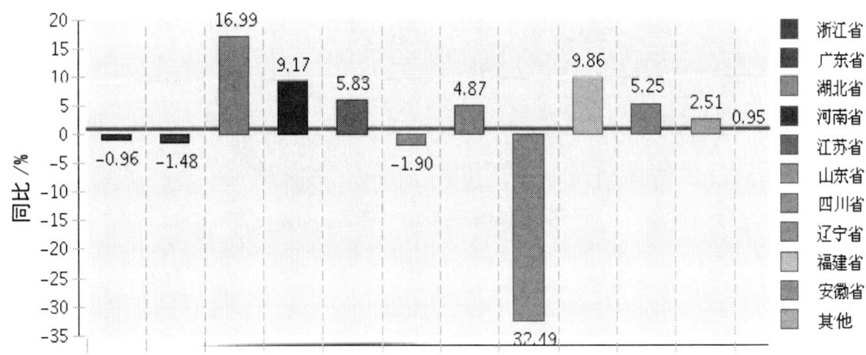

图 10　2015 年主要地区塑料制品产量同比增长情况

五、主营业务收入

2015 年，塑料制品行业规模以上企业累计完成主营业务收入 21466.1 亿元，同比增长 4.60%。各子行业主营业务收入完成情况，详见表 2。

表 2　2015 年塑料制品行业主营业务收入情况表

行业名称	主营业务收入		
	累计 / 千元	同比增长 /%	比重 /%
塑料制品业	2146609939	4.60	100.00
塑料薄膜制造	265531763	0.44	12.37
塑料板、管　、型材	507686303	5.70	23.65
塑料丝、绳及编织品	299120977	4.68	13.93
泡沫塑料制造	92236218	4.37	4.30
塑料人造革、合成革	121591151	1.12	5.66
塑料包装箱及容器	185171951	5.88	8.63

续表

行业名称	主营业务收入		
	累计 / 千元	同比增长 /%	比重 /%
日用塑料制造	175057081	6.89	8.16
塑料零件制造	160497677	3.56	7.48
其他塑料制品制造	339716818	6.31	15.83

分地区看，比重主要集中在广东省、山东省、浙江省、江苏省、河南省、福建省等地区。其中：广东省主营业务收入 4089.34 亿元，同比增长 3.27%；山东省主营业务收入 2175.68 亿元，同比增长 8.13%；浙江省主营业务收入 2095.37 亿元，同比下降 3.22%；江苏省主营业务收入 2065.37 亿元，同比增长 8.76%；各地区主营业务收入占比情况，详见图 11。

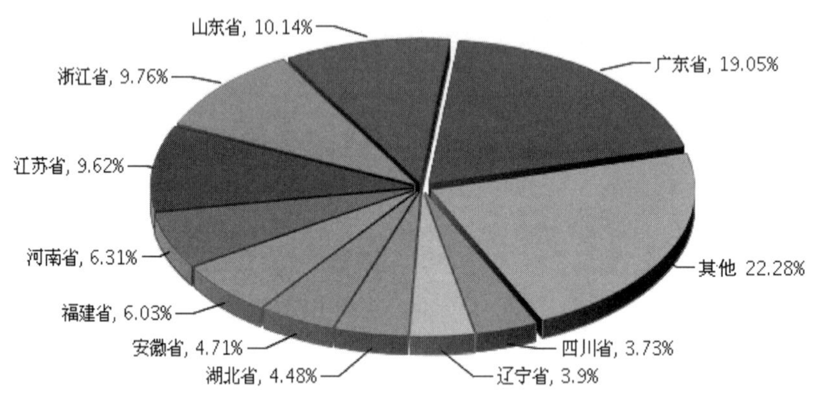

图 11　2015 年塑料制品行业主营业务收入地区占比情况

主要产区中：河南省主营业务增速达到 11.8%，居首位。其次为湖北省增速 10.56%、福建省增速为 10.11%，位居第三。广东、浙江、辽宁省主营业务收入增速低于全国平均水平，其中，浙江省主营业务增速同比下降 3.22%，辽宁省主营业务增速同比下降 20.15%，降幅继续扩大，详见图 12。

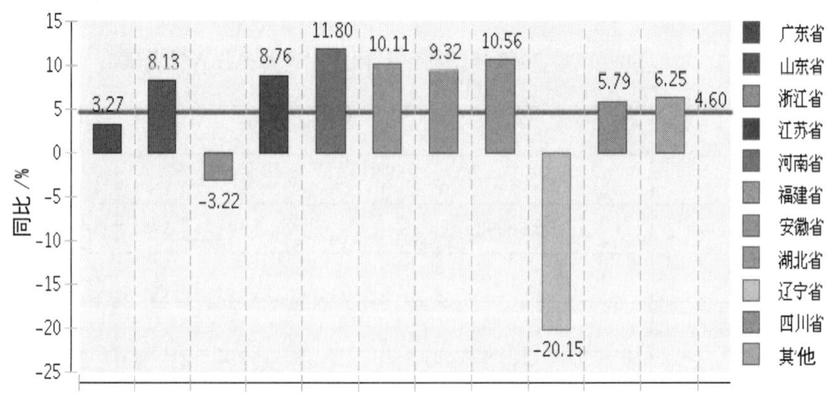

图 12　2015 年塑料制品行业主要地区主营业务收入同比增长情况

六、利润总额

2015 年塑料制品行业规模以上企业累计实现利润总额 1302.53 亿元，同比增长 8.8%。各子行业利润完成情况，详见表 3。

表 3　　2015 年塑料制品行业利润总额情况表

行业名称	利润总额		
	累计 / 千元	同比增长 /%	比重 /%
塑料制品业	130253385	8.80	100.00
塑料薄膜制造	14032493	6.06	10.77
塑料板、管、型材	33925207	9.23	26.05
塑料丝、绳及编织品	18828989	6.18	14.46
泡沫塑料制造	6197494	12.30	4.76
塑料人造革、合成革	7289652	8.66	5.60
塑料包装箱及容器	12143789	8.83	9.32
日用塑料制造	10232267	12.20	7.86
塑料零件制造	7838466	8.06	6.02
其他塑料制品制造	19765028	10.19	15.17

分地区看，比重主要集中在广东省、山东省、河南省、江苏省、浙江省等地区。其中：广东省利润总额 195.96 亿元，同比增长 1.79%；山东省利润总额 139.56 亿元，同比增长 5.1%；河南省利润总额 128.67 亿元，同比增长 6.97%；江苏省利润总额 126.36 亿元，同比增长 28.2%；浙江省利润总额 114.18 亿元，同比增长 6.94%。各地区利润总额占比情况，详见图 13。

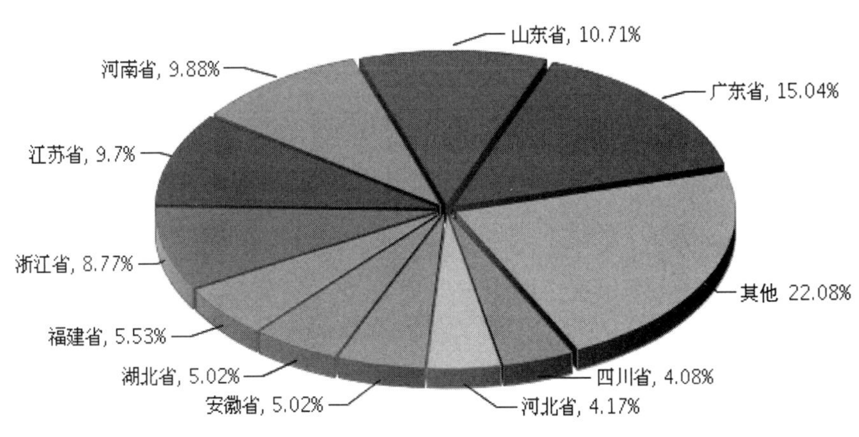

图 13　2015 年塑料制品行业利润总额地区占比情况

2015 年，江苏省利润增速为 28.2%，居首位。湖北省利润增幅为 22.15%，居第二位，四川省利润增幅为 15.64%，居第三位。

广东、山东、河南、浙江、福建利润增速均低于全国平均水平，其中，广东省利润增幅为 1.79%，居末位。

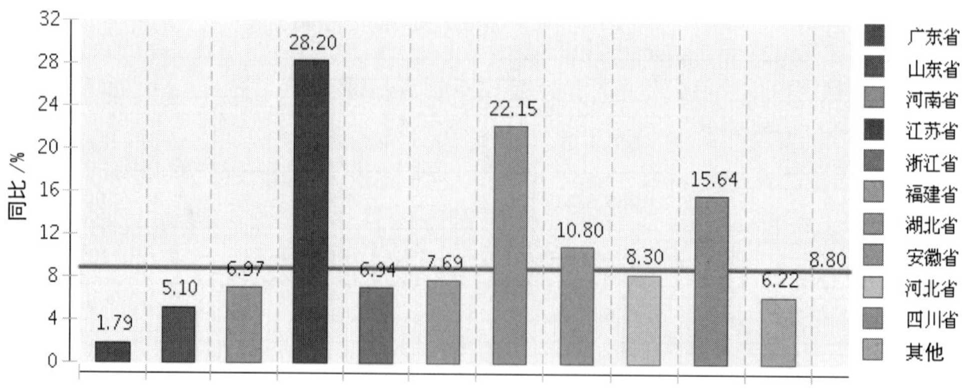

图 14 2015 年塑料制品行业主要地区利润总额同比增长情况

七、海关出口

2015 年，全国塑料制品海关出口 610.62 亿美元，同比增长 1.03%。其中：12 月份完成出口额 58.95 亿美元，同比增长 3.15%，月度出口额为年内单月最高且出口增速恢复正增长。2015 年塑料制品各月度出口情况，详见图 15。

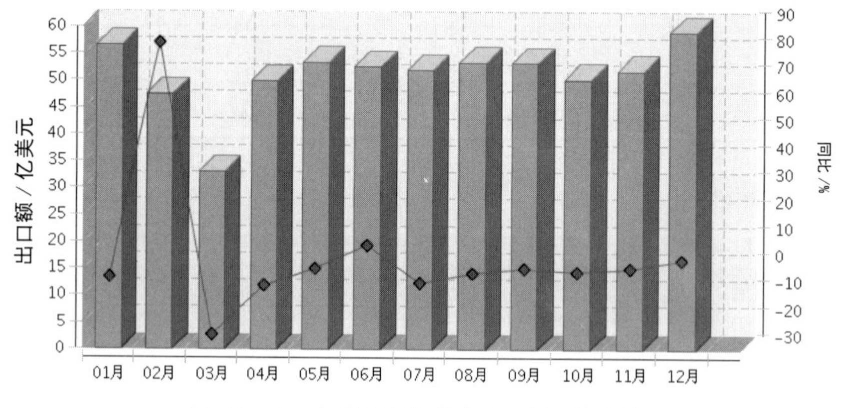

图 15　2015 年塑料制品月度出口额及增速情况

出口商品中，占比最大的日用塑料制品出口增幅保持正增长，增幅为 5.76%，对全年行业出口保持平稳增长贡献最大。塑料制品分品种出口情况，详见表 4。

表 4　2015 年塑料制品海关出口情况表

产 品 名 称	出口量 / 吨			出口额 / 万美元		
	当月数量	1 ～当月量	同比增长 /%	当月金额	1 ～当月额	同比增长 /%
塑料制品	—	—	—	589540.4	6106202.8	1.03
1. 塑料单丝、条、杆、型材及异型	17761	195351	3.94	3745.8	40592.6	-1.66
2. 塑料管及其附件	58123	549871	-3.00	22974.1	222866.2	-2.84
3. 塑料板、片、膜、箔、带及扁条	294124	3129122	8.46	93384.3	1010895.6	2.49
4. 塑料人造革、合成革	59207	612474	3.66	24235.3	255346.8	-0.06

续表

产品名称	出口量/吨			出口额/万美元		
	当月数量	1～当月量	同比增长/%	当月金额	1～当月额	同比增长/%
5. 塑料包装箱及容器及其附件	209137	2166752	-1.17	78117.0	822195.9	0.60
6. 塑料零件	3197	35122	-6.67	5068.6	53407.0	-2.85
7. 建筑用塑料制品	256035	2662146	5.90	45678.1	472769.0	3.10
(1) 塑料糊墙品和铺地制品	184771	1857616	13.54	29957.5	298398.5	11.35
(2) 塑料门、窗、窗板（帘）及类似品	20361	240843	-18.97	5897.8	71420.2	-11.21
(3) 其他建筑用塑料制品	50903	563688	-2.90	9822.9	102950.3	-6.50
8. 日用塑料制品	—	—	—	160969.6	1664881.0	5.76
(1) 塑料制餐具及厨房用具	112422	1173432	13.93	49185.6	514294.0	24.73
(2) 塑料卫生设备、洁具及其配件	90558	922114	5.09	40086.1	418617.9	8.87
(3) 塑料制办公室或学校用品	28015	320360	-4.21	10900.3	119809.9	0.5
(4) 其他日用塑料制品	—	—	—	60797.6	612159.2	-6.99
9. 其他塑料制品	—	—	—	155367.6	1563248.9	-3.88

数据来源：根据海关总署数据加工整理

八、固定资产投资

2015 年，橡胶和塑料制品业完成固定资产投资 6531 亿元，同比增长 10.1%，行业投资规模继续扩大。虽然投资增速比 2014 年降低 3.1 个百分点，但高于同期制造业及全国投资增速。较强的投资力度，对行业未来发展起到有力的支撑作用（表 5，图 16）。

表 5　　2014 年轻工主要行业固定资产投资完成情况

行业名称	2015 年 1～12 月		2014 年 1～12 月		2013 年 1～12 月	
	投资额/亿元	增速/%	投资额/亿元	增速/%	投资额/亿元	增速/%
全国总计	551590	10.0	502005	15.7	436528	19.6
制造业	180365	8.1	166918	13.5	147370	18.5
农副食品加工业	10761	7.7	10027	18.7	8674	26.5
食品制造业	5089	14.4	4463	22.0	3695	20.7
橡胶和塑料制品业	6531	10.1	5914	13.2	5238	20.6
金属制品业	9490	10.0	8620	21.4	7114	20.9

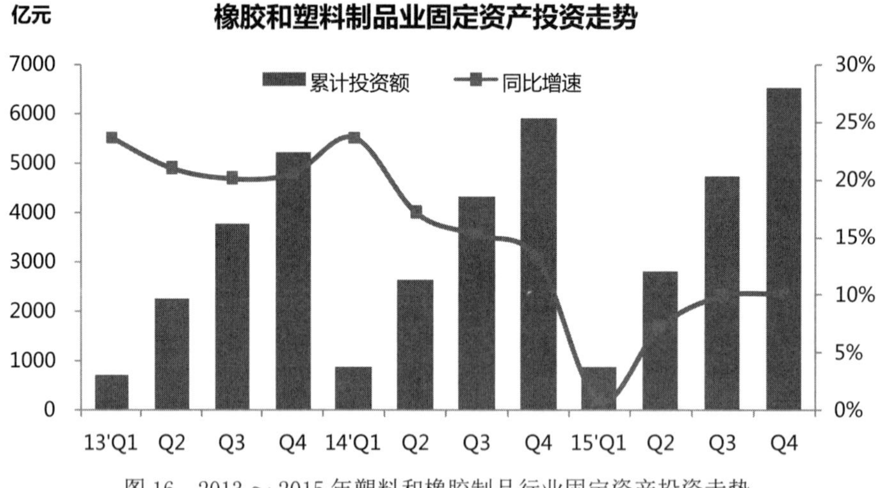

图 16　2013 ～ 2015 年塑料和橡胶制品行业固定资产投资走势

九、结语

2015 年，塑料制品行业发展速度虽有所放缓，但总体仍保持缓中趋稳、稳中有进的发展态势。塑料制品行业工业增加值累计增速高于同期全国工业 2 个百分点。

2015 年，塑料制品行业景气指数仍运行在渐冷区间，12 月塑料制品行业景气指数创年内新低、利润指数也连续四个月下行，表明行业发展困难局面仍未得到有效改善。沿海主产区中：山东、浙江、广东省景气指数趋冷，对行景气度影响较大。

12 月塑料制品产量创年内新高且产量增速恢复正增长，下半年行业生产低迷局面有所改善。

行业投资增速比往年有所放缓，但仍高于同期制造业及全国投资增速。较强的投资力度，对行业未来发展起到有力的支撑作用。

12 月塑料制品出口额创年内新高且出口增速恢复正增长，行业出口景气指数也继续回升，行业出口严峻形势有所缓和，但仍不能乐观。

2015 年全国规模以上企业塑料制品产量总表

产品名称	产量 / 吨	同比增长 /%	占比 /%
塑料制品	75608189	0.95	100.00
其中：塑料薄膜	13138245	3.37	17.38
其中：农用薄膜	2309493	5.25	3.05
泡沫塑料	2450269	11.78	3.24
塑料人造革、合成革	3437863	-6.17	4.55
日用塑料制品	5926636	0.67	7.84
其他塑料制品	50655176	0.43	67.00

2015 年全国规模以上企业塑料加工专用设备产量表

产品名称	产量 / 台	同比增长 /%	占比 /%
塑料加工专用设备	249110	-9.91	100.00

注：1. 数据来源：国家统计局。2. “规模以上”是指年主营业务收入 2000 万元及以上全部工业法人企业。

全国塑料制品行业规模以上工业企业主要经济效益指标　2015年1～12月

行业名称	汇总企业个数/个	其中：亏损企业数		亏损企业亏损额		主营业务收入		主营业务成本		利税总额		其中：利润总额		资产总计		负债合计		流动资产合计		应收账款净额		产成品存货		资产负债率/%	主营业务收入利润率/%	亏损面/%
		本月止累计/个	累计同比/%	本月止累计/千元	累计同比/%	本月止累计/千元	累计同比/%	本月止累计/千元	累计同比/%	本月止累计/千元	累计同比/%	本月止累计/千元	累计同比/%	本月止累计/千元	累计同比/%	本月止累计/千元	累计同比/%	本月止累计/千元	累计同比/%	本月止累计/千元	累计同比/%	本月止累计/千元	累计同比/%			
塑料制品业	**14763**	**1687**	**11.35**	**7227178**	**6.34**	**2146609939**	**4.60**	**1858557501**	**4.29**	**193785890**	**8.26**	**130253385**	**8.80**	**1387982595**	**6.15**	**655115164**	**1.42**	**757850537**	**4.25**	**225951475**	**5.68**	**74080629**	**2.15**	**47.20**	**6.07**	**11.43**
塑料薄膜制造	1623	205	-4.21	1720055	11.50	265531763	0.44	233682151	-0.23	20087488	4.86	14032493	6.06	207313956	1.06	102140020	-2.53	107678268	1.41	26420100	10.43	9623250	-4.48	49.27	5.28	12.63
塑料板、管、型材	2860	309	13.19	1278668	35.20	507686303	5.70	436116873	5.42	49894817	9.25	33925207	9.23	350486035	7.90	153506310	1.79	189042622	4.95	52555659	8.04	22319255	3.77	43.80	6.68	10.80
塑料丝、绳及编织品	1988	150	4.90	210733	-9.13	299120977	4.68	262135959	4.61	28530697	5.02	18828989	6.18	133370395	7.84	55520416	5.42	66490891	7.98	16680924	4.02	7065922	1.57	41.63	6.29	7.55
泡沫塑料制造	786	64	-7.25	153233	-13.20	92236218	4.37	79791039	3.86	9163494	12.87	6197494	12.30	48262651	5.67	22119300	-0.44	27378145	4.30	9698234	0.47	2503611	7.01	45.83	6.72	8.14
塑料人造革、合成革	505	77	30.51	328684	-20.81	121591151	1.12	107882189	0.63	10655627	6.01	7289652	8.66	73446583	-3.45	40359067	-6.53	40887260	-6.60	9305102	-5.29	3433008	-1.62	54.95	6.00	15.25
塑料包装箱及容器	1508	160	9.59	570001	25.34	185171951	5.88	158888572	5.69	18106611	9.35	12143789	8.83	127266366	6.83	59486218	2.29	64468223	4.76	20852547	9.65	4809522	-0.77	46.74	6.56	10.61
日用塑料制造	1561	174	10.13	434975	-13.00	175057081	6.89	149344214	6.74	15333174	11.67	10232267	12.20	107259581	8.50	54116872	4.29	58072397	4.85	17226169	5.51	5725677	3.10	50.45	5.85	11.15
塑料零件制造	1321	228	21.28	1436371	2.16	160497677	3.56	138309648	3.51	12469226	5.67	7838466	8.06	120653551	8.18	60876054	3.38	75252887	5.98	28040118	5.46	7269763	8.95	50.46	4.88	17.26
其他塑料制品制造	2611	320	20.75	1094458	-2.61	339716818	6.31	292406856	6.08	29544756	10.46	19765028	10.19	219923477	8.49	106990907	3.51	128579844	6.13	45172622	3.15	11330621	2.27	48.65	5.82	12.26

注：1. 资料来源：国家统计局。2. “规模以上”是指年主营业务收入2000万元及以上全部工业法人企业。

2015年塑料制品分地区产量表

地区	塑料制品			1. 塑料薄膜		
	1～12月累计/吨	同比增长/%	占全国比重/%	1～12月累计/吨	同比增长/%	占全国比重/%
全国	**75608189**	**0.95**	**100.00**	**13138245**	**3.37**	**100.00**
北京	301212	-4.19	0.40	28976	-14.52	0.22
天津	2112109	5.88	2.79	341103	9.27	2.60
河北	2879956	-3.88	3.81	255081	11.57	1.94
山西	127336	-45.36	0.17	15142	-56.62	0.12
内蒙古	330700	6.20	0.44	38432	-9.81	0.29
辽宁	3704943	-32.49	4.90	463666	6.49	3.53
吉林	914931	3.18	1.21	186864	15.24	1.42
黑龙江	380418	-3.51	0.50	20573	-39.81	0.16
上海	1792274	-10.40	2.37	388497	-11.12	2.96
江苏	5028313	5.83	6.65	1399716	8.02	10.65
浙江	10411668	-0.96	13.77	3614551	-0.30	27.51
安徽	3387004	5.25	4.48	348278	13.57	2.65
福建	3654469	9.86	4.83	709201	15.53	5.40
江西	1326175	45.24	1.75	31283	39.52	0.24
山东	4635177	-1.90	6.13	993033	2.43	7.56
河南	5440816	9.17	7.20	894697	13.51	6.81
湖北	6527302	16.99	8.63	222618	1.30	1.69
湖南	1560074	-1.45	2.06	150720	1.43	1.15
广东	9760609	-1.48	12.91	1652280	0.02	12.58
广西	1988208	-0.37	2.63	36022	15.16	0.27
海南	24941	-12.17	0.03	17484	-17.29	0.13
重庆	1491010	10.84	1.97	315989	15.41	2.41
四川	4155004	4.87	5.50	607746	-1.83	4.63
贵州	701842	10.16	0.93	27039	25.81	0.21
云南	377741	6.38	0.50	122817	6.44	0.93
西藏	948	49.06	…			
陕西	654228	9.26	0.87	56298	19.58	0.43
甘肃	390941	30.43	0.52	92847	7.98	0.71
青海	16477	-53.81	0.02	910	-3.36	0.01
宁夏	191667	-17.42	0.25	10093	-12.14	0.08
新疆	1339695	4.30	1.77	96289	-19.45	0.73

地区	其中：农用薄膜			2. 泡沫塑料		
	1～12月累计/吨	同比增长/%	占全国比重/%	1～12月累计/吨	同比增长/%	占全国比重/%
全国	**2309493**	**5.25**	**100.00**	**2450269**	**11.78**	**100.00**
北京	8613	-29.64	0.37	7403	3.25	0.30
天津	51961	-6.41	2.25	20261	1.97	0.83
河北	11581	9.69	0.50	73270	24.30	2.99
山西	7162	-73.29	0.31			
内蒙古	38432	-9.81	1.66			
辽宁	78513	42.17	3.40	73387	-17.88	3.00
吉林	186864	15.24	8.09	21136	5.07	0.86
黑龙江	15179	-12.05	0.66			
上海	28170	-22.90	1.22	76899	-11.04	3.14
江苏	53710	18.91	2.33	134952	11.19	5.51
浙江	217926	3.40	9.44	236518	2.35	9.65
安徽	24283	38.09	1.05	72783	-15.85	2.97
福建				49164	4.17	2.01
江西				17949	1.55	0.73
山东	483288	11.55	20.93	68174	2.60	2.78
河南	483508	13.61	21.15	448217	9.97	18.29
湖北	59780	33.80	2.59	269625	68.27	11.00
湖南	30416	-44.19	1.32	11135	24.14	0.45
广东	45516	-30.64	1.97	403548	-8.62	16.47
广西	7399	3.68	0.34	166814	45.16	6.81
海南						
重庆	27080	17.59	1.17	45285	37.31	1.85
四川	123018	-4.06	5.33	115849	21.65	4.73
贵州	14916	79.50	0.65	24317	4.49	0.99
云南	78338	14.86	3.39	15283	12.60	0.62
西藏						
陕西	41964	20.62	1.82	78242	574.27	3.19
甘肃	91993	8.89	3.98	614	-35.27	0.03
青海	344	-56.17	0.01			
宁夏	5712	-36.16	0.25	2567	1.82	0.10
新疆	88328	-19.38	3.82	16877	-36.38	0.69

地区	3. 塑料人造革、合成革			4. 日用塑料制品		
	1～12月累计/吨	同比增长/%	占全国比重/%	1～12月累计/吨	同比增长/%	占全国比重/%
全国	**3437863**	**-6.17**	**100.00**	**5926636**	**0.67**	**100.00**
北京	568	17.87	0.02	36052	-2.44	0.61
天津	6017	-15.17	0.18	169989	-27.61	2.87
河北	213133	-8.78	6.20	397167	8.62	6.70
山西						
内蒙古				22250	-0.12	0.38
辽宁	14861	-81.21	0.43	58209	-8.94	0.98
吉林	3571	-9.08	0.10	50110	16.94	0.85
黑龙江				16049	9.32	0.27
上海	58970	-27.42	1.72	102162	-11.85	1.72
江苏	368903	4.57	10.73	491407	4.37	8.29
浙江	1104069	-21.08	32.11	1088329	4.06	18.36
安徽	76131	3.84	2.21	125049	1.99	2.11
福建	1012412	10.98	29.45	221617	1.86	3.74
江西	20607	17.63	0.60	46290	-11.50	0.78
山东	34647	-11.72	1.01	233287	-6.75	3.94
河南	169948	54.59	4.94	210705	-8.63	3.56
湖北	49475	-1.16	1.44	582016	14.19	9.82
湖南	35223	21.99	1.02	68296	26.14	1.15
广东	243892	-2.68	7.09	1321365	-2.71	22.30
广西				30055	-2.99	0.51
海南						
重庆	8108	53	0.24	54041	-11.48	0.91
四川	17328	-11	0.50	493790	1.79	8.33
贵州				6887	-0.85	0.12
云南				696	-71.04	0.01
西藏						
陕西				91009	13.06	1.54
甘肃						
青海						
宁夏				9116	14.69	0.15
新疆				693	-77.20	0.01

地区	5. 其他塑料制品			附：塑料加工专用设备/台		
	1～12月累计/吨	同比增长/%	占全国比重/%	1～12月累计/吨	同比增长/%	占全国比重/%
全国	**50655176**	**0.43**	**100.00**	**274003**	**-10.62**	**100.00**
北京	228213	-3.25	0.45	202	-43.42	0.07
天津	1574740	10.83	3.11	821	-45.70	0.30
河北	1941305	-7.97	3.83	393	-4.38	0.14
山西	112194	-43.37	0.22			
内蒙古	270018	9.54	0.53			
辽宁	3094820	-35.80	6.11	90	-48.57	0.03
吉林	653250	-0.68	1.29			
黑龙江	343796	-0.46	0.68			
上海	1165746	-8.91	2.30	15133	-18.15	5.52
江苏	2633335	4.89	5.20	11871	-15.16	4.33
浙江	4368200	3.73	8.62	102258	-12.36	37.32
安徽	2764762	5.17	5.46	3465	-8.21	1.26
福建	1662075	8.24	3.28	371	214.41	0.14
江西	1210047	50.66	2.39			
山东	3306036	-2.75	6.53	52859	-4.30	19.29
河南	3717249	7.82	7.34	17276	-0.99	6.31
湖北	5403568	16.46	10.67	238	-4.42	0.09
湖南	1294701	-3.56	2.56	3693	-50.38	1.35
广东	6139523	-1.05	12.12	64423	-7.83	23.51
广西	1755317	-3.47	3.47	110	30.95	0.04
海南	7457	2.74	0.01			
重庆	1067587	9.82	2.11			
四川	2920291	6.46	5.77	771	18.43	0.28
贵州	643599	9.94	1.27			
云南	238945	6.80	0.47			
西藏	948	49.06	…			
陕西	428679	-6.73	0.85	29	-12.12	0.01
甘肃	297480	39.79	0.59			
青海	15567	-55.17	0.03			
宁夏	169890	-19.16	0.34			
新疆	1225836	7.97	2.42			

注：1. 数据来源：国家统计局。2. 统计口径：规模以上企业企业。

2015年塑料制品海关出口统计

产品名称	出口量/吨		出口额/万美元	
	1～12月量	同比增长/%	1～12月额	同比增长%
塑料制品总计	—	—	6106202.8	1.03
1. 塑料单丝．条．杆．型材及异型	195351	3.94	40592.6	-1.66
2. 塑料管及其附件	549871	-3.00	222866.2	-2.84
3. 塑料板．片．膜．箔．带及扁条	3129122	8.46	1010895.6	2.49
4. 塑料人造革、合成革	612474	3.66	255346.8	-0.06
5. 塑料包装箱及容器及其附件	2166752	-1.17	822195.9	0.60
6. 塑料零件	35122	-6.67	53407.0	-2.85
7. 建筑用塑料制品	2662146	5.90	472769.0	3.10
(1) 塑料糊墙品和铺地制品	1857616	13.54	298398.5	11.35
(2) 塑料门．窗．窗板（帘）及类似品	240843	-18.97	71420.2	-11.21
(3) 其他建筑用塑料制品	563688	-2.90	102950.3	-6.50
8. 日用塑料制品	—	—	1664881.0	5.76
(1) 塑料制餐具及厨房用具	1173432	13.93	514294.0	24.73
(2) 塑料卫生设备．洁具及其配件	922114	5.09	418617.9	8.87
(3) 塑料制办公室或学校用品	320360	-4.21	119809.9	0.50
(4) 其他日用塑料制品	—	—	612159.2	-6.99
9. 其他塑料制品	—	—	1563248.9	-3.88

注：本表据海关总署统计数据汇总整理

2015 年塑料制品海关进口统计

产 品 名 称	进口量 / 吨		进口额 / 万美元	
	1 ～ 12 月量	同比增长 /%	1 ～ 12 月额	同比增长 /%
塑料制品	—	—	1780949.2	-7.01
1. 塑料单丝 . 条 . 杆 . 型材及异型	8836	-5.95	9959.3	-9.43
2. 塑料管及其附件	56913	-5.14	79758.8	-8.71
3. 塑料板 . 片 . 膜 . 箔 . 带及扁条	1020043	-9.36	1055065.6	-8.87
4. 塑料人造革、合成革	45942	-6.27	53894.2	-1.64
5. 塑料包装箱及容器及其附件	195731	-5.33	122035.1	-3.72
6. 塑料零件	31683	-7.26	112055.8	-4.56
7. 建筑用塑料制品	50601	-18.90	16725.9	-15.74
(1) 塑料糊墙品和铺地制品	46121	-20.32	13126.9	-17.58
(2) 塑料门 . 窗 . 窗板（帘）及类似品	2246	-6.09	1561.5	-1.59
(3) 其他建筑用塑料制品	2235	5.48	2037.5	-12.74
8. 日用塑料制品	—	—	28786.9	17.40
(1) 塑料制餐具及厨房用具	9229	21.21	8913.9	35.40
(2) 塑料卫生设备 . 洁具及其配件	35072	9.94	12847.9	8.37
(3) 塑料制办公室或学校用品	1325	-16.17	762.1	-2.77
(4) 其他日用塑料制品	—	—	6263.0	18.22
9. 其他塑料制品	—	—	302667.6	-4.11

注：本表据海关总署统计数据汇总整理

（中国轻工业信息中心 张涌涛）

2015年CPP经济指标调查数据

根据2016年3月中国塑协流延薄膜专委会的统计数字，2015年CPP实际总产能约为145万吨，实际产量约为83万吨，开机率57.24%。产能比2014年的132.5万吨增长了9.43%；产量比2014年的78.5万吨增长了5.73%，开机率比2014年59.24%下降了2个百分点，产能增幅、产量增幅均微小，开机率下降。目前全国共有约159家CPP生产企业，本次统计共有124家企业填报。（后附统计表）

地区	公司名称	产能/吨	产量/吨	销售额/万元
天津	天津市华恒包装材料有限公司	40000	25000	
	天津星达塑料包装有限公司	10000	9000	
	天津北洋塑料包装材料有限公司	2000	2000	2000
	永誉泰（天津）有限公司	6000	4000	
河北	河北泰达包装材料有限公司	20000	15000	20000
	河北雄县盛世佳铝塑包装材料有限公司	5000	2900	4060
	雄县立亚包装材料有限公司	4500	4000	5000
	河北沧州佳创塑业公司	5000	3000	
	保定宝来塑料包装材料公司	3000	停产	
	东光县楚天塑料有限公司	6000	4000	
辽宁	大连天成包装材料有限公司	7000	停产	
	丹东申海塑业有限责任公司	1000	停产	
黑龙江	哈尔滨光宇电源有限公司	1000	停产	
上海	上海大汇塑业有限公司	18000	15000	18000
	上海美丰包装材料有限公司	14000	9800	17000
	上海三宜包装制品有限公司	4000	3000	3500
	上海紫藤包装材料有限公司	20000	停产	
	上海乔正包装材料有限公司	4500	4200	
	上海创发包装材料有限公司	12000	未统计	
江苏	江苏宗亮新材料有限公司	7000	7000	10000
	张家港市华鑫彩印包装有限公司	14000	10000	16000
	江阴市通利包装材料有限公司	8000	6000	11000
	张家港昊隆制膜有限公司	6000	5500	

续表

地区	公司名称	产能 / 吨	产量 / 吨	销售额 / 万元
江苏	无锡环亚包装材料公司	6000	5800	
	常州海企塑业有限公司	6000	3500	
	金田集团永安包装材料有限公司	6000	5000	7000
	美塑化科技（苏州）有限公司	5000	未统计	
	无锡南方包装新材料科技有限公司	4000	3000	4500
	扬州华坤塑料制品有限公司	3000	3000	5000
	徐州润彭塑料制品有限公司	2000	卖掉了	
	徐州润田塑业有限公司	2500	1970	2758
	盐城七彩虹包装材料有限公司	2000	1500	2000
	江苏昇鑫科技实业有限公司	10000	8000	
浙江	浙江大东南包装股份有限公司	48000	18579	0
	浙江远大塑胶有限公司	30000	20000	20000
	杭州新光塑料有限公司	5400	5400	6300
	龙港盛华软包装材料厂	39000	20000	30000
	杭州永正吹塑彩印包装有限公司	4800	1500	
	浙江百汇包装有限公司	10000	6000	
	浙江光华化工有限公司	7500	停产	
	富阳天纬塑胶有限公司	6000	5000	5000
	海宁海欣真空包装有限公司	8000	6000	
	杭州东恒塑胶有限公司	1100	停产	
	金华汇源塑胶有限公司	3000	未统计	
	宁波佳仁塑料有限公司	12000	10000	
	宁波瑞成包装材料有限公司	6000	3000	
	温州晨光塑胶有限公司	7000	7000	
	温州华夏包装材料有限公司	6000	3550	3415
	浙江和和塑胶有限公司（金华塑料总厂）	1200	停产	

续表

地区	公司名称	产能／吨	产量／吨	销售额／万元
浙江	浙江嘉禾印刷有限公司	6300	停产	
	浙江九洲印务有限公司	5000	4800	未统计
	浙江绍兴富陵控股集团有限公司	5000	5000	未统计
	浙江世嘉包装材料有限公司	4000	4000	5300
	桐乡振华新型包装材料有限公司	7000	3000	未统计
	绍兴天普塑料制品有限公司	5000		未统计
安徽	安徽双津实业有限公司	15000	14000	15000
	黄山永新股份有限公司	16000	10500	15000
	安徽松泰包装材料有限公司	14000	8000	未统计
	安徽金泽信环保材料有限公司	6000	停产	未统计
	安徽凌云包装材料有限公司	2500	停产	未统计
	安徽双永包装装饰材料有限公司	2500	停产	未统计
福建	福州佳通第一塑料有限公司	8200	6750	10150
	福建凯达集团有限公司（鹏达包装材料有限公司）	11000	8800	12980
	漳州市（搏正）塑胶有限公司	12000	10000	12000
	福建省福州航升塑料包装厂	9600	7200	9000
	厦门顺峰包装材料有限公司	9000	未统计	未统计
	石狮市炎英塑胶制品有限公司	10000	8000	未统计
	福建晋江市新达塑料制品有限公司	1200	停产	未统计
	福建省南安环球塑胶有限公司	4200	未统计	未统计
	福州乐尔佳塑胶有限公司	3000	停产	未统计
	漳州市新乐塑胶有限公司	15000	15000	未统计
江西	江西荣信新材料有限公司	6432	2018	3855
	庆丰包装材料科技有限公司（包括福建）	19000	停产	未统计
山东	山东省青州市金诺尔塑胶有限公司	10000	7900	8070
	潍坊鸿昌塑胶有限公司	7000	5500	7000

续表

地区	公司名称	产能 / 吨	产量 / 吨	销售额 / 万元
山东	青州泰欣包装材料科技有限公司	2000	2000	2600
	临沂市中钢塑业有限公司（原通达）	2500	未统计	未统计
	青岛庆昕塑料有限公司	18000	停产	未统计
	山东临沂金洲工贸企业集团公司	2500	未统计	未统计
	山东临沂塑料制品厂	1100	停产	未统计
	山东烟台兴德包装材料有限公司	4000	3000	未统计
	山东振鲁塑料制品有限公司	1800	停产	未统计
	烟台恒源包装有限公司	6000	4000	6000
	烟台世昊塑业有限公司	4000	3000	未统计
河南	河南许昌浩达塑胶有限公司	17500	10901	12460
	河南佳宇彩印厂	3500	未统计	未统计
	河南双汇集团有限公司	3500	未统计	未统计
湖南	湖南省岳阳市鑫材塑料包装有限公司	1200	800	1000
湖北	湖北慧狮塑业股份有限公司	220000	22000	34000
	湖北恒德贾隆塑业有限公司	10000	7000	10000
	武汉斯德隆科技发展有限公司	7000	4000	6000
	湖北德威包装科技有限公司	15000	7200	8000
	湖北江裕塑料工业发展有限公司	2000	停产	未统计
	武汉鑫鸣塑料制品有限责任公司	3000	停产	未统计
广东	佛山佛塑科技集团股份有限公司	12900	12223	28574
	广州普洛夫尔薄膜有限公司	5000	4000	5000
	广东威孚包装材料有限公司	15000	12000	15000
	广东华业包装材料有限公司	18000	4477	3879
	汕头市澄海区东大峰包装材料有限公司	15000	10000	15000
	潮州市南华塑料实业有限公司	12000	6600	未统计
	东莞金友信包装材料有限公司	5500	停产	未统计

续表

地区	公司名称	产能/吨	产量/吨	销售额/万元
广东	潮安县雅格利实业有限公司	8000	6000	未统计
	庵埠南新塑料工艺厂	4600	停产	未统计
	潮安县佳明顺塑料材料厂	5000	3000	未统计
	潮安县宏辉工贸有限公司	2000	1500	未统计
	潮安县利群包装有限公司	13000	未统计	未统计
	潮安县民辉包装有限公司	2000	未统计	未统计
	佛山东美包装材料有限公司	2000	停产	未统计
	佛山市富兴塑料材料厂	2000	1500	未统计
	佛山市高明海能科技有限公司	7000	未统计	未统计
	佛山市蓝月亮包装材料有限公司	2000	停产了	未统计
	佛山市万田塑料有限公司	4500	停产	未统计
	广东东盛包装材料有限公司	11000	10000	未统计
	广东江门市新会区奥特塑料制品厂	3000	停产	未统计
	广东省潮安县和生包装材料有限公司	3500	未统计	未统计
	广东艺美包装工业有限公司	1000	停产	未统计
	广州三达塑业包装有限公司	2500	900	未统计
	广州三华塑料有限公司	14500	14400	未统计
	广州市华富包装材料有限公司	2000	停产	未统计
	鹤山山友软塑包装材料有限公司	10000	停产	未统计
	揭东县地都镇弘正塑料薄膜厂	5000	4600	6000
	金宇达实业有限公司	1200	停产	未统计
	汕头从泰塑料薄膜有限公司	1500	停产	未统计
	汕头东丽包装材料有限公司	6000	未统计	未统计
	汕头市惠业食品包装实业有限公司	2000	停产	未统计
	汕头市江宏包装材料有限公司	6000	5000	未统计
	汕头市利民食品包装有限公司	20000	13000	未统计

续表

地区	公司名称	产能 / 吨	产量 / 吨	销售额 / 万元
上海	上海美丰包装材料有限公司	9500	9500	未统计
广东	汕头双润包装材料有限公司	3500	停产	未统计
	深圳市大仓和实业发展有限公司	5000	未统计	未统计
	天虹包装材料有限公司	7000	5800	未统计
	阳江明轩实业有限公司	2000	停产	未统计
	长盛达包装塑料包装材料有限公司	2500	停产	未统计
	中山市美誉塑料包装材料有限公司	3800	未统计	未统计
	珠海市辉丰包装材料有限公司	5000	停产	未统计
	广州市三达塑业包装有限公司	20000	16000	未统计
重庆	重庆瑞霆塑胶有限公司	3500	未统计	未统计
四川	成都双流东莲长虹塑料制品有限公司	3500	3200	未统计
	成都五牛壮达新材料有限公司	13000	13000	20000
	四川海联达包装材料有限公司	5000	5000	6000
	除以上已知的 141 家企业外，全国还有 18 家左右企业，估计产能 153968 吨，加上上表中 17 家未统计单位产能 89000 吨，合计 35 家为 242968 吨，其估算产量为 217951 吨		217951	未统计
	合计全国 2015 年 CPP 总产能、产量	1450000	830000	未统计

以上情况说明，受到外部经济环境和产能过剩的影响，CPP 行业 2015 年由于国内经济进入新常态，增长速度放缓，出口受困，内需难以拉动等原因，企业已经充分意识到投资的风险，部分企业已经退出市场，企业的投资意愿进一步下降。2015 年 CPP 生产线的新增投资冷清，2015 年 CPP 薄膜行业经济效益总体欠佳。

（中国塑协流延薄膜专业委员会　孙冬泉）

2015 年 BOPP 行业企业经济指标数据

根据 2016 年 3 月中国塑协双向拉伸聚丙烯薄膜（BOPP）专委会的统计数字，2015 年全国共有 104 家 BOPP 生产企业，本次经济指标调查填报单位 90 家，14 家未填报。详细数据如下表。

2015 年 BOPP 行业企业经济指标

地区	公司名称	产能 / 吨	产量 / 吨	销售额 / 万元
天津	天津市华恒包装材料有限公司	64000	60000	未统计
	天津天塑科技有限公司新型包装材料分公司	8000	4000	未统计
	天津阳光塑料有限公司	14000	9600	未统计
河北	霸州市胜芳福兴彩印包装有限公司	70000	70000	70000
	宝硕富太塑料包装材料公司	36000	28000	225000
	河北凯达新型包装材料有限公司	32000	未统计	未统计
	河北维拓新材料科技有限公司	32000	20000	11000
山西	河北海伟集团电子材料有限公司	7000	7000	未统计
	山西斯瑞林包装材料有限公司（山西鸿基包装材料有限公司）	20000	1000	未统计
	山西迎太塑料有限公司	3000	停产	未统计
辽宁	中国石油抚顺石油化工公司合成洗涤剂厂	25000	20000	16000
	大连三荣化学有限公司	18000	停产	未统计
	大连天成包装材料有限公司	12000	停产	未统计
黑龙江	牡丹江瑞丰新材料科技有限公司	40000	未统计	未统计
	黑龙江庆港塑料有限公司	12000	停产	未统计
	大庆市龙兴塑胶制品有限责任公司（原大庆市林港塑胶有限责任公司）	3000	停产	未统计
	丹东申海塑业有限责任公司	3500	停产	未统计
上海	上海冠辉新材料科技有限公司	70000	65000	未统计
	上海金浦塑料包装材料公司	28000	11000	未统计
	宝燕工业科技（上海）有限公司	25000	停产	未统计
	维龙（上海）包装工业有限公司	15000	14000	14000
	上海高昌包装材料有限公司高龙分公司	4000	停产	未统计
	上海光乾塑胶有限公司（改做电容膜）	4000	停产	未统计

续表

地区	公司名称	产能 / 吨	产量 / 吨	销售额 / 万元
	江苏恒创包装材料有限公司	140000	127000	未统计
	江苏中达新材料集团股份有限公司（内江中达）	40000	35000	未统计
	江苏首义薄膜有限公司	50000	44000	未统计
	海宁长昆包装有限公司	70000	60000	未统计
	南亚塑胶（江苏南通、广东惠州）	55000	未统计	2016 年转越南
	常州金氏集团金海塑业有限公司	55000	停产	未统计
	无锡环宇包装材料公司（已脱离佛塑集团）	25000	10000	未统计
	苏州昆岭薄膜工业有限公司	25000	23000	未统计
	江苏中立方实业有限公司	4000	2500	12000
	南通百正电子材料有限公司	10000	8900	26000
	苏州瑞泰包装材料有限公司	9000	4500	未统计
浙江	金田集团塑业有限公司（浙江温州、江苏宿迁、安徽桐城、重庆云阳、辽宁盘锦、贵州惠水）	400000	350000	未统计
	浙江大东南包装股份有限公司	28000	停产	未统计
	宁波大榭开发区金源复合材料有限公司	60000	40000	40000
	瑞安市东威塑胶有限公司新型包装材料公司	55000	60000	50000
	温州康达包装材料有限公司	4000	停产	未统计
	温州启明新材料有限公司	35000	21600	22174
	浙江百汇包装有限公司	80000	60000	未统计
	浙江奔多实业有限公司（包含江苏奔多）	120000	100000	90000
	浙江杭宝集团公司	35000	35000	未统计
	浙江华滨包装材料有限公司	40000	停产	转安徽，未安装
	浙江凯利包装材料有限公司（包含大连凯威）	130000	137000	未统计
	浙江权威软塑新材料有限公司	60000	76000	未统计
	浙江伊美薄膜工业集团有限公司	100000	76520	未统计
	杭州萧山华益塑料有限公司	180000	75562	63667
	宁波亚塑科技有限公司	80000	未统计	未统计
	浙江绍兴富陵控股集团有限公司（绍兴天普塑料制品有限公司）	45000	40000	未统计

续表

地区	公司名称	产能／吨	产量／吨	销售额／万元
	天孚控股集团（天孚薄膜有限公司）	60000	未统计	未统计
	南洋科技浙江台州富洋电子有限公司	6000	未统计	未统计
	宁波大东南万象科技有限公司	16000	10000	未统计
	浙江华瑞包装有限公司	30000	28000	30000
	温岭市大溪永峰电容厂	3000	未统计	未统计
	浙江滨海薄膜科技有限公司	35000	未统计	包装膜、电容膜各1条
安徽	安徽铜峰电子股份有限公司	12000	12239	22500
	合肥金菱里克塑料有限公司	75000	68000	未统计
福建	泉州利昌塑胶有限公司	60000	25000	未统计
	泉州嘉德利电子材料有限公司	7500	6400	20000
	中国软包装集团（福建时代、新乡现代、成都悦得、鞍山现代、上海悦得）	550000	550000	490000
	福融辉工业集团（中国）有限公司（包括广州、福清、南通三地）	504000	403200	未统计
山东	济南康雅薄膜有限公司	25000	停产	未统计
	山东泗水康得新复合材料有限公司	80000	30000	未统计
	山东中塑实业有限公司	70000	55000	未统计
	广庆新材料科技有限公司	70000	30000	30000
	山东群力塑胶有限公司	40000	38011	31000
	青岛庆昕塑料有限公司	25000	停产	未统计
	山东冠贸包装材料有限公司	28000	停产	未统计
	青岛英诺包装科技有限公司	21000	15000	28000
	青岛嘉泽包装有限公司	7000	停产	未统计
	山东宝利特包装材料有限公司（山东华利特塑业有限公司）	5000	停产	未统计
	烟台恒源包装有限公司	5000	3000	未统计
	烟台世昊塑业有限公司	3000	3500	未统计
河南	河南洛阳石化聚丙烯有限责任公司（洛阳帆达）	23000	停产	未统计
湖北	湖北狮虹材料科技有限公司（湖北富思特）	19000	28000	未统计
	龙辰（黄冈）电子有限公司（原湖北中基包装材料有限公司）	17000	未统计	未统计

续表

地区	公司名称	产能 / 吨	产量 / 吨	销售额 / 万元
湖北	湖北金宝丽薄膜科技有限公司	6000	未统计	未统计
湖南	湘西自治州基信实业有限公司	3000	停产	未统计
广东	广东德冠薄膜新材料股份有限公司	130000	98000	145000
	佛山塑料集团股份有限公司（东方分公司、成都东盛、湖南东林）	80000	61682	73626
	广东普宁市威孚包装材料厂	87500	70000	未统计
	中山永宁包装薄膜制品有限公司	110000	90000	未统计
	佛山市高明海能科技有限公司	70000	55000	未统计
	揭阳市运通塑料包装有限公司	72600	80000	未统计
	汕头冠华薄膜工业有限公司	53000	未统计	未统计
	中港合资顺德美嘉思食品有限公司	50000	50000	60000
	汕头丰兴盛包装材料有限公司	50000	30000	20000
	肇庆新天衣塑胶有限公司	30000	未统计	未统计
	汕头佳兴胶粘制品有限公司	30000	23125	26000
	广东华业包装材料有限公司	25000	1417.24	1226.43
	中山新亚洲胶粘制品有限公司	25000	22000	18000
	汕头市雄伟塑料包装材料公司	20000	6000	未统计
	广东华阳包装材料有限公司	15000	14400	14000
	湛江包装材料有限公司	11000	11000	10400
	广东中炬塑胶有限公司	10000	11000	未统计
	潮州市展鹏塑胶制品有限公司	5000	停产	未统计
	江门市润田实业投资有限公司	2400	1800	未统计
	富通胶黏制品（深圳有限公司）	25000	未统计	
广西	桂林集琦包装有限公司	3500	停产	未统计
海南	海南赛诺实业有限公司（海南现代）	10000	9600	20000
贵州	贵州西众塑胶股份有限公司	8000	停产	
云南	云南红塔塑胶有限公司（包括成都）	56000	50785.32	61900.97
	云南昆岭薄膜工业有限公司	10000	10000	未统计

续表

地区	公司名称	产能 / 吨	产量 / 吨	销售额 / 万元
其中 13 家未统计单位产能合计 442000 吨，按照已统计单位开机率 76.74%，估算产量为 339190 吨			339190	
合计	5299000	4036532		

2015 年 BOPP 薄膜统计总产能 5299000 吨，统计总产量为 4036532 吨，考虑到统计误差和无效产能，2015 年实际产能大约为 5000000 吨，比 2014 年增长 6.38%，实际产量大约在 3800000 吨，比 2014 年增长 10.14%，比 2014 年增长率 6.15% 增加 4 个百分点。2015 年实际开机率约为 76%，比 2014 年开机率 73.40% 增加 2.60 个百分点。

根据以上情况，BOPP 薄膜行业在经过 2012、2013、2014 产量增长率连续下滑之后，由于部分僵尸企业的退出，部分生产线转移海外，部分企业新线投资减速，加上市场需求的继续增长，开机率已经得到适当回升，主要企业的开机情况良好，整个行业正在出现良性发展的迹象。

建议行业企业继续加快产品转型步伐，继续做好节能降耗，继续开拓新产品和海外市场，同时适当控制投资速度，并鼓励严重亏损企业加快退出，鼓励能耗高的普通包装膜小线停止运行，共同推动整个 BOPP 薄膜行业向着良性发展的轨道前进。

（中国塑协双向拉伸聚丙烯薄膜专业委员会 孙冬泉）

2015 年 BOPA 行业企业经济指标数据

根据 2016 年 3 月中国塑料加工工业协会的统计数字，BOPA 薄膜总产能为 154200 吨，比 2014 年 136000 吨增长 13.38%；总产量为 127070 吨，比 2014 年的 113000 吨产量增长 12.45%。详细数据如下表。

2015 年 BOPA 行业企业经济指标

公　司　名　称	生产能力 / 吨	总产量 / 吨	销售额 / 万元
天津运城塑业有限公司（包含昆山运城）	17000	15000	
沧州东鸿包装材料有限公司（包含德州东鸿、重庆明珠）	33000	33000	70000
上海紫东化工材料有限公司	5000	3500	
上海九天塑料薄膜有限公司	4200	3800	9300
尤尼吉可高分子科技（中国）有限公司	12000	11000	27000
晓星化纤（嘉兴）有限公司	8000	7000	20000
厦门长塑实业有限公司	64000	46000	
佛山塑料集团股份有限公司	11000	7770	14732
合计	151200	127070	

BOPA 薄膜行业自 2010 年以来，由于行业没有出现新的进入者，加上行业自律和行业信息沟通做得均比较好，因此一直处于良性发展的轨道，没有出现大起大落的情况，是双向拉伸薄膜行业中一个比较规范的分支，相信 2016 年仍将得到良性发展。

（中国塑协流延薄膜专业委员会 孙冬泉）

综　述

氯碱工业

2015 年中国聚氯乙烯行业现状分析及展望

2015 年，在第二次聚氯乙烯反倾销到期和国际原油价格大幅下跌的背景下，国内重点聚氯乙烯生产企业对原产于美国、日本、韩国、俄罗斯和中国台湾地区的聚氯乙烯提请第三次反倾销并成功胜诉，成为中国对外反倾销历史上第一例成功延期两次的案例。

宽松的经济环境和有利的外贸政策，对国内聚氯乙烯行业的发展起到了良好的推动作用，但不可否认的是，产能快速扩张的同时，同质化竞争加剧、低端产品产能结构性过剩等一系列影响行业可持续发展的内生性根本问题仍没有解决。

继 2014 年中国聚氯乙烯产能首次出现负增长后，2015 年，在产业转型和淘汰落后产能的深化改革中，中国聚氯乙烯总产能再次出现负增长。

一、中国聚氯乙烯工业产能继续保持“退多进少”的格局

根据中国氯碱网产能调查数据显示，截止到 2015 年 12 月底中国聚氯乙烯现有产能为 2348 万吨（其中包含聚氯乙烯糊状树脂 133 万吨）。

通过统计数据发现，2015 年内中国聚氯乙烯包括糊树脂在内的新增加产能为 78 万吨，在此期间，宣布正式退出的规模为 119 万吨，净减少 41 万吨。国内聚氯乙烯产能延续优化重组之路。

2008 ～ 2015 年中国 PVC 产能变化　　单位：万吨

项目	2008 年	2009 年	2010 年	2011 年	2012 年	2013 年	2014 年	2015 年
产能	1581	1781	2043	2163	2341	2476	2389	2348
净增	61	200	262	120	178	135	-87	-41

1. 连续两年产能负增长：

自 2008 年国际金融危机之后，国内经济增速放缓，我国 PVC 行业改变了以往只增不减的发展态势，并且经济发展中的结构性问题不断被强化。我国 PVC 行业在快速外延式发展之后也不得不直面市场规律带来的小规模、分地域装置淘汰问题。从数据观察，2014 ～ 2015 年连续两年的 PVC 产能均在负增长状态，见图 1.

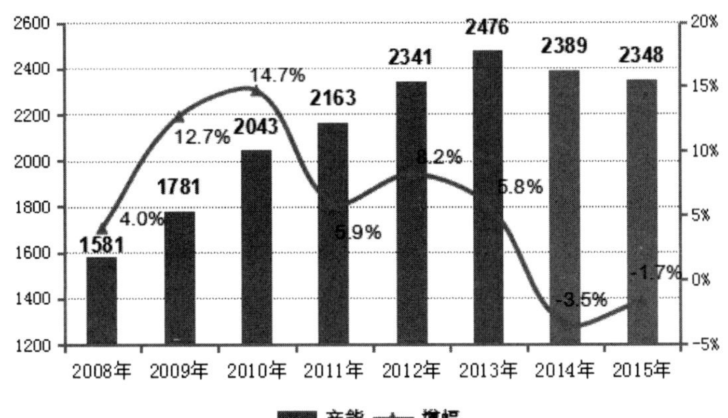

图 1 2008 ～ 2015 年中国 PVC 产能增长趋势图（单位：万吨；%）

2. 产业布局逐步合理

在地区产能分布中，2015 年西北 6 省份的聚氯乙烯能力已经占到了总产能 46% 的份额（见图 2），且全部为乙炔法工艺（电石法和天然气部分氧化法）。相比 2014 年的 45%，产能占比继续增大。由此说明，广大的西部地区依托本地资源优势，大力发展以电石法聚氯乙烯为核心的“煤－电－PVC”一体化循环经济项目，成为近几年中国聚氯乙烯工业发展的显著

特点，此外，华东、华北等传统氯碱省份加快闲置落后产能的清退也是西北地区产能占比增大的一个因素。

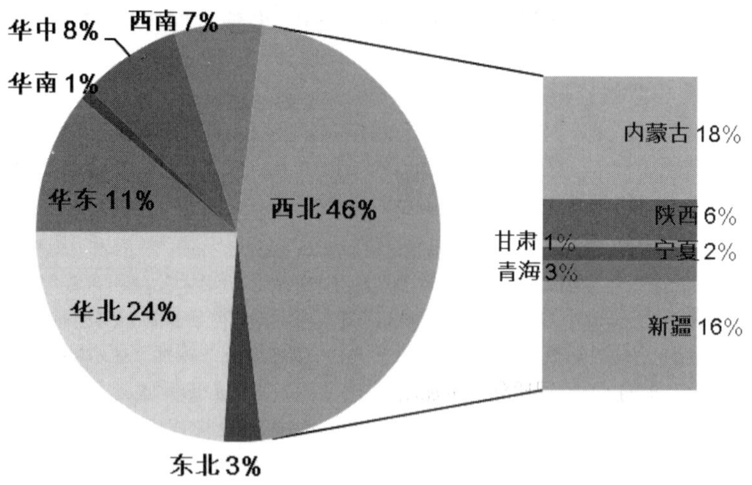

图 2 2015 年中国 PVC 七大区域产能对比图

3. 市场不断淘汰落后产能

2015 年，国内聚氯乙烯价格长期处于低位，终端售价数次跌破企业成本线，造成厂家盈利艰难，部分烧碱甚至煤电的利润用于补贴 PVC 的亏损。在此情况下，前期停车装置的开工意愿降至冰点，部分长期未开车企业适时退出。低迷的市场环境加快了产业优化的进程。

2012-2015 年中国 PVC 新增 - 退出产能对比

单位：万吨

时间 / 年	新增	退出	净增
2012	296	118	178
2013	286	151	135
2014	66	153	-87
2015	78	119	-41
合计	726	541	185

从近年的数据分析，2015 年中国聚氯乙烯产能净增数继续维持在低位，较 2012、2013 年有明显的萎缩，而退出产能数则较为稳定。特别是 2015 年底闭幕的中央经济工作会议上，“去产能”被放在了五大任务的首位，完善企业退出机制，以市场化的机制完成去过剩产能将是大势所趋，也将带来更多投资机会。

2015 年中国 PVC- 糊树脂产能增减明细

单位：万吨

地区	PVC			糊树脂	
	增加		退出	退出	
	电石法	乙烯法	电石法	电石法	乙烯法
吉林	–	–	5	–	–
黑龙江	–	–	8.5	1.5	–
广西	–	–	10	–	–
浙江	–	–	15	–	–
贵州	–	–	27	–	–
河南	–	–	27	–	–
山东	–	–	10	–	–
内蒙古	36	–	15	–	–
云南	12	–	–	–	–
合计	78		117.5	1.5	–

在 2015 年总共退出的 119 万吨的聚氯乙烯产能中，全部为电石法工艺，而新增的 76 万吨产能中，乙烯法工艺占 30 万吨，国内两种工艺路线的产能比例悄然发生改变。由此说明，在国际油价长期低位徘徊的大环境下，华东、华北等具备港口和出口优势的区域，乙烯法与电石法的成本差距正在被缩小，

而煤制烯烃项目的落地，更是加速了氯碱行业与传统煤化工结合的步伐。2015 年山东省新增 30 万吨 / 年的乙烯法 PVC，即为阳煤恒通集团煤制烯烃项目的延伸。

4. 行业集中度再次得到提升

截至 2015 年年底中国国内具有 PVC 产能的企业数量为 81 家（包含具有闲置能力的企业），排除未按照集团标准进行加和计算外，单个企业的生产能力逐步提升。

从企业规模结构看，我国已出现超过百万吨级聚氯乙烯生产企业 3 家，规模在 30 万吨 / 年以上的企业数量正在逐渐增加。但与此同时，规模在 10 ～ 30 万吨 / 年的企业仍是国内聚氯乙烯行业的重要组成部分。此外，产能规模低于 10 万吨 / 年的企业较上年有所减少。

2015 年国内 PVC 行业产能观模归类

规模	企业数	产能合计 / 万吨	产能占比 /%
≥ 100 万吨	3	400	17
100 万吨 > 企业 ≥ 40 万吨	19	909	39
40 万吨 > 企业 ≥ 30 万吨	13	397	17
30 万吨 > 企业 ≥ 10 万吨	33	569	24
10 万吨 > 企业	13	73	3
合计	81	2348	100

5. 未来扩能保持差异化发展

虽然 2015 年 PVC 产能再次出现负增长，但在接下来的 2016 年，国内仍有不少的 PVC 装置计划投产（见图 3）。其中，电石工艺产能 125 万吨，主要集中在西北、华北地区，乙烯法工艺产能 110 万吨，主要集中在靠近港口的东部地区。青海盐湖工业集团金属镁一体化项目中，煤制烯烃项目的延伸，即 30 万吨的乙烯法 PVC 装置的投产推迟至 2016 年。但业内预计，受整体行业发展速度减慢，产业结构优化升级等多方面的影响，尤其在下半年的计划新增产能中，能如期投产的数量也仅占 50% 左右。

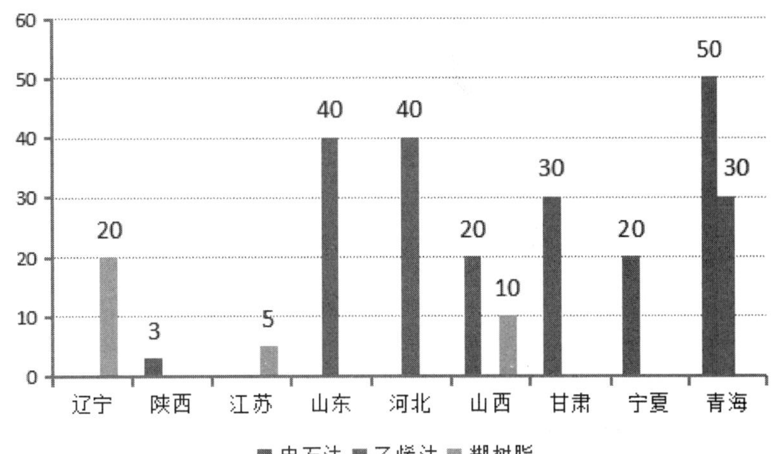

图 3 2016 年中国 PVC 扩能分布 （单位：万吨）

二、中国聚氯乙烯行业产量出现下降

2014 年，国内总体产能首次出现减少，但聚氯乙烯产量仍保持稳步的增长，说明国内聚氯乙烯装置综合利用率有明显的提高。根据统计数据显示，2015 年，国内 PVC 总产量为 1609.2 万吨，同比下跌 1.7%。国内聚氯乙烯产能自 2008 年以来，第二次出现负增长，但产能、产量双降的情况在 2015 年则是首次（见图 4）。

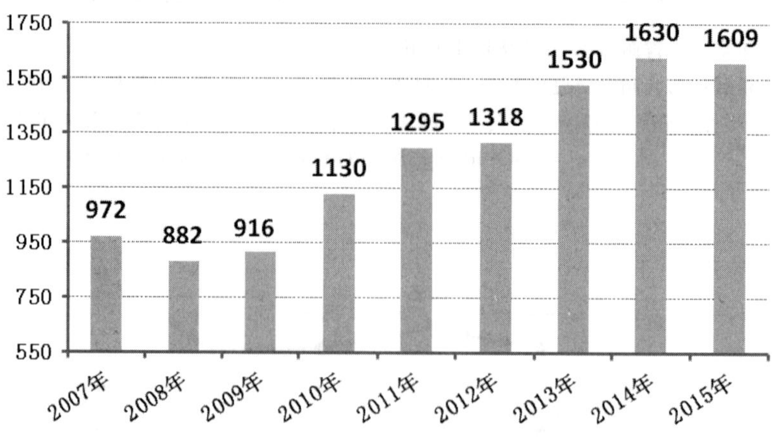

图 4 2007-2015 年中国 PVC 产量变化图（单位：万吨）

资料来源：国家统计局公布的当期数据

2015 年，中国聚氯乙烯产能产量出现同步回落，但并不说明行业发展出现了退步，衡量一个行业健康与否的重要指标，是行业装置整体开工率。2015 年中国聚氯乙烯行业整体开工负荷将达到 69%，保持稳步提升的态势（见图 5）。在氯碱行业十三五规划中，将国内聚氯乙烯整体开工率提升至 80% 以上作为目标。在需求不断受到铝型材、聚乙烯、聚丙烯等产品冲击的环境下，产量难以继续保持大幅增长的态势，未来只有通过产业政策调控，市场引导，工艺技术改造，企业整合等方式来进一步提升装置开工率。

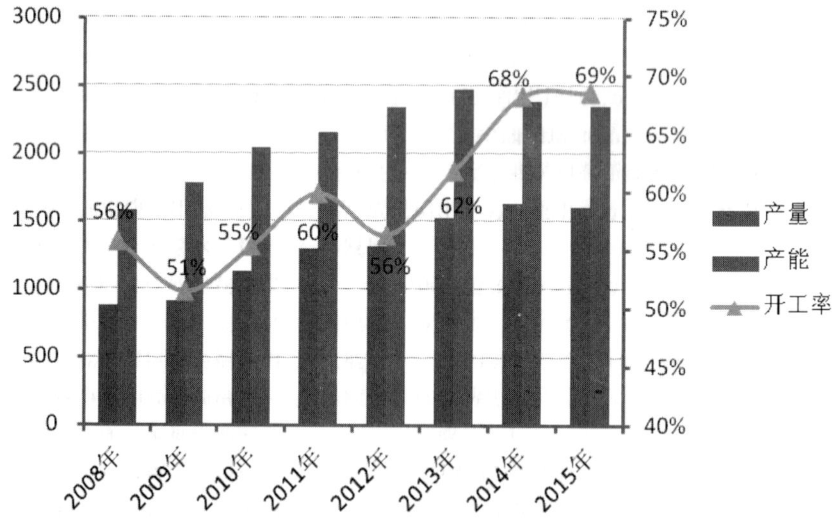

图 5 2008 ～ 2015 年中国 PVC 装置开工率明细（单位：万吨；%）

三、中国聚氯乙烯行业仍积极探索对外贸易

2008 ～ 2015 年中国 PVC 纯粉进出口统计

时间 / 年	进口		出口	
	数量 / 万吨	均价 / （美元）	数量 / （万吨）	均价 / （美元）
2008	80	1006	60	1066

续表

时间 / 年	进口		出口	
	数量 /（万吨）	均价 /（美元）	数量 /（万吨）	均价 /（美元）
2009	163	742	24	858
2010	120	967	22	966
2011	105	1062	37	1110
2012	94	981	39	944
2013	76	1029	66	950
2014	68	1065	111	922
2015	83	872	84	777

通过对 2008 ～ 2015 年的进出口数据对比发现，中国对进口聚氯乙烯的依存度整体是属于下降的趋势，但 2009 年较为特殊，也成为数据走向中的重要转折点（见图 6）。2009 年由于特殊的国际原油价格降低后与国内电石价格的对比优势出现反转，造成了当年进口聚氯乙烯数量骤然上升，之后的 2010 ～ 2014 年又恢复了下降走势。

就 2015 年的出口数据分析，全年出口总量出现了相对明显的萎缩。造成这一现象的主要原因，是自 2014 年下半年开始，国际原油价格大幅缩水，累计降幅超过 65%，国际乙烯法 PVC 成本大幅降低，中国出口产品价格优势不在。另外，8 月份天津港危化品爆炸事故，导致部分出口货物滞港，个别订单被迫取消。

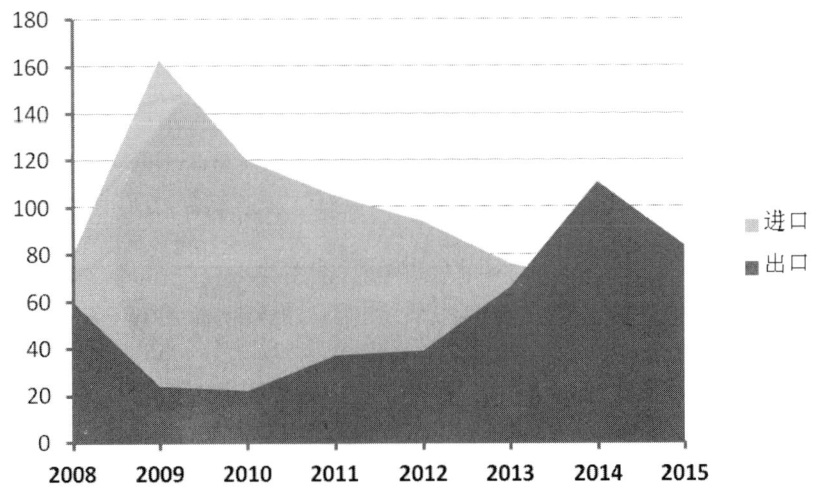

图 6 2008 ～ 2015 年中国 PVC 纯粉进出口差值对比（单位：万吨）

进口：2015 年美国、中国台湾以及日本继续保持在我国聚氯乙烯纯粉进口来源地的前三位，从上述三个国家及地区的进口量占到总进口量的比例高达 91.6%。

出口：从 2015 年我国聚氯乙烯纯粉出口流向看，中亚及东南亚地区国家依旧是近两年中国聚氯乙烯纯粉出口的主要目标市场，而欧洲、美洲等地区对我国聚氯乙烯纯粉的需求量呈萎缩态势。印度继续保持中国聚氯乙烯出口贸易第一大国的位置，但受到其对华 PVC 反倾销政策的影响，其在中国出口总量中的占比明显减少，由 2014 年的 30% 下降至 2015 年的 20%（见图 7）。

2015 年中国 PVC 纯粉进口来源地分布

进口国家或地区	进口数量 / 万吨	占进口总量比率 /%
美国	24.4	34.3
台湾省	21.6	30.4
日本	19.1	26.9
印度尼西亚	2.2	3.1
其他约 15 个国家	3.8	5.3
合计	71.1	100.0

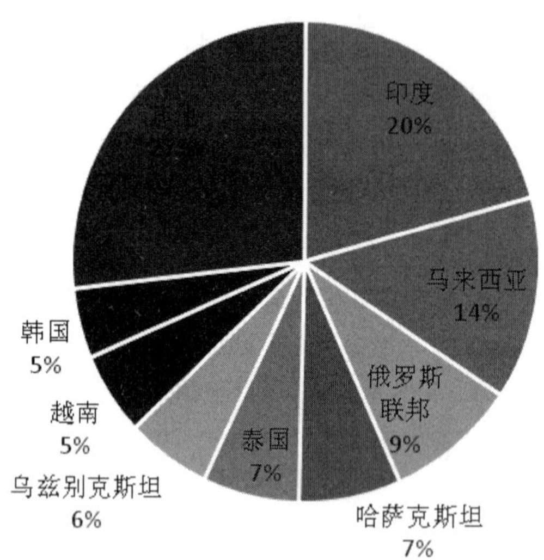

图 7 2015 年中国 PVC 纯粉出口国别占比图

四、2015 年中国聚氯乙烯市场价格长期表现低迷

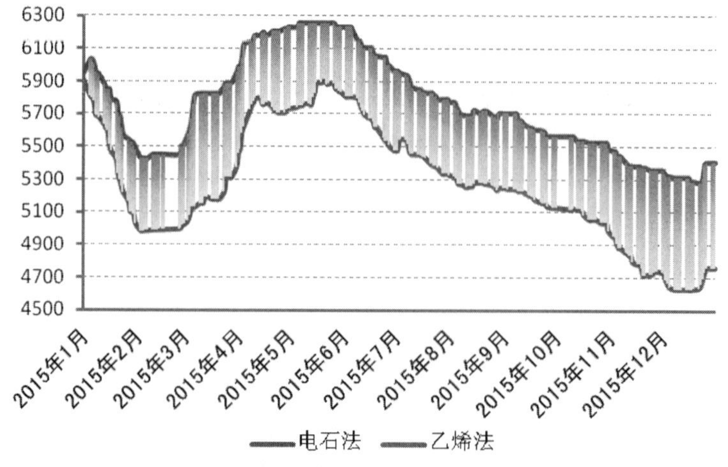

图 8 2015 年中国 PVC 市场价格震荡变化（单位：元 / 吨）

2015年国内聚氯乙烯市场价格走势是一次真正探底的过程（见图8），消费地成交价格连续跌破企业生产成本红线。整体概括的关键词如下：

信心缺失：2015年下半年，国内PVC市场都在寻找一个底部，但厂家从微利到保本，再到亏损，甚至用烧碱和煤电的盈利去补贴PVC，底部迟迟难以寻得。在长达半年的时间内，虽有企业停车检修，挺价出货，但在低价货源的冲击下，也未能对市场形成足够的支撑，整体市场信心较为缺失。

需求不力：回顾2015年中国聚氯乙烯价格走势发现，仅有的一次价格上调，其支撑因素为原料行情的回暖，需求对价格的支撑作用明显不足。国内聚氯乙烯市场已没有明显的销售淡旺季之分。

活跃不足：由于价格连续下调，PVC贸易的利润不断降低，传统低买高卖的贸易商更是难以赚取利润。整体2015年的PVC贸易商和中间商的市场参与度较低，交投气氛不活跃。

五、中国聚氯乙烯与上下游产业链

1. 上游电石

据中国氯碱网不完全统计，2015年全年，由于氯碱装置配套电石陆续投产，我国新增电石产能200多万吨，截至年底的现有装置能力为3500多万吨。其中，国内氯碱企业配套的电石产能超过1700万吨，占总产能的50%左右。

近两年，国内大型氯碱企业“电石—氯碱”配套一体化的循环经济已形成规模，随着循环经济在氯碱及相关行业中进一步深入推行，未来“电石—氯碱”一体化项目在电石行业中所占的比重还将进一步增大。

2. 上游乙烯基

2015年亚洲乙烯价格变化较大，全年走势呈“N”形。2014年原油暴跌之后，乙烯价格随之大幅下跌，2015年上半年乙烯价格处于整体上涨期，而后乙烯再次出现崩盘，价格下跌，四季度乙烯价格略有回暖。不过整体看来，亚洲乙烯价格全年变化明显，价格徘徊在低位时间较长，因此年度均价低于去年。

亚洲中间体EDC报盘先涨后跌，春节过后原料乙烯高位坚挺，加之部分生产企业降低开工，EDC市场供应紧张，报盘大幅走高，由2月初230美元/吨CFR涨至5月中旬最高价位385美元/吨CFR，涨幅67.39%。东南亚高位386美元/吨，低位在236美元/吨，价差达150美元/吨，东南亚市场报盘价与远东地区较为接近，尤其是3～9月的上涨峰值阶段。

东北亚市场VCM价格变化以全年窄幅整理为主，远东及东南亚走势因息息相关而十分相近。全年交易价差在远东180美元/吨，较高位下跌近23.97%，东南亚高低位价差在165美元/吨，较高位下跌20.99%。主要受季节性需求增加，及原油原料成本的支撑较明显，尤其是在二三季度，亚洲市场供应紧张需求增加，导致全年相对高位的出现（见图9）。

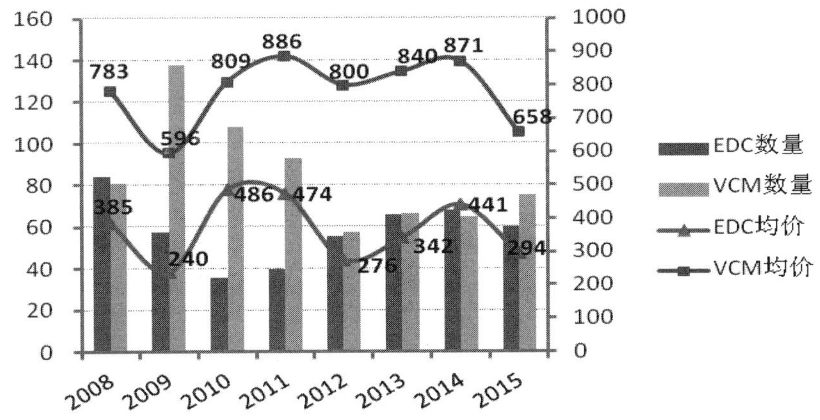

图9 2008-2015年中国进口EDC/VCM数量及价格对比图（单位：万吨；美元/吨）

3. 下游

管材、管件和型材、门窗是中国PVC消费的两大下游，合计消费比例达到51%。其中，管材行业发展较为迅速，年均增长率保持在7%左右，2015年总产量将达到1400万吨，但其中PVC管材所占的比重有所萎缩，2015年占比将降至50%以下。受制于国家房产调控政策影响，国内塑料型材产量继续保持负增长，全年总产量在410万吨左右，相比2014年的450万吨，减少约9%。由此可见，除了传统两大领域外，聚氯乙烯下游消费市场正向着多样化的方向发展。

2007-2015 年中国 PVC 表观消费量变化

时间 / 年	产量 / 万吨	进口 / 万吨	出口 / 万吨	表观消费	
				消费量 / 万吨	增长率 /%
2007	972	110	71	1011	13
2008	882	80	60	902	-11
2009	916	163	24	1055	17
2010	1130	120	22	1228	16
2011	1295	105	37	1363	11
2012	1318	94	39	1373	1
2013	1530	76	66	1540	12
2014	1630	68	111	1587	3
2015	1609	71	77	1603	1

六、未来中国聚氯乙烯工业的思考

1. 产能产量“双降”下中国聚氯乙烯发展的新思路

2014 ～ 2015 年国内 PVC 行业整体情况对比

时间 / 年	产能 / 万吨	产量 / 万吨	开工率 /%
2014	2387	1630	68
2015	2348	1609	69

产能和产量双双降低不代表行业发展出现了退步，从 2015 年的统计数据可以看出，产量的下降幅度低于产能下降幅度，行业综合开工率仍在稳步提升。部分低端产能和重复产能退出市场，恰恰说明了产业结构的逐步优化，为后续行业稳定发展打下了坚实的基础。

同时应该认识到，国内聚氯乙烯行业已处于明显的产能过剩状态，淘汰落后产能的任务艰巨。氯碱行业大量闲置产能的清退造成产能总数不断下降，而需求端的激烈竞争，要求生产企业不断提高科技创新，降低生产成本，提高产品质量。这就更要求企业改变思路，从以往的“做大做强”的扩张模式，转化为“做精做细做差异”的新思路。

2. 面对需求变化，不断拓宽 PVC 应用领域

未来拓宽 PVC 下游应用领域的研究是行业和企业面临的重要课题，尤其是在传统和通用领域的 PVC 需求量逐年下降的背景下，加强新的下游市场的开拓更是不能懈怠。未来行业应加强聚氯乙烯向加工和应用领域延伸。加强聚氯乙烯新品种和专用料生产技术的研发，加强对加工助剂、加工技术、加工装备适配件研究，加强与下游加工企业的合作，建立系列化、专业化、针对化的聚氯乙烯专用料牌号，促进我国聚氯乙烯树脂由通用型向专用型跨越，提升聚氯乙烯塑料制品质量，巩固在型材、管材等传统领域的应用，进一步开拓新兴消费领域。

3. 融入国家“一带一路”战略，继续推进 PVC 国际贸易

我国氯碱产品出口主要流向与“一带一路”涵盖的国家基本相符。我国聚氯乙烯每年出口量在 100 万吨上下，其中对“一带一路”国家的出口量约占总量的 90%，特别是印度、俄罗斯、越南、哈萨克斯坦、马来西亚、泰国等国家已成为我国聚氯乙烯贸易的重点国家，2014 年仅出口印度就占到总出口量的 30%。2015 年中国人均消费聚氯乙烯约 12

千克。随着“一带一路”国家基础设施建设开展和人民生活改善，“一带一路”国家对聚氯乙烯需求潜力巨大，因此，在2016年更应抓住时机，不断加大中国聚氯乙烯的对外贸易。

（中国氯碱工业协会　张文雷 ）

塑料机械

2015～2016年中国塑料机械工业发展报告

2016年是“十三五”的开启之年，也是中国实施制造强国战略首个十年行动纲领《中国制造2025》的第二个年头。随着中国经济发展进入新常态，中国塑料机械工业的发展面临着新的机遇与挑战，加快结构调整、转型升级、提质增效，寻求和培育新的增长点，已成为全行业亟待推进的共同课题。

本报告共分四部分：一是当前塑料机械行业形势；二是2015～2016年一季度塑料机械行业发展概况；三是“十二五”期间塑料机械行业发展回顾；四是中国塑料机械行业发展趋势。

一、当前塑料机械行业形势

1. 国际形势

（1）纵观当前国际形势，欧美发达经济体总体回升向好；而主要新兴经济体的增速继续回落。其中，美国经济增长较快，消费、投资、出口和房地产形势明显好转，失业率有所降低；欧元区和日本经济虽然好转，但增速缓慢，通缩压力较大，经济持续复苏仍面临不少制约；受石油等大宗商品价格大幅回落和地缘政治动荡等因素影响，俄罗斯和巴西经济出现衰退，同时还面临资本外流、货币大幅贬值、通胀上升压力，其他对资源出口依赖程度较高的新兴经济体也普遍面临不同程度的困难与瓶颈；亚洲新兴经济体虽然总体情况相对较好，但由于结构调整进展缓慢导致内生增长动力不足，而外需疲弱又使得传统的出口拉动型经济增长模式难以为继，经济增速普遍持续放缓。

（2）大国政治关系复杂化进一步加剧，制衡与反制衡不断上演、冲突与合作交叠并存。面对大国之间的战略博弈和频繁的局部动荡与争端，国际安全环境的复杂性、敏感性和不确定性显著增大，塑机行业国际市场面临新一轮挑战。发达国家以其技术和人才优势，仍然占据世界塑机市场的重要地位。如德国、意大利、日本等国的精密、大型、高端塑机产品，由于具有高技术含量、高附加值的优势，市场份额在世界遥遥领先，对中国塑料机械产业形成较大压力。同时，各国围绕市场、资源、人才、技术、标准等各方面的全球竞争愈演愈烈，各种形式的贸易保护主义使得中国塑机行业所面临的外部环境更趋复杂多变。面对贸易保护主义的抬头，中国塑料机械工业协会要积极引领行业企业了解国际规则，主动维护自身权益。

（3）“一带一路”沿线上的东南亚、中西亚、中东欧各国均为中国塑机的重要出口地，加快“一带一路”建设则为促进中国塑机与沿线各国高分子复合材料加工业之间的产能合作提供了大好契机。

2. 国内形势

在“稳”字当头的宏观调控基础上，中国经济呈现出“经济增速换挡期、结构调整阵痛期和刺激政策消化期”三期叠加的态势，宏观经济将在相当一段时期继续处于增速收缓并面临下行压力状态，这对于为国民经济各领域提供专用装备的塑机行业而言，势必对内需会带来一定的冲击，但是行业更应当充分把握机遇，苦下工夫促进转型升级、推动自主创新、实施高端发展战略，切实推进中国塑机由大变强的转变。

中国塑料机械工业的显著特色是以民营企业为主，约占行业95%以上，具有较强的市场敏锐性、自生发展动能、风险防控意识和浓厚的感恩文化。经过50多年的自我发展和淘汰，规模企业不断崛起，产业层次逐步升级，经济总量迅猛增长，国际竞争力显著提高，科研水平和自主创新能力不断增强，小行业展现出大气魄。特别随着政府主管部门的不断重视，支持塑料机械行业的发展先后上升为国家战略，吸引着国内外广泛关注的目光，行业地位和影响力也显著提升。

3. 全国机械工业发展形势

2015 年机械工业增速大幅回落，2016年下行有望趋缓趋稳，预计行业将在“L”形底部继续盘整，全年可望实现与2015年相近的小幅增长。

（1）延续2014年下滑颓势，2015年继续快速下行。2015年由此前多年的“两高于”变为“两低于”，凸显了运行形势之严峻：工业增加值增速低于工业平均水平；全行业效益增幅低于同期产销增幅。

（2）行业运行正在发生诸多趋势性变化

1）增长速度持续下行。随着工业化初中期向中后期阶段转变，机械工业的实物需求明显趋缓，行业发展已进入增长更趋平缓、竞争更加激烈的新时期；在此背景下，今后行业发展已不能再靠产能扩张支撑，而必须转向依靠创新驱动，由规模速度型向质量效益型转变。

2）分化加剧，结构发生变化。突出表现在三方面：一是消费类行业好于投资类行业；二是同一行业中，高端、绿色、新兴产品产销形势明显好于中低端传统产品；三是零部件行业好于主机行业。

3）民营企业权重持续上升。在同样严峻的环境下，民营机械企业表现出了很强的应变能力。其主营收入、利润、出口创汇等主要经济指标的增速，不但高于国有企业，而且也高于三资企业，实现了远高于全行业平均水平的增长。

4）形势趋严拉开了地区及企业间的差距。市场化程度较深、“机器换人”力度较大的江浙粤地区表现出了较强抗跌能力，这些地区基数虽较大，但增速回落反而较平缓。而改革和创新相对滞后的地区和企业在本轮调整中增速回落格外剧烈。

5）技改投资增速和占比上升。2015年1～12月累计完成技术改造投资1.375万亿元，同比增长18.72%，高出同期全部固定资产投资增幅（9.75%）近一倍，在全部固定资产投资中的占比已达27.9%，比上年（25.8%）提高了2个多百分点。

6）转型升级已启动并艰难前行。主要表现在：政策环境日趋改善；主攻高端频传喜讯；夯实基础初露曙光；创新驱动渐受重视，能力建设开始升温；节能减排助力企业解困；新兴产业发展升温；国际竞争力有所上升；实物产量虽下降，但产出价值仍增加。

注：以上数据来源于中国机械工业联合会统计分析。

二、2015～2016年塑料机械行业发展概况

1.2015年行业经济运行情况

2015年我国塑料机械制造规模以上企业389家，行业经济下行压力增大，特别是进入第三季度以来，行业出口交货值、主营业务收入和利润总额等经济指标出现阶段性两位数同比下降幅度，12月有所回升。2015年我国塑料机械规模以上企业主要经济指标综合统计，详见表1和图1。

表1　2015年我国塑料机械规模以上企业主要经济指标

序号	统计指标	金额/亿元	同比增长/%
1	出口交货值	84.27	-7
2	流动资产	387.01	12
3	流动资产中应收帐款	99.06	1
4	存货	102.81	1
5	存货中产成品	34.47	1
6	资产总计	593.61	5
7	负债总计	267.15	-0.02
8	主营业务收入	521.78	-2
9	主营业务成本	410.05	-1
10	主营业务税金及附加	2.93	4
11	销售费用	26.65	1
12	管理费用	37.21	3

续表

序号	统计指标	金额 / 亿元	同比增长 /%
13	财务费用	3.99	-6
14	财务费用中利息支出	4.47	9
15	利润总额	49.46	3
16	主营活动利润	40.95	2
17	税金总额	18.96	7
18	应交增值税	16.02	7
19	亏损企业数	74	21
20	亏损额	3.1	29

注：数据来源于国家统计局。

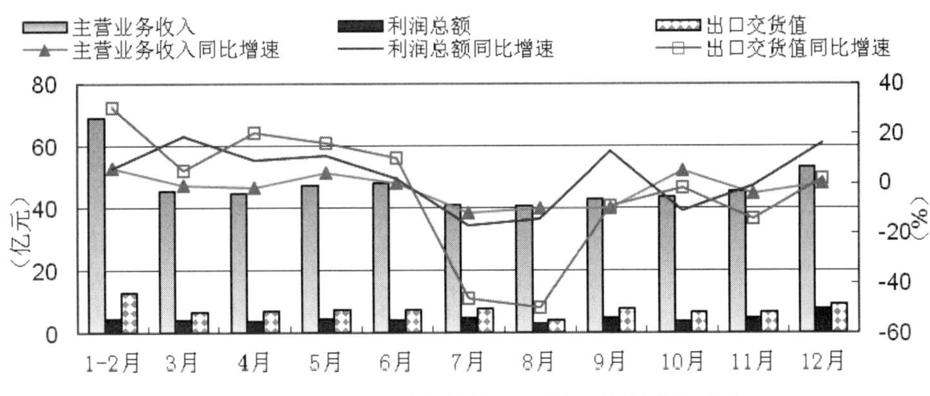

图 1 2015 年我国塑料机械制造工业主要经济指标走势

注：数据来源于国家统计局。

进出口方面，根据海关统计数据，2015 年我国进口塑料机械 18091 台，同比减少 17%，进口金额约 15.2 亿美元，同比下降 23%，进口平均单价由上年同期的 9 万美元 / 台下滑至 8 万美元 / 台。出口塑料机械 481054 台，出口金额约 18.9 亿美元，分别同比增长 109%、3%，出口平均单价约为 0.4 万美元 / 台；全年累计贸易顺差约 3.7 亿美元。

分产品来看，2015 年我国进口注塑机 6137 台，进口金额约 6.6 亿美元，分别占同期进口塑机总量和总金额的 34%、43%，进口注塑机单价约为 11 万美元 / 台； 3D 打印机进口 6696 台，占同期进口塑机总量的 37%，金额为 4979 万美元，约占同期进口塑机总金额的 3.27%，进口单价约为 0.7 万美元。出口注塑机 22304 台，出口金额约 9.8 亿美元，分别占同期塑机出口总量和总金额 4.64%、51.84%，出口注塑机平均单价约为 4.4 万美元 / 台； 3D 打印机出口 160424 台，约占同期塑机出口总量的 33.35%，出口金额为 4291 万美元，约占同期塑机出口总金额的 2.27%，3D 打印机的出口平均单价约为 0.03 万美元 / 台；出口其他模塑或成型机器 271260 台，占同期塑机出口总量的 56.39%，金额约为 1.07 亿美元，占同期塑机出口总额的 5.68%。3D 打印机和其他模塑或成型机器出口量大金额小，拉低了塑机装备的整体出口平均单价水平。若排除此部分影响，2015 年我国出口注塑机、挤出机、吹塑机、塑料中空成型机和塑料压延成型机共计 49370 台，出口金额约 17.4 亿美元，出口平均单价约为 3.5 万美元 / 台，顺差约 3.7 亿美元。

进口来源地方面，2015 年从日本、德国、中国台湾、韩国、意大利、美国、奥地利和瑞士等进口塑机 14390 台，同比下降近 16%，进口金额约 14.6 亿美元，同比下降 22%；进口数量和金额分别占我国同期进口塑机总数的 79.54%、95.47%。

在我国塑机出口市场排在前 10 位的国家中，越南、泰国、韩国和墨西哥同比增长较快；而出口至土耳其和伊朗同比下降较大。出口至这 10 个国家的塑机数量虽然仅占同期塑机出口总量的 19.12%，但出口金额占比达 50.62%。

按洲际来看，2015 年从亚洲进口塑机约 8.6 亿美元，同比下降 13%，出口至亚洲的金额约 11.6 亿美元，同比增长 4.6%；从欧洲进口约 6 亿美元，同比下降 31%，出口至欧洲约 2 亿美元，同比下降 7%；从北美洲进口 6443 万美元，同比下降 31%，出口至北美洲约 1.2 亿美元，同比增长 2.35%；出口至拉丁美洲约 2 亿美元，同比下降 0.48%；出口至非洲约 1.9 亿美元，同比增长 1.33%；出口至大洋洲为 1685 万美元，同比增长 17.73%。

2015 年我国塑机产品进出口情况，详见表 2～表 5，图 2～图 6。

表 2　　2015 年我国塑机产品进出口总量

月份	进口					出口					贸易顺差
	数量/台	金额/万美元	平均单价/（万美元/台）	数量同比增长/%	金额同比增长/%	数量/台	金额/万美元	平均单价/（万美元/台）	数量同比增长/%	金额同比增长/%	金额/万美元
1	1408	11586	8	70	-38	20858	17822	0.9	20	4	6236
2	752	8520	11	-64	-25	17690	18035	1.0	448	74	9515
3	1910	12460	7	2	-33	5673	12586	2.2	-65	-10	126
4	1477	15626	11	5	-4	33268	14927	0.4	128	-1	-699
5	1673	15971	10	69	1	44488	12899	0.3	156	-15	-3072
6	1103	13500	12	-7	-30	25934	15605	0.6	75	5	2105
7	1759	14396	8	31	-9	16846	14960	0.9	-46	-1	564
8	1324	14706	11	-6	-22	46992	15716	0.3	187	2	1010
9	1323	13888	10	-11	-10	56652	16240	0.3	155	4	2352
10	2718	10091	4	126	-25	51287	16174	0.3	52	8	6083
11	1239	10674	9	-80	-38	71191	15029	0.2	232	-15	4355
12	1405	11054	8	-16	-33	90175	19106	0.2	316	2	8052
合计	18091	152472	8	-17	-23	481054	189099	0.4	109	3	36627

注：数据来源于中国海关。

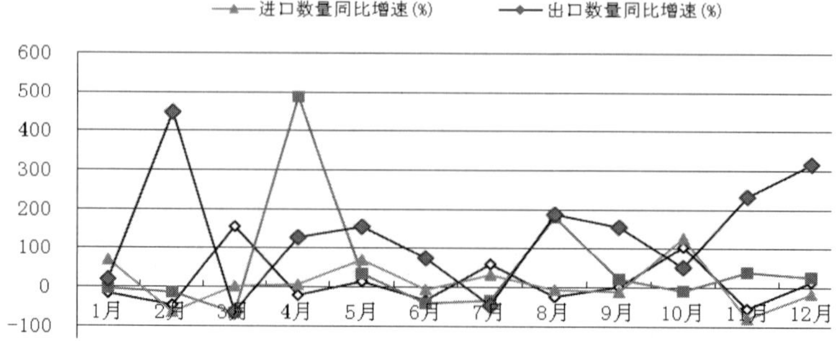

图 2　2015 年我国塑机进出口数量增速走势

注：数据来源于中国海关。

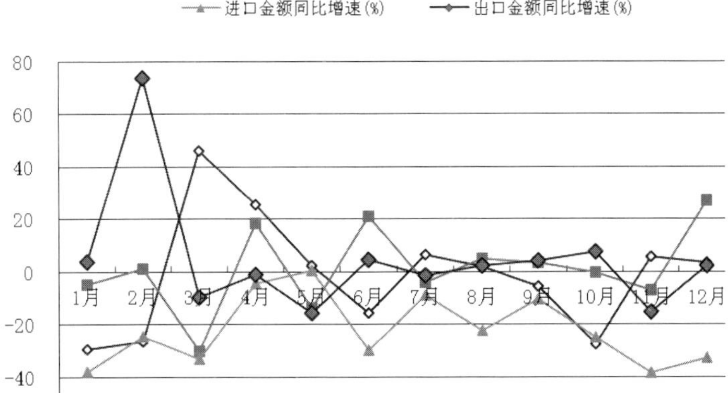

图 3　2015 年我国塑机进出口金额增速走势

注：数据来源于中国海关。

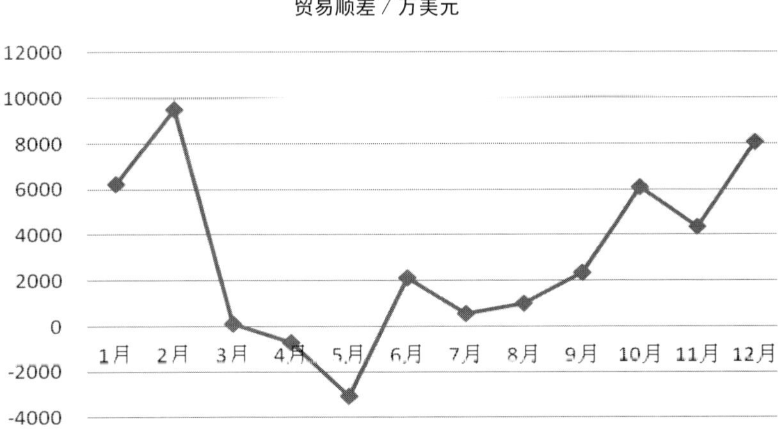

图 4　2015 年我国塑机贸易顺差走势

注：数据来源于中国海关。

表 3　　2015 年我国塑机产品进出口分税号统计

序号	税号	名称	进口				出口			
			数量 / 台	数量占比 /%	金额 / 万美元	金额占比 /%	数量 / 台	数量占比 /%	金额 / 万美元	金额占比 /%
1	84771010	注塑机	6137	33.92	65664	43.07	22304	4.64	98030	51.84
2	84771090	其他注射机	273	1.51	3730	2.45	1007	0.21	3699	1.96
3	84772010	塑料造粒机	173	0.96	17355	11.38	3287	0.68	8287	4.38
4	84772090	其他挤出机	746	4.12	19953	13.09	7597	1.58	29297	15.49
5	84773010	挤出吹塑机	127	0.70	8471	5.56	2506	0.52	7240	3.83
6	84773020	注射吹塑机	75	0.41	2410	1.58	412	0.09	1204	0.64
7	84773090	其他吹塑机	100	0.55	5763	3.78	6383	1.33	9907	5.24

续表

序号	税号	名称	进口				出口			
			数量 / 台	数量占比 /%	金额 / 万美元	金额占比 /%	数量 / 台	数量占比 /%	金额 / 万美元	金额占比 /%
8	84774010	塑料中空成型机	60	0.33	1596	1.05	1562	0.32	5721	3.03
9	84774020	塑料压延成型机	84	0.46	2760	1.81	907	0.19	2303	1.22
10	84774090	其他真空模塑机器及其他热成型机器	857	4.74	9324	6.12	3405	0.71	8383	4.43
11	84775910	3D 打印机	6696	37.01	4979	3.27	160424	33.35	4291	2.27
12	84775990	其他模塑或成型机器	2763	15.27	10468	6.87	271260	56.39	10737	5.68
合计			18091	100	152473	100	481054	100	189100	100

注：数据来源于中国海关。

表 4　　2015 年我国塑机进口地排名前 10 位

序号	名称	数量 / 台	金额 / 万美元	平均单价 / 万美元 / 台	数量占比 /%	金额占比 /%	数量同比增长 /%	金额同比增长 /%
1	日本	4052	56735	14	22.40	37.21	-6.64	-1.54
2	德国	1213	42606	35	6.70	27.94	4.84	-33.67
3	中国台湾	1947	15223	8	10.76	9.98	0.00	-45.26
4	韩国	772	9057	12	4.27	5.94	17.33	22.75
5	意大利	233	7353	32	1.29	4.82	-8.63	-32.91
6	美国	3342	5532	2	18.47	3.63	6.20	-26.61
7	奥地利	127	2780	22	0.70	1.82	-13.61	-50.27
8	克罗地亚	140	2209	16	0.77	1.45	833.33	585.28
9	瑞士	48	2187	46	0.27	1.43	4.35	-10.70
10	中国	2516	1890	1	13.91	1.24	-53.45	-46.31
合计		14390	145572	10	79.54	95.47	-15.93	-22.33

注：数据来源于中国海关。

表 5　　2015 年我国塑机出口地排名前 10 位

序号	名称	数量 / 台	金额 / 万美元	平均单价 / 万美元 / 台	数量占比 /%	金额占比 /%	数量同比增长 /%	金额同比增长 /%
1	越南	5381	17734	3.3	1.12	9.38	19.10	25.94
2	泰国	2401	13169	5.5	0.50	6.96	16.50	35.51
3	美国	68140	11222	0.2	14.16	5.93	63.81	2.77
4	印度尼西亚	2413	9497	3.9	0.50	5.02	-1.83	1.61

序	名称	数量 / 台	金额 / 万美元	平均单价 /(万美元 / 台)	数量占比 /%	金额占比 /%	数量同比增长 /%	金额同比增长 /%
5	土耳其	1904	8606	4.5	0.40	4.55	-14.08	-19.75
6	伊朗	2617	8085	3.1	0.54	4.28	-21.36	-18.04
7	印度	2620	7631	2.9	0.54	4.04	9.35	9.82
8	韩国	2622	7117	2.7	0.55	3.76	24.62	24.09
9	墨西哥	1334	6410	4.8	0.28	3.39	24.21	39.05
10	马来西亚	2548	6251	2.5	0.53	3.31	7.24	-1.31
合 计		91980	95722	1.0	19.12	50.62	43.43	8.43

注：数据来源于中国海关。

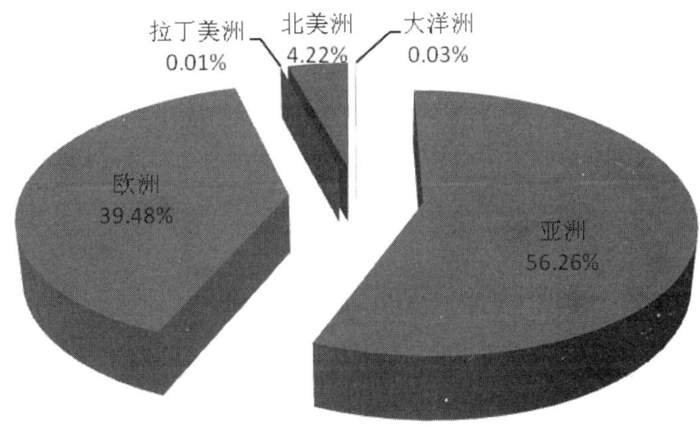

图 5 2015 年我国塑机进口金额洲际分布

注：数据来源于中国海关。

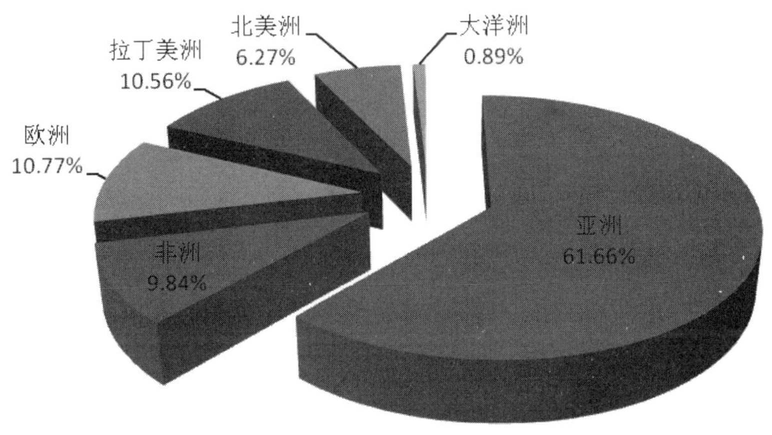

图 6 2015 年我国塑机出口洲际分布

注：数据来源于中国海关。

（二）2016年1～5月行业概况

2016年1～5月，我国塑料机械制造规模以上企业398家，主营业务收入和利润总额自3月份起稳步回升，保持相对平稳增长；而出口交货值呈现持续下滑趋势。2016年1～5月我国塑料机械规模以上企业主要经济指标综合统计，详见表6和图7。

表6　　2016年1～5月我国塑料机械规模以上企业主要经济指标

序号	统计指标	金额（亿元）	同比增长（%）
1	出口交货值	33.04	-4
2	流动资产	391.49	5
3	流动资产中应收帐款	99.66	0.2
4	存货	103.39	-2
5	存货中产成品	30.69	-7
6	资产总计	591.97	4
7	负债总计	273.48	3
8	主营业务收入	213.32	3
9	主营业务成本	168.66	3
11	销售费用	11.14	0.9
12	管理费用	15.53	8
13	财务费用	1.77	-2
14	财务费用中利息支出	1.51	-13
15	利润总额	17.24	5
19	亏损企业数	108	23
20	亏损额	1.84	4

注：数据来源于国家统计局。

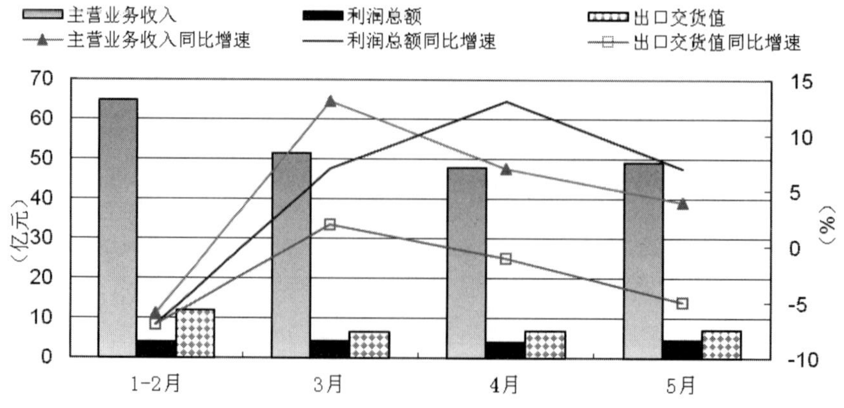

图7 2016年1～5月我国塑料机械制造工业主要经济指标走势

注：数据来源于国家统计局。

进出口方面，2016 年 1 ～ 5 月，我国进口塑料机械 12513 台，进口金额约 6 亿美元，进口数量同比增长 73%、进口金额同比下降 7%，进口平均单价由上年同期的 9 万美元 / 台下滑至 5 万美元 / 台。进口数量的异常增幅主要体现在税号为 84775990 的其他模塑或成型机器在 1 月份进口量突增到 6332 台，而金额仅有 798 万美元。出口塑料机械 218001 台，出口金额约 7.4 亿美元，出口数量同比增长 79%、但金额同比下降 3%，出口平均单价 0.3 万美元 / 台；贸易顺差近 1.5 亿美元。出口数量的大幅增长主要是由于 4 月份其他挤出机出口 31634 台，对应的金额为 2712 万美元；5 月份其他模塑或成型机器出口了 29034 台，金额为 1270 万美元。

按贸易产品来看，2016 年 1 ～ 5 月我国进口注塑机 1904 台，同比下降 16%，进口注塑机金额约 2 亿美元，同比下降 24%；进口 3D 打印机 2009 台，同比下降 43%，3D 打印机进口金额 1873 万美元，与上年持平；进口其他模塑或成型机器 7632 台，同比增长近 20 倍。

出口注塑机 10994 台，同比增长 19%，金额约 3.8 亿美元，同比下降 6%；出口吹塑机的数量和金额分别同比下降 26%、5%；

挤出机出口数量虽然同比增长 8 倍，但出口金额仅同比增长 1%；3D 打印机出口数量和金额分别同比增长 325%、69%；塑料压延成型机出口数量和金额分别同比增长 79%、4%。

进口来源地方面，2016 年 1 ～ 5 月从亚洲进口塑机数量占比 85.04%、金额占比 53%，其中从日本进口额同比减少 12%；从欧洲进口数量占比 6%、金额占比 43%，其中从德国进口额同比增长 8%。

2016 年 1 ～ 5 月，在我国塑机出口市场排在前 10 位的国家中，出口至越南、美国、印度尼西亚、印度和墨西哥增长较快，而出口至泰国、韩国、伊朗和孟加拉国有较大下浮。

2016 年 1 ～ 5 月我国塑机产品进出口具体情况，详见表 7 ～表 10 和图 8 ～图 12。

表 7　　2016 年 1 ～ 5 月我国塑机产品进出口总量

月份	进　口					出　口					贸易顺差
	数量 / 台	金额 / 万美元	平均单价 /（万美元 / 台）	数量同比增长 /%	金额同比增长 /%	数量 / 台	金额 / 万美元	平均单价 /（万美元 / 台）	数量同比增长 /%	金额同比增长 /%	金额 / 万美元
1	7192	11300	2	411	-2	41909	15595	0.4	101	-12	4295
2	620	7638	12	-18	-10	20978	13005	0.6	19	-28	5367
3	2239	16718	7	17	34	28776	13585	0.5	407	8	-3133
4	1308	13807	11	-11	-12	63381	16273	0.3	91	9	2466
5	1154	9897	9	-31	-38	62957	15626	0.2	42	21	5729
合计	12513	59360	5	73	-7	218001	74084	0.3	79	-3	14724

注：数据来源于中国海关。

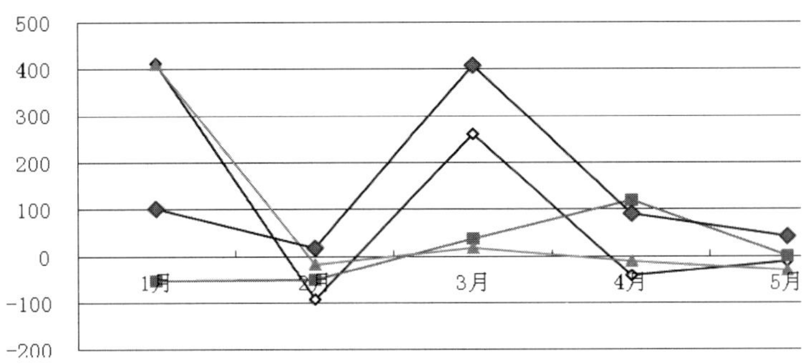

图 8 2016 年 1 ～ 5 月我国塑机进出口数量增速走势

注：数据来源于中国海关。

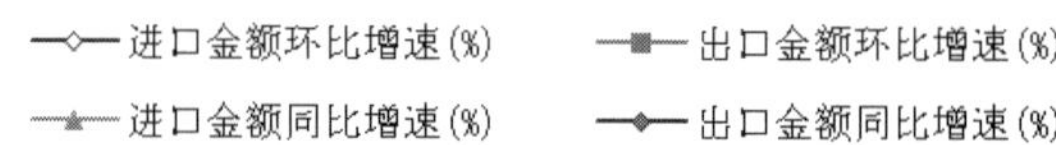

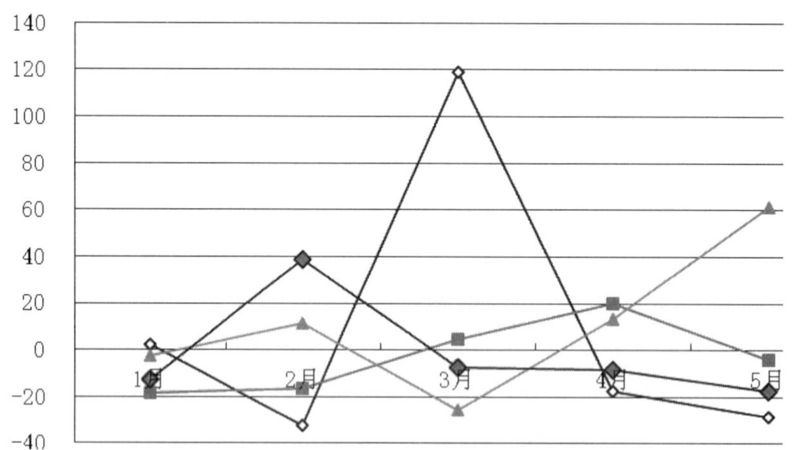

图 9 2016 年 1 ～ 5 月我国塑机进出口金额增速走势

注：数据来源于中国海关。

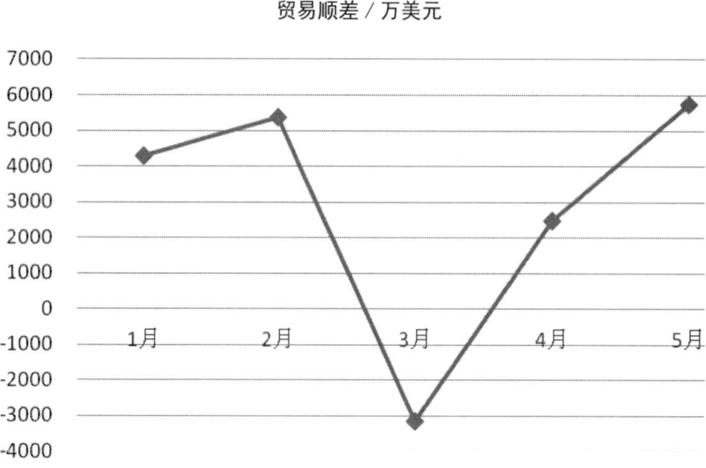

图 10 2016 年 1 ～ 5 月我国塑机贸易顺差走势

注：数据来源于中国海关。

表 8　2016 年 1 ～ 5 月我国塑机产品进出口分税号统计

序号	税号	名称	进　口				出　口			
			数量 / 台	数量占比 /%	金额 / 万美元	金额占比 /%	数量 / 台	数量占比 /%	金额 / 万美元	金额占比 /%
1	84771010	注塑机	1904	15. 22	19999	33. 69	10994	5. 04	37878	51. 13
2	84771090	其他注射机	112	0. 90	1743	2. 94	430	0. 20	1566	2. 11
3	84772010	塑料造粒机	115	0. 92	9707	16. 35	1363	0. 63	2993	4. 04
4	84772090	其他挤出机	234	1. 87	8081	13. 61	33930	15. 56	12073	16. 30

续表

序号	税号	名称	进口				出口			
			数量 / 台	数量占比 /%	金额 / 万美元	金额占比 /%	数量 / 台	数量占比 /%	金额 / 万美元	金额占比 /%
5	84773010	挤出吹塑机	41	0.33	4541	7.65	993	0.46	3627	4.90
6	84773020	注射吹塑机	31	0.25	1000	1.68	179	0.08	502	0.68
7	84773090	其他吹塑机	25	0.20	1369	2.31	1944	0.89	3248	4.38
8	84774010	塑料中空成型机	32	0.26	865	1.46	626	0.29	2204	2.98
9	84774020	塑料压延成型机	29	0.23	1140	1.92	706	0.32	1189	1.60
10	84774090	其他真空模塑机器及其他热成型机器	349	2.79	5212	8.78	2167	0.99	3025	4.08
11	84775910	3D 打印机	2009	16.06	1873	3.16	116879	53.61	2246	3.03
12	84775990	其他模塑或成型机器	7632	60.99	3831	6.45	47790	21.92	3533	4.77
合计			12513	100	59360	100	218001	100	74084	100

注：数据来源于中国海关。

表 9　　2016 年 1 ～ 5 月我国塑机进口地排名前 10 位

序号	名称	数量 / 台	金额 / 万美元	平均单价 /（万美元 / 台）	数量占比 /%	金额占比 /%
1	日本	1392	23152	17	11.12	39.00
2	德国	497	19302	39	3.97	32.52
3	中国台湾	645	4812	7	5.15	8.11
4	意大利	88	2861	33	0.70	4.82
5	韩国	276	2555	9	2.21	4.30
6	美国	1066	2368	2	8.52	3.99
7	奥地利	56	1334	24	0.45	2.25
8	克罗地亚	16	420	26	0.13	0.71
9	以色列	49	368	8	0.39	0.62
10	中国	7646	365	0.05	61.10	0.62
合　计		11731	57538	5	93.75	96.93

注：数据来源于中国海关。

表 10　　2016 年 1 ～ 5 月我国塑机出口地排名前 10 位

序号	名称	数量 / 台	金额 / 万美元	平均单价 /（万美元 / 台）	数量占比 /%	金额占比 /%
1	越南	3373	7460	2.21	1.55	10.07

续表

序号	名称	数量 / 台	金额 / 万美元	平均单价 /（万美元 / 台）	数量占比 /%	金额占比 /%
2	美国	32487	6374	0.20	14.90	8.60
3	土耳其	985	4153	4.22	0.45	5.61
4	印度尼西亚	988	4124	4.17	0.45	5.57
5	印度	1899	3836	2.02	0.87	5.18
6	墨西哥	655	3834	5.85	0.30	5.18
7	泰国	733	3227	4.40	0.34	4.36
8	韩国	1459	2512	1.72	0.67	3.39
9	伊朗	746	2489	3.34	0.34	3.36
10	孟加拉国	640	1732	2.71	0.29	2.34
合计		43965	39742	0.90	20.17	53.64

注：数据来源于中国海关。

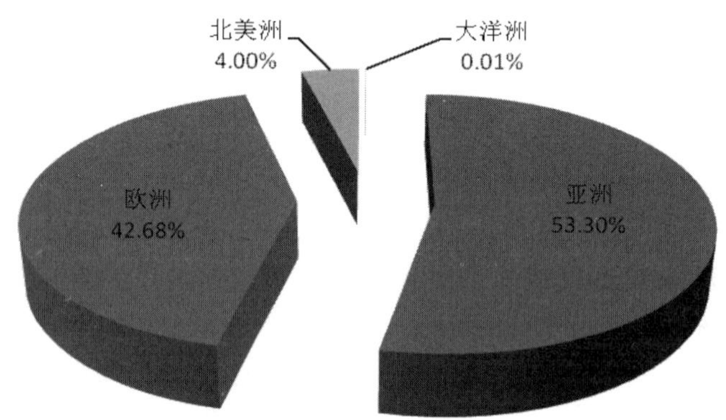

图 11 2016 年 1 ～ 5 月我国塑机进口金额洲际分布

注：数据来源于中国海关。

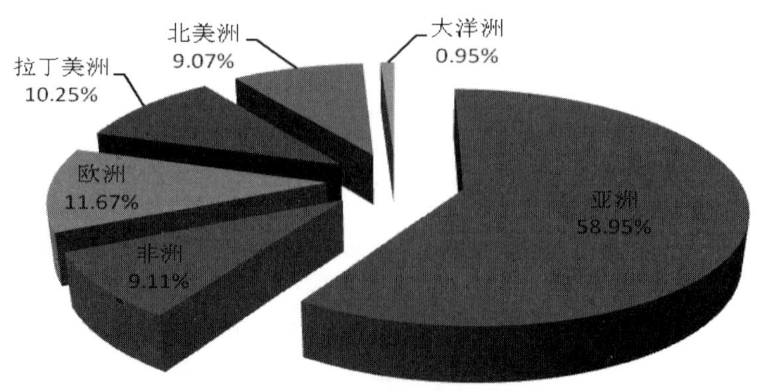

图 12 2016 年 1 ～ 5 月我国塑机出口金额洲际分布

注：数据来源于中国海关。

（三）中国塑机行业重点企业发展情况

自2011年中国塑料机械工业协会在行业里首次开展优势企业排序及分析研究工作以来，面向社会各界推出了“中国塑料机械制造业综合实力20强企业”“中国塑料注射成型机行业10强企业”、“中国塑料挤出成型机行业5强企业”“中国塑料中空成型机行业3强企业”。入榜名单成为国内外塑机相关产业及用户了解中国塑机企业发展的风向标。随着其影响力的日益扩大，此项工作得到业内越来越多企业的支持和参与。并随着行业和企业的不断发展，在2011年和2012年评选的基础上，2013年中国塑机制造业综合实力优势企业评选扩大到25强，中国塑料挤出成型机优势企业评选扩大到10强，2015年中国塑料注射成型机优势企业评选扩大到15强，2014年还首次增加了中国塑机辅机及配套件行业5强。

根据2010～2014年五年的统计数据，中国塑料机械行业优势企业的主要经济指标占行业同期总量的比例分别约为：资产总额占56%、主营业务收入占42%、利润总额占58%、纳税总额占60%、出口金额占51%。中国塑机优势企业已成为塑料机械行业发展进程中名副其实的支柱（图13、图14）。

行业优势企业排序活动，不仅为全社会和政府部门提供了权威信息，让社会各界对中国塑料机械行业优势企业的实力有了一个全面的了解；同时更进一步坚定了企业做大做强的决心。

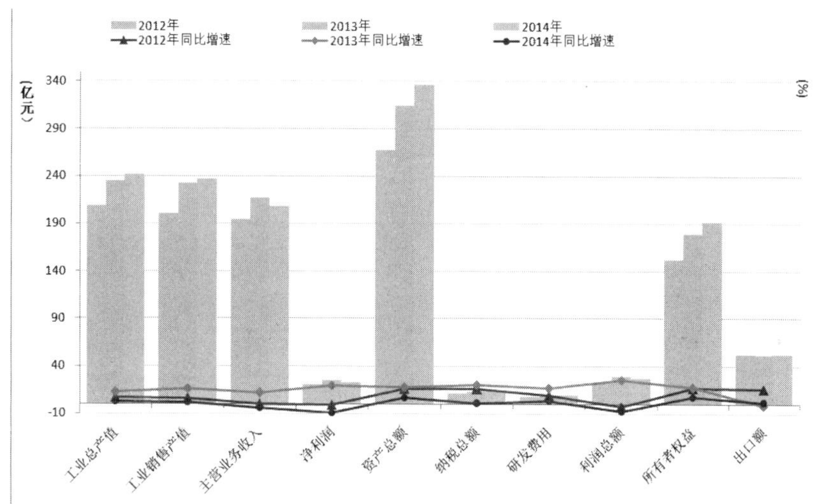

图13 中国塑机行业优势企业主要经济指标同比增速

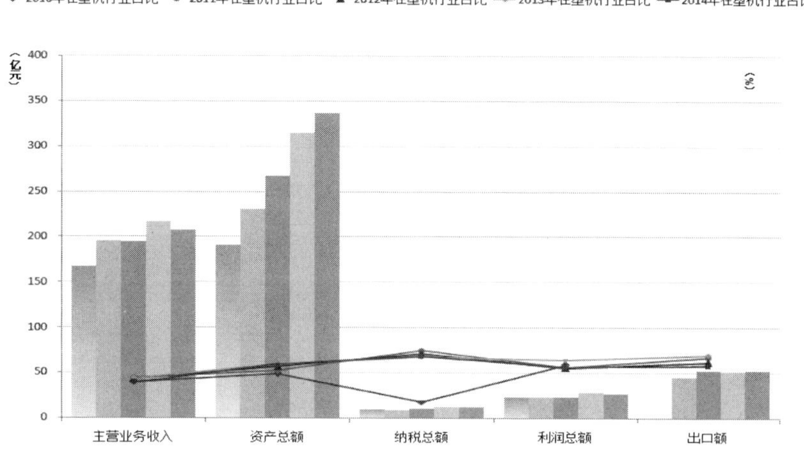

图14 中国塑机行业优势企业主要经济指标在行业内占比情况

（四）重点产业集群发展情况

2015 年，宁波市塑料机械行业完成工业销售产值 152.78 亿元，同比增加 3.37%；工业资产总计 265.31 亿元，同比增加 8.61%；工业总产值 125.22 亿元，比 2014 年同期减少 21.25%；主营业务收入完成 143.62 亿元，同比减少 3.14%。行业整体经济效益呈明显下降态势，详见表 11。

表 11　　近 5 年宁波市塑机行业产销增长情况

指　标	2011 年	2012 年	2013 年	2014 年	2015 年
主营业务收入增长率 /%	0.77	-12.77	12.89	5.57	-3.14
工业总产值增长率 /%	0.02	-12.56	13.85	7.84	-21.25

行业新产品产值达 67.53 亿元，产值率为 53.93%，比 2014 年明显增加，虽然行业整体经济效益持续下降，但是对塑机产品创新投入依然保持增长，结构调整仍在积极推进当中，详见图 15。

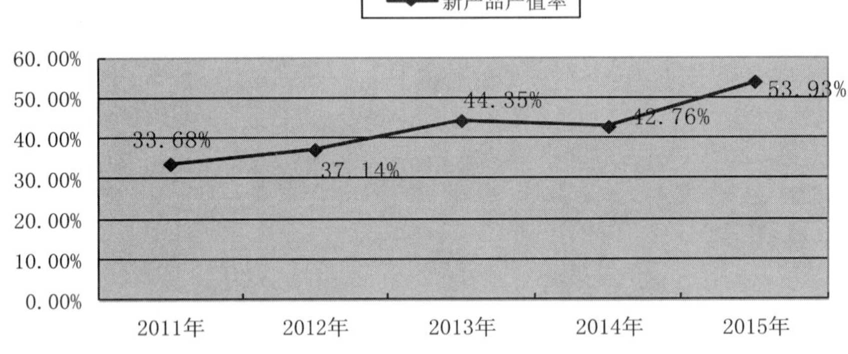

图 15 近 5 年宁波市塑机行业新产品产值率变化情况

出口交货值完成 41.61 亿元，出口增幅 10.50%，比 2014 年略有减少，出口交货值占销售产值比重为 27.23%，略高于上年同期，详见图 16。

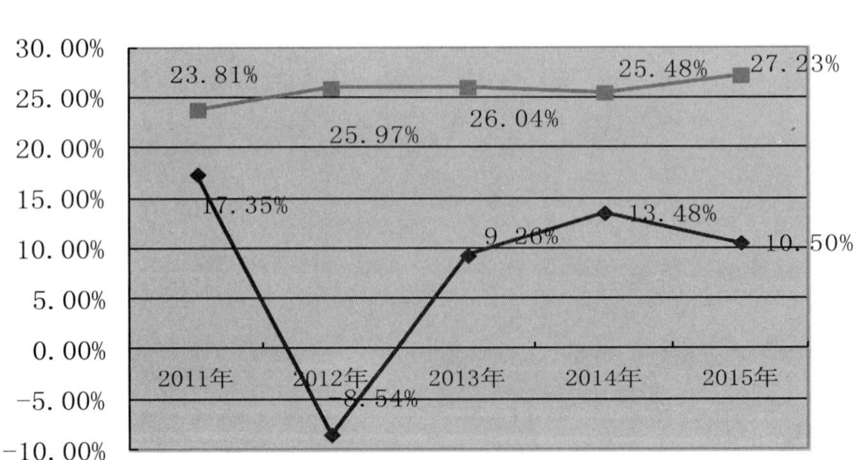

图 16 近 5 年宁波市塑机行业出口交货值情况

实现利润总额为23.06亿元，比2014年同期增加0.72%，详见图17。

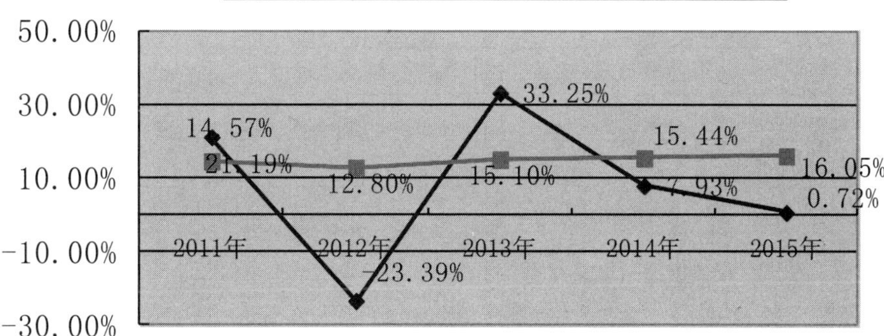

图17 近5年宁波市塑机行业利润情况

宁波重点塑机企业2015年工业总产值、新产品产值、产品销售收入三项指标均不同幅度下降，其中工业总产值降幅最大，达21.25%，工业销售产值、负债总计、利税总额、利润总额、从业人员平均数等五项指标小幅上升。出口交货值增幅明显，达10.50%，详见表12。

表12　　2015年宁波重点塑机企业主要经济指标增长情况

序号	经济指标	同比增长/%
1	工业总产值	-21.25
2	新产品产值	-0.69
3	工业销售产值	3.37
4	出口交货值	10.50
5	资产总计	8.61
6	负债总计	2.73
7	产品销售收入	-3.14
8	利税总额	2.07
9	利润总额	0.72
10	从业人员平均数	2.54

三、“十二五”期间塑料机械行业发展回顾

（一）行业总体情况

从“十一五”到“十二五”期间，中国塑料机械规模以上塑机企业工业总产值从2006年的221亿元增长到2015年的约580亿元，年均增速为11.3%；工业销售产值从2006年的216亿元增长到2015年的约530亿元，年均增速为10.5%；出口交货值从2006年的43亿元增长到2015年的85亿元，年均增速为8.6%；利润总额从2006年的17亿元增长到2015年的50亿元，年均增速为12.7%。

表13　　2006～2015年中国塑机行业产销指标统计

时间/年	规模企业/个	工业总产值		工业销售产值		出口交货值	
		金额/亿元	同比增减/%	金额/亿元	同比增减/%	金额/亿元	同比增减/%
2006	413	221.33	15	216.08	19	42.82	42

续表

时间 / 年	规模企业 / 个	工业总产值		工业销售产值		出口交货值	
		金额 / 亿元	同比增减 /%	金额 / 亿元	同比增减 /%	金额 / 亿元	同比增减 /%
2007	454	267.73	21	260.61	21	53.04	24
2008	473	280.43	5	262.98	1	54.83	3
2009	521	258.48	-8	250.85	-5	36.46	-34
2010	564	421.06	63	400.65	60	59.57	63
2011	330	464.51	10	444.46	11	80.59	35
2012	365	462.06	-1	444.73	0	75.66	-6
2013	376	526	14	490	10	73.61	-3
2014	397	571	9	528	8	90.49	23
2015	389	580	1.6	530	0.4	84.27	-7

注：数据来源于国家统计局和行业统计。

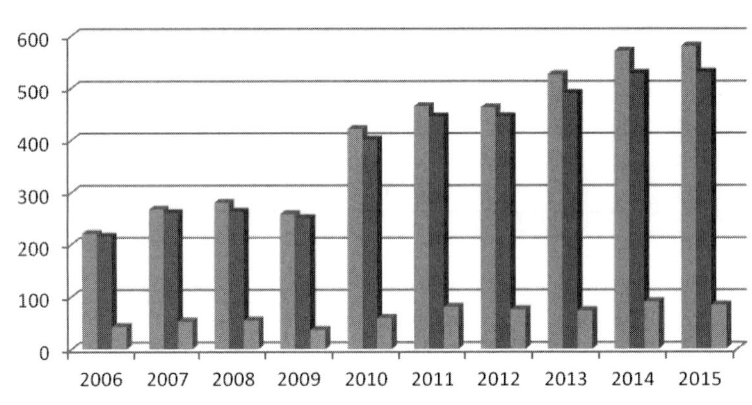

图 18 2006 ～ 2015 年中国塑机行业产销情况

注：数据来源于国家统计局和行业统计。

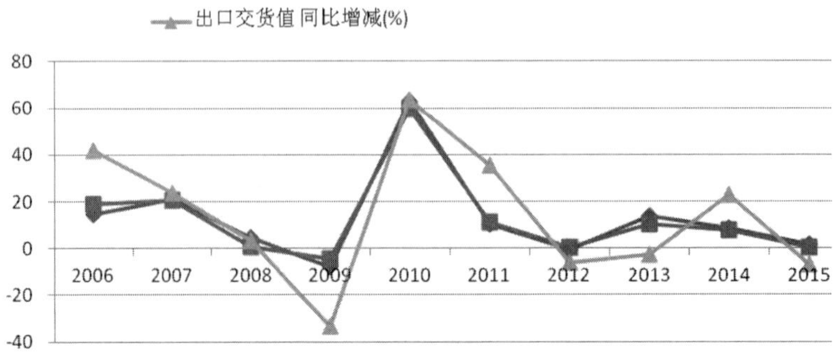

图 19 2006 ～ 2015 年中国塑机行业产销同比增速走势

注：数据来源于国家统计局和行业统计。

与中国机械 20 多个主要行业横向对比，近年来塑料机械规模以上企业平均主营业务收入利润率基本保持在 9% 左右，连续多年名列前茅，具有较强的盈利能力，同时不到 50% 的资产负债率也在所对比行业中相对较低，能够比较合理的控制经营风险。

同时，由于塑料机械充分发挥“工作母机”的优势，直接带动塑料加工工业每年约 2 万多亿元的产值，应用于国计民生各领域。

近年来，特别是在工业和信息化部等有关部门支持下，塑机全行业积极落实“数控一代”行动计划，加大科技投入，注重提升技术水平和产品质量，以自主研制的伺服驱动注塑机为突破点，大力研发节能产品，推动节能减排降耗成为我国塑机行业产品创新的最大亮点。目前，我国自主研制的伺服驱动注塑机，经国家质量监督部门鉴定和用户实际使用，降低能耗高达 40% ～ 80%，节能效果在国际上领先，广受国内外市场好评。

塑机企业不仅从硬件上改善生产环境、加快技术进步，而且从企业文化、制度创新、人才管理、协同合作等方面苦练内功，注重提升核心竞争力和长远发展能力。行业中不仅诞生了规模世界第一的注塑机企业，而且涌现出一批非常具有活力和发展前景的骨干企业。国产设备的竞争力也稳步提高，在国内的市场份额从 2008 年的 49%，到 2009 年突破 70%，2013 年和 2014 年则将近 80%，2015 年达到 81%（表 14）。

表 14　　2006 ～ 2015 年塑料机械市场容量

时间 / 年	国内塑料机械市场容量 / 亿元	其中：进口 / 亿元	国产 / 亿元	进口占比 /%	国产占比 /%
2006	328	173	155	53	47
2007	355	177	178	50	50
2008	347	177	170	51	49
2009	292	86	206	29	71
2010	479	134	345	28	72
2011	513	144	369	28	72
2012	494	134	360	27	73
2013	532	113	419	21	79
2014	579	121	458	21	79
2015	561	104	457	19	81

注：数据来源于国家统计局、中国海关和行业统计。

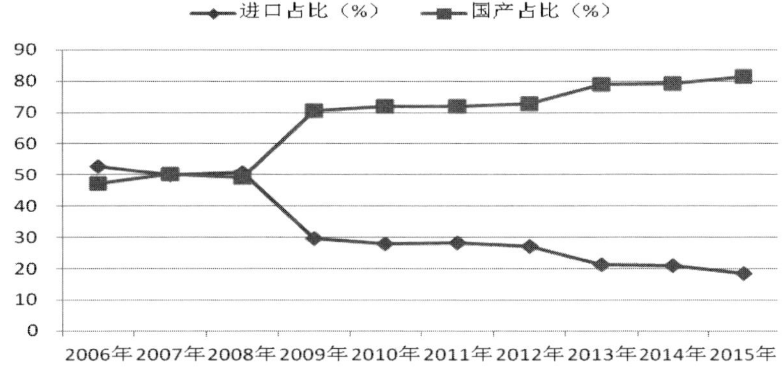

图 20 2006 ～ 2015 年中国塑料机械市场进口设备与国产设备占比走势

注：数据来源于国家统计局、中国海关和行业统计。

（二）对外贸易情况

2006～2015 年，中国进口注塑机、挤出机、吹塑机和中空成型机等主要塑机产品共计 140210 台，进口金额近 183 亿美元；出口共计 938664 台，出口金额近 129 亿美元，出口地遍布全球近 180 个国家和地区，贸易逆差约 55 亿美元，但每年贸易逆差金额总体呈递减趋势，至 2015 年实现顺差 3.7 亿美元（表 15）。

表 15　　2006～2015 年中国塑料机械进出口总量统计

时间 / 年	进口数量 / 台	进口金额 / 万美元	出口数量 / 台	出口金额 / 万美元	逆差金额 / 万美元
2006	22098	171801	29704	58655	113146
2007	18788	182297	38807	82408	99889
2008	14795	195526	39902	104262	91264
2009	8400	126186	31875	75863	50323
2010	14961	200658	44493	114004	86654
2011	13704	218226	51665	146459	71767
2012	10482	212635	69693	161887	50748
2013	10052	181586	135213	172492	9094
2014	15535	193253	176682	181794	11459
2015	11395	147494	320630	184809	-37315
合计	140210	1829662	938664	1282633	547029

注：数据来源于中国海关。

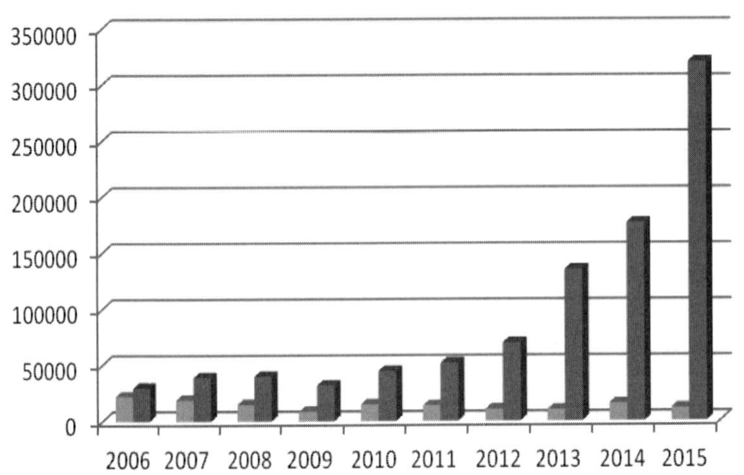

图 21　2006～2015 年中国塑料机械进出口数量对比

注：数据来源于中国海关。

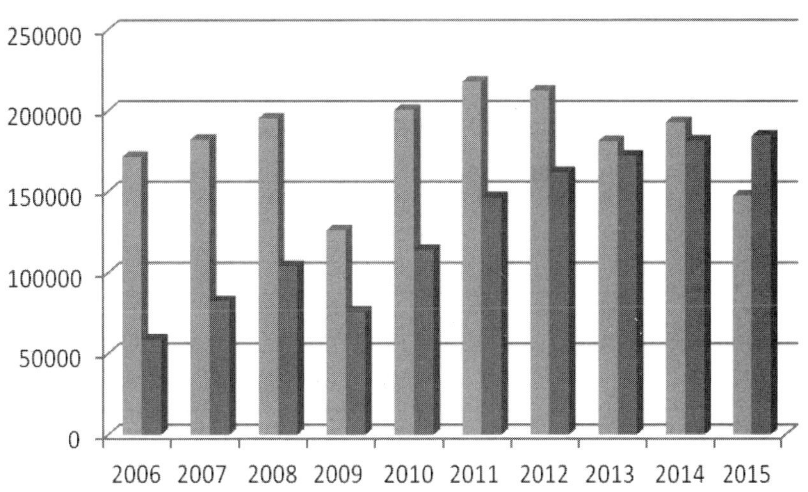

图 22 2006 ～ 2015 年中国塑料机械进出口金额对比

注：数据来源于中国海关。

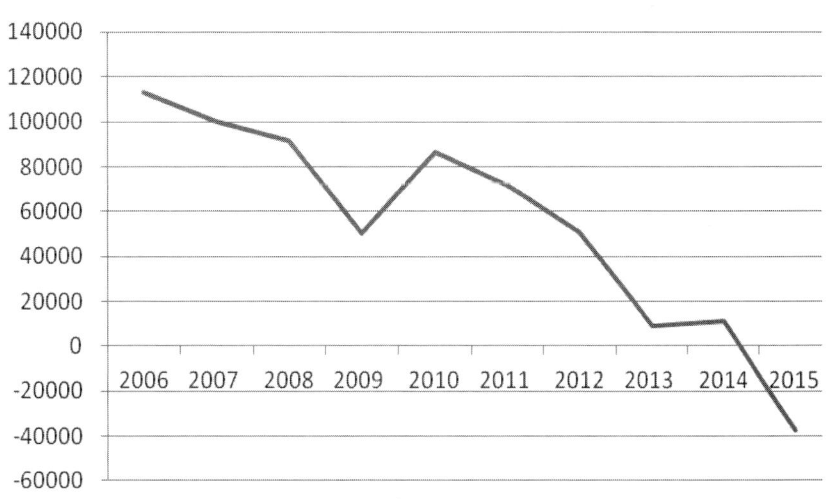

图 23 2006 ～ 2015 年中国塑料机械贸易逆差走势

注：数据来源于中国海关。

其中，注塑机进口共计 86815 台，进口金额约 79 亿美元，进口数量和金额分别占 61.92%、43.12%；挤出机进口共计 13073 台，进口金额约 43.2 亿美元，进口数量和金额分别占 9.32%、23.61%；吹塑机进口共计 3519 台，进口金额约 21.2 亿美元，进口数量和金额分别占 2.51%、11.58%；塑料中空成型机进口共计 1078 台，进口金额约 2.65 亿美元，进口数量和金额分别占 0.77%、1.45%。

注塑机出口共计 199452 台，出口金额约 70 亿美元，出口数量和金额分别占 21.25%、54.49%；挤出机出口共计 108243 台，出口金额约 26 亿美元，出口数量和金额分别占比 11.53%、20.24%；吹塑机出口共计 140694 台，出口金额约 13.3 亿美元，出口数量和金额分别占 14.99%、10.36%；塑料中空成型机出口共计 14762 台，出口金额约 3.4 亿美元，出口数量和金额分别占 1.57%、2.61%（见图 21 ～ 23）。

表 16　　2006 ～ 2015 年中国塑料机械进口分税号统计

时间 / 年	进口	注塑机	其他注射机	塑料造粒机	其他挤出机	吹塑机	塑料中空成型机	塑料压延成型机	其他真空模塑机及其他热成型机器	其他模塑或成型机器
2006	数量 / 台	14862	527	252	939	886	172	330	2004	2126
	金额 / 万美元	92218	4961	6326	14734	11797	3837	3191	14125	20613
2007	数量 / 台	13333	496	200	546	290	156	212	1818	1737
	金额 / 万美元	89586	3876	9895	20222	16190	6212	4128	11501	20687
2008	数量 / 台	10360	498	174	756	340	113	188	1189	1177
	金额 / 万美元	88749	5194	14547	20901	25537	2779	5072	15098	17648
2009	数量 / 台	5287	363	128	775	235	72	125	715	700
	金额 / 万美元	51967	5474	12434	18778	18030	1699	2898	6153	8752
2010	数量 / 台	9685	637	158	865	309	147	133	1842	1185
	金额 / 万美元	92570	7004	13552	28238	30401	1601	3857	11807	11627
2011	数量 / 台	7435	503	303	3100	288	122	148	824	981
	金额 / 万美元	84219	7011	17372	40914	25706	2936	6506	17621	15941
2012	数量 / 台	6622	407	275	889	296	89	97	654	1153
	金额 / 万美元	80929	6318	20207	43574	24639	2091	4440	12948	17489
2013	数量 / 台	5714	317	184	1501	299	69	98	879	991
	金额 / 万美元	68311	5169	13224	36845	22510	1904	4130	14908	14585
2014	数量 / 台	7380	398	214	895	274	78	97	824	5375
	金额 / 万美元	74665	6472	21460	41518	20359	1856	2855	14765	9303
2015	数量 / 台	6137	273	173	746	302	60	84	857	2763
	金额 / 万美元	65664	3730	17355	19953	16644	1596	2760	9324	10468
数量合计 / 台		86815	4419	2061	11012	3519	1078	1512	11606	18188
金额合计 / 万美元		788878	55210	146371	285678	211813	26512	39837	128251	147112

注：数据来源于中国海关。

表 17　　2006～2015 年中国塑料机械出口分税号统计

时间 / 年	进口	注塑机	其他注射机	塑料造粒机	其他挤出机	吹塑机	塑料中空成型机	塑料压延成型机	其他真空模塑机及其他热成型机器	其他模塑或成型机器
2006	数量 / 台	14279	390	1376	3437	4101	672	548	2642	2259
	金额 / 万美元	34627	471	1384	10593	4951	1625	538	2674	1792
2007	数量 / 台	17108	426	2327	4919	5010	981	1565	3113	3358
	金额 / 万美元	47771	648	2609	14247	7577	2540	668	3725	2623
2008	数量 / 台	18156	509	3381	4563	6239	935	1114	2357	2648
	金额 / 万美元	54601	971	4005	20916	10727	2275	1009	4700	5058
2009	数量 / 台	11024	481	2383	3717	6717	2553	955	1673	2372
	金额 / 万美元	35949	1114	2725	14289	10882	1990	983	3504	4426
2010	数量 / 台	18963	510	2557	4661	8311	3067	1385	2454	2585
	金额 / 万美元	62380	1317	3644	19389	13640	2397	843	3695	6700
2011	数量 / 台	24721	700	3109	6054	7498	1320	1336	3587	3340
	金额 / 万美元	82374	1661	5548	21735	14515	3753	1728	5318	9827
2012	数量 / 台	24839	1110	3538	8542	19393	914	2098	5072	4187
	金额 / 万美元	89963	2198	6536	27381	15613	4236	2391	4726	8843
2013	数量 / 台	22976	846	3882	8653	65177	1209	1568	10715	20187
	金额 / 万美元	92372	2704	6724	25824	18098	4196	2838	5101	14635
2014	数量 / 台	25082	1037	3693	26567	8947	1549	1431	6187	102189
	金额 / 万美元	100779	2985	8428	26016	18544	4765	2318	7466	10493
2015	数量 / 台	22304	1007	3287	7597	9301	1562	907	3405	271260
	金额 / 万美元	98030	3699	8287	29297	18352	5721	2303	8383	10737
数量合计 / 台		199452	7016	29533	78710	140694	14762	12907	41205	414385
金额合计 / 万美元		698845	17768	49891	209686	132898	33498	15619	49292	75134

注：数据来源于中国海关。

四、中国塑料机械行业发展趋势

塑机行业将全面贯彻落实科学发展观，坚持走高性能化、智能制造、绿色节能和可持续发展之路，加快优化产业结构，着力提高企业核心竞争力；加大技术改造投入，增强企业自主研发与科技创新能力，着力提高关键基础件、共性技术和工艺水平；加强创新型人才培育和行业平台建设，推进产学研用紧密结合；加大力度实施品牌、专利、标准战略，进一步提高产品科技含量和产业国际竞争力，提高经济增长质量和效益，为推进“塑机制造大国”向“创造强国”“智造强国”的转变而持续努力。

（一）推动行业发展基本原则

1. 坚持市场导向与政策推动相结合

突出企业主体地位，发挥市场在优化配置资源中的决定性作用，充分调动企业的积极因素。同时，争取政府的宏观指导和政策扶持，进一步规范企业和行业的竞争秩序，形成有利于科学发展、和谐发展、绿色发展，有利于企业运行、行业协调的机制和格局。

2. 坚持自主创新与技术引进相结合

坚持以转方式、调结构为主线，把增强自主创新能力作为中心环节，鼓励企业着眼于前沿领域，与科研院所和高校进行密切合作，加强原始创新、集成创新和引进消化吸收再创新，大力实施品牌战略、知识产权战略和标准化战略，努力抢占世界塑机行业的制高点。

3. 坚持国家产业导向与发挥特色优势相结合

按照国家产业导向的总体要求，加强与政府部门的沟通衔接，立足我国塑料机械的产业基础，进一步形成新的特色和优势，着力培育新的经济增长点。

4. 坚持重点突破与整体提升相结合

引导企业着力开发新型高效、高性能、精密、节能产品，鼓励重点企业和重点产业集群发挥示范带动作用，加大重大技术装备自主化力度，大幅提高关键基础件、共性技术和工艺水平，全面提升行业整体国际竞争力。

5. 坚持绿色节能与可持续发展相结合

坚持行业发展与节能环保、企业经济效益与社会效益相统一的原则，大力开发低碳技术，推广高效节能技术，推动节能降耗和清洁生产，合理利用资源，严格控制高耗能、高污染产品，坚决淘汰落后生产能力、工艺和设备，加快建设以低碳排放为特征的产业体系。

（二）未来五年发展目标

1. 产业规模迈上新台阶

确保塑料机械工业科学持续发展，使行业经济运行平均每年增长10%以上，全行业工业总产值和销售总额均达到880亿元以上。与此同时，全行业资产总额、主营业务收入、利润总额等主要经济效益指标都力争保持10%的平均增速。

2. 科技水平实现新提升

形成50个以上具有自主设计和制造能力的国家级、省级企业研发机构、技术中心，重点骨干企业的研发投入占营业收入的比重达到5%以上，专业技术人员占从业人员的比例达到25%以上，主导产品加快升级换代，具有自主知识产权的高新技术和创新产品大幅增加，自主创新能力在重点领域取得新突破，力争达到国际先进或领先水平。

3. 市场份额得到新拓展

提高我国塑料机械产品的科技含量和质量水平，巩固和扩大国内市场，使国产塑机装备在国内市场的占有率稳定在80%左右。同时，大力升级出口产品结构、提高竞争优势，力争2020年我国塑机出口达到30亿美元以上、贸易顺差5亿美元以上。

4. 产业结构实现新提高

大力推进自主创新和技术改造，培育若干家经济技术实力雄厚、具有较强国际竞争力的大型企业，形成一批参与国际分工、具有“专、精、特”优势的中型企业，至2020年，形成以高新技术为先导、高效节能产品为重点、高附加值加工制造为亮点、高中档升级发展、世界最大规模的先进塑料机械制造基地。

5. 发展方式取得新转变

生产组织方式和重要生产工艺得到新的改进，现代智能制造业得到新发展，单位工业增加值能耗、物耗和污染物排放显著降低，劳动生产率显著提高，大型企业集团的现代制造服务收入占销售收入比重达到25%以上。

（三）未来五年发展重点

1）热塑性塑料基体的碳纤维等先进复合材料制造装备；

2）具有智能制造特征的高分子材料成型加工装备；

3）精密高分子材料成型制造装备；

4）节能高分子材料成型制造装备；

5）超大型高分子材料成型制造装备；

6）国家大型工程配套专用设备；

7）“一带一路”建设配套专用设备；

8）环境友好型高分子材料成型加工制造装备；

9）面向节材和轻量化的高分子成型制造装备。

中国塑料机械工业协会将继续积极争取政府主管部门的重视与相关行业的支持；健全交流平台建设，重点抓好行业论坛、专题技术研讨活动；加强同国内外行业组织的交流与合作，充分调动企事业单位、科研院所的积极性，发挥行业专家智库优势，各方合力协调，共同推进中国塑料机械行业全面走向新的制高点。

（中国塑料机械工业协会）

塑料模具

2015 年模具行业发展报告

2015 年是全球经济自世界金融危机之后缓慢复苏的第七个年头，复苏仍旧乏力，年增长率只有 2.4%，差于预期。我国经济运行虽然做到了总体平稳，并稳中有进、稳中向好，但增长速度继续下滑（GDP 从上年的 7.3% 滑至 6.9%，下滑 0.4 个百分点），并呈先高后低走势。机械工业增速为 2008 年以来新低，出口也出现了 2009 年以来的首次下降。在上述宏观形势之下，我国模具工业虽然仍保持稳步发展，但发展困难进一步增大，同比上年的增长率也低于预期，其增速走成了 30 多年行业发展史上的第二个低谷，只略好于 2008 年第一个低谷的 3%。在新常态新发展中，虽然挑战与机遇并存，但我国经济长期积极向好的基本面没有变，许多积极因素和利好仍在为行业发展提供强大动力，因此，保持稳中求进、加速转型升级，提升发展质量的前景仍旧明朗可期。

一、行业经济运行总体概况

市场疲软、创新乏力、人力资源成本持续上升、高端人才匮乏与发展之间的矛盾进一步突出，模具行业 2015 年发展要比上年更加困难一些。由于提质增效见到一些效果和能源原材料价格走低，这使行业总体效益尚能趋于稳定。

根据中国模具工业协会（以下简称中国模协）发布的数据，2015 年全国模具市场总量为 1552 亿元（未计大量的自产自用的模具），比上年约增长 4.2%（此增长率比上年回落 2.2 个百分点），模具总销售额为 1716 亿元，比上年约增长 5%（此增长率比上年回落 2.5 个百分点）。

根据国家统计局资料，模具制造业规模（主营业务收入 2000 万元）以上企业经济运行情况虽然还算是继续平稳发展，但主营业务收入和利润总额增长率都低于上年，亏损面扩大 ，亏损企业个数和亏损企业亏损总额也都呈现两位数增长，运行质量比上年有所下降。一些主要指标发展情况见表 1。

表 1　　2015 年主营业务收入 2000 万元以上模具企业主要指标

时间 / 年	企业数 / 个	主营业务收入 / 亿元	利润总额 / 亿元	亏损企业数 / 个	亏损企业亏损总额 / 亿元	资产总计 / 亿元
2015	1968	2581.7	162.1	291	15.5	2230.5
同比增长率 %		7.91（5.9）	12.07（6.4）		（22.4）	1.89（1.78）

注：1. 表中主营业务收入等不完全是模具产品，包括了模具制品等。

2. 表中为 1 ～ 12 月份的月报统计数据，今后与年报会有一些出入。

3. 表中括号中的同比增长率是 2015 年表中数据与国家统计局对 2014 年数据根据年报做出调整后的对比情况。

表中这 1968 个企业按所有制性质构成情况是：按企业个数计，民营：三资：国有：其他为 66.6:28.9:1.1:3.4；按主营业务收入计算，这一比例为 66.9:26.6:3.0:3.5。基本上延续了往年的变化趋势。与上年相比，民营企业的个数与主营业务收入在行业中的占比都有一定增加，三资企业占比都有下降，国有与其他企业情况变化不大。

2015 年我国模具行业经济运行主要有如下特点。

（1）发展增长速度在起伏中有继续下滑取向，

但稳中有进特点明显。

2015 年我国模具市场规模、模具销售总额以及进出口额的增长速度都比上年下滑，其下滑的百分点分别为 2.2，2.5，3.5，6。其中进口额全年负增长，一季度迅速下滑至谷底。出口销售一季度至谷低，二季度略有回升，三季度进一步回升，但好景不长，四季度的大幅回落终使全年继续下滑。全年分季度进出口曲线走势如下图。

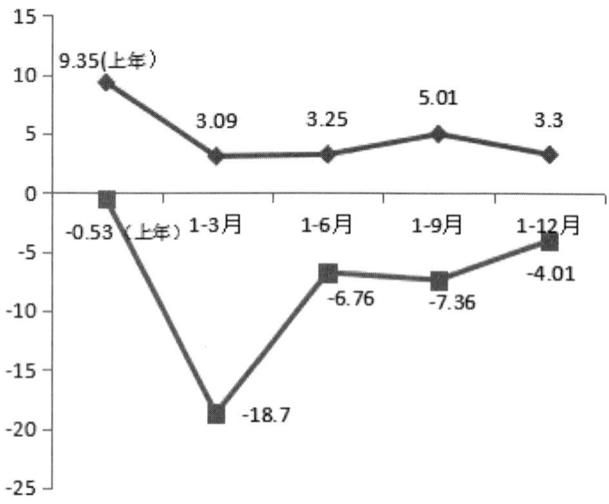

2015 年模具进出口分季度增长率（%）走势曲线图

稳中有进的特点主要表现在创新成果丰硕、转型升级成效显见、国际地位进一步上升等。创新方面，2015 年全年共获得专利 31098 项，是历年最多的。其中发明专利占 16.6%，占比也是最高的。转型升级方面，如 160 家“中国重点骨干企业”往“专、精、特、新”方向发展，转型升级的速度快，对“新常态”适应性强，全年发展增长速度比全行业总水平快一倍（全行业为 5%，160 家为 10%），向高端发展趋向显著。以“智能制造”“互联网 +”为主要题材的专业服务公司发展迅速，产业集聚区向高端发展更加明显，高端智能模具专业小镇和高档高端模具生产基地迅猛发展。国际地位方面，根据模具制造业国际有关评估机构资料，2015 年我国模具市场规模已位列世界首位，我国模具行业综合国际竞争力进一步上升，位于世界第十名上下，在第二方阵之内。上海国际模具技术及设备展览会的规模已上升为模具专业展览会的世界第一等。

（2）行业“十三五”发展规划执行情况良好，重要指标都完成或基本完成，主要目标已达到。

2015 年是“十三五”发展规划收官之年，虽然发展情况有不尽人意之处，但经过 5 年实施，除了人才培训和鉴定目标未完成之外，其他各项都已经完成或基本完成了主要任务与目标，已为我国进入世界模具强国奠定了坚实的基础。其中出口额是提前两年完成的，2015 年全年出口总额为 50.8 亿美元，是规划目标的 127%，出口模具在模具总销售额中的占比达到 18.6%，超出规划目标 3.6 个百分点。

（3）在《中国制造 2025》等一系列国家方略指导之下，广大企业采用高新技术的积极性普遍提高，成果层出不穷，正引领行业向由大转强方向健康发展。

《中国制造 2025》明确了制造业发展目标及发展道路，数字化、网络化、智能化正引领模具行业发展，广大企业纷纷响应。目前，数字化及 3D 打印已使模具行业两化融合进一步深化，模具制造及生产方式得到改变和提升，效果已经呈现。“互联网 + 模具”的实施已在电子商务、产品营销、生产管理等方面起到了降本增效、提高竞争力的作用。大数据、云计算和云平台正在资源融合、跨界融合、服务对接及经营管理等方面发挥积极作用，使模具设计制造和生产方式及企业经营模式开始得到前所未有的改变，效率和效益都得到了提升。智能化已开始使智能模具和模具的智能制造获得越来越多模具企业的认同，并已开始实施，创出成绩。基于数字化、网络化、智能化的模具行业各种形式的公共服务平台越来越多地在全国各地产生并投入运营收到实效。个别企业还专门设立了智能事业部来发展智能事业。

二、科技创新与新产品开发

创新是发展的灵魂，2015 年创新成果丰硕，全年共获授权专利 31098 项，其中发明专利 5154 项。为了促进知识产权事业的发展，国内首个模具产业知识产权创新基地在宁波揭牌。产学研用相结合的科技创新单位及地方模具工程技术中心等在 2015 年得到进一步发展，促进了科技创新与新产品开发。模具行业部分科技成果见表 2。部分重大新产品见表 3。进入 国家火炬计划立项项目见表 4。

表 2　　2015 年模具行业部分科技成果

序号	项目名称	主要完成单位	成果水平及获奖情况
1	微电机机壳高效精密拉深级进模技术及应用	常州工利精机科技有限公司	中国机械工业科学技术奖二等奖
2	超厚超大透明件模具技术开发	青岛佳友模具科技有限公司	中国机械工业科学技术奖三等奖
3	模内加热叠片式高效节能优质轮胎模具（双气室多拼式模内高效均匀加温）	浙江来福模具有限公司	中国机械工业科学技术奖三等奖
4	大型异型塑料制品滚塑成型先进制造技术（含模具）	温岭市旭日滚塑科技有限公司、宁波格林美孚新材料科技有限公司	国际领先
5	近净成形技术——复杂零件精冲技术（含模具）	北京机电研究所	国家科技重大专项 04 专项
6	铝合金覆盖件快速超塑成形技术（含模具）		
7	黑色金属和轻合金的冷 / 温锻精密成形技术（含模具）		
8	变速器壳体浇注方法及其使用的沙铸模具	宁波合力模具科技股份有限公司	发明专利
9	压铸模铸造方法及其压铸模的内浇口		发明专利

表 3　　2015 年模具行业部分重大新产品

序号	项目名称	主要完成单位	成果水平
1	M109L 纵梁前段 拉延模	长安汽车模具事业部	兵模委优秀模具第一名
2	光洁精冲模具	北京机电研究所	发明专利
3	经济型冷作模具钢 FS311	抚顺特钢	发明专利
4	六速自动变速箱壳体压铸模具	宁波北仑赛维达机械有限公司	国内首创、替代进口
5	镁合金汽车仪表盘模具	宁波鑫达模具制造有限公司	国内先进
6	带有活动镶块的注射模具	重庆瑞霆塑胶有限公司	专利产品
7	粉末冶金侧孔成形模具	常熟市华德粉末冶金有限公司	专利产品
8	可加工多弧度圆面的折弯机模具	安徽力源数控控刃模具制造有限公司	专利产品
9	矿山用空心导轨成形分流模具	西南铝业（集团）有限责任公司	专利产品
10	非晶合金变压器绕线模具	浙江法拉迪电气有限公司	专利产品
11	一体成型电感热压成型模具	深圳市吉白顺科技有限公司	专利产品
12	光纤在线着色模具	中天科技光纤有限公司	专利产品

表 4　　2015 年度国家火炬计划项目清单

序号	项目名称	承担单位
1	铜和不锈钢双金属玻璃模具材料	苏州东方模具科技股份有限公司
2	自动化等离子堆焊玻璃模具	常熟市精工模具制造有限公司
3	汽车内饰件 PU 发泡模具	南通超达机械科技有限公司
4	大尺寸 LED 平板显示器背板冲压模具产业化	昆山三景科技股份有限公司
5	大型精密隐藏式分形保险杠注塑模具	台州市黄岩星泰塑料模具有限公司
6	大型精密汽车副仪表板模具	浙江台州美多模具有限公司
7	精密汽车光导系列模具	浙江赛豪实业有限公司
8	具有延时脱模机构的精密汽车仪表盘模具模架	浙江科佳模架制造有限公司
9	熔喷非织造布挤出模头	浙江精诚模具机械有限公司
10	高性能铝镁合金子午线轮胎模具	山东豪迈机械科技股份有限公司
11	PC 透明背椅多向抽芯式系列模具产业化应用	揭阳市大立模具厂有限公司

此外，主要用于模具加工的特种加工机床等也有一些成果，有 15 种电加工机床获得“达标认证产品”，其中三款精密数控电火花成形机床获“达标认定优质产品”奖。国家 04 专项中“小口径非球面光学玻璃透镜模具超精密数控复合机床”通过了技术验收。

三、质量与标准

2015 年，中国模协继续在模具行业开展了机械工业品牌培育表彰活动及机械工业质量诚信企业表彰活动，在 4 月的全国机械工业品牌战略推进工作会议上，模具行业有 6 家企业荣获“中国机械工业优质品牌”，有 10 家企业荣获“中国机械工业质量诚信企业”称号。会上，中国模协被授予“中国机械工业品牌战略推进工作优秀组织奖”。10 月，由国家质检总局命名的“全国五金模具产品知名品牌创建示范区”在东莞揭牌，投资 8000 万元的国家模具产品质量监督检验中心（广东）建设启动仪式同时举行。模具企业在国家和省市级名牌名标中继续发展。这些活动有力地促进了模具质量水平的提高。

标准化工作继续取得成效，2015 年共制修订了国家标准 4 项，发布了 21 项锻模方面的行业标准，还修订了各种标准 39 项，尤其是企业标准的制定与实施成效更大。例如压铸模最为集中的宁波北仑区，100 多家中等规模以上企业，已有超过 30% 开始实施了企业内部的标准化，已在降本增效及缩短交货期方面取得了令人瞩目的成效。

2015 年，全国职业院校技能大赛和全国机械职业院校模具设计与制造技术技能大赛在青岛举行，“GF 加工方案杯”全国职业院校模具技能大赛在无锡举行，一些团队和个人取得了好成绩，获得了奖项。这一年中，不少省市还举办了模具工技能大赛、大学生模具设计制造大赛、模具设计师电视大赛、3D 打印技术创意大赛等。部分省市还将模具智能制造列为示范项目。这些活动都为模具提升质量和水平创造了有利条件，起到了良好作用。

四、固定资产投资情况

在国内投资增速和机械工业固定资产投资增速都继续回落的情况下，模具行业固定资产投资情况良好，根据国家统计局资料，全年共完成 906 亿元，同比增长 25.8%，其中设备工器具为 393 亿元，同比增长 28.9%。这些投资中，模具集聚生产基地建设和模具企业延伸产业链的投资占了多数，用于模具技术改造的只占少数。投资规模较大且完成情况较好的模具集聚生产基地（模具城、模具园区）主要有：东莞横沥模具科技产业园（完成 3 亿元，累计已达 20 亿元）、昆山国际模具城（计划投资 25 亿元）、余姚国际模具城（拟投资 50 亿元）、宁波模具产业园区（32 亿元总投资中已完成一期 8.5 亿元）、黄岩智能模具小镇（总投资50亿元）、大碶高档模具及汽配产业基地（2015年被宁波市确定为战略性新兴产业专业园、被命名为“宁波市新装备高档模具专业园”已累计完成33亿元）、湖北大冶灵成工业园模具中心（计划投资20亿元）、咸宁模具产业园（已完成28亿元）、湖北华中模具城（已完成5亿元）和安徽中鑫模具产业园等。2015年已完成固定资产1亿元以上或正在实施1亿元以上项目的模具企业主要有：珠海格力模具科技有限公司、龙记集团、广东巨轮智能装备股份有限公司、成都普什汽车模具有限公司、咸宁市洪盛模具科技有限公司、北京东明兴业科技有限公司、北汽兴东方模具（北京）有限公司、宁波辉旺机械有限公司、宁波华朔模具机械有限公司、长春一汽富维华威模具有限公司、安徽迈吉尔模具有限公司等。此外，不少地方中小型技改项目投资也不少。例如：宁波北仑区2015年就有20个技改项目，总投资4亿元，宁波慈溪技术改造项目投资3亿元等。

五、外贸及对外合作情况

根据海关信息统计，2015年中国模具进出口总额为756640.76万美元，同比上年增长了0.78%。其中进口总额为248466.32万美元，同比上年下降4.01%；出口总额为508174.44万美元，同比上年增长3.30 %。有关情况如下。

一、按模具种类分

进、出口最高的仍是塑料橡胶模具，分别占了进、出口总额的46.42%和66.60%；其次是冲压模具，分别占了进、出口总额的40.33%和17.96%。具体如表5、表6、表7、表8、表9所示。

表5　　各类模具2015年进出口情况表

模具种类	进口		出口	
	金额/万美元	所占比例/%	金额/万美元	所占比例/%
塑料橡胶模具	115328.17	46.42	338456.34	66.60
冲压模具	100215.14	40.33	91256.77	17.96
压铸模具	13360.01	5.38	8711.99	1.72
轮胎模具	2430.91	0.98	18498.44	3.64
粉末冶金模具	448.19	0.18	472.60	0.09
玻璃用型模	828.54	0.33	9467.29	1.86
其他模具及模具标准件	15855.36	6.38	41311.01	8.13

二、按进口货源地分

进口模具主要来自韩国、日本和德国，其次是我国台澎金马关税区、美国、加拿大、西班牙、意大利、奥地利和瑞士。具体如表6。

表6　　2015年进口模具主要货源地情况表

货源地	韩国	日本	德国	台澎金马关税区	美国	加拿大	西班牙	意大利	奥地利	瑞士
进口量/万美元	66530.60	50898.54	40365.94	23262.74	8951.15	5705.14	5528.62	4885.62	2978.55	2576.75
所占比例/%	26.78	20.49	16.25	9.36	3.60	2.30	2.23	1.97	1.20	1.04

三、按出口目的地分

我国出口模具的市场主要是我国香港特别行政区、美国和日本，其次是德国、印度、泰国、墨西哥、越南、法国、英国。具体如表7。

表 7　　2015 年出口模具主要目的地情况表

目的地	香港	美国	日本	德国	印度	泰国	墨西哥	越南	法国	英国
出口量（万美元）	66518.61	62553.12	36351.12	33099.40	24086.95	17828.21	16855.72	16459.09	16308.17	14700.76
所占比例/%	13.09	12.31	7.15	6.51	4.74	3.51	3.32	3.24	3.21	2.89

注：表中出口到香港的部分，由于香港多为转口贸易，其最终目的地并非都是香港。

四、按进口目的地分

进口最多的是江苏、广东和上海，其次是北京、天津、浙江、辽宁、山东、吉林和湖北。具体如表 8。

表 8　　2015 年进口模具最多的 10 个省市情况表

目的地	江苏	广东	上海	北京	天津	浙江	辽宁	山东	吉林	湖北
进口量 / 万美元	57578.60	50594.55	24279.88	17410.20	15443.84	15125.44	12915.21	12745.51	12597.13	5146.58
所占比例/%	23.17	20.36	9.77	7.01	6.22	6.09	5.20	5.13	5.07	2.07

五、按出口货源地分

出口模具主要来自广东、江苏和浙江，其次为上海、山东、天津、福建、辽宁、北京和安徽。具体如表 9。

表 9　　2015 年出口模具最多的 10 个省市情况表

货源地	广东	江苏	浙江	上海	山东	天津	福建	辽宁	北京	安徽
出口量 / 万美元	209430.02	73230.00	67389.57	37402.20	31761.44	20348.90	14094.31	8721.36	4841.74	4561.40
所占比例/%	41.21	14.41	13.26	7.36	6.25	4.00	2.77	1.72	0.95	0.90

2015 年中国模具出口到 189 个国家和地区，出口 100 万美元以上的制造企业有 733 个。

从上述情况对比 2014 年，虽然进出口增长率双降，但顺差增加 11.5%，达到历史新高。

对外合作方面，由中国模协和上海国际展览公司共同主办的 DMC2015 中国国际制造技术、装备与模具展览会于 2015 年 5 月在上海成功举办，有来自 15 个国家和地区的约 800 家厂商参展，展出包括全球首发和亚洲首发在内的许多高端产品，展览面积达 6 万平方米，有近 30 个国内外参观团，48 个国家和地区的 5 万多名观众踊跃参观、洽谈。多场重大高端论坛和技术交流会等同期举办。亚洲模具协会联合会（FADMA）2015 年会在泰国举行，作为主席单位，中国模协常务副会长兼秘书长武兵书先生主持了会议。会上交流了各成员单位的行业发展状况，就亚洲模具行业发展和有关模具技术进行了交流，针对国际会议和展览等问题进行了讨论，亚洲各模协之间达成了合作意向。中国模协和各地方模协全年共组团 20 多个，分别出访了欧、美、日、新加坡、泰国等地进行参展、考察、交流等活动。值得一提的是中国模协首次组织了我国职业院校模具专业教师赴意大利、瑞士进行考察交流，对推动模具职业教学发展有重要意义。随着对外合作的深入和我国模具工业的发展，模具企业国外投资继续发展，如合肥大道模具公司 2015 年在印度投资 3000 万美元建厂，并启动了泰国建厂计划。广东巨轮智能装备股份有限公司在印度和美国的工厂都新增了投资、设备等。12 月，首届中国模具技术产业论坛在大连举办，有 200 多人参加，推进了模具产能和技术的交流与合作。

六、2016 年发展形势预测与展望

综合各方面情况来看，2016 年全球经济仍将疲软，经济复苏仍将缓慢和艰难，我国经济发展也面临很多困难和挑战，增长速度继续下行的压力很大，预计 GDP 增速将进一步下探。但在坚持稳中求进的总基调下，改革开放将向纵深迈进，结构将进一步优化，经济质量和民生会继续得到改善。对中国模具工业来说，2016 年是“十三五”行业发展规划开局之年，也将是行业向“新常态、新发展”继续转型的一年。在《中国制造 2025》指引之下，向数字化、网络化、智能化方向发展，向创新、提质增效和进一步国际化方向转型升级的步伐将进一步加快。在各级政府有关部门支持下，模具产业集群水平也会进一步提升。在未来的一年中，战略性新兴产业、高新技术产业、《中国制造 2025》中明确的十大领域的发展壮大将给模具行业发展带来新的机遇，“互联网 +”和大规模定制方式将得到新的发展，创新、协调、绿色、开放、共享五大发展理念将在行业中得到积极响应。在市场低迷，中国制造业下行压力继续加大和困难不断增加的情况下，人民币加入国际货币篮子 SDR（特别提款权）对行业发展和出口将产生正面影响，亚投行开业也属利好，能源原材料价格下行也有助于行业发展质量的改善，“一带一路”和城镇化建设以及改革红利的继续释放将给市场注入新的活力。加之行业本身转型升级步伐的加快，2016 年行业发展增长速度与上年基本持平的可能性很大，经济运行质量也可能会改善。

综合上述分析，除了自产自用模具之外，2016 年我国模具市场大约会有 1600 多亿元的规模（未计大量自产自用模具）。考虑到外贸顺差将进一步扩大，所以 2016 年模具总销售额预计可达 1700 亿元至 1800 亿元。

展望 2016 年，以做强为主线，由大转强，使我国模具制造业尽快进入世界模具强国之列为总目标的“十三五”行业发展指引纲要开始执行，创新能力将得到增强，行业整体水平会得到提升，行业结构将继续向合理化方向发展，水平提高和质的提升必将会优于产能的增长，模具自身生产方式在不断向现代化、数字化、智能化方向发展的过程中将会取得比以往更多的成果。在技术方面，数字化模具加工技术和信息化管理技术；模具设计与制造新方法、新工艺及关键技术；先进热处理和表面处理技术；超精加工和细微加工技术；在线检测和数字化调试技术；虚拟技术和网络化智能化技术；节能减排和绿色制造技术；云计算、大数据、工业互联网及两化深度融合等方面都将得到进一步重视和发展，公共服务平台和现代制造服务业、产业链延伸、产业联盟和产业集群等也将得到进一步发展。模具产品将继续向大型、精密、高性能、集成化及专用加工单元方向发展。

七、存在的问题和政策建议

性能与质量、价格、交货期、服务水平，这是模具供应商对用户服务的四大要素，模具生产企业应该用最高水平去满足用户。虽然近年来人工成本持续上升，但以同等产品水平来衡量，与国际先进水平相比，我国模具在价格上仍旧还有一些优势存在，但这种优势正在快速消减。在交货期方面，我国模具只有部分产品有一点优势，总体上处于劣势。在性能与质量以及服务水平方面，总体来看我们与国际先进水平尚有不少差距。分析存在差距的原因，主要是理念、设计、工艺、技术、管理和经验等方面我们都落后于工业发达国家。要尽快缩短和赶上国际先进水平，人才和政策是关键。模具工业是高技术、高投入和高水平人才比较集中的行业，其投入产出比和资金回报率都比较低，但在国民经济中却占有很重要的地位，对制造业和工业有着很大的影响。“没有高水平的工人就没有高水平的工业”已成社会共识，因此，政府有关部门应在政策方面给予适当的倾斜与支持，如在税收、创新、研发、技改、高新技术的推广应用、人才培养、出口、公共服务平台、集聚区建设等方面给予优惠政策等。虽然《中国制造 2025》已为我们指明了方向，模具行业“十三五”指引纲要更为行业发展明确了目标、任务与重点，也涵盖了政策建议，但要真正落到实处，实施起来难度是很大的，任重而道远。为了实现由大转强，不单是业内人士要加倍努力，更需要方方面面的支持与统力合作。只有咬住目标不放松，各项措施逐步落实到位，远大目标才能逐步实现。

附录：2015 年大事记

3 月，中国模协会刊《模具工业》被评为“RCCSE 中国核心学术期刊”。至此，《模具工业》已成为我国模具行业唯一荣获“中国科技核心期刊”与“RCCSE 中国核心学术期刊”的“双核心”模具专业期刊。

5 月 25 日至 28 日，DMC2015 中国国际制造技术、装备与模具展览会在上海成功举办，来自 15 个国家和地区的约 800 家厂商参展，展出面积约 6 万平方米，有 48 个国家和地区的 5 万多人参观了展览。

6 月 22 日至 27 日，中国模协赴泰国参加亚洲模具协会联合会（FADMA）年会，并赴新加坡考察。会议由新任亚洲模协主席武兵书主持并致辞。会议修改了亚模章程，就亚模发展和有关模具技术进行了交流，针对国际会议和展览等问题进行了讨论，亚洲各模协之间达成了合作意向。

7 月初，一年一度的全国职业院校技能大赛在天津举行，常州机电职业技术学院获二金四银，其中“工业产品造型设计与快速成型”获团体一等奖，“注塑模具 CAD/CAM 与主要零件加工”获团体二等奖。

10 月 6 日至 13 日，中国模协首次组织中国职业院校的模具专业教师赴意大利、瑞士考察职业教育，共有 15 家中国职业院校的模具教师参加。

10 月 23 日，全国五金模具产业知名品牌创建示范区揭牌仪式、国家模具产品质量监督检验中心（广东）建设启动仪式在东莞举行。

11 月 4 日，浙江省模具工业联合会在黄岩召开成立大会宣告成立，并组成了以鲍明飞为会长的第一届理事会，通过了章程。同日，中国模具工业可持续发展研讨会在黄岩召开。会上 ，黄岩区领导宣布拟投资 50 亿元的黄岩高端智能模具小镇已列入浙江省首批特色小镇创建名单。

12 月，经过讨论、编写、论证、修改补充，历时一年多，中国模协编制的《模具行业发展“十三五”指引纲要》完成初稿。初稿明确加快转型升级，促进由大变强，为我国模具行业到 2025 年步入世界模具强国奠定坚实的基础，是我国模具行业“十三五”发展的主要目标。

（中国模具工业协会 周永泰）

合成树脂

2015 年，我国合成树脂行业呈现良好发展态势。产量继续快速增长，产品结构调整加快，行业效益明显回升，盈利能力提高，整体竞争实力增强。但是，合成树脂市场竞争激烈，价格总水平较低，产业集中度不高，创新能力较弱，投资大幅下降等应引起关注。

一、合成树脂生产

（一）效益大幅改善

利税快速增长。据统计局数据，2015 年合成树脂行业规模以上企业 1736 家（主营收入 2000 万元以上），比上年增加 46 家；实现主营业务收入 8540.8 亿元，与上年基本持平；利润总额 363.3 亿元，增幅 38.6%，连续 3 年下降后首次增长；资产总计 8426.6 亿元，增长 5.5%；上缴税金 236.3 亿元，增长 11.1%。

单位成本下降，行业盈利能力回升。2015 年，合成树脂行业主营业务成本 7560.9 亿元，同比下降 1.6%，10 年来首次下降；每 100 元主营收入成本为 88.53 元，同比下降 1.34 元，但仍高出化工行业 100 元主营收入平均成本 1.53 元。主营收入利润率为 4.25%，同比提高 1.19 个百分点。2015 年行业亏损企业亏损额 117.1 亿元，同比缩小 23.0%；亏损面为 14.6%，与上年持平。

总体看，2015 年合成树脂行业发展态势向好，整体效益显著改善，利润呈现恢复性增长。产业和产品结构调整取得初步成效，市场竞争力有所提高。但是，合成树脂行业结构性矛盾仍很突出，中低端市场竞争加剧，成本依然在高位运行，效益走势不稳，起伏波动较大，降本增效还要花很大力气。

2016 年，我国合成树脂行业效益总体上将持续向好态势。预计收入将实现增长，利润增速会回落，但仍在 10% 以上。

2011 ～ 2015 年我国合成树脂行业主营收入、利润等经济指标

单位：亿元

时间 / 年 项目	2011	2012	2013	2014	2015
主营收入	6918.0	7362.7	7985.4	8554.6	8540.8

续表

项目＼时间 / 年	2011	2012	2013	2014	2015
同比	34.8	6.4	8.5	7.1	-0.2
利润总额	385.7	326.1	318.9	262.2	363.3
同比	35.1	-27.6	-2.2	-17.8	38.6
资产总计	5537.7	6154.1	7078.0	7984.9	8426.6
同比 /%	26.5	11.1	15.0	12.8	5.5

数据来源，国家统计局、中国石油和化学工业联合会，2014 年数据有所调整，下同。

（二）产量保持较快增长

2015 年，我国合成树脂总产量达 7691.0 万吨，再创新高，同比增长 10.5%。其中，聚乙烯 1385.5 万吨，增长 3.7%；聚丙烯 1686.3 万吨，增幅 22.3%；聚氯乙烯 1609.2 万吨，下降 1.7%；聚苯乙烯 301.1 万吨，增速达 44.3%；ABS 产量 310.4 万吨，增幅 16.0%。上述五大通用树脂总产量合计占比 68.8%，比上年回落 0.6 个百分点。

西部地区继续高速增长，比重上升。据统计，2015 年，东部 10 省市合成树脂产量 4476.7 万吨，同比增长 10.1%，占全国比重 58.2%，比上年下降 0.2 个百分点；中部 6 省产量 663.6 万吨，增幅 0.4%，占比 8.6%，较上年回落 0.9 个百分点；西部 12 省市区产量 1964.2 万吨，增幅达 18.9%，占比达 25.5%，比上年提高 1.8 个百分点；东北 3 省产量 586.5 万吨，增长 1.4%，占比 7.6%，回落 0.7 个百分点。其中，江苏和浙江 2 省产量分别占全国总产量的 16.5% 和 10.6%。

随着宏观经济活动趋缓，预计 2016 年合成树脂产量增速也会有所放缓，为 8% ～ 10%。

2011 ～ 2015 年我国合成树脂产量

单位：万吨

项目＼时间 / 年	2011	2012	2013	2014	2015
合成树脂	4941.2	5257.0	6103.5	6959.5	7691.0
同比 /%	12.5	6.4	16.1	14.0	10.5
其中：PE 产量	1015.2	1030.0	1174.0	1336.6	1385.5
PP 产量	995.6	1121.5	1246.5	1378.9	1686.3
PVC 产量	1311.2	1341.6	1529.8	1636.8	1609.2
PS 产量	205.3	216.3	210.4	208.7	301.1
ABS 产量	102.6	105.7	243.0	267.5	310.4

注：PS 包括 EPS、HIPS 和 GPPS；PE 主要包括 LDPE、HDPE、LLDPE 等（下同）。

（三）投资继续下降

2015 年，我国合成树脂制造业投资总额为 805.1 亿元，同比降幅达 18.2%，比上年扩大 17.3 个百分点，连续第二年下降，占化工行业投资总额的 5.1%，占比较上年回落 1.2 个百分点。2015 年化工行业投资增幅为 1.1%，为历史最低。预计 2016 年合成树脂行业投资有可能实现增长，但增速较低，估计在 5% 以内，2017 年增速将会加快。

2010～2014年我国合成树脂行业投资增长情况

单位：万元

项目 \ 时间/年	2011	2012	2013	2014	2015
投资总额	586.9	766.3	994.0	984.6	805.1
同比增长/%	42.9	30.6	29.7	-0.9	-18.2

（四）中小型企业发展加快

近年来，我国合成树脂行业中小型企业发展较快。2015年，合成树脂行业规上企业中，大型企业有67家（主营收入4亿元以上），较上年增加1家；主营收入占比32.0%，较上年下降2.5个百分点；资产总计占比52.8%，回落0.5个百分点。中小型有1669家，比上年增加45家，收入占比68.0%，资产总计占比47.2%。总体看，我国合成树脂行业依然是“弱小散”的状况。

二、合成树脂消费

（一）消费首次突破亿吨大关

2015年，我国合成树脂消费保持较快增长，但增速总体上继续放缓。全年表观消费量为1.04亿吨，历史首次突破亿吨大关，同比增长7.5%，增幅较上年回落1.8个百分点。PE、PP、PS、PVC、ABS五大通用树脂表观消费量总计为6784.4万吨，占合成树脂表观消费总量的65.4%，较上年提高1.2个百分点。其中，聚乙烯表观消费量2344.7万吨，同比增长8.0%；聚丙烯表观消费量2009.3万吨，增幅16.2%；聚氯乙烯表观消费量1614.4万吨，增长0.3%；聚苯乙烯表观消费量345.90万吨，增长32.4%；ABS表观消费量470.5万吨，增幅9.2%。聚丙烯消费增速持续加快，聚苯乙烯呈现恢复性增长。

总的来看，我国合成树脂市场消费潜力依然很大，供需存在较大缺口。根据目前消费增长趋势判断，2016年，我国合成树脂市场消费仍将保持较快增势，表观消费量增幅估计在7%左右。其中，聚乙烯表观消费量约2510万吨，增长7%，聚丙烯表观消费量约2169万吨，增长8%，聚氯乙烯表观消费量约1690万吨，增幅5%。

2011～2015年我国合成树脂表观消费量

单位：万吨

项目 \ 时间/年	2011	2012	2013	2014	2015
合成树脂表观消费量	7605.0	8016.4	8840.8	9660.3	10380.2
同比/%	6.6	5.4	10.3	9.3	7.5
聚乙烯	1727.4	1790.0	2035.3	2170.9	2344.7
同比/%	1.3	3.6	13.7	6.7	8.0
聚丙烯	1356.8	1498.3	1591.1	1729.6	2009.3
同比/%	4.7	10.4	6.2	8.7	16.2
聚氯乙烯	1398.7	1417.2	1560.8	1610.0	1614.4
同比/%	11.5	1.3	10.1	3.2	0.3
聚苯乙烯	273.6	280.7	272.4	261.2	345.9
同比/%	16.6	2.6	-3.0	-4.1	32.4
ABS	283.6	268.0	356.9	431.0	470.5
同比/%	15.6	-5.5	33.1	20.8	9.2

（二）消费结构分析

五大通用树脂中，聚乙烯消费量仍保持最大，2015 年占到合成树脂表观消费总量的 22.6%，较上年上升 0.1 个百分点；聚丙烯继续排名第二，占比 19.4%，比上年提高 1.5 个百分点；聚氯乙烯排名第三，占比 15.6%，回落 1.1 个百分点。此外，聚苯乙烯消费量占比 3.3%，上升 0.6 个百分点；ABS 树脂占比 4.5%，与上年持平。2015 年聚丙烯和聚苯乙烯消费占比明显上升，聚氯乙烯继续下降，占比创历史新低。

1. 聚乙烯

2015 年，在聚乙烯产品的消费中，高密度聚乙烯（HDPE）消费跃居第一位，约为 1014 万吨，占比 43.3%；线性低密度聚乙烯（LLDPE）退居第二，约 894 万吨，占比 38.1%；低密度聚乙烯（LDPE）仍排名第三，约 436 万吨，占比 18.6%。HDPE 消费量占比继续上升，线性低密度和低密度聚乙烯明显缩小。

LDPE/LLDPE 消费结构。包装薄膜（包括特殊包装薄膜）和农用薄膜等是 LDPE/LLDPE 的最大消费领域，占其消费总量的 80% 左右。其次是注塑，约占 9%。包装薄膜主要有扭结包装膜、收缩包装膜、缠绕包装膜、贴体包装膜、充气包装膜、高阻透性膜、高耐热性膜等。农用薄膜是目前最重要的农业生产资料之一。我国是世界上最大的农膜生产国和消费国，约占世界总量的 60% 以上。近年来，大棚膜在农作物和动物养殖中的应用不断增加，有力地拉动了聚乙烯的消费增长。值得关注的是，近年多层复合薄膜生产线越来越多，产量不但增加，在包装薄膜中所占比例不断上升。2015 年，我国塑料薄膜产量达 1313.8 万吨，同比增长 3.4%。其中农用薄膜产量 231.0 万吨，增幅 5.1%。今后一段时期内，薄膜制品仍是推动 LDPE/LLDPE 的消费增长的最主要领域。

2015 年国内 LDPE/LLDPE 消费结构图

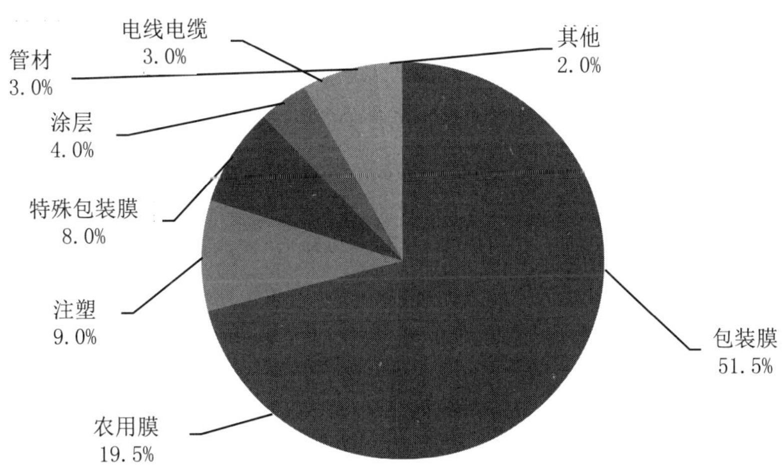

HDPE 消费结构。吹塑、注塑、薄膜和管材是 HDPE 四大应用领域。2015 年分别约占 HDPE 消费总量的 21.0%、 19.0%、18.0% 和 15.0%。

HDPE 适用于生产各类中空容器，如牛奶瓶、果汁瓶、化妆品瓶、药瓶、食品容器以及中空托盘、燃油箱、IBC 包装桶等大型中空产品。HDPE 薄膜制品中，以高强度薄膜为主，主要包括背心袋、购物袋、垃圾袋、杂货袋、多层衬里膜、耐候膜等。HDPE 注塑制品可大量替代钢材和木材，广泛应用于各个领域，如铁路、港口、远洋运输、包装生产线等。HDPE 管材具有优良的机械性能、无毒和耐腐蚀等优点，被广泛应用于供水系统及电线电缆等的套管领域，特别是双峰技术的完善与应用，有力地推动了 HDPE 管的消费增长。此外，随着人们生活水平的不断提高，HDPE 在中空包装领域的应用也越来越广泛。

2015 年国内 HDPE 消费结构图

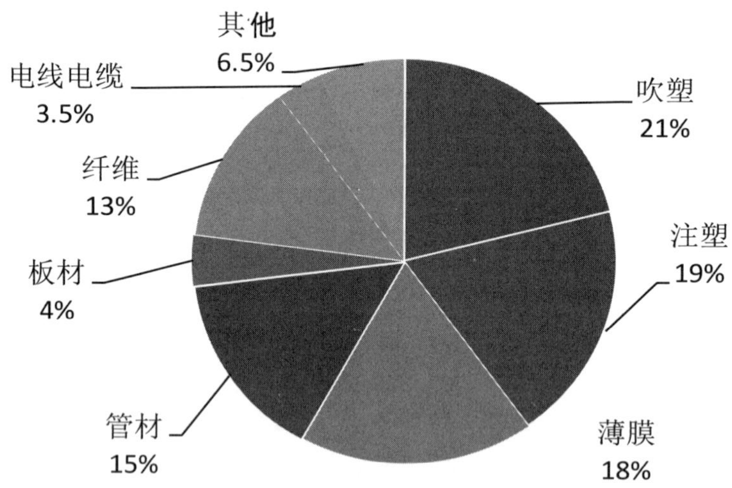

2. 聚丙烯

随着包装、汽车、家电等行业的快速发展，聚丙烯的消费也不断扩大，近年需求增长呈现加快趋势。编织制品、注塑制品、BOPP 薄膜等是聚丙烯最主要的应用领域，2015 年，分别约占聚丙烯消费总量的 32%、28% 和 18%。

编织制品主要用于粮食、化肥、水泥及合成材料等大宗产品的包装。近年来，编织制品企业受产业结构调整影响，有由东部沿海地区向中西部地区加快转移的趋势。注塑制品主要应用于汽车、家电、玩具、日用品、工业容器等领域。随着制造业的不断发展，近年来对嵌段共聚聚丙烯的需求快速增加。BOPP 薄膜具有质轻、机械强度高、尺寸稳定性好等优点，广泛应用于包装特别是食品的小包装及精包装领域。聚丙烯纤维（即丙纶）是以聚丙烯为原料通过熔融纺丝制成的一种纤维制品，具有质轻、疏水及强度高等诸多优良性能，因而在装饰、服用等领域广泛应用，是合成纤维主要品种之一。

2015 年国内聚丙烯消费结构图

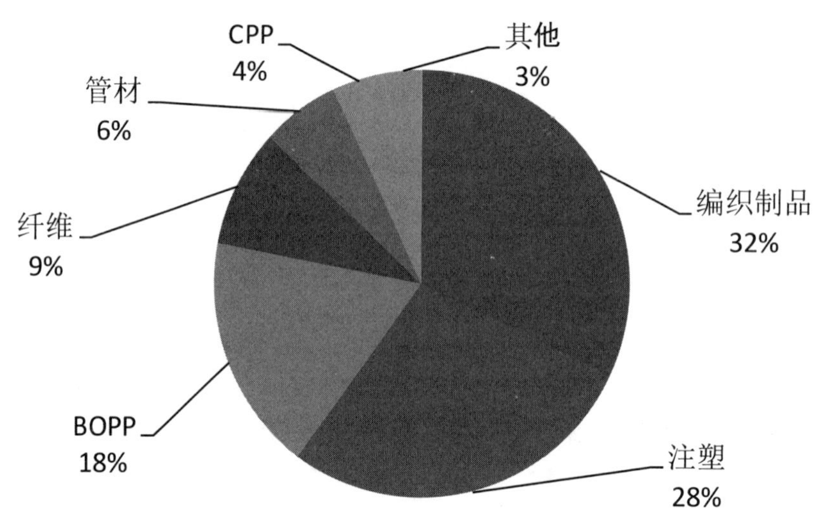

3. 聚氯乙烯

总体而言，我国聚氯乙烯主要有两大消费市场：硬制品和软制品，目前分别占比约60%和35%。另有部分消费为统计在硬制品和软制品之中。硬制品主要是各种型材、管材、板材、硬片和吹塑制品等；软制品主要为各种用途的膜、电线电缆、人造革、织物涂层、各类软管、手套、玩具、铺地材料、塑料鞋以及一些专用涂料和密封剂等。

随着聚氯乙烯消费市场的发展，近年来高性能PVC专用树脂供不应求。一些生产厂家推出了一系列高性能的PVC合金专用粒料和粉料，如，耐冲击PVC瓶料、耐热电子电器专用料，鞋用PVC合金、医用PVC合金，耐辐射、抗静电PVC合金，纤维增强PVC合金，以及阻燃抑烟无铅－钙PVC电线电缆复合料等专用料。此外，具有特殊性能的特种PVC树脂在市场上也逐渐得到应用。如，PVC糊用及掺混树脂、特种糊用PVC树脂，氯乙烯－醋酸乙烯共聚树脂，粉末涂料用PVC专用树脂，超高分子量PVC专用树脂、超高吸收PVC专用树脂，消光专用树脂，溶液聚合型共聚树脂，弹性体专用树脂等。

2015年国内聚氯乙烯消费结构图

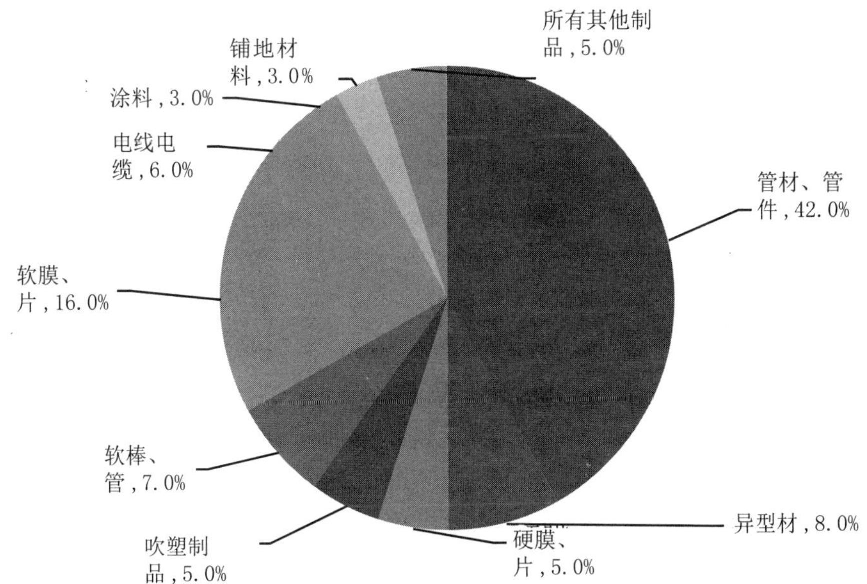

4. 聚苯乙烯

2015年，我国是苯乙烯消费在连续两年下降后呈现恢复性增长。目前，在我国聚苯乙烯消费中，发泡聚苯乙烯（EPS）约占45%，通用聚苯乙烯（GPPS）和抗冲击聚苯乙烯（HIPS）占比约55%。近年来，随着房地产行业景气度下滑，EPS消费呈现放缓趋势。

EPS消费结构。EPS主要消费领域是包装材料（包括汽车及家用电器中缓冲材料）和建筑保温材料，分别约占其消费量的45%和48%，一次性餐盒约占1%，其他用途如玩具填充物等约占6%。

未来，EPS在汽车和家电领域的消费增长将保持相对稳定，但受国家海洋局将EPS列入重点海域主要污染物监控范围和部分国家出台禁止进口EPS包装容器的影响，EPS在包装领的消费增长会继续放缓。由于建筑保温材料政策解禁及《建筑防火设计规范》（GB50016-2014）标准的实施，建筑保温材料在EPS消费结构中的占比会呈上升趋势。

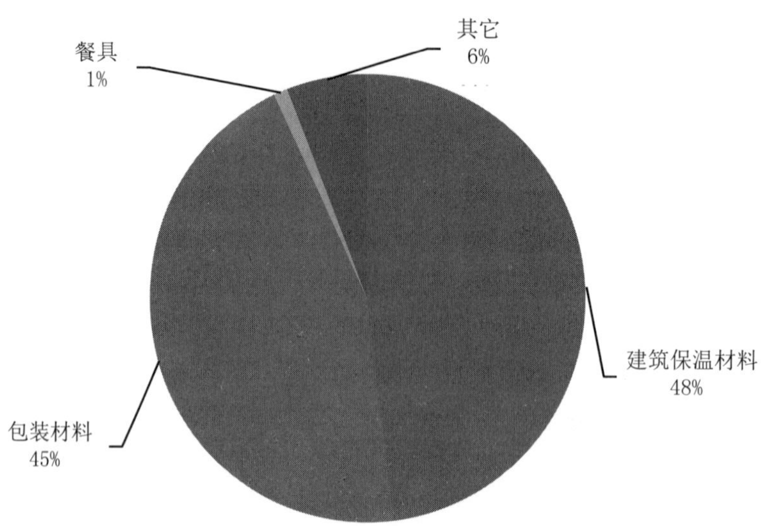

GPPS/HIPS 消费结构。我国 GPPS/HIPS 主要消费领域是电子电器、日用品和办公用品，2015 年分别约占其消费总量的 38%、31% 和 12%。

在电子电器领域，GPPS/HIPS 主要用于制作家电及电子产品的外壳、零部件、冰箱板材以及音像制品等。在日用品领域，主要用于家用器皿、牙刷、化妆品盒、装饰品、圆珠笔等。在包装材料中，GPPS/HIPS 则主要应用于包装和电绝缘方面。目前，国内对 BOPS 的应用主要集中在服装辅料、药品托盘、及其他口服液包装、食品包装等，应用相对偏窄。

未来一定时期内，国内 GPPS/HIPS 消费结构估计不会有大的变化。但我国电子电器产品出口量较大，因而出口形势变化将对聚苯乙烯消费结构产生较大影响。

2015 年国内 GPPS/HIPS 消费结构图

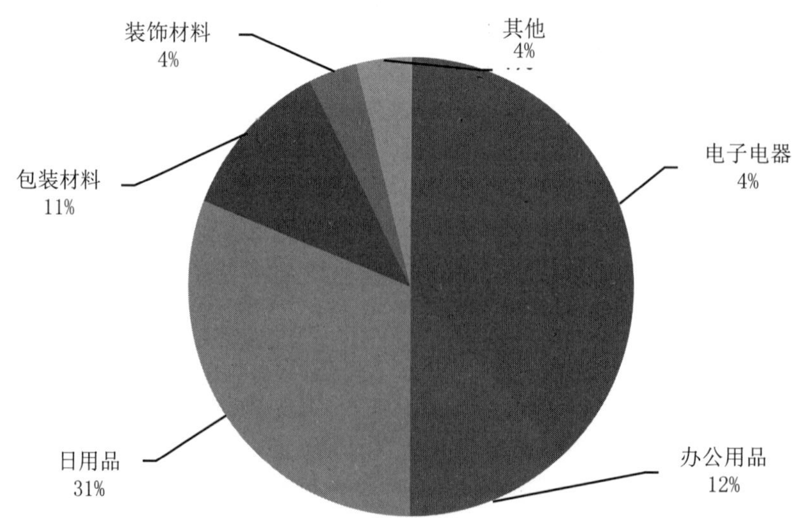

5. ABS

近年来，我国 ABS 树脂消费总体呈现快速增长势头。由于 ABS 刚性好、冲击强度高、耐热、耐低温、耐化学品性、机械强度和电器性能优良，易于加工、稳定性和表面光泽好，还可以进行喷涂、电镀、焊接和粘接等二次加工，被广泛应用于家用电器、办公设备、交通运输、生活用品、玩具和建材等领域，2015 年家用电器约占 ABS 总消费量的 55%，办公设备约占 19%。均保持基本稳定。

家用电器主要包括电冰箱、冰柜、空调、洗衣机、微波炉、音响等。办公设备主要为计算机、传真机、电话、复印机等。车用领域主要为汽车、摩托车的仪表板、车轮罩、散热器隔栅、空调器、行李箱、手柄等部件。ABS 树脂的日用品消费领域主要有箱包、玩具，建材中主要为管材、装饰板等。

2015 年国内 ABS 树脂消费结构图

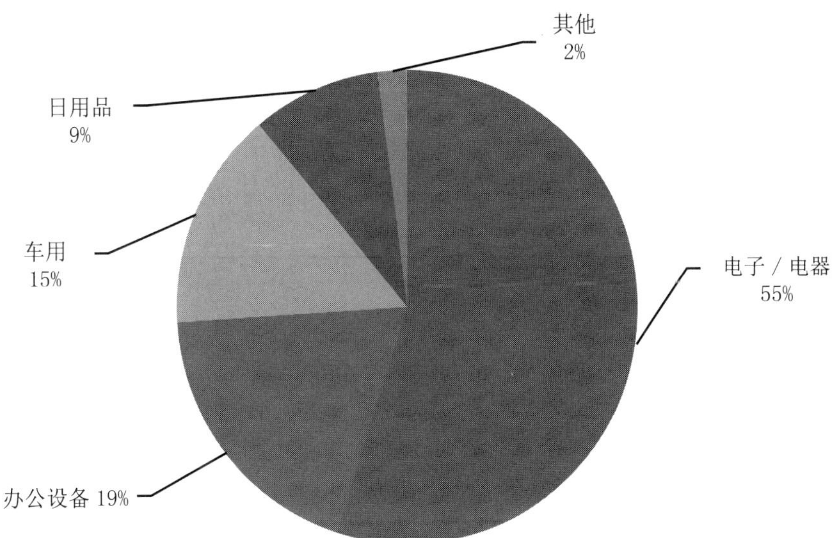

（三）下游加工业生产减缓

2015 年，我国塑料制品总产量 7560.7 万吨，同比增长 1.0%，增速创历史新低。其中，塑料薄膜 1313.8 万吨，增长 3.4%；泡沫塑料 245.0 万吨，增长 11.8%；塑料人造革、合成革 343.8 万吨，下降 6.2%；日用塑料制品 592.7 万吨，微增 0.7%。塑料薄膜产量占塑料制品总量的 17.4%，较上年提高 0.4 个百分点，保持上升趋势。此外，2015 年全国胶鞋产量 5.13 亿双，增长 17.1%，继续快速增长。总体而言，塑料制品生产呈放缓趋势。

我国塑料制品生产主要集中我国东南部沿海地区，不过，近年来呈现向中西部地区加快转移的趋势。数据显示，2015 年，我国东部地区塑料薄膜产量占比为 71.5%，较上年回落 0.8 个百分点。其中，浙江、广东、江苏三省占比产量占比分别为 27.5%、12.6% 和 10.7%。东部地区日用塑料制品占比为 68.5%，较上年回落 1.1 个百分点。其中，广东、浙江两省产量占比分别达 22.3% 和 18.4%。中西部地区泡沫塑料发展较快，2015 年增速分别达 20.4% 和 44.9%，占比为 33.5% 和 19.0%，其中河南占比 18.3%，超越广东（16.5%）跃居全国第一。

2011 ～ 2015 年塑料制品产量增长情况

单位：万吨

产品名称	2011 年	2012 年	2013 年	2014 年	2015 年
塑料制品总量	5304.4	5730.3	6878.8	7485.8	7560.7
同比 /%	18.6	8.0	20.0	8.8	1.0

续表

产品名称	2011年	2012年	2013年	2014年	2015年
塑料薄膜	887.5	1012.3	1163.7	1271.0	1313.8
其中农用薄膜	151.1	164.9	189.7	219.8	231.0
泡沫塑料	139.7	134.4	184.1	219.2	245.0
塑料人造革、合成革	272.0	313.5	365.6	366.4	343.8
日用塑料制品	403.6	430.9	524.8	588.7	592.7

三、合成树脂进出口

2015年，我国合成树脂行业进出口总额为553.4亿美元，同比下降14.0%，创历史最大降幅。逆差362.8亿美元，同比缩小15.6%，是化工行业最主要的逆差来源。2015年合成树脂进出口总量为3685.3万吨，下降1.2%。

（一）合成树脂进口

1. 进口量额下降

2015年，我国合成树脂进口总量为3187.2万吨，同比下降0.9%，上年为增长2.9%，净进口量为2689.1万吨，下降0.4%。五大通用树脂进口1659.5万吨，增长2.5%，较上年加快1.8个百分点，占合成树脂进口总量的52.1%。其中，聚乙烯进口量986.7万吨，增幅8.3%，占合成树脂进口总量的31.0%，比上年提高2.7个百分点，继续保持进口量第一的地位；其次为废碎塑料，进口量735.5万吨，降幅10.9%，占比23.1%，较上年回落2.6个百分点；其他合成树脂进口615.5万吨，依然排名第三，增幅4.8%，占比19.3%，比上年上升1个百分点。2015年合成树脂主要品种进口量增少降多，但总体上仍保持高位。

2015年，我国合成树脂进口总额458.1亿美元，同比下降14.6%。其中，聚乙烯进口总额126.2亿美元，降幅11.9%；其他合成树脂进口总额140.3亿美元，下降8.1%。分别占合成树脂进口总额的27.6%和30.6%，比上年提高0.9个和2.1个百分点。

2011～2015年我国合成树脂进口量增长情况

单位：万吨

项目 \ 时间/年	2011	2012	2013	2014	2015
合成树脂总计	3026.3	3139.1	3123.4	3215.3	3187.2
同比/%	-1.4	3.7	-0.5	2.9	-0.9
五大通用树脂合计	1542.9	1578.9	1606.9	1618.3	1659.5
聚乙烯	744.4	788.8	881.5	910.8	986.7
聚丙烯	377.8	404.7	359.3	363.2	339.7
聚氯乙烯	131.6	121.0	104.4	92.6	92.9
聚苯乙烯	103.9	98.0	94.7	84.9	77.8
ABS树脂	185.3	166.5	167.0	166.8	162.5
环氧树脂	23.3	20.5	20.4	24.1	22.1
聚碳酸酯	122.8	137.4	137.9	148.0	142.7
聚硅氧烷	15.2	13.9	13.5	11.8	11.9
塑料废碎料	838.6	887.8	788.2	825.4	735.5
其他合成树脂	483.5	500.6	556.5	587.6	615.5

（数据来源：中国海关，下同）

2. 中东和东盟地区为主要进口来源地

我国合成树脂进口主要来自中东及我周边国家和地区。2015 年，进口排名前四位的国家和地区依次为中东地区、东盟地区、韩国和中国台湾省，进口量分别为 659.6 万吨、593.0 万吨、449.3 万吨和 359.8 万吨，进口额为 81.3 亿美元、80.4 亿美元、72.3 和 60.4 亿美元；分别占我国合成树脂进口总量的 20.7%、18.6%、14.1% 和 11.3%，进口总额的 17.7%、17.5%、15.8% 和 13.2%。

2015 年我国合成树脂主要进口国家和地区

单位：万吨，万美元

国别（地区）	2015 年		2014 年		同比 ±%	
	数量	金额	数量	金额	数量	金额
世　界	3187.2	4580814	3215.3	5364546	-0.9	-14.6
中国香港	176.7	115901	146.1	136646	21.0	-15.2
中国澳门	15.6	8609	16.0	11626	-2.3	-25.9
台湾省	359.8	603844	380.7	715714	-5.5	-15.6
东　盟	593.0	803799	611.8	949199	-3.1	-15.3
日　本	230.9	413726	237.1	485024	-2.6	-14.7
韩　国	449.3	722732	452.7	852156	-0.8	-15.2
印　度	23.1	29669	26.8	43564	-13.8	-31.9
巴基斯坦	3.4	1999	4.9	3647	-30.7	-45.2
中　东	659.6	813063	617.8	931765	6.8	-12.7
欧　盟	286.4	439115	305.5	510228	-6.3	-13.9
俄罗斯	15.0	17376	18.4	28774	-18.6	-39.6
乌克兰	0.0	46	0.0	44	10.2	3.7
美　国	213.7	396631	226.5	444951	-5.7	-10.9
加拿大	42.3	38954	40.8	42887	3.4	-9.2
拉丁美洲	45.6	41113	44.6	46507	2.3	-11.6
非　洲	12.5	10603	16.1	17493	-22.4	-39.4
澳大利亚	20.2	14914	23.6	21274	-14.3	-29.9
新西兰	1.5	1028	1.5	1424	-3.9	-27.8
其他国家和地区	38.6	107691	44.4	121621	-13.1	-11.5

3. 一般贸易方式为主

在我国合成树脂进口贸易中，以一般贸易方式为主，加工贸易为辅。2015 年，在进口量中，一般贸易占 68.1%，较上年提高 2.4 个百分点；来料加工贸易占 21.7%，较上年回落 1.6 个百分点；二者合计占比近 90%。在进口贸易额中，一般贸易占 62.3%，较上年提高 1.7 个百分点；来料加工贸易占 25.8%，回落 1 个百分点；合计占比逾 88%。一般贸易占比上升加快，加工贸易比重继续下降。

2014 年我国合成树脂进口贸易方式情况

单位：万吨，万美元

贸易方式	进口量	进口额
一般贸易	2170.2	2852845.9
来料加工贸易	690.1	1179651.9
保税区仓储转口货物	197.1	330656.6
来料加工装配贸易	90.6	153005.3
保税仓库进出境货物	33.8	57157.2
边境小额贸易	5.0	5398.3
其他	0.5	1614.4
出口加工区进口设备	0.0	268.0
租赁贸易	0.0	216.2
外商投资企业作为投资进口的设备、 物品	0.0	0.7
共计	3187.2	4580814.4

（二）合成树脂出口

我国合成树脂出口规模相对较小，但近些年来出口平均增速明显高于进口。

1. 出口基本情况

受世界经济复苏乏力影响，2015 年我国合成树脂出口量额出现明显下降。全年出口合成树脂 498.1 万吨，同比下降 3.2%，2010 年以来首次下降。从出口量增速看，聚丙烯和环氧树脂较快，分别增长 32.3% 和 11.3%。但出口量最大仍然是其他合成树脂，为 286.6 万吨，增长 3.5%，占合成树脂出口总量的 57.6%，较上年提高 3.7 个百分点；其次是聚氯乙烯，出口量 87.7 万吨，大幅下降 26.5%，占比 17.6%，比上年回落 5.6 个百分点。

2015 年，我国合成树脂出口总额为 95.3 亿美元，同比下降 10.7%，上年为增长 16.5%。其中，聚氯乙烯出口额 7.8 亿美元，降幅 32.9%，占比 8.2%；其他合成树脂出口额 63.1 亿美元，下降 8.2%，占比 66.3%。

2011 ～ 2015 年我国合成树脂出口量增长情况

单位：万吨

时间 / 年 产品	2011	2012	2013	2014	2015
合成树脂总计	362.5	378.1	419.6	514.5	498.1
同比 /%	23.0	4.3	11.0	22.6	-3.2
聚乙烯	32.2	28.8	20.3	24.9	26.9
聚丙烯	16.6	16.1	14.7	12.6	16.6
聚氯乙烯	44.2	45.4	73.4	119.3	87.7
聚苯乙烯	35.6	33.5	32.7	32.3	33.0
ABS 树脂	4.3	4.2	3.1	3.3	2.4
环氧树脂	8.4	7.1	7.1	6.6	7.3

续表

产品 \ 时间/年	2011	2012	2013	2014	2015
聚碳酸酯	23.8	21.2	20.9	22.3	21.2
聚硅氧烷	8.4	9.6	9.4	12.1	13.2
塑料废碎料	2.6	3.3	4.2	4.3	3.0
其他合成树脂	186.6	209.0	233.9	276.8	286.6

2. 主要出口目的地

我国合成树脂出口几乎遍布全球各地，但主要出口目的地仍是亚洲及我周边国家和地区。2015 年出口量居前四位的国家和地区依次为东盟、中国香港、中东地区和印度，合计占我国合成树脂出口总量的 49.0%，出口总额的 48.0%（见下表）。

2015 年我国合成树脂主要出口国家和地区

单位：万吨，万美元

国别（地区）	2015 年		2014 年		同比 ±%	
	数量	金额	数量	金额	数量	金额
世　界	498.1	952933.3	514.5	1067031.0	-3.2	-10.7
中国香港	51.9	124547.8	52.4	134726.5	-1.0	-7.6
中国澳门	0.0	74.6	0.1	158.7	-51.3	-53.0
台湾省	13.6	33387.2	14.1	36150.4	-4.1	-7.6
东　盟	104.0	183293.5	99.0	193415.0	5.1	-5.2
日　本	14.7	41723.3	14.1	42310.9	4.8	-1.4
韩　国	31.5	63471.2	30.2	66710.6	4.4	-4.9
印　度	41.6	66400.4	54.3	81991.6	-23.3	-19.0
巴基斯坦	11.9	20967.2	10.4	21663.3	15.0	-3.2
中　东	46.6	82788.2	43.9	92888.5	6.1	-10.9
欧　盟	24.3	63854.5	25.5	71997.7	-4.8	-11.3
俄罗斯	17.4	25505.0	34.6	50074.2	-49.5	-49.1
乌克兰	2.5	3576.2	2.6	4788.9	-6.6	-25.3
美　国	35.1	78169.1	34.4	86417.6	2.0	-9.5
加拿大	4.1	8112.7	4.2	10098.6	-0.4	-19.7
拉丁美洲	32.5	61493.4	29.4	66294.6	10.4	-7.2
非　洲	30.0	46211.5	27.6	50416.2	8.7	-8.3
澳大利亚	7.7	14437.3	7.3	15830.7	5.5	-8.8
新西兰	0.8	1778.9	0.7	1632.4	20.0	9.0
其他国家和地区	27.7	33141	29.8	39465	-7.1	-16.0

3. 出口贸易方式

在我国合成树脂出口贸易中，一般贸易和来料加工贸易占比较大。2015 年，在出口贸易量中，一般贸易占比 51.6%，较上年回落 2.6 个百分点；来料加工贸易占比 39.7%，提高 1.6 个百分点。在出口贸易额中，一般贸易占比 53.7%，较上年上升 0.4 个个百分点，来料加工贸易占比 37.5%，下降 1.1 个百分点。两者之和分别占出口贸易总量和贸易总额的 91.3% 和 91.2%。

2015 年我国合成树脂出口贸易方式情况

单位：万吨，万美元

贸易方式	出口量	出口额
一般贸易	257.1	511633.8
来料加工贸易	197.5	357420.5
保税区仓储转口货物	29.6	54080.6
来料加工装配贸易	8.5	14841.6
保税仓库进出境货物	1.7	4314.0
边境小额贸易	1.4	3523.0
其他	1.3	4569.7
对外承包工程出口货物	1.0	2542.6
国家间、国际组织无偿援助和赠送的物资	0.0	5.4
易货贸易	0.0	1.9
其他境外捐赠物资	0.0	0.2
共计	498.1	952933.3

四、价格分析

2015 年，我国合成树脂市场价格继续走低，降幅扩大，价格总水平连续第四年下降。在联合会市场监测的 29 种主要合成树脂产品中，价格上涨的仅有 2 种，占比不足 7%。最大降幅近 30%，降幅 20% 以上的品种近三成。

（一）合成树脂价格总水平降幅继续扩大

根据统计局出厂价格指数，2015 年，我国合成树脂生产者出厂价同比下降 10.7%，较上年扩大 9.2 个百分点，创金融危机以来最大降幅。从全年走势上看，总体上是震荡走低。预计 2016 年国际油价总体仍然是下跌的局面，但跌幅收窄，现货均价在 35 ～ 45 美元 / 桶上下，跌幅 5% ～ 10%。根据目前合成树脂市场需求变化和国际油价走势的基本判断，2016 年合成树脂价格总水平可能延续低位运行的态势，小幅下降；由于成本回落，行业效益将继续回升。

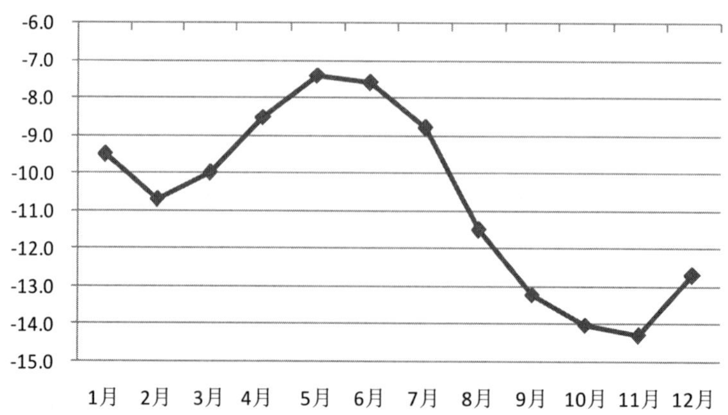

2015 年合成树脂行业出厂价格指数走势　单位：%

（二）聚乙烯价格

2015 年，聚乙烯市场价格全线大幅下挫，主要品种均价创 2005 年以来新低。监测显示，聚乙烯价格平均跌幅逾 15%，终止连续两年上涨势头。其中，高密度聚乙烯（5000S）均价 10026 元 / 吨，同比下跌 15.8%；低密度聚乙烯（2426H）均价为 10330 元 / 吨，跌幅 15.7%；线性低密度聚乙烯（7042）均价 9353 元 / 吨，首次跌破 10000 元关口，跌幅 15.9%（见下表）。预计 2016 年聚乙烯价格将是低位运行格局，价格总水平与上年大致持平。

进口价格回落。2015 年，进口聚乙烯价格大幅回调，平均跌幅近 19%。其中，低密度聚乙烯进口均价为 1315.1 美元 / 吨，下跌 18.6%；高密度聚乙烯均价 1260.2 美元 / 吨，下跌 17.9%；线型低密度聚乙烯均价为 1287.8 美元 / 吨，下挫 19.8%。总的看，进口价格跌幅明显大于国内市场，加剧了国内市场的竞争。

2011 ～ 2015 年国内聚乙烯市场价格变动情况

单位：元 / 吨

产品名称	等级、规格	2011 年	2012 年	2013 年	2014 年	2015 年
HDPE	5000S	11462	11207	11573	11908	10026
同比 /%	-	4.9	-2.2	3.3	2.9	-15.8
LDPE	2426H	13015	10955	12008	12251	10330
同比 /%	-	5.8	-15.8	9.6	2.0	-15.8
LLDPE	7042	10536	10533	11238	11127	9353
同比 /%	-	-1.0	0.0	6.7	-1.0	-15.9

2011 ～ 2015 年进口聚乙烯价格变动情况

单位：美元 / 吨

产品名称	2011 年	2012 年	2013 年	2014 年	2015 年
低密度聚乙烯	1654.0	1429.4	1543.8	1616.2	1315.1
同比 /%	12.4	-13.6	8.0	4.7	-18.6
高密度聚乙烯	1397.4	1375.8	1460.7	1535.7	1260.2
同比 /%	10.0	-1.5	6.2	5.1	-17.9
线型低密度聚乙烯	1435.2	1373.0	1513.7	1606.0	1287.8
同比 /%	9.0	-4.3	10.2	6.1	-19.8

（三）聚丙烯价格

国内市场价格继续下跌。2015 年，国内市场聚丙烯（F401）平均价格为 8042 元 / 吨，2009 年以来再度跌破 10000 元大关，创有价格记录以来新低，同比跌幅 26.7%，也创历史最大跌幅，价格连续第四年下挫。预计 2016 年，聚丙烯市场价格仍将是疲软局面，有可能出现历史性的五连跌，但价格跌幅会收窄，估计在 10% 以内。

进口价格下跌。2015 年，进口聚丙烯（初级状）均价为 1306.9 美元 / 吨，同比大挫 18.4%，价格重回 2009 年之前的水平，也终止了进口价格连续两年上涨的势头。

2011 ～ 2015 年聚丙烯价格变动情况

单位：元 / 吨，美元 / 吨

产品名称	规　格	2011 年	2012 年	2013 年	2014 年	2015 年
国内市场价格	F401	12075	11181	11147	10973	8042

续表

产品名称	规　格	2011 年	2012 年	2013 年	2014 年	2015 年
同比 /%	-	8.6	-7.4	-0.3	-1.6	-26.7
进口价格	初级状	1555.3	1482.3	1557.4	1601.4	1306.9
同比 /%	-	16.3	-4.7	5.1	2.8	-18.4

（四）聚氯乙烯价格

价格降幅扩大。2015 年聚氯乙烯市场供需失衡持续，竞争进一步加剧，价格连续第四年下降。市场监测显示，聚氯乙烯（SG3）年均价为 5413 元 / 吨，同比下降 12.8%，降幅较上年扩大 7.6 个百分点；聚氯乙烯（LS-100）年均价 6393 元 / 吨，跌幅 6.1%，扩大 3.7 个百分点（见下表）。2015 年聚氯乙烯市场价格持续低位震荡，价格均创历史新低。

目前，我国聚氯乙烯产能主要集中在中西部地区，占比六成以上，消费市场则主要集中在东部，运输成本较高，加上人力、环保等成本刚性上升，对价格形成支撑。但我国聚氯乙烯市场总体过剩情况严重，价格回升压力很大。因此，预计 2016 年我国聚氯乙烯市场价格总体上仍将是低位震荡的格局，价格与上年大致持平或有小幅下跌。

进口价格全线下挫。2015 年进口聚氯乙烯价格普遍跌幅较大。其中，糊树脂均价为 1110.0 美元 / 吨，跌幅 16.9%，连续第四年下跌；初级状未掺混聚氯乙烯价格 882.5 美元 / 吨，下跌 17.1%；未塑化聚氯乙烯价格 1052.9 美元 / 吨，下跌 12.1%，与糊树脂一样，连续四年下挫；已塑化聚氯乙烯价格 2035.3 美元 / 吨，下跌 4.4%，跌幅相对较小。

2011 ～ 2015 年聚氯乙烯国内市场价格变动情况

单位：元 / 吨

产品名称	规格	2011 年	2012 年	2013 年	2014 年	2015 年
聚氯乙烯	SG3	8089	6747	6552	6208	5413
同比 /%	-	5.6	-16.6	-2.9	-5.2	-12.8
聚氯乙烯	LS-100	8296	7163	6972	6807	6393
同比 /%	-	5.9	-13.7	-2.7	-2.4	-6.1

2011 ～ 2015 年聚氯乙烯进口价格变动情况

单位：美元 / 吨

产品名称	规格	2011 年	2012 年	2013 年	2014 年	2015 年
聚氯乙烯	糊树脂	1739.8	1496.2	1384.1	1335.2	1110.0
同比 /%	-	26.0	-14.0	-7.5	-3.5	-16.9
聚氯乙烯	初级状	1061.6	981.4	1029.2	1064.7	882.5
同比 /%	-	9.8	-7.6	4.9	3.4	-17.1
聚氯乙烯	未塑化	1534.6	1362.8	1275.7	1197.5	1052.9
同比 /%	-	22.4	-11.2	-6.4	-6.1	-12.1
聚氯乙烯	已塑化	2166.8	2136.3	2098.4	2129.3	2035.3
同比 /%	-	10.5	-1.4	-1.8	1.5	-4.4

（五）聚苯乙烯价格

聚苯乙烯价格跌幅扩大。2015 年，GPPS（透苯，注塑级）国内市场均价 9548 元 / 吨，同比下跌 20.4%，跌幅较上年扩大 8.8 个百分点，连续第二年下跌；HIPS（抗冲击级）均价为 9796 元 / 吨，跌幅 25.0%；EPS（阻燃料）均价为 9791 元 / 吨，跌幅 19.2%。市场监测的聚苯乙烯主要品种价格均大幅下挫，GPPS 价格创下历史新低。从目前市场价格趋势看，2016 年，聚苯乙烯市场可能延续疲软格局，价格总水平估计与上年基本持平。

进口价格大幅下挫。2015 年，我国进口 EPS（初级状）均价为 1779.8 美元 / 吨，同比上大挫 19.6%，终止连续第五年上涨纪录；进口 HIPS（初级状）均价为 1547.4 美元 / 吨，跌幅亦为 19.6%，连续二年下跌。

2011 ～ 2015 年聚苯乙烯国内和进口价格变动情况

单位：元 / 吨，美元 / 吨

产品名称	规格	2011 年	2012 年	2013 年	2014 年	2015 年
GPPS	注塑级	11927	12075	13578	11977	9548
同比 /%	–	9.6	1.2	12.4	-11.6	-20.4
HIPS	抗冲击级	–	–	–	13067	9796
同比 /%	–	–	–	–	–	-25.0
EPS	阻燃料	–	–	–	12117	9791
同比 /%	–	–	–	–	–	-19.2
进口价格						
EPS	初级状	1596.3	1709.1	2054.3	2215.0	1779.8
同比 /%	–	15.2	7.1	20.2	7.8	19.6
HIPS	初级状	1798	1849.4	1979.1	1923.7	1547.4
同比 /%	–	13.9	2.9	7.0	-2.8	-19.6

（六）ABS 价格

价格继续下降。2015 年，国内市场 ABS 树脂（通用级）平均价格为 10878 元 / 吨，同比下跌 22.9%，跌幅较上年显著扩大，连续第四年下挫。从价格走势上看，全年震荡走低，四季度下滑加剧。根据目前市场走势判断，2016 年 ABS 树脂价格仍将是疲软的局面，价格总体上预计与上年基本持平，或有小幅下降。

进口价格跌幅扩大。2015 年 ABS 树脂进口均价为 2225.1 美元 / 吨，同比下跌 10.7%，跌幅较上年扩大逾 10 个百分点，与国内市场价格一样，也是连续第四年走低（见下表）。总体看，进口价格跌幅要小于国内市场。

2011 ～ 2015 年 ABS 价格变动情况

单位：元 / 吨，美元 / 吨

产品名称	规格	2011 年	2012 年	2013 年	2014 年	2015 年
ABS	通用级	17479	15423	14922	14115	10878
同比 /%	–	7.6	-11.8	-3.3	-5.4	-22.9
进口价格						

续表

产品名称	规格	2011 年	2012 年	2013 年	2014 年	2015 年
ABS	改性	2670.6	2556.2	2503.1	2491.6	2225.1
同比 /%	-	15.5	-4.3	-2.1	-0.5	-10.7

五、世界合成树脂供需概况

目前，世界合成树脂总体仍维持供大于求的格局，但产能增速放缓。2014 年，全球五大通用合成树脂（PE、PP、PVC、PS、ABS）产能合计达到 2.66 亿吨 / 年，同比增长 2.8%，增速较上年减缓 2.1 个百分点；产量约为 2.06 亿吨，增幅 3.4%，加快 0.2 个百分点；消费量 2.06 亿吨，增长 3.1%，回落 0.4 个百分点。开工率约为 77.3%，比上年提高 0.4 个百分点。预计 2015 年全球五大通用合成树脂总产能约为 2.74 亿吨，增长 3.1%，产量和消费量均为 2.13 亿吨，分别增长 3.4% 和 3.3%。

1. 聚乙烯

2014 年，世界聚乙烯产能达到 9908 万吨 / 年，同比增长 1.7%；产量为 8398 万吨，增长 3.7%；消费量 8391 万吨，增长 2.7%；开工率为 84.7%，较上年提高 1.5 个百分点。

东北亚地区继续保持世界最大产能和产量。2014 年产能达到 2437 万吨 / 年，占全球总产能的 24.6%，较上年提高 1 个百分点；产量 2094 万吨，占比 24.9%，提高 0.7 个百分点。北美仍位居第二，产能为 2031 万吨 / 年，占比 20.5%，产量 1827 万吨，占比 21.7%。

东北亚也是全球聚乙烯最大消费地区。2014 年消费量为 2701 万吨，占世界消费总量的 32.2%；其次为北美地区，消费量 1576 万吨，占比约为 18.8%；西欧位居第三，消费量为 1098 万吨，占比 13.1%。东北亚消费占比继续上升，北美、西欧下降。

中东和北美地区是聚乙烯的主要出口地，2014 年净出口量分别为 1046 万吨和 279 万吨；东北亚和非洲为主要进口地区，净进口量达 601 万吨和 257 万吨。

预计未来两年，全球聚乙烯生产将继续扩张态势。2015 年产能将突破亿吨大关，达到 10205 万吨 / 年，增长约 3.0%，产量 8692 万吨，增长约 3.5%，消费量约为 8660 万吨，增幅 3.2%。聚乙烯的新增产能主要来自中东、东北亚和东南亚等地区。

2010 ～ 2016 年世界 PE 供需增长及预测

万吨 / 年，万吨

	实际值					预测值	
项目	2010 年	2011 年	2012 年	2013 年	2014 年	2015 年	2016 年
产能	9002	9241	9389	9738	9908	10205	10511
产量	7472	7735	7853	8102	8398	8692	8996
消费	7373	7651	7856	8168	8391	8660	8963

注：资料来源：中国石化咨询公司、中石化经济技术研究院、石化联合会（下同）。

2. 聚丙烯

2014 年，世界聚丙烯产能 7002 万吨 / 年，同比增长 3.7%；产量为 5774 万吨，增幅 3.6%；消费量 5813 万吨，增长 4.1%；装置平均开工率为 82.5%，与上年基本持平。

东北亚、西欧和北美是全球聚丙烯最主要生产地和消费地。2014 年，三地产能分别为 2673 万吨 / 年、951 万吨 / 年和 869 万吨 / 年，西欧和北美产能与上年没有变化，占全球总产能的 38.2%、13.6% 和 12.4%；产量分别达 2092 万吨、832 万吨和 757 万吨，占比 36.2%、14.4% 和 13.1%；消费量分别为 2287 万吨、745 万吨和 737 万吨，占比 39.3%、12.8% 和 12.7%。无论是产量还是消费量，东北亚地区都遥遥领先。

中东和西欧是聚丙烯最主要的输出地，东北亚为主要进口地区。2014 年，中东和西欧分别净出口聚丙烯289万吨和89万吨；东北亚净进口169万吨。东北亚进口总体上呈下降趋势。

预计2015年，世界PP产能将达到7282万吨/年，增长约4.0%；产量5976万吨，增幅约3.5%，消费量6034万吨，增长3.8%。2015～2020年，聚丙烯新增产能主要来自东北亚、北美和中东地区，占比分别达50.7%、11.7%和11.6%。。

2010～2016年世界PP供需增长及预测

万吨/年，万吨

实际值						预测值	
项目	2010年	2011年	2012年	2013年	2014年	2015年	2016年
产能	5930	6314	6430	6749	7002	7282	7573
产量	4861	5291	5367	5574	5774	5976	6185
消费	4865	5197	5394	5582	5813	6034	6275

3. 聚氯乙烯

2014年，世界聚氯乙烯产能6083万吨/年，同比增长4.0%；产量为4036万吨，增幅4.9%；消费量4044万吨，增长4.9%；装置平均开工率为66.4%，较上年提高0.6个百分点。

东北亚、北美和西欧是全球聚氯乙烯的主要生产地和消费地。2014年，上述三地产能分别为3586万吨/年、886万吨/年和625万吨/年，占全球总产能的59.0%、14.6%和10.3%；产量分别达2049万吨、739万吨和505万吨，占全球总产量的50.8%、18.3%和12.5%；消费量分别为1877万吨、518万吨和403万吨，占世界消费总量的46.4%、12.8%和10.0%。

北美、东北亚和西欧地区也是聚氯乙烯主要输出地，中东、印度次大陆和南美为主要进口地。2014年北美、东北亚和西欧地区分别净出口聚氯乙烯221万吨、172万吨和110万吨；中东、印度次大陆和南美地区分别净进口135万吨、136万吨和73万吨。

预计2015年，世界聚氯乙烯产能将达到6265万吨/年，增长约3.0%；产量和消费量分别为4197万吨和4185万吨，增幅为4.0%和3.5%。

2010～2016年世界PVC供需增长及预测

万吨/年，万吨

实际值						预测值	
项目	2010年	2011年	2012年	2013年	2014年	2015年	2016年
产能	4605	5100	5409	5848	6083	6265	6453
产量	3495	3640	3726	3847	4036	4197	4344
消费	3499	3640	3726	3855	4044	4185	4332

4. 聚苯乙烯

2014年，世界聚苯乙烯产能2582万吨/年，同比增长1.3%；产量和消费量分别为1630万吨和1621万吨，下降1.9%和2.4%；开工率为63.1%，较上年回落2.1个百分点。

东北亚地区是全球聚苯乙烯最大的生产地和消费地。2014年，该地区产能达1382万吨/年，占全球产能的53.5%；产量760万吨，占比46.6%；消费量657万吨，占比40.5%。西欧和北美居其次。产能分别为354万吨/年和342万吨/年，占全球比重13.7%和13.2%；产量分别为276万吨261万吨，占比16.9%和16.0%；费量分别为249万吨和260万吨，占比15.4%和16.0%。

东北亚和西欧是全球聚苯乙烯的主要输出地，2013年分别净出口103万吨和27万吨。中东和中东欧等地区是主要的进口地，分别净进口53万吨和

41 万吨。

预计 2015 年，世界聚苯乙烯产能将达 2613 万吨年，同比增长 1.2%；产量和消费量分别为 1654 万吨和 1645 万吨，增幅为 1.5% 和 1.6%（见下表）。

2010 ～ 2016 年世界 PS 供需增长及预测

万吨 / 年，万吨

实 际 值						预 测 值	
项目	2010 年	2011 年	2012 年	2013 年	2014 年	2015 年	2016 年
产能	2251	2331	2473	2548	2582	2613	2644
产量	1637	1570	1662	1662	1630	1654	1679
消费	1628	1563	1662	1662	1621	1647	1670

5. ABS 树脂

2013 年，全球 ABS 产能达 1056 万吨 / 年，同比增长 2.6%；产量和消费量分别为 754 万吨和 759 万吨，增长 2.6% 和 3.2%。开工率为 71.4%，与上年基本持平。

东北亚是全球ABS树脂最大的生产和消费地区。2014 年东北亚地区生产能力为 800 万吨 / 年，占全球总产能的 75.6%；产量为 564 万吨，占全球总产量的 74.8%；消费量为 504 万吨，占世界消费总量的 66.4%。产能、产量和消费量占比较上年均有所上升。

东北亚也是全球 ABS 树脂最主要输出地，2014 年净出口 ABS 树脂 60 万吨。西欧净出口 5 万吨。其他均为 ABS 树脂净进口地区。

预计 2015 年世界 ABS 产能将达到 1086 万吨 / 年，增长 2.8%，产量和消费量年为 777 万吨和 783 万吨，增长 3.1% 和 3.2%（见下表）。

2010 ～ 2016 年世界 ABS 供需增长及预测

万吨 / 年，万吨

实 际 值						预 测 值	
项目	2010 年	2011 年	2012 年	2013 年	2014 年	2015 年	2016 年
产能	875	920	992	1029	1056	1086	1118
产量	729	701	688	735	754	777	801
消费	729	699	686	735	759	783	808

（中国石油化工协会 范德标）

塑料助剂

塑料助剂也称塑料添加剂或塑料加工助剂，是指在树脂加工成型过程中为改善加工和应用性能而添加和使用的功能性化学品。根据功能和作用，一般包括增塑剂、热稳定剂、抗氧剂、光稳定剂、阻燃剂、加工及抗冲改性剂、偶联剂、成核剂、抗静电剂等十余种类型，而且随着塑料制品应用领域的拓展、性能要求的提高和成型方式的变化，塑料助剂的类别和品种还将不断扩大和增多。

塑料助剂是塑料工业的伴生产业，其进步和发展与塑料工业密切相关。我国塑料助剂工业起步于 20 世纪 50 年代，经过近七十年的努力，迄今已成为门类相对齐全、优势较为明显的精细化工重要分支。

行业统计表明，2015 年全国塑料助剂的总消费量达到约 540 万吨，按照“十三五”规划，预计 2020 年总需求量将达 935 万吨，年均增长率为 7.1%。就消费类别来看，增塑剂、热稳定剂、阻燃剂分别位居产耗量最大的塑料助剂前三位，其中增塑剂的消费量占塑料助剂总消费量的 50% 以上。从应用市场分析，PVC 依然是塑料助剂的最大消费市场，其消费量约占整个塑料助剂消费量的 75% 以上。表 1 显示了 2015 年国内塑料助剂消费量及“十二五”期间年均增长率。

表 1　2015 年国内塑料助剂消费量及“十二五”期间年均增长率统计表

品 种	2015 年 / 万吨	年均增长率 /%
增塑剂	272	5.5
热稳定剂	46.6	5
阻燃剂	54	8.4
冲击改性剂与加工改良剂	37.5	12.8
抗静电剂	2.0	20.1
光稳定剂	1.6	18.0
着色剂	58	10.6
润滑剂	21	11.8
发泡剂	29	11.9
抗氧剂	13.95	14.1
偶联剂	2.22	8.1
其他	2.0	5
合计	539.9	7.5

顺应全球塑料工业“绿色、低碳、清洁”的发展趋势，我国塑料助剂产业在品种开发和技术进步方面呈现出新的特征，旨在减少环境危害、降低能耗、以生物基为原料和为生物基与生物可降解塑料加工改性配套的助剂品种的研究开发备受关注。表 2 列出了各类塑料助剂 2016 和 2020 年消费量预计及“十三五”期间的平均年增长率预计情况。

表 2　塑料助剂消费量及“十三五”期间平均年增长率预测表

品 种	2016 年预计 / 万吨	2020 年预计 / 万吨	年均增长率 /%
增塑剂	421	550	6.1
热稳定剂	50	78	5.6
阻燃剂	54	66.2	6.4
冲击改性剂与加工改良剂	37.5	60	12
着色剂	58	80	7.5
润滑剂	21	33	11.4
发泡剂	29	42	8.9
抗氧剂	13.5	16.25	4.1

续表

品　种	2016 年预计 / 万吨	2020 年预计 / 万吨	年均增长率 /%
抗静电剂	2.0	3.2	12
光稳定剂	1.1	1.4	5.5
偶联剂	2.39	3.2	6.8
其他	1.68	2.2	6.1
合计	691.17	935.45	7.1

一、增塑剂

增塑剂是能够赋予塑料柔韧性，旨在通过改变树脂熔体流变行为来提高其加工性能的功能化塑料助剂。按照化学结构，增塑剂一般分为邻苯二甲酸酯类、对苯二甲酸酯类、脂肪二元酸酯类、偏苯三酸酯类、柠檬酸酯类、环氧酯类、氯化石蜡类、烷基磺酸酯类、磷酸酯类、聚酯类等，其中邻苯二甲酸酯类增塑剂包含品种最多、产耗量最大，在增塑剂领域居于支配地位。

1. 国内生产、消费及市场现状

我国增塑剂产业起步于 20 世纪 50 年代，经历了由小规模分散型的间歇式、酸催化、高能耗落后工艺向集约式的连续化、非酸催化现代生产工艺转变。据统计，目前我国增塑剂生产企业有 130 多家，10 万吨以上规模企业占总生产能力的 80%，2014 年各类增塑剂生产能力 528 万吨，实际产量约 392 万吨左右，其中邻苯类 DOP 约 180 万吨，DINP 约 40 万吨，DBP、DIBP 约 45 万吨，环氧类约 50 万吨，对苯类约 50 万吨，偏苯类 6 万吨，DOA 约 6 万吨，DOS 约 1 万吨，柠檬酸酯类约 6 万吨，其他约 8 万吨左右。2014 年我国增塑剂进口量 10 万吨，出口量 2.6 万吨，表观消费量 399.4 万吨，消费结构中，邻苯类占 66.4%，环氧类占 12.5%，对苯类占 12.5%，偏苯类占 1.5%，其他占 4.4%。表 3 归纳了国内酯类增塑剂骨干企业的产能和品种。

表 3　　国内酯类增塑剂生产企业及生产能力

企业名称	生产能力 /（万吨 / 年）	主要产品
山东齐鲁石化增塑剂股份有限公司	36	DOP、DBP、DINP、DOTP
河南庆安化工集团	30	DOP、DBP、DIBP、TOTM、DINP、DIDP、DOA
镇江联成化学工业有限公司	26	DOP、DINP、DOA、TOTM、DIDP
爱敬（宁波）化工有限公司	20	DOP、DOA、TOTM
山东宏信化工股份有限公司	11	DOP、DBP、DIBP
金陵石化化工一厂	10	DOP、DBP
上海联成石化有限公司	10	DOP、DINP、DOA
石家庄白龙股份有限公司	8	DOP、DBP、DIBP
吉林石化联合化工厂	5	DOP、DBP、DOA
埃克森化工（番禺）有限公司	5	DINP
天津乐金渤海化学有限公司	5	DOP、DBP
其他	94	
合计	260	

自2011年以来，我国占据全球增塑剂大部分的新增产能和消费量。据统计，2014年中国占全球消费总量的43%，亚洲其他地区占16%、西欧占14%，北美占12%。到2019年，中国占全球增塑剂市场的份额将提升到48%，年均增速达到6.5%。

邻苯二甲酸酯类产品仍然主导增塑剂市场，但因其是一类具有生殖毒性和发育毒性的环境雌激素，受环保法规的限制，其消费将持续下降。2014年全球增塑剂消费量为840万吨，其中邻苯二甲酸酯类占70%，到2019年这一比例将进一步下降至65%。邻苯二甲酸酯类所占市场份额下降主要是由于消费者对健康安全的担忧，同时全球非邻苯二甲酸酯类替代物需求正在快速增长，主要包括对苯二酸酯、环氧类、脂肪族化合物等，西欧国家邻苯类增塑剂增长率只有2.1%，而环氧类增塑剂增长率达到89.6%，柠檬酸酯类的增长率达到87.2%；在美国，环氧类增塑剂的消费量也已占到其消费总量的第三。预计2014～2019年替代物的年均增速将超过7%，消费量将从2014年的250万吨增加至2019年的360万吨。其中对苯二酸酯和环氧类增塑剂的年均需求增速将分别达到8.3%和8%，相当于增塑剂总体年均需求增速的两倍。

目前，中国增塑剂市场也在向安全替代品转变，我国增塑剂生产以DOP、DBP为主，还能生产DINP、DIDP、氯化石蜡、烷基磺酸酯、脂肪族二元酸酯、环氧类、偏苯酸酯类、磷酸酯类等30多个产品，同时环保绿色的环氧大豆油、对苯二甲酸酯类、偏苯三酸酯类、柠檬酸酯类、脂肪族二元酸酯产量大增。

应当特别指出的是，尽管目前我国已经成为世界增塑剂产耗大国，但行业的结构性矛盾仍然十分突出。一方面，以邻苯二甲酸二（2-乙基己酯）（DOP或DEHP）为主导品种的邻苯二甲酸酯类增塑剂扩张速度过快，产能过剩已成为行业发展的桎梏，同时在邻苯二甲酸酯类增塑剂的生产结构方面，品种也过于单一，现有产量的90%以上为通用型品种DOP和DBP所占有，而受国内高碳醇资源不足的制约，代表世界增塑剂消费趋势的邻苯二甲酸高碳醇酯类增塑剂（如DINP、DIDP等）品种产量十分有限，这与当前先进国家增塑剂消费结构存在明显差异，也与全球增塑剂产业的发展趋势严重不符。另一方面，环保型增塑剂品种和产能不足，增塑剂应用中的不规范已经为增塑剂行业的健康发展带来灾难性影响。

价格过高仍然是阻碍生物基增塑剂应用的最主要因素。在不同的产品领域，生物基增塑剂表现出不同的消费趋势。在食品包装领域，环氧大豆油依然是用量最大的PVC增塑剂。北美是生物基增塑剂最大的市场，约占全球市场的30%以上。在医疗、线缆、包装等应用领域，亚太地区是生物基增塑剂市场需求增长最快的市场之一。目前生物基增塑剂的主要国际生产厂家有：Biopac，Georgia-Pacific LLC，Clearwater Paper Corporation，Mondi Group，BASF SE，NovamontS.P.A，Rocktenn，International Paper以及Natureworks LLC。国内的主要生产厂家有：山东吉青、广州海珥玛、河北金谷等。

2. 品种和技术发展动向

相关研究报告显示，2014～2019年，全球增塑剂需求的年均增速将达到3.9%。到2019年，全球增塑剂使用量将升至1030万吨。

综观国内外增塑剂发展动向，无毒、无害、环境友好是当今世界增塑剂行业发展的重要趋势。在技术和品种开发方面，具体体现在开发和研究应用于敏感领域（如儿童玩具等）的邻苯二甲酸酯类增塑剂替代品和以可再生的生物资源为原料的增塑剂新产品备受关注。前者除用柠檬酸酯类、环氧类等传统意义上的无毒增塑剂外，BASF公司于20世纪末推出的环己基二羧酸酯类增塑剂DINCH（1，2-环己基二羧酸二异壬酯）近年来得到迅猛的发展，以Elatur CH的牌号供应市场，后者以丹麦Danisco公司的乙酰基蓖麻油衍生物增塑剂Grindsted Soft-N-Safe和法国罗盖特公司(Roquette)异山梨醇二脂肪酸酯增塑剂Polysorb ID 37为代表。这两种以可再生植物资源为原料的增塑剂不仅不含任何化石基碳资源，而且产品在环境中可生物降解，消除了其在环境中的积累，同时产品完全无毒无害，特别适用于卫生安全要求高的特殊领域制品。

我国生物基和非邻苯二甲酸酯类增塑剂产能严重偏低，环保安全增塑剂的技术开发比较滞后，但进展还是卓有成效的。山西省化工研究所、中科研煤化所和河南庆安化工科技有限公司合作开展的DINP催化加氢合成DINCH环保增塑剂的研究工作已经起步。广州海珥玛植物油脂有限公司等企业的环氧基增塑剂的清洁生产工艺、技术指标和产能规模也都具有大幅度提升。除此之外，研究利用生物柴油生产技术开发环保型增塑剂已经取得实质性进展，其推广将对降低环保增塑剂的生产成本具有重要的现实意义。

顺应国际国内塑料加工产业的发展趋势，从原料布局、产品合成到应用层面的法规管理和政策引导统一协调，我国增塑剂产业一定能够实现由大国向强国转变的目标。

二、热稳定剂

热稳定剂一般特指适用于聚氯乙烯及氯乙烯共聚物等含卤树脂、旨在抑制其在加工温度下降解的稳定化助剂。根据化学组成的不同，热稳定剂通常包括铅盐类热稳定剂、金属皂类热稳定剂、有机锡类热稳定剂、有机锑类热稳定剂、稀土稳定剂、有机辅助热稳定剂和复合热稳定剂等，其中，铅盐类热稳定剂、金属皂类热稳定剂和有机锡类热稳定剂应用最为普遍。铅盐类热稳定剂以三盐基硫酸铅、二盐基亚磷酸铅和硬脂酸铅为主，对聚氯乙烯具有良好的热稳定性和电绝缘性，特别适用于非透明的硬质 PVC（如管材、型材等）制品加工，也是热稳定剂消费结构中最大的类型，文献报道表明，2000 年以前全球铅类热稳定剂的消费比例从未低于 50%。金属皂类热稳定剂包括脂肪酸金属皂单体（如硬脂酸钙、硬脂酸锌等）和复合金属皂两种类型，前者兼备润滑功能，目前多为复合金属皂类热稳定剂的配合组分；后者按照产品形态和应用领域不同包括液体复合金属皂类热稳定剂和固体复合金属皂类热稳定剂，液体复合金属皂类热稳定剂多用于 PVC 软制品和半硬制品，液体钡镉锌、液体钡锌和液体钙锌等都是液体复合热稳定剂的代表；固体复合金属类热稳定剂主要用于 PVC 硬制品，以固体钡锌和固体钙锌最为常见。相对而言，复合金属皂类热稳定剂涉及的应用范围广，也是热稳定剂领域无铅、非镉化的重要替代类型。有机锡类热稳定剂属于高效、无毒热稳定剂，多数品种对 PVC 的透明度影响小，特别适用于硬质透明制品。

1. 国内生产与市场现状

“十二五”期间，国内热稳定剂消耗基本约 50 万吨 / 年，生产的厂家约 1000 家，基本上能够生产加工工业所需的所有热稳定剂品种。其中铅盐类占 34.2%，硬脂酸盐类占 20.4%，复合型占 28.35%（部分含铅），有机锡类占 7.61%、其他占 9.44%。据不完全统计，目前我国热稳定剂年产总规模约 80 万吨 / 年，生产厂家 70 余家，能够生产的热稳定剂品种达 40 ～ 50 种，产耗量都位列塑料助剂前茅。表 4 列出了我国热稳定剂骨干企业主导产品及其产能。

表 4　　国内热稳定剂主要生产厂家及品种与生产能力

生产厂家	品种	生产能力 /（万吨 / 年）
河北精信化工集团公司	铅盐类、复合钙锌类等	5
江苏联盟化学有限公司	铅盐类、复合钙锌等	4
温州天盛塑料助剂有限公司	钙锌复合系列、铅盐类	3
浙江传化华洋化工有限公司	复合铅类、复合钙锌类	3
广东炜林纳功能材料有限公司	复合铅类、稀土类	3
广东广洋高科技股份有限公司	复合铅类、稀土类	3
江西宏远化工有限公司	铅盐类、复合钙锌、水滑石等	3
大连开米森化工产品有限公司	铅盐类、钙 / 锌复合系列	2
南京协和化学有限公司	铅盐类、钙 / 锌复合系列	2
南京金陵化工厂	铅盐类、复合钙锌类	2
重庆扬帆长江化工有限公司	铅盐类、金属皂类	2
内蒙古皓海化工有限责任公司	铅盐类、复合钙锌等	2
浙江海普顿化工科技有限公司	有机锡系列、钙 / 锌复合系列	1.5
深圳志海实业有限公司	钙 / 锌复合系列	1

续表

生产厂家	品种	生产能力 /（万吨 / 年）
浙江温州华塑集团公司	铅盐类	1
湖北南星化工有限责任公司	甲基硫醇锡系列	0.2
北京阿科玛化学有限公司	有机锡系列	0.5
云南锡业股份有限公司	甲基硫醇锡系列	0.3
南通艾德旺化工有限公司	硫醇锡系列	0.3
杭州东旭助剂有限公司	甲基硫醇锡系列	0.2
杭州三叶化工有限公司	甲基硫醇锡、钙 / 锌复合系列	1

2 品种和技术发展动向

如前所述，去铅化是当今世界 PVC 热稳定剂领域重要的发展趋势，综观国内外技术动向，复合钙锌稳定剂是铅稳定剂最重要的替代品种。众所周知，复合钙锌稳定剂的性能很大程度上取决于与之配合的各种辅助稳定剂，为此，近年来国内有关 PVC 辅助稳定剂的开发十分引人注目。以 β－二酮为例，继早期山西省化工研究所、安徽蚌埠佳先功能助剂股份有限公司小批量供应二苯甲酰甲烷（DBM）、硬脂酰苯甲酰甲烷（SBM）两种 β－二酮辅助热稳定剂后，2013 年安徽蚌埠佳先功能助剂有限公司目前建有全球最大规模、工艺先进的二苯甲酰甲烷（DBM）生产装置，除 SBM、DBM 两种固体 β－二酮辅助热稳定剂外，一种辛酰苯甲酰甲烷（OBM）的液体 β－二酮辅助热稳定剂也开始应市，这在很大程度上解决了液体钙锌等稳定剂的“锌烧”问题。环保型 PVC 热稳定剂的另一个重要动向是纯有机热稳定剂(OBS）尿嘧啶开始付诸应用，在满足国内市场的同时，已有一定数量的产品开始出口国外。水滑石是钙锌复合稳定剂的又一关键组分，其用量一般占到固体钙锌复合热稳定剂的 30% ～ 40%，近年来，为满足不断增长的钙锌复合稳定剂增长需求，包括江西宏远化工、广州呈和化工、辽宁丹东松元化学在内的一批企业开始关注水滑石，目前已经形成了规模化的生产和供应能力，为钙锌复合热稳定剂替代铅盐热稳定剂奠定了良好的基础。

有机锡热稳定剂的发展方向是高效化和低成本化，我国有机锡热稳定剂研发起步于 20 世纪 60 年代后期，90 年代之前基本为辛基硫醇锡和丁基硫醇锡支配市场，90 年代以后甲基硫醇锡合成技术的突破使我国有机锡稳定剂的市场得到大幅度提升，目前以北京阿科玛、湖北南星、杭州海普顿为代表的有机锡热稳定剂骨干企业产能已占到国内有机锡热稳定剂总产能的 90% 以上。提高有机锡热稳定剂效能的创新研究仍在不断进步，举例来说，环状有机锡稳定剂的含锡量高，稳定效果好，当其与其他稳定剂复配使用时效果更优；在稳定剂分子中引入苯环，提高有机锡稳定剂的相对分子质量，形成聚合型的有机锡稳定剂，可以避免小分子热稳定剂的挥发，增加稳定性能。

无毒无害和环境友好是当今世界塑料助剂发展的主流趋势，在热稳定剂领域，取缔和限制铅镉等重金属稳定剂是助剂行业和塑料加工行业始终追求的目标。2013 年以后，由于全球对塑料制品环保压力的持续高涨，国内一线的 PVC 制品生产企业在铅 / 镉替代上也加大、加快步伐，促使热稳定剂行业朝着无毒、环保、高效方面转向并取得长足进步，产品结构日益优化，产品性能不断提升，国内 PVC 制品生产企业无论规模大小都提高了对禁铅、对环保工作的重视程度，进入 2014 年后，理性、审慎、积极而又稳重地推进。受此影响，我国热稳定剂产耗结构将会发生根本性的转变，复合钙锌稳定剂、有机锡稳定剂以及 β－二酮、亚磷酸酯、尿嘧啶等有机辅助稳定剂和水滑石、高氯酸盐等无机稳定剂的消费比例将大幅提升。

三、加工和抗冲改性剂

加工和抗冲改性剂是一类高聚物助剂，一般主要用于硬质和半硬质聚氯乙烯的加工与改性，目前已经延伸到 PET、PA、PC、PLA 等工程塑料和生物基与生物可降解塑料领域。其中，加工改性剂旨在促进树脂熔融，提高熔体强度，改善制品的加工性能和表观性能，目前工业上应用的品种以丙烯酸酯类共聚物为主；抗冲改性剂是以弹性体增韧为基本原理的抗冲改性途径，应用范围涵盖了聚氯乙烯、PET、PP、PA、PC等热塑性制品，但尤以硬质聚氯乙烯制品消耗量最大。就组成和结构而言，市售抗冲改性剂主要包括氯化聚氯乙烯（CPE）、丙烯酸酯类聚合物（ACR）、甲基丙烯酸甲酯－丁二烯－苯乙烯共聚物（MBS）、丙烯腈－丁二烯－苯乙烯共聚物（ABS）、乙烯－醋酸乙烯共聚物（EVA）、乙丙橡胶（EPR）等。就抗冲改性效果、耐候性、加工性、透明性等综合性能分析，CPE是廉价抗冲改性剂，ACR属于耐候性高性能抗冲改性剂，MBS则为高透明、高增韧抗冲改性剂。

1. 国内生产与市场现状

加工和抗冲改性剂是伴随聚氯乙烯硬制品的发展而形成的功能性助剂产业。我国加工和抗冲改性剂的开发和应用起步于20世纪70年代后期，山西省化工研究所、上海珊瑚化工厂、江苏苏州安利化工有限公司等先后承担并完成包括ACR-201、301在内的丙烯酸酯类加工改性剂技术开发和应用研究，为我国PVC用加工和抗冲改性剂产业的形成和推动PVC硬制品加工水平的进步奠定了基础。

ACR、MBS等高效冲击改性剂产能有所扩张，到“十二五”末，总体产能达到56.5万吨，消费量达到37.5万吨。CPE作为抗冲改性剂与加工助剂的需求量相对减少，但作为弹性体用于橡胶等领域的用量有所增加，ACR和MBS的需求量较快增长。

ACR和MBS现在已经形成规模生产，上市公司已经出现，但持续加强科研力量，重点突破核／壳结构的分子设计依然是技术发展趋势，进一步提高性价比更好地适应市场。表5列出了国内PVC加工和抗冲改性剂主要企业及品种。

表5　　国内PVC加工和抗冲改性剂主要企业及品种

主要生产厂家	主要产品
淄博华星助剂有限公司	CPE、ACR、MBS
山东潍坊亚星集团有限公司	CPE
青岛兆冠环保科技有限公司	ACR
河北精信化工集团有限公司	ACR
淄博市淄川社会福利塑料助剂厂	ACR
潍坊东临化工有限公司	ACR
山东世拓高分子材料股份有限公司	ACR
东营市恒阳化工有限公司	ACR
佛山市新盛日高分子材料制造有限公司	ACR
威海金泓集团有限公司	ACR、MBS
沂源瑞丰高分子材料有限公司	ACR、MBS
江西岳峰高分子材料有限公司	ACR、MBS
山东万达化工有限公司	ACR、MBS
山东日科化学股份有限公司	ACR、ACM、MBS
浙江温州龙化塑料助剂有限公司	MBS

2. 品种和技术发展动向

作为改性助剂，加工和抗冲改性剂在未来五年仍然是塑料功能改性不可或缺的部分，其产量、消费量将持续高速增长，新的合成品种会持续出现。预计到2020年，其消费量将达到60万吨，年增速达到12%。

相对而言，用于PVC硬制品成型的加工和抗冲改性剂技术开发趋于成熟，但从整个塑料加工和改性的角度观察，旨在改善塑料树脂加工和抗冲性能的创新活动还异常活跃，概括起来包括两个方面：其一，应用对象开始由传统的PVC硬制品加工向工程塑料、生物基和生物可降解塑料等热塑性树脂改性范围拓展。当然，这种拓展绝不是简单的借用，而是针对特定树脂和特定要求开发的专用品种。对此，为适应工程塑料改性和全球范围内低碳经济的发展需求，Dow Chem.、Arkema等世界级丙烯酸酯类加工和抗冲改性剂领导者近年来都加大了满足工程塑料和生物基与生物可降解塑料要求的新型加工和抗冲改性剂创新研究力度，先后推出了包括适用于工程塑料的Paraloid EXL系列化丙烯酸酯类抗冲改性剂、Paraloid BPM系列聚乳酸专用丙烯酸酯类抗冲改性剂、Paraloid BPMS系列聚乳酸专用丙烯酸酯类熔体增强剂、PLA专用丙烯酸酯类抗冲改性剂Biostrength 150、280和PLA专用丙烯酸酯类熔体增强剂Biostrength 700在内的工业化品种，相比之下，我国有关工程塑料和生物基与生物可降解塑料专用的丙烯酸酯类加工和抗冲改性剂研究比较滞后，山西省化工研究所作为国内为数不多的塑料助剂创新研究机构，近年来在PLA用丙烯酸酯类抗冲改性剂和熔体增强剂新品种开发方面取得了突破性进展，其实验牌号Bio-ACR 8000PLA专用熔体增强剂和Bio-ACR 8200PLA抗冲改性剂的性能评价已经获得用户认可，正在加快产业化和市场化的进程。其二，以提高性价比为宗旨，用创新技术改造传统加工和抗冲改性剂品种的性能和合成，一些企业已经取得了显著进步，举例来说，山东日科化学和江西岳峰高分子两家业内企业在解析PVC增韧机理的基础上采用轻度氯化的HDPE与丙烯酸酯互穿网络先进理念开发了ACM体系抗冲改性剂，显著提高了性价比，有望成为CPE抗冲改性剂替代品的有力竞争者。

四、抗氧剂

抗氧剂是一类能够有效降低塑料等高分子材料自动氧化反应速度，延缓树脂老化降解，提高制品使用寿命的稳定化助剂，其应用几乎涉及所有的聚合物制品。根据功能和化学组成不同，塑料抗氧剂一般分为受阻酚主抗氧剂、亚磷酸酯类和硫代酯类辅助抗氧剂和金属离子钝化剂等，抗氧剂的品种和用量往往由基体树脂、成型方式与条件以及制品的最终应用环境来确定。受阻酚抗氧剂1010、1076、亚磷酸酯辅助抗氧剂168以及由其复配而成的B215、B225是目前应用最为广泛的塑料抗氧剂通用品种。

1. 国内生产与市场现状

塑料抗氧剂产业基本上是伴随聚烯烃工业形成和发展的。一般认为，我国塑料抗氧剂起步于20世纪50年代，但直到80年代之前，主导品种还停留在BHT、硫代酯和TNPP亚磷酸酯等为数不多的低端品种阶段，产耗规模也十分有限。20世纪70年代，基于一批石化项目的上马，我国聚烯烃产业开始起步，为此对抗氧剂的性能提出了更高的要求，从实现助剂国产化的目标出发，抗氧剂1010、1076、168等新型抗氧剂品种的开发和研究引起了助剂行业的广泛关注，以北京化工三厂、辽阳有机化工厂、兰化有机厂、天津力生化工厂为代表的第一批抗氧剂生产企业相继实现抗氧剂1010、1076、168、DSTDP、DLTDP的国产化目标，为我国现代塑料抗氧剂产业的发展奠定了良好的技术和市场基础，90年代以后，随着国内乙烯产能的飞速发展，抗氧剂的市场需求量急剧增长，尤其是民营资本和外资企业的介入一举打破计划经济的体制束缚，涌现出包括金海雅宝、营口风光、临沂三丰、天津晨光等抗氧剂骨干企业，抗氧剂的品种范围也不断扩大，产能持续增加。

“十二五”期间塑料抗氧剂的生产能力、产量、消费量有所增加，生产工艺技术逐步提高，产品质量趋于稳定。国际和国内市场需求的增幅减小，市场竞争加剧，产品价格处于中低位徘徊。表6列出了“十二五”期间抗氧剂、光稳定剂产能、产量增长情况，表7列出了各主要品种2014和2015两年的产能、产量、表观消费量和出口量。

表6　“十二五”期间抗氧剂产能、产量增长情况

单位：万吨

项目	2010年	2015年	年增长/%
抗氧剂产能	10.5	14.85	8.3
抗氧剂产量	9.0	13.5	8.4

表 7　抗氧剂主要品种 2014、2015 年的产能、产量、表观消费量 、出口量

单位：万吨

时间 / 年	项　目	受阻酚	亚磷酸酯	含硫类	合　计
2014	产能	6.9	5.7	1.4	14.0
	产量	6.5	5.45	0.85	12.8
	表观消费量	6.3	4.9	0.30	11.5
	出口量	0.7	0.5	0.6	1.8
2015	产能	7.25	6.0	1.6	14.85
	产量	6.9	5.68	0.92	13.5
	表观消费量	6.7	5.48	0.32	12.5
	出口量	0.8	0.6	0.6	2.0

根据行业统计，截至 2013 年，全国塑料抗氧剂骨干企业 20 多家，产能 15 万吨 / 年，当年产量 12 万吨，实现了从苯酚烷基化到单品合成再到预混的全产业链协同发展，国产品种数量和质量与世界先进水平基本对接。应当指出，“十二五”期间，以现代煤化工 MTO 为特征的煤基聚烯烃和千万吨级炼油配套百万吨级乙烯装置将陆续投产，我国聚烯烃产业将再遇发展契机，预计“十三五”抗氧剂的市场需求将进一步提高。表 8 和表 9 分别列出了目前国内抗氧剂骨干企业及其产能以及对“十三五”期间抗氧剂产能、产量、表观消费量的预测。

表 8　国内抗氧剂骨干企业及其产能

生产企业	产能 /（万吨 / 年）	主要品种
金海雅宝化工公司	2.5	1010、1076、3114、168、626、618、B215、B225 等
巴斯夫高桥特性化学品（上海）有限公司	2.15	1010、1076、168、B215、B225 等
山东临沂三丰化工有限公司	1.6	1010、1076、168、626、B215、B225 等
天津力生化工有限公司	1.3	DLTDP、DLTP、DSTDP、DTDTP、1135 等
营口风光化工有限公司	1.5	1010、1076、626、168、B215、B225 等
北京极易化工有限公司	0.8	1010、1076、626、168、B215、B225 等
天津利安隆新材料有限公司	0.8	1098、MD1024、MD697、B215、B225 等
青岛丰华灏龙化工助剂有限公司	0.5	1010、1076、168、B215、B225 等
天津晨光化工有限公司	0.5	1010、1076、168、B215、B225 等
北京三安化化工产品有限公司	0.4	1010、168、DLTP 等
松原百孚化工（唐山）有限公司	0.4	DLTDP、DSTDP、DTDTP、DMTDP 等

表 9　“十三五”期间抗氧剂产能、产量、表观消费量预测表

单位：万吨

项目	2015 年	2016 年	2017 年	2018 年	2019 年	2020 年	增长 /%
产能	14.85	15.8	16.5	17.0	17.4	17.82	20

续表

项目	2015 年	2016 年	2017 年	2018 年	2019 年	2020 年	增长 /%
产量	13.5	14.4	15.3	16.0	16.4	16.87	25
表观消费量	12.5	13.5	14.5	15.5	15.9	16.25	30

2 品种和技术发展动向

全球抗氧剂工业正朝专用化、复合化、环保化、耐水解、耐高温、多功能化等方向发展。经过几十年的努力，尽管我国塑料抗氧剂产业取得了长足进步，常规品种的产能规模和质量指标已达到或接近国际先进水平，基本满足了聚烯烃等通用树脂的应用要求，但基于塑料加工和改性技术的发展，通用品种已经难以满足各种专用化改性树脂和成型加工工艺的应用要求，在这种背景下国内每年都要进口一定数量的高性能专用化抗氧剂品种，实现新结构、高效能抗氧剂品种的国产化已经成为国内抗氧剂领域技术创新的重要内容。“十二五”期间抗氧剂技术创新和进步主要有：

（1）通用受阻酚抗氧剂的主要中间体 3,5- 甲酯，实现了由普通蒸馏转为精馏的技术进步，提高了中间体 3,5- 甲酯的含量，通用抗氧剂的生产过程开始使用 DCS 计算机控制；

（2）专用或特殊抗氧剂的开发、生产有了突破，开发了抗氧剂 MD697，2，2- 草酰胺基 - 双［乙基 -3-（3，5- 二叔丁基 -4- 羟基苯基）］丙酸酯，产品全部用于出口，抗氧剂 412S 的产量和出口量位居世界第一；

（3）硫代酯类抗氧剂的生产过程产生大量工艺废水，已经有企业开始试验“硫化氢 + 甲基丙烯酸甲酯”连续化生产工艺，期待实现零废水排放。

随着受阻酚抗氧剂研究和开发力度的不断加大，其显示出的耐变色性能以及耐热性能已经成为当今世界聚丙烯抗氧剂的开发方向，特别是非对称性受阻酚抗氧剂例如 MarkAO-80 和 Irganox 245 等，成为新型抗氧剂的典型代表。

此外，多功能抗氧剂不仅要具备终止链反应的功能，还应该具有促进过氧化物分解的功能，才能有效地扩宽聚丙烯的应用领域，HPM-12 以及 Irganox 1425 等效能高、相对分子质量较高的抗氧剂也是今后抗氧剂的发展方向之一，BASF 最新推出的新型高性能液体抗氧剂 Irgastab®IS3026 L 和 Irgastab®IS6113 L 用于 PVC 中提高聚合的效率，改善其热稳定性，通过创新提高生产效率和安全性。

现阶段，人们对环境保护的认知水平不断提高，未来工业生产工作中，环保型抗氧剂将拥有更广泛的应用途径和更广阔的市场，大力开发低毒、无毒等对环境损害小的抗氧剂，例如，可以在聚丙烯生产中使用维生素 E 这类环保型抗氧剂，并在此基础上加入甘油、树脂、聚乙二醇等绿色材料复合制作固体抗氧剂，也具有一定的可行性和推广应用价值。

环保型无烷基酚聚合型亚磷酸酯抗氧剂是近年来关注的热点，台湾双键公司推出的 TP-80 是二醇桥接双亚磷酸酯的液态抗氧剂产品，无壬基酚，高分子量，高含磷量，热稳定性好，耐水解性好。

从我国塑料抗氧剂的生产和开发情况来看，国内抗氧剂的质量仍然与发达国家存在较大差距，其供应还远远不能满足不断变化的市场需求。因此，在提高抗氧剂使用效率的基础上加大科技投入，大力开发相容性好、挥发性小、环保效益好、多功能的抗氧剂新品种，不断改进生产工艺，才能真正提高我国抗氧剂的生产质量，使其在工业领域发挥更大的效能。

五、光稳定剂

光稳定剂属于耐候性稳定化助剂，其功能是通过屏蔽、吸收紫外线、猝灭激发态能量和捕获自由基等方式实现抑制聚合物光氧化降解，延长制品使用寿命。根据作用机理不同，光稳定剂分为光屏蔽剂、紫外线吸收剂、激发态猝灭剂和受阻胺光稳定剂四种类型。光屏蔽剂一般为无机颜料或填料，旨在通过遮蔽或反射紫外线达到与聚合物隔离的目的；紫外线吸收剂是能够吸收紫外线，并将有害的紫外线能量转化为无害热能释放的稳定化助剂，其涉及的化学物质结构包括水杨酸酯类、二苯甲酮类、苯并三唑类、三嗪类、取代丙烯腈类等；激发态猝灭剂是通过猝灭激发态能量，使吸收紫外线能量后的聚合物分子由激发态回复到稳定的基态实现稳定化的，通常为镍盐络合物，其优异的稳定化效果曾经在 20 世纪 70 ～ 80 年代被广泛认可，新品种、新结构层出不穷，基于其固有的重金属污染性和对制品的着色性，21 世纪以来逐渐淡出市场。受阻胺光稳定剂（HALS）是一种多功能的光稳定剂，结构中包含受阻哌啶官能团，能够通过猝灭单线态氧、分解氢过氧化物和捕获自由基等途径实现聚合物的光稳定化。受阻胺光稳定剂的最大优势是受阻哌啶氮氧自由基的再生性和循环性，并因此赋予其高效性。为此，20 世纪 70 年代问世以来迅速引发聚合物光稳定剂市场格局的转变，新结构、新品种不断涌现，其在光稳定剂市场的消费比例快速提高到50%左右。应当指出，随着塑料等高分子材料户外应用的增多，光稳定剂在聚合物材料中的地位和作用更加突出，对光稳定剂的性能要求将更新更高，光稳定剂的市场需求将持续增长。

1. 国内生产与市场现状

光稳定剂属于耐候性稳定化助剂，其产业的形成和发展与塑料等聚合物制品的户外应用密切相关。20 世纪 70 年代，伴随着丙纶等化学纤维和 PVC 农膜生产和应用技术的推广，我国光稳定剂产业开始形成。经过 40 多年的创新与发展，中国光稳定剂工业体系已趋于成熟。一方面，工业化品种涵盖了包括水杨酸酯类、受阻酚苯甲酸酯类、二苯甲酮类、苯并三唑类、三嗪类、受阻胺类在内的几乎所有光稳定剂，基本满足了国内聚合物加工应用的市场需求，另一方面，光稳定剂主导产品的产业链条已经形成，二苯甲酮类、苯并三唑类紫外线吸收剂的代表性品种和哌啶酮、哌啶醇、氨基哌啶等受阻胺中间体与代表品种的产能甚至跃居世界前列，产品大量出口，成为名副其实的光稳定剂生产世界工厂。据不完全统计，截至 2013 年全国光稳定剂及其重要中间体的产能已达 3.6 万吨 / 年，约占全球光稳定剂产能的 55%，尽管受全球经济复苏缓慢影响，当年产量亦达到 2.5 万吨。行业数据分析表明，目前我国光稳定剂产能、产量和消费结构中受阻胺光稳定剂占比最大，其中北京天罡助剂有限公司和江苏宿迁联盛化学有限公司的 HALS 产能均达万吨。就消费分布而言，农膜、型材、纤维和户外油漆和涂料是光稳定剂的主要应用领域，而从应用树脂分析，聚烯烃是光稳定剂的最大消费对象，基于聚烯烃通用塑料工程化进程的加快，其在汽车、户外座椅等方面替代金属、木材和工程塑料的应用将持续增多，必将带动受阻胺类光稳定剂市场的发展。另外，设施农业、太阳能电池背板、大型公共设施等建设将拉动聚碳酸酯、聚酯等透明工程塑料材料的户外应用市场，而工程塑料的耐候性要求使用高性能的紫外线吸收剂，因此，有理由预测，“十二五”乃至更长时期内我国光稳定剂消费量的年均增长率仍将保持在 10% 以上。表 10 和表 11 分别列出了“十二五”期间光稳定剂生产、销售情况以及光稳定剂主要品种 2014、2015 年的产能、产量、表观消费量。

表 10　　“十二五”期间光稳定剂产能、产量增长情况

单位：万吨

项目	2010 年	2015 年	年增长 /%
光稳定剂产能	2.1	2.95	8.1
光稳定剂产量	1.5	2.35	11.3

表 11　　光稳定剂主要品种 2014、2015 年的产能、产量、表观消费量

单位：万吨

时间 / 年	项　目	紫外线吸收剂	受阻胺	合　计
2014	产能	0.9	1.75	2.65
	产量	0.65	1.4	2.05
	表观消费量	0.45	0.55	1
	出口量	0.5	0.65	1.15
2015	产能	1.18	1.77	2.95
	产量	0.85	1.5	2.35
	表观消费量	0.45	0.55	1.0
	出口量	0.55	0.65	1.2

表 12 归纳了我国光稳定剂的主要生产企业和品种

表 12　　国内光稳定剂主要生产企业及品种

生产企业	产能 / 吨	主要产品
北京天罡助剂有限公司	10000	GW-540、HS-450、HS-783、HS-791、944、622 等
江苏联盛化学有限公司	10500	770、783、791、622、944 等
江苏南通振兴精细化工有限公司	5000	770、292、622、3853 等
河北廊坊市龙泉助剂有限公司	1000	770、622、944 等
山东诸城世和工贸有限公司	1000	622、944
滨海锦翔化学助剂有限公司	5000	UV-9、UV-531
天津力生化工有限公司	500	水杨酸苯酯、紫外线吸收剂 BAD、TBS、UV-P、UV-326、UV-327、UV-328 等
衡水优维化工有限公司	1000	UV-P、UV-326、UV-327、UV-328 等
南京华立明科工贸有限公司	800	UV-9、531、UV-326、327、328 等
扬州丹霞化工有限公司	500	UV-120、UV-2908 等
襄阳金译成精细化工有限公司	500	UV-0、UV-9、UV-531 等
山西省化工研究所	500	UV-419、UV-418、GW-628、VSU-312 等

2 品种和技术发展动向

未来光稳定剂的产能、产量及表观消费量将持续增长，表 13 和表 14 分别列出了对“十三五”光稳定剂产能、产量、表观消费量增长的预测以及国内紫外线吸收剂主要品种的需求情况。

表 13　　“十二五”光稳定剂产能、产量、表观消费量增长预测表

单位：万吨

项目	2015 年	2016 年	2017 年	2018 年	2019 年	2020 年	增长 /%
产能	2.95	3.15	3.35	3.5	3.65	3.84	30
产量	2.35	2.55	2.75	2.95	3.05	3.17	35
表观消费量	1.0	1.1	1.2	1.3	1.35	1.4	40

表 14　　国内紫外线吸收剂主要品种的需求情况

单位：万吨

序号	产品名称	每年预计消费量 / 吨
1	UV-P	4000
2	UV-329	6000
3	UV-328	5000
4	UV-326	5000
5	UV-234	3000
6	UV-928	1000

就世界范围来看，最近十年是光稳定剂开发的相对成熟期，这一时期新结构、新品种开发速度明显变缓，开发研究的重点已经由受阻胺光稳定剂向高效能的紫外线吸收剂方面转移，这主要归因于改性塑料和缩聚类工程塑料户外制品应用的要求更加苛刻。举例来说，太阳能光伏产业的发展对太阳能电池背板封装膜的要求其寿命高达25年以上，以聚酯膜替代价格昂贵的氟聚物膜具有良好的经济价值，为此，开发用于太阳能背板封装聚酯膜的高性能紫外线吸收剂至为关键，近年来，BASF公司以原Ciba精化的三嗪类紫外线吸收剂技术为基础，推出了专门用于太阳能电池封装膜的三嗪类紫外线吸收剂Tinuvin 1600，据称，这种具有联苯结构的三嗪类紫外线吸收剂挥发性极低，不仅能够经受聚酯薄膜的加工温度，而且在户外条件下耐迁移、不挥发，持久稳定。聚碳酸酯阳光板在设施农业和机场、车站等公共建筑中的应用日趋广泛，这些应用领域都对材料的光稳定性提出了更高的要求，聚碳酸酯的光稳定化一般是通过使用紫外线吸收剂实现的，和聚酯（PET）一样，用于PC片材的紫外线吸收剂要求具有良好的热稳定性和高效的紫外线吸收能力，同时不能影响制品的透明度。除早期应市的高分子量苯并三唑类紫外线吸收剂Tinuvin 234、ADK Stab LA-31外，近年来涌现出了诸如Clariant公司苯亚甲基丙二酸酯类紫外线吸收剂Hostavin B-CAP、Cytec公司的三嗪类紫外线吸收剂Cyasorb 1164、BASF公司的Tinuvin 1577等在内的专用于PC、PET等工程塑料的紫外线吸收剂新品种，有研究表明，0.1%～8%的Tinuvin1577 加入聚酯纤维时比传统的UV-234效果好。

以三聚氯氰、间二甲苯、间苯二酚为原料合成了三嗪-425，挥发性低，与聚合物及其他添加剂相容性很好，特别适用于需要高浓度、低挥发性的加工和良好条件下应用的聚合物，可用于丙烯酸酯、硬聚氯乙烯、聚酯、聚碳酸酯、苯乙烯类聚合物及其他高性能聚合物。

利用哌啶醇和硬脂酸甲酯合成的哌啶硬脂酸酯是新型受阻胺类光稳定剂， 用于聚烯烃塑料、聚氨酯、ABS等，其优异的表面（光泽度，粉化，黄变）稳定功能和颜色浅、低挥发性、相容性好，无喷霜和迁移现象， 并具有无毒价廉之优点，将对770和944等光稳定剂市场有一定的影响。

另一个明显的动向是，随着高分子量受阻胺光稳定剂的开发成功，其作为聚合物抗热氧稳定剂的功能逐渐得以体现，作为受阻胺光稳定剂（HALS），特别适用于无酚抗氧体系。对此，BASF公司的Chimassorb 944、119、2020等聚合型或单体型高分子量受阻胺光稳定剂都被引入一些无酚复合抗氧稳定剂中。

我国光稳定剂技术开发近年来取得了长足进步，一方面一些用于工程塑料、改性塑料特殊领域的高性能紫外线吸收剂不断应市，代表性的成果包括山西省化工研究所推出的苯亚甲基丙二酸酯类紫外线吸收剂UV-418、419、VSU-312和大连化工设计研究院开发成功的三嗪类紫外线吸收剂UV-1164、UV-1577，尽管这些品种的市场规模不大，但填补了国内特殊应用中高效能紫外线吸收剂品种的空白。在受阻胺光稳定剂方面，4-氨基-2，2，6，6-四甲基哌啶、六亚甲基双（3，3，5，5-四甲基哌啶胺）等关键中间体合成技术得以突破，为包括944、119、2020在内的受阻胺光稳定剂优秀品种的开发奠定了原料基础，以此为契机，相信具有自主知识产权的受阻胺光稳定剂创新成果将会应运而生。

实现光稳定剂生产工艺清洁化、工艺装置连续化、品质稳定化，大力降低生产成本；光稳定剂工业正向专用化、多功能化、高分子量化、复合化、环境无害化等方向发展；光稳定剂工业应该大力开发高效适合国内塑料工业发展的新品种。

六、阻燃剂

阻燃剂是指赋予聚合物及其制品难燃性的功能化助剂，其功能包括有效抑制聚合物制品燃烧和降低烟雾及有害有毒气体的释放。一般来说，阻燃剂按照化学结构分为有机阻燃剂和无机阻燃剂，有机阻燃剂包括卤系阻燃剂（如溴系阻燃剂、氯系阻燃剂）、有机磷阻燃剂（如磷酸酯类阻燃剂、氯代磷酸酯阻燃剂等）、氮系阻燃剂（如三聚氰胺氰尿酸盐，MCA）等；无机类阻燃剂涉及氧化锑系阻燃剂（主要包括三氧化二锑和五氧化二锑）、无机磷系阻燃剂（如多聚磷酸铵、包覆红磷等）、铝镁系阻燃剂（包括氢氧化铝和氢氧化镁）、硼系阻燃剂（如硼酸锌）、钼系阻燃剂（主要包括三氧化钼和钼酸铵）等。基于高分子材料应用的日益广泛，由此带来的消防安全问题越来越突出，阻燃剂的开发和应用受到广泛关注。统计表明，21世纪以来，增塑剂已经发展成为产耗量仅次于增塑剂的第二大塑料助剂类型。

阻燃剂行业正日益发展为一个全球化的行业，这一方面表现在很多阻燃剂公司正参与世界范围内的贸易，行业内的竞争已经不仅局限于某一个国家或地区内企业的竞争，而是全球市场参与者之间的竞争；另一方面表现在一个国家或一个地区的阻燃法规往往会对全球的行业规则产生影响。如电子消费品等终端产品制造商，就算其注册地所在国家和地区对产品阻燃没有强制性的规定，但如果它们的产品要销往国际市场，就必须通过销售国或进口国的阻燃标准。因此，以出口为主的产品制造商，为了使其产品能销往尽可能多的国家和地区，一般倾向于采用最严格国家的阻燃标准配方，从而带动了全球范围内阻燃剂产品整个产业链的发展。

1. 国内生产与市场现状

近年来，由于受到十溴二苯醚与六溴环十二烷被列入持久性有机污染物的影响，卤系阻燃剂的发展受到极大的影响，因而推动了包括磷系阻燃剂在内的众多无卤阻燃剂的研究与制造。而在2005年以后，溴素价格持续攀升，与国内磷资源的价格稳定形成鲜明对比，甚至溴系阻燃剂的价格曾经一度高出大多数磷系阻燃剂价格，溴系阻燃剂价格的上涨推动了磷系或磷氮系阻燃剂市场迅速增长。2015年中国阻燃剂消费量约为54万吨，其中磷系阻燃剂增长速度最快。到2020年，阻燃剂消费将达约67万吨，其中磷系阻燃剂占比会进一步扩大。

溴化环氧树脂、溴化聚苯乙烯、聚溴代苯乙烯、四溴双酚A碳酸酯低聚物、三（三溴苯氧基氰脲酸酯）都是较好品种，特别是十溴二苯乙烷、溴化环氧树脂、三（三溴苯氧基氰脲酸酯）这三个阻燃剂性能优越，用途广泛，尤其是在聚苯乙烯、ABS、覆铜板（印刷线路板）上用量很大，这三个品种的产能在“十二五”末达到12.7万吨。磷系阻燃剂，总产能达到19.3万吨；有机次磷酸盐总产量2万吨，聚磷酸铵（简称为APP）及聚焦磷酸蜜氨盐（MPP）5万吨，磷阻燃剂DOPO及其衍生物1.6万吨。无机阻燃剂氢氧化铝和氢氧化镁达到20万吨以上。到“十二五”末我国阻燃剂产能约占世界1/4。

行业统计显示，规模以上阻燃剂生产企业约80家，绝大多数分布在长江三角洲、珠江三角洲、渤海湾等经济发达地区。阻燃剂企业的分布特点是江浙一带以磷系阻燃剂企业为主，山东以溴系阻燃剂为主，广东阻燃剂的品种相对较多。另一方面，基于阻燃剂的无卤、抑烟发展趋势，阻燃剂的消费结构也悄然发生着变化，溴系阻燃剂的消费比例逐年降低，而磷系阻燃剂、无机阻燃剂的产耗量将迅速增长。表15分析和预测了国内未来几年阻燃塑料及阻燃剂的需求量，到2017年，全国阻燃剂消耗总量将突破100万吨，而溴系阻燃剂的消费比例将由目前的33%左右下降到25%上下。从消费市场来看，矿用塑料和塑料建材是阻燃剂的主要消费领域，汽车、高铁、航空飞行器和电子电器与电缆电线行业对阻燃剂的性能要求更新更高。

表15　　国内阻燃制品及阻燃剂的需求量及预测

单位：万吨

时间 / 年	2016	2017
塑料制品产量 / 万吨	9098	10190
阻燃塑料 / 万吨	819	1019
阻燃塑料占比 /%	9%	10
塑料阻燃剂添加量 / 万吨	82	102
其中：溴系阻燃剂 / 万吨	23	26
溴系阻燃剂消费比 /%	28.0%	25.5

2. 品种和技术发展动向

阻燃剂开发和应用涉及人类生命财产安全，阻燃剂的性能不仅仅与阻燃功能和其对制品力学性能的影响有关，而且随着全社会环境、卫生安全意识的不断增强，阻燃剂结构的毒性和其对环境影响越来越受到国际社会的普遍关注，就现状而言，对阻燃剂卫生安全性要求影响较大的国际条约和法规主要包括《斯德哥尔摩公约》和欧盟ROHS和REACH。其中十溴二苯醚和六溴环十二烷两种应用广泛的溴系阻燃剂品种已被《斯德哥尔摩公约》列入持久性有机污染物名单，以十溴二苯乙烷为代表的替代品已经发展成为溴系阻燃剂的主力品种。无卤化、抑烟化作为阻燃剂发展的重要趋势，研究和开发的焦点集中在无机氢氧化铝、氢氧化镁、合成水滑石等传统无机阻燃剂的超细化、纳米化改性。以电缆行业为例，仅强制性阻燃抑烟国标的出台就使无机阻燃剂的市场需求显著增加，改善无机阻燃剂与基体聚合物的相容性，提高抑烟效果是提升无机阻燃剂技术含量和拓展其应用领域的重要方向。

磷系阻燃剂是阻燃剂无卤化的重要内容，缩聚类和高分子量磷酸酯类阻燃剂能有效地提高磷含量和耐抽出、耐挥发性能，而以二苯并氧膦环杂己酮（DOPO）为母体的新型膦酸酯类阻燃剂具有对环境友好、不迁移、阻燃性能持久等特点，目前广泛应用于线型聚酯、聚酰胺、环氧树脂、聚氨酯等领域，特别是在电子装备塑料、覆铜板、电路板方面具有很好的前景，因此也是有机磷系阻燃剂的重要发展方向。

展望未来，阻燃剂正在向多样化、功能化和环境友好化方向发展，市场充满希望和挑战。

七、偶联剂

偶联剂是一类具有两性结构的物质，它们分子中的一部分基团可与无机表面的化学基团反应，形成化学键合；另一部分基团则具有亲有机物的性质，能与有机高分子材料发生化学反应或物理缠绕，从而将两种性质截然不同的材料牢固地结合起来，其功能是对无机填料进行表面改性，改善其在聚合物基体中的分散状态，提高填充聚合物材料的力学性能和使用性能。

偶联剂一般多为金属有机化合物和硅烷类化合物，根据中心原子和化学组成的不同，主要包括硅烷类、钛酸酯类、铝酸酯类、锆酸酯类以及双金属偶联剂、稀土类偶联剂、含磷偶联剂、含硼偶联剂等。

偶联剂在塑料中的使用遵从“相似相容原则”，不同有机官能团的偶联剂适用于不同的有机聚合物，偶联剂与聚合物进行化学反应或物理缠绕，从而改善聚合物与无机填料的相容性，提高复合材料的物理力学性能。

偶联剂作为高性能塑料不可或缺的成分以及合成树脂改性实现功能化的关键，“十二五”期间，其产能、产量、品种数量均呈稳定增长，与2010年相比，到2015年年底，偶联剂产能、产量涨幅均在20%以上，偶联剂品种构成也基本稳定，以硅烷偶联剂、钛酸酯偶联剂和铝酸酯偶联剂为主，以复合偶联剂、稀土偶联剂和马来酸酐接枝聚丙烯等为补充的偶联剂行业体系。

1. 国内生产与市场现状

我国偶联剂产业起步于20世纪70年代，以南京大学、哈尔滨化工研究所为代表的硅烷偶联剂和以山西省化工研究所为代表的钛酸酯类偶联剂系列产品技术开发奠定了我国偶联剂的产业基础。经过40多年的发展，目前已经形成了以硅烷类和钛酸酯类为主体、铝酸酯、铝钛复合偶联剂、稀土偶联剂和马来酸酐接枝PP等为补充的偶联剂行业体系。现阶段我国的偶联剂消费体系中，钛酸酯类所占比例最大，约占50%，其次是硅烷类，占30%左右，铝酸酯及其他类占20%。我国现有硅烷偶联剂生产企业近 30 家，主要分布在以南京为中心的江南地区和以淄博为中心的山东半岛，但综观行业现状，普遍存在着生产企业品种单调、产能规模偏小、生产装备比较落后等问题。值得关注的是，近年来随着国内光伏产业的发展，单晶硅、多晶硅产业链富余的硅单体为硅烷偶联剂发展提供了契机，国内偶联剂产能规模快速增长。截至目前，偶联剂全行业拥有企业几十家，企业在技术水平、产品结构、生产规模和科技人员的素质等方面均有长足的进步，成为门类比较齐全、产品品种繁多的重要行业，基本满足了下游行业对偶联剂产品的需求。表16归纳了我国偶联剂主要生产企业和相应的品种。

表16　　我国偶联剂主要生产企业及相应的品种

生产企业	主要产品
南京曙光集团有限公司	硅烷偶联剂KH-845-4、SG-Si996、KH-590、SG-Si264、KH-550、SG-Si602、KH-560、KH-570、SG-Si126、SG-137等；钛酸酯偶联剂SG-TPT、SG-TnBT、NDZ-101、NDZ-201、NDZ-401、NDZ-105、DZ-130、NDZ-311W、NDZ-Ti501、NDZ-Ti503等；铝酸酯偶联剂SG-Al 800、SG-Al822等
张家港国泰华荣化工新材料有限公司	A-1110、A-2100、A-1100、A-1170、A-1120、A-1130、A-171、A-172、A-174、A-151等

续表

生产企业	主要产品
荆州市江汉精细化工有限公司	硅烷偶联剂 JH-S69、JH-S69C、JH-S69R、JH-S75、JH-S75C、JH-S189、JH-S1891、JH-S264、JH-S6932、JH-S300、JH-S691 等
山东万达有机硅新材料有限公司	硅烷偶联剂 A-150、A-143 等
武大有机硅新材料股份有限公司	A-171、A-189、A-143、A-150 等
山东曲阜万达化工有限公司	A-1100、A-187、A-188 等
杭州亿源化工有限公司	A-1120、A-186 等
南京向前化工有限公司	A-151 等
天长市绿色化工助剂厂	TMC-201、TMC-102、TMC-101、TMC-105、TMC-311、TMC-311W 等
南京道宁化工有限公司	DL-411 、DL-411AF、DL-411D、DL-411DF 等
山西省化工研究所	铝钛复合偶联剂 OL-AT1618 等
南京经纬化工有限公司	硅烷偶联剂系列 KH-550、 KH-551、 KH-560、 KH-570、 KH-792、KH-791、KH-602、 KH-912、 KH-69、 KH-151、 KH-171、 KH-172、 KH-42 、KH-580、KH-590、 KH-103、 KH-104、KH-108 等；钛酸酯偶联剂系列 JW-101、 JW-102、JW-105 、JW-201、 JW-311、 JW-311、 JW 401 等
安徽硅宝翔飞有机硅新材料有限公司	硅烷偶联剂 A-1160 等
南京和福化工厂	硅烷偶联剂 KH-570、Si-69 、KH-560 、KH-551 等

目前，我国偶联剂行业已经形成产值十几亿元以上的产业，其中约有一半的出口量。“十二五”期间，偶联剂产品的市场平稳运行，供需面波动有限，供需基本均衡，2014 年的产能、产量如表 17 所示。

表 17　　2014 年的产能、产量

单位：万吨

项目	硅烷偶联剂	钛酸酯偶联剂	铝酸酯偶联剂及其他
产能	10	1.2	0.32
产量	9	0.7	0.19

2015 年偶联剂年增长率为 7%，产能将达到 12.3 万吨。表 18 列出了 2016 年至 2020 年逐年的产能、产量预测。

表 18　　2016 年至 2020 年偶联剂的产能、产量预测

单位：万吨

时间 / 年	项目	硅烷偶联剂	钛酸酯偶联剂	其他偶联剂	合计
2016	产能	11.45	1.37	0.37	13.19
	产量	10.30	0.80	0.22	11.32
2017	产能	12.25	1.47	0.39	14.11
	产量	11.03	0.86	0.23	12.12
2018	产能	13.11	1.57	0.42	15.10

续表

时间 / 年	项目	硅烷偶联剂	钛酸酯偶联剂	其他偶联剂	合计
2018	产量	11.80	0.92	0.25	12.96
2019	产能	14.03	1.68	0.45	16.16
	产量	12.62	0.98	0.27	13.87
2020	产能	15.01	1.80	0.48	17.29
	产量	13.51	1.05	0.29	14.84

与2015年比较，“十三五”期间，国内外塑料加工行业的发展、国外厂家和商家的需求，以及技术的进步带动偶联剂应用范围的扩大，预计拉动塑料用偶联剂年平均增长率约为7%。

2. 品种和技术发展动向

偶联剂新产品的开发一直很活跃，“十二五”期间，硅烷偶联剂、钛酸酯偶联剂和铝酸酯偶联剂等产品都有了稳定的产能和产量，基本满足国内外客户对产品质量的要求。为了提高产品的表现力和附加值、提高国内外产品市场竞争力，偶联剂主要朝着功能性、高效性、差异性、领域扩展、复配型方向发展，以及与其他助剂起协同作用的功效方向研发。偶联剂生产由间歇化向连续化生产发展，操作由以人工操作为主、半自动化向DCS自动控制生产发展。

综观国内外现状，偶联剂技术开发正在朝着多功能化和高分子量官能化聚合物方向发展。改性的功能已经不仅仅局限在填料的表面有机化，而是在对填料进行表面改性的同时赋予制品诸如抗静电、助交联等性能，典型的如美国Kenrich的新烷氧基锆酸酯抗静电偶联剂Ken-Stat等。如上所述，金属有机偶联剂和硅烷偶联剂在活化填料时存在着对填料的选择性，这实际上也限制了它们的应用，相反，近年来官能化聚合物偶联剂在很大程度上避免了这些问题，因此赢得了市场的认可。

目前我国偶联剂产业产出率低、企业数量多但规模小、抗压能力不足、技术创新能力薄弱、管理水平落后等。偶联剂行业的发展必须在体现环保节能的基本原则下才能具体考虑其发展。

（1）强化生产过程技术，来降低工艺消耗成本和排放成本，提升利润空间。生产过程强化技术应从缩短制程、提高工艺转换效率、减少或循环利用副产物和溶剂、降低排放物总量、间歇工艺连续化、规模扩大化生产等方面入手。

（2）着重调整产品结构、顺应环保潮流，扩大生产规模，提高产业的集中度。增加复合品种、定制产品和差异化产品的生产，尤其是研发和生产多功能、复合化、高效、无毒环保的绿色偶联剂。

（3）引入产品准入制度，规范产品产生体系、统筹规划、宏观调控，通过国家行政手段限制新增产能，有效地削减过剩产能，达到供需均衡。

（4）行业标准制修订工作必须加强。对于偶联剂产品标准，目前主要是通过产品的外观、折光率、密度等基本的物理性质来反映产品质量，产品标准及方法标准都相对滞后，缺乏有效的检测手段，而且这些指标根本不能区分产品的好坏，这是造成目前市场上产品混乱的主要根源之一，偶联剂产品标准制修订工作必须抓紧进行。

总之，安全、高效、环境友好和可持续性是未来偶联剂技术开发的方向和目标。

八、成核剂

成核剂是一类旨在通过改变结晶性聚合物的结晶行为、结晶形态和结晶参数来达到提高和改善制品的力学性能和光学性能的功能性助剂。相比之下，成核剂开发和应用的历史较短，属于新功能的塑料助剂范畴，其应用包括聚烯烃（聚乙烯、聚丙烯）、聚酰胺(PA6、PA66等)、热塑性聚酯(如PBT、PET等)、聚乳酸（PLA）等热塑性不完全结晶树脂。尤以聚丙烯为最大的消费领域。为此，当今世界成核剂市售产品基本上是以聚烯烃用成核剂为对象进行统计和分类的。

目前，市售聚烯烃成核剂按化学组成的不同分为有无机类成核剂和有机类成核剂。无机成核剂包括滑石粉、二氧化硅、云母等无机填料或颜料；有机成核剂主要包括二苯亚甲基山梨醇衍生物、芳基磷酸酯金属盐类、芳香羧酸金属盐类、酰胺类、脱氢松香酸皂类等。根据诱导聚丙烯结晶形态的不同，成核剂还可分为 α 晶型成核剂和 β 晶型成核剂，不同晶型的聚丙烯制品表现出不同的表观性能和物理性能。

（一）国内生产与市场现状

如前所述，理论上成核剂适用于所有的半结晶树脂的结晶改性，但迄今为止市售产品基本用于聚烯烃改性。众所周知，通用塑料工程化、工程塑料高性能化是当今世界塑料工业的发展趋势，结晶改性作为聚合物改性的重要途径备受关注，因此促进和带动了成核剂产业的形成和发展。我国成核剂产业起步较晚，但发展速度之快令世界瞩目。20 世纪 90 年代中期，山西省化工研究所、中国石油兰化研究院同时完成了二苯亚甲基山梨醇（DBS）成核透明剂中试合成技术，标志着我国聚烯烃成核剂产业化序幕正式拉开。21 世纪以后，国内聚烯烃成核剂的创新研究和成果转化进入发展的快车道，一方面以增透、增光、增刚为功能的 DBS 类、芳基磷酸酯盐类、芳香羧酸皂类、脂环羧酸皂类、松香酸皂类等聚丙烯 α 晶型成核剂和以增韧、提高热变形温度等为目的的聚丙烯 β 晶型成核剂品种相继应市，与国际市场先进水平的差距日渐缩小，基本满足了聚丙烯的专用化、功能化改性要求。

归纳起来，目前国内聚烯烃成核剂的产能约 2000 吨 / 年，涉及山西省化工研究所、湖北松滋南海化工公司、烟台只楚化学合成化学公司、上海齐润化工有限公司、上海欣鑫化工有限公司、广州呈合化工有限公司、中石化催化剂北京燕山分公司和广州炜林纳功能材料有限公司等十余家骨干企业。表 19 归纳了我国聚烯烃成核剂骨干企业及产品品种。

表 19　　我国成核剂骨干企业及产品品种

生产厂家	产品牌号
山西省化工研究所	TM-1、TM-3、TM-6、TMA-3、TMB-5、TMP-1、TMP -5、TMP-6、TMX-2、TMY-4、TMC-300、TMC-306、TMC-328、TMC-326、TMC-200、TMC-210 等
湖北松滋南海化工有限公司	SKC-Y5988、SKC-Z9988 等
烟台只楚化学新材料股份有限公司	ZC-2、ZC-3 等
上海科塑高分子新材料有限公司	NA-S20，NA-S25 等
中石化催化剂北京燕山分公司	YS-688、YS-688-2、YS-609、YS-619 等
上海欣鑫化工有限公司	GX-3、GX-4、GX-5 等

应当指出，尽管目前市售成核剂产品基本为聚烯烃改性市场所有，但近年来聚乳酸等生物基与生物可降解塑料和聚酰胺、热塑性聚酯（如 PET 等）等工程塑料用成核剂市场已经启动，拟建和在建的煤基聚烯烃和百万吨级乙烯装置将陆续投产，透明聚丙烯专用料、PP-R 管材专用料、增光专用料等专用化树脂的产耗量将进一步放大，这一时期工程塑料和生物基与生物可降解塑料的改性也将步入快速发展阶段，2015 年市场需求量达到 2200 吨左右，预计全国范围内成核剂的市场需求量仍将以年均 15% 以上速度持续增长。

（二）品种和技术发展动向

结晶改性作为聚合物改性的重要手段越来越受到塑料加工和改性行业的重视，近年来，伴随通用塑料工程化、功能化、专用化趋势的发展，对成核剂的性能提出了更新更高的要求，归纳起来，成核剂的品种开发和技术创新呈现出如下特征。

1. 高效创新结构成核剂品种继续涌现

高效化仍然是聚烯烃成核剂创新研究的目标，综观国内外技术发展现状，创新结构的聚烯烃成核剂品种不断涌现。代表性的创新结构如 Milliken Chemical 公司的壬糖醇基缩醛类高透明成核剂 Millad NX 8000，山西省化工研究所开发的均苯三甲酸酰胺类聚丙烯高效成核剂 TMC-326 和新日本理化公司报道的丙三羧酸酰胺类高效成核剂 RiKACLEAR PC-1，标志着世界范围内探求聚丙烯高效成核剂的创新研究仍在持续。Milliken 公司推出的成核剂 HPN-210M 主要应用于注塑成型方面，可以减少翘曲变形、减少成型周期、提升刚性和提高耐热性能。

2. 复合化趋势

复合化是充分利用不同结构成核剂品种之间的互补和协同效应开发满足不同改性要求的专用化品种，相对而言，复合化在成核剂品种开发方面具有事半而功倍的效果，已经或正在成为成核剂开发研究的重要趋势。迄今应市的成核剂品种中山西省化工研究所开发的 TMP 系列芳基磷酸酯盐类成核剂具有代表意义。应当指出，复合型成核剂的开发并非简单的几类物质的组合，而是在进行系统机理研究的基础上，通过模型设计开发和研究的。为此，开展聚合物结晶机理和相关成核剂结构关系的基础研究对成核剂复合化品种开发十分重要。

3. 聚丙烯 β 晶型成核剂开发和应用技术趋于成熟

β 结晶改性赋予聚丙烯抗冲击性、耐热变形性和高微孔率，近年来，全球范围内有关 β 晶型成核剂品种开发和聚丙烯 β 结晶改性的研究异常活跃，β 晶型成核剂的应用开始集中到 β 结晶 PP-R 管材和锂电池 PP 微孔隔膜两个领域，山西省化工研究所开发的芳基酰胺类聚丙烯 β 晶型成核剂 TMB-5 和广东炜林纳功能材料有限公司的稀土金属皂类聚丙烯 β 晶型成核剂 WBG 和日本新日本理化公司的 NU-100 是目前世界上为数不多的聚丙烯 β 晶型成核剂商业化品种。

佛山市日丰企业有限公司开发出一种硅溶胶负载型 β 晶聚丙烯成核剂制备新方法。在浓度为 10% ～ 80% 的硅溶胶中加入氨基硅烷偶联剂，反应得到氨基化硅溶胶；将有机酰胺类物质按照质量体积比为 1:5 的比例溶于有机溶剂中形成有机酰胺类物质溶液，再加入氨基化硅溶胶，其中有机酰胺类物质溶液与氨基化硅溶胶的体积比为 1:6, 在室温下搅拌，过滤，洗涤，真空干燥，得到硅溶胶 β 晶聚丙烯成核剂。该方法可以提高成核剂在聚丙烯塑料中的分散度。

4. 工程塑料等结晶性树脂成核剂专用品种开发活跃

聚酰胺、热塑性聚酯（如 PET、PBT 等）等结晶性工程塑料的高性能化改性对其结晶性提出了新的要求，并为此促进和带动了满足这些缩聚类结晶性树脂结晶改性要求的专用成核剂品种开发。在成核剂研究方面，Clariant 公司推出 Licomont CaV 102 应用于聚酰胺， Licomont NAV 101 用于聚酯，主要用于 PET 和 PBT，由于其分子量高，在终端制品中具有低挥发性和非常好的耐迁移性。Bruggemann Chemical 公司的聚合型成核剂 Bruggolen P 22 和 Honeywell 公司的乙烯－丙烯酸离聚物类成核剂 Honeywell A-C 540 等品种已投入工业化应用；在热塑性聚酯成核剂方面，最近日本 Adeka 公司推出一种具有原位成核作用的新型成核剂品种 ADK Stab NA-05，布吕格曼的成核剂 BRUGGOLEN P 250 是有机成分和无机成分的成核助剂的优化混合物，它适用于所有部分结晶的热塑性塑料，特别是聚酯（PET、PBT），也适用于尼龙（PA6、PA66、PA11、PA12、共聚 PA）和聚烯烃（PP、HDPE）。在注塑成型加工时可缩短成型周期，提高生产效率，改善脱模，改善制品尺寸稳定性，减少制品后收缩，防止制品应力开裂，改善机械性能（提高拉伸强度和硬度），改善表面光泽。

总之，高效、专用、环保、廉价始终是成核剂品种开发和研究必须坚持的目标。

九、生物基与生物可降解塑料配套助剂

众所周知，生物基和生物可降解塑料是塑料工业绿色、低碳和环境友好的重要体现。“十二五”以来，以可再生资源为原料和具有可降解特征的生物基和生物可降解塑料引起了世界范围的广泛关注，聚乳酸（PLA）、二氧化碳环氧丙烷共聚物（PPC）、聚羟基脂肪酸酯（PHAs） 等生物基和生物可降解塑料已经或正在商业化推广。然而，多数生物基和生物可降解塑料多为脂肪基聚酯结构，固有结晶速度慢、结晶度低、易水解、熔体强度差等不足，很难单独加工和使用，只有通过必要的改性才能赋予其使用价值，为此，开发和研究生物基和生物可降解塑料具有广阔的市场前景和积极的社会意义。概括起来，生物基与生物可降解塑料配套助剂包括聚乳酸专用成核剂、扩链剂、熔体增强与抗冲改性剂和水解稳定剂等。

1. 聚乳酸成核剂

聚乳酸是迄今应用最为成熟的生物基和生物可降解塑料，但其结晶速度慢、结晶度小，带来相应的注塑周期长和热变形温度低等不足，开发和应用成核剂改性已经成为行业共识，近年来，山西省化工研究所先后开发出包括取代酰肼类聚乳酸专用成核剂 TMC-300、306，苯基膦酸盐类聚乳酸成核剂 TMC-210、TMC-200 和均苯三甲酸酰胺类聚乳酸专用成核剂 TMC-328 等多个品种，投放市场后赢得了很高的市场认可度，也为聚乳酸结晶改性做出了应用的贡献。

2. 扩链剂

生物基和生物可降解树脂多为脂肪基聚酯结构，固有对热敏感、易水解、易降解等不足，严重影响其加工和应用性能，扩链剂在聚合物材料的加工过程中能够与大分子发生偶联或支化反应，从而

提高聚合物的重均相对分子质量或减少聚合物的降解，因此，利用扩链剂熔融扩链是解决上述缩聚物降解、断链问题行之有效的技术方案。“十二五”期间，山西省化工研究所在国内率先确立了生物基与生物可降解塑料配套助剂研究方向，先后开发出以 KL-E4300、KL-E4370 为代表的环氧官能化聚合物扩链剂，通过在国内聚乳酸等生物基和生物可降解塑料行业推广，赢得了市场的认可，其应用性能达到了 BASF 公司 Joncryl ADR 系列产品的水平。除此之外，KL-E 系列环氧官能化聚合物扩链剂还适用于缩聚类工程塑料的再生扩链改性，为废旧塑料的资源化利用奠定基础。

3. 水解稳定剂

生物基与生物可降解聚酯类树脂一般具有易水解性，这在一定程度上限制了它们作为耐久制品（如手机外壳等）的应用，为改善 PLA 等水解稳定性，需要添加和使用水解稳定剂。碳化二亚胺类水解稳定剂是目前应用最多的水解稳定剂类型，德国莱茵化学是世界上最早开发碳化二亚胺水解稳定剂的助剂企业，其最近推出适用于生物基塑料的单体型碳化二亚胺水解稳定剂 Bioadimide 100 和聚合型碳化二亚胺水解稳定剂 Bioadimide 500 显示出良好的稳定化效果，国内山西省化工研究所最近应市的单体型碳化二亚胺水解稳定剂 Bio-SW 100 的应用性能已经赢得市场认可，而高分子量碳化二亚胺水解稳定剂 Bio-SW 500 的研究也已取得突破性进展，这些品种的开发将为 PLA 等生物基可降解聚酯类塑料在耐久性制品中的应用提供技术上的保障。

4. ACR 熔体增强剂和抗冲改性剂

PLA、PBS 等生物基与生物可降解聚酯结构中长支链少，熔体强度低，应变硬化不足，造成吹膜时膜泡不稳定易破裂。在热成型中，熔体强度很低的生物基与生物可降解聚酯的成型加工窗口窄，成型制品表面粗糙，使用熔体增强剂能够显著提高熔体强度，改善制品加工性能和表观性能，丙烯酸酯类聚合物（ACR）是目前应用比较广泛的熔体增强剂类型，目前 Dow Chemical 分别开发了 Paraloid BPMS-250、255、260 和 265 四种 ACR 类熔体增强剂品种，其中，Paraloid BPMS-250 和 255 为中等增强程度的 ACR 熔体增强剂品种，Paraloid BPMS-260 和 265 是高增强程度的 ACR 熔体增强剂品种。与此同时，Arkema 公司开发了 Biostrength 700 和 Biostrength 900 两种 PLA 用 ACR 熔体增强剂和加工助剂品种，前者的主要用于 PLA 的熔体增强，后者则旨在改善 PLA 加工中的脱模性和加工性。丙烯酸酯类加工改性剂对 PLA 的熔体增强作用主要是基于其高分子量和高枝链化与 PLA 分子的高度缠绕作用抑制 PLA 熔体加工时的破裂，而且由于其与 PLA 的高度相容性而使其不会对制品的透明性产生负面影响。另一方面，核壳结构丙烯酸酯类抗冲改性剂技术亦被引入 PLA 抗冲改性体系，代表性品种如 Dow Chemical 公司的 Paraloid BPM 500、515、520 及 Arkema 公司的 Biostrength 130、150 和 280 等。山西省化工研究所是我国 ACR 加工助剂的技术开拓者之一，近年来针对生物基与生物可降解塑料加工改性开展熔体增强剂和抗冲改性剂的研究和开发工作，目前进行的 PLA 专用熔体增强剂 Bio ACR-MS500 和 PLA 专用 ACR 抗冲改性剂 Bio ACR-IM 800 均已完成小试合成和评价测试工作，有望在 2016 年年底投放市场。

塑料助剂是塑料改性加工中的“隐身人”，虽说分量不重，但塑料的功能和加工难易几乎由这个“隐身人”决定。塑料助剂的种类多，决定了我们塑料的世界精彩绝伦。塑料助剂发展的方向，无非是性价比、适应性、功能性以及环保性。助剂企业要能完全做到上述几点，需持续发展，助剂制造的智能物联网化，生产过程的环保化，产品品类的无害化，而且新产业的出现亟需新的助剂匹配，如 3D 打印功能材料、高速喷印产业、储能锂电池专用助剂。正如 2016 CHINAPLAS 国际橡塑展的主题“绿塑创新 智造未来”，这也正是塑料助剂业界追求的目标。

综上，顺应全球范围低碳、可持续和环境友好等发展潮流，塑料助剂产业将遵循“产品无毒无害化、原料资源可循环化、合成工艺环境友好化”的原则可持续地发展。

（山西省化工研究所 张惠芳 王克智）

塑料薄膜

提升 BOPET 产业结构改善行业产品品质

为落实国务院《关于积极发挥新消费引领作用加快形成新供给新动力的指导意见》《中国制造2025》等要求，进一步完善供给体系和结构，中国BOPET 行业有必要进一步提升产业结构、改善行业产品品质。

一、中国 BOPET 产业的成绩、问题和面临形势

1. 取得的成绩

经过 30 多年特别是近 5 年的迅猛发展，中国BOPET 产业的生产能力迅速提升，由最初主要依靠进口变成为世界上最大的生产国。产品的用途范围由音像磁记录向包装、电器、电工等方面大范围的转移，尤其在光伏、光电、建筑等领域的使用顺应和推动了新兴产业的快速发展。生产装备由之前的门幅 3.5 米、机速 150 米 / 分（最初门幅只有 1 米，机速每分钟几十米），向当今的 8.7 米和 450 米 / 分发展，国内装备配套能力及配套材料国产化也取得了新的进展。生产线成膜稳定、损耗率明显下降，产品物理性能优异。主要原料由最初兼用聚酯纤维料转向使用薄膜专用料，各类功能薄膜专用料的研发和应用推动了个性化 BOPET 产品的开发。BOPET 产品高清晰、高阻隔、热收缩、可热封等方面特性得到挖掘，在线的涂覆改性使产品性能得到提升，进一步扩大了 BOPET 使用范围和应用领域。

行业内拥有一批从业时间长的老牌 BOPET 生产企业，如乐凯、杜邦鸿基、杭州大华、江苏裕兴、仪化东丽、四川东材等，因长期持续投入产品研发、关注产品质量、注意品牌培育，向市场提供性能稳定的个性化产品，改写了一些产品最先的空白状况，在业界拥有一定的口碑。这些企业在扩大生产规模的同时，锻炼与培养了一批技术、管理和生产人员。据现有的不完全统计，与聚酯薄膜相关的行业标准由行业骨干企业牵头编制的就超过 20 项。

2. 存在的问题

行业总体产能的空前扩展超越了目前市场的实际需要，呈现阶段性的产能过剩。产品结构偏重于普通类的 12 微米包装膜，而光伏、光电等方面的高端类产品仍需要要依靠进口，显现“低端产品过剩、高端产品不足”的结构性矛盾。

近几年，大规模重复引进的大产能生产线，其产品设计多以大批量、品种单一的普通包装膜为主，生产设备宽门幅、高线速，而且上、下游联合化（原料合成与后序拉膜加工联合一体的纵深生产），旨在降低产品的单位成本。这些装置一般不适合小批量、多品种的变化，难以组织差异化生产，由此增加同类产品同质化竞争，加大了产业部分产品过剩的程度。行业的同质化竞争激烈引发严重的低价倾销状况，导致部分企业的经营亏损，行业的整体效益明显下降。

行业整体已经比较在意需求侧，反映在生产装置的投资和产品出口上，但对市场消费的引导有待进一步加强；在技术创新方面，对研发资源的投入和研发力量储备的重视程度仍旧不够。

3. 面临的新形势

国内 BOPET 产业的迅猛发展规模与邻国印度相似，低水准的技术状况 + 低价销售遭到进口国的抵制，加上市场消费的不平衡，让部分产品品种单一的企业濒临亏损或严重亏损的状态。

当今，BOPET 多年来气贯长虹的壮盛已经大量消退，低落的情绪正笼罩着行业。然而，市场本来具有喜好新颖、特殊和连续变化的特点。薄膜产品的生命力在于终端使用的性能优势，在于从既有终端的同类产品中跳出来，形成明显差异或让亮点产品在使用中实现产品价值的增值。不少企业已经意识到原先依赖投资、出口和一般消费的模式已经失灵，正逐步提高自身生产技术和管理水平，开始重视技术改造、技术攻关和新技术、新材料应用，逐步向差异化、特种化、高端化产品的供给模式转换。这些企业依靠产品差异化和品质稳定性，不图产量规模只求市场需要，每年仍有不菲的收益。

市场方面，下游企业的个性化需要对我们产品提出更高的要求，新兴领域对新材料的迫切需求给BOPET 的未来应用提供了无限的可能性，相关产品的市场替代中（如 BOPP、PE 等）仍旧大有机会，所有这一切，对我们 BOPET 产业的生产、装备、原料供给水平也提出了前所未有的期待。

二、创新驱动 提高整个产业的有效供给水平

1. 建设产业创新平台

提升产业创新能力，鼓励发展创新产品，将是“十三五”期间我国 BOPET 产业实现跨越式发展的关键。中国 BOPET 行业有必要聚集各方研发资源、

业内外的精英人才，用产学研结合的方式建设行业性的创新平台，围绕原料、工艺、生产装备以及上下产业链，形成目标明确、联动创新的研发合力。

2. 突破制约行业品质提升的瓶颈

对行业共性关键技术、关键零部件、关键原材料、关键工艺、 重点装备进行攻关，如高端的各种功能膜专用原料的研究；专用于在线涂覆的各种改性原料的研究；高端光学类基膜的生产技术的研究；各种差异化、特种化薄膜的专用装备的研究；个性化、多功能的双拉膜试验装备的研究等等。其中，进口产品的消化吸收及替代是行业人的重要课题。

3. 改造提升传统生产线

使用诸如在线涂覆装置、行星式挤出装置、层叠模具装置、回收装置等改造现有生产装备，可实现双拉膜产品的个性化私人定制（量身定制），为行业产品的升级提供可能。

4. 培育壮大新兴市场

发现和培育 BOPET 行业新增长点。培育发展战略性新兴市场，为新兴市场领域提供个性化、定制化产品与服务。如：建筑智能窗贴膜、汽车窗贴膜、光电领域用光学膜、金属覆合膜、抗老化大棚膜等，它们的使用性能明显超越现有市场产品，虽然目前的市场需求还不大，一旦应用推广开来将给 BOPET 产业带来空前的市场增长和突破。

新兴市场成熟有其过程，行业协会有义务协助企业对新兴市场产品用途进行调研和市场推广，帮助企业依托行业性的创新平台，加快科技成果的孵化、转化，促进科技成果产业化，推动新颖产品走向市场，积极帮助企业争取扶持政策，最终让企业产品在新兴市场中获利。

三、提升产品质量 提高企业的市场竞争水平

1. 强化行业标准化工作

行业标准化工作特别是行业产品标准的完善有助于明确终端用户的不同需要，稳定和提高产品质量、促进行业技术进步。国内聚酯薄膜产能规模快速扩大，企业数量不断增多，但市场产品质量参差不齐，价格高低不一，如下游在采购时用劣质产品的价格去压制行业正规产品价格就会造成市场价格的混乱，会伤害企业创新的积极性。完善行业标准，特别是产品标准，对规范市场将起到一个“硬约束”的作用。

目前，BOPET 行业标准化工作有待进一步完善，有必要完善提升行业标准化体系，注重产业链的延伸。尤其需要突出重点，对生产经营中急需的、重点产品、高端产品、与食品接触相关产品的标准要尽快制定。在做好产品标准的基础上，关注检测检验方法标准、管理标准等其他相关标准。

2. 提升企业质量管理能力

物竞天择，产品是企业的竞争之魂，而质量是产品的生命所在。生产企业需全面强化质量意识，导入先进的质量管理体系，增强企业综合管理能力。重视产品检测、人员培训、品牌创建等各个方面，全面提高质量水平，为市场提供好的产品。通过优化管理流程来确保稳定产品性能指标及降低生产成本。

3. 大力培育自主品牌

据联合国工业计划署统计，全球不足 3% 的品牌产品占据了超过 40% 的市场和 50% 的营销额，由此可见知名品牌在市场竞争中的地位。对于中国 BOPET 产业来说，企业对于品牌建设还是缺乏意识，虽然有企业有一些自己的特色产品，但名优品牌还是相对稀少，特别是在国际市场中还无法形成真正的强势品牌，还是依赖比国际知名品牌更低的价格来争取市场份额。

BOPET 生产企业有必要以市场为导向，分析自身产品优势、确立市场定位、制定企业经营战略和品牌规划，加大在营销能力、科学管理、市场控制、人员素质等方面能力的建设，全面提升企业的竞争实力，创建行业乃至国际知名品牌。

四、加快形成新供给新动力的保障措施和建议

1. 营造良好的市场环境

面对恶性竞争的环境和市场可能催生的资产重新整合的趋势，BOPET 行业有必要充分认识到非理性的倾销行为严重扰乱了当前市场秩序，是有悖商业精神的违规做法。

企业应当依据生产经营成本和市场供求状况来合理定价，并通过改进生产经营管理，降低生产经营成本，在市场竞争中获取合法利润。中华人民共和国反不正当竞争法第 11 条规定，经营者不得以排挤竞争对手为目的，以低于成本的价格销售商品。价格法第 14 条规定，经营者不得为排挤竞争对手或独占市场，以低于成本的价格倾销，扰乱正常的生产经营秩序，损害国家利益或者其他经营者的合法权益。呼吁政府价格主管部门和协会组织测定 BOPET 行业的平均成本及合理的下浮幅度，对不顾质量信誉、一味低价倾销的不当竞争行为，给以警告、公开谴责和媒体曝光，鼓励对低价倾销行为进行举报，必要时诉诸法律。加强这样的鞭策，既可以规范市场，又能鼓励企业走技术创新、严格经济管理的道路。

在如今普通类产品过剩的环境中，消灭同行并不能消灭产能（暂时停转的生产线终得重新起动）。唯有企业自律、营造健康行业发展的良好环境，才会是企业生存之道。

2. 注重行业人才培养

人才培养关系到企业的生存与成长。中国BOPET行业产能的急迅扩张，使许多企业的人才储备不足，造成竞争力下降，其中制膜技术工人能力亟待提高。行业协会有必要创造条件推动行业性共享的人才培养基地建设，为企业提供员工培训，帮助企业提高员工素质，分享行业创新成果。此外需加强职业技术人员技能评定工作，激发员工提高自身能力的积极性。

3. 充分发挥行业协会的桥梁作用

中国塑协拟就的塑料制品“十三五”发展规划（包括聚酯薄膜）已指明了行业产品的发展方向，如何集结各方技术力量(软件)和完备的研发装备(硬件)，同时寻求财政支持，形成行业产品研发合力，行业协会需进一步发挥桥梁作用。建议中国塑协支持组建行业性的产品技术研发机构，为企业提供个性化产品定制研发服务；协助承担行业技术创新任务的研发机构向国家争取资金支持；鼓励技术研发机构走市场化道路，帮组给予融资方面的服务等。

（中国塑协BOPET专业委员会　王德均）

TPU薄膜行业2015年市场分析与2016年前景探讨

一、TPU薄膜行业概况

1. TPU薄膜简介

热塑性聚氨酯弹性体（TPU）是一种由低聚物二元醇软段和二异氰酸酯－扩链剂硬段构成的线型嵌段共聚物。它是一种介于橡胶与塑料之间的高分子聚合物。其硬度范围相当宽，低至邵尔A30低模量橡胶，高至邵尔D80高抗冲击材料，因此其性能范围很宽。它不仅具有交联性聚氨酯的高强度、高耐磨等橡胶特性，而且具备线性高分子材料的热塑性能，从而使其应用得以扩展到塑料领域。近几十年，TPU已经成为发展最快的高分子材料之一。

TPU薄膜是TPU材料的一种重要应用形式，其主要加工方法有吹塑法、流延法和压延法等。终端薄膜产品一般不需要进行硫化交联反应，生产周期短，生产工艺简单，废弃物料可回收利用。TPU薄膜具有环保无毒、强度大、伸长率高、耐磨耗、耐屈挠、耐高低温、耐老化、耐黄变、耐油等卓越性能。随着高科技的快速发展和人们环保意识的不断提高，环保型高性能TPU薄膜得到越来越广泛的应用。

2. TPU薄膜的生产情况

随着国内外TPU产能的不断提高和中国TPU需求量的快速增加，TPU市场已形成国外产品和国内产品“两大”的发展格局。国内TPU市场需求旺盛，供大于求的现象还未凸显，未来发展空间仍然很大。从地域角度来看，我国TPU行业主要生产企业与国外企业的对比情况，见表1。国外的TPU主要生产商有德国巴斯夫和拜耳、美国的路博润、韩国进兴化工等，国内主要生产商有东莞雄林、东莞吉鑫、中山博锐斯、鼎基化学、高鼎化学、烟台万华、浙江华峰等，其中东莞市雄林新材料科技股份有限公司是国内生产规模最大、品种最多、市场占有率最高的TPU薄膜生产商。

表1　我国TPU行业主要生产企业与国外企业的对比情况表

序号	区域	企业名称	产品结构
1	国外	巴斯夫聚氨酯有限公司	TPU粒子、薄膜及其他
2		路博润特种化工有限公司	TPU粒子、薄膜及其他
3		拜耳材料科技有限公司	TPU粒子、薄膜及其他

续表

序号	区域	企业名称	产品结构
4	国外	亨斯迈聚氨酯有限公司	TPU 粒子、薄膜及其他
5		韩国进兴工业	TPU 粒子、薄膜
6		日本聚氨酯工业株式会社	TPU 粒子、薄膜
7	国内	东莞市雄林新材料科技股份有限公司	TPU 粒子、薄膜及其他
8		鼎基化学工业股份有限公司	TPU 粒子、薄膜
9		中山博锐斯塑胶新材料有限公司	TPU 薄膜
10		东莞市吉鑫高分子科技有限公司	TPU 粒子
11		烟台万华聚氨酯股份有限公司	TPU 粒子
12		捷欣企业股份有限公司	TPU 粒子
13		三晃股份有限公司	TPU 粒子
14		高鼎化学	TPU 粒子
15		昆仲股份有限公司	TPU 粒子

3. TPU 薄膜的应用

自欧盟禁止鞋材等材料使用 PVC 以来，人们试图寻找其他合适的材料来替代。由于 TPU 的环保无毒、性能卓越、易于回收及可降解，TPU 薄膜成了鞋材上 PVC 材料的最好替代品。而且可以使用 PVC 的地方，就可以用 TPU 来代替。TPU 薄膜不仅可与各种布料贴合，还可以用真空成型和热成型的方法来生产轮廓清晰、尺寸稳定的产品。

TPU 薄膜因其卓越的性能和环保概念，日益受到人们的欢迎，广泛应用于鞋材类、成衣类、皮具类、国防用品、医疗用品、建筑材料、汽车类、电子类等行业，如图 1 所示。作为进入欧美市场的通行证，SGS、ASTM、JIS、FDA 等国际知名测试机构的检验报告也是十分重要的。比如国内最大的 TPU 薄膜生产商东莞雄林新材料科技股份有限公司已通过了这些认证，其薄膜品质稳定、无毒、无污染、不含八大重金属危害且可焚烧、可降解。

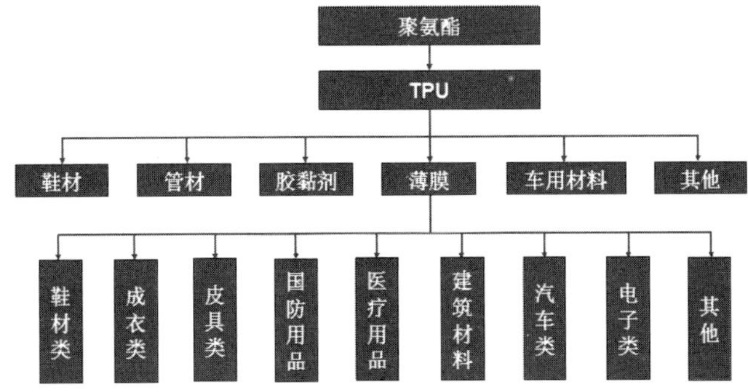

图 1 TPU 薄膜的应用

二、TPU 薄膜的原材料分析

目前，TPU 薄膜产品性能稳定性差和成本高是制约 TPU 薄膜行业发展的关键因素。原材料则是决定产品的基本因素。由于市场上的其他材料竞争，经济要素使得 TPU 薄膜原材料制造商和 TPU 薄膜制造商亟需引入更好的高科技来增强 TPU 薄膜原材料物性和可加工性，同时降低价格，以提高 TPU 薄膜的综合物理性能，减少 TPU 薄膜的成本，提高其市场的竞争力。

TPU 薄膜是一种由低聚物二元醇软段和二异氰

酸酯－扩链剂硬段构成的线型嵌段共聚物，其原材料主要有低聚物二元醇、二异氰酸酯、扩链剂和微量的配合剂。图 2 ～图 5 为部分 TPU 薄膜原材料的价格走势图。

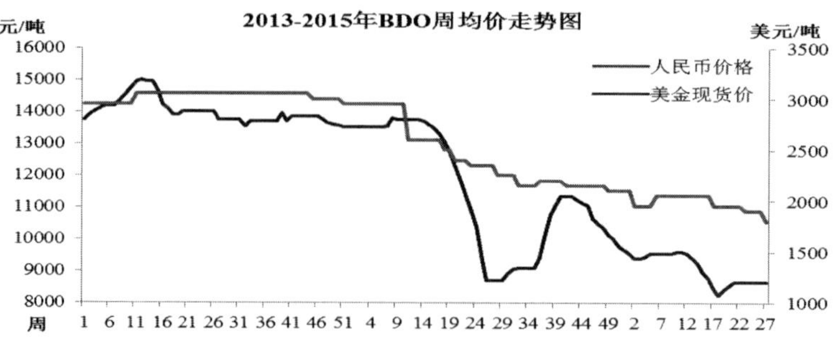

图 2 2013—2015 年 BDO 价格走势图

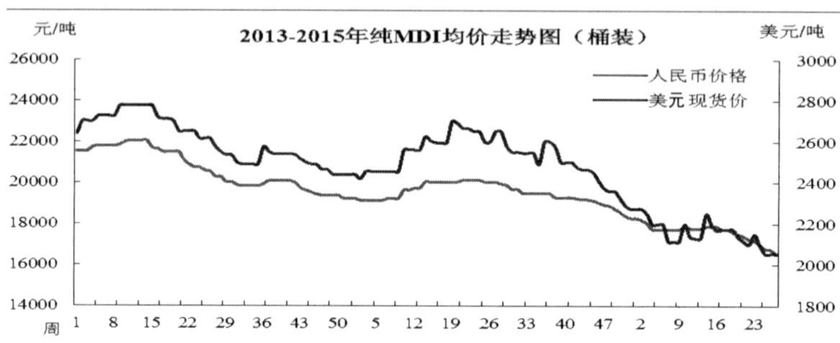

图 3 2013—2015 年纯 MDI 价格走势图

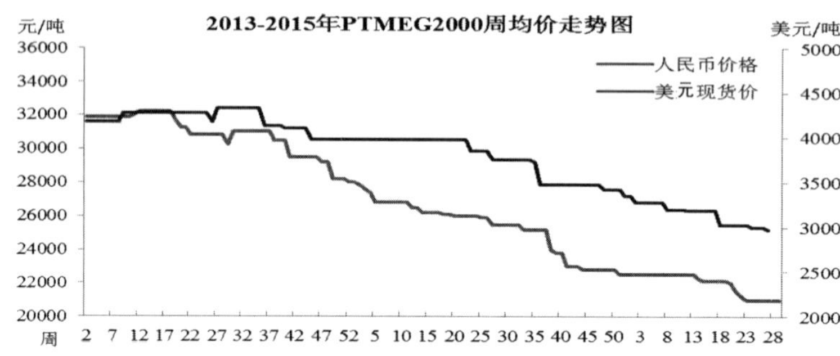

图 4 2013—2015 年 PTMEG2000 价格走势图

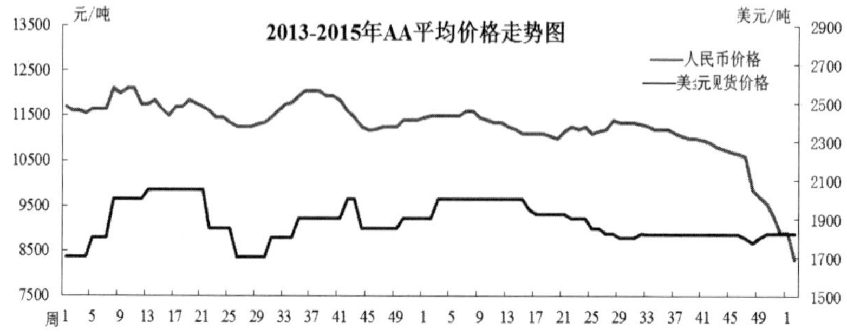

图 5 2013—2015 年 AA 价格走势图

通过以上部分 TPU 薄膜的原料价格走势图可以看出，2015 年 TPU 薄膜的原材料价格整体呈现出下降的趋势。TPU 薄膜原材料价格下降原因主要分两方面：一方面，因为近几年中国聚氨酯原材料市场的产能不断扩张；另一方面，受到全球经济形势动荡的影响，下游终端产业的行情不好。

三、TPU 薄膜的市场分析

TPU 薄膜是 TPU 的一个重要应用，也是 TPU 的一个最具潜力的市场。据统计，2013 年我国 TPU 消费量 22.3 万吨，同比增长 11%。2014 年我国的 TPU 消费量达到 25.2 万吨，同比增长 13%。至 2018 年，TPU 行业消费结构变化不大，TPU 薄膜的消费量将呈现出较大的增长，TPU 薄膜的消费比例将达到 15%，如图 6 所示。

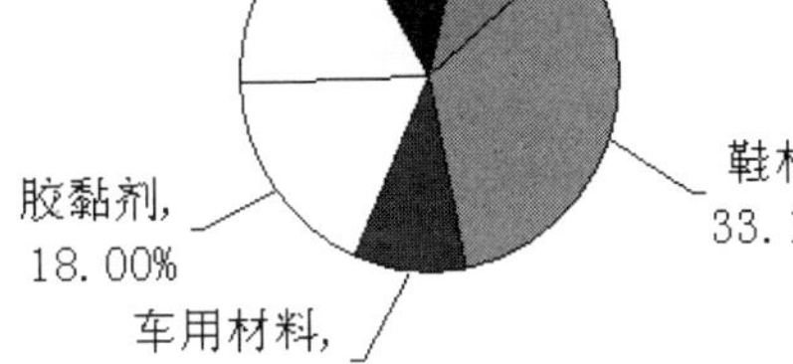

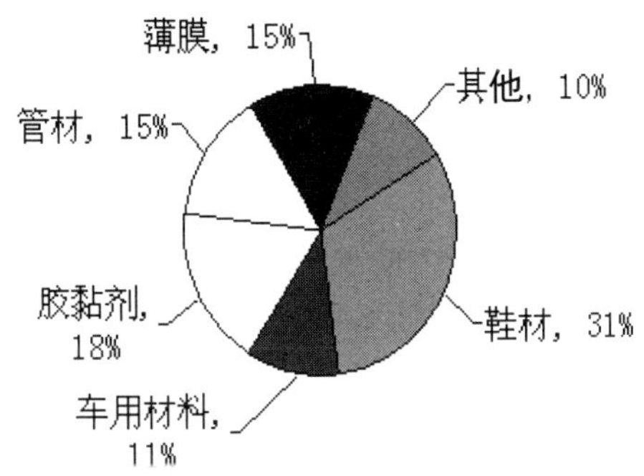

图 6 2014 年我国 TPU 消费结构和 2018 年预测

尽管 2014 年市场经济不景气，但 TPU 材料的市场消费量仍然保持了一个很好地增长趋势。随着高科技的快速发展和人们环保意识的不断提高，低成本、高性能的 TPU 薄膜必将得到越来越广泛的应用，未来市场空间广阔。

四、TPU 薄膜未来重要发展方向

近几年，中国 TPU 薄膜的产业迅速发展。虽然 TPU 薄膜种类繁多，但其应用领域已相对固定，传统产品的应用很难再向新的领域和高端领域扩展。TPU 薄膜应用新领域的扩展需要根据该领域产品的使用特点而进行新产品的开发设计，使新开发产品符合该领域产品的加工条件和物性要求。此外，对于废弃的 TPU 薄膜尚无妥善的方法对其进行回收利用。因此，需要作出积极地探索，既要保证回收成本低，又要保证回收利用后的产品质量。

1. 个性化与多功能化方向

随着生活水平不断提高，市场越来越注重产品的个性化与多功能化。为满足消费者个性化和多功能化的需求，新材料、新技术和新生产工艺不断被开发。TPU 薄膜产品具有行业也在大力开发具备个性化特征或功能的产品。如开发可印刷性高的 TPU 薄膜，可获得具有各种色彩、图案的 TPU 薄膜，下游客户采购或定制这些具有个性化特征的 TPU 薄膜，可以便利地制作出各种个性化或带特殊功能的终端产品，节省人力和财力。该方向将加快 TPU 薄膜在鞋材类、吹气产品等的需求增长。又如利用 TPU 薄膜的热可塑性，通过添加阻燃剂，可获得阻燃吸音双重功能的 TPU 薄膜材料。

个性化和多功能化的 TPU 薄膜是符合市场发展趋势的重要发展方向。这就要求 TPU 薄膜生产企业对其生产的 TPU 薄膜配方进行个性化研发。同样，对于生产 TPU 树脂的企业而言，也需要根据具体市场的需求生产出符合不同市场需求的个性化、多功能性的树脂材料。

2. 低成本与高性能化方向

TPU 薄膜具有优异的综合性能，产品用途非常广泛，是许多现有薄膜制品的理想替代品。随着 TPU 薄膜行业的不断发展成熟，TPU 薄膜的应用范围正在不断扩大。TPU 薄膜的应用范围正在从鞋、服装、家用纺织品、奢侈手袋等原有的重点领域逐渐向飞机、汽车、信息技术、新能源、高端装备等新的领域延伸。为进一步提高 TPU 薄膜产品的市场竞争力，一方面需要降低 TPU 薄膜的成本；另一方面，需要不断提高其性能，以满足更高端领域的需求。因此，低成本与高性能化是推动 TPU 薄膜更好地满足市场需求的重要发展方向。

近年来，国内外对 TPU 共混技术的研究十分活跃，即在 TPU 中掺杂与之相容的有机廉价材料，从而达到降低成本，改善特殊性能要求的目的；也可将 TPU 作为一种弹性体聚合物改良剂，从而获得综合性能优良的共混物。通过共混技术，可以利用各种物质独特的物性改善 TPU 的性能缺点，进一步改进TPU材料的综合性能，生产出更多品类的TPU材料，从而丰富 TPU 薄膜的品种类型和功能特性。

通过无机材料与TPU薄膜材料共混，生产无机-有机复合材料，可有效地改善 TPU 薄膜性能。如将纳米 SiO2 粉末添加到 TPU 薄膜中，可有效地提高其抗菌性能；将纳米 TiO2 添加到 TPU 薄膜中，可提高其光催化降解性能等。

3. 可回收再利用方向

虽然 TPU 薄膜环保无毒，可降解，但是废弃后仍然是一种资源浪费。目前，对 TPU 薄膜的回收利用问题至今尚无有效的解决办法，其主要原因是 TPU 品种多，组成成份复杂，物理和化学性质多样。从生产投入的经济角度来看，以物理回收利用好，生产效率高，操作简单，但是制品的性能差，只能做次级用品使用，经济效益低。从产品的使用性能来看，化学回收法具有明显的优势，但是目前化学回收产物存在较多问题。做好对 TPU 的化学方法研究，具有非常好的前景。所以，今后应该在 TPU 薄膜产品的回收再利用方面更为深入的研究，努力提高回收效益，实现环境与资源的可持续发展。

五、结语

低碳生活是未来世界的生活环境，成功地开发环保型功能材料是各企业不可避免的课题。TPU 薄膜材料因其优异的性能和环保概念，已经得到了广大消费者的认同。虽然目前 TPU 薄膜行业仍存在技术和成本的问题，但只要各企业加强技术开发，TPU 薄膜的性能和附加值必将得到更大的提高。未来，TPU 薄膜产品将沿着个性化与多功能化、低成本与高性能化方向发展，不断开拓新的应用领域，实现无废料。TPU 薄膜行业的发展之路是曲折的，但是市场前景是广阔的。只要 TPU 薄膜生产商积极面对行业面临的问题，加强技术研究开发，一定能够共同引领世界 TPU 薄膜行业进步，实现 TPU 薄膜行业的可持续发展。

（东莞市雄林新材料科技股份有限公司 何建雄）

PVB 树脂与 PVB 玻璃夹层膜行业 2015 年现状和 2016 年市场探讨

一、前 言

聚乙烯醇缩丁醛（PVB）是以工业化生产的聚乙烯醇缩醛中重要的产品，是由聚乙烯醇（PVA）和丁醛经过缩合反应的产物，在世界上已经有近七十年的生产历史，近年来更是在汽车行业的高速发展和建筑玻璃上的大力推广的推动下每年以 10% 以上的速度在递增，而我国由于受到原料、设备、技术等方面的制约，发展比较慢，但近年来，国内行业在关键技术得以突破下，呈现突飞猛进态势。

二、PVB 中间膜的性能和用途

PVB 中间膜和玻璃有很好地黏结力，并具有一定的弹性和强度，在夹层玻璃受到冲击时能很好的吸收能量，不容易贯穿，膜的透光率达到 90%，它的耐热性，耐寒性，耐湿性和抗老化性能都很好。

所以，PVB 膜的用途就是夹层玻璃的主要材料，夹层玻璃是一种性能优良的安全玻璃，是由玻璃和中间膜互相黏结在一起，当玻璃被打碎时会粘在膜上面，从而达到良好的安全性能，目前主要用于汽车全景风挡玻璃和建筑方面的安全玻璃，如图 1 所示：

图 1 PVB 树脂和 PVB 夹层玻璃的应用

目前工业上生产的PVB树脂分有低黏度和高黏度，低黏度树脂主要用于黏合剂，广泛用于印制电路板等电子工业，漆包线绝缘漆等电气工业以及涂料、油墨等很多部门，高黏度树脂主要用于生产PVB胶片，进而生产安全玻璃。

随着安全玻璃的价值和性能越来越为世人所认可，市场上对PVB胶片的需求也大幅提升，从而刺激生产胶片厂家也越来越多，到目前为止，除了外资企业积水，首偌以外，国内有50家之多，生产能力超过10000吨/年的有建滔，德斯泰，鑫富等企业，其中建滔更是达到20000吨/年，但是良莠不齐，多数是回收以边角料达到再生，只有以建滔为首等少数几家企业为全树脂生产，只有全树脂生产的膜片才能保证上述性能和品质。

时间/年	夹层玻璃产量/万米^2	同比增长/%
2013	7100	16.5
2014	7850	10.6
2015年1～6月	4123	5.99

从以上表格数据分析，随着国家经济增长速度从10%回落到7%的水平，国内建筑市场新开工面积和竣工面积的不断减少，汽车市场在达到年产2300万辆高位（世界第一）之后上升乏力，相应的夹层玻璃的产量上升的幅度从十位数缩小到个位数。投资、出口和消费这三驾驱动经济的马车短期内难以有力反转，预期夹层玻璃市场会维持微幅增长的趋势，不排除经济下行压力过大、出口继续下滑，夹层玻璃市场出现负增长的可能性。

三、2016年的市场探讨

1. 国家对新能源汽车的大力扶持，汽车产业将迎来新一轮的发展

行业产销量保持微幅增长，预计增长率约3%。

具备节能、安全、隔音隔热阻隔紫外线等多重属性的高端建筑玻璃产品在市场上更广泛的运用，如复合了双银LOWE镀膜、钢化、夹层的中空玻璃。

中低端产品价格持续走低。

产能过剩持续，相当多企业开工不足。

企业之间分化明显，部分企业遭遇行业洗牌的危机。

新能源汽车在汽车市场中一枝独秀，伴随国家节能减排的政策推广、新能源汽车技术成熟和性价比的提升、充电的便利性得以满足，部分城市对新能源车区别于普通车的不限购、减免购置税等利好，新能源车在未来的汽车市场中会抢得更大市场份额。汽车产业的发展将有力推动PVB胶片生产。

2. 节能型玻璃的运用

如隔音和隔热玻璃、双夹层中空玻璃等高端建筑玻璃的广泛应用，亦给PVB市场带来活力。

图2 深圳前海效果图

图 2 是深圳前海发展效果图，被称为中国未来的曼哈顿，所使用的玻璃几乎全是双夹层中空玻璃，也就是说 PVB 膜会在这里大量使用，现在承建商指定建滔，积水，首偌，杜邦这四家 PVB 高端品牌。

综上所述，PVB 膜片目前困难和机遇并存，随着生活水平提高，人们对安全意识的加强，安全玻璃也将得到充分的肯定和应用。

（建滔（佛冈）特种树脂有限公司 叶俊生）

科技进步

2015 ～ 2016 年国内外塑料发展概况

一、新材料

1. 意大利 CRP 集团研发 3D 打印材料 Windform

意大利增材制造公司 CRP 集团的 Windform 系列材料，是玻璃或者碳纤维增强的聚酰胺类材料。其应用范围广至从摩托车到航空领域，从包装到医疗设备。每种材料都有其专门定制的机械性能。

Windform XT2.0 和 Windform SP 都填充了碳纤维，极其轻，相比之下，Windform XT2.0 在所有 Windform 材料中有最高抗拉强度，Windform SP 更有弹性，也有较好的韧性，保持较大的力学强度。填充玻璃纤维的聚酰胺基的 Windform GT 具有高弹性，防水，无需表面处理等特点。

2. 帝人开发出高折射高耐热的摄像头用聚酯树脂

帝人开发出了兼具高折射率和高耐热性的摄像头镜头用聚碳酸酯（PC）树脂。通过改进聚合物的分子设计，实现了 nd=1.65 的折射率和约 150℃的耐热性。已开始通过该公司松山事业所的量产设备生产并供货样品。

在广泛用于智能手机摄像头、车载摄像头及防犯摄像头等的镜头中，为了实现最终产品的轻量化，采用树脂镜头的情况不断增加。另外，从最近的市场来看，可使产品实现小型超薄化的高折射率镜头的需求趋于增加，而且，作为伴随产品高性能化及常时运转的散热对策，高耐热性镜头的需求也在扩大。

3. 鸡蛋壳粒子打造的生物塑料

美国研究人员破解了制造生物塑料薄膜的难题之一，利用蛋壳作为可持续的生物填充剂。Vijaya Rangari 在阿拉巴马州的塔斯基大学研究从废弃的蛋壳中吸收纳米粒子到生物塑料薄膜中合成一种新的材料，该材料将是完全可持续的。

4. 松下研发出可延长 LED 照明设备寿命 PP 塑料

日本大阪松下公司研发出了光扩散型聚丙烯树脂（PP）模塑料，名为“FULL BRIGHT”PP。该公司称该光扩散型聚丙烯树脂（PP）模塑料可延长 LEDs 的使用寿命。该材料适用于注拉吹塑成型，其面世使复杂形状的成型加工成为可能，而且有助于赋予客户更大的产品设计自由度。

5. 日本研究人员发现能将 PET 瓶分解成水和二氧化碳的细菌

日本庆应义塾大学、京都工艺纤维大学、帝人、ADEKA 发现了通过分解聚对苯二甲酸乙二醇酯（PET）来生长发育的细菌，并查明了其分解原理。这一发现颠覆了 PET 是自然界无法进行生物分解的物质这一传统说法，有望为开发 PET 产品的生物循环再利用技术做出贡献。

PET 以石油为原料制造而成，广泛应用于饮料瓶及衣类等。但 2013 年全球的 PET 树脂总产量约为 5600 万吨，而循环再利用量仅为 PET 瓶产量（613 万吨）的 37%、PET 树脂总产量的 4.1%。如果发现以 PET 为营养源的微生物，便可实现低能源型及环境和谐型的“PET 生物循环再利用”，于是，相关研究人员通过此次的研究探索了 PET 分解菌。

6. 中科院发明新型薄膜材料

中科院合肥物质科学研究院等离子体所专家利用自组装新方法合成了一种多功能柔性薄膜材料（图 1），可高效去除与分离水体中放射性离子锶（Sr）、铯（Cs）以及油性物质。研究成果近期发表在《自然》旗下期刊《科学报告》上，为石油和核泄漏事故发生后，废水处理和分离技术提供了新思路。

图 1 多功能柔性薄膜材料

7. 德研制出可用于皮下精确施药的新型材料

德国弗赖堡大学研制出一种可用于皮下精确施放药物的新型复合材料，人体对这种材料不会产生不良反应。未来新材料有望用于治疗肿瘤等疾病。

研究人员用原子层沉积的方法将氧化锌植入聚乙二醇薄膜中，形成了一种可水解的复合材料。这种材料薄膜厚度只有几微米，其分子结构适合储存相对大剂量的药物。为了让这种储药材料可以精确施放药物，其表面还被镀上了两层导电聚合物。

研究人员将这种复合材料形象地描绘为一张多孔的网，上面的孔在施加负电时会打开，加正电时则关闭，从而实现精确药量释放控制。实验室细胞培养基测试显示，人体接受这种新材料植入物不会产生不良反应。

8. 美研发形状记忆聚合物 可支撑千倍自身重量

美国纽约罗切斯特大学研发出一款新型的具有“形状记忆”的聚合物，可在拉伸或压缩后保持新形状，直到接触人体体热或 35℃及以上的任何温度，会恢复其初始形状。该聚合物可支撑重量是其自身重量 1000 倍的物体。

研究主导者化学工程教授米奇·安塔马顿称：“我们研发的新型‘形状记忆聚合物’就像一根橡皮筋，它既可以被拉伸或压缩成新的形状，又能维持该新形状，但是仅仅一次触摸又可以使它恢复到初始形状。”

9. 微创手术有望用上形状记忆塑料

浙江大学化学工程与生物工程学院教授谢涛课题组研发了一种新型的形状记忆塑料，它能被多次“植入”复杂形状记忆，在国际上首次实现了可在复杂形状之间变化的“折纸”。

形状记忆塑料，学术上称为形状记忆聚合物，是一类能够固定临时形状并且在外界刺激下能够回复到初始形状的智能材料。此前，记忆塑料已被广泛用于饮料瓶包装等领域，能从复杂的临时形状变回简单永久形状，但不能从简单的临时形状变成复杂的永久形状。

10. 扬大高吸水性树脂抗菌关键技术研究获重要突破

扬州大学化学化工学院朱爱萍教授主持的抗菌性高吸水性树脂研制，关键技术研究取得重要突破，将纳米银成功地均匀结合在高吸水性树脂表面。

朱爱萍介绍，纳米级银系抗菌剂的抗菌机理是： 银离子与细菌接触后，到达微生物细胞壁，带正电荷的银离子吸附在带负电荷的细胞壁上，依靠库仑力使两者牢固吸附。银离子穿透细胞壁进入细胞内，与 -SH 基反应，使蛋白质凝固，使微生物细胞发生破裂而死亡，影响微生物所需基本物质的传输，破坏细胞合成酶的活性，用中断 DNA 复制的形式阻止微生物繁殖。当菌体失去活性后，银离子又会从菌体中游离出来，重复进行杀菌活动，抗菌效果持久。另外，纳米级的银颗粒具有较强的光催化能力，能够激活水和空气中的氧，产生羟基自由基（·OH） 及负氧离子 (O^{2-}) ，它们能使细菌中的蛋白质、不饱和脂肪酸、糖苷等与之发生反应，破坏其正常结构，从而使细菌死亡或丧失增殖能力。

11. 辽阳石化开发出膜级专用聚酯切片新产品

辽阳石化公司成功开发出聚酯薄膜专用聚酯切片，经用户试用合格，成为可替代进口的新产品。从 2014 年开始，拥有年 30 万吨聚酯产能并向高端市场进军的辽阳石化，在前期成功开发瓶级聚酯、PETG 共聚酯的基础上，对现有的一条 10 万吨 / 年聚酯生产线进行了局部改造。改造装置开车后，辽阳石化分牌号对多个工艺条件进行攻关，生产出聚酯薄膜专用聚酯切片。至此，辽阳石化形成瓶级聚酯、PETG 共聚酯和光学级聚酯薄膜专用料“三线”并存的产品布局，盘活了聚酯产业链，打造出新的经济增长点。

12. 巴斯夫推出轻质隔音阻燃保温新材料“巴数特”

巴斯夫欧洲公司推出一种名为巴数特的开孔泡沫。产品具备众多独特性能，其基材赋予了它卓越的阻燃性，可在高达 240℃的高温下使用，并在较大的温差范围内保持稳定性。得益于其开孔泡沫结构，巴数特具有质量轻、吸声效果好、低温下仍保持弹性、具有保温性能等优点。巴数特三聚氰胺泡沫通常是一种用于汽车和建筑物内部的轻质隔音材料，现在这种材料正逐渐用于电梯噪音的消减处理。

13. 杜邦研究发现强度最大的塑料

由美国杜邦公司研制名为〞戴尔瑞 ST〞的新塑料经过测试后，证实是现今强度最大的塑料，将有效用于工程行业。

这种工程塑料能代替玻璃和金属的耐高温和高强度耐磨，是一种把硫基单位结合进塑料聚合体长链中的一种新型材料，有着惊人的耐高温特性和抗腐蚀性。高强度耐磨工程塑料与金属材料相比有许多优点：容易加工；具有突出耐磨、耐腐蚀性；质量轻，相对密度 1.0 ～ 1.4，比铝轻一半，比钢轻 3/4; 比强度高；绝缘性能好；节约能源等，是良好的工程机械更新换代产品。

14. 普力马推出适用于窗户密封的低硬度 TPE

PolymaxTPE 研发出一种低硬度热塑性弹性体 D6940，其性能优于广泛应用于窗户密封的热塑性硫化橡胶（TPV）。D6940 具有较高的撕裂强度，能够在低压缩下永久变形，并且成本效益好。D6940 非常适合要求低应力变形、橡胶密封恢复、抗紫外线且耐沾污性和油漆的窗户密封条。即使 D6940 的硬度降低到邵氏 40°，其抗撕裂强度仍然比硬度为邵氏 60° 的 TPV 高出 12%，同时分别在 23° C 呈现比 TPV 高出 14% 的低压缩永久变形力和在 70° C 比 TPV 高出 12% 的撕裂强度。

15. 中研高塑成功研发防静电 PEEK

吉林省中研高性能工程塑料股份有限公司成功研发出防静电 PEEK（聚醚醚酮），该产品具有优异的防静电功能。

在工业生产或应用中，因接触、摩擦等现象会产生静电，静电的危害非常大。产品设备因产生静电会吸附空气中游浮的粉尘颗粒、以及与金属摩擦产生的碎屑等，从而影响其质量和使用寿命；因瞬间的电场或电流产生的热量，亦会使其严重受损，因此静电防护十分必要。

纯 PEEK 是绝缘的，体积电阻率在 109 ～ 1016 之间；该公司防静电 PEEK 具有优异的耐高温、耐化学性、耐磨、抗蠕变等特性，可以长期保证电阻率在 106 ～ 109 之间，目前很多客户已经开始试用该产品，反馈情况非常好。

16. 茂名石化首次使用新型国产催化剂开发 HDPE

茂名石化首次使用新型国产催化剂开发生产出无气味小中空料 EHM6007，打破了国内无气味小中空料基本依赖进口的局面，填补了空白。

高密度聚乙烯树脂（HDPE）因其具有重量轻、强度高、刚性好、便于加工等特点，是中空制品的首选原料。其中，EHM6007 是国际市场上的无气味小中空标杆牌号产品，主要用于吹制牛奶瓶、蒸馏水瓶、果汁瓶等，广泛用于工农业生产和民用领域。

17. 独山子茂金属膜聚乙烯填补国内空白

独山子石化公司试生产的茂金属膜材料聚乙烯产品 EZP2010HA 粉料取样合格。茂金属聚乙烯是一种新型热塑性塑料，是 20 世纪 90 年代全球聚烯烃工业最重要的技术进步之一，此次独山子石化的试生产成功，对于填补国内相关领域技术空白和打破国外价格垄断具有十分重要的意义。

18. 具有多孔结构的液体材料问世

国际联合研究小组合成了世界首种具有永久性多孔结构的液体材料。这种液体对气体具有极强的吸纳和溶解能力，有望提升目前许多化学反应的反应效率，并在碳捕获等场景中获得应用。

19. 中国科学家发现黄粉虫幼虫能吃所有塑料

塑料在环境中难以自然降解，而聚苯乙烯又是其中之最，由于高分子量和高稳定性，普遍认为微生物无法降解聚苯乙烯类塑料。北京航空航天大学杨军教授研究组、深圳华大基因公司赵姣博士等证明了黄粉虫（面包虫）的幼虫可降解聚苯乙烯这类最难降解的塑料。

该突破性研究显示，以聚苯乙烯泡沫塑料作为唯一食源，黄粉虫幼虫可存活 1 个月以上，最后发育成成虫，其所啮食的聚苯乙烯被完全降解矿化为 CO_2 或同化为虫体脂肪。这种发现为解决全球性的塑料污染问题提供了思路。

20. 英国威格斯公司聚醚醚酮成功应用于空客

机门配件

英国威格斯公司高性能聚合物VICTREX PEEK（聚醚醚酮）90HMF40成功应用于空客A350-900机门配件中，并代替之前使用的铝材。A350宽体飞机机门现以VICTREX PEEK 90HMF40热塑性材料制造，它可联结外部蒙皮和内部支撑结构上的支撑点，使两个部件构成箱式结构令惯性矩实现最大化。该注塑制件聚合物解决方案取代了之前生产成本高的铝制支架，使之能减少40%的重量和成本。在相同条件下，90HMF40的疲劳寿命比铝7075-T6高100倍，强度和刚度系数比铝7075-T6大20%. 另外，热塑性塑料能轻松承受不断积累在机门内的水分，而容易腐蚀的铝则需要一种特殊的表面涂层来防止腐蚀。

21. 高密度聚乙烯专用料TUB121N3000M试验成功

独山子石化公司研究院高密度聚乙烯专用料TUB121N3000M完成了3个阶段的耐压测试，相关指标均达到国家标准。这标志着独山子石化和西北化工销售联手开发的高密度聚乙烯管件专用料取得初步成功，中国石油PE管材料家族又添“新丁”。主要用于压力燃气管道和水管材料，可与独山子石化的PE管材料TUB121N3000、TUB121N300LS、TUB121N3000B组成管材专用料系列，投放市场后形成较强的竞争优势。

22. 天津石化成功研发丁烯缠绕膜专用料

天津石化首次采用“气液法流化床聚乙烯工艺技术”，开发生产的PE-LF182WA丁烯缠绕膜专用料80吨成功下线。经检测，其透明性和自黏性较同类树脂更加优异，虽然价格高于通用料，但可以大幅度降低用户生产成本，即将成为效益“新宠”。

二、新设备

1. 荷兰设计师推出第二代DIY塑料回收设备

荷兰设计师Dave Hakkens推出了第二代手工DIY塑料再生设备"Precious Plastic"（图2）。

新机器的图纸在网上可供任何人下载和动手制造。包括一个塑料粉碎机、挤出机、注塑机和旋转成型机，分别可以用于把废塑料回收制成新产品。

消费者能用这样的简易机器消化处理塑料垃圾，而不是让塑料进入垃圾填埋场或海洋而造成污染。

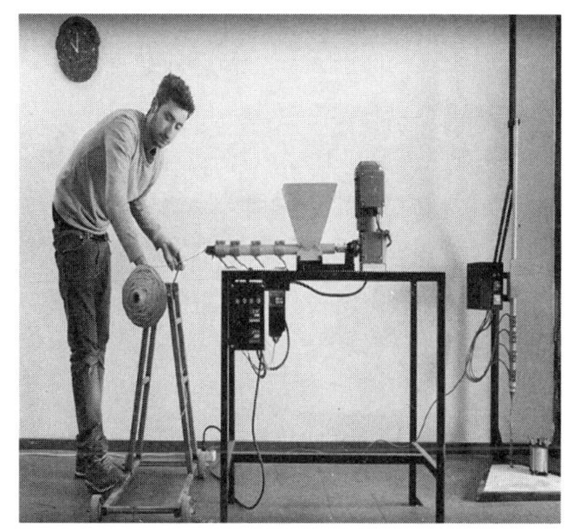

图2 DIY塑料再生设备

2. 德国KAMA推出新一代ProCut 58模切设备

模切机设备供应商德国KAMA机器制造商推出新一代ProCut 58模切和烫金压凸设备。德国KAMA制造商专注于为数字印刷、商业印刷和包装应用领域的短期和中期生产提供印后解决方案。KAMA公司的ProCut 58设备是世界上第一台应用于四分之一大小格式数字印刷纸的模切设备，该模切设备既可采用常规方式也可按照尺寸进行切割（图3）。

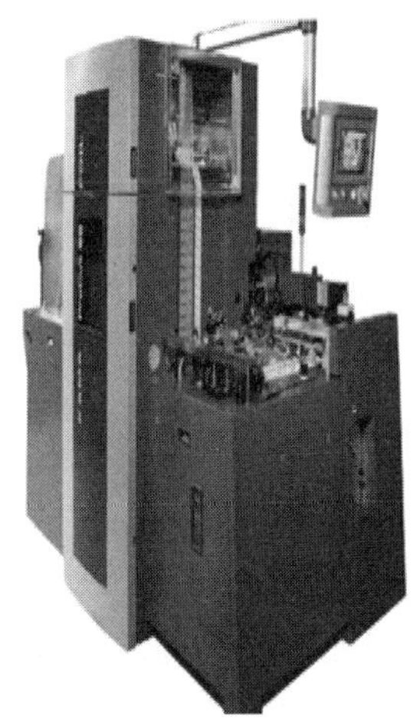

图3 Pro Cut 58模切和烫金压凸设备

3. 金明精机Classicx系列多层共挤薄膜吹塑机组

金明Classicx系列吹膜机组是金明优化现有机型产品推出的定制化和高产能的中高端机型。该机型满足客户对薄膜均匀度控制、薄膜透明度、薄膜挺度和韧性、薄膜产量等有较高要求的生产。Classicx 机型以标准配置为基础，可根据客户的实际生产加工需要和工艺条件进行定制化选配。金明 Classicx 机型目前提供的非阻隔吹膜机型包括 3 层和 5 层两种结构，薄膜制品幅宽 1200 毫米到 3000 毫米。

4、广东仕诚 4800 毫米三层共挤 CPP 设备成功验收

中国首家生产高端宽幅流延膜生产线的专业厂家——广东仕诚塑料机械有限公司的 4800 毫米 CPP 设备验收。仕诚公司 40 多台宽幅为 4000 毫米以上正在运行的 CPP 生产线又将增加新的一员。设备验收分为运行镀铝基材膜与空运转两部分，对薄膜品质以及运行速度（空运转 300 米 / 分）等各方面数据都满意。

5、莱芬豪舍公司开发 11 层吹膜生产线阻隔膜在生活中使用的越来越频繁，需求量日益增大，而阻隔膜对于质量的要求也日趋严苛。与此同时，生产商在生产方面需要更大的灵活性，以便向市场供应各种不同的产品。莱芬豪舍吹塑薄膜公司（Reifenhäuser BlownFilm）面对日益严苛的性能要求，开发出集灵活与效率于一身的 11 层吹膜生产线。11 层吹膜生产线为生产商提供了多元化的生产层次结构，一些产品通过多层共挤即可实现，而无须通过费时且成本高昂的复合工艺处理。

6. 全球首条单层石墨烯吨级生产线建成

北京碳世纪科技有限公司“全球首条石墨烯（单层碳原子）吨级示范生产线建成”。与以往不同之处，在于其生产的是单层碳原子材料，且年产量能够达到吨级，这在全世界范围内尚属首次。

碳世纪技术团队自 2007 年开始致力于石墨烯制备及应用技术的研发，2011 年在实验室的月制备量为 300 克石墨烯，2013 年月产量达到 5 千克石墨烯，2014 年在常州建立子公司，开始建设石墨烯吨级示范生产线，至 2015 年 10 月底正式建设完工，至此，该公司拥有了年产吨级石墨烯（单层碳原子）的能力。

7. 苏州同大机械微层中空吹塑机生产线试车成功

苏州同大机械有限公司与北京化工大学合作，成功研制出三种原料复合、49 层 30 升微层中空吹塑机生产线。

微层中空吹塑在物理力学性能、容器阻渗性能、降低生产成本、节能等诸多方面有明显的优势，苏州同大机械有限公司与北京化工大学创新团队已申请并且获得多项国家发明专利权。

该生产线的研制成功，为制造和研发特种要求的高强吹塑容器开创了一种全新的成型方法，同时也为常规吹塑容器较大幅度地降低生产成本开创了新的道路。

三、新产品

1. 赢创推出用于高效氮气分离的中空纤维分离膜

赢创工业集团开发了一款全新的 SEPURAN N2 中空纤维分离膜，可用于高效分离氮气，这一新技术已于 2016 年初全面上市。

相较于传统的低温气体分离，这一新技术的优势在于较高的灵活性与较低的成本。它可与现有系统相结合，满足最大需求，亦可直接与压缩空气系统连接，以制备氮气。此外，赢创 SEPURAN N2 分离膜的产能较高而空气需求量较低，因而能够提供成本低于其他分离膜的解决方案。

2. 英帝国理工学院成功制备超薄高分子膜

英国帝国理工学院的团队将新研发的有机微孔高分子材料合成方法与传统成熟的界面聚合成膜工艺结合，成功制备出富含分子尺度孔道的超薄高分子膜。

核心技术是采用刚性且扭曲的有机单体分子，通过一步界面聚合反应，从而得到大面积交联的高分子薄膜，扭曲的骨架结构产生大量的超微孔，通过设计高分子结构可以在分子尺度调控膜内微孔的大小和分布，膜的厚度可在数百纳米到 20 纳米之间调控，而且交联的网络结构极大提高了材料的耐溶剂性能。

3. 普立万推出可深冲压热成型的 LED 灯片

普立万公司近日推出新款 UltraTuf LED 灯片。该灯具有优质的光扩散片，既能实现卓越的光传播和扩散性能，又能保持韧性和耐化学性，提高设计的灵活性。UltraTuf LED 灯片采用不含 BPA 的伊斯曼 Spectar 容错共聚酯制成，已获 UL GREENGUARD 室内空气质量认证。

4. 3M 采用玻璃微珠生产农用塑膜

3M 公司的一项创新是采用玻璃微珠生产农用

棚膜。玻璃微珠可使生产商用相同数量的树脂材料生产出更多的低密度和线性低密度塑料薄膜。

玻璃微珠还可增加薄膜的白度，用于替代钛白粉。这种材料可大面积扩大光照，有利于作物的生长。位于美国明尼苏达州圣保罗的3M公司目前正与薄膜生产商合作，着手开发新应用。

5. 基于柔性塑料薄膜的高性能晶体管面世

美国威斯康星大学麦迪逊分校不仅大大简化了低成本高性能、无线灵活的金属氧化物半导体场效应晶体管（MOSFET）的制造工艺，还克服了许多使用标准技术制造设备时所遇到的操作上的问题。该技术可用于制造大卷的柔性塑料印刷线路板，并在可穿戴电子设备和弯曲传感器等领域派上大用场。

6. 全球首架3D打印无人机服役 塑料制造续航能力惊人

全球首架 3D 打印制造的无人机正式开始服役了。五年前，英国南安普顿大学设计了一架用 3D 打印制造的无人机，如今这架飞机经历了测试，正式投入了使用。它服役的地方是南极，工作是为破冰船开路。

这架飞机被命名为“SULSA”，是“南安普顿大学激光烧结飞机”的缩写。激光烧结是一种 3D 打印技术，利用激光将层层平铺的塑料或金属材料熔化融合，形成零部件。

7. 阿特拉斯V火箭成功用3D打印塑料件替代金属件

阿特拉斯V火箭从著名的美国佛罗里达州的卡纳维拉尔角成功发射升空了。阿特拉斯V火箭将又一台太空3D打印机送到国际空间站，而火箭本身也安装了一系列3D打印的塑料部件。

这些3D打印部件属于火箭有效载荷整流罩中的管道系统，包括支架、喷嘴和面板等结构，全部是美国联合发射联盟（ULA）使用3D打印巨头Stratasys的大型3D打印机Fortus 900mc，以热塑性塑料Ultem 9085制造的。这是一种被认为非常适合航空航天应用需求的FDM热塑性材料，拥有很高的强度重量比和优异的热力学性能。

8. 包装公司Klöckner推出新款PET膜APET++

德国包装公司Klöckner Pentaplast推出了一款新的PET薄膜APET++。

APET++是一款单膜，有无EVOH阻隔都可行。其改进了密封性能，即使密封面被污染也不影响其性能，这能使得在生产过程及整个食品价值链中具有更高的安全性。由于其更好的传热效果，还加快了热成型的速度。

9. 新型混合薄膜提供CO_2吸收“高速通道”

美国伯克利国家实验室研制出一种新型的二氧化碳吸收薄膜，它能够高效地将CO_2从发电厂的废气中分离出来，防止温室气体进入大气层中。

在最新制备出的混合薄膜中，金属有机物框架占了薄膜总重量的50%，这个数值相对于先前研制出的其他混合薄膜增加了20%，并且没有由于力学作用的限制破坏薄膜结构的整体性。正是在如此高含量的金属有机物框架的作用下，CO_2的传输由原本的必须通过“聚合物薄膜通道”，转化成了新增了一条“金属有机物框架高速通道”，并且两条通道是互相独立的，这一转变使得CO_2在薄膜中的渗透性提高了整整8倍。

10. 废聚苯乙烯化身新型隔离膜

中原石油工程公司钻井工程技术研究院以废聚苯乙烯（PS）泡沫等为主要原料，创新研发出仿沥青封堵护壁剂FPS。该材料性能优于目前最常用的改性沥青类材料，外观为白色胶乳，无荧光，粒径在0.1～10微米，0℃以上就能使用，抗温可达200℃，所形成的隔离膜致密性强、韧性大，能有效减缓钻井液滤液对井壁的浸入。目前该院已生产FPS产品约70吨，在东北以及川西地区的油井成功应用。

11. 中国聚合纳米薄膜应用打破日本垄断

中国科学院青海盐湖研究所在均三嗪二硫醇硅烷聚合纳米薄膜制备及应用领域打破日本垄断，中国成为全球第二个掌握该项技术的国家。

纳米薄膜是指由尺寸为纳米数量级（1～100纳米）的组元镶嵌于基体所形成的薄膜材料，它兼具传统复合材料和现代纳米材料的优越性。目前纳米薄膜材料在国防、通讯、航空航天以及电子工业、光学工业等方面有着特殊的应用。

据该项目助理研究员王亚斌介绍，将均三嗪二硫醇硅烷自组装于铜表面并加热后，可制备具有超强防腐蚀结构和活化铜基底的一层聚合纳米薄膜；将该类聚合纳米薄膜沉积在铜网并进行化学修饰后，可以得到性能优越的超疏水表面，用于油水分离。

12. 英国设计出薄膜可变机翼

英国南安普敦大学和帝国理工学院设计出新型薄膜可变机翼，利用这种机翼制作出的微型无人机可以飞得更远，节省更多燃料，并更易维护。

研究人员利用电活性聚合物来制作机翼，并利用电脑模型计算出最佳的机翼机构。只需施加电压，薄膜机翼就能在飞行中像蝙蝠翅膀一样收缩伸展。这种新型机翼中没有任何机械部件，更像人造肌肉，能根据所承受的作用力改变形状。研究人员将这种薄膜机翼安装在无人机上，在短暂的海面滑翔飞行测试中取得了不错的效果。

13. 麻省理工学院研究员研制新聚合物膜遇光吸热按需放热

美国麻省理工学院研制出一种实现化学储能的固体材料——透明的聚合物薄膜，能在白天存储太阳能，并在需要时放热，可用于窗户玻璃或衣服等多种不同的表面。

要想长期稳定地存储太阳能，关键是将其以化学变化而非热量的形式存储起来。目前建立在化学反应基础上的储能材料名为太阳热燃料（STF），已被研制出来，但只能在液体中使用，无法制成持久耐用的固态薄膜。新研制出的聚合物薄膜是首个基于固态材料的聚合物，不仅原材料便宜且制造过程简单。

14. 药物融入聚合物中 英国开发世界首款布洛芬高分子胶布

英国华威大学和 Medherant 公司研究出一款新胶布，可将大量药物（超过胶布重量 30%）融合到胶布的聚合物基体中。药物通过胶布，以平稳速度，逐渐渗透到患者皮肤中，渗透时间可超过 12 个小时。这款胶布将助力一系列新型且长效、缓解疼痛的非处方药品。这些药品能够用于治疗常见的慢性背痛和神经痛，无需口服存在潜在破坏性剂量的药品。

15. 新加坡研究人员开发出高效净水薄膜

新加坡国立大学环境研究所开发出新型仿生薄膜，能够低压净水，从而降低能源成本。这种新技术有可能将水净化成本降低多达 30%。

当今净水行业面临高能源成本重大挑战，这些成本主要来自于目前所使用的薄膜系统，用于将盐水净化成清水。工业水净化过程成本高昂，因为它们需要较高的液压或渗透压来推动水分子通过膜过滤系统。

该团队由国大化学与生物分子工程系唐彦华副教授带领，团队已经设计和构建了一个高效的采用了水通道蛋白的新型水净化和处理系统。水通道蛋白是能够选择性地将水分子导入和导出细胞的膜蛋白，阻止离子和其他溶质的通过。

16. 日本推出新型塑料太阳能电池

研究材料科学的 RIKEN 中心和京都大学高分子化学系研发出新型聚合物太阳能电池，可大大降低光子能量损失，可获得 9% 的光电转化效率。

在将光子能量转化为电能时，新开发的高分子太阳能电池可以和硅太阳能电池一样降低能量损耗。光子能量损失 -- 将太阳光的光子能量转为电能时，聚合物太阳能电池的能量损失量比硅电池要多。聚合物塑料太阳能电池，光子能量损失越大，电压就会越低，这一直是影响能效的最大限制因素之一。但新型高分子塑料太阳能电池有望突破此技术瓶颈。

17. 南非初创推出 3D 打印塑料千斤顶

南非初创公司利用 3D 打印技术打印出了世界上第一个可顶起汽车的塑料千斤顶，该 3D 打印机体积庞大。这个塑料千斤顶可以顶起汽车一整天。

18. 东丽推出新型薄膜 可反射任意波长

东丽在不使用金属即可发出金属光泽的“PICASUS”系列薄膜产品线中增加了新产品。通过提高聚合物层叠技术，可选择性地反射从可见光到近红外光的任意波长。PICASUS 通过使数百至数千层的异种聚合物交替层叠来控制光的反射特性，从而实现了金属色调。

通过提高层叠技术，将原来相对于设计值为数十纳米的误差减小到了数纳米级别。由此，将反射率发生变化的波长的带宽减窄到了原来的约 1/10，这样便可选择波长进行反射。此次增加的是“红外光透射金属光泽型”、“二向色型”及“蓝光拦截型”3 种产品。“通过提高纳米层叠技术，可在比以往技术更窄的波长范围内调整反射率”。此外，新产品通过消除薄膜宽度方向上的层叠不均匀现象，使整体的色调变化量减小到了以前的约 1/2。

19. 全球首个无金属加固全塑汽车前端载体应用于大众新车型

世界上首个无金属加固汽车前端载体已投放市

场：大众汽车集团在新款帕萨特和夏朗车型中采用巴斯夫塑料 Ultramid® 制作无金属加固的汽车前端载体（Front end carrier）。巴斯夫的聚酰胺 6 有助于帮助实现帕萨特和夏朗的前端载体轻量化，同时节省安装时间和成本。聚酰胺 6 在经过认证、执行以流程为导向的质量管理的生产基地进行生产，满足了汽车制造商对成本效率、供应链和灵活性方面的要求。

四、新技术

1. 水辅技术首次应用于碳纤维加工

水辅注塑成为在碳纤维增强复合材料（CFRP）应用领域领跑全球的德国宝马公司的最新利器。通过成本、工艺和模式上的突破，宝马开创了碳纤维在汽车上大批量应用的新时代，为其他车厂树立了成功榜样。该公司计划到 2020 年将碳纤维车身制造成本降低到和铝合金相当，届时汽车有望大规模应用碳纤维。

2. 大型异型塑料制品滚塑成型技术通过鉴定

由温岭市旭日滚塑科技有限公司、北京化工大学和宁波格林美孚新材料科技有限公司共同申报的“大型异型塑料制品滚塑成型先进制造技术”项目成果，最近通过了中国轻工业联合会的鉴定。

鉴定委员会认为该项目具有自主知识产权，已形成年产 100 台套滚塑设备的生产能力，在国内外销售设备 156 台、模具 3000 余套，出口到美国、俄罗斯、韩国、巴西等二十多个国家，用户反映良好，取得了显著的经济社会效益。其成果关键技术属国内外原创，居于国际领先水平，一致同意通过鉴定。3. 全生物降解塑料技术填补国内空白

由潍坊华潍膨润土集团自主研发的“膨润土改性淀粉环保性复合材料”生产技术优于国外同类技术，填补了国内空白。全生物降解塑料技术突破了淀粉塑化技术、工艺设计及设备制造技术等关键领域的核心技术，获得发明专利 3 项，填补新型低成本降解材料国际空白。

青岛科技大学副校长刘光烨教授介绍，这项新技术对塑料制品的循环、完全降解具有革命性意义，实现完全用玉米、木薯等普通淀粉进行塑化，并加入膨润土制成可以完全替代现行通用塑料的产品，应用广泛，对于减少“白色污染”起到重要作用。中国葛洲坝集团基础工程公司和潍坊华潍膨润土集团股份有限公司战略合作协议签约。

4. 电石法 PVC 成套绿色技术取得突破

由新疆天业集团承担的国家“863”课题——电石法氯乙烯固相非汞催化关键技术开发与示范，通过了科技部技术验收。该课题取得的研究成果在电石法聚氯乙烯（PVC）汞污染防治成套绿色技术上取得了重大突破，为实现我国电石法聚氯乙烯无汞化奠定了扎实基础。

5. 欧洲开发出无颜料生产彩色塑料组件技术

欧洲 PLAST4FUTURE 研发团队将无颜料仿生彩色技术应用于塑料材料注塑成型机，生产的各种彩色注塑组件，不仅无需有害环境的颜料，而且可节省颜料喷涂及颜料防腐工艺，有效降低了生产成本、原材料和能耗。

创意来自大自然耀眼的蓝色蝴蝶，由于其翅膀表面特定的纳米结构纹理，在太阳光线的作用下显示出以蓝色调为主的不同色彩。欧盟第七研发框架计划（FP7）提供 600 万欧元资助，总研发投入 950 万欧元，由欧盟 6 个成员国丹麦、意大利、瑞典、比利时、西班牙和德国科技界与工业界联合组成的欧洲 PLAST4FUTURE 研发团队经过 3 年多的努力，成功将该技术应用于塑料材料注塑成型机，生产的各种彩色注塑组件，不仅无需有害环境的颜料，而且可节省颜料喷涂及颜料防腐工艺，有效降低了生产成本、原材料和能耗，已在欧盟汽车制造业开始商业化推广应用。

（钟雁）

生物基高分子材料研究最新进展

高分子材料已成为人类社会发展必不可少的材料之一，据中国塑料协会报告，2013 年世界塑料的产量超过 2.8 亿吨，中国产量超过 6000 万吨。然而 99% 的高分子材料都来源于石化资源，严重依

赖于石油经济并且同时面临石油资源枯竭带来的风险以及石油化工行业造成的环境污染。因此，可持续化发展成为了高分子材料科学和工业的重大命题。值得庆幸的是，大自然给我们提供了另外的选择，各类生物质的产量远比目前石油探明量更大，仅以纤维素为例，它的年产量达到1000亿吨，远超石油的年产量。通过这些生物质，人们可以转化和提取各种可供聚合的化学单体，发展新型的高分子材料——生物基高分子材料。

生物基高分子是指由生物可再生资源经过化学或微生物转化成单体再聚合而获得的一类高分子。这些生物可再生资源主要包括纤维素、木质素、淀粉等天然化合物。利用生物可再生资源替代石化资源不但解决了原材料问题，还可实现可持续性发展、减少污染。随着人们对环境问题的日益关注，生物基高分子材料正成为世界各国普遍重视的研究热点。美国、日本、欧盟等发达国家早已分别通过《生物质研发法案》、《生物技术战略大纲》、税收补贴等方式来推动生物基合成材料的快速发展。巴斯夫、陶氏、帝斯曼等跨国公司也已将其作为优先产品。我国在《“十二五”国家战略性新兴产业规划》、《生物基材料产业科技发展“十二五”专项规划》中也明确指出要实现一批具有市场竞争力的生物基合成材料规模化生产。

到2013年，生物基塑料的生产能力从2007年的36万吨提升至230万吨，年均增长高达37%。美国能源部预计到2020年，来自植物可再生资源的聚合物材料应用将增加到10%，而2050年更有可能达到50%。正是因为看到了大量石油基塑料的使用给我们的资源和环境带来了严重的破坏以及生物基高分子材料替代石油基塑料和产品的潜力，中国科学院宁波材料技术与工程研究所生物基高分子材料研究团队一直致力于生物基高分子材料的研究，研究内容主要包括生物基热塑性高分子材料、生物基胶黏剂、生物基热固性树脂及其复合材料、生物基助剂等几个方向。本文将着重描述该研究团队在聚乳酸改性、2,5-呋喃二甲酸及其聚合物和大豆基无醛胶黏剂等方面取得的最近研究进展。

一、聚乳酸改性研究进展

由于PLA相对于石油基塑料具有优异的生物可降解性，使其能够在一次性注塑、发泡和吹膜等领域大规模替代石油基塑料来解决日益严重的“白色污染”问题，目前已经得到全世界的大力推广。鉴于此，我国近年来也在相关领域颁布了相应的法律法规禁止非降解一次性塑料如聚丙烯（PP）、聚乙烯（PE）和聚苯乙烯（PS）的使用。针对PLA存在的耐热性差、价格高、韧性差等难题，中国科学院宁波材料技术与工程研究所生物基高分子材料研究团队对此作了深入的研究，并取得了系列进展。

1. 聚乳酸耐热改性

PLA虽然是一种结晶性高分子，但是由于纯PLA的成核速率和结晶速率非常慢，在单纯的挤出或热成型中，PLA几乎不能够结晶。因此，PLA的热变形温度取决于自身的玻璃化转变温度（T_g），而它的T_g仅为55℃，这就极大地限制了PLA在耐热产品领域的应用。此外，由于夏天运输车厢的温度较高，PLA制品在运输过程中极易发生变形。添加结晶成核剂能够有效地加快PLA的结晶速率并最终提高其结晶度。该研究团队在利用结晶成核剂来提高PLA的热变形温度方面做了大量的研究工作，最终通过添加一种生物基结晶成核剂成功地解决了PLA热性差的关键问题。通过在PLA中添加1 wt%的该生物基结晶成核剂，使得其在105℃的半结晶时间从18.8分钟降低到2.5分钟（见图1）。此外，PLA的耐热温度由55℃提高到120℃，并且该改性聚乳酸的抗冲击性能也提高了一倍，并能保持良好的透明性。改性聚乳酸的其他性能见表1。值得注意的是，与纯PLA相比，该改性聚乳酸的熔体强度得到极大的提高，实现了直接吹膜和发泡的可能性，该技术有望近期实现工业化。

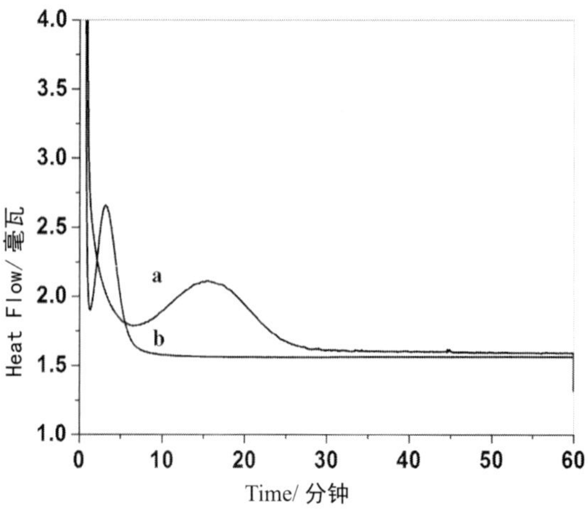

图1 聚乳酸（a）以及结晶聚乳酸（b）在105℃条件下的等温熔融结晶曲线

表 1　纯 PLA 和改性聚乳酸的基本性质

性质	纯聚乳酸	改性聚乳酸
密度 /（克 / 厘米 ^{3}）	1.24	1.24
熔融指数 /（克 /10 分，190℃）	5 ～ 15	1 ～ 5
熔点 /℃	155 ～ 170	155 ～ 170
热变形温度 /℃， 0.45 兆帕	55	120 ～ 140
拉伸强度 / 兆帕	60	50 ～ 65
杨氏模量 / 兆帕	3400	3500 ～ 4000
弯曲强度 / 兆帕	110	95 ～ 105
弯曲模量 / 兆帕	3400	3500 ～ 4000
断裂伸长率 /%	3	3 ～ 6
缺口冲击强度 /（千焦 / 米 ^{2}）	3	4 ～ 6

2 聚乳酸填充改性

目前，价格较高（相对于传统石油基通用塑料）是限制 PLA 广泛应用的关键因素。近年来，为了降低聚乳酸的应用成本并保持聚乳酸的生物可降解，利用价格低廉、来源广泛、可生物降解和持续利用的生物质如木质素、纤维素、竹粉和淀粉等生物质填充复合聚乳酸已经成为环保塑料中发展最为迅速的一个方向。但是，在聚乳酸 / 生物质复合材料中，由于 PLA 与纤维素、淀粉或竹粉等生物质填料之间亲疏水性差异明显，导致聚乳酸 / 生物质复合材料界面相容性非常差。同时，一般生物质填料均属于大尺寸刚性颗粒，其在聚乳酸基体中的存在很容易产生应力集中，诱发裂纹，导致该类复合材料断裂强度和延展性非常差，应用严重受阻。因此，研究聚乳酸 / 生物质复合材料中生物质填料亲疏水的改变对界面相容性的影响以及降低生物质对聚乳酸基体诱发裂纹能力的研究将对这类材料的开发和应用具有重要的意义。

针对该问题，该研究团队首次利用高活性反应型生物基增容剂如蓖麻油、桐油酸酐、环氧大豆油、环氧腰果酚壳油、衣康酸环氧树脂、柠檬酸环氧树脂等对该类复合材料进行了界面改性研究，制备出了高性能且满足应用要求的全生物基可降解环保型聚乳酸复合材料。同时，对高活性反应型生物基增容剂如何改善亲水生物质刚性粒子与疏水聚乳酸基体的界面相容性进行了详细机理研究和分析。研究发现高活性反应型生物基增容剂改善聚乳酸 / 生物质填料界面相容性的主要原因是其在反应挤出加工中富集到生物质填料的表面，从而改变了生物质填料的亲水界面本质，实现了疏水聚乳酸在亲水生物质填料界面的浸润，从而提高了该类复合材料的界面相容性和机械性能（见图 2）。相关成果均已发表，并获得授权专利 2 项。最终，通过该方法，该研究团队制备出了复合应用需求的各种注塑、吸塑一次性可降解产品，预计在不久的将来能够有效缓解“白色污染”的环境问题。

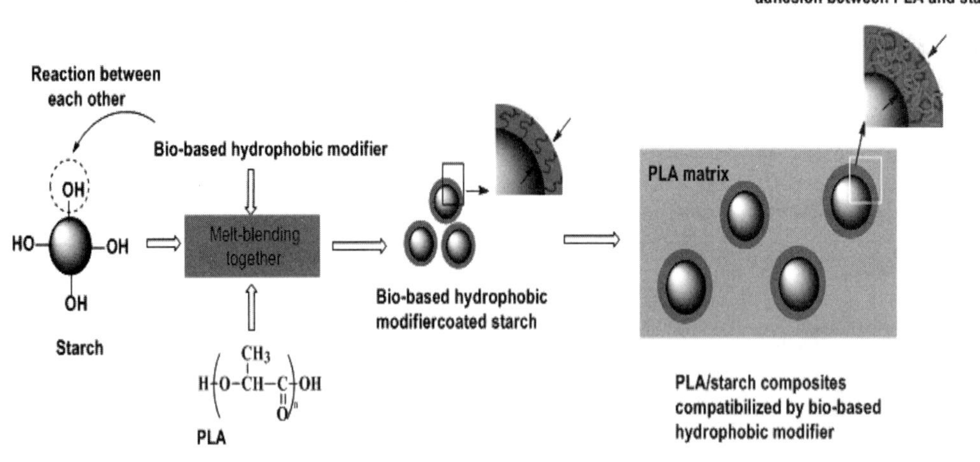

图 2 高活性反应型生物基增容剂改善聚乳酸 / 生物质填料界面相容性

3. 聚乳酸增韧改性

PLA 具有优异的机械性能，但其性脆、耐冲击强度低，使得其应用受到极大的限制。一般而言，聚乳酸的增韧改性可分为两大类：一是从分子结构上，通过共聚引入其他单体改变 PLA 分子结构，直接有针对性地对 PLA 基体进行改性；二是从宏观物质组成上，通过与其他塑料或弹性体进行共混，提高 PLA 的韧性。由于共聚手段能耗较高，目前还不能达到实际工业生产的水平。因此，共混改性成为增韧改性的主要手段。

中国科学院宁波材料技术与工程研究所生物基高分子材料研究团队以 1,10- 癸二醇、衣康酸和己二酸为原料采用两步法合成了生物基聚氨酯弹性体（TPU），并将其与 PLA 进行共混以提高 PLA 的韧性。研究了 TPU 结构中的硬段含量和 TPU 的添加量的变化对 PLA/TPU 共混物韧性的影响。结果发现 TPU 在大大提高 PLA 断裂伸长率的同时拉伸强度降低的并不明显。随着 TPU 的添加，共混物的冲击断面和拉伸纵截面从纯 PLA 的脆性断裂转变为韧性断裂。这说明，在外力的作用下，TPU 粒子能够发挥应力集中物的作用，引发银纹和剪切，消耗外来能量，从而导致 PLA 基体的韧性大幅度提高。在此工作基础上，由于 PLA 和 TPU 之间的相容性较差，该团队将反应性相容剂 L101 加入 PLA 与 TPU 共混物中， L101 既能够与 PLA 中的端羟基反应，又能够与 TPU 中的双键反应，最终使得 PLA 和 TPU 的界面相容性得到明显提高。此外，该研究团队还成功地合成了一种与己二酸丁二醇酯和对苯二甲酸丁二醇酯的共聚物（PBAT）具有类似结构的非平面环共聚酯——己二酸丁二醇酯和环己二甲酸丁二醇酯的共聚物（PBAC），用于增韧 PLA。结果发现两大因素使得 PLA 的韧性得到提高：一方面 PBAC 中的 BA 结构与 PLA 具有很好的相容性，另一方面 PBAC 中的非平面环结构在 PLA/PBAC 共混物的拉伸过程中能够通过变换“船式”和“椅式”结构展现出良好的熵弹性，进而极大地提高了 PLA 的韧性，见图 3。

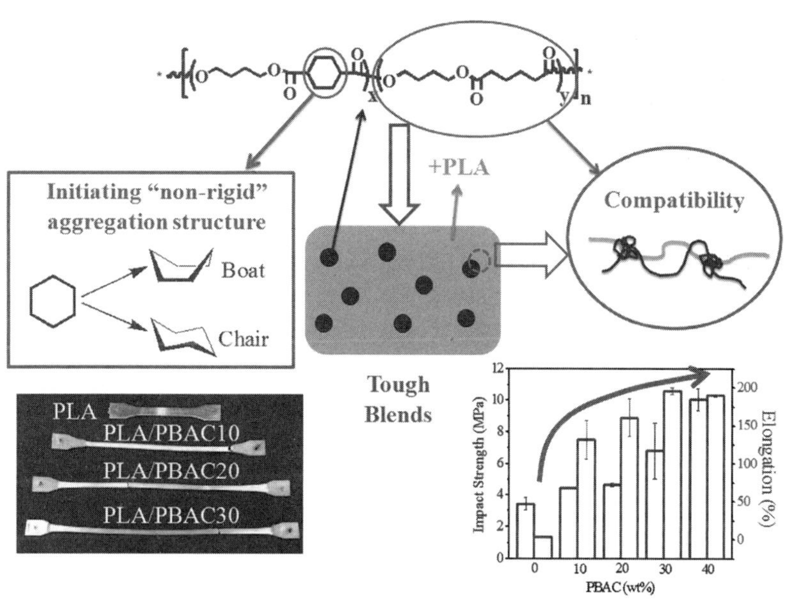

图 3 提高 PLA 韧性的两大关键因素

二、2,5- 呋喃二甲酸及其聚合物研究进展

目前广泛使用的生物基高分子材料主要有PLA、聚羟基脂肪酸（PHA）、聚羟基乙酸（PGA）、聚丁二醇丁二酸酯（PBS）等，此类高分子材料以可再生资源为主要原料，在减少塑料行业对石油化工产品消耗的同时，也减少了石油基原料生产过程中对环境的污染，具有节约石油资源和保护环境的双重功效，是当前高分子材料的一个重要发展方向，也是实现“节能减排”、发展“绿色经济”和“低碳经济”的重要手段之一，然而，在实际应用中这些生物基高分子材料的力学性能（如强度、模量、抗蠕变等）与耐热性能（如热机械性能、热变形温度等）均明显低于聚对苯二甲酸乙二醇酯（PET）、聚碳酸酯（PC）、芳香尼龙（PA）、双酚 A 型环氧树脂（Epoxy）等石油基工程塑料，从而无法满足生物基高分子材料在工程塑料领域的巨大需求。其根本原因是生物基高分子材料的分子骨架中缺乏刚性的芳香环结构，导致性能偏低。因此，生物基高分子要想部分取代和补充石油基高分子，迫切需要通过合成技术，在其分子结构中引入刚性环结构，用以赋予生物基高分子材料较高的耐热性和力学性能，从而实现生物基高分子材料在工程塑料领域的应用和对石油基高分子材料的有效替代。

1. 2,5- 呋喃二甲酸单体

生物质单体 2,5- 呋喃二甲酸可由淀粉或纤维素通过水解、氧化得到，由于它来源丰富、结构中含有刚性的呋喃环，美国能源部在分析了三百多种来源于生物质的化学品后，已将其选定为 12 种最具发展潜力的生物质平台化学品之一，也被杜邦和帝斯曼等公司誉为“沉睡的巨人”，是未来石油基刚性单体对苯二甲酸（PTA）、双酚 A 等的理想替代品。

中国科学院宁波材料技术与工程研究所通过新型催化体系的研究，以果糖为原料，突破了芳香族生物基单体 2，5- 呋喃二甲酸（FDCA）的制备技术，目前产率达到 98% 以上，生产过程环保、安全、无污染。建立了目前全球最大的中试生产线（100 吨 / 年），整体达到国际领先水平。相关产品在法国米其林、韩国乐天、德国巴斯夫、比利时苏威、日本东洋纺和兼松、法国里昂国立应用科学学院以及国内数十家单位得到应用。为了进一步拓展生物基非粮原材料的来源，采用由秸秆、玉米芯等纤维素催化、裂解得到的糠醛、呋喃等生物基大宗化学品为原料制备出生物基芳香单体——2,5- 二乙酰基呋喃，通过碘仿反应制备得到 2,5- 呋喃二甲酸，质量总收率可以达到 82%，有望大幅度降低 2,5- 呋喃二甲酸的成本，目前已申请相关中国及国际专利 6 项，为生物基材料的高性能化提供了重要的生物基单体。

2. 2,5-呋喃二甲酸聚合物

在基于2,5-呋喃二甲酸的生物基芳香聚酯研究方面，以中国科学院宁波材料技术与工程研究所合成的高纯度FDCA为原料，与PTA和乙二醇共聚，采用直接酯化缩聚法，制备了一系列分子结构中呋喃环含量不同的生物基聚酯及共聚酯，特性黏度控制在0.82～0.98 分升/克，^{1}H-NMR表明所得共聚酯的FDCA/PTA单元比例与设计比接近一致。TGA和DSC研究表明随着分子结构中呋喃环含量的增加，共聚酯的T_g明显升高，PEF的T_g比PET提高18℃，熔融温度降低40℃，强度和模量明显提高。材料气体阻隔性测试表明PEF的CO_2阻隔性能比PET提高14倍，O_2阻隔性能比PET提高6倍。由于生物基聚呋喃二甲酸乙二醇酯（PEF）具有好的耐热性、强度、模量和阻隔性，进一步放大到3升反应釜，实现了PEF公斤级制备，特性黏度0.65～0.95 分升/克，不同级别精确可控，并解决了呋喃聚酯颜色发黄的问题，制备出无色透明共聚酯。在此基础上开展了纤维、薄膜、工程塑料等领域的应用研究。

为了拓展PEF的应用领域，开发出了高韧性呋喃共聚酯——聚呋喃二甲酸-乙二醇-环己醇酯（PECF），其具备了优良的综合性能，PECF的T_g比PET提高11℃，熔融温度降低35℃，CO_2阻隔性能比PET提高5.2倍，O_2阻隔性能比PET提高3.2倍，而断裂伸长率达到154%，性能对比如表2，有望用于啤酒瓶的制造。

表2　　呋喃共聚酯PECF与PET的性能对比

性能指标	PET	PECF共聚酯
玻璃化转变温度/℃	70	81.0
熔融温度/℃	260	225
CO_2阻隔性（10^{-10} cm^3•cm/cm^2•s•cmHg）	0.11	0.021
O_2阻隔性（10^{-10} cm^3•cm/cm^2•s•cmHg）	0.044	0.013
拉伸强度/兆帕	60	63
拉伸模量/吉帕	1.9	1.7
断裂伸长率/%	>110	154

三、大豆基无醛木材胶粘剂研究进展

“三醛胶”及其木制品不但有释放游离甲醛的问题，而且其合成原料都来源于石化资源，不可再生，将面临资源短缺问题。大豆基无醛木材胶黏剂相比于石化基的“三醛胶”和其他无醛胶，具有来源丰富、价格低廉、资源可再生等优点，而且大豆蛋白上的反应基团较多，易于修饰，因而成为无醛胶黏剂研究的热点方向。但是，大豆基无醛木材胶黏剂同时也面临耐水性差、热压温度高和加工性能差等一系列挑战。

中国科学院宁波材料技术与工程研究所生物基高分子材料研究团队以大豆粉的组成为突破点，研究分析了造成大豆基无醛胶黏剂耐水性差的主要原因，发现可溶性大豆多糖和低分子蛋白质是造成大豆基无醛胶黏剂耐水性差的主要因素。并且，在此基础上着重研究了大豆胶的“组成——胶层稳定性——耐水性能”之间的关系，通过除去可溶性大豆多糖和低分子蛋白质、或者直接添加胺类胶黏剂提高了固化后水不溶物含量，从而增强了胶层的稳定性和耐水性。其中，通过去除可溶性多糖及低分子蛋白质，胶黏剂固化后的水不溶物含量达到86.2%，水煮后大豆胶稳定附着于木材表面，湿强度高达1.02 兆帕；并且合成了聚酰胺多胺树脂（PADA）溶液、衣康酸基聚酰胺胺-环氧氯丙烷树脂（IA-PAE）溶液作为大豆胶的交联剂使用，使得大豆胶在热压时能够形成稳定的交联结构，可溶于水的成分减少，胶层更稳定，胶合板的湿强度能超过0.7 兆帕。

该团队于2010年将大豆基无醛木材胶黏剂成功转移到宁波八益实业有限公司，总转移经费达1088万元，该胶黏剂的商品名为“OZERO®”，具体性能见表3。以该胶黏剂生产的胶合板顺利通过美国企业的严格检测，并获得该企业几百万美元的订单。该项目经过以张齐生为主任的鉴定委员或的严格评定，一致认定该成果达到国际先进水平。目前，该大豆基无醛木材胶黏剂已被大自然、德尔等国内知名板材厂商用于生产高端地板、胶合板等产品。

表 3 "OZERO®"大豆基无醛木材胶黏剂的性能

胶合板种类	干强度/兆帕	湿强度(63℃,3小时)	湿强度(100℃,4小时)	胶黏剂种类	价格/(元/吨)
三类板	>0.7	-	-	脲醛胶	1800-2500
二类板	>0.7	>0.7	-	三聚氰胺-甲醛胶	3000-4000
一类板	>0.7	>0.7	>0.7	酚醛胶	4500-5500
OZERO®	2.4	>1.0	不开胶	大豆胶	5000-5500
Purebond®	>0.7	>0.7	-	大豆胶	>10000

四、结论与展望

虽然生物基合成材料已取得较大进展，但是从长远发展来看，生物基合成材料还存在如下问题：

（1）生物基合成材料的原材料目前仅局限于淀粉、蔗糖、植物油等与人竞争的粮油生物质材料上，这不利于生物基合成材料的长期发展；

（2）生物基合成材料平台化合物的制备技术主要局限在微生物发酵法，从长远发展角度应该开展化学催化法；

（3）生物基合成材料目前仅局限在脂肪族材料，而性能更为优异的芳香类生物基合成材料几乎没有；

（4）生物基合成材料目前局限于热塑性材料，热固性材料研究不多。

因此，结合目前生物基合成材料现状，我们建议生物基合成材料的近远期规划如图4所示。其中，生物基合成材料的近期任务主要如下：

（1）提高微生物发酵效率，降低生物基平台化合物的成本；

（2）加强生物基合成材料改性技术，扩大其应用范围，降低其成本；

（3）加强开展生物基热固性材料研究；

（4）加强开展生物基芳香单体的合成技术研究；

（5）开展生物基平台化合物的化学催化研究。

生物基合成材料长期任务如下：

（1）突破纤维素、木质素等大宗非粮生物质原材料制备生物基平台化合物技术；

（2）开展生物发酵法和化学催化法相结合的研究，突破生物基芳香平台化合物的制备技术；

（3）开展芳香生物基合成材料制备技术，以实现生物基合成材料对石化材料的有效替代。

随着人们对环境重视以及各国优惠政策和法律法规的实施，生物基合成材料的研究将越来越被重视，其大规模应用前景将十分乐观。

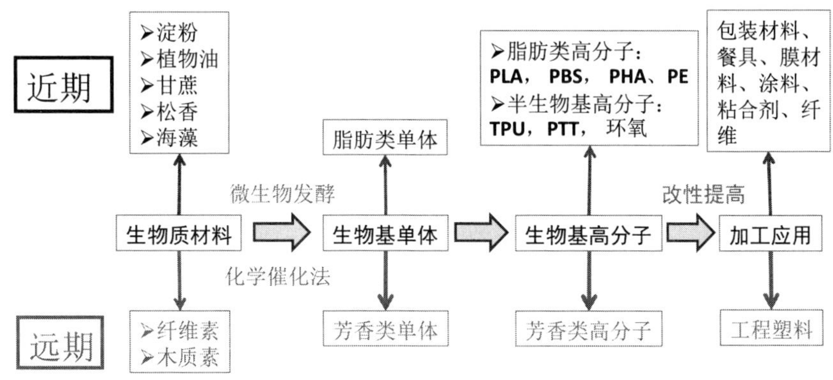

图4 生物基高分子材料近远期规划

（中国科学院宁波材料技术与工程研究所 杨勇 王静刚 朱锦）

各地区塑料工业

北京市

2015年，在北京市经信委、北京市社团办、工经联等部门的指导和支持下，在北京塑料工业协会正、副理事长、秘书长的领导下，在会员企业的支持和协会工作人员的共同努力下，北京塑料工业协会认真贯彻六届理事会精神，同心协力、齐抓共管，顺利地完成了2015年的各项工作，协会工作得到了长足的发展和进步。

一、为促进我国塑料管业发展，翻译出版专业书籍

近年来我们和中国商务网密切合作，在各方面的帮助下，不断组织翻译出版了国际塑料管业技术创新的技术资料，不断了解国际技术创新的最新成果。由北京塑料工业协会理事长张玉川主编翻译出版了《油气产业用塑料管道技术汇编2015》，共有：油气产业管道市场调研4篇：反应对于全球油气产业塑料管道前景的预测；国内调查报告和论文8篇：主编者对国内外油气产业用塑料发展情况的调研；国际塑料管会议论文15篇：收集了从第12届（2004年）到第17届（2014年）国际塑料管会议上有关油气产业用塑料管道的所有技术论文。除此之外还有协会和企业报告和论文5篇和国际标准和国家标准3篇，非常值得国内开发油气产业用塑料管道企业参考和借鉴。编印本资料是希望推动我国塑料管业抓住面临的一个重要机遇：发展油气产业用塑料管业。

二、进行情报调研，掌握市场行情

2015年北京塑料协会依托北京燕山石化高科技术有限责任公司的力量，进行情报调研，主要进行了"国内外软包装市场情况介绍" 从国内外软包装材质、分类、行业趋势等几方面调研了软包装现在及未来发展情况。明确指出了软包装产品的优点及主要应用领域。根据调研情况，并结合燕山石化现有产品结构给出了相关建议。进行了"3D打印国内外发展概况"的情报调研，主要调研了3D打印技术和材料的发展现状，作为一种新的加工工艺，将改变第二次工业革命产生的以装配生产线为代表的大规模生产方式，使产品生产向个性化、定制化转变。3D打印（增材制造）技术目前已经成为全球最关注的新兴技术之一，预估至2020年中国将成为全球最大的3D打印市场，未来3年的国内规模可达到100亿元。

三、完善网站建设、加强与相关协会会员单位的沟通

为进一步完善网站建设、加强与相关协会会员单位的沟通，积极努力做好网站工作。北京塑料协会不断更新塑协网站，进行部分改版，使版面更加丰富，具有很强的吸引力。对会员注册信息等注重及时更新。塑协网站坚持每周增加新的信息，同时为会员提供国内期刊文摘摘要。由于协会地处燕化，及时将燕山石化新开发的产品信息发布到塑协网站，使用户及时了解新产品的动态，共发布102条信息。协会还采用网上通知和公示的方式，向理事单位发送通知和信息。协会也以信函、邮件方式给各会员单位发布通知及重要事宜，希望通过网络与会员单位建立更紧密的联系。协会努力为会员单位服务，发挥塑协的桥梁作用，北京塑协与其他行业协会建立了密切的联系，先后为其他行业转发相关的技术交流、产品推荐会等通知，做到信息通畅，服务会员。

四、存在的问题

我国经济发展迈入"十三五"时期，面临着新理念新思想新战略，同时已经进入重要战略发展机遇期，北京因地理位置和政治地位的因素，以及环境因素，许多工业企业正在关停并向外疏解发展，"京津冀协同发展经济"是北京市发展规划重要战略举措之一，这些将会影响北京地区塑料工业的发展，在几年内北京塑料行业有可能将逐步向北京周边地区发展，但是这并不代表北京的塑料工业没有发展，依照北京市功能定位，北京市现有的塑料工业，将本着安全、环保、高端，向精细化和高端化发展。

北京塑协要运用创新、协调、绿色、开放、共享的发展新思路新办法，厚植发展优势，释放我们发展的需求新动力。携手共济，共同发展北京塑料工业协会，在新形势下，依靠科技创新，北京塑料工业企业应以提高发展质量和效益为中心，奉行互利共赢的利益共同体，不断增进会员单位团结，坚持塑协共同体共享发展成果，推动这个行业新的发展格局。

（北京塑料工业协会 冯俊清）

天津市

一、大事记

（1）2015 年天津市塑料行业协会在 2014 年对天津市塑料制品行业发展状况调研的基础上。组织了有关专家对天津市塑料产业的发展和发展方向进行了充分的论证，指出了天津市塑料产业的发展应该结合先进制造业为基础和发展方向。在努力为天津汽车工业，航天工业，电子通讯，海洋工业，化工产业等配套的基础上应发展和融入到上述工业的材料研发和产品研发中，为天津作为京津冀先进制造业基地的发展做出塑料产业应有的贡献。

（2）整理了天津市塑料产业从业人员的现状和分布，制定了天津市塑料产业从业人员的培训规划，为天津市塑料产业发展奠定了基础。

（3）2015 年天津市塑料行业协会组织在天津部分生产食品包装用塑料制品的企业，就如何使用卫生级原料生产产品的诚信自律方面进行了座谈和培训。

（4）天津市塑料行业协会组织多名专家推动塑料行业积极申报国家高新技术企业工作。截止到 2015 年底天津市塑料行业已经有 6 家被有关部门认定为国家级高新技术企业。

（5）天津市塑料行业协会积极推动和帮助企业建立和申请技术中心工作。

2015 年 6 月份天津市塑料行业协会参加市经信委举办的企业技术中心专家评审会，有 3 家塑料行业的企业技术中心进行评审，并通过了企业技术中心的认定。

（6）产学研合作一直是天津塑料企业开发新产品和开发新技术的最好的途径。天津市塑料加工企业规模较小，技术人员和企业具备开发能力的相对薄弱。协会每年始终加大产学研的工作力度，推动企业和天津市高校建立联系和开发新产品和新项目。2015 年又有 4 家企业和天大、科大等院校确定合作开发新产品。

（7）天津市塑料行业协会积极组织会员单位参加 2015 国际橡塑展。开拓会员单位的眼界和了解国内外塑料行业的发展和新技术、工艺、装备、材料等。

（8）2015 年 9 月会长、秘书长代表天津市塑料行业协会参加了在台州举办的亚洲塑料产业论坛会议。

（9）2015 年天津市塑料行业协会成立了天津市塑料行业协会党支部，会长何俊星担任党支部书记，副会长夏成文担任副书记。

（10）为建立和探索妥善处理会员企业纠纷的有效途径，维护会员企业的合法权益，促进会员企业依法发展。根据《中华人民共和国人民调解法》、最高人民法院《关于人民调解协议司法确认程序的若干规定》、中央综治委、最高人民法院等 16 个部门《关于深入推进矛盾纠纷大调解工作的指导意见》，《天津市社会组织人民调解（暂行）办法》，《天津市全面贯彻〈中华人民共和国人民调解法〉的实施意见》，与人民调解相关的法律、法规的规定，2015 年成立了天津市塑料行业协会人民调解委员会。夏成文为天津市塑料行业协会人民调解委员会主任。

（11）评价和推荐会员单位申请天津市著名商标。配合天津市开展清洁生产活动，2015 年协会积极要求会员单位申请，借此机会改造企业生产环境，与此同时协会派出专家参加天津市对塑料行业的清洁生产评估。有 3 个企业进行了环境改造并得到了市财政的支持。

二、基本情况

2015 年天津市的塑料制品总产量 252 万吨。主营业务收入 312.1 亿元。塑料制品产量比去年同期增加 1.3%。

（1）2015 年塑料制品产品结构分别占全市塑料制品产量比重是：塑料薄膜 38.3 万吨 占总产量的 15.19%; 塑料板片材 16.5 万吨 占总产量的 6.54%; 塑料管及附件 22.5 万吨 占总产量的 8.19%; 塑料条棒型材 28.9 万吨 占总产量的 11.4 %; 塑料丝绳编制品 15.5 万吨占总产量的 6.1%; 泡沫塑料 2.5 万吨 占总产量的 0.99%; 人造革 0.9 万吨 占总产量的 0.35%; 包装容器 25 万吨占总产量的 9.9%; 日用塑料 21.3 万吨 占总产量的 8.45%; 其他及注塑配件制品等 80.6 万吨 占总产量的 31.9%。

（2）2015 年天津市塑料制品加工主营企业和非主营企业共 1621 家。年销售在亿元以上的企业有 50 家，分别是：亚光耐普罗精密注塑（天津）有限公司、天津金鹏大沽塑料型材制造有限公司、天津和昇塑料制品有限公司、天津中财型材有限责任公司、凯赫威（天津）精密制造有限公司、天津彼恩特通信有限公司、天津塑力集团超高压电缆有限公司、LG化学（天津）工程塑料有限公司。瑞元天津电子有限公司、天津市天塑科技集团有限公司第二塑料制品厂、天津万华股份有限公司、奥普拉（天津）塑料制品有限公司、天津盛象塑料管业有限公司。浙江中财管道科技股份有限公司天津分公司、天津市浩松科技有限公司、天津市伟星新型建材有限公司、天津市双丰保温材料有限公司、天津市华欧塑业有限公司、天津军星管业集团有限公司、天津联盈塑料制品有限公司、希赛瓶盖系统（天津）有限公司、天津实发－紫江包装有限公司、天津始丰塑胶科技发展有限公司、天津滦波工贸有限公司、天津市天塑科技集团有限公司、四维宝诺包装分公司、天津三星高新塑料有限公司、津泽塑料实业（天津）有限公司、天津市宁河县鑫盈保温材料有限公司、天津市中得保温材料有限公司、天津东五电子有限公司、天津市金荣保温材料有限公司、高利尔（天津）包装有限公司、天津市顺昌塑胶制品有限公司、天津市瑞一（中国）科技发展有限公司、天津运城塑业有限公司、天津市星达塑料包装有限公司、天津福助工业有限公司、天津华今塑业有限公司、天津森普管材有限公司、天津华维斯特实业有限公司、天津市宏茂塑胶有限公司、天津市大阳工贸有限公司、天津市金佰斯特塑料制品厂、天津市华意保温制品有限公司、天津市汉沽永兴塑料保温制品厂、大津阳光塑料有限公司。天津翔峰容器有限公司、天津慧能塑料工贸有限公司、天津利士包装有限公司、天津育新塑料包装有限公司。

年销售额在5000万以上的企业有51家，分别是：天津长城电子塑料制品有限公司、柯梅令（天津）高分子型材有限公司、天津华信机械有限公司、天津嘉泰丰塑料编织有限公司、天津霖扬塑胶有限公司、赫比（天津）电子有限公司、雷盛塑料包装（天津）有限公司、天津市五环塑料有限公司、天津市三山塑料有限公司、天津市顺峰工贸有限公司、天津市津英达塑料制品有限责任公司、天津中富瓶坯有限公司、天津吉田有限公司、天津市大邱庄泡沫塑料有限公司、天津市金泰包装制品有限公司、天津市新海塑料包装有限公司、天津市华伦塑料制品有限公司。天津昌原日新塑料制品有限公司、天津市精美特表面技术有限公司、天津市海利德管业有限公司、上海长园电子材料有限公司天津分公司、天津博科林药品包装技术有限公司、天津海利装饰材料有限公司、天津市润生塑胶制品有限公司、天津华新盈聚酯材料科技有限公司、天津市宝力圣尼塑管制造有限公司、天津美亚化工有限公司、天津市中环精模注塑有限公司、天津中富联体容器有限公司、天津市江源塑胶制品有限公司、天津洁乐特防锈技术有限公司、达意通电子（天津）有限公司、天津市亿顺达保温制品有限公司、天津纽比特手机配件有限公司、欣阳创新科技（天津）有限公司、天津市天翔包装制品有限公司、天津富通电子塑料制品有限公司、天津市红三晶包装制品厂、波尔亚太（天津）塑料容器有限公司、天津市旭辉恒远塑料包装有限公司、天津韩美电子有限公司、天津市海神聚氨酯制品有限公司、天津市天塑新达塑业有限公司、天津市大港区顺发工贸有限公司、爱克林（天津）有限公司、天津市旭辉光远塑料包装有限公司、天津市环宇纸塑包装制品有限公司、都利电子（天津）有限公司、天津市正格包装制品有限公司。天津塑料研究所有限公司。

（3）停产半停产企业189家。

三、企业经营

2015年和2014年相比总体上变化不大，规模有一定增长。主要表现在电子通讯配套的复苏、出口加工贸易的增长、国内外油脂企业在天津产量增加给包装行业带来了新的增长。一部分重点企业塑料制品规模进一步扩大，技术创新能力得到了进一步增强。2015年天津市规模以上塑料加工企业完成塑料制品产量211万吨。主营业务收入269.1亿元。

2015年天津市塑料产品表观消费量约210万吨，其中塑料包装建材、工业、食品包装，汽车、电子行业占天津市塑料产品消费量的80%以上。随着津京冀一体化的建设，可以带动天津市市政建材塑料市场、航天航空复合材料市场、电子汽车塑料市场、工业包装市场和功能性材料市场新一轮的发展，并吸引着国内较大的塑料生产企业进驻天津共同发展。

四、存在问题

（1）塑料加工企业成本上升压力没有得到解决

随着物价的增长和人工工资水平的提高，塑料制品加工企业利润的萎缩，工厂成本上升压力没有得到解决。大部分塑料制品加工企业经济运行依然艰难。

（2）还应加强塑料产业体系的完善

天津市塑料制品生产体系涵盖了较多的领域，但是在精密制品加工、高档模具制造、专用改性塑料、复合高分子材料等开发应用方面发展不突出。还不能适应天津地区高新技术产业配套的能力和发展需求。

（3）塑料制品的产品结构有待提高

在京津冀协同发展中，天津市定位是先进的制造业基地。近年来航空航天，超级计算机，生物医学工程等纷纷落户在天津。如何提高塑料产业在新技术领域的应用于发展是我们遇到的问题。

（4）企业产品研发经费投入不足

行业研发力量薄弱，企业研发经费投入不足，使塑料加工工业的技术升级，产品换代艰难。

五、发展趋势

（1）提高研发能力发展高端产业

推动天津市塑料产业向高端配套和自主研发方向集聚推动天津市塑料产业向高端配套和自主研发方向集聚，打造塑料产业以高端市场为突破点的技术研发动力。从高端材料入手，开发研制耐高温性、耐候性、耐磨性、阻燃、超导电、高电磁性合金材料以及具有屏蔽功能的材料及产品，满足天津地区高新技术产业和先进制造业的需求。

（2）推动天津环渤海地区和京津冀塑料产业集成

推动天津塑料示范园区的建设，协助有关部门开展园区招商工作．把园区打造成集塑料相关产品的销售、展示、交易、物流、仓储为一体的环渤海地区和京津冀塑料产业中心。

（3）培育骨干企业产业转型升级

利用天津市产业优势和市场的需求，在拓展石油、海洋、汽车、航空航天、电子通讯、医疗器具等高新技术领域的市场需求的同时。发展环保、节能、低碳、多功能、附加值高的产品。

（4）加快发展研发、实验室平台建设

充分利用现有政策推动在津建立高分子材料研发中心、塑料模具技术鉴定中心，利用高新技术企业和国家级企业技术中心的平台为天津市塑料行业的发展做好技术储备工作。

（5）提高包装材料的技术含量和配套

提高包装材料和产品技术含量，在开发有市场发展的包装材料和制品的同时，做好天津市油脂和化工项目的包装配套工作。

（6）做强医用高分子材料和制品

建立医用高分子材料和制品孵化器基地，瞄准世界前沿科学技术和应用材料，发展技术含量高、高附加值的高分子材料的人体器官。开拓各类医疗器具和药品包装制品的市场并推广应用。

（7）加强人员的培训

加强专业人员和从业人员的培训，组织行业管理、产品检验、加工工艺、高分子材料、模具加工及设计、操作人员等培训，提高行业的整体水平。

天津市塑料行业协会将继续推动天津市塑料行业的发展，引领天津市塑料行业落实科学发展观，以围绕着天津市总体经济发展和加快塑料产业经济增长方式转变为主线，强化企业自主创新和科技创新能力，开拓新的应用领域和需求市场，实现天津市塑料产业新的发展。

（天津塑料行业协会　郑天禄）

山西省

一、大事纪

（1）2015 年，对山西省塑料行业来说是异常艰难的一年，持续的全国性经济下行压力，给全省塑料工业企业经营造成了一定影响，但也倒逼企业加快产业转型和产品升级的步伐。利用山西本土优势，开发具有当地特色并能够适用当地的塑料产品成为众多企业发展的重点。其中煤化工的探索、矿用塑料的大量使用、大口径 PE 给水 / 燃气管道的崛起，成为山西塑料工业一年来发展的亮点。很多实力雄厚的企业，在渠道市场受阻的情况下，利用自身优势，积极寻求与国内大企业的战略合作，强强联合，实现了逆势增长，此成功经验值得学习和推广。山西省要求塑料行业要更加注重高、精、特殊用途产品的引进、消化、吸收，加大具有本省特色产品的自主研发力度。同时要大力开发符合产业和环保政策的产品，发展与国民经济支柱产业密切相关的新型材料和制品，用高新技术改造传统塑料材料和产品，很多企业已在这方面做出尝试和努力，并取得了显著成效。

（2）2015 年 7 月，《山西省轻工业三年推进计划（2015-2017）》（以下简称“推进计划”）和《山西省轻工业 2015 年行动计划》（以下简称“行动计划”）出台，为山西省轻工业发展指方向、找路子、提供保障。一连串的利好消息表明，未来三年，山西省塑料工业发展势头利好。山西省轻工行业管理办公室主任阎振恒表示，山西省轻工业之所以呈现出格局发展不平衡的现状，与企业创新能力弱、缺乏龙头带动效应有着很大关系。“行动计划”指出，为促进轻工业发展，2015 年，山西省将以日用玻璃、日用陶瓷、新兴家装、造纸、塑料等行业为重点，实施“4319 工程”，即推进 40 项重点项目，培育 37 户重点企业，攻关 10 项关键技术，打造 9 个重点基地。针对需求和发展薄弱环节，优化产品结构。发展绿色、安全、智能化的多功能产品，提高技术含量和市场竞争力。鼓励企业联合重组，提高资源配置能力，打造具有影响力的企业集团，发挥龙头企业在产品开发、技术示范等方面的辐射带动作用，引导中小企业发展升级。随着几十年来的沉淀和发展，在一定领域也取得了令人瞩目的成效。以塑料行业来说，目前山西省已建设太原、长治、运城塑料产业集群，通过产业集群，带动整个行业的发展。“推进计划”指出，未来三年，在塑料产业，山西省将以消费需求为导向，重点发展塑料管材、塑料型材、农用薄膜、新型特种塑料等产品。2016 年，山西省还将斥资 19 亿元，打造 9 个塑料产业重大项目建设。未来三年，山西省将在轻工业搭建银企合作平台，加大对轻工企业技术改造和生产经营流动资金等支持力度。搭建营销平台，引导企业由传统市场向互联网、电子商务等方式转变，创造条件为企业在电子商务平台提供山西轻工产品展销专栏；同时，以工业园区和产业集聚区为载体，推进技术研发孵化、产品检验检测等公共服务平台建设。塑料产业要利用废旧塑料高性能化技术，复合膜有机高效净化处理回收技术，重点发展塑料管道 / 农业用薄膜等产品。

（3）山西省塑料行业协会继续发挥桥梁纽带作用，应用互联网技术搭建会员沟通、协作、服务平台，开办了“山西省塑料行业协会”微信公众号，与《山西塑协通讯》杂志形成线上线下矩阵配合，成为山西塑料行业企业沟通交流、品牌宣传、官方发布的重要平台。利用平台建设疏通与中国塑协以及友好省市相关行业协会的联系渠道，进一步强化了塑协的信息平台、交流平台和服务平台建设。先后与浙江省塑协、上海市塑协、山东省塑协、新疆塑协、台州市塑协、中国塑协家居用品委员会等建立了良好的互帮互助关系。2015 年 12 月份，山西省塑料行业协会还联合山西电视台对部分会员企业进行了专题报道，为企业提供优质宣传渠道，提高产品和品牌知名度。“下基层，接地气”，真正为会员解决实际困难。

（4）2015 年，国内塑料产品需求不足、市场萎缩，山西省企业面临着巨大的发展压力，转型升级迫在眉睫。作为传统的塑料产品生产制造企业，省内规模以上塑料企业利用自身技术积累的优势，通过与产业链上下游大型企业的深度合作，取得了逆势发展的佳绩。山西中科天罡科技开发有限公司凭借在超高分子量聚乙烯方面的努力，取得了与中国中车的成功合作，为进一步打开市场、树立品牌打下了基础。山西中德投资集团凭借自己在新能源新材料领域的多年积累，先后与北汽股份、广州恒大集团、富力地产、中建七局、小米控股纳恩博、美国特斯拉、富士康等世界 500 强和国内大型企业取得合作，市场销量稳步增长。

（5）2015 年 5 月 20 至 23 日，第二十九届中国国际塑料橡胶工业展览会在上海举行。作为亚洲第一、世界第二大的国际塑料橡胶展览会，此次规模再创新高，塑料展会总面积超过 24 万平方米，吸引来自 40 个国家及地区逾 3100 家世界知名化工巨头及机械设备生产商参展。山西塑协积极组织山西中德投资集团有限公司、晋中塑力达科技有限公司、山西乾通塑胶科技有先公司等会员单位参加展览，加强与国内外同行业交流学习，了解国际先进塑胶工艺技术，通过积极的对外交流与合作，取得了很好的成效。

（6）编写了 2014 年《中国塑料工业年鉴山西篇》，年鉴由中国塑料加工工业协会主办，山西塑协组织省内塑料行业企业共同进行了资料的收集整理。年鉴全面反映中国塑料工业发展状况，为从事和涉及塑料工业的生产、销售和科研单位全方位提供行业动态、市场和技术信息。年鉴的组稿、编辑和出版工作得到中国轻工业联合会，各省市塑料协会的关心和支持。全国 31 个省市自治区和直辖市，多年来参与编写的有：北京、天津、山西、上海、广东、浙江、江苏、福建、新疆等 15 个地区。为了反映山西塑料工业的现状和学习赶超先进，我们协会每年都认真总结和编写《中国塑料工业年鉴山西篇》，受到了各级领导和业界同仁的赞扬。

（7）9 月 21 日至 24 日，第十五届中国塑料交易会在浙江台州市举行，交易会融合了塑料原料、制品、机械、机床模具“四位一体”的塑料产业链，是了解中国塑料市场和产业的一个重要平台，也是促成产业链上下游企业合作的重要窗口，山西省众多塑料行业企业参加了此次展会。山西塑料行业企业的参展，展示了山西塑料技术水平，宣传了山西塑料行业众多本土品牌，同时通过企业联合比价竞价，促成了多笔现场交易，使参展企业名利双收。面对2015年经济整体经济不景气的状况，协会专门组织了专家组，深入企业了解发展情况和面临的困难。针对晋中市部分企业产品积压问题，协会多次跑动，解决了企业销售的困难。先后深入华龙塑料、金晖兆隆、大众机械厂、晋隆塑业、天星管业、乾源管业、万士达工程塑料、中科天罡、晋祁旺中、东盛塑料、华星塑料等50多个企业开展调研工作，查实情、办实事、解难题。并会同省建设厅、贸促会、质监局、行管办、省房地产商会和各级政府有关部门，为企业转型脱困送政策、出主意。

（8）12月30日，山西省塑料行业2015年度年会在太原召开，山西省内塑料行业企业及专家就山西省塑料行业发展方向、如何利用“互联网+”、“工业4.0”促进山西省塑料工业发展进行了座谈交流。评选出“山西塑料行业2015年名优企业”、“山西省第三届十佳塑料门窗企业”。过去的一年，面对市场需求不旺、人工成本大幅上升、企业融资难度加大等形势，山西省塑料行业积极应对，依托区域和资源优势，不断加快产业结构调整步伐，在产业规模、技术水平、产值效益等方面均得到稳步提升，企业实力明显增强，结构进一步优化，区域布局渐趋合理，技术进步和科技创新取得新突破，节能减排效果显著，新产品、新技术推广加快，创新驱动发展动力不断加强。尤其是中德集团凭借自身在新能源新材料领域的多年发展，先后与北汽股份、广州恒大集团、小米控股纳恩博等世界500强和国内大型企业取得合作，成果显著。围绕“十三五”如何发展这一主线，与会代表表示，要以提质增效为导向，不断优化产品结构，大力实施技术、品牌、制度创新，推进全省塑料产业发展迈向中高端水平。

（9）5月11日，山西省委、省政府在太原召开全省民族工作会议暨第六次民族团结进步表彰大会。省委书记王儒林出席会议并讲话。省委副书记、省长李小鹏主持会议，省政协主席薛延忠，省委副书记楼阳生，省领导孙绍骋、王伟中、李政文出席会议，副省长郭迎光宣读了《山西省人民政府关于表彰全省民族团结进步模范集体和模范个人的决定》。会议对全省民族团结进步模范集体和个人进行了表彰，王儒林、李小鹏等为受表彰的模范集体和模范个人代表颁奖，省内塑料工业龙头山西中德集团公司董事长程田青获得“民族团结进步模范个人”称号，并做典型发言。2009年，中德集团公司因在民族团结方面的突出表现，在国务院第五次全国民族团结进步表彰大会上，被国务院表彰为“全国民族团结进步模范集体”，董事长程田青还受到了胡锦涛等党和国家领导人的亲切接见。

（10）2015年7月3日，山西省委书记王儒林在太原会见了德国巴斯夫公司亚太区总裁、大中华区总裁兼董事长侯宇哲博士一行。省委常委、太原市委书记吴政隆，省委常委、秘书长王伟中，副省长王一新参加会见。王儒林指出，德国巴斯夫公司是全球著名的化工企业，生产技术水平世界领先，特别是链条式、一体化生产优势明显。山西拥有十分丰富的煤炭、煤层气等矿产资源，是中国重要的能源生产基地。近年来，省委、省政府高度重视煤化工产业等新兴产业的发展，大力推进产业结构的优化和升级，山西与巴斯夫的合作潜力巨大、前景广阔。在多年交往的基础上，希望双方进一步扩大合作规模，拓展合作领域，特别是希望巴斯夫扩大与山西在现代煤化工等新兴产业领域的合作，参与和推动山西的转型和创新发展。省委、省政府将积极支持巴斯夫所有在晋合作项目，进一步优化发展环境，提供良好服务，努力实现共赢目标。具有150年历史的巴斯夫公司，与山西的同煤集团等企业已经有了良好的合作，希望进一步扩大在山西的投资，开拓新的合作空间。他认真地介绍了巴斯夫公司的众多新产品、新技术和新的商业模式，表示愿意与山西在煤化工、煤矿安全生产、城市节能环保等产业和领域开展新的合作，取得更多成果。

（11）5月20日，山西省经信委透露，受国内钢铁行业增速回落和国际原油价格大幅下跌的双重影响，全省焦化行业面临极为严峻的经营形势。1～4月份，山西省焦化行业亏损面由去年同期的68.7%，提高至79.2%，目前全行业处于历史上最困难时期，在外部需求没有发生重大变化的背景下，这一困难状况预计将维持较长时间。“宏观经济放缓，钢铁增速回落，市场需求不足，这些都难以对上游焦炭市场形成有力支撑。”分析师张源认为，导致山西省焦化企业出现大面积限产的主要原因是钢材市场的低迷。数据显示，1～4月全国粗钢产量27007

万吨，同比下降 1.3%，与全国相比，山西省降幅更大，1-4 月全省粗钢产量 1288.8 万吨，同比下降 11.8%，降幅同比扩大 11.2 个百分点，生铁产量 1222.2 万吨，同比下降 13.4%，降幅同比扩大 10.8 个百分点。张源表示，钢铁行业增速回落，对焦炭的需求减弱，而山西省以独立焦化企业为主的格局，决定了焦炭等产品主要销往外省，长期受制于钢铁企业的打压；另一方面，焦炭出口在经历前两年恢复性快速增长后，增速明显回落，多种因素交织叠加，导致今年山西省焦炭销售困难加剧，焦化企业开工率持续降低，产能利用率不足 60%，一些原来经营状况较好的大企业也开始不同程度的限产。

（12）品牌和质量是产品的灵魂，直接决定了产品是否能够打开市场，获得消费者的认可。年初，山西塑协秘书长工作会在太原召开，与会代表特别强调行业评先创优工作的重要性，指出山西塑协“名优”品牌在行业的公信力和影响力，在促进产品销售、塑造企业形象方面，发挥了积极的推动作用。今年，山西省塑料行业的“名优品牌”评选继续进行，经过我们多次市场调查、专家组讨论、企业实地查看，先后评出了中德型材、乾通管业、天星管业、晋隆制品、榆化漳河、中科天罡、晋祁旺中等企业。评选是在山西塑协专家委员会的监督下进行的，体现了公平、公正原则，树立了行业典范，这些都是值得我们学习的榜样。认定结果表 1（排名不分先后）。

表 1　山西省塑料行业 2015 年度名优产品企业

序号	单位名称
1	山西中德塑钢型材有限责任公司
2	山西旺中塑料管有限公司
3	山西中科天罡科技开发有限公司
4	山西天星新型管业有限公司
5	山西乾通塑胶有限公司
6	山西中德管业有限公司
7	山西榆化漳河塑料有限公司

（14）在山西塑料行业协会的组织和推动下，“山西省 2015 年度十佳塑料门窗企业”和首届“山西省塑料行业战略合作单位”评选活动在 9 月份展开，省内七十余家塑料门窗加工企业及全国五十多家塑料行业原材料企业参加了申报和评选，山西塑协成立了由门窗专家、大型房地产企业高管、断面设计工程师、塑料工艺专家、网络舆情检测专家等组成的专业评委会。经过 2 个月多的紧张初评、复评、审核、认定，评出了“山西省 2015 年度十佳塑料门窗企业”和“山西省塑料行业战略合作单位”，并决定授予奖牌和证书，具体如表 2、表 3。

表 2　山西省塑胶行业 2015 年度十佳门窗企业

序号	单位名称
1	山西佳佳美门窗有限公司
2	山西宏图铝塑门窗有限公司
3	长治市申汇装潢有限公司
4	山西国鼎工贸有限公司
5	山西信华远装饰工程有限公司

续表

序号	单位名称
6	忻州日欣门窗装饰有限公司
7	山西唯美门窗有限公司
8	山西潞安绿源建材有限公司
9	晋城市金耐门窗装饰有限公司
10	山西纵横门窗有限公司

表 3　　山西省塑料行业 2015 年度战略合作伙伴

序号	单位名称
1	南京惠恩塑料科技有限公司
2	江苏联盟化学股份有限公司
3	南京有爱塑胶科技有限公司
4	阳泉龙兴化工有限公司
5	山东日科化学股份有限公司
6	河南佰利联化学股份有限公司
7	山东东佳集团股份有限公司
8	河北华博精细化工有限公司
9	榆社化工股份有限公司 河南佰利联化学股份有限公司

（15）在为期 5 天的 2015 年秋季广交会上，来自山西中德投资集团公司的产品受到外商热捧，这些产品包括塑胶共挤（双密封）、彩色 ASA 复合共挤、铝塑复合型材（断桥隔热）、浮雕拉丝共挤型材、平移密封王 ，PPR（冷）热水管、建筑内消音 UPVC 排水管、PE 供水管、PE ～ RT 地暖管、UPVC 阻燃穿线管…… 据统计，5 天里，中德集团公司出口成交额（含意向成交）达千万元。“持续提升，客户满意，追求卓越”、“立足国内，放眼全球，打造具有国际影响力的建材品牌”是中德集团的生产经营理念和发展理念。在这两种理念的支撑下，中德集团始终致力研究新情况，发展新技术，开辟新领域，占领新市场，产品品质精良、节能环保、个性时尚，备受客户青睐。高品质的“中德”牌产品不仅在国内处于领先地位，在国际市场上也深受好评。在立足国内市场的同时，中德集团积极主动参与国际市场竞争，在国内相继建立了四川成都、青海西宁生产基地，以及遍布全国各地的 500 余家营销分公司，完善的供应网络和便捷、高效的一站式服务体系，使中德产品覆盖全省、行销全国。

二、基本情况

2015 年是全面完成“十二五”规划的收官之年，是全面深化改革的关键之年，也是全省塑料行业深化发展的转型之年。过去的一年，塑料加工行业克服市场需求不旺、人工成本大幅上升、企业融资难度加大、环境约束进一步增强等困难，依托区域和资源优势，不断加快产业结构调整步伐，在产业规模、技术水平、产值效益等方面均得到稳步提升，取得了平稳健康发展的好成绩。2015 年全省塑料行业预计规模以上企业完成产品产量 75 万吨，较 2010 年增长50%。企业实力明显增强，结构进一步优化，区域布局渐趋合理，技术进步和科技创新取得新的突破，节能减排效果显著，新产品、新技术推广加快，创新驱动发展动力不断加强。

同时，党的十八届五中全会圆满召开，讨论确定了“国民经济和社会发展第十三个五年规划的建议”，山西省也确定了“山西省轻工业‘十三五’发展规划（征求意见稿）”，其中塑协也贡献了不少想法和建议。“十三五”期间，我国进入全面建成小康社会决胜阶段，经济发展方式加快转变，新的增长动力正在孕育形成，“互联网+”正在迅速改变着行业的增长模式。塑料行业产品涉及千家万户，是建成小康社会的关键性产业，这对我们山西省塑料行业企业来说，是非常好的发展机遇。

现在山西塑料工业企业不但涵盖了塑料管道、注塑制品、异型材及门窗、塑料编织制品、塑木制品、超高分子材料等，还新增了降解塑料、镀铝膜、水龙带和日益发展壮大的智能制造、3D打印等高新技术企业，新型高科技企业的数量和所涉及的领域更加多元化，为构建山西塑料工业良好发展生态创造了条件。通过行业内企业的优势互补，促进相互交流，取长补短，优势互补，大大提升了山西塑料工业的整体竞争力。

三、企业经营

2015年以来，山西省塑料行业紧紧围绕全省转型跨越发展大势，在建筑建材领域积极转方式调结构、发挥企业主体作用、提质量增效益，取得长足发展，中德型材、中德管材、中科天罡等一批企业走出山西成为国内知名企业，其产品不仅畅销全国，而且出口到俄罗斯、伊拉克、危地马拉等国家和地区，为山西省塑料工业打出了一张耀眼的名片。山西塑料工业企业在顺应全面深化改革大潮，推动企业交流合作，逐步深入了企业间对人才、资金、技术等方面的深入交流和探讨，抢抓新机遇，瞄准新技术，不断提升自身实力和品牌知名度，塑料行业企业为山西省综改试验、全面深化改革做出来新的贡献。

这一年全国经济形势持续下行，国内塑料产品需求不足、市场萎缩，企业面临着巨大的发展压力，转型升级迫在眉睫。山西中科天罡科技开发有限公司凭借在超高分子量聚乙烯方面的努力，取得了与中国中车的成功合作，为进一步打开市场、树立品牌打下了基础。山西中德投资集团凭借自己在新能源新材料领域的多年积累，先后与北汽股份、广州恒大集团、富力地产、中建七局、小米控股纳恩博、美国特斯拉、富士康等世界500强和国内大型企业取得合作，市场销量稳步增长。

四、重点企业

序号	企业名称	营业额	主要产品名称
1	山西中德塑钢型材集团公司	6亿5000万	PVC型材、彩色仿木型材、双色共挤型材、PE管材、PPR管材、铝塑复合、断桥铝
2	长治清华永腾建材有限公司	2亿	铝塑、PPR、PE-RT、PE-X、PE矿用管、PE给水管材、UPVC排水管及管件、UPVC型材
3	山西民生塑料制品厂	8000万	各种煤矿用聚乙烯管材、管件；聚氨酯筛板、燃气用埋地管材、管件；给水用PPR管等
4	山西中德管业有限公司	1亿	PP-R冷热水管材管件系列，PE-RT地暖管材管件系列，玻纤增强FR-PPR复合管材管件，PVC-U排水管材管件，PVC-U电工阻燃穿线管材， PVC波纹排水管材，大口径PE给水、燃气管材等
5	山西惠丰塑料型材有限公司	2亿	PVC塑钢型材、管材等
6	晋中塑力达塑胶公司	1600万	塑胶地板、机油桶、塑料板凳等
7	太原市杰森实业公司	1.4亿	中密度纤板、贴面板、胶粘剂

续表

序号	企业名称	营业额	主要产品名称
8	山西天星管业有限公司	1000 万	生产销售 PP-R 管，大口径中空壁缠绕管．高密度聚乙烯双壁波纹管．PE 供水管．地暖，高密度聚乙烯双壁波纹管，ＰＥ供水管，地暖管
9	山西方圆塑业有限公司	5000 万	BOPP 包装薄膜
10	山西祁县旺中塑料制品厂	2500 万	聚乙烯塑料管，护套管，农用地膜，穿线管等
11	晋城市凤凰实业有限公司	1.4 亿	各种煤矿用聚乙烯管材、管件；聚氨酯筛板、燃气用埋地管材、管件；给水用 PPR 管等
12	山西晋林塑料有限公司	6000 万	螺旋管、管帽、弯头等
13	山西华星塑料有限公司	2000 万	超高分子量 PE 大口径特种耐磨管材
14	山西万士达工程塑料有限公司	4000 万	PE 燃气管、PE 管材、PE 矿用管材及管件
15	镇江自动化设备有限公司	8000 万	自动化焊接设备制造
16	晋城市天合建筑装饰工程有限公司	1300 万	吊顶、门窗、幕墙等
17	山西佳佳美门窗有限公司	1500 万	门窗
18	太原德圣亚装饰工程有限公司	1000 万	吊顶、门窗、幕墙等
19	山西新超管业股份有限公司	2.7 亿	复合管、其他管材、其他管件、塑料建材、PE 管、PPR 管等

五、塑料制品进出口

2015 年，在《山西省轻工业三年推进计划(2015-2017)》(和《山西省轻工业 2015 年行动计划》的指导下，山西省塑料行业以龙头集群式抱团发展，以中德集团为龙头，集结惠丰型材、清华永腾、山西万士达等企业组成的“长治市建材外贸转型升级专业型示范基地”继续发力，在外贸出口方面取得了不菲的成绩。2015 年，新成立的长治市海关发挥作用，为山西塑料工业企业的出口发挥了重要的窗口作用。经过多年的发展，中德集团公司迅速发展壮大。其中，年产量达 10 万吨，被山西省经信委列为全省八大产业重点发展规划的新型建材集群龙头重点企业。2015 年，中德集团型材出口量达 3000 吨，产品远销危地马拉、菲律宾、俄罗斯、孟加拉、韩国、印度尼西亚、埃及等国家和地区。据悉，被列入国家级省级基地内的外贸企业将享受一定的资金支持以及政策鼓励，从而进一步推动新型建材产业的转型升级步伐。同时，山西中科天罡生产的超高分子量聚乙烯（UHMW-PE）系列制品凭借过硬的产品质量实现了出口创汇等等，山西塑料行业企业逐步走向国际市场。

六、新产品开发

塑料在山西省已成为国民经济发展的支柱产业。山西省是煤炭化工基地，煤炭企业的转型升级已提到重要议事日程，对煤炭进行深加工、发展矿用塑料是符合山西国情和国家产业政策的。为了加快山西省塑料工业的发展，扶持矿用塑料的发展，是重中之重。另外还要扶持环保、节能及高科级产业及产品，促进塑料工业发展，为加快山西省国民经济发展做出新贡献。

随着经济的发展和社会的进步，人们不仅关注食品、药品本身的安全卫生，同时对食品、药品包装材料的安全卫生性及其生产过程中的环境保护等方面也提出了更高的要求。目前山西省主要的印刷油墨以平版、凹版油墨为主，其中凹版油墨企业主要集中在山西省南部及中部，油墨产品以酮溶、酯溶的居多。毒害性相对较大的溶剂的大量使用，对山西省环境、生态、人体健康及相关产业的发展都带来一定的压力。在山西省产业调整及人们对环保健康安全的迫切需求下，以及油墨行业自身的市场竞争，部分油墨厂家正逐步开发生产醇性聚氨酯油墨，但相当一部分油墨生产厂家的聚氨酯树脂来自外省及国外产品。

由山西省应用化学研究所研发的项目产品—“醇溶性聚氨酯树脂”使用“绿色溶剂”乙醇为溶剂，可降低对环境的污染和人体的伤害，是现阶段环保安全、对人体伤害较小的凹版印刷油墨树脂，符合食品、医药包装材料绿色化、环保化及健康安全化的发展趋势，项目产品已完成中试生产，产品性价比高，可与同类产品形成有利竞争，创造较好的社会和经济效益。同时满足包装印刷行业环保化的市场需求，有着广阔的推广应用前景。对山西省包装印刷行业的发展有良好的促进作用，同时对促进山西省功能高分子材料领域发展做出贡献。

在煤化工之外，塑料周转筐目前在一些小商品生产中和物流中的应用是非常的广泛的，特别是对于食品和一些小物件的储存和运输，塑料周转筐起到的效果是非常的好。山西生产的塑料周转筐具备抗折，抗老化，承载强度大，拉伸、压缩、撕裂、温度高、色彩丰富、既可用于食品加工车间周转又可用于成品出货包装，轻巧、耐用、可堆叠。可根据用户需求订做各种规格、尺寸，可加盖，防尘，外形美观大方。一般食品周转筐可以根据客户提供的尺寸设计制作，做到最合理装载，并可多筐重叠，有效利用厂房空间，增大食品物料的储存量，节约生产成本。

而且随着环境问题日显重要，资源、能源更趋紧张，山西塑料周转筐将迎来新的机遇，也将经受严峻的挑战，为适应新时代的要求，山西塑料周转筐除要求能满足市场包装质量和效益等日益提高的要求外，还进一步要求其节省能源、节省资源，为此塑料周转筐正向高机能、多功能性、环保适应性、采用新型原材料，新工艺、新设备及拓宽应用领域等方向发展。

七、市场需求

由于山西省是煤炭重化工基地，煤炭的安全生产已经提到重要议事日程，发展矿用塑料符合山西国情和国家产业政策，这几年山西省矿用塑料产品发展很快，市场及需求量都很大。要加强矿用塑料的研发和生产，满足市场需求。

八、存在问题

全面转型升级势在必行，山西省内塑料行业企业也面临转型升级的压力，这对山西省内塑料企业来说也是难得的机遇。山西塑料行业企业整体发展良好，但与国外及沿海发达地区相比差距还比较大，主要表现在工装设备、工艺技术较落后，产品花色品种少等诸多方面。影响本地企业发展的主要因素有：

①塑料行业企业布局和区域分布、发展不平衡。山西省塑料工业发达地区主要是以太原、晋城、运城、长治等城市为中心，形成了山西省塑料工业的主要产区，规模以上的塑料企业大多集中在这些区域，而且目前发展势头仍比较强劲。一些县区、乡镇虽也办起了很多民营小型塑料厂。但从规模及产品技术含量上都较小较差，总之，发展不平衡。

②企业产品结构层次较低。产业转型滞后于消费结构升级，产品结构调整滞后于市场消费结构变化，特别是高档次、高附加值和有较强竞争力的产品少。

③原料生产发展滞后，产品技术进步受限。塑料产业是综合行业，其制品的研发、生产涉及轻工、化工、机械等多个行业，具体涉及原料、助剂、设备、模具等多个产业。而塑料原料是最重要的环节。山西省是原材料生产弱省，除PVC树脂外，其他均不产，所用原材料主要靠国内外进口。

④品牌产品不多，创新能力较弱。企业的品牌带动力不够，产品同质化导致在全国市场覆盖率低，份额少，市场竞争力差，营销策划和品牌创新意识滞后。支撑产业升级的技术和人才储备不足，新产品开发力度不够，高技术、高附加值行业及产品比重低。

九、发展趋势

①深刻领会十八届五中全会精神，引领行业转型发展

结合行业实际，深刻领会党的十八届五中全会精神，认真研究国家《“十三五”发展规划》和《山西省轻工业“十三五”发展规划》，深度融入“互

联网 +”和“中国制造 2025”的大浪潮中，牢固树立并切实贯彻创新、协调、绿色、开放、共享的发展理念，把创新和转型放在核心位置，以“六大发展”理念引领发展方式的转变，推动发展质量和效益的提升，在大局中思考行业的发展。协会将要充分发挥区域行业优势和专家委员会的作用，及时解读国家相关政策，梳理和完善全省塑料行业发展思路，在差异化、精细化、人性化服务上下功夫，为会员企业提供政策支持和决策参考。

②加快工业互联网工程建设，迎接智能制造新时代

在第二届世界互联网大会上，习近平总书记提出了国家大数据战略、“互联网 +”行动计划等发展目标。塑料加工工业同时进入了创新驱动发展新阶段，面临迈向中高端、加快产业升级的重要任务。结合山西省塑料行业存在的经济总量偏小、发展速度缓慢、企业规模小、低端竞争严重、创新能力不强、知名品牌较少、品牌效应弱等方面。我们提出“互联网 + 塑料”概念，结合山西省政府在“十三五”期间建设塑料产业集群的思路，努力服务建设长治、太原、运城产业集群，塑料企业要加大产品的自主研发力度，加强矿用塑料、纳米抗菌塑料、汽车用塑料的研发攻关力度，进一步拓宽应用领域，推动轻质高强发泡材料制品在汽车、高铁、航空及工业领域的应用。

③强化协会桥梁纽带功能，夯实协会联络基础

山西省塑料行业协会要认真收集和做好行业法规政策、会员企业基本状况和诉求、国内外最新科技、塑料制品市场等各类信息等基础工作，用大数据积极探索新形势下塑协工作的有效方式，规范内部管理，进一步加强领导班子和员工队伍建设。充分利用好外围优势，探索和研讨与省贸促会合作平台，带领企业走出去，积极参加中塑协组织的国际橡塑展、台州橡塑展等各类展览展销活动，学习和借鉴全球、全国塑料行业的先进市场经验。

④加强行业自律，打造山西塑料工业品牌

发挥塑协对行业的了解和熟悉的优势，将塑协作为行业自律的有力推手，开展技术交流与咨询活动，举办研讨会、产业论坛、经验交流会，组织科技成果和新产品鉴定，积极推广优秀科技成果与先进技术装备，推动企业创新，提高行业整体素质。打造山西省行业内的品牌协会。充分利用协会的刊物、网站、微信公众号，及时传达国家对行业指导的新方针政策，及时反映广大企业家的呼声和诉求，有针对性地对塑协网站和自媒体平台进行升级，扩大塑协的影响力和行业权威性。

山西塑料工业是全省战略性新兴产业的重要组成部分，在通过信息通信技术推动万物互联的“互联网 +”新生态下，利用互联网重构企业组织方式，发展空间巨大、潜力无限，是未来最有前途的朝阳产业之一。围绕省委、省政府“六大发展”的总体要求，以提质增效为导向，优化产业、企业、产品结构，促进技术、品牌、制度创新。以智能制造为突破口，实现塑料工业与信息技术的深度融合，促进行业向产业形态的中高端迈进，在这次发展大浪潮中，把塑料制品进行再加工、深加工，提高产品的附加值，提高山西省塑料行业的整体水平。

把握经济发展“新常态”的机遇，秉承“净化政治生态，实现弊革风清，重塑山西形象，促进富民强省”的历史使命，山西塑料行业企业一定能够取得新的更大的辉煌。

（山西省塑料行业协会 程田青、王慧凯）

上海市

上海塑料行业协会成立于 1990 年 2 月 ，是以上海市塑料及相关企业为主，自愿组成的跨部门、跨地区、跨所有制的非营利行业性社会团体。2015 年底，召开第六届一次会员大会，选举产生新一届理事会。会长单位系中国石化化工销售有限公司华东分公司。现有会员单位 179 户，涵盖石化、化工、轻工、机电、建材等系统的国有、民营、合资、独资和相关高校、科研院所，覆盖树脂、制品、助剂、模具和加工机械等整个塑料产业链。下设聚氯乙烯（PVC）制品专业委员会、塑料包装专业委员会、工程塑料专业委员会和技术咨询部。

2015 年上海塑料行业协会主要工作有以下几方面。

一、成立协会领导、工作小组，顺利完成换届

选举工作

2015年是上海塑料行业协会换届选举年。协会从上半年就着手召开会员大会的准备工作，分别成立了领导小组和工作小组。12月15日下午1：00假座虹桥云峰宾馆会议厅召开第五届五次理事会，第六届一次员大会、六届一次理事会。会上，通过会员大会投票选举产生新一届理事会成员，理事会投票选举会长、常务副会长、副会长，举手表决通过了名誉会长和秘书长人选。中国石化化工销售有限公司华东分公司当选为会长单位，中国石化上海石油化工股份有限公司当选为常务副会长单位，上海心尔新材料科技股份有限公司等18家当选为副会长单位。

会议开得隆重而热烈。上海工经联、社团局、工商联领导出席会议。上海市模具行业协会代表24个兄弟行业协会致贺词。并邀请与协会有业务往来的特邀嘉宾出席会议。会上通过了《换届改选工作情况报告》《第五届理事会工作报告》《第五届理事会财务收支审计情况报告》《关于修改行业协会章程的说明》《会费标准和管理办法》等文件。

二、把握产业发展良好机遇，着力推进行业品牌建设

上海塑协一以贯之地坚持以行业品牌建设为抓手，推进行业、企业转型升级，为把塑料行业的自主品牌保护好、培育好、发展好做出了不懈的努力。在上海塑料行业内全面推进实施品牌战略，以培育上海名牌产品、上海市著名商标为目标，以促进行业发展、增强企业核心竞争力为目的，坚持以公正、公开、公平的原则开展行业名优品牌评选工作。2015年，有十四家企业的产品参加了行业名优的评选，其中两家企业为新参加企业，十二家企业获得重新认定。与此同时，协会充分利用自身优势，在协会网站和“塑料通讯”会刊上有计划地分批宣传这些产品，提高企业和产品知名度。积极推荐这些产品参加各种专业展会，技术交流推广会等，协会还组织会员企业积极参加轻工业协会组织的“上海轻工创新设计展”，积极推进企业参加上海轻工“知名、卓越”品牌产品的评选活动。在此基础上，协会积极向上海市工商局等推荐评选上海市名牌产品、上海市著名商标，并根据上海市著名商标评审委员会的要求，对申报上海市著名商标的会员单位或业内企业征集相关信息后，出具协会推荐意见，2015年有中国石化上海石化股份有限公司等8家会员单位获得上海市级31项名优品牌，占上海品牌推荐委员会通告公布的产品类—生产资料类661项的4.69%。

三、接受政府委托购买服务，完成研究课题、标准制定、规划建议等

为了提高协会服务企业及服务政府的能力，协会积极争取、主动承接政府委托项目和购买服务项目，多年来完成了上海市经信委下达的建议及对策等课题，牵头组织编制上海市地方标准工作。

3月16日，上海塑料协会副会长兼咨询部主任陈国康一行三人走访上海市质量技术监督局。主要是针对上海市质监局披露的一条信息，即：对食品接触用聚乙烯树脂原料进行专项监督检查，经检测，成型品全部合格，有11家企业12批次树脂原料不符合GB9691-1988《食品包装用聚乙烯树脂卫生标准》，树脂原料合格率为89.2%。。在交流中，上海质监局分管特定产品质量把关的部门与行业协会达成共识，这些工作可由协会请专家来咨询和技术指导。

2014年起协会着手编写“上海塑料行业‘十三五’规划建议”，协会技术咨询部认真开展行业调研，召开专题座谈会，听取企业及行业内专家的意见和建议，于2015年7月完成了“上海塑料行业‘十三五’规划建议”稿，上报市经信委、市工经联和中国塑料加工工业协会。该行业内的“十三五”规划建议在业内具有发展参考价值，得到同行的关注。

四、合作举办“中国国际橡塑展”，凝聚精英助推行业发展

每年一次的“中国国际橡塑展”，已经发展成为中外塑料业界产品展示、技术交流、商贸洽谈、人才流动的行业盛会。

“2015国际橡塑展”于2015年5月2～23日在广州中国进出口商品交易会琶洲展馆隆重举行。上海塑料行业协会组织了中国石化上海石化塑料部、上海塑料制品公司、上海海湾石化公司和上海国嘉高分子材料公司等10余家会员单位及业内企业参展参观，并参与同期活动；并受主办方委托，组织了华东地区8家省市同业协会的会长/秘书长出席“2015 国际橡塑展”及开幕晚会和联谊派对等活动。

在上一届展会结束后，协会就开始着手宣传“2015国际橡塑展”的推介事宜。2014年11月17日上午，上海塑料行业协会合作雅式展览服务有限公司于上海古象大酒店联合举办“2015 国际橡塑展简介会”，协会组织邀请了华东六省一市塑料行业协会、上海相关用家行业协会和部分医疗、包装、建材、汽车、电子电器制造企业等近 100 人出席会议。同时，开展对塑料在医疗器械上的应用调研，对“2015 国际橡塑展”行业导赏团路线提出专业性意见，帮助解答有关“特种工程塑料”的一些问题。寻求上海用家协会支持，将展会宣传推进到终端行业，开展展会资料宣传、在会刊和网站上展示、在用家行业会议活动中推介展会等活动。

五、组织国际塑料业界交流，有效促进行业技术进步

为了加快行业发展，协会充分利用自身优势，加强国内外企业的交流和合作。

1 月 8 日，土耳其工商业协会（TUSIAD）董事成员 ODE 公司主席奥尔罕．图兰先生来上海工商联塑料行业商会进行了拜访式交流。上海塑料行业商会也邀请了上海赛科公司和副会长单位上海新上化公司进行了介绍交流。

9 月 21 日，由第 15 届中国塑料交易会组委会举办，在台州交易会期间举办“中外塑料行业协会联席会议”。会上由海内外十三家协会做了交流发言。上海塑料行业协会秘书长秦建旺做了题为“‘一带一路’国家战略迎来塑料工业的新发展”的演讲。国内塑料协会介绍了各自地区的塑料产业发展情况，以及国家“一带一路”机遇中的发展思路；海外一些国家的塑料协会则是介绍希望互相合作或投资的意向。

9 月 25 日，协会与印度古吉拉特邦塑料制造商协会在协会会议室共同签约了合作备忘录。本备忘录在双方签约后生效，有效期为三年。

协会通过上述一系列国际活动，组织会员企业参加交流和互动，创造条件学习国际塑料工业先进技术，推进本地塑料行业的技术进步。

六、利用社会服务平台资源，增强协会行业服务功能

本届协会不断完善各服务平台的工作，充分利用各个服务平台的资源，着力提高服务的针对性和有效性。

中小企业公共服务平台为会员企业解决融资、挂牌上市等问题；研发公共服务平台为企业解决产品测试、技术咨询等困难；人力资源服务平台开展专业技术人员职称评定，2015 年，共评审通过高级、中级、初级专业技术职称 23 人；2014 年 12 月，协会被市商委授予“上海市进出口公平贸易行业工作站”，为协会提供了企业进出口业务服务的功能，并为出口企业的出口贸易搭建了沟通平台。

信息服务平台功能在 2015 年提升明显，网页内容更为丰富，信息更新及时，已经成为协会办公及对外沟通、信息发布、广告宣传、传达行业资讯的重要窗口。协会会刊也在不断增加原创性文章，报道会员单位改革创新中的新鲜事例，增加有关塑料行业经济性、技术性和科普性方面的内容，以求实求新的理念注入于办刊之中，增强可阅读性和可借鉴性。

七、加强行业协会自身建设，不断充实调整提升基调

2015 年上海塑料协会的自身建设得到了很大提高，不断充实调整提升基调。

制度建设。2012 年，协会通过了上海市社团局开展行业协会规范化评估，被评定为 3A 级。在规范化建设申报和评审期间，尤其在 2015 年，协会全面加强了内部管理和制度建设，制定、修订了 18 项内部管理制度，并且认真执行。协会将规范化建设评估作为加油站，认真整改评估中暴露的薄弱环节，从人员上、管理上提高水平。

内部管理。上海塑料协会专职人员在 2014 年顺利实现了新老交替之外，2015 年又招聘了 2 人。对信息部主任、技术咨询部主任和信息主管等进行了调整；PVC 专委会秘书长（兼职）进行了更替等等。协会三个专业委员结合本专业开展活动。

章程履行。上海塑料协会按照“章程”规定召开会员大会、理事会和会长办公会等等。2015 年，新增会员 20 家，按照协会章程 2015 年清理了部分会员单位（长期不履行会员义务）。因此，到目前为止，协会共有会员单位 179 家。协会于 2015 年起再次修订了会费收缴和管理办法，并部分调整了会费标准，大多数会员单位都能按期缴纳会费，每年的会费收缴率在 70% 左右。

（上海塑料行业协会　侯培民）

重庆市

一、 2015年工作回顾

2015年是全面学习宣传贯彻落实党的十八大精神，为实现中国梦、中华民族复兴梦，全面实现奔小康，重庆市塑料行业协会在市委市府的领导下，积极建言献策反映企业诉求发挥了政企间的桥梁纽带作用，我们牢记为行业服务为企业服务为会员单位服务的宗旨，增强了服务意识扩展了服务功能开拓创新扎实工发挥协会熟悉行业贴近企业的优势，以市场为导向，开拓市场努力加强行业自律，提高产品质量环保质量，服务质量等方面做了大量工作。

①完成四届换届选举工作。

2015年1月31日，在重庆澳维酒店召开了第四届会员大会。按期完成了换届工作到会80余人。付志敏同志全票通过当选，连任重庆市塑料行业协会第四届会长，常务副会长、副会长、理事担任相应职务不变。重庆市经信委何红处长、中国管道及容器标准委员会主任郑伟义等领导出席会议并讲话，肯定了重庆塑料工业这几年的快速发展的大好形势。同时也肯定了重庆市塑料行业协会所做的大量工作。会议审议通过了部分新入会的会员单位并为6个会员单位授牌。

②就打造建设中国西部千亿级塑料产业重点项目，市政府领导为重庆塑料产业的创新发展提出了奋斗目标。

重庆市塑料行业协会自2013年起，多次到梁平县考察。协会配合市经信委领导和企业领导，在探讨、考察筹备、建设西部塑料工业园区做了大量工作。

2015年4月27日上午，中国西部（重庆）塑料生态产业园在梁平县正式授牌，这标志着梁平塑料产业发展迈入里程碑式的新阶段。本次授牌仪式中，中国轻工业联合会副会长中国塑料加工工业协会理事长钱桂敬、中国塑料加工工业协会常务副理事长曹俭、国家发改委产业经济与技术经济研究所工业室副主任付保宗、国家工信部消费品工业司副巡视员汪敏燕、重庆市常务副市长翁杰明、重庆市经信委主任郭坚、重庆市塑料行业协会会长付志敏等相关领导应邀来到了授牌现场。

③深入基层调研，加强自身建设，提高工作效率、服务质量，深入调查研究，广交朋友，为行业和企业做好服务工作。

4月23日，协会会长付志敏、秘书长刘汉龙等一行首次到涪陵页岩气开采中心现场考察用管材情况。

5月3日赴老挝考察学习交流 2015年5月2日至5月10日，重庆市塑料行业协会应老挝人民民主共和国国防部、经济部的邀请【关于在老挝商机考察的邀请（第073号文件）】，组织了协会部分成员代表赴老挝朗勃拉邦市、万荣县和万象市就寻找商机、投资环境的主题开展考察与交流。

6月初，英国《经济学家》杂志驻中国上海分社来渝采访协会，刘汉龙秘书长等陪同，介绍情况、参观考察光能汽配有限公司等。

9月下旬，俄罗斯塑料加工者协会来重庆市塑料行业考察。刘汉龙秘书长和副会长梁龙云全程陪同，北工大吴教授光临指导，参观考察顾地、捷成、溯联等公司并受到各公司领导热情接待支持，俄罗斯客人们很满意并给予了高度评价。

深入企业调查研究，先后到永川、大足、铜梁、江津、梁平、垫江、涪陵、沙坪坝实地考察了永高、杰利来、融达、四源、四通八达、泽通、利财、国通、巴王矿、西南化工等企业，参观厂房，生产线运作繁忙，受到企业领导的热情接待。

④组织相关活动积极参加政府有关部门组织的各项活动，和交办的工作以及中国塑协组织的活动。

（1）参加评审验收

4月24日到彭水县矿产资源发展规划评审工作；

2015年9月29日由市径信委材料处领导组织，铜梁区府职能部门配合，对重庆普利特新材料有限公司“高性能环保型塑料复合型材料生产项目”进行验收，验收专家组听汇报、查阅资料、提问、厂区车间实地观看等程序，该项目通过验收。

（2）参与企业面对面座谈会

7月10日，参加市长座谈会预备会。重庆市企业联合会按照市领导指示精神，市政府委托，在重庆咨询大厦A栋2107会议室组织召开市长座谈会预备会，重庆市企业联合会会长余远牧（原副市长）、执行副会长吴冰（原市经信委主任）出席会议并与参会代表共同研究问题，商讨解决良方，向市政府提出政策建议；

参加12月21日市长座谈会。当天，市政府召开重庆市企业联合会重点企业座谈会，会议由市政府副秘书长张智奎主持。市委常委、常务副市长翁杰明出席会议并作重要讲话，此次会议也是市政府连续第五次召开的市长与重庆市企业联合会重点企业面对面座谈会，也是重庆市企业联合会会员企业反映诉求的重要平台。重庆市塑料行业协会付志敏会长、刘汉龙秘书长应邀参加会议，付志敏会长分别代表我协会和顾地公司发言。

⑤协会支持行业相关展会情况

4 月 16 日 -18 日，由重庆市经济和信息化委员会主办，重庆市中环盛世商务会展有限公司承办的第十一届西部国际塑胶展在重庆国际博览中心盛大开幕。重庆市塑料行业协会应邀参加此次展会，协会秘书长刘汉龙一行参观了展会。

9 月 22 日，由中国塑料机械工业协会、重庆国际博览中心有限公司主办的 2015 中国（重庆）国际塑料工业展在重庆国际博览中心开幕。重庆市塑料行业协会应邀参加此次展会，协会秘书长刘汉龙一行参观了展会。

2015 年 9 月 23 日，2015 中国工程塑料产业创新大会于重庆悦来国际会议中心隆重开幕。本届大会由中国塑料加工工业协会和重庆市经济和信息化委员会联合主办，中国塑料加工工业协会工程塑料专业委员会和重庆国际博览中心有限公司联合承办。重庆市塑料行业协会作为支持单位之一参加了本次论坛。

⑥协会召开会议情况

2015 年 1 月 31 日，在重庆澳维酒店召开了协会第四届会员大会。按期完成了换届工作到会 80 余人。

2015 年 11 月 26 日下午，重庆市塑料行业协会四届二次理事会暨技术市场前瞻形势分析交流会在重庆君顿花园酒店桃园厅顺利召开。会议由重庆市塑料行业协会主办，梁平县人民政府承办，120 人到会，市经信赵刚总工程师参会并做重要讲话。

2015 年 12 月 28 日下午，重庆市塑料行业协会常务理事会暨新春团拜会在重庆捷泰塑胶工业有限公司会议室成功召开。协会正副会长、常务理事、正副秘书长、技术顾问等 40 人参加会议。会议由协会常务副会长单位重庆捷泰塑胶有限公司承办，协会秘书长刘汉龙主持召开。

⑦建立了重庆市塑料行业协会网站（www.cqpia.com）

2015 年 3 月份正式上线，受到会员的大力支持，为企业、行业搭建了网络信息交流平台，一定程度上提高了企业知名度、美誉度。

二、中国西部（重庆）塑料生态产业园正式授牌

2015 年 4 月 27 日上午，中国西部（重庆）塑料生态产业园在梁平县正式授牌，这标志着梁平塑料产业发展迈入里程碑式的新阶段。本次授牌仪式中，中国轻工业联合会副会长中国塑料加工工业协会理事长钱桂敬、中国塑料加工工业协会常务副理事长曹俭、国家发改委产业经济与技术经济研究所工业室副主任付保宗、国家工信部消费品工业司副巡视员汪敏燕、重庆市常务副市长翁杰明、重庆市经信委主任郭坚、重庆市塑料行业协会会长付志敏同志等相关领导应邀来到了授牌现场。

重庆市塑料行业参加此次活动的还有：协会会长、顾地科技副总裁付志敏同志，重庆顾地塑胶电器有限公司王可辉总经理，协会刘汉龙秘书长、张峰主任。协会副会长：重庆一龙管道有限公司叶正茂总经理、重庆巴王矿产品有限公司谭光英总经理、重庆工友塑料有限公司黄冠文总经理、重庆市国通管业有限公司梁龙云总经理、重庆澳彩科技化工有限公司魏子斌总经理。以及重庆国际博览中心有限公司孟宪胤总监、重庆江津宝星电加热器厂胡维林总经理、重庆创亮科技发展有限公司易波总经理等协会领导也参加了此次活动。

目前，我国经济进入“新常态”，伴随着西部地区对塑料制品需求大幅增长，同时东部地区塑料产业的重心逐步向中西部转移，梁平塑料产业的发展迎来新机遇。 在重庆及周边地区，汽车、电子、家电等行业有较好的产业基础，对塑料需求也将大幅度增长，具有广阔的市场空间。

经过中国塑料加工工业协会、重庆市经信委、梁平县充分调研、反复论证，最后决定在梁平打造完整塑料产业链，重庆塑料行业协会也组团到当地考察开展了相关工作。 2013 年 12 月 25 日，梁平县与中国塑协、市经信委签订三方战略合作协议，构建起了“三级联动，合力推进”的发展格局。 据介绍，塑料生态产业园规划面积 14 平方公里，力争到 2025 年，形成产值达 500 亿级的塑料产业集群。

去年，梁平塑料生态产业园成功开园，累计修建道路 10 公里、建成标准厂房 6.5 万平方米、公租房 3.5 万平方米，启动新建了 3 万平方米塑料交易市场。截至目前，利财管道、华驰文具、卓航塑胶等企业已建成投产，产品涵盖汽车塑料零部件、塑料管 / 板材、塑料编织、木塑复合材料、日用塑料、再生塑料等多个领域。

在当天上午的授牌活动中，中国轻工业联合会副会长中国塑料加工工业协会理事长钱桂敬对梁平中国西部（重庆）塑料生态园进行了授牌。同时，在授牌活动中，有16个项目进行了集中签约，协议引资47.9亿元，其中，塑料项目13个，引资46.8亿元。重庆市塑料行业协会会长付志敏代表协会与梁平县政府签订了意向性协议，同时协会副会长单位重庆市一龙管道有限公司叶正茂总经理、重庆巴王环保新材料有限公司、重庆工友塑料有限公司黄冠文总经理也参与了签约仪式。授牌活动最后，重庆市常务副市长翁杰明做了重要讲话，他指出，重庆市的经济、社会在持续良性发展，重庆各项经济指标和增幅均位居全国前列。主要原因之一就是我们在扎扎实实地搞产业结构调整，不断引进产业增量，同时布局各个区域差异化发展，特色化发展。梁平县就是这其中的代表，能够充分利用各种便利条件，深入扎实的搞产业发展和塑料产业的布局，尽管时间不长，但也有了良好的势头。当天这个活动能得到中央到地方相关部门的重视，同时也说明了得到了认可。

据梁平县相关责任人介绍，随着塑料生态产业园的成功授牌，梁平县下一步将全力推进招商引资工作，扭住发展的“牛鼻子”，力争今年新引进投资5000万元以上的塑料产业项目40个以上，新增产值50亿元以上。

当日下午，重庆市塑料行业协会成员20余人参加了由中国塑料加工工业协会主办，重庆市经信委、重庆市发改委和梁平县协办的中国西部塑料产业集群发展高峰论坛。论坛演讲中，中国轻工业联合会副会长中国塑料加工工业协会理事长钱桂敬、国家发改委产业经济与技术经济研究所工业室副主任付保宗、重庆市经济信息中心主任易小光等专家分别作了“全国塑料产业发展现状及正确看待塑料产业环境影响”、“十三五我国产业发展趋势与政策”、“一带一路与长江经济带战略对重庆经济发展的机遇与对策”的主题演讲。

通过授牌仪式和高峰论坛，梁平县把媒介和塑料产业紧密结合起来，借助各种媒介的广泛宣传，掀起塑料产业发展的良好氛围。

梁平县下阶段项目落地建设将进入“加速度时代”，推动产业集聚，实行审批手续全程代办，逐个倒排工期、明确时间节点，促进项目快落地、快推进、快见效。在未来的发展中，梁平县塑料产业将紧跟国内外塑料行业的步伐，实现共同发展和共同繁荣。

三、受邀参加2015年重庆重点企业座谈会

2015年12月21日，重庆市政府召开重庆市企业联合会重点企业座谈会。会议由市政府副秘书长张智奎主持。重庆市委常委、常务副市长翁杰明出席会议并作重要讲话。此次会议也是重庆市政府连续第五次召开的市长与重庆市企业联合会重点企业面对面座谈会，也是重庆市企业联合会会员企业反映诉求的重要平台。重庆市塑料行业协会付志敏会长、刘汉龙秘书长应邀参加会议。

会上，企业家代表汇报了当前生产经营中存在的主要困难和问题并提出了改善企业发展环境的意见建议，市政府各相关部门有针对性地进行了政策解答，实现了企业与政府的良好沟通、互动。

会上，重庆市塑料行业协会付志敏会长既代表重庆市塑料行业协会发言，也代表重庆顾地塑胶电器有限公司发言，分别从行业、企业角度向市政府反映了行业现状、生产中遇到的困难等情况并希望得到政府的支持。

四、扎实推进“供给侧改革”着力改善企业发展环境

翁杰明在讲话中指出，一要坚定实体经济的发展方向。市委市政府始终旗帜鲜明地把发展实体经济摆在突出位置，不断发展“制造业+生产性服务业”产业链，最终形成重庆发展实体经济的升级版。二要积极适应“供给侧改革”的新环境。要按照习近平总书记提出的供给侧改革的思路、要求和原则，转方式、调结构、促转型。要通过整个产业、产业结构的调整有效引导需求，政策核心就是减免企业的税费、减轻企业负担、增强企业自身的活力和竞争力，让企业通过自身的发展来撬动整个经济的增长。三要着力降低企业的经营成本。坚定不移落实好国家产业政策，减轻企业负担，制定相应的促进改革发展政策的组合拳，扶持民营企业发展；要下大力气构建重庆市物流综合平台和物流大通道，进一步降低企业运输成本；要坚定不移地扩大气、电的大用户直购专项试点范围，加大鼓励类的产业发展政策支持力度。四要打通产业与资本的综合通道。在各类所有制企业股权改革、股权多元化上多下功夫，积极引导社会资金，建立规范的董事会治理机制；产业引导基金、股权投资基金要进一步加大对政府性的担保和银行、重点企业的扶持力度；要研究成立重庆中小企业发展基金，各相关部门要对中小企

业进行点对点的扶持；要大力发展租赁行业，加大政策支持力度，引导融资租赁和金融租赁更好地服务实体经济。五要连通企业和市场。企业要面向市场，按市场规律办事，但是政府采购要便利化，各类企业一视同仁，进一步促进消费，占领市场。要要采取有效措施，化解过剩产能，支持企业走出去，切实解决企业走出去存在的问题。

翁杰明强调，市政府有关职能部门要高度重视企业的意见建议，要关注各个企业去产能过程中可能出现的突出问题，必须要有实实在在的举措，做到精细化的调度，一竿子到底，认真研究解决企业的重点问题，帮助企业克服困难。

五、积极发挥桥梁纽带作用，搭建政企交流平台

重庆市企业联合会坚持为企业和企业家服务的宗旨，积极发挥桥梁纽带作用，搭建政企交流平台。为深入了解企业经营发展情况，会前，重庆市企业联合会先后对全市1116家企业进行了问卷调查，召开了三次企业座谈会，听取了60多家企业代表的诉求，并形成专门的汇报材料。

重庆市企业联合会执行副会长吴冰汇报了当前生产经营中存在的主要困难和问题并提出了改善企业发展环境的意见建议。

吴冰说，最近，我们和市生产力发展中心又对1116户企业进行了企业发展环境的调研。企业反映，我市企业发展环境总体上处于“中性趋于正面”水平；法制环境、行政管理、基础设施、社会环境获企业正面评价；企业负担、金融服务、人力资源供应仍是影响企业发展环境的三大负面因素。

归纳起来，企业主要反映出以下几方面的问题：

（1）不少企业认为4季度生产经营比前9个月更加困难；

（2）产品价格不断下跌；

（3）生产要素成本刚性上升对企业威胁很大，①人力成本每年都以两位数的速度增长；②能源价格抬高了企业成本；③融资成本上升使企业雪上加霜；

（4）非国有融资担保公司运行艰难；

（5）企业投资意向出现明显变化。

吴冰说，中央近来多次提出，要加大“供给侧”改革，要从“供给”和“需求”两方面采取调控措施。企业家们怀着对政府的信赖和期盼提出了不少好的建议，非常希望政府在企业困难的时候拉他们一把，帮助企业早日走出困境。针对当前经济形势的变化及未来走势的预测，我们认为下一步应考虑更加依靠政府实施积极的财政政策来达到稳增长的目标。

1. 希望政府加大力度支持实体经济发展

按照中央加大“供给侧”改革的精神，要积极推动普惠性的减税降负，提高企业的投资欲望和创新盈利能力。建议：一是进一步落实15%企业所得税普惠政策；二是进一步全面降低“五险”征收额度；三是明确住房公积金的福利性质，不宜作为强制收取的制度安排；四是向国家有关层面提出降低增值税率的建议。

2. 要顺应国家能源改革的大势，推动天然气、电力价格的下降

①扩大“大户直购”的范围（包括企业和园区都应进入）；②天然气、电煤价格已大幅下降，其价格也应下降。③目前发电量大幅下降，发电企业十分困难，应鼓励全社会多用电，尤其是鼓励使用深夜的低谷电，一是将低谷电价下调；二是取消深夜低谷用电纳入阶梯电价的计费基数之中。

3. 建议重庆市研究出台支持重庆低速电动汽车发展的政策

4. 谋划好、打造好中国西部医药谷

建议：①市里要动员各种资源和军队医院协调，争取在三家医院获取更多份额；②争取国家药品器械检测中心落地重庆，建立中国进口药品器械保税区，引进世界高端企业；③市里组成一个专门班子帮助指导企业，引进高端产品、高端企业。

5. 积极稳妥推进重庆“海绵城市”建设

重庆已纳入全国16个“海绵城市”建设试点城市之一。建议：①用好国家给予重庆的专项补助资金；②目前重庆管道市场良莠不齐，市场比较混乱，应依法加大力度打击生产流通领域的伪劣产品和不法行为；③为避免恶性竞争，政府在招投标时应采用综合打分的办法，让优势企业有中标机会。

6. 加大对非国有融资担保公司的支持力度

8月13日，国务院《关于促进融资担保行业加快发展的意见》做出了要加大支持融资担保行业的政策。建议：①支持非国有融资担保公司应按政策给予担保公司放大的授信额度；②金融监管部门应纠正要求非国有融资担保公司签署“承担无限连带责任承诺书”这一不公平作法；③大胆引进外资银行和国内外产业投资基金，适度扩大股权多元化的股份制银行和产业引导基金的资本规模。

7. 积极稳妥推进融资租赁业的发展

融资租赁是一种新的金融业态，应积极稳步推进融资租赁业的发展。建议市财政设立一定额度的专项扶持资金，为融资租赁企业提供后续资金，推动我市

融资租赁业健康发展。

六、市企业联合会会长余远牧出席会议

重庆市企业联合会会长余远牧出席会议并讲话。余远牧会长首先对在会上对市政府和翁杰明常务副市长表示感谢。他说，“感谢市政府，特别是翁杰明常务副市长在百忙当中连续两年给我们这样的机会和这样的平台，企业家，国有的企业家、央企的企业家、地方国企的企业家、民营企业家和各个行业的企业家，都能够直接和市长见面、直接交流和沟通。杰明副市长每一次都非常认真地听取大家的意见，而且要求有关部门尽可能实事求是地解决大家提出的问题，而且中国企业联合会会长王忠禹同志，和中国工信部（老）部长都很赞赏，要求我们做一个材料在全国推广一下。

余远牧会长还在会上希望参会的企业，特别是企业联合会的会员认真地学习中央经济工作会和习总书记讲话精神，关注最近国家重大政策的调整变化和“供给侧改革”的重要举措，准确全面地理解“供给侧的改革”，加大自主创新研发和产品结构调整的力度，特别是怎么在企业自身要努力练好内功，适应改革和形势变化，降本增效，转型升级，提高企业经营质量和效益。

市发改委、市经信委、市城乡建设委、市财政局、市人力社保局、市国资委、市国税局、市地税局、市工商局、市金融办、市中小企业局等有关负责人和长安汽车、化医集团、机电集团、商社集团、对外经贸集团、力帆、华科融资租赁、福伦德、顾地塑胶、万达薄板、猪八戒、永辉超市等20家企业负责人参加了座谈会。

（重庆市塑料行业协会 刘汉龙、陈清清）

浙江省

2015年，面对错综复杂的国际形势和不断加大的经济下行压力，浙江省塑料制品行业坚持稳中求进的工作总基调，着力稳增长、调结构，以加快转变生产方式为主线，加快产品结构调整和企业转型升级，提升科技、管理和营销水平，行业运行总体平稳，出口保持增长，实现了全年经济总体平稳。

一、基本情况

1. 行业规模

据浙江省统计局统计，2015年浙江省塑料制品行业规模以上企业2144家（其中亏损企业266家，同比增长6.83%，亏损面12.41%），占全国塑料制品行业规模企业总数的14.52%，从业人员26.53万，同比下降2.24%

2. 塑料制品产量

2015年，全省规模以上企业完成塑料制品总产量产量1041.17万吨，同比下降0.96%，占全国同期塑料制品总产量的13.77%，居全国第一位，增幅较上年同期回落了5.90个百分点，其中：塑料薄膜产量361.46万吨，同比下降0.30%，占全国同期塑料薄膜总产量的27.51%，居第一位；塑料薄膜中农用薄膜产量21.79万吨，同比增长3.40%，占全国同期农用薄膜总产量的9.44%，居第三位；泡沫塑料制品产量23.65万吨，同比增长2.35%，占全国同期泡沫塑料制品总产量的9.65/%，居第四位；塑料人造革、合成革产量110.41万吨，同比下降21.08%，占全国同期塑料人造革、合成革产量的32.11%，居第一位；日用塑料制品产量108.83万吨，同比增长4.06%，占全国同期日用塑料制品总产量的18.36%，居第二位；其他塑料制品436.82万吨，同比增长3.73%，占全国同期其他塑料制品总产量的8.62%，居第三位。2015年五大类塑料制品中塑料人造革、合成革产量大幅下降，降幅达21.08%。

3. 创新活力不断增强，名牌产品、著名商标产品平稳增长

创新投入持续加大，全行业不断依靠科技进步，加大科技开发力度，加快企业高新技术成果的产业化，推动产品结构调整和产业升级。2015全行业规模企业科技活动经费投入继续增加，全年科技活动经费支出总额达20.96亿元，同比增长6.11%，增幅较上年同期上升0.06个百分点。

截至2015年底，全行业有浙江名牌产品95个，浙江省著名商标121件，5家企业荣获中国轻工业塑料行业十强企业，3家企业荣获中国轻工业塑料行业塑料管材十强企业，2家企业荣获中国轻工业塑料行业人造革合成革十强企业，2家企业荣获中国轻工业塑料行业异型材及门窗十强企业，5家企业荣获中国塑编行业20强企业，5家企业荣获中国轻工业百强企业。

二、企业荣誉

1. 2015年中国民营企业五百强

2015 年全国民营企业评选入五百强的塑料企业 7 家（表 1）

表 1　　2015 年中国民营企业入五百强

500 强序号	企业名称	省区市	所属行业	营业收入总额 / 万元
229	浙江大东南集团有限公司	浙江省	橡胶和塑料制品业	1897552
268	华峰集团有限公司	浙江省	化学原料和化学制品制造业	1653365
325	浙江明日控股集团股份有限公司	浙江省	零售业	1405184
349	利时集团股份有限公司	浙江省	橡胶和塑料制品业	1326455
355	伟星集团有限公司	浙江省	综合	1302512
428	海天塑机集团有限公司	浙江省	专用设备制造业	1141118
452	公元塑业集团有限公司	浙江省	橡胶和塑料制品业	1085012

2. 2015 浙江省综合百强企业

表 2　　2015 年浙江省综合百强企业

百强排序	企业名称	地区	营业收入 / 万元
58	浙江大东南集团有限公司	绍兴	1897552. 00
69	华峰集团有限公司	温州	1653365. 62
90	利时集团股份有限公司	宁波	1326455. 00

3. 2015 年浙江省制造业百强企业

表 3　　2015 年浙江省制造业百强企业

百强顺序	企业名称	地区	营业收入 / 万元
38	浙江大东南集团有限公司	绍兴	1897552. 00
46	华峰集团有限公司	温州	1653365. 62
57	利时集团有限公司	宁波	1326455. 00
69	海天塑机集团有限公司	宁波	1141118. 00
87	浙江富陵控股集团有限公司	绍兴	890209. 00

4. 2015 年“浙江出口名牌”名单

表 4　　2015 年“浙江出口名牌”名单

序号	企业名称	申报品牌名称	所属市县	新增 / 复核
1	杭州方圆塑机股份有限公司	方圆	杭州富阳区	复核
2	华之杰塑料建材有限公司	HUAZHIJIE 华之杰	湖州德清县	新增

续表

序号	企业名称	申报品牌名称	所属市县	新增/复核
3	伟星集团有限公司	伟星	台州临海市	复核
4	浙江鑫鼎塑业有限公司	绿意	台州椒江区	新增

5、2015年度浙江省著名商品名单
（2015年新认定）

表5　　2015年度浙江省著名商品名单

序号	商标名称	商标标识	商标注册证号	类别/商标实际使用商品或服务	企业名称（商标注册人）
1	地球	地 球	3358610	19类/非金属管道	杭州邦德市政塑管有限公司
2	天工牌	天Nature's工	341566	17类/聚酯薄膜	杭州华塑实业股份有限公司
3	XD(图形)	D	2009106	17/塑料管、板、杆、条；非金属管道接头；非金属软管	浙江新大塑料管件有限公司
4	海达	海达 HDJ®	724948	7/塑料注射成型机	宁波市海达塑料机械有限公司
5	枫叶FENGYE及图	枫叶 FENG YE	8285785	17/塑料管、非金属管道接头	枫叶控股集团有限公司
6	松华	松华 SONGHUA	5212445	17/塑料板、塑料杆、密封物	湖州松华橡塑有限公司
7	晒康	晒康 SHAI KANG	1511391	12类 车辆座套、车辆内装饰品、车辆遮阳装置	义乌市晒康塑胶厂
8	TAIYIDE	TAIYIDE	4212737	7/注塑机；塑料机械用螺杆；塑料挤出成型机	浙江台意德塑机制造有限公司<商标所有人：孙国忠>

（2015年延续认定）

序号	商标名称	商标标识	商标注册证号	类别/商标实际使用商品或服务	企业名称（商标注册人）
1	HMD	HMD	3649704	7类/注塑机	宁波华美达机械制造有限公司
2	金石英文	Goldstone	1026715	16类/纸板盒、包装纸	浙江金石包装有限公司
3	图形		5242769	16类/包装用塑料膜、糖果包装袋纸、保鲜膜	绍兴翔宇绿色包装有限公司

续表

序号	商标名称	商标标识	商标注册证号	类别／商标实际使用商品或服务	企业名称（商标注册人）
4	图形		5667600	20 类／装化妆品的塑料包装容器、亚克力塑料包装容器	浙江锦盛包装有限公司
5	申丰		1783169	11 类／管道、卫生设备用水管、水暖装置用管子零件	浙江申丰管业有限公司
6	乾宇	乾 QIAN YU 宇	3993575	17 类／塑料管、非金属管道接头、非金属管道加固材料	浙江锦宇枫叶管业有限公司
7	一帆风顺	一帆风顺	3180196	11 类／水龙头、水管龙头、管道	诸暨市风帆管业有限公司
8	华生	HUA SHENG	6994182	24 类／柔性灯箱布、经编织物	浙江华生经编新材料有限公司
9	GLP	GLP	4311719	24 类／柔性灯箱布	浙江港龙新材料股份有限公司
10	华之杰	HUAZHIJIE	1069334	19 类／塑料异型材、非金属门、非金属窗	华之杰塑料建材有限公司
11	TEDERIC	TEDERiC	9098588	7 类／注塑机、塑机挤出机、加工塑料用模具	泰瑞机器股份有限公司
12	顺达	顺达	1401616	19 类／建筑物非金属框架、非金属管道、非金属硬管	杭州顺达塑胶有限公司
13	图形		3769350	17 类／塑料管、塑料条、塑料杆	浙江华丰管业有限公司
14	双帆	双 帆	3244363	17 类／半加工塑料物质、塑料管等	杭州高新橡塑材料股份有限公司
15	权威	权威	1775804	16 类／文具及家用胶带、粘合剂	浙江永和胶粘制品股份有限公司
16	LISI	LiSi	1104881	21 类／非贵重金属制厨房容器、厨房用非贵重金属容器	宁波利时塑胶有限公司
17	煌盛	HUANGSHENG	1751018	19 类／非金属管道，非金属水管	煌盛集团有限公司
18	鸥翔		1202860	1 类／模塑料、酚醛树脂、胶木粉	浙江南方塑胶制造有限公司

续表

序号	商标名称	商标标识	商标注册证号	类别 / 商标实际使用商品或服务	企业名称（商标注册人）
19	诚信	诚信	1755742	16 类 / 包装用塑料膜	浙江诚信包装材料有限公司
20	海利得	HALEAD 海利得	8507314	22 类 / 涂胶布	浙江海利得新材料股份有限公司
21	华之杰	华之杰	1930349	19 类 / 非金属建筑材料、非金属窗、非金属门	华之杰塑料建材有限公司
22	春光	春光	1720036	17 类 / 浇水软管 / 排水软管 / 非金属软管	金华市春光橡塑软管有限公司
23	灵洋	灵洋	906041	10 类 / 一次性使用输液器、注射器	浙江灵洋医疗器械有限公司
24	康康	康康 Kangkang	1515040、 523742	10 类 / 一次性输液器、医用注射器	浙江康康医疗器械有限公司
25	公元	ERA 公元	952050	17 类 / 塑料管、板、条、接头	永高股份有限公司
26	天梯	天梯	1383687	17 类 / 浇水软管、非金属软管、纺织材料制软管	浙江天梯橡塑有限公司
27	双童	双童	1178639	20 类 / 饮用塑料吸管	义乌市双童日用品有限公司
28	海天	海天 HT	220055	7 类 / 注塑机	海天塑机集团有限公司
29	龙士达	LONGSTAR 龍士達	1505008	21 类 / 日用搪瓷塑料器皿、水桶、垃圾筒	浙江龙士达塑业有限公司
30	绿地	绿地	1104812	22 类 / 遮阳网、合纤筛网	台州市遮阳网厂
31	精诚	JINGCHENG 精诚	3644772	7 类 / 加工塑料用模具	浙江精诚模具机械有限公司
32	图形		3336002	7 类 / 注塑机	浙江申达机器制造股份有限公司
33	三友	三友 注册商标	285005	7 类 / 纺织器材（塑料纱管）	三友控股集团有限公司

续表

序号	商标名称	商标标识	商标注册证号	类别 / 商标实际使用商品或服务	企业名称（商标注册人）
34	华帅	华 帅	1492851	19 类 / 塑料异型材、聚碳酸酯（PC）板	海盐华帅特塑料电器有限公司
35	天松		1196203	17 类 / 合成树脂（半成品）、丙烯酸树脂（半成品）、塑料管、隔音材料	浙江天松新材料股份有限公司
36	雁峰		838559	7 类 / 塑料编织袋圆织机、塑料拉丝机、塑料收卷机、塑料吹膜机、塑料复合机、印刷机、塑料背心袋机。	雁峰集团有限公司

6. 2015 年浙江知名商号

序号	企业商号	企业名称
1	永高	永高股份有限公司
2	泰瑞（机器）	泰瑞机器股份有限公司
3	王斌	浙江王斌装饰材料有限公司
4	众成	浙江众成包装材料股份有限公司

7. 2015 年浙江名牌产品
新增名牌产品

序号	产品名称	企业名称	商标
1	高分子橡塑材料	杭州高新橡塑材料股份有限公司	双帆
2	给水用塑料管材、管件	浙江中元枫叶管业有限公司	枫叶
3	塑料杯盒	浙江省东阳市塑料有限公司	DONGSU 东塑
4	ps 导电片材	浦江亿通塑胶电子有限公司	亿通塑胶 ITONS PLASTIC

复评名牌产品

序号	产品名称	企业名称	商标
1	塑料管材管件	杭州邦德市政塑管有限公司	地球®
2	注塑机	海天塑机集团有限公司	海天 HT
3	聚氨酯鞋用树脂	浙江华峰新材料股份有限公司	JUFEN 聚峰
4	双向拉伸聚酯薄膜	浙江强盟实业股份有限公司	强盟
5	柔性灯箱布	浙江华生经编新材料有限公司	华生

续表

序号	产品名称	企业名称	商标
6	柔性灯箱布	浙江港龙新材料股份有限公司	GLP
7	未增塑聚氯乙烯（PVC-U）塑料护栏	华之杰塑料建材有限公司	华之杰
8	聚丙烯树脂	浙江绍兴三圆石化有限公司	
9	聚酯薄膜	绍兴翔宇绿色包装有限公司	
10	铝塑复合板	浙江墙煌建材有限公司	墙煌
11	农用塑料大棚膜	浙江大东南股份有限公司	绿海
12	汽车塑料注射模具	浙江赛豪实业有限公司	

8. 2015 年浙江省塑料行业名优品牌产品

序号	单位名称	注册商标	产品名称
1	浙江伟星新型建材股份有限公司	伟星	塑料管材、管件（PVC、PPR、PE、PB）
2	三友控股集团有限公司	三友	塑料纱管
3	浙江同正管道技术有限公司	同正 Tongzheng	建筑用塑料管材、管件（PVC、PPR）
4	金华市春光橡塑软管有限公司	春光	吸尘器软管
5	杭州新光塑料有限公司	星光 XING GUANG	塑料薄膜
6	宏升塑胶（杭州）有限公司	宏升 华升	聚乙烯（PE）管件
7	浙江步步乐箱包有限公司	bubule	旅行箱包
8	浙江省嵊州市绿园塑料网业有限公司		塑料经编网

9. 2015 年第一批、第二批中国塑料行业信用等级企业

序号	企业名称	等级	编　号
1	温州晨光集团有限公司	AAA	201509911100251
2	浙江华庆集团有限公司	AAA	201509911100257
3	温州瓯亚管业有限公司	AA	201509901100268
4	浙江龙士达家居用品有限公司	AAA	201509911100272
5	杭州邦德市政塑管有限公司	AAA	201509911100276
6	浙江天井塑业有限公司	AAA	201409911100160
7	义乌市鑫挺人造革有限公司	AAA	201409911100172
8	杭州锦程实业有限公司	AAA	201409911100200
9	宁波利时日用品有限公司	AAA	201509911100291
10	双马塑业有限公司	AAA	201509911100292
11	浙江金燕印业有限公司	AAA	201509911100293
12	台州富岭塑胶有限公司	AAA	201509911100299
13	台州旗峰环保材料有限公司	AAA	201509911100304
14	浙江中财管道科技股份有限公司	AAA	201509911100309
15	台州市希尔家庭用品有限公司	AAA	201309911100271

三、大事记

1. “浙江省塑料行业 BOPP/CPP 薄膜行业交流会议”在杭州召开

1 月 26 日，“浙江省塑料行业 BOPP/CPP 薄膜行业交流会议” 在浙江农资大厦召开， 会议就全省 BOPP、CPP 薄膜行业的现状及存在问题进行分析，针对同行如何有序生产、差异化运作、转型升级等问题进行了深入探讨，同时专题交流塑料原料市场行情走势。

2. “第二届国际水性生态合成革产业大会”在丽水召开

4 月 16 日，由中国塑料加工工业协会和丽水生态产业集聚区（经济技术开发区）管委会主办的第二届国际水性生态合成革产业大会在丽水召开。来自德国、美国、意大利、日本等国外友人，有关国家部委、行业协会、地方政府的领导，有关院校专家学者，省市合成革行业协会、商会，省市合成革及上下游企业以及新闻界等，14 个省市 25 个城市 7 所大专院校及科研院所共 300 多位嘉宾齐聚一堂，了解丽水生态合成革技术进展，交流生态合成革推广经验，共商中国生态合成革转型升级大计。

中国轻工业联合会副会长、中国塑料加工工业协会理事长钱桂敬，中国工程院院士李俊贤，市委常委、市政府常务副市长毛子荣出席大会。副市长、丽水生态产业集聚区（经济技术开发区）管委会主任陈景飞介绍开发区管委会关于水性合成革发展情况以及相关政策。

近年来，开发区率先提出并实施了“两条腿走路、两条线并进、两只手齐抓”的合成革产业生态化改造“路线图”取得水性树脂使用量最大、最早实现水性合成革规模化生产、水性合成革技术最先进、创新平台搭建最领先、最早启动合成革质量标准体系创建、最早向新材料产业发展、最早实施合成革产业循环化改造等“七个第一”成果。

丽水市委常委、市政府常务副市长毛子荣在致辞中说，丽水市委、市政府坚持“绿水青山就是金山银山”绿水生态发展之路，把生态合成革产业作为百亿级的生态工业产业重点培育，致力于打造全国生态合成革产业基地和研发应用新材料特色产业基地。希望丽水本地合成革企业，以本次大会为契机，认真学习专家、学者的研究，加强和与会的专家学者、企业家的合作与交流，共同推动合成革产业更好更快发展。

钱桂敬作发言，他说，丽水生态合成革推进工作持续有力。希望通过技术创新，转变发展模式，走创新发展之路、绿色发展之路。他说，要真正发挥产业大会的作用，围绕最新科技动态、国际前沿技术，加强对水性合成革新工艺、新设备的研究。要进一步加强平台建设，发挥平台在研发、服务方面的作用，引领企业向高新企业发展，为生态合成革产业发展提高高质量、高“智力”的服务。

中国工程院院士李俊贤围绕聚氨酯及水性聚氨酯技术发展问题在会上发表了演讲。

3. 参加“中国西部（重庆）塑料生态产业园”授牌及“中国西部塑料产业集群发展高峰论坛”活动

4 月 24 日，应中国塑料加工工业协会、重庆市经济和信息化委员会及梁平县人民政府的邀请，协会汪建萍秘书长参加了“中国西部（重庆）塑料生态产业园”授牌及“中国西部塑料产业集群发展高峰论坛”活动，并在论坛上做了题为“浙江省塑料产业发展现状及中国西部塑料生态产业园建设的机遇”的演讲。

4. 参加“中国塑料加工工业协会六届五次理事扩大会议暨塑料加工技术应用论坛”

5 月 19 日，“中国塑料加工工业协会六届五次理事会扩大会议暨塑料加工业技术应用论坛”在广州召开，协会会长韩新伟、秘书长汪建萍参加了本次会议。会议审议通过了《2014 年中国塑协工作报告》、《中国塑料加工工业协会 2014 年度会费收支报告》；审议通过了《新增会员单位的议案》，《增补理事、常务理事、特邀副理事长的议案》以及《陈士能、廖正品等同志不再担任中国塑料加工工业协会第六届理事会名誉理事长的议案》；听取了《中国塑料加工工业协会分支机构管理办法》的修订说明并通过了《中国塑协分支机构管理办法(修订稿)》，同意将此修订稿提请中国塑协第七届会员代表大会审议通过；对专利工作先进企业进行了表彰，宣布了 2014 年第二批中国塑料行业信用等级评价企业名单并举行颁牌仪式。

会议同期举办了“塑料加工业应用与发展论坛”，佛山佛塑科技集团股份有限公司总工程师吴耀根，中国塑协专家委员会主任王德禧，北京华腾新材料股份有限公司董事长陈宇，四川大学王玉忠教授，北京化工大学杨卫民教授、薛平教授等行业知名专家、学者在论坛上分别做了题为“功能性薄膜的现状及发展趋势探讨”、“塑料创新技术与应用”、“规治环境下的塑料技术创新与发展”、“生物基与可循利用高分子材料”、“聚合物加工节能环保技术创新与可持续发展”、“绿色聚合物材料成型加工—理论研究及应用”的精彩报告。专家们的报告深入浅出，通俗易懂，得到了与会者的高度赞扬和肯定。

5. 组织行业企业参观“CHINAPLAS 2015 国际橡塑展”

“CHINAPLAS 2015 国际橡塑”展于 5 月 20-23 日在广州琶洲中国进出口商品交易会展馆举行，本协会是该展会的支持单位之一。

“CHINAPLAS 2015 国际橡塑展”是目前亚洲第一、全球第二大塑料橡胶展，展览会总面积达 24 万平方米，吸引来自 40 个国家及地区逾 3100 余家世界知名化工巨头及机械设备生产商参展。为了更好地方便业内企业参观本届展览会，学习并交流国内外塑料产业的先进技术，使业内有关人士了解并掌握当前塑料工业的发展趋势，协会组织业内 60 余家企业参观本届展览会并参加了展会期间举办的论坛。

6. 举办“国家新环保法贯彻实施”培训班

“史上最严的环保法”已于 2015 年 1 月 1 日起实施，它首次将生态保护红线写入法律，进一步明确了政府对环境保护的监督管理职能，完善了污染物总量控制、环境与健康监测及影响评价、跨行业区域联合防治等环境保护基本制度，强化了企业污染物防治责任，加大了对环境违法行为的法律制裁。为使行业内企业深入了解“新环保法”，促进技术不断进步，提升自身环保水平，使其各项污染物排放达标，浙江省塑料行业协会联合浙江省橡胶工业协会、浙江省化学试剂工业协会、浙江省有机硅材料行业协会和浙江省氟化学工业协会 6 月 9—10 日在杭州举办了“国家新环保法贯彻实施”培训班，培训班邀请浙江省环境科学研究院专家解读新环保法，探讨企业如何适应日益严峻的环境保护形势，采取更积极主动的措施，深度治理污染，在生态文明和环境建设保护方面履行好企业的责任和义务。培训班结束后赴上海参观 2015 上海环保展。

7. 温州继续荣获“中国塑编之都”和“中国塑料薄膜生产基地”称号

3 月 12 ～ 13 日，由中国轻工业联合会和中国塑料加工工业协会共同组建的专家考评组，对温州“中国塑编之都”、“中国塑料薄膜生产基地”进行了复评。专家考评组现场考察了瑞安塑料薄膜厂、瑞安市东威塑业有限公司、瑞安市高分子材料研究院、浙江中宇节能科技有限公司、温州晨光集团有限公司、温州升阳塑业控股公司和南塑集团有限公司，召开了复评工作专题会，听取了温州市的情况介绍和工作汇报，并就有关问题进行了质询，经过认真讨论后提出了专家组复评意见。

专家考评组认为 3 年来温州市塑编和塑料薄膜产业有了长足发展，年产销量均在全国占有相当份额，在技术创新、品牌建设、产品的标准化建设、节能减排与环境保护方面和对社会进步、和谐发展方面做出了一定的贡献。一致同意建议中国轻工业联合会和中国塑料加工工业协会继续授予温州市“中国塑编之都”和“中国塑料薄膜生产基地”的称号。

7 月 6 日，根据中国轻工业联合会《中国轻工业特色区域和产业集群共建管理办法》和中国塑料加工工业协会《关于授予中国塑料加工工业特色区域荣誉称号的管理办法》要求及专家组复评意见，中国轻工业联合会、中国塑料加工工业协会发文决定继续授予浙江省温州市“中国塑编之都”和“中国塑料薄膜生产基地”称号。

8. “2015 中国国际合成革展”在温州举行

8 月 27 日，2015 中国国际合成革展览会、第二十届中国（温州）国际皮革鞋材鞋机展览会、2015 中国（温州）国际缝制制衣设备展览会在浙江温州国际会展中心开幕。中国轻工业联合会名誉会长陈士能和中国轻工业联合会副会长兼秘书长王世成受邀参加了开幕式。陈士能名誉会长宣布展会开幕，并与王世成副会长及众嘉宾一起为开幕式亮灯。

9. “全国塑料行业协会座谈会”在台州召开

9 月 20 日，全国塑料行业协会座谈会在浙江省台州市鑫都国际大酒店召开。出席会议的有中国轻工业联合会副会长、中国塑料加工工业协会理事长钱桂敬，中国塑料加工工业协会常务副理事长曹俭、秘书长马占峰以及浙江、广东、山东、江苏、上海、安徽、天津、江西、云南、甘肃、四川、新疆等省市及部分地（市）协会的会长、秘书长共计 45 人。会议主要内容：围绕全国塑料行业经济发展形势以及协会工作开展交流。会议由钱桂敬理事长主持。

中国塑料加工工业协会马占锋秘书长介绍了塑料行业“十三五”规划（框架）的总体思路，提出了“十三五”期间行业增长速度以及发展重点。大家对于塑料行业“十三五”规划提出了积极的建议，要按照国家战略部署总体要求，搞好“京津冀协同发展”、 加快西部塑料行业的发展、做好“互联网+”等方面的工作。地方行业商协会表示要积极配合中国塑协做好“十三五”规划编制工作。

部分省市及地（市）塑料行业协会负责人分别就各地塑料行业的现状及面临的困难进行了交流。协会会长韩新伟就浙江省塑料行业 2015 年上半年经济运行情况、企业存在的困难及 2016 年行业可能面临的困难作了简要介绍。钱桂敬理事长为会议做总结发言。

10. “中外塑料行业协会联席会议”在浙江台州召开

9 月 21 日，由中国塑料加工工业协会、中国塑料机械工业协会和台州市人民政府联合主办的中外塑料行业协会联席会议”在浙江台州市国际会展中心召开。国内外部分塑料行业协会的领导及塑料行业的企业家代表出席会议。

中国塑料加工工业协会秘书长马占峰、中国塑料机械工业协会秘书长粟东平分别为大会致辞，浙江省塑料行业协会秘书长汪建萍、台州市塑料行业协会会长张小赧、上海市塑料行业协会秘书长秦建旺、广东省塑料行业协会会长符岸、安徽省塑料行业协会会长韦明及国外部分塑料行业协会的代表分别做了交流发言。

11. “第十五届中国塑料交易会”在台州举办

9 月 21 日～ 24 日，“第十五届中国塑料交易会”在浙江台州隆重举办，同期还举办了中国（国际）塑料台州论坛，展会由中国石油化工股份有限公司、中国石油天然气集团、浙江省商务厅、中国塑料加工工业协会、中国塑料机械工业协会、中国中小企业国际合作协会和台州市人民政府共同主办，浙江省塑料行业协会会长韩新伟、秘书长汪建萍出席了交易会开幕式。此次展览面积达到 3 万平方米，1500 个标准展位，500 多家海内外企业参展，以及来自 30 多个国家和地区近千人的境外采购商组团参观。展出内容涉及塑料制品、原料、机械、模具机床。以“四位一体”展示模式，涵盖塑料整个产业链。

12. “全国塑编产业链技术交流与市场对接会暨塑编产业转型升级发展论坛”在平阳召开

9月23日，“全国塑编产业链技术交流与市场对接会暨产业转型升级发展论坛”在平阳县举行，中国轻工业联合会副会长、中国塑料加工工业协会理事长钱桂敬、平阳县县长陈永光为大会致辞。会上对荣获“2014年度塑编行业二十强企业”进行了授牌。

13. 参加“2015中国国际工程塑料产业创新大会”

9月23日，由中国塑料加工工业协会和重庆市经济和信息化委员会联合主办，中国塑料加工工业协会工程塑料专委会和重庆市梁平县人民政府共同承办的“2015中国国际工程塑料产业创新大会”在重庆悦来国际会议中心召开。大会由中国工程院蹇锡高院士担任大会主席，中国科学院宁波材料所朱锦研究员担任执行主席。资深科研人员、国内外行业组织代表、知名企业负责人等约600人参会，协会汪建萍秘书长应邀参加会议。

14. “第十七届中国塑料博览会”在浙江余姚举行

第十七届中国塑料博览会于10月21日至24日在浙江余姚市举行。本届塑博会以“产业创新与绿色发展”为主题，由中国石油和化学工业联合会、中国石油天然气集团公司、中国石油化工股份有限公司、中国中化集团公司、中国轻工业联合会和余姚市人民政府等6家单位共同主办；中国商业联合会、中国塑料加工工业协会为支持单位。

与以往不同的是，本届塑博会在“推进展会市场化需求导向、提升展会品牌影响力、发挥相关行业协会资源优势、增强论坛国际化程度和推动展会招商引资平台建设”等方面作了进一步努力，提升了塑博会的品牌价值。

15. “中国塑协塑料家居用品专委会成立周年庆典”在宁波举行

11月20日，“中国塑协塑料家居用品专委会成立周年庆典”在宁波举行，中国轻工联合会会长步正发、中国塑料加工工业协会常务副理事长曹俭及来自全国各地的日用塑料制品企业的企业家参加了庆典活动，浙江省塑料行业协会秘书长汪建萍应邀参加庆典活动并致辞。

16. 召开协会五届一次会员代表大会及米斗网推介会

11月27日下午，浙江省塑料行业协会五届一次会员代表大会暨米斗网推介大会在杭州歌山品悦大酒店召开。

大会现场春意盎然，人声鼎沸，高朋满座，来自全省各地的268家会员单位的325位企业家代表及部分省市嘉宾共350余人欢聚一堂，共抒情怀，共谋发展。会议邀请了中国塑料加工工业协会常务副理事长曹俭、浙江省民政厅社会组织管理局处长张建民、浙江省经济和信息化委员会法规处副处长郑志灵、轻工纺织行业管理办公室副主任刘伟龙，还邀请到了合成树脂生产企业中国中煤能源股份有限公司、绍兴三圆石化有限公司、宁波富德能源有限公司有关嘉宾，还有来至北京、上海、福建、江苏、江西、四川等外省有关企事业单位嘉宾出席了会议。

浙江省塑料行业协会五届一次会员代表大会由协会第四届理事会副会长、宁波色母粒有限公司总经理赵茂华主持，曹俭常务副理事长、郑志灵副处长、刘伟龙副主任先后为大会致辞。各位领导在致辞中对各企业代表的到来表示热烈欢迎，对浙江省塑料行业协会多年来为塑料行业发展做出的贡献予以充分肯定，同时对全省塑料行业及企业未来发展提出了很好的意见和建议，并预祝会议取得圆满成功。

根据会议议程安排，与会代表先后审议并通过了协会四届理事会工作报告、财务收支报告、章程（修改草案）、财务管理制度、会费管理办法、换届选举管理办法等议案，选举产生了协会第五届理事会，并由新一届理事会选举产生了协会常务理事会、会长、常务副会长、副会长、特聘副会长、秘书长，聘任了副秘书长。根据选举结果，浙江明日控股集团股份有限公司董事长韩新伟续续担任协会会长，三友控股集团有限公司董事长张小赧、金田集团有限公司总裁方文彬担任协会常务副会长，汪建萍担任协会副会长、秘书长。

浙江省民政厅社会组织管理局处长张建民在协会理事会、常务理事及协会主要负责人选举结果公布之后讲话，他首先对浙江省塑料行业协会第五届一次会员代表大会的隆重召开表示热烈祝贺，对协会四届理事会所做的工作予以充分肯定，希望协会在五届理事会的领导下，不负众望，进一步推进浙江塑料工业从塑料大省向塑料强省迈进的步伐，促进浙江塑料行业健康发展。

新起点 新征程，相信，在协会新一届理事会、领导班子的带领下，协会一定能继续秉承“促进行业发展和为行业服务”的宗旨，为浙江省塑料行业的发展做好更大贡献。

协会新一届会长韩新伟做了简单的就职感言。韩新伟首先感谢五届理事会各位理事对浙江明日控股集团股份有限公司和他本人的信任，选举浙江明日控股集团股份有限公司继续担任浙江省塑料行业协会第五届理事会会长单位，并选举他继续担任协会会长，他感到非常高兴，也深感责任重大，同时表示，他本人将严格遵守协会章程有关规定，以高度负责的态度、认真扎实的工作作风，切实维护好全体会员的合法权益，促进全省塑料行业健康发展。借此机会，他就未来国内外经济和塑料行业发展形势作了简要分析，最后他代表本届理事会，向为浙江省塑料行业发展做出贡献的业界同仁表示崇高的敬意和衷心的感谢。

会议为常务理事以上单位颁发了证书和牌匾。

米斗网推介大会在众人期盼中拉开序幕。浙江米斗科技有限公司 CEO 李叶萌为大会介绍了米斗网有关情况，米斗网是国内塑化行业领军企业浙江省明日控股集团股份有限公司旗下的、以服务产业客户为宗旨的塑化行业 B2B 电商平台，为产业客户提供交易、物流、信息、金融等多种服务，大力打造共荣、共赢的塑化产业链生态圈，助力中国塑化产业优化升级与中国实体经济蓬勃发展。米斗公司信息研发中心副总监何辉交流分享了期货点价、期权保价业务模式及宏观经济形势、塑料原料市场走势。雅式展览服务有限公司市场传讯部副经理银智琴介绍了 Chinaplas2016 有关情况。

大会得到了社会各界的关心关注，浙江米斗科技有限公司、金华市春光橡塑软管有限公司、浙江明日控股集团股份有限公司、华昊无纺布有限公司等单位对本次给予了赞助，与会代表对以上单位给予此次会议的大力支持表示衷心的感谢！

完成各项既定议程后，大会圆满闭幕。

17. 积极参与塑料行业国标及行标的有关工作

（1）参与三项国家标准草案的征求意见工作

参与由全国塑料制品标准化技术委员会归口的“硬质聚录乙烯地板”（项目编号：20141388-T-607）、“门、窗用未增塑聚录乙烯（PVC-U）”（项目编号：20102029-T-607）、“人造革合成革术语”（项目编号：20111224-T-607）国家标准草案的征求意见工作，根据行业实际情况提出修改意见、建议及说明。

（2）参与三项行业标准的立项申请投票

根据全国塑料制品标准化技术委员会（SAC/TC48）的安排，参与轻工行业标准“雨水蓄水池用塑料模块”、“生活用干纸巾流延聚乙烯（CPE）包装膜”、“土工合成材料多向拉伸塑料土工格栅”的立项申请投票工作。

（3）参与五项行业标准的复审

根据全国塑料制品标准化技术委员会（SAC/TC48）的安排，协会秘书处对门、窗用未增塑聚氯乙烯（PVC-U）彩色型材（QB/T 2976-2008）、服装用聚氨酯合成革（QB/T 2958-2008）、乙烯-醋酸乙烯酯共聚物（EVA）拖鞋和凉鞋（QB/T 2977-2008）、淀粉基塑料中淀粉含量的测定 热重法（TG）（QB/T 2957-2008）、金属卤化物灯光电性能测试方法（QB/T 2515-2001 ）五项行业标准进行复审，从标准能否满足行业发展和市场需求、标准的先进性等方面进行评价，如无法满足当前行业发展和市场需求、或标准适用的产品已退出市场、涉及的主要技术已被淘汰等提出继续有效、修订或废止的理由和意见，并形成书面材料上报全国塑料制品标准化技术委员会。

18. 参与食品用包装、容器、工具等制品的市场准入工作

目前国家已将食品用塑料包装、容器、工具等 3 类 39 个产品实施市场准入制度管理，我会积极引导企业开展此项市场准入工作，同时参与浙江省食品用包装、容器、工具等制品的市场准入工作，截至 2015 年底，全省获证企业 1605 家（杭州 257、宁波 203、温州 269、湖州 56、嘉兴 161、绍兴 87、金华 85、衢州 34、台州 389、丽水 11、舟山 13、义乌 40）。

19. 参与浙江省组织的“省级工业产品生产许可事中事后监督检查”工作

为加强对省级工业产品生产许可下放事项的事中事后监管，督促获证企业严格依照生产许可证相关要求开展生产经营活动，参与浙江省工业产品生产许可证办公室开展的“省级工业产品生产许可事中事后监督检查”工作。

20. 参加全国塑料制品标准化技术委员会（SAC/TC48）2015 年年会

12 月 11 日，全国塑料制品标准化技术委员会（SAC/TC48）2015 年年会在北京中土大厦召开，国家标准化管理委员会、工业和信息化部、中国轻工业联合会、北京工商大学的领导及 SAC/TC48、SAC/TC48/SCI、SAC/TC48/SC2、SAC/TC48/SC3 的委员共 130 余人出席会议。浙江省塑料行业协会秘书长汪建萍作为 SAC/TC48 委员参加了会议，并参加了 SAC/TC48 有关行业国标及行标的审核。

（浙江省塑料行业协会　汪建萍）

温州市

一、温州市塑料制品工业概况

2015年，温州市塑料制品工业行业总产值582亿元，与上年持平。全行业1948家企业销售收入206.15亿元，列全市16个重点行业第5位。全市塑料制品出口交货值25.61亿元，同比下降8.76%。全行业规模企业320家，工业产值250.43亿元，同比持平产量140.79万吨，比上年增长8.9%，占全国总产量1.86%，占全省总产量13.52%。规模企业产值占全市工业产值5.33%(表1、表2)

表1　2015年温州市规模企业塑料制品分产品产值、产量

行业名称	企业数／家	产值／万元	同比增速/%	产量／吨	同比增速/%	占比/%
塑料薄膜	55	591448	9.0	489012	12.0	34.73
塑料板、管、型材	14	132487	4.7			
塑料丝、绳及编织品	102	701195	3.5			
泡沫塑料	10	51989	-16.4	34634	14.3	2.46
塑料人造革、合成革	67	672098	-11.2	199780	-7.5	14.19
塑料包装箱及容器	5	25545	-0.2			
日用塑料制品	7	33705	-0.4	12947	6.0	0.92
塑料零件	23	67322	11.7			
其他塑料制品	37	228490	5.0			
合计	320	2504280	0.0	1407859	8.9	100

表2　2015年温州市规模企业塑料制品分县（市、区）产值、产量

县区市名称	企业数／家	产值／万元	同比增速/%	占比/%	产量／吨	同比增速/%	占比/%
鹿城区	4	20409	4.0	0.81	3383	-8.6	0.24
龙湾区	51	498983	-5.7	19.93	185294	-0.4	13.16
瓯海区	13	117756	-15.1	4.70			
开发区	13	100147	-17.2	4.00	34411	-8.2	2.44
永嘉县	3	29406	6.5	1.17	3030	7.1	0.22
平阳县	60	458258	7.2	18.30	403537	10.9	28.66
苍南县	73	562549	-3.1	22.46	389712	8.2	27.68
泰顺县	1	7524	141.4	0.30	6839	125.0	0.49
瑞安市	59	456686	8.5	18.24	348683	14.8	24.77
乐清市	43	252562	7.6	10.09	32970	2.5	2.34
温州市	320	2504280	0.0	100	1407859	8.9	100

二、塑编、薄膜通过“国字号”复评

5家企业入围全国塑编行业20强

由中轻联、中塑协组成专家组，于3月12日～13日在瑞安、苍南两地展开的第三次现场复评考核工作，并于2015年7月6日发文，继续授予温州市“中国塑编之都”“中国塑料薄膜生产基地”称号。

2015年9月23日，在温州市平阳县举办的全国塑编产业链技术交流与市场对接会上，温州市5家塑编企业上榜2014年度全国塑编行业20强。其中晨光集团（第2位）、南塑集团（第6位）、中宇科技（第10位）、华庆集团（第13位）、升阳控股（第14位）、其中浙江中宇科技发展有限公司是第一次进入20强。

三、行业标准化建设

由浙江金石包装有限公司为主要起草单位编写的《包装容器、铝箔易撕盖》行业标准，于2015年4月颁布实施；由长虹塑料集团有限公司为主要起草人的行业标准《聚酰胺扎带加工贸易单耗标准》获国家海关总署和国家发改委批准，于2015年9月开始实施；由浙江南方塑胶制造有限公司负责起草的《电气用玻璃纤维增强酚醛塑料》和《电气用热固性模塑料第一部分：一般要求》于2015年10月1日正式予以实施。

由煌盛集团牵头制订的《给水用钢丝增强聚乙烯复合管道》国家标准，已走完全部评审程序，只等公告；行业标准《再生塑料编织袋》经多次评审修改后，进入最后征求意见阶段。

四、行业科技成果

中广核俊尔公司、长虹塑料集团获中国塑料加工工业科技创新型企业，瑞安塑料薄膜厂评为“浙江省创新型企业”，康莱方公司评为“温州市科技创新型企业”，煌盛、俊尔、金石、佰通、强盟、世博、德伴、雁峰和赵氟隆等九家企业，先后被省科技厅、财政厅、税务局、联评为“高新技术企业”。

瑞安市东威塑胶有限公司塑料薄膜和浙江中广核俊尔新材料有限公司聚碳酸酯及其合金产品被认定为“温州市名牌产品”；温州市康莱方医用塑料有限公司“康莱方”牌入选温州市知名商标；浙江强盟实业股份有限公司“强盟”牌双向拉伸聚酯薄膜通过2015年浙江省名牌产品复评；由央视财经频道与中国品牌建设促进会等单位联合发布，中广核俊尔新材料有限公司以762.5的品牌强度系数和1.45亿元的品牌价值荣登2015年中国品牌价值榜。煌盛集团、浙江世博等企业成功登陆新三板。

五、塑料专业职称评审

2015年温州市人力资源与社会保障局正式与温州市塑料行业协会签署政府职能转移协议，继续由协会主导温州市塑料加工成型中、初级专业技术职务任职资格培训、考核、评审工作。2015年8月31日至9月2日完成各项工作，9月28日市人社局发文，22人获塑料加工成型专业工程师资格，8人获助理工程师资格。

六、新材料产业继续发展

高新技术产业塑料新材料、医用塑料等近年来持续发展，生产助剂、添加剂、改性塑料由于迎合塑料制品产生丰富的差异化，提高产量质量，增加产品附加值的需求符合产业发展方向，根据对中广核俊尔公司、汪洋公司、世博公司、聚兴公司、德伴公司等五家塑料新材料生产企业调查，2015 年较上年痢疾总额增加 30.23%，产值增加 4.43%，产量增加 5.39%，利润增加 74.49%。5 月 13 日，中广核技术应用有限公司与浙江新材料股份有限公司正式签订股权合作协议，标志着双方在高校材料领域实施战略合作。

（温州市塑料行业协会 周肇枢）

江苏省

塑料是 20 世纪全球经济发展中增长最快的行业之一，进入 21 世纪以来更是以强劲的发展势头迅猛推进。塑料合成树脂与合成橡胶、合成纤维三大类合成高分子材料与钢铁、木材、水泥一起构成现代社会中的四大基础材料，是支撑现代高科技发展的重要新型材料之一，是信息、能源、工业、农业、交通运输乃至航空航天和海洋等国民经济各重要领域都不可缺少的生产资料，已成为人类生存和发展离不开的消费资料。塑料工业是以塑料加工为核心的塑料合成树脂、助剂及添加剂和塑料加工机械与模具为一整体的“朝阳工业”，其产业规模在不断扩大，产品产量逐年增加，主要经济技术指标大幅度递增，全行业不断发展壮大，塑料工业正沿着可持续发展之路挺进。

江苏塑料加工业已经由传统的初级消费品快速向高层次消费品过渡，朝着档次高、技术含量高的方向发展。江苏塑料加工业已经成功进入工业、农业等各行各业，在高科技领域得到了广泛的应用。在未来新材料技术革命中，塑料加工业将发挥更加重要的作用。未来新材料攻关的项目中，塑料高分子材料将占有的数量最大，涉及的领域最广，塑料加工业已从传统制造业成长为科技含量高的新兴制造业。塑料作为 21 世纪新材料，在新材料革命中占有极其重要的地位,国家大力发展新材料、生物技术、新能源、新一代信息技术、新能源汽车、节能减排、装备七大新兴战略性产业，对塑料加工业提出了新的更高的要求，是塑料加工业发展进程中不可多得的绝佳的发展机遇。

一、基本情况

江苏是我国最主要的塑料加工工业基地之一，改革开放给江苏的塑料加工工业发展带来了巨大的生机和活力，随着改革开放的不断深入而有了突飞猛进的发展。通过引进国外的先进设备与技术，兴办三资企业，改造了一大批中小企业，涌现了大批的具有新的形象和活力的高新企业和龙头企业；产品质量和档次显著提高，产品品种不断增多，应用领域不断扩大，出口创汇逐年增加，全行业整体水平上了历史新台阶。

江苏塑料加工工业始于 20 世纪 60 年代初，是当时的新兴行业。初期的产量仅 1200 多吨，1969 年产量才超过 1 万吨。1979 年，江苏塑料制品总量在全国同行业中率先突破 10 万吨，并连续 11 年位居全国各省同行业第一 。江苏的塑料加工吨位总量约占全国总产量的十分之一，是中国为数不多的、主要的塑料加工业基地之一。 江苏的塑料加工总量位列浙江广东之后， 单位产值 / 吨位列全国第一。现阶段江苏的塑料企业主要以民营企业和股份制企业为绝大多数，全省塑料加工企业生产总吨位能力 1000 万吨左右。由于全球经济乏力对塑料行业的影响，出口型企业在明显滑坡，许多为汽车工业、食品工业配套企业，在艰难中拓展新的市场领域。

江苏的塑料产品涉及领域广泛，从农业，工业和消费品包装，到建材、汽车、机械、军工、电子通讯 等等；当前国内外塑料领域各种塑料产品都有生产，尽管在全国同行中的产品质量和档次相对较高，但是与国际先进国家相比，主要的差距仍然在于优级品的比例和高档次产品的覆盖面。从品种上分析，农用薄膜的产量随着宽辐大蓬膜的推广应用和长寿无滴膜的新型多功能膜的兴起，无论在品质、档次上还是在总量上都有了显著的提高和增长。工业用膜（包括收缩膜、双向拉伸膜、缠绕膜、内衬膜、食品、服装、玩具日用品包装膜、锂电池隔膜等）占薄膜总量的 80% 以上。板材中的 PMMA 板材、ABS、PS 复合板、铝塑复合板、PC 板、PET 板以及为家电、室内外装饰装潢用板、汽车配套内饰用板，客机内饰片板材等的开发和产量都不同层次的逐年上升。塑料编织袋及其他编织产品经过多年的调整和发展，在品质上有了很大改善，品种上有了新的发展，应用领域有了进一步的拓展，其产量仍然保持着增长的趋势。江苏塑料编织产品行业仍然保持了科技含量相对较高、产品档次相对较高、产值利润比指标相对较高的优势。编织吨装袋的直接和间接出口量都在逐年增长，但由于受国际金融危机影响而逐步显现的工农业产品出口不力，也导致塑料编织袋的出口显现下降趋势。塑料管材和异型材的发展速度非常快，出现不少大型的生产厂家，凸现该类产品对规模经济的要求和品牌效应的威力，但该类产品的经济效益不如以前明显，企业之间的差异很大。普通泡沫制品和普通桶类包装容器的产量增长速度平缓，没有大起大落的现象。

二、行业改革

江苏的塑料企业重组和格局的变化相当大，原来占主导地位的国有企业、集体企业股份改制后，真正的国有企业或国有控股企业所占比重已近乎可忽略不计。加上近年来不断涌现出的新的民营塑料企业，发展迅速、面貌一新。起点高，管理新，观念新、效益佳是现阶段江苏塑料企业的几个主要特点。改制后的各企业都投入了大量的资金，谨慎地选择时代热点项目，进行技术提升改造和新产品开发和引进。为数不少的民营化企业都实施了工厂的整体搬迁，以土地的区位优势换资金、换发展后劲。使整个塑料加工行业从质和量两个方面的取得了突飞猛进的发展。全省各类技改项目的成功实施，大大提高了企业新产品的开发能力和市场竞争力，先后开发出一批技术含量高、紧跟市场热点的新产品，近年来除了为汽车工业，高速铁路等交通新热点配套的项目外，江苏已有为数不少的塑料企业在为航空航天的发展做积极的配套工作。

江苏的塑料行业继续在汽车燃油箱、保险杠、仪表板、大巴内饰、小轿车内饰、民用航空内饰、城市和农村供水用塑料件、大口径管材管件、多功能复合膜和多功能农膜、双向拉伸聚酯、双向拉伸聚丙烯、双向拉伸聚苯乙烯、共挤复合膜、聚碳酸酯板、光导板、铝塑复合板、信用卡基材、身份证材料、装饰广告用材料、防水材料、手机、电视、冰箱、音响、电器电气用材等方面，为包装、电子、交通、机械、通讯、航空航天等领域的发展做出巨大贡献。

随着改革开放的深入发展，技术装备的引进和自身技术开发能力的提高，江苏塑料工业已形成成型工艺齐全、产品品种繁多、生产规模持续趋大、社会效益和经济效益较好的基本格局，一直是全省经济发展的重要支柱行业之一，尽管江苏塑料已从计划经济时代的全国第一位被超越，仍然位居全国塑料工业的四大天王之一。广东浙江江苏山东四省占据全国塑料总量的65%以上，江苏继续保持着在中国塑料界举足轻重的塑料工业基地的地位。

江苏的塑料工业有着另一个显著的特点，塑料工业上游的石化产业和塑料机械装备业都相当地发达，有塑料原料和塑料装备大省之号称。PP、PE、PS类的大型石化企业有扬子石化及扬巴石化、金陵石化等在全国享有盛名；仪征化纤、申龙高科、安得利化工等的塑料级和瓶级PET原料不仅在全国负有盛名，而且已成功打开出口市场。坐落于镇江大港的国亨化工、奇美化工的PS、ABS以及太仓港的氯碱化工和遍布徐州、新沂、镇江、南通、常州无锡等地的PVC树脂在全国享有很高的知名度。南京、无锡、常州、苏州的塑料机械非常发达，在全国具有一定的知名度。江苏的小型PVC树脂企业经过多年的改造，已基本摆脱电石法生产工艺，只是保留了电石法的生产线，主要进口VC单体聚合，在产量上有了十多倍的提高，在品质上也有了质的飞跃。江苏塑料行业这几年来在行业发展的思路上，立足于消化吸收和提高控制水平，在加工设备的节能降耗上倍加关注，许多塑料机械生产线已经走出国门，出口新兴经济发展国家。

三、发展与创新

江苏的塑料工业无论从品种种类还是规模上都已经达到一相当高的水平，尤其是产品品种种类，几乎能提供世界上所有的已有产品。但是在整体水平上升的大趋势下，江苏塑料工业仍然存在一些共性的问题。产品结构的不合理性仍然困扰着江苏的塑料工业，高精尖产品开发仍显不够充足，较低水平产品重复交叉，没有一个权威机构能够协调和真正做到适应性调整；企业间盲目模仿相当普遍，企业的自我创新意识在不断上升，可开发能力仍然不足，自主知识产权的拥有和自主知识产权自我保护能力很差。重量级塑料加工企业所占比例仍然有待提高。尽管涌现出了中达股份、江阴申龙高科、江南模塑集团、常州巨力集团、江苏琼花集团、常州创佳型材、连云港中金医药包装、昆山彩华包装、江阴龙山集团、江阴龙奇包装、无锡环宇包装、无锡环亚包装、无锡国泰包装、常州海企塑业、无锡巨龙、苏州富事达、江苏华信塑业等重量级企业，在江苏新建地级市的宿迁市也已出现了很有分量的重量级塑料企业，已开始走在江苏乃至全国同行的前面，成为新的塑料包装领军航母企业。中达股份、申龙高科、江苏琼花等这些新塑料工业企业的快速发展，尤其是宿迁的双星彩塑集团的崛起，极大地改变了江苏的塑料包装面貌，极大地影响了江苏塑料包装的发展进程，某种意义上将改变江苏乃至全国的塑料包装历史进程。但除此而外，大多数塑料加工企业规模不大，原材料消耗和能源消耗偏高，大部分企业的经济效益偏低。

江苏塑料工业的发展应继续做好以下的基础工作：

要紧紧围绕功能化这一核心，开发新型塑料材料，功能化是塑料行业下一步发展的方向和希望。要高度关注并大力开发功能化技术研究和纳米材料技术研究。要重点关注高阻隔多层共挤纳米微层复合材料；纤维功能增强复合材料、聚合物合金等现代制造业高性能工程塑料；要关注熔体静电纺丝纳米过滤材料，纳米抗菌、阻燃、降解等功能性材料；要关注太阳能光伏发电配套材料，锂离子镍氢离子电池隔膜、光学膜以及农用多功能膜材料。要加大对各种膜材料的攻关力度，要在膜材料超薄化、复合化方面进行攻关，解决功能膜发展瓶颈。要通过技术进步和科技创新不断提高产业素质，提高产业核心竞争能力，为全面建设塑料加工业现代产业体系打好基础。紧紧围绕塑料加工业面临的共性、关键技术，组织攻关，实现重点突破，创新塑料加工业的新面貌。围绕新材料、新工艺来开发新品，围绕节能减排技术，推动塑料行业低碳绿色发展。要关注当代塑料加工业前沿科学技术，引导我们紧紧围绕着当前最新科技动态和前沿技术的进展把握行业发展方向。要动员全行业和社会的科技资源共同攻关，来推动塑料加工业科技驱动发展的进程。

农用塑料不但继续占据重要位置，而且将会随着农业种植结构的优化调整出现新的发展机遇；科技含量高的高附加值的工程塑料、工业配套塑料件及其他改性复合材料的应用领域将不断扩大。重点大类塑料产品如工业配套件、管材、建材、软/硬压延制品、薄膜、片材及高档包装材料的生产将朝着规模经济的方向发展，为减少对环境的污染，将加大塑料回收利用和降解塑料应用。功能性塑料的开发和研究将是今后的发展重点。

新型塑料建材和多功能塑料复合包装材料仍将是江苏塑料加工业的重点发展和快速增长的主要领域；

塑料管材的主要发展领域是各种规格（尤其是大口径）、多材质和多种结构的管材管件；燃气管已进入发展的大机遇时期，已成为将持续一相当长发展期的热点产品。塑料建材的发展将要超出仅仅是型材的格局，型材也应朝着优化结构的方向发展，增加品种，提高档次。结构发泡材料、轻型墙体、隔断材料将进入活跃期。懂塑料不懂建筑设计和懂建筑不懂塑料是塑料建材发展的制约因素。应加强设计和应用的研究，加强塑料人才和建筑艺术人才的多学科人才的培养，推进建材产品快速健康。在发展的过程中必须同步考虑标准化、系列化、适用化、配套化、美感化等新型建材发展的几大要素。

塑料包装广阔的市场前景，使塑料包装行业的规模随着市场需求的快速增长和品种、品质的不断涌现而不断扩大。骨干塑料包装企业的崛起、新型高阻隔材料的成功开发，改变着江苏的塑料包装行业面貌，改变着塑料包装的形象。骨干塑料包装企业主要依靠引进先进设备、以及和国外同行一流企业建立技术合作开发纽带，加速了与国际塑料包装行业技术水平的靠拢，加快了塑料包装进入国际市场的步伐。塑料包装材料的发展经历了简单塑料包装、复合塑料包装阶段，当今的市场需求正向着塑料包装的多功能化发展。塑料包装的复合化、多功能化、环保化是江苏今后发展的重点方向。塑料包装应按食品药品等包装物的要求，努力开发多功能性包装材料，提供被包装物性能保护功能；开发延长货物保质保鲜寿命的高阻隔、防渗透包装材料，无菌包装材料，热灌装材料，保味包装材料，耐蒸煮包装材料；开发水果、蔬菜等的气调环境保鲜包装材料以及粮食等储存、运输的防霉防蛀包装材料。尽管就整体而言，高技术含量、高附加值的塑料包装产品目前所占的比例仍然不高，未能满足日益增长的市场要求。但是，随着社会进步和人们生活质量要求的持续提高，塑料包装作将随着食品、饮品、药品、生物制品等朝阳行业的发展而大发展。随着这些行业对塑料包装的要求不断提高，塑料包装始终存在很大的发展空间。塑料包装可持续发展的前景广阔，一个大发展的时机已经成熟。

农用塑料的发展重点是果蔬、花卉、经济作物、育苗等用途的长寿、无滴、防雾、高强度高透明、保温等多功能塑料棚膜及其相关配件制品，除草、防虫等多功能地膜。深入发展农田水利建设用的各类塑料管道、管槽、管件、节水型微灌、渗灌、滴灌以及水利建设中的水渠、大坝建设用土工材料。农用塑料应引入现代农业的概念，农用塑料的研究开发应着眼于现代农业的目标、着眼于农业科技的发展和新技术的应用。

工业配套件的开发重点是工程塑料、汽车、家电、电子信息产品的配套件。邮电通讯用新型电缆、穿线管。信息、通讯、机械、国防工业配套的各种科技含量较高、附加值较高的配套产品。汽车工业中的塑料比重将大幅度增长，十年后的汽车塑料件将有一半以上采用复合材料和回收利用材料。航空航天工业技术进步的着眼点之一是减轻自重，高分子复合材料将大有作为，塑料将担当非常重要的角色。电子电器工业的配套将围绕节能省料的方针，对高电磁性能塑料合金、超导电塑料、电磁屏蔽材料、光机能性材料、光学纤维复合材料、新型传感高分子材料、信息处理用各种记录、储存材料、CAD 静电记录膜、微缩用胶片等的需求将急剧上升。塑料工业要继续当好热点行业的配角，为朝阳行业服务，塑料行业将随着朝阳行业的发展而获得新的发展机遇，将随着朝阳行业的大发展而大发展。

日用塑料制品的发展仍然有着不可估量的前景。关键是设计理念的突破，能否侧重以人为中心，追求现代美学设计观，朝便捷、舒适、适用、经济、美观的方向发展，提高质量和降低成本是这一领域极其重要的行业发展要素。

轻量化、节材、安全可靠的塑料工程材料、塑料医疗领域一次性可靠材料、易弯曲材料以及胰岛素笔针以及吸入器用微量泵等配药辅助用具的发展和应用趋势值得我们关注。包装材料发展趋势值得业内有识之士的高度关注，建筑领域的绝缘绝热材料及新型铺地材料的发展也值得我们去研究和开拓市场。各种体育休闲用品、运动器材、运动系列产品、和运动有关的人造草皮等的需求量的不断增长也值得我们去关注。由于具有很高的发光效率很低的能耗效应，发光二极管（LED）的发展非常迅速，从手电到汽车等的车灯，无处不在的广泛推开应用趋势很猛，目前和此有关的塑料的开发速度也很迅猛。LED 周围的反光镜可控制灯光的偏转并将光源集中起来，目前正在开发的耐温、传热、可任意成型的此类材料的开发对推动下一家用节能光源有着基础性铺垫的不可估量的发展前途，我们必须要高度关注。合成纤维塑料的应用近几年有了更大的发展。可制成抗压性强但结构非常轻量化的元件的开发已市场化多年。将玻璃纤维嵌入热固性基体中或将用环形纤维制成的模制件嵌入热固性基体中的产品市场化已是指日可待，这将是外科手术中的假肢、假臂以及涵盖到风涡轮转动叶片的一系列配套产品的工业化也是展望之中了。对纳米技术在塑料中的应用研究和关注已经很多年了，如今的现状是已有很大的迈进，纳米填料盒基于纳米技术的添加剂使塑料的特性有了质的飞跃，使得塑料能提供更多更新的特性。甚至可以将原来不可实现的表面上看起来互相矛盾的特性要求互相结合起来。透明性和随机性、折射率和硬度、表面功能和材料力学性能、材料的绝缘性能和传导性能等等都可以通过纳米技术友好的共存和同时提供。纳米技术在塑料领域的应用可以使塑料具有高级流变学特性和高的电传导性，前者可以使塑料变得更易于加工成型，后者可以更好地防止静电问题的干扰。塑料的表面自动清洁也将在纳米技术的应用中得以实现。

按中国塑协“十三五”规划指导意见，要推动塑料加工业安全工程体系建设，保障食品和环境安全。

重点工作是：

1. 首先要加强食品接触塑料制品安全工程建设

塑料制品目前约占全球食品包装产品总量 30% 的市场份额，因此要把卫生、安全工作放在首位。

严格遵守新版《食品安全法》规定和要求，切实做好塑料制品的卫生、安全工作，需要依靠技术进步，大力开发安全可靠的食品接触新材料及助剂，加快建立食品包装材料卫生安全溯源机制和方法，从源头上保证原料及助剂达到食品级要求；要加快食品包装材料标准化体系建设，建立健全食品包装材料安全评价制度和方法。

2. 要加大力度推进环保型助剂在塑料制品中的替代

绿色、无毒、环保型助剂在塑料制品尤其是与食品接触塑料制品的应用越来越受到全社会的关注。发达国家对塑料制品中助剂的使用基本上都有明确限制或相关禁令。

——欧洲禁用铅 / 镉类重金属热稳定剂已进入倒计时，已于 2016 年 1 月 1 日开始禁止使用，我国虽然规定了部分产品禁止使用铅盐类热稳定剂，仍无针对大部分产品的具体禁铅时间表。

——欧洲已开始限制含卤阻燃剂的销售，以六溴环十二烷（HBCD）为例，2013 年召开的联合国化学会议决定在全球禁用阻燃剂HBCD，并将其加入到《关于持久性有机污染物的斯德哥尔摩公约》禁用化学制品的附录A名单（从全球淘汰名单），但目前国内聚苯乙烯基建筑保温材料仍主要采用HBCD作为阻燃剂。

继续在遵守法制法规的大前提下，稳步大力推进塑料再生利用产业发展

塑料再生利用行业正处于起步阶段，存在市场竞争激烈，再生利用率偏低、利润空间不大，技术落后等问题。随着党的十八大报告中首次把“生态文明建设”提升到更高的战略层面，一系列促进循环经济政策的出台，废旧塑料的处理、回收和高值化利用成为行业发展的焦点。

推动塑料再生利用产业的健康发展，需要按照国家低碳经济发展战略，建立完善的废旧塑料回收体系，发展废旧塑料高效分选及高值化利用技术，通过改性提高产品的利用率和附加值，促使废塑料行业逐渐向集约化、规模化、深加工方向发展，实现经济效益、社会效益和生态效益的统一。

3. 要继续推进企业清洁生产和节能减排，逐步实现行业可持续发展

鼓励和支持企业通过采取技术创新、管理提升、技术改造和淘汰落后等措施来降低单位产品的能耗水平，进一步提高复合膜、镀铝膜、人造革合成革、塑料再生、助剂等重点行业的环保准入门槛；争取更多的绿色塑料制品通过中国环境标志产品认证；通过在行业内推动应用技术示范对企业进行引导，加大先进、适用、成熟的绿色低碳技术的推广力度；国家和地方政府对企业进行清洁生产和技能减排专项改造给予重点支持，同时强化监督管理制度，对于超标排放污染物的企业依法严肃处理。

4. 要继续加强行业品牌建设工作，提升产业整体素质

品牌建设是促进企业可持续发展的原动力。经过多年高速发展，我省塑料加工业涌现出了一批具有影响力的品牌，但品牌还是不够多；由于塑料企业的中小企业数量偏多，对品牌定位重要性认识不足，缺乏战略规划，产业整体品牌意识不强。

要在中国塑协的领导下，通过组织开展品牌培训活动，提高企业品牌培育意识；引导企业开发切合实际的品牌管理机制和品牌塑造方法；通过技术改造、产学研用等方式引导企业提高创新能力，提高产品质量水平；鼓励企业加大在技术研发和质量提升等方面的投入；鼓励企业更多参与行业标准、国家标准甚至国际标准的制定，抢占产业发展的制高点。

江苏塑料加工业经历了从计划经济向市场经济转变的历程，企业在从计划经济模式转向市场经济的过程中，遇到许多困难，面临许多问题，为数不少的企业步履艰难，原有的历史烙印仍然影响着企业的发展和管理模式。因此，解决塑料企业今后发展中的矛盾和问题的根本出路在于真正的现深化改革。已经实施了企业股份制改造的有了新的活力和发展机遇，但是我们的管理模式还很落后，有的甚至停留或倒退在家族式管理模式，不能适应新的发展了的新形势，必须引入新的管理思想和模式。

塑料制品企业应根据市场需求调整产品结构，加速发展短线、三高产品，根据不同品种适度掌握产品规模。下决心停掉一批低档产品和长线产品。坚持市场决定生产的导向原则，坚决从数量主导型过渡到质量、品种、出口、效益主导型。地方政府应重点扶持一批大型企业、特大型企业、重点企业、明星企业。以名优产品为龙头，以经济效益为中心，以资本投入为纽带，以市场发展为导向，组建具有实力的、符合经济规律的、有利于企业发展的企业集团，实现适应市场需求产品的规模效应。继续改变和直至结束老、小、散、差的落后状况。

随着技术装备的不断升级提高以及产品精度和档次的提高，江苏的出口塑料逐年在增加，但相对于江苏庞大的塑料总量，全省的塑料制品的出口量占总量的比例相对较低，制品技术含量不高。出口总量中间接配套出口占主大多数。应继续研究国际市场的需求情况，研究国际市场新产品，在提高原有出口产品质量、巩固和扩大原有产品的出口量的同时，重点开发热点产品，重点发展新市场。应鼓励和引导有条件的企业跨出国门，直接参与国际竞争。可将国内渐趋饱和的产品生产移到其他仍然有着较大需求的国家，境外办企业应从输出技术和设备为主。尽管国际金融危机在短期内获得全球性回暖的可能性预期不大，国际市场的需求目前看不到活力，但我们从长远看，经济全球化的势头仍然不可逆转。而风险往往伴随着机遇，经济低潮时期未必不是我们出击的最佳时机，等所有的人都看到了光明时，我们再启动投资往往就要付出加倍的代价，尤其是在投资时效上不能获得最大收益。在汇率发生了较大变化的新形势下，要研究我们的出口方向和调整出口品种，使我们的出口能继续保持一定范围的优势。

当今世界的经济发展显著特点之一，是技术已成为推动企业发展和经济增长的极其重要的因素，更是企业能得以持续发展的基本要素，技术含量低的产品和企业不可能有持续的生存空间。所以重视产品的技术含量，以新技术促进企业的持续、快速发展，是塑料行业能保持持续发展的核心竞争力。塑料加工业的技术发展非常迅速，出现了许多新技术新工艺，许多新产品的出现本身就伴随着新技术的开发和应用。计算机辅助注射成型、新型异型吹塑成型、超微孔塑料、受控低压注射成型、多相聚合物片状注射成型、可熔芯技术注射成型、挤出浸渍复合成型、熔体挤拉成型、多元材料复式加工技术、壳芯注射成型、双注射成型、模内背衬注射成型、液-气辅助成型等新技术的开发和应用推广，将为塑料产品的开发和设计提供更为广阔的空间。企业应格外重视技术，尤其是新技术工作。应根据自身的条件和发展需要，选择开发研究、综合吸收、引进消化、技术合作、购买软件等各种方式，积极采用高新技术。在引进先进装备的同时注重引进软件和技术。

实现现代化，人是决定因素。企业和产品的竞争，越来越表现为人才的竞争。人才是任何企业发展宝贵的财富，企业应从制度、分配机制上解放思想，引入激励机制、股份机制，高薪用人才、创造条件留住人才，用好人才，确保塑料工业的持续高速发展。为此，江苏塑料界应加强和大学的合作和沟通，在继续重视高科技人才培养、重视工艺和设备的结合性培养、重视塑料工程类人才的培养的同时，更应注重第一线实用型技术人才的培养，重视高职高专类人才的培养。进一步提高职工队伍的素质，注重职工技术的培训，大力培养和吸引人才，在培养实用性技术人才中要注重和生产性企业的衔接和沟通，尽量缩短高职类人才到达岗位后的适应期和过渡期。

塑料作为一门新兴的材料工业，与传统工业相比，其发展历史不长，但发展速度相当快。新项目的上马已从计划经济时的逐级审批制转向市场经济体制下的市场主导化。企业对项目的实施与否具有绝对的决定权。社会主义市场经济体制下的集体企业投资风险主要由投资单位而非经营者或单位领导，对投资项目的可行性研究存在诸多不踏实因素和投资项目的目的不明确性。这是上一轮投资热潮中为数不少的项目失败的主要原因，也是造成不少企业效应严重滑坡的不良因素。盲目投资、盲目发展不仅对单位本身造成重大损失，也对金融界构成严重风险威胁，最大的伤害是国家利益的受损。一哄而上，不仅使投资单位在一开始就步履艰难，也对原来生产销售较能维持的单位构成严重威胁。因此，呼吁政府重视行业的管理和协调。

节约能源、资源，建立节约型社会是当代中国经济和社会发展的一个鲜明主题。塑料加工是通过塑料加工机械和使用塑料原料成型出市场所需制品的过程，在加工过程中消耗电能和原料，能源和材料的节约使用一直是塑料行业降低成本努力奋斗的目标。随着科技日新月异不断发展，通过变频伺服等电子自动化先进技术和新型装备降耗节能比以往得到了很大提高，提高生产率的同时还节约劳动力资源。在材料节约方面通过塑料制品合理用材设计、材料科学选用、材料改性、多功能材料开发等多种方式减薄制品壁厚、增加应用功能达到节约材料的目的，通过机头、边角料的直接回用、使用后塑料循环利用实现省资源化，成效显著。

降低能耗是塑料机械行业一直在努力追求的目标。从过去的流量比例和压力比例控制，发展到变量控制、变频控制和伺服控制。注塑机的高效率主要体现在工作节拍快，制品周期短。这方面的努力和工作仍需要继续深入和推广。

在塑料制品加工领域，节能降耗不但需要从塑料加工机械方面着手，还应该深入到塑料原料及加工技术的节能领域。如高熔体流动指数树脂在较低的温度下获得较好的流动性，在加工中可显著减少能耗，并能明显地缩短成型周期。合理选择材料或添加增强材料、填充物等以达到提高性能、节约树脂用量等目的，如复合塑料、纤维增强塑料、塑木复合材料等都属于节能型原料。利用化学或物理发泡的方式能够制得质轻、保温性好的发泡塑料制品，它的密度低、机械性能较好，可以大大降低树脂的使用量。

除了上述几个重要的方面将持续努力攀登外，江苏塑料界将按照中国塑协“十三五”发展规划的指导意见去认真思考和落实，调整我们的战略，完善我们的规划，提升我们的水平。并按照江苏省有关塑料领域的“十三五”发展规划要求，在塑料制品行业加强改性、合金化、再生利用技术推广应用，推进节能性加热技术和元件的应用，加快引进技术和装备的消化吸收，推进先进塑料成型装备的国产化，进一步扩大工程塑料、多功能塑料、配套塑料件、环保型塑料、在日用、电器、交通工具、军工、农业、医药、环保和包装等领域的应用。

在做好上述各项工作的同时，更应加大重视废旧塑料的回收利用工作的力度，应加强宏观指导与管理，建立切实可行的回收激励机制，建立回收利用体系。

闹得沸沸扬扬的塑料袋的废弃与使用话题，目前仍然有着伪科学响亮话语，看似很慷慨激昂，仔细推敲，很有哗众取宠的暗影。塑料的废弃物处理是个很大课题，应科学地对待，应体现实事求是，把贯彻科学发展观融入其中。人们使用塑料袋是因为塑料袋能满足他们需求，就使用量来说比其他购物袋、包装袋占压倒性优势，如果不使用塑料袋换用其他材质的袋如布袋、纸袋。如果仍被人们随意地丢弃，类似性质的“白色污染”同样存在，非但并不能减轻环境压力，而且浪费的资源和造成的污染可能更大。使用布袋、纸袋同样也浪费资源，而且浪费的是森林资源，因为造纸需要砍伐大量木材，加工过程的对水资源和土质的污染迫在眉睫，远远甚于所谓的“白色污染”对我们日常生活的危害，。塑料袋回收后还可再生利用，是循环经济重要的一环，是典型的资源节约型和环境友好型材料。实践证明，不管使用任何材质的购物袋、包装袋，回收再利用或者循环使用是解决问题有效的途经。滥用包装袋、购物袋是指人们滥用这种行为，滥用塑料袋会影响生态环境。关键要做的是解决滥用和随意丢弃，而不是禁用。科学合理疏导比简单禁止更能有切实的效果和广泛的社会基础。塑料袋回收后再制造成垃圾袋和其他性能要求不高的包装袋，是很有现实意义的，实现了资源循环利用。塑料袋的过量使用或者无节制使用会给生态环境造成危害，应当采取措施规范人们乱扔的恶习和加强回收利用加以解决。禁止”和“弃用”塑料袋的提法不符合我国国情。应当加强回收利用、减少和循环使用塑料袋。要为塑料包装袋和塑料包装盒正名，造成视觉污染的所谓“白色污染”的问题所在不在塑料本身，问题出在使用塑料袋和塑料盒的人身上，是人们的不良习惯让塑料背上了悲剧色彩的误解。时间和实践已经证明塑料袋和塑料盒的禁止使用是一个失败的规矩，塑料盒禁令的被废止只能说是这项工作已经逐步回归正道，但是多年的错误宣传，还没有真正使这个大是大非问题得到真正解决。

建议加强对所谓“白色污染”的科学调研和地方应用立法工作，加强相关地方生产和使用立法，从优化人们的良好消费习惯，提高人的行为素质入手，变废为宝。建议在超市等便于管理的塑料袋大宗消费热点，开展塑料袋质量规格规范化管理，有序推广降解塑料购物袋和包装袋的使用，而不是对塑料袋简单的一禁了之。在找到更经济有效、更有利于环保的新型替代材料成功研制之前，切忌因噎废食。

建议尽快制定有关塑料回收利用的法律法规，规范回收利用的工作，杜绝不良形象的发生。提供条件设立塑料回收利用基金，从税收政策等方面鼓励塑料回收利用工作。

（江苏省塑料加工工业协会　韦华）

山东省

一、山东省塑料行业总体概况

2015 年，山东塑料工业面对国内外市场需求不足，以及人民币升值、原材料和劳动力成本上升等一系列不利因素，在国家一系列宏观经济政策扶持下，加快行业转型升级的步伐，使行业生产稳步企稳回升，实现了平稳增长。主营业务收入、塑料制品总产量和利润总额均保持一定幅度的增长，呈现出良好的发展趋势。2015 年又是“十二五”规划的收官之年，认真分析研究“十二五”期间山东塑料工业的进步和短板及其原因，对于制定和实施“十三五”规划具有十分重要的意义。

2015 年全省塑料行业实现主营业务收入 2875 亿元，同比增长 7.48%；完成塑料制品总产量 1580 万吨，同比增长 8.51%；实现利润总额 176 亿元，同比增长 6.10%。全部职工 62 万人。其中规模以上企业 1329 家；实现主营业务收入 2332.83 亿元，同比增长8.46%；利润总额148.2亿元，同比增长3.44%；利税总额 229.67 亿元，同比增长 4.33%。

“十二五”末全省塑料行业主营业务收入、利润总额、塑料制品总量分别比“十一五”末的 2010 年增长 58.31%、65.10% 和 29.94%；“十二五”期间（2011-2015 年）年均增长分别为 9.95%、12.27%

和 2.92%。产业结构、产品结构和企业结构等都得到进一步改善，但结构性矛盾依旧突出。我省塑料行业总体规模位居全国前列。其中，农用薄膜、塑料编织制品、一次性 PVC 手套、塑料绳网、塑料土工合成材料、塑料管材、型材等大类产品在全国都占有重要位置。塑料新材料、新工艺、高附加值产品与世界先进水平差距较大。

到 2015 年底全行业有 5 个产品保有中国名牌称号；保有山东名牌产品共 62 个；保持“中国驰名商标”3 个；保持“山东省著名商标”43 个；另有部分山东省塑料行业名优品牌和知名品牌。截至 2014 年底，山东省塑料行业保持“中国驰名商标”5 个；保持“山东省著名商标”70 个；“山东名牌”产品 69 个。

二、科技创新持续发力，促进行业转型升级

1. 山东省塑料研究开发中心

山东省塑料研究开发中心为了进一步提高科技创新水平，加大自主知识产权建设力度，充分利用现有的科研及生产设备，在各类塑料新材料、新工艺、新技术方面进行了积极科研投入，获得了显著成果。

（1）自主研发的防鼠防蚁聚乙烯管材专用料的课题研究已顺利完成。根据行业发展需要，该项目于 2013 年提出，我们采用氯菊酯 / 二氢辣椒碱 / 氯氰菊酯复配作为内添加驱避剂，从粉煤灰里分选出一种空心微珠物质作为缓释剂，另外使用聚乙烯粉料树脂为载体，能有效提高驱避剂与聚乙烯基体间的分散作用，提供复合材料的力学性能。工艺简单，产品性能好，可有效防蚁防鼠食害，将我国防白蚁、鼠聚乙烯管道的生产技术推向新的水平，并有望应用于国际市场，尤其是在东南亚、南美、非洲等地区有很大的市场发展空间。该项目已获得国家发明专利证书。

（2）完成远红外长效抑菌保鲜膜专用料项目的科研工作，该项目综合利用了抗菌沸石、电气石粉、负氧离子粉等无机粉体的各种功能，采用的 EVA 树脂作为载体，更好的提高了透气性。与传统的保鲜膜母料相比，研制产品具有对乙烯、氨气等具有良好的吸附性，有去除异味．延迟果蔬后熟的作用；受磁化作用的影响，负离子可以降低其呼吸程度，抑制乙烯的产生，限制水分和营养成分的过快流失，从而延长果蔬的保鲜期。该科研项目已申报国家发明专利。

2. 山东森荣塑业科技有限公司

聚四氟乙烯纤维技术开发项目科技成果通过省级鉴定。该公司科研团队研制了多辊组合装置和特殊不锈钢材质的 PTFE 纤维的膜裂切刀等关键设备以及三维立体成膜和多步拉伸法生产工艺。主要创新点在于：特殊不锈钢材质的 PTFE 纤维膜裂切刀；多辊组合装置和多步拉伸法生产工艺；三维立体成膜生产工艺。该科技成果于 2015 年上半年通过省级鉴定。

3. 山东春潮集团有限公司

纳米有机 - 无机层状杂化阻燃新材料开发及工业应用项目通过山东省自主创新新成果转化专项项目验收。该项目采用共沉淀法制备了包含 2 种以上金属的层状金属氢氧化物，利用熔融插层法插入马来酸酐接枝聚丙烯对其进行剥离。进一步与有机氮磷阻燃剂复合组装对其改性，制备了纳米有机 - 无机层状金属氢氧化物阻燃材料。生产的材料是一种无卤、抑烟、高效、安全环保的新型高分子阻燃材料，特别适用于聚丙烯等通用树脂、工程塑料、特种纤维材料的阻燃改性，具有添加量少、性价比高的特点。

4. 山东理工大学

研制成功聚氨酯化学发泡剂攻克世界难题。由山东理工大学与淄博正华助剂股份有限公司联合研究开发的一种新型化学发泡材料——聚氨酯化学发泡剂已研制成功，该发泡剂综合性能优良，绿色环保，可替代所有含氯氟烃的物理发泡剂，经检测，目前产品的各项指标均符合我国和欧盟各国的相关标准要求。这标志着我国在此研究方面已超越欧美等发达国家，将对世界聚氨酯工业以及相关产业的发展产生重大影响。

聚氨酯化学发泡剂 CFA-A8 是科研项目联合团队历时 10 年，经过近千次试验，研发成功的世界上除水以外唯一的化学发泡剂产品。该产品不含氯氟烃，消耗臭氧层潜能值（ODP 值）和全球变暖潜能值（GWP 值）仅为现有物理发泡剂的 1/10 左右。可以完全替代所有含氯氟烃的物理发泡剂，是一种绿色环保的最新型化学发泡剂。2013 年，该产品经由汪燮卿、舒兴田、吴慰祖三位院士参加的科技成果鉴定会上，被认定为国际先进水平。

据悉，该产品生产原料易得、成本较低、生产过程无三废排放。在制备相同密度、相同体积的聚氨酯泡沫材料时，其用量仅为国内外常见的 HFC-245fa、HFC-365mfc 系列发泡剂用量的 1/3，且售价便宜 50%。其制备的泡沫不含卤素、ODP 为零、GWP 为一。产品可广泛应用于聚氨酯行业中，并可产生巨大的经济和社会效益。

5. 潍坊华潍膨润土集团有限公司

全生物降解塑料技术通过国家鉴定。潍坊华潍膨润土集团有限公司研发的膨润土改性淀粉复合材料（简称BMSC），于2015年12月顺利通过国家鉴定。

鉴定委员会专家一致通过，认定潍坊华潍“膨润土改性淀粉环保性复合材料”优于国外同类技术，处于国际先进水平。该技术通过膨润土的熔融插层工艺，利用特有的高效塑化剂对淀粉进行完全塑化，提升了淀粉的塑化性能，解决了BMSC复合型材料热塑加工性、制品成品性的技术难题。该技术填补了国内空白，对塑料制品的循环、完全降解具有革命性意义，实现完全用玉米、木薯等普通淀粉进行塑化，并加入膨润土制成可以完全替代现行通用塑料的产品。

同年9月，该技术已经在德国、比利时的权威实验室通过了欧盟塑料包装材料标准（EN13432）中关于重金属、碳含量和降解部分的合格认定。目前，这种淀粉塑化的技术已经商业化应用于多种一次性塑料产品。

三、发挥协会服务功能，促进行业全面发展

1. 山东省塑料协会第四届理事会第三次（扩大）会议举行

2015年12月29日，山东省塑料协会第四届理事会第三次（扩大）会议在济南金都大酒店举行。会议由山东省塑料协会副会长刘路兴主持，山东省塑料协会会长刘丰田做2015年度工作报告。报告全面分析了我省塑料工业面临的形势和存在的突出矛盾，总结了省塑料协会2015年的工作，并对2016年协会工作做了部署。

2. 山东省塑料工业“十三五”规划（草案）通过专家论证

山东省塑料协会在2015年12月29日协会四届三次理事（扩大）会议召开期间，组织省内高校、产业基地龙头企业、行业重点企业、有关行业主管部门等单位的专家，对山东省塑料工业“十三五”发展规划（草案）进行论证。

与会专家针对规划中涉及的行业发展、重点发展技术、重点产业和产品、科技创新、人才培养、产学研结合、自主知识产权保护、产业集群培育等内容，结合当前及未来发展方向，提出了具体的意见和建议。

3. 2015年度山东省塑料行业名优品牌评选揭晓

按照《山东省塑料行业名优品牌评选认定办法》规定的评选程序，遵照“公平、公正、透明、公开”的原则，共有23家企业的24个品牌获得“2015年度山东省塑料行业名优品牌”荣誉称号。山东省塑料协会第四届理事会第三次（扩大）会议期间，为获得“2015年度山东省塑料行业名优品牌”荣誉称号的23家企业授牌。同时认定10家企业为山东省高分子防水卷材知名品牌单位。

2015年山东省塑料行业名优产品名单（排名不分先后）

企业名称	认定产品名称
东阳谷恒泰实业有限公司	聚乙烯管材、管件
青州市鲁冠塑料厂	PO膜
泰安现代塑料有限公司	塑料土工格栅
山东汇晟管业有限公司	PE双壁波纹管
烟台三垒塑业有限公司	给水用硬聚氯乙烯（PVC）管材
潍坊现代塑胶有限公司	PVC增强软管
淄博高汇化工有限公司	增塑剂（橡胶增塑剂）
山东莱芜新甫冠龙塑料机械有限公司	SMJQ2型塑料地膜生产自动卷取搬移装置
山东汇通达塑业有限公司	给水用硬聚乙烯（PVC）管材及管件
泰安路德工程材料有限公司	土工合成材料、塑料土工格栅
昌乐县友谊塑胶有限公司	PVC软管

续表

企业名称	认定产品名称
淄博新宇集团有限公司	塑料农膜
淄博新宇集团有限公司	塑料农膜
山东三塑集团有限公司	历山农膜
荣成市兴达塑料制品有限公司	渔网、绳索
山东寿光健元春有限公司	编织袋、集装袋
山东寿光龙兴农膜有限公司	塑料农膜
东明恒昌化工有限公司	聚丙烯
龙口市南山塑钢建材有限公司	冷热水用耐热聚乙烯管材、冷热水用耐热聚丙烯管材、管件
山东金冠网具有限公司	安全网、运输网、养殖网、封垛网、吊装网
山东森荣塑业科技有限公司	聚四氟乙烯制品
山东天鹤塑胶股份有限公司	金阳光（涂覆型流滴消雾膜 0
淄博岱洋塑料有限公司	大棚膜
淄博高汇化工有限公司	增塑剂（橡胶增塑剂）

4. 枣庄市山亭区桑村镇被授予“山东省塑编产业基地”荣誉称号

山东省塑料协会第四届理事会第三次（扩大）会议期间，举行枣庄市山亭区桑村镇“山东省塑编产业基地”授牌仪式，同时授予枣庄市龙泉包装制品有限公司塑编产业基地龙头企业荣誉称号。授予枣庄市一诺工贸有限公司、枣庄市山亭区昌盛塑编厂、枣庄市山亭区孟氏塑编有限公司、枣庄市祯瑞塑料有限公司、山东宇能机械有限公司五家企业山东省塑编产业基地骨干企业牌匾荣誉称号。

5.“山东省氟塑制品研发生产基地”正式组建

为了加强科研部门与行业企业间的合作，促进科研单位与行业企业的共同发展，本着优势互补，互惠互利，长期合作的原则，山东省塑料研究开发中心、山东省塑料协会、淄博市轻工行业协会、山东森荣塑业科技有限公司就共同建立战略合作关系达成广泛一致。战略合作签约仪式于 2015 年 1 月 20 日在淄博市桓台县举行。

合作各方以加强科研单位与行业企业的合作，实现科研单位与行业企业的共同发展，引领和推动整个氟塑制品行业的快速壮大发展；探索科研单位与行业企业协同发展的新型合作模式，实现和发挥适应行业企业发展需求的科技创新、人才培养、技术服务、科研成果转化等全方位孵化器功能等为目的，合作各方一致决定实行战略合作，共建“山东省氟塑制品研发生产基地”，作为山东省塑料研究开发中心现有“山东省工程塑料工程技术研究中心”的氟塑制品研发生产基地。该研发生产基地设在山东森荣塑业科技有限公司，作为合作各方战略合作的平台，将氟塑制品及相关产品的研发生产全部纳入该平台，使该平台成为行业技术革新，项目开发，员工培训，产业发展等的有力支撑，共同促进我省氟塑产业的发展。

四、山东省塑料工业“十三五”发展规划发布

山东塑料行业经过多年的发展，塑料制品已经成为人们生活必需品，产品应用范围已涵盖国民经济的各个领域及人民生活的各个方面。山东省塑料工业“十三五”发展规划经省有关部门审核后正式发布。以下为山东省塑料工业“十二五”发展情况和“十三五”发展规划要点。

（一）山东省塑料工业“十二五”发展情况

1. 规模效益居全国前列

“十二五”时期，我省塑料行业快速发展，各项主要经济指标位居全国前列，成为全国塑料原料、设备、制品、科技等领域的重要基地。按新统

计口径，全省塑料行业规模以上企业由2012年的1218家增加到2015年的1329家，年均增长2.95%；累计实现主营业务收入由2012年的1600.7亿元增加到2015年的2332.83亿元，年均增长13.38%；利润总额由2012年的112.8亿元增加到2015年的148.2亿元，年均增长9.52%；利税总额由2012年的168亿元增加到2015年的229.67亿元，年均增长10.99%。2015年底，全省塑料行业规模以上企业累计实现主营业务收入全国排名第二位，仅次于广东；实现主营业务收入、利润、利税、出口同比分别增长8.46%、3.44%、4.33%和-8.83%。

2. 重点支柱产业和产品优势明显

4. 枣庄市山亭区桑村镇被授予“山东省塑编产业基地”荣誉称号

山东省塑料协会第四届理事会第三次（扩大）会议期间，举行枣庄市山亭区桑村镇“山东省塑编产业基地”授牌仪式，同时授予枣庄市龙泉包装制品有限公司塑编产业基地龙头企业荣誉称号。授予枣庄市一诺工贸有限公司、枣庄市山亭区昌盛塑编厂、枣庄市山亭区孟氏塑编有限公司、枣庄市祯瑞塑料有限公司、山东宇能机械有限公司五家企业山东省塑编产业基地骨干企业牌匾荣誉称号。

5. “山东省氟塑制品研发生产基地”正式组建

为了加强科研部门与行业企业间的合作，促进科研单位与行业企业的共同发展，本着优势互补，互惠互利，长期合作的原则，山东省塑料研究开发中心、山东省塑料协会、淄博市轻工行业协会、山东森荣塑业科技有限公司就共同建立战略合作关系达成广泛一致。战略合作签约仪式于2015年1月20日在淄博市桓台县举行。

合作各方以加强科研单位与行业企业的合作，实现科研单位与行业企业的共同发展，引领和推动整个氟塑制品行业的快速壮大发展；探索科研单位与行业企业协同发展的新型合作模式，实现和发挥适应行业企业发展需求的科技创新、人才培养、技术服务、科研成果转化等全方位孵化器功能等为目的，合作各方一致决定实行战略合作，共建“山东省氟塑制品研发生产基地”，作为山东省塑料研究开发中心现有“山东省工程塑料工程技术研究中心”的氟塑制品研发生产基地。该研发生产基地设在山东森荣塑业科技有限公司，作为合作各方战略合作的平台，将氟塑制品及相关产品的研发生产全部纳入该平台，使该平台成为行业技术革新，项目开发，员工培训，产业发展等的有力支撑，共同促进我省氟塑产业的发展。

四、山东省塑料工业“十三五”发展规划发布

山东塑料行业经过多年的发展，塑料制品已经成为人们生活必需品，产品应用范围已涵盖国民经济的各个领域及人民生活的各个方面。山东省塑料工业“十三五”发展规划经省有关部门审核后正式发布。以下为山东省塑料工业“十二五”发展情况和“十三五”发展规划要点。

（一）山东省塑料工业“十二五”发展情况

1. 规模效益居全国前列

“十二五”时期，我省塑料行业快速发展，各项主要经济指标位居全国前列，成为全国塑料原料、设备、制品、科技等领域的重要基地。按新统计口径，全省塑料行业规模以上企业由2012年的1218家增加到2015年的1329家，年均增长2.95%；累计实现主营业务收入由2012年的1600.7亿元增加到2015年的2332.83亿元，年均增长13.38%；利润总额由2012年的112.8亿元增加到2015年的148.2亿元，年均增长9.52%；利税总额由2012年的168亿元增加到2015年的229.67亿元，年均增长10.99%。2015年底，全省塑料行业规模以上企业累计实现主营业务收入全国排名第二位，仅次于广东；实现主营业务收入、利润、利税、出口同比分别增长8.46%、3.44%、4.33%和-8.83%。

2. 重点支柱产业和产品优势明显

农用薄膜、编织制品、管材、土工合成材料、一次性塑料手套、塑料绳网等为山东省塑料制品的重点支柱行业，生产总量均列全国第一。在全部塑料制品总产量中，编织制品占比超过30%，管材、薄膜等分别占比13-16%，比重相对较大。塑料制品生产和塑料加工专用设备制造相对发达，塑料树脂及共聚物有较好基础；挤出类产品生产设备有比较优势。随着市场范围的不断开拓，部分塑料制品生产企业向其上游塑料原料的生产领域发展，如塑料编织袋生产企业投资生产聚丙烯粉料，配套产业链日趋完善。“十二五”末，全行业共有中国名牌5个、山东名牌产品62个、中国驰名商标3个 、山东省著名商标43个。

3. 产业集聚发展，规模效应明显

“十二五”末，全省塑料行业共有国家级特色区域和产集群12个，省级6个。18大产业基地以塑料编织、农膜、PVC增强软管、管材、塑料绳网等产品为主，分布在淄博、昌乐、聊城、德州、滨州、枣庄等地，汇集了2270多家企业，从业人员12万多人，全部生产能力560万吨。2015年度

完成产量 350 万吨，实现主营业务收入 580 亿元。特色区域和产业集群的培育发展，为山东塑料工业的规模和竞争力注入了新动力，不仅有力地推动了当地塑料产业的壮大发展，还促进了区域经济发展和社会进步。

（二）存在的问题

我省塑料产业虽然规模总量处于全国领先地位，但与南方省份相比，在研发投入、品牌建设等方面还存在一些差距。

(1) 产业大而不强，高端品牌和龙头企业少，发展受制于上下游产业。在全省万余家塑料制品生产企业中，85% 以上为中小型企业，规模以上企业仅占企业总数的 10%，企业单体抗风险能力及市场竞争能力较弱，总体呈现大而不强态势。在企业规模、品牌知名度等方面，与广东、浙江、江苏等省份相比均有一定差距。我省塑料行业的整体发展受制于上下游产业，汽车、家电、电子行业是注塑行业的重要客户端，我省虽是家电产业大省，但受模具产业水平制约和相关配套产业不健全的影响，对本省塑料注塑行业的拉动作用没有发挥出应有的水平。

(2) 研发投入不足，新材料研发滞后。一是我省塑料企业技术改造投入不足，设备改造更新缓慢，产品单耗高、浪费大，资源利用率低；科研开发投入比重低，龙头企业研发费用投入占比不足 2%，研发投入总体不足。二是高技术产业发展缓慢，不能满足汽车、家电、医疗、航空航天、高铁、海洋等快速发展行业领域对塑料新材料的高要求、高需求。三是由于研发投入及政策扶持的落后，新工艺、新材料、新技术研发和推广应用不足，高新技术产业增加值占整个行业生产总值的比重仅为 3.5% 左右，远低于发达国家和新兴工业化国家以及发达省份水平。

(3) 高级技术人才短缺，自主创新能力弱。一是企业普遍存在人才培训体系不健全、供给短缺等问题，企业管理人才、设计人才及高级技工匮乏等问题较大，招工难、留人难现象比较突出。我省塑料行业万余家生产企业的 65 万员工中，技术员工仅占 1/3 左右且多为初级工，技工、技术员、工程师和高级工程师仅占 4% 左右；80% 的企业缺少高端研发人才和高技能操作员工。二是劳动力成本不断上涨，企业用人成本压力较大。三是自主创新能力弱，省级及以上企业技术研发中心数量 12 个，数量、实力与浙江、广东等省份相比差距较大。

(4) 产业和产品结构不合理。一般产品相对过剩与技术含量高、附加值大的产品短缺同时并存。低附加值产品（如农地膜、编织制品、普通管材、PVC 塑胶手套等）比重偏大，高技术含量、高附加值的产品（汽车、家电、医疗、航空航天、高铁、海洋等行业领域配套产品）比重偏低；挤拉吹工艺产品比重大，附加值高的注塑产品比重较小；制品加工能力过大，专用设备及模具加工能力不能满足制品生产的需要，在主要塑料产品企业中，80% 以上的产品产能利用不足。在全省全部塑料制品总产量中，日用制品、包装、泡沫塑料、板片材、型材等分别占比仅为 5% 左右，比重过低。产品同质化现象突出，档次不高，附加值较低，许多高档塑料制品仍然需要从外省市或外国调入。企业产品品种更新换代以及具有地方特色和地域特征的创新产品发展缓慢，不符合整体行业发展水平。

(5) 塑料机械、塑料模具等配套产业落后于塑料制品加工。塑料机械是为塑料制品提供加工装备的，是整个塑料产业中最能体现核心技术价值的领域，也是最能影响我省塑料产业快速发展的领域。目前，我省塑料机械产业发展落后于塑料工业，不能满足塑料工业较大的市场需求。我省现有塑料制品加工企业 80% 以上的装备来源于国产塑料机械，其中先进设备仅占 20%-30%，而所获得的销售收入只有 20%，同样数量的出口产品价值仅为进口产品价值的 1/2 左右。

（三）“十三五”发展主要目标

1. 总体目标

到 2020 年，全省塑料行业规模以上企业主营业务收入达到 4225 亿元，年均增长 8%；利润总额 260 亿元，年均增长 7%。

2. 产业结构明显优化

完善挤出和注射等塑料产业链条，加续续表表强塑料机械、模具产业配套能力和上下游合作程度，提高塑料模具的设计和加工水平，增加高技术含量、高附加值的注塑产品比重。

3. 整体研发投入逐步增加

塑料制品加工企业设计研发和产权保护意识明显提高，自主研发和合作研发投入加大，龙头企业建立起比较成熟的自主研发团队或平台。到 2020 年，全省塑料制品业研发费用投入平均占比达 3%，龙头企业研发费用投入占比达到 5%，行业技术研发平台达到 5 个，省级及以上企业技术研发中心数量达到 15 家。

4. 品牌优势明显提升

企业品牌建设成绩明显，企业差异化定位更加清晰，产品档次及品牌包装明显升级。到 2020 年，中国驰名商标达到6个、山东名牌产品达到80个，山东省著名商标达到60个。

5. 产业集群综合实力进一步增强

国家级和省级塑料产业集群规划更加合理，业态布局更加完整，产业链配套更加完善，集群内公共技术、人才、贸易、电子商务等平台更加成熟。到2020年，国家级产业集群达到15个，省级产业集群达到8个。

（四）“十三五”发展重点

重点发展领域：材料领域；制品领域；装备制造领域；加工工艺领域。

重点发展产业和产品：农用塑料；塑料包装材料；塑料建材；工程塑料；汽车用塑料；塑料及轻量化新材料；日用塑料制品。

重点发展技术：创新思维，改造和替换传统生产加工技术；循环经济、资源代替和拓展技术；塑料新材料技术；塑料机械、模具的设计加工技术。

重点培育发展产业集群：围绕区域特色产品，着力发展特色区域经济。巩固发展现有的12个国家级和6个省级产业集群；重点培育淄博一次性塑胶手套、泰安和莱芜塑料土工合成材料、临沂塑料小商品的生产与销售等产业基地；重点引导、规范莱州、昌乐、莒县、章丘等地的塑料再生资源利用产业，通过产业园区建设，将塑料再生资源利用企业引入园区，规范管理，借以减轻环保压力。重点培育济南、章丘、青岛等塑料模具加工集群建设。

（山东省塑料协会 刘丰田）

湖南省

湖南省塑料行业协会在上级主管部门重视与支持下，在中国塑料加工工业协会（以下简称中国塑协）的指导与帮助下，坚持以邓小平理论和“三个代表”重要思想为指导，全面落实科学发展观，认真贯彻党的“十七”大和“十八”大以来各次会议精神，在全体会员共同努力下，工作取得了良好成绩。全省塑料行业规模以上企业数从2009年的226家，发展到2014年341家，到2015年超过350家；规模以上企业塑料制品产量从2009年的61.09万吨，发展到2014年158.75万吨，到2015年超过160万吨；利税总额从2009年的近10亿元，发展到2014年的51.68亿元，2015年超过55亿元。在全国同行业中，主要经济指标增量和增幅排名均靠前，各项工作受到上级和中国塑协的肯定与表扬。从2010年到2015年六年来协会主要工作和重大活动如下。

一、认真宣贯国家方针政策，积极为业内企业服务

（1）及时将党和政府的产业政策、文件精神和相关会议报道，通过协会“湖南塑料网” 和《湖南塑协通讯》期刊转载发布，让业内企业了解和掌握相关政策信息，以更好地指导企业推动和规范开展工作。

（2）着力办好“湖南塑料网” 和《湖南塑协通讯》期刊，适时更新和充实相关内容，及时报道行业动态，发布行业信息，推介市场行情，扩大信息量，并努力确保信息的实用和准确度，为振兴与促进湖南塑料工业发展做好宣传导向和舆论报道工作。

（3）积极利用“湖南塑料网” 和《湖南塑协通讯》期刊以及相关会议平台，坚持宣传和推介会员单位情况、发布会员单位新产品成果与信息、发布业内企业招商引资项目与动态，努力扩大企业影响，提升企业知名度，促进行业发展。

（4）热情做好业内外企业来人咨询接待工作。一方面，协会秘书处做到了态度热情，平易近人，和蔼可亲，给来宾以良好印象和协会确实是会员之家的感觉；另一方面，有求必应，力所能及地释疑解惑、解答所询事宜，帮助做好所询之事，努力使来人高兴而来满意而去；同时对即便一时把握不准、掌握不好、说不清、讲不透、难以解答的事宜，也不直接拒绝，而是及时向秘书长和理事长报告，请领导出面答解，尽力做好相关服务工作。

（5）适时走访会员单位，开展调研工作，主动收集和听取意见。一方面，坚持加强企业与协会之间的交流，征询会员单位对行业发展和协会工作的意见与建议；另一方面，实地调研会员单位情况，了解和掌握会员单位及业内企业第一手资料，以更好地服务和帮助业内企业发展；同时，结合企业招商引资、新产品开发、技术咨询、信息服务等工作，积极为企业牵线搭桥、献计献策、排忧解难。6年多来，先后走访和实地考察了湖南路路通塑业股份有限公司、株洲湘瑞塑料建材有限公司、湖南金悦降解塑料制品有限公司、湖南四联创业新材料科技有限公司、常德七星泰塑业有限公司、湖南映鸿科技有限公司、神塑科技有限公司等数十家企业。走访及考察采取听汇报和现场观摩等多种形式，既听取企业负责人对企业发展、技术创新和深化改革等方面的整体情况介绍，又实地参观企业现场，包括环境、工艺流程、设备、产品等环节，通过走访及调研，做到真实、准确掌握企业情况，对面上的工作心中有数，从而更好地指导和搞好行业服务工作。

二、继续通过承办、协办或参加国内各种大型会议、展览，向外界推介湖南塑料行业，扩大协会影响，促进行业发展

（1）2010年，协会与中国塑协管道专委会和湖南神塑科技有限公司历经3个多月时间沟通、筹划、磋商，于当年5月协助中国塑协管道专委会年会在长沙隆重召开。出席此次会议的有政府相关领导、机构和协会多名负责人，来自中国塑协管道专委会会员单位和国内外管道生产企业及上下游企业、相关媒体、检测机构、认证组织、相关协会代表等400多人。据管道专委会王占杰秘书长介绍，这是历年来参会人数最多、最隆重的一次。会议为塑料管道上下游企业提供了良好沟通交流平台；会议提出的新技术、新产品、新观念给参会代表带来了启示；会议成功召开为中国塑料管道行业健康发展指明了方向。

（2）2014年12月，中国塑协首届“中国国际塑料新材料、新技术、新装备、新产品展览会”在广州保利展览馆隆重开幕，该次展览会设立了以产学研交流专区为代表的各专业展区，具有鲜明特色，协会秘书处通过与中国塑协沟通，获赠一个免费展区，经过精心布置，对外展示湖南塑料行业的特色、优势和发展，并专区介绍了湖南“十大”名牌企业。同时，协会组织湖南五祥新材料科技有限公司、湖南科天新材料有限公司等单位参展，收到了良好效果。

（3）积极参加中国塑协及其下属分支机构组织召开的相关会议、论坛与活动。2011年5月，省塑协参加了中国塑协第六届会员代表大会及换届选举大会，在这次会议上再次当选中国塑协副会长单位；7月，参加中国塑协技术协作委员会第六届中国塑料工业高新技术及产业化研讨会论坛暨2011中国塑协塑料技术协作委员会年会、技术交流会，协会领导在大会上作了重要学术报告；2012年5月，翦建政理事长出席全国塑料行业协会峰会；7月，协会组织参加了中国塑协塑料技术协作委员会在黑龙江哈尔滨举办的第七届中国塑料工业高新技术及产业研讨会暨2012中国塑协塑料技术协作委员会年会、技术交流会/中国塑协注塑制品专委会二届六次年会，省塑协作为副理事长单位参与讨论关于换届工作方案，作了重要学术报告；9月，省塑协组织会员单位参加了台州第12届中国塑料交易会及浙江省塑料行业发展论坛；2013年5月，翦建政理事长出席中国塑协第六届三次理事会扩大会议暨塑料加工业技术应用论坛，率员参观第二十七届中国国际塑料橡胶工业展览会；8月，协会派员参加了中国塑协塑料技术协作委员会第八届中国塑料工业高新技术及产业化研讨会论坛暨2013中国塑协塑料技术协作委员会年会·技术交流会；2014年，协会领导出席了中国塑协六届八次常务理事扩大会议；2015年10月，翦建政理事长参加了由中国塑协主办、中国塑协专家委员会和山东通佳机械有限公司承办的“2015塑料新材料、新技术、新成果交流会暨中国塑协专家委员会三届三次年会”等，利用各种会议机会，主动加强业内科研、企事业单位间的联系，进行政策咨询、经济和技术信息交流，广交朋友，融洽相互关系，以利于促进行业发展。

（4）国际橡塑展是橡塑行业最具影响力的展会，是亚洲第一国际橡塑展。历届展会引进的国内外展商多，展品琳琅满目，不仅仅展示产品和新型先进装备，更多的是技术交流，成为了解行业最新资讯平台。每年展会前，协会都提前通过各种渠道告知省内企业相关信息，并且主动组织有意愿的会员单位集体前往参观展览，不少企业从中获得新技术，采购到新设备，引入新的工艺和方法，或多或少都取得收获。

（5）浙江省塑料行业一直在全国排列前茅，台州塑料企业多达11000多家，影响极大，享有“模具之乡”美誉，我省协会领导和秘书处坚持参加了历届台州国际塑料展会和亚洲塑料论坛。并且，在会后及时通过信息平台将会展与论坛情况反馈给省内相关企业。

三、协助和配合政府部门，发挥好企业与政府联系的纽带作用

六年多来，我会始终与政府相关部门保持和建立长期联系，为政府管理行业、制订行业政策与发展规划出谋献策，在发挥企业和政府纽带与桥梁作用上，突出做好了以下几方面工作：

（1）积极向政府有关部门推荐省内知名企业。为促进行业健康、持续发展，秘书处积极向相关部门推荐省内知名企业参与各种荣誉称号的评选，以及为保护好省内企业的权益，积极为企业向有关部门行文和派员反映诉求。2010 ～ 2014 年，共推荐 20 余家企业参与“中国名牌”、“湖南名牌”、“著名商标”等荣誉评选。

（2）认真完成上级和省有关部门安排的工作任务。2010 年以来，连年应省经济和信息化委员会的要求，参加湖南省轻工业信息化建设座谈会，就行业信息化建设提出看法，并协助完成相关资料编辑，组织省塑料行业部分企业参加由省经济和信息化委员会举办的“两化融合”培训班；2011 年，根据省轻工行业管理办公室的指示，编辑报送了《湖南省塑料行业发展概况》调查报告；11 月，参加了由省轻工行业管理办公室主持的“全省轻工业经济运行座谈会”，会上依据省塑料行业的特点向主管部门提出了建议与意见；2012 年 12 月，翦建政理事长出席由省轻工行管办主持的“2012 年行业运行情况及 2013 年行业发展趋势汇报座谈会”，对湖南 2012 年塑料行业发展情况做了报告，并对 2013 年行业发展提出了意见和建议；协会领导多次参加全省轻工业经济运行座谈会，并在会上依据我省塑料行业的特点和要求，向主管部门提出建议与意见；每年都按照轻工行管办的要求报送行业经济运行情况总结报告；对省民政厅民间组织管理局每年布置的工作与任务，也做到尽心尽力及时认真完成；2013 年 5 月，中国塑协常务副理事长曹俭先生来湘调研检查工作，翦建政理事长陪同到汨罗市工业园湖南五祥新材料科技有限公司进行考察调研，五祥科技许平桂董事长介绍了各类产品和生产流程，陪同参观公司各专业生产车间和成品仓库，曹俭副理事长对五祥科技的投资规模与发展速度和湖南塑协工作给予了充分肯定。

（3）积极向上级有关部门推荐优秀个人评选与任职。2012 年，何斌同志被推荐评选为全国轻工行业劳动模范；2013 年，向中国塑料技术协作委员会专家委员会新推荐并获批准 4 位专家；向省内多家大专院校推荐多名行业专家与企业负责人到校企联盟担任兼职教授。

（4）认真编写《中国塑料加工业发展史·湖南篇》，积极完成中国塑协部署交办的任务。根据中国塑协 [2014] 第 018 号通知和 [2014] 第 048 号邀请函精神，湖南塑协成立了以翦建政会长任组长的《中国塑料加工业发展史·湖南篇》编写领导小组，成员包括潘小梅秘书长、李科平、黄钧副秘书长、龙洁和张腾飞同志（由李科平副秘书长执笔，潘小梅秘书长校对，翦建政会长审核，其余人员参与资料收集、文印、修改等工作），2014 年 8 月开始，按照中国塑协关于地方篇书写的统一模式和要求，以及湖南塑协制定的工作计划，循序渐进、有条不紊地全面启动了《中国塑料加工业发展史·湖南篇》编写工作，经过一年多资料收集、调查研究、酝酿起草、征求意见、反复修改，终于 2015 年 9 月形成正式文稿，并于 12 月初正式报送中国塑协。该文撰写过程中，主要参考了《湖南省志》、《湖南统计年鉴》、《中国塑料工业年鉴》、《湖南省城镇集体工业联社组织沿革》、《湖南二轻》、《湖南塑协通讯》、《湖南塑料》等文献资料，同时，在湖南省档案馆多次查阅、复印和收集了大量相关文件与资料信息。编写过程中，得到原湖南省二轻工业厅彭渭坊副厅长、聂宏副厅长、鄢德顺处长和原湖南省塑料公司经理傅承泉提供相关信息、热情指导和修改、帮助，有相当程度准确性，系我省塑料行业较全面和较准确的参阅资料。

（5）开展行业评先评优活动，激励和推动行业发展。2013 年，适逢湖南塑协成立十周年，为了着力推介我省塑料工业名牌企业和企业家，提升我省塑料产品知名品牌和美誉度，彰显全省塑料行业杰出人物风采，推动和促进湖南塑料工业发展，在国内外市场大力弘扬湖南塑料工业品牌， 4 月 19 日协会秘书处在湖南汨罗汨罗江大酒店组织召开了湖南省塑料行业协会副会长（扩大）会议，汨罗市人民政府王敏求副市长、工业和信息化局郑智局长、翦建政理事长、潘小梅秘书长及副理事长单位代表 40 余人出席大会。会议由翦建政理事长主持。与会代表认真讨论了 2013 年开展行业评优活动方案，一致审议并通过了协会秘书处提出在全省范围内开展湖南塑料行业首届评先活动的提案，即《湖南省塑料行业评先活动办法》。4 月 26 日协会秘书处按照会议精神签印发了《关于举办湖南省塑料行业评先活动的通知》｛湘塑协【2013】第 005 号｝文件，同时报送湖南省轻工行业办公室，并以邮寄和网络形式通知到全省业内企业。组委会秘书处热情接待来人、来电、来信咨询事宜数十余起，指导推荐单位或自然人如何按照评优办法要求规范填报推荐材料。5 月初，正式启动首届评先活动，组成首届评先活动组织委员会和秘书处，在“湖南塑料网”和《湖南塑协通讯》期刊上同步对外公布具体评选办法。9 月初，依照评先办法程序，组委会秘书处对参评单位和个人资格及报送材料进行初审与汇总，随后秘书处工作人员在组委会翦建政主任及潘小梅秘书长的带领下，前往相关企业进行实地考察了解，以掌握真实情况，确保参评资料的真实性。2013年12月，组委会秘书处在省塑料研究所召开会议，通报了前期材料初审和实地考察情况，会上，参会人员一致认为本次评选不仅考虑了企业和个人在行业内的突出表现，同时还兼顾了产业门类与地域分布。因此，秘书处在此基础上对参评单位和个人资格及报送材料进行最终初选汇总，形成行业十大杰出人物、十大名牌企业、优秀个人、优秀企业推荐名单及材料，经评选活动组织委员会审定，分别在“湖南塑料网”和《湖南塑协通讯》期刊公示。2014年3月，产生了株洲时代新材料科技股份有限公司、株洲湘瑞塑料建材有限公司、省塑料研究所、湖南平桂制塑科技实业有限公司、湖南路路通塑业股份有限公司、湖南科天新材料有限公司、湖南天一制造技术有限公司、湖南长丰汽车塑料制品有限公司、湖南四联创业新材料科技有限公司、湖南金悦降解塑料制品有限公司十大名牌企业（排序不分先后）和王小红、邓凯桓、许平桂、张献斌、邹黎明、范丁、覃正东、熊建华、潘小梅、戴毅明十大杰出人物（排名不分先后），以及优秀个人、优秀企业，对评选出的企业和个人分别进行了表彰，颁发了证书，授予了奖牌。

（6）协会秘书处每年还认真地完成了中塑协布置的中国塑料工业年鉴—湖南篇的编写工作，反映湖南省塑料行业发展情况大事记。

四、加强协会自身建设，促进协会与行业共同发展

（1）按照省民政厅行业管理办公室要求，2012年成立了“中共湖南省塑料行业协会支部委员会”，并获得中共湖南省社会组织工作委员会授牌。通过建立和完善协会党组织建设，既加强了协会秘书处思想政治工作和精神文明建设，实现工作“两手抓、两手硬”，又促进了协会组织体系健全与协调发展，提升了协会为企业和行业服务的工作质量与自觉性。

（2）继续积极主动发展新的会员单位，扩大协会影响。协会的发展依托于上级领导部门正确领导和会员队伍的充实、巩固、壮大与鼎力支持，需要有新鲜血液的补充与注入。随着协会地位与影响的提高，协会会员企业得到扩展，6年多来，新发展会员单位10余家。这些企业大都是我省规范以上工业企业，或是省内颇具代表性兼具一定影响的企业。

（3）强化制度建设和规范化管理。协会秘书处制度健全，分工明确，各项工作规范有序，做到了严格按章办事，重大事项坚持事前集体商议和民主决策，实现了各项工作有条不紊、严谨、高效和良好运行。

（4）多渠道筹措资金，严控费用开支，确保协会各项工作正常运转。一方面，按时收取会费，做到应收、及时尽收；另一方面，积极向省科技厅申报《塑协通讯改版提质》项目，争取获得经费支持；同时，坚持主动为雅式展览服务公司提供宣传服务，持续获得佣金支持；再者，积极争取会员单位资金赞助和物资支持。其中，中石化西南分公司等单位，除积极缴纳会费外，还在资金与物资方面提供了一定的支持。通过多渠道、多途径筹资创收和严控费用支出，实施增收节支并举措施，收到了明显效果。

（5）积极学习和了解先进省市协会工作经验，取长补短，着力提升自身服务能力和水平。先后与广东省、深圳市、台州等地区塑料行业协会建立联系，通过协会间的相互交流，学习和借鉴先进协会的工作经验，开拓视野，增长知识，扩大湖南塑协在全国的影响。

（6）协会工作平台得到进一步提升和巩固。2010年8月，湖南塑协获得首批省经济和信息化委员会授予的“湖南省中小企业核心服务机构”殊荣；2011年5月，在中国塑协第六届代表大会暨换届选举大会上，再次当选为中国塑协副会长单位；12月为顺应创新发展潮流，加快培养高分子材料专业人才和适应行业对用工的需求，联合湖南省塑料研究所、湖南科技职业学院、湖南路路通塑业有限公司、湖南神塑等30余家知名院校和企业成立了校企联盟，翦建政理事长担任校企联盟理事长。一系列荣誉和资质的取得，使协会在全国塑料行业中的知名度和影响力得到较大提升。

五、承接产业转移，加强区域经济，着力推介湖南（湘阴）轻工产业园

一是广泛宣传。利用“湖南塑料网”和《湖南塑协通讯》期刊，连续滚动、多期、多形式推介报道湖南（湘阴）轻工产业园情况，做好承接产业转移、加强区域经济建设服务工作。

二是组织相关企业亲临湖南（湘阴）轻工产业园参观，实地了解和掌握产业园情况。

三是主动加强与省轻工业行业管理办公室和湖南（湘阴）轻工产业园管委会的联系、协商与合作，努力为产业园入园企业牵线搭桥。

六、热情认真做好秘书处日常工作，促进协会各项工作协调开展

（1）坚持办好“湖南塑料网”和《湖南塑协通讯》期刊，适时充实和更新内容，更换版面，使之更好地成为政策法规报道、市场信息传达、企业和产品宣介、行业动态、招商引资、论文发表、学术交流和会员之声报道的平台，着力提高业内外企业参与积极性、利用频率和实用价值。

（2）每年按时按要求保质完成省轻工行管办、省民政厅、省社会组织工作委员会、中国塑协等上级有关单位交办的各类统计报表编报、塑料年鉴（湖南篇）和行业调查材料撰写与上报等方面的工作。

（3）坚持做好各方面来电、来函、来信咨询服务工作，做到及时处置函件，无一积压，工作受到了业内外同仁的广泛称赞与好评。

（4）遵章守纪、遵纪守法，自觉抓好行业自律工作。通过 “湖南塑料网” 、《湖南塑协通讯》期刊、召开会议和个别谈话等多种方式方法，大力宣传、强调和抓好依规经营、遵纪守法行业自律工作，全行业没有出现违法违纪情况。

（5）2011 年 5 月，与中国石油西南化工公司湖南分公司联手展开全省塑料行业企业调查，对省塑料行业企业名录作了新的修订，为政府有关部门和业内外企业查阅相关信息提供了准确、直接、可靠的依据。

（ 湖南省塑料行业协会　龙洁）

广东省

一、基本情况

1. 行业规模

2015 年，全省塑料制品制造业汇总统计规模以上企业数 2873 个，从业人员平均数 73.0 万人，规模以上企业资产总计 2719.4 亿元，塑料制品产量 976 万吨，产值 4318.6 亿元，主营业务收入 4083.3 亿元，利润总计 196 亿元。全年规模以上企业数、企业资产总计均比上年有所增加。塑料鞋制造业数据未计入塑料制品制造业，主要数据：规模以上企业数 294 个，企业资产总计 97.7 亿元，从业人员平均数 6.6 万人，产量 192218.5 万双，产值 436.2 亿元，出口交货值 144.33 亿元，主营业务收入 427.7 亿元。

2. 塑料制品产量

2015 年，全省塑料制品总产量 976 万吨，同比 -1.5%，产量占全国比重 12.91%，比上一年降低 0.35%。其中，在列入统计的分类产品中：塑料薄膜产量 165.2 万吨，同比持平，占全国同类产品比重 12.58%，比上一年提高 0.03%，占全省总产量比重 16.93%。泡沫塑料产量 40.4 万吨，同比 -8.6%，占全国同类产品比重 16.47%，比上一年降低 0.38%，占全省总产量比重 4.14%。人造革合成革产量 24.39 万吨，同比 -2.7%，占全国同类产品比重 7.09%，比上一年提高 0.05%，占全省总产量比重 2.50%。日用塑料产量 132.1 万吨，同比 -2.7%，占全国同类产品比重 22.3%，与上年持平，占全省总产量比重 13.53%。其他塑料产量 614.0 万吨，同比 -1.05%，占全国同类产品比重 12.12%，比上年降低 0.45%，占全省总产量比重 62.90%。

2015 年广东省塑料制品产量同比 -1.5%，列入产量统计的 5 个分类产品产量全部负增长，为历年来首次。由于广东塑料制品产量基数大，总产量及主要分类产品产量仍占全国较大比重，居全国省份前列，其中总产量及塑料薄膜、泡沫塑料产量居省份第 2，日用塑料、其他塑料产量居省份第 1，人造革合成革产量居省份第 4。广东是全国塑料制品产量大省。

3. 塑料制品产值、销售产值

2015 年，全省塑料制品产值 4318.6 亿元，同比 +5.29%，销售产值 4213.6 亿元，同比 +4.37%，其中列入统计的 9 个分类产品：塑料薄膜产值 559.3 亿元，同比 +1.21%，销售产值 544.6 亿元，同比 +0.20%。塑料板、管、型材产值 409.5 亿元，同比 -1.29%，销售产值 402.6 亿元，同比 -0.99%。塑料丝、绳及编织品产值 153.4 亿元，同比 +8.11%，销售产值 148.1 亿元，同比 +6.47%。泡沫塑料 137.4 亿元，同比 -6.74，销售产值 134.5 亿元，同比 -7.24%。人造革合成革产值 131.7 亿元，同比 +6.36%，销售产值 130.2 亿元，同比 +6.11%。塑料包装箱及容器产值 328.6 亿元，同比 +5.45%，销售产值 324.7 亿元，同比 +6.20%。日用塑料产值 583.0

亿元，同比 +8.24%，销售产值 567.5 亿元，同比 +8.15%。塑料零件产值 573.0 亿元，同比 +6.36%，销售产值 555.2 亿元，同比 +5.67%。其他塑料产值 1442.7 亿元，同比 +7.09%，销售产值 1406.3 亿元，同比 +6.18%。

2015 年全省塑料制品在产量负增长的情况下，产值实现较高增速，9 个分类产品中，塑料丝、绳及编织品、日用塑料、其他塑料、塑料零件、人造革合成革、塑料包装箱及容器产品产值均实现 5% 以上较高增长，只有泡沫塑料产值呈较大负增长。

4. 产品出口交货值

2015 年全省塑料制品累计实现出口交货值 975.4 亿元，同比 -4.51%，占全国塑料制品出口交货值比重 44.49%，比上年降低 0.45%。其中列入统计的 9 个分类产品出口交货值分别为：塑料薄膜 80.6 亿元，同比 -8.18%，占全国同类产品比重 33.91%，比上年提高 0.83%。塑料板、管、型材 82.0 亿元，同比 -9.16%，占全国同类产品比重 37.34%，比上年降低 3.18%。塑料丝、绳及编织品 25.8 亿元，同比 -13.65%，占全国同类产品比重 22.07%，比上年降低 2.63%。泡沫塑料 17.0 亿元，同比 -16.81%，占全国同类产品比重 44.16%，比上年降低 3.02%。人造革合成革 18.0 亿元，同比 +10.23%，占全国同类产品比重 27.31%，比上年提高 5.33%。塑料包装箱及容器 46.0 亿元，同比 +4.12%，占全国同类产品比重 35.33%，比上年提高 3.02%。日用塑料 186.8 亿元，同比 -5.56%，占全国同类产品比重 39.59%，比上年降低 1.47%，塑料零件 196.1 亿元，同比 +4.79%，占全国同类产品比重 59.27%，比上年提高 2.94%。其他塑料 323.0 亿元，同比 -7.06%，占全国同类产品比重 55.52%，比上年降低 4.03%。

2015 年全省塑料制品出口交货值出现负增长，但幅度低于全国平均，其他塑料、塑料板、管、型材产品下滑明显，人造革合成革增幅较大。广东塑料制品出口交货值仍是全国最大省份，有 7 个分类产品出口交货值占全国同类产品比重在 30% 以上。

5. 塑料制品主营业务收入

2015 年全省塑料制品业主营业务收入 4089.3 亿元，同比 +3.3%，占全国总量比重 19.05%，比上年降低 0.27%。其中列入统计的 9 个分类产品主营业务收入分别为：塑料薄膜 533.3 亿元，同比 -0.5%，占全国同类产品比重 20.08%，比上年降低 0.26%，占全省 13.04%。塑料板、管、型材 393.6 亿元，同比 -1.5%，占全国同类产品比重 7.75%，比上年降低 0.95%，占全省 9.63%。塑料丝、绳及编织品 145.5 亿元，同比 +11.5%，占全国同类产品比重 4.86%，比上年提高 0.24%，占全省 3.56%。泡沫塑料 131.0 亿元，同比 -7.2%，占全国同类产品比重 14.20%，比上年降低 1.85%，占全省 3.20%。人造革合成革 127.7 亿元，同比 +5.6%，占全国同类产品 10.50%，与上年持平，占全省 3.12%。塑料包装箱及容器 311.1 亿元，同比 +4.2%，占全国同类产品比重 16.80%，比上年降低 0.58%，占全省 7.61%。日用塑料 553.8 亿元，同比 +7.6%，占全国同类产品比重 31.63%，比上年降低 0.15%，占全省 13.54%。塑料零件 543.0 亿元，同比 +4.8%，占全国同类产品比重 33.83%，比上年提高 0.14%，占全省 13.28%。其他塑料 1350.4 亿元，同比 +3.9%，占全国同类产品比重 39.75%，比上年降低 0.94%，占全省 33.02%。

2015 年广东省塑料制品业主营业务收入增幅高于产量增幅，略低于全国平均增幅，总收入占全国比重略有降低，但总量及占全国比重远大于其他省份。9 个分类产品中，日用塑料、塑料丝、绳及编制物、塑料零件、人造革合成革 4 个分类产品增幅高于全国同类产品，7 个分类产品主营业务收入占全国同类产品比重在 10% 以上，其中日用塑料、塑料零件、其他塑料 3 个分类产品主营业务收入占全国同类产品比重三分之一以上。

6. 利润总额

2015 年全省塑料制品业利润总额 196.0 亿元，同比 +1.8%，占全国比重 15.05%，比上年降低 1.39%，9 个分类产品分别为：

塑料薄膜利润 26.7 亿元，同比 +3.5%，占全国同类产品比重 19.03%，比上年降低 1.57%，占全省 13.62%。塑料板、管、型材利润 16.6 亿元，同比 -23.1%，占全国同类产品比重 4.89%，比上年降低 3.21%，占全省 8.47%。塑料丝、绳及编织物利润 9.8 亿元，同比 +38.0%，占全国同类产品比重 5.21%，比上年提高 1%，占全省 5.0%。泡沫塑料利润 5.5 亿元，同比 +14.6%，占全国同类产品比重 8.87%，比上年提高 0.32%，占全省 2.80%。人造革合成革利润 8.2 亿元，同比 +5.1%，占全国同类产品比重 11.25%，与上年持平，占全省 4.18%。塑料包装箱及容器利润 15.1 亿元，同比 -1.3%，占全国同类产品比重 12.44%，比上年降低 1.32%，占全省 7.70%。日用塑料利润 25.3 亿元，同比 +12.9%，占全国同类产品比重24.73%，比上年提高0.21%，占全省12.91%。塑料零件利润15.9亿元，同比-22.8%，占全国同类产品比重20.28%，比上年降低9.34%，占全省8.11%。其他塑料利润72.8亿元，同比+8.5%，占全国同类产品比重36.87%，比上年降低1.25%，占全省37.14%。

2015年广东省塑料制品业利润增幅小于全国平均增幅，但高于本省产量增幅，利润总量及占全国比重仍居省份首位。塑料丝、绳及编织品、日用塑料、泡沫塑料利润增幅高于全国同类产品增幅，下降幅度最大的是塑料板、管、型材、塑料零件等。塑料薄膜、日用塑料、塑料零件、其他塑料类产品利润占全国同类产品比重在20%以上。

7. 主营业务收入利润率

2015年广东省塑料制品行业主营业务收入利润率为4.8%，比上年降低0.14个百分点，比全国平均低1.27个百分点。

9个分类产品主营业务收入利润率分别为：塑料薄膜5.0%，比上年提高0.06个百分点，低于全国同类产品0.28个百分点。塑料板、管、型材4.22%，比上年降低1.63个百分点，低于全国同类产品2.46个百分点。塑料丝、绳及编织品6.73%，比上年提高1.06个百分点，高于全国同类产品0.44个百分点。泡沫塑料4.20%，比上年提高0.91个百分点，低于全国同类产品2.52个百分点。塑料人造革合成革6.42%，比上年提高0.18个百分点，高于全国同类产品0.42个百分点。塑料包装箱及容器4.85%，比上年降低0.16个百分点，低于全国同类产品1.71个百分点。日用塑料4.57%，比上年提高0.27个百分点，低于全国同类产品1.28个百分点。塑料零件2.93%，比上年降低1.32个百分点，低于全国同类产品1.93个百分点。其他塑料5.40%，比上年提高0.26个百分点，低于全国同类产品0.42个百分点。

2015年广东省塑料制品行业主营业务收入利润率低于全国平均，分类产品中仅主营业务收入和利润占比较小的塑料丝、绳及编织品和人造革合成革主营业务收入利润率略高于全国平均，其余分类产品中主营业务收入和利润总量占比较大的产品主营业务收入利润率全部低于全国平均。下降较大的是塑料零件和塑料板、管、型材类产品。塑料制品加工行业基本处于低利、微利状态运行。

8. 塑料制品行业亏损面

2015年汇总统计广东塑料制品行业规模以上企业2873个，其中亏损企业430个，同比+17.8%，企业亏损面14.97%，亏损额20.8亿元，同比+28.4%。9个分类产品分别为：塑料薄膜企业数320个，亏损企业43个，同比-12.2%，企业亏损面13.44%，亏损额3.0亿元，同比+28.6%。塑料板、管、型材企业224个，亏损企业38个，同比+18.8%，企业亏损面16.96%，亏损额0.9亿元，同比+28.6%。塑料丝、绳及编织品企业数101个，亏损企业11个，同比-35.3%，企业亏损面10.89%，亏损额0.3亿元，同比-50.0%。泡沫塑料企业数162个，亏损企业26个，同比+73.3%，企业亏损面16.05%，亏损额0.5亿元，同比-16.7%。塑料人造革合成革企业数53个，亏损企业4个，同比持平，企业亏损面7.55%，亏损额0.2亿元，同比持平。塑料包装箱及容器企业数258个，亏损企业37个，同比+5.7%，企业亏损面14.34%，亏损额1.8亿元，同比+5.9%。日用塑料企业数423个，亏损企业58个，同比+13.7%，企业亏损面13.71%，亏损额1.5亿元，同比持平。塑料零件企业数381个，亏损企业69个，同比+15.0%，企业亏损面18.11%，亏损额6.8亿元，同比+183.3%。其他塑料企业数951个，亏损企业144个，同比+41.2%，企业亏损面11.98%，亏损额5.8亿元，同比-1.7%。

2015年广东省塑料制品企业亏损面、亏损额比上年均有所增加，增亏企业较多的是其他塑料、泡沫塑料、塑料板、管、型材类产品企业，亏损额增幅较大的是塑料零件、塑料板、管、型材类产品企业。塑料薄膜类、塑料丝、绳及编织品类亏损企业实现较大幅度减少，塑料丝、绳及编织品类、泡沫塑料类企业产品亏损额实现较大幅度降低。

9. 塑料制品行业企业资产

2015年广东省塑料制品行业汇总统计规模以上企业2873个，资产总计2719.4亿元，同比+3.9%，规模以上企业平均资产9465.4亿元，比上年+3.49%，分类产品规模以上企业平均资产为：塑料薄膜企业数320个，资产总计406.4亿元，企业平均资产1.27亿元。塑料板、管、型材企业数224个，资产总计258.3亿元，企业平均资产1.15亿元。塑料丝、绳及编织品企业数101个，资产总计77.1亿元，企业平均资产0.76亿元。泡沫塑料企业数163个，资产总计80.2亿元，企业平均资产0.5亿元。人造革合成革企业数53个，资产总计72.0亿元，企业平均资产1.36亿元。塑料包装箱及容器企业数258个，资产总计288.6亿元，企业平均资产1.12亿元。日用塑料企业数423个，资产总计255.7亿元，企业平均资产 0.61 亿元。塑料零件企业数 381 个，资产总计 440.4 亿元，企业平均资产 1.16 亿元。其他塑料企业数 951 个，资产总计 840.7 亿元，企业平均资产 0.84 亿元。

2015 年广东省塑料制品规模以上企业资产总计略有增长，但企业整体规模偏小，尤其产品结构偏传统加工型的塑料丝、绳及编织品类、泡沫塑料、日用塑料类企业资产偏小。

二、存在问题

⑴ 十二五广东省塑料制品加工行业处于结构调整和发展方式转变期，塑料制品产量总量占全国比重呈逐年下降状态，产量占全国比重从 2011 年的 19.6% 降低至 2015 年的 12.91%，近 3 年平均增速为 5.8%，低于全国平均。2015 年首次出现负增长，占全国比重为历年最低，但由于基数大产量仍居省份前列，是塑料工业重要省份，列入统计的分类产品中，大多数属于广东优势产品，产量居省份前茅。

⑵ 广东省塑料工业行业结构调整期产品产值、主营业务收入、利润等几个重要指标，优于同期产量指标，近 3 年主营业务收入平均增速为 8.43%、利润平均增速为 12.88%，均大于产量增速，且接近或高于全国平均，行业发展质量提升。但 2015 年利润增速为历年最低，行业产品主营业务收入利润率低于全国平均，并低于中、西部省份。产品结构调整和优化仍有差距，企业运营综合成本偏高。行业从规模发展向质量、效益转型仍存在较大差距，产品结构调整需加大力度。

⑶ 广东省塑料制品行业企业规模“十二五”期间稳步提升，“十二五”期间规模以上企业资产总计平均年增长 6.25%，规模以上企业资产扩大，实力增强。但整体上塑料制品规模以上企业资产仍偏小，以中、小微型企业为主，产量占比较大的日用塑料企业平均资产为 6045 万元，泡沫塑料类企业平均资产 4920 万元。企业实力不强，创新能力偏弱。产业和企业规模数据向好，但优势产业集中度仍较低。

⑷ 个别优势产品效益下降过大，2015 年塑料板、管、型材类产品利润总额下降 23.1%，塑料零件类产品利润总额下降 22.8%，拉低全省整体数据，由于总额占全国同类产品比重大，对全国数据有较大影响，特别是塑料零件类产品，2014 年广东该产品利润全国同类产品占比达 29.62%，2015 年经历较大下降后，利润额占全国同类产品比重仍达 20.28%，对全国数据有较大影响。

（广东省塑料工业协会　符岸）

福建省

截至 2015 年底，全省塑料制品加工业拥有规模以上企业 617 家，比上年同期增加 11 家；从业人员 14.31 万人，比上年同期增加 0.5 万人。2015 年，全省规模以上塑料制品加工业企业累计实现工业总产值 1351 亿元，增长 12.8%，比上年同期上升 1.9 个百分点；实现主营业务收入 1294 亿元，增长 10.1%，比上年同期回落 0.2 个百分点，居全国第 6 位，位列广东、浙江、山东、辽宁、上海之后。塑料人造革与合成革、日用塑料、塑料薄膜分别实现主营业务收入 466.5 亿元、131.7 亿元、162.7 亿元，连续多年排名全国前 5 名，2015 年分别居全国第 1、第 4、第 5 位。规模以上企业累计实现出口交货值 148.6 亿元，增长 2.2%，比上年同期提高 6.6 个百分点，高于全国塑料制品行业平均增速 6 个百分点，位列广东、浙江、江苏之后，居全国第 4 位，占全国总量的 6.8%。规模以上企业累计实现利税总额 103.6 亿元，比上年同期上升 6.63%，位列广东、山东、浙江、江苏、河南之后，居全国第 6 位，占全国总量的 5.34%。

塑料制品行业近几年发展速度较快，增长速度一直保持在 10% 以上。2015 年在国际经济依然复苏乏力，国内房产建材市场进入长线调整周期的背景下，塑料制品业生产走弱，呈现产能过剩、生产放缓的态势。从 2015 年 9 月、10 月份开始，塑料产品需求出现疲软现象，由于当时原油价格暴跌，大宗商品价格开始持续下降，新料价格跌近回料价格，导致塑料需求增速下滑不明显。在办公用塑料制品及塑料家具可望实现良好增长的同时，低端塑料产业新装置的大规模投产，造成塑料板、片、膜、箔、扁条等塑料制品产能过剩。技术创新投入不足致使高端产品缺乏，高端产品进口依存度居高不下，部分塑料加工及合成技术尚不成熟等是当前行业现状。此外，目前塑料制品行业存在的融资难、融资贵问题以及贸易壁垒也阻碍了塑料制品行业的发展。

当前塑料制品出口多以中低端为主，随着劳动力成本不断攀升，成本优势已无法和东南亚等国家抗衡，再加上关税的不断调整，塑料制品不断受到价格低廉的进口产品挤压。低附加值、缺乏创意等因素也影响塑料制品出口。

（福建省经济和信息化委员会消费品工业处 吴维建）

云南省

一、行业现状

云南省的塑料产业主要以塑料制品加工为主，产业链上游产品有少量的聚氯乙烯树脂、聚甲醇树脂、填充母料和改性塑料生产，还有一个较小的模具制造业，没有塑料机械产品生产（20 世纪 80 年代初期，云南高峰机械厂生产农地膜机械，由于性价比差和企业自身因素逐步退出市场）。云南省的塑料产业规模普遍较小，工业总产值上亿元的企业有十家左右，是一个配套不完整、产业链较短的产业，与沿海和中东部各省区相比较落后。云南省塑料产业由无到有是从 1958～2015 年，这五十八年间，形成了以塑料板、管、型材制造，塑料薄膜制造，塑料丝、绳及编织品制造，塑料包装袋、箱及容器制造、泡沫塑料为主的支柱产业。

2015 年基本情况如下。

1. 行业规模情况

2015 年，云南省规模以上塑料制品企业有 91 家。其中，塑料薄膜制造 14 家，塑料板、管、型材制造 23 家，塑料丝、绳及编织品制造 28 家，泡沫塑料制造 7 家，塑料包装箱及容器制造 17 家，日用塑料 2 家。从业人数：1.02 万人。

2. 塑料制品产量

2015 年，全省塑料行业生产塑料制品 37.77 万吨，比上年增长 6.38%，占全国比例 0.5%。其中，塑料薄膜 12.28 万吨，比上年增加 6.44%，占全国比例 0.93%；农用薄膜 7.83 万吨，比上年增长 14.86，占全国比例 3.39%，占云南省塑料薄膜的 63.76%；工业用薄膜 4.45 吨，占云南省塑料薄膜的 36.24%；泡沫塑料 1.53 万吨，增长 12.60%，占全国比例 0.02%；日用塑料制品 0.07 万吨，比上年减少 71.04%，占全国比例 0.01%；其他塑料制品 23.89 万吨，比上年增加 6.80%，占全国比例 0.47%。

3. 经济指标完成情况

（1）工业总产值（当年价格）：73.72 亿元，其中塑料薄膜制造 17.77 亿元，塑料板、管、型材制造 26.13 亿元，塑料丝、绳及编织品制造 16.22 亿元，塑料包装箱及容器制造 9.12 亿元，泡沫塑料制造 3.86 亿元，其他塑料：0.62 亿元。

（2）工业销售产值（当年价格）：70.72 亿元，其中塑料薄膜制造 17.09 亿元，塑料板、管、型材制造 25.03 亿元，塑料丝、绳及编织品制造 15.38 亿元，塑料包装箱及容器制造 8.96 亿元，泡沫塑料制造 3.72 亿元，其他塑料 0.54 亿元。

（3）主营业务收入：65.67 亿元，其中塑料薄膜制造 16.36 亿元，塑料板、管、型材制造 21.27 亿元，塑料丝、绳及编织品制造 15.07 亿元，塑料包装箱及容器制造 8.98 亿元，泡沫塑料制造 3.45 亿元，其他塑料 0.54 亿元。

（4）资产总计：65.22 亿元，其中塑料薄膜制造 13.58 亿元，塑料板、管、型材制造 26.93 亿元，塑料丝、绳及编织品制造 16.70 亿元，塑料包装箱及容器制造 4.47 亿元，泡沫塑料制造 2.74 亿元，其他塑料 0.8 亿元。

（5）固定资产：17.83 亿元，其中塑料薄膜制造 2.72 亿元，塑料板、管、型材制造 8.19 亿元，塑料丝、绳及编织品制造 3.54 亿元，塑料包装箱及容器制造 2.01 亿元，泡沫塑料制造 0.95 亿元，其他塑料 0.41 亿元。

（6）利润总额：3.33 亿元，其中。塑料薄膜制造 1.14 亿元，塑料板、管、型材制造 1.60 亿元，塑料丝、绳及编织品制造 0.30 亿元，塑料包装箱及容器制造 0.28 亿元，泡沫塑料制造 0.009 亿元，其他塑料 0.001 亿元。

（7）应交税金：2.084 亿元，其中塑料薄膜制造 0.557 亿元，塑料板、管、型材制造 0.766 亿元，塑料丝、绳及编织品制造 0.367 亿元，塑料包装箱及容器制造 0.336 亿元，泡沫塑料制造 0.052 亿元，其他塑料 0.006 亿元。

4. 塑料产业布局

在市场需求、销售网络、交通条件和企业生存环境等客观条件下，云南省的塑料管道、塑料薄膜、塑料丝绳及编织袋行业、塑料包装箱及容器制造、泡沫塑料制造等制品行业产业布局相对集中。主要分布在昆明、玉溪、曲靖三市，占全省产量比例的 80%，其次是大理、红河、楚雄三州占 12%，其余州市占 8%。

5. 2015 年度企业荣誉

（1）著名商标：详见表 1。

表 1　著名商标

序号	公司名称	产品名称	商标	级别
01	昆明普尔顿环保科技有限公司	非金属排水管	普顿及图	中国驰名商标
		非金属引水管道	普顿及图	中国驰名商标
02	玉溪市旭日塑料有限责任公司	聚乙烯农用大棚膜	“旭日”牌	中国驰名商标
03	宣威市中博塑料有限公司	聚乙烯农用地膜	“杜鹃花”牌	云南省著名商标
		塑料软管	“杜鹃花”牌	云南省著名商标
04	曲靖市麒麟金叶塑料有限公司	塑料薄膜和农地膜	“金叶”牌	云南省著名商标
05	马龙县佳誉塑料制品有限责任公司	农用塑料膜和农用地膜	“神模”牌	云南省著名商标
06	云南红塔塑胶有限公司	包装用塑料膜及保鲜膜	“红塑”牌	云南省著名商标

(2) 名优产品：详见表 2

表 2　名优产品

序号	公司名称	产品名称	商标	级别
01	玉溪市旭日塑料有限责任公司	聚乙烯农用大棚膜	“旭日”牌	中国农膜行业优秀品牌
02	昆明傲远管业有限公司	钢丝网骨架塑料（聚乙烯）复合管	“傲远”牌	云南名牌产品
		钢带增强聚乙烯（PE）螺旋波纹管	“傲远”牌	云南名牌产品
03	云南红塔塑胶有限公司	普通用途双向拉伸聚丙烯薄膜（热封型）	“红塑”牌	云南名牌产品

(3) 高新技术企业、技术中心：详见表 3

表 3　高新技术企业、技术中心

序号	公司名称	名称	证书号	发证机关
01	昆明普尔顿环保科技有限公司	云南省高新技术企业	GR201553000173	省科技厅、财政厅、国家税务局
		云南省企业技术中心		省工信委、省发改委、省科技厅、财政厅、国家税务局
02	宣威市中博塑料有限公司	云南省高新技术企业		省科技厅、财政厅、国家税务局

（4）标准制订情况：由昆明普尔顿环保科技股份有限公司编写的《塑料化粪池》行业标准于2015年10月8日通过住房和城乡建设部的报批审核。

2016年6月14日住房和城乡建设部以第1175号文发布了《塑料化粪池》行业产品标准公告，批准《塑料化粪池》为城镇建设行业产品标准，编号为CJ/T489-2016，自2016年12月1日实施。

该标准的制定实施，将为塑料化粪池产品提供质量评价标准，有利于规范企业生产，维护消费者合法权益，促进塑料化粪池行业的健康发展。

二、协会活动

1. 专家委员会发挥积极作用

云南省塑料企业、有关学会和大专院校，协会所属四个专委会的主任委员和外聘的七位教授、高级工程师共32位专家，召开多次专家委员会会议。并举办云南塑料讲座。

2. 持续开展行业自律活动，为农膜产品质量的保障保驾护航

召开全省聚乙烯微膜标准函审会议。开展省塑料行业自律抽样检验活动，表彰2015年农膜产品抽样检测合格企业。

3. 召开协会（2015年）理事长会议；四届一次专家委员会、各专委会、四届二次会员大会、四届三次监事会会议、第四届四次理事会会议

召开协会（2015年）理事长会议：汇报协会工作；审议理事会的工作报告和2016年工作计划；审议财务报告、第四届一次专家委员会、各专委会、四届二次会员大会、四届三次理事会议程；对协会的工作提出意见和建议。

召开第四届三次监事会。对协会监事会管理制度、理事会、监事会工作报告和计划、协会2014年财务报告及四届一次专家委员会、各专委会、四届二次会员大会、四届三次理事会会议及云南塑料讲座等活动议程进行了讨论和审议。

召开四届二次会员大会及四届三次理事会，大会审议并通过了理事长的工作报告、财务报告；就下半年主要工作和2016年工作计划、新增和退会企业名单等事项进行表决并获得通过。

召开四届四次理事会讨论协会办公场所搬迁及2016年协会工作计划。

4. 积极组织企业参加展会、交流学习

（1）组织会员单位参加第二十九届中国国际塑料橡胶工业展览会

亚洲第一、全球第二的［CHINAPLAS 2015国际橡塑展］（第二十九届中国国际塑料橡胶展览会）于5月20日至23日在广州·琶洲举行。协会组织了28家会员单位65人参观展会，为会员单位了解新设备、新产品、新工艺、新材料提供了交流学习的平台。

（2）2015年5月21日上午，组织塑料管道会员企业代表一行23人到联塑顺德总部参观学习。

（3）2015年5月21日下午，组织塑料薄膜会员企业代表到广东金发科技股份有限公司参观学习。

（4）2015年9月1日，组织塑料薄膜会员单位到云南华威废弃物资源化有限公司学习废弃农膜回收、利用情况，寻找和研究废弃农膜回收、利用的好办法。

（5）2015年9月21～24日，组织会员单位参加在浙江台州举办的第十五届中国塑料交易会并出席中国塑料行业联席会，与全国省市级塑料行业协会理事长、秘书长进行交流、沟通，寻求合作机遇。

（6）2015年9月22～25日，组织会员单位参加2015中国（重庆）国际塑料工业展览会。期间，到位于梁平县的西部塑料产业园区参观。

（7）2015年10月21～24日，组织会员单位参加余姚国际塑料博览会、中国塑料回收与再生利用论坛。

（8）2015年10月26～28日，组织会员单位参加在天津滨海召开的第十届中国国际回收大会及展洽会。

5. 认真开展2015年云南省轻纺工程专业技术职务任职资格评审工作

协会于2015年4月底下发《关于开展2015年云南省轻纺工程塑料专业技术职务任职资格评审工作的通知》到各会员单位，经申报、初审及云南省轻纺工程评审委员会评审、公示，11月18日，云轻纺职改发［2015］7号文件公布了昆明傲远管业有限公司等6家单位18人分别取得了工程师、助理工程师、技术员职称资格。

6. 为《塑料工业年鉴》撰稿、完成《中国塑料发展史》云南篇的供稿资料

由韩简吉秘书长为2015年中国塑料工业年鉴供稿（云南篇）。原理事长詹家驹撰写《中国塑料加工业发展史》—云南省部分。

7. 与多家相关单位配合协调，开展相关活动

请省卫计委配合塑料行业对新《食品安全法》

给予专题培训；到云南华威废弃物资源化公司、中国联塑集团、广东金发科技公司参观学习；配合轻纺工业行业协会组织有关企业参加南博会期间举办的“中国－南亚商务论坛”等活动；参加省民间组织管理局举办的“社会组织负责人能力建设培训”；“中微小企业法律知识宣讲活动”；省工经联举办的“中国西部区域经济发展论坛暨西部省区市工经联联席会议”。

8. 开展行业统计、发布行业信息

云南省塑协每年对全省塑料管材产量进行统计；每月对全省生产的塑料薄膜产量进行行业统计并在《云南塑料信息》内部刊、《云南塑料》网站发表。

（1）在《云南塑料》网站上发布行业资讯与新闻、技术与发展、质量与标准、环保与资源，基础知识、产品知识等信息。

（2）以《云南塑协快讯》方式，举办塑料检测实验室认可知识与要求培训班等信息。

（3）定期以《云南塑料信息》开展行业信息交流。

（4）撰写文章，更正塑料制品的形象。

9. 年检工作

完成民政厅行业协会年检、劳动执法年检、财政票据、税务、组织机构代码证等相关年检工作。

10. 协会办公场所搬迁新址

2015 年 12 月 18 日，协会办公场所迁到昆明市东风东路 2019 号综合楼办公。

三、重点企业

重点企业，详见表 4。

表 4　　重点企业（排名不分先后顺序）

序号	公司名称	企业简介	2015 年主要经济指标	产值占行业百分比	企业主要荣誉
01	云南联塑发展有限公司	公司建于 2011 年，注册资金 2 亿元人民币，占地面积 360 多亩。公司集生产、研发、办公及配套生活项目于一体，公司目前建有 PE/PP-R 管材、PVC 管材、塑料管件等三个大型塑料制品生产车间。产品主要包括：PVC 电线管材管件、PVC 排水管材管件、PE/PP-R 给水管材管件及 HDPE 双壁波纹管、PVC 双壁波纹管、HDPE 中空壁缠绕管、钢带缠绕管等。公司于 2014 年 5 月份生产试运营，年产量达到 8000 吨。公司全部建成后，预计生产能力达 15 万吨，工业总产值达 15 ～ 18 亿元，届时将成为云南省最大规模的塑料管材、管件、家居用品生产企业。	2015 年，产量为 6.5 万吨；实现工业总产值 5.5 亿元；销售额 5.1 亿元；，上缴税金 1573 万元	7.46	公司是云南省塑料行业协会副会长单位，通过了 ISO9001 质量管理体系认证、ISO14001 环境管理体系认证及 ISO18001 质量健康安全管理体系认证。获玉溪市重合同守信誉用 AAA 级单位和 2015 云南民营企业 100 强称号
02	玉溪市旭日塑料有限责任公司	公司始建于 1976 年，注册资金 1000 万元，资产总额 26765 万元，年生产能力 55000 吨。主要生产经营“旭日”牌农膜、地膜、微膜、棚膜系列产品。公司先后研究开发出黑色物理除草地膜、银 / 黑驱虫除草地膜、药物除草地膜、流滴地膜、蔬菜专用地膜、洋葱专用地膜等功能性地膜新产品，以及聚乙烯长寿棚膜、茂金属聚乙烯高强度多功能棚膜、EVA 流滴消雾多功能棚膜、玫瑰花在栽培用多功能棚膜、西瓜栽培用多功能棚膜、葡萄栽培用多功能棚膜、三年以上高耐候多功能棚膜等棚膜新产品	2015 年，农用薄膜总产量 35526 吨；实现工业总产值 4.615 亿元，销售收入 4.48 亿元，资产负债率 52.2%	6.26	公司是玉溪市工业经济联合会长单位、中塑协农膜专委会副会长单位、云南省塑料行业协会副会长单位。通过了 ISO9001 质量管理体系认证，荣获“高新技术企业”、“云南省创新型企业”、“云南省科技型中小企业”、“云南省成长型中小企业”、“云南省五一劳动奖状”、“守合同重信用”企业，银行信用等级 AA⁻级，“云南名牌产品”，“云南省著名商标，玫瑰花栽培用多功能棚膜被评为 2013 年“云南省省级新产品”。2015 年“旭日牌”聚乙烯农用大棚膜又被认定为“中国驰名商标、中国农膜行业优秀品牌

续表

序号	公司名称	企业简介	2015 年主要经济指标	产值占行业百分比	企业主要荣誉
03	昆明普尔顿环保科技有限公司	公司建于 2003 年，注册资金为 1.43 亿元，在昆明海口工业园区和江苏无锡青阳工业园区建有 2 个大型生产基地，占地面积 200 亩，是昆明市产投直属昆明创业投资开发有限责任公司控股下的子公司。主要生产塑料排水检查井、塑料电力电缆检查井、塑料水表井、塑料河道密封检查井、玻璃钢城市小区及公共场所用化粪池、塑料人畜饮水收集储存池（水窖）、塑料沼气池、塑料中水污水收集处理池、塑料雨水收集与处理专用池、农户庭院污水一体化处理设施等新型节能产品	2015 年，产量 1.23 吨；工业总产值 1.78 亿元；利润总额：0.346 亿元	2.41	公司是中国塑料加工工业协会副会长单位、中华环保联合会副主任单位、云南省塑料行业协会会长单位；通过 IS09001 质量管理体系认证、IS014001 环境管理体系认证及 IS018001 质量健康安全管理体系认证；荣获重合同守信誉 AAA 级单位，2015 年中国驰名商标，云南省高新技术企业，云南省企业技术中心，公司现已获得发明专利 20 项，实用新型 38 项，外观设计 8 项，已在相关科研刊物中发表文章 10 余篇；主编的国家行业标准《塑料排水检查井应用技术规程》、《塑料化粪池》标准
04	昆明特瑞特塑胶有限公司	公司建于 2005 年，注册资金 1500 万元，在云南嵩明工业园拥有 130 亩建筑面积的现代化生产基地，一期投资额 8000 万元，具有年产 5 万吨塑料管材、管件生产能力，是一家集科技研发、生产销售、技术服务于一体的专业化塑胶管材生产企业。主要生产 PE、PVC、PPR 系列管材和管件产品，产品已广泛用于市政、建筑、电力、通讯、农田水利、灌溉等工程领域	2015 年，产量 11554 吨；实现工业总产值 1.93 亿元	2.62	公司是云南省塑料行业协会副会长单位。已通过 IS09001 质量管理体系认证、IS014001 环境管理体系认证及 IS018001 质量健康安全管理体系认证。“特瑞”品牌先后获得了“中国著名牌”、“昆明市知名商标”、“中国诚信经营十佳信誉单位”以及“守合同重信用企业”荣誉证书
05	大理博云塑料有限公司	公司始建于 1970 年，前身为国营企业云南省大理市塑料厂。2002 年，企业经改制设立公司，注册资本达 700 万元，占地 30 亩，年生产能力可达 30000 吨。公司主要产品有烤烟用地膜、育苗池膜、小棚膜、大棚膜、通用农地膜、银黑双色膜、黑白相间膜、西瓜专用地膜、甘蔗膜、彩色膜、长寿膜、无滴膜、除草膜、降解膜、热收缩膜、管材、滴灌带及各种降解和非降解塑料袋等塑料制品。公司建立了畅通的销售渠道和良好的合作关系，产品覆盖云南省内市场，并辐射四川省及西藏部分市场及缅甸等周边国家。	2015 年，产量 10844 吨；实现工业总产值 1.48 亿元；工业销售产值 1.4 亿元	2.01	公司是中塑协农膜专委会会员单位、云南省塑料行业协会副会长单位。通过 IS09001：2000 质量管理体系认证，产品被评为云南省塑料行业“放心产品”，“五朵金花”品牌在云南省享有较高声誉，被省、州、市各级政府评为“文明单位”、“守合同重信用企业”。“五朵金花”商标为“云南省著名商标”
06	宣威市中博塑料有限公司	公司成立于 1956 年，公司注册资金 600 万元，占地面积 15322.95 米^2，建筑面积 14273.6 米^2，建标准化厂房 10585.04 米^2，新建生产线 31 条，年生产能力 30000 吨。公司主要从事牧区用塑料棚膜、农用塑料薄膜系列产品的研发、生产、销售及相关服务，主要产品有：普通农用地膜、除草膜、降解膜、有色膜、大棚膜等。产品除畅销云南省各地州市县外，并远销临近云南的贵州省、四川省、广西等县市地区，产品质量及服务深受广大农牧民的一致信赖和好评	2015 年，产量 10771 吨；实现工业总产值 1.31 亿元；工业销售产值 1.21 亿元	1.78	公司是中塑协农膜专委会会员单位、云南省塑料行业协会副会长单位。通过了 IS09001：2008 质量管理体系认证；多年来，公司先后获“守合同重信用”企业、“云南省双爱双评先进企业”、“云南省劳动关系和谐企业”、“先进基层党组织”、“中国塑料加工工业协会先进单位”、“全国模范职工之家”、“曲靖市五一劳动奖”、“云南省科技型中小企业”、“国家高新技术企业”、“云南省著名商标”等称号

续表

序号	公司名称	企业简介	2015 年主要经济指标	产值占行业百分比	企业主要荣誉
07	昆明傲远管业有限公司	公司成立于 2009 年，注册资本 5000 万元，总投资 1.6 亿元，建筑面积 87303.7 米 ^{2}，资产负债率 36.4%，公司是集生产、研发及配套生活项目一体，拥有大型标准化钢构厂房 6 栋，及研发中心等配套附属设施，目前已形成年产 45000 吨 PE（PVC）管材、管件的生产能力。公司主要产品有：钢丝网骨架塑料（聚乙烯）复合管、钢带增强聚乙烯（PE）螺旋波纹管、FRPP 增强波纹管等多个品种	2015 年，产量 14117 吨；实现工业总产值 2.21 亿元；主营收入 2.07 亿元；利润 0.34 亿元	2.99	公司是云南省塑料行业协会副会长单位。通过了 ISO9001 质量体系、ISO14001 环境管理体系认证。公司被云南省人民政府评为“云南省城镇污水生活垃圾处理设施建设先进集体”，“傲远”牌钢带增强聚乙烯（PE）螺纹波纹管、钢丝网骨架塑料聚乙烯复合管被评为“昆明名牌产品”，“云南省省级成长型中小企业” “云南滇中新区企业技术中心”、 “云南名牌产品”等称号
08	昆明海午塑胶科技有限公司	公司注册成立于 2004 年，注册资金 1009 万元，年生产能力达 10000 吨。公司是一家以生产 PP-R 给水管材管件、PVC-U 排水管材管件、PVC 电线槽管、燃气管、邮电通讯管件、PVC-C 高压电力管道、大口径 PE 给水管道、大口径 PE 塑料排水管道及其他塑料制品的综合型生产企业	2015 年，产量 4500 吨；工业产值 4400 万元	0.60	公司是云南省塑料行业协会会员单位。已通过 ISO9001 产品质量认证体系和 14001 环境质量认证。经过十几年的发展，“海午”塑料管材管件获得了客户的赞誉和市场的好评，并连续获得国家相关管理部门授予的“云南名牌”、“云南省著名商标”、“昆明名牌”、“昆明市知名商标”等荣誉
09	楚雄润丰塑业有限公司	公司成立于 2010 年，注册资金 2100 万元，企业总资产 4600 万元，公司地址为姚安草海工业园区，占地面积 36703 米 ^{2}，建筑面积 13078.47 米 ^{2}，年生产能力 25000 吨。主要产品为：PE、PPR、U-PVC 给排水管、聚乙烯燃气管、电缆护套管、电工阻燃穿线管、钢带缠绕管，能生产 DN16 至 DN1800 毫米系列管材及各类塑钢型材产品	2015 年，实现工业总产值 4500 万元；销售收入 5200.4 万元；上缴税金 110.6 万元	0.61	公司是云南省塑料行业协会副会长单位，通过了环评、消防、安全生产标准化，节能减排及 ISO9001 质量管理体系认证，被认定为云南省成长型中小企业，2013 年 7 月被评为高新技术企业，2014 年被评为云南省科技型中小企业，并取得 14 项实用新型专利，“润丰”商标连续三届被评为云南省著名商标，守合同重信用企业，并多次被姚安县政府评为先进纳税企业
10	云南新同基塑料工程有限责任公司公司	云南新同基塑料工程有限责任公司成立于 1994 年，注册资金 1536 万元，占地面积 3 万米 ^{2}，固定资产 6000 万元。主要生产 PE 给水管材；HDPE 中空壁缠绕管、 HDPE 双壁波纹管、塑料检查井、电缆保护管、HDPE 碳素螺纹管、PVC-U 通讯用多孔管等产品。产品可广泛应用于城市供水、农村饮用水及农业灌溉；城市市政管网、污水处理厂排水、排污；电力、通讯用；通风系统等	2015 年，产量 4400 吨；实现工业产值 5100 万元	0.69	公司是云南省塑料行业协会副会长单位。通过了 ISO9001:2008 质量管理体系标准认证。凭借强大的品牌影响、优异的产品质量、独特的营销策略，公司产品先后获得中国驰名商标、高新技术企业、中国著名品牌、全国质量诚信品牌示范单位、中国塑料加工行业先进单位、云南 AAAA 级品牌会员单位等荣誉称号

四、新产品开发

新产品开发情况，详见表 5

表 5　　新产品开发情况

序号	新产品名称	专利证书号	研究开发单位
1	一种钢带增强聚乙烯螺旋波纹管	ZL201520716697.2	楚雄润丰塑业有限公司
4	一种防堵塞塑料隔油系统	ZL201420835611.3	昆明普尔顿环保科技股份有限公司
5	一种高强度塑料阀门井	ZL201420836280.5	昆明普尔顿环保科技股份有限公司
6	快速换滤网装置	ZL201410223687.5	宣威中博塑料有限公司
7	一种皮囊式塑料检查井校正修复装置及检测校正方法	201510449017X	昆明鑫荣通塑胶有限公司
8	一种便携式塑料检查井密封性检测装置及检测方法	2015104494448	昆明鑫荣通塑胶有限公司
9	一种塑料检查井焊接强度试验装置及检测方法	2015101610201	昆明鑫荣通塑胶有限公司
10	一种塑料检查井密封性试验装置及检测方法	2015101603212	昆明鑫荣通塑胶有限公司
11	一种塑料检查井综合试验检测装置	2015101603123	昆明鑫荣通塑胶有限公司
12	检查井内台台板装置	ZL201520147573.7	昆明傲远管业有限公司
13	钢塑管材加工红外线测温报警装置	ZL201520169804.4	昆明傲远管业有限公司
14	检查井内筋支架装置	ZL201520147312.5	昆明傲远管业有限公司
15	检查井钢架台板装置	ZL201520147635.4	昆明傲远管业有限公司
16	菌类栽培用多功能棚膜		玉溪市旭日塑料有限责任公司

五、存在的问题

1. 市场需求不足，企业生产经营困难加大

2015 年，在全球金融危机的持续影响下，我国经济发展进入了“新常态”，塑料加工业的发展和整个国民经济的发展是同步一致的，面对复杂多变的国际环境和艰巨繁重的国内改革、转型，云南省塑料加工业遇到了预想不到的困难，生产势头疲软，税负增加，人工成本大幅上升、盈利空间缩水，企业生产经营困难加大。

2. 企业资金紧张，再投资压力加剧

云南省塑料制品企业多为中小微企业，融资难、融资贵的问题尤为突出。在金融机构加强贷款风险管控，企业面临惜贷、限贷、抽贷现象，再投入资金压力较大，再发展的意愿较弱，靠投资拉动产业发展的后劲明显不足。

3. 创新驱动支撑不足，产品同质化现象严重

云南省塑料制品行业缺少拥有国际领先技术水平和实力雄厚的龙头企业，企业设备及技术装备水平低、管理水平落后，技术创新能力相对薄弱，缺乏高水平科技研发人才和高素质的科技创新带头人，创新驱动支撑严重不足。普通产品和中低档产品较多，产业链条较短，品牌效应明显不足，产品同质化现象严重，行业整体竞争力较弱。

4. 市场配套不完善和环境约束进一步增强

云南省塑料行业经济基础薄弱，主要产业目前集中在附加值较低、易受市场波动的上游产品加工领域。发展所需资金、技术、人才等生产经营要素市场欠发达，配套产业、生产性服务业发展滞后，产业链缺失，同时，受环保、原材料限制，企业发展速度受限。

（云南省塑料行业协会　韩简吉）

安徽省

一、大事记

1. 召开第二届第五次理事会议

2015 年 7 月在宣城敬亭山宾馆召开了第二届第五次理事会。会议由常务副会长兼秘书长翟光景主持。会议一致通过了韦明会长所做的《2014 年协会工作总结和 2015 年工作安排意见》的报告。一致通过了翟光景秘书长所做的《2014 年度财务决算和 2015 年财务预算》报告。一致同意增补有关企业担任理事、常务理事、副会长。

会议听取了加美石油集团安徽分公司介绍有关油品，安徽华隆塑胶有限公司等十一户企业与上述公司签订了供销意向书。

2. 主办《注塑工业 4.0 技术研讨会》

2015 年 8 月 8 日安徽省塑料协会与中国塑料机械工业协会共同主办了注塑工业 4.0 技术研讨会。会议听取了博创机械股份有限公司董事长朱康建、香港科技大学博士生导师高福荣、华南理工大学副教授吴宗泽、中国注塑加工协会专家委员会专家赵勤勇的精彩演讲。韦明会长发表了热情洋溢的致辞。150 多位客户及我会部分会员参加了会议。

3. 主办“徽商期货 2015 塑料化工企业期现结合交流会”

2015 年 12 月 10 日，安徽省塑料协会与大连商品交易所共同主办了上述交流会。会议分别听取了徽商期货有限责任公司总经理储进、期权业务总监张兆龙、高级分析师叶晗、合肥工业大学管理学院工商管理系主任、教授傅为忠关于《全球经济及化工原油行业分析与展望》、《新形势下企业期现结合新思路与化工产品套利策略分析》、《价格风险在化工产品风险管理中的应用》等演讲。韦明会长致辞并介绍了我省塑料行业的有关情况。我会 20 多名代表及客户计 120 多人参加了会议。

4. 评估工作取得实效

开展评估工作，是促进协会健康发展的重要举措，对推动协会加强规范化建设、增强服务社会功能具有十分重要的意义。评估之前，韦明会长及秘书处工作人员参加了省民政厅举办的“全省性行业协会商会、工商经济类联合性社会团体负责人培训班”，领会评估的操作程序。在韦明会长的直接指导下，秘书处的工作人员按照评估指标和细则，分类整理和完善了相关资料，并装订成册，报送安徽省社会组织联合会。2015 年 10 月 27 日，专家组一行五人对协会的评估工作进行了审查和指导，并提出了反馈意见。专家组认为：省塑料协会在加强自身建设、推动行业发展、促进企业进步等方面做了大量的工作，对评估工作认真负责，付出了辛勤的劳动，希望协会进一步加强评估资料的积累，努力改进工作。 后经评审，协会被评为 3A 等级。

二、安徽省塑料协会 2015 年工作回顾及 2016 年工作安排的意见

（一）2015 年协会所做的主要工作

1. 广泛开展调研活动

（1）召开“迎新春、话发展”调研联谊会

新年伊始，韦明会长主持召开“迎新春、话发展”调研联谊会，三十多名代表参加了会议。会议听取了部分企业代表介绍各单位的生产经营状况，分析了行业发展的形势，提出了存在的困难和解决的措施。

会议认为：2014 年行业发展极其困难。一是资金紧张；二是招工困难，特别是招收年轻的员工更难；三是有关主机厂把压力转嫁于塑料加工企业，造成企业成本上升，利润下降。此外，加工企业没有话语权，感觉十分被动和无奈。

会议认为：塑料行业是环保行业，朝阳行业。塑料在各行各业的应用十分广泛。以塑代钢，以塑代木，前景良好。尽管目前企业的困难不少，但是，一定要坚定信心，放眼未来，强化管理，切实抓好产品的质量。

会议希望：利用高校的优势，为企业解决技术、工艺等方面的问题；为企业培养员工；帮助企业编制项目论证报告。会议强调：行业必须自律、团结、联合，走产学研用相结合的路子。

（2）召开部分企业讨论会

2015 年 12 月下旬，安徽省塑料协会召开了合肥安丰电器塑胶有限公司、合肥富鑫塑胶有限公司、合肥天马塑胶有限公司、加美润滑油安徽分公司等企业主要负责人讨论会。会议就如何当好职业经理人进行了广泛的讨论。会议认为：职业经理人应抓好两方面的重要工作。一是加强财务管理，二是建立用人机制，尤其要关心关爱职工。

（3）走出去调研

2015 年韦明会长带领秘书处有关人员，先后赴

安徽华隆塑胶有限公司、安徽神剑科技股份有限公司双玖塑业有限公司、安徽毅昌科技有限公司、合肥塑源塑胶有限公司等企业进行调研，认真听取企业负责人介绍2015年以来生产经营状况，了解企业存在的困难和问题以及应对的措施。

2. 编辑2014年度《中国塑料年鉴》安徽篇

根据中国塑料加工工业协会和有关企业的要求，安徽省塑料协会编纂了2014年度《中国塑料工业年鉴》安徽篇。主要介绍了2014年协会所做的工作以及开展的各项活动，重点宣传了合肥宝烁工程塑料有限公司、安徽华隆塑料有限责任公司、宁国华晟塑胶制品有限公司、安徽东风塑业有限责任公司及其产品，现已出版发行。

3. 完成2014年度年检工作

根据主管部门和监督管理机构的要求，秘书处工作人员及时搜集、整理有关资料，在变更有关负责人的基础上，准时上报所需的材料，获得了省民管局颁发的年检合格证书。

4. 为企业和部门提供服务

为芜湖纽麦特新材料有限公司等7家企业申报省著名商标出具证明，获得成功，受到企业一致好评。应省经信委的要求，按时填报《行业协会商会涉企收费项目清理规范情况表》。应双玖股份有限公司的邀请，韦明会长带领该公司的技术人员，解决了炮弹内的活塞环气泡问题。

5. 广泛开展交流活动

一是组团参观了在广州举办的第29届国际塑胶展；二是组团参观了在台州举办的第十五届中国塑料交易会；三是参加了在上海举办的“2016国际橡塑展”简介会。通过观展参会，与有关省市及主办单位进行了广泛的交流。

6. 加强制度建设

制定和完善了会员代表大会选举办法，行规行约规定，秘书处工作职责等13项制度。

（二）2016年主要工作打算

（1）积极开展调研活动。 通过走出去，请进来等多种形式开展调研，形成有一定价值的调研报告。

（2）适时召开第二届第六次理事会，报告2015年协会工作和2016年工作打算，审议2015年和2016年财务决算、预算。

（3）做好换届工作。按时召开第三届会员代表大会。

（4）继续组团参加“2016国际橡塑展”和第十六届中国塑料交易会。

（5）加强自身建设。

一是加强评估后的完善工作；二是做好发展会员工作；三是做好会费收缴工作。

（6）承办上级部门交办的事宜。

三、2015年主要经济指标完成情况及值得关注的问题

（1）2015年386户规模以上企业完成塑料制品338.7万吨，同比增长5.25%，875户规模以上塑料企业实现主营业务收入1011.55亿元，同比增长9.32%，利润总额65.35亿元，同比增长10.8%。其中：塑料包装箱及容器制造业增长21.5%；塑料零件制造业增长28.7%。

（2）原油暴跌，对塑料价格产生的影响

原油作为塑料的基础原料，其价格的波动，最终将会传导于塑料的价格上。如聚丙烯，2014年最高价为每吨1.4万元左右。2015年最低价为每吨7-8千元左右，下跌的幅度近2倍。

（3）恶性竞标时有发生 有的企业为了自身生存，不惜牺牲企业利益，低价竞标。更有甚者，为了赚到一点微薄利润，采用回收料进行生产，严重影响了产品的质量，更影响了行业的形象。据《新安晚报》2015年12月12日报道：淮南一棚户区改造项目的一幢楼房，存在下水问题，挖开地面，发现管道破损，用手一掰，就烂掉了，有的管道还是瘪的。这样的塑料管道，水怎么可能流掉呢？对于这类问题，建议有关部门严查重罚。

四、重点企业

（一）滁州市博康模具塑料有限公司

1. 企业基本情况

滁州市博康模具塑料有限公司始建于2000年，专业从事注塑件生产以及模具研发、制造。产品主要是为国内外著名家电企业合作配套，是西门子家用电器公司、康佳集团、南京LG、南京创维的长期合作伙伴。主要生产电视机、冰箱、小家电、洗衣机、空调等家电塑料配件，拥有注塑机130余台，具有年产值5.8亿元的生产能力。拥有国内领先水平的高光喷油线、蒸汽无痕高光注塑、烫金、组装、丝印、移印等相关高新加工设备，并拥有自己的模具制造中心和技术研发中心，可独立研发、设计、制造模具，形成集科研设计、产品开发、生产制造、部件组装等生产经营销售和技术服务为一体的配套完整的业务集群。为与客户共同开发新产品奠定了良好的技术基础。

2. 品质保证

本着产品质量是企业生命的第一宗旨，始终将提升管理，提高产品质量作为追求的首要目标，注重与客户间的沟通了解，不断领会客户的产品质量信息，努力在全公司，全过程，全员中灌输企业的质量方针与目标，力争以最优的产品质量，最好的客户服务获得客户的认同与支持。相继通过了ISO9001质量体系、U/L和 ROHS等认证。在与客户的多年合作中，我们因此而获得了非常全面且宝贵的合作经验。

3. 企业荣誉

多次被博西华家用电器、康佳集团、伊莱克斯电器、创维集团等评为“优秀供应商”，是“安徽省塑料协会常务理事单位”、“安徽省民营科技企业”、“安徽省著名商标企业”、“安徽省信息家电配套十强企业”，是“博西华全球优秀供应商”，并多次被评为“滁州市优秀民营企业”。

4. 公司发展状况

(1) 近六年公司产值（单位：百万元）

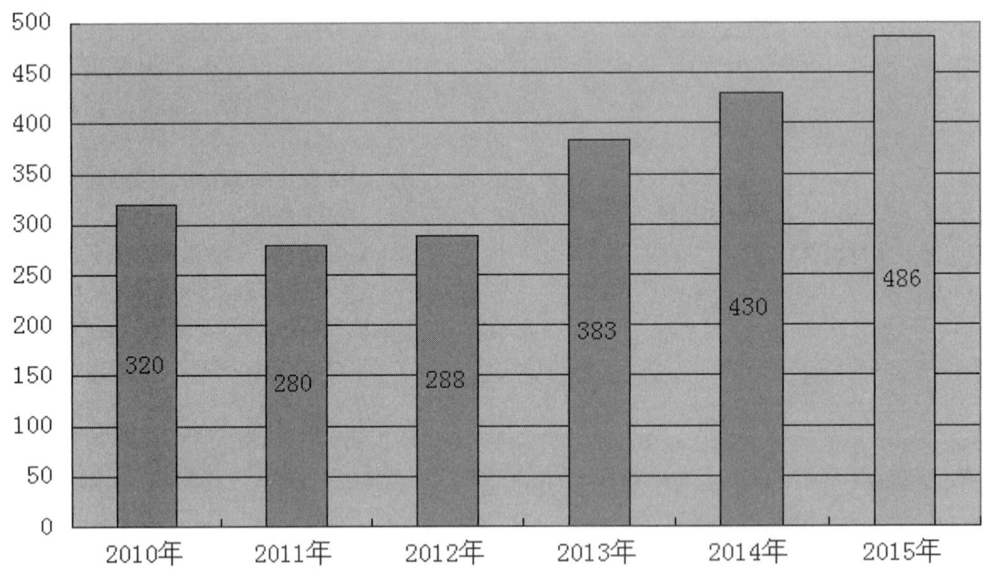

(2) 公司未来3～5年规划：经过十几年的发展，博康公司已具备相当的生产规模和技术实力，走出了一条生产专业化，技术高新化，产品特色化的道路。未来3～5年我们将抓住时机，冲破地域限制，在异地复制、孵化注塑工厂，进一步实现规模化经营。

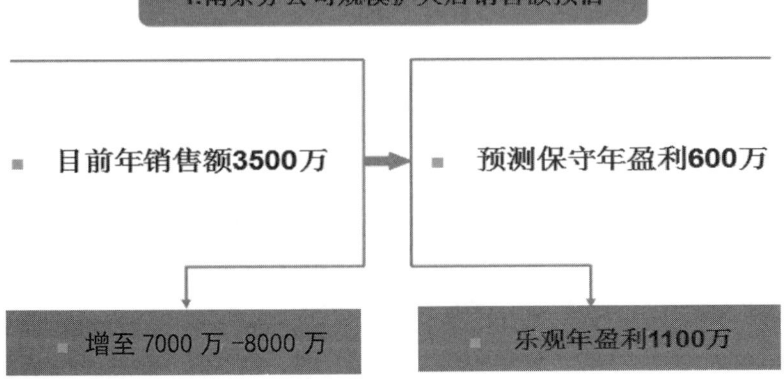

2.模具中心未来3至5年将年产能3000万扩展到6000万需增加设备

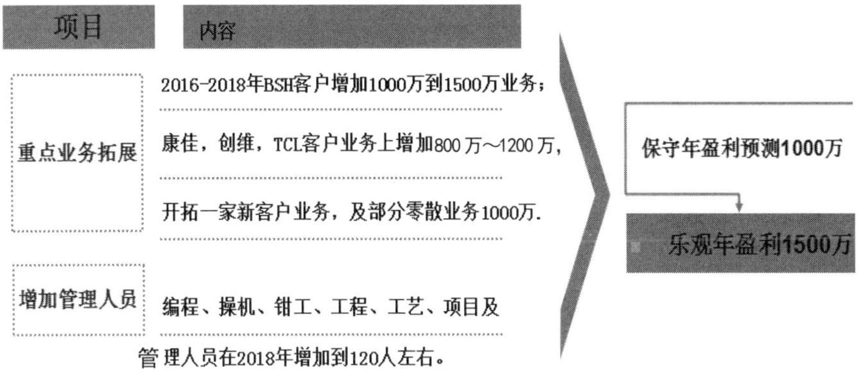

项目	内容
重点业务拓展	2016-2018年BSH客户增加1000万到1500万业务； 康佳，创维，TCL客户业务上增加800万～1200万， 开拓一家新客户业务，及部分零散业务1000万.
增加管理人员	编程、操机、钳工、工程、工艺、项目及管理人员在2018年增加到120人左右。

保守年盈利预测1000万

乐观年盈利1500万

3.合肥工厂建设设备投入计划

厂房设置	采取租赁厂房的模式进入或自建工厂
注塑设备	360T~500T注塑机5台
注塑设备	650T~800T注塑机10台
注塑设备	1300T注塑机5台
高光喷涂线	高光喷涂线2条以及其他相关辅助设备

（二）合肥塑源新材料有限公司

1. 企业基本情况

合肥塑源新材料有限公司是股份制合作经营公司，位于合肥市蜀山区汶水路与仙霞路交口，与大蜀山毗邻，交通十分便利，长江西路高速出口 2 千米即到。公司现有固定资产 2900 万元，厂区面积 4000 米^2，拥有职工 120 人，中高级专业技术人员 20 名，有较高的技术研发能力和市场开拓能力。

热转印金属膜装饰产品是将热转印膜印刷工艺应用到塑料挤出制品工艺中，采用网点印刷（分辨率在 300dpi）将金属、不锈钢挤出塑料表面拉丝纹、木纹、大理石纹等图案印刷到 PET、涤纶薄膜表面，再通过热转印一次转移到塑料挤出产品表面，制品成型后，转印层与塑料表面融为一体的高金属质感的（或木纹、大理石纹等）装饰产品，该工艺可装饰挤出制品表、侧、端面，可装饰圆弧、360°、异型面、锯齿面，并无缝连接、无需修边、整形和二次加工，制品耐用而逼真，该工艺可应用于 ABS、PVC、PP、PE、PC、PA、PMMA、ＰＳ等多种塑料的挤出，塑料挤出热转印工业化连续生产，自动化程度高，生产效率高，制品表面永不褪色，附着力强，经久耐磨、耐水、耐溶剂、清洁剂、洗涤剂，耐热、冷热冲击、耐污染、耐氧化腐蚀，与电镀塑料、喷涂、油漆、油墨印刷、表面贴膜相比，无需投资设备、厂房，无环境污染，不需要废气、废水回收装置，是环保型高科技产品，符合国际无毒标准，是一种高商品附加值塑料产品，可广泛用于汽车、建材、高档电器、家具、五金挤出装饰中，极富装饰价值。

2. 企业主营业务及产品情况

主要经营：挤出塑料热转印，仿型塑料制品烫印，塑料制品表面覆膜，精雕，镭雕，真空镀，平板溅镀等高档化装饰产品；纳米覆合塑料，工程塑料及合金材料的开发；塑料软硬共挤，双色共挤，三层覆合共挤及 PC、PMMA、PA、ABS、PVC、PE 等各类挤出制品。产品符合 Rohs、Reach、PHAS、MSDS 系列化认证。其中，挤出塑料热转印，塑料表面覆膜，ABS/TPU、TPE 软硬共挤，H/S-PVC 双层 / 三层覆合共挤，PMMA 异型材挤出，技术处于国内领先，国际先进水平。

系列产品：

（1） 塑料表面热转印覆膜装饰材料 。

（2）挤出塑料表面热转印金属膜 。

① 电器热转印金属膜装饰产品 ；

②家具热转印木纹产品 ；

③异型材表面热转印金属膜 ；

（3） 塑料共挤制品及加工技术 。

① ABS 软硬共挤 ；

② PVC 软硬共挤；

③ PVC 覆合共挤等高档化产品；

（4） 塑料覆膜高质感产品。

（5） 仿型烫印产品。

（6）精雕、镭雕、丝印系列化装饰产品。

（7） 18-23Ni（AI）/PC 半透装饰镜片。

3. 2015 年经营状况

2014 年，销售收入 4200 万元，2015 年销售收入 3600 万元，2016 年计划突破 5000 万元。在热转印行业方面一直是国内及国际第一位，也是首先研发出模内覆膜产品的厂家。 2013 年以来，主要开发了三星 3D 无霜冰箱门体覆膜装饰条、门把手，海信 100 寸激光影院外框覆膜及折弯项目，惠而浦冰箱门体覆膜装饰条等。

4. 质量保证

质量是企业的生命，是企业得以生存和发展的基础。自创办以来，公司于 2005 年通过 IS09001 质量体系认证，2008 年通过环境评审，对产品的生产与服务有完备的质量保证和技术支撑。

建立了完善的质量控制和管理体系，产品实物质量达到国际先进水平，取得了进军高端产品市场、海外市场的通行证。

5. 发展规划

主要是以自主开发、自己生产，2010 年科研投入 30 万元，2011 年科研开发投入 80 万元。2012 及至今年均投入 200 万元以上进行新产品的研发，其热转印、覆膜、烫印、镭雕广泛应用于家电、汽车、机械、家具、电子领域，产品装饰应用给人一种高档化视觉享受效果，产品广泛应用于：海尔、海信、三星、惠而浦、日本久保田、三洋、格力、美的、长虹、LG、康佳等高档主流家电产品的装饰中，产品配套远销意大利、波兰、日本、英国、澳大利亚、巴西、印度、南非、泰国、俄罗斯、中国台湾等 80 多个国家和地区，并以优质的服务观念赢得客户的赞誉和依赖。

目前是以热转印、烫印为主的产品，发展的方向是把覆膜产品替代热转印，更大地提高产品表面效果。

（三）安徽天添塑业有限公司

1. 企业基本情况

安徽天添塑业有限公司是一家以一次性薄膜级产品为主的生产型企业，自 2005 年成立之日起，就坚定了企业发展的远景目标和社会责任。我们要努力成为环保、时尚、具有创新精神和社会责任感的消费用品提供商。并同时为消费者提供更为便捷、易用、更具功能性、设计感和性价比的商品。凭借着优秀的品质和不断进取的精神取得了国内同行的认可和赞誉。现在已经开始与国内一线品牌及零售商展开合作，且合作的范围也在不断地扩大。

目前吹膜机 20 台，自动制袋机 40 台，自动收缩机 2 台。并配置实验室，专业人员有 5 人。

2. 企业主营业务及产品情况

主营业务包括保鲜膜、保鲜袋两大主营业务。主要产品线为一次性家居用品、厨房清洁用品、卫生清洁用品、布艺家居、创意生活品等。

（1）宜洁品牌的开发：2015 年“宜洁”牌产品品项有 230 支，预计 2016 年品项超过 350 支，以后会致力扩大家居行业领域的其他品项，深化产品线品类，同时研发广大消费者更喜爱、便捷的产品。

① PE 保鲜袋；

② PE 保鲜膜；

③ PE 一次性台布；

④ PE 塑料垃圾袋；

⑤ PE 塑料鞋套；

⑥ PE 一次性手套；

⑦密实袋；

⑧纸杯；

⑨清洁球；

⑩刷洗块；

⑾澡巾；

⑿吸管；

⒀塑杯；

⒁抹布；

⒂牙线牙签；

⒃棉签；

⒄浴帽；

⒅浴花；

⒆真空压缩袋；

⒇拖把；

21、菜板；

22、不锈钢餐具；

23、衣架；

24、洗护袋；

25、座便套；

26、粘尘器

27、纸盘、纸碗

28、围裙、袖套；

29、玻璃杯。

（2）OEM 加工：

同时和妙洁、可口可乐、我买网、好唯乐等大品牌携手合作。

3.2015 年经营状况

2015 年，自主生产的有 2000 万，外采的有 2000 万，OEM 有 1000 万。

4. 品质保证

质量是企业的生命。天添品质观念：99 分等于 0，做好任何一件能做好的事情，能做到 100 就决不允许 99 分出现。先后通过了 ISO9001、QS、一次性手套、棉棒卫消证字等体系认证，建立了完善的质量控制和管理体系，产品实物质量达到国家标准。

5. 发展规划

（1）发展方向努力成为环保、时尚、具有创新精神和社会责任的消费用品提供商。并同时为消费者提供更为便捷、易用、更具功能性、设计感和性价比的商品。在工厂的设计上尽力做到节能，渗透 6S 管理，建立无尘封闭式车间及生产环境，逐步改良生产设备及工艺水平，成为一家零排放的工厂。

愿景：做全国家用品前 10 强企业；公司上市，全体员工入股。

（2）战略定位及方针 2015 年总产值 5000 万，2016 年产值预计 7000 万以上，目前销售网络已经覆盖全国 80% 以上的地区，并开始深化和精耕每个区域市场。

公司对市场战略定位：精耕细作、全面深化。

产品工艺设计和配方上，与中化研究所进行着塑料原料的改性项目上的合作，以期能够达到更薄的产品拥有更强的物理性能。从而降低产品的生产成本和减少对环境污染的目的。今年与英国 Symphony 公司展开合作，分享、应用其最新的科技成果，定时分解生物降解技术。届时，塑料制品将可以领先于同行业，实现真正意义上的全降解，并可以实现定时分解。目前已经取得相关实验合格的检验报告及环境影响报告，达到国际先进水平。

公司总体方针：陆续丰富和提高员工的综合素养、工作环境及福利待遇水平，持续增加公司的研发投入和生产自动化水平，使得在生产环境、员工素养、企业文化建设、标准化管理上具有国际竞争力的创新型企业。

（四）安徽纽麦特新材料科技股份有限公司

1. 企业基本情况

安徽纽麦特新材料科技股份有限公司是专业从事于改性工程塑料、高浓度多品种色母粒和染色造粒的生产、开发研究、技术服务为一体的高新技术企业。不但拥有进口电脑测色配色系统、全套的质量检测设备、先进的双螺杆生产设备及自动喂料系统，而且拥有先进的技术力量、高专业的技术售后服务队伍、优秀专业的市场营销团队。

公司新址位于芜湖经济技术开发区北区，占地 35 亩。一期建设已于 2011 年元月完工，目前具备年产能改性工程塑料 20000 吨、塑料色母粒 2000 吨，现主要客户占用 1 万吨，可以为奇瑞汽车预留产能 1 万吨。二期扩建完成后年产能将达到 4 万吨。

于 2015 年 9 月 17 日整体变更为股份公司，名称变更为安徽纽麦特新材料科技股份有限公司，并于 2015 年 12 月 30 日在全国中小企业股份转让系统公开转让。

近年来的发展取得了一系列崇高荣誉和奖励：《科技部创新基金实施单位》、《安徽省高新技术产业化基地》、《安徽省重点技改支持单位》、《国家高新技术企业》、《“555”创新团队》、《芜湖第二批工业“小巨人”企业》、《芜湖市知名商标》。

2. 企业主营业务及产品情况

从设立至今一直致力于研发和生产改性工程塑料，为安徽周边地区的家用电器配件生产商及汽车内饰件生产商提供优质的产品及服务。产品类型主要包括三大系列：改性工程塑料、色母粒和二次造粒。其中，改性工程塑料又包括改性 PP 及定制开发的

PA、AS、ABS 等。

普通塑料在工业使用和日常消费中存在着易燃、易老化、力学性能低、使用温度不高等缺点，为了将塑料广泛运用于现代生活的更多领域，就需要对普通塑料进行一些特殊的处理，以增加或增强其在某些方面的性能，这一过程称为塑料改性。改性塑料是以初级形态树脂为主要原料，以改善树脂在力学、流变、燃烧性、电、热、光、磁等某一方面或某几方面性能的添加剂或其他树脂等为辅助材料，通过填充、增韧、增强、共混、合金化等技术手段，得到具有均一外观的材料。

（1）主要改性工程塑料（按类别和收入大致分类）

①改性工程塑料（汽车保险杠、汽车仪表盘、仪表骨架、汽车轮罩、汽车外饰件、汽车门板、风扇叶片、工具壳体、农用机械零部件、彩电偏转线圈骨架、照明及装饰灯具、矿山井下电器、摩托车踏板、泵壳、电器壳体、周转箱及箱包内衬、家用专用料、家用电器零部件、家用空调外机外壳、风罩、格栅……）。

②改性 ABS（电器壳体、电子元件、耐热绝缘体、照明及装饰灯具、低压电器开关、运动器材、纺织器材、广告制品、遥控玩具、家用电器零部件、计算机零部件、耐热家电壳 、电吹风筒 、熨斗外壳、暖风机、汽车零配件如散热器格栅、水箱护罩……）。

③改性 AS（空调器贯流风叶、轴流风叶、离心风叶及其他高强度零部件）。

④改性 PA（家电及汽车内部结构性高强度零部件）。

（2）色母料。由高比例的颜料或添加剂与热塑性树脂，经良好分散而成的塑料着色剂，其所选用的树脂对着色剂具有良好润湿和分散作用，并且与被着色材料具有良好的相容性。色母粒能赋予塑料丰富的颜色或者满足产品其他功能的需求，具有便于自动计量和运输、节约能源、无粉尘、无污染等优点，在塑料制品中应用广泛，主要应用于家电，管材，包装等领域。

（3）其他造粒 。二次造粒：生产过程中产生的边角料和不良品进行染色和改性等深加工，满足客户使用要求，以便其再次循环利用。

3. 2015 年经营状况

实现销售收入 76602881.08 元，同比增长 34.12%，实现利润 1032814.73 元，扭亏为盈。

4. 质量保证

质量是企业的生命，是企业得以生存和发展的基础。自创办以来，纽麦特就本着“企业腾飞，创新为本；质量管理，以人为本”的质量方针，力求产品质量精益求精。先后通过了 ISO9001:2000，ISO/TS 16949 等体系认证，建立了完善的质量控制和管理体系，产品实物质量达到国际先进水平，取得了进军高端产品市场的通行证。

5. 发展规划

（1）发展方向

所处行业为改性塑料行业，中国改性塑料行业经过 20 多年的快速发展，改性塑料行业不断发展壮大是塑料加工行业大类中发展较快且发展潜力较大的一个子类行业，属国家重点发展的新材料技术领域，相关数据显示，目前国内改性塑料市场容量约占塑料树脂消费总量的 15%，还远远低于发达国家和世界平均水平，市场潜力巨大。

目前，我国改性塑料行业已构建成若干个区域性高新技术产业群，并逐步涌现出一批具有自主研发能力的知名企业。随着改性塑料产业结构、企业结构和产品结构的不断调整，改性塑料行业的整体优势得到进一步提升和加强，但是，虽然我国改性塑料企业数量众多，但大都是小规模发展，并且在高性能专用改性塑料的配方研发和加工制造上处于弱势地位，相互之间竞争激烈；而国外大型企业凭借规模、资金以及技术等方面的优势，不断推陈出新，引领行业的发展趋势。

未来，国内企业需要继续增强自主研发和创新能力，利用生产成本具有的明显优势，加速和国外企业的竞争。

（2）战略定位及方针

公司以 “成为国内业界受尊敬的改性工程塑料产品及服务双优提供商”为企业愿景，致力于新材料专业化发展。面对行业激烈竞争的压力和依旧广阔的市场空间，将不断加强内部管理，从技术研发、市场拓展、质量管控、财务管理等多方面入手，努力降低成本，提高生产效率，通过全方位的优质服务提高客户满意度，巩固和扩大现有改性工程塑料行业市场份额；同时，将借助技术创新，加快低 VOC 环保塑料、抗菌塑料和微孔发泡 PP 等新产品的开发和应用，积极进入新能源汽车用改性塑料领域，为公司未来开拓新的利润增长点，优化公司产品结构，强化公司核心竞争力，提升公司盈利水平，为股东创造更满意的投资价值回报；以实现快速发展，将打造成国内一流的改性工程塑料企业。

（五）黄山永新股份有限公司

1. 企业基本情况

黄山永新股份有限公司成立于 1992 年 5 月，总资产 19.6 亿元，共有员工 1600 余人。主要生产经营塑胶彩印复合软包装材料、药品包装材料、真空镀铝膜、多功能薄膜、注塑包装等高新技术产品，涉及食品、医药、日化、电子、航空等多个领域。是国家火炬计划黄山软包装新材料特色产业基地骨干企业、中国驰名商标认定单位，拥有国家企业技术中心、国家地方联合工程实验室、博士后科研工作站、安徽省 115 产业创新团队、安徽省工程技术中心等创新资源。2004 年，永新股份在深交所中小企业板上市（代码：002014），是国内首家在中小企业板上市的外商投资企业、安徽省首家中小企业板上市公司。2015 年，全年主营业务收入 17.84 亿元，同期增长 6.92%，各项经济指标均居全国同行业前列。

主要获全国五一劳动奖状、国家创新型企业、中国创新型企业 100 强、中国包装龙头企业、国家首批资源节约型环境友好型试点企业、全国就业与社会保障先进民营企业、国家火炬计划重点高新技术企业、中国中小企业板上市公司 50 强、全国守合同重信用企业、全国先进包装企业、全国企事业单位知识产权试点单位、全国轻工业先进卓越绩效企业、海关 AA 级企业、中国医药包装优秀单位、安徽省创新型企业、安徽省管理先进企业等荣誉称号。

2. 企业主营业务及产品情况

坚持贯彻“关注顾客，以持续的质量改进和真诚服务增进顾客满意；面向未来，坚持产品开发和环境保护走可持续发展道路”的质量方针，高度重视企业技术创新和自主知识产权的研究开发，已形成以软包装材料（食品包装材料、药品包装材料、日化类包装材料）为主导产品，配套产业链上的真空镀铝膜、功能性 PE 薄膜、功能性 CPP 薄膜、制版、油墨等五大高新技术产品的经营结构。

（1）主导产品

现在年产 80000 吨的生产规模，分为食品包装材料、药品包装材料和日化包装材料，主要为乳制品、糖果、休闲食品、蒸煮食品、颗粒剂、片剂、粉剂、口服剂、洗衣粉、牙膏、肥皂、洗涤剂等提供包装材料。

（2）产业链配套产品

真空镀膜：现有年产 10000 吨的生产规模，分为高阻隔、超高阻隔、抗静电、屏蔽膜等功能薄膜。

PE 薄膜：现有年产 20000 吨的生产规模，分为高透明膜、高遮光、低温热封膜、抗介质、高阻隔、高强度、耐污染等系列功能性薄膜。

CPP 薄膜：现有年产 20000 吨的生产规模，分为低温、高强度、高透明、低温热封、高温蒸煮等功能薄膜。

制版：凹印制版现有年产 120000 支的生产规模。专门生产各类空心和带轴凹印版辊。产品有塑料包装版、纸张包装版、铝箔包装版等空心和带轴版辊，产品可以广泛应用各种包装材料的印刷。

油墨：塑料彩印油墨现有年产 10000 吨的生产规模，专业生产的醇酯溶型系列油墨产品，可以广泛应用于食品、医药、日化等各种包装材料印刷。

3. 2015 年经营状况

2015 年，实现营业收入 17.84 亿元，较去年同期增长 6.92%，实现归属于母公司所有者的净利润 1.79 亿元，较去年同期增长 15.57%。

4. 质量保证

质量是企业的生命，是企业得以生存和发展的基础。自创办至今，黄山永新股份有限公司组建了完善的质量管理体系，以 ISO9001 质量管理体系、ISO14001 环境管理体系、ISO22000 食品安全管理体系、BRC 体系为基础，规范企业各项工作流程。2015 年 8 月公司通过了 BRC 审核，由 B 级供应商升级为 A 级供应商。

5. 发展规划

（1）建设新型工业园

在黄山经济开发区将新建设工业园区

建设新型工业园区

在黄山经济开发区将新建设工业园区

■建设目标：软包产能扩充、差异化市场、薄膜材料类、镀铝类、注塑类；

■占地面积：260亩；

■生产能力：初期产能2万吨；

■产业链上下游延伸、配套

■国内行业兼并、收购

（二）开拓新型行业

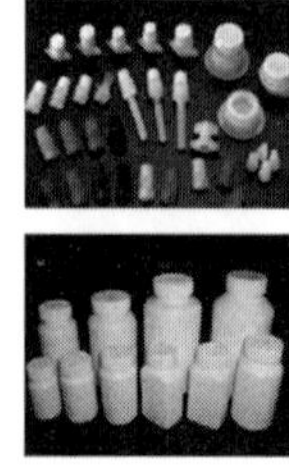

已进入的新行业：

■注塑行业：先期将立足于包装行业，生产各类吸嘴、瓶类等注塑产品。

■自粘膜、透气膜、氧化铝阻隔膜。

(100-780T)

（安徽省塑料协会　宣华荣）

河南省

一、大事记

⑴2015 年 3 月，由河南省塑料协会（筹备组）及河南省中原塑料机械有限公司、郑州海天机械销售有限公司等多家协助支持，郑州博展会展服务有限公司在郑州博览中心成功举办”2015 年郑州中部塑料产业博览会”。邀请国内外近二百多家塑料机械、塑料模具、化工原材料、颜料助剂、塑料制品、塑机配件、塑料辅助设备、塑料包装、家用电器、汽车行业、电子行业、环保产品等领域的塑料制造加工企业参加。

⑵2015 年 9 月，中国最大的注塑机制造商海天塑机集团有限公司在河南省郑州市成功举办“郑州站注塑技术应用为主题的客户培训交流研讨会”，共接待了河南省及周边区域塑料专业客户近300位。

⑶ 在河南省人民政府相关厅局的大力支持下，“河南省塑料协会”经河南省民政厅 2015 年 12 月 24 日正式批准成立，并依法取得社会团体法人资格。

二、2015 河南省塑料行业基本情况

河南作为全国第一人口大省，全国第一农业大省、第一粮食生产大省、第一粮食转化加工大省、新兴工业大省，中原经济发展区核心省份，利用优势力量推动塑料产业发展潜力极大，近几年突飞猛进，发展迅速。2015 年塑料加工累计产量在全国排名为第四。2015 年河南省塑料制品加工企业新增加 135 家（根据不完全统计），其中包括沿海省份投资及搬迁到河南省内的塑料制品加工企业及相关配套企业，如 IT 制造行业、汽车行业、家电等行业。现河南省塑料加工企业及个体加工生产已达 1000 余家。从业人员由 2014 年的约 16.5 万余人迅速增加到约 18.5 万余人。

河南省内拥有一批地方龙头型塑料加工及相关企业，如河南银丰塑料有限公司、河南省惠洁管业有限公司、平顶山圣光医用制品有限公司、郑州世纪精信机械制造有限公司等，他们为行业发展做出了重大贡献。

河南省塑料加工企业主要分布在河南省省会郑州市，新乡市、鹤壁市、洛阳市、南阳市、周口市、平顶山市、商丘等市，主要产品分类为各种日用塑料、塑料薄膜、医用塑料、塑料包装箱及容器、塑料板、管、型材、塑料丝、绳及编织品、泡沫塑料、塑料人造革、合成革、其他塑料制品制造等。其中塑料薄膜、塑料零件、医用塑料、泡沫塑料等产品在省内排比前列。

⑴ 根据国家统计局及中国塑料加工工业协会等信息网相关统计资料显示；2015 年 1 ～ 12 月河南省塑料制品行业产量（包括塑料薄膜、农用薄膜、泡沫塑料、人造革、合成革、日用塑料、其他塑料）

12 月本月累计产量 5400.814 吨，同月累计产量为 4983.991 吨，同比增速在全国前十名中排名第四，平均增速同比为 9.17%，，占比为 7.20%。

(2)2015 年 1 ～ 12 月河南省塑料加工业累计主营业务（包括各种日用塑料、其他塑料制品、塑料包装箱及容器、塑料板、管、型材、塑料丝、绳及编织品、泡沫塑料、塑料零件、塑料人造革、合成革、塑料薄膜的制造等）12 月本月累计收入 135368260 千元，同月累计收入为 121085690 千元，同比增速在全国前十名中排名第一，平均增速同比为 11.80%，，占比为 6.31%。

(3)2015 年 1 ～ 12 月河南省塑料加工业累计实现利润总额（包括泡沫塑料、塑料人造革、合成革、塑料薄膜、日用塑料、塑料板、管、型材、其他塑料、塑料零件、塑料包装箱及容器、塑料丝、绳及编织品的）12 月本月累计利润总额 12636427 千元，同月累计收入为 9,856,496 千元，同比增速在全国前十名中排名第三，平均增速同比为 28.20%，，占比为 9.70%.

(4)2015 年 1 ～ 12 月河南省塑料加工业累计主营业务收入利润率 12 月本月累计 9,51%，同月累计为 9.93%，同比增速在全国前十名中排名第六，平均增速同比为 -0.43%。

河南省现有塑料加工专用设备生产落后于沿海地区，2015 年 10 月塑料加工专用设备本月累计为 1799 台，10 份同比增长 1.7%，2015 年 1 ～ 10 月河南省塑料加工专用设备产量 13190 台，同比全年累计增长 0.38%。通过对比可以看出，塑料加工专用设备产量出现了非常明显的下降。

三、重点企业

1. 河南中利精细化工有限公司

河南中利精细化工有限公司成立于 2011 年，隶属于河南五朵山实业集团，是集方解石矿山开采、碳酸钙粉体加工、销售、新材料技术研发为一体的现代化民营企业。

公司地处方解石矿产资源丰富的河南省南召县，为中国长江以北最大的重质碳酸钙产业基地，公司自有高品质露天开采方解石矿山三座，储量高达两亿多吨，具有年开采 100 万吨的生产能力。公司拥有两条国际先进的立磨和两条环辊磨粉体加工生产线，其工艺水平及产品精细度位居国内前列，且全生产过程无污染、无粉尘、无废水，符合国家产业政策和环保要求标准，具有年产 20 万吨 300 目到 3500 目重质碳酸钙粉（包括岗石粉、普通粉、分级粉和改性活化粉）的生产能力。产品广泛应用于人造大理石、造纸、涂料、橡胶、油漆、密封胶、腻子、PVC 门窗、PC 管材、屋顶彩瓦、环保石头纸等行业。

公司与国家非金属矿资源综合利用工程技术研究中心、苏州中材非金属矿工业设计研究院、中国地质大学、中国矿业大学、华东理工大学等科研机构建立了长期的战略合作关系，致力于新产品和新技术的研发工作。2011 年公司被南阳市科学技术局认定为“南阳市改性碳酸钙工程技术研究中心”，2015 年公司被河南省科学技术厅认定为“河南省改性碳酸钙工程技术研究中心”。公司承建的河南省碳酸钙研发中心、检测中心和综合服务中心正在建设当中，预计将于 2016 年下半年投入使用。项目建成后集团将依托国际先进的检测设备和专业的研发检测技术人员，使产品及品质实现新的跨越，引领河南省碳酸钙行业发展的方向，为南召县打造“中国钙都”提供充分的技术支持和保障。

2. 郑州金诺包装彩印有限公司

郑州金诺包装彩印有限公司位于郑州经济技术开发区，占地面积 60 余亩。公司创立于 1995 年，是集塑料包装和彩色印刷包装为一体的综合性包装企业。塑料包装是河南省内最大的 PE 热收缩膜及塑料周转箱生产基地。主打产品有啤酒、蔬菜、肉类周转箱，涂料、润滑油、化工包装桶等。彩色印刷包装可为客户提供设计、制版、印刷及印后加工一条龙服务，专业制作各类高中档书刊、画册、商标、标签、手提袋，广告海报、彩色包装盒（箱）等各种纸制品包装加工服务。

公司现为河南省塑料协会副会长单位，北京大学河南校友会副秘书长单位，河南包装协会理事单位，是河南省轻工业学院第一实验教学基地。公司常年以来坚持“产品质量才是生存的根本”，连续多年通过 IS09001 国际质量管理体系认证。董事长党志军长期秉承“追根溯源，止于至善”经营理念，吸引大批优秀管理、技术人才的加盟合作。现已成为河南金星啤酒集团（包括其全国 14 家子公司）包装物定点生产供应企业，并与（广东）乐百氏、郑州宇通、福建达利、郑州日产、武汉东风、好想你枣业等多家国内著名企业建立长期良好的合作关系。不断加强“精益求精，承诺是金”原则，力争把金诺包装打造成河南塑料包装行业专家。

3. 郑州远大新能源有限公司

郑州远大新能源有限公司前身为郑州远大塑化

有限公司。郭忠键董事长1996年在河南省濮阳市以个体运输方式，从事仓储物流行业，开始了人生创业。20年来，在董事长的带领下及全体员工的不懈努力下，不断调整发展思路，力争上游，改革创新，从最初个体运输业务发展成为涵盖了甲醇和树脂销售，化工产品开发及利用；公路、铁路运输、固体、液体危化品仓储区（自用及外包）、大宗商品的异地交割，供应链管理服务等的综合型供应链管理公司。公司设8个分公司，现有员工135人，其中具有研究生以上学历人员占比11 %，专业技术人员占比46%，本科以上学历人员占比35%，多数具有丰富的化工产品开发、利用、管理等专业的工作经验，人才储备充裕，资金雄厚。公司立足石化行业，做石化行业供应链服务产品的优质供应商，也是中石化北京分公司在华北地区的主要经销商。

公司经营树脂和甲醇及其他危化产品，业务范围遍及西北、华北、华中、华东、华南等区域，是中国石化化工销售有限公司的上游原料供应商和下游产品核心经销商，连续5年获得中石化3A级经销商。

公司以“资金流、信息流、商流、物流”合一为载体打造一站式化工供应链服务体系，为化工企业搭建供应链金融物流服务平台，提供贯穿整个供应链的交易、仓储物流、供应商管理库存、分拨配送、资金配套及信息处理等服务，协助企业优化采购与销售环节，帮助企业专注核心竞争优势。

远大公司注重战略的调整和产业链的发展，抓重点、抓突破，在全国范围内进行产业布局，规划产业发展方向，确立供应链+金融的模式，形成产、供、销标准化、节能化、一体化的贸易金融服务体系，实施大发展、大布局、大金融战略。

未来的远大公司将立足行业不动，整合内部资源，在继续做好传统业务和服务的同时，在全国范围内进行供应链网络布局，延伸行业供应链服务内容和产品，以点连线，以线织网，充分发挥行业内竞争优势和良好的信誉，推动石化产业供应链的发展与创新，为社会进步和产业发展提供优质服务。

4. 郑州世纪精信机械制造有限公司

郑州世纪精信机械制造有限公司成立于2010年11月，坐落在郑州市高新区格力工业园内，占地面积12万米^2。注册资金5000万，总投资6亿元，一期投资4亿元。拥有员工2000余人，产能规划达到年产600万套。公司主要设计、制造、销售、服务于格力空调的注塑、钣金和喷涂、电加热器、包装蜂窝、线束、贯流风叶等七大类产品。

钣金车间目前拥有国际先进德国进口的瓦格纳尔涂装生产线3条， 冲焊设备、分条机共计220余台，主要采用国内先进的各种吨位的扬州锻压机，汉达送料机、松下点焊机、腾麒分条设备。其中冲床全自动机械手已经在车间 投入使用， 具有很高的生产精度和生产能力。

注塑贯流共拥有国内先进注塑机190余台，锁模力范围35～1300吨；烘料机、上料机、粉碎机、高光模温机、气辅设备、时序控制器、温控箱等 各种辅助生产设备632台。双色注塑机3台，电动精密 注塑机3台。全自动机械手流水线全面推广。线束现有自动打端机、裁端机、超声波焊接机、喷码机、烘箱等生产 设备共计80台，各种端子模具151台。年生产能力达到1800万套。包装厂有蜂窝自动线1条，护脚线3条、环形线2条、分切机5台、 热融胶机3台、2台钉机、分纸机2台。共计20台，充分保证订单的交付能力。机加车间目前拥有数控车床、 铣床、钻床、磨床共计28台。实验室共有国内国际先进和实验设备包括：高低温试验箱、盐雾试验机、拉力机等共计54台。可做产品试验项目共计89项。

5. 郑州忠德塑染科贸有限公司

公司成立于2003年，地处中原腹地位于最具活力和魅力的中原明珠城市----郑州。交通便利、区位独特、优势明显，业务覆盖山西、陕西、河北、山东、安徽、湖北、四川等省和地区，现已在郑州、商丘、焦作、禹州设立分公司，是一家主营塑料配色高性能改性塑料及色母粒研发、生产和销售的公司。本公司经营国际名牌塑胶颜料以及专业塑料配色。基于对市场发展需要公司在原有的经营项目基础上又拓展了高性能的改性工程塑料系列产品的研发与销售。在片材、板材、拉丝、吹塑、型材、吸塑、注塑等塑料产品做色，广泛应用于汽车、电子电气、家电、医疗机械、体育休闲用品等众多领域。公司产品已经得到了郑州富士康、宇通汽车、陕西重卡、少林客车、郑州日产、新飞空调、格力空调、雪洋、九头崖、名仁、淼雨等之生产厂家大量应用，建立了长期的合作关系，并得到了客户的一致好评。

多年不断努力和精心经营及管理及广大客户的支持，使本公司在同行业中已发展成为相当实力和良好声誉的公司，产品深受用家欢迎。

从优秀走向卓越，需要有坚定的软硬件支撑，从原料配方至成品生产，全程倾力打造。全面提升塑胶工业之质量，“卓越”的流水生产线，配合高品质之软硬件，领先之设备及专业工程人员，成为“卓越”产品及企业之强力保证。

四、发展趋势及存在问题

我国的塑料行业已进入增速放缓的换挡期，增速明显放缓。已从高速增长进入中速增长的新阶段，进入发展新常态时期。河南塑料制品行业仍快速发展，河南省的利润总额增速降到了全国塑料制品利润总额的平均值。塑料制品的其产量、主营业务收入、利润总额以及主营业务收入利润率同比速度仍然高于全国塑料制品行业的平均速度，但是增速开始放缓。

河南省轻工业重点行业塑料制品业对轻工业的发展贡献较大，对经济增长的拉动效应明显。河南省通过资产重组、引进战略投资者，不断促进企业完善法人治理结构，提高了龙头企业的管理水平、加工及带动能力。

近几年来，青岛“海尔电器”及“格力电器”中国台湾“富士康”、内蒙古“蒙牛”、海马汽车等国内外知名企业及配套企业来河南落户，郑州航空港手机工业园建设，国内外手机制造企业先后到河南办厂或投资，带动了全省塑料电器零件，汽车塑料零件、手机配件配套企业的快速增加，塑料产业发展迅速，同时河南省塑料加工企业的整体规模、产品档次、外向程度、管理水平都得到进一步提升。

主要有以下问题，由于经济大环境的不确定、很多不稳定因素仍然存在。塑料产业的自身发展中存在的诸多问题一直未得到根本性解决，如产能严重过剩、自主创新能力薄弱、科技投入不足、总体装备水平偏低、产品结构不合理、中低档产品比例高、不能满足高端产品市场，医用塑料与国外水平差距甚远、省内区域发展不平衡、市场无序竞争等。 但从整体发展上看，河南省塑料加工行业继续保持了发展平稳态势，经济运行趋势优于国内其他部分省份。

（ 河南省塑料协会 段同生 张 扬 ）

海南省

一、概况

海南省走过的历程很不平凡，面对国际金融危机持续影响、两次超强台风正面袭击和经济下行压力，在党中央的正确领导下，坚持以科学发展为主题，以转变发展方式、实现绿色崛起为主线，以全面建设国际旅游岛为总抓手，万众一心，埋头苦干，开拓进取，经济建设、政治建设、文化建设、社会建设、生态文明建设和党的建设迈上一个大台阶，国际旅游岛建设取得阶段性成果，基本完成“十二五”规划确定的各项目标任务，为“十三五”乃至更长时期的发展打下了具有决定性意义的坚实基础。

五年来，全省经济发展实现新跨越。综合经济实力显著提升，2015 年，地区生产总值 3700 亿元、人均地区生产总值 40776 元、地方一般公共预算收入 636 亿元、固定资产投资 3400 亿元，与 2010 年相比，分别增长 79%、71%、135% 和 155%。“十二五”时期的五年，是海南经济发展又好又快、抗风险能力明显提升的五年，是海南基础设施建设突飞猛进、城乡面貌焕然一新、百姓得到实惠最多的五年，是海南生态品牌擦得最亮、美誉度和影响力提升最大的五年，是海南政治生态好、风气正、干劲足的五年。一个生机勃勃、和谐稳定的海南，一个绿意盎然、充满魅力的海南，一个开放包容、大有希望的海南正站在新的历史起点上。

海南发展面临的形势，从国际看，世界经济在深度调整中曲折复苏，新一轮科技革命和产业变革蓄势待发，区域合作更加广泛、深入。同时，国际金融危机深层次影响在相当长时期依然存在，全球经济贸易增长乏力。从国内看，我国经济发展进入新常态，呈现速度变化、结构优化、动力转换三大特点，新型工业化、信息化、城镇化、农业现代化深入推进孕育着巨大发展潜能，全面深化改革、全方位对外开放将激发持续发展动力，经济长期向好基本面没有改变。从海南省内看，海南区位、气候、资源独特，后发优势明显，国家实施“一带一路”战略、海洋强国战略、加快三沙建设等是我省难得的重大历史机遇，重点领域改革将释放出更多红利，“互联网 +”、海洋经济、新型城镇化等新的增长动力将拓展更大发展新空间。同时，海南仍属欠发达省份，经济基础薄弱，投资结构和产业结构不合理；区域之间、城乡之间发展不平衡；市场发育不充分，制约发展的体制机制问题依然存在；对外开放力度、社会文明程度与国际旅游岛要求不相适应；社会治理能力和基层组织建设有待加强；专业型、领军型高端人才不足；保持和提升综合环境质量难度加大。

要实施创新驱动发展战略。把促进科技成果市场化、资本化、产业化作为实施创新驱动发展战略的核心任务，推进科技体制创新，加大科技创新投入，实施省级重大科技项目，形成以企业为主体、市场为导向、产学研紧密结合的技术创新体系。用优质服务、优惠政策，引进国内外高水平科研机构在海南建设研发基地，支持科技型中小企业健康发展；扩大高校和科研院所自主权，赋予创新领军人才更大人财物支配权、技术路线决策权；实行以增加知识价值为导向的分配政策，提高科研人员成果转化收益分享比例，努力营造有利于大众创业、万众创新的良好环境。

二、大事记

（1）三亚市政府发文“推广使用可生物降解塑料制品 防止白色污染的实施意见”(三府办[2014]325号），决定从2015年1月1日起，全部停止使用不可降解塑料袋，一律使用可生物降解塑料制品。

（2）2015年2月28日召开“理事会专题会议”，就海南省水务厅、住建厅推广塑料检查井的通知自2014年11月1日实施后，海南塑料检查井的推广、施工、售后服务等事宜商讨，全国知名的五大塑料检查井生产企业河马、宝井、天井、普尔顿、龙康的代表和总代及海南相关企业与会，形成会议决议：邀请天津设计院张旭滨副院长为专委会顾问，邀请中南设计院徐浩宇总工为专委会顾问；一致同意成立塑料井专委会，通过了专委会章程，与会的专委会委员推荐并同意海南同德管业有限公司陈明总经理为海南省塑料行业协会塑料井专业委员会的主任，希望带领同行做好相关工作；降低信息价至合理水平，扩大使用范围。

（3） 2015年3月4日，协会秘书长陪同海南省生态研究院张庆良院长一行，到海南天人降解塑料股份有限公司考察调研，并召开座谈会，听取企业在海南“限塑令”后的生产销售状况，张院长要求加强研究院与协会在生物塑料制品生产、推广、政策支持、市场调研、新技术新产品评价等方面的联络协调机制，以三亚“禁塑令”为新的起点，推动产业升级，推动全生物降解塑料制品的使用，保护生态环境。

（4） 2015年3月17日，海南电视台“绿色进行时”栏目组就农膜污染与防治采访协会秘书长周鸿勋，认为目前的地膜国标为0.005～0.008毫米，厚度太薄，难于回收；推广使用全生物降解塑料地膜能解决传统PE地膜使用所带来的污染及相关问题;协会秘书长陪同栏目组实地拍摄正在进行的生物降解地膜实验之PVA地膜栽培实验，介绍相关情况。

（5）2015年3月25日，海口国家高新区发展控股有限公司筹办的“美安•产业加速器项目”推介会，海口高新区所辖的美安工业区约60平方公里，“美安・产业加速器项目”占地159亩，投资5亿元建设标准五层厂房与设施，海口农行科技支行提供融资支持；“美安・产业加速器项目”试验成功后再行扩大，参会的塑料企业签约了入驻意向，其中海南宝秀意向签约整栋厂房，一项投资额第一期约5500万元，为推介会带来精彩。

（6）2015年5月20日，协会组织21家企业赴广州参加雅式会展，了解国内国外有关塑料新技术、新产品、新工艺、新材料及行业发展趋势，推动全省的塑料产业结构调整和发展。海口高新控股、 陪同企业家观展，为企业家提供后勤支持。

（7）2015年8月21日，召开了“塑料井专委会第一次专题会议”，与塑料井厂家、设计院专家共同探讨塑料井施工与市场状况，通过了信息价参考标准，签署了在塑料管、塑料井行业开展“健康发展、拒绝欠款”的倡议书。

（8）从2014年开始，英国IQON公司携带全生物酵素降解母粒及相关资料，来协会与企业讲解沟通，与海大高分子系李志君教授带队博士组交流讨论，多次在琳雄工贸、海南天人吹膜成功。2015年3月19日协会与英国IQON公司控股的南京堃腾

签署合作备忘录，并于次日在海南天人降解塑料股份有限公司进行了生物塑料膜埋地实验，海南日报、海口晚报记者采访拍照记录，并在随后的半年内，每个月都与协会一同记录、拍照。在降解情况达到预期效果后，2015年10月，协会向海南省农业厅推荐了全生物酵素降解地膜、液体全生物降解酵素，获批后，着手筹备在农业厅琼海基地进行实验的相关事宜。

三、基本情况

2015年“双创”活动增加了大量的城市供排水工程，西线环岛高铁工程、城镇化改造工程、政府主导的管囊工程以及万达、恒大等国内巨头大量的房地

产开发项目，持续增加了对各类供水管材、各类建筑管材、各类排污管材的需求；高效农业规模发展、水产加工的发展、医药医疗的发展、电力通讯的发展以及与旅游相关的酒店、地方特产等，需要大量的PE、PP、OPP、PVC、PS等塑料包装及各类塑料制品；全年石油价格较去年同比下降，原材料价格走低，全省塑料行业稳中有升，一类企业的销售与利润同比都有增长，另一类企业产值及销售额有所下降，企业利润较去年却有所增加，为来年的发展增强了信心。

四、企业介绍

1. 海南南塑高新科技有限公司

海南南塑高新科技有限公司前身为海南南塑塑料制品有限公司，成立于2005年，如今拥有先进的成型机20余台，板材切割机3台，拥有海南最大规格的发泡板材机械，专业生产各类PS发泡箱、板材、异型材，服务于建筑保温、冷库、果蔬包装、药品包装等领域，年产值约2亿元。

2015年在海口高新区云龙产业园购置工业用地约25亩，经过科学规划，将于2016年建成两栋五层工业厂房约40000米^2，成为海南塑料行业同类企业中规模最大的企业。

海南药谷的健康发展、海南农业水产的包装需求、国际旅游岛建设对临建的大量需求，为发泡塑料提供了较为充足的发展空间。

老厂整体搬迁至新厂区，谢杨总经理带领100余名员工，一如既往地注重质量、依靠科技创新、关注环境保护，带领企业进入新的发展阶段；同时更好地发挥行业龙斗企业的作用，推动行业的发展与技术升级。

2. 海口成兴塑胶有限公司

海口成兴塑胶有限公司成立于1998年，购置德国蕾芬豪舍全套薄膜吹塑设备及配套机械，专业生产热收缩膜、基材膜，为海南椰树集团、可口可乐等大型企业提供包装膜，年产值约8000万元。

公司注重产品质量，设置的实验室配备有电子拉力试验机、摩擦系数仪、热封仪等较为完善的检测仪器，是海南第一批获得“QS”认证的企业，是海南第一家获得PE、PP双项“QS”认证的企业。

公司重视科技创新，与海南大学材料与化工学院签署产学研开发项目，研发全生物降解塑料项目，为企业发展储备资源。

2011年添置彩印、覆膜、分切、制袋等复合膜生产线所需设备，为海南的特产、出口水产提供优质包装。

2015年开始筹备购买工业用地，在海口高新区云龙产业园购买工业用地23亩，第一期建筑面积15000万米^2，预计2016年建成投入使用，彻底解决因工厂使用面积影响生产与发展的问题。

古志成董事长带领公司全体员工，重视质量、善与客户共享，尊崇“踏实、拼搏、责任”企业理念，实现公司稳健持续的发展。

3. 海南天人降解塑料股份有限公司

海南天人降解塑料股份有限公司成立于1998年7月，注册资本3375万元，拥有107台生产设备，员工121人，设计产能8000吨/年，产值1.28亿元；专业生产可降解塑料膜、袋等环保塑料制品，致力于环保事业。海南天人降解塑料股份有限公司由海南火电、河南大学及具有环保意识的自然人投资，法人代表胡智功占59%的股份，股东结构合理、财务制度健全。

海南天人降解塑料股份有限公司在2000年，获得高新技术企业资格认定，严格生产，持续研发，是海南环保降解塑料领域集科工贸研于一体的环保产品生产企业，连续10年获得国家环境标志。

近年来，胡智功总经理带领公司，充分利用十余年来的技术积淀，积极研发、生产、推广、销售全生物降解塑料制品，三亚禁塑令发布后，利用原有的销售渠道，销售全生物降解塑料袋、膜，取得了明显的效果。三亚试点成功后，公司利用已有的销售渠道、品牌优势，秉承公司消除“白色污染”的环保理念，在全省推广销售生物降解塑料制品，稳步发展。

五、“十三五”时期海南经济社会发展的主要目标

今后五年，海南要在全面建成小康社会目标要求的基础上，努力实现新的目标要求。经济增长质量和效益显著提高。到2020年地区生产总值和城乡居民人均收入比2010年翻一番以上，实现城乡居民收入增长与经济发展同步。全省地区生产总值年均增长7%。消费对经济增长贡献明显加大。生态环境质量巩固提高。主体功能区布局和生态安全屏障基本形成。森林覆盖率稳定在62%以上，大气、水体和近海海域等生态环境质量继续保持全国一流。能源资源开发利用效率大幅提高，能源和水资源消耗、建设用地、碳排放总量得到有效控制，主要污染物排放总量严格控制在国家下达的计划目标之内。

（海南省塑料行业协会 王展伟 周鸿勋）

辽宁省

一、成立行业协会

辽宁省塑料工业协会是由沈阳宏伟塑料制品有限公司、大连塑料研究所有限公司、沈阳金德管业集团、营口东盛实业有限公司、沈阳新歌特塑胶有限公司、大连华诺塑料科技有限公司、抚顺易桂塑胶有限公司等发起单位，共有省内从事塑料工业的企业、大专院校、科研院所、专业杂志和监督检测机构等100多家单位，本着自愿、自律、市场化的原则，自发组建的非营利性的社会组织。

经辽宁省民政厅审核批准于2016年10月正式成立辽宁省塑料工业协会。第一届会员大会选举产生沈阳宏伟塑料制品有限公司总经理马宏伟为协会法定代表人兼任会长，常务副会长由大连塑料研究所副所长、《塑料科技》总编辑于文杰担任，专职秘书长由原沈阳天亿塑料研究所所长、教授级高级工程师姚义担任，其他发起人均为副会长单位。

成立协会的目的是更好地搭建政府与企业、上下游企业、产学研用的一个沟通与交流的平台，协会宗旨是全心全意为会员服务，维护会员的合法权益，成为有求必应的会员之家。

二、行业现状

2015年中国塑料制品产量为7560.82万吨，辽宁省塑料制品产量为370.49万吨，占全国塑料制品市场比为6.1%，位居全国第八位。其中2015年中国塑料薄膜产量为1313.82万吨，辽宁省塑料薄膜产量为46.37万吨，占全国塑料薄膜市场份额是3.5%，位居第八位。2015年中国日用塑料制品产量为592.66万吨。

三、产业结构

辽宁省全部规模以上橡胶和塑料制品工业企业主要指标统计：企业数为777家，在岗职工人数48874人，工业总产值1567.70亿元人民币，固定资产是429.64亿元人民币，新增固定资产2106116万元，固定资产交付使用率为72.41%。

1. 塑料原料

辽宁省乙烯原料产量155.2万吨，合成橡胶产量13261万吨。其中沈阳市乙烯产量7.4万吨，抚顺市乙烯产量71.8万吨，辽阳市乙烯产量15.6万吨，盘锦市乙烯产量60.3万吨。

2. 塑料制品

沈阳市塑料制品产量29.34万吨，抚顺市130.5万吨，辽阳市4.4万吨，盘锦市73.6万吨，大连市35.4万吨，鞍山市0.1万吨，营口市28.6万吨，葫芦岛4.1万吨。

3. 沈阳市

沈阳市塑料制品企业257个，工业总产值5526760万元，工业销售产值5478508万元。沈阳市塑料制品产量29.34万吨，其中塑料薄膜231825吨，农膜45810吨，泡沫塑料2071吨，人造革64411吨，日用塑料2687522吨。PVC树脂116836吨，聚苯乙烯40908吨，线性低密度77737吨。

四、产品结构

1. 建筑材料

根据国家统计局的统计辽宁省塑料建筑材料的产量始终位于全国第一位，以沈阳金德、大连实德、沈阳新歌特、辽阳忠旺等企业的塑料建材，代表了国内塑料建材的技术和发展趋势。

2. 包装材料

以沈阳宏伟塑料制品有限公司、营口东盛实业有限公司为代表的辽宁省塑料包装企业，其产品不但为国内大型企业配套，并且还出口到国外，而且在日本建立了塑料加工厂。

3. 注塑制品

以沈阳宏伟塑料制品有限公司、富士塑料（大连）有限公司、沈阳天亿塑料研究所等单位，分别代表国内和国际上最先进的注射设备和工艺技术，为汽车工业、家用电器、精密仪器等配套。

4. 塑料改性

以沈阳新歌特塑胶有限公司、铃茂塑胶（辽阳）有限公司、沈阳科通有限公司等塑料改性企业，代表国内外最先进改性技术，已研发出各种塑料改性助剂，为汽车工业和塑料企业提供高质量、高性能的改性原料。

五、重点企业

1. 沈阳宏伟塑料制品有限公司

沈阳宏伟塑料制品有限公司是沈阳塑料产业协会会长单位，辽宁省轻工业联合会副会长，公司2015年被评为沈阳市“重合同守信用单位”，2015年获得“全国轻工业百强企业”的荣誉称号。宏伟塑料产品涵盖所有中空制品和注塑制品及高分子新材料，产品主要服务于中石油、中石化、蓝星化工、中粮集团、中纺集团、SK等特大型中外企业产品配套服务，现已成为东北地区最具有影响力的塑料制品企业，企业塑料产品年产万吨以上。随着世界经济发展趋势，企业已开始向多元化方向发展，现已涉足外经外贸、文化教育、酒店餐饮等多个领域，打造集团企业的发展目标。

2. 大连塑料研究所有限公司

大连塑料研究所具有40多年的发展历史，在全国塑料行业中具有相当高的知名度，该所研发的产品和设备销往全国和世界各地。研究所旗下有《塑料科技》中文核心期刊，全国塑料制品标准化技术委员会秘书处，辽宁省塑料制品监督检测中心，国家轻工业制品监督检测大连站，辽宁省塑料新产品研发公共服务平台等。该所还是大连市塑料行业协会副会长、辽宁省轻工业联合会副会长单位。

3. 营口东盛实业有限公司

营口东盛实业有限公司现为沈阳塑料产业协会副会长单位，营口市包装联合会会长、辽宁省包装联合会副会长单位，是国家级高新技术企业、海关AA类企业，连续三年荣获中国轻工百强企业殊荣。是一家集生产、销售环保用垃圾分类专用收集袋，改性高分子包装材料及其制品，被评为辽宁省名牌产品和优秀新产品，“笑妈妈”商标被评为“中国包装优秀品牌”。公司现已成为辽宁省包装行业的龙头企业，也是中国本土最大的对日出口塑料包装袋企业。公司“高分子材料改性与加工公共技术服务平台”被认定为省级公共技术平台；

4. 沈阳金德管业集团

沈阳金德管业集团是沈阳塑料产业协会的副会长单位，是国家级火炬计划项目和重点高新技术企业，建设部科技研发基地，拥有国家级管道研究检测中心。现为中国建材协会常任理事单位。金德产品已获60多项国家专利，是中国名牌产品，“金德”品牌是辽宁省著名商标，也是中国驰名商标和中国最有价值品牌之一。

5. 沈阳新歌特塑胶有限公司

沈阳新歌特塑胶有限公司是美国欧文斯科宁授权在中国唯一授权生产落水产品的OEM工厂，其生产的落水系列产品全部出口到世界各地。沈阳新歌特塑胶有限公司下设北京和杭州两家子公司。近年来公司涉足塑料改性的研究，其改性塑料系列产品为汽车企业配套服务。生产的高分子改性塑料已被金杯汽车、宝马汽车所采用，其中功能化助剂、相溶剂、增韧剂等产品，已销往全国各地，2015年公司被授予沈阳市《重合同守信用》单位。

6. 大连华诺塑料科技有限公司

大连华诺塑料科技有限公司是大连市塑料行业协会副会长单位，大连华诺塑料科技有限公司旗下有全资的大连华太塑料机械有限公司。该公司主持制定《包装用聚乙烯热收缩薄膜》国家标准，是大连工业大学生创业项目（人才）孵化基地，公司主导产品聚乙烯收缩薄膜为华润雪花啤酒中国有限公司、百威英博中国有限公司、中石化等中外企业配套服务。

7. 抚顺易桂塑胶科技有限公司

抚顺易桂塑胶科技有限公司现已成为东三省规模最大，技术最强的色母粒，功能母粒企业。 并在浙江绍兴兴建了年产8000吨色母粒和功能母粒的生产研发基地。公司主要围绕食品包装， 药品包装，日化洗化包装，中高档家电行业为主， 打造全公司产品符合中国GB9685—2015，美国FDA法则。 并现已成为宜家、中粮、 蒙牛、伊利、五粮液等大型企业的供应商。

六、科研院所

辽宁省拥有大连塑料研究所、大连工业大学、大连理工大学、沈阳化工大学、辽宁大学等多所高分子材料的科研机构。而且还拥有国家轻工业塑料产品质量监督检测大连站、全国塑料制品标准化技术委员会秘书处、中文核心期刊《塑料科技》等一批支撑辽宁省塑料工业发展的单位。

七、技术创新

以大连塑料研究所为中心的塑料科技创新，以大连工业大学为依托的高分子新材料研发平台，以大连中轻联科技有限公司为技术服务和研究试验等机构，在科技推广和知识产权、塑料标准化等服务方面，将助推辽宁塑料健康发展。

八、存在问题

辽宁省塑料企业普遍存在产品创新和研发无力等现状，普遍存在工程技术人员缺乏、生产效率不足、产品质量欠缺等问题。塑料企业现已充分认识到：单打独斗时代已经是过去式，抱团取暖才能成大业。需要辽宁省塑料工业协会建立产、学、研、用的沟通和交流平台，帮助企业解决研发和攻关以及生产和销售中的问题。

九、发展规划

辽宁省塑料工业协会正在研究以中德产业园、中国装备制造产业园、沈阳航天航空产业园等有利契机，筹建辽宁省高分子产业园，集中省内科研院所和大型装备制造业，推动辽宁省塑料工业发展。

（辽宁省塑料工业协会　姚义）

新疆维吾尔自治区

一、基本情况

2015年是“十二五”的最后一年，受宏观经济下行压力的影响，新疆塑料行业增速放缓，保住了7.5%的增长； 与“十一五”末的2010年比较，在整个“十二五”期间，我区塑料制品工业整体上呈现出快速、持续、平稳的态势，见表1。

表1　　2010、2014年各类塑料制品产量

产品名称	2014年产量	2010年产量	增长/%
塑料制品合计	212.16	86.8	144.4
塑料薄膜	28.27	15.75	79.5
其中：农用薄膜	25.16	14.34	75.5
塑料板、片	20.82	11.06	88.2
塑料制管子及其附件	88.63	33.04	168.3
其中：滴灌管带	55.32		
塑料丝、绳及编织品	18.01	9.34	92.8
泡沫塑料	7.78	1.69	360.4
塑料包装箱及容器	6.69	4.69	42.6
日用塑料制品	5.68	2.76	105.8

从上表中可以看出，“十二五”头四年中新疆塑料制品产量翻一番还多，除塑料包装箱及容器品种增长未超50%，其余品种增幅都在75%以上，增长幅度最大的是泡沫塑料制品，这期间也是我国及新疆经济高速发展时期，尤其是建筑业领域，也带动了塑料建材及其相关产品的快速发展。

规模以上企业是新疆塑料行业的主力军，目前在新疆注册的塑料制品加工企业约1500余家，其中规模以上企业仅有117家，占比不到8%，但其产量占总量的50%以上。见表2

表2　　2015年11月规上企业产量与同期数据对比　　单位：吨

产品名称	本月止累计	同期累计	增减/%
塑料制品	1242995.3	1200664.8	3.53
塑料薄膜	85916.86	110441.89	-22.21
农用薄膜	79528.96	101141.78	-21.37
塑料板、片	3485.00	139833.95	-97.51
塑料制管子及其附件	396455.3	336737.5	17.73
塑料编织袋	85448.83	86109.19	-0.77
泡沫塑料	16672.11	23192.00	-28.11

续表

产品名称	本月止累计	同期累计	增减 /%
塑料包装箱及容器	19637.69	29266.60	-32.90
日用塑料制品	692.60	3025.17	-77.11

2015 年新疆塑料行业累计生产各类塑料制品 228.07 万吨，较 2014 年的 212.16 万吨净增 15.91 万吨，同比增长 7.5%；实现现价工业产值 242 亿元，与上年同期基本持平。各类塑料制品产量及同比增减情况见表 3。

表 3　　2015 年各类塑料制品产量

名称	2015 年产量 / 万吨	2014 年产量 / 万吨	同比增减 /%	当年比重
塑料制品合计	228.07	212.16	7.5	100
塑料薄膜	30.14	28.27	6.61	13.22
其中：农用薄膜	27.17	25.16	7.99	11.91
塑料制管子及其附件	94.42	88.63	6.53	41.4
其中：滴灌管带	55.07	55.32	-0.45	24.15
塑料板、片	7.39	20.82	-64.51	3.24
塑料丝、绳及编织品	15.53	18.01	-13.77	6.81
泡沫塑料	7.51	7.78	-3.47	3.29
塑料包装箱及容器	8.29	6.69	23.92	3.63
日用塑料制品	9.65	5.68	69.89	4.23

2015 年各类塑料制品产量分别为：塑料薄膜制品 30.14 万吨，占制品总量的 13.22%，较去年增长了 6.61%（其中农地膜 27.17 万吨，较上年增长了 7.99%。）；塑料制管子及其附件（含滴灌带）94.42 万吨，占制品总量的 41.4%，较上年增长了 6.53%；塑料板、片 7.39 万吨，占制品总量 3.24%，较上年下降 64.51%；塑料丝及编织制品 15.53 万吨，占制品总量的 6.81%，较上年下降了 13.77%；塑料包装箱及容器 8.29 万吨，较上年增长了 23.92%；日用塑料制品 9.65 万吨，较去年大幅增长了 69.89%。

在各类制品中，增长幅度超二位数的是日用塑料、塑料包装箱及容器，分别达到了 69.89% 和 23.92%。前者主要是活跃的边贸使原来在内地生产的商家纷纷将设备迁入本地生产，以求得更大的利润；后者主要是本地的工农业商品的包装，也得益于南疆地州林果业的发展。

塑料板、片、塑料丝、绳及编织品、泡沫塑料 3 类制品出现不同程度的负增长，这预示着在国家和新疆经济下行压力不断增大的大环境下，塑料行业在持续快速增长了十多年后，也将伴随着产量增速下滑、价格走低、效益下降、市场竞争加剧等而进入一个全面结构调整时期，经济增长速度会进一步放缓。

从各类制品所占比重看，塑料管子及附件类制品占总比重为 41.4%，仍位居大类第一，较上一年的 41.77% 基本持平；其它依次为：薄膜类、丝绳编织类。以滴灌带管为主的塑料管子及附件类和以农地膜为主的薄膜类的比重合计达到制品总量的 54.62%，较上年的 55.09% 下降了 0.47% 个百分点，行业发展继续保持向农用塑料制品倾斜，塑料制品行业的产业配套性进一步突显。

从企业结构看，规模以上企业在日用塑料制品、塑料包装箱及容器和泡沫塑料品种上生产量所占比重不大，分别约占总量的的 7.2%、23.64% 和 22.23%，产品主要集中在中小企业生产；在塑料丝、绳及编织袋方面，规模企业所占比重超过 50%，达到 55.05%，主要生产企业有：新疆蓝德精化、新疆佳美包装、新疆华康和华兴包装等。

尽管外部经济环境的不确定、不稳定因素仍然较多，行业自身发展中存在的诸多问题还未得到根本性解决，如产能严重过剩、自主创新能力弱、总体装备水平偏低、产品结构不合理、科技投入不足、市场无序竞争等，但从整体上看，新疆塑料加工业仍保持了平稳的发展态势，运行位于合理区间。

二、重点工作

1. 申报并筹建了《新疆塑料节水材料产业集群中小企业公共服务平台》。新疆塑料节水材料产业集群中小企业公共服务平台（简称：节水平台）是由新疆塑料协会牵头设立的为全疆农用塑料节水灌溉器材业服务的一个平台窗口。项目建设由新疆塑料协会负责，协会秘书处负责项目的日常运营。节水平台的建立，主要解决中小企业发展中的现实需要和共性技术难题，对于提高中小企业产品质量技术水平、优化产品结构，增强自主创新能力，实现战略转型，以及增强产业集群竞争力，加快我区节水产业的发展都具有重要的现实意义，并且具有开放性、应用性、公益性、有偿性和便利性的特征。本窗口平台在按计划建设的 2 年中，坚持边建设边服务的方针，积极开展有条件的平台运营服务工作，并取得了一定的成绩。

2. 服务重点工程项目—实施土工膜质量监造。应自治区水利建设管理部门要求，经自治区经信委和轻工行办领导核批，协会积极开展产品质量监造服务活动，组织监造工程师实施驻厂跟班监造，探索新形势下质量控制服务的有效模，对自治区重点水利工程所用关键防水材料—复合土工膜产品实施驻厂监造。2015 年监造各类复合土工膜产品 120 万㎡。在监造过程中恪守合同，严把质量关，既保证了监造产品质量，又使生产企业的品控能力和质量管理水平大幅提升，得到了业主和制造商的共同好评。

3. “新疆塑料志”编写工作：按照工作计划，完成了“薄膜篇”、“管材管件篇”、“塑料板片材、异型材篇”和“农用塑料节水器材篇”章节的初稿。

4. 配合国家和自治区标准化委员会就国家标准征求意见稿《聚乙烯吹塑农用地面覆盖薄膜》向自治区质监局、国家标准化委员会反馈了我区农地膜行业对国家标准《聚乙烯吹塑农用地面覆盖薄膜》征求意见稿的修订意见。

三、行业活动

1. 参加了由自治区人民政府法制办召开的《自治区农田地膜管理条例（征求意见稿）》意见征求会议，并将汇总的行业意见提交会议，部份采纳。

2. 5 月 12 日至 15 日，召集塑料行业 80 余家企业的 100 余名学员参加了由轻工行办和协会共同主办的“企业管理体系培训班”，并在培训后发放了证书。

3、5 月 18 日至 23 日，组团 20 余人参加了在广州召开的第 29 届中国国际塑料橡胶展览会，同时参加了中国塑料加工工业协会在广州召开的四届五次理事扩大会议和 2015 年各省及地方塑料协会工作会议等系列活动。

4. 9 月 20 日至 24 日组织行业企业参加了第十五届中国塑料交易会并考察了相关企业，期间参加了中国塑料加工工业协会座谈会、中外塑料行业联席会议以及模塑工业设计讲座等。

5、7 月 12 日，由中国塑料加工工业协会主办，中国塑料加工工业协会异型材及门窗制品专业委员会、新疆蓝山屯河型材有限公司和新疆中泰化学股份有限公司共同承办的“2015 年全国塑料异型材及门窗行业年会”在新疆召开，大会代表对新疆屯河、天业集团、中泰化学进行了参观。中国轻工业联合会副会长、中国塑料加工工业协会理事长钱贵敬出席了大会。

6. 11 月 17 日，协助美国埃克森美孚化工公司召集行业重点企业在乌鲁木齐召开了技术研讨会。8 月 20 日至 22 日，参加了由美国埃克森美孚化工公司在兰州召开的茂金属应用技术交流会，与甘肃地区及陕西地区的部分企业进行了深入座谈交流，并参观了兰州的塑料企业。

7. 12 月 17 日至 21 日，参加了中塑协节水器材专业委员会在北京召开的“中国塑料节水灌溉产品在农业现代化中的应用技术研讨会”，并与参会企业密切了联系。

四、重点企业

新疆天业（集团）有限公司

新疆天业（集团）有限公司组建于 1996 年 7 月，

是新疆生产建设兵团第八师的大型国有企业。天业集团控股的新疆天业股份有限公司于1997年6月在上海交易所上市、新疆天业节水灌溉股份有限公司于2006年2月在香港成功上市。天业集团所属产业涉及塑料制品、节水器材、热电、化工、电石、水泥、矿业、建材、物流、食品、对外贸易、建筑、安装与房地产等多个领域。

公司经过二十年的发展，形成了140万吨聚氯乙烯树脂、100万吨离子膜烧碱、245万吨电石、400万吨新型干法电石渣制水泥、180万千瓦热电、20万吨1,4-丁二醇、25万吨乙二醇和600万亩节水器材生产能力。拥有国家认定的企业技术中心、国家节水灌溉工程中心、博士后科研工作站和氯碱化工国家地方联合工程研究中心等国家级高水平研发平台。

天业集团产品——农用地膜、节水器材、PVC管材、聚氯乙烯树脂、烧碱获得新疆名牌产品称号；“天业牌”节水成套设备为中国驰名商标，节水微灌标准体系标准项目获中国标准创新贡献奖；“天业”牌聚氯乙烯被评为“中国名牌产品”和“中国知名品牌产品”；新疆天业研发的西部干旱地区节水技术及产品开发项目、节水滴灌技术创新工程项目、聚氯乙烯专用树脂系列产品的开发与产业化示范项目荣获国家科技进步二等奖。

“天业灌溉系统”在国内外已累计推广约6000万亩，并成功走向世界近15个国家。天业节水灌溉技术国际科技合作基地获国家级节水灌溉技术国际科技合作基地，膜下滴灌节水灌溉工程项目荣获第三届中国工业大奖表彰奖。

天业集团连续十一年进入中国制造业500强，连续六年进入中国企业500强，是全国第一批循环经济试点企业、技术创新示范企业、循环经济教育示范基地和资源节约型、环境友好型企业创建试点企业，先后荣获全国国有企业“四好”领导班子先进集体、全国“五一劳动奖状”、全国循环经济工作先进单位、中国工业行业履行社会责任五星级企业、全国工业品牌培育示范企业、国家知识产权战略实施工作先进集体、制造业信息化科技工程应用示范企业、全国两化融合管理体系贯标试点企业、中国学习型组织优秀单位、国家技能人才培育突出贡献企业奖、全国专业技术人才先进集体、第二届中国质量奖提名奖。

新疆蓝山屯河化工股份有限公司

新疆蓝山屯河化工股份有限公司是一家依托新疆资源优势成长壮大的高科技化工新材料企业，是国有控股的中外合资股份制企业。公司股本总额3.3225亿股，拥有职工2000余人，大中专以上学历的职工占总数的90%以上。

公司下辖聚酯、型材、新材料、能源等四家全资子公司，具有世界先进的生产装备和领先的工艺技术，获得了GB/T19001-2008质量管理体系；GB/T24001-2014环境管理体系；GB/T28001-2011职业健康安全管理体系认证。公司是国家认定的高新技术企业、国家创新型试点企业和自治区百户“优强企业”之一。拥有国家级博士后科研工作站、国家级企业技术中心，以及优秀的管理团队和深厚的企业文化，荣获了174项国家专利，三个新疆名牌产品称号。主要产品PBT、EPS、PET、PBS、PVC型材等综合生产能力达52万吨/年，主导产品填补了西北化工产业空白。

2012年公司与清华大学合作联合开发了生物降解材料聚对苯二甲酸-己二酸丁二酯（PBAT），产品获德国DIN CERTCO认证、美国BPI认证、比利时OK Biobased可降解认证（EN 13432认证），澳洲绿色认证，通过了RoHS和REACH欧盟市场准入认证。

在此基础上，公司研发了全生物降解农膜产品，产品获得全国工业绿色产品推进联盟绿色产品认定。开发的系列地膜产品已在新疆昌吉、伊犁、博乐、库尔勒等地州进行示范推广应用，推广面积达万亩，满足了新疆特色作物棉花、番茄、甜菜等的种植要求。实现了降解周期可控，产品保产、增产的推广目标。

新疆蓝山屯河型材有限公司

新疆蓝山屯河型材有限公司是新疆蓝山屯河化工股份有限公司的全资子公司，是一家以生产高耐候、彩色、铝塑复合PVC节能门窗型材为主的现代科技型企业，是国家火炬计划重点高新技术企业和国家知识产权试点企业，是自治区通用塑料高性能化产业重要基地之一。

公司拥有昌吉公司、库尔勒豪普公司和伊宁市PVC节能型材三个生产基地，引进德国、奥地利及国内一流生产设备，建立了国内最先进的全自动干混料集成加工中心及挤出生产车间。公司根据市场多样化需求，开发了6大系列200余种各类中高档型材，满足了不同气候条件、各种建筑风格的市场需求。具备年产各类PVC异型材8万吨的生产能力，是中国西北地区规模最大、档次最高、品种最全的化学建材生产基地。

公司凭借20余年行业生产、技术经验积累，建立了国内领先的门窗型材检测中心，连续多年被认定为全国型材定点生产企业；建立了自治区级企业技术中心，拥有较强的研发能力和多项专利技术，先后承担国家级及自治区级科技项目 12 项，其中自主研发的高耐候型材获国家建材行业技术革新奖，多密封节能型材获得“国家重点新产品”称号。先后开发生产胶条共挤、高光洁、自清洁、阻燃抑烟、抗弯曲等品类齐全的门窗型材产品，成为中国严寒地区门窗型材行业的领航者。产品分别获得了“新疆节能产品”、“新疆名牌产品”、“新疆著名商标”等殊荣。多样化的产品结构，节能化的产品设计，规范化的质保体系，赢得了广大用户的青睐，“屯河”型材已成为西北和中亚地区的知名品牌。

新疆中石油管业工程有限公司

新疆中石油管业工程有限公司成立于2000年，位于乌鲁木齐市经济技术开发区（头屯河区），是中国石油天然气运输公司的全资子公司，是一家集研发、生产、销售玻璃钢管道、PE 管道、中空吹塑制品、建筑门窗用塑料异型材、各类 PVC-U 给水管、PVC-M 管道、PVC-C 电力管，内镶式滴灌带（管）、内镶圆柱滴灌管、PE 软管带及各类管件等塑料节水灌溉器材等产品为一体的国有大型塑料加工制造企业。

公司拥有各类型材生产线 39 条，年生产能力近 4 万吨，产销规模位居疆内行业前三；拥有 PVC-U 管道生产线 37 条，年产能 8 万吨以上，规模位居行业前列，可为市场提供 Φ40—Φ630 的聚氯乙烯管材和 Φ25—Φ800 的聚乙烯管材，

公司获 25 项专利，注册使用“中油”牌商标。先后通过了 ISO9001 国际质量体系认证、ISO14001 环境管理体系认证和职业健康安全管理体系认证、美国石油协会 API 产品认证等。“中油”注册商标为“新疆著名商标”，是“值得新疆人骄傲的品牌 10 强”企业。企业被自治区人民政府列为“100 家成长型企业”，自治区战略新兴产业重点骨干企业；自治区“守合同重信用企业”、“自治区技术创新示范企业”、“乌鲁木齐市创新型企业”以及乌鲁木齐经济技术开发区（头屯河区）“最具成长力工业企业”和“工业十强企业”等荣誉称号。

公司自成立十几年以来，一直致力于玻璃钢管道、塑料管道以及建筑门窗用塑料异型材的研究、生产和销售，积累了丰富的经验。2008 年公司被认定为“自治区级企业技术中心”，2012 年被认定为“乌鲁木齐市玻璃钢管道及塑料管道工程技术中心”；2013 年被经济开发区（头屯河区）批准设立博士后科研工作站；2014 年自治区科技厅批准组建“新疆塑料管道工程技术研究中心”，同年获得“自治区第二批技术创新示范企业”称号等。

新疆德美隆新材料股份有限公司

新疆德美隆新材料股份有限公司，是在新疆乌鲁木齐国家级高新技术产业开发区注册经营的科技型企业。现注册资金 1611.75 万元。是新疆地区唯一以自主知识产权为主，专业从事高分子材料功能化、改性产品的研究、生产、销售股份制企业。董事长及总经理张晶女士（高级工程师），是中国塑料协会专家委员会专家，新疆塑协专家委员会专家；拥有实用新型专利 4 项，主持完成自治区科技攻关项目《有色膜的研究及应用》、《色母料研究及在有色膜中的应用》、《耐候复配防老化母料》和高技术研究计划《微孔结构材料的研究及应用》、《高结晶改性聚丙烯的开发》《外墙保温发泡材料阻燃专用料》等 10 余项项目。获得自治区科技进步三等奖一项。目前从事高分子材料功能化母料、专用料研发及成果转化工作。

公司主要产品：聚乙烯滴灌带专用定量防老化母料、聚乙烯地膜专用定量防老化母料、聚丙烯编织袋专用抗老化母料、挤出聚苯乙烯外墙保温发泡板成核专用料、挤出聚苯乙烯外墙保温发泡板 B1 级阻燃专用料、聚乙烯碳黑母料、聚丙烯注塑专用高结晶改性料，聚乙烯包装膜白色母料，聚乙烯抗静电母料、聚乙烯农用大棚膜双防、三防功能母料、丙烯酸专用修复料、各色色母料等。

公司拥有自主开发的产品 16 项，实用新型专利 4 项，待审批专利一项，高新技术产品 1 项，达到国内先进水平的技术成果 1 项，公司受自治区技术监督局委托负责起草“防老化母料”、“黑色母料”的地方标准，受自治区塑料协会委托参与起草“滴灌专用地膜”新疆地方强制标准，制定人工模拟老化实验数据，与农田实验数据对照方案；并参与起草 8 个滴灌产品系列新疆地方标准。

公司成立至今，先后承担了自治区高技术研究发展计划项目《聚烯烃微孔结构材料制备技术的研究与应用》研究课题；自治区、乌鲁木齐市高新区创新基金项目《耐候复配防老化母料》课题；乌鲁木齐市经济委员会《高结晶改性聚丙烯生产项目》的研制工作、乌鲁木齐市科技局科技攻关项目《可控热敏聚合物合金材料中试研究》、《聚乙烯稀土配位功能助剂缓释专用料》、《XPS 建筑外墙保温材

料A级阻燃专用料》等课题。

2015年6月，公司通过股份制改造，2016年1月18日公司在北交所新三板正式挂牌，也成为新疆塑料行业第一家在新三板正式挂牌的企业。

新疆磐基实业有限公司

新疆磐基实业有限公司模具制造中心创建于上世纪九十年代初，位于乌鲁木齐市长春北路11号，是集技术研发、设计制造为一体的高新技术企业。

公司早在2003年已通过ISO9001质量管理体系认证，是中国模具工业协会会员和新疆塑料协会常务理事单位。由乌鲁木齐市人民政府评为AAA级信用企业，乌鲁木齐市创新型企业；首批通过自治区级高新技术企业复评；获自治区级企业技术中心、市级工程技术研究中心认定。先后获“全国轻工业企业信息化先进单位”，国家科技部颁发的“制造业信息化科技工程应用示范企业”；连续八年获自治区工商局的“守合同重信用”企业等资质和荣誉。

公司旗下的亚飞模具设计制造中心，拥有一支精通CAD/CAM、PRO/E、UG等先进软件的高素质创新型工程师、技师队伍；装备来自德国、日本、台湾等国家和地区，技术先进的CNC数控加工中心等智能型精密制造设备，模具设计、演示制造前、专用软件；建立了一套自主编制并数次升级更新的模具设计制造接口软件、模具技术标准、模具营销与客户服务标准化流程,产品、客户和供应合作者数据库、测评系统等，逐步由传统制造向信息化和智能制造、大数据和网络运营方向转型。

可设计制造符合欧美、独联体等国际标准，适用注塑、挤出、吹塑及冲压等工艺，生产汽车、机械、电工电子等多种产品的模具，产品已批量出口至俄罗斯、土耳其、中亚等国家和地区。

“亚飞牌”模具是植根新疆本土的优良品质、高新技术、精密精制的象征，在业界享有良好信誉。

五、新产品开发

1. 新疆蓝山屯河型材有限公司开发的“型材自动化包装技术”、“仿金属色型材”、“共挤木纹型材”新产品2015年通过了鉴定验收。

2. 新疆中石油管业工程有限公司的“浅埋防鼠型内镶贴片式滴灌管（带）” 新产品2015年通过了鉴定。

六、存在的问题

2015年我区塑料工业虽然保持与同期基本持平，但总体形势不容乐。如以地膜、滴灌带、普通管材、编织袋等通用塑料制品领域，一直存在着产能严重过剩、低水平重复建设或同质化竞争激烈，小微企业素质不高、生产经营一线专业技术人员匮乏等等。其中单翼迷宫式滴灌带产品质量不高依然是最突出的问题，滴灌带产品是一种季节性节水灌溉产品，在南北疆农业生产中已广泛应用，今年，自治区质监部门对农用薄膜、滴灌带产品实施了统一监督检查，其中滴灌带产品的质量问题较为突出，在抽查的437家生产企业的437批次滴灌带产品中，有131个批次产品不合格。我区节水产业虽然发展多年，但自主研发能力较弱，在产品质量、技术性能、可靠性等方面还有待于进一步提高；加强基础理论研究，提高自主创新能力，研发多功能、低能耗、低成本、智能化、精准化、绿色化的节水产品，是节水今后的发展趋势。

在其它产品配套体系中，也存在产业体系还不完善配套，塑料机械、模具制造、助剂与专用料等发展相对滞后；产品技术含量不高，工程塑料、包装塑料等成长缓慢；企业规模偏小、技术装备水平较低，创新能力还十分薄弱；产品结构单一，农用塑料制品比重过大，产品附加值低；低水平重复建设现象普遍存在，大宗产品的市场恶性竞争严重；技术水平相对落后，缺少自主知识产权，市场竞争能力薄弱等等，这些问题需要我们在发展中去不断努力克服和协调解决。

七、发展趋势

2016年是“十三五”开局之年，受近2年国内宏观经济下行压力的影响，新疆塑料行业结束了前期多年的高速增长期，开始进入了一个“整体性结构调整”，“转变发展模式”的新阶段，预计2016年制品总产量将回落5%左右，同时规模以上企业将通过调整产品结构、限产保价、减员增效等手段抵御经营风险；产能严重过剩、低水平同质化竞争领域的规下企业将出现关、停、并转现象。伴随着结构调整时期的到来，新疆塑料行业将拉开“重新洗牌”的序幕，产业结构的优化将是结构调整的主题。

从产品门类方面看，在主流门类中，围绕农业节水政策，以滴灌带、管材、农地膜等为主的塑料节水器材产品将保持持平；关联“一带一路核心区建设政策和PVC树脂资源的塑料建材类，有望触底；以塑料托盘、中空容器、编织袋等为主要产品的包装塑料，将保持平稳；而各类产品中的差异化品种，将形成新最热点。

从技术进步方面看，以提升品质、减员增效、创新应用、降耗增效等为目的的新产品开发、技术创新和改造升级活动，将继续成为企业经营活动的主要内容。其中以装备成套化、技术集成、自动化、过程控制等“先进适用型”技术将日益受到重视。

塑料工业既是一个应用广泛的制品加工业，也是一个与其它行业紧密联系和配套的材料工业，与地区经济结构和水平密切相关。在国家、自治区宏观政策的引领下，新疆塑料行业将克服当前不利因素，为自治区经济建设和社会发展做出贡献。

（新疆塑料协会）

主要制品行业情况

农用薄膜

一、“十二五”期间行业发展概况

我国现有农膜生产企业约千家，从业人数近7万，总产能500多万吨，2015年全国千家企业生产的农膜总产量接近280万吨，其中棚膜和地膜各占的比例大体为45%与55%。农膜行业规模以上企业200家，其中包括45家年产农膜万吨以上大型骨干企业和近百家年产3000～10000吨的大中型企业。2015年是“十二五”规划收官之年，“十二五”期间，农膜行业科技意识明显增强，发力赶超世界先进水平，认真履行“十二五”规划各项任务，主要指标圆满完成，战果累累，成绩斐然，为挺进“十三五”打下良好基础。

1. 产业规模与集中度不断提高

“十一五”末即2010年全国农膜总产量仅207.9万吨，“十二五”末即2015年达到近280万吨，200家规模以上企业农膜产量2010年为128.2万吨，至2015年达到236.9万吨，年增长率在整个塑料行业名列前茅。2010年时行业内年产农膜万吨以上骨干企业只有30家，年产3000～10000吨的企业只有50家，如今分别达到45家和近百家，这部分企业的装备、工艺、管理水平较其他企业有较大提高。200家规模以上企业农膜产量占全国总产量的比例，也由2010年的61.7%（128.2/207.9=61.7%），至2015年提高到84.6%（236.9/280=84.6%），农膜行业规模和产业集中度都有较大幅度提高。

2. 产品结构进一步优化

“十一五”末，农膜高档、中档和低档产品的比例为2%：38%：60%，“十二五”末这一比例达到10%：45%：45%，高、中档农膜都提高了份额，而低档农膜份额下降了15个百分点。其中棚膜部分，中、高档棚膜占棚膜总量的比例由“十一五”末的40%至2015年提高到60%，仅高档棚膜就接近20%，地膜中具有流滴耐老化功能的高档产品从不足1%扩大到5%以上。农膜产品结构得到进一步优化，农膜品种也由“十一五”末的20种，至2015年达到40多种，品种翻了一番。

3. 产业布局更加合理

从规模以上农膜企业产量的统计数据看出，2010年，东部沿海地区11个省市（包括北京、天津、河北、辽宁、吉林、上海、江苏、浙江、福建、山东、广东）农膜产量之和占全国总产量的比例高达61.68%。至2014年末，上述东部沿海11个省市农膜产量之和占全国总产量的比例降至49.72%，中西部内陆省份农膜产量之和占全国总产量的比例首次超过50%（为50.28%）。其中西北地区产量由2010年的13.35万吨至2014年增至22.09万吨，西南地区产量由2010年的13.76万吨至2014年增加到24.15万吨，河南省由2010年产量15.83万吨，占全国产量比例仅为10.07%，至2014年提高到42.60万吨，占全国比例接近山东，达到19.44%。中西部开发战略的实施，激发了广袤内陆省份发展潜力和活力，2015年中西部内陆省份的产量又有了新的提高，五年来农膜产量增速124%，远高于全国71%的平均增速。中西部地区的崛起，为农膜持续发展提供了新的动力和增长点，使我国农膜产业布局趋于合理，进一步促进全国农膜行业均衡快速发展。

4. 科技成果丰硕，推广应用加快、节能降耗目标如期完成

“十二五”期间，农膜行业在新材料、新技术、新装备、新产品方面，从基础树脂母料、助剂和装备到农膜产品，整个产业链的各个环节，进行研发、改进、推广试验，针对暴露的问题，投入较大力量，反复组织攻关，取得丰硕成果，2014年农膜行业受到轻工业联合会和中国塑协表彰的各种奖项达22项，使行业技术水平，迈上新台阶。

“十二五”期间农膜行业开发了许多新技术、新产品，这些成果并没有止步于研发阶段，而是及时广泛应用于农业生产中。诸如：po膜的大田试验、降解膜的农田应用、各类专用功能膜的推广应用等等，其中以新疆天业集团有限公司利用地膜覆盖，开发膜下滴灌，实现水稻高产尤为突出。他们攻克了旱地种植水稻的世界难题，取得世界首创业绩，目前已在许多省份推广应用，产量达到和超过当地传统水田种植水平，受到国家重视。

“十二五”期间，农膜行业通过推行吨产品成本核算，挖潜增效；通过提高设备自动化水平，降低成本；通过设备改造提高电能利用率。加之新材料、新助剂的开发利用，中高档农膜产品份额的提高，整个行业吨产品节能降耗达到20%，完成“十二五”规划的目标。

二、2015年行业运行概况

农膜行业经过2009～2014年，长达5年（除

2012 年）农膜产量两位数增长率的高速发展之后，进入 2015 年，增长率明显变缓，由 1 ～ 2 月累计同比增长率 19.38% 逐月下滑，至 5 月降到 7.7%，之后在 8% 上下波动。逐月累计增长率变化趋势见下表。

2015 年规模以上企业农膜产量逐月累计同比增长率

月份	2015 年产量累计 / 万吨	2014 年产量累计 / 万吨	同比增长率 /%
1 ～ 2 月份	35.7	30.0	19.38
3 月份	56.4	50.3	11.7
4 月份	75.2	68.8	9.65
5 月份	91.9	85.2	7.7
6 月份	111.9	103.4	8.21
7 月份	129.6	120.5	7.31
8 月份	149.6	138.4	8.25
9 月份	171.6	157.4	8.98
10 月份	193.9	177	9.40
11 月份	216.9	200.2	8.35
12 月份	236.9	219.2	8.07

1. 农膜行业发展自 2015 年正式进入新常态，告别了两位数高速增长，在中高速 8% 上下波动。这与全国经济发展趋势基本一致，只不过农膜行业进入新常态的时间，比全国推迟了约三年，且没有渐行期，而是直接下滑到 7.7%。在国家大环境、内外需求均减弱的情况下，农膜行业不可能独善其身、不受牵连，进入新常态是客观发展的必然结果。

2. 虽然增速下滑明显，但每月产量同 2014 年相比，除个别月份外，其净增量大多超过去年同期，绝对增量不断创新高。规模以上企业农膜产量达到百万吨的时间，也是逐年提前的，比如 2012 年是在 8 月份，2013 年在 7 月份，2014 年在 6 月份，2015 年这个时间点提前到了 5 月中旬。农膜行业处于稳中渐进、增量不断扩大、合理运行区间。2015 年产量累计为 236.9 万吨，系经过核实后的数据。

3. 2015 年年中以后，农膜行业增速下行压力并未继续加大，维持稳中有进的一个重要原因是，中央及各级地方政府加大对农膜应用的财政支持力度。2015 年上半年中央财政下拨 10 亿元，用于华北、东北、西北旱区，重点支持地膜覆盖栽培技术的推广应用；各级地方政府把推广大棚膜设施栽培技术，作为农村脱贫致富的首选措施，海南省根据本省台风侵袭频繁的特点，确定瓜菜大棚造价为每亩 3 万元，其中一半由省财政补贴，每年约有上亿元的资金支持大棚建设，另一半资金由农民自筹，自筹有困难的，可以从银行申请贷款。甘肃省部分地区规定凡新建大棚，每座造价 1.6 万元的一半由政府补贴，今年仅会宁县太平镇大顶村（贫困村）就新建了 130 座大棚，政府补贴 104 万元，一座座蔬菜大棚伫立田间绵延不断，远远望去，颇有十里连营的景观。农膜应用为农村脱贫致富起到积极效果的同时，也为农膜产业的发展增添了活力，缓解了增速下行的压力。

三、行业存在的问题

农膜行业“十二五”期间虽然取得重大进步，但是就整个行业看与我国社会需求和世界先进水平差距还很大，比如目前国外发达国家农膜产业结构是高档、中档与低档产品的比例为 20%：50%：30%，其中高中档占到 70%，而我国目前高中档产品仅占 55% 左右，低档产品供过于求，同质化程度严重；占 86% 的中小微企业生产工艺、装备水平、生产经营状况还比较落后，亟需加大改造力度；整个行业的利润率偏低，有的骨干企业利润率甚至达不到 1%，资金短缺制约企业技术创新和转型升级，一些很有前景的新材料、新产品由于投入不足，不能实现批量生产，一直处于小规模供应状态，生产厂家无利润空间，农民还因价格偏高难以承受，导致高端技术难以推广；农膜技术的最终效果是充分利用太阳光，提高光合速率，设施农业急需的高端防尘技术，优化太阳光波频技术、生物防害技术、光催化杀菌技术等研发中，人力、物力、财力上缺乏足够的支持；农膜市场仍然存在无序竞争，一些企业以次充好，低价冲击市场，既损害农民利益，又干扰了市场正常秩序。农膜行业中相当多的企业存在着重视发展速度，对产品质量重视不够，重视降低成本，以低价取得市场份额，对提高产品技术含量和附加值重视不够；重视竞争发展，对合作共赢重视不够；重视企业自身发展，对员工培训成长和社会效益重视不够。这是经营理念的僵化落后，新常态下必须转变经营理念，与时俱进、不断创新的经营理念是技术和管理创新的前提。

四、主要工作

1. 编制农膜行业“十三五”规划

按照中国塑协统一部署，从 2015 年初我们就着手“十三五”规划的编制准备，进行调研、资料搜集、征询意见，对“十二五”期间农膜行业运行状况取得的成绩、存在问题，以及执行“十二五”规划的情况进行总结。在集思广益的基础上，对“十三五”期间农膜行业发展的目标、任务、重点项目等起草了《框架指导意见》、《草案稿》，在 2015 年年会上公布征求意见后，又形成了第二稿即讨论稿，提交 2015 年 7 月在北京召开的“中国塑协农膜专委会主任会议”进行讨论，之后形成第三稿即征求意见稿期望“规划”更加完善可行，切实成为今后五年农膜行业发展的依据和指导性文件。

2. 组织企业参与地膜国标修订

GB13735《聚乙烯吹塑农用地面覆盖薄膜》国家标准已审定批准，规定了聚乙烯地膜的最小标称厚度为（10±2）微米，最薄 8 微米，且为强制标准。预计 2016 年开始实施。

3. 召开 2015 年年会

中国塑料加工工业协会农用薄膜专业委员会 2015 年年会于 2015 年 6 月 16 日在江苏省苏州市三德大酒店隆重召开。

出席会议的领导有：中国塑料加工工业协会曹俭常务副理事长；全国农业技术推广服务中心首席科学家、中国农用塑料应用技术学会张真和会长；全国农业技术推广服务中心经作处处长、中国农用塑料应用技术学会秘书长李莉女士；中国塑料加工工业协会田岩副秘书长以及茂康材料科技（常熟）有限公司魏贵生副总经理。参加本次会议的还有来自全国各地的农用薄膜生产、研究、应用及市场的相关高校学者，外商驻中国代理机构和商社代表，农膜企业和原料、助剂、设备、科研院所等各方面的专家、企业代表、新闻媒体朋友共计 291 位。

上午的会议由专委会副主任孙天智主持。茂康材料科技（常熟）有限公司魏贵生副总经理首先致欢迎词。他介绍了茂康材料科技（常熟）有限公司发展情况，对与会代表的到来表示欢迎，并预祝大会圆满成功。

中国塑料加工工业协会曹俭常务理事长代表中国塑料加工工业协会对会议的成功召开表示热烈祝贺。他介绍了塑料行业的发展现状，分析了农膜企业及产业发展运行存在的问题，提出行业的发展建议和要求，对农膜专委会在制定《“十三五”规划指导意见》、地膜国家标准修订、农膜品牌评价及为推动农膜行业健康发展等方面所做的工作给予了高度的评价。曹理事长的讲话高屋建瓴，为农膜行业的发展和专委会的工作指明了方向。

专委会曹志强主任做《农膜专委会工作报告》。他全面总结了过去一年专委会的主要工作及成绩，行业发展状况，提出今后工作重点与具体安排，对关心支持专委会工作的领导及各界朋友表示衷心感谢。

中国塑料加工工业协会田岩副秘书长介绍了中国塑协组织制定《塑料加工业“十三五”规划指导意见》和《农膜行业“十三五”发展规划指导意见》（草案稿），指明了制定《农膜行业“十三五”发展规划指导意见》的目的、意义和对行业发展的作用，希望各会员单位提出宝贵意见和建议。

专委会徐双宏副秘书长介绍了受国家工信部委托，中国塑协和农膜专委会启动《农膜行业品牌评价》工作的情况，解释了相关文件要求，旨在增进企业市场竞争能力，推动行业持续健康良性发展。

专委会刘敏秘书长宣读四届常委会调整议案，根据《中国塑协农膜专委会管理条例》的有关规定、工作需要和会员实际情况，会议审议通过了增补副主任单位：南雄市金叶包装材料有限公司、云南省玉溪市旭日塑料有限公司；增补常委单位：山东燕塔塑业有限公司、佛山安亿纳米材料有限公司、茂康材料科技（常熟）有限公司；另北京瑞聚丰进出口有限公司提出不再继续担任副主任单位一职，保留其常委单位。

白山市喜丰塑料（集团）股份有限公司李炳君

高工介绍了GB 13735-1992《聚乙烯吹塑农用地面覆盖薄膜》国家标准修订工作进展情况。

技术交流会由刘志峰副主任委员主持，全国农业技术推广服务中心首席科学家、中国农用塑料应用技术协会会长张真和、山东农业大学米庆华教授、中石化北京化工研究院高达利高工、苏州莫立克新型材料有限公司黄斌总经理等12位专家学者就农膜原料市场分析、农膜生产及相关技术等方面进行了交流讲座，分享了农膜产品相关新材料、新技术、新装备，使与会代表开拓了视野、丰富了知识，加强了会员单位之间的技术交流和彼此了解与友谊。

与会代表还参观了茂康材料科技（常熟）有限公司。

本次会议得到了茂康材料科技（常熟）有限公司、江苏联塑高分子材料有限公司、江苏米可多农膜发展有限公司、南雄市金叶包装材料有限公司、北京天罡助剂有限责任公司、佛山安亿纳米材料有限公司、爱丽汶森（北京）材料有限公司、山东莱芜新甫冠龙塑料机械有限公司的鼎力相助。

本届年会是一次盛会，回顾过去，展望将来，对专委会工作提出了意见和建议，体现了同心同德、团结奋进的精神，加强了会员单位间联系、协作与交流。在全体与会代表和朋友们的共同努力和大力支持下完成了大会预定任务，取得圆满成功。

4. 深入企业调查研究

中国塑料加工工业协会农膜专委会刘敏秘书长和徐双宏副秘书长先后深入天津、山东、江苏、浙江、安徽等近二十余家农膜生产企业进行了走访、考察。走访过程中，专委会秘书处积极了解农膜生产企业的基本状况，今年的生产销售情况，农膜的市场行情等相关信息，并与考察企业的管理层就农膜市场，行业发展进行了深入的交流，交换了意见，为农膜行业十三五规划的制定积累了数据，进一步明确了今后发展方向。

5. 组织企业参加降解地膜农田应用试验

2015年2月10日，中国塑料加工工业协会、全国农业技术推广服务中心、中国农用塑料应用技术学会联合召开“2014年可控全生物降解地膜农田应用试验总结交流会”。总结梳理2014年度试验结果、取得的成效和存在的问题；讨论下一步试验工作思路，部署后续试验示范工作。并就国家有关生物基降解地膜发展、试验、示范等工作提出意见和建议。

参加会议的有中国塑料加工工业协会常务副理事长曹俭，中国农用塑料应用技术学会会长、全国农业技术推广服务中心首席科学家张真和，全国农业技术推广中心粮食作物技术处处长、中国农用塑料应用技术学会粮油专委会主任委员张毅，中国塑料加工工业协会副秘书长田岩，中国塑协降解专委会秘书长翁云宣、农用薄膜专业委员会秘书长刘敏，云南、湖北、河北三省市农技中心、国内生物降解树脂及改性料生产企业、农膜生产企业、全国农技中心粮食作物技术处及中国塑协综合业务部的代表共40余人，

曹俭常务副理事长首先致辞，他对参加2014年全生物降解地膜农田应用试验的有关专家、企业所做的工作表示感谢。希望大家对2014年生物降解地膜农田应用试验结果进行总结、找出试验中存在的问题和差距、提出下一步进行试验的意见和建议，以便更好的开展2015年可控全生物降解地膜农田应用试验。通过应用试验工程，为国家的农业现代化、为实现“中国梦”，研制、开发出合格的全生物降解地膜制品并推广到全国使用；张真和会长做“2014年可控全生物降解地膜农田应用试验工作总结”，他回顾了三家单位联手开展全生物降解地膜应用试验工作的策划与启动、组织与实施的工作过程，对整个试验工作过程及试验结果进行了详细的说明，提出了下一步试验工作的建议和期望达到的效果；农技中心鄂文第博士做“2014年度可控全生物降解地膜农田试验总结报告”，他对大量的实验数据及图表进行了详细的分析，对试验结果进行了客观的比对及评价；三个农田应用试验点的技术人员介绍了农田应用试验情况，对参试样品提出了意见和建议；参试的树脂、改性材料企业及农膜生产企业代表一致表示对2014年的农田应用试验结果报告和结果分析很满意，愿意继续参与2015年的全生物降解地膜农田应用试验，并就2014年可控全生物降解地膜农田应用试验中存在的生产原材料配方、生产工艺条件、产品规格、颜色等问题进行了讨论、研究并提出了解决办法。

本次会议的召开，为2015年可控全生物降解地膜农田应用试验更好的开展打下了坚实的基础，是中国塑料加工工业协会、全国农业技术推广服务中心、中国农用塑料应用技术学会、中国生物发酵协会为推动我国全生物降解材料的研究、发展进程所做的积极努力，对国家治理白色污染、农用地膜残留等问题的解决起到了积极的作用。

6. 组织参加中国塑协六届五次理事扩大会议

2015年5月19日，中国塑料加工工业协会六届五次理事扩大会议在广州市珠江宾馆三楼多功能厅举行，陈士能部长，中国轻工业联合会副会长、中国塑料加工工业协会理事长钱桂敬，中国轻工业联合会副会长、广东省轻工协会会长杨大行，中国塑料加工工业协会常务副理事长曹俭，廖正品老会长等领导出席会议，还有来自全国各地塑料行业协会的领导、专家、代表等200多人参加了会议。会议由钱桂敬理事长主持。

农膜专委会组织会员单位16家参加了本次会议，会上举行了中国塑料加工业专利工作先进单位表彰和2014年第二批中国塑料行业信用等级评价企业授牌仪式，农膜专委会会员单位山东天鹤塑胶股份有限公司和聊城华塑工业有限公司2家企业荣获中国塑料加工业专利工作先进单位荣誉称号，白山市喜丰塑料（集团）股份有限公司、山东清田塑工有限公司、四川犍为罗成忠烈塑料责任有限公司等3家企业荣获2014年第二批中国塑料行业信用等级评价荣誉称号。

7. 组织参观中国国际塑料橡胶工业展览会

为推动我国塑料工业的发展、技术交流与经贸合作，有中国塑料加工工业协会、中国塑料机械工业协会、雅式展览服务有限公司联合主办的“第二十九届中国国际塑料橡胶工业展览会”于2015年5月20-23日在广州琶洲展馆举行。

为帮助会员企业及时了解国内外行业信息，增进同行及上下游企业的交流，中国塑协农膜专委会组织会员企业参观中国国际塑料橡胶工业展览会，今年参会的有67家企业约140位代表。

8. 中国塑协农膜专委会2015年主任会议在京举行

2015年7月20日在北京市景都桂龙大酒店召开了“中国塑协农膜专委会2015年主任会议”。国家工业和信息化部消费品司谢立安处长、中国塑料加工工业协会田岩副秘书长应邀出席了本次会议，农膜专委会主任委员、副主任委员、秘书长及兼职副秘书长等共计28人到会。

中国塑协农膜专委会曹志强主持了会议。

国家工业和信息化部消费品司谢立安处长介绍了开展《中国农膜行业品牌评价》工作的背景和要求，提出推动中国农膜行业品牌建设，实施品牌战略的必要性和紧迫性，要求对讲诚信、重质量、重视品牌创建并做出一定成绩的企业进行推荐、评价和宣传，提高其知名度，起到榜样引领作用，并强调入选企业将在国家工业和信息化部网站进行发布。

与会代表就《中国农膜行业品牌评价》的相关文件逐一进行了讨论、修订，集思广益，力求客观公正评价。

与会人员对“十三五”期间中国农膜行业标准体系建设以及在“十三五”期间拟申报修订、制定的行业标准进行了详细的梳理、归纳、查漏补缺。

最后，结合中国轻工联合会部署的编制《轻工业技术进步“十三五”发展指导意见》、《轻工装备技术进步“十三五”发展指导意见》、《“十三五”行业节能减排形势分析》、《2016年度技术改造重点方向研究》报告的工作，着重就《农膜行业“十三五”发展规划（讨论稿）》进行了认真、细致地商讨，要求各主任单位根据会议精神，结合行业现状和本企业特长，提交能代表中国农膜产品发展方向的项目，为我国农膜行业“十三五”期间的发展方向起到引领、推动的作用。

与会代表一致认为本次会议的召开对于促进我国农膜行业未来的健康发展将起到积极的推动作用，剖析目前最新的农膜科技成果及行业发展动向，是我国农膜行业技术进步方向性、导向性的会议。

9. 开展品牌创建工作

2015年9月11日在北京召开了“中国农膜行业品牌评价体系审查专家组评价会议”，出席专家会议的专家有：中国塑料加工工业协会曹俭常务副理事长；中国塑料加工工业协会马占峰秘书长；中国塑料加工工业协会田岩副秘书长；全国农业技术推广服务中心首席专家、中国农业塑料应用技术学会张真和会长等9人。与会专家对评价体系相关文件逐一进行讨论修订，对申报企业的材料进行审核，决定对申报企业进行抽查。

2015年首届申报中国农膜行业优秀品牌的企业共135（次）家，涵盖16个省、市、自治区。

10. 组织参加2015塑料新材料、新技术、新成果交流暨中国塑协专家委员会三届三次会议

2015年10月22～24日，“2015塑料新材料、新技术、新成果交流暨中国塑协专家委员会三届三次会议”在山东济宁召开。

中心议题是分析当前塑料行业的形式，讨论如何配合行业十三五科技发展规划的制定，以创新技术驱动塑料产业发展、为企业适应形式，顺利实现调结转型献计献策。

农膜专委会组织农膜行业专家共计30余人参加

会议并积极提出意见建议。

11、推动中国农膜走向世界

为了帮助企业了解最新政策、把握全球市场状况和行业发展趋势，全面贯彻走出去战略，落实推动对外贸易政策及“一带一路”规划。中国塑协农膜专委会刘敏秘书长应邀于2015年11月30日参加了由环球商协会联盟北京总部举办的“外交官助力企业拓展海外市场会议”。

环球商协会联盟由全球200余家国际组织、各国商协会共同发起，并在中国香港特别行政区注册成立，在北京设有代表处。百余位中国前驻外大使、多国商协会会长组成了专家委员会。

会上刘敏秘书长与几位大使先生进行了交流，介绍了中国农膜行业及农膜生产企业的现状，大使先生分别介绍了国外市场对农膜产品的需求及要求，指出国外市场还是很广阔，下一步将洽谈如何合作。希望能给农膜行业带来转机，推动中国农膜走出国门，为农膜行业由大变强创造条件。

五、今后工作思路

1.“十三五”的计划

使我国全面建成小康社会的决定性时期，是国民经济步入新常态后的第一个五年计划，为保证GDP比2010年翻一番，未来五年，GDP增长率需要保持6.5%以上。全球经济虽然复苏乏力，不确定因素依然存在，但一些发达国家呈现复苏迹象明显，“十三五”期间世界经济增速将小幅提高，国际市场将进一步活跃，国外经济的缓慢向好趋势对我国经济发展是有利的，在全球一体化的大格局下，各国之间经济发展的助力是相互的。中国的发展特别是“一带一路”发展战略的实施，对世界经济复苏的推动作用有目共睹。未来五年依然是农膜行业发展的重要机遇期。党和国家坚持把“三农”问题作为重中之重，动员全社会力量加大对“三农”的支持力度，“新四化”特别是农业现代化和新型城镇化，将进一步拓宽农膜产品的应用规模，提高对中高端农膜产品的需求。然而由于人口红利消失，资源趋于枯竭，环境承载力脆弱，我国经济下行压力很大，要保持6.5%以上的经济增速实际上困难很多。未来五年对农膜行业的发展同样提出了严峻的挑战，在全国经济运行增速由高速向中高速转换期，在产量基数越来越大的情况下，农膜行业不可能始终保持超过10%的增长速度，压缩低档产品的产能和份额，产品向中高端方向发展是农膜行业的出路，面对严峻挑战，农膜企业必须有足够的思想准备，有效应对增长放缓的压力，抓住机遇、调结构、促转型以提高运行的质量和效益。

2.“十三五”期间的目标

（1）2016-2020年规模以上农膜企业产量年增长率维持在6%～8%的区间内，通过提质增效，逐步提高主营业务收入和利润率。

（2）高：中：低端产品产量比例由目前的10%：45%：45%达到10%：50%：40%。高中端产品份额争取达到65%。

（3）产业集中度进一步提高，年产农膜万吨以上的企业，由目前45家增加到50家，争取建成国家级试验室1家，工程技术中心2家。

（4）通过开发新产品和设备改造，使吨产品能耗每年降低2%，五年共节能降耗10%。

（5）农膜整体技术水平接近或达到国际先进，地膜和PO膜技术实现国际领先，为由农膜大国向农膜强国的转变奠定扎实基础。

3. 重点任务

（1）以创新驱动引领企业转型升级

加快建立以企业为主体的产、学、研、用协同创新体系，企业要积极承担科研成果中试任务，借助大专院校、科研院所力量，增强企业攻关和创新能力，培养一批能够引领产业变革的创新型骨干企业，发挥其创新整合资源作用，带动壮大科技型中小企业、激发行业创新合力。加强从原料、加工到装备的纵向创新体系建设，加强行业内企业共同攻关面临的关键核心技术，形成横向联合创新体系。

（2）继续组织企业参与农膜行业标准、国家标准制定

农膜标准制订欠账较多，影响产品开发、制约行业发展，农膜专委会继续积极组织骨干企业参与标准制定工作，争取达到国际先进水平。

（3）积极组织企业参加可控全生物降解地膜农田应用试验

降解地膜是今后农膜应用的方向，对治理“白色污染”，解决地膜残留，改善生态环境起着重要作用，农膜专委会在以往工作的基础上，要继续组织好此项工作，为降解地膜的研制开发推广应用做出贡献。

（4）认真启动农膜行业自主品牌创建工作

品牌建设是促进企业可持续发展的关键环节，通过品牌评价，认真落实《农膜行业准入条件》，推动建立现代企业制度，规范企业行为，建设诚信体系，提高产业整体素质和发展水平。农膜专委会配合工信部认真启动行业自主品牌创建工作，增强企业品牌意识，自觉实施品牌战略，使农膜产品涌现

更多具有较大影响力的驰名品牌。

（5）办好“中国塑料展”，搭建企业展示成果、交流合作平台

加快发展“中国国际塑料新材料、新技术、新装备、新产品展览会”（简称“中国塑料展”），进一步优化展品结构，扩大专业论坛领域及规模，提高国内外知名展商的参展比例；努力将展会打造成以成果展示、技术交流、产学研合作为亮点，集合订货采购、招商贸易等功能为一体的全方位国际和展示平台。

六、重点企业介绍

1. 白山市喜丰塑料（集团）股份有限公司

该公司是全国农膜行业排头兵企业，下辖白山喜丰塑业有限公司、山东喜丰塑业有限公司、沈阳喜丰塑业有限公司、白山喜丰塑业三原分公司、参花塑料股份有限公司、浩阳汽车零部件有限公司等10家子公司。主要生产农用薄膜、汽车零部件、化工制品、纸制品等七大系列200多种产品。公司占地面积26万平方米，现有职工1080人。通过多年的内外招聘，喜丰集团专业技术人员达到320人，占员工总人数的30%。

喜丰集团年产塑料制品能力12万吨，产值超过10亿元，农膜产销量连续多年居全国第一。曾先后荣获全国《五一劳动奖状》和全国首批“重合同、守信用”企业、全国精神文明建设先进单位、全国文明单位等荣誉称号，2013年1月荣获吉林省质量奖。“喜丰”牌商标荣获中国驰名商标称号，喜丰农膜曾荣获中国名牌产品、吉林省名牌产品称号。

喜丰集团始终以振兴民族工业为已任，以“让喜丰产品为亿万农民带来最大收益”为企业宗旨，坚持“一切服从质量、一心为了用户”的质量方针，在全国农膜企业率先通过ISO9001、ISO14001、OHSAS18001管理体系认证，喜丰农膜已成为广大农民心中的知名品牌。

2. 北京华盾雪花塑料集团有限责任公司

该公司（原北京塑料四厂）始建于1965年，从事塑料制品加工40余年，是塑料制品重点生产企业和农膜国家标准起草、制定及修订的主要单位之一，拥有自营进出口权、出入境自理报检资质和国内最宽最厚塑料膜生产线及最先进的制品检测设备，形成了农膜、土工膜、容器托盘、包装制品四大系列共计50余种的产品家族，其中主导产品功能性农膜连续30年产销量国内第一，土工材料、吹塑托盘和中空容器的市场占有率也名列前茅。

1999年公司通过ISO9001质量体系认证，2000年建成一流的质量检测中心并荣获“北京市质量管理先进单位”和“用户满意企业”称号，现为中国塑料加工工业协会副理事长单位和中国农用塑料应用技术学会农用塑料制品分会理事长单位。2008年公司荣获中国轻工业联合会科学技术进步奖，2009年被中国塑协评为中国塑料行业先进单位。

公司技术力量雄厚，拥有多项自主知识产权，成功研发了从普通棚膜，到长寿棚膜、流滴保温长寿棚膜、高保温流滴长寿棚膜、高保温日光温室膜等第一、二、三代系列产品。2001年建立了市级“企业技术中心”，拥有国家级专家3人，高级技术职称人员8人，中级技术职称人员30余人，其他专业技术人员120余人，占员工总数的20%以上，其中中青年技术人员占70%以上。

公司1984年被指定为农膜定点生产企业。“华盾”牌系列农膜产品多次获部、市级优质产品称号，历年接受市、部、国家的各级监督抽查质量100%达标。农膜1994年至今保持北京市名牌产品和北京市好产品荣誉，2003年获 “中国知名薄膜产品质量公证十佳”称号并被国家质检总局评为 “质量免检产品”，2004年被评为中国名牌产品。2006年通过“国家免检”复评，2007年通过“中国名牌”复评。

公司1999年初被列为土工膜重点生产企业，现可生产幅宽3　12米、厚0.2－2.5毫米的LDPE、HDPE、EVA材质的防渗土工膜，广泛用于水库、引排水工程、堤坝、公路路基、隧道及污水处理、垃圾掩埋场等防渗处理，并在三峡库区和京津快速工程中应用。“华盾”牌土工材料被列入国家“八．五”科技攻关项目，获得中国轻工业部优秀新产品奖、北京市优秀新产品奖、北京市科学技术进步奖，2003年被推荐为施工首选的“中国环保优质建材”，2004年被列为建设部科技成果推广项目，2005年被列入“国家小城镇建设先进适用技术与产品”推荐目录并取得“全国工业产品生产许可证”。

公司生产的“盾”牌中空制品曾获“全国优秀包装产品奖”和“全国轻工业优质产品”荣誉称号。200L系列容器拥有危险化学品包装物定点和出入境食品包装资质，“盾”牌塑料平托盘获中国质量技术监督信息协会颁发的“质量信得过产品”称号，并推荐各行业使用。

我公司拥有完善的市场信息、市场销售系统，产品销往全国各27个省区、直辖市及俄罗斯、日本、东南亚、美国等国家和地区。

3. 天津市天塑科技集团有限公司

该公司（原第二塑料制品厂）是一家具有五十余年历史的国有大型塑料薄膜专业生产企业，主要生产经营“兰花”牌、“绿竹”牌、“春兰”牌等系列农用薄膜产品，企业年综合生产能力 3 万吨，其主导 “兰花”牌农用薄膜产品获中国名牌产品、国家免检产品认证、天津市名牌，“兰花”商标获得中国驰名商标、天津市著名商标等称号。在企业五十余年的发展历程中，不断增加科技和装备投入，企业拥有自主知识产权的产品和设备改造等发明和实用新型专利 30 余项，建有市级技术中心，产品综合技术水平和生产能力始终处于同行业领先地位，是中国塑料加工协会农膜专业委员会副理事长单位，天津市科技型中小企业和天津科技小巨人企业。

天津二塑是我国最早研制生产农业用塑料薄膜的企业之一，其率先研发投产的折径 3.5 米宽幅薄膜是国家科委攻关项目，填补了国内该项产品空白。在几十年的发展过程中，企业产品技术水平始终保持在国内领先地位。近几年随着农地膜产业市场竞争的加剧，企业将功能膜内在功能、品质的提升作为参与竞争的关键，广泛与国内外各大石化厂商以及天津大学、农学院、北京化工研究院、天津蔬菜研究所等院校和科研机构开展合作，先后推出三防两高功能膜、转光功能膜、花卉专用膜、瓜类专用膜、EVA 高透光日光膜、兰花之星 EVA 高档多功能膜、EVA 精品日光膜、EVA 高保温消雾膜和市场领先的高新系列高档农膜产品以及多种专用膜等十余个新品。其中研制开发的多功能聚乙烯农膜获得了天津市人民政府颁发的优秀新产品一等奖，长效防雾滴膜产品获得天津市技术创新三等奖和科技成果奖。优质的产品，多样的品种使二塑在市场中始终处于领先地位。二塑产品销往国内 20 多个省、市、自治区，深受广大农业种植户、养殖户的好评，多年来一直是农业生产资料市场的畅销产品。企业近几年连续农膜产销量在行业内排名第一，成为国内同行业的核心企业。

在此基础上，企业从保持可持续发展的经营战略出发，充分发挥自身产品技术研发实力优势，在行业内首家自主研制生产功能膜专用母料，有效缩短了新品研发时间，增强了产品功能、品质的稳定性。

2008 年企业抓住市政建设用地整体搬迁重建的时机，科学规划，高水品设计，仅用一年时间在北辰区西堤头塑料工业园建起一座拥有现代化厂房和完善配套设施的高效节能型现代化工厂。在提升企业发展硬件设施的同时，企业全面推行以精细化、智能化、网络化为核心的 IE+IT 经营管理模式，彻底走出国有企业管理滞后、效率低下的圈子，形成了管理精干、效率高效，并与产品和市场全面对接的现代管理体系。

伴随着产品竞争力的提高，市场对“兰花”牌产品需求量不断扩大，近几年来，为满足市场需求，企业依靠自身几十年形成的产品加工技术优势，对全部加工设备进行了技术性改造，使原有老设备在加工工艺水平、加工精度和操作控制等各个方面达到了目前国内领先水平，并先后有 30 余项改造获得了国家专利。2012 年企业抓住市场需求变化，引进了宽幅 16 米多层共挤设备，并利用现有设备进行技术改造，研制开发了涂覆型 PO 膜，填补了国内空白。2015 年又根据农膜市场需求变化，自行设计改造了两台五层共挤 EVAPO 农膜机组，并引进一台具有国内先进水平的宽幅五层共挤生态环保农膜机组，在满足我国农业种植技术发展需要的同时，企业的产品结构进一步向高功能、高附加值、环保上调整。

现在天塑公司正抓住新世纪我国第二个 10 年发展机遇期，科学筹划企业“十三五”发展规划，为未来五年描绘了涉及企业体制机制、产品技术、市场营销、资本运作、人才开发等各领域的发展方向和目标，同时正充分利用自身技术、市场、人才、品牌等优势，打造国内规模第一，技术领先的新型现代农膜研发制造企业，为我国现代农业和畜牧业发展再做新贡献。

4. 河北科伦塑料科技股份有限公司（股票简称：科伦股份，股票代码：832093）

位于河北省邯郸市曲周县东环路 S234 省道路西，注册资本 4315 万元，占地 50 亩，现有员工 135 人，是全国农膜行业唯一、邯郸市首家在新三板上市的企业。2015 年，公司实现销售量 1.2 万吨，销售额 1.6 亿元。

科伦股份是华北地区最大的现代高效（设施）农业装备供应商之一，已全面通过 ISO9001-2008 国际质量管理体系认证、ISO14001 国际环境管理体系认证、OHSAS18001 职业健康安全管理体系认证。

科伦股份是中国塑料加工协会农膜专委会副主任（副理事长）单位、国家科技部星火计划项目实施单位、国家高新技术企业、河北省百家轻工优秀企业（连续四年）、邯郸市农业产业化重点龙头企业。长期以来，公司非常注重技术研发和科技含量的提升，先后与北京市化学工业研究院、河北工程大学、浙江理工大学建立了长期的稳定的技术协作关系；公司依托河北工程大学，建有邯郸市农用塑料工程技术研究中心，目前已拥有 15 项发明和实用新型专利技术。

科伦股份拥有三（多）层复合吹塑机组46台（套），4～14米宽幅PO涂层膜机组三台，年生产能力约46000吨，主导产品是农用PO长效消雾流滴耐老化涂覆膜、EVA消雾膜、24米超宽幅棚膜等高端功能性棚膜、地膜等。其中， PO涂覆膜采用企业独创技术——先进的智能电晕和二次涂覆技术，完全可以替代进口PO涂覆膜；24米超宽幅棚膜生产机组，具有不可比拟的优势，占领大部分超宽幅棚膜市场。

科伦股份以扎实规范的质量管理和卓越可靠的产品品质而广受市场认可和欢迎，近年来获得的荣誉有：全国质量检验稳定合格产品（连续两届）、中国塑料加工协会AAA级信用企业、山东寿光市场优质农膜推荐产品、2016年（北方蔬菜报）农民信赖的农膜品牌、河北省名牌产品（连续两届）、河北省著名商标（连续四届）、河北省优质产品（连续四届）等等。

荣誉代表过去，努力开创未来，科伦股份全体员工决心以振兴中国高效农业为己任，以广大消费者的信任为动力，不断向社会提供更多、更优、更具科技含量的优质产品，以实现社会、企业、用户共赢。

5. 哈尔滨塑五有限公司

本企业是以原哈尔滨市塑料五厂为原型，于2005年12月重组的股份制公司。1964年开始涉足聚氯乙烯和聚乙烯吹膜生产，至20世纪70年代末、80年代初，工厂生产的聚乙烯农、地膜和聚丙烯捆扎绳方成为企业定型的主导产品，在黑龙江省占有了一定的市场份额，具有了较强的市场竞争能力。80年代初期，哈尔滨市塑料五厂被国家轻工业部确定为首批聚乙烯农、地膜定点生产企业。公司定编218人，其中各类专业技术及管理人员77人，占职工总数的35.3%。

自2011年2月起，经与德国莱芬豪舍凯孚尔塑料挤出有限公司、美国戴维斯－标准有限公司、意大利路易基邦德拉机械制造公司三家公司历经三年的技术交流和商务谈判，最终于2014年5月16日与意大利路易基邦德拉机械制造公司签约引进了目前世界上配置最先进、幅宽最大的多层共挤复合农用棚膜生产线，使企业年生产能力达到30000吨。

2004年公司首次通过ISO 9001:2000国际质量体系认证，2007年通过复审；2009年、2012年连续通过ISO 9001:2008国际质量体系认证复审（注册号：00912Q11953R2M）；2010年9月，我公司生产的包装用聚乙烯吹塑薄膜产品首次获得食品包装专用膜类全国工业产品生产许可证（证书编号：QS23-10101-04529）。2013年9月再次通过审查（证书编号：HK16-204-00236）。

公司主要生产聚乙烯农膜、地膜、捆扎绳、工业包装膜、食品包装膜、防寒膜、多层共挤聚乙烯输水带、微喷滴管带、管材、中空制品、鱼类周转箱等系列产品。公司生产的“双丰牌”聚乙烯农膜、地膜，捆扎绳等产品久负盛誉，畅销不衰，约占黑龙江省内三分之二的市场份额，并涵盖辽、吉两省，涉足山东、内蒙等省市自治区，远销日本、韩国、朝鲜、俄罗斯、澳大利亚等国。企业多次获得部、省、市级科技进步奖，并有多项产品被评为国家级重点新产品。公司生产的聚乙烯农膜、地膜产品曾获得省优、部优产品，省、市名牌产品，省、市免检产品，全国及全省用户满意产品，东北三省农村市场最受欢迎产品，协作城市产品质量认证产品，哈尔滨地产最畅销产品，黑龙江省特别推荐产品等荣誉称号。代表企业形象的“双丰牌”注册商标是黑龙江省和哈尔滨市著名商标，其蕴含的“携手双赢”理念成为“用户至上、质量第一”的象征，为企业赢得了广泛的商业信誉。

塑五公司始终坚持“科技兴企”路线，本着“生产一代、贮备一代、研发一代”的可持续发展战略，相继率先成功研发了具有高科技含量、高附加值的系列功能膜产品并均已投放市场，创造了显著的经济效益和社会效益。

目前公司正准备利用引进设备突出的幅宽和加工厚度优势，重点研发和生产改进型BL-多功能水稻壮秧膜、高光效超长寿命（3～5年）功能性多层共挤复合农用棚膜、青贮饲料筒仓膜等新型农膜产品，使企业的产品水平更上一个新台阶。

哈尔滨塑五有限公司是中国塑料加工工业协会理事单位，中国农用塑料应用技术学会常务理事单位，中国塑料加工工业协会农膜专业委员会和中国农业应用技术学会农用塑料制品专业委员会副理事长单位，中国农膜行业学会早期发起人之一，黑龙江省塑料工程学会农用塑料制品专业委员会理事长单位，黑龙江省包装协会会员单位，国家二级企业，黑龙江省省级先进企业，黑龙江省农膜行业的龙头企业。

为缔造企业品牌形象，巩固企业优势地位，推动企业持续发展，公司以立足本职，奉献社会的人文理念励志员工，并以巩固品牌和诚信服务的经营理念为宗旨，制定了公司的企业信条和发展目标。

企业信条：质量求生存，管理讲科学，服务增信誉，品牌促发展。

发展目标：追求卓越，持续领先。

6. 杭州新光塑料有限公司

前身杭州新光塑料厂，创建于1964年，是国内塑料行业的骨干企业。公司总资产 2.8 亿元，占地 126 亩，建筑面积 5.5 万米 ^{2}，拥有专业生产线 60 余条，现拥有年生产各类塑料薄膜 50000 吨和复合软包装薄膜 10000 吨的能力，年销售额达 10 亿元。

公司大股东—浙江明日控股集团有限公司为国内塑料界知名企业，浙江省塑料加工协会会长单位，浙江省塑料贸易龙头企业，年销售各类塑料原料 200 余万吨，年经营规模 200 亿元，为大型综合性企业集团，实力雄厚。

新光凭借近五十年从事塑料加工的经验和三十年成功引进国内外一流的专业设备和技术经验。充分发挥工贸结合的优势，依靠创新的意识、科学的管理造就了品质一流的各类产品，现有农地膜、包装材料、软包装三大系列 60 余种产品，广泛应用于工业包装、食品包装、药品包装和农业生产等领域。

新光始终以“精益求精 、尽善尽美”为质量宗旨，严格执行 IS09001 等认证工业体系，以雄厚的技术实力不懈致力于新产品的开发，并为用户量身定制各种性能卓越的特种薄膜。公司是中国塑料加工协会农用薄膜专业委员会副理事长单位。公司拥有市级企业技术中心，公司荣获了“轻工部优质产品奖”、省市“科技进步奖”、 国家免检产品、中国包装名牌、浙江省著名商号等荣誉称号。

7. 山东清田塑工有限公司

公司坐落于中国历史文化名城——临淄，中国齐鲁化学工业区，紧邻 102 省道，是国家级高新技术企业。公司成立于 2003 年，注册资金 8000 万元，是一家集科研开发、产品生产、技术服务于一体的农用塑料薄膜生产企业。公司现有职工 420 人，其中大专以上学历人员 280 人，专业技术人员 160 人，专职从事质量工作人员 24 人。拥有年产 10 万吨生产线，属国内农用塑料薄膜行业的龙头企业。2012 年被国家科技部认定为“国家火炬计划重点高新技术企业”。2013 年获得淄博市首届“市长质量奖”、“中国轻工业百强企业”、“中国轻工业电子商务先进企业”等荣誉，2014 年被中国轻工业联合会评为“塑料加工业科技创新型企业”、“全国轻工业卓越绩效先进企业”，同年通过国家科技部“高新技术企业”复评，是“中国农用塑料研发生产龙头企业”、“山东省优质产品生产基地龙头骨干企业”，现为中国塑料加工工业协会副理事长单位、中国农用塑料应用技术学会副会长单位、中国农用塑料专委会副会长单位。

主要产品有“清田”牌微地膜和功能膜两大系列。微地膜系列产品包括：普通聚乙烯地面覆盖薄膜、黑色除草地膜、化学除草地膜、无滴地膜、银灰地膜、配色地膜、红外增温地膜。功能膜系列产品包括：长寿膜、耐候流滴膜、多功能膜、转光膜、紫光膜、防雾型三层复合高保温日光温室专用膜、PE 缠绕膜、热收缩膜等产品。产品覆盖全国 29 个省、市、自治区，是国内农用塑料薄膜行业的龙头企业。公司率先在同行业通过了 IS09001 质量管理体系、IS014001 环境管理体系和 OHSAS18001 职业健康安全管理体系三体系认证。“清田”牌农用塑料薄膜为“国家免检产品”、“中国名牌产品”、“山东名牌产品”，“清田牌”商标为“中国驰名商标”。

公司注重科研开发，同大专院校、科研院所建立了密切的合作关系，聘请了高级工程师、农艺师为技术顾问，建立了省级企业技术中和省内唯一的功能性塑料薄膜工程技术研究中心。拥有国家发明、实用新型和外观设计专利 40 项。“表面涂覆型长效流滴复合膜”等三项科研成果通过省级科技成果鉴定。承担了多项“国家重点新产品计划”和“国家火炬计划”。每年都有 3—5 个新产品的上市，确保企业的可持续发展。

公司一直坚持“清田产品、如同人品；以心血炼精品，以人品铸品牌”的“以质取信”经营理念，不断调整产业结构和经营模式，秉承“品行天下”的发展理念，为农业提供更多更好的优质产品，为“三农”服好务，为发展民族经济作出应有的贡献。

8. 山东天鹤塑胶股份有限公司

本企业是国内大型塑料制品专业加工企业，是中国塑料加工工业协会副理事长、中国塑料加工工业协会农膜专委会副理事长、中国塑料应用技术学会理事、中国塑料应用技术学会农塑制品分会理事单位。获得中国轻工联合会专利工作先进单位，山东省塑料行业重点生产企业、山东省行业龙头骨干企业，山东省塑料行业综合实力 50 强企业，山东省守合同重信用企业。近年来天鹤产品先后获得轻工联合会科技进步三等奖、科学技术发明三等奖，优秀科技成果二等奖，中国农膜行业优秀品牌，轻工品牌培育管理体系先进企业和轻工品牌竞争力优势产品等荣誉称号。

公司占地面积 200 多亩，员工 216 人，注册资本 5587 万元。公司集 20 年生产吹塑膜经验，是国家高新技术企业，省级企业技术中心企业，具有强大的生产技术力量和产品开发能力，有仪器精良齐全的技术开发和检测中心，并具备完善的质量管理体系。公司拥有先进的各种塑料加工设备98台套，可生产各种土工膜；集装箱液体包装袋、包装膜，重包装用膜；农用功能性大棚膜、地面覆盖膜、热收缩膜、缠绕膜、保鲜膜、PE实壁管等系列产品，年加工能力80000吨。山东天鹤公司致力于技术创新和企业进步，不断采用新技术和新材料，不断探索新配方、新工艺，完成了一系列的技术创新，先后获得了20项国家专利；农膜产品获得了国家免检和山东名牌的称号；2008年开发了长效流滴涂覆膜，2009年获得国家发明专利，这个产品开创了中国农膜的新纪元，是中国农膜的一次大革命，开创了中国第五代新型农膜，获得山东省科技进步二等奖。我们的产品已经远销到美国、加拿大、澳大利亚、埃塞俄比亚、菲律宾、马来西亚、秘鲁、塔吉克斯坦、澳门、香港等31个国家和地区，是迄今为止中国最大的土工膜生产、出口基地。

2010年承担了国家发改委的技术产业化项目。2012年又与山农大、中科院、中国农业科学院、浙江大学等单位共同承担了国家“十二五”规划的科技支撑项目，2016年4月正式通过国家科技部验收。近几年主持或参与了五个产品国家行业标准的制订，其中涂覆型持久流滴聚乙烯棚膜、集装箱内衬膜是第一起草人，聚乙烯土工膜GB/T 17643-2011是第二起草人，参与了农业用聚乙烯吹塑棚膜GB4455-2006，农业用乙烯-乙酸乙烯酯共聚物（EVA）吹塑棚膜GB/T 20202-2006的制订修订工作。

公司拥有完善的售后队伍，从设计、生产、运输、培训、施工等方面均严格按照ISO 9001：2008、ISO14000：2004标准规范管理和服务，一贯以诚信勤勉，创新超越为企业精神，以至精至美、创造卓越为生产经营理念，努力打造世界名牌，争做行业龙头，确保天鹤公司合作者能长期获得精美的产品和满意的服务。

9. 聊城华塑工业有限公司

公司成立于1996年，现拥有总资产1.1亿元，占地面积7万米^2，是一家集塑料薄膜的科研、生产、销售及技术服务为一体的大型农用薄膜生产企业。公司为中国塑料加工协会常务理事单位、山东省轻工业调整振兴规划重点支持企业。

公司拥有强大的生产技术力量和产品开发能力。现有吹塑生产设备100余台套，年加工能力8万吨。公司主要产品有黑白膜，长寿膜，长寿流滴膜，EVA膜，涂覆型长效流滴消雾膜，产品覆盖全国29个省、市、自治区。

公司早在2006年就通过了ISO9000国际质量体系认证，建立了完善的质量保证体系。2013年公司“HS（华塑）”农业用聚乙烯大棚膜荣获“山东名牌”称号。2011年公司涂覆型镜面温室膜获科技部“国家重点新产品”荣誉称号， 2011～2013年度塑料加工业优秀科技成果一等奖，2014年获中国轻工业联合会技术发明一等奖，山东省科技进步二等奖。

公司先后承担了多项省、市科技发展计划及科研基金项目，成立了聊城市农用薄膜工程技术中心、聊城市农用薄膜企业重点实验室，配备了精良齐全的检测仪器及设备。不断采用新技术和新材料，不断探索新配方、新工艺，完成了一系列的技术创新，申请了20余项国家专利，目前已获得10项国家发明专利证书和3项实用新型专利证书。

抓质量 重科研 树品牌是华塑公司发展的一贯宗旨，公司一直在努力把企业做强做大，为社会提供更多、更好的产品，为“三农”服务，为发展民族经济做出应有的贡献。

10. 山东龙兴塑膜科技股份有限公司

本公司是中高档塑料薄膜专业生产企业，主导产品分为农用薄膜和工业膜两大类：农膜产品有五层共挤复合EVA日光温室大棚膜、PO膜、PE双防膜、长寿膜、灌浆膜、黑白覆盖膜、EVOH/PA复合土壤熏蒸膜、牧草青储膜、筒仓粮食膜/袋、家禽养殖膜、全生物降解地膜等；工业膜有PA真空包装袋膜、阻隔型/普通型液体包装膜、集装箱干料袋膜、热收缩包装膜、低压膜、普通/降解购物袋、垃圾袋等。

公司现有引进意大利五层共挤复合膜生产线1条，三层共挤复合膜生产线4条，地膜机组、收缩膜机组、制袋机组30余台套，各种薄膜年生产能力5万余吨。

公司具有自主知识产权的专利产品20多项，通过了ISO9001-2008质量管理体系认证，成立了潍坊市功能性农用大棚薄膜工程技术研究中心，是中国塑料加工工业协会农用薄膜专业委员会副主任单位，“龙兴”牌大棚膜是山东名牌产品，“龙兴”商标是中国驰名商标，2013年公司被认定为山东省高新技术企业，公司生产的“龙兴”牌EVA日光膜产品荣获2015年度中国农膜行业优秀品牌。

11. 焦作咏春塑胶有限公司

本公司是中国塑料加工工业协会农用薄膜专业委员会、改性塑料专业委员会和中国农用塑料应用技术学会农用塑料制品分会副理事长单位，是集研究、开发、生产、销售、服务为一体的农用薄膜专业制造商，拥有完善的经营体系、精良的生产设备和一批技术精湛、经验丰富的生产技术管理人才。公司始终坚持“开拓进取、科技创新、诚实守信、质量为本”的企业理念，立足农业，服务农业，以雄厚的技术实力，严瑾的科学态度，不懈的追求进取精神，不断拓宽农业薄膜产品的内涵、外延、功能和应用领域。

公司始终坚持“紧贴市场、用户至上、不断创新、竭诚服务”的经验理念，严格遵循 ISO9001-2008 国际质量管理体系标准，本着“技术先进、经济实用、追求卓越”的目标进行产品设计，精心打造科技含量高，极具市场竞争力的产品，为客户量身定制功能齐全、经济实用的农用薄膜。以先进的技术、精湛的工艺、高端的品质，赋予农用薄膜更长的使用寿命、更高的透明度和更好的流滴消雾性能，为农业生产提供性能最佳、价格最优的设施园艺薄膜，从而使农业生产得到更高的收益。

焦作咏春塑胶有限公司以人才、发展、创新、团队为宗旨，以先进的管理模式为手段，建设起点高、技术优、能力强、产品精的现代化企业。公司拥有一支以硕士、高级工程师和资深技术人员为核心的研发团队和四十余年农用薄膜的生产经验，技术力量雄厚、生产设备先进、检测手段齐全，采用国内先进的生产技术、工业、设备，自主研制开发生产使用寿命最长、透明性能更高、综合覆盖效果更优的农业薄膜，实现了绿色环保农业生产。

公司新世纪发展规划——“咏春工程”：坚持绿色环保的发展策略，以绿色农业为目标、技术创新为手段，实现跨越式发展，巩固和提高产业优势地位，把公司建设成为国内知名、一流的综合性农用薄膜企业。

焦作咏春塑胶有限公司拥有先进的企业技术研发中心、产品质量检测手段和计算机信息化管理中心，实现了从生产订单、原材料选择、生产工艺选择、产品质量检测和储存运输全过程信息化管理。

公司采用国内先进的农用薄膜加工生产设备，研制开发生产的咏春高光-EVA 高透光高保温日光温室薄膜和咏春精品 PO 膜广泛用于农林牧副渔等各个领域，尤其在我国西北水资源匮乏地区、边远山区和北方寒冷地区的应用，深受广大消费者的青睐和推崇，在促进农业可持续发展、低碳农业和绿色农业等方面发挥了不可替代的作用。

12. 河南省银丰塑料有限公司

本公司是一家以农膜、包装膜、节水器材等系列产品为主导产品的生产企业。公司现位于河南省淮阳县产业集聚区，占地面积 72000 平方米，生产车间 21840 平方米，办公楼和实验室占地 4500 平方米，拥有员工 512 人，其中技术人员 96 人。在现代企业管理的基础上，公司形成了人事、研发、生产、质量、财务、营销、信息等一整套综合性管理体系。

公司产品主要采用国际国内大型石化公司生产的优质原材料。公司是世界 500 强企业“埃克森·美孚”的“核心战略合作伙伴”，是中石化、中石油的常年合同户，并与莲花味精集团、双汇集团结为“区域合作伙伴”。目前，公司月生产量 3000 吨，年生产能力可达 40000 吨。

公司紧紧依靠技术创新，走科技兴企之路。公司拥有省认定企业技术中心和河南省唯一的功能性聚乙烯膜工程技术研究中心。现已取得省级科技成果 8 项，国家专利 15 项。其中，“针孔型多层共挤银灰双色生物降解地面薄膜的开发”获省科技成一等奖。“三层共挤 EVA 消雾流滴环保多功能大棚膜” 获国家知识产权局授权发明专利（专利号：201310219304.2）目前公司生产的多层复合棚膜具有长寿、流滴、保温、消雾、防菌、转光等功能。公司自主研发的葡萄专用膜、土豆专用膜、西瓜专用膜、除草膜、防雾膜、长效流滴膜等一系列新产品，已广泛应用于日光温室、瓜果、蔬菜、花卉、烟草、棉花等作物种植以及青贮方面。在包装膜方面，公司一直致力于高阻隔膜系列产品的研发，“一种多层复合功能性保鲜膜”已获国家知识产权局授权发明专利（专利号：201310420320.8）。公司生产的新型系列复合包装膜产品投放市场以来，畅销全国各地，广泛应用于建筑、航空、医药、电子、饮料、方便面食品等领域，并有三大类四十多个品种出口到美国、法国、西班牙、澳大利亚、荷兰、日本等十几个国家。

公司重视品牌建设，现拥有“增产”、“华丰”两个“河南省著名商标”。公司生产的“增产牌”、“华丰牌”系列塑料薄膜产品被评为“河南省优质产品”、“河南省名牌产品”，“消费者喜爱产品”、“用户满意产品”。 公司的良好形象也得到了全国广大消费者及社会各界的赞誉和认可。先后被省委省政府授予“河南省优秀民营企业”、 “河南省高成长型民营企业”、“河南省百高企业”；被省质量技术监督局评为“质量诚信 AAA 级企业”；被河南省银行协会评为优良信用客户；被郑州海关评为类进出口企业。2013 年，企业被中塑协农膜专委会评选为常任副理事长单位。2014 年，公司又被评为“河南省技术创新示范企业”，并荣获“周口市市长质量奖”；2015 年被评为“河南省高新技术企业”，荣获河南省“质量标杆企业”荣誉称号。

13. 南雄市金叶包装材料有限公司

本公司成立于1999年，是中国塑料加工工业协会副理事长单位、行业内首批获得“AAA”信用等级证书和率先通过ISO9001国际质量体系认证、ISO14001环境管理体系认证、OHSMS18001职业健康安全管理体系认证证书单位。公司注册资金：叁仟叁佰万元，占地约150亩，员工近500人，已完成固定资产投资8500万元；2015年销售突破2.70亿元人民币，实现利润1389万元。公司拥有全自动塑料薄膜类生产线约90条，年产各类薄膜及塑料袋制品约5万吨，属国内塑料薄膜制造行业龙头企业，无论是规模实力还是供货能力均雄冠国内同行业。

公司技术力量雄厚，长期以来培养造就了一支由40多名技术人员组成的专业队伍，自配有产品检测中心和企业产品研发中心，并与国内有关院校科研机构建立了长期稳定的合作关系，专门从事工艺技术和新产品开发，从而确保了为广大用户提供优质、环保、安全、稳定的塑料薄膜系列产品。

公司主要产品“金叶”牌农膜、地膜、配色地膜、株距标记地膜、PE热收缩膜、PE缠绕膜及其他塑料包装系列产品全部采用100%全新原料及代表世界薄膜技术顶级水平的艾克森美孚埃能宝茂金属工艺配方，因而使“金叶”品牌各类塑料薄膜产品从料质、强度、韧性、色泽、经济、节能、安全、环保等方面均达到国内顶尖水平，并相继荣获中国环境标志产品认证证书、中国环保产品认证证书、广东省名牌产品、中国优质产品证书、中国著名品牌和中国著名商标等荣誉。

公司一贯坚持“质量第一、用户至上、优质服务、信守合同”的宗旨，凭着优质的产品、卓越的性价比、良好的信誉、完善的服务，赢得广大用户的亲睐。薄膜类产品主要覆盖广东、江西、湖南、贵州、福建、安徽、浙江、广西、陕西、四川、重庆等烟草系统，公司下设有专职的售后服务机构和物流配送中心，固定客户订单保证在3天内送到全国各地指定地点，深受用户好评。公司已连续多年被 相关部门评为全国优质服务用户满意单位。

“至诚守信、追求卓越”，南雄市金叶包装材料有限公司愿以国内同行业最具性价比的竞争优势为广大客户提供“金叶”牌优质产品，以提升行业产品等级，规范市场秩序，重塑行业尊严为己重，竭诚与国内各商家双赢合作，共谋发展，共创辉煌！

14. 四川省犍为罗城忠烈塑料有限责任公司

本公司成立于1985年，经过30年的发展壮大，年生产能力30000吨，公司通过质量管理体系认证及环保体系认证，是国家民委、财政部、中国人民银行指定的“全国少数民族特需用品”定点生产企业、中国塑料加工工业协会副会长单位、中国塑料加工工业协会AAA企业信誉等级，四川省农业生产资料总公司微膜定点生产厂家、乐山市知名中小企业、中国农业银行犍为县支行评为AA级信誉等级、连续七年被评为四川省明星企业。

企业注册商标“麒麟”牌被四川省工商局评为“四川省著名商标品牌”，被四川省人民政府授予四川名牌产品称号，主要产品农膜、地膜、黑膜、配色膜、大棚膜、多功能膜等，全部采用无毒聚乙烯作为原料，具有透光性能好，韧度高、耐高、低温、防潮特点，通过四川省产品质量监督检验院检验，各项指标均超过部、省标准。产品广泛用于高寒地区牧民及牲畜、农作物保温越冬，为促进农牧区经济发展，农牧产品增产增收提供必要条件，作出重要贡献。

15. 玉溪市旭日塑料有限责任公司

本公司始建于1976年，是目前西南地区规模最大的农用薄膜企业，全国年产量过万吨的前五家农用薄膜企业之一。公司注册资本1000万元，现有资产总额26765万元，其中固定资产8732万元，主要生产经营“旭日”牌农膜、地膜、微膜、棚膜系列产品，年生产能力55000吨。2015年，实现农用薄膜总产量35526吨、销售收入4.48亿元，资产负责率52.2%，银行信用等级AA-级。

公司以“诚信、合作、创新、共赢、共荣”为企业精神，追求顾客、员工、股东共同发展。秉持“以技术作支撑，以品质求发展。开发功能薄膜，服务现代农业”这一质量方针，致力于为客户提供适宜的农用薄膜产品、技术与服务。先后研究开发出黑色物理除草地膜、银/黑驱虫除草地膜、药物除草地膜、流滴地膜、蔬菜专用地膜、洋葱专用地膜等功能性地膜新产品，以及聚乙烯长寿棚膜、茂金属聚乙烯高强度多功能棚膜、EVA流滴消雾多功能棚膜、玫瑰花在栽培用多功能棚膜、西瓜栽培用多功能棚膜、葡萄栽培用多功能棚膜、三年以上高耐候多功能棚膜等棚膜新产品，这些产品在保持普通农用薄膜保温、保墒、保肥三大基本功能的基础上，具有耐老化、抗农药、调节光质、防雾滴、防病虫、防尘等一种或多种性能，可满足不同植物、不同气候、不同园艺设施的覆盖种植要求。其中“旭日”牌喷涂型流滴消雾多功能棚膜2008年被立为“国家重点新产品”、玫瑰花栽培用多功能棚膜被评为2013年“云南省省级新产品”。

公司建立的玉溪市功能性农用薄膜工程技术研究中心，被认定为玉溪市重点工程技术研究中心，配备光学测定仪、紫外加速老化试验仪、氧化诱导期测定仪、密度测定仪、水分测定仪、流滴试验仪、耐热试验仪、电子拉力试验机、光电测厚仪、熔融指数测定仪、分析天平等实验测试仪器设备。农用薄膜测试手段完善，仪器设备先进、齐全，具有较强的研究开发能力，可为客户研制具有特殊要求特殊用途的薄膜产品，同时提供园艺技术支持与服务。

公司于 2002 年通过了 ISO9001 质量管理体系认证，2008 年通过了“云南省商务管理体系（YC）认证”。被认定为“高新技术企业”、“云南省创新型企业”、“云南省科技型中小企业”、“云南省成长型中小企业”、“云南省五一劳动奖状”、国家 2012 ～ 2013 年度“守合同重信用”公示企业，“旭日”牌棚膜自 2005 年起一直保持 “云南名牌产品”，“旭日”商标自 2008 年起一直保持“云南省著名商标”、“玉溪市知名商标”，2015 年 6 月又被认定为“中国驰名商标”。

（中国塑协农用薄膜专业委员会 刘敏）

改性塑料

改性技术在农地膜加工应用方面的研究进展

一、树新常态理念，立新时期方略，以新材料、新技术的创新带动农用塑料薄膜加工与应用的持续发展

农用塑料薄膜是塑料材料及制品重要种类之一，为我国农业增产做出了不可磨灭的重大贡献。无论在覆盖面积上，还是在应用技术上都名列世界前茅。尽管在农膜的使用寿命和功能性方面，在地膜使用多年后出现的所谓“白色污染”方面都存在不足之处，有着这样或那样的问题，但不可否认的是经过几十年的技术引进和自我创新，已经没有更多的国外先进技术供我们借鉴了，解决农地膜使用方面出现的问题，使我国农地膜的生产和应用更上一层楼，只能靠我们自己创新，我们的科技人员不仅有能力，而且有深厚的工作基础和比以往都要良好的实践条件，关键是要在理念上、方略上把握好，从材料的选择上和加工技术的改进上努力创新，争取农用塑料薄膜加工与应用的新突破，为我国农业增产增收做出更大贡献。

二、农用塑料薄膜发展历程和面临的实际问题

农用塑料薄膜分为棚膜和地膜两大类。

1. 农膜

20 世纪 60 年代，以 PVC 为主要原料的棚膜为农业增产立下汗马功劳，但由于增塑剂问题以及膜幅宽受限、不耐低温、易吸尘等问题，自 70 年代开始，聚乙烯棚膜成为主流。针对聚乙烯不耐老化，疏水性造成雾滴现象以及使农作物产生光合作用的可见光有待增强等问题，棚膜功能化研究提上日程。目前，耐老化、保温、防雾滴、转光四大功能改性都取得喜人成果，功能性棚膜已占 PE 棚膜总量一半以上。此外在棚膜原料上使用茂金属 PE 以及与其他树脂共混、多层复合技术可将棚膜厚度下降至 40~50 微米，有利于降低单位覆盖面积棚膜的成本。

尽管农膜功能化已取得重大进展，但仍有不尽人意之处。

（1）光线在棚内强弱不均，希望透光度高，但光照要均匀；

（2）吸尘，雨水冲刷不掉，严重影响透光，南方多雨地区尤其严重，除尘土外还有苔藓、藻类，更难去除；

（3）流滴期与棚膜寿命不同步。添加型流滴剂消耗太快，而涂布型虽然效果好，但需老农膜厂更新设备，且涂布剂性能和涂布装备还有待提高。最新技术依靠“接枝”改善膜表面亲水性质，也因接枝率不高而未达到理想效果。

（4）含硅化合物有较好的红外线阻隔性，可以减少热量以红外光向棚外的辐射，从而提高棚膜的保温性。滑石粉、高岭土、云母、水滑石等均可以作为棚膜保温剂使用，德国 CONSTAB 聚合物化学有限公司采用 2 微米的高岭土为红外线阻隔剂，厚度 0.12 微米的 PE 棚膜对 7 ～ 14 微米波长范围的红外线阻隔率可达到 75%，国内许多科研单位和企业研制的无机粉体材料作为红外线阻隔剂的 PE 棚膜，其红外阻隔率也可以达到 65% 左右。甘肃省皮革塑料研究所以硅烷处理过的纳米 SiO_2（平均粒径 10 纳米）为红外线阻隔剂，也取得较好效果。但无机粉体材料都会给 PE 棚膜的透光度带来或多或少的影响，而且除滑石粉外，其他粉体还存在着价格高、团聚严重不易分散等问题。

5）将紫外光转换为可见光可以增加光合作用所需光的照度。紫外光约占阳光3%，是致使PE高分子材料老化的主要原因。添加转光材料，通过二次激发，使其光的波长改变，变为红光或橙光，既可减轻紫外光的危害，又可增加有用的可见光的总量，这对于光照严重不足的地区意义重大。当前主要的问题除价格因素外，无机转光剂效果有限，有机转光剂的制备及效果还有待深入研究。

2. 地膜

（1）薄厚之争从1979年地膜传入我国开始就争论不休，一直延续至今。地膜引进之初为全LDPE材料制成，当时的国家标准是14微米，为了降低成本，让农民用得起，增产的同时还能增收，地膜的厚度越做越薄，LLDPE和LDPE共混提高了膜的力学性能，膜减薄了以后同样能保温保墒这两种原因支持了地膜薄型化。20世纪80年代一度出现厚度仅为0.003毫米（双零三）的地膜产品。随之而来的是强大的舆论压力，将地膜介绍到中国的专家呼吁不要把“白色革命”变成“白色污染”，从此塑料材料会造成“白色污染”，成为塑料破坏环境的标签。国内重要报刊头版发表“地膜不是越薄越好”的权威文章，试图遏制住薄型化的趋势。在各种力量博弈之中，1992年诞生的地膜国家标准将普通地膜（此外还有“耐老化、易回收地膜”）厚度定为0.008±0.002毫米（俗称双零八），这已经是“白色污染危害论”的最大胜利了。二十多年过去了，真正市场上流通的仍然以0.005毫米（双零五）膜居多，最直接的原因是单位面积覆盖成本低，而同时又起到了保湿、保墒的功能，也能达到铺设、穿孔的使用要求，也不妨碍花生等作物扎根等生长要求，按照每亩地覆盖需地膜的面积，双零五的膜仅三、四十元就够了。三十多年来由于地膜不易完全回收，对土壤生态的影响是显而易见，有些地域还十分严重，政府和科技人员忧心忡忡，多次、反复、不停地要求解决地膜残存的问题。修改国标提高地膜厚度是众多地膜生产企业的强有力的呼声。但是地膜厚度增加了，每亩地的投入增加了，农民能接受吗？国标修订了，能管住已经市场化的地膜企业不再生产双零五、双零六、双零八的膜吗？最重要的是地膜厚度增加到0.01mm就能提高回收率，不再继续“白色污染”吗？

（2）回收为主与降解之争

80年代末到90年代，此起彼伏，不断掀起“走地膜降解保护生态之路”的波涛。国家八五攻关项目还特意把“光、生物降解”列为重大课题。从以色列传入的“光降解”技术由于不适合气候多变的国情最先销声匿迹，李氏兄弟的淀粉添加型降解之路也因违背了客观规律（既使淀粉都被微生物分解了，聚乙烯仍然还是聚乙烯，不会有任何高分子变成小分子的结果出现）也早已走到了尽头。21世纪初开始兴起生物基（或生物质）塑料，可实现在自然环境中无害化的完全分解或降解。2015年6月18日《农民日报》报导了青岛市环能站在胶州市胶西镇青岛百兴源土豆专业合作社的300亩大田马铃薯种植地进行的生物可降解地膜试验。报导说：“结果显示，完全生物可降解地膜在技术上和经济上是可行的，如果政府在政策上给予支持，完全可以实现生物降解地膜的大面积推广。”大面积推广的前提是“如果政府在政策上给予支持”，指的是什么呢？就是价格，就是每亩地要花费多少钱？报导中说，厚度为0.004毫米的普通地膜亩均成本约30元，符合国际的0.008毫米地膜每亩需要70元，而0.008毫米的完全生物可降解地膜，推广价格在100元上下，要求政府给补贴，每亩补50～60元。我国目前地膜覆盖面积是3.8亿亩（中国农用塑料应用技术学会传真和会长2016年4月8日讲话），每年200亿元的地膜补助费用政府能承担吗？如果没有政府补贴，农民能接受吗？200亿元的补贴既使政府可以拿出来又补贴给谁呢？能贴到农民手里吗？

作为科学探索、作为实践研究，生物质塑料是完全有必要的，而且某些领域也是需要的，但是地膜是绝对走不通的，因为中国目前的社会发展阶段还无法承受产出效益不足弥补投入的赔本结果。

减轻和避免白色污染首选之路是不提高使用成本的前提下加大回收力度，回收的地膜还可以再利用。聚乙烯是以石油为原料的高分子材料，从资源角度出发，也应当尽量将其循环利用。

耐老化易回收地膜是通过加入光稳定剂，降低聚乙烯老化速度，在使用期结束后，还仍保持较好的力学性能，方便机械化或人工回收，以提高回收率。但是地膜在使用期内完全暴露在阳光下自然环境中，其老化是不可避免的，是很难有效控制的。耐老化措施会显著提高地膜材料的成本，二十多年来没有出现过工业化生产的耐老化易回收地膜产品，这就说明想法虽然好但此路不通。

解决地膜用得起、能回收的问题必须从材料上和加工技术上走全新之路。

三、用创新新思维打造农地膜加工与应用升级版

我国农地膜年生产量已达到200多万吨，而且还还在继续扩大中。全世界各国使用地膜的总和是1000多万亩，我们是3.8亿亩，棚膜的数量也已占到世界总量的80%以上。学习和借鉴国外的经验是应当的，但主要还是立足于我们自己的国情，靠我们自己的力量走上创新之路。

中国塑料加工工业协会2016年4月8日召开科技咨询委员会第三次会议，就中国塑料加工行业“十三五”科技发展规划征询大家意见。在前沿技术研究类项目中提出“棚膜用聚烯烃树脂改性技术”、“低成本、长效光转换农膜专用料研制”、“农用超长寿聚酯、氟材类温室覆盖膜生产技术”等项目，在共性关键技术类项目中提出“高光效功能与寿命同步聚烯烃棚膜生产化技术”、“长效光生态、光转换农膜生产技术”、在重点推广技术类项目中提出“耐老化、易回收地膜生产技术”、“纳米宽幅多层光生态功能膜研制技术”、“涂覆型长效流滴消雾功能农用棚膜”等项目，还有与农地膜相关的助剂和加工装备等方面的配套技术项目，当然也有全生物降解地膜方面的项目。技术的先进与否和是否与中国目前社会发展阶段相适应，从而得以推广要通过实践的考验，把希望建立在行政干预和政策扶持上，路会越走越窄，最后成为过眼云烟，不了了之。

1. 通过微孔硅酸钙实现流滴剂的缓释，延长棚膜流滴期的课题研究进展

流滴剂与聚乙烯树脂的相容性不好，由棚膜内层向表层迁移速度过快，添加的流滴剂过早消耗导致棚膜流滴期与棚膜寿命不同步。在各种改善棚膜流滴功能的努力中，使用具有吸附功能的微孔材料，通过吸附和解吸附控制流滴剂从棚膜内层向表层的迁移速度和迁移量，就可以有效延长棚膜的流滴期。

天然微孔材料硅藻土是理想的缓释材料，但因其本身硬度大，容易磨损吹膜机螺杆、螺筒和口膜，无法推广应用。近年来一种人工合成的具有强大吸附能力的可以用作缓释材料的微孔硅酸钙为实现延长流滴期的目标带来希望。

（1）微孔硅酸钙的技术特性

微孔硅酸钙的微观结构见图1。

(a) 10微米标尺

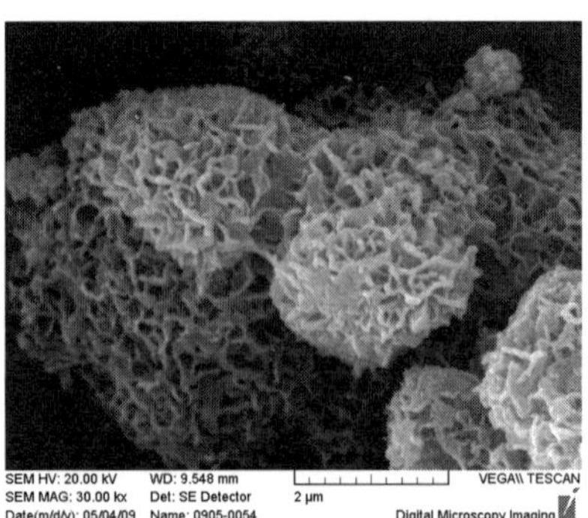

(b) 2微米标尺

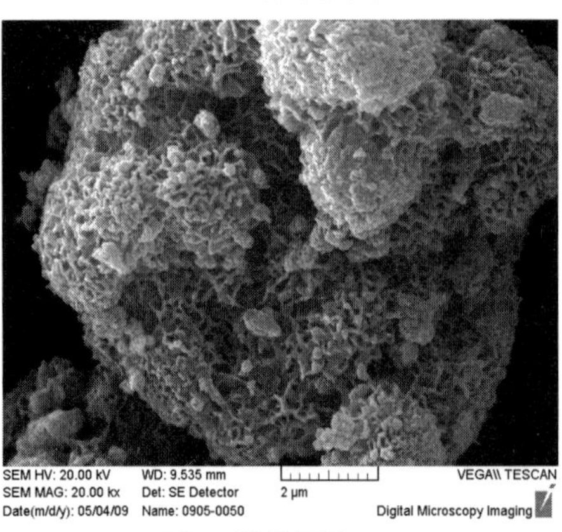

(c) 2微米标尺

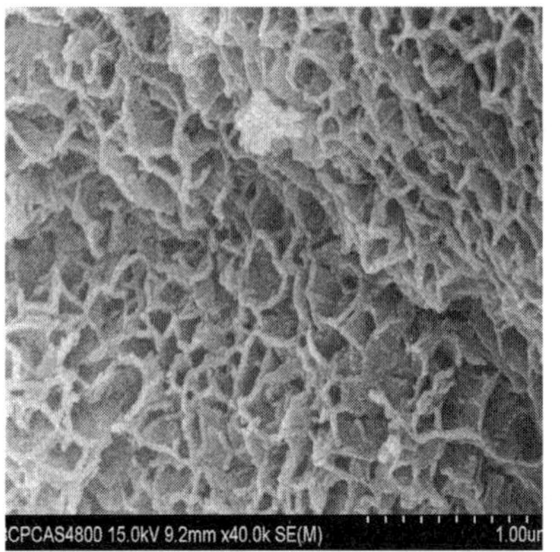

(d) 1微米标尺

图1　微孔硅酸钙微观结构电镜照片

由图 1 可见，微孔硅酸钙颗粒是众多微细的多层次聚集体，团聚体大小约 10 ～ 30 微米，整体呈蜂窝状，微孔尺寸在 100 纳米左右，微孔壁的厚度为 5 ～ 10 纳米。

对近期产出的微孔硅酸钙取样进行的测试结果见表 1。

表 1　　微孔硅酸钙技术特性

骨架（含闭孔）密度 /（克 / 厘米 ^{3}）	平均孔径（4V/A by BET）/ 纳米	DFT 法总孔体积（≤ 172.7 纳米）/（毫升 / 克）	BET 多点法比表面积 /（米 ^{2}/ 克）
2.34	24.23	0.5747	94.84

检测单位：贝士德仪器科技（北京）有限公司

微孔硅酸钙和几种常见粉体材料的技术特性见表 2。

表 2　　几种常见粉体材料的技术特性及与微孔硅酸钙的对比

粉体种类	高岭土	轻质碳酸钙	重质碳酸钙（1250 目）	滑石粉（1250 目）	炭黑	气相法白炭黑	沉淀法白炭黑	微孔硅酸钙
比表面积，/（米 ^{2}/ 克）	22	5 ～ 10	20 ～ 80	—	80 ～ 150	150 ～ 400	150 ～ 350	50 ～ 150
吸油值，/（毫升 /100 克）	50 ～ 60	60 ～ 90	40 ～ 60	30 ～ 60	80 ～ 130	150 ～ 350	150 ～ 350	130 ～ 170
pH	4.5 ～ 8.0	8 ～ 9	8 ～ 9	7 ～ 8	6 ～ 8	3.5 ～ 6	6 ～ 8	8 ～ 11
含水率 /%（105℃干燥至恒重失重）	3.0	0.85	0.80	0.76	1.82	4.28	9.45	3.61

注：含水率数值与粉体初始状态有关，比表面积大的粉体，吸附性强，105℃达到恒重后仍然含水，微孔硅酸钙在 105℃下干燥到恒重后，再经 220℃高温干燥至恒重后，失重仍能 >10%。

直接使用吸附性极强的微孔硅酸钙作为棚膜流滴功能的缓释剂有可能在挤出成型过程中出现大量气泡。采用恰当的工艺可以避免这一现象。

2）微孔硅酸钙在 PE 无滴膜中的缓释和保温作用探索

北京石油化工学院和河南焦作咏春塑胶有限公司将微孔硅酸钙用于棚膜加工，而且和滑石粉进行了平行比较。结果表明，使用微孔硅酸钙的 PE 无滴膜比使用滑石粉的无滴膜不仅具有更好的力学性能，同时可显著延长流滴失效时间，而且其光学性能与使用滑石粉的无滴膜相当。表 3 为三种 PE 无滴膜的技术性能。由表中数据可知，用微孔硅酸钙作缓释剂，PE 无滴膜的流滴失效时间比用滑石粉延长了将近一倍。

表 3　　三种 PE 无滴膜的技术性能

样号	保温剂类型	厚度偏差			拉伸性能				裤型撕裂强度		透光率	雾度	流滴失效时间
		公称厚度	极限偏差	平均偏差	拉伸强度		断裂伸长率						
					纵向	横向	纵向	横向	纵向	横向			
		毫米	%		兆帕		%		千牛 / 米		%	%	小时
GB4455-2006 指标要求		0.080	≤ ±28	≤ ±10	≥ 16.00	≥ 16.00	≥ 300.00	≥ 300.00	≥ 60（直角撕裂）		≥ 85	≤ 35	≥ 144
PE/F-0	/	0.080	12.50	-3.13	27.99	22.91	1702.50	1373.75	78.65	91.56	91.1	14.2	0.2
PE/F-1	滑石粉	0.080	11.25	3.44	27.12	26.36	1677.50	1685.00	76.11	98.63	90.2	26.2	36.0

续表

样号	保温剂类型	厚度偏差			拉伸性能				裤型撕裂强度		透光率	雾度	流滴失效时间
		公称厚度	极限偏差	平均偏差	拉伸强度		断裂伸长率						
					纵向	横向	纵向	横向	纵向	横向			
		毫米	%		兆帕		%		千牛／米		%	%	小时
GB4455-2006 指标要求		0.080	≤ ±28	≤ ±10	≥16.00	≥16.00	≥300.00	≥300.00	≥60（直角撕裂）		≥85	≤35	≥144
PE/F-2	$CaSiO_3$	0.080	16.25	9.25	30.85	26.33	1806.25	1614.06	86.16	98.21	90.0	21.5	63.0

更为可贵的是，微孔硅酸钙具有优异的阻隔红外线的功能，在有效延长PE无滴膜流滴期的同时，还能起到比滑石粉更好的保温作用。即加入一定量的微孔硅酸钙可以同时起到缓释和保温双重作用。图2、图3、图4分别为不加任何粉体材料的纯PE无滴膜和分别加有滑石粉及微孔硅酸钙的无滴膜红外光谱图。

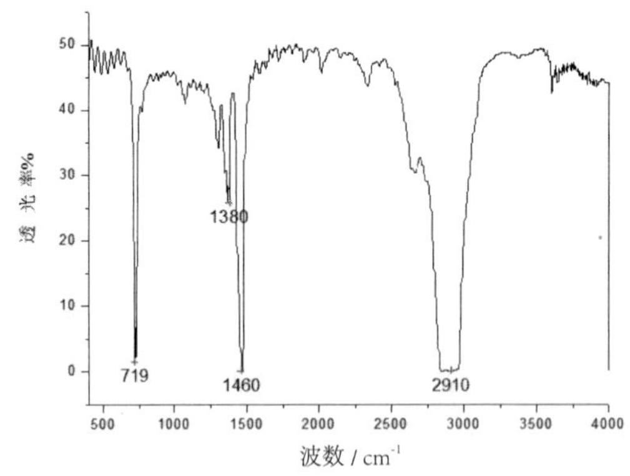

图2

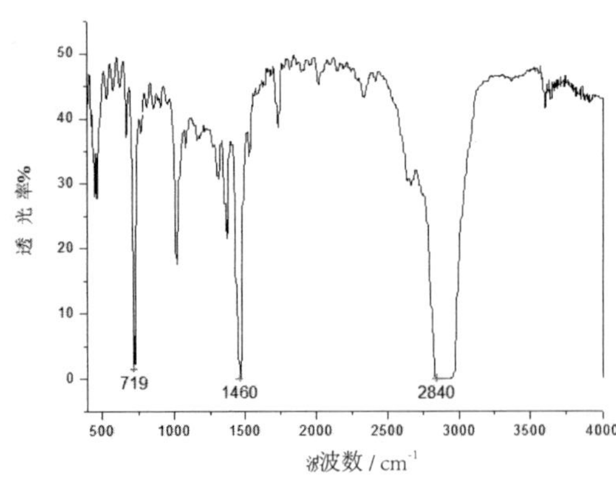

图3

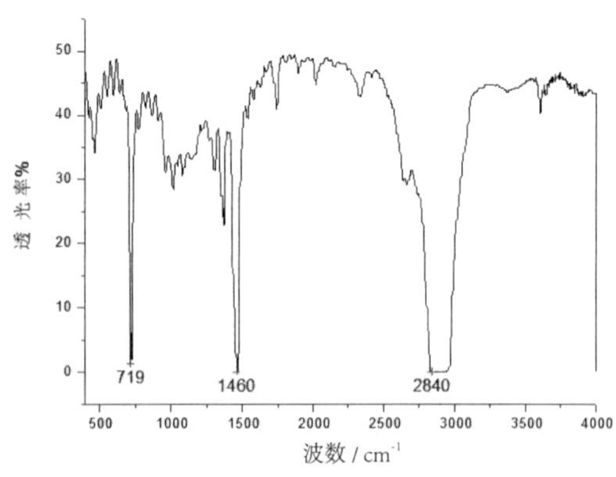

图4

2. 聚酯（PET）共混合金制备地膜的可行性研究

塑料加工行业“十三五”科技发展规划（讨论稿）中将“耐老化、易回收地膜生产技术”列为共性关键技术。以往的思路是通过光稳定剂实现PE地膜的耐老化，希望在使用期结束时，仍能保持较好的力学性能，便于整片回收。但在过去的几十年中并没有见到任何规模化推广使用的依靠光稳定剂实现PE

地膜耐老化的现实。因此要想真正做到“地膜耐老化、易回收”必须走原材料及加工工艺技术装备的创新之路。

聚对苯二甲酸乙二醇酯（PET）简称聚酯，是比强度高，同时具有天然耐光老化的高分子材料。从20世纪70年代起广为流行的“涤纶”、“的确良”就是纤维级聚酯制成的，它的结实耐穿，且在自然气候中经长期阳光暴晒仍能穿戴无虞，足以说明它是极为宝贵的，有着广泛应用前景的高分子材料。如果能用于地膜，意义非凡！

PET材料直接制成地膜存在以下困难：

（1）密度达1.38克/厘米^3，加之前些年价格高，单位面积的同厚度薄膜要比聚乙烯高50%以上。

（2）PET经双向拉伸后，可以做到最薄达双零三（0.003毫米）的薄膜，但此时的膜已无伸长率，很脆，不能直接做为地膜使用。因此尽管我国BOPET行业产能严重过剩（最新统计已达300万吨/年），仍然没有任何将BOPET薄膜用于地膜的迹像。

（3）PET加工条件苛刻，原料干燥要达到万分之三以下，同时挤出加工的设备昂贵并且不能通用。

（4）PET与其他材料混合使用面临着不相容、加工温度高（260℃以上）且不能含有水分（不能使用无机填料）等诸多问题，绝不像PE加工或改性那么简单。

（5）PET结晶速度慢、过程复杂、在自然环境中易产生环境开裂。

由于上述原因，将比强度高又极耐光老化的PET材料用于地膜还要走很长的路。

1）PET与PE的合金化

根据国内多所高校的研究成果，PET改性最佳途径是合金化，尤其是欲制成地膜，必须走PET/PE合金化的道路。

东都嘉诚再生资源有限公司用回收PET瓶片与HDPE吹塑桶回收粉碎料共混，加入适量相容剂，得到的PET/PE合金材料物理力学性能如表4所示。而且合金化后再加工制备管材等制品时，无须进行严格的干燥。

表4　　PET瓶片/回收HDPE合金的性能

拉伸强度/兆帕	断裂伸长率/%	冲击强度/（千焦/米^2）	维卡软化温度/℃（A50法）	制成管材环刚度/千牛/米^2
33.2	151	40.3	81.2	5.1

北京石油化工学院研究了影响PET/PE合金材料的各种因素，他们的研究结果如表5所示。

表5　　不同因素对PET/PE合金材料物理力学性能的影响

样号	密度	熔体流动速率	拉伸性能		弯曲性能		简支梁冲击强度	热变形温度
			拉伸强度	断裂伸长率	弯曲强度	弯曲模量	23℃	
	克/厘米^3	克/10分钟	兆帕	%	兆帕	兆帕	千焦/米^2	℃
PET/PE-210	1.268	45.92	36.12	2.12	50.24	1584.00	1.622	73.7
PET/PE-211	1.344	51.80	38.80	2.09	58.94	1638.65	2.069	79.8
PET/PE-212	1.366	24.53	33.92	2.02	45.24	1772.18	1.998	67.6
PET/PE-213	1.358	34.96	29.77	0.77	43.70	2101.43	0.827	75.8
PET/PE-214	1.226	29.89	42.17	4.02	50.41	1453.13	2.575	79.5
PET/PE-215	1.297	31.67	40.50	3.30	51.16	1708.26	1.778	78.1

续表

样号	密度	熔体流动速率	拉伸性能		弯曲性能		简支梁冲击强度	热变形温度
			拉伸强度	断裂伸长率	弯曲强度	弯曲模量	23℃	
	克 / 厘米[3]	克 /10 分钟	兆帕	%	兆帕	兆帕	千焦 / 米[2]	℃
PET/PE-216	1.260	24.51	24.51	1.04	36.12	1652.28	0.948	87.3
PET/PE-217	1.306	10.96	31.68	1.71	48.13	1852.72	1.324	83.7
PET/PE-218	1.184	17.24	25.46	1.61	35.90	1298.10	1.498	78.8

他们认为，影响 PET/PE 合金拉伸强度、断裂伸长率、弯曲强度及热变形温度的关键因素是 PET 与 PE 的用量比，而冲击强度主要受相容剂类型的影响，滑石粉的用量直接影响到合金材料的弯曲模量。

2）价格

目前 PET 价格已低于聚乙烯，如采用吹塑成型制成薄膜，径向吹胀同时纵向提膜的过程可使分子的排列产生空隙，从而比同样材料经注塑成型的塑料制品的密度要低 20% 以上，即可将密度下降到 1.1g/cm3 以下。

我国 PET 瓶的生产规模已达到 700 多万吨 / 年，加之每年进口“瓶砖”200 多万吨，回收后破碎清洗的工艺设备又已成熟，故现在瓶片市场竞争激烈，其价格已处于低位，加之 HDPE 回收料的选用余地很大，PET/PE 薄膜的材料成本与光稳定耐老化的 PE 膜相比极具优势。

3）加工工艺及设备

目前还没有完全适用于制作 PET/PE 薄膜的加工设备，采用吹塑工艺还是流涎拉伸工艺还在探讨之中。实验室设备已能吹塑成型不同比例的 PET/PE 共混合金薄膜。相信不远的将来，PET/PE 共混合金制成薄膜的设备就可以问世！

几年前从日本超市上购得的垃圾袋上明确标明“聚酯 PET 含量 30%”，足以证明 PET/PE 合金薄膜是可以规模化、工业化生产出来的。

4）目标定为“以聚酯（PET）瓶片为主要原料的新型耐老化易回收地膜”，解决好材料、相容剂、薄膜厚度、加工机械设备及工艺、耐老化性能评定、回收并再利用以及最终使用成本一系列问题，任重而道远，但这种全新思路指导下的地膜一旦成功推广，将从根本上彻底改变 PE 地膜一统天下的局面，书写出地膜发展的全新篇章！

3. 漫反射功能棚膜

张真和会长在今年中国塑协专家咨询委员会第三次会议上提“漫反射”的观念。他说，除少数蔬菜需要直射光透过率高外，棚内的光线都要求漫反射型的，即对着太阳看不刺眼，但总透光率不能降低。

透光分为直射光和散射光，将直射光变为散射光容易，只要在薄膜中加入使光线不规则折射的添加物即可，但关键是此时不能降低光的总通量，让发生折射的光全部进入棚内，而不让光从薄膜内再透射到棚外。

初步研究表明，某些特殊形状的粉体材料具有所需要的功能，研究工作正在进行之中。也希望业内同仁对此关注并深入探讨，走出我们发展功能棚膜的独特之路！

四、结束语

塑料改性是促进塑料材料和制品发展的有力武器，发展潜力巨大，业内同仁已经自觉地或不自觉地将改性的理念和方法在农膜领域广泛应用，取得不菲的成就，如果能够继续以创新的思路，实现材料和加工技术的创新，就可以迅速取得突破性的丰硕战果。这里提到的一些新思路和新的探索结果还有待于实践的检验。我们相信加强改性塑料行业和农用塑料行业的联系和交流，将有力推动行业的技术进步，一个“创新驱动　提质增效，实现产品和加工技术装备转型升级”的大好局面即将到来。

（ 中国塑协改性塑料专业委员会 刘英俊 ）

中空制品

塑料中空制品行业“十二五”发展情况介绍

1. 塑料饮料瓶产量增长速度快步下滑，并稳定在低速发展的新常态

饮料包装中PET瓶的应用比例超过50%，行业中PET聚酯瓶产量较大的企业，主要有珠海中富和上海紫江集团。2008年以来的全球经融危机导致的中国经济下滑，对饮料行业的影响从2012年爆发，行业产量增长速度由近三十年来的20%以上快速下降，2012年产量增速降低到10.7%，到2015年增速降低到5%左右。碳酸饮料受到的冲击尤其猛烈。

受下游饮料行业需求锐减的影响，饮料瓶行业产量急剧下降，尤其是部分饮料生产商为了降低成本，逐渐建立了自己配套的吹瓶线，对饮料瓶生产厂更是雪上加霜。预计“十二五”期间饮料瓶产量平均增速在9%左右，2015超年产量过150万吨。

2. 饮水包装桶产量随着饮用水产量增速的下滑而逐步减速

饮用水桶通常使用PC材料。2010～2014年中国包装饮用水类产量逐年上升，2011年到2014年产量增长率分别为12.7%，16.2%，19.6%，17.5%，2015年包装饮用水类产品约为10%的增产速度。

我国PC桶行业龙头企业突出，位列前三的企业分别为中国佛山科信塑胶集团、济南塑研塑料制品、珠海华林制瓶，三家企业产能合计约占国内PC水桶总产能的近七成。但从趋势来看，我国PC水桶市场因技术门槛相对不高，入市企业数量快速膨胀，行业利润挤压明显。

3. 塑料啤酒瓶、白酒瓶、红酒瓶等酒类包装容器平稳发展

在技术上，塑料啤酒瓶的保鲜、隔氧、杀菌要求等性能都已满足要求，并且具有减少包装运输过程中的爆瓶事故，减低包装重量等优点，是替代传统玻璃包装的理想产品。但是，塑料啤酒瓶的成本较高，且啤酒生产厂家要想替换传统的玻璃瓶更要投入大量资金，再加上消费者的消费理念因素，这些都制约着塑料啤酒瓶的推广。

4. 药用塑料瓶稳步发展

药用塑料瓶常用塑料原料包括聚烯烃【如聚乙烯（PE）、聚丙烯（PP）、聚氯乙烯（PVC）、聚苯乙烯(PS)等)和聚酯(聚对苯二甲酸乙二醇酯(PET)、聚碳酸酯（PC）、聚对萘二甲酸丁二醇酯（PEN）等】两大类。其中HDPE和PP主要用于固体药物的包装，采用一步法“注－吹”工艺生产；而PET是灌装液体药物的理想原料，采用“注－拉－吹”工艺生产。药用塑料瓶生产厂家大多与制药厂家配套生产，产能相对稳定。

对于国内药用塑料瓶包装厂家来说，要从事相关的药用塑料瓶生产和销售，必须要有相关设备和厂房达到标准，而且还必须要有相关的药包材证实。这相比较于从事其他塑料瓶包装的生产来说，需要投入更多资金和精力。尤其是2015年12月1日，《中国药典》2015年版的全面实施，药包材首次以通则的形式收录其中。这将对药品质量提升产生深远影响。

5. 乳品包装瓶市场高速增长，发展势头良好

受居然消费需求的不断增长，“十二五”期间奶制品产量保持在两位数增长。受此影响，乳品包装瓶发展较快，“十二五”期间产量增速在10% 左右。乳制品瓶主要采用HDPE和PET等原料生产，生产设备与场地要求较高，基本与药用包装的生产环境要求类似，此外对吹塑机生产线的要求也是较高，生产场地与生产线需要通过相关生产许可认证。国内已有厂家形成较大的生产规模，如北京市的凯力华维有限公司。

6. 化妆品、洗涤用品包装容器用量越来越大

材料主要采用高分子量聚乙烯，其中以1～5升生产量较大，主要供应化妆品、洗涤剂、洗发水日化生产厂家包装日用化学品，其生产规模已经达到 150万～250万吨塑料以上。其产能主要与日用化学品生产厂家配套，相对较为稳定。

7. 大型化工液体危险品包装容器发展放缓，产能趋近饱和

主要采用高分子量聚乙烯，其中以25升、200升系列的生产量较大，国内生产规模已经达到300万～500万吨塑料，产能已有较多过剩。生产厂家主要分布在江浙沪、山东环渤海等区域。

尤其是1000L IBC包装桶近年来迅猛发展，生产厂家主要分布在长三角区域，“十三五”期间产能比十二五翻了一番，年平均产能增速达到20%。截至2015年底，生产线超过30条，产能已接近500万吨，而产量还不足300万吨，产能严重过剩。

8. 食品包装桶、普通化工包装桶发展放缓，产能过剩问题突出

包装桶采用高密度聚乙烯生产，主要用于香精香料、食品添加剂等食品包装，以及涂料、润滑油以及其他的化工原料的包装，大多为中小型包装。

经过“十一五”及之前几年的高速发展，进入该领域的企业越来越多，产能增加远大于需求量的增幅。导致不少企业销售额大幅消化，众多企业在不断的被洗牌中，一些小厂家，质量跟不上的厂家正在逐渐的退出市场。该行业最有代表性的企业有苏州市紫金塑业科技有限公司、岱纳包装有限公司等。

9. 塑料托盘在物流运输中得到应用

托盘是仓储、运输业使用的消耗品，目前制作托盘用材料为木材、金属、塑料、塑木复合材料。塑料吹塑托盘的材料普遍采用高强度的高密度聚乙烯。近年来吹塑托盘制造业发展迅速，双面堆码吹塑托盘的生产发展很快，其产能相对过剩，而仓储货架、冷库、生产线需要的高端吹塑托盘研发相对落后，有较大的市场发展空间；一些零部件的集装、运输专用吹塑托盘及托盘箱研发较晚，其市场开发与推广值得关注与重视。

10. 汽车配套塑料容器得到广泛的应用，产销量逐步放缓

随着国内汽车生产的提升，与之配套的塑料容器与吹塑制品发展加快，其中以燃油箱、扰流板、各类风管制造为主，材料主要采用高分子量聚乙烯、各类增强工程塑料等。

汽车油箱是其中最主要的部分之一。我国汽车油箱行业市场份额主要集中于少数几个行业领先者：大部分为外资企业如考泰斯、武汉英瑞杰、邦迪管路（天津）、八千代，这些企业凭借先进的技术、设备和强大的研发能力以及长期积累的合作关系，主要为大型合资乘用车制造企业配套；亚普汽车、荣顺股份和江苏塑光为本国自主品牌，通过技术积累，充分利用本土化优势，是国产品牌汽车油箱产品的主要供货商，同时也在与外资油箱企业在局部展开竞争。由于整车企业对油箱供应商资质要求较高，认证严格，且油箱企业面临较高的技术和紫金壁垒，外行企业短时间内较难进入。因此我国油箱制造商在与国外油箱企业的竞争中处于劣势，占据国内大部分低端油箱市场。

11. 塑料农药瓶增速放缓，行业低位平稳运行

农用化学品包装容器，材料主要采用高分子量聚乙烯等塑料，其中以 0.25L、0.125L 的容器为主，0.5L 为辅，主要供应农药生产厂家。

“十一五”期间，农药瓶从产量看保持了两位数的年均增长，而“十二五”期间产量增速大幅下滑，2011-2015 年间，平均增速仅在 2% 左右。2015 年，农药“零增长”和环保等政策的不断出台，使农药行业的发展受到深刻的影响，加速了农药瓶行业转型升级的节奏。原本农药瓶行业发展的思路基本在高阻隔，耐腐蚀，抗酸等高毒农药的包装上，提升农药瓶的阻隔，耐腐蚀的性能是市场衡量农药瓶的主要指标。不过，随着高毒农药的逐渐退市，农药瓶包装的这种思路就必须进行调整，绿色的，与环境友好的农药瓶是未来的发展趋势。

12. 大型吹塑罐快速发展，市场趋近饱和

大型吹塑罐，材料主要采用超高分子量聚乙烯，其中以 1000 ～ 3000 升的塑料容器为主，近年还在发展 5000 ～ 10000 升的容器生产。目前国内专业从事大型吹塑卧式罐生产的企业有 70 多家，设备一百多台套，年生产量在 300 万只以上，其生产厂家主要集中在我国的东北及中西部地区。主要用于农村缺水地区的生产用水和少量的工业液体化工原料（如果树的喷药）的存储。大型吹塑卧式罐产生于 2007 年前后，短短的几年时间，每年增长的幅度很大，市场的需求已接近饱和。该行业代表性企业有陕西科龙塑业有限公司等。

13. 其他吹塑容器与吹塑制品有发展空间

这类吹塑制品种类很多，如：工具包装箱、塑料浮体、水面养殖器材、水上救生器材、水上娱乐器材、家用体育器材、家用卫生器材、花草种植容器、移动房屋、路障、隔离板、办公用品、军用产品包装等等。其产品种类可以达到数十到上百种。这类吹塑制品种类繁多，技术含量较高，产品市场专业，质量水平要求较高，产品研发周期较长，目前这类产品生产的品种、数量、质量、市场、研发均有较大的提升空间，值得关注与重视。

（中国塑协中空制品专业委员会 孙冬泉）

浅议原料药用塑料包装容器的生产使用现状与发展趋势

一、概述

1. 原料药、医药中间体、药用辅料的基本概念

（1）原料药：指用于药品制造中的任何一种物质或物质的混合物，生产各类制剂的原料药物，是制剂中的有效成份。由化学合成、植物提取或者生物技术所制备的各种用来作为药用的粉末、结晶、浸膏等，但病人无法直接服用的物质。

原料药根据它的来源分为化学合成药和天然化学药两大类。

（2）医药中间体：是一些用于药品合成工艺过程中的一些化工原料或化工产品。这种化工产品，不需要药品的生产许可证，在普通的化工厂即可生产，只要达到一些的级别，即可用于药品的合成。

（3）药用辅料：指生产药品和调配处方时使用的赋形剂和附加剂；是除活性成分以外，在安全性方面已进行了合理的评估，且包含在药物制剂中的物质。药用辅料除了赋形、充当载体、提高稳定性外，还具有增溶、助溶、缓控释等重要功能，是可能会影响到药品的质量、安全性和有效性的重要成分。

2. 原料药包装

（1）纸质包装：一般的包装用纸统称为纸质包装，纸质包装具有易加工，成本低，无毒，无味，但耐水性差，在潮湿时强度差。

（2）瓶包装：多数由陶瓷、玻璃、金属等不容易渗漏的物料制造。瓶子通常用于盛载液体。

（3）塑料包装：采用挤吹或注吹工艺，用聚乙烯（PE）材料制成，其中用 HEPE 吹塑成型居多。

3. 原料药用塑料包装容器（桶）的基本要求

（1）外观：应具有均匀一致的色泽，不得有明显色差。桶的表面应平整。不得有穿透状杂质、沙眼、油污、气泡。桶口应平整、光滑。

（2）鉴别：

红外光谱鉴别：对桶的材质进行红外光谱鉴别，应与对照图谱基本一致。

密度测定鉴别：桶材质的密度应为 0.935 ～ 0.965 克 / 米^3。

（3）密封性：桶口与桶盖在规定的拧紧力矩下应配合适宜，不得滑牙。

桶应能承受规定的密封试验，试验后不渗漏。

（4）抗跌性：桶应能承受规定的跌落试验，试验后，桶不应破裂。

（5）水蒸气渗透试验：盛装液体的桶经规定的水蒸气渗透试验后，水的质量损失不得超过 0.2%。

（6）炽灼残渣：经规定的炽灼残渣试验，遗留残渣不得超过 3%。

（7）溶出物试验：

①溶液澄清度：按规定制备的水溶出物试液应澄清或不得浓于 2 号浊度标准液。

②重金属：按规定制备的水溶出物试液中，含重金属不得超过百万分之一。

③ pH 值变化：分别测定按规定制备的水溶出物试液于水空白液的 pH，二者之差不得超过 1.0。

④紫外吸收度：分别测定按规定制备的水溶出物试液于水空白液在（220 ～ 360）纳米波长间的最大吸收度，二者之差不得超过 0.1。

⑤易氧化物：按规定分别对制备的水溶出物试液与水空白液进行易氧化物测定试验，二者消耗滴定液之差不得超过 1.5 毫升。

⑥不挥发物：按规定对制备的水溶出物试液与水空白液进行不挥发物测定试验，水溶出物试液残渣与空白液残渣之差不得超过 12 毫克，65% 乙醇溶出物试液残渣与其空白液残渣之差不得超过 50 毫克正己烷溶出物试液残渣与空白液残渣之差不得超过 75 毫克。

（8）脱色试验

对桶进行脱色试验，浸泡液颜色不得深于空白液。

（9）微生物限度：进行微生物测定试验，细菌数每毫升不得超过 100 个，霉菌、酵母菌数每毫升不得超过 100 个，大肠杆菌每毫升不得检出。

（10）异常毒性：按规定进行异常毒性试验，应符合规定。

二、原料药用塑料包装容器（桶）的使用现状

1. 认识上的误区

由于原料药用塑料包装容器（桶）到目前为止还没有统一的标准，现在依照的是 YBB 口服液用塑料瓶标准，所以在人们的认识上既然是借用或参照标准，其重要性、迫切性可以自由裁量，其实不然，YBB 口服液用塑料瓶标准要比原料药用塑料包装容器（桶）标准高许多。

2. 使用上的误区

我国是一个原料药生产的大国，也是一个原料药出口的大国，多年来我们所使用的药包材，大多以纸箱、玻璃制品为主。涉及到塑料包装，因为量相对少，在使用上随意性大，不管什么塑料原料，同一种原料新旧料混杂都在使用，特别是一些生产厂，周转用桶甚至可以用很多年的时间。

随着国内管控制度的逐步推开，一些负责任的企业，逐步在按要求正确使用药用塑料包装容器（桶），像中航药业大豆油，中链油包装，嘉里油脂医用甘油包装，南京威尔药用辅料聚乙二醇、丙二醇包装；无锡福祈（原无锡二药）乳酸钠包装等等。还有一些为数不少的企业，在下游客户有要求，或企业内部审计，或 GMP 验收时会用药用塑料包装容器（桶），余下的一些原料药生产企业由于习惯或成本等因素在不合规使用药用塑料包装容器（桶）。

3. 材料选择误区

药用塑料包装容器（桶）的使用有着严格的要求，所使用的 HDPE 树脂从牌号到具体各项理化指标都有规定，且在整个生产过程中不得随意更改或调整，包括辅助材料，但事实上要做到这一点还是有难度的，如果没有稳定且符合资质的供应商（如石化企业 FDA 的报告），有可能在材料的选择上就存在漏洞，甚至会改动原料、改动配方、与注册证所要求不符，如果这样的话，认为只要是 HDPE 就可以随意选择，将会隐含极大的风险。为此，国家食品药品监督管理总局药用包材检测院已做出明文规定，生产药用塑料包装容器企业一律不得使用不合要求原料，不得使用回收料，不得使用生产过程中产生的边角料。这将大大增加企业的生产成本。

4. 投入大、见效慢

一个合格的原料药用塑料包装容器生产企业必须具备以下主要条件：

（1）完备的机构和人员。管理人员与检验人员，要有相关专业学历且要达到一定的比例。

（2）完善的生产厂房与设施，其洁净度要求被包药品生产厂房洁净度相同，按新版 GMP 要求达到 D 级，检验需要达到 C 级。

（3）具备生产所规定的全部设备，仪表等，性能良好，档案齐全，维护保养到位。

（4）原料从采购、储存、发放、使用等有相应的管理制度，且要求严格区分。

（5）洁净室的各项卫生管理制度齐全，有专人负责。

（6）按标准组织生产，有合理的产品工艺规程，操作规程，各种记录保持完整。

（7）有独立的质量监管机构，质量责任制，检验规程健全。

国家局共有八章 60 条共 600 分的评分标准，实际评分达总分的 70%，才可能判定合格。鉴于以上要求，一个生产企业要取得注册证书，在软硬件上的投入是比较大的。

三、原料药用塑料容器（桶）的生产发展趋势

随着世界原料药生产重心向亚洲转移，我国已成为廉价医药原料和中间体的代名词，世界上许多知名的药厂也将目光移向中国，世界上的原料药种类大概有 2000 余种，我国现在可以生产的种类有 1500 多种，某些原料药的生产技术和质量方面已基本与发达国家接轨，那么作为与原料药配套的药用包材，其用量也会与日俱增。

截至 2015 年底，许多无菌高危药品制造企业大约有 60% 相继通过 2010 版 GMP 标准，使得他们对配套供应商提供更加严格的要求，正确使用药用塑料包装容器(桶)是一些原料药生产厂家的不二选择，因此，客观会带动药用塑料包装容器（桶）的逐步增量。

目前修订中的《中华人民共和国药品法》中明确规定，原料药、原料药包装是药品的一部分，不可分割，药品生产厂家对原料药的采购使用必须包括其包装，这就从法律角度奠定了药用塑料包装容器（桶）的法律地位，对药用塑料包装容器（桶）的生产起到法律的推动作用。

因此，原料药用塑料容器（桶）生产的发展将迈上新的一个台阶。根据目前国内生产设备，工艺及技术，其发展的方向主要有以下方面。

1. 双层（多层）吹塑技术

由于原料药种类多，性能参差不齐，有的物化性能稳定，有的氧化性能活跃，渗透性强，有的遇光、遇水会变质，有的不能接触空气，有的需要全过程低温贮藏运输。因此双层（多层）吹塑桶能够部分满足要求，如双层桶，内层白色，与药材接触，其相容性达到要求，外层蓝色或黑色，起到避光作用，提高了原料药的使用期，为很多的厂家所乐见。

2. 防渗防透气技术

HDPE 防水蒸气渗透性能较好，但防氧化物、脂肪类物料的渗透性能略差，有的原料药其保质期会缩短，更有甚者，某些物料如（甘油三酸酯）会由于溶涨而产生渗漏现象，这些将带来很大的风险，所以，HDPE 原料的改性以及多层技术，内喷涂等技术的使用是一个未来的趋势，但与以上双层技术一样，有一个很大的瓶颈，就是注册证的多次补充申请，将会是一个漫长的过程。

3. 防盗防伪技术

原料药的生产、贮存、运输是一个比较复杂的过程，且原料药本身价值也比较高，有的一吨要十几万元甚至更多，因此，保证生产、贮存、运输过程中不被盗，一是防止经济损失，二是防止药品被污染。

传统的口部封闭器，有带齿防盗盖，一次性防盗罩，防盗铅封等，但这些极容易被不法分子所用简单的方法就可以破解，至于防伪，药用塑料包装容器（桶）可以被不法分子仿制的惟妙惟肖，以假乱真，鉴于此，采用更加科学的防盗装置，更加合理的防伪标识，同样是业界的一个努力方向。

4. 大型化吹塑技术

目前，原料药用塑料包装容器（桶）大多是容量较小的，常用的是20升、25升、30升、50升，很多原料药生产厂家希望大型容器，如200升，1000升（IBC）能够被使用，但由于这样大型的设备，其净化生产车间空间巨大，制冷量巨大，能耗是一个致命的弱点，加上换气次数频繁，如何保证净化各项指标的合格，是企业必须重视的问题。

5. 精密模具技术

原料药用塑料吹塑容器（桶）成型过程中，制品从模具中脱出，按国内目前的模具制造法，即使自动打飞边，仍会有一定部位用人工修理的办法，如果后整理不到位的话，会有小的塑料丝屑留在桶内不易去除（因为静电的关系等），这就给原料药厂增加隐患，后果不堪设想。25升桶的生产，多次试验下，效果均不理想，没有达到预期要求，如果模具制造十分精密，且寿命较长，飞边一拉就落，且不造成小的塑料丝屑，无疑是非常大的进步。

6. 智能制造技术

原料药用塑料容器（桶）的生产在D级（10万级）的洁净环境中生产，其目的是保证产品的洁净度，它对浮游菌，沉降菌、尘埃颗粒以及表面微生物均有严格的要求，而人员进出是一个重要的污染源，如果能采用机械手、机器人等智能生产技术，一可以减少或者杜绝污染源，二可以降低员工的劳动强度，既有利于环境的洁净，也有利于企业人工成本的减少，这是原料药用吹塑包装容器（桶）生产的前景所在。

（中国塑协中空制品专业委员会 朱义华）

人造革合成革

在中国塑料加工工业协会领导下，2015年人造革合成革专委会继续把工作重点放在行业转型升级、节能减排和提高生态化发展水平等方面；以为会员提供技术、市场信息交流服务平台建设为核心，实现专委会职能转换，实施点对点的服务，落实自身建设为基本职责，提高秘书处工作的创新性。2015年人造革合成革专委会针对行业经济形势以及企业发展中的问题，主要开展了如下几项工作：

一、持续推动行业转型升级工作

提质增效，化解产能过剩。全国人造革合成革继续从扩大产能发展模式，进一步走向提质增效的发展道路。2015年产量增长速度继续回落，但是主营业务收入相对提升，人造革合成革产量343.79万吨，同比增长-6.17%，实现主营业务收入1215.91亿，同比增长1.12%。其中福建等8个省市为正增长，负增长的有辽宁、浙江、上海等10个省市。浙江省占全国的32.12%，福建占29.45%，江苏占10.73%，广东占7.09%。

1. 继续推进生态、绿色合成革产业产业化工作

2015年4月16日在丽水市召开了“2015年（丽水）第二届国际水性生态合成革产业大会”。中国工程院李俊贤院士到会就水性合成革发表演讲。同时也请到中国环境科学研究院、黎明化工研究院、安徽大学、四川大学、陕西科技大学和拜耳、科天

等国内外知名公司对国家环保政策、新型水性技术、产品市场品牌计划等发表演讲，本次会议参会人员共计 350 多人。

2. 开拓无溶剂合成革技术的推广应用工作

当前合成革行业首要任务是企业产品转型升级，推进环保材料的应用工作，我们在多种场合持续推进该项工作的脚步。2015 年 8 月 27 日专委会在温州召开“2015 年合成革年会暨第一届中国无溶剂合成革论坛”，在圆满完成年会各项安排的基础上，重点宣传推广聚氨酯无溶剂合成革技术和市场。邀请高明尚昂、浙江康城、温州飞龙、陕西科技大学、泉州绿洲等在无溶剂合成革领域做的较好的企业和学者，就无溶剂合成革生产新装备、新技术和新市场发表真知灼见，对促进无溶剂合成革的发展起到积极的推动作用。会后 6 家合成革企业已经订购相关设备开展研发工作。

3. 积极引导行业开展清洁化生产，开展节能技术标准建设

为了更好的实施《合成革清洁生产标准》，引导企业具体实施清洁生产并落实清洁生产审核工作。2015 年专委会与四川大学合成革研究中心合作，先后完成《聚氨酯合成革清洁生产技术规范》和《聚氨酯合成革 节能技术要求》两项行业标准的制定工作，并于 2015 年 5 月经全国塑料制品标准化分技术委员会（TC48/SC1）预审通过，在 2015 年 12 月年会上获得通过，上报工信部尽快实施。同时与中国清洁生产中心合作对环保部、工信部和发改委项目《合成革工业清洁生产评价体系》法规开展了重点企业调研、初稿和征求意见稿审核等项工作，为推进行业清洁生产提供技术和政策的支持，下一步将继续完善该项法规的各项规定，为合成革行业的清洁化奠定基础。

4. 推进合成革产业集群经济建设

2015 年专委会重点与福鼎政府、福鼎合成革商会开展生态合成革园区建设工作，主要开展了三项工作：第一是产业集群评估工作。配合中国轻工业联合会和中国中国塑协共建福鼎生态合成革园区，引导向生态型合成革园区转型。第二是项目服务工作。专委会组织政府机构与福鼎企业到上海华峰、兰州科天、陕西科技大学和陕煤新能源调研、与拜耳公司项目的对接工作。第三组织国际交流会议。积极引入生态型企业入驻园区和对现有企业进行生态化改造。

在此工作基础上 2015 年 11 月 7-8 日专委会与福鼎市政府、宁德温州商会在福建福鼎召开了“第六届中国生态合成革论坛暨跨国公司生态合成革论坛”和“宁德市合成革转型升级与能效提升大会”。会议上钱桂敬会长和宁德市市委廖书记等领导就如何建设生态合成革园区发表了重要讲话，福建省发改委在会议上针对宁德地区发布了 6 条政策，福鼎市政府与科思创中国、兰州科天、飞龙公司等签署合作协议，预计投资 20 亿元，建设生态合成革园区。会议还组织参会者 206 余人参观了福鼎生态合成革园区建设、合成革展区和相关企业。在生态合成革论坛上，美国陶氏、德国科思创等跨国公司就生态合成革技术与材料进行交流和展示，同时四川大学、陕科大就三种合成革清洁化生产技术发表演讲，国内掌握先进技术的兰州科天、大正特纤、宁波三博和温州飞龙也针对本公司的技术与参会者进行了技术交流。

5. 积极开拓生态合成革国际市场，拓展应用领域

为积极开拓生态合成革国际市场，专委会与 ZDHC 组织合作，2015 年 4 月 26 日在嘉兴市浙江禾欣新材料有限公司召开了“中国合成革企业与 ZDHC 组织见面预备会”，包括耐克、阿迪达斯等 9 家国际知名品牌和国内 30 家合成革企业高层与 ZDHC 秘书处见面沟通，就 ZDHC 采购标准、中国生态合成革应用、零排放采购路线图、DMF 毒性研究等项议题展开讨论。2015 年 12 月 10 日与中国纺织联合会、ZDHC 产品零排放国际品牌联盟，共同讨论了有害物质零排放方面的技术问题，部分企业与纺织联合会起共同发起成立绿色联盟，为进一步实现产业生态化，拓展了生态合成革国际与纺织业市场途径。

二、继续加强人造革合成革行业的标准化研究

1. 完善合成革新技术新材料标准

人造革合成革专委会配合塑料标委会开展合成革标准修制定工作。2015 年经工信部批准先后发布实施了《合成革用水性聚氨酯表面处理剂》、《人造革用水性聚氨酯粘结浆料》、《服装用水性聚氨酯合成革技术条件》、《水性聚氨酯超纤合成革》、《运动手套用超细纤维合成革》、《运动鞋用聚氨酯合成革安全要求》等 9 项行业标准，即将对规范企业生产、促进水性合成革技术进步和质量和消除贸易壁垒等方面起到积极作用。

2. 开展基础性标准研究工作

人造革合成革专委会在推进标准化工作中坚持以推进行业发展和现实需求为导引，面向企业与行

业，开展合成革质量标准研究及多层次的标准化服务，通过这些基础研究，开展技术交流，提高我国合成革基础标准的水平。2015 年完成国家《人造革合成革术语》标准和《人造革合成革试验方法 接缝强度的测定》、《人造革合成革试验方法 接缝抗疲劳强度的测定》、《人造革合成革试验方法实验室光源暴露法》。完成了《家具用聚氯乙烯人造革》等 9 项行业标准预审工作，将于标委会审查通过后于 2016 年上报。

三、继续为行业搭建好展业服务平台

人造革合成革专委会结合温州的鞋机鞋材展会、温州下游市场，与德纳公司在 8 月 26 ～ 28 日在温州国际会展中心成功主办“2015 中国国际合成革展览会”。本次展会为推进合成革行业转型升级，特设了“无溶剂合成革展区”，展出了无溶剂合成革生产设备和产品，同期组织参观了温州长丰公司的无溶剂合成革生产设备，收到突出效果。

四、加强专委会自身建设，做好为会员单位服务工作

自 2014 年新一届专委会换届改选以来，新的领导班子强调秘书处组织建设。2015 年 4 月在丽水展开了理事长办公会，研究落实 2015 年工作计划和目标，对新申请入会单位进行审查，在 8 月份召开的 2015 年专委会年会上批准入会。秘书处在 2015 年注重工作中心的调整。第一、进一步开展宣传行业、宣传协会、宣传新技术工作，利用参加增塑剂、热随弹性体上游、国外跨国公司的技术会议以及国外驻华机构组织相关会议，宣传合成革产业，加强与上下游的合作交流。第二、工作中注意与会员单位加强沟通，为企业解决难题，在校企联合、人才培训和为企业改制上市等诸方面提供信息和现场沟通协作，获得会员单位称赞。第三、继续加强与各个兄弟商协会沟通协调，他们既是独立的商协会也是人造革合成革专委会集体会员单位，是专委会工作的核心力量。专委会今年为高明协会申报国家品牌基地、南平、丽水和福鼎检测中心做了相应的服务工作。参与各商协会重大活动，也请他们支持专委会的重要工作。2015 年完成温州合成革商会温州合成革行业调研、福鼎合成革商会中国生态合成革园区评审等项工作。

在沟通产业政策方面，专委会在中国塑协的指导下，①组织企业对环保部聚氯乙烯人造革两高目录提出反馈意见，为争取政策支持提出可行方案；②为有害物质替代目录，做了基础调研以及申报工作；③为国家 VOC 减排行动加护，做了前期基础调研以及申报工作，以及其他涉及进出口、走出去、固定资产政策等相关的涉及相关申报工作做了服务工作；④参与地方省市涉及合成革领域的政策研究、效能提卂目录等等方面的服务工作。

五、继续全方位加强合成革生态、绿色转型升级工作

人造革合成革专委会为落实合成革“十三五”工作任务，将建立一个节能减排、环境优好、清洁生产、循环经济、抓源头与末端治理的生态产业化、绿色发展综合系统；在为企业提供国内外合作交流、技术开发、新市场途径方面建立和提供一个综合服务系统；在行业经济形势与产业经济技术导向，在涉足智能化，互联网、大数据方面为企业提供和建立综合有效的信息服务系统。针对合成革当前经济形势，做好行业调查，通过分析行业发展中的问题，及时对行业重大问题开展研究并提出解决方案。有计划地组织推进环保绿色，节能减排以及为企业开展市场对接服务工作，与中国轻工业清洁生产中心科学制定和推进“合成革行业清洁生产技术指标评价体系”建设。针对推进水性与无溶剂合成革中的问题，组织开好中国国际水性与无溶剂生态合成革产业现场技术交流工作，在甘肃兰州、江苏溧阳、浙江温州召开企业水性与无溶剂合成革现场技术交流会，再次从技术层面予以推广。采用国家先进技术与管理模式，落实国家消减 VOC 行动计划，建立与 ZDHC 组织绿色产品制造联盟，开办聚氯乙烯人造革合成革技术论坛，超细纤维合成革技术交流，合成革“互联网 +”、大数据、智能制造方面的交流活动 。继续开展行业信用、自律建设、诚信经营建设实践经验推广、风险评估研究，为企业、为行业健康发展提供一些基本制度的推广工作。

（中国塑协人造革合成革专业委员会 冯庶君）

异型材及门窗制品

一、行业现状

2015 年是“十二五”规划的最后一年。专委会在中国塑协的领导与指导下，积极贯彻落实党和国家的相关政策，引导行业健康发展；专委会在全国整体经济大调整、大转型的氛围下，与行业内企业一起学习新思想、改变旧观念，在对以往的发展历程全面认真分析总结后，在有比较清醒认识的基础上，本着适应新的发展环境、趋利避害、不断进步的原则，促使企业着手规划自身的战略转型布局。在行业的整体经营氛围出现连续下滑的状态下，专委会引领并与行业内企业一起为实现行业技术进步、科技创新、提升行业综合素质、促进行业整体进步、加快行业内企业实现战略转型和跨跃式发展方面进行了大量的工作，努力为行业服务、为会员企业服务。

中国塑料加工工业协会六届五次理事会提出了《塑料加工业“十三五”发展规划指导意见（框架初稿）》，异型材及门窗专委会要积极做好行业调研工作，摸清行业发展状况，研究行业发展形势，认真分析市场需求变化、政策导向，及时调整行业产品发展方向，做好塑料异型材门窗行业“十三五”规划方面的工作，加快行业顺利转型升级步伐，促进行业健康发展。

（一）近年来我国房地产情况

1. 近两年来我国房地产业统计数据

2013 ～ 2015 年，我国房地产统计数据如下表。

项目	2013 年	2014 年	2015 年
投资名义增长 /%	19.8	10.5	1.0
住宅投资增长 /%	19.4	9.2	0.4
房屋新开工面积 /%	16.1	－ 10.7	－ 14
住宅新开工面积 /%	13.4	－ 14.4	－ 14.6
商品房销售面积 /%	17.3	－ 6.3	6.5
住宅销售面积 /%	17.5	－ 9.1	6.9
商品房销售额 /%	26.3	－ 6.3	14.4
住宅销售额 /%	26.6	－ 7.8	16.6
开发购置土地 /%	8.8	－ 14.0	－ 31.7
年末商品房待售面积 /%	26.1	26.1	15.6

注：据国家统计局统计数据整理

2. 房地产业近况分析

数据显示，2014 年，房地产投资同比增速大幅回落至 10.5%，比 2013 年回落 9.3 个百分点。商品房销售面积比上年下降 6.3%，而在楼市成交“史上最高”的 2013 年，该数字为增长 17.3%。商品房销售额同比下降 6.3%，而 2013 年为增长 26.3%。我们最为关心的住宅新开工面积，2015 年同比下降 14.6%。新开工面积的大幅度减少，意味着门窗用量的同比减少。这个减少的幅度使我们行业始料未及、束手无策，本应是需求旺季却很难找到客户。房地产出现了“一落三降一回升”，即固定资产投资速度回落了，房地产新开工面积、房地产销售额和销售面积下降，房地产的库存在回升的局势。去年第三季度推出了一些微调的措施，取消了一些限制性措施，让房地产政策恢复到常态。从 2015 年各季度报告的数据可以看出，到 2015 年四季度下滑趋势得到好转，总体形势并不乐观。

3. 我国房地产供求市场基本现状及其影响

近年来随着城市化、工业化步伐的加快，中国房地产业一方面得之于天时，在总体上对经济社会的发展确实起到了促进作用；另一方面，其负面影响也在蔓延。主要表现在以下几方面：

（1）房地产供求总量上的非均衡性；

（2）房地产供求结构上的非均衡性；

（3）房地产“泡沫”增长的影响；

（4）房地产投资占比过大，已经成为结构调整的一大困惑；

（5）房价的持续飙升；

（6）房价的过快上涨，对经济安全和金融安全构成长期威胁。

基于以上各种因素，政府控制房价、调整住房供应结构、加强土地控制、信贷控制等一系列宏观调控政策陆续出台的背景下，地方政府过度的投资冲动将受到一定程度的抑制，对土地与房屋开发投资的增速也相应减缓。与此同时，房地产开发贷款与消费贷款增速的放缓，控制二次购房与投机性购房、控制拆迁规模等会直接影响房地产开发的规模和施工、竣工速度。

通过对房地产业现状及影响的综合分析判断，国家对房地产行业多方位的管控必将长期存在，房地产行业今后将进入一个发展趋势变缓的“新常态”，我们建材行业应有一个清醒的认识，并做出相适应的调整。

（二）行业近年现状

1.“十二五”期间异型材行业情况简述

2011年年会工作报告指出：“近年来，数家上游化工制品企业及其他行业企业凭借雄厚的实力加入到我们主产品行列，起步规模3万～5万吨位，计划规模10万～20万吨。安徽、河南、四川等省诞生了众多数千吨规模的小型企业。”

正是这一时期行业产能的高速扩张，形成了2012年底时的行业产能最高峰，年产850万～880万吨，拥有各种型号的挤出设备生产线大约在14000条左右。由于国内整体经济形势由高速发展期已经开始转入常规速度的“新常态”，城乡住宅建设速度大幅度放缓，对化学建材的年需求明显减少。同质化低水平高速发展，极大的恶化了环境。在产能严重过剩的状况下，许多低水平、低质量的小型企业失去了市场需求，步入了关停并转行列。行业的大洗牌、大浪淘沙开始了。截止到2014年底近千条挤出线退出市场或做它用。

房地产的统计数据和我们掌握的统计数据基本吻合，2014年以前经营压力主要是产能严重过剩，自2014年下半年开始至2015年，是因为房地产业的萧条，化学建材需求急速减少的原因形成了我们今天经营艰难的局面。2013年虽然房地产形势较好，市场总需求很高，由于行业超速发展规模，白炽化竞争将部分低劣产品淘汰出了市场。2014年房地产经营状况的急速下滑，行业的洗牌过程持续进行。截止目前，高填充产品基本退出市场并将成为历史，专一生产高填充材料的企业基本上不见或改产了。

从今年部分中小企业现状发现，前几年批量生产的所谓“中标”产品，现在均比以前有不同程度的提高，“中标”的标签也将逐步成为历史，行业整体品质水平逐年逐步提升。有些中小企业以前主要生产“中标”类型材，目前，大断面、大壁厚、多腔结构、多道密封的型材产品也开始陆续生产并推向市场。行业主产品结构在逐步进行调整。

2014年下半年型材市场新订单需求明显减少，对设备、模具、原材料都产生了重大影响，到2015年二季度后期情况开始转变，2015年下半年，对设备、模具等上游产品的需求明显回升。

从对行业内企业销售情况看到，品牌、质量、品位、口碑、信誉越好的产品受到的影响也就越小。

2、“十二五”期间异型材行业情况表

单位：万吨

项目	2011年	2012年	2013年	2014年	2015年
年产量（规模企业总量）	300	310	330	310	260
年销量（规模企业总量）			320.5	303	250
年出口量（统计到的企业总量）			8	8.9	8
各类塑料异型材制品年度总产量	500	520	520	500	400

从上表可以看出，近几年来塑料异型材产量稳定在300万吨左右，2015年产销量出现较大的下滑出口稳定在8万吨左右。

明显的趋势是2013～2014年，行业生产线总数量下降幅度较大，行业总产能下降；关停并转企业及其生产线数量下降幅度较大，新增加企业数量明显减少。提质增效趋势明显，行业去过剩产能明显，产业结构调整成效显著。

（三）行业存在问题

1. 行业形势下行，企业经营艰难

我们行业自2008年以后，企业竞争白炽化程度越来越严重，结构失衡、产能过剩、效益低下、低劣泛滥等，付出了不可忽视的代价。原材料价格大幅振荡，生产成本与销售价格差越来越小，大中城市市场应用的选择出现了向异质类方向明显的转化，塑窗逐步失掉了大中城市及中高端的部分市场。行业整体经营形势越来越严峻，生存越来越艰难。我们行业内的许多企业明显感觉2014年下半年以来，尤其是2015年上半年，销售订货难度更大、订货量明显减少。对模具、备品、配件等必须品的采购被大量延缓。众多中小企业基本处在生存线边沿上经营，连续多年的低利润或无利润，再加之近一年多来市场严重萎缩，使众多中小企业的元气受到严重耗损和透支，我们行业整体处在非常严峻的阶段！

2. 行业亟需改善的问题

（1）型材与门窗产品在品位、质量、创新、附加值等方面缺乏与异质产品的竞争优势。

（2）低水平的大量重复建设，产品同质化严重，产能过剩。

（3）微型门窗制造企业及街边作坊泛滥式发展，应用低劣材料、粗糙加工，严重损害了塑料门窗的整体形象。

（4）高填充碳酸钙的高钙型材严重冲击骨干企业产品，个别骨干企业为了生存和适应市场，被迫降低原材料成本提高“出材率”。造成行业整体素质下降，低品位、低品质产品充斥市场。

（5）型材企业多年来对售出的型材售后服务意识不够，对下游组装企业技术服务和引导不足，组装、安装的门窗出现质量下降状况后缺乏连带责任感，欠缺技术支持，产生问题后改进缓慢。

（6）忽视了对塑窗的科普性宣传和性能展示，多数用户尤其是散户对异型材和门窗产品缺乏选择和鉴别的能力。

（7）市场上多年来反复出现塑窗变色、开裂、变形等问题未能得到及时有效的解决，对塑窗的声誉影响极大。

（8）多年来在激烈竞争条件下，行业缺乏共识，没有形成合力。

（9）打造塑料门窗健康产业链是一个系统工程，我们对型材与门窗产业体系建设研究不够，创新不足，进步较慢，提升步伐不大。

3. 市场出现有利于产品发展的趋势

（1）新“建筑节能75%以上的规定”为塑料异型材门窗市场拓展保驾护航。近年以来，伴随我国节能政策的深入贯彻，建筑门窗应用保温性能指标和实施监查的加严，以北京率先执行“建筑节能75%以上”的规定后，紧跟其后河北省首先跟进执行该规定，河北省保定市发文严格率先执行。山东省发文规定执行、新疆自治区发文规定“主要城市执行建筑节能75%以上的规定要求”。这样一来，我国北方大部分地区都要严格执行该规定。

（2）市场需求更加理性化，彩色型材出现可喜变化。目前，壁厚低于2.0毫米的塑料推拉窗主型材基本上已经退出了主市场。壁厚2.0毫米的型材应用已经很少了。平开窗型材变化：横截面尺寸逐步加大到75毫米，平开窗主型材腔室更趋向五腔、六腔、七腔，三密封或四密封，壁厚2.8～3.0毫米以上转变。双面彩色型材在迅速扩大，内外表面覆膜型材开始普及。彩色型材在我国部分地区应用率已达到60%以上。

（3）南方市场需求正在发生较大的需求变化。中财集团近一年多来市场销售状况显示，用该企业的话说即呈“南强北弱”态势。

4. 十年为周期的行业发展变化给我们深刻启示

（1）1984～1994年第一个十年，“塑料异型材及塑料门窗”作为新生事物为国人所不熟悉，虽然也从意大利进口了设备但系统发展不平衡，总体存在较多实际问题。十年间企业非常艰难最早起步的企业很少坚持到第一个周期末。型材发展缓慢全国总规模约不足2万吨。模具企业已具备一定加工能力，组装设备企业十年后期发展较快，对推动塑料门窗普及应用早期起到积极作用。

（2）1994～2004年第二个十年，行业以引进德国、奥地利西方先进国家的设备、模具等以“交钥匙”的方式引进了系统工程知识和先进程度的制造技术。以“901”工程的三个企业为代表，推动了国内引进设备的热潮，出现了“实德”、“海螺”等众多以引进设备、模具为主要生产力的企业。产品接近西方发达国家20世纪90年代初期水平。高品质、高水平产品得到了国家的大力推广，并出台了一系列推广应用方面的规定。2000年以后行业得以飞速发展。产能规模翻了近百倍，可用“高歌猛进”来形容。

（3）2004～2014年第三个十年，产能规模每年以13%～15%（与上一年度规模相比）速度同等水平增扩产能，形成了严重的供大于求的行业生存局面。高填充碳酸钙产品开始泛滥，与之共生的街边店在短短几年间遍布城镇的街巷。骨干企业受上述情况的影响，企业的利润空间被严重挤压，型材的材质水平多年处在最低位徘徊，在市场中质量与纠纷问题大量出现。近两年来，骨干企业的产品结构开始进行稳步调整，企业技术进步、与科技创新工作普通得到重视，“行业主导产品”品质普遍开始回升，高品质产品市场也逐步得到拓展，南方市场也开始启动。行业从下坡路开始转入健康的上坡路，行业开始步入转型发展的第四个十年。

我们要牢记近十年行业中出现的浮躁、喧嚣、急功近利的经验教训，不能只为解决当前的暂时性困境，不顾眼前与现实的沉重的经历，而忘记它带给行业更深层、更棘手的后遗症；更不能忽视了它在道义中的对与错，它剥离了人在社会财富之外的能动性与价值感，从而造成企业、行业发展正向动力与活力的匮乏。我们行业同样需要每个企业都要“厚积薄发”，才能形成行业强大的动能与活力。认真与努力过程中可能发生短期或阶段性经济指标减速，为企业、行业发展的质量上的飞跃创造了雄厚的基础条件。

二、专委会行业工作

近一年以来，专委会在中国塑协的领导与指导下，积极贯彻落实党和国家的相关政策，引导行业健康发展；专委会在全国经济大调整、大转型的氛围下，与行业内企业一起进一步学习新思想、改变旧观念，在对以往的发展历程反复全面认真分析总结，在不断提高认识的基础上，本着适应新的发展环境、趋利避害、不断进步的原则，促使企业着手进行自身的战略转型布局。在行业的整体经营氛围出现连续大幅下滑的状态下，专委会引领并与行业内企业一起为实现行业快速走出困境，并同时实现技术进步、科技创新、提升行业综合素质、促进行业整体进步、加快行业内企业实现战略转型和跨跃式发展方面进行了大量的工作，努力为行业服务、为会员企业服务。

（一）专委会工作的着力点

（1）专委会不断深化自身视野和思路，对现有工作在深化改革与实现行业战略转型的思路下进行调整；在转变观念过程中对行业工作进行补充、完善。

（2）认真贯彻落实《塑料加工业技术进步指导意见（2013-2015）》。

专委会的日常工作的三个“坚持”：

①坚持“自主创新、重点跨越、支撑发展、引领未来”的指导方针；

②坚持“环境友好型、资源节约型、科技创新型”的战略方向；

③坚持“推进行业技术进步与创新发展”的战略措施。

（3）全面深化改革工作的八个方面：

①抓住机遇，引领行业在转变发展方式上取得进展，在深化改革开放上取得新的突破；

②要重点处理好速度、结构和价值的关系；

③把扩大内需作为发展的重点，把发展实体经济作为行业坚实的基础；

④利用好改革的红利，推动人口红利向人材红利方向转变；

⑤以“品质耐久无故障化”为起点，按照“高端化、功能化、整体艺术化、自动化与智能化”的要求把握产品发展方向；

⑥跟踪当代科学发展趋势及前沿技术，努力缩小与发达国家的差距；

⑦紧紧围绕提升产业素质，大力推广新材料、新工艺、新装备；

⑧紧紧围绕绿色发展、循环发展、清洁生产，使节能减排迈上新台阶。

（二）根据行业实际情况专委会实际工作中的几个侧重点

（1）尽快转变以往的经营与发展模式是行业发展趋利避害的当务之急。努力转变发展观念，从过去依靠量的增加、产能扩张的发展方式转到依靠技术进涉、实现创新驱动发展的路子上来。要大力优化产品结构，提升产品质量和新产品比重，实现产品以“品质耐久无故障化”为起点，向“高端化、功能化、整体艺术化、自动化与智能化”方向发展，努力实现高端制造业目标。

（2）加强行业自律，促进行业诚信建设。提升企业综合竞争实力，着力克服不正当竞争方式和不适宜的行为，净化行业竞争环境，弘扬正气、发挥正能量；

（3）化解行业产能严重过剩的局面，使行业身材由臃肿变健硕。改变传统的发展思维观念，转变规模发展的观念，向技术先进行列迈进，实现由大向强的转化；改变传统的发展方式，实现规模红利逐步转向效率红利的“新常态”，跟上转型升级的步伐；

（4） 坚持“绿色、环保、节能、减排”是行业持续发展的动力。促进行业绿色环保产品工作，加快产品去铅化进程，加快调整产品的结构来适应政策需求，奠定行业产品健康发展的基础。

（三）一年来的主要工作汇报

2014 年以来，全国房地产业出现了改革开放以来的首度负增长，并且幅度巨大，我们行业受其牵连影响空前。专委会在这特殊时期，与行业内企业一起不断分析现状、探讨未来，在保障行业发展安全、使行业尽快摆脱困境的需求下，专委会工作简述。

（1）专委会日常部分工作

①对行业进行真实情况的调查统计，为行业和企业服务；

②坚持专委会网站的建设与维护；

③坚持出版《塑料异型材》、《技术交流汇编》，为行业专业技术提升与技术创新提供支撑；

④把每年一度的行业年会办成一次促进行业健康发展的新起点。

（2）抓好标准工作，作为产业提升的基础和支撑

积极参与 8814 型材标准的编制；“钛白粉行业标准”重新申报成功；停滞一年多的四个助剂行业标准，已经开始工作。

（3）成立“PVC 热稳定剂应用技术研发企业联盟”并建立相关微信群

（4）建立专委会微信群

（5）组织会员企业随团出国参观考察

（6）加强与院校的联系 促进行业科技创新工作

（7）加强与 PVC 树脂上游制品行业协会与企业的联系，研究探讨深入合作

（8）加强以塑料门窗为终端产品的系统工程方面工作，协调好各相关环节同步发展、共同进步

（9）建立健全行业自律机制，研究制定行规行约

（10）建立科学的信用管理流程和信用风险管理制度（准备阶段）

（11）“十三五”行业发展规划（草案）的工作准备

三、骨干企业技术进步与创新工作

坚持以企业为主体，推进科学发展和结构调整，促进企业加快转变发展方式走科技创新、技术进步的支撑发展之路；行业内主要骨干企业、许多中小型企业在技术进步与科技创新工作方面都已经全面展开，并做出了可喜的成绩，行业通过转型发展与技术进步很快走向新的发展轨道。只要我们在推进科学发展的道路上坚持下去，我们行业正在迎来新的发展高峰。

（一）塑料门窗是系统工程，骨干企业系统工作逐步深入

“塑料门窗是系统工程”，骨干企业除了生产型材，还要协调好所有相关与配套用品的同水平跟进，建立企业自身的以技术部门为支撑的“系统研究、规划、设计，含系统配套设计与协调”塑料门窗系统性工作，形成塑料门窗系统工程的企业常设机构。

几年来，华之杰、浙江中财、天津金鹏、芜湖海螺、大连实德、山西中德、西安高科、南充华塑、大连金源、鸡西美城、河南天鹅、广东联塑、福建亚太、公元等企业，在门窗系统工作上成效显著。

1. 大连实德集团聚酯合金门窗系统

大连实德集团“聚酯合金门窗系统”。借助德国巴斯夫 PBT 材料，研究出了替代钢衬的聚酯合金材料，以共挤方式用于主型材内腔中作为替代钢衬。对这一创新成果进行了“聚酯合金门窗系统”深度的研究、设计、开发。

（1）超轻结构、超高强度，替代钢衬后，重量比传统塑窗减重 3 千克 / 米^2，窗框的力学强度大幅度提高。该门窗系统设计除普通一般增强设计外，根据特殊环境使用要求，系统有不同设计改变，适应极端条件下的应用，极大的开拓了塑料门窗应对超高层、高抗风压、超大窗型的应用领域。

（2）增加节能效果。增强了抗户外极端温度下的整窗密闭与保温效果；

（3）绿色、环保。该系统全部采用无铅配方，有害重主属含量均低于美国 AAMA、欧洲 ROSH 标准规定。

（4）系统简化了加工工艺。由于减少了金属的钢衬材料，省略了这类材料储备、切割、固定等多道工序，使得加工工艺过程大大简化。

（5）聚酯合金门窗系统延伸产品：实德－福瑞达防盗功能窗。该窗的特点是单向防护功能，实现了防护与逃生的完美结合。对外可以承受人力持器械多次砸、冲等打击，从内部可以轻松击碎玻璃，保证特殊状况下建立人员逃生通道。同时，保温隔热、降低噪音等功能都有显著提升。

（6）聚酯合金门窗模具专利技术。PVC 和 PBT 的热塑温度、流动状态存在很大差距，挤出成型非常困难，经过实德集团潜心研究与攻关，取得了多

项发明专利，成功开发出PVC和PBT的聚酯合金门窗系统用型材模具。

2. 浙江华之杰 “戴柯高性能门窗系统”

（该系统产品已经在国内外形成了一定规模的销售）

（1）设计主体结构为五腔三密封的大断面、大壁厚结构，迈进“品质耐久无故障化、高端功能化”的门窗系统；

（2）系统全部采用高品质、高性能、耐久性应用的热塑性弹性体TPE一体化共挤工艺。

（3）系统全部环保无铅化配方。

（4）系统全部采用超高节能、隔音中空玻璃，实现高效节能和超高降噪效果。

（5）系统全部采用多项新的设计和新工艺。产品已在国内外形成一定规模销售。

（6）实验、研究与技术进步

①组建成立浙江省工程实验室，广泛开展塑料建材相关技术领域的应用研究；

②发挥企业博士后科研工作站平台作用，与高校联合开展PVC/ASA合金制备和应用技术研究，成果已申请国家发明专利；

③开展彩色共挤废料的高效再利用应用研究，开发出包覆共挤主型材，性能指标能够达到国家标准要求，并已通过省级新产品鉴定；

④立项18项省级新产品，1项被列入浙江省优秀工业新产品。授权4项实用新型专利，受理3项发明，3项实用。

3. 河南天鹅型材门窗系统

（1）高效保温节能门窗系统。65、70、75等系列大断面、高壁厚，五腔室、六腔室，三密封、三玻双中空平开高效保温节能系列产品的开发。

（2）88四轨道六密封推拉窗系统。88四轨道六密封是在两个窗轨之间增加了一个双毛条的轨道，四轨道密封，在封盖处有两道毛条口，在两个扇之间起到四密封作用，密封效果是普通推拉窗的1.5倍。

（3）门窗系统K值计算方法用于工程。把拥有的门窗保温K值计算软件提供给客户，供客户按照工程实际需要，选择K值更高、更适用的产品，保证门窗的应用与节能效果。

（4）门窗系统采用特色工艺。高耐候共挤型材、金属色拉丝共挤型材、TPE软硬共挤胶条系列型材、覆膜型材、共挤（通体）木纹型材、绿色环保型材等。

（5）门窗系统制作示范基地。公司组建了“德尔堡”高档门窗加工厂，采用德国设备和技术，生产高档门窗产品，拉动国内市场对高档门窗的需求，并起到示范样板作用。

（二）按照《意见》要求、推进行业技术进步与创新

骨干企业按照《意见》要求，开展的部分技术进步与创新工作。

1. 天津金鹏汉沽公司进行的重点实验与研究。

（1）彩色共挤料ASA、PMMA的共混改性的研制。彩色共挤料ASA、PMMA的共混改性的研制成果已经实现：①流动性好；②表面亮度高，不需要抛光处理下产生高光泽度；③超高耐老化性能；④耐低温脆性；⑤具有一定阻燃特性。

（2）表面共挤材料对开裂的影响。试验、研究针对不同材质的表面共挤材料，在不同温湿度条件下，对尺寸变化率、焊角强度、断裂伸长率、拉伸冲击、低温落锤冲击等性能的变化。

（3）钙锌热稳定剂的研究与改进。研究钙锌热稳定剂在挤出应用中，短期自然光下色相变化与稳定性、耐长期老化性、在线挤出析出物偏多、口模位置“阴阳脸”，以及后期其他方面的物理性征等。

（4）钙锌热稳定剂配方型材的试生产。天津金鹏汉沽公司安排了8～10条挤出生产线，配合钙锌稳定剂配方试验，长年生产加工钙锌稳定剂配方型材。

2. 南充华塑技术创新工作模式具有示范作用

南充华塑建材有限公司技术中心以行业技术专家和科研院所教授为支撑，以自主创新为主，产学研相结合的复合型技术创新组织体系。2013年已被四川省认定为“四川省企业技术中心”，目前正向国家级技术中心迈进。

南充华塑建材有限公司与“重庆大学”和“四川大学”合作，建立有“产、学、研”联合实验室。2014年组织并开展了对“钙锌稳定系统的型材配方技术”、“超耐候耐磨PMMA膜与PVC型材的复合技术”、“型材隔热技术的研究”等方面的11项研究项目。

南充华塑建材有限公司在推动创新发展的过程中，获得各项专利6项，其中发明专利2项，实用新型专利4项。

3. “节能、减排”卓有成效

（1）西安高科建材科技有限公司，成立型材生产过程中降低生产耗电的攻关小组，通过多项新技术、多项措施共用，有效降低了生产过程的用电消耗。

（2）南充华塑建材有限公司，对节能降耗、发

展循环经济进行了大量的研究，在源头降低能源消耗、过程中减少能量损失，末端废水回收再利用，为企业的发展提供了有力的技术支持，为行业的可持续发展增添了动力。

4. 行业终端服务工作的创新是门窗系统工作的延伸

（1）中财、海螺近两年推向大中城市市场的“形象店”、“展示店”是很好的创举，这种“店面”表面看似没有超市般人流，其影响与效果极其深远。

（2）中财集团建立了专职门窗系统工作部门，按区域、环境、场所等差异化需求完善门窗系统工作，开发了众多品种系列门窗型材，根据系统需求完善了五金类产品的系统配套、密封类产品的系统配套。在六安基地建设了“门窗系统研究所”，并着手安排建立门窗机械物理性能试验与检测设施。在不断深入研究与试验的基础上改进、完善、开发“中财门窗系统”。目前门窗系统工作正在深化与完善“门窗加工”、“门窗售后工作延续”等终端工作程序。

（3）海螺公司的“系统”创新工作：①钙锌环保稳定剂的开发、生产与应用；②在中心城市建立塑料门窗体验店，加强伊尔斯门窗隔热、保温、密封及防腐等优良性能宣传，促进高端产品的发展应用；③积极顺应电商发展趋势，在天猫商城建立海螺旗舰店，积极探索接单、设计、制作、安装及售后一体化家装零售商业模式，满足消费者对高档塑料门窗需求。

四、行业发展

抓住战略机遇期，依靠“提质增效升级”，促“创新转变跨越”

（一）行业发展战略：抓住可持续发展的“战略机遇期”

“一带一路”、“长江经济带”、“京津冀协同发展”“新型城镇化规划”是我国经济在“新常态”下的重要战略安排。是我们行业今后发展道路上的抓手，能否抓住并利用好“新常态”下的重要战略期是行业今后发展道路上是顺利的关键。

1. “一带一路”可有效促进建材产品的出口和对外投资

习近平总书记提出建设“新丝绸之路经济带”和“21世纪海上丝绸之路”的战略构想（即“一带一路”），强调相关各国要打造互利共赢的“利益共同体”和共同发展繁荣的“命运共同体”。“一带一路”不是一个实体和机制，而是合作发展的理念和倡议，是充分依靠中国与有关国家既有的双多边机制，借助既有的、行之有效的区域合作平台，旨在借用古代“丝绸之路”的历史符号，高举和平发展的旗帜，积极主动地发展与沿线国家的经济合作伙伴关系，共同打造政治互信、经济融合、文化包容的利益共同体、命运共同体和责任共同体。“一带一路”是我国未来二十年、三十年期间，中国对外的一个长远的经济战略。

我们行业的产品更适宜北方较寒冷地区应用，要更加关注的是“丝绸之路经济带”。我国已经同塔吉克斯坦、哈萨克斯坦、吉尔吉斯斯坦等国先后签署共建丝绸之路经济带双边合作协议。

“一带一路”的周边国家大部分是发展中国家，更需要建材产品，通过“一带一路”来开辟行业新的贸易出口市场。我们行业要抓住机遇，融入“一带一路”的战略之中，促进行业发展。我们行业外贸出口多年来始终未能突破每年10万吨大关，今后，依托“一带一路”开创外贸出口新天地。

2. “京津冀协同发展”即调整城市结构又拉动经济平衡发展，高水平、高质量的塑窗将为“京津冀协同发展”出彩

推动京津冀协同发展是一个重大国家战略。战略的核心是有序疏解北京非首都功能，调整经济结构和空间结构，走出一条内涵集约发展的新路子，探索出一种人口经济密集地区优化开发的模式，促进区域协调发展，形成新增长极。京津冀战略，是以北京为首（包括天津），以特大、超大城市功能向外舒缓为核心，包括卫星城建设和城市群建设的概念。这对于北京周边卫星城来说，是城市化发展的重要机遇期。我们行业将会在京津冀协同发展、转移非首都功能的过程中做出贡献

3. “长江经济带”蕴藏巨大内需潜力，能持久对行业提供支撑

建设长江经济带，就是要构建沿海与中西部相互支撑、良性互动的新棋局，通过改革开放和实施一批重大工程，让长三角、长江中游城市群和成渝经济区三个“板块”的产业和基础设施连接起来、要素流动起来、市场统一起来，促进产业有序转移衔接、优化升级和新型城镇集聚发展，形成直接带动超过五分之一国土、约6亿人的强大发展新动力。

目前中国经济最大难题之一就区域发展不平衡，最大的潜力在于挖掘内需。如果说沿海经济带引领了改革开放头30年的中国经济发展，那么长江

经济带必将成为下一个30年中国经济发展的火车头。长江经济带建设有利于促进经济增长空间从沿海向沿江内陆拓展，形成上中下游优势互补、协作互动格局，缩小东中西部地区发展差距；有利于挖掘中上游广阔腹地蕴含的巨大内需潜力，为中国经济提质增效升级、增添强大发展后劲。

4.《国家新型城镇化规划（2014－2020年）》是我国长久发展的战略，是保障我们行业平稳转型升级的基础

目前，我国经济形势十分严峻复杂，经济下行压力还在加大，稳增长要在扩大内需上挖潜力，要向强化创新要活力、向深化改革要红利，新型城镇化既是消费需求的“倍增器”，也是投资需求的“加速器”，是促进行业创新、创业、深化改革的综合平台。

充分发挥新型城镇化稳增长与调结构的黄金结合点作用，把推进新型城镇化来带动行业发展摆在更加突出位置，用好新型城镇化这个重要抓手，更好发挥新型城镇化对我们行业的稳增长、促改革、调结构的积极作用。新型城镇化对我们行业即是机遇更是挑战，如何根据不同区域的不同需求提供先进适用的产品，是考验我们行业应变能力的一道考题。

“一带一路”、“长江经济带”、“京津冀协同发展”、“国家新型城镇化建设”四大战略是确保我国经济长久正常发展的宏伟规划，我们行业必须紧紧抓住并将受益于四大战略，四大战略为行业长久良性发展提供了支撑与保障。

（二）依靠“提质增效升级”，促“创新转变跨越”

“提质增效升级”是与原来的数量扩张型粗放增长相对应，其核心含义是更加注重经济发展的质量，通过降低成本、提高要素生产率（如劳动生产率、资源利用效率等）、促进产业产品转型升级提高附加值来提高经济效益。

“创新转变跨越”是以企业为创新主体，实现自主创新，推进行业技术进步与创新发展，打造创新型行业局面。抓住机遇，引领行业在转变发展方式上取得进展，利用好改革的红利，推动人口红利向人材红利方向转变，实现规模红利逐步转变效率红利。实现重点跨越、支撑发展、引领未来的远大目标

我们要按这个方向走下去，下决心加快转变以往粗放型发展模式，通过“提质增效升级”促“创新转变跨越”，进入一个新的发展阶段。今后，依靠国家政策、制度变革、加速实现行业结构优化、依靠要素升级和创新，从而形成行业在“提质增效升级”、“创新转变跨越”作用的推动下，打造行业新的磅礴发展气势。

（三）“转变”是“跨越”的基础

1. 产能规模转变

同水平产能增扩要最大限度的控制，鼓励兼并、收购等方式，老旧、落后设备坚决淘汰或转为它用。消化产能严重过剩的局面，形成合理的行业产能规模。

2. 市场秩序转变

建立良好的市场竞争环境，形成合理的产品售价底线，保证行业的元气和发展储备。

3. 主流产品的转变

坚决淘汰低质量、小断面、薄壁型材，全面逐步实现产品以“品质耐久无故障化”为起点，向“高端化、功能化、整体艺术化、自动化与智能化”方向发展，努力实现高端制造业目标。

4. 门窗组装企业转变

加快门窗组装企业陈旧、落后设备的换代更新，完善组装加工工艺，确保组装后门窗产品质量。型材企业应帮扶门窗组装企业，组建一批紧密型合作关系的门窗组装企业。

5. 定位与宣传的转变

加强对高性能、高品质塑料异型材及门窗高效节能的定位与宣传展示，培育应用市场需求方向的逐步改变，促进需求市场的品位提升。

五、结束语

第四个十年，我们要紧紧抓住“四大战略”的战略机遇期，依靠“提质增效升级”，促“创新转变跨越”，促进行业上下游协同发展。

（1）加快行业产能与产品结构的调整，为行业发展奠定坚实基础；

（2）坚持调整与发展相结合、坚持近期目标与长远目标相结合；

（3）坚持自主创新与引进消化吸收先进技术相结合；

（4）坚持创新驱动发展和技术进步相结合，要实现思维创新、制度创新、科技创新、文化创新以及其他各方面创新。

变压力为动力，化挑战为机遇，实现重点跨越，打造行业发展的“高速铁路”，在为国家经济建设、为“绿色、环保，节能、减排”做出更大贡献。

努力把不正当竞争现象克服掉（行业自律的建设），对“异质化竞争”、“泛竞争”现象提高警惕，在规模扩张上要慎重，在建立产品价格规则上要起积极主动作用。

按照《意见》中的指导方针、基本原则、重点技术研究和发展方向、任务，尽快促进企业在今后发展中的做好战略调整，抓住重要战略机遇期，坚持调整与发展相结合、坚持近期目标与长远目标相结合；坚持自主创新与引进消化吸收先进技术相结合、坚持创新驱动发展和技术进步相结合，要实现思维创新、制度创新、科技创新、文化创新以及其他各方面创新，变压力为动力，化挑战为机遇，尽快实现企业的战略转型，融入时代发展的洪流之中。

（中国塑协异型材及门窗专业委员会 王存吉）

注塑制品

面向智能与绿色制造的注塑产业创新趋势

随着德国工业4.0、美国回归制造业和中国制造2025等国家战略的提出以及终端市场对于注塑产品性能要求不断提高，国内外注塑产业的技术水平正在稳步提升。通过最初的引进国外先进技术到近年来持续不断的自主创新，我国注塑行业也已取得了长足的进步，目前正朝着智能化、绿色化、网络化、定制化、功能化的方向发展。本文将为读者简单梳理一下近年来全球注塑行业的最新技术进展。

一、智能制造－注塑行业的创新趋势

工业4.0的目标是智能工厂。智能工厂是对工艺和生产数据的系统使用、对生产单元的联网和整合，是机器、部件以及对自适应辅助系统的分散使用所带来的更高的产率、机器使用率、质量和灵活性。

1. 注塑智能工厂

博创研发了国内首台套集网络化与智能化一体的注塑装备，通过构建注塑装备云服务平台，承载用户远程监控、故障诊断等智能化服务。博创提出的智能工厂是通过注塑成型设备的主控制器与各种辅助设备的通讯和控制，实现智能互动。随着注塑成型设备的注塑工艺的改变，辅助设备上的各种控制参数能随之改变。而辅助设备的工作状态的变化也能通过注塑成型设备的主控制器实时监控。每个单机装备在按照设定的指令自动执行各自的任务同时，还可配合上下游完成整个系统工程。上述的设备组成了整个自动化系统，再把所有设备串联网络执行通讯，连接中央电脑，开发特殊程式进行操控，便构成了注塑成型智能制造系统。

2. 注塑 inject4.0

恩格尔通过iQ软件产品系列可以持续地分析关键的工艺参数，在废品产生前识别偏差并立即补偿，包括注塑和保压阶段始终保持熔体量和熔体黏度的一致性，以模具排气不断地重新调整锁模力，且不受外部环境或者原料质量波动的影响。同时，通过独立调节模具温度稳定性来降低产生废品的风险。此外，恩格尔在其为满足塑料加工行业的要求而特殊订制的产品组合中拥有自己的MES（制造执行系统），可实现极高程度的纵向数据集成。

3. 注塑过程自适应控制

克劳斯玛菲在NPE2015展示了APC注塑零缺陷控制技术，可以根据注塑制造过程中的波动进行即时补偿，从而实现高品质的生产。APC即Adaptive Process Control，其每个循环周期会根据当时的熔体粘度与模具内的流动阻力调整V/P切换点和保压曲线，实现在单次注射过程中的波动补偿，显著提升制品的重复精度。其中，可以补偿的因素包括温度变化、环境变化、物料批次变化等各种外部因素引起的波动。除了可用于在生产过程中的波动补偿之外，还可在停机重启时进行补偿以避免残次品产生。此外，设备内部如螺杆机筒磨损、止逆阀磨损等使得塑化过程发生变化的情况，都可以通过APC系统实现补偿。

二、绿色制造－面向汽车工业的轻量化解决方案

连续纤维增强热塑性塑料制品成型加工。连续碳纤维增强热塑性塑料制品开发重点主要集中在汽车内饰上，包括座椅部分的组件、门侧防撞梁、汽车横向悬架梁、刹车踏板、转向柱支架、安全气囊

组件和前端组件等。原料供应商巴斯夫称其为“连续纤维增强热塑性塑料（CFRT）”，美国朗盛则命名为“尼龙复合材料板混杂技术”。设备制造商恩格尔公司称其工艺为“Organomelt”，克劳斯玛菲则将其技术称为“FiberForm”，二者都是在一台注塑机中实现包覆成型。恩格尔和克劳斯玛菲分别在K2010上第一次展示了转向柱支架和门侧防撞梁的成型系统。两家公司均采用了德国Bond-Laminates公司提供的Tepex复合材料板材，并采用朗盛的尼龙材料对该组件进行包覆成型。在这两个演示中，均由机械手（线性的或六轴的）抓取复合板材，将其放到300℃的加热炉中预热30～40秒，然后将其送入注塑模具中。通过闭合模具对该板材进行预成型，接着再将尼龙材料注入形成最终制品。按加热炉能力的不同，整个循环时间从33秒到55秒。采用恩格尔技术生产的部件拥有更为复杂的形状，脱模后需进行激光修边。克劳斯玛菲则在其IMC注塑混炼机上，直接采用由玻璃粗纱获得的长玻纤来混配包覆成型用的混配料。机械手还将成型后获得最终形状的部件传送到一个质量检测站（图1）。

图1 连续纤维增强热塑性塑料制品成型加工

（图片来源：PT现代塑料微信公众号）

1. 长玻纤直接注射成型工艺及装备

阿博格与德国塑料中心SKZ开发的长纤维直接注塑工艺可将连续的玻璃纤维切断，并将其直接送至熔体处。长纤维直接注塑的前提是具有较高流动性的聚合物基体（PP和PA），以保证实现较好的纤维分散和浸润度，同时也可减少纤维损伤获取较长纤维。为了得到更长的纤维，部件和模具设计具有决定性的作用。熔体进浇点位置选择应保证部件有机械需求的区域不出现熔接痕缺陷，浇口和热流道系统中应选择较大横截面以避免纤维堵塞。用长纤维直接注塑时需注意型腔内排气良好。在成型工艺设置方面，应保持较小的背压，较低的螺杆塑化转速，选择低速注射并避免采用长时间的高保压压力。

2. 物理发泡技术用于长纤维增强塑料注射成型

阿博格与德国亚琛塑胶加工（IKV）研究所一同研发了物理发泡技术ProFoam，其基本原理是在原料进入机筒之前通过低压氮气进行浸润发泡。原料首先被加入由两个加压腔体组成的预发泡装置的上部腔体中，低压下（50巴）加入物理发泡剂（N_2）。随后腔体气体阀门打开让原料进入下部加压腔后锁闭，上部腔体继续加料。待下部腔体阀门打开后，原料进入塑化系统中，物理发泡剂因此可均匀溶入塑胶熔体里。注射时伴随减压过程，可在制品内部产生均匀分布的微孔结构。这种工艺的优势在于不需要在螺杆上设置额外的剪切和混合功能部件。尤其值得一提的是，Profoam还被用于生产带长纤维增强的发泡部件，以达到更优良的机械特性。相比于传统的，生产出的部件可获得平均长度更长的增强纤维，还可利用变模温技术对表面品质进行优化（图2）。

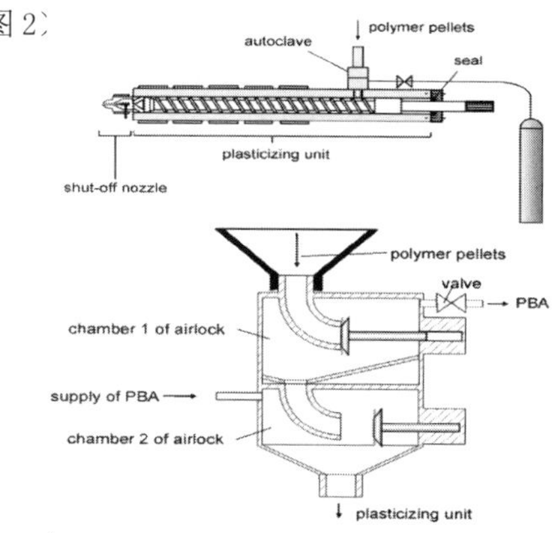

图2 阿博格物理发泡注射成型基本原理

（图片来源：http://plasticsengineeringblog.com/）

3. 完美高光表面的整体解决方案

克劳斯玛菲的ColorForm是用于高光表面部件生产的新工艺，这项技术组合了注塑成型与反应加工设备，用于取代传统的喷漆制程，并能够在一个生产循环中实现全自动生产。其基本成型工艺过程为先在模内注射成型热塑性基体，再采用双组分的聚脲（PUA）或聚氨酯（PUR）涂料在模内直接对其进行浇涂（flow-coated），从而获得拥有优质表面的最终部件。采用PUA或PUR涂料的表面漆层无溶剂、柔顺剂和重金属，而且没有任何排放，是对传统漆的一种有效而环境友好的替代。这一集成的工艺相比传统的装饰工艺可节省成本30%以上。由于产品同时具有高抗刮擦性、高设计自由度和出色的表面质量，ColorForm工艺非常适用于装饰柱件、装饰条、中央控制台或仪表板等各类汽车内外饰件。

4 注射压缩成型用于大型汽车零部件的生产

注射压缩成型工艺过去通常被用于超薄光学级制品（如导光板）的成型加工，目的是减小制品内残余应力以满足光学性能要求。恩格尔则采用Coinmelt的注塑压缩成型技术为戴姆勒汽车开发出汽车后备箱盖的生产工艺，其特殊之处在于生产对象具有非常复杂的三维几何结构，包括螺纹和若干底部切口。相较于传统注塑成型，注射压缩成型需要的注塑压力更小，可以实现更薄的制品壁厚，从而减少重量并节省成本。Coinmelt工艺是在熔体充填结束之前，合模结构以要求的平行度及确定的锁模力进行合模。压缩过程代替了传统保压过程，可有效地使型腔内各个位置压力均匀分布，并不受制品厚度的影响。实现这一工艺的前提条件是合模机构开合模行程位置控制精度达到微米级，而恩格尔Duo系统注塑机可通过锁模油缸的独立控制来保证这一要求。

5. 纳米注射成型实现塑胶与金属的超强结合

纳米注射成型（NMT: Nano Molding Technology）是一种基于金属表面纳米构型的嵌件注射成型工艺，其核心是通过纳米化学构型工艺NCS(Nano-crystallization chemical structure)在金属表面形成纳米级微孔，然后通过塑胶和处理好的金属件的嵌件成型实现塑胶与金属的超强结合力。日本早在多年前就已采用NMT技术，该技术具有简化制程工序、缩短工时及提升机械性能等优点，在实现高结合强度的同时降低生产成本，及大幅降低相关耗材的使用率。该技术最初只是将铝材与树脂进行一体化成型，现已可应用于镁、不锈钢、钛等金属，并且进一步发展出了金属间结合技术。住友重机在IPF2014上展示了支持金属－树脂接合技术“NMT”的注塑机“SE130EV-HD Special Package”，并演示了将铝合金部件安装到模具内再注塑聚酰胺(PA6)，制造金属与树脂牢固接合的汽车零件的工艺过程。

三、功能化注射成型技术最新进展

1. 微型高精密制品注塑成型技术新进展

在NPE2015，日精展示了配备X-Pump的小型油电混合注塑机“NPX7 Advance”用于成型微型医用缝合器部件。NPX7 Advance采用高能效混合泵系统X-Pump，相比传统液压机可节能40%以上，并具有优异的注塑性能。机器配备直径为12毫米的螺杆（以前认为这是不可能的），可稳定地成型1克以下的微型零件。合模单元为全液压驱动，模板采用线性导轨支撑，可向模具均匀地传递压力，且具有极好的低压模保特性。供料装置为日精独有的“Smart Feeder”，可防止树脂喂料不足，并可稳定树脂的熔融／塑化过程。

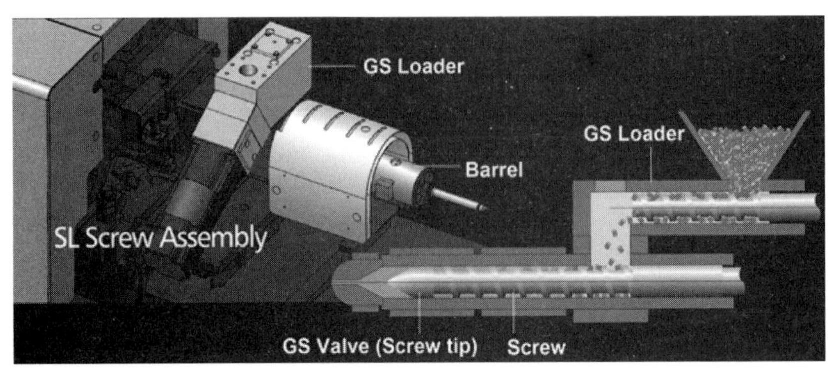

图3 住友德马格则展示了配有SL（Spiral Logic）Screw螺杆组合

（图片来源：http://www.sumitomo-shi-demag.us/SL.html）

同期，住友德马格则展示了配有SL（Spiral Logic）Screw螺杆组合的直驱式全电动注塑机用于生产0.524g齿轮。SL Screw螺杆组合可通过消除不稳定的剪切热来消除熔体密度波动，避免熔体在机筒中的滞留或降解现象。GS喂料系统则可与螺杆速度相适应进行喂送或计量原料。同时，一种可主动关闭的止逆阀（GS阀）取代了传统螺杆挡圈，可以防止进入机筒的材料回流，保证沿螺杆长度上熔体压力分布均匀、加工过程的高度稳定以及注射的重复性。此外，注塑机还采用Zero-Molding技术用于保证微成型制品的精度，包括：①熔体流动前端控制（简称“FFC”）系统利用树脂流动前锋中的能量，以一种均衡的方式完成填充；②最小化锁模成型（简称“MCM”）系统允许机器自动检测模具动定半模完全平行之处的极小点，并定义出现无飞边成型的临界值以及实现最佳型腔排气的优化点；③直驱电动机提供了快速响应、高速度、压力和扭转力，并确保了较高的能源效率、精密性和重复性；④锁模力校正系统用于补偿模具的热膨胀。

2. 厚壁光学透镜多层注射成型技术

Engel optimelt是特别针对光学制件加工的解决方案：首先生产一个预成型件，然后再在一个或多个后续过程中完成多层成型（常采用同一材料），后一层成型可以覆盖前一层所产生的缩痕等缺陷，从而确保高的光学品质。在照明领域的研究表明，多层之间的界面层对照明光学功能没有影响。Engel在K2013上展示了壁厚为15mm的LED透镜成型，其成型周期在60s以内，相比传统单层成型可缩短80%以上。

3. 高效的金属合金注塑成型

恩格尔为液态金属（Liquid metal）的高效注射成型提供了配套装备。液态合金是一种具有卓越机械特性的新材料，亦称为金属玻璃，是目前唯一可注塑成型的金属。液态金属具有高强度、高弹性、高硬度和热收缩率小等特点，既没有磁性也不被磁化，并且具有低的导电性。液态金属对皮肤无刺激，无毒性，非常适合于医疗应用。注射成型时，塑化单元首先借助感应加热器加热到1100℃用于熔化坯件，再由活塞将熔融态金属注入型腔成型。为防止氧气晶化金属导致性能下降，型腔必须是高度真空。液态金属合金注射成型实现了一步到位制造复杂结构金属部件，并且其精度和表面质量远优于普通铸造。注射金属零件表面质量与腔体表面高度一致，无需打磨、无需抛光，相比数控加工尺寸精度可高出一个数量级，公差可达±8微米（金属粉末注射成型公差为±75～125微米）。

四、小结

纵观过去十年来注塑加工行业的技术创新历程可以发现，行业当前已经由注重提升注塑装备单一性能转向围绕终端注塑产品构建系统化和智能化整体解决方案。近年来，在欧洲工业4.0智能化制造趋势的引领下，全球顶尖的注塑企业竞相推出引入“工业4.0”新概念的产品，并在各大行业展会上进行展示。中国注塑产业在过去20多年来的高速发展中已经取得了丰硕的成果并得到全球同行的认可，如果能在工业4.0及中国制造2025的发展机遇中加快推动智能化制造，将有机会实现与国际领先技术的并跑甚至领跑状态。

（中国塑协注塑制品专业委员会 谢鹏程）

聚氨酯制品

一、中国聚氨酯行业及市场状况

（一）聚氨酯软泡

1.2015年中国各TDI厂家产量以及供应情况统计（表1）

表1　2015年中国TDI产量、供需、进出口情况统计表（单位：万吨）

科思创	17.03
巴斯夫	14.53

续表

沧州大化	13.80
甘肃银光	7.79
烟台巨力	6.68
东南电化	6.00
辽宁锦化	1.58
国产量小计	67.41
进口量	3.45
走私量	0
出口量	6.33
表观消耗量	64.53
实际消费量	64.83

我国TDI产品消费地区分布基本与下游产业分布一致；TDI产品消费主要集中在软体家具、涂料、汽车等行业。

就软体家具而言，2005年之前广东是全国最大的生产基地，但近几年来部分广东企业开始向浙江、四川、湖北等地区转移，加上一些工厂由于资金问题关闭，使得广东本地的TDI消费增长萎缩，而在浙江、四川、重庆、湖北等地TDI消费量的增长较快于其他区域。

随着中国汽车行业跃居全球最大的产销市场，TDI在汽车中的使用比例也正逐年提高。在汽车厂或汽配厂相对集中的沈阳、北京、天津、江苏、浙江、安徽、湖北等地区，TDI在该领域使用在持续增长，但是由于近年汽车进入缓慢增长，而且改性MDI也有在技术替代T-M体系的趋势，使得TDI在汽车行业增长也比较缓慢（表2）。

表2　　2015年中国TDI消费区域分布统计表

地区	表观消费量/万吨	比例/%
华东华中地区	22.93	35.37
华南地区	16.62	25.64
东北华北地区	12.26	18.91
西南西北地区	13.02	20.08
总计	64.83	100.00

2.2015年中国TDI各产品下游消费分析

聚氨酯泡沫作为一种新型高分子材料，是TDI最大的消费用户。

聚氨酯泡沫塑料在聚氨酯制品中所占的比例超过50%。它的主要特征是多孔性、密度低，比强度高。它还具有无臭、透气（软泡）、高绝热性（硬泡）、泡孔均匀、耐老化、一定程度的耐有机溶剂侵蚀等特性，对金属、木材、玻璃、砖石、纤维等有很强的粘附性，根据所用原料品种的不同以及配方用量的变化，可以制成不同密度、不同性能的软质、半硬质以及硬质聚氨酯泡沫塑料，用于各种不同的用途，这些优点为其他泡沫材料所不及，因此受到了各应用部门的欢迎。

发达国家 TDI 的应用相对较单一，主要集中在软泡，其他领域如涂料、胶粘剂、弹性体等方面主要用 HDI、MDI 等代替 TDI。

国内虽然软泡的应用也占绝对多数，但是同时在中低档涂料、胶粘剂、弹性体等方面也大量使用 TDI 产品（表 3，图 1）。

表 3　　2015 年中国各下游行业 TDI 实际消费量统计表　　单位：万吨

行业	软泡	涂料	胶粘剂、密封剂	弹性体、塑胶跑道	其他	汇总
2015	43.65	11.37	5.71	4	0.1	64.83

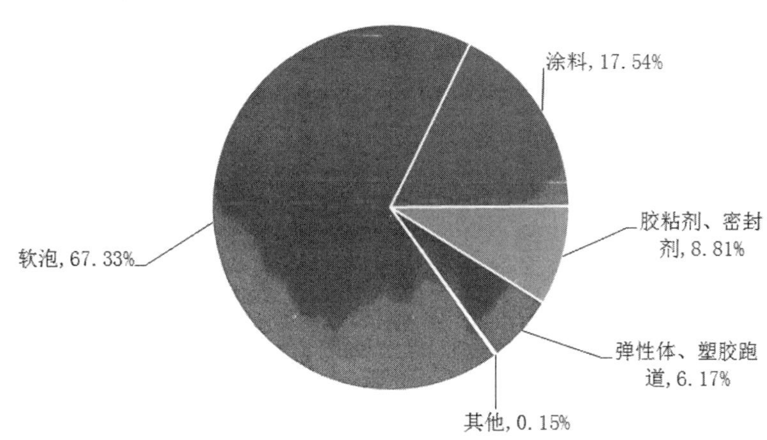

图 1　　2015 年中国 TDI 下游市场分布图

（二）聚氨酯硬泡

1. 2015 年中国聚合 MDI 下游行业消费情况分析

2015 年我国聚合 MDI 市场消耗量小幅下降，除冷柜、热水器、粘合剂、密封剂、汽车等领域略微增长外，冰箱、板材、喷涂、管道、仿木等领域均有不同程度下滑。

2015 年中国市场共消耗聚合 MDI 达 103.67 万吨，与 2014 年相比下降了 3.15（表 4，图 2）。

表 4　　2015 年中国聚合 MDI 消费领域统计表（单位：万吨）

消费领域	2014 年聚合 MDI 消费量	2015 年聚合 MDI 消费量	当年增长比例 /%
家用冰箱	29.20	28.65	-1.88
家用冷柜	11.70	12.10	3.42
粘合剂及密封剂	9.20	9.45	2.72
汽车	9.14	9.40	2.90
管道	8.37	7.52	-10.18

续表

消费领域	2014 年聚合 MDI 消费量	2015 年聚合 MDI 消费量	当年增长比例 /%
板材	7.30	6.10	-16.44
喷涂	7.20	6.05	-15.97
填充物	5.41	4.93	-8.81
软泡高回弹	4.70	4.80	2.13
冷藏集装箱	4.10	4.25	3.66
电热水器	3.90	4.05	3.85
太阳能热水器	1.70	2.48	-4.62
商用冷柜	1.60	1.50	-11.76
仿木	0.90	1.64	2.50
其他	2.63	0.75	-16.67
总计	107.04	103.67	-3.15

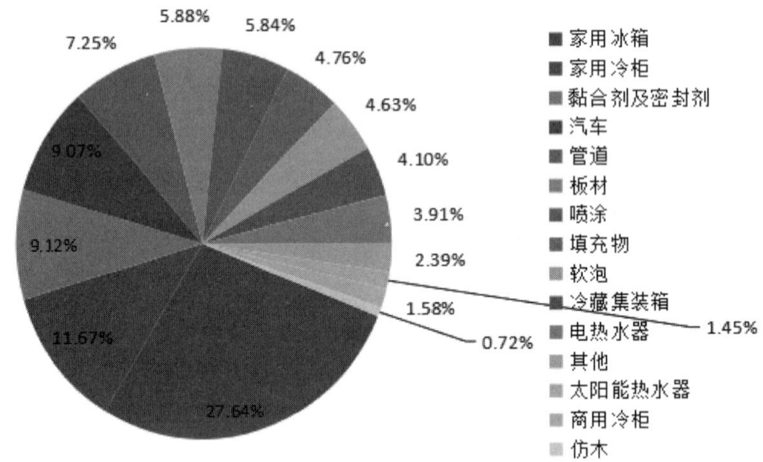

图 2　2015 年中国聚合 MDI 消费领域份额图（单位：百分比）

2015 年国内聚合 MDI 总消耗量大约 103.67 万吨，其中大约 82.01 万吨用于硬泡，占到总用量的 79% 左右，胶黏剂及密封剂行业的消耗量在 9.45 万吨左右，占到总用量的 9% 左右，PU 填充物行业的消费量在 4.93 万吨左右，占到总用量的 4.8% 左右，软泡高回弹行业的消耗量在 4.8 万吨左右，占到总用量的 4.6% 左右。

从消费结构可以看出来，聚合 MDI 主要消费领域并未出现太大的变化，依旧是硬泡为主，胶黏剂及密封剂等领域有所增长。

2. 2014 年聚合 MDI 主要供应商对中国供应情况统计分析

2014 年中国市场聚合 MDI 市场少见的出现了需求下降的情况，与 2013 年相比，国内聚合 MDI 消费增长为 -1.98%，整体经济环境欠佳，反腐力度加强，加上我国在进行产能优化等因素造成下游需求萎缩。

3.2015 年聚合 MDI 主要供应商对中国供应情况统计分析

2015 年中国市场聚合 MDI 市场整体需求依旧呈现微幅下降的态势，与 2014 年相比，国内聚合 MDI 消费下滑 3.15%，整体经济环境欠佳，加上我国在进行产能优化等因素造成下游需求萎缩(表5,图3)。

表 5　2015 年供应商对中国聚合 MDI 供应情况统计表

公司名称	供应量 / 万吨	市场份额 /%
万华化学	42.05	40.56
巴斯夫	16.47	15.88
科思创	15.18	14.64
东曹	11.86	11.44
亨斯迈	10.23	9.87
陶氏	4.66	4.50
锦湖三井	2.99	2.88
日本三井	0.24	0.23
总计	103.67	100.00

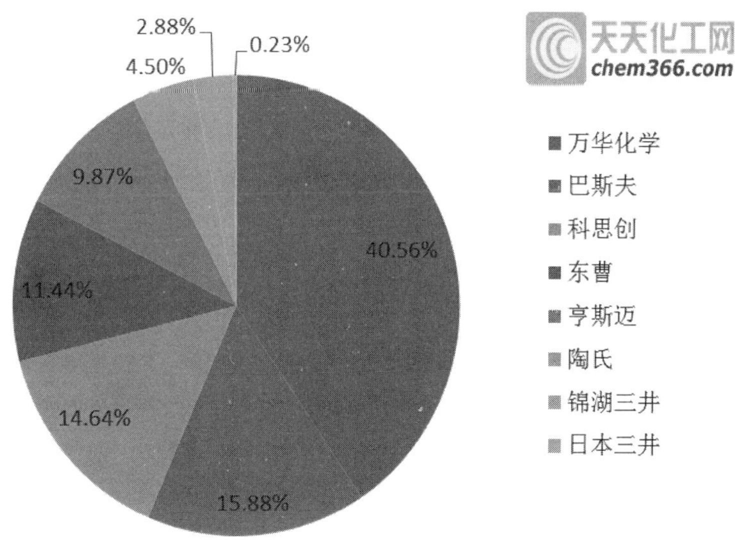

图 3　2015 年供应商对中国聚合 MDI 供应情况统计图（单位：百分比）

从图 3 可以看出，各家供应商排名虽然略有变化，但前几位的市场占有率并未减少，2015 年前五家的市场占有率达到了 92.39%。

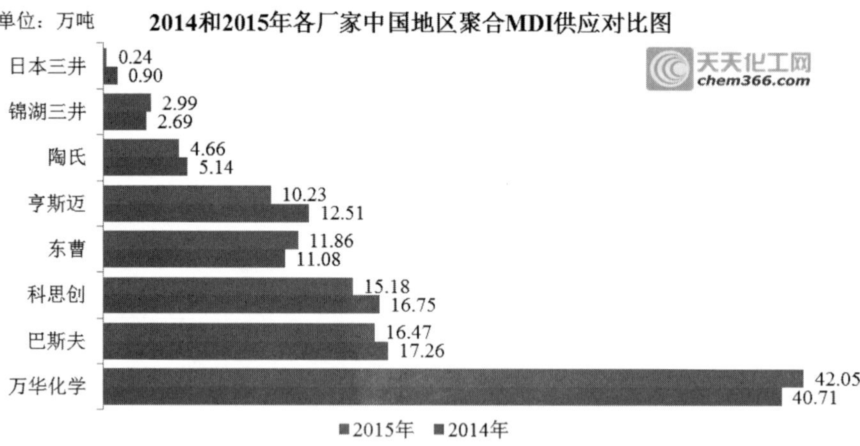

图 4　2014 和 2015 年各厂家中国地区聚合 MDI 供应对比图（单位：万吨）

由图 4 可以看出，与 2014 年相比，2015 年我国聚合 MDI 供应格局有些微妙的变化，虽然总的排名变化不大（仅东曹排名有所上升），东曹及锦湖三井继续对国内进行猛烈的进攻，货源均较去年有所上升；而科思创及巴斯夫国内份额均较去年有所下降，主要是由于国内需求减弱引起的进口量下滑。

表 6　2015 年国内 MDI 合成装置母液产能及产量统计 单位：万吨

生产商	产地	产能 / 万吨	产量 / 万吨	备注
万华	烟台、宁波	180	117	
联恒	上海	35	33.6	
科思创	上海	50	37	
NPU	瑞安	8	5.74	进口母液

4. 2016-2020 年中国聚合 MDI 消费情况展望

2015 年全球经济延续缓慢复苏，中国经济进入“新常态”，经济增速下降，面临结构调整。受全球大贸易环境不佳影响，房地产持续低迷，与房地产相关甚密的建筑保温、家电等备受牵连，相关产业对原材料的需求有所下滑。同时国内原本粗放型的发展政策越来越少。随着对落后产能淘汰和产业优化的整改，以化工行业为代表的一部分传统工业首先受到冲击。

下游领域，建筑保温方面，据了解在发达国家保温材料市场中，聚氨酯材料所占的份额很大，美国达到 57%，日本达 32%，而在我国建筑保温材料市场中聚氨酯的应用占比不足 10%。因为其防火安全性能和节能的不可替代性，聚氨酯行业在我国将会有比较大的提升空间，建筑节能领域的应用推广也将带动聚氨酯原材料市场发展。“十三五”建筑节能专项规划不仅对建筑节能提出了新的要求，也为聚氨酯保温材料带来新的发展契机。大力推进新型墙体材料发展这一目标的提出无疑将促进建筑保温材料需求的增长，加上相关的政策支持，预计未来几年聚氨酯保温材料前景将非常可观。

家电领域，相对于大家电市场的涨涨跌跌、大起大伏，热水器市场整体一直保持着比较稳定的发展势头。电热水器、燃气热水器基本稳定增长，特别是在国家倡导房地产行业“去库存化”的大背景下，以及农村生活条件的改善，这将会撬动这几类产品的可持续发展。空气能热水器涨势喜人，随着这一产品在国家政策层面被纳入可再生能源行列，以及产品开始逐步解决超低温制热，应用市场进一步拓展。特别是美的、格力、海尔等大企业的参与推动，前景看涨。但太阳能热水器基本除了在家电下乡那几年大涨之外，之后基本陷入无休止的下跌通道。

受制于政策透支消费，以及农村市场单条腿走路困局，预计太阳能热水器还将在未来保持继续下跌的惯性，但已经无关大局。

汽车行业潜力巨大，我国在汽车用聚氨酯平均使用量与国际水平还有较大差距；冷链物流行业受欧洲需求疲软、新兴经济体和发展中国家又面临大宗商品周期和信贷繁荣周期结束的冲击，使得今年全球集运市场实际表现不及预期，市场对集装箱需求转淡，明年形式依旧严峻。小的领域正在进行整合，仿木有所缩减，密封剂、胶黏剂等小幅增长。新兴领域如门窗幕墙、PU瓷砖、城建附属设备等依然在开拓之中。

（三）聚氨酯弹性体

2015年，中国聚氨酯CASE行业（弹性体只统计TPU）消费量约为252万吨，在整个聚氨酯制品中的占比超过30%。其中涂料消耗量超过160万吨，而受到聚氨酯涂料最大的需求市场木器产品的产能过剩影响，增长点将来自于汽车修补漆，地坪涂料，工业防腐涂料，年均增幅将达到15%，据估算，聚氨酯涂料复合增长率为6.3%。2015年聚氨酯胶黏剂和密封胶消费量将近60万吨，根据“十三五”发展规划，未来五年平均增长率为7.8%，加上聚氨酯制品在胶黏剂和密封剂中的基数将继续增加，预计未来增速接近10%。聚氨酯弹性体包括CPU、TPU、MPU，其中TPU消费量将近30万吨，未来几年新增TPU产能仍有望继续释放，场内竞争格局有望进一步加剧，预计未来5年，TPU行业的增长率仍可以保持在8%～13%。天天化工预计，相较2015年，聚氨酯CASE行业的复合增长率将达到7.8%。

1. 涂料

2015年，聚氨酯涂料消费量超过160万吨。其中主要的应用领域木器涂料受到下游家具产能过剩的影响，整体增速缓慢，但中高端木器漆市场仍有增长点，预计未来三年增长率为3%。未来聚氨酯涂料的增长动力集中在工业防腐涂料、地坪涂料以及汽车修补漆市场，他们都将保持10%以上的高速增长，加上聚氨酯涂料在行业中应用比例的提高，三韬预计，未来的复合增长率将达到15%。综合以上数据，未来三年聚氨酯涂料增速在6.3%左右。

2. 胶黏剂/密封胶

“十三五”期间（2016-2020年）我国胶黏剂的发展目标是：产量年均增长率为7.8%，销售额年均增长率为8.3%，这样到2020年末，我国胶黏剂的总产量可达1033.7万吨，销售额可达1328.0亿元人民币。聚氨酯胶黏剂广泛应用于制鞋、包装、建筑、汽车等领域，而且由于其优良的性能，被认为是国内最有发展潜力的胶种之一。在发达国家，制鞋用胶全部是聚氨酯胶黏剂，包装用复合薄膜全部采用聚氨酯胶黏剂，另外磁带等专用胶黏剂也采用聚氨酯胶黏剂，由此可见其应用之广泛。目前国内胶黏剂使用占比正在逐步提升，预计，未来几年聚氨酯胶黏剂的增长率将达到10%。

3. TPU

TPU行业在中国发展了近20年，从近几年TPU热塑性弹性体行业的发展来看，每年的成长率均保持在10%以上，来自鞋材、薄膜、管材行业的需求较为旺盛。2015年TPU产能进一步扩张，不同厂家竞争激烈，尽管如此，未来几年新增TPU产能仍有望继续释放，场内竞争格局有望进一步加剧，预计未来5年，TPU行业的增长率仍可以保持在8%～13%，即TPU行业对聚酯多元醇的消耗量年平均增长率预计在8%～13%。同时，聚酯型TPU的份额可能降低。

今年国务院将GDP 增长目标调至6.5%～7%，随着国内长期积累的矛盾和风险进一步显现，经济增速换挡、结构调整阵痛、新旧动能转换相互交织，经济下行压力加大。 聚氨酯CASE行业也将经历阵痛与洗牌，然而随着中国经济结构改革和持续的城市化进程，聚氨酯CASE产品在建筑节能、汽车、纺织等产业的的应用规模和以及比例将不断扩大，未来仍将以高于国民经济平均增长速度发展。预计，2016年全年聚氨酯CASE的需求量将超过270万吨。

（1）2015年TPU产能产量情况

2015年中国TPU产业规模继续呈放大的态势，截止到2015年国内TPU总生产能力已经达到了45.5万吨左右，2015年的实际产量在28.69万吨左右，从有效产能的实际开工率来看达到了60%左右，中国逐渐成为全球最大的TPU生产和消费国。

（2）2015年TPU供需情况

2015年，大型生产企业比如万华、华峰均有新增多条生产线，因产品受众面广，整理效益尚可，而小型生产企业受订单缩减开工率持续偏低，市场价格高低参差不齐，终端需求偏弱仍是限制其发展的重要因素，但2015年TPU市场整体供应量较去年继续呈放大的态势，供需矛盾凸显，厂家之间竞争尤为激烈，虽然整体情况并不乐观，但亦有部分企业乘风破浪，如何在逆境中追求创新转型，才是发展之道。在TPU的市场中，主要分为六大下游领域，分别是熔纺氨纶、鞋材、合成革、软管、电缆、薄膜主要六大领域。2015 年国内 TPU 需求量在 28.52 万吨附近，TPU 最主要的应用领域为鞋材领域，2015 年鞋材行业消耗 TPU 占到国内 TPU 总消耗量的 33% 左右。

（3）2015 年 TPU 下游应用分布

表 7　　2015 年国内 TPU 各领域消费表

消费领域	鞋材	软管	薄膜	PU 革	氨纶	电缆	其他	总计
消费数量 / 万吨	9.4116	4.5632	3.9928	2.5668	1.9964	1.1408	4.8484	28.52
市场分额 /%	33.00	16.00	14.00	9.00	7.00	4.00	17.00	100.00

（4）TPU 价格走势与对比

表 8　　2015 年 TPU 价格走势

	1 月	2 月	3 月	4 月	5 月	6 月	7 月	8 月	9 月	10 月	11 月	12 月
聚酯型纯 BGTPU/ 万吨	21900	21900	20900	20900	20900	20900	20900	20900	20400	20400	16500	16500
市场分额 /%	33.00%	16.00%	14.00%	9.00%	7.00%	4.00%	17.00%	100.00%				

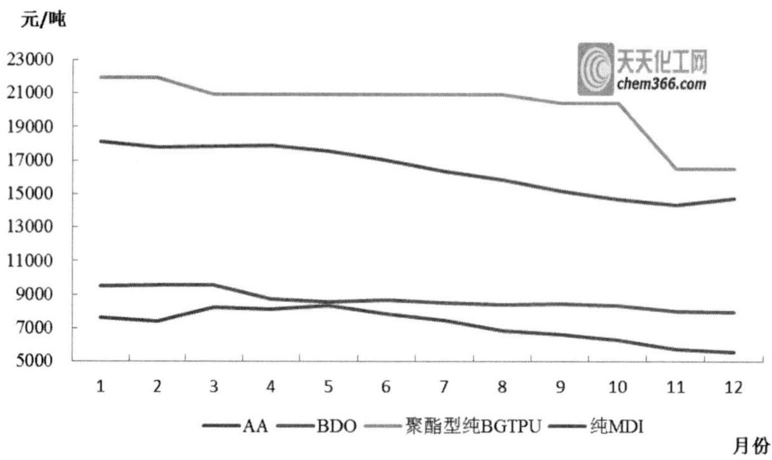

图 5 聚酯型纯 BG 系列 TPU 与上游原料价格对比图

4. TPU 膜方面的信息

表 9　　TPU 薄膜的应用

TPU 薄膜的广泛应用	
鞋类	运动鞋、登山鞋、雪鞋、高尔夫球鞋、野战鞋、溜冰鞋之面料及里材料
服装类	雪衣、雨衣、风衣、防寒夹克、野战服、纸尿裤、生理裤、内衬、T 恤及运动服等之面料及内里材料
医疗用品类	手术衣（帽、鞋）医疗用褥垫、冰袋、绷带、血浆袋等面料及内里材料

续表

TPU 薄膜的广泛应用	
国防用品类	武器封存覆膜、野战帐篷、备战冰袋、救生衣、充气艇等面料及内里材料
运动用品	空气降落伞、充气水床、潜水衣、雪衣、泳装、气囊、运动衫、瘦身衣、充气睡袋等面料及内里材料
工业用品	防火材、隔热材、隔音材、防水贴条、绝缘板、油袋、管子接合胶带、清理下水道工程服装等面料及内里材料
婴儿用品	玩具等婴儿用品面料及内里材料

注：以上数据部分来自天天化工网。

（四）聚醚及附料

1. 2015 中国 PPG 市场

聚醚生产技术含量相对较低，产品同质化严重，现有生产企业 40 多家，年产 10 万吨的企业有十几家。2015 年硬泡聚醚增长幅度较大，未来几年增长趋势看好，聚氨酯软泡聚醚占 41%，聚氨酯硬泡聚醚占 46%。2015 年聚醚总产能 350 万吨 / 年，未来 3 ～ 5 年新增产能 120 万吨。中国 2015 年聚醚总产量 230 万吨，开工率为 66%，产能已经明显过剩。

表 10　　2015 年中国聚醚多元醇主要生产企业

序号	公司名称	区域	产能万吨	产量万吨
1	中海壳牌石油化工有限公司	华南	23	20
2	山东东大化学工业集团有限公司	华东	20	15
3	中石化上海高桥分公司	华东	25	15
4	广州宇田聚氨酯有限公司	华南	15	10
5	河北亚东化工集团有限公司	华北	14	8
6	淄博德信联邦化学工业有限公司	华东	23	16
7	方大锦化化工科技股份有限公司	东北	12	8
8	江苏钟山化工有限公司	华东	20	15
9	绍兴市恒丰聚氨酯实业有限公司	华东	10	8
10	南京金浦锦湖石油化工有限公司	华东	20	15
11	佳化化学股份有限公司	东北	20	10
12	南京红宝丽股份有限公司	华东	15	10
13	中石化天津分公司	华北	8	5
14	广东万华容威聚氨酯有限公司	华南	8	2
15	常熟一统聚氨酯制品有限公司	华东	20	12
16	句容市宁武化工有限公司	华东	6	4

续表

序号	公司名称	区域	产能万吨	产量万吨
16	句容市宁武化工有限公司	华东	6	4
17	福建省东南电化股份有限公司	华南	5	3
18	可利亚多元醇（南京）有限公司	华东	5	3
19	苏州中化国际聚氨酯有限公司	华东	5	3
20	渤海集团天津大沽精细化工股份	华北	5	3
21	合计		334	225

表 11　　2014 年中国聚醚多元醇消费结构

聚醚多元醇领域	2014 年产量 / 万吨	比例 /%
聚氨酯软泡	91	41.5
聚氨酯硬泡	104	45.5
其他	30	13
合计	225	100

2. 与聚氨酯相关的其它原材料 AA、BDO、PO

2015 年 AA 产能 190 万吨 / 年，现在，中国已经成为除美国以外的第二大己二酸生产国家。

2015 年，BDO 总产能达到 75 万吨，目前，20 多家企业总产量在 55 万吨左右，占全球总产能的 30% 左右，居美国、德国之上，排名第一。

2015 年中国大陆共有 19 家 PO 生产企业，产能 200 万吨，产量 170 万吨，进口 50 万吨。其中 80% 的 PO 用于聚醚生产，在未来几年，将新增产能 208 万吨 / 年（有 3 家采用 HPPO 技术）

（五）聚氨酯行业消费展望

1. 2016 ～ 2020 年中国聚氨酯行业消费情况展望

2014 年我国整体经济依然延续 2013 年调整的主基调，甚至力度更大。国内原本粗放型的发展政策越来越少。随着对落后产能淘汰和产业优化的整改，以化工行业为代表的一部分传统工业首先受到冲击。同时房地产持续低迷，也导致相关产业对原材料需求的下滑。

不过我们相信，通过这番改革，我国无论是上游原料还是下游生产厂家均能在这段过程中完成整合和升级，在今后的竞争中更具优势。

下游领域，建筑保温行业势头良好，作为优秀的保温材料，聚氨酯受到各地方政府的青睐，加上国家对节能减排的力度不断加深，PU 保温材料今后的应用仍具较大空间；传统保温电器领域增长乏力，但作为我国聚合 MDI 主要消费领域，短期内仍可保持稳步增长。汽车行业潜力巨大，我国在汽车用聚氨酯平均使用量与国际水平还有较大差距；冷链物流行业近几年国家政策主导，新建项目较多，大型冷库 PU 保温材具有很强的竞争力。小的领域正在进行整合，如矿山密封、OCF、仿木，短期内看不出有大的变化。新兴领域，门窗幕墙、PU 瓷砖、城建附属设备依然在开拓之中。

2. 异氰酸酯项目正在加快产业结构调整

脂肪族和脂环族二异氰酸酯（ADI）作为一类特殊有机二异氰酸酯，因其制品具有优良的机械性能、突出的化学稳定性和优秀的耐光耐候性，近年来得到广泛关注。其产品广泛应用于航空、航天、船舶、涂料等领域。与其它芳香族异氰酸酯产品相比，具有更高经济含量与附加值，由于该产品的特殊地位，其生产工艺、技术一直受到西方发达国际的封锁和限制。

大陆地区的ADI的年需求量不断增长，目前全部依赖进口，巨大的市场需求，超常的增长速度以及高额的生产利润，吸引了世界异氰酸酯巨头的极大关注，纷纷在华投资建厂，积极参与市场竞争。大陆地区相关企业也积极研发技术或寻求技术来源，加快研发和生产包括HDI、HMDI、IPDI为主的更多类型的异氰酸酯产品，谋求在异氰酸酯行业的更大市场和发展空间。

总之，在未来几年，中国聚氨酯行业一定要审时度势，认清形势，调整方向，扩大市场。在原有市场的基础上，加快在汽车、高铁、太阳能、建筑节能、环保及新型产业领域推广应用。使中国聚氨酯行业不仅产量领先，技术也要领先。并走向全球。

二、专委会工作

回顾2015年的工作，聚氨酯行业和全国其他行业一样，受国家政策调控的影响，行业多年积累的矛盾和问题凸现，企业生产成本居高不下，企业利润下滑，行业发展速度回落，特别是聚氨酯硬泡板材这个被我们在将来寄于厚望的行业由于房地产行业销售下滑，价格及施工工艺等影响，2015年聚氨酯硬泡板材使用全面回落。针对行业的具体情况和协会全年整体工作安排，我们主要从以下几个方面开展工作。

（1）我专委会的2015年工作主要是围绕协会的工作开展的。根据年初协会的具体要求，依据我们专委会的特点，积极配合协会的各项工作，及时保质保量的提供各种材料和相关数据，确保协会的规划科学、合理并可持续执行。考虑行业存在的具体问题我们聚氨酯制品专委会将2015年的工作重点确定为淘汰HCFC-141b的宣传、淘汰实施；根据国家节能减排的要求，继续做好聚氨酯保温板材的应用和推广；根据建筑防火规定，督促企业生产符合阻燃标准的优质板材。倡导企业有序合理竞争。同时做好专委会的日常工作，积极为聚氨酯制品企业提供相关技术、政策咨询，受到了聚氨酯制品企业及相关行业企业的一致好评。

（2）认真做好聚氨酯制品发泡剂第三阶段替代的实施工作。由于第三阶段ODS的淘汰工作和前面二个阶段不同，第三阶段ODS淘汰，时间紧，涉及企业跨行业多。按照PU泡沫行业HCFC-141b淘汰计划，今年配合泡沫工作组对符合条件的企业，执行淘汰计划。

（3）我们聚氨酯制品专委会四月份在厦门组织召开了聚氨酯硬泡发展论坛、参加了我协会在广州召开的年会、家具协会的年会、在北京国展和北京展览馆的新型绿色建材展览会等活动。6月份参与组织召开了全国外墙保温与节能结构技术在济南的交流推广会、参加了聚氨酯工业协会年会、北京市举办的房博会、对部分聚氨酯板材企业进行了走访和调研。以上就是我们这年的主要工作和简单回顾。

存在的主要问题：

今年聚氨酯板材企业上生产线较多，多处在调试和试生产状态，产能处于饱和，企业间竞争激烈，现在已经出现价格战。部分新进入的企业，很可能出现在试生产结束后，产品滞销，无利润而倒闭。现在，新的建筑防火规范已经开始实施，对有机保温提出了更高的要求，聚氨酯外墙保温面临更加严峻的局面。

总之，聚氨酯制品专委会涉及行业比较多，各种情况也比较复杂，我们将本着先易后难、循序渐进的原则，突出重点，抓住行业热点，了解并尽可能解决实际问题，凸显行业管理的特点和重要性，聚拢行业企业，为我国聚氨酯制品行业的健康有序发展而努力。

三、聚氨酯制品专委会重点会员企业

1. 江苏绿源新材料有限公司

中国塑料加工工业协会副理事长单位、聚氨酯制品专委会理事长单位。主要产品涉及聚氨酯原料、聚氨酯建筑保温板、聚氨酯软泡。产量3万吨，产值5.9亿。产品销往华东、华北及东北地区。

2. 宁波万华容威聚氨酯有限公司

中国塑协聚氨酯制品专委会副理事长单位。主要产品组合聚醚。产量6万吨，产值11亿。产品主要销往华东、华南地区。

3. 常州晶雪冷冻设备有限公司

中国塑协聚氨酯制品专委会副理事长单位。主要产品为聚氨酯冷库保温板。产量120万米^2，产值3.7亿。产品销往全国。

4. 江苏恒康家居科技有限公司

中国塑协聚氨酯制品专委会副理事长单位。主要产品家具制品，枕头360万个、床垫120万条、其他63万个，产值7亿。产品主要出口。

5 山东东大聚合物有限公司

中国塑协聚氨酯制品专委会副理事长单位。主要产品为组合聚醚。产量2.7万吨，产值4.5亿。产品主要销往华北、华东地区。

6. 圣诺盟控股集团有限公司

中国塑协聚氨酯制品专委会副理事长单位。主要产品海绵制品。产量3.2万吨，产值6亿。产品主要出口。

7. 多维联合集团有限公司

中国塑协聚氨酯制品专委会副理事长单位。主要产品建筑保温板。产量180万米^2，产值3.8亿。产品主要销往华北、东北、内蒙古。

8. 上海馨源新材料有限公司

中国塑协聚氨酯制品专委会常务理事单位。主要产品软泡海绵。产量1.5万吨，产值3.5亿。产品主要销往华东地区。

9. 济宁市宁宇聚氨酯有限公司

中国塑协聚氨酯制品专委会副理事长单位。主要产品家居海绵。销往山东等地。

10. 浙江海利士电器有限公司

中国塑协聚氨酯制品专委会副理事长单位。主要产品冰箱、冰柜。年产量约70万台，产值5亿。销往全国、部分出口。

11. 营口双信聚氨酯有限公司

中国塑协聚氨酯制品专委会常务理事单位。主要产品组合聚醚，产量1.5万吨，产值3亿。产品主要销往东北地区。

12. 沈阳国盛防腐保温有限公司

中国塑协聚氨酯制品专委会常务理事单位。主要产品聚氨酯保温管。产值7000万，是东北地区最大的保温管生产企业。

13. 山东万事达建筑钢品科技有限公司

中国塑协聚氨酯制品专委会会员单位。主要产品聚氨酯复合板，产量100万米^2，产值2.2亿。产品销往山东地区。

14. 绍兴市恒丰聚氨酯实业有限公司

中国塑协聚氨酯制品专委会副理事长单位。主要产品聚醚多元醇，聚氨酯复合板，产值4.6亿。产品销往全国及土耳其。

15. 聊城三力聚氨酯有限公司

中国塑协聚氨酯制品专委会常务理事。主要生产聚氨酯冷库保温板，冷库施工。产值2亿元。产品销往全国。

16. 绍兴华创聚氨酯有限公司

中国塑协聚氨酯制品专委会会员。主要从事冷库、LNG、冷链物流的保温施工。产值2亿元，施工地点遍及全国。

（中国塑协聚氨酯制品专业委员会　刘卫东）

塑料编织制品

2015年塑编产业链发展报告

一、2015年塑编产业发展介绍

（一）塑编产业2015年发展综述

1. 数据显示全年发展速度下滑明显

截至2015年底，全国有塑料编织专业生产企业7000多家，从业人数约44万人，年综合生产能力约2500万吨。

2015年全国规模以上企业塑料丝、绳及编织品（以下简称塑编制品）产量1326.5万吨，同比增长4.7%（见图1），增幅比上年度降低4.8个百分点，产值约1798.5亿元，同比增长3.5%。2015年全社会塑编制品产量约1692万吨，同比增长3.6%，全社会产值约2135亿元，同比增长3.4%。

2015年塑编产业处于国内外市场需求减少不利的条件下，行业在产品功能化、产品结构深度调整方面取得明显成效，许多企业努力创新、大力开拓新产品、新品种，方底阀口袋、环保袋、无纺布都已大批生产，吨装袋产量亦有较大幅度提高，有些企业走上集团化的多种经营之路。

自2014年塑编行业发展增速从两位数降到个位数以下以来，2015年增速低于5%，塑编行业增速下滑明显。

2015年塑编企业整体开工率在70%左右，塑编企业平均利润为4.3%左右，较上年略有下降。企业回款周期变长，财务成本升高，开工不足，人工成本增高等因素，对企盈利产生了影响。

2. 全年产量走势分析

从表1和图1我们可以看到2015年全国塑编规模以上企业逐月产量走势。

1 月份约完成 85.9 万吨，同比增长了约 3.87%；2 月份完成 64.7 万吨；同比增长了约 2.69%；3 月份完成 98.1 万吨；同比增长了 3.84%；4 月份完成 108.1 万吨，同比增长了 4.95%；5 月份完成 114.3 万吨，同比增长了 5.17%；6 月完成 123.6 万吨，同比增长了 5.68%；7 月完成 116.5 万吨，同比增长了 5.72%；8 月完成 123.1 万吨，同比增长了 5.77%；9 月完成 128.4 万吨，同比增长了 5.33%；10 月完成 123.5万吨，同比增长了4.02%；11 月完成120.6万吨，同比增长了 4.16%；12 月完成 119.7 万吨，同比增长了 3.91%。

从表 1 中可以看出，8 月为全年同比增长最高月为 5.77%，但 6、7 月份也保持全年的高增长，原因是塑编行业传统的旺季，订单充足，交货量大；因春节假日原因 2 月同比增幅全年最低为 2.69%。，其他月份的增长呈现季节性规律，基本变化不大，但开工不足，表现出了淡季的特征。

表 1　　2015 年全国规模企业塑编月产量表

月份	2014 年月产量 / 万吨	2015 年月产量 / 万吨	同比增长 /%
1 月	82.7	85.9	3.87
2 月	63.0	64.7	2.69
3 月	94.5	98.1	3.84
4 月	103.0	108.1	4.95
5 月	108.7	114.3	5.17
6 月	117.0	123.6	5.68
7 月	110.2	116.5	5.72
8 月	116.4	123.1	5.77
9 月	121.9	128.4	5.33
10 月	118.7	123.5	4.02
11 月	115.8	120.6	4.16
12 月	115.2	119.7	3.91

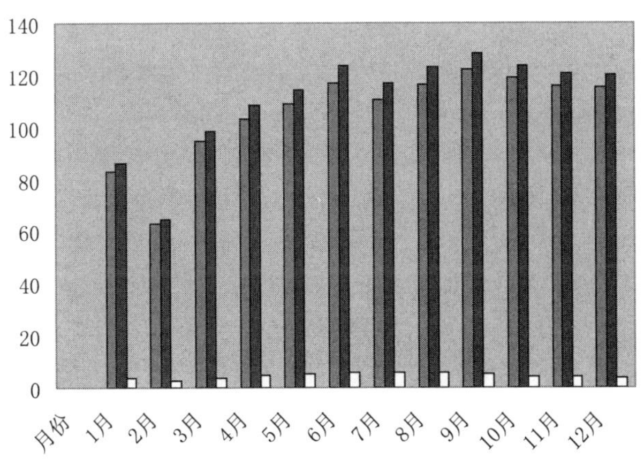

图 1 2015 年全国塑编企业逐月产量走势图

3. 各种塑料产品所占总量的比例

在 1692 万吨塑编包装产品中，水泥袋约 626 万吨，约占 37%；化工原料等各种普通编织袋 592.2 万吨，约占 35%；集装袋 237 万吨，约占 14%；土工布及篷布 167.5 万吨，约占 9.9%；网眼袋 33.8 万吨，约占 2%；其他塑编产品 35.5 万吨，约占 2.1%。2014 水泥袋下降了 2 个百分点，这与国家持续的房地产调控政策及水泥行业淘汰落后产能有关；集装袋增加了 2 个百分点，表现出了包装袋的结构性变化。其他种类的产品平稳增长（见图 2）。

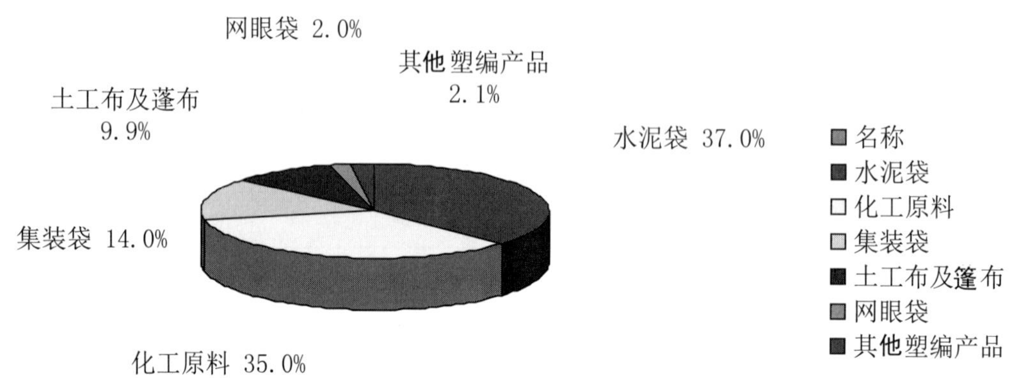

据塑编行业不完全统计，2015 年全国共生产各种塑编产品约 1692 万吨中，使用新粒料聚丙烯约 736 万吨，粉料聚丙烯约 342 万吨，粒料聚乙烯约 121 万吨，再生料约 307 万吨。这 1692 万吨塑编产品中还包含各种母料约 138 万吨，纸、缝纫线、胶、颜料、油墨等 48 万吨。

新粒料聚丙烯主要用于集装袋、大型石油化工企业的石化产品包装的编织袋、食品袋和透明袋等。

新粒料聚乙烯主要用于要求较严格的蓬布、救灾帐篷、土工布、吊带、包装食品编织袋内衬等。

粉料主要用于包装化肥、饲料、透明袋、包装米面等编织袋。有时用粒料和粉料混合生产这些种类编织袋。近年来使用粉料有下降趋势，原因是粉料和粒料的价格差不足以吸引塑编企业。

品质好的再生料和新料混和生产集装袋、石油化工产品包装的编织袋、透明袋等。

品质一般的再生料单独或与粒料、粉料混合生产化肥包装袋、饲料袋、水泥包装袋、谷物包装袋等。

众多龙头企业一改过去使用聚丙烯粉料、回炉料、碳酸钙母料三合一作生产编织袋原料，生产低档次的编织袋，而是更多采用聚丙烯粒料作原料生产透明、半透明的高、中档编织袋，与此同时使生产环境获得极大改善，生产车间粉尘、烟雾大大减少，实现了绿色生产。

4. 各省份占总量的比例

全国 31 个省（市）塑编制品产量相差悬殊，产量列全国前 6 位的省（市）是山东、辽宁、浙江、河南、四川、江西。增长幅度列前 6 位的是江西、辽宁、河南、内蒙古、黑龙江、四川；产量列全国前 6 位的产量合计约占全国塑编产量 60%。山东、辽宁、浙江等省占全国塑编产量的比例都呈下降趋势。塑编产业分布从东南向中部、东北、西北、西南、中原转移的趋势放缓，但分布不平衡状态仍然存在，西藏仍处空白，青海等 14 个省（市）塑编产量占全国比例都在 10% 以下。塑编产业的分布状态仍需继续改善（见图 3）。

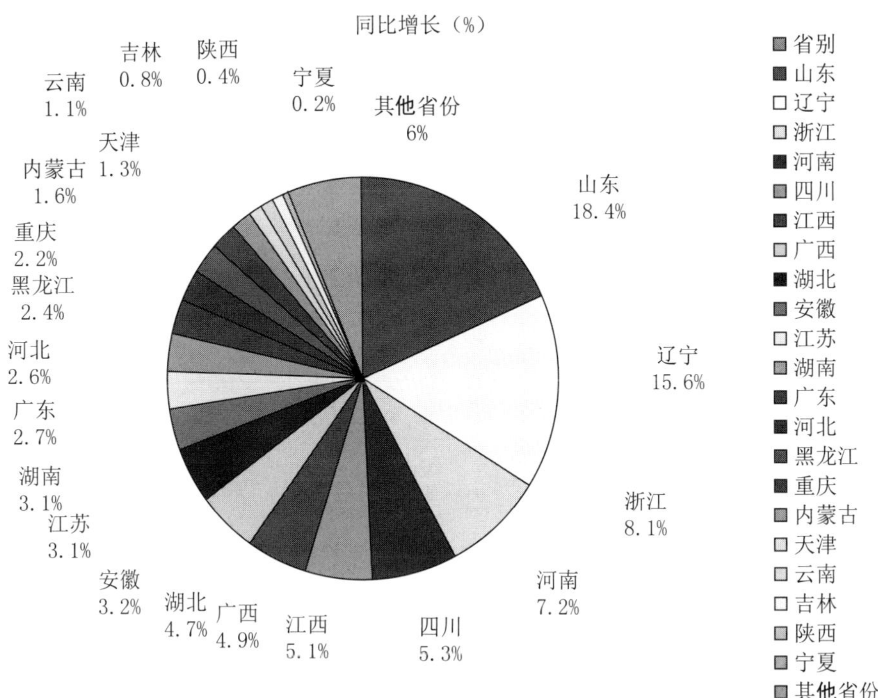

图 3 全国塑编企业各省产量占比图

5. 塑编产品出口方面变化不大，出口量和出口金额略增

自 2010 年以来，塑编产品出口方面明显走弱，每年以 10%～15% 的速度下滑，以集装袋出口为例，2013 年出口量呈显著下降情况、2014 年略有回升，但出口价格也持续出现了下降，2015 年塑编产品出口方面变化不大，出口量和出口金额略增，分别增长 1.3% 和 1.6% 的增幅（见表 2）。主要原因一是我国塑编产品偏向低端，高附加值产品较少，在国际市场越来越不占优势。二是做为劳动密集型产业，我国劳动力优势已经逐渐弱化。三是塑编产业有向印度、越南、非洲、东南亚等国家逐渐转移的趋向。四是人民币过去的十年是单边升值的，对出口企业是个不小的冲击，人民币的升值降低了塑编企业的国际竞争力。

2015 年依然有一些出口企业面临关闭，或者转向内销。从中国劳动力还在不断升值的角度看，塑编产业的出口压力非常明显，倒逼企业从单纯的低端产品，转向附加值高的产品的生产和出口。另一方面可以看到人民币从单边上升势头开始向下拐头，预计今后人民币将结束单边上升的趋势，开始向下振荡，将给出口企业带来一定的契机。

表 2　　塑料编织集装袋加工贸易基本情况

成品名称	商品编号	年度	出口国别	出口口岸 / 加工企业所在地区	出口量 / 千克	出口货值 / 千美元
塑料编织集装袋	6305320000	2011	日本、美国、韩国、哈萨克斯坦	江苏、山东、福建、厦门等	92018419	535 566
		2012			92212839	521 109
		2013			91843987	515 897
		2014			92606292	509 190
		2015			93810174	517 337

（二）节能降耗成为企业的自觉行为，节能挖潜主要在后加工工序

1. 塑编企业的节能改造基本完成，取得了很大的成绩，产生了良好的经济效益和社会效益。

2008 年实际节电 5.8 亿度，2009 年实际节电 14.2 亿度，2010 年实际节电 23.8 亿度，2011 年实际节电 36.2 亿度，2012 年实际节电 50.7 亿度，2013 年实际节电 58.9 亿度，2014 年实际节电 66.6 亿度，2015 年实际节电 69.9 亿度。八年间总计节电 326 亿度（见表 3、图 4），取得了很好的经济效益和社会效益。

2015 年塑编企业共有 85% 的企业进行了节能改造，标志着塑编行业节能改造工作基本完成。

表 3　2008 ～ 2014 年塑编企业节能情况

时间 / 年	产量 / 万吨	节电改造前用电量 / 亿度	实际节电 / 亿度	同比增长 /%
2011	1200	192	36.18	-
2012	1390	222	50.7	40
2013	1522	244	58.9	16
2014	1633	256	66.56	13
2015	1692	264	69.89	5

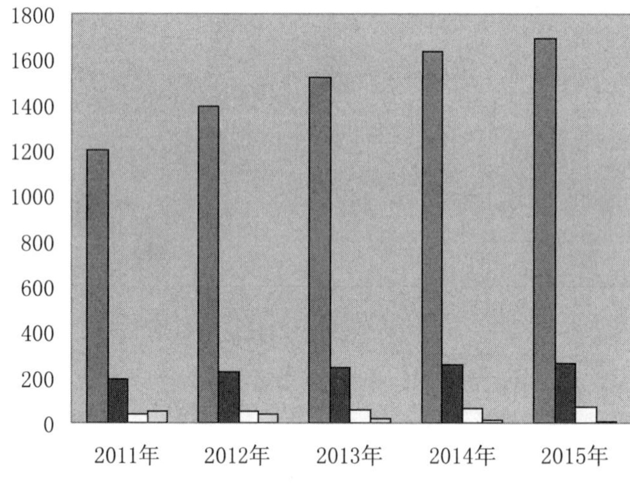

图 4 2008-2014 年塑编企业节能情况分析

2015 年全国塑编企业继续淘汰落后设备，采用 4 米以上阔幅模头和高线速度拉丝机，节能圆织机，自动一体化切缝设备，使编织袋生产能耗又有新的降低，有一些地方企业每吨编织袋电耗降至 850 度以下。

塑编企业采用节能设备比例由上一年度的 81% 提升到 85%，增长了 4%，标志着塑编企业的节能改造基本完成。

2. 塑编产业节能降成本的主要途径

塑编产业节能途径很多，近几年主要的节能手段是从拉丝机、圆织机节能入手。

（1）拉丝机节能主要途径：一是大型化，加大螺杆、增宽模头，增加产能比，温州地区个别机械设备厂推出了 5 米以上的宽模头拉丝机；二是提高螺杆转速和生产的连续性；三是从拉丝机加热方式上寻求节能降耗。

（2）圆织机节能降耗主要途径：一是选择小六梭、大八梭圆织机；二是继续选择节能型四梭圆

织机；三是大力推广节能型小六梭圆织机。

有的企业已推出了大十四梭圆织机、十六梭圆织机，在提高编织效率上有很大的进步。

（3）使用制袋机降低成本主要途径：是向切缝一体机、切缝印一体机和自动化方向发展。

自动切缝机设备品种在不断增加，技术上不断创新，在塑编产业不景气的状况下，销量明显增加，2012 年以来，切缝一体机出现了较大幅度的增长，增长幅度超过 20%，2015 年后加工自动设备继续保持较快的增长。

一方面，由于用工短缺和劳动力成本的上升促使企业主动采用节省劳动用工的设备；另一方面，企业要提高生产效率、降低产品成本的需要；再一方面，自动切缝机解决了塑编行业人工切袋产生的有害烟雾污染环境，影响工人健康和断口的粘连、切割长度不稳定、偏斜等问题。

（4）使用印刷机降低成本的主要途径：印刷机技术上在不断增加创新，传统的二色、三色单片印刷机已经远远不能满足塑编企业实际生产需要，各种整卷连续印刷机和印刷切断机，印刷、切断、缝纫一体机的出现，带动需求量迅速增加。汕头的一些塑编机械企业抓住了这个机遇，推出各种高档次的印刷切断机，大大降低了塑编企业的生产成本，提高了产品质量，减少了劳动力用工。

（5）方底阀口袋制袋设备以糊代缝，自动化程度高，大大减少了劳动用工，降低了生产成本，提高了企业利润水平。方底阀口袋制袋设备国产化刚刚开始，一些有稳定大订单的塑编生产企业开始采用了方底阀口袋制袋设备生产编织袋，取得了很好的效益。

（6）使用自动套内袋机代替人工套袋。自动套内袋机有自动上袋、自动切内外袋、自动套内袋、自动折边、自动缝纫、自动切线、断线自动报警、自动计数、自动出袋整齐等功能，大大提高了生产效率，节约了工人成本，为企业带来了良好的经济效益。

3. 节能降耗向圆织机和后道工序深入

深入开展节能降耗活动，淘汰落后设备能耗，引进先进的节能型塑编生产装备，提高我们塑编生产装备水平，提高生产效率和减少劳动力的使用。先进设备的引进大大地减少了劳动力，降低了能耗，而且提升了产品品质。当前应以引进高效拉丝机、节能圆织机为主，有能力的企业可以引进高线速拉丝机和国外先进塑编装备。塑编的后工序还大有作为，今后主要是向切缝一体机和自动化方向发展。

全国塑编企业越来越注重节能降耗，有 85% 塑编企业开展了节能降耗改造。大部分企业或多或少都进行了节能降耗技术改造，如今塑编企业选择拉丝机、圆织机、涂复机等，首要考虑的问题就是能耗问题。为此，塑编机械企业在开发、研制、改造加工塑编设备时，都千方百计降低能耗。

2015 年，拉丝机的加热改造已接近尾声，全行业已有 90% 以上的大型企业对拉丝机进行了加热改造，但圆织机的节能还有很大的挖掘潜力，目前，还有 30% 左右的企业没有更换圆织机，下一步的重点是圆织机的改造和更新，将落后的、能耗大的圆织机换成节能的小四梭、小六梭、大八梭等。自动切缝机品种上不断增加，技术上不断创新，更多的企业将采用自动切缝切一体机来完成后工序。

二、“全国塑编产业链技术交流与市场对接会”已成为塑编产业链企业交流的最大平台

（一）2011 塑编产业链技术交流与市场对接会暨塑编专委会第三届三次会员大会在聊城召开

2011 年 6 月 24 日在山东聊城成功召开了“2011 塑编产业链技术交流与市场对接会暨塑编专委会第三届三次会员大会”。本次会议由塑编专委会主办，莘县人民政府承办，广庆集团有限公司、常州永明机械有限公司、雁峰集团有限公司、山东鲁燕色母粒有限公司、远东国际租赁有限公司赞助。来自国内外塑料编织制品产业链的 1100 多名企业代表出席了本次会议。

（二）2012 年 8 月 29 日在沈阳辽宁大厦成功召开了“2012 全国塑编产业链技术交流与市场对接会暨沈阳康平塑编经贸展洽会”

会议由中国塑料加工工业协会和沈阳市人民政府共同主办，中国塑协塑编专委会和康平县人民政府承办。沈阳华泰塑业有限公司、沈阳时代塑编包装有限公司、常州市永明机械有限公司、烟台永太机械有限公司、奥地利史太林格有限公司、雁峰集团有限公司、潍坊宏源塑编有限公司、常州市德正机械有限公司、天津玉泉工贸有限公司、常州市腾诚机械制造有限公司、德州三志塑胶有限公司、鲁谷（北京）科技有限公司、浙江兰溪市中艺捻织厂提供赞助。来自国内外塑编产业链的 1200 多名企业代表出席了本次会议。

沈阳市人民政府市长陈海波，中国轻工业联合会副会长、中国塑料加工工业协会理事长钱桂敬、工业和信息化部消费品司副司长高延敏国资委处长梁方等各部委领导参加了会议并做了重要指示。

本次会议得到了政府、各地方协会、各塑编企业等方面的大力支持，从政府支持程度、参会人员数量、会议的影响力等方面都超历届。

（三）2013 年 8 月 1 日在常州市常州大酒店成功举办了“2013 全国塑编产业链技术交流与市场对接会”

本次会议由中国塑料加工工业协会主办，中国塑协塑编专委会和常州塑化产业商会承办，会议得到了常州市永明机械制造有限公司、山东新宇包装股份有限公司、德州三志塑胶有限公司、常州市德正机械有限公司、常州市华盛塑料机械有限公司、常州市腾诚机械制造有限公司、雁峰集团有限公司、常州市卫翔机械有限公司、北京大正伟业塑料助剂有限公司、北京中坤嘉达科技有限公司、常州市润亿机械制造有限公司、天津玉泉工贸有限公司、淄博日月进塑料机械有限公司、潍坊宏源塑编有限公司、博翊精机（嘉善）有限公司、西安聚能塑胶有限公司、北京明顺包装机械厂、汕头市欧格包装机械有限公司、浙江兰溪中艺机械厂、芜湖恒一塑料设备制造有限公司、史太林格塑胶机械（太仓）有限公司等单位的赞助。来自国内外塑料编织制品产业链的 730 多名企业代表出席了本次会议。

会上，宣布并表彰了塑料编织行业技术顾问小组第一批成员。

同期，举行了中国塑协塑编专委会第三届四次理事会，会上还对中国塑协塑编专委会第三届理事及理事以上成员进行了增补。

（四）2014 年 8 月 20 在黑龙江省牡丹江市成功举办了“2014 全国塑编产业链技术交流与市场对接会暨黑龙江穆棱塑料经贸洽谈会”

本次会议由由中国塑料加工工业协会和牡丹江市人民政府主办，中国塑协塑料编织制品专委会和穆棱市人民政府承办，黑龙江万事达塑业集团、天津华今集团有限公司、牡丹江瑞丰新材料科技有限公司、黑龙江升华包装有限公司、穆棱市惠尔森建材有限公司、黑龙江华纶卫生材料有限公司、黑龙江大东机械设备有限公司等单位协办。常州市永明机械制造有限公司、常州市德正机械有限公司、德州三志塑胶有限公司、奥地利史太林格有限公司、北京大正伟业塑料助剂有限公司、雁峰集团有限公司、潍坊宏源塑编有限公司、天津玉泉工贸有限公司、北京明顺包装机械厂、陕西聚能塑胶有限公司、沈阳鑫正发塑业有限公司、常州市腾诚机械制造有限公司、青岛建华包装机械有限公司等单位提供了赞助。

来自国内外塑料编织制品产业链的 370 多名企业代表出席了本次会议。

（五）2015 年 9 月 22 日至 9 月 24 日在浙江平阳县举办了“2015 全国塑编产业链技术交流与市场对接会暨塑编产业转型升级发展论坛”

本次会议由中国塑料加工工业协会、平阳县人民政府主办，中国塑协塑料编织制品专委会、平阳县塑包协会承办，温州晨光集团有限公司、浙江华庆集团有限公司、浙江中宇节能科技有限公司、天津华今集团有限公司、雁峰集团有限公司、浙江三龙通用机械有限公司协办。

本次会议得到了中国塑协 BOPP 薄膜专委会、中国塑协专家委员会、中国塑协改性塑料专委会、温州市塑料工业协会、浙江省苍南县塑料行业协会、江苏省塑料工业协会塑编委员会、常州市塑化业商会、沧州市塑料工业协会、康平县塑编协会、山东省兖州市塑编商会、临邑县塑编协会、徐州温州塑编商会、淮阳县塑料制品行业协会、临沂市塑编协会、重庆市塑料包装协会支持。平阳地区温州晨光集团晨亮塑业有限公司、浙江坤达包装有限公司、温州钱峰科技有限公司、浙江南一塑料机械有限公司、浙江科达包装机械厂、浙江胜龙机械有限公司、平阳县华强机械有限公司、温州科旺机械有限公司、平阳县凯达包装有限公司、温州实丰塑料机械有限公司、平阳县陈文机械有限公司、温州港联机械有限公司、平阳县华源塑料机械厂、平阳县塑料母料厂、温州方磊塑化有限公司、浙江天风塑料机械有限公司大力赞助，全国各地区塑编产业链企业包括常州市永明机械制造有限公司、德州三志塑胶有限公司、常州市德正机械有限公司、史太林格塑胶机械（太仓）有限公司、浙江兰溪市中艺捻织（机械）厂、常州市腾诚机械制造有限公司、陕西聚能塑胶有限公司、天津玉泉工贸有限公司、瑞安市余敏塑机螺杆有限公司、北京泰纳科新材料科技有限公司、北京明顺包装机械厂、潍坊宏源塑编有限公司、枣阳市双星伟业塑胶有限公司、临沂青松油墨厂、宿迁联盛化学有限公司、汕头市北星包装机械（北信机械）有限公司等单位提供了赞助。

来自国内外塑料编织制品产业链的 830 多名企业代表出席了本次会议。

9 月 23 日上午中国塑协塑编专委会第四届会员大会在酒店四层会议室隆重举行。会议由塑编专委会秘书长孙冬泉主持，会议议程主要包括：中国塑协塑编专委会会长姜集康向大会做了“中国塑协塑料编织制品专委会第三届理事会工作报告”；讨论修改中国塑协塑编专委会工作条例；最后进行了塑编专委会理事会换届仪式，选举产生了以姜集康为会长，孙冬泉为秘书长，6名常务副会长，17名副会长，22名常务理事，21名理事，1名常务副秘书长，6名副秘书长组成的第四届理事会成员班子。全体与会代表热烈鼓掌通过各项议程。

会上对“2014年度塑编行业二十强企业”——天津华今集团有限公司、温州晨光集团有限公司、山东新宇包装股份有限公司、江西金沙包装集团有限公司、广庆集团有限公司、南塑集团有限公司、洛阳市强胜实业有限公司、龙岩市宏祥工业包装有限公司、江西亚美达科技有限公司、浙江中宇科技发展有限公司、山东寿光健元春有限公司、江苏万乐复合材料有限公司、浙江华庆集团有限公司、升阳控股有限公司、江苏中乾塑业有限公司、兖州市宏泰塑料制品有限公司、淄博新力塑编有限公司、安徽锦翔塑编包装实业有限公司、沈阳鑫正发塑业有限公司、江西省坤达科技有限公司进行了表彰，颁发了奖牌。

会议还组织代表还参观了温州晨光集团有限公司、浙江中宇科技发展有限公司、浙江华庆集团有限公司，雁峰集团有限公司、浙江三龙通用机械有限公司，与会代表对平阳的塑编制品企业及塑编机械企业有了进一步的了解。

三、塑编相关标准及产品质量监督抽查情况

（一）塑编相关标准实施及制（修）定情况

1. 新国标GB/T 8946-2013《塑料编织袋通用技术要求》的实施以来塑编产品的质量在稳步提高

塑编新国标GB/T 8946-2013《塑料编织袋通用技术要求》已于2014年6月1日开始实施。

新标准的最大变化是取消编织袋袋重限制，以便节能减排，适应发展低碳经济的需求。新塑编国际取消袋重后，塑编企业关注和要研究的是如何提高扁丝强度，如何用最少的原料生产编织袋；添加多少母料，什么样的母料，不影响编织袋强度；关注下游用户要多长时间能接受取消袋重的现实；新塑编国际取消袋重后，塑编机械企业关注如何提升拉丝机的性能，提高拉伸的扁丝强度问题；新塑编国际取消袋重后，母料行业关注的是添加量减少，如何提升母料的性能。

宣传贯彻新塑编国标将成为塑编行业的长期任务。希望地方协会在新国标的宣传中起来积极的作用，希望广大塑编企业贯彻执行国标，按新标准技术要求，生产出符合或高于标准的塑编产品，为行业发展起到推动作用。

2.《塑料经编遮阳网》行业标准修订研讨会于2015年9月23日在浙江平阳三和酒店召开

会议由中塑协塑料制品分技术委员会彭永杰秘书长和嵊州市德利经编网业有限公司共同主持，参会人员包括中国塑料加工工业协会副秘书长孙冬泉、中国塑料加工工业协会综合部主任田岩、中国塑协塑料制品分技术委员会秘书长彭永杰、中国塑协塑编专委会常务副秘书长赵克武、中国塑协塑编专委会高级顾问宋云鹤、嵊州市德利经编网业有限公司副总经理丁云富、嵊州市德利经编网业有限公司总经理助理刘金火、嵊州市德利经编网业有限公司办公室主任吴新丽、浙江省嵊州市绿园塑料网业有限公司总经理陈传标、台州市惠民遮阳网有限公司总经理沈宝生、吉林省参达塑业有限公司总经理韩秀坤、浙江省质量科学检测研究院、工程师彭苏捷等。

会议主要内容为《塑料经编遮阳网》行业标准修订稿的初审及后续工作安排等。

3.《再生塑料编织袋》行业标准已完成

2016年1月15日，由温州升华包装有限公司牵头起草的《再生塑料编织袋》行业标准，经国家工业和信息化部发布公告，批准实施日期为2016年7月1日。

自2010年国家工业和信息化部下达《再生塑料编织袋》标准编制计划后，温州升华包装有限公司作为标准的主编单位，为了制订好标准，积极组织动员行业内龙头企业和相关机构一起参加《再生塑料编织袋》标准制定工作，历时4年完成报批稿。

4. 中国塑协塑编专委会今后将继续支持鼓励企业申报修订其他如篷布、草坪丝、方底阀口袋类塑料制品的标准

（二）2015年塑料编织袋产品质量监督抽查结果情况

1. 国家质检总局2015年食品用塑料包装、容器、工具等制品产品质量国家监督抽查情况

国家质检总局通报2015年食品用塑料包装、容器、工具等制品产品质量国家监督抽查情况，抽查了2399批次产品，32批次产品不合格。

本次共抽查了29个省、直辖市、自治区2079家企业生产的2399批次产品（不涉及出口产品）。经检测，有2047家企业的2367批次产品合格，有

32家企业的32批次产品不合格。抽查企业合格率为98.5%，产品合格率为98.7%。

涉及不合格项次35项，其中剥离力15项、阻隔性能（氧气）8项、阻隔性能（水蒸气）2项、溶剂残留总量3项、苯系物含量1项、蒸发残渣(正己烷)1项、蒸发残渣（乙酸）1项、乙醛含量2项、丙烯腈单体1项、脱色试验（冷餐油）1项。

本次抽查过程中大、中、小型企业数量分别是为88家、305家、1686家，大型企业合格率为100%，中型企业合格率为98%、小型企业合格率为98.5%。

本次抽检涉及塑编企业39家，郑州贤奇塑料包装有限公司检出不合格，不合格项为蒸发残渣（乙酸）超标。

2. 贵州省质监局公布2015年塑料袋及编织品产品质量监督抽查结果

贵州省质量技术监督局组织对全省塑料袋及编织品生产企业产品质量进行了监督抽查。本次抽查涉及贵阳、黔南州2个市（州）4家企业生产的塑料袋及编织品产品7个批次样品，未检出问题产品。

本次抽查依据GB/T 8946-2013《塑料编织袋通用技术要求》等标准要求，对塑料袋及编织品产品的外观、拉伸负荷、剥离力、跌落性能、耐热性能等项目进行了检验。

3. 上海市质监局公布2015年食品袋质量专项监督抽查结果

上海市质量技术监督局组织相关质检机构对本市生产的食品袋进行了专项监督抽查，共计抽查产品22批次，实物质量合格22批次。

本次抽查依据GB 9687《食品包装用聚乙烯成型品卫生标准》、GB 9688-2013《食品包装用聚丙烯成型品卫生标准》、BB/T 0014《夹链自封袋》、BB/T 0039《商品零售包装袋》等国家标准及相关标准要求，对食品袋的下列项目进行了检验：塑料和纸塑复合包装袋封合强度、开启拉力、热合强度、感官蒸发残渣（4%乙酸）蒸发残渣（65%乙醇）蒸发残渣（正己烷）高锰酸钾消耗量重金属（以Pb计）脱色试验（乙醇）脱色试验（冷餐油）脱色试验（浸泡液）等。

4. 上海市质监局公布危险化学品包装物、容器（塑料包装）产品质量监督抽查结果

上海市质量技术监督局官网公布上海市危险化学品包装物、容器（塑料包装）产品质量监督抽查结果，抽查了20批次产品，经检验，不合格0批次。

据上海市质量技术监督局介绍，危险化学品包装物、容器（塑料包装）是列入全国工业产品生产许可证发证产品目录的产品。上海市获证企业28家，本次计划抽查28家，实际抽到产品的有19家，另有9家企业由于搬迁、未生产等原因未抽到样品。

本次监督抽查依据GB 18191-2008《包装容器危险品包装用塑料桶》、GB 19160-2008《包装容器危险品包装用塑料罐》、GB/T 8946-2013《塑料编织袋通用技术要求》等国家标准及相关产品标准的要求，对产品的下列项目进行了检测：气密试验、液压试验、跌落试验、拉伸负荷、剥离力。

5. 沈阳市质量技术监督局发布沈阳市塑料编织袋产品质量监督抽查结果

沈阳市质量技术监督局在其官网发布沈阳市塑料编织袋产品质量监督抽查通报第22期，抽查23家塑料编织袋生产企业生产的43批次产品，合格39批次，合格率为90.7%。

本次监督抽查委托沈阳产品质量监督检验院承担检验任务。监督抽查依据《2015年沈阳市塑料编织袋产品质量监督抽查方案》，对塑料编织袋的拉伸负荷、耐热性、耐跌落性等3项进行了检验；对复合塑料编织袋的拉伸负荷、耐热性、耐跌落性、剥离力等4项进行了检验。

本次监督抽查中，沈阳和鑫塑编有限公司、沈阳兴康塑业有限公司各有2批次产品被检出不合格，不合格项目均为拉伸负荷。据质监部门介绍，拉伸负荷项目是塑料编织袋的一项重要指标，该项目不合格直接影响塑料编织袋的整体质量。

6. 宁夏质监局公布2015年上半年产品质量定期监督检查情况

宁夏回族自治区质量技术监督局通报2015年1～6月份产品质量定期监督检查情况，共抽查275家企业456批次样品，经检验17个批次不合格，产品检验合格率为96.3%。

据通报，宁夏回族自治区质量技术监督局上半年组织对电子电工、能源化工、机械建材、轻工包装等四大类56种产品进行了监督检查。其中：电子电工类产品20 批次，检验合格率为100.0%;能源化工类产品162个批次，8个批次不合格，检验合格率为95.1%;机械建材类产品179个批次，6个批次不合格，检验合格率为96.6%;轻工包装类产品95个批次，3个批次不合格，检验合格率为96.8%。

抽检所涉及塑编企业全部合格。

7、河南省质量技术监督局公布2015年第1批产品质量省监督抽查情况

河南省质量技术监督局公布2015年第1批产品质量省监督抽查情况。本次监督抽查涉及日用消费品、建筑装饰装修材料、工业生产资料、农业生产资料和食品相关产品等5大类产品，共抽取了全省25种772家企业生产的1231批次产品，有729家企业生产的1183批次产品合格，产品抽样合格率为96.10%。

本次涉及塑编企业不合格情况如下：

商丘市大鹏塑料编织有限公司拉伸负荷–经向不合格；商丘市信鑫包装有限公司卫生指标–蒸发残渣（4%乙酸）不合格、拉伸负荷 – 经向不合格；河南金龙塑业有限公司拉伸负荷–经向不合格；淇县中盛塑编有限公司蒸发残渣（4%乙酸）；周口市浩展塑编印刷有限公司蒸发残渣（4%乙酸）不合格

从2015年塑料编织袋产品全国部分地区抽查情况来看，塑料编织袋质量有明显提高，合格率在九成左右，主要不合格项为拉伸负荷和蒸发残渣（4%乙酸）。质量问题要引起生产企业的足够重视，应该努力提高产品质量。各地质检机关也要加大查处力度，共同促进塑编产品质量的提高。

四、2015年塑编原料市场综述

（一）聚丙烯粉、粒价格屡创新低

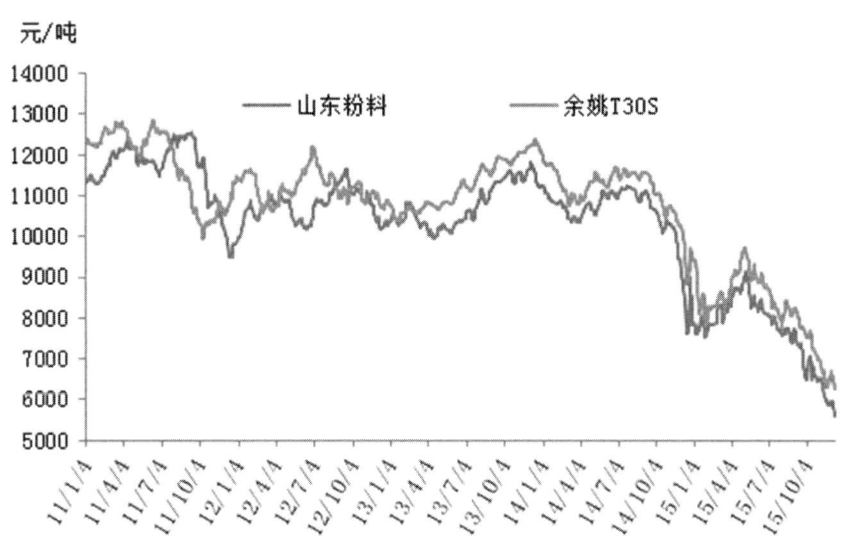

图5 聚丙烯粉、粒料价格走势分析图

2015年聚丙烯市场呈现“先扬后抑走势”（图5），市场下跌的时间远长于上涨的时间，贸易商的痛苦指数排在近几年之首，现货盈利困难是最大的问题。市场的预期始终走在了基本面的前面，由于预期2季度的密集检修和需求旺季且价格也是近几年的低位，2015年前四个月份没有顾忌春节长假和需求萎缩的利空，价格和库存同步上涨，而且下游工厂和贸易商再库存的趋势明显。5月份市场真正进入到了检修旺季，但随着预期的兑现，价格不涨反跌，下游工厂开始主动去库存，贸易商则是被动的去库存，这个过程一直延续到今天，中间虽有几次小批量的再库存，但都因对后市的悲观预期，反弹迅速夭折。据卓创统计数据显示，以余姚市场聚丙烯颗粒拉丝为例，目前均价跌至6250元/吨的低位水平，较年内高点跌38.8%；山东聚丙烯粉料跌至5600元/吨的低位，较年内高点跌35.57%。

在长期的下跌行情中，业者信心不断流失，市场操作愈发谨慎保守。在国际油价持续低位震荡，聚丙烯产能扩张速度依然大于需求增速的行业共识下，突出的供需矛盾将成为未来几年聚丙烯现货市场的常态化现象。在此大背景下，后期聚丙烯粉、粒料低价运行亦成为新常态。

（二）聚丙烯粉、粒原料生产环节利润保持可观水平

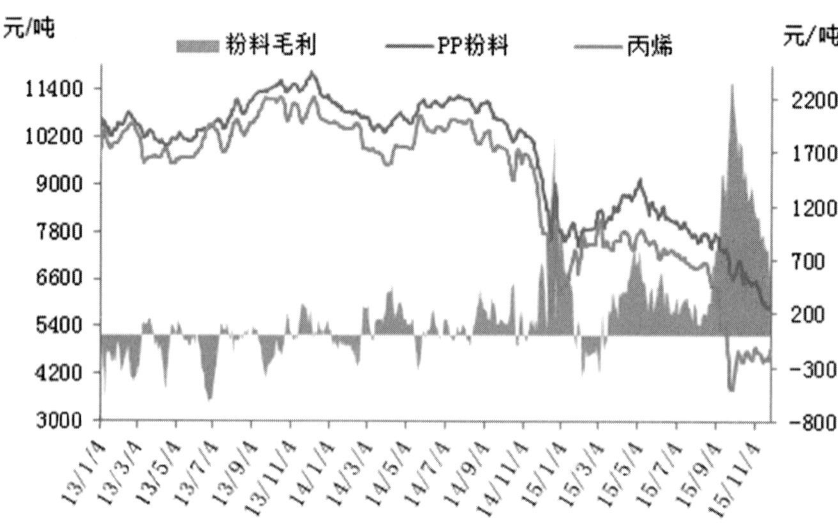

图 6 聚丙烯粉料、丙烯及粉料毛利对比

新型煤化工以及 PDH 行业的快速发展，令国内丙烯单体供应高速增长，而聚丙烯作为尚未产能过剩的大宗商品，依然表现出了较高的抗跌能力，基于原料和产品本身的差异化表现，聚丙烯粉料自 2014 年四季度起，一改往年的颓势并获得华丽转身。丙烯单体作为聚丙烯粉料直接且唯一的上游原料，其价位波动直接影响到粉料厂的利润情况，尤其是需要外购丙烯单体的粉料生产企业。正常情况下（粉料具有盈利能力）丙烯单体与聚丙烯粉料的价差约在 700 ～ 800 元 / 吨，其中包含约 500 元 / 吨的生产成本以及 200 ～ 300 元 / 吨的利润空间。

从图 6 不难发现，2014 年聚丙烯粉料企业结束利润微薄局面并开始华丽转身，进入 2015 年聚丙烯粉料企业利润延续前期较好局面，尤其进入 9 月份后粉料企业利润明显好转，甚至出现暴利局面。据统计，2015 年聚丙烯粉料企业毛利均值水平在 528 元 / 吨，同比去年上涨 72.02%。

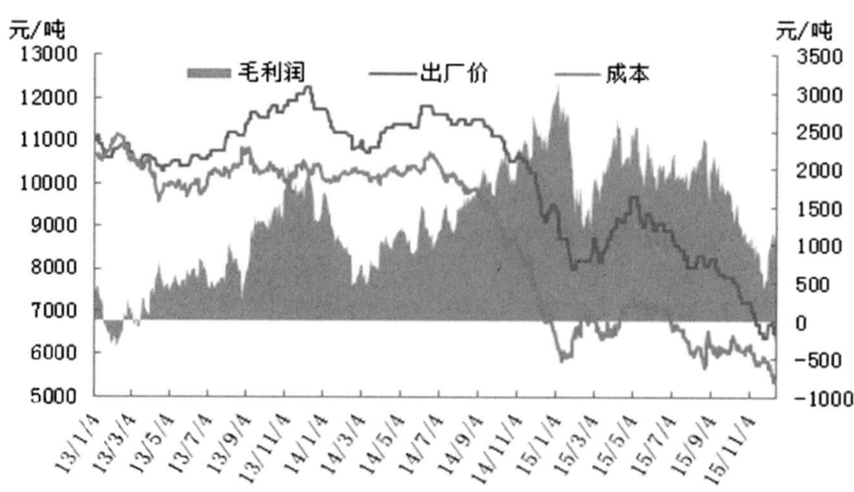

图 7 2015 年国内聚丙烯生产企业毛利润走势图

2014 年四季度油价开启暴跌时代以来，由于油价跌速明显快于聚丙烯产品本身，且聚丙烯颗粒企业多为一体化企业，所以聚丙烯颗粒作为盈利水平相当可观的大宗商品之一，一度受到行业的高度追捧（图 7）。

2014 年生产企业毛利呈现明显的递增趋势，尤其是下半年伴随国际油价暴跌，企业生产成本大幅走低，毛利润一度从 472 元 / 吨上涨至 2908 元 / 吨，涨幅高达 516%，而全年平均毛利润在 1476 元 / 吨，同比 2013 年涨幅在 92.94%。国内聚丙烯生产企业在 2015 年真正开启“暴利”模式，截至目前平均毛利润在 1917 元 / 吨，同比去年走高约 30% 左右，全年最高毛利一度达到 3193 元 / 吨。（以上数据仅供参考）

（三）2015 年聚丙烯粉、粒装置平均负荷显著提升

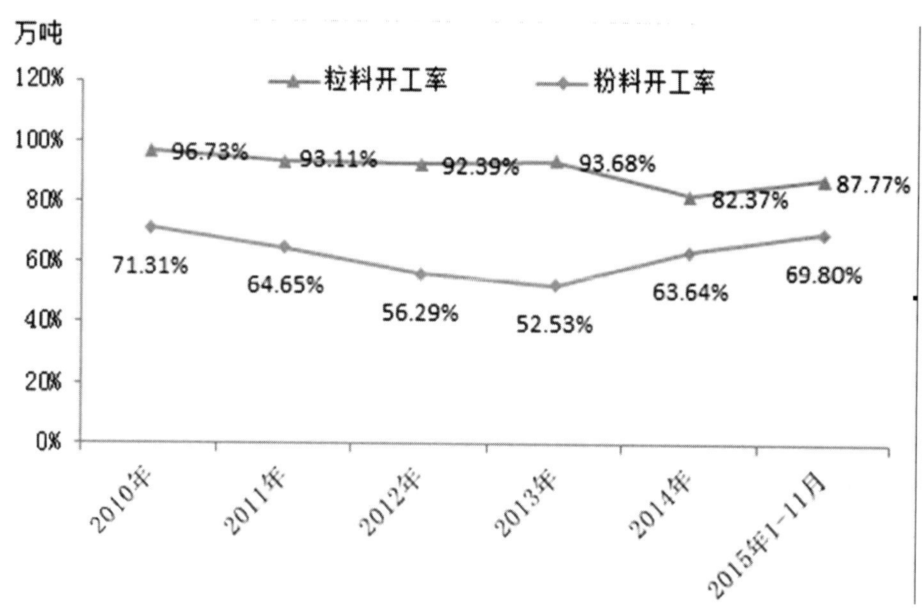

图 8 2015 年国内聚丙烯粉、粒开工率数据对比

由于国内需求增速远远赶上不上产能扩张速度（图 8），所以国内聚丙烯装置平均开工率在 2010 ～ 2014 年呈现出了明显的下降态势。而 2015 年是一个非常特殊的年份，因为自 2014 年四季度国际油价暴跌以来，国内油制聚丙烯原料生产企业成本竞争力大幅增强，而煤制聚丙烯企业成本竞争力不断下降的同时，产能扩张速度也明显放缓。油制聚丙烯生产企业负荷大幅提升，因此 2015 年国内聚丙烯原料生产企业平均开工率显著提升。由于比较多的煤制聚丙烯装置扩能计划向后推迟至明后两年，所以国内聚丙烯装置开工率逐年下降的大趋势仍然难以逆转。

聚丙烯粉料产能增长过去几年基本停滞，随着粉料毛利的大幅好转，聚丙烯粉料企业产量及开工在 2015 年继续回升。随着新型煤化工和 PDH 行业的进一步发展，丙烯单体来源多元化大趋势对粉料生产企业带来的成本降低的利好仍会持续。

（四）PP 拉丝与 LLDPE 价差放大至历史之最

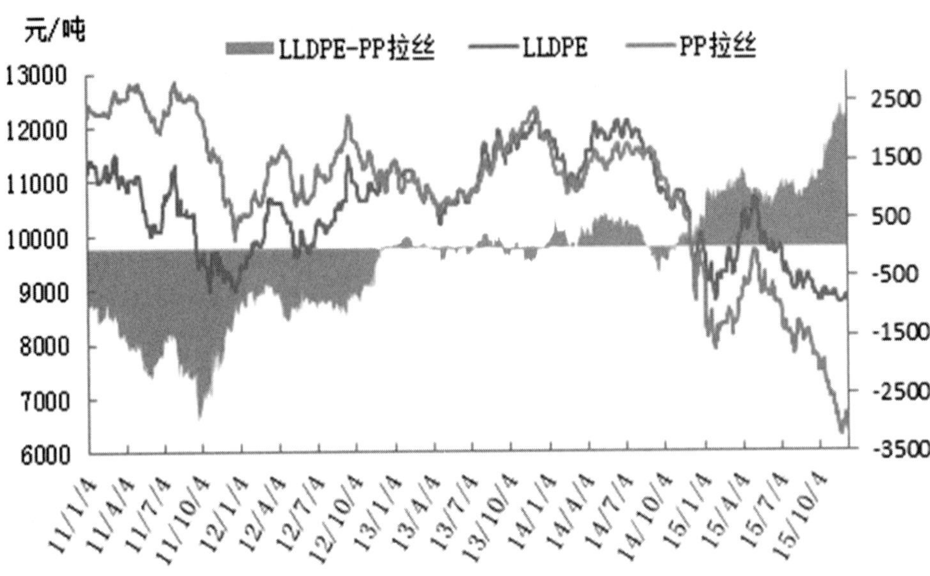

图 9 2011 ～ 2015 年国内 LLDPE 与 PP 价格走势对比图

PP 期货上市后，PP 拉丝和 LLDPE 的价差成了市场研究的一个重点。从图 9 中可以看出，近几年 PP 拉丝和 LLDPE 差价由正变负，2011 年 PP 拉丝价格明显高于 LLDPE，2012 年开始差价逐渐缩小，2013 ～ 2014 年 PP 拉丝和线性的差价在正负之间小幅变动，而进入 2015 年之后，PP 拉丝价格明显低于 LLDPE，目前差价约在 2500 元/吨，达到历史之最。PP 拉丝和 LLDPE 之间价差之所以会出现如此大的变化主要从以下方面分析。

第一供应面：2013 ～ 2015 年国内 PP 产能平均增速约在 15.5%，PE 平均增速约在 7.3%。而且 PP 新装置投产初期普遍以产拉丝为主，因此从供应方面而言，PP 拉丝增速明显快于 LLDPE。

第二需求面：PP 拉丝的下游主要集中在塑编和 BOPP 两个方面，而塑编和 BOPP 的下游领域比较广、散。受经济环境的变化，塑编、BOPP 膜产能过剩，面临转型升级的压力。而 LLDPE 的主要下游是农膜、缠绕膜、保鲜膜等，有刚性需求的支撑。因此从需求面考虑，LLDPE 比 PP 拉丝的下游需求表现要好。

第三成本面：传统乙烯裂解装置丙烯收益率低于乙烯，因此前几年丙烯供应短缺，致使丙烯价格高于乙烯，直接导致 PP 拉丝价格高于 LLDPE。而近几年随着丙烯来源多元化的不断发展，MTO、PDH、进口丙烯等方式直接增加了国内丙烯供应量，丙烯市场进入弱势通道，进一步影响到 PP。

第四企业性质：截至 2015 年底，PP 粒料生产企业中，中石化、中石油的占比达到 57%。PE 生产企业中，中石化、中石油的占比约 60%。PP 企业中，随着 MTO、PDH 等地方企业的不断投产，行业分散度不断提高，若加上 PP 粉料，价格无序竞争更加激烈。因此，两桶油在市场的话语权方面，PP 拉丝要差于 LLDPE。

第五再生料方面：PE 的回料主要来源于进口毛料造粒，而 PP 回料主要来源于国产回收。由于进口料有成本和时间滞后性，因此进口再生 PE 价格居高不下。而 PP 再生料市场不堪新料市场的冲击，价格下跌明显。因此近段时间，失去再生料市场的支撑，PP 拉丝下跌幅度更大。

（五）聚丙烯下游制品开工率趋势分析

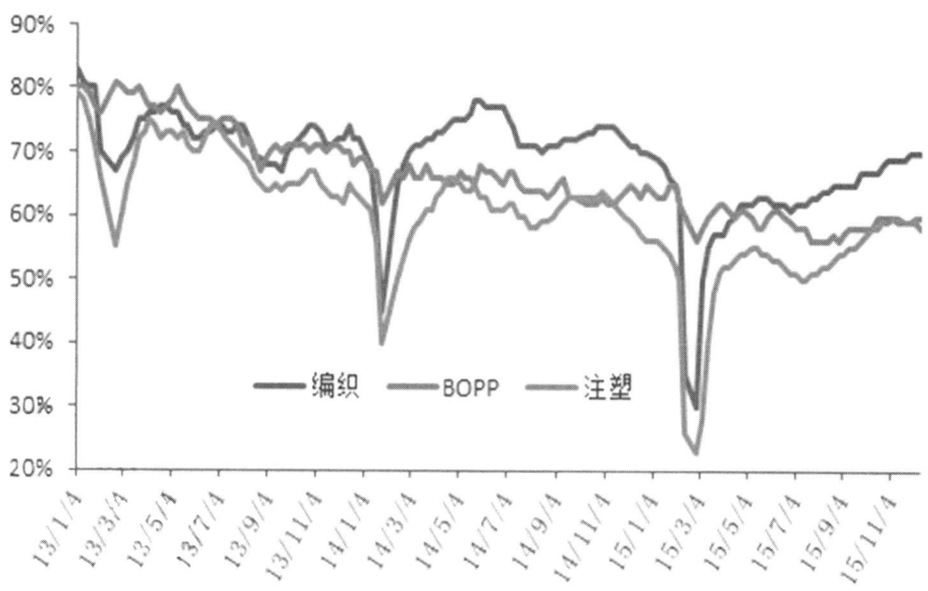

图 10 国内聚丙烯下游制品开工率走势分析图

国内聚丙烯主要下游编织、BOPP、注塑等制品企业开工率大趋势向下走势明显（图 10），其中 2015 年编织企业平均开工率 70% 同比去年 75% 下跌 5%；BOPP 平均开工率在 59% 同比去年 65% 下跌 9.23%；注塑企业平均开工率在 52% 同比去年 60% 走低约 13.33%。

由于全球经济增长放缓，国内经济发展进入新常态，终端需求持续低迷，下游工厂面临订单不足、资金短缺、成品库存积压及利润下滑等重重困境，企业整体开工率下滑甚至部分中小企业被迫停工或倒闭。不仅如此，同比往年聚丙烯下游传统需求旺季几乎消失，而需求淡季却更加清淡已成为常态化。因此，在国内聚丙烯供应持续增加的背景下，下游制品企业整体开工不足是硬伤，并直接制约聚丙烯行业未来发展前景。

（六）2016 年聚丙烯粉、粒市场发展预测

聚丙烯粉料在整个聚丙烯市场中占比较少，因此价格走势主要取决于粒料走势，跟随粒料波动。聚丙烯颗粒作为金融属性非常强的大宗商品之一，预判未来价格趋势可从宏观、原油、供应、需求等四个角度来逐一分析。首先宏观面，2016 年世界经济增长放缓，世行预计全球经济增速 3.3%，比 2015 年的 3.6% 略低。美国复苏态势稳定，将进入加息周期；刺激政策托底，欧元区疲弱回升；日本疲态延续，通胀水平有望提升；新兴市场依旧低迷，印度等少数国家成为亮点。尽管美国进入加息周期，但幅度较小，全球流动性不会大幅收紧，新兴市场爆发危机可能性小。中国经济目前面临的最大问题是债务和产能过剩问题，这两个问题短期没法解决且存在恶化趋势，这两大问题不解决，中国经济很难有实质性的改观。不过今年下半年中国经济的加速回落，除了宏观面因素之外，也与股灾造成的金融危机担忧所引发的市场去库存也有很大的关系。从这个意义上来说，如果短期市场去库存已经临近尾声，那么 2016 年中国经济还是存在一些机会的。总体看，全球经济仍旧处于从危机底部逐步爬升的状态。

二是原油方面。2016 年全球原油依然会处于过剩之中，但是过剩最大的时间已经过去，欧佩克和非欧佩克原油市场份额之争仍将打压油价，未来将是需求逐步消耗过剩量的过程。预计 2016 年价格的底部可能出现在上半年，预计全球油价呈现先低后高格局。

三是聚丙烯供应方面。国内聚丙烯产能过剩离我们越来越近，但由于今年以来新增产能的推迟和回料的挤出效应，聚丙烯市场是石化产品表现最好的品种之一，从上游利润就可见一斑。2016 年聚丙烯市场的系统性风险不大，聚丙烯价格自 2015 年 5 月份以来长期下跌，低价可令市场风险下降，有利

于再库存，后期的跌价风险也不断释放。

四是需求方面。虽然需求增速放缓是行业共识，但绝对量在增长也是不争的事实。2016 年需求方面需要重点关注聚丙烯新料对再生料的继续替代效应。目前聚丙烯价格与再生料价差不断收窄，有利于新旧替代，促进消费需求增加。预计 2016 年回料的替代效益还是存在的，但是挤出幅度会明显收窄，聚丙烯结构性过剩会成为常态。

根据以上论述，如果宏观经济继续低迷，国际油价保持低位，新增产能基本按计划得以释放，明年聚丙烯市场总体仍将承压。由于需求弹性较大，且经济走向、新增产能释放程度、再生料价格体系重构的空间、国际油价涨跌、汇率变动、其他烯烃衍生物市场表现等等都会对国内聚丙烯现货市场形成重要影响，因此预计 2016 年聚丙烯价格以低位宽幅震荡行情为主，而油价能否上涨以及上涨高度是决定聚丙烯市场能否具备底部长期反弹的决定因素。预计全年的低点在 4、5 月份，高点在 9 月份，总体看价格运行区间要大幅低于今年，预计 2016 年国内聚丙烯颗粒拉丝价格区间在 5500 ～ 8000 元 / 吨，预计 2016 年国内聚丙烯粉料价格区间在 5200 ～ 7500 元 / 吨。

聚丙烯“买方市场”以及下游工厂按需采购的策略成为 2016 年的常态化现象，预计这种常态化现象也将贯穿整个 2016 年。今年聚丙烯市场主要以震荡整理为主，建议塑编企业采用随用随购的原则，在市场急跌走低时适当囤积原料。

五、加快转型升级 优化结构调整 促进塑编行业在“十三五”期间良性发展

（一）以塑料加工业“十三五”发展规划和塑料加工业“十三五”技术进步指导意见为指导，引导塑编行业实现中高速，迈向中高端发展，推动产业升级。

“十三五”期间是塑编产业转变发展方式，调整优化结构，提高发展质量，全面提升产业整体水平，向产业链高端发展的重要阶段。全球经济增长动力不足，需求下降，增速下滑，市场需求不足，产能过剩矛盾加剧，企业经营困难、企业人工等生产要素成本不断上升，加之塑编行业小企业多、技术力量薄弱、研发力量不强，不少企业装备落后，生产环境恶劣，可以说当前塑编行业正面临新老困难和挑战交织在一起的复杂局面，加快转型升级任务紧迫而艰巨。塑编行业要进一步坚定信心，要不失时机地加快转变发展方式，加快调整优化结构，加快技术进步和科技创新，促进塑编行业健康、可持续发展。

塑编行业产业升级的目标是：牢牢把握科学发展这个主题，紧紧围绕转变发展方式这条主线，遵循工业化客观规律，适应市场需求变化，根据科技进步新趋势，积极发展结构优化、技术进步、清洁安全、附加值高、吸纳就业能力强的现代产业体系。建立现代化产业体系是落实科学发展的具体体现，是衡量工业现代化的重要标志，是产业升级的方向和追求的目标。建立现代产业体系要求必须拥有强大的创新体系和创新能力；必须有高附加值、高端化产品及完善品牌建设体系；必须有切实履行环境友好、资源节约的高度社会责任感。从塑编行业实际情况看，塑编行业现代产业体系的建设任务更加艰巨也更加紧迫。现代产业体系有两大支柱和核心，一是工艺、技术装备。装备是技术和工艺的载体，是产业科技水平的集中体现。工艺、技术装备水平低是塑编行业必须认真解决的大问题，塑编产业装备虽有较大提高，特别在节能方面取得巨大成绩，但与发达国家相比仍有较大差距，塑编行业要在引进、吸收、消化再创新的基础上，集中行业力量研究开发行业急需高线速拉丝机、节能圆织机、电磁加热技术、自动切缝设备、混料设备、先进制造技术等，要在先进、高效、安全、高性价比和机电一体化上取得新的突破，解决塑编行业发展瓶颈，全面提升装备水平。二是信息化。要提升“两化”融合水平，特别要推进中小企业信息化，这是塑编行业薄弱环节，需重点推进。

（二）以中央工作会议精神为指导，主动适应经济“新常态”，推动塑编行业供给侧结构性改革，去产能、补短板，引导塑编行业去过剩产能；加快塑编行业的产品升级换代，鼓励企业强强联合、兼并重组、通过优势互补加快行业整合步伐，提升行业技术水平，提升企业单体规模，提升产业集中度；创新发展模式，拥抱互塑编联网 +，确保塑编行业平稳健康和发展。

1. 瞄准“功能化”方向，通过科技创新化解产能过剩，促进塑编行业健康发展

化解产能过剩源头是关键，存量是重点，根本途径是创新。重点抓好整治存量过剩产能。对存量过剩产能要采取淘汰落后、兼并重组、扩大需求和产业转移，这里关键是淘汰落后产能。

当前要把大力实施差异化发展战略和高端化战略、优化结构调整、加快新产品开发、培育新的增长点作为重要工作。首先要做好传统塑编产品结构

调整和升级，要加强对普通编织袋、水泥袋、篷布等传统产品的深度开发，实现产品系列化和高档化水平，努力缩小与国外先进水平的差距。第二要在有条件企业，集中创新资源，加快“功能编织袋”研发和产业化。要切忌跟风，防止形成新的产能过剩。

此外要大力推进技术改造，培育和壮大一批优势企业，同时要规范产业有序转移，该淘汰的不得转移，承接地不得盲目接收。

2. 加快产品结构调整和产品升级，努力形成高、中、低档产品比例合理的产品结构

产品结构比例不合理，低档产品比例过大，低水平产能过剩是塑编行业面临的突出问题。由于进入门槛低更加大了低档产品的比例。因低水平、同质化引发的“价格战”有越演越烈之势。而市场急需的中高档优质产品供应不足，塑编行业产品结构调整和产品升级任务越来越迫切。

塑编行业首先要转变发展观念，从过去依靠量的增加、产能扩大的发展方式转到依靠技术进步、实现创新驱动发展的路子上来。要大力调整优化结构，大力开发新产品，加快产品高端化进程，努力加快高端制造业目标的实现。第二要面向市场，认真研究市场需求，集中开发当前市场急需的产品，如透明编织袋、防老化袋、高质量的食品包装袋、吨装袋、阀口袋、糊口袋、宽纬纱复膜水泥袋、高档手提袋等新产品，并进一步拓宽应用领域。第三要大力淘汰大量使用廉价低档母料、回炉料和粉料的低档、低附加值编织袋。第四要大力开发功能编织袋和专用编织袋。如耐老化编织袋、透明编织袋、抗静电、抗菌编织袋及特种专用编织袋。为此要加快新材料、新型助剂的研发，加快材料改性的研发，以满足功能袋的需要。

结束语

今年是“十三五”开局之年，也是塑编行业转变发展方式，调整优化结构，提高发展质量，全面提升产业整体水平，实现跨越式发展的重要阶段。2015年经济增长动力不足，国际需求下降，出口订单减少，国内需求不足，企业经营遇到较大困难，全行业增速下滑明显。因此，我们要进一步坚定信心，不失时机地加快转变发展方式，加快调整优化结构，加快技术进步和科技创新，促进塑编行业健康、可持续发展。改变塑编行业产能过剩，生产集中度低，规模偏小，产品结构不合理，技术力量薄弱，创新能力不强等问题。

（中国塑协塑料编织制品专业委员会　孙冬泉）

在新常态下塑编产业如何实现稳定发展

一、 新常态现状

2014年全国经济工作会议首先提出我国经济发展进入新常态，正从高速增长转向中高速增长，经济结构从增量扩能型为主转向调整存量，做优增量并存的深度调整；经济发展方式正从规模速度型粗放增长转向质量效益型集约增长；经济发展的动力从传统增长点转向新的增长点。简而言之，我国经济发展在速度、发展方式、经济结构、经济发展动力上都有新的变化，有新的要求和新的目标。

二、在新常态下塑编产业如何发展

（1）发展速度从过去的高速度增长转向中高速发展；

（2）从过去只强调数量增长转向质量效益型增长；

（3）要做优增量并存；

（4）发展动力应从传统的数量增长转向新的增长点。

三、塑编产业在新常态下如何实现稳定发展

（1）积极发展高端塑料编织制品生产，加快调整塑编制品中高、中、低档产品的比例，尽快降低低档塑编制品的比例，尽快占领国际高端塑编制品市场。

当前，我国塑料编织袋是以粉料聚丙烯、回炉料、低档碳酸钙母料三合一为原料生产的低档次编织袋占主导地位，而高档次编织袋产量不到10%。

高端编织袋其单位强度好，外形平整光洁，印刷图案精美，单位面积袋布重量低，生产过程无粉尘、烟雾，简单地说每吨编织袋售价在1.9万元以上即

为高端编织袋，我们要在2020年前使我国高端编织袋的数量达到编织袋总量20% 以上，力争达到25%。

（2）加快发展功能编织袋生产如透明编织袋、耐老化编织袋、抗静电编织袋、抗菌编织袋的生产。

目前我国透明编织袋生产其质量已达到世界先进水平，其中以山东兖州市宏泰塑料制品有限公司的产品为佳，其透明度、强度，每平方米编织布重量都处于全国领先水平，产品大量作出口农副产品包装。兖州市有几十家企业都从事透明编织袋生产。耐老化编织袋国内已大量生产且有批量出口，温州三松包装有限公司多年生产出口耐老化编织袋，其耐老化剂是常州企业生产。当前国内有多家企业生产耐老化编织袋，特别是出口集装袋大部分是耐老化的，不少企业使用北京加成助剂研究所和北京天罡助剂有限公司的耐老化剂。国际发达国家大都使用耐老化编织袋，耐老化编织袋在国际市场份额日益加大，我们应尽跟上，满足国内外市场需要。抗静电编织袋主要在矿山使用，抗菌编织袋目前国内生产较少，从发展的眼光来看降解编织袋将成为新的发展方向。

（3）扩大集装袋生产规模：随着国内外市场的变化，集装袋的需求量越来越大，品种越来越多，近年来国内许多集装袋生产企业销售情况良好，产品供不应求，且经济效益比生产普通编织袋好，销售利润率比普通编织袋高2～3个百分点，好的企业销售利润率达8%～10%，适当扩大集装袋生产不但可改善普通编织袋销售疲软状态，还可提高企业经济效益。

（4）扩大方底阀口袋生产：随着国内外下游企业包装生产线的自动化水平日益提高和对包装袋品质要求越来越高，方底阀口袋日益受到用户欢迎，适当扩大方底阀口袋生产适应市场需求，同时可提高企业经济效益。

（5）加快编织袋生产中机器换人的步伐，编织袋是劳动密集型产品，生产编织袋使用大量劳动力，随着我国工资、劳保政策的实施，工人工资和各种劳保费用大幅提高，而且这种提高在不断继续着，在生产中千方百计节省劳动力是降低编织袋生产成本的重要环节，只有加快引进先进设备，加快淘汰落后设备才能减少劳动力。提高企业经济效益。

①采用自动裁切、缝纫成袋机，代替手工成袋；

②采用3米以上宽幅拉丝机或线速度400米/分以上拉丝机减少拉丝劳动力；

③采用先进的节能型织袋机和电子控制设备减少织袋劳动力，山东烟台双华塑料机械有限公司DS-6P圆织机，1人理论上可操作10台圆织机的专利产品，目前国内多数企业4梭圆织机1人仅能操作3.5～4台，若能1人操作10台可提高2倍，不过要通过实地调查了解是否可行。但1人操作多台是织袋工序提高改革的方向，大家都要努力向这个方向发展。

（6）加强信息化管理，从信息中求效益。特别近期石油价格、合成树脂价格大幅变动，只要能抓住时机低价进高价出，可为企业获得大额利润，其效益远远高于生产效益，如2015年1～4月，美国每桶原油价格最低为1月29日44.55美元，最高是4月20日每桶57.88美元，高低相差29.92%。又如3月16日至4月底国内聚丙烯T30S，3月16日8000元/吨，4月底9700元/吨，高低相差21.25%，绝对价差每吨1700元，若月消耗1000吨即差170万元，从专委会短信报价的有T30S生产的16家企业中，价格最低是延安石化、华中洛阳石化、绍兴三园石化、西北独山子石化、大庆石化、兰州石化，最高的是茂名石化、齐鲁石化、燕山石化、广州石化、天津石化，企业之间同期价差为每吨350～900元，若企业消耗1000吨则差35万元到90万元。当然其中减去企业到树脂生产厂运费差价及原料的质量。从上述数据可出，若能选中时机在低价时进料，供高价时生产，企业每月可多获利上百万。所以充分说明利用信息，抓住信息为企业生产经营服务，可使企业获大笔利润且大大高于生产利润，只要设专人负责信息工作，并准备好资金等待，即可实现，这充分证明信息工作对企业的重要性，现在是信息时代，不能只低头拉车，要抬头看路，抓住信息，才能使企业在新常态下获得稳定发展。

（7）加强人才引进和人才培养步伐，做什么事都要靠人，一个企业要搞好生产经营必须有一支技术和管理的人才队伍，要在这方面花本钱，才能使企业进步、发展，现在是新时代，科技高速发展时代，人才更显得重要。要创新就要有一支创新队伍。

（8）要积极参加协会各项活动，现在政府除决定政策外，不再管理企业，每个行业靠协会开展活动，为企业提供信息，一是协会提供行业发展动态信息，二是提供新材料、新技术、新设备信息，三是行业内出现的新问题、新经验信息，往往一个信息可为企业获得几十万百万利润，专委会今后要开展技术培训，另一方面专委会每年发给会员企业一张调查表，要求会员填写企业设备情况、经营情况，这份表格能使专委会对每个会员每年的情况有所了解，对行业的动态有基本的了解，为专委会开展活动提供论据十分重要，希望大家重视。另一方面提高专委会工作水平和工作效率，能更好地为政府和会员服务。

只要坚定信心，坚信在以习近平同志为首的党中央领导下，我国经济在新常态下会获得稳定发展，我们塑编产业在大家共同努力下也一定会实现稳定发展。

（中国塑协塑料编织制品专业委员会　宋云鹤）

塑料管道

一、行业现状

2015 年，中国经济总体稳中求进，多种政策、多项改革协调配合，使得中国宏观经济运行缓中趋稳、稳中向好。2015 年，塑料管道行业在国家及地方相关政策的推动下，在相关部门的支持下，在上、下游行业的协助下，在会员单位和行业企业的共同努力下，行业总体仍保持稳定发展，基本完成了全年发展的主要目标任务。行业在优化产业结构、提升产品质量、增强科技创新、提高服务意识等方面取得了较好的成绩。

产量有所提高。面对复杂严峻的国内外经济环境，在国内经济下行压力持续加大、房地产市场低迷等多重困难背景下，2015 年塑料管道行业快速发展势头继续放缓，增幅略有下降。但在国家相关市政工程、水利工程、农业、工业和建筑业等行业市场需求引领下，2016 年，塑料管道行业取得了一定的增长。据相关统计和分析推算，2015 年，全国塑料管道生产量约为 1380 万吨，增长率为 6.15%。这一成果的取得来之不易，是整个行业共同努力的结果。

产业结构进一步优化。2015 年，行业企业的发展情况出现了两级分化现象，规模大、质量好的企业发展步伐加快，在产能、产量及综合竞争力等方面均有所提升；质量差、规模小的企业出现经营困难，一些地区的部分小企业已经停产或转产。随着国家“一带一路”等西部开发等利好政策的出台，部分塑料管道企业也加速了在西部地区布点、投资建厂的步伐。

行业更加重视科技创新和技术进步，新产品在生产中的比重进一步加大。2015 年，我国塑料管道产品总体进步较大，很多企业关注新产品研发，产品种类不断丰富，行业取得了新的成绩。目前，PVC 实壁管道的最大口径可达到 1600 毫米；国内几家企业已可以相对稳定地生产 PVC-O 管材产品；以不同材料长纤维、短纤维增强的 PE、PP 复合管道已有较好工程应用案例；柔性连接方式在大口径排水管道中得到推广应用；市场上低端产品逐步减少，更多的加工企业更加重视高端、技术含量高的产品研发。

出口量有所下降，出口产品单价有所提高。2015 年，各种塑料管道出口量 54.47 万吨，与 2014 年相比下降 3.94%；出口额 22.13 亿美元，同比下降 3.50%；但出口单价由 2014 年的 4046.5 美元 / 吨提升到了 2015 年的 4062.8 美元 / 吨，表现出了较好的竞争能力。

“创新、安全、责任”成为行业发展主旋律。创新是行业和企业生存与发展的动力，安全是市场的基本和重要要求。对于塑料管道行业而言，创新和安全是行业健康发展的核心。随着市场的逐步规范和应用者认识的提高，安全可靠、高品质的塑料管道已经逐步成为市场主流。

目前，塑料管道行业的发展态势稳定，行业也正逐渐步入提升质量水平、优化产业结构的过渡时期。伴随着政府提出的加快城镇化建设、加强农村水利建设、投入大量资金改造城市排水管网等政策，以及塑料管道在非开挖施工技术、旧管道修复技术、矿山、石油和其他工业领域应用的增加，整个塑料管道行业的发展前景依然可观。

二、塑料管道专委会活动

1. 提高自身建设及服务水平，保障专委会各项职能正常运行

2015年，专委会继续加强自身建设及秘书处的内部管理，重视制度建设，通过制定一系列日常工作流程，提高秘书处的工作效率及专业水平。

专委会规范了新申请会员及理事单位的审批流程，需详细了解申请单位的相关情况，加强了对新申请单位的审核工作，每月及时上报理事会审议并及时通过信息平台公布审核结果。

2015年，专委会新增了昆明普尔顿环保科技股份有限公司、山西中德管业有限公司、上海天力实业（集团）有限公司、福建省华益塑业股份有限公司、安徽佑逸管业有限公司、鄂州市兴欣建材有限责任公司、四川多联实业有限公司、湖北大洋塑胶有限公司、山东东信塑胶有限公司、辽宁旺平管业集团有限公司共10家理事单位。

2015年，专委会新增会员单位42家，同时，专委会还及时清理了部分未尽会员义务的会员单位，进一步规范了会员单位的管理工作。专委会会员总数保持在400余家，塑料管道生产企业会员的塑料管道产量约占全国塑料管道总产的70%以上。

在提高履职水平的同时，专委会还致力于提高服务水平，提升服务效能。积极利用协会平台资源，充分发挥行业协会的作用，在用户行业做好市场推广工作，切实为行业企业提供帮助，解决企业所面临的实际困难。

2. 加强行业数据统计，反映行业情况及会员诉求

2015年，专委会加强了统计工作，定期在理事单位范围内征集半年度及年度企业相关数据，及时了解企业运行情况。此外，专委会还将收集的数据进行汇总、对比、分析，并定期向理事单位发布统计报告。

专委会还充分发挥桥梁和纽带作用，及时贯彻国家产业政策，履行引导、监督职能，制定相关准则，规范会员单位企业的行为，并代表会员向政府有关部门反映行业情况及会员诉求，维护会员单位的合法权益和行业声誉，努力为企业、行业服务，促进行业的健康持续发展。

2015年，专委会积极配合国家相关部门开展产业振兴和技术改造项目的申报工作，协助行业企业申请技改专项基金，获得投资补助、贷款贴息等，推动行业关键技术的研发与产业化，促进行业的技术进步。

3. 发布行业信息，建立网络平台，推进行业信息化建设

随着计算机技术、网络技术和通信技术的发展和应用，信息化已成为企业实现可持续化发展和提高市场竞争力的重要保障。专委会高度重视信息化对行业发展和推广工作带来的重要作用，充分发挥信息平台的影响力，全面推进行业信息化建设。

为满足信息化发展需要，2015年初，专委会网站全新改版并正式运行。新网站延续了原网站的主题风格，功能模块及内容布局上有所调整，板块设置更加灵活，功能更加完善，资源更加丰富。此外，秘书处还建立了稳定的信息发布体制，使网站综合性更广、扩展性更好、实用性更强。

随着移动互联网时代的到来，专委会充分发挥新媒体优势，通过微信公众平台（中国塑协管道专委会管道行业联盟）等方式，及时发布行业热点及最新动态，扩大塑料管道行业的影响力。

2015年，专委会完成了预定6期《中国塑料管道资讯》杂志的编辑、出版工作，到目前累计共出刊72期，及时向广大会员单位及用户行业传递塑料管道行业的相关政策、技术进步、科技创新、最新动态等方面信息。

4. 完善行业自律机制，提高诚信意识，保障产品质量安全

市场经济是信用经济，信用及诚信是和谐社会的坚定基石，信用的重要性越来越被公众所熟知和重视。

2015年，专委会继续推进《给水用塑料管道行业自律公约》的相关工作，规范给水用塑料管道行业企业的经营行为。

为提高行业从业人员的职业道德，加强行业自律，2015年4月，专委会制定并发布了《中国塑料管道行业职业道德准则》。该准则将诚信经营、爱岗敬业、树立事业心和责任感、节能环保等内容纳入其中，明确了企业的诚信和价值取向，为规范企业道德行为提供了依据。

2015年，专委会与中国城市燃气协会一道，进一步推广燃气用埋地聚乙烯管材、管件产品质量认证工作，进一步提高了燃气用PE管材、管件产品的质量水平，促进了相关产品应用范围的扩大。

5. 增进行业骨干企业的交流与合作，相互促进，共同发展

为促进行业骨干企业间的交流与合作，互相学习，取长补短，经部分（副）理事长提议和商讨决定，

专委会组织了“中国塑协塑料管道专委会理事长沙龙”活动。2015年，专委会共举办了两期沙龙活动，取得了较好的效果。

2015年7月3日，第一期沙龙活动在浙江台州黄岩举办，召集单位为永高股份有限公司，主题为“适应经济新形势，谋求行业新发展”。11月2日，第二期沙龙活动在天津举办，召集单位为天津军星管业集团有限公司，主题为“学习欧美经验，创新行业发展”。

6. 组织召开理事会、年会等重要活动，提高行业凝聚力

2015年1月23日，在上海欣好化工科技有限公司的支持下，专委会第九届二次理事会议在浙江嘉兴召开。会议对专委会2014年工作进行了总结，并讨论通过了专委会2015年工作计划。理事会议还总结了塑料管道行业发展中存在的一些问题，再次呼吁行业企业一定要保证产品质量，生产放心产品，担当责任，为企业负责，为用户负责，为行业负责，共同促进塑料管道行业的持续、稳定、健康发展。

2015年4月23～24日，专委会第九届三次会员大会暨2015年塑料管道行业交流会在河北省衡水市召开。会议由河北精信化工集团有限公司和上海邦中高分子材料有限公司承办，河北泰沃塑管有限公司、广州鹿山新材料股份有限公司、上海展业展览有限公司为会议支持单位。来自国内外相关单位的领导、专家、会员单位、塑料管道生产企业、上下游企业、行业协会、检测机构、认证单位、相关媒体等单位代表559人参加了会议。

年会提出“创新，安全，责任”的主题，旨在逐步解决当前行业当前存在的问题与困难，引导未来行业的发展方向。

7. 开展技术交流，扩大国际合作，促进行业科技创新及技术进步

2015年9月21～22日，由专委会（CPPA）和国际塑料管道会议协会（PPCA）联合主办，上海邦中高分子材料有限公司、上海展业展览有限公司、广州鹿山新材料股份有限公司、浙江双林机械股份有限公司等单位协办的“第四届中国（2015·上海）国际塑料管道交流会”在上海召开。本次会议是2014年9月在美国芝加哥举办的“第十七届国际塑料管道会议”的延续会议，也是在中国举办的第四届国际塑料管道交流会。来自中国、美国、加拿大、英国、法国、奥地利、比利时、日本、印度、越南、阿联酋等国家的塑料管道生产行业、原料行业、装备行业、建设行业、水行业以及相关协会、检测机构、设计院、研究院、大学、媒体等共266个单位的338位代表参加了本次会议。

会议围绕塑料管道材料、装备、研发、生产、检测、安装、应用和可持续发展等方面，共安排了国内外专家的28个专业报告，并同与会代表就相关问题进行了交流与探讨。

8. 推动产业链上、下游的互动合作，探寻互利共赢之路

2015年，专委会密切关注上游行业的发展动态，积极参加上游行业组织的相关活动，了解相关产品生产、技术、供应等相关情况。

随着全球环保和健康意识的加强，PVC管材及管件应用的环保无铅热稳定剂逐步替代铅盐热稳定剂已成为行业共识。2015年，专委会加强了该项工作：行业重视无铅环保热稳定剂技术进步，密切关注PVC稳定剂的发展情况，推广无铅环保热稳定剂在PVC管道产品中的应用，为早日实现行业全面禁铅做好基础性工作。

专委会还积极参加下游相关协会组织的活动，并与下游用户行业合作，共同组织召开了一系列交流推广活动，扩大塑料管道行业的影响力，促进塑料管道产品应用。

2015年9月，专委会与中国城市燃气协会合作，共同在苏州举办了“2015聚乙烯（PE）燃气管网应用安全技术研讨会暨聚乙烯（PE）燃气管材新国标宣贯会”。来自G5+成员单位、燃气公司、上游原料生产企业、管道制品生产企业、检测部门和城镇燃气设计、施工、验收、监理单位及管理部门、科研机构等近200人参加了本次会议。通过此次会议，进一步加强了燃气行业对PE燃气管道原料性能及发展、管道制品生产、质量及检测要求、设计及燃气管道应用经验的了解。

为了更好地宣传推广新型管材的选择与应用，保证城镇供水企业管网运行安全可靠，针对国内管网材料使用中存在的诸多问题，2015年10月，专委会与中国城镇供水排水协会设备材料委员会及管道部合作，参与组织了“首届城镇供水管材选择与应用技术研讨会”，该会议对全国城镇供水事业的发展及塑料管道在水行业的推广应用起到了促进作用。

2015年，专委会还参加了住房和城乡建设部科技发展促进中心主办的“第17届全国塑料管道生产和应用技术推广交流会”、中国地质大学（武汉）

中美联合非开挖工程研究中心与住房和城乡建设部科技发展促进中心共同主办的“第六届管道工程与非开挖技术研讨会”、中国城镇供水排水协会设备材料工作委员会主办的“2015年度工作会议暨智慧水务的建设与运营设备技术研讨会”、“住房和城乡建设部建筑给水排水标准化技术委员会2014年度工作会议”、“中国辐射供暖供冷委员会十周年庆典”等会议及相关活动。

2015年9月，专委会与中国建筑金属结构协会给水排水设备分会、中国建筑学会建筑给水排水研究分会等单位合作，共同举办了“2015上海国际城镇及建筑给排水水处理展览会（中国城镇建筑水展）”。该展会以“绿色水资源，美丽中国梦”为主题，介绍国际水行业的最新动态，集中展示当前水行业领先的技术与产品，为水行业搭建高端商贸平台，为城镇及建筑给排水、水处理系统提供了完善、综合的解决方案，进一步保障了城镇供水安全，促进了水资源的综合利用。

此外，专委会还参加了自来水行业、水利行业、招投标行业的相关培训工作，并介绍塑料管道的选择与应用情况。参与了多项建设行业、农业、供暖行业、能源行业等给排水用、沼气输送用、供暖用等塑料管道相关产品、应用等标准、规程的审查工作。

9. 组织编译塑料管道产品工作手册，重视人才培养和职业培训工作

专委会积极组织编写、翻译塑料管道产品的工作手册，重视人才培养和职业培训工作，提高行业素质，为行业发展积蓄力量。

2015年9月，专委会与美国塑料管道协会（PPI）就《聚乙烯管道手册（第二版）》翻译工作正式签署了合作协议，并积极筹备、组织手册的翻译工作。该手册对塑料管道生产、检测、设计、施工安装与验收等单位有较好的参考和指导作用，对规范我国塑料管道行业也有着重要的参考意义。手册编译出版后将以不同方式发放给塑料管道行业相关机构、生产企业、设计院、应用单位等，将进一步扩大其在塑料管道行业和相关企业的宣传和影响。各项相关的工作在进行中，手册计划于2017年正式出版。

专委会还重视行业的人才培养和职业培训工作。2015年6月，专委会与国家化学建筑材料测试中心材料测试部合作，共同主办了“全国塑料排水管、检查井及雨水收集系统检测技术培训班”。会议共安排了排水用塑料管道系统等行业现状及发展，塑料检查井国际（ISO）和欧洲（EN）标准详析，《塑料排水检查井应用技术规程》中的测试问题，滚塑技术在基础设施建设领域中的应用，塑料检查井性能评价方法，注塑检查井的设计、加工及其质量控制技术，塑料管道国家实验室认可知识，城市雨水收集利用系统，塑料排水管道测试技术等11个相关专题。来自全国塑料排水管道、检查井、雨水收集系统生产企业及相关企业代表参加了本次培训。与往届相比，本届培训内容针对性较强，更加专业、具体，有利于大家更好地掌握、运用相关知识，对排水塑料管道系统的生产、测试、质量控制和应用实践有较好的指导作用。

在会员单位及行业企业的共同支持和努力下，2015年，专委会工作取得了一些成绩，但也存在一些问题和不足。专委会将继续努力，站在行业发展的角度，弥补工作中的不足，进一步增强行业健康发展意识。

三、存在问题

“十二五”期间，塑料管道行业虽取得了较大的进步，但还存在一些不足和问题需要进一步解决，其中有的是行业多年仍然存在的老问题。总体上行业还存在关注增长速度，忽视综合效益；关注增加产量，忽视质量控制；关注产品生产，忽视工程技术；关注传统应用，忽视科技创新等问题。

1. 生产能力持续供大于求，市场竞争进一步加剧

目前塑料管道年生产能力已达到3000万吨，行业总体加工设备利用率较低，有的企业的设备已经长期闲置，而还有的企业还在扩大加工能力。整体上行业已经出现较严重的供大于求情况，更加大了行业的竞争压力。

2. 有的企业产品质量达不到标准要求，影响行业声誉

个别企业的质量意识、诚信意识、品牌意识、服务意识不强，市场上的产品质量水平参差不齐，有的地区有集中生产假冒低劣产品的现象。行业“廉价低质”的现象依然存在，有的企业用不合格原辅材料以及过量添加填充料等方式降低成本，损害了消费者的权益，败坏了行业的信誉。

3. 整体市场环境依然不够规范

造成目前塑料管道产品质量水平参差不齐主要原因之一是市场不规范，产品标准的执行监管缺失。有的购买者不是产品的最终使用者，不重视产品质量，更愿意低价采购不一定合格的塑料管道产品。而有的高档、优质塑料管道产品受到价格的制约，

合格产品有时反而得不到应用者的认可，失去应有的市场竞争能力。

4. 产品创新方面仍还需加强

有的企业还偏重于仿制产品，关心规模做大，不关心做精做专、做百年老店。行业对于塑料管道基础技术研究重视不够，有的企业科技研发投入不高，产品创新的动力不足。应用市场的不规范也造成了一些企业不愿投资进行产品创新。相对而言，行业相类似的中低端产品、通用产品占市场的大部分，而高技术、高附加值的产品相对较少。

5. 工程施工质量需进一步完善

有的企业只注重塑料管道生产，忽视应用技术的研究和应用服务。有的产品工程技术标准、施工技术不配套。有的设计、施工、监理、应用等部门对塑料管道产品的性能、特点、设计、安装等技术还了解不够，存在不按规程安装、使用不合格施工装备、野蛮施工等现象，影响了塑料管道合理的设计、施工安装和应用，还造成了一些管道工程的问题出现。

6. 原辅材料仍然影响行业的更好发展

尽管近年国内树脂和助剂行业有较大进步，但受加工技术、生产习惯和应用要求等限制，有的品种依然存在着规格、数量的不足，有的品种质量尚不十分稳定，有的牌号需依靠进口。PVC 树脂品质进一步提升和多样化进展相对不快，接枝改件等高性能树脂研发缓慢；HDPE 混配料的产量和牌号相对少，有的牌号的加工性能和产品性能还有待提高；有的 PP 树脂品种性能提高达不到需求；有的加工企业自行混配一些品种混配料；个别色母粒料和添加剂等辅助材料甚至卫生等性能还存在问题，因而使管道制品进一步提高性能受到制约。

四、专委会 2016 年工作展望

2016 年是“十三五”开局之年。专委会将继续发挥桥梁、纽带、协调、引导、服务的职能，维护行业的合法权益，增强行业的凝聚力和自我发展的能力，促进全行业经济效益和社会效益的提升。专委会将与行业企业共同努力，坚持不懈地推动中国塑料管道行业的持续、稳定、健康发展。

2016 年行业发展的主要预期目标是：努力实现行业增长 3% 以上。综合我国经济发展及国际经济环境等各方面情况来看，2016 年，塑料管道行业发展面临的困难和挑战依然严峻。但只要整个行业齐心协力，做好行业规划，做好市场服务工作，做好科技创新及产品质量工作，保证整个行业健康持续发展。

新的一年，专委会围绕“服务市场，规划行业，科技创新，健康发展”宗旨，在转变发展方式、优化产业结构、提升发展质量、提高行业整体水平等方面明确了如下工作方向。

1. 促进产业结构调整，促进行业提高综合竞争能力

2016 年，专委会将针对行业面临着改变发展方式和产业结构调整、企业结构升级的需求，继续推进塑料管道行业优化产业结构、提升发展质量工作。在提高供给体系质量和效率、加快培育新的发展动能、改造提升传统比较优势、推动行业向中高端迈进、进一步优化产业布局、逐步化解过剩产能等方面进一步努力。同时，加快企业产业升级步伐，促进大企业与中小企业协调发展，鼓励企业通过收购、兼并、重组、联营等多种形式壮大实力，形成有效的组织形式，更加有效的配置资源，发挥大企业龙头企业作用，形成合理的产业集群，提高行业综合竞争能力。

2. 积极开拓应用市场，关注上下游发展

2016 年，专委会将根据塑料管道业“十三五”期间工作规划要求，加大关注上下游产业的力度，推进彼此间的各种交流活动。在推广塑料管道产品应用市场方面，专委会将从国家“十三五”期间各项基建事业，到“一带一路”、海绵城市及地下管廊建设、黑臭水体治理、农业用水、智慧城市发展等诸多能为塑料管道业带来商机的各项事业中，为行业发展寻找到更广阔的市场空间。

3. 强化行业信用体系建设，全面推进行业自律

新常态下，专委会将针对行业现状，从强化信用体系、推荐行业诚信自律等方面不断努力，把行业做强。2016 年，专委会将继续鼓励行业企业强化品牌发展理念，加强企业信仰、道德、诚信、责任的培养，从而加强企业自律。同时，专委会将持续开展塑料管道产品及工程项目应用质量承诺及保证制度工作，推动企业诚信工作进展。继续制定行业自律管理制度，不断规范行业行为，促进行业公平竞争。

4. 鼓励企业注重创新，推进基础研究工作

创新是行业发展的根本。2016 年，专委会将继续鼓励行业企业提高创新意识，提高对基础理论研究工作的重视，关注塑料管道产品品质的提高。努力支持骨干企业建设高水平研发机构，引导企业重视研究新技术、积极开发新产品、不断提高产品附加

值。2016 年，专委会在促进企业与科研机构合作、加强新技术研究、形成多样化市场方面，会针对性制定初步政策。为实现产业升级换代打好技术基础。

5. 着力参与行业标准化工作，规范企业生产行为

继续促进完善塑料管道标准体系。2016 年，专委会将筛选出亟待解决的标准化问题，及时推动制定、修订相关产品标准和工程技术标准工作，确保产品质量和应用质量。与此同时，专委会将继续加强标准的宣贯工作，不断强化标准的执行力度，进一步规范生产和市场环节，促进塑料管道产品质量水平、施工安装水平，促进管道系统进一步满足标准及规范要求。

6. 突出行业服务工作，积极促进行业发展

2016 年，专委会将在服务行业发展方面更加努力。在做好日常服务工作的基础上，对行业产业结构调整中涉及到的相关问题，积极与行业企业进行沟通，帮助行业寻找适合自身发展的方向。2016 年，专委会还将继续进行行业性工作手册的翻译、编写工作，在加强与上下游信息沟通方面发挥好自身的桥梁作用。同时，促进行业企业加强用户服务工作，在产品设计和使用方面，为用户提供系统解决方案。

7. 大力开展国内外行业交流活动，推动行业技术提升

2016 年，专委会将在上一年行业交流工作的基础之上，进一步推进相关工作。在组织好理事会、年会及理事长沙龙活动的同时，不断关注国内外最新技术进步及市场信息。通过组织行业性技术交流会、国际性技术考察活动等，学习先进技术和经验，推进行业科技创新与技术进步，提升行业技术水平，促进对外经济技术交流与合作，提升中国塑料管道行业的国际影响力。

8. 继续人才培养工作，完善人才培养机制

2016 年，专委会在行业人才培养方面，会继续坚持专业化的培训工作，在此前行业培训工作基础上，加大专业人才培训力度。根据行业发展实际情况，针对塑料管道产品的生产、测试、质量控制和应用实践等内容，定期组织行业人才培训班，为行业培养出更多、更优秀的专业人才，提高行业从业人员的专业和技术水平。在此基础上，不断调整完善人才培养机制，为行业发展打下深厚的人才基础。

9. 加强行业信息化工作，把握行业发展动态

随着信息技术成为知识经济时代的核心，随着国家倡导“互联网 +”发展时代的逐步到来，塑料管道行业也要加快相关信息化建设工作。2016 年，专委会将加强行业信息整理分析工作。在行业数据统计、深入了解行业发展动态等方面，进一步投入精力，开展塑料管道等相关行业的调查研究，向会员单位及有关部门提供市场趋势、行业发展规划等信息。同时，争取在专业的电子商务门户网站建立，打造集采、供、销于一体的专业化交易平台，联合兄弟协会共同进行行业数据调研等方面有所突破。

10. 重视行业绿色节能，推进环保工作进展

2016 年，专委会将从发展战略角度综合分析，在“绿色化发展作为产业转型升级的主要方向之一”发展方向指导下，配合相关行业积极推广绿色建筑和建材，提高建筑工程标准和质量水平。同时，鼓励行业企业进行设备及生产工艺的节能性改造、提高生产效率及降低管理成本，尽最大努力为之提供各种支持。

（中国塑协塑料管道专业委员会 王占杰 赵艳 郭晶 范艳菊 唐维 李丽）

塑料板片材制品

一、行业现状

塑料板片材是用塑料为原料制作成的一种新型塑料材料。近十年来，我国塑料板片材行业发展速度较快，受益于行业生产技术水平和产能的不断提高，以及下游市场不断扩大，塑料板片材行业在国内和国际市场上发展形势都十分看好，行业的增长率一直保持在 10% 以上，实现产品销售率 97% 以上，高于轻工行业平均水平。当前由于受经济下行压力的影响，近两年发展速度有所减缓，塑料板片材行业已进入增速放缓的换挡期，由高速增长转入中速增长的新阶段。

（一）塑料板片材行业现状

1. 行业概况

进入21世纪以来，中国塑料板片材行业取得了令世人瞩目的成就，发展速度已名列前茅，实现了历史性的跨越。增长率一直保持在10%以上，在保持较快发展速度的基础上，经济效益也有新的提高。从合成树脂用量，塑料板片材设备数量，及塑料板片材制品产量来看，都显示了塑料板片材行业强劲的发展势头。

随着塑料板片材新技术的应用，以及相关部门对环保型塑料板片材的大力推广，新型塑料板片材的应用也越来越广。我国市场上出现了多种类型的塑料板片材新产品。其中有的已流行多年，有的刚刚上市。目前，市场上经常见到的塑料板片材产品有，PVC板片材、PP板片板片材、PE板片材、PET板片材、PS板片材、PC板片材等。由于塑料板片材具有重量轻、透光性好、保温、隔音、安装方便等特点，因此在建筑装饰行业，包装行业等广泛使用。在国家大力发展化学建材政策的推动下，我国塑料板片材行业呈现了快速发展的态势。中国挤出塑料板片材，从零起步，截至目前占据全球产量的30%以上，稳居世界第一。塑料板片材应用领域逐步扩大，已涉及国民经济的各个方面，以塑料代替木材、钢材、铝材、石材、玻璃、皮革等，广泛应用于工业、农业、化工、建筑、包装、航空航天、国防等尖端部门。

2. 塑料板片材企业下行压力加大，增速持续放缓，塑料板片材行业已进入中高速增长的新常态

当前塑料板片材行业的产业基础、发展环境和条件都发生了深刻的变化。无论是中国产业转型还是国际上新一轮产业变革和科技革命的来临，无一不对中国塑料板片材行业提出了严峻的挑战。“十二五”期间是我国塑料板片材实现跨越式发展的关键时期，但行业发展的速度已经明显地减缓，据国家统计局数据显示，2015年上半年，板片材产品产量为628.7万吨，同比增长1.46%，与2014年同期相比，增长幅度下降了4.92%，累计出口交货值140.21亿元，同比下降了6.13%，增幅比同期下降了7.32%。增幅回落和增速放缓原因是多方面的。一方面国际金融危机导致全球经济增长乏力需求不足；另一方面国内经济下行压力加大，内需空间也在缩小。两项需求减少的叠加是导致塑料板片材制品增速放缓的直接原因。除了国内外宏观环境影响外，也应该看到塑料板片材行业自身的问题：一是产品结构不合理，中低档产品比例过高；二是部分产品出现结构性、阶段性过剩；三是技术创新能力不足，行业新增长点尚未形成。所以塑料板片材行业和其他行业一样，已步入中高速增长的“新常态”。

3. 塑料板片材行业效益下降，企业经营困难加大

改革开放以来，塑料板片材行业取得了跨越式发展，主要得益于改革开放政策，得益于国民经济高速发展的拉动，得益于人民生活消费水平提高的推动，得益于改革开放之初，塑料板片材行业抓住机遇大规模引进国外的先进技术和装备。过去十几年行业经历了追赶型的高速发展阶段，然而塑料板片材行业并没有摆脱低水平，低效率的传统制造业地位，在国际上处于产业价值链中低端，其竞争优势基本是以牺牲资源、环境、能源为代价，以廉价劳动力为支撑的初级比较优势。由于告别了短缺时代，部分产品产能过剩严重，依靠投资、扩大产能、通过规模扩张的发展模式已不可持续。依靠廉价劳动力形成的低人工成本，这一优势正在削弱，同时资源、环境、能源的约束力也在加大，企业利润空间被大大压缩，行业利润增幅逐年下降。以“提高质量、降低消耗”为主要内容的降低变动成本，和以“提高劳动生产率”为主要内容，降低固定成本的传统盈利模式受到严重挑战。企业经营成本不断升高，经营困难加大。

（二）目前塑料板片材行业存在的主要问题

1. 结构性、阶段性产能过剩顽疾没有得到有效缓解

产品产能结构性和阶段性过剩是塑料板片材加工业产品结构不合理的集中体现，是实现健康发展，可持续发展的一大障碍。目前低端产品产能过剩问题仍未有效解决，而且继续在恶化，远超市场需求，如廉价的，劣质的硬质PVC板片材，PP、PE板片材等。盲目引进而引发的阶段性过剩产能尚未有效化解，而高端产品仍需大量进口，如汽车、高铁、机场、酒店装饰用塑料板片材，功能性高档塑料板片材等。

2. 品牌意识，质量意识淡漠

品牌意识的淡薄，营销网络建设相对滞后，加之较低的技术和资金进入壁垒，使得板片材行业企业规模普遍不大，营销手段单一，营销成本较高，缺乏品牌策略，对目标市场和细分市场几乎没有什么调查研究和应对手段，一拥而上，埋头就干，对于技术、质量的更新与提升考虑较少，当竞争日趋激烈时，很多企业陷入了渠道冲突、成本上升、收入下降、客户投诉不断、满意度大幅度降低的尴尬困境之中。如何在市场中杀出一条血路？除了渠道

营销以外，还必须花大力气全方位的打造属于企业、渠道商和消费者共同认可的强势品牌，从而占据未来市场的稳固地位。

由于传统塑料板片材产品，技术含量低，投资少，行业进入门槛低，因此造成产能严重过剩。加上行业内一些企业，质量意识淡漠，习惯于打价格战。所以由产能过剩引发低价恶性竞争比较普遍，造成市场严重混乱，既影响行业形象又影响企业效益，同时深刻影响了行业健康发展。

3. 塑料板片材行业创新意识不强，创新能力不足

由于行业内大企业较少，以中小企业为主，企业科技人员少，科技研发能力差，再加上企业科技经费投入不足，或没有条件投入，科技创新受到了严重制约。有的高质量、高水平板片材受到市场接受价格的制约等原因，相对而言，市场上类同的通用产品较多，中低档产品占绝大多数，而高技术、高附加值的产品相对较少。行业应通过不断的自主开发，加快科技创新，开发新产品，进一步提高产品的功能性，可靠性，稳定性和先进性。利用“互联网+”提高企业的技术创新能力，生产管理创新，营销模式创新，提升企业的创新能力。

此外，塑料板片材行业早期引进的设备已进入更新换代期，目前行业总体装备水平偏低、产品结构不合理、科技投入不足、产品集约化程度低、抵御风险能力不强、行业区域发展不平衡、和再生环保等问题也影响了行业的发展。

（三）塑料板片材行业发展前瞻

当前，塑料板片材行业正处于发展壮大期向产业成熟期过渡的关键时期，是产业迈向中高端的关键时期。在“新常态”下，塑料板片材行业经济下行压力加大，行业经济运行，企业生产经营也面临许多新的困难和问题。因此，认真分析面临的形势，适应“新常态”，主动作为，平稳渡过产业转型期，是摆在我们面前的重要任务。

1. 塑料板片材行业发展重点建议

（1）要坚持创新驱动发展，依靠科技创新，不断提高产品档次和质量，大力实施高端化战略，提高中高端产品比例。

（2）要加快生产工艺创新，要改进优化传统生产工艺，大力开展推广应用智能设备，通过生产工艺创新和智能装备，不断建设现代生产体系，为提高产品质量创造条件。

（3）要大力实施差异性战略，要通过技术进步和创新，解决好同质化严重的问题，特别在新型塑料板片材方面，要努力实现产品系列化和标准化。要集中力量，要在梳理企业产品标准的基础上，要加快建立行业基础通用标准，产品标准和检测标准等。

2. 促进塑料板片材行业健康发展的措施

（1）面对新一轮全球科技革命和产业变革浪潮，面对我国经济进入新常态，塑料板片材行业必须大力实施创新驱动战略，紧紧围绕创新这一新引擎，调整发展思路，把主要精力集中到调结构转方式，着力提高发展质量和效益上来。

（2）要实现中高速和中高端双目标，必须紧紧围绕“高端化”这一核心，大力培养新的经济增长点，一要大力开发新产品，加快产业升级；二是要大力推进工业化和信息化深度融合，加快“互联网+”工程建设，要适应高端化、个性化、小批量、私人定制的市场导向，探索大规模个性化制造的新路子，推动新型生产模式和新业态的快速成长，大力培养新的经济增长点，是未来发展的重要措施和方向。

（3）要面对生产力要素成本不断上升，资源环境的约束不断增加，面对高成本时代到来，必须紧紧围绕以提高生产效率为核心，着力培养新的净增优势。

（4）完善质量保证体系，引导市场健康发展。要加强行业自律，完善质量保证体系，健全质量认证和监督制度。对企业的工艺装备、生产规模、检测手段和质量保证体系等提出合理化建议，配合相关单位加强对行业产品质量的监督首查。企业应加强对用户的服务，协助用户选择最佳的产品。对于涉及公共安全，人身安全的产品，应逐步建立、健全强制性的管理办法。生产企业不应采取以低价作为进入市场的手段，要有长期的市场意识，注重产品质量、技术创新、完善服务，为用户提供合格产品和优质服务。

（5）注重与上下游行业的联系与合作，促进塑料板片材行业健康发展。加强与装备企业的合作，推动行业的装备技术创新和技术进步，提高生产效率、自动化水平、提升产品质量。联合原材料生产企业，提高原材料性能，研发新原料，确保板片材行业新产品开发，促进塑料板片材行业健康发展。

全球范围的新一轮科技革命和产业变革正在孕育，新一代信息技术在工业领域的广泛渗透，正在引发制造业发展理念、技术体系、制造模式和价值

链的重大变革，协同、智能、绿色、服务等正逐渐成为制造业的核心价值体现。由此可见，信息化技术正深刻改变着制造业的生产模式和产业形态。新一轮科技和产业变革的酝酿和推进，改变了世界制造业的分工格局，这给中国塑料板片材加工业提出了严峻挑战。

当前正值中国塑料工业转型升级的关键时期，国际上新一轮科技革命和产业变革在风起云涌，与我国加快经济转型发展形成历史性交汇，我国国民经济正在面临重要的战略机遇期，经济增长减速换档，产业链向高端迈进，“新常态”已经成为最热的经济关键词，经济的主要任务是完成发展方式的转变，从传统的“投资驱动”逐步转换到“创新驱动”。而新技术方兴未艾，互联网 +、工业 4.0 等新技术不断涌现，塑料板片材行业如何在新技术浪潮中更好的生存发展是每个企业都面临的考验和挑战。毫无疑问，谁既有先进的生产技术、又有顺应时代的管理与销售手段，谁就能生存下去、发展下去。

2015 年是“十二五”的收官之年，中国塑协根据行业“十二五”的规划和技术进步指导意见的执行情况，提出塑料加工业“十三五”规划的初步设想。提出以加快塑料加工业转型升级为重点，以提高塑料加工业自主创新能力为核心，以新材料、新技术、新装备、新产品为手段，大力实施赶超战略，努力缩小与发达国家差距，大力实施高端化战略，全面提高产业素质。加快创新体系建设，为塑料加工业进入世界先进国家行列打好基础。

二、专委会活动

（一）组织召开行业相关会议

1. 成功召开 2015 年年会及技术交流会

中国塑协板片材专业委员会 2015 年会暨技术交流会，于 2015 年 11 月 3 日在南京金陵新城酒店召开。会议是由中国塑料加工工业协会主办，中国塑协板片材专业委员会、江苏诚盟装备股份有限公司承办。中国塑料加工工业协会曹俭常务副理事长、南京高新开发区陈千茂副主任、中国塑协板片材专委会任月璋理事长，及协会相关部门负责人出席了会议，参加会议有来自全国各地塑料板片材制品生产企业，及与之相关的原料企业、模具及设备企业、科研院校等单位代表 200 多人参加了这次会议。会议由中国塑协板片材专委会朱山宝常务副理事长主持。

上午会议为中国塑协板片材专委会 2015 年年会，下午为技术交流会。年会首先由南京高新开发区陈千茂副主任致词，江苏诚盟装备股份有限公司马宏董事长致欢迎词，然后由专委会任月璋理事长作《2015 年中国塑料加工工业协会板片材专业委员会工作报告》，总结了专委会 2015 年完成的各项工作，提出了专委会 2016 年的工作计划，明确了下一步工作重点。专委会周家华秘书长作了《板片材行业现状和发展前景》的报告，得到了与会代表的认同。中国塑协会员部主任刘姝宣布了新增会员单位、理事单位等议案。中国塑协曹俭常务副理事长作了重要讲话，阐明了塑料加工业正进入中高速增长的新常态。当前企业生产要素成本不断增加，资源、环境、能源约束全面增强，企业利润空间被大大压缩。结构性、阶段性产能过剩是塑料加工行业产品结构不合理的集中体现。是实现健康、可持续发展的一大障碍。目前低端产能过剩问题仍未有效解决，超越市场需求，盲目引进而引发的阶段性过剩产能，尚未有效化解，而高端产品仍需大量进口。塑料加工业是以制品为核心，涵盖原料、助剂、装备、模具为一体的新型制造业，既是国民经济中基础性产业，也是为广大消费者提供卫生、安全、可靠消费品的民生工业，是极具发展潜力的未来支柱产业之一。指出未来中国塑料加工行业正沿着“功能化、轻量化、生态化、微成型”方向加快发展。板片材行业要按照国家发展战略要求，大力开发各种新材料，在功能性、生态性材料上不断创造新的突破。不断研究开发适应工业、农业、军事、医药食品包装等生态、环保的多功能新材料。要通过技术进步和创新，解决好同质化严重的问题。要努力实现产品系列化和标准化。要集中力量，要在梳理企业产品标准的基础上，加快行业基础通用标准、产品标准和检测标准的建立。希望板片材专委会领导班子继续发扬为会员服务、为行业服务、为企业服务的优良传统，加强专委会自身建设，加强行业自律建设，进一步倾听企业意见，更好地反映行业诉求，研究行业发展的重大问题，大力促进技术创新、深化节能降耗，团结和带领全体会员夺取板片材行业“十二五”改革和发展的最后胜利，以崭新的姿态迎接“十三五”的到来，进一步开创行业发展的新局面。另外，会议邀请南京大学耿强教授讲解《分化、结构化视角的中国经济 --- 新常态，新格局，新机遇》，受到与会代表的好评。

下午的技术交流会上，多位国内外塑料板片材行业的技术专家到会讲解行业发展新技术及应用。首先由江苏诚盟装备股份有限公司马宏董事长介绍，

《一步法片材技术工艺装备》。接着由德国克劳斯玛菲技术有限公司的杨学锋经理，介绍了克劳斯玛菲公司板材挤出设备的先进技术及各种塑料板材新产品。意大利友宁机械制造有限公司黄茂宏工程师，介绍片材挤出设备的新技术及新工艺。韩国爱友公司韩贞九社长，介绍利用农业副产品，以生物能源为基础的功能性，亲环境造粒及片材制造技术。奥地利史太林格有限公司 Philipp Schachinger 工程师介绍食品级再生 PET 片材生产线新技术。技术交流会上浙江三博聚合物有限公司、杭州玉杰化工有限公司、中材科技股份有限公司及山东瑞丰高分子材料股份有限公司等国内知名企业介绍了各自的新技术、新产品。南京航空大学胡玉冰博士，介绍关于《温度对复合材料层板力学性能的影响》的报告，也很受欢迎。由于会议内容具有针对性，符合与会代表需求，200 多人的会场始终座无虚席，会场秩序良好。

下午技术交流会结束后，江苏诚盟装备公司，为与会代表精心准备了晚宴和晚会，为与会代表提供了很好的沟通机会。11 月 4 日全体代表参观江苏诚盟装备公司，新产品高分子床垫生产线，新型双螺杆混炼挤出生产线进行了现场开机演示。LFT-D 机组，往复式混炼机组，大口径 115 规格双螺杆混炼挤出机，SDJ 双阶混炼机组，新型橡胶射出成型机组等都有实物展示。另外诚盟公司提供 5 个会议室供与会代表进行技术交流，深受大家好评。

这次会议很好地将塑料板片材制品生产企业与上下游企业及科研单位连接在一起，为行业健康发展保驾护航。

2. 组织会员企业参加“第十五届越南国际塑料橡胶展览会”

越南自 2007 年 1 月正式成为世界贸易组织 WTO 第 150 个会员国，目前是世界上经济发展速度排名第二的国家（仅次于中国）。越南是我国近邻，中越两国经贸关系展现出广阔发展前景。由于越南工业基础薄弱，约 90% 的机械设备需要进口，而我国机械产品无论在价格、质量和服务等各个层面都较其他国家同类产品更适合越南现阶段市场需求，因此在越南具有较大竞争优势。

为了进一步加强我国与越南在塑料橡胶工业方面的合作，经中国塑协批准，板片材专委会一行 19 人参加了 2015 年 09 月 16 ～ 19 日在越南胡志明市西贡展览中心举办的第十五届越南国际塑料与橡胶工业展览会，本次展会的主办单位是越南政府贸易部，是目前越南国内具有较强国际性、专业性和贸易性的国家级的机械橡塑类工业展会。在这次展会上，我们专委会设置了展台，展出了 PVC、PP、PS、ABS、 PC 板材和加工助剂，塑料机械等产品，吸引了大批的客商咨询洽谈，很多会员单位还直接发展了客户，预计成交额 300 万元人民币，可以说是收获颇丰。

3. 开好理事会议，加强行业的凝聚力

2015 年 4 月 26 日，在山东万达化工有限公司召开了中国塑协板片材专委会二届四次理事会议，会议讨论了板片材专委会 2015 年年会计划，通过与会代表表决，将年会地址定为南京；在会议上，增补了江苏诚盟装备股份有限公司、保定力达塑业有限公司为理事单位，增补了江苏诚盟装备股份有限公司董事长马宏、保定力达塑业有限公司总经理杨满堂为专委会理事；为了更好的了解国际塑料、机械发展趋势，把我国塑料制品推向国际市场、宣传本专委会，制定了到越南的考察计划；会议期间，为促进我国电石法 PVC 树脂的研发和应用，中国塑协板片材专委会理事单位负责人和德州实华化工有限公司的领导举行了电石法 PVC 新材料开发应用座谈会，共商“深化 PVC 上下游产业合作、拓展 PVC 应用领域、推动电石法 PVC 持续发展”大计，就“加强丰富产业链、巩固创新供应链、推动提升价值链”达成共识，签订了《电石法 PVC 产业促进发展联盟宣言》。联盟成员将承担起各自的职责和担当，充分利用专委会会员企业的市场、技术、人才、管理优势以及中泰集团的资金、资源、技术、产能等优势，跨行业、跨区域推动电石法 PVC 产业发展。

2015 年 10 月 19 日，在湖北黄石召开了中国塑协板片材专委会二届五次理事会议，会议讨论通过了《中国塑协板片材行业诚信建设倡议书》，与会代表一致认为，应该在行业内加强诚信教育，强化信用意识，增强“以诚实守信为荣，以见利忘义为耻”的荣辱观。严格遵守法律法规，恪守商业道德，维护社会公德；在会议上，经代表提议，为促进会员企业的技术进步，解决企业存在的材料、工艺、设计难题，结合行业发展和专委会工作的需求，成立了中国塑协板片材专委会专家组，并制定了相关的管理办法。

（二）专委会建设

专委会建设总的指导思想是：规范会员管理，加强行业数据统计，做好行业服务工作。2015 年，专委会继续加强自身建设和秘书处内部管理，建立健全各项规章制度，完善运行与自律机制，规范会员管理，加强理事会范围的行业数据统计工作，提高行业服务的专业性、技术性和权威性。

2015年专委会新增加理事单位2家，会员单位21家，会员总数突破100家。专委会基本完成了会员单位相关信息的重新登记，进一步规范了会员单位的管理工作。专委会努力做好行业服务工作，规范企业行为，向行业主管部门和有关部门反映行业诉求并提出有利于行业发展的相关意见和建议，完成有关行业规划、发展、技术进步等方面相关建议工作，进行相关提案的信息提供以及回复工作，对国家税收、海关、政府采购等相关部门以及有的地方政府政策的调整提出合理建议，维护行业的正当利益。具体内容有：

1. 充分利用协会及专委会的资源优势，为企业提供全面服务

配合中塑协，组织会员企业积极参与行业活动，征集行业内优秀科技创新项目，参加中轻联科学技术奖励申报。根据企业发展需要，指导企业进行研发中心建立的申请材料编制、报批、评审等工作。

积极组织会员企业参加《申报 2014年度国家级重点新产品计划项目》活动，把符合条件的企业推荐给中塑协，申报重点新产品和战略性创新产品。组织推荐行业内会员企业参加中国工业企业品牌竞争力评价工作，推荐本行业优秀企业填写相关材料，上报中塑协。按照中塑协要求，组织行业会员企业填写申报材料。

2. 完善并维护专委会网络平台，提升行业宣传力度

专委会网站及微信公众平台可以快捷方便的为行业相关企业服务，也是广大会员交流平台。为了提高这些平台的服务质量，专委会及时对网站的“重点报道”及“行业动态”等项目进行更新，将行业最新消息通过专委会公众平台及时发布，以便会员单位能及时了解到相关信息，同时还利用网站的“产品介绍”、“推荐产品”及“广告宣传”等栏目为会员单位的产品进行宣传。并且，还收集国内外相关技术资料补充到网站的“技术资料”、“行业标准”等栏目内。

3. 积极发展会员，壮大专委会队伍

通过网络宣传、行业走访、提供专业技术支持、提供政策及信息服务等多方面来积极发展会员，为专委会逐渐发展壮大打下了坚实的基础。

三、行业重点企业

塑料板片材生产企业主要分布在江苏、浙江、山东等地区，苏州奥凯等公司是PVC板片材产品的代表企业；苏州奥美是聚碳酸脂板片材产品的代表企业，聚碳酸脂板片材和传统塑料板片材相比，附加值较高，效益好。淄博中南塑胶有限公司是中国最大的专业生产药品包装材料的厂家，产品远销欧洲，南美，北美，澳洲，非洲和亚洲的很多国家和地区。

苏州奥凯材料技术有限公司成立于2008年6月，位于苏州高新技术开发区 ，主要生产、研发、销售高档PVC、PET、PC等挤出片材、板材、薄膜及相关高分子材料、航空材料。现发表国家专利10余项，形成产品8大系列，100多个品种，广泛用于包装、印刷、折盒、吸塑、电子、乐器、文具、水处理、交通工业、电器、太阳镜、太阳帽、镀镜、防护面罩、各种标牌、铭板、航空与高铁等领域。产品以优良的质量赢得了国内外客户的认可，为中国片板材行业发展做出了卓越贡献。公司目前拥有13条生产线，年产能达到30000吨，是华东地区规模最大的硬质片材生产企业之一。

苏州奥美材料科技有限公司，总投资2亿元人民币，年设计生产能力20000吨，是中国最大的集研发、制造、销售、服务于一体的聚碳酸酯薄膜及片材生产基地。奥美现拥有六十余项国家专利，并主导了PC薄膜产业国家标准制定，是国家级企业博士后工作站，是江苏省著名商标及名牌产品、江苏省高新技术企业。奥美专注于研究、开发、制造国内外高端市场所需的特殊聚碳酸酯薄膜产品。目前应用于光学电子、平板显示 、医疗设备 、高铁航空 、汽车部品 、LED照明 、安全防伪 、图片印刷等领域的十大系列，二百多个品种的产品，业务遍及60多个国家和地区，连续多年产销量及市场占有率中国第一。主要经营项目有研发、制造平板显示屏材料，聚碳酸酯、聚甲基丙烯酸甲酯、聚酯化学薄膜产品及高分子功能化材料，并提供相关的技术及售后服务；销售：塑胶原料、非危险化学工产品、塑胶机械、塑胶薄膜、片材；自营和代理各类商品及技术的进出口业务。

黄石华亿塑胶有限公司，是原轻工部PVC层压板定点生产厂家，现中国塑料加工工业协会理事单位，塑料板、片专委会副主任单位，至今已有45年生产历史。公司主要产品有PVC层压板、挤出板、CPVC层压板、PP挤出板、PE挤出板、塑料焊条等。是硬质聚氯乙烯板材国家标准GB/T22789.1-2008主

要起草单位、湖北省高新技术企业、湖北省守合同重信用单位，“华熠”牌PVC层压板荣获湖北省名牌产品称号，“华熠”牌商标被湖北省工商局评为湖北省著名商标。2013年公司PVC层压板工程技术中心被湖北省发改委列为省级工程技术中心。目前是国内生产PVC层压板规模最大、品质最优、生产及检测设备最先进、最环保节能的高新技术企业。公司拥有自动化程度较高的三辊压延片机和1600T、2600T、3000T三套热压机组，以及PVC层压板全套检测仪器。目前公司年产PVC层压板可达1.2万吨，板材宽幅可达1.5米。

济南海富塑胶有限公司位于济南市东郊35千米处，章丘市枣园街道办事处驻地，紧靠枣徐09公路，东临章丘绣源河，距济南机场30千米，交通十分便利。海富塑胶是由海富公司与美国富安投资公司共同投资建立的中美合资企业。主要是以生产PVC系列板材为主。目前公司共有7条生产线，全部进口于德国和奥地利。公司依靠先进的设备，严格的企业管理，先后开发了宽幅PVC发泡板和超厚PVC挤出硬板，使PVC挤出硬板厚度可达50毫米，并于2011年成功开发生产出了CPVC板、高光亮PVC板材和永久抗静电PVC板材，年生产PVC系列板材可达12000吨，产品畅销国内，并远销东南亚、中东、北美、中南美、欧洲等世界各地。

扬州金丰新材料有限公司系中外合资企业，国家级医药、食品包装材料生产基地。公司坐落于省级经济开发区--扬州邗江工业园内，地理位置优越，东接宁通高速，南临扬州港，西依润扬大桥，北通宁启铁路，水陆交通十分便捷。公司总资产2亿元，年销售额达3亿元，拥有10多条从美国、日本、韩国等国家引进的先进设备，年生产能力达到2万吨。主要产品有新型环保材料PET片材、板材；PVC片材、板材；SP药用复合膜、袋；PTP药用铝箔等四大系列，三十多个品种，广泛应用于药品、食品、电子产品、工艺品、五金工具、文具、玩具、渔具等制品的包装。公司的生产车间严格按照国家GMP标准净化，产品的各项技术、质量指标均达到国际一流水平。

淄博中南塑胶有限公司是中国最大的专业生产包装材料的厂家之一。公司坐落于山东省淄博市，紧邻北方最大的化工企业齐鲁石化，同时公司享有便利的交通条件，靠近济青高速和京沪高速，并距离北方最大的深水不冻港青岛港260公里。作为中国最大的包装材料生产厂家之一，每年的产量达20000吨。目前公司有三条PVC生产线、一条PET生产线、一条铝箔生产线、一条伸缩膜生产线，产品覆盖12个系列45个产品，其中包含PVC药用片材，PVC食品包装片材，PVC输液袋，PET食品包装片材，铝箔包装片材，伸缩膜和牧场膜。我们同时还有能力生产特殊片材，包含金银片材，PVC夜光片材，抗静电片材和抗菌片材。

淄博中南塑胶致力于新科技的开发，多种产品填补了国内的空白。公司注重于科技的进步，并与山东理工大学保持了良好的关系。公司拥有4名博士和6名硕士专家，他们在包装领域具有丰富的经验和很强的专业背景。为了进一步改善产品质量，我们成立了塑料压延技术中心，该中心已经被中国塑料加工工业协会命名为中国塑料压延技术中心。塑料压延技术中心与山东理工大学保持了产学研一体的合作关系。

公司通过了ISO 9001,ISO 14001和ISO 18001认证，并从国家食品药品监督管理局取得药品包装用材料注册证。近年来，随着公司业务的飞速发展，中南塑胶公司的齐国商标在国内外享有很高的市场声誉，产品已经远销欧洲，南美，北美，澳洲，非洲和亚洲的很多国家和地区。

扬州润丰塑胶有限公司，拥有五条自动挤出生产线。主要产品有丙烯腈-丁二烯-苯乙烯(ABS)、聚丙烯（PP）、聚乙烯（LDPE、HDPE）、高抗冲聚苯乙烯（HIPS）及PMMA等。品种多（有磨砂、布纹、皮纹及米粒纹等）、颜色齐全，产品具有良好的加工性能，有抗寒防冻、耐高温、抗冲击、抗静电、导电等特点。应用范围如下：PP：LED灯、电子产品，果冻杯、快餐盒等吸塑产品及工艺品包装；文件夹、相册、公文包等文教用品和印刷材料及水处理材料。PE：密封件、箱包内衬、服装领衬、机器垫板及建筑装璜材料和水处理工程材料。HIPS：五金、电器、电子、医药、工艺品包装、印刷、灯箱广告等。ABS：汽车火车内饰件、电脑雕刻、标牌、家具、箱包内衬、水处理及五金、水产品、工艺品包装等。

江苏金材科技股份有限公司是广东鸿达兴业集团控股子公司，原名江苏琼花高科技股份有限公司，国家级高新技术企业、国内规模最大的PVC包装材料生产基地之一。公司坐落于扬州市东郊杭集工业园，东临长江，西傍运河，宁通高速横贯东西，水陆交通十分便捷。公司现有职工450多人，其中具有大专以上学历和各种专业人才占职工总数的35%，近年来引进了多名具有博士、硕士学历的高层管理及高级技术人才。公司拥有二十多条高科技自动化生产流水线，大多从德国、意大利等国著名厂家引进，年生产能力达8万吨，产品主要有智能卡基材、高阻隔药用PVC/PVDC涂覆片材、药用PVC片材、印刷用PVC片、板材、吸塑用PVC片、板材等九大系列六十多个品种，广泛用于医药、电子、服装、环保、仪器、建筑装潢等行业。由于公司规模大、起点高、质量好、科技含量高等诸多优势，使得“琼花”品牌在全国乃至国际同行业中均享有盛名。

瑞安市奥华塑胶有限公司创办于2002年，位于浙江省瑞安市陶山镇，隶属中国新潮集团，是一家专业生产聚氯乙烯（PVC）硬质胶片的现代化民营企业。公司投资总额1.7亿元，公司占地面积25000米^2，拥有数台（套）最新技术的自动化压延生产流水线和检测设备，2007年生产能力达到2万吨，产值2.1亿元。主要产品有PVC透明、彩色硬质胶片、印刷板材等系列包装材料。产品具有透明度高，抗冲性能强，色泽鲜艳，耐化学药品性及易加工等特性。广泛运用于五金电器、电子、文具、服装、工艺品、医药、食品等真空成型的吸、压塑包装。

浙江新元方塑胶有限公司座落在美丽的东海之滨－浙江省临海市涌泉镇工业园区，地理位置极为优越、交通运输十分便利。公司隶属于浙江恒丰塑胶（集团）有限公司，是恒丰塑胶（集团）旗下的一家子公司。该集团公司成立于2003年，以“诚为首，信更兴”为公司的经营理念。八年来通过全体员工的不懈努力和锐意进取，公司规模迅速发展壮大。公司现拥有土地面积46620米^2；建筑面积35000米^2，员工300多人，固定资产1.6亿元，年销售额达3亿元，销售收入以每年50%的增幅快速增长。公司专业生产PVC片材、PET片材、PP、PS等新型包装材料和装饰材料。公司坚持走自主创新道路，拥有多项发明专利和实用新型专利，“元方”牌PVC片材为台州市著名商标，产品质量好、品种花色多、规格齐全。公司产品广泛应用于食品业、工具包装等行业，逐步形成日用品、教育仪器、服装、上岗证、印刷及各种标牌等。

四、发展趋势与规划

我国塑料板片材行业任处在快速发展时期，随着新材料、新工艺、的不断出现，塑料板片材的新产品层出不穷。新型塑料板片材的应用也越来越广，塑料板片材应用领域已涉及国民经济的各个方面，各种塑料板片材，正以其优越的性能，广泛应用于工业、农业、化工、建筑、包装、航空航天、国防等尖端部门，代替木材、钢材、铝材、石材、玻璃、皮革等传统材料制作的板片材。

目前快速发展的新型塑料板片材，得到了大量的新型高分子材料和新技术支撑，塑料板片材正朝着集美观、实用于一体的方向发展，功能方面则向更加专业，特殊功能的方向拓展。“十三五”期间，国家已把科技创新带动产业发展提到了空前未有的高度。因此，目前是新型塑料板片材行业发展的大好时机。

中国塑协提出的《塑料工业“十三五”发展规划指导意见》，及轻工业发展规划（2016-2020）的发布，对塑料板片材行业具有极其重要的指导意义，必将是我们未来发展的基本方针，通过创新思维、创新产品过程设计和关键技术创新实现产业创新发展，以低能耗、低资源消耗、低环保负担方式提高产品质量和增加效率，实现产业升级，实现塑料板片材产业的可持续发展。

（中国塑协板片材专业委员会 周家华）

双向拉伸聚丙烯薄膜

双向拉伸薄膜行业“十二五”发展情况介绍

文内容不包括双向拉伸聚酯（BOPET）薄膜。

一、双向拉伸聚丙烯薄膜行业经济运行情况

1.“十二五”期间BOPP包装膜（普通膜和烟包）和电容膜产能、产量情况（表1）

表 1　　2011 ～ 2015 年中国大陆 BOPP 薄膜情况

时间 / 年	产能 / 万吨	产量 / 万吨	开机率 /%	年产量增幅 /%
2011	344.4	281.5	81.74	11.71
2012	394.7	311.9	79.02	10.1
2013	440	325	73.86	4.2
2014	470	345	73.40	6.15
2015	500	380	76	10.14

数据来源：中国塑协双向拉伸聚丙烯薄膜专委会

2015 年产能 500 万吨，比 2010 年 308.5 万吨增长 62.07%，年均增长幅度 10.70%。2015 年产量 380 万吨比 2010 年产量 252 万吨增长 50.79%，平均年增长幅度 8.80%。

（1）普通包装膜领域（表 2）

表 2　　2011 ～ 2015 年中国大陆 BOPP 普通包装薄膜情况

时间 / 年	产能 / 万吨	产量 / 万吨	开机率 /%	年产量增幅 /%
2011	327.6	268.10	81.84	12.18
2012	377.7	298.50	79.03	11.34
2013	422	311.60	73.84	4.39
2014	450	331.42	73.65	6.36
2015	480	366.30	76.31	10.52

数据来源：中国塑协双向拉伸聚丙烯薄膜专委会

2015 年 BOPP 普通包装薄膜产量 366.30 万吨，比 2010 年产量 239 万吨增长 52.26%，平均年增长幅度 8.95%。产能 2015 年 500 万吨，比 2010 年 292.5 万吨增长 70.94%，平均年均增长幅度 11.22%。

（2）由于中国在卷烟行业的特殊地位，中国卷烟产量在世界范围内占有较大的比重，这为国内烟膜市场造就了一定的空间，国内而且多年来一直相对平稳，烟包膜自 2011 ～ 2015 年用量一直在 7 万吨左右，产能一直在 9 万吨以内保持不变，需求比较稳定，企业经营效益比较稳定。

（3）电容膜行业：由于我国电容器产量已经占据全球产量的 50% 以上，进一步增长的空间不大，因此电容膜行业也处于相对较低的增长速度，但由于电容膜生产的技术难度，因此电容膜企业的经济效益尽管有所下滑，却仍然能够维持微利状态（表 3）。

表 3　　2011 ～ 2015 年中国大陆 BOPP 电容薄膜情况

时间 / 年	产能 / 万吨	产量 / 万吨	开机率 /%	年产量增幅 /%
2011	7.4	6.4	86.49	6.67
2012	8	6.4	80	0
2013	9	6.4	71	0

续表

时间 / 年	产能 / 万吨	产量 / 万吨	开机率 /%	年产量增幅 /%
2014	11	6.58	59.82	2.81
2015	11	6.7	60.91	1.82

数据来源：中国塑协双向拉伸聚丙烯薄膜专委会

2015 年 BOPP 电容膜产量 6.7 万吨，比 2010 年产量 6 万吨增长 11.67%，平均年增长幅度 2.33%。产能 2015 年 11 万吨，比 2010 年 7 万吨增长 57.14%，平均年均增长幅度 11.43%。

（1）“十二五”期间锂电池隔膜产能、产量情况（表 4）

表 4　2011 ～ 2015 年中国大陆锂电池隔膜情况

时间 / 年	产能 / 万平米	产量 / 万平米	开机率 /%	年产量增幅 /%
2011	20000	11800	59	81.54
2012	40000	19200	48	62.71
2013	64900	29600	45.61	54.17
2014	150000	45000	30	52.03
2015	180000	70000	38.89	55.56

数据来源：中国塑协双向拉伸聚丙烯薄膜专委会

2015 年锂电池隔膜产量 7 亿米 ^{2}，比 2010 年产量 6500 万米 ^{2} 增长 977%。产能 2015 年 18 亿米 ^{2}，比 2010 年 1 亿米 ^{2} 增长 1700%。

二、双向拉伸尼龙（BOPA）薄膜行业经济运行情况（表 5）

表 5　2011 ～ 2015 年中国大陆 BOPA 薄膜情况

时间 / 年	产能 / 吨	产量 / 吨	开机率 /%	年产量增幅 /%
2011	80300	73878	92	2.75
2012	105300	95596	90.78	29.40
2013	114000	100297	87.98	4.92
2014	136000	113000	83.09	12.66
2015	154200	127070	82.41	12.45

数据来源：中国塑料加工工业协会

产能 2015 年 154200 吨，比 2010 年 86300 吨增长 78.68%。2015 年产量 127070 吨，比 2010 年产量 71902 吨增长 76.73%。

三、双向拉伸聚酰亚胺（BOPI）薄膜行业经济运行情况

2015 年，我国聚酰亚胺薄膜（简称 PIF）的产

量已超过 3000 吨，在品种、产量、功能和应用范围等方面都得到了迅速的发展，具体典型生产企业及其产能见表 6。

表 6　　我国 PIF 主要生产企业、产能及其产品规格　　吨 / 年（以 25 微米厚计）

生产企业	产能 / 万吨	线宽 / 毫米	厚度 / 微米	备注
江阴天华科技有限公司	100	1040	12.5-50	流延双向拉伸
江苏溧阳华晶电子材料厂	200	1040	12.5-75	流延双向拉伸
无锡高拓聚合材料有限公司	200	520/1060	12.5-75	流延双向拉伸
山东万达微电子材料公司	240	550/1100	12.5-100	流延双向拉伸
深圳瑞华泰薄膜科技有限公司	300			流延双向拉伸
江苏亚宝绝缘材料股份有限公司	300	650/1000	22--225	普通流延
江阴云达电子新材料有限公司	100	620	25--250	普通流延（厚膜为主）
天津市天缘电工材料有限公司	300	1000	25--125	普通流延
常熟华强绝缘材料有限责任公司	400	520	25--200	普通流延
天津龙德绝缘材料有限公司	200	-	25--250	普通流延

数据来源：中国塑料加工工业协会

四、双向拉伸聚乙烯（BOPE）薄膜行业经济运行情况

BOPE 薄膜比吹塑或流延方法生产的聚乙烯薄膜在物理性能方面有较大的改善，其透明度高，热封性，防潮性好，纵、横向抗拉强度好，并具有防湿和可折叠性等优点。特别是在厚度减少 50% 的情况下关键性能仍达到其他聚乙烯薄膜的性能。2015 年我国 BOPE 薄膜产量大约达到 1 万吨左右，影响 BOPE 推广应用的瓶颈主要是原料的价格过高，限制了用户的应用。

（中国塑协双向拉伸聚丙烯薄膜专业委员会 孙冬泉）

锂电池隔膜行业市场分析与技术发展探讨

一、锂离子电池产业发展情况

锂电池产业总体情况：

1. 全球锂电池市场规模

在市场需求方面，今后 5 年锂离子电池市场需求仍会以接近 50% 的年均复合增长率高速成长，到 2018 年全球需求总量将超过 3850 亿瓦·时，是 2013 年的 7 倍以上，超越铅酸电池成为用量最大的二次电池产品。

2. 中国锂离子电池产量及产业规模

市场需求的迅速增长使国内锂电池产量不断增加，产业规模不断扩大。产量方面，2014 年中国锂电池产量高达 52.8 亿支，同比增长了 10.9%。2010 ～ 2014 年中国锂电池产量持续大幅增长，增长率均高于 10% ，2015 年市场需求超过 200 亿安•时。

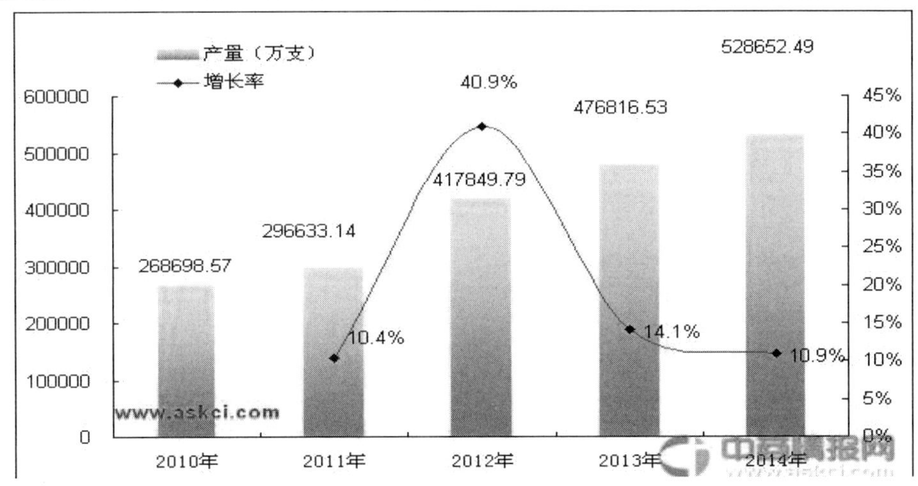

图 1 锂离子电池产量规模

产业规模方面，2014 年，锂离子电池市场规模为 715 亿元，同比增长 21.1%，其中当年 3C 市场用锂离子电池增长 6%，全国销售规模为 580 亿元；储能用锂离子电池，包括通信和新能源应用，需求 15 亿元。到 2017 年，我国锂离子电池产业规模将达 260 亿安•时。

二、锂离子电池隔膜行业现状

（一）锂离子电池隔膜的性能要求（表 1）

(1) 足够的化学和电化学稳定性；

(2) 良好的电解液吸附能力；

(3) 良好的离子透过性；

(4) 良好的电子绝缘性；

(5) 适当的孔径和孔隙率；

(6) 足够的力学性能；

(7) 良好的热稳定性；

(8) 不含有害物质。

表 1　　锂离子电池隔膜的性能要求

隔膜基本性能	隔膜技术指标	电池特征	备注
绝缘性能	耐电压	成品率与安全性	隔膜材质与表观缺陷
离子导电性能	面电阻	内阻和倍率特性	常规隔膜的孔隙率、气体渗透性
力学性能	拉伸强度、穿刺强度	成品率和安全性	隔膜生产工艺
尺寸稳定性	抗溶剂	电池日历寿命	
电解液浸润性能	接触角、吸液量、保液量	内阻与循环寿命	隔膜材质、孔隙率
热稳定性	热收缩	成品率和安全	隔膜材质与加工工艺
电化学稳定性	氧化还原电位	循环寿命	隔膜材质
一致性要求	微观特征与技术指标偏差	容量、内阻	质量控制

（二）国家政策推动动力锂电池需求增长

1. 国家关于新能源汽车的规划目标

① 2015 年——纯电动汽车和插电式混合动力汽车累计产销量力争达到 50 万辆；

② 2020 年——纯电动汽车和插电式混合动力汽车生产能力达 200 万辆、累计产销量超过 500 万辆；

③燃料电池汽车与国际同步发展。

2. 各地确定新阶段新能源汽车推广目标（表 2）

表 2　新能源汽车推广目标

城市	推广目标		
	年份	累计 / 辆	车型类别
北京	2017	200000	私人 17 万辆； 公交出租加公务 3 万辆
			公务 5000 辆； 非公务达到 19.5 万辆
上海	2015	13000	推广 5000 辆私人新能源汽车
广州	2014	10000	公共 6000 辆 私人 4000 辆
深圳	2015	35000	公共 19000 辆 新增纯电动公交车 5000 辆；纯电动出租车新增 2500 辆； 纯电动专用车推广数量达到 10000 辆 私人 16000 辆
杭州	2015	6000	计划新增新能源汽车 6000 辆，其中公共用车 1650 辆， 私人租赁及其他 4350 辆

其他更多地方正在确定更多数量的推广目标

3. 2025 年中国要成为全球最重要的新能源汽车市场

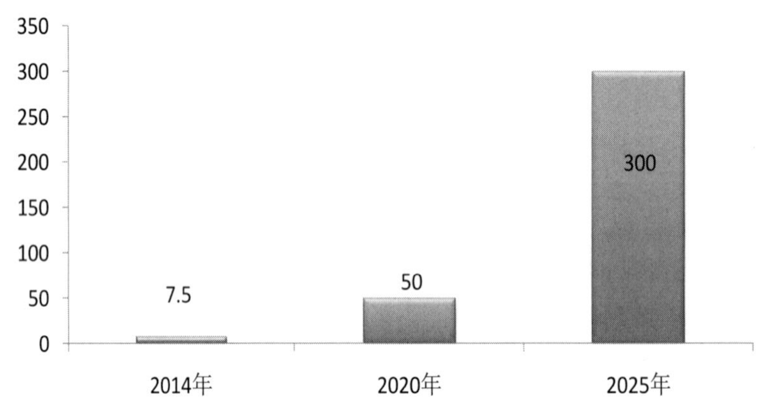

图 2 新能源汽车的市场情况

2015 年，我国电动汽车实际产量超过 30 万辆，比 2014 年增长 4 倍多（图 2）。

（三）2015 年锂电池隔膜行业需求情况分析

1. 全球锂电池隔膜市场情况

随着全球锂离子电池需求的持续升温，锂离子电池用隔膜也随之持续增速。2015 年全球锂电隔膜需求量约为 15.2 亿米^2。未来 5 年，全球隔膜需求量以年增 20% 幅度增长。

2. 中国锂电池隔膜市场需求增长迅速

作为世界上最大的锂电池生产制造基地和第二大锂离子电池生产国和出口国，中国对隔膜的需求日益增加。作为世界上最大的锂电池生产国，中国对隔膜的需求日益增加。2014 年，中国国产隔膜的产量为 4.5 亿米^2，2015 年，国产隔膜的产量 7.05 亿米^2，同比增长 56.66%。而同时期国内隔膜市场需求的增长率总体低于国产隔膜的增长率，说明国产隔膜所占市场份额不断上升，隔膜国产化是技术趋势。

3. 锂电池隔膜产值增幅低于产量增幅

产值增幅低于产量增幅的主要原因是随着锂离子电池隔膜的逐步产业化和产量的逐步增加，其单价保持着逐步下降的趋势，从而导致整个隔膜的市场规模增幅出现一定程度的下降。预计未来几年整个隔膜的平均单价将继续保持 3%～5% 的递减趋势，但是产量的快速增长仍将带动我国隔膜的市场规模保持较快的增长趋势。

2014 年底、2015 年以来，行业内又掀起了一波锂电池隔膜上线热潮，尤其是 2015 年起码有超过

20 条干法线、10 条湿法线正在投资建设，更多的企业仍然在考虑进入。

预计未来国内隔膜行业必然掀起价格大战。同时，大量实力雄厚的外资企业加大对中国隔膜市场的开拓也加剧了国内隔膜企业的市场竞争风险。最快 2016 年底，最迟 2017 年初，锂电池隔膜行业就会重走光伏行业的老路，全行业严重过剩、深度调整的局面就会到来。

三、值得锂电池隔膜行业重视的问题

1. 不要完全依赖国家政策而作投资决策

大凡国家政策都只是在产业刚刚开始发展的时候给予支持，优惠政策总有退出的时候，投资锂电池隔膜行业不能过度依赖政策的支持，要以企业内在的技术研发作为支撑，依靠技术创新和品质生存与发展。

2. 电动汽车的成熟和应用是一个渐进的过程

电动汽车产业的发展将和电动自行车行业一样，是一个渐进的过程，其性能稳定有一个过程，中间可能还会有波折，锂电池产业链企业要有心理准备。

3. 锂电池生产技术的变化将可能终结当前锂电池隔膜行业的繁荣

锂电池隔膜生产企业要时刻关注锂电池生产技术的进步与创新，目前石墨烯电池技术、电极涂覆技术正在研究之中，一旦技术成熟将会对锂电池隔膜行业带来严重影响。

4. 锂电池隔膜生产企业要时刻关注隔膜生产工艺技术与材料的的研究成果

目前的锂电池隔膜生产主要还是采用干法单向拉伸和湿法工艺，材料为聚烯烃的 PP 和 PE 材料，但更多的工艺技术、更多的隔膜材料仍然在不断地研究和试验之中，隔膜企业要时刻关注这些技术研究，同时上线时不要一步到位，避免重蹈南通天丰的覆辙。

5. 锂电池隔膜生产企业要时刻注意控制欠款额度和账期

2013 年以来，除了隔膜的价格不断下降之外，隔膜行业的账期也在不断加长。由于隔膜行业产能严重过剩、三角债等原因，“收账难”问题一直困扰着绝大部分的隔膜厂商。虽然动力电池企业的账款相对比较容易收，但目前能进入动力电池供应链的隔膜企业仍然较少。个别新进入企业销售的主要手段就是低价和欠款，但欠款过多、账期过长将导致企业最终陷入困境。

预计，未来三年国内隔膜行业价格竞争将愈趋激烈，迎来行业大洗牌，缺技术、少品牌、短资金这将被淘汰出局，尤其是中小企业境地不容乐观。市场特征将呈现强者恒强、弱者出局的趋势。

四、锂电池隔膜技术发展趋势

1. 缩小与国外锂电池隔膜企业技术差距是“十三五”期间我国隔膜企业的重点任务

由于隔膜具备较高的技术壁垒，国产隔膜与进口隔膜在性能上存在较大的差距，导致国内隔膜市场大部分需要进口，尤其是高端隔膜基本依靠进口。目前，国内隔膜市场呈现国外、本土厂商共存且两极分化的市场竞争格局：低端市场集中度较低，无序竞争状态明显，主要由本土厂商占据；技术门槛高、产品质量要求高的中高端市场则为国外厂商及本土少数领先企业所占据。

国内隔膜厂家与国外隔膜厂家差距主要有以下方面：

（1）国外隔膜企业的技术人员中有很多有过在电池企业的就职经历，非常了解下游电池厂商对电池隔膜的需求，在产品开发和营销上有巨大的优势。美国 Celgard、日本旭化成和东燃均资产规模庞大，实现了产业多元化，有足够的财力支持产品技术开发。而国内隔膜企业是以塑料薄膜加工企业转型为主力，对电池产品的了解不多，对产品开发与市场营销方面是个短板。

（2）目前国外企业仍然严格封锁设备来源，而国内企业设备加工能力差，在设备上投入低，导致产品工艺难以控制。

（3）原料方面，PP 树脂或者 PE 树脂等原料的分子量等指标，对隔膜最终的性质起到巨大的影响。全球仅有旭化成、CELGARD 和东丽具有独立的高分子实验室，拥有自己的专料。国内隔膜企业目前在材料方面还缺乏真正能够满足需求的稳定的隔膜专用料供应来源。

（4）电池企业对于隔膜供应商的进入有一定的门槛，对于国内隔膜企业的发展需要引起重视。由于隔膜对于锂电池性能的重要意义，电池厂商很难更换隔膜供应商。电池企业一般更换隔膜供应商需要 2-3 年。市场新军要获得下游电池厂商认可，也需要相当长的时间。

2. 从行业整体来看，隔膜的研究方向主要集中在以下几个方面：

（1）提高产品良品率：由于市场的供过于求，隔膜价格下降导致隔膜企业的利润率已经有了大幅度下滑，外部市场不利的情况下企业要想办法自救。哪家企业能够有较高的良品率，较低的生产成本，哪家企业才能在激烈的市场竞争中生存，提高良品率已经成为企业的当务之急。

（2）提高隔膜耐热性：技术的进步，社会的发展，安全问题必然会越来越受到社会的重视，所以解决隔膜的耐热性能，谁能生产能在充放电过程中，大面积正、负极短路后仍能保持隔膜完整性的耐高温复合隔膜，谁就占领了先机，谁就有可能和特斯拉一类的企业共舞。

（3）研制超薄隔膜：随着市场的发展，更轻薄、更小巧的3C电子产品将不断进入我们的生活，这类产品需要更薄的锂离子电池隔膜来制作电池，同时，锂电池对容量的追求也需要薄膜往轻薄化方向发展。但超薄隔膜的生产制备对设备、工艺的要求很高，企业如果能够掌握超薄隔膜的制作技术必然在未来的竞争中处于非常有利的位置。

（4）提高隔膜的吸液性能：目前锂离子电池的容量问题已经越来越突出，不管是智能手机还是动力汽车，其待机时间或续航里程与消费者的需求之间的矛盾日益突出。如果企业在超薄电池隔膜方面难以有更好的突破，可以想办法改善隔膜的吸液性能，因为改善吸液性能同样能够提高电池的容量。

（5）研发聚合物电解质隔膜、纤维隔膜等新型隔膜产品。研究这些隔膜会有一定的风险，因为中国改革30多年的经验告诉我们，模仿跟随的办法相对容易成功，创造发明的方式则比较挫折。如果能够通过自身的努力开辟出一条新的途径，必将成为行业的标杆，利润是难以想象的。

表3　不同类型隔膜的特点

编号	类型	应用	优点	缺点
1	超薄隔膜	3C电池	厚度薄，电池能量密度提高等	安全性下降
2	聚合物电池隔膜	软包电池	优异的吸液和保液性能，提高电池循环性能等	成本提高，耐热性有待提高
3	陶瓷涂覆隔膜	动力电池	耐热性能优异、改善隔膜浸润性等	成本提高
4	新型隔膜	动力电池	耐热性能优异、改善隔膜浸润性等	孔径大小和均匀性有待提高

3. 从改进隔膜性能方面来讲，目前主要有三种思路

（1）在PP膜和PE膜的基础上增加功能性涂层，以满足对高温特性等特殊需求。功能性涂层不但可以改善隔膜的耐热性能，还可以解决隔膜的亲电解液性能，各个企业所采用的配方和涂布形式有所不同。

（2）无机或有机材料共混PE、PP膜：改善耐热性的另外一种方法是将PE和耐热的无机粒子或PP进行混合制备电池隔膜，这样能够结合各种材料的优点。

（3）彻底改变基体材料，如采用聚酰亚胺等材料代替传统的PP和PE材料。聚酰亚胺成本较高，但可以考虑聚酰亚胺和PE的结合使用，也可以考虑其他类型的聚合物材料。

（中国塑协双向拉伸聚丙烯薄膜专业委员会　孙冬泉）

双向拉伸聚酯薄膜
维持国内 BOPET 产业的发展活力

一、2014-2015 年国内 BOPET 的经营概况

1. 不同厚度生产线的产能变化

生产线	2014 年合计		2015 年增加			2015 年合计	
	生产线 / 条	产量 / 万吨	生产线 / 条	产量 / 万吨	增长 /%	生产线 / 条	产量 / 万吨
小于 8 微米	9	3.78	0	0	0	9	3.78
8 ～ 75 微米	105	207.19	5	12.5	4.76 6.03	110	219.69
75 ～ 250 微米	29	38.1	3	7.5	10.34 19.69	32	45.6
250 ～ 400 微米	22	30.2	3	5.2	13.64 17.22	25	35.4
合计	165	279.27	11	25.2	— —	176	304.47

（数据整理：聚酯膜专委会）

2015 年国内新增生产线 11 条，产能 25.2 万吨，其中厚膜 6 条，12.7 万吨。相比 2014 年建设完成的 18 条 49.6 万吨已有明显的减少，另外，还有 8 条 24 万吨的新线待建中。

2. 开工率和库存情况的比较

2014 年与 2015 年中国 BOPET 行业运行情况比较

比较值	1 月	2 月	3 月	4 月	5 月	6 月	7 月	8 月	9 月	10 月	11 月	12 月
2014 年开工率 /%	67.1	57.2	61.9	68.3	78.8	69.9	70.2	73.0	73.0	71.9	75.9	75.8
2015 年开工率 /%	74.0	49.5	72.4	85.4	82.0	80.2	77.6	75.2	73.6	70.1	77.3	78.6
2014 年原料库存 / 天	7.6	6.5	6.6	6.8	5.1	4.8	4.5	4.3	4.3	3.5	3.2	3.1
2015 年原料库存 / 天	3.9	2.4	4.4	5.0	4.0	3.0	3.6	3.0	2.8	3.4	3.3	3.2
2014 年成品膜库存 / 天	9.6	13.1	16.4	15.8	14.8	14.8	15.9	17.8	17.8	16.7	15.1	10.1
2015 年成品膜库存 / 天	10.2	6.0	5.0	1.0	1.3	4.0	4.0	5.0	6.2	7.3	7.6	7.8

（数据来源：卓创资讯）

开工率：2015 年 BOPET 生产企业产能利用率依旧较低，行业开工率基本在七八成之间波动，比 2014 年略有上升。

成品库存：2015 年 BOPET 生产企业大多维持低库存操作，整年来看，膜企的库存量大多控制在一周以内，比 2014 年大幅度降低。

原料库存：2015 年 BOPET 生产企业对原料备货周期呈现进一步缩短的趋势。整年来看，基本维持在 3 ～ 5 天。

3. 前所未有的进出口数量逆转

数据反映， 2015 年进口数量比 2014 年下降约 71000 吨，而出口增长 29000 万吨 / 年。值得引起注意的是，历年来进口一直大于出口的情况在 2015 年发生逆转，说明国内企业的产品层次已有可喜的进步。

4. 制膜加工差价和经营效益

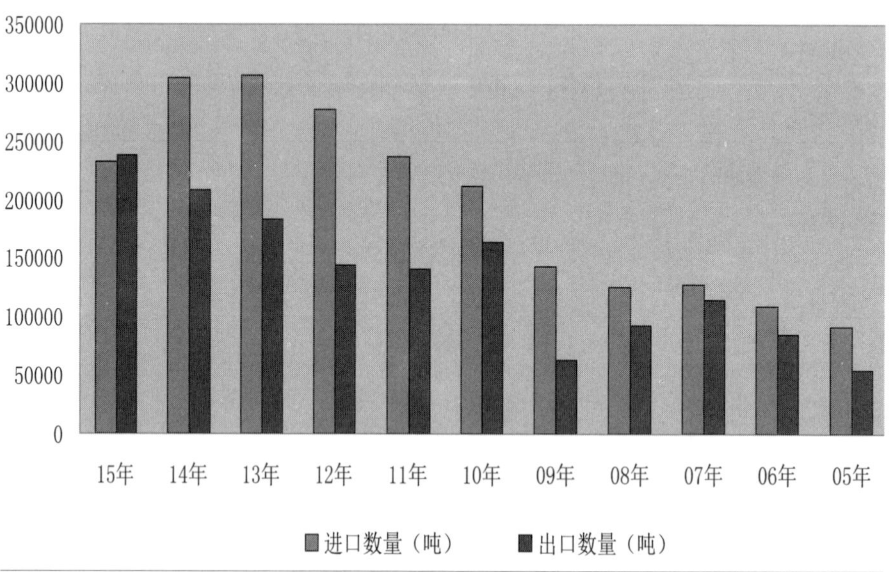

2015 年国内 PET 普通膜的加工差价（薄膜售价与原料价格之间）　单位：元 / 吨

2015 年	1 月	2 月	3 月	4 月	5 月	6 月	7 月	8 月	9 月	10 月	11 月	12 月
12 微米普膜市场主流价	7500	8000	8300	9500	9200	8400	8000	7800	8200	7800	7600	7400
膜级 FG600 切片结算价	6400	6550	6600	7300	7650	7250	6900	6650	6500	6350	6250	5850
加工差价	1100	1450	1700	2200	1550	1150	1100	1150	1700	1450	1350	1550

（数据整理：聚酯膜专委会）

由于前几年盲目投资造成产业的“野蛮生长”，业界的产品层次相对偏低而且产品区域优势不明显，同质化竞争使得成本的边际变得越来越薄；入行不久的企业刚完成前期投资，没有及时将产品目标的重心实行转移。

1 ～ 12 月，国内 12 微米普通类薄膜的加工差价大多在 1100 ～ 1550 元 / 吨之间徘徊，有 7 个月的每吨加工差价不足 1500 元，平均加工差价只有 1454 元 / 吨，远离 BOPET 产品加工差价≥ 3000 元 / 吨的市场合理售价。它严重挤压行业的经营空间，让企业失去必要的财力来源、进而妨碍整个产业的长远发展。

“沉舟侧畔千帆过，病树前头万木春。”国内聚酯薄膜企业变得斑驳陆离，逐步呈现高利、中利、微利、微亏和重亏 5 种不同的类别。经营业绩较好的企业着眼在产品的差别化、个性化并注重既有技术的系列组合，早一步作出产品结构调整和业务重新整合，能够向市场提供的产品性能满足用户的个性化需求又与同行有一定的差别。业绩不佳企业的主打产品（主要是包装用途的 12 微米产品）却被陷入在产量饱和中，它既是无节制“野蛮生长”的结果，又是无序竞争所牵制而造成的无奈；长时间的入不敷出，对产品单一的企业来说是非常致命的。

二、中国 BOPET 产业的 30 年发展状况和趋势

1. 取得的成绩

中国 BOPET 产业经过 30 多年特别是近 5 年的迅猛发展，总体生产能力快速提升，由最初主要依靠进口变成为世界上最大的生产国。产品的用途范围由音像磁记录向包装、电器、电工等方面进行大范围的转移，尤其在光伏、光电、建筑等领域的广泛使用，顺应和推动了新兴产业的快速发展。生产装备由先前的门幅 3.5 米、机速 150 米 / 分（最初门幅只有 1 米，机速每分钟几十米），向当今的 8.7 米和 500 米 / 分发展，国内装备配套能力及配套材

料国产化也取得了新的进展。生产线成膜稳定、损耗率明显下降，产品物理性能优异。主要原料由最初兼用的聚酯纤维料转向使用薄膜专用料，各类功能薄膜专用料的研发和应用推动了个性化 BOPET 产品的开发。BOPET 产品高清晰、高阻隔、热收缩、可热封等方面特性得到挖掘，在线的涂覆改性使产品性能得到提升，进一步扩大了 BOPET 使用范围和应用领域。

行业从业时间长的 BOPET 生产企业，如乐凯、杜邦鸿基、杭州大华、江苏裕兴、仪化东丽、四川东材等，因长关注产品质量、注意品牌培育，向市场提供性能稳定的个性化产品，改写了一些产品最先的空白状况，在业界拥有一定的口碑。这些企业在扩大生产规模的同时，期持续投入产品研发，锻炼与培养了一批技术、管理和生产人员。据现有的不完全统计，与聚酯薄膜相关的国家标准由行业骨干企业牵头编制的就超过 20 项（详见后附《聚酯薄膜相关标准一览表》）。

2. 存在的问题

行业总体产能的空前扩展超越了目前市场的实际需要，呈现阶段性的产能过剩。产品结构偏重于普通类的 12 微米包装膜，而光伏、光电等方面的高端类产品仍需要依靠进口，显现“低端产品过剩、高端产品不足”的结构性矛盾。

2010 年前后，大规模重复引进的大产能生产线，其产品设计多以大批量、品种单一的普通包装膜为主，生产设备宽门幅、高线速，而且上、下游联合化(原料合成与后序拉膜加工形成一体的纵深生产)，旨在降低产品的单位成本。这些装置一般不适合小批量、多品种的变化，难以组织差异化生产，由此增加同类产品同质化竞争，加大了产业部分产品过剩的程度。行业的同质化竞争剧烈引发严重的低价倾销状况，导致部分企业的经营亏损，行业的整体效益明显下降。

行业整体已经比较在意需求侧，反映在生产装置的投资和产品出口上，但对市场消费的引导有待进一步加强；在技术创新方面，对研发资源的投入和研发力量储备的重视程度仍旧不够。

3. 面临的形势

国内 BOPET 产业的迅猛发展规模与邻国印度相似，低水准的技术状况 + 低价销售纷纷遭到进口国的抵制，加上市场消费的不平衡，让部分产品品种单一的企业濒临亏损或严重亏损的状态。

当今，多年来 BOPET 气贯长虹的壮势已经大幅度消退，低落的情绪正笼罩着行业。然而，市场本来具有喜好新颖、特殊和连续变化的特点。薄膜产品的生命力在于终端使用的性能优势，在于从既有终端的同类产品中跳出来，形成明显差异或让亮点产品在使用中实现产品价值的增值。不少企业已经意识到原先依赖投资、出口和一般消费的模式已经失灵，正逐步提高自身生产技术和管理水平，开始重视技术改造、技术攻关和新技术、新材料应用，逐步向差异化、特种化、高端化产品的供给模式转换。这些企业依靠产品差异化和品质稳定性，不图产量规模只求市场的实际应用，每年仍有不菲的收益。

市场方面，下游企业的个性化需要对我们产品提出更高的要求，新兴领域对新材料的迫切需求给 BOPET 的未来应用提供了无限的可能性，相关产品的市场替代中（如 PVC、PE、PP 等）仍旧大有机会，所有这一切，对我们 BOPET 产业的生产、装备、原料供给水平也提出了前所未有的期待。

三、持续维护国内 BOPET 产业发展活力的措施

（一）开辟新兴市场，挖掘产业新动力

1. 构建行业性的创新平台

提升产业创新能力，鼓励发展创新产品，将是“十三五”期间我国 BOPET 产业实现跨越式发展的关键。中国 BOPET 行业有必要聚集各方面的研发资源、业内外的精英人才，用产学研结合的方式建设行业性的创新平台，围绕原料、工艺、生产装备以及上下产业链，形成目标明确、联动创新的研发合力。

面临产业转型升级和高端化新材料推出的时刻，整个聚酯薄膜行业亟需形成一个高效的研发和成果转化的环境，迫切需要涌现多家站在新材料前沿领域的大中型企业。

2. 改造和提升传统的生产线

对行业共性关键技术、关键零部件、关键原材料、关键工艺、重点装备进行攻关，如高端的各种功能膜专用原料的研究；专用于在线涂覆的各种改性原料的研究；高端光学类基膜的生产技术的研究；各种差异化、特种化薄膜的专用装备的研究；个性化、多功能的双拉膜试验装备的研究等等。其中，进口产品的消化吸收及替代是行业人的重要课题。

使用诸如在线涂覆装置、行星式挤出装置、层叠模具装置、回收装置等改造现有生产装备，可实现双拉膜产品的个性化私人定制（量身定制），为行业产品的升级提供可能。

3. 发现、培育和壮大新兴市场

发现和培育BOPET行业新增长点。培育发展战略性新兴市场，为新兴市场领域提供个性化、定制化的产品与服务。如：建筑智能窗贴膜、汽车窗贴膜、光电领域用光学膜、金属覆合膜、抗老化大棚膜等，它们的使用性能明显超越现有市场的产品，尽管目前的市场需求尚不够大，一旦应用推广开来就将给BOPET产业带来空前的市场增长和突破。

新兴市场成熟有其过程，行业协会有义务协助企业对新兴市场产品用途进行调研和市场推广，帮助企业依托行业性的创新平台，加快科技成果的孵化、转化，促进科技成果产业化，推动新颖产品走向市场，积极帮助企业争取扶持政策，最终让企业产品在新兴市场中获利。

（二）提升产品质量 提高市场竞争的能量

1. 强化行业标准化的多项工作

行业标准化工作特别是行业产品标准的完善，有助于确立各终端用户的不同需要，稳定和提高产品质量、促进行业技术进步。国内聚酯薄膜产能的规模快速扩大，企业数量不断增多，但市场产品质量参差不齐，价格高低不一，如下游在采购时用劣质产品的价格去压制行业正规产品价格就会造成市场价格的混乱，会伤害企业创新的积极性。完善行业标准，特别是产品标准，必将对规范市场起到一个“硬约束”的作用。

北京同仁堂药厂代代相传的堂训：“求珍品，品味虽贵必不敢减物力；讲堂誉，炮制虽繁必不敢省人工”，充分体现 “诚信”和“质量”的思想，所生产的各种中成药由于保持标准、处方独特、选料上乘、工艺精湛而疗效显著的做法是值得我们薄膜业人借鉴的。

目前，BOPET行业的标准化工作有待进一步完善，有必要完善提升行业标准化的体系，注重产业链的延伸。完善中需要突出重点，对生产经营中急需的、重点产品、高端产品、与食品接触相关产品的标准要尽快制定。在做好产品标准的基础上，再关注检测检验方法标准、管理标准等其他相关标准。

2. 提升产品品质，注重能力培养

物竞天择，产品是企业的竞争之魂，而质量是产品的生命所在。生产企业需全面强化质量意识，需要导入先进的质量管理体系，增强企业综合管理能力。重视产品检测、人员培训、品牌创建等各个方面，全面提高质量水平，为市场提供好的产品。通过优化管理流程来确保稳定产品性能指标及降低生产成本。

事在人为，人才培养关系到企业的生存与成长。中国BOPET行业产能的急迅扩张，使许多企业的人才储备不足，造成竞争力下降，其中制膜技术工人能力亟待提高。行业协会有必要创造条件推动行业性共享的人才培养基地建设，为企业提供员工培训，帮助企业提高员工素质，分享行业创新成果。此外需加强职业技术人员技能评定工作，激发员工提高自身能力的积极性。

3. 大力培育自主品牌

据联合国工业计划署统计，全球不足3%的品牌产品占据了超过40%的市场和50%的营销额，由此可见知名品牌在市场竞争中的地位。对于中国BOPET产业来说，企业对于品牌建设还是缺乏意识，虽然有的企业有一些自己的特色产品，但名优品牌还是相对稀少，特别是在国际市场中还无法形成真正的强势品牌，还是依赖比国际知名品牌更低的价格来争取市场份额。

BOPET生产企业有必要以市场为导向，分析自身产品优势、确立市场定位、制定企业经营战略和品牌规划，加大在营销能力、科学管理、市场控制、人员素质等方面能力的建设，全面提升企业的竞争实力，创建行业乃至国际知名品牌。

（三）反倾销，营造良好的市场环境

面对恶性竞争的环境和市场可能催生的资产重新整合的趋势，BOPET行业有必要充分认识到非理性的倾销行为已经严重扰乱了当前市场秩序，是有悖商业精神的违规做法。

企业应当依据生产经营成本和市场供求状况来合理定价，并通过改进生产经营管理，降低生产经营成本，在市场竞争中获取合法利润。中华人民共和国反不正当竞争法第11条规定，经营者不得以排挤竞争对手为目的，以低于成本的价格销售商品。价格法第14条规定，经营者不得为排挤竞争对手或独占市场，以低于成本的价格倾销，扰乱正常的生产经营秩序，损害国家利益或者其他经营者的合法权益。呼吁政府价格主管部门和协会组织测定BOPET行业的平均成本及合理的下浮幅度，对不顾质量信誉、一味低价倾销的不当竞争行为，给以警告、公开谴责和媒体曝光，鼓励对低价倾销行为进行举报，必要时诉诸法律。加强这样的鞭策，既可以规范市场，又能鼓励企业走技术创新、严格经济管理的道路。

在如今普通类产品过剩的环境中，消灭同行并不能消灭产能（暂时停转的生产线终得重新起动）。

唯有企业自律、营造健康行业发展的良好环境，才会是企业生存之道。

在塑料薄膜的应用领域中，应用面广、产销量大的热塑性聚酯类和聚酰胺类等树脂最具有优越性能和经济意义；而同样的树脂经过双向拉伸工艺的薄膜结构和性能，更超过其他加工成型方式的薄膜。若在不同树脂基体中添加适宜的塑料助剂，又可以制备出所需的各种功能性薄膜。

包括 BOPET 在内各种双向拉伸膜发展的持续活力，必须根据市场终端用户的不同需要，提升薄膜本身的功能属性和降低它的生产成本。双向拉伸膜的研发制造模式要顺合薄膜产业的整体结构及发展趋势，要为后续推出的各种类薄膜产品形成一个有机整体，以符合实际应用为导向的原则和符合终端用户需要的原则，才会有基膜生产企业的生存和成长的空间。

聚酯薄膜相关标准一览表

标准名称	标准号	实施日期	主要起草单位	归口单位
包装用双向拉伸聚酯薄膜	GB/T 16958-2008	2009-01-01	富维薄膜（山东）有限公司	全国包装标准化技术委员会
电气绝缘用薄膜 第 4 部分：聚酯薄膜	GB/T 13542.4-2009	2009-12-01	桂林电器科学研究所	全国绝缘材料标准化技术委员会
薄膜开关用聚酯薄膜	GB/Z 21212-2007	2007-12-03 颁布日期	东方绝缘材料股份有限公司	全国绝缘材料标准化技术委员会
行输出变压器用聚酯薄膜	GB/Z 21214-2007	2007-12-03 颁布日期	东方绝缘材料股份有限公司	全国绝缘材料标准化技术委员会
挠性印制电路用涂胶聚酯薄膜	GB/T 14708-1993	1994-07-01	机械工业部广州电器科学研究所	机械工业部广州电器科学研究所
印制电路用挠性覆铜箔聚酯薄膜	GB/T 13556-1992	1993-04-01	机械电子工业部广州电器科学研究所	机械电子工业部广州电器科学研究所
以云母为基的绝缘材料 第 9 部分：单根导线包绕用环氧树脂粘合聚酯薄膜云母带	GB/T 5019.9-2009	2009-12-01	江苏冰城电材股份有限公司	全国绝缘材料标准化技术委员会
以云母为基的绝缘材料 第 6 部分：聚酯薄膜补强 B 阶环氧树脂粘合云母带	GB/T 5019.6-2007	2008-05-20	桂林电器科学研究所	全国绝缘材料标准化技术委员会
光学功能薄膜 聚对苯二甲酸乙二醇酯 (PET) 薄膜 双折射测定方法	GB/T 28609-2012	2012-12-01	合肥乐凯科技产业有限公司	全国光学功能薄膜材料标准化技术委员会
光学功能薄膜 聚对苯二甲酸乙二醇酯 (PET) 薄膜 受热后尺寸变化测定方法	GB/T 27584-2011	2012-03-01	合肥乐凯科技产业有限公司	全国光学功能薄膜材料标准化技术委员会
光学功能薄膜 反射眩光性能测试方法	GB/T 27583-2011	2012-03-01	合肥乐凯科技产业有限公司	全国光学功能薄膜材料标准化技术委员会
光学功能薄膜 等离子电视用电磁波屏蔽膜 屏蔽效能测定方法	GB/T 27582-2011	2012-03-01	中国乐凯胶片集团公司	全国光学功能薄膜材料标准化技术委员会
光学功能薄膜 聚对苯二甲酸乙二醇酯 (PET) 薄膜 拉伸性能测定方法	GB/T 25255-2010	2011-08-01	合肥乐凯科技产业有限公司	全国光学功能薄膜材料标准化技术委员会
光学功能薄膜 离型膜 180° 剥离力和残余黏着率测试方法	GB/T 25256-2010	2011-08-01	合肥乐凯科技产业有限公司	全国光学功能薄膜材料标准化技术委员会
光学功能薄膜 翘曲度测定方法	GB/T 25257-2010	2011-08-01	中国乐凯胶片集团公司	全国光学功能薄膜材料标准化技术委员会

续表

标准名称	标准号	实施日期	主要起草单位	归口单位
模内装饰 (IMD) 用硬化薄膜耐湿热老化性能测定方法	GB/T 29333-2012	2013-08-01	合肥乐凯科技产业有限公司	全国光学功能薄膜材料标准化技术委员会
模内装饰 (IMD) 用薄膜油墨粘接性能测定方法	GB/T 29330-2012	2013-08-01	合肥乐凯科技产业有限公司	全国光学功能薄膜材料标准化技术委员会
模内装饰 (IMD) 用硬化薄膜耐湿热老化性能测定方法	GB/T 29333-2012	2013-08-01	合肥乐凯科技产业有限公司	全国光学功能薄膜材料标准化技术委员会
模内装饰 (IMD) 用薄膜油墨粘接性能测定方法	GB/T 29330-2012	2013-08-01	合肥乐凯科技产业有限公司	全国光学功能薄膜材料标准化技术委员会

（中国塑协 BOPET 专业委员会 王德钧）

中国塑协 BOPET 专委会 2015 年度工作

一、2015 年的市场状况

国内聚酯薄膜企业变得斑驳陆离，逐步呈现高利、中利、微利、微亏和重亏 5 种不同的类别。经营业绩较好的企业着眼在产品的差别化、个性化并注重既有技术的系列组合，早前就作出产品结构调整和业务重新整合，能够向市场提供的产品性能满足用户的个性化需求又与同行有一定的差别。业绩不佳企业的主打产品（主要是包装用途的 12 微米产品）却被陷入在产量饱和中，它既是无节制 “野蛮生长” 的结果，又是无序竞争所牵制而造成的无奈。

国内 2015 年 PET 普通膜的加工差价（薄膜售价与原料价格之间） 单位：元 / 吨

2015 年	1 月	2 月	3 月	4 月	5 月	6 月	7 月	8 月	9 月	10 月	11 月	12 月
12 微米普膜市场主流价	7500	8000	8300	9500	9200	8400	8000	7800	8200	7800	7600	7400
膜级 FG600 切片结价	6400	6550	6600	7300	7650	7250	6900	6650	6500	6350	6250	5850
加工差价	1100	1450	1700	2200	1550	1150	1100	1150	1700	1450	1350	1550

数据显示， 1 ～ 12 月国内 12 微米普通类薄膜的加工差价大多在 1100-1550 元 / 吨之间徘徊，有 7 个月的加工差价不足 1500 元 / 吨，平均加工差价只有 1454 元 / 吨，远离 BOPET 产品加工差价 ≥ 3000 元 / 吨的市场合理售价。它严重挤压了行业的经营空间，让企业失去必要的财力来源、进而妨碍整个产业的长远发展；长时间的入不敷出，对产品单一的企业来说是非常致命的。

2015 年国内新增生产线 11 条产能 25.2 万吨，其中厚膜 6 条，12.7 万吨。相比 2014 年建设完成的 18 条 49.6 万吨明显的减少幅度，另还有 8 条 24 万吨待建中。

二、专委会全年工作概况

双拉聚酯膜多年形成的壮盛已经消退，低落的情绪正笼罩着 2015 年的行业，但是，危难和机会同在，大家仍然坚信“沉舟侧畔千帆过，病树前头万木春。” 专委会曾经在阐述 2015 年工作要点时就认为，行业健康稳定发展的关键还是要提升行业自身的内在驱动力，把数量的增长逐步转化成质量的提升；缓解聚酯膜产能过剩的最好途径是走差异化的道路扩大产品的市场领域。企业加强与科研机构的及上下游产业链的沟通与交流，才有赢得生存和成长的发展机会。本年度工作内容。

1. 走访不同会员单位客观了解变化的产业状况

秘书处先后走访宁波金源、浦江宏达和宜兴光辉，去东莞基烁（6-7/1、20/1、18/5）了解产业进展状况；在橡塑展会期间，专门拜访大华工控、南京安顺、申克博士以及银金达这些设备制造商（20/5）；在研讨会上，又组织恒力、三房巷、双星、翔宇和百宏等企业共同商讨应对低价倾销的问题；还专程参观涂布生产线（3/7 宁波激智）、热收缩膜生产线（20/10 宜兴光辉）、高端光学膜生产线（24/10 胜通科技）和双拉膜试验线（23/10 永健机械），了解不同生产线的配置状况。

通过走访交流和实地勘察，使专委会进一步了解企业存在的客观困难，明显感到行业存在技术管理力量储备不足的问题。认识到，在进入周期性调整阶段，整个行业要寻找与之话应的经营策略，建立更稳定的利益联结，共同创建市场发展空间。

2. 让行业会议和研讨会作为产业交流的重要平台

3 月 26 日，聚酯膜专委会召开行业年度工作会议，业内 41 家会员单位的 62 名企业领导或代表参加会议。会议总结了专委会 2014 年度工作并提出 2015 年度工作要点。秘书处向会议介绍行业“十三五”发展规划起草情况（具体包括思路、目标、任务），还就 BOPET 产业情况（产能概况、行业运行、市场价格、进出口等）与大家分享了相关统计数据。代表们就薄膜上下产业链行情进行交流时认为，同行之间以诚信作基础，对普通类产品作最低价格的限制可以起到抑制部分低价倾销的效果。会议还邀请了 iflm 薄膜网作国内外 BOPET 功能膜的种类、发展状况的介绍，特别强调国内行业已经从设备工艺的竞争、产能的竞争、到达了供应链管理竞争的层次，当今需重视供应链的管控，包括产品研发体系、分销体系、物流体系（含出口）。

根据市场异常变化的情况，专委会在 4 月 28 日邀请 25 家行业单位的 35 名领导出席 BOPET 市场分析会，特别邀请中石化销售公司合成纤维处张有定处长到场介绍 4、5 月来原料价格变化的市场因素、聚酯切片结算情况，以及探讨如何规避不正当的市场竞争。

9 ～ 11 日， 由 BOPET 专委会携手双拉设备专委会和塑膜网组办的 2015 “第二届中国聚酯薄膜产业技术与市场研讨会”在杭州举行。国内外 136 家企业单位的 246 名行业代表或业内专家、学者汇聚一堂。中国塑协常务理事长曹　俭赴会作重要讲话；特邀 5 位膜企董事长、总经理围坐论谈中国 BOPET 产业持续发展的困惑和热点问题。会议精心安排的 19 位主讲嘉宾的精彩演讲和 29 篇专业会刊论文分别从产品与市场、原料与研究、装备与工艺和经营与管理的几个不同视角，叙述各自不同的见解。不少与会者表示会议内容充实、形式多样，说存在问题看外面世界，讨论解决问题的方法，是场很有国际观的研讨会。会议还通过调查问卷评选出 5 位最受欢迎的演讲嘉宾。

第二届研讨会成功举办的原因是专委会领导的高度重视，先后组织 2 次专题筹备会，强调会务组织以自身为主、业内为先，不以会议营利为主要目标，以服务膜企需要为宗旨，会议以内容制胜。

3. 即时性的信息交流，掌握业界的第一手资讯

即时性的行业信息，除了依靠走访交流外，更多的是微信交流、网站交流、会议交流和展会交流。

3 月，秘书处撰编完成内部刊物《聚酯薄膜资讯 NO.06》（沪 K 字第 0704 号）直接反映与聚酯薄膜发展密切相关的资讯，其中包括 BOPET 市场及原料行情和未来走势、相关配套领域的最新动态，还包括行业产能规模现状和新产能释放、进出口数据分析以及行业经营情况调研等内容。

在搜集多方资情的基础上，秘书处先后撰写《跌涨的油价影响到薄膜行业的发展》、《央行降息，能否促进合理利率的回归？》提供行业同仁参考；根据业间存在的问题，又特地撰写《规范市场秩序，建立反倾销反垄断的监督惩戒机制》和《浅说性能各异的多功能膜》在研讨会会刊上发表；

专门组织市场研讨会上（28/4），邀请中石化销售公司领导专门分析原料变化趋势；微信和网站专门告示浙江欧亚破产财产变卖、介绍紫东窗膜被国家住建部审鉴通过（9/2）、

观摩触摸屏功能薄膜展览会（上海 11/3）和出席抗菌材料成立发布会；在上海高性能功能膜展会上，行业 7 家企业赴会参展（8/5）；参与双拉设备技术交流年会和部分企业代表参观第十六届国际橡塑展（广州 19-23/5）；秘书处与部分企业参加光学膜技术与市场研讨会（宁波 2/7）和模切触摸屏展览会（7/7）。

4. 完成上级协会布置的相关工作

（1）在合肥乐凯等企业的帮助下，完成国家

对税改意见的内部调查；

（2）应上级协会的要求，参与撰写包装用吹塑膜的调查问卷；

（3）参加中国塑协专家委员会的技术交流会（济宁 23/10）、参加 2015 年全国塑料制品标准化技术委员会年会和评审会（SAC/TC48，北京 10-12/12）

（4）完成内部资料性刊物的准印证（K 字 0704 号）的年度核验。

5. 发展增加新会员 5 家单位

山东日照丰华塑胶材料有限公司、德国申克博士工业检测有限公司、东莞基烁塑胶化工有限公司、山东健元春包装材料股份有限公司和山东永健机械有限公司 5 家单位先后提出书面申请成为专委会会员单位。

至 2015 年 12 月末，中国塑协双拉聚酯膜专委会在册的会员单位已达 54 家，其中制膜的中心会员 39 家、为制膜企业配套服务的加盟会员 15 家。

三、2015 年行业经营工作的体会

由于盲目投资造成产业的“野蛮生长”，业界的产品层次相对偏低而且产品区域优势不明显，同质化竞争使得成本的边际变得越来越薄；入行不久的企业刚完成前期投资，尚末来得及将产品目标的重心实行转移。

面临产业转型升级和高端化新材料推出的时刻，整个聚酯薄膜行业亟需形成一个高效的研发和成果转化的环境，迫切需要涌现多家站在新材料前沿领域的大中型企业。

双拉聚酯膜技术的研发创新，要顺合薄膜产业的整体结构及发展趋势，为后续推出的各种类薄膜产品形成一个有机整体。薄膜产品的发展，要符合实际应用为导向的原则和符合终端用户需要的原则，同时，造就一批具有竞争力的产品，争取部分新产品能够达到同期国际先进水平。

四、专委会工作存在问题和改进方向

当今的经营环境是危机和机会共同存在，企业要规避环境的威胁，须从自身开始赶紧适应已经发生变化的市场需求，要认识到单纯的低价销售对自己对行业都是一种伤害；意识到自己的赢利空间必须具备健康发展的造血功能，即根据自己的企业特点，找好自己的市场定位，并加强产品技术改进和提升内部经营管理，确保适当赢利。

1. 规范市场经营秩序，支持反对不正当竞争行为

面对恶性竞争的环境和可能发生资产整合的趋势，PET 行业人有必要认识到不正当竞争系加工产业的“百病之源”，看到非理性倾销是扰乱当前市场秩序的主要矛盾。它侵害供需双方的合法权益，是一种有悖商业精神的违规行为。在如今普通类产品过剩的环境中，能够生存下来而不是消灭同行是企业的首要任务。为此，朝健康方向发展的行业有必要建立行业自律和信用体系模式。PET 专委会亟需在掌握生产要素成本的背景下，明确告示当前普通膜的最低加工差价并作为企业自律的底限；要求各生产企业不参与低于成本的恶意竞争；有必要携手相关的资讯网站，对于有 10 吨 / 票次低于行业最低加工差价的不正当竞争行为敢于曝光，进行共同谴责；对不顾产品成本，一味采取低于成本价销售从而抢占市场份额的行为，每发现 2 次以上的企业，都有必要向工商、税务部门通报事实情况，要求支持对逆行者征收额外消费税。

2. 加强产学研合作，创建行业公共试验研发平台

针对薄膜与原料研发和生产工艺之间缺乏配套步伐，很多高端类的产品研发尚未形成合力的问题。双拉膜行业亟待建立和完善一个专司制膜技术的创新平台——技术研发中心，以催成一个高效创新和研发成果顺利转化的发展环境。

当前国内薄膜制造的发展水平跟大容量的海内外市场根本不匹配，特别是双拉聚酯膜产业领域存在着明显的“软肋”：整个双拉膜行业缺乏对产品研发方面的人力、物力投入，也没有相关差异化生产的硬件基础（包括产品研发缺乏具有调试工艺的中试设备）。

加强专用功能化原料、专用成套设备和工艺技术的研发，需要加强产学研配套合作，需要从资源投入、技术水平和专业技术人才方面建立行业的试验研发平台，为行业技术创新服务，同时也为行业培养专业技术人才。

3. 建立不同产品标准，实现功能、差异和高端化产品转型

针对行业通用标准和产品管理方法的缺失、滞后或缺少明确数量化诠释的问题。专委会需要鼓励企业积极参与对重复性产品和概念统一规定的编拟，让从业者共同遵守产品的准则和依据，遏制市场产品报价的混乱现象，让产品的市场价格能够体现企业的技术水平。

对生产经营中急需的、战略导向性的功能化、

差异化和高端化以及与食品直接接触产品等等产品标准要尽快制定。在保证薄膜原料质量的情况下，实现薄膜的各项性能指标达到加工设备的合理配合和工艺参数的合理设置。在产品结构方面，则根据新兴产业的需求，注重产业链的延伸，完善提升标准化体系，提高我国 BOPET 薄膜的整体竞争实力。

（中国塑协 BOPET 专业委员会　王德钧）

泡沫塑料 EPS

一、行业现状

2015 年，中国 EPS 产业困难重重。作为建筑外墙用量主力军的东北三省，全年经济出现全面衰退的态势，对 EPS 建筑应用造成直接影响；“5.25”鲁山养老院大火又将 EPS 彩钢打入谷底，加上其他材料对 EPS 的冲击，全年 EPS 建筑用量出现 30% ～ 40% 的下滑。

另一方面，随着中国经济的减速，以日资为代表的外资企业大量离开中国或迁往东南亚，国内配套工厂出现“倒闭潮”，导致珠三角地区 EPS 包装出口量锐减。

树脂企业平均开工率仅为 36.8%，创历年新低。特别是以山东为主的近两年新建的原料企业更甚，部分已全年停产，产品同质化严重、市场增长缓慢，致使树脂企业生产积极性明显受限。

随着建筑用量的减少，国内 EPS 市场重新回到保温、包装并重的局面。国内小家电与箱体市场保稳定增长，但增量仍不足以弥补建筑上的缺口。

整个“十二五”的五年间，EPS 产业在“泥沼”中挣扎。建筑防火、房地产低迷、彩钢板火灾频发“三座大山”压得行业透不过气；包装用量萎靡亦如“温水煮青蛙”令人沮丧，生存成为了全行业共同面对的课题。着眼未来，市场松绑、石墨崛起、外贸回暖能否使行业“否极泰来”，我们拭目以待。

根据 EPS 专委会统计，2015 年国内 EPS 制品用量为 257 万吨，比去年同期下降了 8.2%。2015 年 EPS 树脂产量达到 281 万吨，出口量 28.97 万吨，原材料产能达到 662.5 万吨，企业数量近万家。全行业呈现“经济新常态”下的阵痛模式。

二、专委会活动

1. 召开两次理事会工作会议，吸纳行业人才

EPS 专委会在工作过程中，充分发挥理事民主监督的作用，今年的六月和十一月，专委会召开两次理事会议，对本行业的重要问题形成决议，有效保障了 EPS 产业的健康发展。

随着专委会影响力的加强，不断的有新的单位提出入会要求。我们经过认真考察、筛选，将一批热心行业工作、积极为行业服务的企业加入到理事会中来，同时免去了一些长期不参加专委会工作的理事。使专委会会员总数保持总体稳定，理事会保持应有的活力，以满足行业发展需要。

2. 彩钢板火灾频发，专委会呼吁遵规使用苯板

近年来，违规采用易燃可燃 EPS 为芯材的彩钢板引发恶性火灾的事件频频发生，EPS 在彩钢上的不佳表现给公众和媒体留下了“EPS 不防火”的印象，并直接对 EPS 在外保温方面的应用产生不利影响。特别是今年“5.25”鲁山县老年公寓火灾，给人民群众生命财产安全造成了严重危害。事件发生后，专委会第一时间联系当地企业了解相关情况，及时向有关部门进行反馈。在国务院文件出台后，专委会又立即召开专题会议研商 EPS 彩钢下一步发展并发出呼吁：希望每一位 EPS 从业者严守道德底线，遵规生产符合国家标准规范要求的合格苯板用于彩钢板。下一步，专委会将积极探讨将石墨 EPS 或热固改性 EPS 应用于彩钢板领域，一定程度上解决目前传统 EPS 彩钢存在的问题。

3. 做好阻燃剂替代工作，为 EPS 应用保驾护航

六溴环十二烷（HBCD）自 20 世纪 60 年代投放全球市场以来，约 80% 作为阻燃剂用于了 EPS 和 XPS 建筑保温板材生产，由于 HBCD 大量长期使用，以及具有的典型 POPs 性质，HBCD 已经成为人类高度关注的污染物。

专委会自 2011 年起开始陆续介入相关工作，多次就 EPS 行业 HBCD 限用及淘汰存在的相关问题向环保部反馈意见。今年，专委会又积极参与我国 HBCD 淘汰行动计划的制定，陪同领导、专家就豁免

含 HBCD 产品标示添加、淘汰行动计划对企业带来的影响、现阶段使用新的阻燃剂的替代效果以及含 HBCD 产品的产量、走向等问题走访企业，积极推进替代物的研发与国产化进程，力争在未来五年圆满完成 HBCD 替代工作。

4. 积极与交通运输部门沟通，协调 EPS 海运难题

2014 年，《国际海运危险货物规则》36-12 版正式施行，规定要求用通风集装箱、开顶箱或一个门开式集装箱等特殊集装箱装载 EPS，而特殊集装箱由于储备少、价格高，致使中国 EPS 出口在国际市场上无任何竞争性。有鉴于此，今年 3 月，辽宁海事局大连危险货物运输研究中心受交通部海事局委托到我专委会就 EPS 树脂在国际海事运输中的相关安全事项进行调研。双方围绕规定实施对我国 EPS 出口的影响进行深入交流。专委会就我行业现状及执行规定对行业的影响进行了全面申述，为我国在联合国海事会议上对相关条款提出进行修订或删除提供了详尽佐证，为企业今后能够顺利进行外贸出口助力。

5. 深入包装企业考察

近年来，南方包装市场始终不温不火，市场需求恢复缓慢，特别是珠三角地区，受市场政策、资金链压力、用工难等问题的困扰，整体 EPS 用量始终呈现低速增长的态势。对此专委会多次组织人员赴重点地区了解情况，同当地企业深入结合，重点推广包装自动化、生产过程的能耗控制以及通过生产自动化、信息化提高劳动生产效率的方法，受到了企业的一致好评。

6. 新媒体的应用——“EPS 专委会”微信公众平台

为进一步深化为企业服务、提升专委会效能，打造全天候的网上在线交流服务新平台，“EPS 专委会”微信公众服务平台于今年正式上线运行，截至目前，累计关注用户近千人，这是专委会在新媒体运用上的又一重要举措。平台突出实用、及时的特点，提供行业资讯，传递企业动态，着力打造 EPS 行业发布资讯、温馨提示、服务公众的重要平台。今后专委会将通过一系列深入运作了解行业需求，收集企业意见，将微信公众号办成为与 EPS 从业者交流沟通的有效平台。

7. 开展评优推先工作，提高龙头企业声誉

产品质量是企业的基础和生命，市场是企业发展的关键。一个行业、一个企业想要健康发展，必须保证产品质量，树立企业良好的社会信誉，为客户提供优质放心的产品。由于 EPS 行业竞争的加剧、用户需求的不同、市场监管不够完善等原因，致使市场流通领域的 EPS 产品质量参差不齐，存在不同程度的质量隐患。为保证产品质量，规范行业健康发展，专委会持续不懈努力，今年在行业内部开展“行业质量诚信企业”、“先进个人”等评选活动。活动为行业树立了优秀标杆，对推动企业科技创新和产品质量的全面提高起到了重要的推动作用。

三、重点企业

见龙机构始建于 1973 年，1976 年确立核心产品——可发性聚苯乙烯，并在高雄建立年产 4 万吨 EPS 工厂。20 世纪 90 年起，见龙机构陆续在宁波、江阴、东莞、天津、克拉玛依、盘锦建立 EPS 生产基地，至 2012 年底总年产能力将达到 200 万吨，见龙机构也将因此成为全球最大 EPS 制造商。

无锡兴达集团创建于 1992 年，是专业生产可发性聚苯乙烯树脂（EPS）的大型民营塑化企业集团。旗下“锡发牌”商标为中国驰名商标，产品畅销全国 30 多个省、市、自治区，远销欧洲、美洲、大洋洲等 20 多个国家和地区。现在兴达集团总产能已达到年产 EPS80 万吨的规模。生产规模雄居“世界前三、中国前列”。

中国海景控股有限公司专注于为电子信息行业提供包装服务，在青岛、合肥、惠州等地设有主要生产基地。公司主要业务是为国内大型家电集团（海尔集团、美的集团、TCL 集团、长虹集团、澳柯玛集团、海信集团、长虹美菱等）提供包装制品和结构件制品的配套服务，在中国家电缓冲包装行业中具有市场领导地位。

四、新产品开发

云亭石墨烯技术股份有限公司的研发团队与高校教授团队经过 4 年的共同努力，将石墨烯经过特殊工艺改性并与苯乙烯（SM）复合，经过严格的悬浮工艺生产出改性石墨烯 EPS。改性石墨烯可用于改善 EPS 材料的微观结构，获得超低的导热系数，改性石墨烯添加在 EPS 材料中可增加其隔热、强度等多种功能。

石墨烯 EPS 的优点如下。

（1）低导热性

石墨烯 EPS 具有更佳的水汽阻隔及反射太阳光红外线功能，能够有效的保证温度不易散发，具有高于普通 EPS 的保温效果。

（2）高强度

石墨烯EPS抗拉强度可以达到0.19兆帕，接近国家标准的两倍。亦即从力学性能上而言，其耐久性大幅提升。

（3）高阻燃性能及抗静电性

石墨烯EPS独特的二维层状结构使其能够延缓热量的传递、热解产物的扩散与逸出以及氧气的扩散与混合，具有较高的阻燃性能和较强的抗静电性能。

随着市场上对建筑保温性能要求的提高，石墨EPS产品早已粉墨登场。但是，EPS行业生产石墨EPS主要采用在聚合过程中添加石墨的方式，这会使反应初期阻聚效果明显，聚合后期又易出现暴聚和结釜，试验失败率很高、生产成本居高不下。

石墨烯EPS比传统石墨EPS具有更好的保温性，且聚合反应稳定。相对于石墨及石墨素，石墨烯不仅在EPS聚合反应中，反应周期短、反应稳定，同等条件下，提高了企业的产能，降低了人工成本，同时还具有高强度、低导热、防静电三大主要特性，为产业发展带来了革命性、颠覆性的影响。

从目前的发展方向来看，石墨烯EPS将定位于中高端市场与聚氨酯等保温材料进行竞争，产品未来销量将呈现出井喷态势。

2. 存在问题

（1）石墨EPS产品质量尚需提升。随着国产石墨EPS产品的普及，石墨EPS的产品质量与技术发展方向正发生改变。轻板、研发可用于轻板的石墨EPS树脂成了目前市场发展的一股方向，对行业产生危害。

（2）低价竞争严重。由于产品创新能力差，新产品缺少量产化及价格居高不下，目前市场上绝大部分企业还是采取低价竞争的市场策略。一部分正规企业发展困难，不利于行业健康发展。

（3）防火安全性有待提升。近年来，EPS防火安全性问题一直被社会所诟病。更有部分企业唯利是图，以次充好，将轻板或不阻燃的EPS板用于外墙保温与彩钢板，给人民群众生命财产安全造成了严重威胁。同时更威胁到行业发展前途命运。

3. 发展趋势

（1）石墨烯EPS生产技术的探索：石墨烯，这种只有一个碳原子厚度的二维材料，被人们称为材料之最、材料之王。作为当今世界最为热门的新材料之一，石墨烯在信息技术、新能源、功能复合材料等领域有着极为广阔的应用。石墨烯与EPS复合可生产出改性石墨烯EPS。

改性石墨烯EPS具有更佳的水气阻隔及反射太阳光红外线功能，石墨烯本身具有极强的红外线反射、吸收能力。添加石墨烯后的EPS，导热系数仅为0.028。，能够有效的保证温度不易散发，具有高于普通EPS的保温效果。

石墨烯的强度是钢铁的100倍。少量石墨烯与EPS聚合后其抗拉强度可以达到0.19兆帕，接近国家标准的两倍。可广泛应用于外墙保温板的减厚改性、替代EPP用于汽车防撞系统的改善以及运动头盔安全性能的提升。

石墨烯以其良好的隔音功能将被大量应用于航天领域。而随着人们对住宅舒适度要求的提升，2016年，江苏省率先对公用、民用建筑的楼板撞击声提出要求。这为改性石墨烯EPS提供了广阔商机。

添加石墨烯的EPS，耐腐蚀寿命是原有材料的四倍以上，极大提升EPS的抗氧化性能。可广泛应用于食品、药品、航空物资的包装与贮存，飞机、舰船制造以及海洋工程领域。

石墨烯自身具备的抗静电特性可满足精密仪器对于安装精准度以及稳定性的要求。同样，添加石墨烯的EPS突破了传统EPS受静电影响的限制，可广泛应用于军工产品的外包装上。

（2）包装的轻量化：EPS包装在日常中应用越来越广泛，生产厂家对EPS包装重量的要求也越来越高。包装重量的减轻，对企业和环境的盈利都有益，使用更少的材料出产包装，对包装进行减重是EPS包装的发展趋势。特别是树脂原料的价格居高不下的形势下，越来越多的企业对包装轻量化发出愈发浓厚的爱好。

当EPS包装被成功地实施轻量化之后，在成型的工艺环节所需要的树脂材料就更少了，因为使用更少的EPS，从而对环境保护起到积极作用。轻量化的EPS包装可以缓解社会对环保和可持续发展的担忧，将会有越来越多的人选择包装更好、出产速度更快、包装本身坚固且重量减低的产品，并为企业带来可观的经济效益，行业才能进一步发展。

（中国塑协EPS专业委员会 王庆圆）

硬质 PVC 发泡制品

一、行业现状

1. 行业产能与生产规模

据中国塑协硬质 PVC 发泡制品专委会不完全调查显示，2015 年硬质 PVC 发泡制品产能超过 100 万吨，全年总产量超过 68 万吨。一方面受房地产行业下滑影响，导致 PVC 发泡建筑模板及发泡建筑装饰材料增速下滑，同时，借力于行业新产品的发力，行业整体发展增速虽有所放缓，但仍处在一个较快发展的态势。

2. 产品市场与开发

我国 PVC 发泡制品应用领域主要是广告业、室内外建筑及装饰材料、家具及车船装饰等，市场应用情况参见下图。建筑及装饰材料包括 PVC 发泡建筑模板、门窗、管材、墙板、地板及其它装饰装修材料等。中国对建材的需求量巨大，但是目前仅有很少一部分使用 PVC 发泡制品，该领域市场潜力巨大，随着 PVC 发泡建筑模板、室内外装饰墙板及 PVC 发泡地板开发成功，这一比例将会得到较快提升。家具包括各种柜体、房间隔断、办公隔断、屏风等，随着人们对 PVC 发泡材料的优良性能及无毒环保等特性进一步了解，其在家具上的用量也将会快速增长。广告方面主要是广告展板、裱画板、丝印、喷绘、雕刻等用途，所用 PVC 发泡制品大多采用自由发泡板及共挤发泡板，前者密度小，成本低，后者可以提供更好的弯折性能及表面硬度。

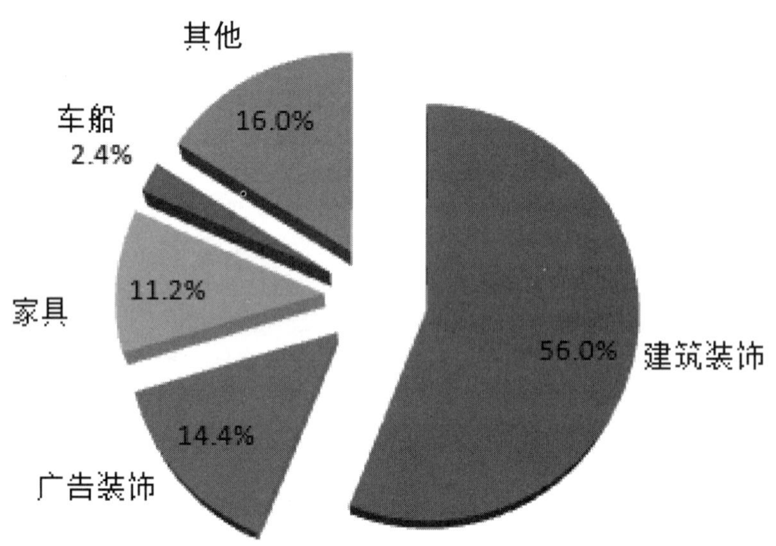

硬质 PVC 发泡制品应用领域及比例

3. 运营状态

2015 年 PVC 树脂价格延续 2014 下跌趋势，在 2015 年 12 月跌至近几年新低。其他辅料、助剂等价位与往年基本接近。因此，2015 年高端产品利润空间明显扩大，但普通产品随着出厂价格不断下降，生产企业利润空间只能与往年基本持平。

2015 年行业总体综合状况基本良好，市场在稳步回升，2015 年行业总体平均盈利水平超过 2014 年平均盈利水平。伴随 2015 年行业总体平均盈利水平的提高，许多硬质 PVC 发泡制品生产企业对企业的设备、模具进行更新或扩大产能。行业中的设备厂、模具厂迎来新一轮的热销；重点助剂企业的销量也有一定幅度的提升。

当然，由于房地产行业受国家宏观调控的影响，部分硬质 PVC 发泡产品延续去年市场较为低迷的态势，市场回升速度并不明显。特别是 PVC 发泡建筑模板，由于先期上马的生产线或模具存在缺陷，加上过于追求低成本，产品质量较差，2/3 生产线试生产后就一直没有连续生产，处于停产或半停产状态。目前生产正常的大都是后期新上的设备或模具，并且配方进行了优化，产品质量较好，而且大都自己有建设工地，不存在压资的问题。随着科研院所、

PVC原料企业、设备及模具企业共同协作开，有针对地开发专用原料，并对设备和模具进行改进，PVC发泡建筑模具用量将会得到较快发展。

总之，硬质PVC发泡制品是节能环保新材料，已得到全世界所公认，它又符合国家鼓励发展的产业政策，可以大量替代木材，并且是目前替代木材性能最好的材料，有很好的发展前景。因此，我们行业内的企业，要大胆创新，要不断扩大我们产品的用途范围，要持续提高产品的工艺技术和质量水平，这样硬质PVC发泡制品的市场将会越来越大，受房地产市场的影响也逐步减小，实现稳定发展。

二、行业热点

针对PVC发泡建筑模板热变形温度较低，由专委会牵线，由湖北工业大学、中泰化学、中阳德欣科技有限公司、青岛三益等单位组成攻关小组，分别从PVC原料、设备模具、生产配方等方面来提升PVC发泡板的热变形性能，目前通过改进配方及原料型号选择，产品性能得到了较大提高。

PVC发泡板根据生产工艺可分为自由发泡板、结皮发泡板（也叫塞路卡法）及共挤出发泡板，相关标准都是1999年制定的，限于当时的生产技术及产品用途，其中有些关键指标已经无法满足实际生产和应用需要，因此，去年在专委会组织下，由宝天高科、山东博拓等企业为主要起草单位，项目已经获得工信部批准（工信厅（2015）115号），并且成立起草小组，每个标准均有7个左右的相关企业参加标准的修订工作，相应的工作也在有条不紊地进行，这三个标准预计2016年完成标准起草、试验验证、意见征求等工作。

三、专委会活动

（一）组织召开行业相关会议

1. 成功召开2015年年会及技术交流会

中国塑协硬质PVC发泡制品专业委员会2015年年会暨技术交流会，于2015年12月19-20日在青岛胶州绿城喜来登酒店举行。这次会议是由中国塑料加工工业协会主办，由中国塑协硬质PVC发泡制品专委会、青岛三益塑料机械有限公司承办，由上海威垒模具有限公司、淄博华星助剂有限公司、舟山宇鑫机械有限公司、济南辉煌化工有限公司、青岛阳光嘉恒国际贸易有限公司、舟山德玛吉实业有限公司、上海一柯模具有限公司、新疆中泰（集团）有限责任公司、青岛中塑机械制造有限公司、青岛大川制冷设备有限公司、舟山德凯塑料机械有限公司、江西宏远化工有限公司等单位协办。胶州市发改局局长于龙春、中国塑料加工工业协会常务副理事长曹俭、中国塑协硬质PVC发泡制品专委会秘书长周家华、中国政法大学教授胡继晔、中国木材节约发展中心主任刘能文、清华大学教授梁吉、西安交大教授陈兴华、湖北工业大学教授陈绪煌等领导及专家学者出席了会议，参加会议有来自全国各地PVC发泡制品生产企业，及与之相关的原料企业、模具及设备企业、科研院校等单位代表300多人参加了这次会议。

会议上午会议为专委会2015年年会，下午为技术交流会。年会首先由胶州市发改局于龙春局长致辞，由青岛三益塑料机械有限公司董事长周玉亮致欢迎词，然后由专委会周家华秘书长做《开拓创新，合作共享，推进行业健康发展》为题的2015中国塑料加工工业协会硬质PVC发泡制品专业委员会工作报告，该报告分析了行业的现状、总结了行业主要产品的基本情况及行业进行的重要活动、明确了下一步工作重点。中国塑协曹俭常务副理事长做了塑料行业发展报告，分析了塑料行业发展放缓的原因及应对办法，阐明了“功能化、轻量化、生态化、微成型”不仅是世界塑料加工业总的发展方向和趋势，更是世界塑料加工业先进成型技术的体现。木材节约发展中心刘能文主任做了《以塑代木，大有可为》的报告，用数据分析了我国木材资源匮乏情况以及以塑代木的重要性。中国政法大学胡继晔教授的《“十三五”经济前瞻》报告则分析了我国“十三五”经济发展趋势以及企业应该采取的应对措施。

在技术交流会上，多位国内外PVC发泡行业的技术专家到会讲解行业发展新技术及应用，并解答到会人员提出的PVC发泡相关问题。会议期间，淄博华星助剂有限公司，为与会代表精心准备了晚宴和晚会，为与会代表提供了很好的交流、沟通的机会。会议最后，全体代表参观青岛三益塑料机械有限公司新工厂和老厂区，在老厂区观看了新型高产量硬质PVC发泡建筑模板生产线，家具板生产线进行的现场开机演示。代表们看到生产线运行稳定，非常感兴趣，进行内容广泛的现场技术交流，深受大家好评。

由于会议内容具有针对性，符合与会代表需求，所以代表们认真听讲，会场始终座无虚席，秩序良好。这次会议不仅为行业企业交流提供了一个平台，也成功的将PVC发泡制品生产企业与上下游企业及科研单位连接在一起，针对PVC发泡产品中存在的问题找出更好的解决办法，为行业健康发展保驾护航。

2. 组织并成功召开 2015 中日再生资源交流会

“中、日 PVC 建材再生资源化发展合作交流会”由中国塑协硬质 PVC 发泡制品专业委员会、中国塑协塑料再生利用专业委员会、青岛三益塑料机械有限公司承办，于 2015 年 6 月 29 ～ 30 日在青岛成功召开。会议首先由中塑协领导介绍了我国塑料回收情况，随后由循环经济协会王书文副秘书长介绍利用国家政策发展循环经济建设生态文明促进经济转型，由循环经济协会的杜根杰副秘书长介绍再生资源中国家相关政策法规，由塑料再生专委会宁红涛会长介绍我国塑料再生行业整体现状。会议最后由日本东京大学清家研究室的专家团介绍了日本、韩国、中国台湾地区 PVC 制品和再生资源化的动向。针对我国 PVC 再生资源应用情况，与会代表及专家共同探讨了更加可行的办法，同时也寻求与日本 PVC 再生资源利用方面的合作途径。

3. 组织国内相关企业参加“第十五届越南国际塑料橡胶展览会”

越南自 2007 年 1 月正式成为世界贸易组织 WTO 第 150 个会员国，目前是世界上经济发展速度排名第二的国家（仅次于中国）。越南是我国近邻，中越两国经贸关系展现出广阔发展前景。由于越南工业基础薄弱，约 90% 的机械设备需要进口，而我国机械产品无论在价格、质量和服务等各个层面都较其它国家同类产品更适合越南现阶段市场需求，因此在越南具有较大竞争优势。为了进一步加强我国与越南在塑料橡胶工业上的合作，便于国内塑料机械及塑料制品生产商参加该展览会，我们与越南贸易广告博览公司合作，组织国内参展商参加了 2015 年 09 月 16 日～ 19 日在越南胡志明市西贡展览中心举办的第 15 届越南国际塑料橡胶展览会。参加的企业在展会期间均获得较多订单意向，特别是 PVC 发泡板材及其生产设备非常适合越南目前发展的需要，相关展位前来咨询的贸易商及生产商络绎不绝，当地的建材使用者及经销商对 PVC 发泡板材的性能指标、用途、使用方法等了解很细；有意向生产 PVC 发泡制品的参会人员对相关设备的产量、成本、配置、价格等进行了详细了解。

（二）组织或参加相关标准制修订

硬质聚氯乙烯低发泡板材行业标准修订：现有的硬质聚氯乙烯低发泡板材标准分自由发泡、结皮发泡及共挤出发泡三个标准（QB/T 2463.1-1999、QB/T 2463.2-1999、QB/T 2463.3-1999），都是在 1999 年制定的，随着硬质聚氯乙烯发泡板材加工技术不断提高，在产品性能提高的前提下，密度可以远低于标准要求的指标，加之硬质聚氯乙烯发泡板材的应用领域不断扩展，标准中的性能参数已经无法满足市场需求。因此，专委会组织了相关单位协商这些标准修订方案，于 2015 年 4 月向相关部门提交了《标准修订立项申请报告》，经过全国塑标委、轻工联合会等机构逐级审批上报，9 月完成公示，9 月 10 经过由工信部组织的专家答辩，这三个标准修订申请报告于 9 月 16 日正式由工信部批准。12 月 13 日，成立标准起草工作组，目前起草工作组各成员正按照会议分工进行各自工作。

（三）专委会建设

1. 充分利用协会及专委会的资源优势，为企业提供全面服务

配合中塑协，组织会员企业积极参与行业活动，征集行业内优秀科技创新项目，参加中轻联科学技术奖励申报。根据企业发展需要，指导企业进行研发中心建立的申请材料编制、报批、评审等工作。

积极组织会员企业参加《申报 2014 年度国家级重点新产品计划项目》活动，把符合条件的企业推荐给中塑协，申报重点新产品和战略性创新产品。组织推荐行业内会员企业参加中国工业企业品牌竞争力评价工作，推荐本行业优秀企业填写相关材料，上报中塑协。按照中塑协要求，组织行业会员企业填写申报材料。

2. 完善并维护专委公网络平台，提升行业宣传力度

专委会网站及微信公众平台可以快捷方便的为行业相关企业服务，也是广大会员交流平台。为了提高这些平台的服务质量，专委会及时对网站的“重点报道”及“行业动态”等项目进行更新，将行业最新消息通过专委会公众平台及时发布，以便会员单位能及时了解到相关信息，同时还利用网站的“产品介绍”、“推荐产品”及“广告宣传”等栏目为会员单位的产品进行宣传。并且，还收集国内外相关技术资料补充到网站的“技术资料”、“行业标准”等栏目内。

3. 积极发展会员，壮大专委会队伍

通过网络宣传、行业走访、提供专业技术支持、提供政策及信息服务等多方面来积极发展会员，为本专委会逐渐壮大打下了坚实的基础。

四、重点企业

硬质 PVC 发泡制品生产企业主要分布在广东、

山东等地区，硬质 PVC 发泡实心板产品生产技术成熟，广东广洋高科技股份公司等公司是该产品的代表企业；PVC 发泡中空板是最近两年才开始大批量投产，主要分布在上海、江浙一带，规模较大的企业设计产能都在 2 万～ 3 万吨 / 年，产值可达人民币 2 亿元 / 年。

1. 宝天高科（广东）有限公司

是外商独资高科技企业。公司投资总额达 3000 万美元，占地面积 61441 米 ^{2}，专业研发、生产 PVC 发泡板、PVC 发泡型材、改性工程塑料。

宝天高科（广东）有限公司座落于风景优美的国家级开发区——广州经济技术开发区，毗邻广深高速公路。聘请了行业内知名教授和技术专家组成公司专家委员会，与中国塑料加工工业协会、广东省塑料工业协会有着紧密的技术合作关系，确保了产品在行业内的主导地位。

公司引进了国际上最先进的生产设备及加工技术，建成了国内最大的 PVC 发泡板材生产基地，年产能力达 30000 吨。品种包含自由发泡和塞路卡结皮发泡板材，厚度范围为 1.5 ～ 30 毫米，以及 PVC 发泡型材。产品广泛应用于家具、广告、建材、装潢及工业应用等领域。

公司 2012 年销售收入 22245 万元，利税 1281 万元，出口 1167 万元，出口占销售收入 52.4%。2013 年销售收入 25972 万元，利税 1561 万元，出口 13438 万元，出口占销售收入 51.7%。2014 年销售收入 20421 万元，利税 1557 万元，出口 10272 万元，出口占销售收入 50.3%。2015 年销售收入 21478 万元，利税 1681 万元，出口 11087 万元，出口占销售收入 51.6%。

2. 山东博拓塑业股份有限公司

山东博拓塑业股份有限公司始建于 2006 年，2010 年 9 月在原沂源县伟锋橡塑有限公司基础上改制为股份有限公司，公司总占地面积 100000 米 ^{2}，注册资金 500 万元人民币，固定资产 5500 万元，是一家集研发、生产、营销为一体的现代化 PVC 发泡板材的生产企业。

公司生产的 PVC 微发泡板材，产品规格品种齐全，是以塑代木、以塑代钢的新型绿色环保材料，具有防潮、阻燃、隔音、隔热、吸音、保温、不变型、无毒、美观、抗老化、能力强等优点。并具有同木材一样的加工性能，可锯、可刨、可开孔、可钉、可上螺丝、可粘接，而且具有木材没有的热粘合、塑料焊接等加工方法，是一种符合国际标准的新型装修装饰材料。

公司现有职工 280 余人，其中大中专毕业生 160 多人，拥有一支高素质、事业型的管理团队，秉承“敬业、创新、务实、严谨”的企业精神，不断加强内部企业管理，完善全面质量管理体系，推行“5S”管理法。在国外，产品已辐射美国、印度、俄罗斯、欧洲、南美、中亚、非洲等国家和地区；在国内，产品辐射各省区市。未来的山东博拓，将成为集研发、生产、营销、国际贸易为一体的大型专业 PVC 发泡板材生产基地。

公司 2010 年与青岛科技大学开展产学研一体化合作，建立了“教学实践基地”和“工程技术科研中心”，2012 年组建“青岛科技大学博拓实验室”，为公司的科研创新提供了人才保障。

公司 2012 年成为国家高新技术企业，公司已申报专利 35 项，其中已授权发明专利 13 项，实用新型专利 22 项。公司已通过 ISO9001：2008 质量管理体系认证、GB/T24001-2004/ISO14001:2004 环境管理体系认证和 OHSMS18001 职业健康安全管理体系认证。

该公司 2012 年实现产值约 10196 万元，利税 1690 万元；2013 实现产值 18650 万元，利税 3080 万元；2014 实现产值 18583 万元，利税 3111 万元；2015 实现产值 19365 万元，利税 1031 万元。

3. 章丘桑园塑料有限公司

章丘市桑园塑胶有限公司（简称“桑园塑胶”）成立于 2001 年，位于山东省济南市。是一家专业生产销售 PVC 发泡板、雪弗板的厂家。主要产品有：PVC 板、发泡板、塑料板、PVC 焊条、PP 焊条等。公司目前旗下有员工 200 余人，年产销 20000 吨，年产值 2 亿元以上。公司一贯坚持“质量第一，用户至上，优质服务，信守合同”的宗旨，凭借着高质量的产品，良好的信誉，优质的服务，产品畅销全国近三十多个省、市、自治区以及远销东南亚、中东及欧美等国家和地区。

4. 山东汇丰木塑型材股份有限公司

公司成立于 2013 年 6 月 8 日，2014 年 8 月 25 日股份改制为山东汇丰木塑型材股份有限公司，2014 年 9 月 24 日在齐鲁股权交易中心成功挂牌，标志着公司在发展过程中进入了一个新的里程碑。司位于平邑经济开发区温水园区，丰山路以西，327 国道以北。注册资本 3000 万元，目前现有职工近 172 人（科研技术人员 23 人），占地 118 亩，截至 2016 年总投资已达到 1.2 亿元，预计 2016 年实现销售额 1.5 亿元、实现利税约 1500 万元。公司是一家集研发、生产、销售 PVC 广告板、PVC 家具板、PVC 建筑板、地板基材为主营业务的现代化企业。2015 年 12 月荣获“高新技术企业”称号。公司目前拥有十几条先进的板材生产线，年生产能力达 30000 吨，同时培养了一大批专业知识的生产技术人员和现代化经营运作的管理人员。公司产品销售已覆盖全国各个省、市（直辖市）及自治区，并已经远销越南、印度、澳大利亚、英国、沙特、南非、阿联酋、伊朗、菲律宾、南美等国家和地区。

公司立足高起点、高科技、高品位，以“做百年企业，创百年名牌”为战略目标。以良好的产品质量和优质的售后服务，以及优惠的市场价格赢得了市场，赢得了广大客户的一致 好评。并于 2015 年底顺利通过 ISO9001：2008 国际质量管理体系认证，为产品质量提供了实质、可靠性的验证。山东汇丰将以科技创新为先导，以服务用户为中心，通过实施人才战略，创新战略，品牌战略，以崭新的姿态迎接国际化的竞争。

5. 济南海富塑胶有限公司

海富塑胶是由海富公司与美国福安投资公司共同投资建立的中美合资企业。本公司现有员工 200 余人，占地面积 17000 米^2，主要以生产 PVC 系列板材为主。目前公司共有 6 条生产线，全部进口于德国和奥地利。本公司依靠先进的设备，严格的企业管理，先后开发了宽幅 PVC 发泡板和超厚 PVC 挤出硬板，PVC 挤出硬板厚度可达 50 毫米，并于 2011 年成功开发生产出了 CPVC 板，高光亮 PVC 板材和永久抗静电 PVC 板材。2013 年公司累计生产 PVC 系列板材 12000 吨，实现产值 12300 万元，出口创汇 1600 万美元。2014 年公司累计生产 PVC 系列板材 9864 吨，实现产值 8200 万元，出口创汇 1236 万美元，利税 392 万元。产品畅销国内，并远销东南亚、中东、北美、中南美、欧洲等世界各地。

6. 中阳德欣科技有限公司

中阳德欣科技有限公司是中阳建设集团有限公司所属全资子公司，公司成立于 2010 年，地址位于抚州市高新技术产业园（金凤路与金巢大道交界处），厂区占地面积 222.32 亩，注册资本 7246 万元。公司主要研发和生产硬质 PVC 发泡塑料建筑模板、室内外建筑装饰板、各种节能环保和可循环使用的建筑装饰材料。该公司引进德国克劳斯玛菲公司、巴顿菲尔辛辛那提公司的硬质 PVC 发泡板材生产线，提高产品水平，预计总投入 3 亿元以上，项目全部建成投产后，可实现年销售收入 10 亿元。

中阳建设集团前身为抚州地区建工局、抚州地区建筑工程公司，二〇〇三年改制为江西省抚州建筑工程有限责任公司，2007 年组建企业集团更名为江西省抚州建设集团有限公司，又于 2010 年 11 月更名为中阳建设集团有限公司。企业资质为房屋建筑工程施工、市政公用工程施工总承包壹级，建筑装饰工程、地基基础工程、土石方工程、消防设施工程、钢结构工程专业承包壹级等。公司技术力量先进，管理力量雄厚，下辖投资有限公司和十多个各专业承包公司及土建分公司，拥有各类专业技术人员 352 人，公司注册资金 3.26 亿元，具有从事各类型工业与民用房屋建筑工程施工的综合实力，在江西素有建筑之乡的抚州属龙头企业。

该公司首期研发的三层共挤发泡增强塑料建筑模板代表了国内模板业顶尖水平，填补了省内该产品的空白。公司已拥有该产品实用新型专利权，并获得了《全国建设行业科技成果推广证书》、《江西省建设领域新技术认定技书》、《江西省建设科技成果推广证书》、《江西省优秀新产品二等奖》、《江西省新产品证书》、《江西省建筑节能产品推荐证书》等荣誉证书，制订了国家行业标准《建筑塑料复合模板工程技术规程》，及国家级工法证书《塑料模板施工工法》。

新型塑料建筑模板是以塑代木，以塑代竹，以塑代钢，节约能源，保护森林资源，造福人类的新一代建筑材料。该产品实用性强，反复使用周期长，操作简便，且能回收利用，能为用户节约大量成本，提高工效，创造良好的社会和经济效益。

五、新产品的开发

1. PVC 发泡墙板

随着人们对装饰材料环保及美观性要求越来越高，黄石鸿达塑料模具有限公司等单位经过多次试验，掌握了壁薄、宽幅 PVC 发泡中空格子板生产技术，产品投入市场即得到爆发性增长。PVC 发泡墙板不但美观环保，而且安装非常方便快捷，是替代乳胶漆理想的材料。

2. 高效 PVC 发泡板生产线

青岛三益塑料机械有限公司于 2015 年自主研发成功 92/188 锥形双螺杆挤出生产线，使得 PVC 发泡板挤出能力达到 800 千克 / 小时，同前一代产品相比，用电量增加了 50%，但挤出量增加了 100%，不但节能效果良好，生产效率也大幅提高，从而可有效降低生产企业生产成本，提高市场竞争力。

六、存在的问题

PVC 发泡制品是 PVC 成员中较为年轻的一员，其发展历史较晚，技术上还有待进一步提高，市场开发也不太成熟，目前总体规模也还较小。

1. 规模化方面的问题

由于 PVC 发泡制品进入门槛低，初期投资可以很小，使得行业内的几百家企业年产量大多在 5000 吨以下，年产量上万吨的企业也只有十几家。使得大多企业不具备规模化经济生产，企业的创新能力及市场竞争力也相对较弱。

2. 技术先进性方面的问题

我国大约是在 20 世纪 60 年代开始 PVC 发泡制品的研发及试生产，由于成本及环保意识等方面原因，在研发初期，该技术并没有得到足够重视，研发投入也非常有限。随着我国经济不断发展，人们的生活水平不断提高，以及对环境保护的重视，在近十年该技术受到了较大重视，研发的人力物力明显增加了，生产技术及产量都得到了快速提升。尽管如此，同欧美等地区相比，我国的 PVC 发泡技术仍然存在较大差距。国外研发方向更注重产品质量，我国更注重降低产品成本。

3. 行业标准方面的问题

对于 PVC 发泡制品中产量最大的实心板，现行行业标准是 1999 年制定的，限于当时的生产技术水平，部分指标要求较低，导致该行业充斥着大量低档次产品，影响着该类产品健康发展，因此，该标准急需进行修订。

对于近年发展非常迅速的 PVC 发泡建筑模板及墙板，由于是新兴的一个产品，目前还没有相应行业标准或国家标准，虽然目前处于市场开拓阶段，生产企业大多对产品质量有较严要求，但随着进入的企业增加，竞争的加剧，若没有相应标准来约束，容易形成恶性竞争，不利于该产品长期健康稳定的发展。

七、发展趋势与规划

PVC 发泡产品不但具有许多与木材相同或相近的性能，还具有木材不具备的防水、防腐、防蛀、阻燃、易于着色的基本优点；因无需油漆保护，在使用过程中不会产生任何有害物质，具备环保的优势；密度低，使用寿命长，可回收利用，具有节约材料和环境友好的优势。众多优良性能决定 PVC 发泡产品是木材的最佳替代品，因此发展 PVC 发泡制品在应用木材的众多领域的替代工作将大有作为，重点包括在室内外装饰装修领域的应用等等。从发达国家 PVC 发泡制品发展来看，PVC 发泡配方主要朝着无铅化发展，工艺方式主要朝着共挤及微孔发泡方向发展。结合我国国情及行业发展的实际现状，行业将重点发展无铅化产品及节能微孔发泡产品。如钙锌配方、硬质 PVC 低发泡建筑模板、硬质 PVC 发泡地板、活动房板材等。

总之，我们将充分利用 PVC 发泡制品的保温、隔音、防潮、防水、防蛀、防腐、阻燃、无毒、力学性能优良、可回收利用等突出优势，不断研发出国内外需求量大的新产品种类，推进行业不断快速发展。

（中国塑协硬质 PVC 发泡制品专业委员会 黄勇）

塑料技术协作委员会

随着中国经济进入“新常态”，塑料加工行业必须适应新的形势，迎接新的挑战。2015 年是“十二五”规划收官与“十三五”规划即将实施的交接点，各行各业都在考虑如何进一步在新形势下开拓思路，做好规划，求真创新，促进行业发展。2015 年，中国塑料加工工业协会塑料技术协作委员会（以下简称技术协作委员会）开展了一系列促进行业技术进步与协作的工作，包括召开了“首届中国塑料 / 化工研究院所发展论坛”、“第十届中国塑料工业高新技术及产业化研讨会论坛暨 2015 中国塑协塑料技术协作委员会年会 • 技术交流会”、理事会等，并积极推进各种协作工作，做好技术服务工作，主要工作如下。

一、行业活动

（一）首届中国塑料 / 化工研究院所发展论坛

1. 论坛概况

2015 年 5 月 18 日，借雅式国际橡塑展（Chinaplas 2015，5 月 20-23 日）在广州举办的契机，技术协作委员会在广州市凯荣都国际大酒店举办了“首届中国塑料 / 化工研究院所发展论坛”。来自全国的部分塑料、化工类研究院所，以及相关科技型企业的代表约 70 余人参加了会议。中国轻工联合会副会长 / 中国塑料加工工业协会理事长钱桂敬出席了开幕式并作了重要讲话，技术协作委员会理事长包建成和技术协作委员会挂靠单位轻工业塑料加工应用研究所所长黄志刚分别致辞。

论坛内容主要包括三大部分：研究院所发展状况及研究特色介绍、技术专题报告和技术交流报告等。

专题报告水平高，亮点多，受到了与会代表的好评，感到受益良多；研究所介绍，全面、突出重点，起到互通信息，相互启发的作用，为开展院所间协作创造条件；技术交流项目创新、先进、实用，反映在会下代表相互交流活跃。会议内容得到与会代表一致好评。会议达到了预期的交流、学习、提高、协作的效果，取得圆满成功。

2. 研究院所发展状况及特色介绍

14 家塑料、化工研究院所或技术中心介绍了发展历史、现状和特色研究领域。

（1）轻工业塑料加工应用研究所

成立于 1983 年，原为联合国开发计划署在中国援建的塑料加工中心，1991 年整建制进入原北京轻工学院（北京工商大学），系所合一，设有国家塑料制品质量监督检验中心、全国塑料制品标准化技术委员会、全国塑料加工工业信息中心、全国塑料工业教育培训基地、《中国塑料》杂志编辑部，另有挂靠单位：中国塑协塑料技术协作委员会和降解塑料专委会；现有人员 30 人，科研用房总面积 2200 m2，设有高分子化学、高分子物理和聚合物加工性能实验室；完成包括国家 863 项目等 20 多项，获省部级奖励 7 项，发明专利 23 项。

（2）华谊研究院新材料研究进展

上海华谊集团技术研究院是上海华谊（集团）公司的直属研究机构，设有博士后科研工作站，与复旦大学、同济大学、华东理工大学联合培养博士后，是上海煤基多联产工程技术研究中心和上海计算化学与化工工程技术研究中心，分别与中科院上海高等研究院、复旦大学、吉林大学、大连理工大学、同济大学等国内知名院校建有联合实验室，与吉林大学联合培养全日制理学博士，与华东理工大学、上海师范大学联合培养全日制硕士研究生。现有员工 164 人，其中博士 36 人，教授级高级工程师 10 人，上海市优秀技术带头人 2 人，上海市青年科技启明星 5 人，上海市浦江人才 2 人，本科以上人员中来自 211 高校的占 82%，来自 985 高校的占 38 %；拥有 48 台套分析测试仪器和 65 台套反应装置和设备，总值达 7600 余万元，总占地达 200 余亩；羰基合成醋酸新型催化体系、醋酸酯加氢制乙醇、草酸二甲酯加氢制乙醇酸甲酯、耐热 ABS 系列产品、生物可降解材料 PBS、高纯度乙烯利、松节油合成白乙酯等项目取得了突破。

（3）塑料助剂研究方向与创新成果

山西省化工研究所属技术开发类科研机构，按照国家科技体制改革要求，已转制成国有科技型企业，即转制型科研院所。现有工程技术人员 80 多人，拥有红外光谱仪、液相色谱仪、气相色谱仪、差热分析仪、热失重分析仪、扫描电镜等大型分析测试仪器，具备化学结构分析和聚合物性能测试与表征的基本条件。据不完全统计，建所以来累计承担并完成国家和省部级重大科研项目 320 多项，实现转化的科研成果 180 多项，获国家和省部级以上科技奖励 80 多项，经 50 多年积累与沉积，逐渐形成两个研究方向和三个主导产业。研究方向是以塑料橡胶加工改性为应用对象的聚合物助剂研究方向；以聚氨酯混炼胶、浇注胶和热塑胶为主要研究内容的聚氨酯弹性体研究方向。主导产业是新功能、高效能塑料助剂、绿色功能化橡胶助剂、聚氨酯弹性材料。

（4）大连塑料研究所发展历程

建于 1965 年，2005 年转制，是我国塑料行业成立最早的塑料加工应用研究所之一，有一批极具创新能力的各类专业技术人才，有雄厚的技术力量、强大的研发能力、高效的管理模式和完善的质量体系，每年都有拥有自主知识产权的新发明、新产品和新工艺问世，奠定了在全国塑料加工领域技术开发的领先地位，已为上千家不同行业客户量身定制了塑料制品生产设备的解决方案。

（5）福塑科学技术研究所有限公司改制及研发方向

由原福州市塑料科学技术研究所改制而成的独立科研实体，拥有专业技术团队 26 人，专业仪器设备 40 多台套，科研检测服务场所 3000 多平米，逐步建立成一个现代化、专业化的塑胶专业科研服务机构

(6) 新疆天业集团化工研究院

新疆天业集团化工研究院成立于 2005 年 7 月，主要立足氯碱产业可持续发展的关键共性技术，进行新产品、新技术的研发、科技成果的产业化，拥有化工、机械制造等各类专业技术人员 60 余人，其

中高级工程师12人，硕士以上学历35人，下设新疆兵团现代绿色氯碱化工国家地方工程研究中心、兵团催化工程中心和兵团等离子体技术联合工程技术研究中心等研发平台，研究院坚持以企业为主体的产学研联合创新发展模式，与清华大学、浙江大学、南开大学、天津大学、华东理工大学、中科院大连化物所等院校建立有稳固合作关系，先后承担2项国家863计划、4项国家科技支撑计划、1项国际合作及20余项地方科技项目，荣获国家科技进步奖1项，地方科技进步奖20余项。截止目前，累计申请国家专利78项，其中发明专利47项，已授权45项，2014年被评为国家高新技术企业。希望在CPVC树脂后加工应用领域、纳米碳酸钙/PVC材料有机结合的应用及生物法可降解材料PBS的聚合和改性技术上，与各方开展合作，共同推进新材料、新技术、新产品的推广与应用，提升企业创新竞争力的同时，共同为中国塑料行业的可持续发展做出更大贡献。

(7) 上海化工研究院在新材料领域的研究进展

成立于1956年9月，是我国第一批重点化学工业研究院所，1999年转制后，成为国有独资企业，现由上海市国资委管理。总资产达到12.8亿元。现已成为国家火炬计划重点高新技术企业，国家认定企业技术中心、国家技术创新示范企业、国家创新型企业，重点开展聚烯烃催化材料、超高分子量聚乙烯材料、PEO材料、稳定同位素材料等产品和技术的开发。先后承担和完成国家“863”计划、科技支撑计划、国家火炬计划等近千项国家、省部级科技攻关项目。获国家级、省部级科技奖励268项，拥有400多项科研成果和专利技术。

(8) 吉林省塑料研究院发展之路

建于1977年，是以从事塑料制品研制、开发、生产、经营、技术咨询、管理咨询、信息咨询、机械化工行业设计为主的科、工、贸一体化的专业性研究所，是吉林省农用塑料中试基地、国防科工委确定的军工配套科研单位、吉林省塑料制品科技创新中心、吉林省车用树脂基复合材料产业公共技术研发中心；下设三个研究室以及吉林省塑料产（商）品质量监督检验站，现拥有固定资产1775万元，占地面积10000平方米，建筑面积8000平方米，拥有双螺杆挤出机、型材挤出机组、注塑机、吹膜机组以及高分子材料性能测试仪器设备共96台（套），职工41人，其中专业技术人员29人，具有高级职称16人，中级职称10人；先后承担了国家各部门下达的科研项目百余项，其中国家重点攻关项目3项，军工配套项目22项，部省级项目68项，已鉴定的82个科研项目中达到国际先进水平13项，国内先进水平59项，先后获国家、部、省级奖励15项。已签订技术咨询合同346份，成果转化率达到30 %。

(9) 北京市化学工业研究院

北京市化学工业研究院成立于1958年，现隶属北京化学工业集团有限公司。研究院分析检测平台具有40多台各类仪器；自主研发的“开发”牌工程塑料包括PBT、PET、PA66、PA6、PPO、PPS，以及各类合金共7大类25个系列上百个规格。

(10) 基于先进聚合物材料自主创新的创新体系工程——金发科技股份有限公司

公司成立于1993年5月，是一家专业从事先进聚合物材料研发、生产和销售的民营科技型上市企业。2008年7月，金发科技被国家科技部、国务院国资委和中华全国总工会认定为首批91家创新型企业。介绍了企业发展历程、先进聚合物材料，系统、开放和全方位的全面创新体系，以及科学、系统、有效的创新管理机制。

(11) 医用塑料现状与进展——天津塑料研究所

研究所成立于1965年，2012年7月改制为有限公司，是医用塑料制品的开发、研制和生产的科技型企业、国家食品药品监督管理局批准的“三类”医疗器械的专业生产企业，也是中国塑料加工工业协会医用塑料专业委员会的理事长单位，现有职工131人，目前，拥有了符合GMP标准的5000米^{2}10万级净化车间，通过了ISO13485:2003, 医疗器械质量管理体系认证，多种产品获得了CE及FDA认证，产品通过直接和间接的销售网络销往全国各大中城市的400余家医院，国际市场上与俄罗斯、乌克兰、土耳其、埃及等30多个国家和地区的公司建立了长期的合作关系，产品还出口到英、美等发达国家。

(12) 高性能塑料在航天工业领域的应用

航天材料及工艺研究所于1957年在北京成立，隶属于建于1957年11月16日的中国运载火箭技术研究院，后者隶属于中国航天科技集团公司。航天材料及工艺研究所是中国航天领域材料及工艺技术的中心所，首任所长姚桐斌为“两弹一星”功勋奖章获得者。研究所建有先进功能复合材料技术国家重点实验室、树脂基复合材料结构制造技术研究应用中心、功能性碳纤维复合材料国家工程实验室，拥有航天检测和失效分析中心、航天复合材料构件加工工艺技术中心、航天无损检测工艺技术中心、航天特种焊接工艺技术中心、航天表面工程工艺技术中心（分部）；现有在职职工1000余人，现有科研生产面积10万余平方米，各种仪器设备5500多台（套），总资产25亿元，并先后通过了GJB9001质量体系、GB/T28001-2001职业健康安全管理体系、GB/T24001-2004环境管理体系认证及AS9100质量体系认证等相关资质；主要从事航天及高新技术新材料、新工艺的研究开发工作，非金属、特种金属、复合材料产品的生产；共获得国家发明奖3项，国家科技进步奖20余项，部级科技进步奖400多项。

(13) 北京大学工学院杭州未来科技城研究院研究方向

研究院于2013年6月正式挂牌成立，设有生物技术和食品工程、生物医学工程、信息技术、电子与光电、新型材料应用等5个研究所，以“技术领先、市场明确、远近兼顾”为原则，为规模产业化蓄势；有院士1名，长江学者1名，国家千人计划专家、浙江省千人计划专家、杭州521人才计划等高层次人才8 名，高级工程师8 名。已开发产品和项目有：拉普拉斯域光学乳腺影像系统（LD－DOT）、皮肤共聚焦细胞三维成像系统、快速血凝度分析仪、基于Placido盘的角膜地形图仪、无线随钻测量系统 (Measure While Drilling，MWD)、LED景观智能照明专用SoC系统芯片、降钙素原(Procalcitonin, PCT)免疫比浊试剂盒、微生物发酵法生产结冷胶、酶解谷物粉系列产品。

(14) 聚合物资源绿色循环利用——教育部工程研究中心

依托福建师范大学，充分利用化学、材料学、环境学与生物学、生态学、理论经济学的交叉学科优势，2010年成为国内首批创办“资源循环科学与工程”本科专业的十所大学之一，2014年获批设立“资源循环科学与工程”交叉二级学科硕士点和博士点； 2006年获批建设了福建省改性塑料技术开发基地，2009年建立福建省环境友好高分子材料工程技术研究中心，2012年建立福建省污染控制与资源循环利用重点实验室，2013年建立聚合物资源绿色循环利用教育部工程研究中心；从2000年起倡导主办了四届（2000年2003年、2007年和2014年）中国塑料与环境学术与产业技术研讨会（对接会），2013年召开了全国资源循环科学与工程本科专业人才培养、学科建设与聚合物资源绿色循环利用产学研技术对接会，组织了六届新材料与节能减排展览和推介，主承办了十场次新材料、资源循环节能减排的学术交流与技术成果对接会，与相关的高校科研机构和行业协会建立了较好合作机制，为多个国家级“城市矿产”示范基地和国家级循环化改造示范基地提供技术支撑。构建了人才培养培训——应用基础研究——产业关键技术研发——产业化技术推广——示范基地建设的政产学研用创新体系，形成了有特色的研究方向，在合成树脂功能化、绿色化工助剂、涂层材料、改性塑料、再生塑料等方面取得了一系列工程化关键技术成果，特别在废旧塑料、橡胶、农林废弃物等聚合物资源的“城市矿产”圈区管理、高质化无害化处置方面开展了卓有成效的工程技术研发，可为相关行业提供科技与技术支撑。

3. 技术专题与交流报告

（1）高分子材料加工成型技术创新与发展

高分子材料通过成型获得所需性能的产品，这个成型过程是材料在外力作用下的形变过程，技术与装备在很大程度上决定最终材料与产品的结构与性能。该研究中心经多年创新研究，引入振动力场，开发了振动剪切成型方法，引入拉伸流变，并发现在多相多组分、剪切敏感、极端流变行为的材料体系的成型中具有优势。

（2）聚合物熔体微积分模内层叠复合成型加工新技术

介绍了首创的千层以上的微纳层叠复合塑料管材挤出成型。

（3）高分子薄膜的结构性能及加工条件关系研究

塑料制品的性能和加工条件及所形成的结构间有密切关系。相对于其他塑料制品而言，塑料薄膜的结构－性能－加工条件的关系尤为复杂：因其薄，成膜速度快，成型工艺多，加上涉及高分子物理许多基础问题，如结晶材料在熔融态成膜、熔体强度、链段取向、松弛及取向诱导结晶等；对用共混物制备高分子薄膜，如PE-LLD/PE-LD，以及由不同高分子材料制备的多层复合膜，又涉及相容性；对高分子薄膜新产品研发，通常会对诸多性能有特殊要求，如光学、撕裂、穿刺、阻透等，这些性能和高分子的分子结构，聚集态结构，取向及加工条件都有着非常密切的关系。所以，对有些体系这些关系的研究非常具有挑战性。报告通过一些薄膜（PE、PP、PS等）的实际例子讨论一些重要的高分子薄膜的分子结构－加工条件（流变、松弛、取向、结晶）－聚集态结构－产品性能的一些关系。

（4）超高分子量聚乙烯树脂的应用及其发展

趋势

上海化工研究院技术开发中心王新威，罗勇

主要内容：介绍了超高分子量聚乙烯（UHMWPE）的一般特点、应用领域、加工难点、成型方法，分析了国内外市场、发展趋势，以及研究方向。

（5）聚乳酸——一种真正意义上的生物基塑料

介绍了聚乳酸的性能特点和应用领域，近年聚乳酸材料性能提高及其应用向高附加值领域拓展的例子，另外，也介绍了科碧恩（Corbion）聚乳酸市场战略。

（6）海珥玛环保增塑剂新进展

介绍多年独立自主开发的二乙酰环氧大豆油酸甘油酯（HM-828），作为一种新的增塑剂，获得了新化学物质登记证并获得了 CAS 注册号（1487263-87-5），由于带有二乙酰基，其与 PVC 有较好相容性，所以析出和增塑效率均较环氧大豆油有改进，在替代 DOP 类增塑剂方面可发挥作用。

（7）双螺杆挤出机在 EPS 微粒加工方面的应用（未提供书面报告）

利用科倍隆在配混设备设计方面广泛的经验和先进的专业技术，推出了用于建筑工业用绝热材料、一次性用具和抗震保护性包装材料的 EPS（可发泡性聚苯乙烯，Expandable Polystyrene）粒料的革新的生产线。其针对旧有的繁琐工艺，采用一步法的 ZSK 挤出工艺，该工艺具有着产品粒度分布窄，工艺灵活等优点，已被市场验证并接受。

（8）加工流变仪在材料研发中的应用探讨

是哈克流变仪的生产和科学服务领域的世界领导者，致力于在中国的发展，介绍了各种用于材料研发的实验室加工仪器，有各种密炼机、单双螺杆及其组合的各种转矩流变仪，使用中经验非常重要，并给出了一些例子，探讨了密炼测试加样量的估算、加料次序对能耗的影响等。

（9）中国双向拉伸聚丙烯包装薄膜产业发展现状与趋势的研究

分析了我国的双向拉伸聚丙烯（BOPP）包装薄膜产业的发展现况与趋势。探讨和研究了存在的问题，提出了推进产业转型升级的建设性意见和对策，以促进产业良性健康发展。

（10）塑料加工工厂节能减排实用技术推介

中国中轻国际工程有限公司（CLIEC），原名轻工业部设计院，成立于 1953 年 1 月，是以咨询、设计、监理、项目管理、工程总承包为主体业务的大型工程公司，60 多年来，在塑料行业，为国内外 100 多项工程提供了设计、咨询、总承包等服务，其中一半以上为大、中型项目。在塑料加工行业推介节能技术如下：①提高节能电机使用率促进节能增效，②重视压缩空气的节能促进节能增效，③强化余热等能源利用促进节能增效。

（11）数值处理技术在特性黏度测试及流变实验中的应用

介绍了聚合物特性黏度测试、转矩流变实验、特性黏度实验的数值模拟、流变实验的数据整理技术。

（12）杜邦布林克 ® 有机气雾处理系统——减少塑料工业 PM2.5 排放的成熟解决方案（未提供书面报告）

介绍杜邦布林克 ® 有机气雾处理系统在工业有机废气处理中的原理和应用实例。

（13）导热塑料的发展与应用

介绍导热塑料概况、主要应用领域、填充型导热塑料制备方法，以及导热系数的测试方法。

（14）高附加值聚烯烃产品技术进展

中国石化北京化工研究院成立于 1958 年，但其发展历史可追溯到由著名实业家范旭东先生和化学家侯德榜先生于 1922 年在天津塘沽创建的黄海化学工业研究社。1998 年前隶属于化学工业部，1998 年 9 月，整体进入中国石油化工集团公司。主要业务包括：乙烯技术、合成树脂、合成橡胶、有机与精细化工、化工环保等；主要高附加值产品有：高结晶聚丙烯、BOPP 膜料、抗菌聚丙烯、高熔体强度聚丙烯、丙丁共聚聚丙烯、透气膜用双峰 PE-MD、高流动速率高抗冲聚丙烯、聚合釜内直接生产汽车保险杠用聚丙烯、透明抗冲聚丙烯、低灰分聚丙烯、低 VOC 含量抗冲聚丙烯、汽车用低 VOC 耐划伤聚丙烯、高性能聚丙烯膜、挤吹用高熔体强度高韧性聚丙烯、柔软纤维用聚丙烯的开发、汽车油箱用 PE、管材用 PE 专用料、PP 管材用专用料等。

（15）高性能塑料在航天工业的应用与需求

介绍了用于航天产品配套材料的特殊要求和近乎绝对的可靠性，以及我国在此应用领域的技术进步。

（16）PVC 无铅化进展看法及应用举例

介绍 PVC 无铅化稳定剂发展和应用现状，无铅化过程存在的问题，提供了轻稀土在热稳定剂中应用的一些例子和数据，提出多元化复合化的开发方向。

（17）双拉薄膜市场产能过剩原因初探及出路浅见

从近年来双拉薄膜行业的投资热现象展开，重点介绍了以 BOPP 为主的双拉薄膜在中国市场的发展现状、所遇挑战及其今后的发展。

（18）ADR4370S 扩链改性 PBT 的非等温结晶动力学

以 ADR4370S 为扩链剂，对聚对苯二甲酸丁二醇酯（PBT）进行扩链改性，通过差示扫描量热法（DSC）研究了 PBT 及其扩链改性体系在不同降温速率下的非等温结晶过程。结果表明：扩链后体系的特性黏度从 1.061 分升 / 克提高到 1.464 分升 / 克；ADR4370S 不仅有利于提高 PBT 的结晶温度，而且没有明显改变 PBT 基体的成核机理和生长方式；相比 Jeziorny 法，Mo 法可较好描述体系的非等温结晶过程；Flynn-Wall-Ozawa 法说明 ADR4370S 降低了 PBT 的结晶活化能。

（19）三元半芳香尼龙的非等温结晶动力学研究

采用成盐、预聚合、固相聚合三步法制备高分子量的三元半芳香尼龙 6T/66/1010，利用 DSC 法研究了尼龙 6T/66/1010 的非等温结晶过程。结果表明：结晶峰值温度随降温速率的提高而降低；半结晶期 $t_{1/2}$ 随降温速率的增大呈指数下降；经 Jeziorny 修正的 Avrami 方程对其结晶动力学进行研究，并得到动力学参数；采用莫志深法，得到在不同相对结晶度下 lgΦ 对 lg$t$ 有较好的线性关系。

（20）具有光催化功能的可发泡高填充塑料膜研发

介绍在生物质改性纳米二氧化钛、表面负载纳米二氧化钛的无机粉体、可发泡功能助剂等三类功能助剂基础上成功制备出“具有光催化功能的可实现高填充发泡的塑料功能母料”，应用于聚烯烃薄膜，具有“轻量化”、“生态化”、“自清洁”、“可环境消纳”（可降解、可填肥、可焚烧）的特点。

（21）吉林省生物基降解材料——聚乳酸产业发展现状

分析了吉林省聚乳酸产业发展现状，指出目前行业存在的问题并提出相关建议。

（22）可生物降解材料中聚乳酸含量测定方法的研究

采用红外光谱对各类可生物降解材料中的聚乳酸进行了定性表征，并采用离子色谱对材料中的聚乳酸含量进行了定量分析，最终给出了可生物降解材料中聚乳酸含量的测定方法。

（二）年会

1. 年会概况

2015 年 7 月 30 ～ 31 日，由中国塑料加工工业协会主办，中国塑料加工工业协会塑料技术协作委员会与天津市塑料研究所有限公司共同承办的“第十届中国塑料工业高新技术及产业化研讨会论坛暨 2015 中国塑协塑料技术协作委员会年会·技术交流会”在天津碧桂园凤凰酒店召开。适逢 2015 年 9 月 5 日是天津塑料研究所有限公司建所 50 周年（1965 ～ 2015）大庆，本次活动也成为天津塑料研究所 50 周年所庆系列活动之一。天津所历经 50 年风雨，起起伏伏，走到今天，成为了一家以医用塑料及医用器械研发和生产相结合的塑料加工研究所，其产品不仅出现在中国各大医院，而且产品远销欧美发达国家，取得了令人瞩目的成就。

来自全国各地的相关科研院所、高等院校、科技型企业，以及在华外企专家、管理和科技人员等 120 多名代表参加了会议。中国塑料加工工业协会常务副会长曹俭、天津市津南区政府副区长吴爱民、天津市塑料行业协会秘书长郑天禄、天津市塑料集团党委书记 / 天津市塑料研究所有限公司董事长施万钧、天津市生物医学工程学会副会长 / 秘书长李涛和天津市塑料研究所有限公司曹常在等出席了开幕式。

开幕式由中国塑协塑料技术协作委员会秘书长杨惠娣主持，首先，曹俭常务副会长祝贺天津市塑料研究所有限公司成立 50 周年，并介绍了 2015 年 1 ～ 5 月塑料加工行业的主要统计数据和行业发展动向；吴爱民副区长介绍了天津市津南区的概况和区内的清兵水师训练基地（小站练兵营）等文化古迹，表达了欢迎大家来天津投资、合作、开发的愿望；中国塑协塑料技术协作委员会理事长包建成汇报介绍了委员会的工作并致辞；郑天禄秘书长较详细地介绍了天津市塑料产业现状、企业经营状况和存在问题，以及应用市场发展趋势；施万钧董事长致辞并介绍了天津市塑料集团和天津市塑料研究所有限公司发展历程和目前状况。

开幕式最后还为新加入塑料技术协作委员会的 7 家会员以及新任理事和副理事长单位颁发了证书。

2. 主要报告和内容

本次会议收到论文报告共44篇（刊出41篇）：大会发言6篇，分组交流报告35篇，其中，书面报告3篇，介绍如下。

大会报告：

（1）创新是企业发展的必经之路

天津市塑料研究所有限公司曹常在

主要内容：回顾了企业发展历程，获得的成果；介绍了目前主要业务和创新产品、生产能力、国内外市场；人才战略等。

（2）高分子薄膜的结构性能及加工条件的关系

中石化北京化工研究院刘立志、唐毓婧、郑翠、任毅、姚雪容等

主要内容：以研究中的一些实际例子为基础，简要地介绍聚合物成型过程中的物理问题及分子结构－加工条件－聚集态结构－产品性能之间的一些重要关系，涉及流变、松弛、取向、结晶等。

（3）高性能长碳链聚酰胺材料的制备、应用与发展

中科院化学研究所董侠

主要内容：介绍已基本实现了工业化的、具有我国自主知识产权的、基于生物发酵法制备的长碳链二元酸、二元胺为原料的长碳链聚酰胺系列产品。

（4）聚合物熔体微分3D打印技术创新研究进展

北京化工大学杨卫民

主要内容：介绍3D打印相关的高分子材料和打印技术进展，还将其开发的微分技术应用于3D打印中。

（5）纤维增强热塑性复合材料及新产品开发

北京化工大学薛平

主要内容：介绍替代热固性增强材料的三种热塑性复合材料，包括长纤维增强热塑性颗粒、连续纤维增强热塑性片材、轻质高强夹心复合板材的开发情况。

（6）热分析和美国塑料反倾销案

美国Rheotech公司姚明龙

主要内容：介绍了一例修正美国海关采用的标量线偏差，正确用热分析方法检测塑料购物袋中PP含量，从而打赢反倾销课税的案例。

分会报告30日下午和31日上午分2个会场举行，报告共35个，分别是：

（7）电磁屏蔽高分子材料研究进展

北京航天航空大学詹茂盛

主要内容：综述了近两年电磁屏蔽高分子材料的国内外最新研究进展，按照填充粒子形态从新材料设计、新制备方法、结构与性能，以及材料设计原理和影响电磁屏蔽性能的机理角度进行详细总结与分析，提出了目前对聚合物基电磁屏蔽材料研究关键问题以及研究现状，展望了聚合物基电磁屏蔽复合材料在今后的研究方向和发展趋势。

（8）PBT/PC合金相态结构的调控及其对材料导热性能的影响

北京工商大学温变英

主要内容：介绍酯交换抑制作用亚磷酸三苯酯（TPPi）存在下PBT/PC合金的相态结构、力学性能和导热性，结果表明，导热性能有所提高。

（9）外墙外保温用模塑石墨聚苯板（SEPS）生产技术

北京化工大学材料科学与工程学院苑会林

主要内容：本文介绍采用国外新材料可发型石墨聚苯乙烯材料，通过传统的EPS发泡方式，制得具有高保温效果的石墨聚苯乙烯发泡（SEPS）保温板材，阻燃性能达到B1，绝热性能更好，可应用于建筑外墙保温领域。

（10）环保增塑剂性能及其PVC医用制品应用技术

江南大学蒋平平

主要内容：从医用PVC制品出发，介绍了几种可用于医用PVC的环保增塑剂。

（11）磷杂菲／三嗪双基低聚物的制备及其阻燃环氧树脂研究

北京工商大学钱立军

主要内容：构建了一种新型磷杂菲／三嗪双基低聚物TGIC-ODOPB-DOPO（TOD），并通过调整TOD低聚物的聚合度，在分子内实现了不同磷杂菲和三嗪基团比例的调整，评价了不同聚合度的TOD低聚物在4,4’－二氨基二苯甲烷（DDM）固化双酚A缩水甘油醚型环氧树脂（EP）中的阻燃行为。

（12）塑料医疗技术发展的热点趋势

深圳市塑讯科技有限公司段庆生

主要内容：介绍了30个医用塑料制品实际例子。

（13）腹膜透析的现状与前景

天津市塑料研究所有限公司田鹍鹏

主要内容：介绍了腹膜透析的原理、优势、种类、应用现状和发展前景，以及相关塑料配件和

导管等医用塑料件。

（14）血管内降温系统

天津市塑料研究所有限公司韩宇洋

主要内容：亚低温治疗方法可用于颅脑创伤治疗等，这可通过体表降温、体外循环降温和血管内降温系统实现，尤其血管内降温较优。本文介绍了用于血管内降温的器械，包括医用塑料导管等。

（15）钙锌热稳定剂推广的难点与破解之道

山西省化工研究所薄宪明

主要内容：从技术的角度介绍钙锌稳定剂推广的难点与破解之道。难点在于：一是上游新功能助剂的开发和普及乏力；二是稳定剂配方体系的优化及创新不足；三是下游制品企业加工工艺的优化积极性不高；四是设备企业和模具企业对加工设备性能参数的优化不足。解决方法包括：复合化技术、助剂专用化，特别是开发新品种化学物质。

（16）PVC 无铅化进展看法及应用举例（书面报告见首届中国塑料 / 化工研究院所发展论坛论文集）

广东炜林纳新材料科技股份有限公司郑德

主要内容：见上节“1 首届中国塑料 / 化工研究院所发展论坛（3）技术专题与交流报告”

（17）PVC 用钙锌稳定剂的协同效应

惠州市嘉柏科技有限公司纪光文

主要内容：介绍了用于 PVC 钙锌稳定剂的各种单体化合物，其吸收自由氯的能力和性能特点，以及在应用中的问题，提出需要利用协同效应提高效率。

（18）环保型增塑剂 HM-828 的开发和应用

广州市海珥玛植物油脂有限公司李道斌

主要内容：介绍新型环保增塑剂二乙酰基环氧大豆油酸甘油酯 HM-828 开发经过、合成路线、评价结果和应用领域。

（19）PVC 无铅新型辅助热稳定剂 β－二酮盐的性能及应用

安徽佳先功能助剂股份有限公司李平

主要内容：介绍了 PVC 辅助热稳定剂 β－二酮及其钙盐在 PVC 中的应用，通过对其色度和热稳定性能的测试，发现添加钙盐的 PVC 制品的热稳定性相对要更好一些，而且其添加量可以适当降低，其性价比更佳，应用前景更好。

（20）新型环保 PVC 复合材料制备及性能研究

亿利资源集团有限公司技术中心刘珊

主要内容：侧重粉煤灰综合利用的新领域。研究了 PVC/ 粉煤灰复合材料、PVC/CaCO3 复合材料的力学性能、PVC/ 粉煤灰复合材料的流变性能。实验结果表明：当粉煤灰添加量为 5 份时，PVC/ 粉煤灰复合材料的室温缺口冲击强度为 46 千焦 / 米^2，拉伸强度为 47 MPa 达到最大值；弯曲弹性模量随着粉煤灰增加呈线性增加；PVC/ 粉煤灰复合材料的综合力学性能要好于 PVC/CaCO3 复合材料；SEM 测试表明：经表面改性后的粉煤灰在 PVC 基体中有很好的分散性和相容性。

（21）塑料抗氧剂的市场与应用技术发展探讨

北京加成助剂研究所李杰

主要内容：介绍“十二五”期间塑料抗氧剂发展状况；“十三五”规划的要点，包括产能、产量和品种，技术创新、进步目标和具体措施。

（22）锥形同向双螺杆超高分子量聚乙烯挤出机

浙江舟山通发机械有限公司吴汉民、吴信聪

主要内容：介绍锥形同向双螺杆超高分子聚乙烯挤出机，其从结构上进行了重大创新，在整机设计上综合了目前国际上两类双螺杆挤出机—锥形异向双螺杆挤出机和平行同向双螺杆挤出机的功能优势，具有高混炼、高挤出压力、低挤出温度、塑化性能好等特点，针对超高分子量聚乙烯流动性极差、摩擦因数小容易在加料段发生打滑、成型温度范围窄等特点，对机筒、螺杆进行特殊设计，机筒螺杆出料段采用分段压力控制，通过优化螺杆各段结构参数，克服物料打滑，增大了输送能力，提高了挤出压力，并通过对物料挤出实行全流程温度精确控制，实现了超高分子量聚乙烯低温挤出，并达到提高产量、降低能耗的目标。

（23）两板直压式注塑机合模液压系统的节能降耗技术

北京理工大学王建

主要内容：采用实验和数值模拟相结合的方式，对型号为 BM200 的内循环二板直压式注塑机合模系统的性能进行了研究，表征分析了现有注塑机的运行性能及能耗，以节能降耗为目标，利用数值仿真软件优化了液压系统，可使能耗降低 26.7 %、26.3 % 等。同时，本文创新的提出了一种具有巨大节能降耗效果的新型内循环两板直压注塑机合模系统——补充容积式合模系统，可实现节能 39.6%。

（24）聚烯烃再生塑料的化学“新生法”工艺研究与典型案例

沈阳化工大学葛铁军

主要内容：介绍聚烯烃塑料的循环再生过程，使用后性能下降原因，通过化学方法，包括硅烷交联、加入引发剂DCP，以提高再生塑料的相对分子质量，从而达到高质利用；另外，介绍了具体的案例。

（25）基于回收PET瓶片的超韧工程塑料产业化

华东理工大学吴驰飞

主要内容：介绍增韧回收PET瓶片，实现回收PET瓶片的高附加值化应用，同时介绍了引入资本的市场化组织的开发队伍。

（26）SEBS改性PP导热复合材料的制备及性能研究

福州市塑料研究所有限公司彭超

主要内容：选用聚丙烯（PP）与苯乙烯-乙烯-丁二烯-苯乙烯嵌段共聚物（SEBS）为共混体系，以A1203为导热绝缘填料，制备了 SEBS 改性PP导热复合材料，分析了填料含量对复合材料的导热性能、力学性能、耐热性能及流动性能的影响。

（27）多官能化助剂在聚合物材料改性中的应用

杭州海一高分子材料有限公司魏一峰，徐书隽，陈倩婷

主要内容：介绍自主开发的多种多官能助剂及其在塑料材料改性中的应用。

（28）医用塑料制品开发和质量控制

北京博高迈德科技有限公司曹文灵

主要内容：介绍医用塑料制品对应用于其材料的物理、化学、生物性能的要求、材料设计，以及生产过程的质量控制。

（29）双转子连续混炼机在高填充改性复合材料中的应用

华东理工大学谢林生

主要内容：通过建立基于能量消耗的混炼过程控制模型，开发了基于自耦合作用的混炼工艺、高拉伸混沌混合转子，制造了工业化装置并进行了工业化运行。

（30）新型三螺杆混炼挤出装备及其应用研究

北京化工大学何亚东

主要内容：介绍了倒“品”字形三螺杆混炼挤出机与双螺杆混炼挤出机的比较，特征及其验证，以及应用。

（31）双螺杆挤出机在汽车改性料加工方面的应用

科倍隆（南京）机械有限公司王彦军

主要内容：在科倍隆双螺杆混炼挤出机基础上针对汽车塑料材料特点，通过提高脱挥作用，改进元件设计等措施，开发降低VOC排放、长玻璃纤维造粒的新设备。

（32）快速蒸汽发生器如何用于鞋材TPU发泡以及其他应用

宁波格林美孚新材料科技有限公司秦柳

主要内容：介绍采用TPU材料，利用电磁加热蒸汽发生器，制造鞋中底的技术和优势。

（33）单一组分聚乙烯单聚合物复合材料的注塑工艺

北京理工大学陈晋南（王建发言）

主要内容：用熔融纺丝法制备了HDPE纤维，编织成纤维布，作为增强体，注塑了单一组分聚乙烯单聚合物复合材料（HDPE SPCs），研究了HDPE SPCs的注塑工艺，表征了HDPE SPCs的力学和微观性能。研究结果表明，HDPE 纤维的拉伸强度达460 兆帕，熔点较HDPE粒料有所提高。HDPE SPCs的拉伸强度达到了50 MPa，较未增强HDPE树脂增强了2.8 倍。单一组分单聚合物复合材料的界面相容性较优，较好的界面强度保证了其力学性能的提高。

（34）纤维增强复合材料在汽车上的应用

吉林省塑料研究院魏忠良等（杨思佳发言）

主要内容：详细介绍了碳纤维、玻璃纤维、玄武岩纤维和天然纤维增强复合材料在汽车上应用的特点及产品。纤维增强复合材料为实现汽车轻量化、节能减排和环保等目标提供了有效的途径。

（35）预吹气压力对多层聚合物包装容器壁厚的影响

北京理工大学化工与环境学院彭炯等（王建发言）

主要内容：使用Polyflow软件，数值模拟了多层聚合物包装容器的吹胀过程。应用自适应网格技术自动细化模具高曲率位置的型坯网格。在成型吹气压力为0.7兆帕，熔体温度为210 ℃的条件下，研究了不同预吹气压力对制品各层壁厚分布的影响。结果表明，适当增大预吹气压力，能提高制品的壁厚均一性；预吹气压力过大则会使制品产生明显熔接痕，影响产品质量，同时造成浪费。

（36）塑料挤出机液压导向网带换网器技术与应用

郑州格雷特机械有限公司何长保

主要内容：对目前市场上常用塑料挤出机换网器进行简单介绍分析，重点介绍液压导向网带换网器技术在塑料挤出机上的应用。

（37）论塑料加工推广普及应用电磁感应加热节能技术

汕头高新区贝多电磁科技有限公司林泽平

主要内容：介绍一种节能高效电磁感应加热技术以及该技术在塑料加工中的应用，阐述电磁加热在塑料加工中环保减排、节能高效的可行性和必要性，让塑料加工生产企业，塑料行业推广应用该项节能新技术。

（38）回收聚酰胺反应挤出扩链增黏研究

中广核俊尔新材料有限公司方万漂（郑京连发言）

主要内容：采用马来酸酐－苯乙烯共聚物（SMA）作为回收聚酰胺的扩链剂，在双螺杆挤出机中进行反应挤出，研究不同SMA含量的增黏效果以及增黏后材料的力学性能、结晶温度、凝胶含量等变化情况，表明马来酸酐－苯乙烯共聚物（SMA）是聚酰胺的一种高效扩链剂，在使用时只要控制合理的添加量，即可避免和控制其负面作用。

（39）全生物分解高阻隔薄膜

北京工商大学许国志（许思兰发言）

主要内容：介绍全生物分解高分子材料和全生物基高分子材料的概念、中种类、市场概况，并进一步介绍全生物分解高分子高阻隔薄膜的研究、评价和开发工作。

(40) 废旧PET 超洁净回收方案及其PET高值化利用技术

福建师大聚合物资源绿色循环利用教育部工程技术研究中心陈庆华（周为明发言）

主要内容：介绍PET回收概况、方案和技术。

(41) 淘塑网—打造塑料界的全产业链＋

连云港龙顺塑料有限公司范育顺

主要内容：介绍淘塑网的宗旨、结构、运行模式。其提供最新的塑料资讯，系列产品有：淘塑通、淘塑指数、塑料店铺、聚优集等。

书面报告有：

(42) 掩膜光接枝：高分子表面图案化新方法

北京工商大学孙辉

主要内容：生物医用高分子材料通常需要表面修饰，如吸附和共价键合细胞外基质、生长因子和肽以促进细胞的黏附和增殖。依赖材料表面改性方法精确控制细胞在材料表面的行为。本文介绍掩模光接枝法制备图案化高分子表面改性的新技术。

(43)PVC 型材变色——耐候性讨论

中国塑协塑料助剂专委会稳定剂分会施珣若

主要内容：介绍PVC异型材变色的光、热、湿、氧的作用，以及各种助剂对抑制变色的作用，也讨论了工艺条件控制和助剂纯度的影响。

(44)UHMW-PE 管材新型生产技术及应用

宁波康润挤出机械科技有限公司徐新

主要内容：介绍超高分子量聚乙烯（PE-UHMW）管材生产设备，其在一般基础设备基础上做了大量改进，包括开槽机筒、大推力螺杆、特殊的冷却及加热机构；另外，对模具和辅机也做了相应改进。

31日下午组织参观了天津市塑料研究所有限公司和天津小站练兵营。

天津市塑料研究所有限公司作为承办单位，曹常在董事总经理亲力亲为，精心筹划组织，不仅召开多次会议布置工作，并亲自去代表将要参观的小站练兵营踩点，会议期间派出多名工作人员，特别是承担了最吃重的接送站工作，并给与会议赞助。给与本次会议的赞助单位还有河北精信化工集团、常州塑料研究所有限公司和苏州工业园区富事达塑业有限责任公司。

经过组织和参加会议各单位的共同努力，代表会上会下积极交流，终使会议取得圆满成功！

（三）理事会

借“第十届中国塑料工业高新技术及产业化研讨会暨2015中国塑协塑料技术协作委员会年会·技术交流会”召开的机会，中国塑料加工工业协会塑料技术协作委员会于2015年7月29日晚上7:30在天津碧桂园凤凰酒店凡尔赛会议室召开了理事扩大会议。会议由杨惠娣主持，完成以下议程：

（1）汇报2014年和2015年上半年工作；

（2）讨论2015年下半年和2016年上半年工作安排；

（3）讨论与修改了工作条例，对于会费做出如下调整

项目	原会费	调整后
理事长	5000	8000
常务副理事长	3000	4000
副理事长	2000	2500
理事	1000	1200
会员	500	800
个人会员	-	200

（4）新会员介绍；

（5）讨论关于与异型材和助剂专委会联合成立“PVC 热稳定剂应用技术研发企业联盟”的相关事项，以及如何组织好“导热塑料产业联盟”等事宜；

（6）编写《中国塑料加工业发展史》事宜；

（7）撰写《中国塑料工业科技水平调查报告（2015）》事宜；

（8）其他。

由于当晚除请假的单位外，还有单位代表因交通原因未能赶到，出席单位人数不足，有些事项在会后采用通讯方式与各单位商议解决。

（四）《中国塑料加工业发展史》的组织编写工作

（1）2015 年 2 月 10 日在中国塑协信息部办公室召开了主编工作会议，就如何推进《中国塑料加工业发展史》下一阶段的编撰工作进行了商讨。

（2）根据中国塑协 [2015] 第 025 号文通知，中国塑协信息部于 2015 年 5 月 19 日晚在广州市珠江宾馆召开了《中国塑料加工业发展史》编写工作会议（编委会扩大会议），中国轻工联合会副会长 / 中国塑料加工工业协会理事长钱桂敬、中国塑料加工工业协会常务副理事长曹俭，以及编委会成员、中国轻工业出版社编辑和各地参与编写《中国塑料加工业发展史》的作者等 39 人出席了会议。会议对《中国塑料加工业发展史》的编写工作起到了推进作用。

（五）组织技术鉴定

2015 年 4 月 10 日，在北京为广州市海珥玛植物油脂有限公司 / 南通市海珥玛植物油脂有限公司的“二乙酰环氧大豆油酸甘油酯”组织了技术鉴定。鉴定会由中国轻工业联合会组织并主持。“二乙酰环氧大豆油酸甘油酯”是该公司自主开发的源自可再生大豆油的一种新物质，CAS 号为 1487263-87-5，其也是一种专利产品（专利号：ZL201110176425.4、2013104412735），由于其结构特点，具有较传统植物油类增塑剂更好的与聚氯乙烯的相容性，增塑效率高，耐析出性好，并且更具成本优势，在替代石油基邻苯类增塑剂方面有较大的市场前景。技术鉴定委员会专家一致肯定了项目的创新性和具有较高技术水平并一致同意该产品达到国际先进水平的鉴定意见。

（六）与异型材专委会和塑料助剂专委会，共同协商拟成立“PVC 热稳定剂技术研发产业联盟”，以积极、实际推进 PVC 制品的无铅化进程。

（七）发展会员工作及完成电子出版物等工作

（1）2015 年发展会员 10 家，具体见以下会员介绍。

（2）完成 6 期塑料技术协作委员会电子版刊物，建立了塑料技术协作委员会公众平台和微信群。

（3）咨询和推广服务，推进协作和拜访会员单位

（八）对以下项目继续进行了追踪和推广工作

（1）气体辅助挤出成型技术

（2）PEEK 在纺织机械锭子轴承中的应用

（3）锥形同向双螺杆的超高分子量聚乙烯连续挤出及其他应用

（4）电磁加热技术在塑料加工机械中的应用

（5）数值模拟技术在配方设计中的应用

二、新会员介绍

（1）单位名称：广州市海珥玛植物油脂有限

公司（副理事长单位）

Guangzhoushi Hairma Vegetable Fat Co., Ltd. 地址：广州市白云区石井鸦岗新场自编 1 号 邮政编码：510430

法人代表：邓健能

总经理助理：何健　电话：020-36011755

传真：020-36011796

手机：13609756696

电子邮件：jian_he@hairma.com.cn

联系人：胡倩君

电话：020-36011758

传真：020-81095503

手机：18022861737

电子邮件：reky_hu@hairma.com.cn

职工人数：120 人　技术人员：8 人

行政管理人员：14

固定资产：3200 万元

注册资本：2575 万元　经济性质：民营

主要产品：环氧大豆油，植物油多元醇

主要研发：环氧大豆油、植物油多元醇、环保型增塑剂的研发、生产和销售。

主要技术和研发方向：

环氧大豆油：公司设计、安装环氧大豆油连续处理生产线，采用封闭式全自动连续法生15913617063 产。《环氧大豆油连续生产方法》获得专利。医典级环氧大豆油已采用第七代自动化生产工艺。

植物油多元醇：植物油多元醇根据规划，时至 2016 年将成为全球最大企业。

环保型增塑剂：发明了一种新物质二乙酰环氧大豆油酸甘油酯及其工业化生产工艺。

建议和要求：

定期及动态发布行业和会员信息。

（2）单位名称：北京天罡助剂有限责任公司（理事单位）

Peijing Tiangong Auxiliary Co., Ltd.

地址：北京市丰台区南三环东路 6 号嘉业大厦 B 座 2001-02　邮政编码：100079

负责人（法人代表）：刘杰

电话：010-67683617

E-mail：tiangang@bjtiangang.com

联系人（副总经理）：刘罡

电话：010-67604525　手机：13801019561

E-mail：gangliu@bjtiangang.com

（应用技术经理）：赵莉

电话：010-67604525　传真：010-67697631

手机：13801019561

E-mail：zhaoli@bjtiangang.com

职工人数：350　技术人员：100

行政管理人员：19　企业性质：民营注册资本（万元）：6620　固定资产（万元）：15000

主要产品：高分子材料耐候性防老化助剂的研发与生产。产品包括：光稳定剂系列产品及其他精细化学品。主要产品在国内主要市场中处于领导者地位。同时，产品近 50% 远销欧洲、美洲、中东、东北亚等 50 多个国家和地区，并在欧美亚非等主要市场建立了完善的分销渠道，在世界范围内光稳定剂领域具有一定的知名度和影响力。

主要研发：公司掌握了高分子聚合物耐候新材料领域的多项核心技术，在产品品质及稳定性上达到国际领先水平，并连续填补多项国内空白。具有为客户提供较为完备的材料耐候性技术评估和研发能力，具有围绕材料老化与防老化的特色综合服务能力，具有自主研发高分子材料添加剂产品从实验室小试到中试生产，以及商业化生产完善的能力，可全面协助客户通过合理选用高性能助剂提升制品耐候性及产品的竞争力，有力带动下游高分子材料行业的技术创新和产品升级。

（3）单位名称：常州塑料研究所有限公司

地址：江苏省常州市延陵中路 268 号

邮政编码：213003

负责人（法人代表）：周国成

电话：0519-86620864　传真：0519-86602883

手机：13606124569　E-mail：

联系人：王红梅　手机：13861182321

E-mail：czpri@vip.163.com

技术人员：15

行政管理人员：9

注册资本（万元）：300

固定资产（万元）：500

主要研发、产品名称：塑料产品开发、塑料材料改性，新材料、新技术推广应用，以及塑料产品检测

（4）单位名称：无锡华辰机电工业有限公司

WuxiHuachen Machine & Electric Industry Co., Ltd.

地址：江苏省无锡市梁清路 58 号华邸国际大厦 A 座 2101

邮政编码：214062
负责人 / 联系人（销售经理）：王慧
电话：0510-85880328　传真：0510-85880329
手机：13616172108
E-mail：sales@huachen-china.com
职工人数：50　技术人员：6
行政管理人员 7
注册资本（万元）：300
企业性质：民营
主要研发、产品名称：多适应性水下切粒系统，高精度失重式称重配料系统。
建议和要求：

（5）单位名称：上海华谊集团技术研究院
Shanghai Huayi Group Technology Institute
地址：上海市闵行区龙吴路 4600 号
邮政编码：200241
负责人（院长）：张春雷
电话：021-23532235
联系人：陈朝泉　电话：021-23532211
手机：13816674803
E-mail：chenchaoquan@shhuayi.com
职工人数：164 人　技术人员：87
行政管理人员：10
主要研发、产品名称：太阳能背板膜专用 PVDF 母料、马来酰亚胺型耐热改性剂 SMI、生物降解塑料聚丁二酸丁二醇酯（PBS）

（6）单位名称：启东贝诺易新材料科技有限公司
地址：江苏省启东市滨海工业园区江洲路 31 号
邮政编码：226236
负责人 / 联系人（董事长）：贾俊
电话 / 传真：0513-838383855
手机：13301663695
E-mail：larryjia@163.com
企业性质：民营

（7）单位名称：江门必发机械设备有限公司
C.A.Picard Plastic（Jiangmen PRC）Co.，Ltd.
地址：广东省江门市江海区滘头第一工业园中心路 1 号
邮政编码：529040
负责人（市场主任）：陈宁
电话：0750-3860801　传真：0750-3860896
手机：13686967129
E-mail：Janday_chcn@capicard.com.cn
联系人（技术销售工程师）：赵锦汉
电话：0750-3860881　传真：0750-3860896
手机：15913617063
E-mail：Heman_zhaoo@capicard.com
职工人数：116　技术人员：59
行政管理人员：9
注册资本（万元）：1600
固定资产（USD）：1 299 976
企业性质：港资
主要研发、产品名称：
1 双螺杆挤出机耐磨配件，螺纹元件、芯轴、机筒、衬套等。
2 塑料机械专用刀具，切粒机配套滚刀、切粒刀片等。
3 FD 螺杆拆卸设备及服务
4 机筒磨损检测设备及服务

（8）单位名称：上海新硕精密机械有限公司
Shanghai xinshuo precision machinery Co.，Ltd.
地址：上海市闵行区莘庄镇莘北路 398 弄 124 号 203 室　邮政编码：201199
（厂址：上海市松江区新桥镇申港路 198 号 2 幢）
负责人 / 联系人（经理）：凌云
电话：021-64888153　手机：18930368787
E-mail：xinshuojingmi@vip.sina.com
职工人数：12　技术人员：5
行政管理人员：2
注册资本（万元）：50
固定资产（万元）：280　企业性质：民营
要研发、产品名称：公司是集研究、开发、设计、制造于一体的精密机械制造厂家。本公司的微型双锥螺杆挤出机是集混合、反应和挤出于一身的微型共混挤出机，一次投料仅需 3 ～ 10 克即可完成全过程。微型注塑机可加工迷你型样条，GB/T1040 1B 拉伸样条，还可以独立注塑。可根据客户要求定制模具，配合微型注塑机使用。

（9）单位名称：佛山市康泰尔贸易有限公司
Foshan Kangtaier Trading Co.，Ltd.（KMI Chemicals Inc.）
地址：广东省佛山市禅城区华远东路佛山发展

大厦 15 楼 K 室

邮政编码：528000

电　话：0757-83208099　　网　址：www.kmichemicals.com

负责人（总经理）：黄胜康

电话：0757-83208022　传真：0757-83208080

手机：13902412611

E-mail：kenhuang@kmichemicals.com

联系人（业务员）：招慧玉

电话：0757-83208099　手机：13802624602

职工人数：10　　技术人员：3

主要研发、产品名称：长期与欧美众多专家合作，代理销售其产品及推广技术，解决各种技术难题。目前主推 Endex 系列多功能吸热化学发泡剂和 Uvita SME 无机广谱光吸收剂

（10）单位名称：宁波格林美孚新材料科技有限公司

Ningbo GMF New Material Technology Co.， Ltd.

地址：浙江省慈溪市横河镇马堰工业区（余慈高铁连接线马堰段）

邮政编码：315300

负责人 / 联系人（总经理）：秦柳

电话：0574-63250750　传真：0574-63250753

手机：18606628133

E-mail：qinandyliu@gmail.com

职工人数：55　　技术人员：25

行政管理人员：5

注册资本（万元）：1000

固定资产（万元）：214.05　企业性质：民营

主要研发、产品名称：1. 电磁感应加热技术：1）超高速绿色智能蒸汽发生；2）超高速智能油温机；3）GMF 智能供暖系统；2. 超临界流体发泡技术：1）波力维革绿色材料；2）E-TPU 新材料；3. 熔体微分静电纺丝技术：1）GMF 车载空气净化器；2）空气净化电脑；3）PM2.5 口罩

建议和要求：1. 针对不同行业领域多组织些技术交流会

2. 做好企业与科研单位间的桥梁，促进科研单位的项目产业化

三、存在问题和措施

可以做、需要做的工作很多，日常工作量很大，但专职工作人员少、老化，一些工作未能按计划完成，特别是《中国塑料加工业发展史》进展缓慢而一些行业中老的知情者正在老化不能提供信息，甚至有的近期离世，需要积极抢救。

推进行业技术进步不仅是科研院所、大专院校，更需要企业参与，要加强与科技型企业联系，推进产学研结合。

秘书处需要人员补充，正积极招聘合适的专职工作人员。在没有合适人员补充的情况下，拟将工作分轻重缓急，适当集中有限力量做最重要的工作。今后，要加强联系科技型企业，共同推进行业技术进步。

（中国塑协塑料技术协作委员会 杨惠娣）

塑料再生利用

2015 年中国塑料再生利用行业现状及发展情况

一、再生塑料行业状况

2015 年，中国依旧保持了废塑料进口大国、回收大国和消费大国的地位。

1. 2000 ～ 2015 中国废塑料进口量。虽然目前中国仍旧是是全球第一大废塑料进口国，中国的废塑料进口量从 2000 年的 200.7156 万吨连续 12 年一直高速增长，到 2012 年达到了峰值，当年进口总量为 889.69 万吨，整体净增长幅度为 343.54%。其中，增速最快的几年是 2003 年、2004 年、2010 年。但是在 2013 年和 2015 年出现了两次巨大的下跌，下跌幅度分别为 11.56% 和 10.90%。2013 年的下跌导致当年的进口总量低于 2010 年的水平。虽然在 2014 年有了 4.91% 的回升，但是 2014 年的进口总量依然没有恢复到 2011 年的水平。而 2015 年的继续

下跌则使废塑料进口总量迅速回落到了与2009年几乎持平的程度。（表1）

表1　　2000-2015年中国废塑料进口量

时间／年	进口量／万吨	增长率/%
2000	200.7165	——
2001	222.5104	10.86
2002	245.7502	10.44
2003	302.4087	23.06
2004	409.574	35.44
2005	495.6528	21.02
2006	586.4496	18.31
2007	684.4725	16.7
2008	707.4569	3.36
2009	732.5810	3.55
2010	800.9421	25.97
2011	838.5684	4.70
2012	889.69	5.82
2013	786.80	-11.56
2014	825.43	4.91
2015	735.42	-10.90

2. 建立限制"洋垃圾"的法律制度，2013年废塑料进口量下跌的主要因素为绿篱行动的遏制作用的影响。而到了2015年，虽然国家已经逐步落实了《新环保法》等针对废塑料回收再利用行业的法律制度，加之于2016年1月1日起实行的《废塑料综合利用行业规范条件》和《废塑料综合利用行业规范条件公告管理暂行办法》，但总体而言，政策变化并不大，大部分从业企业已经能够适应新的政策环境，并规范经营行为，废塑料再生利用行业正在朝向正规化、有序化、环保化方向发展。也就是说，我国废塑料进口领域即将彻底告别"洋垃圾"。

影响2015年废塑料进口量的主要因素是市场的变化。2015年，低品质废塑料越来越难以进入到中国市场上来。海外高品质废塑料的本地需求日益升高，本土价格保持稳定。当地低品质废塑料虽然价格低廉，但需求仍旧严重不足，对华（及对印度）出口依然非常不稳定，因而导致库存积压。我国国内再生塑料初级加工企业（以废塑料回收加工再利用为主要业务）越来越难采购到海外低品质废塑料，而高品质废塑料的出口价格并不低廉。同时，受原油价格影响，国内再生塑料原料价格随之走低，再生塑料初级加工企业的利润率急剧压缩，已进入"微利"状态。2015年，国内再生塑料初级加工企业的开工率大约为50%，来自塑料深加工及制品企业的需求大幅度减少。

3. 对废塑料需求的企业数量，2015年，申请废塑料进口许可（批文）的企业数量依旧保持在2000余家的水平，进口单位继续保持在800～900家的水平，加工利用单位数量也依然超过了1200家。其中有600余家加工利用单位可以自主进口。2016年开始，废塑料进口许可的受批准额度出现了减少的趋势。但是由于进口企业可以多次提出申请，对实际进口的影响不大。

欧盟仍然是废塑料对华出口的最大来源地，占到中国废塑料进口总量的四分之一。其他的主要来源地为美国和日本。

4. 塑料再生利用行业产生布局，2015 年我国塑料再生利用行业的产业布局变化不大，大中型的废塑料企业仍旧以加工处理进口废塑料为主，主要分布在沿海各省份。而国内回收体系中的企业大多以中小型企业为主，且家庭作坊式的个体经营户仍占有一定的比例，在国内较大城市的周边以及城乡结合部存在产业集中地，有完备的上下游产业链以及细致的产业分工。

5. 2011 ～ 2015 年中国废塑料再生利用量为 2535.42 万吨，其中包括当年进口的废塑料 735.42 万吨以及商务部估算的国内来源废塑料再生利用总量 1800 万吨（表 2）。

表 2　　2011-2015 年中国废塑料再生利用量

时间 / 年	进口量 / 万吨	增长率 /%
2011	2188.4	——
2012	2487.8	13.68
2013	2488.1	0.01
2014	2825.43	13.56
2015	2535.42	-10.26

2015 年中国废塑料再生利用总量出现了明显的下降，下降比率与当年废塑料进口量的下降比率非常接近。（表 3）

表 3　　2011-2015 年中国进口废塑料占总再生利用量的比率

时间 / 年	进口量 \ 万吨	国内回收量估算 \ 万吨	再生利用量 \ 万吨	进口量比率 \%
2011	838.4	1350	2188.4	38.31
2012	887.8	1600	2487.8	35.69
2013	788.1	1700	2488.1	31.67
2014	825.43	2000	2825.43	29.21
2015	735.42	1800	2535.42	29.01

自 2011 年以来，进口废塑料占国内废塑料回收利用总量的比重一直处于下降的趋势，但整体下降的速度是放缓的。其中，2014 年的比率和 2015 年仅差 0.20%，这一方面反映了近几年来国内回收量处于一种上升的趋势，对进口量所占比重产生了结构性的变化；另一方面 2014 年和 2015 年的数据对比显示发生在 2015 年的衰退并非是结构性改变造成的，而是国内整体回收再利用规模缩减造成的。也就是说，政策性因素与此次衰退的关系不大，市场性因素处于主导地位。

6. 2015 ～ 2016 年废塑料回收率

2015 年国内塑料的使用量据测算为 6807.13 万吨，较 2014 年增长仅为 0.32%。而 2013-2014 年国内塑料使用量的增长率高达 19.67%。（表 4）

表 4　　2011-2015 年废塑料回收率

时间 / 年	塑料使用量（测算）/ 万吨	使用量增速 /%	回收再生量（估算）/ 万吨	国内回收率 / 率
2011	5229.5	——	1350	25.82
2012	5467.37	4.55	1600	29.26
2013	5670.09	3.71	1700	29.98
2014	6785.37	19.67	2000	29.48
2015	6807.13	0.32	1800	26.44

2015 年国内塑料使用量的增速尽管出现了大幅度放缓，但仍处于正增长的状态，而国内可估算回收量大幅度下降，导致国内回收率也随之急剧下降。这也反映了 2015 年国内终端市场对于塑料制品的消费趋于理性。同时，在塑料制品生产领域，再生塑料作为原料所占的比重明显减小。

二．塑料再生行业面临的形势

1. 2015 年国内废塑料再生企业开工率还是的因素，从 2015 年国内塑料制品的生产和消费情况可以看出；在我国经济面临着下行压力的今天，塑料制品的消费越来越趋于理性，市场存在产能过剩的风险。另外，全球性经济衰退的总趋势已经是世界各国的共识，而美国却在页岩气革命中找到了突破口，有望首先摆脱衰退，以至于出现了制造业回流美国的现象，这也将导致我国塑料制品的出口形势不容乐观。因此，无论是来自国内还是海外的需求，在没有可预见的重大市场利好的情况下，短时期内都不会出现与以往相似的大幅度的、高速的增长，而是越来越趋向一个总需求的峰值，且增长速度越来越小。而增长放缓的同时，就意味着现有产能已经相对过剩。这就是 2015 年国内废塑料再生企业开工率不足的其中一个因素。

2. 受石油开采成本下降因素影响，众所周知，塑料制品的原料大多来自于石油资源。因此塑料新料的价格与国际原油价格始终保持着密切的关联。然而，自 1998 年，美国米切尔能源公司在页岩气的开采技术方面获得了突破之后，页岩气（包括页岩油）的开采在美国出现了极其罕见的爆发式增长。2007 年，美国北达科他州实现了页岩油的商业化开采。美国的原油产量（包括页岩油）从 2008 年的 300 万桶 / 天，达到 2015 年底的 900 万桶 / 天，整体石油对外依存度从 2005 年的顶峰 60.3%，降到 2014 年的 27.9%，为近 30 年来最低。在 2014 年，美国已经取代了俄罗斯，成为全球最大的天然气生产国（页岩气占到了 25% 以上），有望根本上改变能源市场的定价和贸易模式。另外，根据美国能源信息管理局 (Energy Information Administration) 估计，美国之外的世界，共有 6634 万亿立方英尺技术上可开采的页岩气，还有 2870 亿桶可开采的页岩油。

而欧佩克成员国沙特则采取了不减产的措施，试图打压美国页岩气（页岩油）产业，以保住沙特的石油市场份额。但是从 2014 年 6 月起，国际原油价格持续逐月下跌，布伦特原油期货价格自最高价每桶 115 美元曾一度跌至最低点每桶 46 美元，跌幅超过 60%，创 2009 年年底以来最低水平。

影响国际油价最大的一个长期因素是发现和开发 (finding and developing, F&D) 新油井的成本，这一成本美国的页岩商能做到低至 24 美元 / 桶，国际平均水平是 30 美元 / 桶。沙特的战略出人意料地提高了美国页岩商的效率，挪威国家石油公司，在德州鹰福特页岩层钻新井的时间从 21 天下降到 17 天，钻井成本从 450 万美元降至 350 万美元。

综上，美国的“页岩革命”虽然不可能打垮传统石油产业，但市场竞争的结果使得传统产油国的“暴利”时代终结。当前传统石油产出国的策略是尽可能出售掉手中的石油以变现，因为技术革命已经到来，未来替代性的能源方案呼之欲出，就如欧佩克前主席所言：“石器时代的终结不是因为我们用完了石头，而石油时代的终结也不会是因为我们用完了石油。”

因此，国际原油价格最终将趋于一个更低的水平。而塑料原料价格也将继续随着国际原油价格的趋势而走低。

由于分属于相关联的不同领域，从原油价格影响塑料新料价格，到新料价格影响再生塑料价格，再到再生塑料价格影响废塑料价格，每一个环节都需要一定的时间来进行市场供需关系的调整，并伴随着发生在每一个环节的需求减少或增加、产能过剩或不足，加上每一个环节中也都存在可预见的和不可预见的其他因素，因此原油价格影响到废塑料价格是比较滞后的，而引起的市场波动却是剧烈而频繁的，一些累积的因素可以叠加发生。但从总体来看，废塑料和再生塑料价格的大趋势仍旧是下行的，直到国际原油价格稳定在某一个幅度较小的区间之后一段时间，废塑料和再生塑料的价格才会在市场供需关系的作用下重新找到一个与原油价格、新料价格的一个新的平衡点。

3. 回收废塑料，再生废塑料是可持续发展的行业，在废塑料、再生塑料的市场规模方面，由于回收技术已经日趋成熟，循环利用的理论已经成形并被广泛接受，塑料制品不会也没有必要被大规模替代，甚至被驱逐出市场。塑料制品的消费会随着经济水平的变化达到一个比较稳定的程度。由于塑料制品的废弃是必然的，再加上世界各国对环境保护和资源循环利用的要求越来越高，对节能减排的需求越来越迫切，填埋的处理方式越来越不能被接受，能源回收的方式未必存在成本优势，所以，废塑料再生利用的市场份额既不会自行消失，也无法被替代，只会以市场、技术水平和成本效益的方式决定自身市场份额的大小。当前受到石油价格影响所出现的废塑料再生利用市场份额的减少是有时效性的，其产生的根本原因是价格从石油到新料再到再生料市场的延迟作用。

2015 年中国的废塑料再生利用行业已经进入了被挤压的状态，需求不旺，加之制造业回流美国，行业规模受到限制，利润率下降，产能相对过剩。这种宏观状态还将持续一定的时间，直到国际原油价格下降到较为稳定的状态、全球经济通缩局面大部分结束、出现一定市场利好的因素，经济活力有所恢复之时。在微观层面则会受到短期供需变化、价格变化，政策变化等因素的影响，出现频繁波动的常态化不稳定局面。

4. 淘汰落后的企业，提升具有高技术水平的竞争力，2015 年，废塑料再生利用行业的产能过剩已经显现，初级加工企业产能利用率仅为 50% 左右，远低于正常情况下产能利用率约 80% 的水平，现有产量已经满足了市场。加之行业下行趋势可预见期限并非大多数企业可以以当前的经营策略承受，维持现有产能到需求得以恢复之时不大现实。业内各企业均需针对市场变化做出相应调整，削减过剩产能，减少不必要开支。

虽然国内塑料制品消费量仍旧有所提高，但国内回收率已经明显下降。说明部分再生塑料的市场份额已被新料所取代，其原因正是受到原油价格下降所致。即在原油价格调整到位之前，即便市场出现波动，但再生塑料的市场份额很难有实质性回升，调整期内再生塑料的市场总量已经趋近于顶点。

在此状态下，淘汰被定义为“落后产能”的家庭作坊式企业的最重要因素是市场，而非行政管理。淘汰过程是渐进式的，伴随着市场规模的缩小，需求的减少，对产品品质要求的上升以及对各类生产性成本的缩减而同时发生的。由于各地经济发展水平不平衡，在“落后产能”被淘汰的过程中，依然会有一定数量的“幸存”。因此，“落后产能”在被市场因素或者行政手段彻底赶出市场之前，不能忽视其存在。

2015 年，国内依然有多处废塑料“作坊”因为各种污染问题被查处，甚至有医用塑料垃圾被回收的情况。另外，废塑料回收违规制成食品包装的情况也有发生。可见，在特定的市场需求存在的情况下，单纯依靠行政力量、搞市场准入或者运动式查处是不可能彻底杜绝各种违法违规的情况发生的，反而留下寻租的空间。

5. 真正决定性的因素是充分的市场活动。

目前，大中型企业正在利用自身的资本实力提高技术装备水平，提升机械化程度和管理能力，减少人力的使用，降低人力、物力成本，增强市场竞争力。大中型企业也正在利用各自的技术研发实力拓展新的市场领域，在塑料高值化利用方面加大投入，以扩大利润率。

在产业布局方面，一些大中型企业正在着手通过资本运作，用市场的手段尝试建立国内回收体系的新秩序，以达到重新分配回收产业链的利益并控制产业链的目的，包括收编城市回收中心的从业人员、在回收产业聚集地投资设立回收园区、利用互联网和物联网建立回收网络和模式、提供自动回收设施等方式。

可以预见，在 2015 年开始的行业转型过程中，大中型企业一般都拥有更强的竞争能力，能够有机会抢占被淘汰的中小企业空出的市场份额，并且在与新料的竞争中保持住一定的市场地位。如此，行业的集中度将有所上升。不过，在充分的市场条件下是没有真正的垄断的，大企业资本的博弈也要充分尊重市场规律。如有违背，市场的反噬作用是不可阻挡的。

所以，在当下需求出现疲软常态化的情况之下，可以说市场已经从以前的“劣币逐良币”模式转变为了“良币逐劣币”模式。

由于特定的历史背景，我国废塑料再生利用行业中私营经济的比重一直比较高，占市场的主导地位。因此，废塑料再生行业的产能过剩问题是可以通过市场手段来自行解决的，不太需要行政手段的干预。

2016 年 1 月 1 日起，《废塑料综合利用行业规范条件》和《废塑料综合利用行业规范条件公告管理暂行办法》正式实行。

该规范条件在涉及环保要求、质量及安全生产要求等方面对于规范废塑料综合利用行业有着非常积极的意义，有利于引导行业朝向规范化、环保化方向发展。这些方面的具体要求也符合市场经济对公平、诚信的契约精神需要。

但是，该条件中对于企业生产规模的限制却未必适应市场的需要。企业的经营规模与其产品品质、工艺水平、节能减排和是否按照契约诚信经营等方面之间并没有必然的因果关系。相反，限制生产规模是一种非市场性的准入门槛。企业确定产量以及可以相对应的产能应该是由市场的反馈来决定的。一方面，废塑料的品种繁多，各种类型的废塑料的市场占有率不同。从事废塑料再生利用的企业既有综合型的，可以处理多种废塑料品种；也有专业型的，仅处理某些种类的废塑料，甚至是稀有品种。而“一刀切”的限制最低产能的方式并不适合所有企业，哪怕这些企业的产能既不落后、又不过剩。另一方面，企业产量以及对应产能应该随着供需变化而不停地变化，这一变化量很可能在一些时候低于准入标准线。但是在企业产量波动到低于准入标准线时，要求企业退出市场显然是不合理的。

非市场性的准入门槛只会符合一部分行业大中型企业的利益，而无法照顾到中小型企业的利益，违反了市场经济的平等原则。这会造成不正当的竞争，以及潜在的行业垄断，一些行业巨头企业还可能利用自身的资源，不断引导行业提高准入门槛，用行政而非市场手段谋求寡头地位，并固化从业圈，最终使得市场的调节作用失效，行业内彻底丧失竞争的可能。

另外，在经济上升的时期，非市场性准入门槛不会阻挡住落后产能进入市场，反而可以成为寻租的工具。

而在经济下降时期，非市场性准入门槛会成为企业适应市场变化、去除多余产能的障碍。

在当前“供给侧”改革的大前提下，为了给改革大局争取时间，还是需要采用凯恩斯主义的办法进行投资。刺激性资金最可能进入的领域为环保和扶贫。

可以预见，刺激资金应该以国企的形式进入，这样也可以对其他领域产生的下岗职工进行安置。

但是，整个环保行业的私营比例将会下降。

在与国有企业的同行业竞争中，民营经济始终处于不利的位置，在一种不公平的竞争环境下，民营资本比重会持续减小，出现新一轮的“国进民退”。

6. 保持对废塑料再生利用的优势。

虽然进口废塑料行业与“洋垃圾”一词相伴多年，但是，贸然停止废塑料进口则不是一个明智的举动。

目前，我国直接利用进口废塑料生产的企业近 2000 家，下游相关产业近 10 万家，每年进口规模约 800 万吨，产值近 400 亿。就业人口几百万。从事废塑料进口加工企业都是经过严格审批环保达标的企业，进口货物经过多方把关，都是符合进口要求的，即使发生一些个案，也是极个别企业通过非法途径进来的，通过加强管理，完全可以解决这个问题。如禁止进口废塑料，必将对整个塑料行业带来灭顶之灾。单就受影响的几百万人的失业问题，就足以引发一系列不可想象的社会问题。

当前，我国废塑料主要从美国、欧洲和日本进口。上述地区均是全球制造业最发达的地区，是我国参与国际生产协作最主要的伙伴国家。废塑料和再生塑料本身又是石油资源的衍生产品，在现阶段是我国国民经济中依赖度较大且拥有相当的战略价值的资源。我国有必要在全球塑料的再生利用产业中尽量保持相当的优势，以对冲其他制造业在全球产业中的劣势，继续保持其他国家在资源回收领域对我国产能的依存度。

在我国经济出现整体下行压力的情况下，再生资源产业将是我国工业体系中相当重要的一个组成部分，是实现我国经济可持续发展的关键。不可否认，在进口废塑料贸易中，的确存在一定的违法现象，且存在一定的环境风险，但毕竟上述情况都是可控的，可以通过制度与管理进行根除。其实我们国内其他的工业领域也同样存在环境风险，所以我们既不可以忽视任何工业生产活动中带来的环境问题，也同样不可以因噎废食，一禁了之，这并不是解决问题应有的态度。

我国塑料回收再生市场的产能和规模应该由充分的市场本身来决定，用价格作为调解杠杆。目前之所以还需要大量进口废塑料，国内市场的需求必然是主要因素。假如国内市场已经饱和，合成树脂以及国内回收废塑料供应量充足，国内废塑料价格必定低于海外进口废塑料价格，国内企业何必舍近求远来进口海外废塑料呢？而当前国内市场的需求依然在每年800万吨左右的进口量水平，其根本是市场对再生制品制造国内原料的缺口依然维持在此水平。倘若此缺口在将来能够得到国内原料的满足，或者再生制品的总需求下降，我国废塑料进口总量自然会因为市场的调节而下降。并且，越是在总需求下行的状态下，进口再生塑料原料的品质反而会越高。实际上，绿篱行动所发挥的作用在今天依旧强大，中国买家对海外再生原料采购的品质要求越来越高，海外低品质废塑料的市场正在萎缩。

如果我们能够完善国内回收体系，提高资源利用效率，让国内废塑料的供应量大幅度上升，不仅能够保护国内回收产业的合理产能，减少资源浪费，减少填埋，降低环境污染程度，让合成树脂资源在国内的物资循环体系充分闭合并循环起来，才是解决我国目前再生产业一系列问题的核心。

因此，在国内回收体系完善建立、国内废塑料回收再利用总量能够满足市场需求之前，贸然禁止废塑料进口并不明智。并且，作为全球市场的一部分，哪怕上述条件已经满足，废塑料作为国际贸易的一种商品本身也不应该被禁止。

三，建议

1，减税。

2，法制保障。完善涉及市场自由、公平、诚信、平等交易的法律体系，严格监督环保和质量控制工作。对于违法行为要严厉打击，并加大惩治力度。

3，简政放权。非市场性政策应予终止，保障企业的合法经营行为不受到干扰，简化企业办事流程。

（中国塑协塑料再生利用专业委员会 陈岩）

医用塑料

一次性医用耗材包装设备应用现状概述

医用耗材是指消耗性医疗器械。医用耗材产品非常广泛，从价格角度上分类，医用耗材分为高值耗材和低值耗材。从品种上分可分为输液器、注射器、医用棉球、医用缝合线等普通耗材，支架、起搏器、人工晶体、骨科材料等植入性耗材。止血钳、手术刀、手术剪、手术镊子等手术器械，都属于医用耗材范围。而一次性医用耗材又是医用耗材中的一个最大品种。其品种涵盖静脉输液耗材、血液净化耗材、一次性卫生材料、护创敷料、一次性医用手套、医用纺织品、外科手术用耗材、心内手术用耗材、血管手术耗材、产科耗材、麻醉耗材等。具体品种多达千余种。其中，中心静脉导管、留置针、旋塞、输液接头、延长管、透析器、透析液、灌流器、针筒、输液器、脱脂棉、绑带、医用服装、医用手套、口罩、急救箱（包）等耗材的用量非常大。

众所周知，作为医疗器械产品，最基本的要求就是安全有效和保障人体健康和生命安全。而包装作为一次性医疗器械（除灭菌外）的最后一道工序，其加工水平高低对整个产品质量具有决定性作用。因此选用适合耗材包装的包装机械对于提高包装物加工制作水平、提升和保证医疗器械的安全就起到了不可替代的决定性作用。

狭义的说：将填充物不论是装入塑料包装袋、纸塑包装袋还是吸塑盒等外包装物内进行封口的机械称之为封口机。

医用封口机是将医疗器械充填进灭菌袋（吸塑盒或泡罩等）后进行封口的机械。

也可以认为在医用耗材装入包装容器后，为了使产品得以密封免受细菌侵蚀得以保持产品质量，需要对包装容器进行封口，这种操作是在封口机上完成的。

医用封口机分类有很多种形式。

按照运行方式上分，大体上分为间断式和连续型封口机；

按照加热方式区分，可分为瞬间封口机、恒温封口机；

按照工位方式区分，可分为单工位和多工位封口机；

按照闭合方式区分，可分为手动、脚踏式封口机、电磁吸合、气动闭合式封口机、连续封口机。

另外，还可附带设计有打印、抽真空等功能的封口机等。

关键词：医用耗材，一次性医用耗材，封口机，瞬热式，直热式，转盘式，平移式，脚踏式。

随着 21 世纪的到来，全球经济的快速变化，使得世界医疗器械行业进入到了一个迅猛发展的时期。中国医疗器械行业的发展同样伴随着中国经济高速发展而迅速驶入了快车道。

据中国医药物资协会医疗器械分会抽样调查统计，2015 全年中国医疗器械市场销售规模约为 3080 亿元，比 2014 年度的 2556 亿元增 524 亿元，平均增长率约为 20.05%。而作为医疗器械中的有着举足轻重作用的一次性医用耗材行业的发展，更是得力于我国经济的快速发展以及人民生活水平的提高，使得市场需求不断扩大。因此也极大地促进了我国医用耗材市场的快速增长，给我国一次性医用耗材行业提供了广阔的发展空间。

一、一次性医用耗材包装分类

1. 按材料分塑料袋（LDPE 或者 HDPE）；

纸塑袋：　塑料袋 - 透析纸（PET/CPP;PE/PET-透析纸）；

吸塑盒 - 透析纸：（PVC、PETG、APET、HIPS、PP - 透析纸）；

泡　罩：复合膜（PE+PA）＋透析纸。

2. 按形状分 袋类 平袋，中封袋，透析孔袋，顶头袋；

立体袋；

吸塑盒 - 透析纸；

泡罩；

3. 适用范围

（1）平袋：适用于平面，高度（厚度）不是很高的低值耗材且对于体积不大的产品。其中平袋中纯塑料袋由于灭菌剂解析较难，应用较少；中封袋透析孔灭菌剂解析难度一般应用于注射器输血器较多；顶封袋尺寸可大可小，而且由于透析纸通常采用 Tyvek，故强度较高，既可用于诸如“一次性血液透析器”的包装也可用于较大体积的“一次性体外循环血管路”或者具有一定体积（高度）的“膜式氧合器”的包装。平袋中的纸塑袋应用最为广泛，诸如医用手套 / 手术衣 / 注射器针类 / 输液（血）器 / 尿袋 / 导尿管 / 连接管等的产品的包装。

（2）立体袋：适用于具有一定高度（厚度）的低值耗材。

（3）吸塑盒：适用于具有一定高度（厚度）的高值耗材。此类型包装多用小外科手术包和手术盒之类的产品上，同时也用在一些三类高端的植入式医疗器械上，其总体成本较高，如口腔包 / 妇科包 / 器械包等。

(4)泡　罩：适用于具有高度(厚度)不是很大、体积较小的中值耗材。

综上所述，伴随着现代医学对于医疗器械包装灭菌要求的不断增高，由于平袋其本身除了具有的灭菌剂易于渗透，灭菌剂且易于解析的特点之外，同时既能承载较重的重量又具有透明性，还可以方便临床护士看清包装内所盛放器械，价格也较为经济。故平袋中的纸塑袋，日益成为传统纯塑料袋的替代品，愈来愈广泛的应用于一次性医用耗材包装中。

二、封口包装设备

㈠、适用于袋类的封装设备

1. 瞬热系列。该款所介绍手动封口机以及脚踏式封口机系列通常采用下部脉冲加热带加热方式。

⑴手动台式（间歇式）封口机（图 1）：

①此款机型结构简单，仅依靠变压器经过变压整流后，通过常开开关，电阻控制电路进行时间的调节而达到瞬间的加热。

②特点：这类的机型主要应用于各种单层较薄的塑料袋封口的场合。由于该款设备无温度指示，结构简单故价格低廉。据了解在少数临床科室、手术室和不少规模较小的加工企业等处仍有应用。但由于该设备封口时间控制随意性强，封口宽度仅为 2 毫米左右，既不具备温度和时间仪表显示，更无精密的时间温度控制，因此只适合非食品医药的对密封性要求不高的其他工业品的企业或者商家使用，同时应杜绝临床科室和医疗耗材加工企业的使用。

图（1）手动封口机

⑵脚踏式封口机：属于瞬热封合的（图 2）

常规型号设计只含有温度显示，虽具有加热温度显示控制，但因缺少热合时间选择及加热温度精密控制显示，不适合医疗器械加工企业使用。

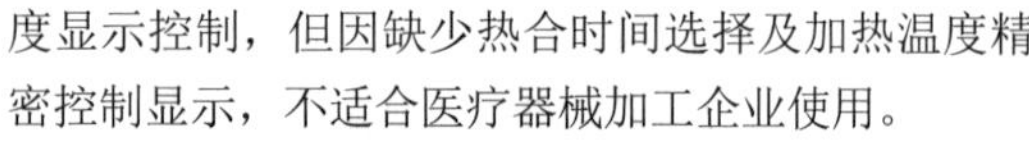

图（a）

图（b）

图 2 脚踏封口机

①原理同手动式封口机。

②特点：这款机型应用于封口宽度较大、厚度较厚的纯塑料袋封口。封口机前可根据需要加装台面（图 2(b)），便于整理包装袋内器械以及封口部位平整度。同样由于采用脚踏式控制方式，因此无法准确控制封口质量，故不适合医疗器械加工企业使用。

⑶自动封口机进口产品，所见到的为日本生产（图 3）。

①瞬热 / 自动 / 台式：

图 3 自动封口机

②特点：质量稳定，售价偏高。设有加热温度控制系统，热封时间显示且可调。控制精准，耐用。可替代手动瞬热封口机。

这款加热带的设计有别于市场上绝大多数产品的的设计，采用上侧加热布局，为专门用于医疗灭菌袋封口的台式电动封口机。由于该机采用的是上侧加热方式，因此可对只有一侧是薄膜的灭菌袋进行准确封口（薄膜向上放置时，可准确判断里面产品位置，避免产品被夹受损）。客户可选择带有抽真空装置的型号。

2. 恒温加热（直热）式：也有称之为牙科包装机（图 4）。

⑴手动间歇式：多用于批量较小的纸塑包装袋封合场合，效率低。

①手动 / 下加热 / 直热方式

②设有加热温度控制，封合时间设置等功能。多用于医院牙科需自行灭菌或生产批量小的场合等。

图 4　恒温加热封口机

⑵自动连续式封口机：也称履带式封口机（图 5）：

连续式封口机采用电子恒温控制和无级调速传动系统，具有自动连续封口，其封口长度不受限制，一次完成之功能。印字封口机在封口的同时打印生产日期，换字方便。主要应用于纸塑复合膜袋，较厚的单层膜袋的封口。

该款式为较早生产机型，广泛用于食品医药和其他工业品塑料袋封口的场合

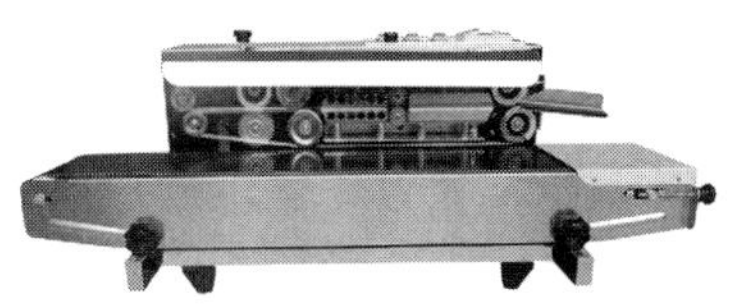

图 5 履带式封口机

特点：该款机型也是目前国内中小型企业最常用的封口机。效率高，还可以加装打码，如压印，墨轮等，用于日期，批号的标识。但温度压力控制不够精密，机体材料也不易于清洁，不建议医疗器械包装企业使用。

⑶医疗专用包装机（图 6）：

①自动 / 恒温 / 连续

②特点：近年来，随着国内外交流的日益增多，国内多个厂家仿照国外生产出了专门用于医疗器械产品医疗器械专用封口的机型。

医用封口机已经在越来越多的医疗器械加工企业得到应用，不但极大地提高了封口包装的劳动效率外，更重要的实现的热合精准的温度、时间（压力）控制，使得封口的稳定性、均一性和安全性能得到了大幅度提高，有效的降低了灭菌过程中因包装封合质量不佳带来的安全风险。而且封口速度快，很大程度上杜绝了人为因素和不确定因素对封口质量产生影响。同时机体结构和材料的设计更加的简洁，注重了不易污染和易于清洁的洁净度因素。

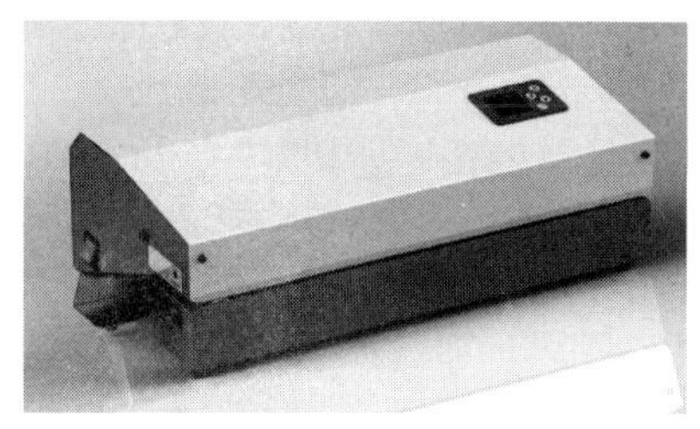

图 6　医疗专用包装机

⑷国外产品：主要有德国、意大利等产品牌（图 7）。

该款机型不论从外观设计还是性能以及加工国内外产品的水平相差无几。

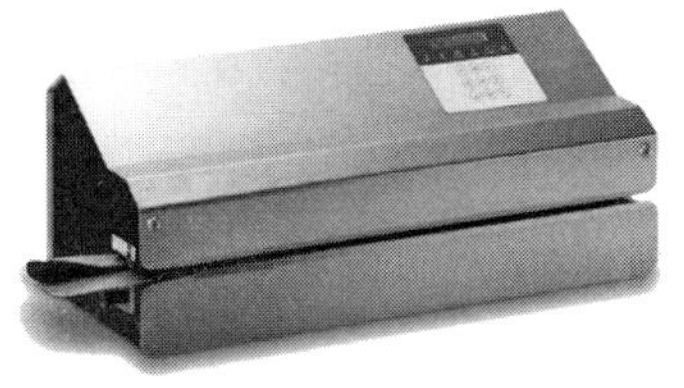

㈡适用泡罩类的封装设备

泡罩包装机：平板式自动泡罩包装机用于吹塑包装物，通过上下加热板将 PVC 薄片材料加热，然后用压缩空气产生压力，按照模具尺寸成型，产品放入凹槽，通过后部气动牵引向后移动，进入铝塑复合膜热封区，通过一定压力、温度将透析纸与泡罩四周黏合，产品将被密封，再经过冲裁站对连续的包装进行分割。

可用于医疗产品一次性无菌包装的泡罩包装机分为适用于软膜加热或者硬膜加热以及同时适用于软膜和硬膜加热成型的不同款型。

更多的场合适用于产品注射器，留置针，三通旋塞等产品的包装。

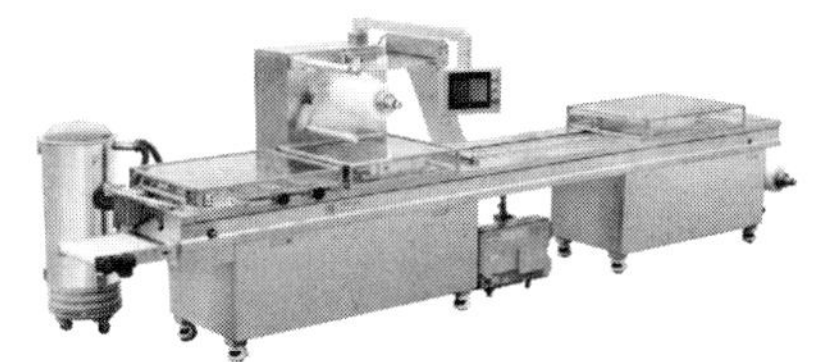

图 7 泡罩包装机

典型模具最大工作效率可达 10~15 模 / 分

㈢适用吸塑盒类的封装设备

吸塑盒封口机主要分为特卫强 / 吸塑盒和吸塑盒盖 / 吸塑盒两种的封合。应用最多是特卫强 / 吸塑盒的封合（吸塑盒与吸塑盖的封合采用高周波热合机，这里暂且不予讨论）。

1. 直热 / 间歇式封口机

封合前先将模具置于封合位置的一侧位置后，将吸塑盒放入模具并装入器械后将盖材放好，然后移动模具至加热板下，按下开始封口按键，此时操作加热板下降至封合处位置并施以加热温度合压力，设定时间满足后，加热板抬起，完成一次封合。模具回到初始位置后，另一侧放置好模具内吸塑盒、器械和盖材重复上述动作。

这是较早使用的吸塑盒盖材封口机型（图 8）。

图 8 吸塑盒盖材封口机

2. 医用特卫强封口机

吸塑盒封口机由于是在洁静间内使用，因此需采用满足于医疗器械 ISO11607 规定要求的设计：整体设计更加简洁，机体采用易于清洁、不易生锈产生脱落物质的洁净金属材料，驱动装置中的气动元件和压缩空气调控装置都应优先考虑选配高精度具有过滤功能装置元器件，对参数显示精密可控而且当监控压力、温度、封合时长周期等指标偏离设定区间时要设计有报警装置。

由于医疗器械采用硬质吸塑盒包装是最终灭菌包装用的封口热合设备。因此现多数包装机制造企业使用医用无菌包装封口机这个名称亦称特卫强吸塑封口机。

3. 直热式 / 上模板加热（图 9）

⑴需有可盛放吸塑盒凹模支持。

⑵该机型主要适用于吸塑盒和特卫强或其他类透析纸的封口。

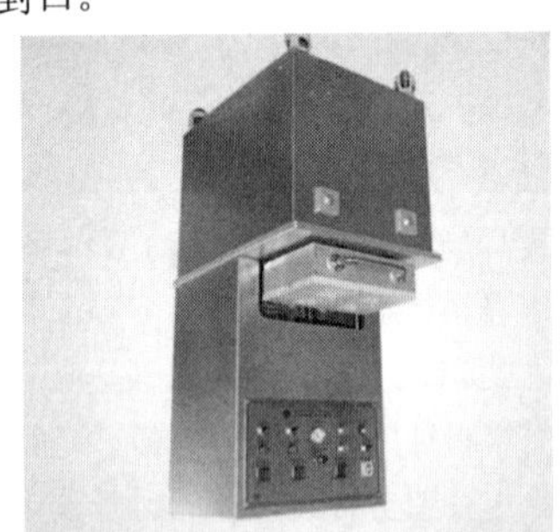

图 9　直热式、上模板加热封口机

⑶操作：拉出模具，内放入吸塑盒后装入器械后，放好特卫强，将抽屉推入指定位置，按下封合按键，设置封合时间到，将模具拉出，取出制品，封合完成。

4. 进口机型

国外厂家设计的机型，加热原理基本相同，机体材料与国内相比同为洁净的不锈钢材料，性能稳定性高，结构和外观设计更为美观新颖，但价格更加昂贵。（图 10）

图 10　进口机

三、讨论

封口机的选择，首先应符合医疗器械的基本要求：安全有效，同时根据 ISO11607 中《成型、密封盒装配过程确认要求》中需要对封口设备进行安装鉴定和运行鉴定（OQ）。有鉴于此，封口机的选购必须满足以下条件：

（1）设有精确的加热温度、热封时间或者压力显示和精准控制功能；

（2）机体选用洁净钢材制造且易于清洁；

（3）若含有打印功能的话，还需考虑油墨的卫生性和迁移性能否满足相关的法规要求；

（4）封口机的自动功能应为优先考虑第一要素。

目前直热或者瞬热式台式机不论是国内还是国外，其封口长度均在 400 毫米以下，封口宽度在 400 毫米以上的台式自动（瞬热）封口机的生产还是空白，希望相关厂家能够设计出物美价廉的该款机型以填补这片空白。

四、展望

伴随着全球医疗器械行业快速迅猛发展，国内越来越多商业巨头通过兼并重组进入到了医疗器械行业，因此今后相当长一个时期内，医疗器械行业的两极分化趋势将越来越明显。大型企业走平台化成长路线，依靠其雄厚的资本、人才以及综合研发能力强的优势，可以获得更多的政府多方支持，发展更快。而中小企业在某一细分领域不仅依靠“船小号掉头”灵活的技术的随动快优势，紧跟市场变化，和市场有效对接，凭借技术十分专业的综合运用，依旧能够长时期立足于快速发展的医疗器械加工领域行业不断发展中。“大繁荣、快增长、大发展”已经成为不可逆转的大趋势。因此，不论“大而强”巨头企业还是“小而精”小型医疗器械加工，若想在激烈的市场竞争中立足，满足“安全有效的”这个行业运行的准则就成了必要条件，因此说我们的每一个医疗器械加工企业的领导者，必须明白除了不断增加新品研发投入外，不断提高产品的包装加工水平同样是不可或缺的，而且随时淘汰那些设计简单，售价低廉，性能不稳定不能满足医用包装要求的性能落后的包装机，是更为亟待解决的问题。同时我们每一个从业者对于不断提高医疗器械产品的包装加工水平都有着义不容辞的责任。我们有理由相信，创造体现价值，投入改变事业，医疗器械加工企业的明天一定会更美好。

（天津市塑料研究所有限公司 张富强 ）

2015 年中国塑协医用塑料专委会工作

随着中国经济进入“新常态”，塑料加工行业必须适应新的形势，迎接新的挑战。2015 年是“十二五”规划收官与“十三五”规划即将实施的交接点，需进一步在新形势下开拓思路，做好规划，求真创新，促进行业发展。

2014 年我国医疗器械产业市场规模约 2500 亿元，并以每年 20% 的速度递增，远高于同期 GDP 的增长，是名副其实的朝阳产业。截止到 2014 年底，全国共有医疗器械生产企业 16169 家。从企业规模上看，我国医用耗材行业以中、小型企业占多。2015 年我国医疗器械市场规模超过 3000 亿元。

目前我国医疗器械市场规模已跃升至世界第二位，尤其在多种中低端医疗器械产品方面，产量居世界第一。但我国医疗器械市场中高端产品仅占 25%，中低端产品则占 75%，并且在高端产品市场中，70% 的份额由外资企业占领。

1. 成功举办“国际医用塑料创新技术论坛”

为了更好的适应市场提出的挑战，把握医疗市场的大商机，中国塑协医用塑料专委会特别借年会之际，于中国最大的医疗器械行业展会“中国国际医疗器械博览会”同期举办了“国际医用塑料创新技术论坛”，为业界提供政策应对、新材料替代、医用塑料创新应用以及国际新材料、新技术的介绍。

“国际医用塑料创新技术论坛”由中国塑协医用塑料专委会主办，天津市塑料研究所有限公司、深圳市塑讯科技有限公司承办，数百位参会嘉宾齐聚上海，为医用塑料的发展当“参谋”。

中国塑料加工工业协会常务副理事长曹俭在论坛上指出：国际医用塑料创新技术论坛举办主要是为业界提供政策应对，新材料替代，医用塑料创新应用，以及国际新材料、新技术的创新介绍。

中国塑协医用塑料专业委员会理事长、天津市塑料研究所有限公司总经理曹常在在会上介绍说：据预测，到“十二五”末，即 2015 年中国整个医疗仪器与设备市场预计将翻一番，达到 3000 多亿元，中国医疗器械行业复合增长率将维持在 20% 至 30%，行业发展潜力巨大。而医用塑料作为医用耗材和医用器械用量最大、最为重要的基础材料，也必定受到这一主流趋势的影响，成为令世界瞩目的新兴市场。因此通过这次论坛我们要着重讨论我国医疗产业，特别是医用塑料耗材行业存在的共性问题，认真讨论破解方案和建议，以便推动行业的快速发展。

围绕“创新”这一主题，以“加强技术交流与合作”为宗旨，天津市医药质量协会、广州市海珥玛植物油脂有限公司、瓦克化学（中国）有限公司、ARBURG、博闻中国、圣戈班高功能塑料（上海）有限公司、德尼培橡胶塑料材料科技（苏州）有限公司、北京迈迪克豪尔医药技术咨询服务有限公司、福路明精密管材（北京）有限公司、山东道恩高分子材料股份有限公司等十几位专家和企业界精英就医疗器械相关法规条例调整更新要点或热点问题解析、透明材料在医疗行业的应用与技术发展、PVC 在医疗行业还可以走多远、医用 PVC 增塑剂替代与新技术、国际医用塑料应用创新与发展趋势等 11 个方面的议题，进行了精彩的主旨演讲和专题演讲。

论坛主要内容包括主旨和专题演讲、自由提问和交流两个环节，全面展示医用塑料创新技术的发展和建设成果。

论坛的成功举办为提升中国塑协医用塑料专委会在行业中的影响力；为医用塑料行业的新发展提供智力支持；加强专家学者和企业界的合作交流，沟通信息、广交朋友；推动医用塑料技术创新、成果转化和行业发展；将中国塑协医用塑料专委会国际医用塑料创新技术论坛打造成推动医用塑料发展的权威性、专业性交流平台。

国际医用塑料创新技术论坛成功搭建起一个高端交流平台，为推动医用塑料行业发展发挥了重要的作用。

2 . 配合中国塑协塑料技术协作委员会召开了“第十届中国塑料工业高新技术及产业化研讨会论坛暨 2015 中国塑协塑料技术协作委员会年会•技术交流会”

7 月 30 ～ 31 日，由中国塑料加工工业协会主办，中国塑料加工工业协会塑料技术协作委员会与天津市塑料研究所有限公司（中国塑协医用塑料专委会理事长和秘书长单位）承办的“第十届中国塑料工业高新技术及产业化研讨会论坛暨 2015 中国塑协塑料技术协作委员会年会•技术交流会”在天津成功举行。来自全国各地的相关科研院所、高等院校、科技型企业，以及在华外企专家、管理和科技人员等 120 多名代表参加了会议。会议围绕有关在“新常态”形势下塑料加工行业的现状和发展方向，重点就近年来国内外在新材料、新技术、新产品、新设备等方面的创新成果进行了报告和技术交流；并通过论坛这一平台开展了技术成果交易，有力地推进了科研院所研究成果的产业化。

3. 举办“2015 医用塑料注塑系统化解决方案研讨会”

在全球智能制造技术关注度日益高涨以及医疗行业新法规对产品制造行业提出更加严格的新要求的大背景下，自动化与系统整合解决方案成为医疗产品制造业与塑料加工业共同关注的视点。塑料已经成为医疗行业用量最大、最为普遍的材料。为了帮助医疗产品制造企业更好的了解注塑新技术及系统整合解决发难所能带来的高效与产品安全性的创新效果，同时为塑料机械行业企业搭建了解医疗行业、更好的开拓医疗市场的沟通交流平台，中国塑协医用塑料专委会 9 月在天津组织举办了“2015 医用塑料注塑系统化解决方案研讨会”。来自医疗临床、医疗产品制造、医疗产品服务、国内外顶点医用塑料解决方案提供商共聚一堂。全方位解析医用塑料注塑系统化解决方案的每一关键环节。

4. 继续办好专委会刊物《医用塑料》杂志

中国塑协医用塑料专委会的《医用塑料》杂志，改组了编委会，增加杂志篇幅，文章内容，提升印刷量，扩大发行量，通过这些改进来增大专委会在行业中的影响力。

5. 参加德州（齐河）京津冀协同发展暨科技．人才．金融对接推介会

12 月 11 日，在中国塑协医用塑料专委会副理事长山东百多安医疗器械有限公司邀请下出席了德州（齐河）京津冀协同发展暨科技；人才；金融对接推介会。中国塑料加工工业协会常务副理事长曹俭参加了推介会，并在会上发言。

2015 年 4 月，中共中央、国务院正式印发《京津冀协同发展规划纲要》，明确提出“支持山东德州建设京津冀产业承接、科技成果转化、优质农产品供应、劳动力输送基地和京津冀南部重要生态功能区”。

为贯彻落实中央、国务院及山东省委、省政府的战略部署，德州市委、市政府制定了《加快融入京津冀协同发展行动计划（2015-2020 年）》，齐河县以 2017 年提前全面建成小康社会为目标，解放思想、创新实干，经济社会保持了良好发展势头。连续五年蝉联全市科学发展综合考评第一名。在 2014 年荣获全国“双百强县”的基础上，今年 8 月份，该县再次荣获“2015 年度全国县域经济与县域基本竞争力百强县”。

为加快融入京津冀协同发展战略，全力打造协同发展标杆示范县，由齐河县委、县政府与德州市科技局共同主办德州（齐河）京津冀协同发展暨科技；人才；金融对接推介会。

（中国塑协医用塑料专业委员会 陈俊尧 关平平）

降解塑料

聚乳酸成核剂研究进展

随着吉林省 2015 年 1 月 1 日开始实施“禁塑令”，规定在零售场所使用的一次性塑料购物袋和餐饮具必须使用生物降解塑料，并规定材料中聚乳酸含量不能低于 35%，聚乳酸（PLA）再次成为了生物降解行业研发的热点。

聚乳酸（PLA）以可再生的植物资源如玉米淀粉为原料，通过化学合成方法得到聚合物，具有透明、硬度高、可生物降解等特点。国际上，美国 NatureWorks 公司的 PLA 产能 14 万吨 / 年。在国内，PLA 表观消费总量已达到 2.2 万吨以上，产品主要销往海外。在应用方面，已经涵括了医学材料、包装、日用塑料、农用品、电器以及 3D 打印等行业。在原料生产方面，浙江海正生物材料有限公司在 5000 吨 / 年产能上进行了扩建，达到 1.5 万吨 / 年的生产能力，且 5 万吨 / 年生产线已于 2014 年年底动工建设。江苏宿迁允友成生物环保材料有限公司 1 万吨 PLA 生产线已开始调试，江苏仪征化纤纺织有限公司 4 千吨 PLA 纤维树脂线、江苏南通九鼎新材料股份有限公司万吨级 PLA 生产线、安徽马鞍山同杰良生物材料有限公司万吨级 PLA 生产线、深圳光华伟业股份有限公司湖北孝感千吨级 PLA 生产线都已能投入生产，正准备建设的有吉林中粮生化有限公司

1万吨生产线、山东金玉米生化有限公司1万吨PLA生产线、河南南乐龙都天仁生物材料有限公司1万吨生产线。

目前市场上的聚乳酸都以左旋聚乳酸（PLLA）为主，PLLA虽然具有透明、可降解的优点，但不耐热，高温时容易变形，这限制了它的使用范围。添加成核剂可以改善PLLA的结晶速率、结晶度等，从而提高它的耐热温度。本文综述了目前PLA成核剂的研究进展情况。

一、有机成核剂

PLA有机类成核剂种类主要有酰肼类、酰胺类、酯类、超分子有机成核剂，具体见表1。

表1 有机成核剂种类

Table1 The classification of organic nucleating agent

	Type	Nucleating agent
Organic nucleating agent	Hydrazide	1, 3, 5-benzenetri-carboxylamide Derivatives(N,N' -Bis(benzoyl) Sebaic Acid Dihydrazide)
		TMC-306、TMC-300
		TMP3000
	Amides	EBS、EBHSA、EBH
		1,3,5-benzenetricarboxyl-amide Derivatives (BTA)
	Esters	PHB
		PCL
	Supramolecular	p-tert-Butylcalix[8] arene (TBC8-d)
		cyclodextrin

1. 酰肼类成核剂

酰肼是羧酸及其衍生物与肼或者烃基取代肼反应生成的含有R1-CO-NH-NH-R2基团的聚合物，主要有苯甲酰肼类成核剂（癸二酸二苯甲酰肼）、酰肼类化合物成核剂。

山西省化工研究院研发的TMC-306 和 TMC-300两种酰肼类化合物对聚乳酸结晶有显著改善。郑州大学杜岩等在PLA中添加TMC-306，通过非等温结晶动力学研究发现，添加含量在0.25%时，在2.5℃/分的降温速率下，PLA结晶度由21%提高到48%，结晶度提高了1倍多，半结晶时间（$t_{1/2}$）从9.23 分缩短到3.37分，结晶速率明显加快。李向阳等研究发现，成核剂TMC-300的加入加快了PLA的结晶速率，提高了PLA的结晶度，并且增加TMC-300的用量，后结晶现象逐渐消失。北京工商大学王垒通过对PLA进行等温结晶动力学研究发现，加入成核剂TMC-300后，PLA结晶速率明显增加，并且随着TMC成核剂含量的增加，发生完全结晶的时间逐渐减小，半结晶时间（t1/2）也随之下降。

Kawamoto等发现苯甲酰肼类成核剂对PLA结晶有显著效果，苯甲酰肼结构间的亚甲基链段数目不同，对PLA结晶效果也不同。蔡艳华等实验结果发现癸二酸二苯甲酰肼对PLLA有显著的结晶成核作用，1%含量的癸二酸二苯甲酰肼在115℃使PLLA的半结晶时间（$t_{1/2}$）从26.5 分缩短到2.7 分，在1℃/分降温速率下结晶温度从105.88℃升高到122.68℃，结晶焓由1.379 焦/克提高到30.87焦/克。

我们实验室研究了杭州曦茂新材料科技有限公司TMP3000成核剂（酰肼类）对PLA的结晶行为。研究发现，TMP3000成核剂的加入，提高了PLA的结晶度，TMP3000成核剂加入0.5%时， PLA的结晶度达到40%，维卡软化温度从76.9℃提升到161.4℃。

2. 酰胺类成核剂

酰胺是羧酸中的羟基被氨基（或胺基）取代而

生成的化合物，也可看成是氨（或胺）的氢被酰基取代的衍生物。从20世纪末开始有大量的学者研究此类成核剂对PLA成型工艺的影响，主要是一些乙撑基化合物和一些酰胺类化合物。

日本三井东亚株式会社铃木和彦首先公开了乙撑双硬脂酰胺（EBS）作为PLA成核剂的专利，推动了EBS作为PLA成核剂的研究。Harris等人系统研究了EBS对PLA结晶的影响，研究表明EBS作为PLA成核剂的最佳添加量为2%，在115℃时添加2%的EBS可使PLA等温结晶半周期时间由32.8 分缩短至1.8分。

Nam等人研究发现，N,N-二乙撑二（1，2-羟基硬脂酰胺）（EBHSA）是PLA的一种有效成核剂。Tang等研究了乙撑羟基双硬脂酰胺（EBH）对PLA结晶行为的影响，结果表明含有1.0% EBH 的PLA复合材料，在105℃等温结晶的半结晶时间，由纯PLA的18.8分下降到2.8 分，成核改性后的PLA等温结晶时间为10 分，结晶度可达到40%。

Nakajima等人研究了不同含量的1，3，5-三苯甲酰胺派生物（BTA）对PLA结晶行为的影响，结果表明添加1%的BTA能使PLA膜在100℃下结晶，5分后结晶度可达44%。

3. 酯类成核剂

将酯类聚合物与PLA共混，由于酯类非晶部分的存在，在熔融共混时相当于稀释的作用，有利于PLA链段排入晶格，够促进球晶的生长，配合于适宜的温度，能够促进结晶。Ohkoshi I等人将聚3-羟基丁酸酯（PHB）与PLA共混，发现在等温结晶时，球晶半径的生长与结晶时间呈线性增加，并且共混物组成和结晶温度决定了其生长的速度。Ramiro等人研究了PLLA/聚己内酯（PCL）共混体系中PCL含量对PLLA结晶性能的影响，研究表明虽然PCL含量对PLLA等温结晶的球晶生长机理没有影响，但是PCL的存在使PLLA的半结晶时间（$t_{1/2}$）由12.6分下降到8.6 分。

也有研究者通过嵌段反应，将酯类嵌入PLA分子链，研究PLA的结晶行为。Jin等人合成了PLLA/聚己内酯（PCL）两嵌段共聚物并研究了其结晶性能，发现共聚物中PCL的质量分数以及共聚物的分子量对结晶行为有着很大的影响，结晶温度影响着体系的结晶度和球晶大小，等温结晶测试表明体系的结晶度在140℃达到约70%。

4. 超分子有机成核剂

超分子聚合物是一类重复单元经可逆的和方向性的非共价键相互作用连接成的阵列的聚合物。超分子聚合物可以基于多种分子间相互作用以及它们的协同作用或多重作用形成，如氢键、配位作用、主客体相互作用、电荷转移相互作用、π-π 相互作用等。超分子成核剂主要有杯芳烃类和环糊精类等。

华东理工大学开发了自组装杯芳烃类成核剂，取得了一定进展。温亮等人研究了对叔丁基杯芳烃（TBC8-d）成核剂对PLA结晶行为的影响，加入TBC8-d后，PLA的结晶生长方式为异相成核的三维球晶生长，PLA的结晶温度由108.5℃上升到122.6℃，相对结晶度由37.6%增至48.7%，同时PLA等温结晶半结晶时间缩短。

张茹等人研究了环糊精对PLA结晶行为的影响，研究发现环糊精与PLA形成包合物，包合物中PLA未被环糊精包合住的部分诱导了整个体系的结晶，聚乳酸的结晶速率和成核密度获得提高。

二、无机成核剂

PLA无机类结晶成核剂种类主要有层状硅酸盐类、磷酸盐类、稀土类、ZnO类、炭类以及碳酸钙负载聚乳酸，具体见表2。

表2 无机成核剂分类表

Table 2 The classification of inorganic nucleating agent

	Type	Nucleating agent
Inorganic nucleating agent	Layered silicate	Talc
		Montmorillonite
		Fluoromica
		Attapulgite

续表

	Type	Nucleating agent
Inorganic nucleating agent	Phosphate	PPZn、PPCa、PPBa
	Rare earth	Nucleating agent of rare earth (inclulding La2O3、CeO2 and Y2O3)、nucleating agent of rare earth [inclulding WBG- Ⅱ、WBG- Ⅱ (a) and WBG- Ⅱ (b)]
	ZnO	T-ZnOw
	Carbon	CNTs、MWNTs
	Modified CaCO3	Modified CaCO3 by PPCa

1. 层状硅酸盐类成核剂

层状硅酸盐是天然的无机矿物，是最早应用于PLA的无机类成核剂。PLA/层状硅酸盐纳米复合材料可以通过原位聚合插层法、溶液插层法、熔融插层法等方法制备，得到插层型、剥离型以及插层与剥离混合型PLA/层状硅酸盐纳米复合材料。层状硅酸盐成核剂的作用原理是在PLA中加入“杂质”，提高结晶成核密度，使PLA熔体在较高温度下异相成核，以提高PLA的结晶性能。同时由于层状硅酸盐的存在，PLA熔体冷却时产生的的球晶小而多，球晶尺寸小，分布均匀，结晶速度快，有利于PLA制品的加工和改性。层状硅酸盐成核剂一般有滑石粉、蒙脱土、氟云母和凹凸棒黏土等。

滑石粉对PLA的成核机理为外延生长机理。Kolstad 等研究了PLA/滑石粉复合材料的结晶行为，研究表明滑石粉能够显著提高PLA的成核密度，其成核密度增加了500倍；在110℃时，半结晶时间显著降低，纯PLA的半结晶时间为3 min，加入滑石粉的质量分数为6%时，半结晶时间减少为25 s。吴爽等研究了不同粒径的滑石粉对PLA结晶性能的影响，实验表明滑石粉添加量相同时，其粒径越小，PLA的结晶度越高，成核效果越好；滑石粉粒径大小相同时，随滑石粉添加量的增加，PLA结晶度增加。

日本福井大学Ogata等人研究了蒙脱土对PLA结晶性影响，实验发现，蒙脱土的层间存在可交换的阳离子，由于层间阳离子的水合作用，蒙脱土能悬浮分散于水中，通过阳离子交换反应，有机阳离子能嵌入蒙脱土层间，使得具有良好亲水性的蒙脱土转变为亲油性硅酸盐类化合物，亲油性蒙脱土就会与PLA发生物理或化学反应，使得PLA插入蒙脱土片层间，最终实现蒙脱土均匀分散于PLA基体中。沈斌等人的研究表明，加入3%蒙脱土的PLA结晶度为42.6%，PLA平均晶粒粒径从0.305 纳米减小到0.285 纳米。

Suprakas Sinha Ray等研究发现有机合成氟云母促进PLA的结晶，并提高PLA热变形温度，有机合成氟云母的含量为4%、7%、10%时，PLA的热变形温度分别提高了17.2℃、25.7℃和39℃。

王共喜等人采用熔融共混法制备了凹凸棒（Attapulgite，AT）/聚乳酸（PLA/AT）纳米复合材料，研究发现少量AT对PLA的结晶有抑制作用，AT含量 >8%时AT具有促进PLA结晶的能力的效果。在379K进行等温结晶时，PLA的半结晶时间为4.47分；添加1%AT时，半结晶时间增至5.63分钟；而当添加8%AT时，半结晶时间降低至3.98 分钟。

2. 磷酸盐类成核剂

王宏昊等人研究发现苯基磷酸锌（PPZn）可以作为PLA的高效成核剂，PPZn的加入提高了PLA的结晶速率和结晶度，当PPZn的质量分数为5%时，聚乳酸的半结晶时间大大缩短。

Wang等合成了三种苯基磷酸金属盐［苯基磷酸锌(PPZn)、苯基磷酸钙(PPCa)、苯基磷酸钡(PPBa)］，研究表明在5度/分的降温结晶过程中，纯PLA的结晶峰温度为92.2度，结晶焓为4.1 焦/克，分别添加了2% PPZn、PPCa、PPBa 的PLA的结晶峰温度为128.3度、121.3度、111.6度，比纯PLA的结晶峰温度提高了36度、30度、24度

3. 稀土成核剂

稀土的化学性质活泼，作为成核剂研究取得了一定的进展。

张竞等人用稀土成核剂（含 La2O3、CeO2、Y2O3）对PLA进行改性，研究发现添加稀土成核剂

后的聚乳酸复合材料结晶速率和结晶度大幅度提高，当稀土成核剂含量为2% 时，结晶速率为纯PLA的2.15倍，结晶度提高到53.7%。

陈骁等人研究了3种稀土成核剂［WBG- Ⅱ、WBG- Ⅱ (a) 与 WBG- Ⅱ (b)］对聚乳酸（PLA）结晶性能的影响，非等温结晶动力学研究表明，添加成核剂后在相同的降温速率下结晶发生的温度区间比纯PLA高11 ～ 15度，其中WBG- Ⅱ (b) 在10度 / 分的降温速率下可以将PLA的结晶温度由109.2度提至124.1度。

4. ZnO类成核剂

用于PLA的ZnOw类成核剂主要有四针状氧化锌晶须（T-ZnOw）等，四针状氧化锌晶须（T-ZnOw）因其独特的三维空间结构而使其与基体的抓着力更大。

邢惠红等人采用熔融共混法制备了聚乳酸（PLA）/ 四针状氧化锌晶须（T-ZnOw）复合材料，研究表明随着T-ZnOw的加入，PLA球晶尺寸减小，数目增多，T-ZnOw促进了PLA的成核。

杜海南等人了四针状氧化锌晶须（T-ZnOw）/ 聚乳酸（PLA）复合材料进行了等温结晶动力学研究，结果表明，T-ZnOw可以加快PLA结晶速率，此外，T-ZnOw会细化PLA晶粒。

5. 炭类成核剂

用于PLA的炭类成核剂主要有碳纳米管，碳纳米管是由碳原子形成的石墨烯片层卷成的无缝、中空管体，碳纳米管对聚乳酸可以起到成核剂的作用，细化球晶尺寸，进而改善其韧性。

Barrau等人研究了碳纳米管（CNTs）/ 聚乳酸复合材料的结晶动力学，研究表明随着CNTs含量的增加，增加了PLA中的晶核数目，减小了晶核尺寸，说明CNTs起到良好的异相成核效果。

王劭妤等人利用硅烷偶联剂KH-550改性多壁碳纳米管（MWNTs），并用溶液共混法制备MWNTs/PLA复合材料，研究表明，适量的碳纳米管有效地起到了成核剂的作用，提高了材料的结晶速率。

6. 碳酸钙负载聚乳酸结晶成核剂

韩立晶等人发明了一种碳酸钙负载聚乳酸结晶成核剂，碳酸钙负载聚乳酸结晶成核剂以碳酸钙作为载体，使苯基膦酸与碳酸钙反应生成的苯基膦酸钙高度分散在碳酸钙表面，形成的有效成核点增加，从而提高了成核剂的成核效率。

三、 总结与展望

综上所述，由于添加成核剂可以提高PLA制品的结晶度，从而改善它的耐热性能，因此，近几年PLA的成核剂得到了大量的研发。

今后这方面研究重点是：（1）开发成核效果更明显、结晶速率更快的成核剂，使得PLA在注塑等热塑性加工过程中结晶速率快、结晶度高，从而缩短成型时间、提高生产效率，提高制品的耐热性能；（2）深入研究不同成核剂对PLA材料结晶行为的影响，搞清各种成核剂的成核机理，在此研究基础上，对成核剂作适当改进或者进行不同品种成核剂复合，以进一步提高其成核效果，从而更好地服务于改善PLA制品的性能，促进PLA应用工和业化生产进程

（中国塑协降解塑料专业委员会 刘志阳 翁云宣 黄志刚）

聚羟基烷酸酯（PHA）改性研究进展

随着石油资源日益紧缺和废弃塑料不当处理而带来白色污染的日益严重，以生物质为原料的可降解高分子材料逐渐成为了当前研发的热点。

聚羟基烷酸酯（PHA）是一种典型的利用微生物直接制造的可降解生物聚酯，因具有热塑加工性、生物相容性和生物可降解性而受到人们的广泛关注，被认为是替代传统石油化工塑料中最具有潜力的新材料之一。

目前，PHA材料可被应用于水溶胶、纤维、包装、塑料制品、医用植入材料、支架材料、手术缝线、可控药物缓释载体等。然而PHA也存在热稳定性差、加工窗口较窄等缺陷，因此国内外专家和学者利用不同方法对PHA进行改性研究，如生物改性、化学改性、物理改性等。

一、 PHA的种类

目前，学者已发现和确定了100多种不同单体结构的PHA。按照PHA 的单体组成，可大致分为：短链PHA（scl-PHA：short chain length PHA），

其单体组成在 3～5 个 C 原子；中长链 PHA（mcl-PHA: medium chain length PHA），其单体组成在 6～16C 原子；短链中长链共聚 PHA（scl-mcl-PHA），由短链和中长链单体共聚形成。根据单体单元的连接方式，PHA 可分为：均聚 PHA(homopolymer)、无规共聚 PHA(random copolymer) 和嵌段共聚 PHA(block copolymer)。

PHA 常见的产品包括聚 3- 羟基丁酸酯 (PHB)、聚（3- 羟基丁酸酯 -3- 羟基戊酸酯）(PHBV)、聚（3- 羟基丁酸酯 -3- 羟基丙酸甲酯）(PHBHP)、聚（3- 羟基丁酸酯 -4- 羟基丁酸酯）（P3/4HB)、聚（3- 羟基丁酸酯 -3- 羟基己酸酯）（PHBH) 等。PHB 是 PHA 家族当中研究最广泛的一位成员，具有较好的机械性能以及生物相容性。PHBV 的生物相容性良好，生物降解性优良，耐高温，结晶度高。PHBH 的弹性和塑性较好，PHBH 的机械性能比 PHB 更加优异。与 PHB 的硬度高、脆性强相比， PHBH 由于其结晶度比 PHB 低， 硬度和脆性也得到了一定程度的改善。PHBH 具有优良的生物降解性，同时具有良好的塑性和硬度。

二、PHA 产业化发展过程

在最初的研究中，PHA 主要应用于医学、生物等方面。由于 PHA 具有一些特殊的性质，如可持续性、环境友好性（生物可降解性）、生物相容性、疏水性等，并且其热性能、力学性能与某些以石油为原料合成的塑料如聚乙烯、聚丙烯类似， 因而它被认为是一种可替代传统石油化工类塑料的可持续发展的材料。

1925 年，PHB 首先由法国巴斯德研究所的 Lemoigne 在巨大芽孢杆菌中发现，并确定 3- 羟基丁酸（3HB）的均聚物为 PHB。20 世纪 70 年代由英国 ICI 公司对其开发生产，利用天然土壤微生物，通过发酵生产 PHA。

之后，美国、德国、日本和中国等在发酵工艺、性能和用途方面取得一系列的进展，部分 PHA 产品已进行到工业化试生产的阶段。

目前已工业化生产的 PHA 产品种类有 PHB、PHBV、P3/4HB，主要生产厂商及产能见表 1。

表 1　国内外 PHA 生产企业及产能一览

Table 1　PHA manufacturers and capacity thereof in China and abroad

Manufacturers	Types of PHA	Productivity (t/a)	Proposed projects (t/a)
Biocycle，Brazll	PHB	100	
Biomers，Germany	PHB	/	1 000
Ningbo Tianan Biologic Material Co. Ltd	PHBV	2 000	10 000
Procter & Gamble Co.	PHBH	5 000	/
Kaneka Corporation，Japan	PHBH	5 000	20 000
Metabolix Inc.	P3/4HB	350	50 000
Archer Daniels Midland Company	P3/4HB	/	50 000
Tianjin GreenBio Materials Co., Ltd	P3/4HB	10 000	
Shenzhen Ecomann Biotechnology Co. Ltd	P3/4HB	5 000	/

由表 1 可见，目前生产 PHA 的生产企业主要有巴西的 Biocycle 公司，目前产能 100 吨 / 年；德国慕尼黑 Biomers 公司拟建产能 1 000 吨 / 年生产线；美国 Metabolix 公司目前产能 350 吨 / 年（英国 ICI（Zeneca）公司先将专利转让给美国孟山都公司，孟山都公司又转让给美国 Metilabox 公司），对外宣布拟建设规模为 50 000 吨 / 年；美国 P&G 公司以及日本 Kaneka 株式会社生产 PHBH，目前产能均为 5 000 吨 / 年，Kaneka 株式会社拟建设产能 20 000 吨 / 年生产线；宁波天安生物材料公司 PHBV

目前产能 2 000t 吨年，拟建设规模 10 000 吨 / 年；美国 ADM 公司与 Metabolix 公司合作拟建设 50 000 吨 / 年规模工厂；天津国韵生物科技公司和深圳意可曼生物科技有限公司 2 个企业均生产 P3/4HB，目前产能分别为 10 000 吨 / 年、5 000 吨 / 年。

三、PHA 的改性研究进展

与其他脂肪族生物降解聚酯类似，PHA 材料在加工和性能方面也存在一些缺点，如易水解、热稳定性差、加工成型周期长、加工窗口较窄；较差的韧性和综合机械力学性能，以及较高的成本，以上这些缺点使得 PHA 目前还不能大量被使用。国内外专家和学者对 PHA 进行了改性研究，如生物改性、化学改性和物理改性等，以提高性能，降低生产成本，推进应用。

（一） 生物改性

在 PHA 的改性手段中生物改性是十分重要的方法，可从源头对材料的结构进行改进。PHA 的生物改性是通过微生物发酵，在不同碳源、不同发酵条件下，在 PHA 分子链段引入其他功能的羟基脂肪酸链结单元，以达到改善 PHA 性能的目的。利用生物技术调控 PHA 分子结构，使 PHA 性能多样化，满足不同领域应用要求。

PHB 化学结构规整，结晶度高，具有较好的机械性能、生物相容性以及生物降解性。PHB 脆、硬、且断裂伸长率较低。其熔点为 180 ℃，分解温度约为 190~200 ℃，熔点和分解温度较为接近，在熔融状态下极不稳定，因此使其成型加工的难度增加。这些缺点大大限制 PHB 的应用范围。利用细菌发酵在 PHB 链段上引入其它羟基脂肪酸的链节单元，以改善 PHB 的性能，如降低熔点、结晶度，改善材料的抗冲击性能和加工性能。

英国 ICI 公司以葡萄糖和丙酸为发酵原材料，利用真养产碱杆菌，对 PHBV 进行规模化生产，商品名为 Biopol。PHB 合成过程中以葡萄糖为基质，将奇数碳的有机酸作为前体加入到真养产碱杆菌培养基中，真养产碱杆菌可以在胞内积累 PHBV，PHBV 中羟基戊酸（HV）的含量受有机酸与葡萄糖的比例的影响，因此可得到 HV 单元含量不同的共聚物。由于分子链上羟基丁酸（HB）和 HV 单元的无规分布破坏原有分子的结构规整度，其结晶晶体规整性下降且呈现不同的结晶形态，材料的熔点和结晶度降低，拉伸强度和弯曲模量得到改善，拓宽其应用范围。

Tanadchangsaeng 等采用加入奇数碳的有机酸为前体，采用钩虫贪铜菌进行发酵，连续添加碳源生产出聚羟基脂肪酸酯 [P(3HB-co-3HV-co-4HV)] 共聚酯。

Ishida 等人利用混合碳源 4HBA 和丁酸，成功制备出不同 4HB 含量的 P3/4HB。发现当 3HB 含量为主时，随着 4HB 含量的增加，材料的熔融温度降低；而当 4HB 含量为主时，随着 4HB 含量的增加，材料的熔融温度升高。材料的玻璃化转变温度随 4HB 含量的增加呈线性下降。张素蕴等对 4HB 含量不同的 P3/4HB 的力学性能进行研究发现。随着 4HB 含量的升高，共聚酯的断裂伸长率升高。

李荷等研究丁醇对发酵生产 PHBH 共聚物中单体组成的影响。发现在培养基中添加正丁醇，可降低 PHBH 中 3HH 的含量。由嗜水性气单孢菌 (Aeromonas hydrophila 4AK4) 合成的 PHBH 中，发现 PHBH 性能与 3HH 含量有密切关系。PHBH 的熔点随着 3H 含量的增加而降低，材料的柔性和断裂伸长率则随着 3H 含量的增加而增加。欧阳少平等将 A. hydrophila 4AK4 用于 PHBH 的发酵生产，通过改变葡萄糖酸钠和月桂酸这两种碳源的组分比例，可使 A. hydrophila 4AK4 合成的 PHBH 中 3H 摩尔含量由 15% 左右降至 3%~12%，实现对 PHBH 单体组成的调控。

生物改性可对 PHA 分子结构进行调控，部分地实现了改善性能的目的。但实际生产的每一类 PHA，目前都会存在一些缺陷，如热加工区间窄、不易加工等，需要在实际塑料加工过程中再进行化学或物理的改性。

(二) 化学改性

在 PHA 的化学改性中，接枝与嵌段是最为常见的方法，也是研究的热点。

① 接枝改性

通过接枝的方法，可改善 PHA 的性能。

叶鹤荣等利用 60Co γ 射线辐照的方法将顺丁烯二酸酐（MA）接枝到 PHB 的主链上。研究发现接枝 MA 后的产物比未接枝的 PHB 的粘均分子量明显降低，熔融温度和热分解温度提高，其中热分解温度最高可提高 42.2 ℃，热稳定性有较大幅度的提升。

李静等以过氧化二异丙苯（DCP）为引发剂，将甲基丙烯酸缩水甘油酯 (GMA) 单体接枝到 PHBV 单体上进行改性。研究发现接枝 GMA 对 PHBV 链段的活动产生一定程度的影响，对 PHBV 的结晶产生一定成核的效应。

② 嵌段改性

利用嵌段的方法，可使 PHA 的热稳定性得到改善。

陈成等利用辛酸亚锡作为催化剂，将 PHB 与聚己内酯（PCL）进行酯交换反应得到嵌段共聚物。对嵌段共聚物的结构和性能进行表征，发现 PHB-co-PCL 自身的晶体结构并未发生变化，但 PHB-co-PCL 的结晶行为随酯交换量增加而产生较大变化，其在空气中的热稳定性因 PCL 链段的引入略有提升。

（三）物理改性

在 PHA 的物理改性中，共混是较为常见的方法之一。通过共混的方法，可弥补 PHA 某些性能方面的不足。

1. 与聚氧化乙烯（PEO）共混

聚氧化乙烯（PEO）是结晶聚合物，具有良好的水溶性以及生物相容性。

Yoshio 等将 P(3HB)、P[(3HB)-co-(3HP)] 和聚羟基丙酸酯与 PEO(Mn= 3x105)进行共混。研究发现，随着 PEO 含量的增加，共混材料的玻璃化温度和熔融温度显著降低。

王万杰等将 PHB 与 PEO 制备共混材料，发现 PEO 的加入可降低 PHB 的加工温度，改善 PHB 的脆性，提高共混材料的冲击强度。

2. 与聚丁二酸丁二醇酯（PBS）共混

聚丁二酸丁二醇酯（PBS）是一类生物可降解高分子材料，具有优良的机械性能、良好的可生物降解性以及可加工性。

马丕明等分别将 PHB、PHBV 与 PBS 制备成共混物。研究发现，加入 PBS 后，PHBV 的韧性得到明显改善，其中 PBS 含量为 20% 时，断裂伸长率提升近一倍；添加相容剂后的 PHB/PBS 共混物，其拉伸强度和韧性提升，断裂伸长率可达 400%。

3. 与聚碳酸亚丙酯（PPC）共混

聚碳酸亚丙酯（PPC）由二氧化碳、环氧丙烷（PO）催化合成，具有较高的抗冲击性和韧性。

李静等将甲基丙烯酸缩水甘油酯（GMA）接枝到 PHBV 主链上得到接枝物 PHBV-GMA，之后与马来酸酐封端的聚碳酸亚丙酯(MA-PPC)进行反应性共混，得到 PHBV/ PPC 共混物。研究发现，MA-PPC 的加入，可使 PHBV 的结晶受到阻碍、球晶尺寸变小、结晶度和结晶能力降低。

4. 与聚对苯二甲酸－己二酸丁二酯（PBAT）共混

聚对苯二甲酸－己二酸丁二酯（PBAT），是一类可完全生物降解的高分子材料，其柔韧性能优良，断裂伸长率和冲击强度优异。

欧阳春发等通过熔融共混制备 PHBV/PBAT 共混物，发现 PBAT 的加入可使 PHBV 的结晶过程受到抑制，并可大幅度改善 PHBV 的力学性能。其中 PBAT 含量 50% 时，PHBV 的断裂伸长率和冲击强度分别提高 19 倍和 22.6 倍。

5. 与聚乳酸（PLA）共混聚乳酸（PLA）是一种生物基聚合物，具有较好的机械性能、相容性及生物降解性等，已在农业、医用、包装等领域被广泛应用。纤维级 PLA 的热稳定性和可纺加工性较好，可应用于熔喷非织造行业。国内外许多学者对 PHA 与 PLA 的共混物进行研究。

（1）PHB/PLA 共混体系葛骏等将 PHB 与左旋聚乳酸（PLLA）混合制成薄膜，研究发现共混后，薄膜的结晶性明显提高。

杜江华等将 PLLA、PEO 与 PHB 共混，改善 PHB 的力学性能和降解速率。发现 PHB/PLLA/PEO 初生纤维经在 50 ℃和 110 ℃下拉伸 2 倍后，共混纤维的断裂强度增加。

（2）PHBV/PLA 共混体系朱斐超等通过熔融共混制备成共混材料 PHBV/PLA。发现 PLA 对 PHBV 的结晶具有稀释作用，使 PHBV 无定形区的大分子链活动更容易。

Zhao 等通过熔融共混将 PHBV 和 PLA 制备成共混材料 PHBV/PLA。通过流变性能测试发现低频区内，当 PHBV 含量由 15%~30% 时，材料的熔体弹性得到明显的提升。

陶剑等将 PLA、PPC 以及 PHBV 制备成 PLA/PPC/PHBV 共混膜研究发现，PPC 和 PLA 的加入可分别提高共混物的断裂伸长率和拉伸强度，当 PPC 含量为 60% 时，断裂伸长率可达 170%，PLA/PPC/PHBV（40/40/20）具有较高的综合力学性能。

（3）PHBH/PLA 共混体系赵强等通过制备一系列不同比例的共混物，对 PHBH/PLA 进行研究。研究发现，共混物的力学性能可随共混比例发生改变，材料分解温度得到提升。

王淑芳等通过熔融共混法制备共混物 PLA/PHBH，发现 PHBH 的含量越多，PLA/PHBH 的拉伸强度及杨氏模量越低，生物降解速率越高。其中 PLA/PHBH（w/w)=20/80 的力学性能和降解性能优良。

Lim 等通过制备半结晶 PLA/PHBH 复合材料，发现随着 PHBH 含量的增多，PLA 的结晶逐渐受到抑制。PHBH 的加入，使材料产生更大的塑性变形，从而使 PLA/PHBH 的韧性得到改善，其中 PLA/PHBH（80/20）的韧性较好，由纯 PLA 的 3.2 兆帕提升至 68.7 兆帕。

张姗等通过溶液共混法制备复合材料 PLLA/PHBH，发现 PLLA 和 PHBH 间存在一定的相互作用。随着共混比例的变化，PLLA 的玻璃化温度和冷结晶发生变化，其中 PLLA 的相对分子质量越大，球晶的规整性越差。当 PLLA/PHBH (w/w)=70/30 时，PHBH 能使 PLLA 的链段运动加快，结晶成核密度提高，结晶速率加快。

针对 PHBH 结晶度低、力学性能差（断裂伸长率不高，拉伸强度和拉伸弹性模量低）、加工窗口较窄、成型加工困难等缺点，利用 PLA 优良的机械性能和可加工性，采用熔融共混法将 PHBH 和 PLA 共混以改善 PHBH 性能上的缺陷。TGA 结果表明热稳定性得到提高， PHBH/PLA 的综合力学性能得到改善。 PHBH/PLA（80/20，wt%）的相容性和力学性能最佳，其中断裂伸长率和冲击强度相对 PHBH 分别提高 38%、15.7%。

6. 添加小分子物质

小分子的加入可提高 PHA 的塑化性能。

Fernandes 等研究了小分子添加物对 PHB 性能的影响，其中小分子添加物有 PEG200、甘油以及季戊四醇等。由于这些小分子添加物中含多羟基，可提高 PHB 吸湿性，加速 PHB 的热降解。季戊四醇对 PHB 同时起到增塑和填充的作用，可以增塑 PHB 并且提高材料的模量。

I.Bibers 等研究了低分子增塑剂 PEG、癸二酸二辛酯、LaPor1503、Lapro15003 等对 PHB 的作用。增塑剂含量为 5% ～ 20% 时，共混体系为均相体系，组分间完全相容，PHB 的断裂伸长率得到提升。增塑剂可弱化非晶区分子间的作用力，破坏晶区结构的有序性，因此可使材料的弹性有所变化。

Ivica 等通过甘油和三醋酸甘油酯增塑 PHB。发现甘油的醇解可使 PHB 的热降解加速，而三醋酸甘油酯则可提高 PHB 的热稳定性。

Wang 等人将 PHB、PHBH 和 ATBC 共混，其中 ATBC 作为一种有效的增塑剂可降低玻璃化温度并且提高 PHB 的热塑性。

四、结论

PHA 作为生物基可降解聚合物，是一种非常有发展和应用前景的材料，但是加工区间窄、热稳定性差、成本高等缺点制约了它的发展。通过生物改性、共混物理改性及接枝、嵌段等化学改性的方法，可以在既保证其原有生物降解性能同时，又能提高它的加工性、物理性能、热稳定性等性能。选用适当的改性方法，可得到性能优良的材料，扩宽其应用范围，改性材料可应用于包装和塑料制品等领域。

（中国塑协降解塑料专业委员会 周迎鑫 杨楠 王希媛）

氟塑料加工

2015 年是全面完成“十二五”规划的收官之年，氟塑料作为国家重点发展的战略新兴产业的重要支撑材料，在“十二五”期间得到飞速发展。当前，中国经济正处于关键的调整期，氟塑料制品业也正从发展的初级阶段向加强基础建设，完善生产、安全、管理体系，通过不同行业的联合研发，向更多的配套领域延伸。

一、行业现状

目前，我国内资企业 PTFE 树脂产能超过 12 万吨。据不完全统计，2015 年内资企业 PTFE 产量约为 7.6 万吨，比 2014 年减少了 10.58%；2015 年氟塑料加工企业生产情况与 2014 年相比有所分化，在环保、通讯市场需求增加的环境下，纤维、通讯线缆、糊膏挤出管材的生产企业普遍运行良好，产量较 2014 年普遍有较大幅度增长，其中纤维、其他糊膏挤出的产量增长高达 60% 和 14%，纤维制品的产量在 PTFE 制品构成比例中提高了 5.1%。由于机械、建筑、化工市场的低靡，占市场份额最大的模压制品出现了较为明显的量价齐跌的现象，前几年增长明显的柱塞挤出制品也出现了明显的下跌；值得一提的是，前几年高歌猛进的生料带市场，在市场高速扩容和需求下降的双重影响下，企业产量明显下降，出口数量成两位数的减少，价格下滑更大。与 2014 年相比，模压制品、柱塞制品和生料带占 PTFE 制品的构成比例分别下降了 3.03%、2.26% 和 1.97%。

近年来，由于国民经济水平的提高，聚四氟乙烯制品的构成正在悄然发生着变化，市场分散树脂的需求量持续增加，除螺纹密封用生料带外，所生产的产品构成比例也在逐年提高。

随着通讯、新能源、环保市场的需求不断增加，以及国产 PVDF、FEP 树脂产量的不断扩大，可熔融加工制品市场正在悄然发生这变化，树脂用量也有所提高，管材、薄膜的产量有所上升，个别企业的年树脂消耗达到了 2000 吨，预计未来几年，随着市场的进一步开拓，可熔融氟塑料制品市场的发展速度将超过聚四氟乙烯市场。

二、面临的形势

我国塑料加工业经过多年的追赶型高速发展，已经由数量主导型发展阶段进入上质量、上档次的产业升级发展阶段，同时也进入了由高速增长向中高速增长的换挡期，面临着既要保持适宜增长速度，又要加快转变发展方式的双重挑战。

“十三五”期间，氟塑料加工业将面临发展不平衡的趋势，一方面国家经济建设的放缓，使得传统行业需求下降，加之之前上游原材料行业的大幅扩容，部分产品出现产能饱和甚至过剩，因此规模扩张的空间被大大压缩，规模扩张带来的高速增长已不可持续；二是以资源、能源、环境等要素为支撑的潜在经济增长率已大大下降，以消耗资源、能源为主的粗放型增长方式难以为继；三是可利用的技术空间被压缩，后发优势明显削弱。目前一般技术和装备已不能满足我国塑料加工业的发展需要，需要的往往是涉及发达国家竞争优势的先进技术，引进难度加大，支撑行业发展的技术引进和创新速度减缓；四是全球经济需求不足，增长乏力，直接导致塑料制品出口量大幅下降。

另一方面，氟塑料作为新材料，正在引起各方面的重视，根据《中国制造 2025》，提高工业基础能力，加强质量品牌建设，全面推行绿色制造，大力推动重点领域突破发展是今后一个时期的努力方向。国家着力加强对工业基础能力提升的引导和支持，工信部于 2013 年初正式启动实施“工业强基专项行动”，以提升关键基础材料、核心基础零部件、先进基础工艺和产业技术基础（简称“四基”）发展水平。“聚四氟乙烯纤维及其滤料”项目获得 2015 年国家强基工程的资金支持，高端氟塑料制品作为新材料有望被国家列入“十三五”科技进步重点支持项目，氟塑料纤维等产品被列入国家重点新产品名录，这些无疑都给氟塑料行业带来发展机遇。随着我国经济的持续发展，氟塑料制品的应用领域不断拓宽，用户对国产氟塑料制品的功能指标要求越来越高，因此，提升氟塑料加工产业基础制备能力和产业化水平是保障行业可持续发展的关键。

三、专委会活动

1. 开展标准化工作

（1）《聚四氟乙烯双向拉伸过滤薄膜》行业标准已完成制定工作，目前已报批公示。

（2）建立氟塑料产品标准体系

（3）2015 年 3 月底，向全国塑料制品标准化技术委员会塑料制品分技术委员会上报《聚四氟乙烯板材》行业标准立项材料，经委员投票通过上报 TC48。2015 年 9 月 11 日，召开标准立项评审会，经过答辩、专家评审，标准通过立项评审。目前，标准计划已下达，计划号为 2015-1580T-QB。

2. 召开第五届三次理事长工作会

2015 年 4 月 24 日在嘉善召开第五届三次理事长工作会议。陈生秘书长汇报了 2015 年第一季度的工作情况和下一步的工作计划，秘书长主要就产业发展情况、行业调研、标准化工作、2015 振兴产业技改、氟塑料加工企业安全管理和工业效率培训班的筹备、2015 论坛筹备等工作做了具体的汇报。大家主要就“十三五”重点产品发展方向和 2015 论坛事宜进行了讨论。

3. 举办“氟塑料加工企业安全管理和工业效率培训班”

为协助氟塑料加工企业加强安全管理和提高工业效率，专委会在会员中开展“氟塑料加工企业安全管理和工业效率培训”，聘请曾在世界五百强企业从事生产管理的人员担任主讲老师。

2015 年 4 月 24 ～ 25 日，第一期培训在浙江嘉日氟塑料有限公司举办，此次培训得到了浙江嘉日氟塑料有限公司的大力支持，培训形式采用小班分组式教学，参加培训的学员都是各企业的生产管理和技术人员。两位老师主要就《企业安全管理》和《如何提高企业工业效率》进行了详细的讲解，并到生产车间进行实际演练，找出现场的安全隐患。

培训历时两天，老师与学员积极互动，从理论知识培训到实际演练，授课老师认真负责的准备，深入浅出地把他们多年积累的理论知识和实践经验传授给学员，并全面细致地做了答疑工作。在授课和参观学习过程中，学员们十分配合老师，认真专注的听讲，做好笔记，积极讨论，使培训班达到了预期的效果。

4. 组织赴意大利企业考察和参观 2015 德国阿赫玛展

应意大利 ITAflon 等公司的邀请，中国氟塑料加工企业考察团一行13人于2015年6月9~19日对意大利Paolo Gozio、Doss、ITAflon、FLUORSEALS、CMP-Press、GUIN TECHNOLOGY Srl、For Lab、Faber和Baruffaldi九家公司进行了访问考察。考察同期参观了2015德国阿赫玛展会。

通过交流学习，对意大利的加工生产现状和发展趋势有了一些了解，代表们普遍感到开阔了眼界，学到的新的管理理念，看到了我们的差距，为今后企业的进一步发展指明了方向，具有指导意义，收获颇丰。

5. 召开第五届四次理事会

第五届四次理事会于2015年11月1日在西安举行。中国塑料加工工业协会常务副理事长曹俭和副秘书长许琳出席了本次会议。中国塑协氟塑料加工专业委员会60余家理事单位的代表参加了会议。理事会由理事长庄甦主持。会议首先审议了陈生秘书长作的2015年工作总结和2016年工作计划，陈生秘书长主要就行业调研、标准的制修订、筹备并举办“氟塑料加工企业安全管理和工业效率培训班”、组织赴意大利企业考察和论坛的筹备等工作做了具体的汇报。赴意大利考察的企业代表汇报了考察工作和考察心得。各参会代表就行业的发展各抒己见，进行了相互交流。中国塑料加工工业协会常务副理事长曹俭对代表们的发言进行了总结。

6. 举办2015中国国际氟塑料加工发展论坛

目前，我国经济发展进入新常态。氟塑料新材料作为国家重点发展的战略新兴产业的重要支撑材料之一，在“十二五”期间得到快速发展。为贯彻落实《中国制造2025》，适应新常态，把握战略机遇，促进氟塑料新材料产业健康可持续发展，专委会于11月2~3日在西安举办2015中国国际氟塑料加工发展论坛。此次会议规模宏大，吸引了全国各地从事氟塑料研发、生产、加工和应用企业的专家、学者及部分高校资深教授等诸多业内精英，还有来自美国、意大利、韩国、日本等国外氟塑料行业龙头企业代表，与会人数多达300余人。中国塑料加工工业协会常务副理事长曹俭和副秘书长许琳出席了本次会议。此次论坛共安排了21个主题报告，主要包括氟塑料在化工、密封、环保、电力、光伏、汽车和低温余热回收等高端领域的应用，报告内容多样，覆盖领域广泛。

7. 建立微信公众平台

为了便于行业内及时传递信息，促进相互学习、交流工作、共享资源，专委会建立了微信公众平台。微信公众平台名称为“中国塑协氟塑料加工专业委员会”，微信公众平台建立后，专委会将相关通知和信息上传至平台，以便会员及时了解相关信息。

8. 奖项申报

2015年一季度，国家知识产权局启动第十七届中国专利奖评选工作，经企业自行申报，专委会筛选，中国塑料加工工业协会推荐，杭州福膜新材料科技有限公司申报的“一种聚偏氟乙烯薄膜专用料”荣获第十七届中国专利优秀奖。

2015年二季度，中国轻工业联合会启动2015年度科学技术奖励评选工作，经各企业积极申报，氟塑料专委会和中国塑料加工工业协会筛选并上报中国轻工业联合会，经中国轻工业联合会科学技术奖励委员会评审通过，山东华夏神舟新材料有限公司申报的《高性能聚全氟乙丙烯树脂新技术研发与产业化》项目荣获2015年度中国轻工业联合会科技进步二等奖，湖州松华橡塑有限公司申报的《再生聚四氟乙烯推压棒》项目荣获2015年度中国轻工业联合会科技进步三等奖，天津市天塑滨海氟塑料制品有限公司申报的《4G网络配套宽幅PTFE基材膜》项目荣获2015年度中国轻工业联合会科技进步三等奖。

四、“十三五”发展建议

氟塑料是军工、工业及民用不可或缺的功能性配套材料。国际上正向原料改性和跨学科多领域联合研发配套产品发展。围绕《中国制造2025》鼓励发展的领域，“十三五”期间氟塑料行业应该从新材料的角度，规范传统产品，在提高本行业基础能力的同时，关注所配套的重点领域，加强重点产品的开发；在行业中推进制造过程智能化，加强企业管理，提高安全生产意识和生产效率，实现智能管控，全面提升行业的核心竞争力。

（一）加工市场对原辅材料的需求分析

1. 聚四氟乙烯

目前，中国聚四氟乙烯树脂的产量已经达到世界总产量的60%以上，基本可以满足通用市场的需求，由于氟塑料属于配套行业，在其他工业处于调整期的时期，预计对聚四氟乙烯制品的需求也会出现调整，建议原料企业按需生产，尽量避免恶性竞争；加强原料出厂性能的检验，提高加工试验水平；加强高纯、高强度、高压缩比、可焊接等改性原料的开发，做到原料按用途分类，增加专用料品种，提高原材料的稳定性，从而提高加工企业加工的稳定性。随着工业自动化程度的提高，客户对制品品级要求的提升，传统的混料方式很难全面满足市场需求，建议原辅材料企业共同努力，成立更多的专业混料工厂，使专用料得到普遍应用，以满足不同客户的需求。

2. 可熔融加工的氟塑料

可熔融加工的氟塑料在中国还处于发展初期，未来的五年预计仍会高速发展，FEP、PVDF 均将趋向更高品质的发展。PFA、ETFE 原料有望实现量产。

（二）重点领域对氟塑料行业的影响

《中国制造 2025》强调要强化工业基础能力，数控机床、轨道交通装备、航空航天、发电设备等是国家强化工业基础的重点领域，氟塑料制品作为新材料在这些领域应用广泛，这些领域基础能力的提高，无疑对配套产品的质量要求有所提高，因此，提高在这些领域的产品稳定性是氟塑料行业发展的关键。其中，氟塑料在汽车、飞机领域的应用我们与国际上差距较大，“十三五”期间应加强这方面的研发工作，满足市场需求。

“十三五”期间，国家鼓励加强质量品牌建设，提升质量控制技术，完善质量管理机制，夯实质量发展基础，优化质量发展环境，努力实现制造业质量大幅提升。鼓励企业追求卓越品质，形成具有自主知识产权的名牌产品，不断提升企业品牌价值和中国制造整体形象。氟塑料加工行业以中小企业为主，企业的质量管理水平和手段有限，国家实施工业产品质量提升行动计划，针对汽车、高档数控机床、轨道交通装备、大型成套技术装备、工程机械、特种设备、关键原材料、基础零部件、电子元器件等重点行业，组织攻克一批长期困扰产品质量提升的关键共性质量技术，加强可靠性设计、试验与验证技术开发应用，推广采用先进成型和加工方法、在线检测装置、智能化生产和物流系统及检测设备等，使重点实物产品的性能稳定性、质量可靠性、环境适应性、使用寿命等指标达到国际同类产品先进水平。这对于以工业配套为主的氟塑料加工行业来说无疑要进行较大幅度的改革，否则有可能失去市场。我们应加强企业管理，提倡安全生产，制定品牌管理体系，围绕研发创新、生产制造、质量管理和营销服务全过程，提升内在素质，夯实品牌发展基础。

国家鼓励加快制造业绿色改造升级。全面推进钢铁、有色、化工、建材、轻工、印染等传统制造业绿色改造，大力研发推广余热余压回收、水循环利用、重金属污染减量化、有毒有害原料替代、废渣资源化、脱硫脱硝除尘等绿色工艺技术装备，加快应用清洁高效铸造、锻压、焊接、表面处理、切削等加工工艺，实现绿色生产。加强绿色产品研发应用，推广轻量化、低功耗、易回收等技术工艺，积极引领新兴产业高起点绿色发展，大幅降低电子信息产品生产、使用能耗及限用物质含量，建设绿色数据中心和绿色基站，大力促进新材料、新能源、高端装备、生物产业绿色低碳发展。

未来几年，在余热回收、工业除尘、水处理、重污染减量化、危废处理等方面氟塑料制品将有较大的发展机遇。

（三）“十三五”重点产品发展方向

1. 聚四氟乙烯半成品

传统的半成品市场趋于规模化发展，由于加工能力和自动化水平的提高，半成品生产企业的产能普遍有了较大幅度的提高，传统的半成品企业应重点提高原材料的进厂检验和制品的在线以及出厂检验，加强仓储和物流管理。建议通过检验，加强末端市场研究，做到产品分用途销售，提高产品质量。改善加工环境和装备水平，以满足高端市场的需求。

2. 高端氟塑料膜材

市场对高功能氟塑料膜材的需求依然旺盛，“十三五”期间，各类电池薄膜的开发将有进一步的发展。随着环保力度的加强，市场对于高精度的气体过滤膜及滤料和水处理膜材的需求将进一步释放。重点发展新能源、环保、电子、化工、航空航天等领域用过滤、高纯、电池、离型等膜材。

3. 高端密封产品

氟塑料密封制品近年来发展迅速，随着汽车、机械、化工等市场需求的进一步提高，市场对密封产品的个性化需求有了进一步的提高，为了扩大氟塑料密封市场，我们应该与配套行业一起开发相应的产品。

4. 电子领域用氟塑料制品

加强环境和装备改造，重点发展高纯氟塑料板材、高纯电子化学品用管材及零部件的生产。

5. 低温余热回收用氟塑料制品

重点发展电厂烟气低温余热回收用氟塑料换热器。氟塑料换热器在电厂的低温余热回收方面虽然已开始应用，但由于工作环境复杂，热交换器的设计和安装至关重要，对于氟塑料加工来说重点开发可焊接、耐高温、高导热、耐腐蚀、高强度的改性氟塑料管材。

6. 氟塑料纤维

氟塑料纤维近几年得到了高速发展，PTFE 纤维及其滤料发展较快，目前年产量已达5000吨以上。但由于发展过快，标准和检测能力严重滞后，使得产品良莠不一，提高纤维的精度和强度，开发其衍生产品，创造新的市场是未来几年的发展方向。

7. 氟塑料线缆

随着大飞机、通讯行业的高速发展，加强高密度生料带的开发，以满足同轴电缆的需求。加强FEP、ETFE等可熔性氟塑料电缆新品种的研发工作，关注高层建筑用电缆的发展趋势，提高氟塑料电缆的生产水平。

8. 可熔融加工的氟塑料制品

可熔融加工的氟塑料制品在未来几年将有较大发展，建议开发FEP、PFA板材和管材，以满足防腐、防粘和热交换等领域的需求。开发PVDF制品，在欧洲，PVDF应用较为广泛，我国FEP、PVDF原料的产量已经过万吨，开发相应的市场是未来几年努力的方向，除各类高端膜材外，型材和各类注射制品也是未来几年发展的方向。

9. 氟塑料装备

提高氟塑料制品装备生产能力，联合国内相关行业联合攻关，加强氟塑料加工设备制造技术的开发，提高设备精度，填补我国氟塑料制品生产的空白。

（中国塑协氟塑料加工专业委员会　吕方　陈生）

多功能母料

2014～2015年中国母料行业分析

一、 2014-2015年中国母料行业发展总况

（一）产地比较集中

我国母料工业可用一句话概括：发展快、差距小、前景广。母料在国外发展只不过几十年的历史，中国改革开放使我国母料工业一起步就紧跟世界发展潮流。我国全套引进世界先进生产设备和生产技术，进口质量优异的颜料和分散剂，可以生产世界一流水平的母粒。因此可以说中国母粒工业水平与世界水平差距不是太大。

（二）企业众多，产品质量参差不齐

相反由于中国知识产权保护不力，市场竞争规则不齐全，导致母料生产厂家如雨后春笋般的诞生，质量参差不齐，给人们造成中国母料整体水平不高的错觉。众多厂家参与市场竞争，导致母料价格不断振荡向下，以致于投资中国的国外公司也不得不参于色母粒价格大战。随着彩色母粒行业竞争加剧，中国色母粒工业被迫进入调整，其必将按照世界发展规律运行。

（三）厂商具有区域性特征

中国与外国色母粒工业不同，国外色母粒工业由极少数的几个跨国公司垄断生产，而中国色母粒发展还处于计划经济向市场经济过渡阶段。现我国色母粒生产分属于几个行业，如塑料制品行业（上海、无锡），塑料树脂生产商（北京、辽阳），纤维生产行业，因此没有形成中坚力量。

（四）外资企业纷纷进入

我国色母粒行业这两年发展迅速，并涌现出一些大型企业，出现了年产量万吨、产值过亿、利税上千万的企业，有些企业的产品还获得了省一级名牌产品称号，一批色母粒产品商标获评著名商标。从总体看，大型色母粒企业的数量比2005年有了较大发展，表明我国色母粒行业正在进入良性发展轨道。从地域分布看，我国色母粒企业仍然集中在广东、江苏、浙江、上海以及山东一带，这几个地区的产量占到了全国色母粒总产量的85%以上。其中，广东仍是我国色母粒最重要的生产基地，产量占到了全国总量的38.37%。

从总体看，我国色母粒行业的发展与塑料制品行业的发展是相适应的。据统计，我国目前塑料制品年总产量已经达到5000万吨，色母粒产量正好是塑料制品产量的1%，发展比较协调。我国塑料制品行业的发展，为色母粒行业发展带来了机遇，是促进色母粒行业发展的主要动力。

（五）色母粒行业缺乏权威的检测机构

随着欧盟RoHS、REACH等法规的实施，我国色母粒在其被着色制品的出口受到更为严格的制约。但是，国内目前还没有能够出具色母粒专业检测报告的权威检测机构，仅有一项聚乙烯色母粒行业标准，造成许多色母粒厂家在遇到涉及出口及环保等问题时，往往检测无门。由于色母粒应用范围广泛，

涉及下游产品众多，没有权威检测机构对全行业发展是十分不利的。

（六）一直没有在海关单列税号

其次是色母粒一直没有在海关单列税号，这使得随着我国出口退税政策的调整，有出口业务的色母粒企业也会受到较大冲击。色母粒在我国海关进出口税目中一直没有单列税号，过去多使用32041700颜料及以其为基本成分的制品税号出口。色母粒主要用于塑料制品的着色，是以聚烯烃等聚合物作为载体树脂，填加分散剂和适当的颜料，通过物理混合，经过双螺杆造粒制成的一种塑料原材料，因而色母粒的加工属于塑料加工范围，组分与形状都与聚烯烃等聚合物相似，在出口时，海关编码应该使用391系列更为合理，而不是过去沿用的320系列。对此问题，中国塑协多功能母料专委会已通过其主管部门中国塑料加工工业协会向有关部门提出了中国塑料多功能母料在《国民经济行业分类》及海关出口编码中重新定位归类申请。

（七）色母粒行业被列为高耗能、高污染限制类产业

色母粒行业像颜料生产企业一样被列为高耗能、高污染限制类产业比较冤枉。其实，使用色母粒染色的方法比传统工艺更为环保节能。色母粒是为了解决丙纶纤维的着色问题而发明的。由于色母粒在计量准确、防污染等方面的优点，之后被推广到塑料及其他化学纤维的着色。据了解，如果采用纺后着色，对每吨PET纤维进行着色，就需用水100吨左右，随后可能带来严重的环境污染问题。而如果使用PET色母粒对PET纤维进行纺前着色，则可节省水的使用，因此也就不存在水污染问题了。仅以一家年产万吨PET纤维色母厂为例，这些色母粒可为25万吨PET纤维着色，与染后着色相比，可节约用水一亿吨。由此可见，色母粒本身就是节能减排的好产品，不应被列为高耗能、高污染之列。

目前，我国色母粒行业正朝多功能化、高颜料含量和高技术含量方向发展。一些优秀色母粒企业可根据客户要求“量身定制”所需的色母粒品种，各企业又有自己的特色及专长，可基本满足国内客户需求，许多色母粒厂也能生产功能母料及塑料改性料。总体看来，我国色母粒行业已经有了飞速的发展，对塑料制品行业的发展起到了良好的推动作用。

二、 中国母料行业竞争格局分析

（一）企业集中度

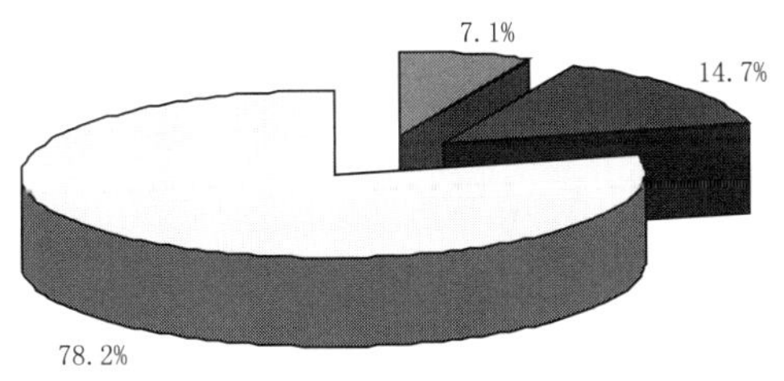

图1　　2015年1～6月我国母料行业不同规模企业销售收入分布图

数据来源：国家统计网

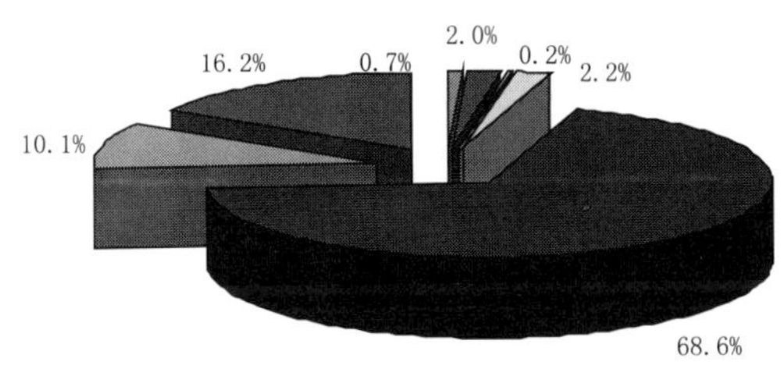

图 2　　2015年1~6月我国母料行业不同所有制企业销售收入分布图

数据来源：国家统计网

（二）区域集中度

广东是我国色母料最重要的生产基地，产量预计占全国总量的38%以上，主要色母料企业有：广州波斯、广州远华、广州适合、增城远东、花都科苑、中山铁鹰、新会彩艳、汕头美联、惠州太阳神、东莞金富亮、东莞毅兴行、佛山东方、南海亮彩等。江苏规模较大的色母料企业有江阴精良高分子材料公司和常州红梅，浙江有宁波色母粒有限公司、浙江金彩有限公司和诸暨七色鹿有限公司，上海有毅兴，山东有鲁燕色母料厂、春潮色母料厂、青岛润兴等企业。

湖南省塑料研究所也是我国最早从事色母料研究和生产的企业，但其发展速度较慢，生产规模不大，影响力逐渐变弱。知名度较高的香港毅兴，产品涉及注塑、薄膜等领域。广州波斯在家电领域的注塑类色母料占有优势。从目前的情况看，这些企业都是在各自相对较窄的产品细分领域占据优势，还没有出现在注塑、薄膜、纤维用色母料及功能母料领域内同时占据绝对优势的企业。

（三）市场集中度

不同于塑料生产，中国的母料生产更加集中在那些领先者手中，中国还有成百上千家公司生产母料产品，但是很明显其中大部分规模都非常小，工艺操作简单，其中30家为纤维工业生产。同样值得注意的是，中国的塑料产业正在改善其供应结构和对更加成熟产品与原料的需求。这些都影响着母料工业，使得业内公司在技术上更加领先，更擅长产品开发。但是，当地市场各不同部门对母料的应用都不相同，有些持续大量应用干涂料和混合物，有的是母料的一般应用。

粉状颜料的使用依然在很多加工方法中占主导地位，例如玩具制造还有那些质量与密度并不重要的其他产业。有许多公司供应此种从处理器直接向制模或挤压设备送料的颜料产品。

三、 我国色母料产业发展景气保持上行势头

尽管受全球金融危机影响，色母粒及下游的塑料制品出口量骤减，但国内需求稳定，加之占据行业主流的大企业经营状况良好，色母粒产业仍然保持了近几年景气上行的势头。据我专委会最新统计，目前我国色母粒年产能约为50万吨。在调查的243家色母粒企业中，尽管遇到金融危机，但大部分企业产量和经营效益没有下降，仅有约1/5的企业受金融危机影响较大。

国际市场上，家用电器、汽车等行业萎缩，我国相关塑料制品出口量大幅下降，导致上游色母粒用量的减少。我国色母粒产能与下游的塑料制品行业需求匹配基本合理，在国内塑料制品市场需求稳定的情况下，大部分企业仍保持良好的经营状况。国家出台的家电及汽车消费刺激政策，推动家电和汽车消费量的上升，带动了塑料的需求，塑料产量及价格大幅回升。同时，塑料制品出口退税率的提高也拉动了塑料制品产业的增长，给色母粒企业带来了良好的发展机遇。

目前，中国色母粒行业正朝多功能化、高颜料含量和高技术含量方向发展。为顺应发展趋势，国内颜料、分散剂、载体树脂及仪器设备相关企业，应提高其产品的技术含量，为色母粒生产厂家提供优质颜料、分散剂、专用牌号的载体树脂以及先进的生产设备、检测仪器与应用软件。色母粒生产厂家应加强全面质量管理，生产出质量稳定、品种繁多、功能齐全的色母粒产品，为促进中国塑料及纤维行业发展做出贡献。我国色母粒行业已经熬过了最困难的时期。另外，在金融危机中，企业不得不在产品开发、质量控制、管理水平、经营思路等方面下足功夫。这些历练，使色母粒企业不断走向成熟，行业景气也将继续上行。

四、 中国塑协多功能母料专委会2015年工作要点

中国塑协多功能母料专委会第三届理事会自换届以来，在季德虎理事长的带领下，秘书处开展了各项工作。

（1）召开“多功能母料专委会2015年工作会议”，讨论了专委会2015年的发展思路及多功能行业的发展趋势，2015年年会被提上议程；

（2）2015年雅士橡塑展期间，季德虎会长带领秘书处走访多家会员单位展位，充分了解了各会员单位的经营状况及所面临的困难，同时在珠江宾馆组织举行会员联谊会，会上给副会长、理事及部分会员单位授予牌匾；

（3）召开“争当东道主，2015年中国塑协多功能母料年会筹备工作会议”，会议首先学习讨论了关于多功能母料出口退税、机器换人项目等国家相关政策问题，然后就2015年年会的主题、地点、时间等问题进行了详细讨论，最后定下了初步的年会筹备方案；

（4）采取网络会议形式召开“多功能母料专委会第三届第三次理事会”，会议得到了副会长、理事的积极响应。会议正式确定了年会的主题、年会时间及地点、年会组织结构及分工、收费标准等问题。

（5）专委会网站（www.dgnml.com）正式上线、充实了网站各板块内容、积极在网站内介绍专委会各副会长、理事及会员企业，不间断更新专委会工作动态、会员企业信息、最新行业进展、最新技术交流，进一步增强会员企业和拟加入企业与协会之间的互动，并通过网站为会员企业服务；

（6）根据工作需要，开通了中国塑协多功能母料微信公众平台，每天推送一条行业技术、资讯软文，充分了解公司的真正需求，重点从企业需求入手，想企业所想，急企业所急，充分利用专委会的桥梁作用，为多功能母料行业企业出点子、办实事，为企业发展谋福利；

（7）季德虎会长带领秘书处赴福建师范大学，参加中国再生塑料产业联盟成立大会，多功能母料专委会成为联盟发起单位之一，为中国再生塑料产业贡献了自己的力量。

（8）召开“多功能母料专委会第三届第四次理事扩大会议”，秘书处就2015年年会筹备基本情况向理事会汇报，大会通过了关于推荐昆山科信橡塑机械有限公司为理事单位的提议，同时通过了“关于调整专委会理事、会员年费的提议”。

（9）成功举办“2015年中国塑协多功能母料年会暨创新发展论坛”，此次大会是以“整合资源、创新发展、推动行业战略转型升级。”为主题，参加此次年会的主要领导有中国轻工业联合会副会长兼中国塑料加工工业协会会长钱桂敬先生、中国塑料加工工业协会常务副会长曹俭先生、中国工程院院士瞿金平先生、东莞市凤岗镇人民政府党委罗永林先生、中国塑协多功能母料专委会理事长季德虎先生，大会得到了行业内的一致好评。

（10）开展广泛的《国民经济行业分类》及海关出口编码中重新申请定位归类情况调研，季德虎会长带领秘书处走访部分会员企业，力争全面了解行业内企业面临的实实在在的困难，然后集中优势资源，为整个行业排忧解难。

（11）季德虎会长带领秘书处参加塑料家具专委会年会，会议期间季德虎会长和中国轻工联合会步正发会长就当前经济下行压力下，塑料相关企业改如何进行转型升级进行了深入的探讨，同时季德虎会长与塑料家居专委会领导班子进行交流，相互学习，互相鼓励，争取共同进步。

（12）发展会员149家，其中副会长单位11家，理事单位14家。

总体来说，自换届以来专委会现已进入常态化运转状态，在季德虎会长的领导下专委会各项工作有条不紊的开展，2015年年会的成功举办就是对第三届理事会领导能力的最好证明。同时专委会秘书处也还有很多不足之处，将在2016年继续努力，争取为多功能母料行业做出更大的贡献。

（中国塑协多功能母料专业委员会 季德虎 陈建平 罗子木）

工程塑料

中国塑协工程塑料专委会2015年工作

回顾即将过去的一年，工程塑料专委会在中国塑料加工工业协会的正确领导下，在理事长单位中科院宁波材料所的大力支持下，专委会领导和秘书处同仁，齐心协力、和衷共济，根据年度工作计划，相继完成了以下几方面工作。

一、 发展会员

1.2015年度共发展新会员36家

新会员有：宁波诺沃新材料科技有限公司、宁波慧盛改性塑料有限公司、宁波帅特龙集团有限公司、淮安市腾达塑业有限公司、金旸（厦门）实业有限公司、四川安费尔高分子材料科技有限公司、奉化市旭日新材料有限公司、富强鑫（宁波）机器制造有限公司、广东奇德新材料股份有限公司、烟台正海合泰科技股份有限公司、阿博格机械（上海）有限公司、滨海锦翔化学助剂有限公司、无锡卡尔麦开创罗泰特机械制造有限公司、重庆三弓汽车零部件有限公司、爱丽汶森（北京）材料有限公司、杭州华奥化工科技有限公司、凯赛生物产业有限公司、东风雷诺汽车有限公司、内蒙古东源科技有限公司、岳阳兴长石化股份有限公司、滨州市聚力化工有限公司、天津汇泽精密塑料制品有限公司、无锡灵鸽机械科技有限公司、新秀化学（烟台）有限公司、烟台正海合泰科技股份有限公司、重庆巴王环保新材料有限公司、宁波智远化学集团股份有限公司、浙江创塑正合信息科技有限公司（塑商汇）、上海化宝国际贸易有限公司、海德创业投资（浙江）有限公司　宁波中科智远自动化科技有限公司、宁波创塑正合工程塑料研究有限公司、宁波莫瑞泰商务咨询有限公司、宁波腾兴车联信息科技有限公司、南京科尔克挤出装备有限公司、陕西华拓科技有限责任公司。

2. 截止 2015 年末，共有会员 106 名

中国科学院宁波材料技术与工程研究所姚强研究员、中国科学院化学研究所王德禧研究员、中国科学院宁波材料技术与工程研究所薛立新研究员、中国科学院宁波材料技术与工程研究所郑文革研究员、常州塑料研究所周国成所长、浙江大学宁波理工学院方征平教授、中国塑料加工工业协会塑料助剂专业委员南京出版传媒集团《塑料助剂》编辑部王玮秘书长、中国兵器工业第五三研究所邢德林副所长、深圳市新材料行业协会陈寿会长、中国塑料加工工业协会副理事长、中国塑协改性塑料专委会副理事长、政协平乡县委员会副主任徐同考、四川大学高分子材料工程国家重点实验室王琪主任、中国科学院宁波材料技术与工程研究所朱锦研究员、余姚市永成工程塑胶有限公司赵长法总经理、海天塑机集团有限公司顾建华（技术副总监、技术应用部部长）、海天塑机集团有限公司丁林（技术应用部部长助理）、海尔科化工程塑料国家工程研究中心股份有限公司、深圳市通产丽星股份有限公司、中科智远检测技术有限公司、舟山定海通发机械有限公司、宁波色母粒有限公司、厦门创信元橡塑制品有限公司、一汽－大众汽车有限公司采购供应部非金属材料采购科、宁波巨化化工科技有限公司、江苏联冠科技发展有限公司、上海金发科技发展有限公司、慈溪金岛塑化有限公司、济南圣泉集团股份有限公司、山东必可成环保实业有限公司、浙江中塑在线有限公司、宁波福天新材料科技有限公司、重庆可益荧新材料有限公司、苏州兴泰国光化学助剂有限公司、上海石化西尼尔化工有限公司、中广核俊尔新材料股份有限公司、敦煌西域特种新材料有限公司、宁波锦地工程塑料有限公司、山今化学、金旸（厦门）实业有限公司、宁波奥捷工业自动化有限公司、宁波德力化工科技有限公司、广州市奥海贸易发展有限公司、甘肃圣大方舟马铃薯变性淀粉有限公司、常州兆隆合成材料有限公司、宁波智远新材料有限公司、深圳市华力兴工程塑料有限公司、龙口市道恩工程塑料有限公司、广州呈和科技有限公司、大金氟化工（中国）有限公司上海分公司、南通市东方塑胶有限公司、宁波新芝生物科技股份有限公司、古道尔工程塑胶（深圳）有限公司、库卡机器人（上海）有限公司、宁波诺沃新材料科技有限公司、宁波慧盛改性塑料有限公司、南京聚隆科技股份有限公司、保定市乐凯化学有限公司、宁波大世界家具研发有限公司、奥格斯科技发展（北京）有限公司、浙江前泽嘉盛排水材料有限公司、莱克电气股份有限公司、南通瑞隆新材料有限公司、余姚凡伟工程塑料有限公司、宁波镇海鑫捷聚氨酯有限公司、广东聚石化学股份有限公司、上海合才化工原料有限公司、上海锦湖日丽塑料有限公司、浙江通力改性工程塑料有限公司、宁海县博宇翔鹰汽车部件有限公司、宁波龙洋塑化科技有限公司、上海微谱化工技术服务有限公司、无锡康烯塑料科技有限公司、宁波云升新材料有限公司、上海湘盟化工有限公司、宁波帅特龙集团有限公司、淮安市腾达塑业有限公司、四川安费尔高分子材料科技有限公司、奉化市旭日新材料有限公司、富强鑫（宁波）机器制造有限公司、广东奇德新材料股份有限公司、烟台正海合泰科技股份有限公司、阿博格机械（上海）有限公司、滨海锦翔化学助剂有限公司、无锡卡尔麦开创罗泰特机械制造有限公司、重庆三弓汽车零部件有限公司、爱丽汶森（北京）材料有限公司、杭州华奥化工科技有限公司、凯赛生物产业有限公司、东风雷诺汽车有限公司、内蒙古东源科技有限公司、岳阳兴长石化股份有限公司、滨州市聚力化工有限公司、天津汇泽精密塑料制品有限公司、无锡灵鸽机械科技有限公司、新秀化学（烟台）有限公司、烟台正海合泰科技股份有限公司、重庆巴王环保新材料有限公司、宁波智远化学集团股份有限公司、浙江创塑正合信息科技有限公司（塑商汇）、上海化宝国际贸易有限公司、海德创业投资（浙江）有限公司　宁波中科智远自动化科技有限公司、宁波创塑正合工程塑料研究有限公司、宁波莫瑞泰商务咨询有限公司、宁波腾兴车联信息科技有限公司、南京科尔克挤出装备有限公司、陕西华拓科技有限责任公司。

二、服务会员企业及涉塑单位

（一）充分利用媒体和互联网传播，为会员单位提供服务

（1）《工程塑料通讯》电子期刊在2014年版本基础上，作了微调，增加了“学术交流”这一栏目。为会员企业和专家在学术交流、探讨，提供一个互动的平台。

（2）专业网站建设，经过秘书处的努力，加强网站的维护与内容的及时更新，并通过网站为会员企业提供塑料行业前沿信息。2015年度累计更新内容5600余条，提升了会员企业与专委会之间的互动，目前日点击量已突破2000余人/次，与去年同期比，浏览量增加60%。今年还完成了工信部及中塑协要求，对网站进行区域更改并备案；在中塑协领导的支持下申请并注册成功“中国工程塑料”这一全国唯一性微信公众号，目前正在策划方案，拟于2016年第一季度对会员企业及涉塑单位开放。

（二）为会员单位办实事，服务企业成为企业之友

（1）为落实中塑协钱桂敬会长关于“服务企业，成为企业之友”的指示精神和专委会理事长朱锦研究员的工作要求。在林秘书长的安排下，副秘书处赵明佑和潘伟国于1月29日，陪同专委会智库成员单位，宁波甬致专利代理事务所副所长代忠炯，来到副理事长单位慈溪市山今高分子塑料有限公司。为山今公司申报专利提供服务和支持。

（2）副理事长单位宁波巨化化工科技有限公司，因企业发展需要，急需调研PC行业市场现状，专委会获得这一信息后，主动帮该企业联系同是会员单位的奉化市旭日新材料有限公司，为会员单位之间牵线搭桥，做好服务。奉化市旭日鸿宇有限公司是全国规模最大的专业从事绿色建材PC（聚碳酸酯）阳光板、PC耐力板及PC颗粒板拥有独立进出口经营权的高新技术集团公司。

（三）举办多种形式的论坛、研讨会，为会员单位及涉塑企业搭建学习、交流、宣传平台，做好服务工作

1. 举办第二届国际生物基高分子材料论坛

4月22日上午，“2015第二届国际生物基高分子材料论坛”在山东省兰陵县举行。中国工程院院士薛群基担任本届论坛名誉主席，并为大会致辞。中国塑料加工工业协会常务副理事长曹俭莅临论坛并在会上作了重要讲话。 论坛由中国塑料加工工业协会提供支持；中科院宁波材料技术与工程研究所、山东省兰陵县人民政府主办，中国塑料加工工业协会工程塑料专业委员会承办。论坛以生物基高分子材料为主题，共邀请到来自中国、美国、加拿大、澳大利亚等国内外300多位优秀科学家和企业家代表共同探讨生物基高分子材料最新科研成果及成果转化应用案例。中国塑料加工工业协会秘书长马占峰、副秘书长许琳莅临论坛。

2. 举办首届2015中国国际工程塑料产业创新大会

首届2015中国国际工程塑料产业创新大会9月23日上午开幕式和主论坛在重庆悦来国际会议中心两江厅召开，重庆市委常委、市政府常务副市长翁杰明、中国塑料加工工业协会副理事长曹俭出席开幕式并致词。大会由中国塑料加工工业协会和重庆市经济和信息化委员会联合主办，中国塑料加工工业协会工程塑料专委会承办。中国工程院院士蹇锡高先生担任大会主席。

大会围绕工程塑料“创新与发展”作为主题，共设了一个主论坛“工程塑料技术及产业发展趋势”和4个分论坛：“工程塑料创新技术”、“塑料机械创新技术”、“工程塑料在汽车工业中的应用”、“工程塑料在电子电器工程中的应用”。

大会邀请到瞿金平院士和王德禧、何嘉松等行业资深科研人员，以及美国、俄罗斯、德国、意大利、加大拿、越南、新加坡、日本、台湾等16个国家和地区的行业组织，杜邦、巴斯夫、帝斯曼、俊尔等国内外行业著名企业负责人，工程塑料专委会会员单位，长安、力帆、格力、美的、海尔等工程塑料用户企业共计600余人参加会议。本届大会，无论从规模上和层次上，还是从论坛的质量上而言，都达到了大会预期目的。

会议还签署了“2015中国国际工程塑料创新大会重庆倡议书”，中国、美国、俄罗斯、意大利、日本及中国台湾等国家和地区塑料行业协会代表共同倡议塑料行业“绿色低碳循环发展”的理念。

会议期间，中国塑料加工工业协会秘书长马占峰，中国工程院院士、大连理工大学教授蹇锡高先生，中国塑料加工工业协会工程塑料专业委员会理事长、中科院宁波工研院材料技术研究所所长朱锦研究员，以及帝斯曼工程塑料公司亚太区总裁梁思毅先生，接受中新社、重庆日报、重庆电视台、华龙网等媒体专访。

3. 运营2015中国国际高性能金属材料发展论坛暨模具制造与应用技术研讨会

为促使高性能金属材料与模具产业的互动发展，“2015中国国际高性能金属材料发展论坛暨模具制造与应用技术研讨会”于2015年11月30日在“模具之都”宁波举办。

（四）拜访与接待涉塑企业

林敏刚秘书长接待万马联合控股集团有限公司；邢台市政府参事考察团一行莅临中国塑协工程塑料专委会，参观、考察中科院宁波材料所；工程塑料专委会副秘书长赵明佑、潘伟国，拜访宁波诺沃新材料科技有限公司；专委会副秘书长赵明佑、潘伟国赴江苏昆山，走访仕泰隆国际塑料城和诺旗集团；副秘书长赵明佑应邀拜访宁波南方塑料模具有限公司；赵明佑走访台州双马塑业有限公司；秘书处一行走访宁波力达得为高分子科技有限公司；秘书处接待苏州艾盾合金材料有限公司；秘书处走访宁波汇邦尼龙科技有限公司。

（五）召开第四届常务理事会

2015年4月22日，2015年中国塑协工程塑料专业委员会常务理事会议在山东兰陵举行。20余家常务理事及副理事长单位参加了会议。中国塑协秘书长马占峰、副秘书长许琳出席会议。

会议共有四项议程：①由潘伟国副秘书长作工程塑料专委会2014年度主要工作结和2015年度工作计划的报告；②由工程塑料专委会会展部部长杜明汇报“2015年首届中国国际工程塑料产业创新大会”策划方案；③由工程塑料专委会林敏刚秘书长通报2014年度新加入工程塑料专业委员会会员单位（人）名单；④与会代表对2015年工作计划、“2015年首届中国国际工程塑料产业创新大会”策划方案和工程塑料专委会今后工作内容提出建议和意见并作交流。

秘书长马占峰就本届常务理事会作了总结性发言。马秘书长对本届工程塑料专委会在2014年的工作给予了充分肯定，对2015年工作提出了更高的希望和要求。

三、积极参加中塑协举办的各类会议，传达、落实会议精神、深刻领会内含，指导日常工作

1. 参加中国塑料加工工业六届五次理事会议

中国塑料加工工业协会六届五次理事会扩大会议暨塑料加工业技术应用论坛于2015年5月19日在广州召开。

六届五次理事会扩大会议审议通过了《2014年中国塑协工作报告》、《中国塑料加工工业协会2014年度会费收支报告》；审议通过了《新增会员单位的议案》，《增补理事、常务理事、特邀副理事长的议案》以及《陈士能、廖正品等同志不再担任中国塑料加工工业协会第六届理事会名誉理事长的议案》。听取了《中国塑料加工工业协会分支机构管理办法》的修订说明并通过了《中国塑协分支机构管理办法（修订稿）》，同意将此修订稿提请中国塑协第七届会员代表大会审议通过；对专利工作先进企业进行了表彰，宣布了2014年第二批中国塑料行业信用等级评价企业名单并举行颁牌仪式。

2. 参加开2015年度中国塑协分支机构秘书长工作会议

（1）学习国家有关行业协会改革的相关政策；

（2）听取中塑协关于2015年工作和2016年工作安排；

（3）听取中塑协结合本行业情况提出中国塑料加工行业“十三五”规划的具体意见和建议；

（4）听取中国塑协就2016年中国塑料展的相关事宜情况介绍。

四、加强与兄弟协会的横向联系，参加各地塑协和中国塑协分支机构活动

春节前夕，工程塑料专委会副秘书长赵明佑、潘伟国，拜访宁波塑机协会历任秘书长；赵明佑拜访宁波市玩具和婴童用品行业协会胡天明秘书长；参加首届（宁波）国际热塑性弹性体技术与市场高峰论坛；中科院宁波工业技术研究院材料技术研究所所长，中国塑协工程塑料专业委员会理事长朱锦研究员应邀出席本届会议；参加中国塑协家居专委会年会；参加第十七届中国塑料博览会。

五、其他活动

（1）参加中国西部（重庆）塑料生态产业园授牌仪式，并组织部分企业参加项目签约、项目开工系列活动。

（2）参加中国西部塑料产业集群发展高峰论坛。(4月27～28日)。

(3) 参观广州雅式国际橡塑展，加强与企业的互动。（5月20～23日）.

(4) 接洽重庆市经信委，支持中国西部（重庆）塑料生态产业园招商事宜；2次组团业内意向企业赴重庆市梁平县投资考察。(6～8月）；

(5) 运营中国生物基高分子产业技术创新联盟筹备会.4月22日，中国生物基高分子产业技术创新联盟筹备会在山东兰陵胜利召开。本届筹备会由中科院宁波材料技术与工程研究所、中科院长春分院和吉林省发展和改革委员会牵头组织。中塑协工程塑料专委会策划及会务运营。

（ 中国塑协工程塑料专业委员会　郑静 ）

塑木制品

中国塑木产业的最新发展动态

塑木复合材料（WPC）是一种由塑料与植物纤维复合而成的新型材料，其中产量最大的是以PE和PVC树脂为基材的复合材料。PE基塑木复合材料具有优良的耐老化性，主要用于户外装饰材料。PVC基塑木复合材料重量轻、尺寸稳定，但耐候性相对较差，大量用于室内装饰材料。PE基塑木复合材料易加工、防水、不腐烂、不退色、不长霉，可以像木材一样加工、安装。与塑料相比，产品外观更像木材。但是与木材相比，塑木复合材料体现的更多是塑料的物性，比如热胀冷缩、易发生蠕变，而且密度远比木材大（PVC发泡的除外）。因此，在安装使用过程中，要特别注意。

塑木复合材料是近十年开始大量兴起的一种新型材料，在“十二”五期间，得到了飞速发展。一是产品的性能得到了大幅度的提升，在一些新的工艺技术、新的原材料、机械模具、后加工手段等方面都取得了巨大的进步，极大的促进了产品在力学性能、耐侯性、外观等方面的提高。二是市场方面得到了快速发展，整个行业进入了快速成长期，产品以其独有的优势，得到了广大消费者的认可。特别是在一些市政园林、房地产项目、旅游项目以及家庭装饰等方面都深受用户喜爱。三是国家加大了对塑木复合材料政策方面的支持，先后出台了一系列的科技研发、税收等方面的政策。四是产品的标准日益完善。五是在一些新产品开发、新设计研究方面取得了长足的进步，使我国的塑木复合材料制造技术，走上了国际先进水平，大大增强了产品的国际市场的竞争力，使我国成为全球第一大塑木复合材料生产大国。

后续仍要继续努力解决产品的蠕变、热膨胀等问题，并且进一步提高产品的耐候性、做到产品的轻量化，开发、完善与产品安装使用的配件。

目前国内上规模的塑木复合材料生产企业都以出口为主，主要的市场在欧洲。北美市场是最早发展起来的，但进入门槛较高。亚洲及其他地区近年来发展最快。

与国际市场相比，国内市场也在快速增长，但是国内销售在出货量方面远不如出口。主要原因有以下几点：一是国内市场以工程建设项目为主，要求交期短、产品种类多。而国外市场以建材超市销售为主，一次性铺货量大，销售的产品种类稳定。二是国内销售饱受低价格竞争的影响，容易陷入低价格、低质量的恶性循环。三是国内销售货款回收难、回收慢。

“十三五”期间将是塑木复合材料继续快速发展是时期。产品更家成熟、丰富，一些新产品如PE共挤包覆产品、PVC发泡快装墙板等等推出，将带动整个行业更快发展。国际市场上中国制造的塑木复合材料将占据更大的市场份额。

在过去的一年里，整个行业主要有如下新的动态：

一、市场方面

虽然国内经济形势仍不乐观，但塑木行业整体仍呈快速增长的状态。随着行业人士的大力推广、各级政府的支持，塑木产品受到全社会的普遍认可，应用越来越广泛，国内市场销售额年增长在20%以上。

外销方面，自2015年下半年开始，根据国内主要出口企业、国外主要采购商以及原料供应商反馈的情况，综合分析来看，国际市场走出前两年的相对停滞状态，出现较大的增长，至2016年上半年，预计整个年度增长率在30%左右（外销年度从2015

年下半年至 2016 年上半年为一个销售年度）。这个销售年度 PE 基塑木复合材料总的出口量约为 40 万吨。预计 2016 至 2017 年度的国外订单量仍会保持约 30% 的年增长速度。

二、行业规模

到目前为止，国内 PE 基塑木复合材料的生产厂家约为近 200 家，

其中 2016 年新增 25 家左右。年出货量在 2 万吨左右的约 5 家，1 万吨左右的约 15 家。PE 基塑木复合材料总的产能超过 100 万吨。

从 PE 基塑木制品企业数量的分布来年看，长三角地区占了约 50%。近年来，其他地区发展也较快，特别是西南、西北地区，新增制品企业较多。

三、产品结构及新产品开发

过去的一年里，新的产品开发发展较快，各制品生产企业普遍加大了新产品开发力度，在展会上可以看到，相当多年企业推出了自己特色的新产品，这是行业比较喜人的状况。

为了更好地提升产品的性能与外观，表层包覆工程塑料技术、在线压花技术的运用，促成了第二代 PE 基塑木复合材料的产生。随着以美新、森泰、华龙、禾隆、华邦为代表的一些行业龙头企业的研发、大力推广，第二代 PE 基塑木复合材料将会大量取代第一代产品，并且使我国的塑木复合材料达到国际先进水平，与美国等国家处于同一起跑线。发泡加共挤技术，将是未来 PE 基塑木复合材料的发展方向，解决产品的轻量化问题，大大提升耐候性，并降低原料配方成本。PVC 快装墙板从 2015 年开始推出，产品价格低、安装方便快捷、外观精美，这一产品得到了高速发展，将带来室内装修行业的一次革命。

未来我国塑木复合材料的生产企业应该在占领欧洲市场的同时，在国际上大力开拓亚洲、南美等新兴市场。一些企业应紧跟塑木复合材料的发展方向，积极研发新产品，并加强市场推广力度。

中国塑料加工工业协会塑木制品专业委员会成立于 2007 年，现有一百多家会员单位，覆盖了原料、机械、模具、制品、检测、设计应用以及研究机构、大专院校等产业的上、下游。未来塑木专委会将在如下几方面开展工作：

（1）紧跟国际塑木产业的发展方向，紧贴市场，引导企业技术进步。在新产品开发、新原来选择、新结构设计、新市场拓展等方面，给会员企业更多的指引，努力引导会员单位产品升级、提高生产效率、提高合格率、加强节能降耗工作。

（2）继续完善标准建设工作，鼓励会员企业提高产品质量，为社会提供更好的产品。

（3）针对近年来不断出现的国际、国内专利纠纷，引导会员单位加强知识产权保护，维护会员单位的基本权益。同时，引导会员单位规避专利风险，尊重他人知识产权。

（4）指引会员充分利用好国家对塑木这一环保产业出台的各项优惠政策。

（5）加强国际交流，办好一年一次的中国塑木国际高峰论坛，提升中国塑木的国际地位。

塑木行业正处于历史上最好的发展时期，中塑协塑木专委会将带领全体会员单位，加快转型升级，为塑木产业的发展做出新的贡献。

（中国塑协塑木制品专业委员会 余继春）

专家委员会

一、2015 年中国塑协专家委员会工作概述

2015 年全年，中国塑协专家委员会继续本着为企业服务、为行业服务的宗旨，保持与专家们的联系，完成了日常的《专家通讯》的编写发放、专委会微信平台的建立及信息推送、新专家的吸纳、年度会议的组织、准备行业企业科技咨询、帮助企业立项、评审和科技成果鉴定、推广、组织技术交流合作、为地方塑料行业发展和企业发展服务等工作。

1. 组织开好专家委员会年会

2015 年 10 月 22 ～ 24 日，中国塑协专委会在山东济宁组织召开了“2015 塑料新材料、新技术、新成果交流暨中国塑协专家委员会三届三次会议”。会议由中国塑协专家委员会、山东通佳机械有限公司承办，北京化工大学协办，《中国塑料》、《工程塑料应用》、《塑料》、中国聚合物网支持，济宁中艺橡塑有限公司、山东莱芜新甫冠龙塑料机械有限公司、爱丽汶森（北京）材料有限公司、四川中装科技有限公司、广东正茂精机有限公司、宁波

格林美孚新材料科技有限公司赞助。

来自全国塑料加工相关的高校、研究院所及生产企业的专家、代表 188 人注册（实际约 240 人）参加会议。中国轻工业联合会副会长、中国塑料加工工业协会钱桂敬理事长，中国塑料加工工业协会曹俭常务副理事长、马占峰秘书长、中国塑协专家委员会廖正品名誉主任、专家委员会王德禧主任出席了会议。

开幕式由中国塑料加工工业协会副秘书长、中国塑协专家委员会秘书长田岩主持。

济宁国家高新区技术开发区主任尤卫平首先致贺辞。他介绍了集国家科技服务体系、创新型产业基地联盟、知识产权试点园区三特点的济宁国家高新区的优越创新创业环境，介绍了山东通佳机械有限公司在高新区的地位和取得的成绩，代表高新区党工委管委会对会议的召开和代表们的到来表示热烈祝贺和诚挚地欢迎与感谢。

承办单位代表山东通佳机械有限公司董事长张建群致欢迎词。他向大家介绍了公司的发展情况及特色技术，对承办本次会议及专家代表们的到来表示感谢，愿为中国塑料加工业的结构优化、转型升级，为创建国内规模最强、技术领先、国际一流的塑料机械产业集团，实现我国塑料工业从大到强的目标做出更大贡献。

专家委员会王德禧主任简要回顾了专家委员会上一年度的工作，分析了当前塑料加工行业的形势，指出专家委员会如何配合行业“十三五”发展规划的制定，以创新技术驱动塑料产业发展、为企业适应形势，顺利实现调结转型，献计献策是大会的中心议题。

中国轻工业联合会副会长、中国塑料加工工业协会钱桂敬理事长讲话并做“关于塑料加工行业‘十三五’技术进步发展方向的思考”报告。他在报告中分析了塑料加工行业在“十一五”、“十二五”及“十三五”各阶段分别为高速发展期，增长放缓、效益下降、产品结构不合理和优化结构、转变方式的创新驱动发展阶段的特点，指出“十三五”是塑料加工业由大变强的重要时期，这期间塑料加工行业将面临难得的产业升级的发展机遇和严峻挑战。他提出“十三五”期间塑料加工行业的主要目标、主要任务、主要措施以及发展重点，为行业制定“十三五”规划和今后的工作指明了方向。最后，钱桂敬会长对中国塑协专家委员会多年来在王德禧主任带领下致力于塑料加工业的研究开发和科技成果产业化所做的工作给予了高度的评价。他希望广大工程技术人员和企业家在“十三五”这个塑料加工业进入创新驱动发展的新阶段，充分发挥创造精神，进一步发挥专家团队的重要作用大展宏图。对专家委员会的工作，他提出：要成为科研成果转化的推动者、促进者，打造成果转化平台；要成为国内外技术交流和合作的组织者，打造交流合作平台；要成为行业面临重大、关键共性技术和核心技术攻关的组织者，打造重点跨子行业的技术攻关、联合攻关、协同创新平台；要成为新技术、新工艺、新装备、新材料的推广者，打造“四新”推广应用平台的四点建议。他还建议专家委员会根据行业急需和各位专家特长，组织若干工作组开展工作，加快“四个平台”建立，为各位专家提供服务平台。钱会长的讲话，理清了行业的现状和形势，明确了今后工作的任务方向，给与会专家们极大的鼓励和鞭策，也让大家感受到自己对行业所负的责任。

会议的技术交流环节分别由专家委员会副主任委员，教育部长江学者 - 北京化工大学杨卫民教授、清华大学于建教授、北京航空航天大学詹茂盛教授主持。

中石化首席专家、中石化北京化工研究院乔金樑副院长、中国塑料机械工业协会粟东平秘书长、中国塑协专家委员会王德禧主任、香港科技大学高福荣教授、中科院宁波材料技术与工程研究所材料技术研究所朱锦所长、教育部长江学者 - 清华大学石高全教授、华东理工大学谢林生教授、北京化工大学机电工程学院副院长吴大鸣教授、四川大学卢灿辉教授、北京化工大学 - 长江学者杨卫民教授、北京理工大学化工与环境学院王建博士、山东通佳机械有限公司李勇副总经理、宁波格林美孚新材料科技有限公司秦柳总经理、中国科学院宁波材料技术与工程研究所翟文涛研究员、山东永健机械有限公司杜永胜总经理、北京化工大学谢鹏程教授、北京化工大学苑会林教授共 17 位专家分别作《合成树脂的技术创新及展望》、《中国塑料机械工业发展现状与创新趋势》、《3D 打印及其他创新技术应用进展》、《模塑智能 - 塑胶工业 4.0 的发展之路》、《生物基高分子材料最新进展和展望》、《化学修饰石墨烯的可控制备及应用》、《基于混沌流动的高效低耗连续混炼装备的开发与工程应用》、《聚合物微纳尺度制造技术》、《纳米纤维素及其复合材料技术、应用和产业化现状》、《注塑成型创新技术进展》、《单聚合物复合材料的制备》、《模内熔体编织挤出网片与生物基高分子轻量化成型技术应用》、《新型TPU微孔粒子的应用研究》、《超轻、超强韧气凝胶功能材料制造及应用技术进展》、《多功能和灵活运行的双拉膜试验线的特点及其应用》、《石墨烯镀层辅助快变模温与熔体微分3D打印技术研究进展》、《塑料改性与新产品开发》的主题报告。新鲜的内容、精彩的演讲，吸引了到会的专家、代表们，自始至终240余人的会场基本座无虚席。参会代表纷纷表示收获很大，有专家感言到：“专家也需要不断补充新知识！”

中国塑料加工工业协会曹俭常务副理事长做会议总结讲话。他赞扬会议开得成功，认为会上专家的报告和论文集中论文的水平高、对塑料加工行业具有指导意义，起到了引领和指导行业的作用。他说中国塑协专家委员会专家们肩上的责任重大。2015年是改革开放以来国内经济增速最缓慢的一年，国家提出“全民创业、大众创新”，给塑料行业的专家提出了更重要、更艰巨的任务和题目，就是如何在塑料加工业从发展期到成熟期的过程中，利用高端的技术和科研成果指导行业发展。他希望在座的全国塑料加工行业的顶级专家——各大专院校的教授和科研单位的专家们，光有自己的创新和成果不并不够，更重要的是要产业化，要把科研成果、创新项目应用到塑料加工行业上来。希望专家们经常走出去，与塑料加工企业结合。目前塑料加工规模以上企业11.5万家，工商注册的1.4万亿家，未登记的30万家，这么多的塑料加工企业，要靠在座的行业顶级专家们去引领，把先进成果、科技项目转化到企业，实现产业化和转型升级。最后，他代表中国塑料加工协会对会议的成功召开表示祝贺，对来自全国各地的专家、代表们的积极参会表示衷心感谢。

年会《论文集》共收录塑料加工相关论文、报告41篇，计17万多字、520页。

会议期间还举行了2015年新聘专家聘书颁发仪式，通过了增补翟文涛、秦柳为中国塑协专家委员会副秘书长的决议。

2. 组织召开企业专家产学研座谈会，为地方政府、企业与行业专家的合作交流搭建平台、提供服务

2014年底至2015年初，专委会专家参加重庆梁平“中国西部（重庆）塑料生态产业园”项目的考察、评审等工作，为地方的塑料产业发展出谋划策。

2015年10月，专委会组织包括钱桂敬、曹俭理事长在内的23位行业专家，参加山东通佳机械有限公司的专题座谈会，为企业发展把脉、出谋划策。24日，又请参加专家委员会年会的专家学者和企业代表120多人集体参观、考察了山东通佳机械有限公司位于济宁高新区的两个厂区包括塑木、发泡、注塑、中空、土工网、缠绕管等多条塑机制造生产线，为企业在行业中提高知名度、寻找合作伙伴助力。

2015年11月，应山东省沂源县政府邀请，专委会组织秘书处及相关专家10人前往该县，考察当地的高分子材料生产企业及产业发展环境、条件，与县委、县政府及企业家30多人进行了座谈，就帮助该地发展塑料加工产业并进行产学研联合进行了商谈，提出了许多意见建议。

此外，还与陕西延长石油公司等单位就建设塑料新材料工业园区提供技术、项目支持等进行了接触洽谈。

3. 建立专委会微信平台、整合专委会网站

为了充分发挥专家委员会的技术优势，更好地为行业和企业服务，促进塑料产业技术进步与发展，使行业相关企业与专委会、专家更好、更快地沟通，专委会建立了微信公众平台于10月10日开始正式运行，坚持推送行业最新科技、政策动态等信息，为专家和行业服务，同时将网站与微信平台关联，让大家可以随时登陆专委会网站了解更多相关信息。截止到2015年年底完成推送42次，共155条信息，其中科技信息136条，行业动态信息18条。

4. 搞好专委会组织建设

（1）经王德禧主任提名，秘书处增补翟文涛、秦柳两位行业中业绩突出的年轻科技人员为专家委员会副秘书长，加强了秘书处力量；

（2）秘书处增设了专委会专用邮箱，并整理、联系了第一、二、三各届专家的邮箱、电话等联系方式；

（3）专家聘任2015年专委会确认、新聘专家64人，自2013换届后截至2015年底，除去2位专家因部队要求暂时退出外，第三届专家委员会聘任专家人数已达407人。

5. 组织相关节能技术的评价及节能试验的推广

落实协会领导加强塑料行业节能减排工作的要求，在协会相关产业中推荐、推广能效管理系统和电磁加热技术，推进行业节能生产工作。

6. 做好专家委员会日常工作

专家委员会还努力做好行业企业的科技咨询工作、出版内部交流刊物（一年六期－双月刊）的“专

家委员会通讯"、帮助组织企业参加斯坦福大学培训、帮助企业立项、评审和科技成果鉴定、技术人员合作培训等工作。

二、专家委员会推荐的塑料加工相关科技信息

（一）3D 打印技术应用进展

2015 年 3D 打印产品和服务增长了 26%，价值接近 52 亿美元，预计到 2025 年 3D 打印技术可能会产生每年高达 5500 亿美元的经济影响力。

1. 台资企业在大陆推广 3D 打印技术

据台湾震旦集团 3D 打印事业部介绍，自 2012 年以来，他们整合了美国、以色列、德国、英国等国家的 3D 打印先进技术和优势资源，开展技术应用研发和转化，为各个领域的企业和研发机构提供全套的 3D 打印解决方案。震旦集团已经在上海、北京、无锡、江门建立了 3D 打印创意设计、技术应用与推广服务中心。让全球领先的 3D 打印技术成果在国内落地，让 3D 打印技术真正转化成生产力。

（信息来源：重庆日报）

2. 深圳光韵达光电科技股份有限公司 3D 打印技术

光韵达工业 3D 打印区别于其他 3D 打印技术的奥秘就在于工业二字，工业 3D 打印的产品质量达到了工业级应用等级，塑料产品接近于注塑水平，而金属产品接近于锻件水平。他们在激光尼龙粉末烧结（SLS）和金属粉末激光烧结（SLM）的技术工艺上有着深厚的技术积累和丰富的成功应用案例。

光韵达工业 3D 打印与同济大学合作的 3D 打印赛车中采用 3D 打印技术完成了 362 件零部件的制作，占赛车机械结构零部件比例高达 30% 左右。采用光韵达 3D 打印技术完成的零部件，在成型过程中，不必像 SLA 工艺那样额外设计支撑工艺结构，而是由未经烧结的粉末对模型的空腔和悬臂部分起着支撑作用，直接一体化成型。使用光韵达 3D 打印技术制作的零部件后，同济大学这辆编号为 E11 的赛车，其总重量由原先的 440kg 减少至 306kg，实现了轻量化减重效果。

（信息来源：中国新材料网）

3. 以色列初创公司的基于液态金属的喷墨 3D 打印新技术

2016 年 6 月 1 日，在上海的第四届世界 3D 打印博览会的交流论坛上，以色列的初创公司分布了一种喷射成型的新型金属 3D 打印技术 -XJET。在"全球 3D 打印企业估值排行榜"中位列第 7 名。这种技术之所以独特是因为采用的原理和材料与普通金属 3D 打印工艺都不相同，并非使用激光烧结金属颗粒粉末，而是喷射含有金属纳米颗粒的墨水。这种方式带来的好处之一就是能使用普通的喷墨打印头作为工具。当打印完成后，构建室会通过加热将多余的液体蒸发，只留下金属部分。独特的支撑材料是这种技术的另一个亮点，这种方法不但更容易实现，能显著减少浪费，从而降低成本。这种纳米颗粒喷射技术每秒可沉积的液滴数量达到了 2.21 亿。这与惠普的多射流熔融（MJF）3D 打印技术类似。

（信息来源：世界 3D 打印技术产业协会）

4.3D 打印碳纤维增强纳米复合材料的产业化

由北京纳盛通（NST）新材料科技有限公司、北京热塑性复合材料工程技术研究所，碳纤维复合材料创新中心与法国洛林大学，法兰西大学科学院院士，胡国华教授合作自主创新研究和开发的可用于工业零部件直接智能制造的 3D-FDM(FusedDepositionModeling) 打印技术 2015 年 11 月获得成功。

这是继美国、德国、英国、日本之后具有的新型超轻量化、高强度、耐高温、耐磨损、耐腐蚀的工业级别 3D 打印增强耗材在中国实现了产业化，它在航空航天、新能源、汽车、高铁、机械、医疗、电子电器、体育器材等行业具有广泛的应用前景。

（信息来源：慧聪塑料网）

5.Stratasys 新产品 J750 3D 打印机

全球唯一一款可一次性打印全彩、同时使用 6 种材料打印出彩色对象，最多可实现 36 万种颜色的 3D 打印机。其特点是：①．无与伦比的产品真实感；②．最大的多功能性；③．快速高效的工作流程；④．迅速获得投资回报。作为一款多用途的 3D 打印机，它能够制作生产工具、模具、教学用具及其他模型，真正将 3D 打印的多功能应用推向新的高度。

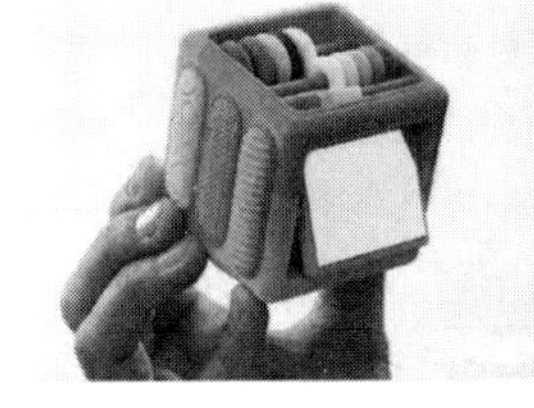

这个逼真的运动鞋原型由Stratasys J750 3D打印机一次性打印而成 -- 实现了全彩、表面平滑及类橡胶鞋底的效果。

该打印机在短时间内就可以制造全彩的完整产品原型，甚至包含多材料、纹理和渐变。使其复杂的产品迭代过程耗时仅仅几个小时，单位成本从700美元缩减至200美元。

通过演讲使听众了解为什么说集多功能、多用途于一身的Stratasys J750 3D打印机对于众多机构和企业而言都是完美的选择。

（信息来源：中关村在线）

6. 科学家用等离子体打印纳米材料

美国开发了一种利用等离子体将纳米材料打印到诸如纸张或衣服等三维物体或柔性表面上的方法。这种技术能使制造像可穿戴化学和生物学传感器一样的设备、柔性存储设备和电池以及整合电路变得更加简单、廉价。等离子体方法能在不高于40摄氏度的温度下工作。“你可以利用它，在纸张、塑料、棉布或任何一种纺织物上进行打印”。来自美国宇航局(nasa)艾姆斯研究中心的meyyameyyappan表示，“它非常适合软性基材”，同时该方法并不需要将打印材料变成液体。

（信息来源：中国科学报）

7. 德国Indmatec公司推出第二代PEEK 3D打印机-HPP 155

这台FDM 3D打印机与与SLS 3D打印机或者其他性能更强的机器对比毫不逊色。

目前这款新机器已经上市，并配备了升级的Expert Version软件，该软件可以让用户自由更改所有65个3D打印参数。由于该Expert版软件包并非标配，所以HPP 155的正常版本只适于PEEK。

另一家德国公司Magma Global使用Victrex公司的PEEK热塑性复合材料和激光烧结3D打印技术，打印出了可在石油和天然气行业中石油的挠性M-Pipe管道，连续3D打印长度可达4000米，这种M-Pipe管道能够部署到10000英尺的深度，可大大提升油气生产效率。目前已成为海底勘探和油气生产设备的一家领先供应商。

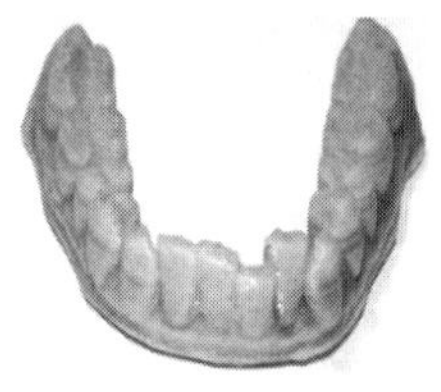

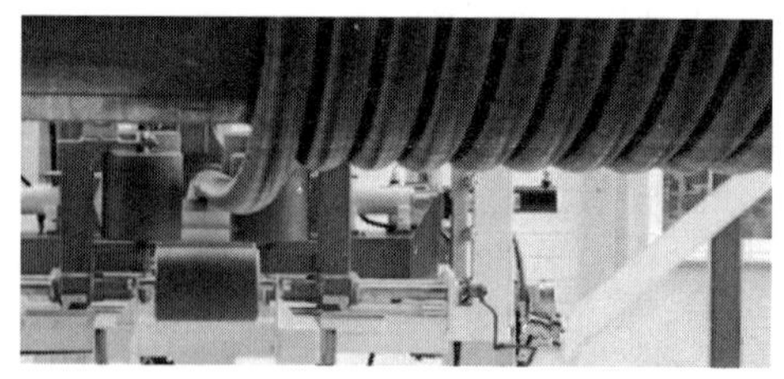

PEEK是尖端科技领域中最重要的高分子材料材料之一，成型加工困难是公认的事实。3D打印技术的突破对特种高分子材料的应用具有划时代的意义。

（信息来源：3D打印资讯）

8. 中国科大3D打印实现快速、廉价制造大物件技术

一直以来，3D打印机打印尺寸有限，无法直接打印体积较大的物体。中国科学技术大学组织的研发团队将3D物体模型设计为内部的凸多面体粗略部分及外部的精细部分，内部的凸多面体由多个激光切割板块组装而成，并通过三维自锁机制连接成稳固的内部支撑结构；外部的精细部分被剖分成多个部件，并用3D打印机分别制造出来，然后贴附到内部支撑结构上以保证物体表面的细节外观。

该方法比目前简单的分块打印方法节省60%的材料成本和制造时间，并使得制造出的物体满足所要求的连接强度、整体平衡性及可打印性。

（信息来源：中青在线－中国青年报（北京）

（二）*石墨烯应用技术*

石墨烯是一种纳米级新材料，具有透光性好、导热系数高、电阻率低、电子迁移率高、高机械强度特点，能在诸多应用领域取代原有材料发挥高效性能，因而已经取代硅，成为“21世纪新材料之王”。

以石墨烯为代表的新材料已经纳入“十三五”国家战略性新兴产业发展规划中。石墨烯作为重要的新材料，在智能手机、新型显示、锂离子电池、太阳能光伏等电子信息行业多个重要领域应用前景广阔。2015年3月初全球首批3万部量产石墨烯手机在重庆发布，开启了石墨烯产业化应用的新时代。是一种采用最新研制的石墨烯触摸屏、电池和导热膜的新型手机，具备了更高的触控性能，更长的待机时间和更优的导热性能。

1. 石墨烯再获突破，未来有望充电10分钟跑1000公里

2016年 7月8日，世界首款石墨烯基锂离子电池产品 在北京发布，首款石墨烯基锂离子电池产

品由国内上市公司推出，并命名为“烯王”。该产品性能优良，可在 -30℃～ 80℃环境下工作，电池循环寿命高达 3500 次左右，充电效率是普通充电产品的 24 倍。石墨烯将取代硅，为世界电子科技开创一个崭新的时代。石墨烯手机充电时间只需 5 秒，电池就满档，可以连续使用半个月。石墨烯电池只需充电 10 分钟，环保节能汽车就有可能行驶 1000 公里。

批量化生产和大尺寸生产是阻碍石墨烯大规模商用的最主要因素。而我国最新的研究成果已成功突破这两大难题，制造成本已从 5000 元 / 克降至 3 元 / 克，解决了这种材料的量产难题。

（信息来源：中国科技日报）

2、6 分钟充满 -55℃也好用跑 300 公里没问题

2016 哈市南岗区石墨烯产业招商项目集中签约仪式上，在新能源新材料领域拥有技术优势的北京中博鑫源科技股份有限公司携手 8 家石墨烯生产及营销企业进驻南岗区新材料工业园区，将投资 186.1 亿元共同构建南岗区石墨烯新能源新材料产业基地。

打造快充 6 分钟充饱新能源电动车产业，6 分钟就能充满电，并行驶 200 至 300 公里。石墨烯材料类电池不仅充电快，还具有耐寒性，-55℃也能使用，而且可以充电 30000 次，能使用 20 年。

（信息来源：人民网 - 黑龙江频道）

3. 清华大学石高全团队研制的具有三维长程有序微观结构的石墨烯气凝胶

该团队利用自己开发的碱诱导石墨烯液晶制备技术，可使石墨烯在低浓度下形成高取向的向列相液晶，在此基础上制备的石墨烯气凝胶具有高取向同心圆结构，显示了良好的压缩回弹性，可以定量传感 0.5% ～ 60% 的形变。

（信息来源：环球网）

（三）纳米材料应用技术

1. 超顺排碳纳米管材料 引发全球轰动

0.3 毫米厚、0.5 克重的这样一张薄膜，经过加工可制成 2000 张手机触摸屏 --- 这就是足以引起一场材料革命的超顺排碳纳米管阵列薄膜。生产这种“碳丝绸”的世界上首条生产线，落户在中关村怀柔园。

这项成果源于中国纳米科技领军人物、清华—富士康纳米科技研究中心主任范守善院士团队的技术发明成果——超顺排碳纳米管阵列。

该成果一问世即引起了全球广泛关注。超顺排碳纳米管阵列是一种生长在衬底上，具有高纯度、高质量、定向排列的新型碳纳米管材料。该材料除了质量远高于其他种类的碳纳米管以外，还有一个极具吸引力的特点，即可以如抽丝剥茧一般纺成长线，抽成薄膜，工艺简单，易于规模化。

纺出的长线和薄膜材料可用于制造具备纳米材料优异性能的电子、机械产品，在微同轴电缆、触摸屏、薄膜扬声器、柔性加热膜、催化剂载体薄膜、离子薄膜电池、超精密机械部件等诸多领域都具有极其广阔的应用空间。

这种碳纳米薄膜，目前在全世界只有中国能生产制作。虽然一期厂房只有 3000 平方米，但四年内年产量将达 1.8 亿片，年产值近 10 亿元，产生的经济效益不可估量。

（信息来源：经济日报）

2. 2016 年首批通过新国标净化器品牌产品

二马科技与浙江大学苏州工业技术研究院达成战略合作协议，就室内空气净化技术产业化、市场化展开无缝对接与合作。技术团队由中国著名的空气治理专家吴忠标教授领航，团队研发的 1D-CATA 核心技术，突破了国内外空气净化器吸附过滤的传统技术，达到了世界级的先进水平。

2015 年 11 月，二马科技产品通过国家室内车内环境及环保产品质量监督检验中心测试，达到并超过了新国标。同年 12 月，二马科技在全国 500 多个品牌的角逐中脱颖而出，一举斩获“2016 年首批通过新国标净化器品牌”，并在除甲醛、苯等有机气体领域遥遥领先。

（信息来源：中国经济网）

3. 纳米尺寸超高透气膜材料制备及应用

四川大学卢灿辉教授研发团队开发的纳米尺寸高填充超高透气膜材料已经列入国家发改委 2016 ～ 2017 年重大产业化支撑项目。

4. 澳纳洁纳米多功能生态洗衣片

澳纳洁纳米多功能生态洗衣片通过了中国环境科学学会组织的成果鉴定。与会专家一致认为，这

项获得国家发明专利的产品，采用了最新纳米技术，大幅提高产品去污能力，具抗菌、防霉、不伤织品和皮肤等特点。

经权威机构检测证明，与传统方式相比，用其洗衣物至少可节约一半用水量；洗衣废水排出一周后，生物降解率达98.2%，大大减少了对环境的污染。即一片洗衣片（3.3克）可机洗3千克多衣物，节水减排效果极为显著；由于是干物质状态，体积轻巧，携带方便，大幅降低运输等成本。

据统计，北京每年洗衣用水量超过8亿米^3。如全部采用该浓缩型洗衣片，仅北京每年就可节约200个昆明湖的水量。

（信息来源：中国科技日报）

5. 空气净化专用抗菌型熔喷非织造材料

由海宁市卫太生物科技有限公司自主研制的“空气净化专用抗菌型熔喷非织造材料”在北京通过科技成果鉴定。专家一致认为，作为国内外首家研发的具有抗菌性能、低阻和高效型熔喷非织造材料，该项目制备工艺达国际先进水平。

以此材料为核心的“智洁”品牌抗菌防雾霾口罩，已在北京地铁14号线方庄站等地成功销售。当前公众所用的口罩等产品基本不抗菌。“空气净化专用抗菌型熔喷非织造材料”不但能高效过滤净化空气，还具有良好抗菌性，可保护公众身体健康。

（信息来源：新华网）

6. 新型复合材料可高效清除持久性水污染物

合肥工业大学近日成功制备出一种新型硼氮改性铁包覆碳纳米管磁性复合材料催化剂。利用新型催化氧化反应体系生成的高活性自由基基团，可高效去除有机污染物，解决了水处理中污染物难以深度清除的难题。

合肥工业大学化学与化工学院副教授姚运金及其课题组创新性地构建了新型类芬顿催化氧化反应体系，以三聚氰胺等常见廉价试剂为原料制备的新型硼氮改性的铁包覆碳纳米管磁性复合材料，对持久性有毒污染物呈现出显著的去除性能。实验结果表明，针对目前广泛存在的各种有机污染物，与传统芬顿反应体系相比，这一新型材料使污染物分解速度提高了10～100倍。同时，该新型材料的制备采用一步煅烧技术，金属离子还原、金属纳米粒子碳包覆以及非金属元素掺杂改性等有机污染物的清除过程均在同一设备中实现，从而克服了传统热解法制备工艺复杂、还原处理风险较高以及非金属元素改性效果不佳等技术缺陷。

（信息来源：中国日报网）

（四）碳纤维及其复合材料应用技术

2020年，每辆汽车塑料的使用量将由2014年的200千克达到350千克。同时，碳纤维在汽车制造市场中也将呈现三倍的增长，2013年碳纤维在汽车制造业的用量是3400吨，预计到2030年，汽车制造业碳纤维使用量将增加至9800吨。当前碳纤维应用主要问题集中在，提高质量，降低成本和解决碳纤维应用中的关键性、共性技术难点。

1. 中国的M55J级高强高模碳纤维国产化制备技术处世界先进水平

中科院宁波材料所特种纤维事业部在高强高模碳纤维国产化制备技术领域取得了重大突破，制备得到的高性能碳纤维拉伸强度为4.86吉帕、拉伸模量为541吉帕，在模量达到国外同类产品性能（540吉帕）的同时，拉伸强度远优于国外产品（4.02吉帕），从而打破了国外在该领域的垄断并填补了国内技术空白。

一直以来，高强高模碳纤维的核心制备技术被国外少数几家公司垄断，如日本东丽公司除拥有成熟的T800、T1000等高强中模级碳纤维产品外，还拥有M40J、M50J、M55J、M60J等高强高模级碳纤维产品。鉴于高强高模碳纤维在国防领域的重要意义，其制备技术一直对国内封锁，而其产品也对国内禁运。

目前，宁波材料所已经具备M40J、M46J、M50J级产品连续稳定生产能力，并形成了M55J级高强高模碳纤维制备技术.

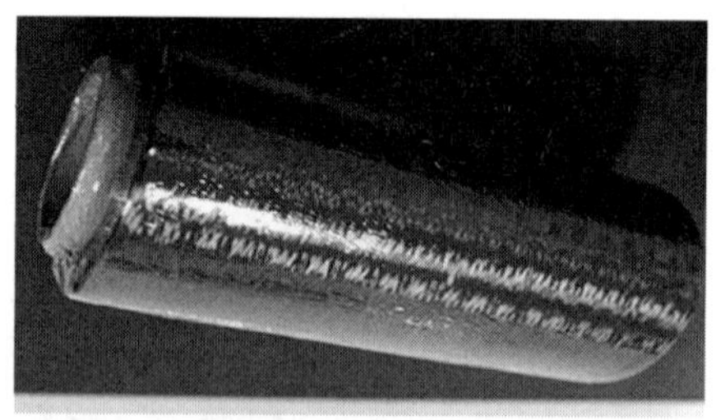

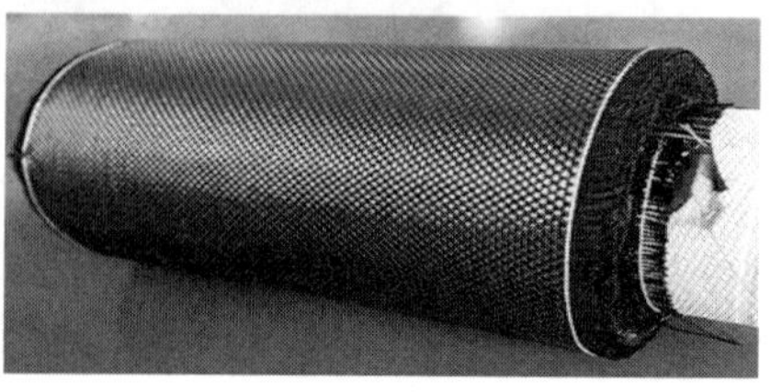

宁波材料所制备的M55J级高强高模碳纤维及织物

（信息来源：宁波材料技术与工程研究所）

2.CFRTP/ 金属激光连接技术研究

碳纤维热塑性复合材料(Carbon Fiber Reinforced Thermal Polymers，以下简称 CFRTP)是一种高性能新型材料，具有比强度高、耐腐蚀、抗疲劳、耐热性好等特点，在汽车轻量化、无人机制造、航空航天、国防军工上有着良好的应用前景。CFRTP 在应用过程中经常遇到与金属异质材料的连接问题，实现 CFRTP 与金属高质量的连接是其工程化、产业化应用的关键技术之一。

中国科学院宁波材料技术与工程研究所所属先进制造技术所激光与智能能量场制造团队与北京大学深圳研究院合作，针对 CFRTP/ 金属异质结构的激光连接技术进行了研究。

通过建立 CFRTP- 金属激光直接连接数学模型，实现了焊接过程热效应的仿真，以及熔宽、熔深及热损伤的预测；对连接接头组织表征分析，发现接头处气泡的存在导致应力集中并产生微裂纹，成为接头失效的主要原因，并对气泡的产生机理进行了研究；通过工艺创新，利用激光熔融填充树脂方法可显著提高 CFRTP/ 金属异质结构件的连接强度。他们的研究和论文成果得到了国内外同行的广泛关注。

(信息来源：中国科学院)

3. 宁波材料所在利用超临界流体连续挤出发泡和辅助加工方面取得系列进展

(1) 具有双峰泡孔结构的聚合物发泡材料(通过超临界二氧化碳连续挤出发泡，利用气泡在两相成核能力的差异，在聚丙烯 / 聚苯乙烯共混体系中获得了双峰泡孔结构)在包装材料、组织工程、吸音和隔热材料等领域表现出比均匀泡孔材料更优异的性能，因而具有更广阔的应用前景。

(2) 科研人员利用超临界流体连续挤出发泡技术，基于聚丙烯复合材料制备出开孔率大于 90% 的高开孔泡沫材料。该材料在有机溶剂、食用油、机油等吸油测试上表现出优异的亲油疏水性、油水分离性、高吸油倍率及反复利用等优势，预期在油水分离、工业及海上污油处理等方面具有良好应用前景。

(3) 科研人员利用超临界流体既作反应介质又作为发泡剂，通过连续挤出发泡实验线，同时实现反应挤出和发泡，既降低了反应温度，减少了降解，制备出了高熔体强度聚丙烯，同时也改善了其发泡行为并拓展了其发泡窗口。

(信息来源：宁波材料技术与工程研究所)

(五)智能化及其他

传感器是实现自动检测和自动控制的首要环节。2015 年，工信部电子元器件行业发展研究中心预估，全球各类敏感元件与传感器市场将可到 1770 亿美元。未来 5 年，世界传感器领域复合增长率将超过 10%。预计 2016 年将提高至 38.1%。据预测，2016 年全球汽车传感器规模可达 419.7 亿欧元，信息通信行业至 2016 年也可达 421.6 亿欧元，且有可能成为最大的单一应用市场。

中国正逐渐成为传感器国际竞争中的主战场。据统计，至 2015 年，我国物联网整体市场规模达到 7500 亿元，2015 年中国传感器市场规模达到 1213 亿元左右。“十三五”期间，中国传感器市场年均复合增长率将达到 31% 以上。

在中国市场，传感器应用四大领域为工业及汽车电子产品、通信电子产品、消费电子产品专用设备。

目前我国已有 1700 多家从事传感器生产和研发的企业，但行业整体素质参差不齐，企业规模以小型企业为主，占比近 70%。多数企业集中于低端产品的生产，以价格竞争为主，竞争较为激烈，而高端产品集中在龙头企业及外资企业之中。

1.LED 智慧路灯可进行人脸识别 跟踪定位仅需 2 秒钟

湖南东琴电子股份有限公司董事长张望喜告诉记者，智慧路灯都装有移动芯片，并将全部路灯通过网络连接起来。这样路灯除了照明功能外，额外添置的 GPS 功能在还能让路灯与城市的报警系统相连。也就是说如果全城 LED 路灯智能化并联网，24 小时通过进行人脸识别录入系统后，在同一个城市，找到一个定位要找的人，最快仅需 2 秒钟。

(信息来源：长沙晚报)

2、用石墨烯引爆智能服饰

北京创新爱尚家科技有限公司已成为国内石墨烯材料及轻应用的推动者。从创业一开始就围绕着新一代消费者生活之所需进行研发，先后推出了多种手机周边产品如移动电源、无线充电、蓝牙电话、蓝牙耳机，还有广受年轻群体青睐的智能插线板“牛插”和“牛排”。现在又把注意力倾向于有着“黑金”和“新材料之王”之称的石墨烯，包括石墨烯在半导体、电池、芯片等领域的应用。

将石墨烯与纺织物进行结合，使新材质柔软并可水洗，实现了广泛的市场应用； 实现了智能化，北京创新爱尚家科技有限公司家自主研发的石墨烯材料纺织物传感器已经进入了测试阶段； 将石墨烯与纺织物进行结合，使新材质柔软并可水洗，实现了广泛的市场应用； 实现了智能化，爱家自主研发的石墨烯材料纺织物传感器已经进入了测试阶段。

产生了“用高科技的石墨烯新材料跟智能硬件结合并和大数据物联网挂接”的产品构想。他们把智能服装被看作最具发展潜力的门类，2016 年预计将出货 2600 万件，成为出货量最大的品种。

如今，这家名不见经传的创业公司已获得了多家传统服装巨头的青睐。预计今年秋季之前，北京创新爱尚家科技有限公司将以加热功能作为功能性服饰的切入口，将石墨烯与纺织物结合，推出面向军人、学生、老人、儿童和特种工人等垂直细分领域人群的智能加热服饰。

（信息来源：宁波日报）

附：中国塑协专家委员会 2015 年聘任专家 64 人，名单如下表

2015 年聘任专家

序号	姓名	专业类别	单位	职务	职称
1	东为富	高分子材料	江南大学化学与材料工程学院	副院长	教授
	Weifu Dong	Polymer materials			
2	秦柳	塑料机械	宁波格林美孚新材料科技有限公司	总经理	
	Qinliu	Plastic machinery			
3	宋晓玲	塑料加工	广西大学博士新疆天业（集团）有限公司		正高级工程师
	Xiaoling Song	Plastic processing			
4	孙志强	塑料管道	宁波恒元精工管阀科技有限公司	总工程师	
	Zhiqiang Sun	Plastic pipes			
5	林世平	塑料管道	上海英泰塑胶股份有限公司	总经理	
	Shiping Lin	Plastic pipes			
6	郭鑫齐	聚苯乙烯泡沫塑料	南京法宁格节能科技有限公司	董事长	高工
	Xinqi Guo	Polystyrene foamed plastic			
7	姚水良	高分子材料加工	爱康企业集团（上海）有限公司	副总经理	
	Suiliang Yao	Polymer materials processing			
8	杨彪	高分子材料	北京工商大学材料与机械工程学院	副院长	副教授
	Yang biao	Polymer materials			
9	黄伟汕	塑料色母料	广东美联新材料股份有限公司	董事长	
	Weishan Huang	Plastic color masterbatch			
10	余双利	塑料循环再生利用	汕头市腾威塑料五金制品有限公司	总经理	

续表

序号	姓名	专业类别	单位	职务	职称
	Shuangli Yu	Plastic recycling use			
11	李奕华	塑料助剂	广东省汕头市永胜塑化有限公司	总经理	
	Yihua Li	Plastic additives			
12	朱利平	塑料管道	上海三山信邦科技有限公司	总工	
	Liping Zhu	Plastic pipes			
13	翁云宣	生物基材料和降解塑料	北京工商大学		教授
	Yunxun Wong	Bio-based materials and Degradable plastics			
14	滕谋勇	高分子材料	聊城大学材料科学与工程学院	副院长	教授
	Moyong Teng	Polymer materials			
15	苏道勇	农膜	山东三塑集团有限公司	总工	高工
	Daoyong Su	Mulching films			
16	贾立蓉	塑料管道及标准化	成都川路塑胶集团有限公司	副总	工程师
	Lirong Jia	Plastic pipes and Standardization			
17	王兴华	塑料管道	成都川路塑胶集团有限公司	副总经理	
	Xinghua Wang	Plastic pipes			
18	余川	塑料门窗型材	成都川路塑胶集团有限公司	副总经理	
	Yu chuan	Plastic doors and Windows profiles			
19	陈文举	滚塑	广东爱得乐集团有限公司生产中心	总经理	
	Wenju Chen	Rotomolding			
20	干建敏	滚塑	慈溪市大丰塑胶金属工业有限公司	总经理兼技术厂长	
	Jianmin Gan	Rotomolding			
21	郑巍	企业管理	上海天力实业（集团）有限公司	副总经理	

续表

序号	姓名	专业类别	单位	职务	职称
	Zheng wei	Enterprise management			
22	焦红文	塑料检验检测、标准	中国塑协 XPS 专委会	秘书长	高工
	Hongwen Jiao	Plastic testing and standards			
23	何亚东	塑料加工机械设备	北京化工大学机电工程学院		教授
	Yadong He	Plastic processing machinery and equipment			
24	刘印楼	挤塑设备及产品	北京北鹏首豪建材集团有限公司	董事长	
	Yinlou Liu	Extrusion equipment and Products			
25	张玉辉	高分子材料	国家建筑材料测试中心/国家建筑材料质量监督检验中心/中国建材检验认证集团股份有限公司		高级工程师
	Yuhui Zhang	Polymer materials			
26	范浩军	合成革	四川大学制革清洁技术国家工程实验室		教授
	Haojun Fan	Synthetic leather			
27	刘本刚	高分子材料	轻工业塑料加工应用研究所		工程师
	Bengang Liu	Polymer materials			
28	郑元和	塑料配线器材	长虹塑料集团有限公司	董事长	
	Yuanhe Zheng	Plastic wiring equipment			
29	张先炳	生物塑料	武汉华丽环保科技有限公司	董事长	
	Xianbing Zhang	Bioplastics			
30	王智勤	农膜加工	甘肃天水天宝塑业有限责任公司	副总经理省级企业技术中心主任	总工程师
	Zhiqin Wang	Agricultural film processing			
31	李贤梅	塑料管道	顾地科技股份有限公司	研发总监	高级工程师

续表

序号	姓名	专业类别	单位	职务	职称
	Xingli Tang	Plastic modification			
43	陈肇汉	企业管理	肇庆市森德利化工实业有限公司	董事总经理	高级工程师
	Zhasohan Chen	Enterprise management			
44	徐军	塑料助剂	肇庆市森德利化工实业有限公司	总工	
	Xun jun	Plastic additives			
45	王克智	塑料助剂	山西省化工研究所（有限公司）	总工程师	教授级高工
	Kezhi Wang	Plastic additives			
46	张哲	纺织皮革	福建华阳超纤有限公司/吉林润泽超细纤维科技有限公司	常务副总经理	高级工程师
	Zhang zhe	Textile and Leather			
47	黄艳	有机化学	南京协和化学有限公司	董事长	高级职称
	Huang yan	Organic chemistry			
48	石高全	高分子材料	清华大学		教授长江学者
	Gaoquan Shi	Polymer materials			
49	季德虎	功能母料	东莞市彩虹塑胶颜料有限公司/多功能母料专委会	董事长/会长	
	Dehu Ji	Functional masterbatch			
50	孙侠	功能母料	浙江金彩新材料有限公司	总经理	
	Sun xia	Functional masterbatch			
51	高福荣	塑料机械	香港科技大学/广州市香港科大霍英东研究院		讲座教授
	Furong Gao	Plastic machinery			
52	张建群	塑料机械	山东通佳机械有限公司	董事长	研究员

续表

序号	姓名	专业类别	单位	职务	职称
	Xingli Tang	Plastic modification			
43	陈肇汉	企业管理	肇庆市森德利化二实业有限公司	董事总经理	高级工程师
	Zhasohan Chen	Enterprise management			
44	徐军	塑料助剂	肇庆市森德利化工实业有限公司	总工	
	Xun jun	Plastic additives			
45	王克智	塑料助剂	山西省化工研究所（有限公司）	总工程师	教授级高工
	Kezhi Wang	Plastic additives			
46	张哲	纺织皮革	福建华阳超纤有限公司/吉林润泽超细纤维科技有限公司	常务副总经理	高级工程师
	Zhang zhe	Textile and Leather			
47	黄艳	有机化学	南京协和化学有限公司	董事长	高级职称
	Huang yan	Organic chemistry			
48	石高全	高分子材料	清华大学		教授长江学者
	Gaoquan Shi	Polymer materials			
49	季德虎	功能母料	东莞市彩虹塑胶颜料有限公司/多功能母料专委会	董事长/会长	
	Dehu Ji	Functional masterbatch			
50	孙侠	功能母料	浙江金彩新材料有限公司	总经理	
	Sun xia	Functional masterbatch			
51	高福荣	塑料机械	香港科技大学/广州市香港科大霍英东研究院		讲座教授
	Furong Gao	Plastic machinery			
52	张建群	塑料机械	山东通佳机械有限公司	董事长	研究员

续表

序号	姓名	专业类别	单位	职务	职称
	Jianqun Zang	Plastic machinery			
53	戴强	塑料机械	山东通佳机械有限公司	工程师	
	Dai qiang	Plastic machinery			
54	李勇	塑料机械	山东通佳机械有限公司	副总经理	高级工程师
	Li yong	Plastic machinery			
55	严昌荣	农田地膜	中国农业科学院农业环境与可持续发展研究所		研究员
	Cangrong Yan	Farmland mulch			
56	刘颖	塑料加工	北京化工大学		副教授
	Liu ying	Plastic processing			
57	徐惠祥	功能母料	鞍山七彩化学股份有限公司/鞍山惠丰投资集团有限公司	董事长	
	Huixiang Xu	Functional masterbatch			
58	王建	塑料加工	北京理工大学		讲师
	Wang Jian	Plastic processing			
59	刘玉强	塑料薄膜制品	昆明学院		副教授
	Yuqiang Liu	Plastic film products			
60	吴志坤	色母粒	精亮塑染有限公司	董事长	
	Zhikun Wu	Masterbatch			
61	卢灿辉	高分子材料	四川大学高分子研究所/高分子材料工程国家重点实验室		教授/博导
	Canhui Lu	Polymer materials			
62	黄志杰	塑料改性	中广核俊尔新材料有限公司	执行总裁	

续表

序号	姓名	专业类别	单位	职务	职称
	Zhijie Huang	Plastic modification			
63	詹茂盛	高分子复合材料	北京航空航天大学		教授/博导
	Maosheng Zhan	Polymer composite materials			
64	罗子木	功能母料	中国塑协多功能母料专委会	副秘书长	
	Zimu Luo	Functional masterbatch			

（中国塑协专家委员会 王德禧、周艳艳、田岩）

塑料助剂

2015 年塑料助剂行业状况与发展趋势

一、2015 年行业状况

2015 年是全面深化改革的关键之年，是全面推进依法治国的开局之年，也是全面完成“十二五”规划的收官之年，做好经济工作意义重大。一年来，塑料助剂行业绝大部分企业能较好地适应宏观经济的发展趋势，根据市场需求的变化，调整、优化产品结构，重视提高自主创新能力，积极开发新产品、新技术不少企业加大了专用产品及高附加值产品的研发力度；根据产品工艺特点，努力搞好节能减排、推进清洁生产；依靠科技创新和管理创新，降低生产成本；使整个行业在 2015 年取得了新的进步。2015 年国内塑料助剂的消费量为 581.2 万吨。2015 年塑料助剂各主要品种在塑料中的消费量见表 1。

表 1　2015 年塑料助剂消费量统计

单位：万吨

品 种	消费量
增塑剂	335.5
热稳定剂	55.0
阻燃剂	42.0
冲击改性剂与加工改良剂	52
着色剂	41
润滑剂	14
发泡剂	20.0
抗氧剂	13.6
抗静电剂	0.8
光稳定剂	2.35
偶联剂	3.1
其他	1.8
合计	581.15

二、专委会活动

1. 认真完成中塑协交办的各项工作

助剂专委会根据中塑协的要求，开展了一系列的工作：协助开展了 2015 年度轻工企业管理现代化创新成果的申报；协助完成了 2014 年度轻工塑料行业十强企业、轻工百强企业评价工作；推荐会员单位申报 2015 年度中国轻工业联合会科学技术奖；了解会员单位在生产过程中的节能减排情况，为轻工部编写的“十三五”行业节能减排形势分析提供材料；征求会员单位意见，对现有助剂标准进行制（修）订；做好“十三五”规划中关于助剂部分编写的准备工作等，较好地完成了上传下达的工作。

2. 举办年会和行业活动，推动技术进步和环保化进程

2015 年塑料助剂生产与应用技术信息交流会于 2015 年 11 月 26 ～ 29 日在浙江杭州召开，来自全国各地的塑料助剂生产企业、塑料加工企业、大专院校、科研院所的 320 多位代表参加了会议。会议

期间共发表了46篇论文，来自清华大学、中科院宁波材料技术与工程研究所、浙江大学、浙江工业大学、山西省化工研究所、北京加成助剂研究所、浙江传化华洋化工有限公司、烟台新秀化学等大专院校、科研院所和企业的专家、代表宣讲了论文31篇。中国塑料加工工业协会曹俭常务副理事长到会祝贺并做了重要讲话。

会议分析了当前的经济形势和法规环境对塑料和塑料助剂行业的影响。2015年是十二五规划的收官之年，也是挑战和机遇并存的一年。2015年国家的税收政策和金融政策持续放宽，给我们行业扩大规模，产品更新换代提供了机遇，但国际经济形势比较严峻，国内经济的下滑，同时也给我们提出了挑战。在过去的一年中，我们调结构、稳增长、控风险，经济从稳步增长阶段趋向平稳增长或微增长或负增长。2015年塑料助剂的形势不容乐观。塑料助剂行业要适应市场的发展变化，调整、优化产品结构；重视技术储备，积极开发新产品、新技术；努力搞好节能减排、推进清洁生产；加强管理，降低生产成本。会议发布了增塑剂、阻燃剂、热稳定剂、抗氧剂、成核剂等塑料助剂产品的最新科研成果及发展方向，关注了聚氯乙烯的改性和聚氯乙烯制品加工中使用的助剂，石墨烯在塑料加工中的应用，以及工程塑料改性和所用助剂等行业关注的热点问题，尤其是生物基塑料及其使用助剂、以及生物基塑料助剂是当前研究的热点。本次会议特意邀请了最高人民法院公布的2014年度十大民事案件——“泰州天价环境公益诉讼案件”的主办法官、江苏省高级人民法院环境资源审判庭陈迎审判长和大家面对面，陈审判长生动地介绍了一个个详实的案例，从而提醒助剂生产企业需重点关注的环境保护问题。南京工业大学和浙江工业大学的老师分别介绍了超临界水氧化技术在助剂生产废水处理中的应用以及增塑剂工艺的绿色改造。“绿色产品，绿色制造”是本次会议的共识。会议期间，还组织代表参观了南京大学现代分析中心。本次会议还审议通过了塑料助剂专委会2015年工作总结和2016年的工作计划。

由中国塑料加工工业协会主办，塑料助剂专委会承办的“热稳定剂环保发展研讨会”于2015年5月7日在衡水召开。来自国内较有影响力的稳定剂企业及协会的人员共有60多人参加了会议。

会议对欧盟禁铅后全球形势变化对我国PVC热稳定剂行业可能造成的影响作了全面叙述：

（1）全球禁铅/禁限物质局势对国内的影响；

（2）青岛会议四大问题的回答---替代产品的技术问题探讨；

（3）建议：以禁铅为手段促进PVC产业健康持续高速发展，以技术、资金、市场为基础联手打造企业航母。

3. 复刊《增塑剂》杂志，并组织召开增塑剂及其上下游产业发展论坛

《增塑剂》杂志是增塑剂行业协会的会刊，1980年就创刊了，2012年以后由于种种原因停刊了。《塑料助剂》编辑部在得知这一情况后，在南京出版传媒集团的支持下，利用自身的刊号资源，与中国增塑剂行业协会进行了多次讨论协商，确定了从2015年开始复刊《增塑剂》杂志。《增塑剂》杂志由中国增塑剂行业协会与南京出版传媒集团共同主办，《增塑剂》杂志编辑部设在《塑料助剂》编辑部，聘请江南大学蒋平平教授作为《增塑剂》杂志的主编。《增塑剂》为季刊每三个月一期，每年四期。《增塑剂》杂志的复刊必将有利于加强塑料助剂专委会与增塑剂及其上下游行业的联系，扩大专委会的影响，增加专委会的凝聚力。

利用《增塑剂》杂志复刊的契机，《塑料助剂》编辑部于2015年9月21～23日在江苏南通召开“2015年增塑剂及其上下游产业发展论坛”，来自全国各地的增塑剂生产企业、塑料加工企业、大专院校、科研院所的60多位代表参加了会议。会议特邀国内知名高校、科研院所、行业专家等资深人士与参会企业家、科研人员、市场营销人员进行互动交流，并就我国新常态下产学研、科技成果转化、新产品研发、传统增塑剂及下游企业如何发展等行业关心的热点和重点问题深入探讨，寻找合作商机，拓展国内外市场空间，打造了增塑剂及PVC制品行业的一场年度盛宴。会议期间江南大学蒋平平教授做了题为“一带一路”背景下我国增塑剂发展的方向与对策的报告，全面分析了欧盟法规背景下我国增塑剂行业结构转型、环保增塑剂应用领域及技术瓶颈以及环保增塑剂在新材料领域应用及“十三五”发展方向；中国石油化工股份有限公司齐鲁分公司研究院于国良总工程师分析了我国丁辛醇行业的竞争格局及市场发展状况；北京东方石油化工有限公司助剂二厂总工程师郦涓林高级工程师全面介绍了中国聚氯乙烯工业发展与分析及“十三五”市场展望；中国塑协人造革合成革专业委员会冯庶君秘书长从PVC人造革的角度分析环保增塑剂的应用与

选择。蓝帆化工集团刘延华总工程师、海珥玛集团邓健能董事长、安徽香枫塑胶有限公司王修福总工程师等从各自单位研发的产品出发探讨了环保增塑剂的应用。还有江阴市江中设备制造有限公司、杜邦孟莫克化工成套设备（上海）有限公司提供了增塑剂行业废水废气处理的解决方案。

4. 关注环保法规，参与 GB9685 标准的调研

随着人民生活水平的提高，国内外的环保法规日益严格。塑料助剂的一些产品首当其冲，为了积极反应会员单位的诉求，专委会在得知要修订 GB9685 的消息时，积极反应，发消息给会员单位，参与 GB9685 标准的调研，广泛搜集意见，向国家食品安全风险评估中心反馈信息 9 条。

5. 做好行业技术经济信息交流平台建设

（1）通过 QQ 群、微信群，加强与会员单位的联系，尽力做好行业内信息收集和汇总工作。

（2）继续做好《塑料助剂》杂志的编辑出版和发行工作；为了适应期刊发展的需要，编辑部除了加强编辑业务学习之外，更加重视期刊编排的标准化，并在实际工作中贯彻实施；《塑料助剂》杂志及时为各会员单位刊发关于开发新产品、产品鉴定、技术改造、扩产、节能减排、工业废弃物的回收利用及处置等方面的信息、文章，为会员单位服务；

（3）建立了塑料助剂微信公众号，现在保持每周 2 次以上的发布频率，为会员单位又增加了一个宣传的通道；

（4）及时向会员单位通报各项与塑料相关的法律法规，避免不必要的损失；

（5）认真做好中国塑协布置的各项工作，协助中国塑协各职能部门开展工作，协助会员单位申报先进企业、专项创优等工作，提供信息资料，发挥行业优势，提高专委会的公信力。组织相关人员编写《中国塑料工业年鉴》塑料助剂章节及“十三五”规划中有关塑料助剂的章节；

（6）根据会员单位的要求为他们提供了相关资料，包括文献、国内外专利以及有关证明材料等。

6. 组织和参加展览会、会议

为了更好地为会员单位服务，宣传专委会和《塑料助剂》，我们派员参加了 “第二十九届中国国际塑料橡胶工业展览会”，“第二届国际生物基高分子材料论坛”、中国再生塑料技术创新战略联盟成立大会首届中国塑料、化工研究院所发展论坛、第十五届中国塑料工业高新技术及产业化研讨会等会议。了解塑料行业的发展趋势，关注行业热点，寻找协同创新的驱动点。通过展览、会议，宣传了塑料助剂专委会及《塑料助剂》杂志，也为在《塑料助剂》上做广告的企业进行了宣传。

三、产品结构调整与技术进步

1. 增塑剂

目前我国增塑剂生产企业有 130 多家，10 万吨以上规模企业占总生产能力的 80%，2015 年各类增塑剂生产能力 550 万吨，实际产量约 319 万吨，其中邻苯类 DOP 140 万吨、DINP 约 15 万吨，DBP、DIBP 45 万吨，对苯类 60 万吨，环氧类 35 万吨，偏苯类 6 万吨，DOA 3 万吨、DOS 1 万吨，柠檬酸酯类约 6 万吨，其他约 8 万吨，合计全国增塑剂产量 319 万吨左右。

2015 年我国增塑剂进口量 20 万吨，出口量 3.5 万吨，表观消费量 335.5 万吨。

2015 年增塑剂消费邻苯类占 62.7%，对苯类占 18.8%，环氧类占 11%，，偏苯类占 1.9%，其他占 5.6%。

从以上的统计数据可以看出来，邻苯类增塑剂的用量比例和往年一样保持下降趋势，但是，在今后一段时间，邻苯类增塑剂是主要的增塑剂产品的地位无法动摇，在一些制品中的替代还需要更多的实验数据作为支撑。与此同时，国内主要增塑剂企业正在寻找新的突破，山东蓝帆化工、浙江嘉澳、广州海珥玛、广州新锦龙、山东吉青化工等国内新秀也正在崛起，对高碳醇和非邻苯类增塑剂的开发和应用投入了相当大的热情，取得了很大成果。

2. 热稳定剂

2015 年，我国热稳定剂的消费量维持在 55 万吨左右，比上一年略有增长， 受环境方面的压力，我国热稳定剂无铅化已获大家共识，环保产品增长超二位数，而传统产品逐步下降。环保型热稳定剂的产能、品种比上一年有较大增长，锌基、有机基热稳定剂研发、生产已见成效。除尿嘧啶、抗氧剂、水滑石、沸石、三羟乙基异氰尿酸酯基、高氯酸盐等大家耳熟能详的的品种外，还有其衍生产品和其他物质在热稳定剂上得以成功应用，如含氮化合物、多羟基硬脂酸盐（六齿柔性苯并咪唑锌金属、苯并咪唑双核锌金属、稀土 - 硬脂酸 -8- 羟基喹啉三元配合物、氧化石墨烯盐）等和其他与国外专利内容无涉的新材料。

目前，年销售量过万吨级的热稳定剂企业近 20 家，能统计到经济数据的，年销售量过 2 万吨以上企业就有精信、联盟、天盛、传化等公司，而这 4 家公司的年销售量就接近 15 万吨。上述四家公司以及

炜林纳、金陵、协和、皓海、太岳、志海、森德利、若天、金昌树、汉科、慧科、欣好等行业内的骨干企业都在花大力气积极进行技改。相信在型材和管道等行业通过环保标准和提倡全行业禁铅的推动下，国内热稳定剂行业可以加快环保进程。

3. 阻燃剂

截至 2015 年底，新型环保阻燃剂仍然是市场热点，无论是新品和应用都有所增长，传统阻燃剂仍然占据市场的绝对江山，但绿色阻燃剂做到完全绿色生产还有一段路要走。就阻燃剂的下游应用领域而言，塑料约占 65% ～ 70%，橡胶约占 20%，纺织品约占 5%，涂料约占 3%，纸张、木材及其他约占 2%。由于市场整体偏弱，全年消费量大概在 42 万吨左右。其中有机磷系阻燃剂在市场和产品中的应用越来越广泛，下游行业的快速发展带动了含磷阻燃剂的消费增长。含磷阻燃剂中卤代磷酸酯和无卤磷酸酯消费比例占含磷阻燃剂消费量的 74%，主要用于建筑保温材料、防火涂料、粘合剂和覆铜板，复合材料等发展较快的领域，其中无卤磷酸酯大量用于 PC/ABS 合金；聚磷酸铵主要用于防火涂料和通用塑料；次磷酸盐主要用于工程塑料中聚酰胺、聚酯等工程塑料；红磷阻燃剂主要用于工程塑料和通用塑料阻燃；磷杂菲类阻燃剂主要用于覆铜板。

阻燃剂行业正日益发展为一个全球化的行业，这一方面表现在很多阻燃剂公司正参与世界范围内的贸易，行业内的竞争已经不仅局限于某一个国家或地区内企业的竞争，而是全球市场参与者之间的竞争；另一方面表现在一个国家或一个地区的阻燃法规往往会对全球的行业规则产生影响。如电子消费品等终端产品制造商，就算其注册地所在国家和地区对产品阻燃没有强制性的规定，但如果它们的产品要销往国际市场，就必须通过销售国或进口国的阻燃标准。因此，以出口为主的产品制造商，为了使其产品能销往尽可能多的国家和地区，一般倾向于采用最严格国家的阻燃标准配方，从而带动了阻燃剂产品整个产业链的发展。

4. 抗氧剂和光稳定剂

2015 年，抗氧剂、光稳定剂产品的国际和国内市场需求增幅减小，国内市场竞争加剧，抗氧剂、光稳定剂产品价格处于中低位徘徊。2015 年抗氧剂、光稳定剂产能、产量见下表。

2015 年抗氧剂、光稳定剂产能、产量

单位：万吨

	抗氧剂	光稳定剂
产能	14.5	2.95
产量	13.6	2.35

注：产能、产量不包括中间体和复合产品（如四甲基哌啶醇、215、783 等）。

一套年产 1.5 万吨的抗氧剂装置在山东省开始建设，预计在 2016 年下半年形成生产能力。

受阻胺光稳定剂企业在增加产量和生产品种，也有企业在搬迁时大幅度扩产，预计在 2016 年下半年能够增加 3000 吨左右的产能。

紫外线吸收剂类产品，由于污染治理的限制，实际产量降低，特别是苯并三唑紫外线吸收剂产品的产量降低约 40%，国内供不应求。

2014 年 12 月和 2015 年 12 月，常用的苯并三唑紫外线吸收剂 UV-327、UV-328 被欧盟列入高度关注物质清单。

5. 其他

2015 年，其他塑料助剂，如冲击改性剂与加工改良剂、发泡剂、润滑剂、偶联剂、抗静电剂、抗菌剂、成核剂、扩链剂、防雾剂等在开发新产品和技术进步方面也都取得了不同程度的进展。尤其是降解塑料和再生塑料行业的发展，相关的助剂也逐步发展起来，力争替代国外公司的产品。

四、存在问题

塑料助剂企业大多数为中小企业，部分产品还存在着高排放、高污染的问题。在目前国际大环境下，环保法规和指令越来越严格，国内的法规和规定也越来越多，处罚力度也逐年加大，企业的环保投入也是逐年增多。为了适应环境，企业的产品结构势必会出现些许变化，新产品的研发和科技的投入在很大程度上已经决定一个企业的未来，形成了少数具有独立自主创新能力和综合技术服务能力的企业。在 2015 年，绿色环保是主流，但产品结构不尽合理，部分产品质量不够稳定依然存在；高端产品不足，同类产品市场竞争激烈，利润点低；部分企业的科技投入不足、自主创新能力不强，缺少高水平的专业人才。

1. 增塑剂

（1）与国外相比，产品结构不合理的矛盾仍然非常突出。与国外相比，产品结构不合理的矛盾仍然非常突出，虽然近年来环保增塑剂产量有所增加，但环保类高效品种所占比例仍较小，许多专用和高性能品种还不能生产，依赖进口。

（2）我国增塑剂市场面临环保压力加大。随着世界各国环保意识的提高，医药及食品包装、日用品、玩具等塑料制品对主增塑剂提出了更高的纯度及卫生要求，国际社会对 DOP 等邻苯二甲酸酯类产品的限用范围进一步扩大，而我国增塑剂生产企业对新型环保增塑剂的开发和推广力度还跟不上法规和市场对生产企业的要求。

（3）生产工艺参差不齐，总体水平比较低。目前许多小型企业仍然采用全间歇式生产、手动控制的落后装置和工艺，这些装置规模小、功能单一、生产效率低、物耗能耗高、污水排放量大、产品质量稳定性差，已经很难适应当今世界增塑剂行业的竞争局面。

（4）同质化装置建设过快，导致产能过剩，装置开工率不高，整个行业利润低下，竞争力不强，许多中小型装置面临被淘汰的窘境。

2. 热稳定剂

尽管我国热稳定剂生产与开发取得了相当的成绩，但仍存在许多不足。

（1）品种少，结构不合理。铅盐类稳定剂仍然在市场上占主导地位，非铅盐所占比例偏少，而且很大一部分是用在出口产品中的。同时，产品技术标准相对落后，产品质量波动较大。

（2）生产规模小，产品质量差。我国热稳定剂质量参差不齐，有许多小作坊式生产企业，规模小，环境污染严重，有的企业产品品质低，低价竞争，冲击、影响热稳定剂的生产和市场。

(3)开发力度不够。随着世界PVC工业的发展，国外新型热稳定剂开发层出不穷，但由于种种原因，我国热稳定剂企业的原始创新不足，主要体现在研发经费投入少、高瑞人才严重缺乏、尤其是推广应用工程技术人才严重短缺和重视不够。新型热稳定剂的生产与应用远远不能满足国内 PVC 工业的发展和制品的需要。

3. 阻燃剂

阻燃剂行业存在的主要问题如下。

（1）我国阻燃剂生产企业，尤其是纤维与纺织品用阻燃剂生产规模都比较小，技术力量薄弱，资金实力不够，未能形成规模化产业结构。虽然填补了我国阻燃剂的不足，完善了品种，但竞争力偏弱。

（2）近两年，由于国家对环保日趋严格，很多小规模企业没能力达到环保要求，不少企业面临或已经关停转。

（3）目前，人类对环保和健康要求日益提高，给传统生产卤素阻燃剂厂家的发展造成了很大压力，各个国家和地方的政策性法规也是层出不穷，由于环保压力和政府性法规的不确定性，导致大的生产厂家都投入一定的科研精力，拓展自己的产品品种和生产范围，以维护自己的优势地位。

4. 抗氧剂和光稳定剂

抗氧剂面临的问题：

（1）国外公司扩产抗氧剂或光稳定剂，解决了部分国际市场需求，国内抗氧剂、光稳定剂产品出口数量减少，国内市场价格低迷，已有抗氧剂生产企业停产、转行。

（2）是与国际性大公司相比，装备技术水平还有差距，须加大技改力度。

光稳定剂面临的问题：

我国光稳定剂行业存在的重要问题是行业分散度比较高，主要以中小型企业为主，且多数企业在一两个领域甚至一两个产品上处于优势地位，但并不能全面覆盖整个光稳定剂产品线，综合竞争能力有限。同时，部分小企业研发能力不足，产品同质化竞争日趋严重。

五、发展趋势

（1）我国塑料助剂行业在 2015 年整体发展良好，在 2016 年，企业应深挖自身潜力，提升产品质量、降低产品消耗，从而进一步提升产品竞争力。同时加强同行业交流与合作，以求得取长补短，共同提高，促进塑料助剂企业和产品规模化经营，加快提高行业的整体技术和生产水平。

（2）骨干龙头企业通过不断强化技术服务能力，完善技术服务体系，协助下游客户提升产品性能与加强应用的能力，不但在产量上，也应在技术上协调上下游共同进步。

（3）相关的助剂企业应继续大力拓展海外市场，使海外市场中的份额保持稳步增长。

（4）塑料助剂行业今后将以“绿色、环保、无毒、高效”作为永恒的主题，逐步用新品替代对人类健康和环境有害的品种。

（5）要适应不同的市场，让产品满足不同层次用户的需求，特别是扩大专用产品和高端产品和高附加值产品的比重。

（6）要加大生物可降解塑料用的各种助剂产品的研发力度，这将是以后发展的长期趋势。

（7）加大科技投入，根据产品特点，积极开发应用低碳技术，搞好清洁生产，淘汰落后工艺和落后设备。

（中国塑协塑料助剂专业委员会秘书处）

流延薄膜

流延薄膜行业“十二五”发展情况介绍

一、行业概况

2011 ～ 2015 年中国大陆流延薄膜行业整体情况如下表所示。

年度	产能 / 万吨	产量 / 万吨	开机率 /%	年产量增幅 /%
2011	360	283	78.61	8.85
2012	443	312	70.43	10.25
2013	507	360	71.01	15.38
2014	554	389	70.22	8.56
2015	603	405	67.16	4.11

2015 年全国各品种流延薄膜总产量 405 万吨比 2010 年产量 260 万吨增长 55.77%，平均年增长幅度 9.45%。产能 2015 年 603 万吨，比 2010 年 320 万吨增长 88.44%，年均增长幅度 13.50%。

二、各个主要产品行业的经济运行情况

1. 流延聚丙烯薄膜行业经济运行情况

2011 ～ 2015 年中国大陆 CPP 薄膜情况

年度	产能 / 吨	产量 / 吨	开机率 /%	年产量增幅 /%
2011	818100	626424.20	76.57	8.74
2012	1115000	667000	59.82	6.48
2013	1230000	743000	60.41	11.39
2014	1325000	785000	59.25	5.65
2015	1450000	830000	57.24	5.73

2015 年产量 830000 吨比 2010 年产量 576082.5 吨增长 32.50%，平均年增长幅度 6.34%。产能 2015 年 145 万吨，比 2010 年 75 万吨增长 93.33%，年均增长幅度 14.5%。

2. 流延聚乙烯（CPE）薄膜行业经济运行情况

(1) 流延聚乙烯缠绕膜行业经济运行情况。

2011 ～ 2015 年中国大陆流延聚乙烯缠绕膜情况

年度	产能 / 万吨	产量 / 万吨	开机率 /%	年产量增幅 /%
2011	105	83	79.05	6.41
2012	120	90	75	8.43
2013	140	97	69.29	7.78
2014	155	105	67.74	8.25
2015	165	111	67.27	5.71

2015 年产量 113 万吨，比 2010 年产量 78 万吨增长 42.31%。产能 2015 年 165 万吨，比 2010 年 90 万吨增长 83.33%。

(2) 流延聚乙烯卫生膜行业经济运行情况

2011 ～ 2015 年中国大陆流延聚乙烯卫生膜情况

年度	产能 / 万吨	产量 / 万吨	开机率 /%	年产量增幅 /%
2011	17	14.5	85.29	6.62
2012	20	16	80	10.34
2013	24	18	75	12.5
2014	27.5	19.2	69.82	6.67
2015	30	21	70	9.38

2015 年产量 21 万吨，比 2010 年产量 13.6 万吨增长 54.41%。产能 2015 年 30 万吨，比 2010 年 16 万吨增长 53.33%。

(3) 流延聚乙烯保鲜膜和 PVC、PVDC 保鲜膜行业经济运行情况。

2011 ～ 2015 年中国大陆聚乙烯保鲜膜和 PVC 保鲜膜情况

年度	产能 / 万吨	产量 / 万吨	开机率 /%	年产量增幅 /%
2011	90	70	77.78	11.11
2012	103	76	73.79	8.57
2013	112	81	72.32	6.57
2014	120	87	72.50	7.41
2015	130	93	71.54	6.90

2015 年产量 93 万吨，比 2010 年产量 63 万吨增长 47.62%。产能 2015 年 130 万吨，比 2010 年 81 万吨增长 60.49%。

(4) 流延聚乙烯复合膜行业经济运行情况

2011 ～ 2015 年中国大陆流延聚乙烯复合膜情况

年度	产能 / 吨	产量 / 吨	开机率 /%	年产量增幅 /%
2011	7000	6500	92.86	30
2012	25000	23000	92	253.85
2013	60000	55000	91.67	139.13
2014	95000	83000	87.37	50.91
2015	133000	115000	86.47	38.55

2015 年产量 115000 吨，比 2010 年产量 5000 吨增长 2300%。产能 2015 年 133000 吨，比 2010 年 6000 吨增长 2217%。

3. 流延 PVB 和 EVA 玻璃夹层膜行业经济运行情况

2011 ～ 2015 年中国大陆流延 PVB 和 EVA 玻璃夹层膜情况

年度	产能 / 万吨	产量 / 万吨	开机率 /%	年产量增幅 /%
2011	33	25	75.76	13.64
2012	38	28	73.68	12
2013	48	33	68.75	17.86
2014	55	36.3	66	10
2015	58	35.06	60.45	-3.41

在玻璃夹层膜产品中，EVA 薄膜的产量很小，全国每年不超过 1 万吨，其余全部是 PVB 玻璃夹层膜。2015 年产量 35.06 万吨，比 2010 年产量 22 万吨增长 59.36%。产能 2015 年 59 万吨，比 2010 年 30 万吨增长 96.67%。2015 年产量出现了负增长的情况，主要原因是房地产的持续低迷带来了建筑用夹层玻璃需求的下降，导致玻璃夹层膜市场负增长。

4. TPU 薄膜行业经济运行情况。

2011 ～ 2015 年中国大陆 TPU 薄膜情况

年度	产能 / 吨	产量 / 吨	开机率 /%	年产量增幅 /%
2011	37000	35000	94.6	20.69
2012	43000	40000	93.02	14.29
2013	56000	50000	89.29	25
2014	70000	58000	82.86	16
2015	95000	68000	71.58	17.24

2015 年产量 68000 吨，比 2010 年产量 29000 吨增长 134.83%。产能 2015 年 95000 吨，比 2010 年 31000 吨增长 206.45%。

（中国塑协流延薄膜专业委员会　孙冬泉）

CPP 薄膜行业 2015 年发展情况及 2016 年市场预测

一、CPP 薄膜行业 2015 年发展情况

根据 2015 年 5 月中国塑协流延薄膜专委会的统计数字，2014 年 CPP 实际总产能约为 99 万吨，实际产量约为 62 万吨，开机率 62.62%。产能比 2013 年的 98 万吨增长了 1%；产量比 2013 年的 61 万吨增长了 1.64%，开机率比 2013 年 62.24% 仅上升 0.38 个百分点，产能增幅、产量增幅均微小，开机率接近持平。目前全国共有约 149 家 CPP 生产企业，本次统计共有 110 家企业填报。（后附统计表）

以上情况说明，受到外部经济环境和产能过剩的影响，CPP 行业 2014 年由于欧债危机接连爆发，出口受困，国内方面通货膨胀，货币政策持续收紧，内需难以拉动等原因，企业已经充分意识到投资的风险，部分企业已经退出市场，企业的投资意愿进一步下降。2015 年 CPP 生产线的新增投资冷清，2015 年 CPP 薄膜行业经济效益总体欠佳。

二、2015 年度 CPP 流延薄膜市场行情分析

改革30年，为中国经济带来了前所未有的增长，但现阶段经济增速正处放缓阶段，国务院发展研究中心研究员吴敬琏表示，我国面临的新常态就是从高速增长转向中高速增长，从规模速度型的粗放增长，转向质量效益型的集约增长。今年是全面深化改革的关键之年，现阶段，就国内经济而言，“三期叠加”也就是经济增速的换档期、经济结构的阵痛期和前期大规模经济刺激计划的消化期叠加。国际经济方面，2015 年是国际金融危机爆发以来全球经济和金融形势最为复杂、最为严峻、最具挑战性的一年，而且 2015 年是冷战结束以来地缘政治危机对世界经济和全球金融市场的负面影响最为突出的一年。

（一）CPP 专用料市场分析

CPP 原料的波动比膜厂报价相对频繁。年度内 PP 原料较往年价格下滑明显，以 2014 年度为例，随机抽取 6 月份 CPP 专用料的价格取样，同期价格水平最低相差 2000 ～ 2300 元 / 吨，今年价格也是出现近三年来的最低。而燕山三元料则在万元左右徘徊。自去年下半年以来，随着煤制聚丙烯的逐渐投产，逐渐给石化企业一定的销售压力，CPP 专用料逐渐陷入跌势，由此不难理解 CPP 市场压力之大，走势下行。

2015 年 CPP 原料走势呈现先抑后扬格局。年初市场高位回跌，2 月份经历平台期后市场缓慢上扬，至 5 月份达到年内高点，整体 CPP 专用料上半年走势尚可。随着年中宏观经济面以及下游需求清淡影响，利好消息逐步消失，市场回到下行通道中，从 5 月中下旬至 7 月下中旬，市场一直向下寻求支撑点。自去年下半年以来，随着煤制聚丙烯的逐渐投产，逐渐给与石化企业一定的销售压力，CPP 专用料逐渐陷入跌势，由此不难理解 CPP 市场压力之大，走势下行。

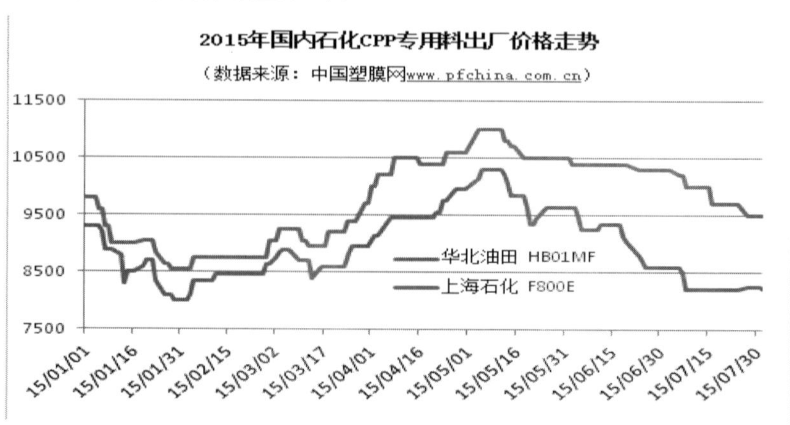

（二）CPP 膜市场整体回顾

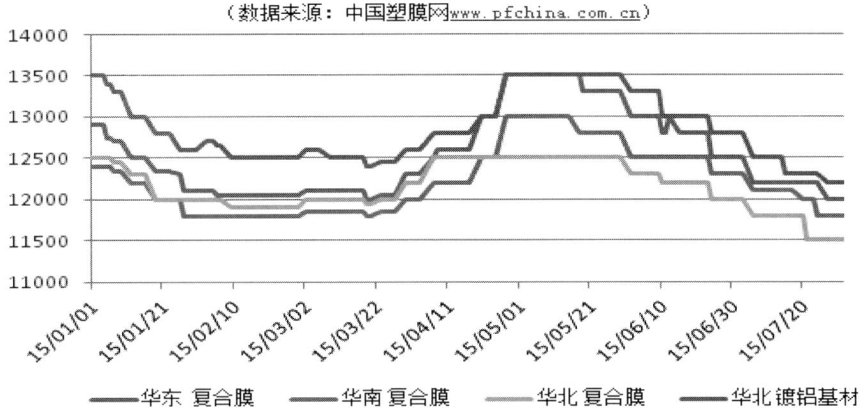

2015 年 CPP 行情概况：

从上图可以看出，2015 年度 CPP 薄膜整体走势仍较为温和，整体波动区间控制在 2000 元 / 吨之内，但是整体行情的平台期延续时间较长。年度内除 3-5 月份出现上涨行情外，其他月份均处于跌势。

1 月份 CPP 市场继续受到来自成本面的压力，月初 PP 原料成本面大趋势下跌，膜厂报盘逐渐承压，报盘下跌。虽然中旬左右，PP 原料市场出现反弹，但 CPP 市场并未受其影响，仍以下跌走势为主。下旬随着 PP 原料的继续大幅下调，膜厂报盘仍存下跌的压力。2-3 月份随着春节及下游开工状况影响，市场交投状况一般，价格窄幅波动，膜厂延续平稳整理态势。从 3 月底至 5 月中上旬开始，膜市出现一波上涨行情，主要因素仍来自于上游原料的推涨。虽然 CPP 膜市对市场原料跟进速度较为缓慢，但是在国内石化 PP 价格不断拉涨的情况下，导致膜厂价格也在不断走高。但是，虽然下游有一定的量跟进，但是整体的需求并未完成跟上节奏，也为后市行情埋下隐患。从 5 月中下旬开始，需求清淡逐渐成为引导膜市走向的主导因素，价格开始出现回落，而在 6-7 月份更是得到加速，场内回到长期的下行通道中。

膜市近两年缺失明显话语权，行情走势基本与原料维持一致，上图可以印证。CPP 薄膜与原料走势基本维持一直。但薄膜的平台期相对来讲更长，无原料波动活跃。CPP 由于下游客户较为稳定加之膜厂的订单量支撑，厂家无意过多调整报价，多数情况下，仅仅根据原料状况略微调整实盘价格。年内仅 3 月底至 5 月中上旬出现年内上涨行情，此波上涨主要由原料推涨，同时在 3 月份 CPP 工厂生产陆续恢复也支撑这波涨势；5 月下旬开始反映订单减少，少数工厂膜价开始下调，由此开始了下跌模式，截至目前市场在原料重心下移、自身需求无力的双面夹击下维持弱势，谨慎观望居多，业内对短市信心缺乏。

（三）CPP 区域市场分析

根据相关市场分析，国内各区域市场基本态势如下：

1. 华南地区

华南区域包括珠三角、潮汕地区、福建地区等地。这几个区域均为中国经济较发达的区域，但是随着 CPP 进口线的逐步淘汰，此区域逐步被国产线代替，整体产能与日俱增下，竞争较为激烈。珠三角地区及周边由于下游客户群体比较高端，因此该区域膜厂的成交价相对于其他区域要高一些，福建及潮汕等部分膜厂价格较低。

2. 华东地区

华东地区主要包括上海、浙江、江苏等地。由于华东地区彩印厂及下游客户的品质要求较高，加之部分进口线的厂家提升报价，区域内的价格一直处于全国高位。整体产能也处于较高水平，产品主要以中高端为主，高低端价差也较为明显。

3. 华北地区

此区域薄膜本季度还是处于全国最弱势地位，薄膜的价格处于全国最低位，主要还是供求关系的影响。需求本不太大的华北和东北区域在整体市场中仍处于弱势，产品仍以中低端产品为主。

三、2015 年四季度及 2016 年市场预测

（一）宏观面

目前全球经济处在缓慢复苏状态，同时今年国内新常态下多数行业遭遇低迷。下半年整体预期不高。目前全球经济艰难前行，多数经济体增速缓慢，需要释放资金流动性来刺激经济发展；而风景这边独好的美国在退出 QE 后增速明显放缓，并且随着下半年美联储加息预期的增强，势必将对以原油为首的大宗商品带来抑制。国内经济不仅面临 GDP 增速破 7 风险，CPI 也长期维持 2% 以下，可以预计，下半年央行仍有降准或降息的预期，但是实体经济尤其是中小企业短期内难有改善迹象。

1. 资金融通不畅，财务成本上升

企业在通过一些渠道取得资金时，往往只是拆东墙补西墙，企业引入资金，资金提供方却不能输入更有效的方案，协助企业渡过危机，企业自身也缺乏长远合理的规划，只能是头疼医头，脚疼医脚，企业发展根本的问题的不到解决。

2. 政府、政策对行业影响深远

随着政府对反腐倡廉力度的加大，社会消费结构在一定程度上发生客观变化，以及市场对过度包装的质疑，对整个包装行业的影响感受明显。

3. 品牌价值的取向

一个品牌，并非只是简单的市场宣传之后所产生的效应，而是市场对该企业的产品品质和服务的一种认可。在市场活动中，对品牌最为直接地体现就是对产品价格的接受和认可，价格的高低则真实的反映出品牌的含金量。

（二）供需面

近两年来，随着实体经济的下滑，国内供求矛盾依旧存在，并且在近期仍有突出。目前国内部分老旧装置及经营不善膜厂长期检修比例有所提升，另外开工厂家受供求关系、利润受限等影响，开工率也处于低位。在上半年行业整体开工率在 60% ～ 70% 附近，至 5 月下旬，行业内开工率在 50% ～ 60% 附近徘徊，7 月末开工率略有提升，但并未有明显好转，需矛盾仍将困扰市场。

综合来看，四季度 CPP 市场将在传统节日带动下好于上半年，整体来看，8 月份或是旺季开启，市场迎来复苏行业的关键时间点。但在国内原料供应整体充足的情况下，预计市场反弹空间有限。国内实体经济仍在处于调整之中，下游采购方式也将维持目前随用随购节奏，短期未能有明显改善。CPP 膜市仍将处于长期调整之中，需要各位膜厂及上下游产业链上的业者配合，一起度过寒冬季节。

（三）后市分析预测

自 5 月中下旬起，CPP 市场进入传统淡季，交投逐渐转淡。而 6 月中下旬起，市场进入跌跌不休的下滑通道，原料及薄膜报盘展开下调。时值 7 月下旬，市场不仅未见好转，反而迎来油价跌破 50 美元 / 桶、拉丝料即将跌破 8000 元 / 吨、二元料进入万元以下通道等空头消息，场内一片哗然，各方不敢冒然然行动，多采取随行就市的稳步操作，膜厂的加工费用也一再滑落。从宏观经济至上游原料，乃至下游的需求方面来看，预计短期市场难言利好情况，在下游需求明显回落的情况下，七月八月淡季尚且看不到希望，而金九银十能否给力，我们仍需拭目以待。

期待 2016 年，随着产能的适度消化，CPP 行业的经济效益出现稍微好转，大部分企业将是否可能保持微利经营。

随着 CPP 薄膜市场竞争的加剧，寻找下游需求客户的特殊需求以达到薄膜品质差异化是目前 CPP 企业的发展趋势，但目前的 CPP 市场对下游需求的差异化发展仍面临原料、设备、技术方面的困难，CPP 薄膜未来的发展仍需作出更多的努力。同时，随着 PP 树脂质量的提高和流延设备性能的改进，CPP 薄膜性能不断改进，未来的 CPP 市场将更具竞争力。由于加工过程中没有拉伸，CPP 比其他双向拉伸工艺的薄膜更容易控制形态，有更好的尺寸稳定性，而且能耗更少，成本更低。因此，可以预见未来 CPP 的应用领域可将进一步扩大。同时我们认为：随着消费水准和结构的不断变化，带来最终消费品会增加繁荣，CPP 的应用不仅仅局限于包装领域，在创新拓展上，思路可以更加开放，争取跨越传统领域的新生商机。

附表：2014 年 CPP 行业企业经济指标数据

省份	公司名称	产能 / 吨	产量 / 吨	销售额 / 万元
天津	天津市华恒包装材料有限公司	7000	6000	7000
天津	天津星达塑料包装有限公司（包括津泽）	340000	20000	
天津	天津北洋塑料包装材料有限公司	1000	1000	1000
天津	永誉泰（天津）有限公司	8400	未统计	
河北	河北泰达包装材料有限公司（3 条线）	20000	15000	20000
河北	河北雄县盛世佳铝塑包装材料有限公司	5000	2900	4060
河北	雄县立亚包装材料有限公司	3500	未统计	
河北	河北沧州佳创塑业公司	2000	2000	2400
河北	保定宝来塑料包装材料公司	3000	停产	
河北	东光县楚天塑料有限公司	3500	未统计	
山西	山西迎太塑料有限公司	11500	1800	
辽宁	大连天成包装材料有限公司	7000	停产	
辽宁	丹东申海塑业有限责任公司	1000	停产	
黑龙江	哈尔滨光宇电源有限公司	1000	停产	
上海	上海大汇塑业有限公司	18000	12000	15000
上海	上海美丰包装材料有限公司	16000	9000	17000
上海	上海三宜包装有限公司	4000	2500	3500
上海	上海亿中塑料制品有限公司	4000	3000	
上海	上海金午实业有限公司	3000	卖掉了	
上海	上海紫藤包装材料有限公司	20000	停产	
上海	上海乔正包装材料有限公司	3600	未统计	
江苏	江苏宗亮新材料有限公司	7000	7000	10000
江苏	张家港市华鑫彩印包装有限公司	14000	11000	16000
江苏	江阴市通利包装材料有限公司	8000	6000	
江苏	张家港昊隆制膜有限公司	6000	5500	
江苏	无锡环亚包装材料公司	6000	4500	
江苏	金田集团永安包装材料有限公司	5400	4800	7000

续表

省份	公司名称	产能 / 吨	产量 / 吨	销售额 / 万元
江苏	美塑化科技（苏州）有限公司	5000	未统计	
江苏	无锡南方包装新材料科技有限公司	4000	3000	4500
江苏	扬州华坤塑料制品有限公司	3000	3000	5000
江苏	徐州润田塑业有限公司	2500	未统计	
浙江	浙江远大塑胶有限公司	30000	20000	20000
浙江	杭州新光塑料有限公司	8000	6500	6300
浙江	杭州永正吹塑彩印包装有限公司	4800	3850	5775
浙江	浙江百汇包装有限公司	6000	4500	
浙江	浙江大东南包装股份有限公司	38000	28500	
浙江	浙江丁酉盛塑胶有限公司	2500	2000	6000
浙江	富阳天纬塑胶有限公司	6000	4500	
浙江	海宁海欣真空包装有限公司	6000	4500	
浙江	杭州东恒塑胶有限公司	1100	停产	
浙江	金华汇源塑胶有限公司	3000	未统计	
浙江	龙港盛华软包装材料厂	5000	5000	6500
浙江	宁波佳仁塑料有限公司	4000	未统计	
浙江	宁波瑞成包装材料有限公司	6000	3000	
浙江	温州华夏包装材料有限公司	2500	1900	
浙江	浙江和和塑胶有限公司（金华塑料总厂）	1200	停产	
浙江	浙江嘉禾印刷有限公司	6300	未统计	
浙江	浙江九洲印务有限公司	5000	3800	
浙江	浙江绍兴富陵塑料纺织有限公司	3000	2300	
浙江	桐乡振华新型包装材料有限公司	7000	未统计	
安徽	安徽宁国双津（集团）实业有限公司	15000	15000	25000
安徽	黄山永新股份有限公司	16000	15000	20000
安徽	安徽松泰包装材料有限公司	14000	2500	3000
安徽	安徽金泽信环保材料有限公司	6000	5000	6000

续表

省份	公司名称	产能 / 吨	产量 / 吨	销售额 / 万元
安徽	安徽凌云包装材料有限公司	2500	停产	
安徽	安徽双永包装装饰材料有限公司	2500	停产	
福建	福建晋江市新达塑料制品有限公司	1200	停产	
福建	福建凯达集团有限公司（鹏达包装材料有限公司）	11000	8800	12980
福建	福建省福州航升塑料包装厂	9600	6000	7800
福建	福州佳通第一塑料有限公司	8200	6750	10150
福建	厦门顺峰包装材料有限公司	9000	未统计	
福建	石狮市炎英塑胶制品有限公司	8000	未统计	
福建	福建省南安环球塑胶有限公司	4200	未统计	
福建	福州乐尔佳塑胶有限公司	3000	停产	
福建	漳州市（搏正）塑胶有限公司	2200	未统计	
福建	漳州市新乐塑胶有限公司	2200	未统计	
江西	江西荣信新材料有限公司	6400	2018	3855
江西	庆丰包装材料科技有限公司（包括福建）	19000	未统计	
山东	山东省青州市金诺尔塑胶有限公司（青州市昱达塑料包装材料有限公司）	10000	5000	
山东	潍坊鸿昌塑胶有限公司	7000	5000	6000
山东	青州泰欣包装材料科技有限公司	2000	2000	2600
山东	临沂市中钢塑业有限公司（原通达）	2500	未统计	
山东	青岛凯姆拓塑胶工业有限公司（青岛庆昕塑料有限公司）	18000	停产	
山东	青州泰欣包装材料科技有限公司	2000	2000	2600
山东	山东临沂金洲工贸企业集团公司	2500	未统计	
山东	山东临沂塑料制品厂	1100	停产	
山东	山东烟台兴德包装材料有限公司	4000	未统计	
山东	山东振鲁塑料制品有限公司	1800	停产	
山东	烟台恒源包装有限公司	6000	4500	
山东	烟台世昊塑业有限公司	3000	2600	
河南	河南许昌浩达塑胶有限公司	19000	11800	14600

续表

省份	公司名称	产能 / 吨	产量 / 吨	销售额 / 万元
河南	河南佳宇彩印厂	3500	未统计	
河南	河南双汇集团有限公司	3500	未统计	
湖南	湖南省岳阳市鑫材塑料包装有限公司	1200	800	1000
湖北	湖北慧狮塑业股份有限公司	20000	19400	30000
湖北	湖北德威包装科技有限公司	15000	6000	7000
湖北	武汉斯德隆科技发展有限公司	7000	2000	3000
湖北	武汉天兴双马塑料包装有限公司	10000	8000	10000
湖北	湖北江裕塑料工业发展有限公司	2000	停产	
湖北	武汉鑫鸣塑料制品有限责任公司	3000	停产	
广东	佛山佛塑科技集团股份有限公司	16900	20584	50925
广东	汕头市德福包装材料公司（包括德威）	16000	9000	20000
广东	广东华业包装材料有限公司	18000	9604.84	11349.83
广东	广州普洛夫尔薄膜有限公司	5000	4000	5000
广东	广东威孚包装材料有限公司	15000	14200	16000
广东	汕头市澄海区东大峰包装材料有限公司（汉钊塑料薄膜厂）	15000	10000	15000
广东	广东潮安县雅格利实业有限公司	8000	5000	
广东	潮州市南华塑料实业有限公司	12000	10000	
广东	东莞金友信包装材料有限公司	5500	3000	4300
广东	庵埠南新塑料工艺厂	4600	停产	
广东	潮安县庵埠镇佳阳塑料材料厂（卖掉一条 2 米线到义乌）	5000	4000	3 米一条 3.5 米一条
广东	潮安县宏辉工贸有限公司	2000	1500	
广东	潮安县金美工贸有限公司	未统计	未统计	
广东	潮安县利明包装材料	停产	停产	
广东	潮安县利群包装有限公司	13000	未统计	
广东	潮安县民辉包装有限公司	600	疑似停产	
广东	佛山东美包装材料有限公司	2000	停产	
广东	佛山市富兴塑料材料厂	2000	未统计	

续表

省份	公司名称	产能 / 吨	产量 / 吨	销售额 / 万元
广东	佛山市高明海能科技有限公司	7000	未统计	
广东	佛山市蓝月亮包装材料有限公司	2000	停产了	
广东	佛山市万田塑料有限公司	4500	停产	
广东	广东东盛包装材料有限公司	11000	10000	
广东	广东江门市新会区奥特塑料制品厂	3000	停产	
广东	广东省潮安县和生包装材料有限公司	3500	疑似停产	
广东	广州三达塑业包装有限公司	2500	1900	
广东	广州三华塑料有限公司	3000	2300	
广东	广州市华富包装材料有限公司	2000	停产	
广东	鹤山山友软塑包装材料有限公司	10000	停产	
广东	揭东县地都镇弘正塑料薄膜厂	4500	3400	7000
广东	金宇达实业有限公司	1200	停产	
广东	汕头从泰塑料薄膜有限公司（原广东省包装总公司汕头包装材料公司）	1500	停产	
广东	汕头东丽包装材料有限公司	6000	4500	
广东	汕头市惠业食品包装实业有限公司	2000	停产	
广东	汕头市江宏包装材料有限公司	2000	停产	
广东	汕头市利民食品包装有限公司	7000	未统计	
广东	汕头市新达橡塑制品有限公司	2000	停产	
广东	汕头双润包装材料有限公司	3500	停产	
广东	深圳市大仓和实业发展有限公司	5000	未统计	
广东	天虹包装材料有限公司	7000	5300	
广东	阳江明轩实业有限公司	2000	停产	
广东	长盛达包装塑料包装材料有限公司	2500	停产	
广东	中山市美誉塑料包装材料有限公司	3800	未统计	
重庆	重庆瑞霆塑胶有限公司	3500	未统计	
四川	成都双流东莲长虹塑料制品有限公司	3500	3200	
四川	成都五牛壮达新材料有限公司（原成都中包壮大薄膜有限公司）	13000	13000	20000

续表

省份	公司名称	产能／吨	产量／吨	销售额／万元
四川	四川海联达包装材料有限公司	5000	5000	6000
	除以上已知的136家企业外，全国还有13家左右企业，估计产能80000吨，加上上表中26家未统计单位产能148700吨，合计39家为228700吨，其估算产量为155000吨		155000	
	合计全国2014年CPP总产能、产量	987000	624006.84	

（中国塑协流延薄膜专业委员会　王焕清）

镀铝膜

真空渡膜行业“十二五”发展情况介绍

1.“十二五”期间镀膜行业总体产能、产量情况

2011～2015年中国大陆镀膜行业产能、产量情况

年度	产能／万吨	产量／万吨	开机率/%	年产量增幅/%
2011	50	42	84	7.69
2012	55	45	81.82	7.14
2013	70	55	78.57	22.22
2014	85	65	76.47	18.18
2015	93	68	73.12	4.62

数据来源：中国塑协镀铝膜专委会

2015年产量68万吨比2010年产量39万吨增长74.36%，平均年增长幅度11.24%。产能2015年93万吨，比2010年47万吨增长97.87%，年均增长幅度14.90%。

2. 镀膜行业中电容器镀膜领域产能、产量情况

2011～2015年中国大陆电容器镀膜产品产能、产量情况

年度	产能／万吨	产量／万吨	开机率/%	年产量增幅/%
2011	7.9	6.5	82.28	3.17
2012	8.5	6.7	78.82	3.08

续表

年度	产能 / 万吨	产量 / 万吨	开机率 /%	年产量增幅 /%
2013	9.5	6.8	71.58	1.50
2014	11.5	6.98	60.70	2.65
2015	11.5	7.1	61.74	1.72

数据来源：中国塑协镀铝膜专委会

2015 年电容器镀膜产品产量 7.1 万吨比 2010 年产量 6.3 万吨增长 12.70%，平均年增长幅度 2.33%。产能 2015 年 11.5 万吨，比 2010 年 7.5 万吨增长 53.33%，平均年均增长幅度 8.51%。

（中国塑协镀铝膜专业委员会　孙冬泉 ）

塑料家居用品

2015 年中国塑协塑料家居用品专业委员会在中国塑料加工工业协会的领导下，全面加强行业管理、行业服务、行业交流活动，各个方面取得了很大的发展和进步。在专委会发起人的带领和第一届理事会的共同努力下，专委会在推动行业结构调整与技术进步，开展行业自律、加强调查研究、广泛听取企业意见和呼声，积极向政府反映行业改革中的深层次问题、宣传行业、为会员服务及加强自身组织建设开拓进取等方面进行了积极有效的工作。

一、专委会活动

（1）广泛吸收会员单位，扩大塑料家居用品专委会的行业影响力。

2015 年秘书处积极宣传专委会，扩大专委会影响力，在吸纳新会员方面做了新的尝试。专委会在 5 月份理事会议决定吸收上、下游企业，丰富了专委会的组成。专委会由成立时的 70 家会员单位，发展到现在有 136 家会员单位，增加 66 个会员单位，包括副会长单位共 12 个，理事单位共 12 个，普通会员单位共 42 个。

（2）积极组织参与和举办各种行业活动，全面提升专委会的整体形象。

秘书处通过组织参与和举办一系列行业活动，把专委会的行业地位提到一个新的水平。在 2014 年下半年至 2015 年下半年通过专委会组织、策划，举办了 5 次论坛，组织会员企业组团参加国内大型（展会） 6 次，参加行业相关的各种会议 20 次，组团考察学习 15 次。

（3）走访会员单位，深入了解行业现状和会员单位实际情况。

自专委会成立之后，秘书处一共走访 80 多家会员企业，行程 4 万多公里，目的是进一步了解会员的需求，以明确专委会工作的重点及方向；同时在与会员交流过程中，了解当前行业现状及所面临的问题，针对性的制定全新工作规划，更好地服务会员。

（4）建立行业信用联盟，规范行业发展秩序，引领行业健康发展。

在专委会的积极倡导下秘书处积极筹备，成立了由广东海兴控股集团等 18 家单位和个人组成的中国塑料家居用品行业诚信联盟，通过了《中国塑料家居用品行业诚信联盟章程》和联盟机构设置，选举了联盟理事会主席、常务副主席、副主席和秘书长等 18 家单位和个人组成的联盟理事会，并发布了《中国塑料家居用品行业诚信联盟自律公约》，对促进塑料家居用品行业的健康发展具有重要意义。

1）秘书处积极筹备专委会在一届六次理事会上通过了成立《中国塑料家居用品行业诚信联盟》，以此弘扬和推动塑料家居用品行业自我约束、自我管理、互相监督、共同发展的信用精神，倡导“优质企业、优质产品、优质服务”的经营理念，倡议塑料家居用品行业应通过优化产业结构，加强行业自律，转型升级来促进行业健康发展。

2）秘书处走访考察各地塑料家居用品企业，了解当地企业的生产和质量等情况，为下一步的开展行业自律工作奠定基础，进一步规范行业发展秩序，引领行业健康发展。

（5）建设专委会网站和微信公众账号，提高网络服务功能

信息服务离不开信息传递的载体。专委会成立后， 秘书处创办网站和微信公众平台，一年多来，这一载体日益成熟，特别是微信公众平台，发送原创微信公众号头条 230 条，发挥及时性和实用性，成为广大会员和社会各界掌握市场行情的有效窗口。以行业信息门户网站和微信公众平台为依托做好信息服务工作，继续完善专委会微信群的建设，时刻分享时事政策、经济形势、管理经验，让会员随时随地学习分享资讯；并通过 QQ 会议、网络论坛、微信群的探讨等模式为企业搭建一个长效互动成长的平台。借力“互联网 +”， 并积极开展会员企业和各大电商平台的纵向多元合作，帮助会员企业打通网络销售的渠道，创建电商一体化服务平台，促成塑料家居用品行业最具规模和影响力的电商平台，助力行业转型升级。

二、重点企业

（1）广东海兴控股集团。

（2）茶花现代家居用品股份有限公司。

（3）浙江龙士达家居用品有限公司。

（4）宁波利时日用品有限公司。

（5）台州富岭塑胶有限公司。

（6）北京禧天龙塑料制品有限公司。

（7）广州市振兴实业有限公司。

（8）三友控股集团有限公司。

（9）双马塑业有限公司。

（10）浙江鑫鼎塑业有限公司。

（11）四川鸿昌塑胶工业有限公司。

（12）广州市新力实业有限公司。

（13）浙江日康婴儿用品有限公司。

（14）台州市黄岩麦宝隆生活用品有限公司。

（中国塑协塑料家居用品专业委员会 黄少群）

聚苯乙烯挤出发泡板材（XPS）

聚苯乙烯挤出发泡板材（XPS），简称挤塑板，又名 XPS 挤塑板。 是以聚苯乙烯树脂为主要成分，添加少量添加剂，通过特殊工艺加热挤压成型而制得的具有闭孔结构的高性能硬质泡沫塑料板。XPS 具有完美的闭孔蜂窝结构，这种结构让 XPS 板有极低的吸水性（几乎不吸水）、低导热系数、高抗压性、抗老化性（正常使用几乎无老化分解现象）。用 CO2 为主要发泡剂生产的 XPS 产品，还不会对臭氧层造成破坏，与传统的采用 CFC 气体或 HCFC 气体发泡相比具有更高的环保性。

XPS 挤塑板主要应用领域：①建筑物屋面保温、钢结构屋面、建筑物墙体保温、建筑物地面保湿、广场地面、地面冻胀控制、中央空调通风管道等；②地面防湿保温层，广泛适用于各种建筑物的底层防潮，高寒地区公路、铁路、机场跑道的路基等；③室内装潢、广告板、吊顶、隔音墙、夹心门填充材料、线条等。

一、中国塑协 XPS 专委会成立过程

2014 年前，国内还没有与 XPS 挤塑板对应的行业专门组织，只有部分 XPS 生产企业是中国塑料加工工业协会（以下简称中国塑协）的会员单位。整个 XPS 挤塑板行业的生产经营情况、企业与政府间的沟通、行业技术进步的引导等都处于缺失状态。为适应 XPS 挤塑板行业发展的需要，促进行业的健康发展，应相关会员单位的要求，根据民政部（民发〔2014〕38 号）《民政部关于贯彻落实国务院取消全国性社会团体分支机构、代表机构登记行政审批项目的决定有关问题的通知》、《中国塑料加工工业协会章程》和《中国塑协分支机构管理办法》的有关规定，经中国塑协六届四次理事会讨论通过，决定成立中国塑料加工工业协会聚苯乙烯挤出发泡板材（XPS）专业委员会（以下简称中国塑协 XPS 专

委会）。

（一）筹备成立

1. 成立专委会筹备工作领导小组（2014 年 9 月）

2014 年 9 月，经中国塑协批准，成立中国塑协 XPS 专委会筹备工作领导小组。筹备组成员组成如下：

组　长：郭鑫齐—南京法宁格节能科技有限公司董事长

副组长：刘　姝—中国塑协副秘书长、会员部主任

组　员：孟庆君—中国塑协副秘书长

王向东—北京工商大学材料与机械工程学院党委书记

焦红文—中国塑协综合业务部主任助理

2. 发起筹备阶段（2014 年 9 ～ 12 月）

（1）专委会筹备领导小组首先进行了行业调研、老会员重新登记、新会员办理入会手续等工作。通过企业自荐、推荐主任、副主任单位等方式，确定了发起人单位名单，起草了专委会工作条例（草案）和各种规章制度等相关文件，确定了专委会的工作职能，制定了专委会会员资格、条件和办法等。

（2）2014 年 12 月 14 日，在广州珠江宾馆召开了“中国塑协 XPS 专委会第一次筹备工作会议”。

会议通报了专委会组建工作进展情况；讨论了专委会工作条例（草案）、秘书处规章制度、管理办法等；讨论了专委会组织机构候选人名单，包括：常委委员名单、主任、副主任、秘书长等人选。

（3）2015 年 2 月 5 日，在北京东长安街 6 号轻工会议室召开了“中塑协 XPS 专委会第二次筹备工作会议”。

会议讨论确定了专委会成立大会的时间、地点、内容、程序等相关内容。

（二）成立大会

2015 年 4 月 28 日，中国塑协 XPS 专委会在北京正式成立。会上审议通过了《中国塑料加工工业协会聚苯乙烯挤出发泡板材专业委员会工作条例》（草案），并通过产生了第一届常委会主任、副主任、常委委员和秘书长。南京法宁格节能科技公司等 27 家单位被推选为中国塑协 XPS 专委会第一届主任、副主任、常委委员。中国塑协领导向第一届常委会单位表示祝贺并颁发证书。南京法宁格节能科技有限公司董事长郭鑫齐被推选为常委会主任，中国塑料加工工业协会主任助理焦红文为秘书长。

成立大会上，郭鑫齐主任发表了就任讲话，阐明了专委会的职责和任务，并对 2015 年专委会的工作提出了规划和展望。中国塑协马占峰秘书长代表中国塑协对 XPS 专委会的成立表示衷心的祝贺，同时对专委会的工作提出了要求和希望。

成立大会同期还举行了 XPS 行业应用与发展研讨会。研讨会上住房和城乡建设部科技发展促进中心副总工程师杨西伟解读了《建筑设计防火规范》对墙体保温技术的新要求；中国建筑材料科学研究总院高级工程师张玉辉作了 GB8624-2012《建筑材料及制品燃烧性能分级》国标介绍；上海市建筑科学研究院高级工程师杨星虎进行了 GB/T 30595-2014《挤塑聚苯板（XPS）薄抹灰外墙外保温系统材料》的国标解读；中国塑料加工工业协会副秘书长孟庆君介绍了 XPS 泡沫行业 HCFCs 淘汰管理计划第一阶段进展及第二阶段准备情况；北京工商大学材料与机械工程学院博士刘本刚分别就《冷库用挤塑聚苯乙烯泡沫塑料（XPS）》、《土工用挤塑聚苯乙烯泡沫塑料（XPS）》、《硬质泡沫塑料 冻融循环试验方法》三项行业标准的制定和 GB/T 10801.2-2002《绝热用挤塑聚苯乙烯泡沫塑料（XPS）》的国标修订情况进行了讲解；意大利 GAMMA MECCANICA 公司技术总监 NICO GUALERZI 对本公司的挤塑板生产线和自动回收装置技术进行了介绍和问答。行业研讨会在大家的积极参与和深入讨论中取得圆满成功。

专委会的成立代表着 XPS 行业形成了统一规范的组织，在引导行业发展、促进行业自律、提升技术水平、促进国际交流、拓展应用合作、扩大宣传推广等方面发挥着举足轻重的作用，在中国 XPS 发展史上具有里程碑的意义。

二、行业现状

中国 XPS 泡沫行业起步较晚，1999 年美国欧文斯科宁在南京投资建立我国第一条 XPS 生产线，投产后产品迅速打开市场。而后，中国 XPS 生产得到迅速发展，大量民营企业纷纷投入 XPS 的生产。行业现阶段的状况是：

1. 近几年市场需求不断扩大，行业快速发展

由于建筑行业的急剧增长和建筑能效标准的提高，使得用于建筑绝热的 XPS 板材需求大幅增加。根据行业调查的数据，国内大约有 20 家 XPS 挤出生产线制造企业，大部分是小型机械生产企业，有一定规模的企业 3-5 家。泡沫制品生产企业约 700 ～ 1000 家，XPS 生产线约 1000 多条，主要集中在京、津、冀地区。据调查，2009 年行业 XPS 泡沫

年产量约为1026万立方米，HCFCs发泡剂消费量约为41000吨，近年估算产量约为3000万立方米左右，（没有统计具体数据。

2.XPS生产用发泡剂（HCFCs）淘汰工作情况

用于XPS挤塑板生产的发泡剂主要采用物理发泡剂。可采用的物理发泡剂有：HCFCs、HFCs、丁烷、CO2、乙醇、二甲醚（DME）、液化石油气、水。

2011年，第64和65次多边基金执委会批准了我国聚氨酯（PU）泡沫、挤出聚苯乙烯（XPS）泡沫、房间空调器、工商制冷、制冷维修和能力建设、清洗等6个消费行业第一阶段HCFC淘汰计划及1个总体淘汰战略，批准项目资金2.7亿美元，淘汰HCFC约33770DP吨。

我国挤出聚苯乙烯（XPS）泡沫行业第一阶段HCFC淘汰管理计划于2011年获得《关于消耗臭氧层物质的蒙特利尔议定书》多边基金执委会第64次会议批准，获批资金5000万美元。“十二五”期间，聚苯乙烯挤出发泡板材（XPS）行业计划淘汰HCFC-22、HCFC-142b约9589.98吨，环保部与25家XPS泡沫企业签署了HCFCs淘汰合同。签署了HCFCs淘汰合同的25家XPS挤塑板生产企业进行了设备更新或改造，以二氧化碳和酒精为发泡剂替代HCFC-22、HCFC-141b发泡剂。25家企业中目前通过验收的企业有9家，分别是：北京五洲泡沫塑料有限公司、青岛欧克斯新型建材有限公司、唐山万兴化工建材有限公司、廊坊美佳塑胶制品有限公司、济南汇泉德泰新型建材有限公司、北京北泡君诚泡沫塑料有限公司、厦门福泰龙节能科技有限公司、北京高圣佳保温材料厂和宿迁市宏博节能工程有限公司。

在第19次蒙特利尔缔约方大会上，各缔约方一致同意了加速淘汰HCFCs的生产和消费。中国作为第五条款国家，按照约定于2013年冻结HCFCs生产量和消费量在2009年和2010年的平均水平，2015年消减冻结量的10%，2020年消减35%，2025年消减67.5%。2030年除必要用途外，彻底停止生产和使用HCFCs。

XPS泡沫行业HCFC第二阶段淘汰目标、进度（环境保护部环境保护对外合作中心提供）

XPS泡沫行业2016～2026年HCFC淘汰进度表

年份	基线	2013	2015	2018	2020	2023	2025	2026
HCFCs消耗量/吨	43050	43050	38745	35339	24296	13252	3000	0
HCF消费量/ODP吨	2540	2540	2286	2032	1397	762	165	0
淘汰量/吨	-	5726	4305	4417	11043	11043	10252	3000
淘汰量/ODP吨	-	338	254	254	635	635	597	165
淘汰比例/%	-	-	10%	20%	45%	70%	93.5%	100%

现阶段，我国XPS泡沫行业所使用的发泡剂主要为HCFC-22和HCFC-142b，少数企业采用惰性气体CO_2或者丁烷。

3.与XPS产品相关的国家、行业标准制、修订、实施情况

GB/T 30595-2014《挤塑聚苯板（XPS）薄抹灰外墙外保温系统材料》国家标准完成制定，于2014年12月1日实施。

GB 8624-2012 《建筑材料及制品燃烧性能分级》国家标准修订完成，于2013年10月1日实施。

GB 50016-2014 《建筑设计防火规范》修订完成，于2015年5月1日实施。该规范对今后的防火要求相对应不同高度、不同用途、不同的建筑，保温的设计在原有46号文的基础上，对于保温材料燃烧等级的级别要求更加细化。

JGJ 144-2004 《外墙外保温工程技术规程》标准修订完成征求意见稿，已进入上报审批阶段。

《冷库用挤塑聚苯乙烯泡沫塑料（XPS)》、《土工用挤塑聚苯乙烯泡沫塑料（XPS））、《硬质泡沫塑料冻融循环试验方法》三项行业标准已完成送审稿，预计2016年底能够批准发布。

《聚苯乙烯泡沫塑料中残留发泡剂的测定》列入2014年第二批轻工行业标准项目计划（计划号：2014-0890T-QB)。起草单位正在拟定标准草案稿。

GB 10801.2-2002《绝热用挤塑聚苯乙烯泡沫塑料》列为 2014 年第一批国家标准修订计划（计划号：20141386-T-607）。预计 2016 年底前完成。

4. XPS 用阻燃剂（HBCD（六溴环十二烷））使用和淘汰计划情况

2013 年 5 月，联合国《关于持久性有机污染物的斯德哥尔摩公约》（简称《公约》）的缔约方大会第六次会议（COP6）审议并通过修正案，将 HBCD 增列入《公约》附件 A 中，要求缔约方在豁免期内逐步停止 HBCD 生产和使用。

三、专委会活动

2015 年 4 月，专委会成立后，积极的开展各项工作，主要进行了如下工作。

（一）积极搭建行业信息、交流、沟通的平台，传递行业信息，服务会员企业

专委会成立后，先后建立了中国塑协 XPS 专委会网站和微信公众平台，XPS 行业发展研讨微信群和 QQ 群。专委会充分利用这些信息渠道和网络平台，与会员单位进行产品、技术、政策的交流，另一方面也开拓了企业和产品宣传的通道。

（二）积极走访企业，了解企业状况，增强行业能力和水平

先后走访天津、新疆、河北、陕西西安、江苏南京、湖北等地的 XPS 挤塑板生产企业，同行业内优秀的企业家进行交流和学习。通过交流和学习，一方面了解行业内不同地区企业的生产、经营状况，另一方面也提升了专委会的向心力和凝聚力。进一步提高增强行业能力和水平。

（三）发挥专委会职能，反映企业诉求，切实起到桥梁和纽带的作用

专委会作为政府和广大企业之间联系的桥梁和纽带，既要把最新的国家政策传达给企业，得到广大企业的理解和支持，推进各项工作的顺利开展；又要向相关部门提出有利于行业发展的意见和建议，完成有关行业规划、发展、技术进步等方面的制定与申报工作，把企业的呼声反映到政府相关部门，为政府决策提供依据。

1. 反映企业诉求，积极与政府相关部门沟通

针对《江苏省建设领域推广应用新技术和限制、禁止使用落后技术目录》中将“XPS 板薄抹灰外墙外保温技术”列为“禁止使用技术”和山东省工程建设标准《建筑保温系统防火技术规范》中将外墙保温材料区分热塑性和热固性问题，专委会一方面先后给制定政策和法规标准的政府部门致函提出科学合理的意见和建议，另一方面，积极与政府有关部门沟通、对话，让政府相关部门了解聚苯乙烯挤塑板（XPS）产品性能、特点，改变了政府有关部门对 XPS 挤塑板制品的偏见和不合理的表述。

2. 积极开展区域性座谈会

XPS 挤塑板属于发泡类制品，重量轻、体积大，由于运输成本的问题，产品的销售半径跨省市的不多，生产企业区域性分布比较明显。为了充分的了解各地区企业生产、销售、应用情况，先后在新疆乌鲁木齐、陕西西安、天津、江苏南京开了四次地区性研讨会，研究、讨论各地的产品发展方向。

3. 配合国家相关部门，做好阻燃剂替代前期调研工作

六溴环十二烷（HBCD）自 20 世纪 60 年代投放全球市场以来，约 80% 作为阻燃剂用于 EPS 和 XPS 建筑保温板材的生产，由于 HBCD 是典型的 POPs（持久性有机污染物）物质，大量使用对环境和人类危害很大，HBCD 已经成为人类高度关注的污染物，根据《斯德哥尔摩公约》要求，国外已经开始全面禁止 HBCD 的生产与使用。我国正在编制淘汰计划，为了淘汰计划的有效和可执行，2015 年 7 月 25-26 日，专委会陪同《中国 HBCD 淘汰行动计划》工作组专家，环保部外经办张新华工程师、北京师范大学环境学院刘新会教授分别赴 XPS 制品生产企业辛集市达鑫建材有限公司、北京五洲泡沫塑料有限公司进行调研考察，听取企业对于淘汰 HBCD 计划的意见和建议。

4. 推动行业自律，配合相关部门开展有机保温材料的专项整治工作

2015 年，国内接连发生几起由于使用劣质保温材料及建筑施工操作、用火、用电不当引起的外墙外保温材料火灾事故，造成了人员伤亡及严重的经济损失。党中央及国务院高度重视，特别通报发文，责令行业进行整顿。

专委会发出了《关于聚苯乙烯挤出发泡板材（XPS）生产企业加强产品自查工作的通知》，呼吁 XPS 全行业企业必须以高度的社会责任感，着眼企业和行业长远利益，共同抵制和打击损害行业的行为，共同维护 XPS 挤塑板行业形象，促进行业可持续健康发展。

5. 积极参与 XPS 制品及行业相关的国家、行业标准、法规的制、修订工作

专委会理部分理事以上单位与全国塑料制品标准化技术委员会泡沫分技术委员会一同，推动进行了国家标准《GB/T 10801.2-2002 绝热用挤塑聚苯

乙烯泡沫塑料（XPS）》国家标准的修订、《冷库用挤塑聚苯乙烯泡沫塑料（XPS）》、《土工用挤塑聚苯乙烯泡沫塑料（XPS）》、《硬质泡沫塑料冻融循环试验方法》三项行业标准的制定和《聚苯乙烯泡沫塑料中残留发泡剂的测定》启动工作。

四、存在问题

1. 行业进入门槛低，劣质产品泛滥，造成劣币驱逐良币现象

各地的建筑保温材料市场的需求量有限，却聚集着成百上千家企业，每年新的企业还在增加，势必造成无序竞争，以价格战、低质量占领市场现象普遍存在。

2. 国家政策、法规更加严格，有机保温材料面临挑战

直到2014年底，就建筑节能工程防火而言，一些关键性的行政规定以及技术标准陆续正式出台，结合 2013年10月《建筑材料及制品燃烧性能分级》（GB 8624-2012）的颁布，今年5月1日《建筑设计防火规范》GB 50016-2014实施，致使涉及建筑节能工程中保温材料的防火安全的要求更加严格。目前，一些省市正在结合本地域实际情况，按照《建筑设计防火规范》GB 50016-2014的要求，编制外保温材料防火技术规程或技术要求。各建筑设计研究院，也在按照新的规范设计、保温材料的选用。《建筑设计防火规范》对有机保温材料提出了限制条件，有机保温材料的应用大幅减少。

3. 开发商、业主单位给的价格低、回款慢，加剧了行业的恶性竞争

由于开发商等业主单位不断降低造价，为劣质保温材料提供了温床。另外，开发商、业主单位回款慢甚至全顶放，将中规中矩的企业排斥在市场之外，而大量旁门左道起家的企业充斥其中，造成行业鱼龙混杂的局面。

4. 国家对于生产环节的环保要求越来越高，企业经营难度加大

HCFC发泡剂的淘汰速度加快。“十二五”期间，环保部外经办与25家XPS泡沫企业签署了HCFCs淘汰合同，进行设备改造，以二氧化碳和酒精为发泡剂替代HCFC-22、HCFC-141b发泡剂。按约定，2020年消减35%，2025年消减67.5%。2030年除必要用途外，彻底停止生产和使用HCFCs。对于使用HDFCs发泡剂的企业来说，面临着设备的更新改造问题。六溴环十二烷（HBCD）联合国《关于持久性有机污染物的斯德哥尔摩公约》已将其列入从全球淘汰的禁用化学品名单中。为了有足够的时间需找替代品，从2014年起，开始设置为期5年的缓冲期。

五、建筑保温材料行业发展趋势

目前，中国建筑保温材料行业的大调整已接近尾声，建筑保温发展方向基本确定，一个巨大的建筑节能市场潜力已经扎根，但投资建筑保温行业的风险系数依然很高，一方面，传统的保温材料过剩或因故受到使用限制，产品出现了阶段性见顶，另一方面一大批新技术、新材料、新工艺还在不断培育或完善时期，不能完全满足新型保温市场的需求。从“十三五”开始将进入快速发展高峰阶段，随着政策扶持及人们环保意识的提高，也不断加速行业向“五性五化”即系统“保温性、装饰性、安全性、经济性、耐久性”，产品“工业化、规范化、多样化、绿色化、智能化”高品质配套发展。尤其是近几年来人们对于生活环境环保化呼声越来越高，促使我国未来建筑保温行业将面临几大发展趋势。

1. 落后工艺、装备和产品逐步淘汰，优质保温建材及配套技术日益发展

鼓励、支持和引导保温建材企业开发技术含量高、附加值高、市场潜力大的优质新型保温建材产品，逐步提高新型保温建材在建材行业中的比重。支持和鼓励企业采用先进的生产工艺技术和装备进行改造。

2. 支持大型保温材料制造企业的发展，实现工业化、规模化经营

坚持扶优扶强的原则，选择有实力、有潜力的新型保温建材企业作为支持的重点。带动一批新型保温建材企业的发展，引导那些已不具市场竞争能力的保温建材企业转向优质保温建材，加大对新型保温建材企业技术改造投资，推进一批上规模、上水平的技术改造项目，同时加强企业内部管理，改善和提高经济效益，使新型保温建材的优势真正得到全面体现。

3. 保温产品、设计、施工、验收标准及规范将逐步完善

标准引领行业进步，创新决定企业未来。最近几年，国家及行业修订或制定了近百部新标准，行业标准逐步完善，尤其是不燃型保温材料、无机保温系统和最新防火规范的出台，引领了我国新型保温建材产品转型和市场流通，各省市也制定了相关政策，大力支持和鼓励新型保温建材产品市场准入制度和保证期制度，优胜劣汰，为优质新型保温建材产品的发展创造良好的竞争环境。

4. 产品保温、安全、舒适、环保、耐久等性能将不断提升

一些保温材料除具有更低的导热系数、更高的保温材料燃烧性能外，还必须舒适、环保、耐久，且建筑节能级别、部件耐火极限、材料烟密度、氧指数、毒理性、滴落物（其中还包括使用年限）等相关指标将更加严格，以适应建筑节能新形势对我国外墙保温材料的新要求。

5. 建筑保温材料向多功能复合型发展

目前使用的保温材料在应用上都存在着不同程度的缺陷，为了克服保温隔热材料的不足，各企业纷纷研制轻质多功能复合保温材料。其一是有 / 无机材料复合实现互补，其二是保温 / 防火 / 装饰复合达到一体化，其三是材料 / 构造复合实现科学多功能化。总之，单一的有机材料或者无机材料都不能完全满足市场的需求，多功能复合型发展思路有可能成为保温行业发展的新途径。

6. 材料 + 结构适应性和匹配性发展

无论是有机或无机或有无机复合材料等，其一：保温材料中各组分材料的相容性和匹配性，其二：保温系统中各配套材料的匹配性和适应性，其三：系统上墙时与墙体的匹配性、接点安全性和使用耐久性等都是行业长期关注和研究的重点问题。

7. 一致性和多样性因地制宜发展趋势

所谓一致性即不论那种保温产品都应同相应标准保持高度一致，国家及地方都制定了相应标准。所谓多样性即我国建筑围护结构相对复杂、种类繁多，不同地域、不同结构、不同部位等保温工程应选用不同的材料和因地制宜的解决方案。

8. 难燃型（准安全）建筑节能保温系统将作为过渡系统持续发展

所谓“准安全”建筑节能保温系统是指处于 A 级和 B1 级之间的保温材料及系统。其一，这些产品通过无机材料 - 有 / 无机结合 - 有机改性等多种方法和渠道方便获得，具有普遍的推广和应用价值。其二，完全满足 A 级或者 A1 级的保温产品不多，且达到大面积推广的可能性不大，这主要是因为不燃的材料中（水泥）如果加入了 1% 以上的易燃或可燃有机胶黏剂或外加剂的话，相关防火安全辅助指标有通不过的可能性。其三，我国已经形成了 90% 以上的有机建筑保温市场规模，在国家相关政策引领和推动下向不燃型建筑节能保温系统改造或者转型将逐步普及，但大幅提高还需时日。

9. 超低能耗、被动式房屋发展理念

其一，被动式节能屋（德语 :Passivhaus）又可译为“被动式房屋”，是基于被动式设计而建造的节能建筑物。被动式房屋可以用非常小的能耗将室内调节到合适的温度，非常环保。其二，被动式节能屋的概念适用于世界各地，无论寒冷地区还是温暖地区都可建设被动式房屋，其基本的方式是一致的。依据当地的气候条件，房屋的建筑结构材料的用量会有些差异。其三，任何被动式房屋的个性特点都要依据当地的气候条件进行优化，使其在低耗能的条件下，得到极为舒适的生活环境。其四，保温门、窗；保温、隔热外围护材料（包括中空和真空玻璃）；太阳能利用与热回收及通风装置等都是被动式房屋的主要组成部分，建筑节能保温行业将建材与建筑形成了完整的产业链，保温行业装配化、工业化、人性化指日可待。其五，从外表看，它和一般建筑没什么区别，所以被动式房屋如其说是一个房屋，倒不如说是一个标准。因此，根据超低能耗、被动式房屋发展理念判断，现在盛行的内保温、外保温、夹心保温或者是自保温（包括简单的装配式结构）都只是发展阶段的过渡产品，随着国家高标准节能政策的出台、高新技术的强力支持以及人们生活水平的不但提高，这些产品若不能与时俱进的话将会逐步淡化或退出建筑节能保温市场。

六、XPS 行业发展机遇

依据 XPS 板材的性能特点和建筑保温材料发展趋势，XPS 挤塑板行业具如下发展机遇。

1. 新建筑节能设计标准提高，建筑保温市场需求将扩大，XPS 在市场中占有一定的份额

各地建筑节能标准的相继提高，京、津、冀、鲁、新疆等地已率先开始 75% 的建筑节能设计标准。由于 XPS 挤塑板的导热系数低，使得同样的节能设计标准，挤塑板能够做到厚度比 EPS 做的更薄而达到新的节能设计标准，新的节能标准对挤塑板来说存在新的发展机会。

2. 建筑产业现代化加快推进，为 XPS 挤塑板行业迎来了新的发展机会

早在 20 世纪 50 年代中期，国务院针对建筑业发布《关于加强和发展建筑工业化的决定》，80 年代进入大发展时期，90 年代针对建筑业出台了《建筑工业化发展纲要》，1999 年国务院 72 号文件“推进住宅产业现代化提高住宅质量的若干意见”。当时主要是从提高住宅建设质量、促进住宅建设技术进步的角度提出的要求。

近几年，国家加快了推进住宅产业化的进程，相继出台了鼓励发展的政策性文件。自国家颁发各种文件以来，已经得到各地十分热烈的响应。2010年以来，北京、上海、河北、浙江、安徽、山东、深圳、沈阳等20多个省市积极出台各种鼓励政策；各地政府及各大企业均明确：推动建筑产业现代化化目前是建筑业的一项重要工作内容，建筑业将面临着一场变革。

根据XPS保温板的导热系数、体积比吸水率、燃烧性能和光滑的表面等性能特点，使得XPS保温板在保温结构一体化、装配式混凝土结构中应用具有优势。

3. XPS挤塑板的优点性能，能够开发出更多用途

XPS挤塑板优越的保温隔热性、良好的抗湿防潮性能和高抗压性能，使得在其土木工程、高速公路和铁路、冷库冷链、暖通家装、抗冻防水等应用上有很大优势，开拓挤塑板新的应用市场是新的发展机遇。

4. 行业研发力度不断增强，新产品充满发展机会

近几年，挤塑板行业内企业研发能力不断加强，高性能（优异的尺寸稳定性）挤塑板、石墨挤塑板、保温结构一体化、装配式建筑等的发展，必将促进行业的健康快速发展。

（中国塑协聚苯乙烯挤出发泡板材（XPS）专业委员会 焦红文）

塑料配线器材

中国塑料加工行业配线器材制品市场及产业现状

一、配线器材市场基本概况

（一）配线器材市场构成

1. 产品定义

配线器材—— 顾名思义，一般指与电器的线材配套使用的产品。包含的产品有：尼龙扎带、钢钉线卡、接线端子、冷压端子、压线帽、尼龙固定头、膨胀管、缠绕管、热缩管、定位片、环保配线槽、连接器及高分子合金电缆桥架等上百种产品及规格型号，一般都是采用PA、PP、PE、ABS、PS、PVC等材料进行生产，也有根据客户定制化的要求，采用改性塑料制成，如：复合性材料、功能性高分子材料、工程塑料等。

2. 产品分类

配线器材行业根据产品生产量划分为两大类，一类为主打产品——尼龙扎带，年生产量占到配线器生产总量的20%左右，已被泛用于电信、电力，电器电子、建筑、汽车、农业、服装、食品、绿化、建筑、家庭生活等各个领域；其他产品归为二类，主要用于家装、工业、电器、建筑、通讯、电力等领域。

（二）配线器材市场主要法规政策

1. 行业管理体制

我国企业管理体制正在由部门管理向行业管理逐渐转变中，因而促进了行业协会的快速发展。中国塑协塑料配线器材行业也不例外，在长虹塑料集团的创始人郑元和的不断努力下，2008年5月塑料配线器材行业，被中国华人民共和国民政部批准，成立了“中国塑料加工工业协会塑料配线器材专业委员会”。近年来，在中国塑料加工工业协会的正确领导下，塑料配线器材专委会积极适应发展新常态，全力以赴应对各种困难和挑战，坚定不移促转型保增长，据不完全统计2015年塑料配线器材行业产值达200多亿元人民币，在转型发展的道路上迈出了坚实的步伐，行业也不断发展壮大，如今配线器材专委会会员企业已达100多家。

2. 主要政策影响

2005年国家发改委在《产业结构调整指导目录》中，将“复合材料、功能性高分子材料、工程塑料及低成本化、新型塑料合金生产、汽车轻量化及环保型新材料制造”列入鼓励类；2006年国家科学技术部《国家“十一五”科学技术发展规划》中把“新型高分子材料”、“高性能复合材料”列入材料领域的重大项目；2007《当前优先发展的高技术产业化重点领域指南（2007年度）》中将“通用塑料（PP、PE、ABS、PS、PVC等）的改性技术”列入当前优先

发展的高技术产业化重点领域；2009年国家科学技术部《国家火炬计划优先发展技术领域》重点支持PP、PE、ABS、PS、PVC等通用塑料的改性材料等；2010年国务院《国务院关于加快培育和发展战略性新兴产业的决定》积极发展高品质特殊钢、新型合金材料、工程塑料等先进结构材料。提升碳纤维、芳纶、超高分子量聚乙烯纤维等高性能纤维及其复合材料发展水平。开展纳米、超导、智能等共性基础材料研究。2011年到2016年国务院《中国国民经济和社会发展“十二五”、“十三五”规划纲要》中促进新兴科技与新兴产业深度融合，把战略性新兴产业培育发展成为先导性、支柱性产业。把新材料产业列为战略性新兴产业，重点发展新型功能材料、先进结构材料、高性能纤维及其复合材料、共性基础材料。

（三）配线器材细分市场发展历程及周期性分析

1. 配线器材细分市场发展历程

塑料制造业的发展大致经历了起步、形成、发展三个阶段。20世纪70年代末为起步阶段。1979年，全国塑料产业企业不上十家，塑料制品产量不足千吨。80年代初，随着乡镇企业的蓬勃发展，个体工业如雨后春笋般地发展起来，塑料产业得到了一定的发展，企业数发展到100多家，塑料制品产量已达5万吨。90年代以后工业经济的高速增长，推动了塑料产业的迅速发展壮大，据国家统计局数据，“十二五”塑料加工业规上企业2011年发展至12963家，实现销售收入15583.74亿元，到2015年发展至14763家，实现销售收入21466.10亿元，年均增长8.34%；利润由2011年的882.29亿元增长到2015年的1302.53亿元，年均增长10.21%。

塑料配线器材作为塑料制造行业的一个子行业，据不完全统计规上企业在全国范围内有500多家，其中有80%的企业聚集在浙江省和广东省，是一个成熟、多元化的产业。随着科技不断的发展和客户需求的变化，配线器材产品从原来生产采用一般塑料原料发展到了现在，采用高技术性能要求的改性塑料原料。改性塑料是指在通用塑料和工程塑料的基质中加入合适的改性剂，经过填充、共混、增强等方法加工改性，提高塑料的阻燃性、抗冲击性、强度、拉伸性、韧性等。塑料配线器中的主打产品尼龙扎带是以改性塑料为原料的塑料加工行业大类中发展较快且发展潜力较大的一个子类行业，预计在未来的5～10年，其总的市场需求量极保持年递增10%～20%的增长率，主要原因在于下游行业不断增长的需求。塑料配线器材行业经过近50年的发展，已逐步成长起来一批具有自主研发能力的知名企业，新产品的创新研发能力和管理能力都有了大幅度提高，产品在配方、工艺、技术研发等方面已达到国际先进水平。

2. 产品周期分析

一般产品的生命周期状况分为五个阶段：导入期，产品刚进入市场，销售增长缓慢；增长期，产品销路渐开，如果产品适销对路，在今后一定时期内销售将会有迅速的增长；成熟期，产品销售增长势头不明显，并有迹象表明产品销售即将下降；停滞期，产品销售已达峰点，并逐渐发生缓慢下降；衰退期，市场表现出对产品的需求减少，产品销售量也持续下降。 随着科学技术的发展，塑料制品在国民经济发展中的作用越来越重要。塑料配线器材已成为电器设备中甚至是日常生活中不可缺少的重要组成部分，其发展水平和产业兴衰直接关系到我国塑料工业和电器工业的发展，国内对配线器材市场的需求每年呈现10%～20%的速度增长， 世界大的经济环境及国内针对塑料配线器材行业推出的一系列新的政策，对配线器材的市场需求必定产生极大的拉动作用。各行各业用量都在呈增长趋势，在国内乃至全球塑料配线器材已被人们认知、接受，被它的方便、快捷、安全、经济、实用特点所折服，广泛地应用于各领域，已成功走过导入期进入迅猛的增张期。

二、配线器材市场规模分析

（一）2011～2015年配线器材市场规模统计

1. 市场规模及增长率

我国塑料行业规模和效益保持平稳增长，产量也是平稳增长，据国家统计局数据显示2011～2015全国规模以上企业制品产量由5474万吨增长到7560万吨，平均增长率为8.5%，主营业务收入年均增长8.34%；利润年均增长10.21%；出口额年均增长11.64%，详见表1。在国内大环境的影响下，我配线器材市场的需求量也平稳增长，加之世界大的经济环境及国内针对塑料配线器材行业推出的一系列新的政策，对配线器材的市场需求产生了极大的拉动作用。据中国塑料加工工业协会配线器材专委会不完全统计，2011～2015年我国配线器材行业市场规模分别为140亿、145亿、158亿元、183亿元和208亿元，2016年预计超过220亿。塑料配线器材主打产品——尼龙扎带也增幅明显，从2011年到2015年全球市场规模分别是：53.12

亿元，56.84 亿元，61.25 亿元，63.26 亿元，65.01 亿元。2016 ～ 2018 年预计销量分别是：68.88 亿元，75.05 亿元，81.63 亿元。

2015 年全球尼龙扎带产量达到 13.56 万吨，分布为：亚洲 8.81 万吨，占比 64.94%；北美 1.84 万吨，占比 13.57%；南美 1.35 万吨，占比 9.96%；欧洲 1.21 万吨，占比 8.92%；其他地区 0.35 万吨，占比 2.58%，。其中，亚洲的产量分布为：中国大陆 5.14 万吨，中国台湾 1.75 万吨，泰国 0.83 万吨，韩国 0.46 万吨，印度 0.32 万吨，其他国家或地区 0.31 万吨。预计未来三年将保持 8% 以上的增长速度，至 2018 年达到 17.08 万吨的产能。

我国 2011 ～ 2015 的市场规模是：7.89 亿元，8.26 亿元，8.59 亿元，8.83 亿元，9.14 亿元，预计 2016 ～ 2018 年市场规模将达到 9.76 亿元，10.37 亿元，11.12 亿元。

我国 2011 ～ 2015 年尼龙扎带产量分别为：3.94 万吨、4.45 万吨、4.76 万吨、4.92 万吨、5.14 万吨；预计 2016 ～ 2018 年产量分别为：5.4 万吨、5.78 万吨、6.17 万吨；2011 ～ 2015 年内外销分别为：内 1.59 万吨、外 2.36 万吨；内 1.69 万吨、外 2.74 万吨；内 1.86 万吨、外 2.92 万吨；内 1.98 万吨、外 2.95 万吨；内 2.12 万吨、外 3.03 万吨。预计 2016 ～ 2018 年内外销分别为：内 2.25 万吨、外 3.13 万吨；内 2.33 万吨、外 3.47 万吨；内 2.46 万吨、外 3.70 万吨。

配线器材产品不仅在国内销售到全国各地，覆盖到各行各业，而且销往欧洲、北美洲、南美洲、大洋洲、非洲、亚洲等 100 多个国家和地区。根据国家统计局数据显示，2011 ～ 2015 年塑料制品出口量由 1304.7 万吨增长到 1651.47 万吨，年均增长 6.07%，出口额由 393.1 亿美元增长到 610.61 美元，年均增长 11.64%。配线器材行业已形成了专业化分工细、区域规模经济优势明显、技术含量和市场占有率高等产业优势，已成为电器设备、工程、建筑、汽车、邮政、服装、食品等行业中不可缺少的重要组成部分。

表 1　　2011 ～ 2015 年塑料加工业主要经济运行指标表

指标 \ 时间 / 年	2011	2012	2013	2014	2015	年均增长率 /%
产量 / 万吨	5474.31	5781.86	6188.66	7387.78	7560.82	8.41
主营业务收入 / 亿元	15583.74	16310.13	18686.44	20392.39	21466.10	8.34
利润 / 亿元	882.29	963.27	1123.18	1182.86	1302.53	10.21
出口量 / 万吨	1304.70	1382.16	1508.55	1607.53	1651.47	6.07
出口额 / 亿美元	393.09	491.85	568.35	604.34	610.62	11.64

注：数据来源于中国塑料加工工业协会

2. 产品影响因素

目前，塑料加工业都面临着产业结构不合理，中低档产品比例高，产品同质化程度严重、行业区域发展不平衡，产业布局有待调整、科技创新能力薄弱，创新体系需要提高等因素。

当前全球范围内，新一代信息技术在工业领域广泛渗透正引发制造业发展理念、技术体系、制造模式和价值链的重大变革，协同、智能、绿色、服务等正逐渐成为制造业的核心价值体现，工业互联网、物联网、大数据、云计算等将重构制造业核心价值体系。我国工信部提出“中国制造 2025”战略，适时提出新材料、高性能医疗器械等十大突破领域，为我国塑料加工工业向高端化和智能化发展指明了发展方向，也提出了更高的要求。目前，正值塑料加工业转型升级的关键时期，塑料配线器材行业也不例外，也面临着新一轮科技和产业变革的酝酿和推进，对塑料加工业提出严峻挑战，面临加快推进劳动密集型向技术、资本密集型产业结构转变；面临加快以低人工成本为主的低端比较优势向技术、装备、人才、研发为主的复合竞争优势的转变；面临加快以引进、模仿、招商为主向自创新、集成创新、智能创新的转变。

（二）配线器材市场潜力研究

配线器材行业的快速发展，得益于该行业吸纳了该产业链的三个行业领域加入协会，包括塑料原料、塑料加工机械以及塑料制品领域，同时也得益于这三个领域的协同合作，为这些产业提供了高品质、低成本的运营环境，塑料配线产业不断发展以满足国内及出口市场的需求，给企业带来了更高的利润空间。 配线器材行业在保持对外贸易持续健康增长的同时，努力扩大国内市场，我国拥有13亿人口，国内市场容量潜力巨大，这也是很多外商看好中国的重要原因之一。

放眼全球，我们参考北美、欧盟、巴西、俄罗斯、日本等国或地区的进出口情况可以发现，配线器材产品中的主打产品尼龙扎带在国外普及率已达80%以上，已被广泛用于电信、电力、汽车、绿化、建筑、农业、家庭生活等各个领域。在超市随时能购买，家庭中随处可见，扎带已成为人们日常生活、工作中不可缺少的重要组成部分，家用是已成为扎带的主要市场，达到扎带消费总量的15%以上。而在国内大多停留在电器、电子、电信电力等行业，家庭中很少有人采用，这个空间还亟待开发。因为凡有涉及到绑扎的都会有用到扎带，随着应用程度的逐步拓展和放大，人们对扎带的方便、快捷、实用、安全进一步了解后，对扎带的购买力的必定会上升，销量会逐年翻倍增长。

（三）配线器材未来发展前景市场化程度分析

随着“以塑代钢”和“汽车轻量化、家电轻薄时尚化”等趋势的影响，“新型城镇化”、“建设美丽中国”等政策的逐步推行，我国的汽车行业、电力装备、家电行业、电子电气行业、建筑行业、医疗行业、物流邮递快递、农业、食品包装等众多行业的应用产品将进一步拓展，对塑料制品性能的要求越来越高，而且，不同行业、不同产品、不同的用途对材料有不同的要求。因此，业界长期以来，利用现有高分子基础材料树脂，通过各种改性的方法开发出不同用途的新材料、新品种，尤其是共混改性技术的开发，使人们用简单易行的手段，具有不同性能的新型材料，给有机高分子材料制品产业带来无限的生机。改性塑料制品其应用已遍及工业、农业、医疗、航天航空、军工、物流、包装、民用等各个领域，成为各行各业中不可缺少的新型材料，改性工程塑料制品的需求量也将大幅上升，各种高强度、耐热性改性塑料制品将得到广泛应用。因而，塑料配线器材行业将获得更大的发展空间，技术升级与创新和产品结构的优化与调整，为该行业带来广阔的发展前景。

根据中国塑料加工业“十三五”规划要求，我国塑料制品的年产量在今后五年中年均增长率要达到4%的；主营业务收入年均增长6%；利润总额年均增长8%；出口量年均增长3%，出口额年均增长6%。到2020年塑料制品年产量将达到8765万吨左右。中商经济研究院出具的《2012-2017年中国尼龙捆扎带（塑料配线器材产品之一）行业深度评估及未来投资策略研究报告》认为尼龙扎带塑料配线器材产品之一）处于行业成长阶段，市场需求具有较高的成长性和很大的增长空间，近年来的年增长率在10%～20%间。因而塑料配线器材行业作为塑料加工行业大类中发展较快且发展潜力较大的一个子类行业，预计在未来的5～10年内，其总的市场需求量仍将保持10%～20%的年增长率。

三、配线器材行业不利因素及壁垒

（一）塑料配线器材行业的进入壁垒

1. 核心技术壁垒

塑料配线器材行业的核心竞争要素包括：配方、工艺和质量控制，产品原料——高性能改性材料的核心配方基本由各细分领域内的领先企业掌握，核心生产工艺和应用技术也在很大程度上影响改性材料产品性能和质量的一致性。此外，下游客户对改性塑料产品具有性能持续优化的需求，这就要求生产厂商拥有足够稳定的技术研发团队和相应的技术储备，对产品进行持续开发和创新。

2. 出口认证壁垒

下游客户的出口产品进入北美、欧盟、日本高消费市场均需要专业的质量认证、环境保护认证体系及相关产品准入标准，因而在这部分市场会存在较严格的认证壁垒。

3. 资本壁垒

随着该行业的发展和成熟，该行业面临从劳动密集型向资本密集型的转变。除了在技术上的竞争优势，凭借资本市场的融资能力来扩大生产规模和市场占有率已经成为主要的增长方式，具有资本优势的企业会在研发、生产和销售上形成全面竞争优势，提高行业转入壁垒。

4. 产业链壁垒

塑料配线器材行业的特点是产业链非常长，在产业链的每个节点的行业细分的程度很高，尤其是原材料的成本相对不变的情况下，产业链上的各行业的利润空间上基本上有一定的界限，也就说塑料配线器材行业的利润空间存在产业链壁垒。

（二）塑料配线器材行业利润水平及发展趋势

从行业整体来看，近几年行业整体利润水平保持平稳的态势。2013 年前后由于原材料价格的持续上升和产品同质化导致行业利润水平出现一定程度下降。随着 2014 年后主要原材料价格趋稳，以及进一步产业升级与产业集中，领先企业的竞争力将持续提高，行业利润逐渐向具有核心竞争力的公司倾斜。近几年行业整合和升级趋势不断加强，在行业产品品牌集中度不断据高的过程中，公司拥有自主知识产权，具备较好的产品开发和创新能力，强调产品专业化、精细化及具有规模优势的企业将获得良好的发展空间和盈利增长。

四、配线器材行业优势生产企业及上游企业分析

（一）配线器材行优势生产企业基本情况

1. 长虹塑料集团英派瑞塑料股份有限公司

长虹塑料集团英派瑞塑料股份有限公司（以下简称英派瑞）是长虹塑料集团子公司之一，位于安徽省芜湖市芜湖县湾址镇。公司创立于 2010 年，注册资本 2.4 亿元人民币，拥有固定资产逾 5.5 亿元人民币，员工 800 余人，实力雄厚，发展稳健，是一家专注于塑料配线器材的名牌企业。是中国塑协塑料配线器材行业的龙头企业。

英派瑞公司依托既有产业链，充分发挥公司现有资源优势，延伸出一个丰富的产品系列，目前，产品已有尼龙扎带、钢钉线卡、定位片、压线帽、接线端子、配线槽、号码管、电缆固定头、缠绕管、冷压端头、快速连接器等“CHS”牌塑料制品，但该公司并不满足现状，在企业转型升级路上不断探索和研究，成功地研发出了高分子合金电缆桥架、非金属电能计量箱、高分子聚合物板桩等系列新产品。新产品的设计融入了据国家提倡“节能降耗，绿色环保”理念，用全新绿色优质的产品奉献于社会。公司已整合形成研、产、销一条龙的庞大的产业群体。在 16 个国家和地区注册了“CHS”商标，凭藉过硬的质量和优质的服务，赢得了国内外广泛客户的厚爱，产品已销往：欧洲、北美洲、南美洲、大洋洲、非洲、亚洲等 100 多个国家和地区。

英派瑞推行质量“零缺陷”理念，倡导“第一次就把事情做对”在企业内部实行标准化、定量化、制度化、规范化管理，质量、环境、职业健康安全管理体系覆盖企业生产管理全过程。在国内同行业中率先通过了 ISO9001、TS16949、ISO14001、OHSAS18001 管理体系认证、“AAA”标准化良好行为认证、二级计量检测体系认证。产品通过了 UL、CE、DNV、NF 和 ROHS、REACH 等多国认证与测试。

英派瑞公司勇攀自主创新高峰，视科技创新为企业发展之根本，成立了技术研发中心，获得五十多项国家专利，并主笔起草了 QB/T4494 － 2013《聚酰胺（尼龙）扎带行业标准》，协助起草了聚酰胺扎带海关单耗标准，目前正着手起草 2014 年国家工业和信息化部批准的《塑料压线帽》行业标准，计划号为 2014 － 0891T － QB。

近三年公司业务快速增长，2015 年营业收入约 3.3 亿元，是尼龙扎带出口第一出口大户，市场占有率 2013 ～ 2015 年分别是 13.8%，14.8%，14.9%。无论从生产规模、技术开发能力和资金人才实力，公司在塑料配线器材行业处于领先地位。

2. 上海华伟塑胶有限公司

华伟实业股份有限公司于 1976 年创立于台湾，并于 1977 年开始自主生产尼龙束带产品，于 1985 年开始拓展海外市场，到 1989 年，成功地将产品扩展到欧洲，日本等地区，产销量大幅增长。在上海增设生产工厂（上海华伟塑胶有限公司），结合中国大陆的生产优势和台湾的优秀营销人才，成功打造”台湾接单，大陆生产”模式。2003 年，华伟在广东东莞设立工厂（东莞华伟配线器材有限公司）；于 2006 年增设上海二厂（杰诺塑胶（上海）有限公司）；于 2007 年将东莞工厂升级为东莞生产基地；2004 年在昆山斥巨资购置 230 亩土地，建立有 10 万平方米生产车间的工业园，现已投入使用。相应全球范围的绿色环保和进军汽车轨道交通领域，并获得由中国市场监测中心和中国市场研究中心联合评定的中国尼龙扎带产业“第一著名品牌，第一用户满意产品和第一畅销产品”殊荣。

目前，华伟的尼龙束带年产量超过 100 亿条，为主国际市场年销售额近亿美元，已发展为全球规模的专业配线器材生产商之一。

3. 浙江宏泰电器有限公司

浙江宏泰电器有限公司创办于 1992 年，公司位于温州市柳市峡门工业区，主要设备有全电脑注塑机 100 多台，是专业生产电器塑胶件和改性工程塑料制品工业用自锁式尼龙扎带及电力成套装置外向型企业，产品 80% 出口世界 30 多个国家和地区，2014 公司年销售收入达 1.85 亿元，创利税 2000 多万元。由于其优越的功能和良好的性能广泛应用于电子、电线、轻工、日用等行业，已与国外专营客户签订了畅销供给合同，目前产品供不应求，企业发展后劲强盛，规模品牌效益逐年大幅度递增，连续被地方政府评为“创汇先进、纳税大户”企业，开户银行资信为AAA级企业。

（二）配线器材行优势上游企业基本情况

1. 金发科技股份有限公司

公司的主营业务为改性塑料的研发、生产和销售。公司是全球改性塑料行业产品覆盖种类最为齐全的企业之一，也是目前国内规模最大、产品最齐全的改性塑料生产企业，拥有阻燃树脂、增强树脂、增韧树脂、塑料合金共4大系列、100多个品种、4000多种牌号的产品，主导产品市场占有率稳居国内市场前列，竞争优势明显，年销售额100亿以上

2. 上海锦湖日丽塑料有限公司

由世界著名石化企业韩国锦湖石油化学株式会社和中国上海日之升新技术发展有限公司共同投资组建。专业从事塑料改性、工程塑料合金、树脂混配着色造粒以及热塑性弹性体的研究、开发、生产、销售、服务的科技型企业。是国内专业的PC/ABS、ABS合金及工程塑料改性厂家。

五、结语

综上所述，塑料配线器材行业，通过近五十年的发展，已积累了丰富生产、管理经验，具备了研究、设计、技术开发等方面能力，为塑料配线器材行业的快速发展奠定了坚实的基础。 塑料配线器材行业目前已形成规模大、基础实、底气足的现状，而且塑料配线器材产品的应用铺天盖地，潜在的市场空间极大。在发展中，行业企业要增强自主创新能力，改变单纯做普通塑料的局面，开发新型改性塑料品种、采用先进的机器设备、调整产业结构，依托自身产业链，积极优化组合，使整个行业走上科技创新型健康发展之路。

（中国塑协配线器材专业委员会 郑元和 毛维琴）

塑料标准化

2015 年发布塑料相关国家标准、行业标准

序号	标准代号	标准名称	代替标准号	实施日期	公布号
1	GB/T 31433-2015	建筑幕墙、门窗通用技术条件		2015-12-01	2015 国标公告第 10 号
2	GB/T 31402-2015	塑料　塑料表面抗菌性能试验方法		2015-10-01	2015 国标公告第 15 号
3	GB/T 31403-2015	塑料　丙烯腈-丁二烯-苯乙烯/聚甲基丙烯甲酯合金		2015-10-01	2015 国标公告第 15 号
4	GB/T 31435-2015	外墙外保温系统材料安全性评价方法		2015-12-01	2015 国标公告第 15 号
5	GB/T 20219-2015	绝热用喷涂硬质聚氨酯泡沫塑料	GB/T 20219-2006	2016-01-01	2015 国标公告第 19 号
6	GB/T 31726-2015	塑料薄膜防雾性试验方法		2016-01-01	2015 国标公告第 19 号
7	GB/T 31727-2015	透明薄膜磨花程度试验方法		2016-01-01	2015 国标公告第 19 号
8	GB/T 31729-2015	塑料薄膜单位面积质量试验方法		2016-01-01	2015 国标公告第 19 号
9	GB/T 4219.2-2015	工业用硬聚氯乙烯（PVC-U）管道系统　第 2 部分：管件		2016-07-01	2015 国标公告第 43 号
10	GB/T 7123.1-2015	多组分胶粘剂可操作时间的测定	GB/T 7123.1-2002	2016-07-01	2015 国标公告第 43 号
11	GB/T 9647-2015	热塑性塑料管材　环刚度的测定	GB/T 9647-2003	2016-07-01	2015 国标公告第 43 号
12	GB 15558.1-2015	燃气用埋地聚乙烯（PE）管道系统　第 1 部分：管材	GB 15558.1-2003	2017-01-01	2015 国标公告第 43 号
13	GB/T 22048-2015	玩具及儿童用品中特定邻苯二甲酸酯增塑剂的测定	GB/T 22048-2008	2016-01-01	2015 国标公告第 43 号

续表

序号	标准代号	标　准　名　称	代替标准号	实施日期	公布号
14	GB/T 32346.1-2015	额定电压 220 kV(Um=252 kV)交联聚乙烯绝缘大长度交流海底电缆及附件　第 1 部分：试验方法和要求		2016-07-01	2015 国标公告第 43 号
15	GB/T 32346.2-2015	额定电压 220 kV(Um=252 kV)交联聚乙烯绝缘大长度交流海底电缆及附件　第 2 部分：大长度交流海底电缆		2016-07-01	2015 国标公告第 43 号
16	GB/T 32346.3-2015	额定电压 220 kV(Um=252 kV)交联聚乙烯绝缘大长度交流海底电缆及附件　第 3 部分：海底电缆附件		2016-07-01	2015 国标公告第 43 号
17	GB/T 32359-2015	海水淡化反渗透膜装置测试评价方法		2016-05-01	2015 国标公告第 43 号
18	GB/T 32360-2015	超滤膜测试方法		2016-05-01	2015 国标公告第 43 号
19	GB/T 32361-2015	分离膜孔径测试方法　泡点和平均流量法		2016-05-01	2015 国标公告第 43 号
20	GB/T 32363.1-2015	塑料　聚酰胺模塑和挤出材料　第 1 部分：命名系统和规范基础		2016-06-01	2015 国标公告第 43 号
21	GB/T 32363.2-2015	塑料　聚酰胺模塑和挤出材料　第 2 部分：试样制备和性能测定		2016-06-01	2015 国标公告第 43 号
22	GB/T 32364-2015	塑料　酚醛树脂　pH 值的测定		2017-01-01	2015 国标公告第 43 号
23	GB/T 32366-2015	生物降解聚对苯二甲酸-己二酸丁二酯（PBAT）		2017-01-01	2015 国标公告第 43 号
24	GB/T 32367-2015	胶鞋　整鞋挥发性有机物（VOC）含量的测定		2017-01-01	2015 国标公告第 43 号
25	GB/T 32368-2015	胶粘带耐高温高湿老化的试验方法		2016-07-01	2015 国标公告第 43 号
26	GB/T 32369-2015	密封胶固化程度的测定		2016-07-01	2015 国标公告第 43 号

续表

序号	标准代号	标准名称	代替标准号	实施日期	公布号
27	GB/T 32370-2015	胶粘带长度和宽度的测定		2016-07-01	2015 国标公告第 43 号
28	GB/T 32371.1-2015	低溶剂型或无溶剂型胶粘剂涂敷后释放特性的短期测量方法　第 1 部分：通则		2016-07-01	
29	GB/T 32371.2-2015	低溶剂型或无溶剂型胶粘剂涂敷后释放特性的短期测量方法　第 2 部分：挥发性有机化合物的测定		2016-07-01	2015 国标公告第 43 号
30	GB/T 32371.3-2015	低溶剂型或无溶剂型胶粘剂涂敷后释放特性的短期测量方法　第 3 部分：挥发性醛类化合物的测定		2016-07-01	2015 国标公告第 43 号
31	GB/T 32371.4-2015	低溶剂型或无溶剂型胶粘剂涂敷后释放特性的短期测量方法　第 4 部分：挥发性二异氰酸酯的测定		2016-07-01	2015 国标公告第 43 号
32	GB/T 32376-2015	纤维增强复合材料弹性常数测试方法		2016-11-01	2015 国标公告第 43 号
33	GB/T 32377-2015	纤维增强复合材料动态冲击剪切性能试验方法		2016-11-01	2015 国标公告第 43 号
34	GB/T 32378-2015	玻璃纤维增强热固性塑料（GRP）管　湿态环境下长期极限弯曲应变和长期极限相对环变形的测定		2016-11-01	2015 国标公告第 43 号
35	GB/T 32380-2015	用于石油产品、乙醇汽油的玻璃纤维增强塑料地下贮罐		2016-11-01	2015 国标公告第 43 号
36	GB/T 32382-2015	建筑用绝热制品　剪切性能的测定		2016-11-01	2015 国标公告第 43 号
37	GB/T 32434-2015	塑料管材和管件　燃气和给水输配系统用聚乙烯（PE）管材及管件的热熔对接程序		2016-07-01	2015 国标公告第 43 号
38	GB/T 32439-2015	给水用钢丝网增强聚乙烯复合管道		2016-07-01	2015 国标公告第 43 号

续表

序号	标准代号	标准名称	代替标准号	实施日期	公布号
39	GB/T 32440-2015	鞋类　鞋类和鞋类部件中存在的限量物质　邻苯二甲酸酯的测定		2016-07-01	2015 国标公告第 43 号
40	GB/T 32447-2015	鞋类　鞋类和鞋类部件中存在的限量物质　有机锡的测定		2016-07-01	2015 国标公告第 43 号
41	GB/T 32448-2015	胶粘剂中可溶性重金属铅、铬、镉、钡、汞、砷、硒、锑的测定		2016-07-01	2015 国标公告第 43 号
42	GB/T 32456-2015	橡胶塑料机械用电磁加热节能系统通用技术条件		2016-08-01	2015 国标公告第 43 号
43	GB/T 32463-2015	聚丙烯（PP-R、PP-B、PP-H）管材、管件材质鉴别方法		2016-07-01	2015 国标公告第 43 号
44	GB/T 32461-2015	氨基树脂、酚醛树脂中甲醛含量及其成型品中甲醛迁移量的测定　高效液相色谱法		2016-07-01	2015 国标公告第 43 号
45	GB/T 32462-2015	聚酯树脂及其成型品中锑迁移量的测定　原子荧光光度法		2016-07-01	2015 国标公告第 43 号
46	HG/T 3706-2014	工业用孔网钢骨架聚乙烯复合管		2015-06-01	2014 行标公告第 83 号
47	HG/T 4750-2014	塑料焊接机具　挤出焊枪		2015-06-01	2014 行标公告第 83 号
48	HG/T 4751-2014	塑料焊接机具　热风焊枪		2015-06-01	2014 行标公告第 83 号
49	HG/T 3747.3-2014	橡塑铺地材料　第 3 部分：阻燃聚氯乙烯地板		2015-06-01	2014 行标公告第 83 号
50	HG/T 2577-2014	橡胶或塑料提升带	HG/T 2577-2006	2015-06-01	2014 行标公告第 83 号
51	JC/T 2287-2014	玻璃纤维增强塑料快装脚手架		2015-06-01	2014 行标公告第 83 号

续表

序号	标准代号	标准名称	代替标准号	实施日期	公布号
52	JC/T 2289-2014	聚苯乙烯防护排水板		2015-06-01	2014 行标公告第 83 号
53	FZ/T 64048-2014	水刺非织造粘合衬		2015-06-01	2014 行标公告第 83 号
54	FZ/T 50025-2014	超高分子量聚乙烯长丝耐磨性试验方法		2015-06-01	2014 行标公告第 83 号
55	FZ/T 50026-2014	聚苯硫醚纤维耐酸、耐碱、耐高温性能试验方法		2015-06-01	2014 行标公告第 83 号
56	FZ/T 62024-2014	慢回弹枕、垫类产品		2015-06-01	2014 行标公告第 83 号
57	FZ/T 64034-2014	纺粘/熔喷/纺粘（SMS）法非织造布		2015-06-01	2014 行标公告第 83 号
58	FZ/T 64050-2014	柔性灯箱广告喷绘布		2015-06-01	2014 行标公告第 83 号
59	FZ/T 64051-2014	美妆用非织造布		2015-06-01	2014 行标公告第 83 号
60	FZ/T 64035-2014	非织造布购物袋		2015-06-01	2014 行标公告第 83 号
61	JB/T 20095-2014	塑料瓶大容量注射剂洗灌封一体机		2015-06-01	2014 行标公告第 83 号
62	BB/T 0070-2014	包装用单向热收缩型聚酯薄膜		2015-06-01	2014 行标公告第 83 号
63	QB/T 4786-2015	制革机械 抛光机		2015-10-01	2014 行标公告第 83 号
64	QB/T 4789-2015	制鞋机械 乙烯-醋酸乙烯共聚物（EVA）注射发泡成型机		2015-10-01	2014 行标公告第 83 号
65	QB/T 2009-2015	制革机械 板式熨平压花机	QB/T 2009-1994	2016-01-01	2015 行标第 49 号
66	QB/T 4839-2015	软体家具 发泡型床垫		2016-01-01	2015 行标第 49 号

续表

序号	标准代号	标　准　名　称	代替标准号	实施日期	公布号
67	QB/T 4870-2015	皮革柔软度测试仪		2016-01-01	2015 行标第 49 号
68	QB/T 4872-2015	人造革合成革试验方法 接缝强度的测定		2016-01-01	2015 行标第 49 号
69	QB/T 4873-2015	人造革合成革试验方法 实验室光源曝露法		2016-01-01	2015 行标第 49 号
70	QB/T 4874-2015	人造革合成革试验方法 接缝抗疲劳强度的测定		2016-01-01	2015 行标第 49 号
71	QB/T 4875-2015	运动手套用聚氨酯超细纤维合成革		2016-01-01	2015 行标第 49 号
72	FZ/T 50028-2015	聚乙烯醇纤维　始溶温度试验方法		2016-01-01	2015 行标第 49 号
73	FZ/T 50031-2015	碳纤维 含水率和饱和吸水率试验方法		2016-01-01	2015 行标第 49 号
74	FZ/T 50032-2015	聚丙烯腈基碳纤维原丝残留溶剂测试方法		2016-01-01	2015 行标第 49 号
75	FZ/T 52041-2015	聚乳酸短纤维		2016-01-01	2015 行标第 49 号
76	FZ/T 54083-2015	聚氯乙烯/聚对苯二甲酸乙二醇酯（PVC/PET）复合包覆丝		2016-01-01	2015 行标第 49 号
77	FZ/T 63028-2015	超高分子量聚乙烯网线		2016-01-01	2015 行标第 49 号
78	FZ/T 64055-2015	袋式除尘用针刺非织造过滤材料		2016-01-01	2015 行标第 49 号
79	FZ/T 64053-2015	聚乙烯醇水溶纤维非织造布		2016-01-01	2015 行标第 49 号
80	JC/T 2337-2015	纤维增强聚氯乙烯弹性运动地板		2016-01-01	2015 行标第 49 号
81	EJ/T 1241.1-2015	辐射交联聚烯烃泡沫塑料　第 1 部分：聚乙烯泡沫塑料		2016-01-01	2015 行标第 49 号

续表

序号	标准代号	标　准　名　称	代替标准号	实施日期	公布号
82	EJ/T 1241.2-2015	辐射交联聚烯烃泡沫塑料　第 2 部分：聚丙烯泡沫塑料		2016-01-01	2015 行标第 49 号
83	JB/T 12419-2015	电气用聚苯硫醚模塑料		2016-03-01	2015 行标第 63 号
84	JB/T 12420-2015	电气用聚醚醚酮模塑料		2016-03-01	2015 行标第 63 号
85	JB/T 12423-2015	电气用聚碳酸酯薄膜			
86	JB/T 12425-2015	电气用低磨耗不饱和聚酯模塑料			
87	JB/T 12426-2015	电气用热收缩聚四氟乙烯软管			
88	JB/T 12530.1-2015	塑料焊缝无损检测方法　第 1 部分：通用要求		2016-03-01	2015 行标第 63 号
89	JB/T 12530.2-2015	塑料焊缝无损检测方法　第 2 部分：目视检测		2016-03-01	2015 行标第 63 号
90	JB/T 6490-2015	塑料压力成型机	JB/T 6490-1992	2016-03-01	2015 行标第 63 号
91	JB/T 6493-2015	塑料薄膜制袋机	JB/T 6493-1992	2016-03-01	2015 行标第 63 号
92	JB/T 6929-2015	塑料挤出转盘制鞋机	JB/T 6929-1993	2016-03-01	2015 行标第 63 号
93	JB/T 7409-2015	塑料洛氏硬度计　技术规范	JB/T 7409-1994	2016-03-01	2015 行标第 63 号
94	JB/T 8698-2015	热固性塑料注射成型机	JB/T 8698-1998	2016-03-01	2015 行标第 63 号
95	JB/T 6491-2015	异向双螺杆塑料挤出机	J3/T 6491-2001	2016-03-01	2015 行标第 63 号
96	JB/T 6922-2015	真空蒸发镀膜设备	JB/T 6922-2004	2016-03-01	2015 行标第 63 号

续表

序号	标准代号	标　准　名　称	代替标准号	实施日期	公布号
97	JB/T 12530.3-2015	塑料焊缝无损检测方法　第 3 部分：射线检测		2016-03-01	2015 行标第 63 号
98	JB/T 12530.4-2015	塑料焊缝无损检测方法　第 4 部分：超声检测		2016-03-01	2015 行标第 63 号
99	JB/T 12374-2015	层叠式柔性版印刷机		2016-03-01	2015 行标第 63 号
100	JB/T 12377-2015	卷筒料凹版印刷机能耗测试方法		2016-03-01	2015 行标第 63 号
101	JB/T 12425-2015	电气用低磨耗不饱和聚酯模塑料		2016-03-01	2015 行标第 63 号
102	JB/T 12426-2015	电气用热收缩聚四氟乙烯软管		2016-03-01	2015 行标第 63 号
103	JB/T 12427-2015	电气用热收缩半软质聚偏二氟乙烯软管		2016-03-01	2015 行标第 63 号
104	JB/T 12428-2015	电气用热收缩半硬质聚偏二氟乙烯软管		2016-03-01	2015 行标第 63 号
105	JB/T 5658-2015	电气用压敏胶黏带　涂橡胶或丙烯酸胶黏剂的聚酯薄膜胶黏带	JB/T 5657-1991 JB/T 5658-1991	2015-10-01	2015 行标第 28 号
106	JB/T 6236-2015	电气绝缘用树脂浸渍玻璃纤维网状无纬绑扎带	JB/T 6236.1-1992 JB/T 6236.3-1992	2015-10-01	2015 行标第 28 号
107	JB/T 3958.1-2015	电气用热固性模塑料　第 1 部分：一般要求	JB/T 3958.1-1999	2015-10-01	2015 行标第 28 号
108	JB/T 12165-2015	电气绝缘用无卤低烟阻燃玻璃纤维布带		2015-10-01	2015 行标第 28 号
109	JB/T 12167-2015	电气绝缘用不饱和聚酯玻璃纤维毡层压板		2015-10-01	2015 行标第 28 号
110	JB/T 12168-2015	电气用压敏胶黏带　涂压敏胶黏剂的 PVC 薄膜胶黏带		2015-10-01	2015 行标第 28 号

续表

序号	标准代号	标准名称	代替标准号	实施日期	公布号
111	JB/T 5659-2015	电气用压敏胶黏带　涂压敏胶黏剂的聚酰亚胺薄膜胶黏带	JB/T 5659-1991	2015-10-01	2015 行标第 28 号
112	JB/T 12171-2015	电气用压敏胶黏带　涂压敏胶黏剂的聚四氟乙烯薄膜胶黏带		2015-10-01	2015 行标第 28 号
113	QC/T 1000.1-2015	汽车滤清器用非织布性能要求和测试方法　第 1 部分：乘驾室空气滤清器用		2015-10-01	2015 行标第 28 号
114	QC/T 1000.2-2015	汽车滤清器用非织布性能要求和测试方法　第 2 部分：空气滤清器用		2015-10-01	2015 行标第 28 号
115	QB/T 1870-2015	塑料菜板		2016-03-01	2015 行标第 28 号
116	QB/T 4876-2015	聚四氟乙烯车削薄膜		2016-03-01	2015 行标第 63 号
117	QB/T 4877-2015	聚四氟乙烯管材		2016-03-01	2015 行标第 63 号
118	QB/T 4878-2015	模塑聚丙烯泡沫塑料(PP-E)		2016-03-01	2015 行标第 63 号
119	QB/T 4879-2015	挤出聚丙烯发泡片材		2016-03-01	2015 行标第 63 号
120	QB/T 4880-2015	注塑塑料椅		2016-03-01	2015 行标第 63 号
121	QB/T 4881-2015	再生和回收塑料制品安全技术条件		2016-03-01	2015 行标第 63 号
122	QB/T 4882-2015	日用塑料水壶		2016-03-01	2015 行标第 63 号
123	QB/T 4883-2015	聚全氟乙丙烯管材		2016-03-01	2015 行标第 63 号

续表

序号	标准代号	标　准　名　称	代替标准号	实施日期	公布号
124	QB/T 4884-2015	冷热水用无规共聚聚丙烯（PP-R）管道系统专用色母粒		2016-03-01	2015 行标第 63 号
125	QB/T 4885-2015	聚苯乙烯(PS)片材混配料用母粒		2016-03-01	2015 行标第 63 号
126	QB/T 4886-2015	鞋类 鞋底低温耐折性能要求		2016-03-01	2015 行标第 63 号
127	QB/T 4887-2015	热塑性聚氨酯表带		2016-03-01	2015 行标第 63 号
128	HG/T 4766-2014	真空镀膜涂料		2015-06-01	2014 行标公告第 83 号
129	HG/T 4767.1-2014	颜料和体质颜料　塑料加工过程中颜色热稳定性的试验　第 1 部分：总则		2015-06-01	2014 行标公告第 83 号
130	HG/T 4767.2-2014	颜料和体质颜料　塑料加工过程中颜色热稳定性的试验　第 2 部分：注塑成型法		2015-06-01	2014 行标公告第 83 号
131	HG/T 4767.3-2014	颜料和体质颜料　塑料加工过程中颜色热稳定性的试验　第 3 部分：烘箱法		2015-06-01	2014 行标公告第 83 号
132	HG/T 4767.4-2014	颜料和体质颜料　塑料加工过程中颜色热稳定性的试验　第 4 部分：两辊机法		2015-10-01	2014 行标公告第 83 号
133	HG/T 4768.1-2014	颜料和体质颜料　塑料中分散性的评定　第 1 部分：总则		2015-10-01	2014 行标公告第 83 号
134	HG/T 4768.2-2014	颜料和体质颜料　塑料中分散性的评定　第 2 部分：两辊机法测定增塑聚氯乙烯中颜料分散性		2015-06-01	2014 行标公告第 83 号

续表

序号	标准代号	标　准　名　称	代替标准号	实施日期	公布号
135	HG/T 4768.3-2014	颜料和体质颜料　塑料中分散性的评定　第3部分：两辊机法测定聚乙烯中着色颜料分散性		2015-06-01	2014行标公告第83号
136	HG/T 4768.4-2014	颜料和体质颜料　塑料中分散性的评定　第4部分：两辊机法测定聚乙烯中白色颜料分散性		2015-06-01	2014行标公告第83号
137	HG/T 4768.5-2014	颜料和体质颜料　塑料中分散性的评定　第5部分：加热熔融挤出机法测定着色剂分散性		2015-06-01	2014行标公告第83号
138	HG/T 4769.1-2014	颜料和体质颜料　增塑聚氯乙烯中着色剂的试验　第1部分：基础混合料的组成和制备		2015-10-01	2014行标公告第83号
139	HG/T 4769.2-2014	颜料和体质颜料　增塑聚氯乙烯中着色剂的试验　第2部分：试验样品的制备		2015-10-01	2014行标公告第83号
140	HG/T 4769.3-2014	颜料和体质颜料　增塑聚氯乙烯中着色剂的试验　第3部分：白色颜料相对消色力的测定		2015-10-01	2014行标公告第83号
141	HG/T 4769.4-2014	颜料和体质颜料　增塑聚氯乙烯中着色剂的试验　第4部分：迁移性的测定		2015-10-01	2014行标公告第83号

（中国塑料加工工业协会 焦红文、周黎丽、田岩）

2015 年国家标准和行业标准制修订计划表

总序号	序号	计划编号	项目名称	标准性质	制修订	代替标准号	采标情况	完成年限	主管部门	归口单位	主要起草单位
2015 国标第一批											
1	1	20150431-Q-339	塑料导爆管及导爆管雷管	强制	修订	GB 19417-2003		2017	工业和信息化部	工业和信息化部	辽宁华丰民用化工发展有限公司
2	2	20150487-T-609	建筑木塑复合材料防霉性能测试方法	推荐	制定			2016	中国建筑材料联合会	全国轻质与装饰装修建筑材料标准化技术委员会	广东省微生物研究所、国家建筑装修材料质量监督检验中心、河南省产品质量监督检验院
3	3	20150488-T-609	超高温氧化环境下纤维复合材料拉伸强度试验方法	推荐	制定	无		2017	中国建筑材料联合会	全国纤维增强塑料标准化技术委员会	中国建材检验认证集团股份有限公司、中国建筑材料科学研究总院、国家建筑材料质量监督检验中心
2015 国标第二批											
4	1	20151609-T-469	食品质量控制前提方案——第四部分：食品包装生产	推荐	制定		ISO/TS 22002-4	2017	国家标准化管理委员会	全国食品质量控制与管理标准化技术委员会	中国标准化研究院
5	2	20151634-T-607	玩具中塑化材料及可放入口中产品的判定指南	推荐	制定			2016	中国轻工业联合会	全国玩具标准化技术委员会	北京中轻联认证中心等

续表

6	3	20151668-T-513	塑料　聚丁烯（PB）模塑和挤塑材料　第 2 部分：试样制备和性能测定	推荐	制定		ISO 8986-2:2009	2017	中国石油化工集团公司	全国塑料标准化技术委员会	中国石油化工股份有限公司北京燕山分公司树脂应用研究所
7	4	20151669-T-513	塑料　热塑性聚酯（TP）模塑和挤出材料　第 1 部分：命名系统和分类基础	推荐	制定		ISO 7792:2012	2017	中国石油化工集团公司	全国塑料标准化技术委员会	中国石化仪征化纤有限责任公司
8	5	20151712-T-604	电气用纤维增强不饱和聚酯模塑料（SMC 和 BMC）	推荐	修订	GB/T 23641-2009	EN 14598:2005	2016	中国电器工业协会	全国绝缘材料标准化技术委员会	浙江省乐清树脂厂、浙江南方塑胶制造有限公司、无锡斯菲特电器有限公司、四川东材科技集团股份有限公司、国家绝缘材料工程技术研究中心、北京福润德复合材料有限责任公司、金陵帝斯曼树脂有限公司、镇江育达复合材料有限公司、宁波华缘玻璃钢电器制造有限公司、乐清市中力树脂制品有限公司、乐清市华东树脂电器厂、常州晨光玻璃钢复合材料有限公司、宁波奇乐电器有限公司、江苏常熟市宏业塑料复合材料有限公司、无锡新宏泰电器有限责任公司等
9	6	20151743-T-609	建筑用木塑复合材料及制品机械紧固件的测试方法	推荐	制定			2016	中国建筑材料联合会	全国轻质与装饰装修建筑材料标准化技术委员会	国家建筑装修材料质量监督检验中心、河南省产品质量监督检验院

续表

10	7	20151744-T-609	聚合物基复合材料疲劳性能测试方法 第3部分：拉-拉疲劳性能测试方法	推荐	制定			2016	中国建筑材料联合会	全国纤维增强塑料标准化技术委员会	北京玻钢院复合材料有限公司
11	8	20151745-T-609	聚合物基复合材料疲劳性能测试方法 第1部分：通则	推荐	制定			2016	中国建筑材料联合会	全国纤维增强塑料标准化技术委员会	北京玻钢院复合材料有限公司
12	9	20151746-T-609	碳纤维复丝拉伸性能试验方法	推荐	修订	GB/T 3362-2005		2016	中国建筑材料联合会	全国纤维增强塑料标准化技术委员会	中国航空工业集团公司北京航空材料研究院
13	10	20151747-T-609	增强塑料巴柯尔硬度试验方法	推荐	修订	GB/T 3854-2005		2016	中国建筑材料联合会	全国纤维增强塑料标准化技术委员会	华东理工大学、华东理工大学华昌聚合物有限公司
14	11	20151748-T-609	碳-碳复合材料压缩性能试验方法	推荐	制定			2016	中国建筑材料联合会	全国纤维增强塑料标准化技术委员会	湖南博云新材料股份有限公司
15	12	20151841-T-469	聚己内酯（PCL）	推荐	制定			2017	国家标准化管理委员会	全国生物基材料及降解制品标准化技术委员会	深圳市光华伟业实业有限公司、孝感市易生新材料有限公司等
16	13	20151842-T-469	熔融沉积成型用聚乳酸（PLA）线材	推荐	制定			2017	国家标准化管理委员会	全国生物基材料及降解制品标准化技术委员会	深圳市光华伟业实业有限公司、北京工商大学、孝感市易生新材料有限公司、金发科技股份有限公司、浙江海正生物材料有限公司、杭州曦茂新材料科技有限公司、深圳市虹彩新材料科技有限公司等

续表

17	14	20151843-T-469	高浓度有机废水制备生物基醇	推荐	制定			2016	国家标准化管理委员会	全国生物基材料及降解制品标准化技术委员会	深圳华联世纪生物工程股份有限公司，中商绿佳（北京）科技有限公司
18	15	20151844-T-469	聚乳酸热成型一次性验尿杯	推荐	制定			2017	国家标准化管理委员会	全国生物基材料及降解制品标准化技术委员会	深圳市虹彩新材料科技有限公司、北京工商大学
19	16	20151856-T-607	聚乙烯(PE)/乙烯-醋酸乙烯酯共聚物(EVA)儿童泡沫垫安全技术要求	推荐	制定			2016	中国轻工业联合会	全国塑料制品标准化技术委员会	三斯达(江苏)环保科技有限公司
20	17	20151857-T-607	食品接触材料及制品购销基本信息描述	推荐	制定			2017	中国轻工业联合会	全国食品直接接触材料及制品标准化技术委员会	中国标准化研究院等
21	18	20151867-T-606	塑料 可比多点数据的获得和表示 第2部分:热性能和加工性能	推荐	制定		ISO 11403-2：2012	2017	中国石油和化学工业联合会	全国塑料标准化技术委员会	中国石油化工股份有限公司北京燕山分公司树脂应用研究所、中蓝晨光化工研究设计院有限公司
22	19	20151868-T-606	塑料 试样状态调节和试验的标准环境	推荐	修订	GB/T 2918-1998	ISO 291：2008	2017	中国石油和化学工业联合会	全国塑料标准化技术委员会	中蓝晨光化工研究设计院有点公司、国家合成树脂质量监督检验中心
23	20	20151869-T-606	塑料 负荷变形温度的测定 第1部分:通用试验方法	推荐	修订	GB/T 1634.1-2004	ISO 75-1:2013	2017	中国石油和化学工业联合会	全国塑料标准化技术委员会	中蓝晨光化工研究设计院有限公司、国家合成树脂质量监督检验中心
24	21	20151870-T-606	塑料 负荷变形温度的测定 第2部分：塑料、硬橡胶和长纤维增强复合材料	推荐	修订	GB/T 1634.2-2004	ISO 75-2:2013	2017	中国石油和化学工业联合会	全国塑料标准化技术委员会	中蓝晨光化工研究设计院有限公司、国家合成树脂质量监督检验中心

续表

25	22	20151871-T-606	塑料 拉伸性能的测定 第 1 部分：总则	推荐	修订	GB/T 1040.1-2006		2017	中国石油和化学工业联合会	全国塑料标准化技术委员会	国家合成树脂监督检验中心、中蓝晨光化工研究设计院有限公司
26	23	20151872-T-606	塑料中过氧化值的测定	推荐	制定			2017	中国石油和化学工业联合会	全国塑料标准化技术委员会	中国检验认证集团宁波有限公司、宁波出入境检验检疫局技术中心
27	24	20151873-T-606	塑料 酚醛树脂 液相色谱分离方法	推荐	制定		ISO11401:1993	2017	中国石油和化学工业联合会	全国塑料标准化技术委员会	山东圣泉化工股份有限公司
28	25	20151978-T-609	建筑用木塑复合材料挥发性有机化合物（VOC）测定	推荐	制定			2016	中国建筑材料联合会	全国轻质与装饰装修建筑材料标准化技术委员会	国家建筑装修材料质量监督检验中心、河南省产品质量监督检验院
29	26	20151980-T-609	玻璃纤维增强不饱和聚酯树脂容器	推荐	修订	GB/T 14354-2008		2017	中国建筑材料联合会	全国纤维增强塑料标准化技术委员会	上海玻璃钢研究院
30	27	20152025-T-469	聚乳酸/聚丁二酸丁二醇酯复合材料空气过滤板	推荐	制定			2017	国家标准化管理委员会	全国生物基材料及降解制品标准化技术委员会	深圳虹彩新材料科技有限公司、北京工商大学
2015 国标第三批											
31	1	20153358-T-339	车内非金属部件挥发性有机物和醛酮类物质检测方法	推荐	制定			2016	工业和信息化部	全国汽车标准化技术委员会	浙江吉利汽车研究院有限公司、中国汽车技术研究中心等
32	2	20153423-T-469	团体标准化 第 2 部分：标准化能力(行为)评价	推荐	制定			2016	国家标准化管理委员会	全国标准化原理与方法标准化技术委员会	中国标准化研究院
33	3	20153438-T-469	废弃资源综合利用业环境绩效评价指南	推荐	制定			2016	国家标准化管理委员会	全国产品回收利用基础与管理标准化技术委员会	中国标准化研究院

续表

34	4	20153440-T-469	废塑料分类及代码	推荐	制定			2016	国家标准化管理委员会	全国产品回收利用基础与管理标准化技术委员会	中国环境科学研究院、中国标准化研究院、中国物资再生协会、厦门市亚立亚进出口有限公司等
35	5	20153441-T-469	废塑料再生利用技术规范	推荐	制定			2016	国家标准化管理委员会	全国产品回收利用基础与管理标准化技术委员会	中国环境科学研究院、中国标准化研究院、中国物资再生协会、厦门市亚立亚进出口有限公司等
36	6	20153736-T-469	中空纤维膜使用寿命评价方法	推荐	制定			2017	国家标准化管理委员会	全国分离膜标准化技术委员会	天津膜天膜科技股份有限公司
37	7	20153365-T-469	生态设计产品评价规范 木塑型材	推荐	制定			2016	国家标准化管理委员会	全国环境管理标准化技术委员会	中国标准化研究院、中国建筑材料联合会、南京聚锋新材料有限公司、国家建筑装修材料质量监督检验中心等
38	8	20153401-T-469	注射成型塑料齿轮齿轮精度标准	推荐	制定		ISO/DIS 1328-1:2011	2016	国家标准化管理委员会	全国齿轮标准化技术委员会	北京工业大学，深圳创晶辉集团
39	9	20153744-T-607	非开挖修复更新用塑料管道 总则	推荐	制定		11295:2010	2016	中国轻工业联合会	全国塑料制品标准化技术委员会	轻工业塑料加工应用研究所
40	10	20153450-T-607	流体输送用聚烯烃管材 耐裂纹扩展的测定 切口管材裂纹慢速增长的试验方法（切口试验）	推荐	修订	GB/T 18476-2001	ISO 13479:2009	2015	中国轻工业联合会	全国塑料制品标准化技术委员会	亚大集团公司
41	11	20153751-T-607	农业用聚乙烯吹塑棚膜	推荐	修订	GB 4455-2006		2016	中国轻工业联合会	全国塑料制品标准化技术委员会	北京华盾雪花塑料集团有限责任公司等

续表

42	12	20153451-T-607	农业用乙烯-乙酸乙烯酯共聚物（EVA）吹塑棚膜	推荐	修订	GB/T 20202-2006		2016	中国轻工业联合会	全国塑料制品标准化技术委员会	北京华盾雪花塑料集团有限责任公司等
43	13	20153750-T-607	塑料薄膜和薄片耐穿刺性测试方法	推荐	制定			2016	中国轻工业联合会	全国塑料制品标准化技术委员会	佛山佛塑科技集团股份有限公司、佛山金辉高科光电材料有限公司、广州质量监督检测研究院
44	14	20153793-T-606	光学功能薄膜 三醋酸纤维素酯膜（TAC）中增塑剂的检测	推荐	制定			2016	中国石油和化学工业联合会	全国光学功能薄膜材料标准化技术委员会	中国乐凯集团有限公司、保定出入境检验检疫局
45	15	20153777-T-606	管材级聚丁烯-1（PB）树脂	推荐	制定			2015	中国石油和化学工业联合会	全国塑料标准化技术委员会	山东东方宏业化工有限公司
46	16	20153763-T-606	塑料—塑料防霉剂的防霉效果评估	推荐	修订	GB/T 24128-2009	ISO 16869:2008(E)	2017	中国石油和化学工业联合会	全国塑料标准化技术委员会	广东省微生物研究所
47	17	20153764-T-606	悬浮法通用型聚氯乙烯树脂	推荐	修订	GB/T 5761-2006		2016	中国石油和化学工业联合会	全国塑料标准化技术委员会	新疆中泰（集团）有限责任公司、杭州电化集团有限公司、锦西化工研究院有限公司、天津大沽化工股份有限公司、青岛海晶化工（集团）有限公司、山东阳煤恒通化工股份有限公司、陕西金泰氯碱化工有限公司等
48	18	20153772-T-606	涂料中有机锡含量的测定 气质联用法	推荐	制定			2016	中国石油和化学工业联合会	全国涂料和颜料标准化技术委员会	中海油常州涂料化工研究院有限公司

续表

49	19	20153768-T-606	橡胶或塑料涂覆织物 破裂强度的测定 第2部分：液压法	推荐	修订	GB/T 20027-2005	ISO3303-2：2012	2016	中国石油和化学工业联合会	全国橡胶与橡胶制品标准化技术委员会	沈阳橡胶研究设计院
50	20	20153252-T-513	瓶用聚对苯二甲酸乙二醇酯（PET）树脂	推荐	修订	GB 17931-2003		2017	中国石油化工集团公司	全国塑料标准化技术委员会	中国石化仪征化纤有限责任公司
51	21	20154110-T-606	软质三聚氰胺泡沫塑料材料	推荐	制定			2017	中国石油和化学工业联合会	全国塑料标准化技术委员会	成都玉龙化工有限公司、中蓝晨光化工研究设计院有限公司
2015 行标第一批											
52	1	2015-0008T-HG	塑料 家用和类似用途电器装置用阻燃聚碳酸酯	推荐	制定			2017	原材料工业司	全国塑料标准化技术委员会改性塑料分会	浙江俊尔新材料股份有限公司、金发科技股份有限公司、中蓝晨光化工研究设计院有限公司
53	2	2015-0020T-JC	门窗用未增塑聚氯乙烯（PVC-U）型材大气环境自然暴晒试验方法	推荐	制定			2017	原材料工业司	建材行业建筑构件及材料环境条件与环境试验标准化技术委员会	中国建材检验认证集团股份有限公司、广东中科华大工程技术检测有限公司
2015 行标第二批											
54	1	2015-0241T-HG	单组份厌氧胶粘剂	推荐	修订	HG/T 3737-2004		2017	原材料工业司	全国胶粘剂标准化技术委员会	湖北回天新材料股份有限公司、上海橡胶制品研究所
55	2	2015-0242T-HG	双面压敏胶粘带	推荐	修订	HG/T 3658-1999		2017	原材料工业司	全国胶粘剂标准化技术委员会	永大（中山）有限公司、上海橡胶制品研究所

续表

63	5	2015-0912T-SH	塑料 超高分子量聚乙烯(PE-UHMW)材料和制品熔融热焓和结晶度及熔融温度的测定 差示扫描量热法（DSC）	推荐	制定			2017	原材料工业司	全国塑料标准化技术委员会石化塑料树脂产品分技术委员会	中国石化北京燕山分公司树脂应用研究所、上海化工研究院、中国石油石油化工研究院
64	6	2015-0930T-SH	冷热水输送管道系统用耐热聚乙烯（PE-RT）专用料	推荐	制定			2017	原材料工业司	全国塑料标准化技术委员会石化塑料树脂产品分技术委员会	中国石化齐鲁分公司研究院、扬子石化公司研究院、中国石化北京化工研究院、中国石化北京燕山分公司树脂应用研究所
65	7	2015-0937T-JC	建筑用免拆复合保温模板	推荐	制定			2017	原材料工业司	中国建筑材料联合会	建筑材料工业技术监督研究中心、湖南望城晨煦新型建材科技有限公司、山东春天建材科技公司、贵州晨煦新型建材科技有限公司、山东绿建节能科技公司
66	8	2015-0938T-JC	用于3D打印的生物质木塑复合材料	推荐	制定			2017	原材料工业司	中国建筑材料联合会	福建省再森木塑科技有限公司、东莞市汉维新材料科技有限公司
67	9	2015-1279T-JB	包装机械 直线式封面机	推荐	制定			2017	装备工业司	全国包装机械标准化技术委员会	温州科强机械有限公司、中国印刷及设备器材工业协会
68	10	2015-1280T-JB	包装用高密度聚乙烯超薄薄膜吹膜机组	推荐	修订	JB/T 7547-1994		2017	装备工业司	全国包装机械标准化技术委员会	浙江邦泰机械有限公司
69	11	2015-1290T-JB	一次性塑料手套成型机	推荐	制定			2017	装备工业司	全国包装机械标准化技术委员会	浙江邦泰机械有限公司

续表

63	5	2015-0912T-SH	塑料 超高分子量聚乙烯(PE-UHMW)材料和制品熔融热焓和结晶度及熔融温度的测定 差示扫描量热法（DSC）	推荐	制定			2017	原材料工业司	全国塑料标准化技术委员会石化塑料树脂产品分技术委员会	中国石化北京燕山分公司树脂应用研究所、上海化工研究院、中国石油石油化工研究院
64	6	2015-0930T-SH	冷热水输送管道系统用耐热聚乙烯（PE-RT）专用料	推荐	制定			2017	原材料工业司	全国塑料标准化技术委员会石化塑料树脂产品分技术委员会	中国石化齐鲁分公司研究院、扬子石化公司研究院、中国石化北京化工研究院、中国石化北京燕山分公司树脂应用研究所
65	7	2015-0937T-JC	建筑用免拆复合保温模板	推荐	制定			2017	原材料工业司	中国建筑材料联合会	建筑材料工业技术监督研究中心、湖南望城晨煦新型建材科技有限公司、山东春天建材科技公司、贵州晨煦新型建材科技有限公司、山东绿建节能科技公司
66	8	2015-0938T-JC	用于3D打印的生物质木塑复合材料	推荐	制定			2017	原材料工业司	中国建筑材料联合会	福建省再森木塑科技有限公司、东莞市汉维新材料科技有限公司
67	9	2015-1279T-JB	包装机械 直线式封面机	推荐	制定			2017	装备工业司	全国包装机械标准化技术委员会	温州科强机械有限公司、中国印刷及设备器材工业协会
68	10	2015-1280T-JB	包装用高密度聚乙烯超薄薄膜吹膜机组	推荐	修订	JB/T 7547-1994		2017	装备工业司	全国包装机械标准化技术委员会	浙江邦泰机械有限公司
69	11	2015-1290T-JB	一次性塑料手套成型机	推荐	制定			2017	装备工业司	全国包装机械标准化技术委员会	浙江邦泰机械有限公司

续表

70	12	2015-1460T-JB	双拉伸铝膜真空包装机	推荐	制定			2017	装备工业司	全国食品包装机械标准化技术委员会	华联机械集团有限公司
71	13	2015-1482T-JB	螺杆柱塞式塑料注射成型机	推荐	制定			2017	装备工业司	全国橡胶塑料机械标准化技术委员会塑料机械分技术委员会	泰瑞机器股份有限公司、大连塑料机械研究所
72	14	2015-1483T-JB	塑料注射成型机用自动取件机	推荐	制定			2017	装备工业司	全国橡胶塑料机械标准化技术委员会塑料机械分技术委员会	宁波伟立机器人科技有限公司、大连塑料机械研究所
73	15	2015-1525T-QC	汽车用塑料燃油箱	推荐	制定			2017	装备工业司	全国汽车标准化技术委员会发动机分委会	亚普汽车部件股份有限公司、东风汽车公司技术中心、中国汽车技术研究中心
74	16	2015-1548T-QB	车用聚烯烃弹性体（TPO）薄膜和片材	推荐	制定			2017	消费品工业司	全国塑料制品标准化技术委员会(SAC/TC48)	昆山阿基里斯人造皮有限公司
75	17	2015-1554T-QB	人造革合成革试验方法 表面滑爽性的测定	推荐	制定			2017	消费品工业司	全国塑料制品标准化技术委员会(SAC/TC48)	浙江深蓝轻纺科技有限公司
76	18	2015-1555T-QB	人造革合成革试验方法 抗粘效果的测定	推荐	制定			2017	消费品工业司	全国塑料制品标准化技术委员会(SAC/TC48)	浙江深蓝轻纺科技有限公司
77	19	2015-1557T-QB	复合鞋底压缩性能试验方法	推荐	制定			2017	消费品工业司	全国制鞋标准化技术委员会皮鞋分技术委员会	国家鞋类质量监督检验中心（温州）等
78	20	2015-1579T-QB	高回弹软质聚氨酯泡沫塑料	推荐	修订	QB/T 2080-2010	MOD，ISO 5999:2007	2017	消费品工业司	全国塑料制品标准化技术委员会	上海延锋江森座椅有限公司

续表

79	21	2015-1580T-QB	聚四氟乙烯板材	推荐	修订	QB/T 3625-1999		2017	消费品工业司	全国塑料制品标准化技术委员会	浙江嘉日氟塑料有限公司
80	22	2015-1581T-QB	硬质聚氯乙烯低发泡板材 第1部分：自由发泡法	推荐	修订	QB/T 2463.1-1999		2017	消费品工业司	全国塑料制品标准化技术委员会	山东博拓塑业股份有限公司
81	23	2015-1582T-QB	硬质聚氯乙烯低发泡板材 第2部分：结皮发泡法	推荐	修订	QB/T 2463.2-1999		2017	消费品工业司	全国塑料制品标准化技术委员会	宝天高科（广东）有限公司
82	24	2015-1583T-QB	硬质聚氯乙烯低发泡板材 第3部分：共挤出法	推荐	修订	QB/T 2463.3-1999		2017	消费品工业司	全国塑料制品标准化技术委员会	宝天高科（广东）有限公司
83	25	2015-1584T-QB	家具用水性聚氨酯合成革	推荐	制定			2017	消费品工业司	全国塑料制品标准化技术委员会（SAC/TC48）	浙江五洲实业有限公司
84	26	2015-1585T-QB	热塑性聚氨酯弹性体（TPU）人造革通用技术条件	推荐	制定			2017	消费品工业司	全国塑料制品标准化技术委员会（SAC/TC48）	华伦皮塑（苏州）有限公司
85	27	2015-1586T-QB	生活用干纸巾流延聚乙烯（CPE）包装膜	推荐	制定			2017	消费品工业司	全国塑料制品标准化技术委员会（SAC/TC48）	顺峰新材料（厦门）有限公司
86	28	2015-1595T-BB	包装材料 涂布型抗静电PET片材（卷材）	推荐	制定			2017	消费品工业司	全国包装标准化技术委员会	四川省宜宾普拉斯包装材料有限公司等
87	29	2015-1597T-BB	食品包装用聚乙烯（EPE）封口垫片	推荐	制定			2017	消费品工业司	全国包装标准化技术委员会	山东丽鹏股份有限公司等

（中国塑料加工工业协会 焦红文、周黎丽、田岩）

重点企业介绍

东华机械有限公司

东华机械有限公司（以下简称东华公司）是大同机械有限公司旗下核心子公司，是一家生产全自动电脑注塑机及其附属设备为主的中港合资企业，成立于1986年，目前公司在华南和华东地区设有生产基地，总占地面积约14万平方米。公司可一次性为客户提供全套注塑机及其配套设备，注塑量从43g到300000g，合模力从25吨至4000吨，共有90多个型号、不同规格设计，现年产量达5千多台。

东华公司不但以产品规格齐全（拥有Ge电动PLUS系列、Se伺服节能系列、 F2v变量泵系列、PVC专用机系列、 JSe两板机系列、 FT多物料机等系列机型）著称，而且还以专业生产特大型注塑机称雄塑机行业，是我国目前大型的塑料机械生产基地之一。

东华机械具有雄厚的产品设计和开发能力，多年来公司一直与华南理工大学、东莞理工学院等高校紧密合作，以客户为导向，顺应全球的节能环保要求，加强对注塑机产品的研制和开发，将所有注塑机产品向节能高效、自动化、网络信息化系列推进。2012年，广东省首个“院士工作站”落户东华机械有限公司。除了自主研发与国内高校合作，集团结合自身优势，积极引进国外先进技术，分别于2002和2013年与日本宇部兴产机械株式会社签订战略合作协议，引进日本先进技术。

1993年东华公司在国内首先突破特大型注塑机的设计和工艺技术，成功设计制造出国内首台2500吨合模力的TTI-2500B特大型注塑机，填补了我国大机的空白，获得了国务院颁发的“中华之最”荣誉证书；同年在国内塑机行业首家获得高新技术企业认定证书和ISO9001质量体系认证证书；2001年研制出国内第一台环保节能高效的电动注塑机；2004年，被广东省科技厅评为优秀高新技术企业。

2005年，荣获“中国机械500强”称号，“中国橡塑机械10强”称号，2007年，东华注塑机荣获“中国名牌产品”称号。2010年，东华的Se系列机型是全行业唯一在超大型注塑机（锁模力>2000T）获得1级节能评级。2013年，东华机械连续第8年被评为“中国机械500强 ”。2013年，东华机械3350JSe通过一级节能标准，成为业内首个3000T-4000T机型达到1级节能标准的注塑机生产厂家。

公司产品已远销世界30多个国家和地区，在国内外建立了50多个销售与服务机构，公司投入巨资与国外著名IT厂商协作，成功上线ERP、CRM等科学管理系统。

地址：广东省东莞市东城区周屋工业区银珠路

邮编：523118

电话：0769-22806222（总机）

传真：0769-22805786

销售热线：0769-22417755

邮箱：info@cml.com.cm

网址：www.donghua-ml.com

贝尔集团

江苏贝尔机械集团成立于1998年，是中国领先的塑料机械设备制造商，公司主营产品分四大领域：高效、节能欧式挤出生产线；塑料清洗回收生产线；PVC配混、精准计量系统；欧式中空成型吹瓶机生产线。集团旗下拥有江苏贝尔机械有限公司、星贝尔中空成型科技股份有限公司（股票代码834575）、贝尔塑料回收设备有限公司、麦考瑞进出口有限公司。集团位于交通便利的江苏省张家港国家级经济技术开发区，拥有现代化科研楼及标准化车间60000多平米，员工340人。集团位居中国塑料机械挤出行业综合实力10强企业第五名。张家港塑机行业连续9年外贸销售第一，产品服务于全球80多个国家和地区，为五百多家塑料企业创造了价值。江苏贝尔机械集团被评定为国家级高新技术企业、国家级火炬计划企业、省著名商标、省级塑机产品出口基地企业、省级重合同守信誉企业等等多项荣誉和称号。

江苏贝尔机械集团紧随国际工业4.0，以及国家工业2025战略发展，进一步把智能制造、信息化管理以及科技创新作为发展重点。公司建有江苏省级企业技术中心、废塑料利用机械工程技术研究中心、博士后创新实践基地、千人计划工作站等研发平台。通过近几年的努力，已申请国家专利80余项，其中发明专利30项，实用新型专利50项，授权专利30项。2003年至今获省级高新技术产品10项， 2006至2015多次被省科技厅认定为高新技术企业。另外，公司还从欧洲引进高端专业技术人才团队，对新产品及公司现有老产品进行技术升级与改造，进一步缩小了国产设备与进口设备的技术差距，为更多的客户提供了高性价比的解决方案。

四川多联实业有限公司

四川多联实业有限公司（包含以下子、分公司：成都多联建材有限责任公司、成都市多联塑胶实业公司）是一家专业从事新型塑胶管道等建材领域系列产品研制、生产和销售的国家高新技术企业。自1988年成立以来，一直坚持以市场为导向、用户至上、质量求生存，走自身发展之路，是目前国内同行业中成立早、规模大、品种齐、质量优、开发能力强的知名企业。公司拥有“多联”中国驰名商标，市场占有率雄踞西部前三位，名列全国同类企业前茅。

1992年，多联公司率先在西南地区开发“难燃PVC电线套管”，填补了市场空白，为内地推广使用新型建材做出了卓越贡献。如今，公司拥有一支技术实力雄厚、精明强干的管理队伍和国内领先的生产线和检测设备，现已形成民建、市政、家装三大系列共计十五类产品（包括：难燃PVC电线套管、阻燃PVC电线精装管、PVC-U建筑环保排水管、PP-R环保冷热给水管、PP-R环保冷热水精装管、PP-R环保阻菌精装管、PE环保给水管、PE环保燃气管、PE-RT环保节能采暖管、埋地环保排水用PVC-U双壁波纹管、 地下通信管道用PVC-U多孔管、CPVC电力电缆保护管、MPP电力电缆保护管、PE双壁波纹管、PE钢带增强螺旋波纹管），年产十万吨以上的生产能力。

公司拥有稳定的质量管理体系，通过了ISO9001-2008质量管理体系、ISO14001-2004环境管理体系和OHSAS18001-2011职业健康安全管理体系认证，公司每种产品均严格按照标准生产，每批产品均认真按质量标准检测。

公司产品经国家多次市场监督抽检均质量合格，并被授予“质量合格好产品”的荣誉。1997年“多联” 品牌被四川省政府授予“四川名牌”称号后，又相继获得“中国驰名商标” 、

“国家免检产品”、“中国环境标志产品” 、 “中国著名品牌” 、“中国优质产品”、“国家高新技术企业” 、“新华节水认证” 、“绿色建筑选用产品” 、“全国质量诚信标杆典型企业”、 “质量信用AAA等级企业” 、“中国AAA级信用企业”、“中国人民银行AAA级信用企业” 、 “中国建材首选品牌”、“全国公认十佳畅销品牌”和“地方名优产品”等荣誉。产品畅销全国二十余省、市，深受用户好评和信赖。

常州晶雪冷冻设备有限公司

常州晶雪冷冻设备有限公司位于江苏省武进经济开发区，是国内领先的冷藏库库体和节能厂房围护整体解决方案供应商，也是国内规模居前的节能保温板材生产厂家。经过20多年的发展，公司已经拥有两条国际先进的板材连续生产线，建成了两个生产基地和遍布全国的销售网络，形成了200万平方米各类节能板材、10000扇冷库门和工业门及5000个升降平台的年生产能力，能够为客户提供节能保温围护系统的设计、生产、安装和围护的全方位服务，从而可以优质高效的完成客户订单，一站式地满足不同客户的个性化围护系统建设需求。

晶雪公司参与了超过14项国家及行业标准的起草修订，获得24项专利。2009年参加GB/T21558-2008《建筑绝热用硬质聚氨酯泡沫塑料》项目获得中国轻工业联合会科技进步三等奖。晶雪公司先后被评为“国家级高新技术企业”、“江苏省科技型中小企业”、 “江苏省民营科技企业”。同时，被国家环保部评定为“2016含氢氯氟烃使用配额许可单位”。在技术研发上，公司不断加强研发基础建设，2012年申请并成立了“江苏省冷链物流设备与材料工程技术研究中心”。2013年公司的各类节能保温板材产品通过了美国FM认证，晶雪公司成为国内节能板材领域里通过该认证品种规格最多的企业。在品牌建设上，“晶诺”为常州市知名商标，“晶雪”为江苏省著名商标，2015年被评为江苏省质量信用AAA级企业、常州市三星明星企业。公司连续十年荣获“全国3.15质量和服务诚信承诺企业”的称号，并且公司产品为国家绿色建筑选用产品、中国工程建设推荐产品。

晶雪公司下设上海晶雪节能科技有限公司和江苏晶雪节能环境工程有限公司两家全资子公司，分别专注于销售和安装业务。同时，晶雪公司拥有较强实力的研发团队和年轻化的后备力量，公司本着“以人为本，增强团队凝聚力”的团队建设思路，进一步完善人才选、育、用、留的机制，践行晶雪团队文化，有针对性的解决目前人才层次、结构问题，打造晶雪团队。

客户群方面，晶雪公司生产的“晶雪”“晶诺”品牌的各类PU、PIR、岩棉新型节能板材、各类冷

冻冷藏库门、工业门和升降平台，广泛的应用于冷链物流、超市、食品加工、生物医药、餐饮酒店、机场仓储、科研院校、工业厂房和建筑围护等领域，具有较高的市场占有率。公司积累了大量的中高端客户，拥有良好的口碑。

晶雪依托丰富的行业经验和强大的研发团队，在项目前期设计阶段采用了国际上最先进的3D动态效果图，能够让客户非常直观的看到各类围护系统建成后的效果，功能区域的分布，以及晶雪是如何实现节能环保的。

佛山佛塑科技集团股份有限公司

佛山佛塑科技集团股份有限公司（证券简称：佛塑科技　证券代码：000973）是中国塑料新材料行业的龙头企业、国家认定企业技术中心、中国制造业500强、国家火炬计划重点高新技术企业集团，是广东省工业龙头企业中唯一的“战略产业类新材料企业”，广东省塑料工程技术研发中心的依托企业。佛塑科技秉承“创新、进取、务实、卓越”的精神，致力于新能源、新材料、节能环保产业的研发制造。近年开发的锂离子电池隔膜、偏光膜和电工电容薄膜等新型聚合物材料已经蜚声国内外市场，现已逐步形成以渗析材料、电工材料、光学材料和阻隔材料四大系列产品为框架的产业布局。公司近期研发的晶硅太阳能电池用PVDF膜背板项目、复合智能节能薄膜项目等，进一步标志着公司向新能源、新材料产业高端发展又迈进了新的台阶。

佛塑科技2000年5月在深圳证券交易所挂牌上市，目前资产规模49亿元，下辖9家分公司和24家长期投资企业，员工约4000人。佛塑科技拥有“双象牌”、“汾江牌”、“HG牌”等多个中国名牌产品和广东省名牌产品、著名商标，体现了多年来专注积累的良好商誉。拥有的54项国家发明专利彰显了自主创新的非凡实力。

2009年8月广东省广新控股集团有限公司成为佛塑科技的第一大股东后，公司确立了产业高端化的发展战略。

通讯地址：广东省佛山市禅城区汾江中路85号
邮政编码：528000
电　　话：（86）757-83988188
传　　真：（86）757-83985216

富强鑫集团

富强鑫集团创立于1974年，为目前台湾地区规模最大的注塑机专业制造商，台湾地区唯一股票上柜发行的注塑机专业制造商。主要从事各类油压机器及注塑机之研发、生产及销售，包括：双色注塑机、夹层混色注塑机、高速闭回路精密注塑机、油电复合式注塑机、全电式注塑机、PET瓶胚注塑机、电木注塑机、二板式注塑机、超大型注塑机等。产品锁模力范围从30T-3700T，射出量从20g-120000g。富强鑫领先于业界通过ISO-9001及欧洲CE认证。为了不断研究创新并提升产品质量，公司除引进先进的加工设备如弹性制造系统、五面加工机及高精密复合加工机与CAD/CAM联机加工外，在产品设计上采用Pro/Engineer及Pro/Mechanical等实体模型分析软件，技术实力领先同业；此外富强鑫集团还与台湾工业研究院合作进行多项技术开发案，拥有众多专利技术，近几年出口业绩亦为台湾业界之冠！

着眼于大陆本土市场的潜能，富强鑫集团相继在华南（东莞）及华东（宁波）地区设立生产基地，并建立了完善的营销服务网。富强鑫产品营销海外三十余年，于全球设有35个代理商，遍布五大洲，于中国大陆则设有30多个办事处，遍及西南、华南、华东、华中及华北地区。

茶花现代家居股份有限公司

茶花现代家居用品股份有限公司成立于1997年，专业从事塑料家居用品的研发、生产和销售，是国内塑料家居用品行业的龙头企业。公司目前拥有3个大型生产基地。公司的产品主要分为传统用品、居家用品 、厨房用品 、食品容器 、浴室用品、清洁用品等八大类，共三十六个系列，1500多种产品，产品品种丰富，品类齐全。公司“茶花”商标先后被评为福建省著名商标和中国驰名商标。

通过多年的发展，公司建立了较为完善的销售网络，拥有全国范围的省级茶花专营销售代理商，具有强大的渠道优势。公司的主要销售终端集中在大卖场和超市，与沃尔玛、家乐福、麦德龙、大润发、华润万家、永辉、人人乐、物美、易初莲花等全国性连锁超市了建立了密切合作伙伴关系，并覆盖了全国各地的地方性超市。随着超市终端精细化营销的推进，公司还将在全国范围大力开拓超市茶花集中陈列区 ---“茶花生活馆”，打造现代家居生活新坐标。

长虹塑料集团英派瑞塑料股份有限公司

长虹塑料集团英派瑞塑料有限公司（下简称“公司”）成立于2010年8月，注册资金7000万元，主要生产和销售尼龙扎带、钢钉线卡、定位片、压线帽、接线端子、号码管、缠绕管、冷压端头”等“CHS”品牌的塑料制品，是长虹塑料集团的六个子公司之一。公司坚持“诚信、高效、创新、共赢”的经营理念，管理上坚持以市场为导向，采用现代企业管理制度，集售前、售中、售后服务于一身的营销服务模式，为广大用户提供最优质的产品。凭藉过硬的产品质量和优质的服务，赢得了国内外广泛客户的厚爱，产品已销往欧洲、北美洲、南美洲、大洋洲、非洲、亚洲等100多个国家和地区。

经历成立至今短短几年时间的市场竞争洗礼，公司已迅速发展成为全国较具规模的配线器材产品生产企业。公司拥有大型节能注塑机130多台、自主研发热流道模具达150多台套、新引进6条挤出式塑料机流水线入驻、开发80多套高端配线槽新产品模具。2013年内完成二期工程，续建10万平方米的标准厂房及配套建筑，公司占地面积达到20万平方米，建筑面积达到30万平方米。公司业务范围涉及电器、电子、建筑、汽车、农业、服装、食品等多个应用领域，已整合形成研、产、销一条龙的庞大的产业群体，产品获得国家专利10多项。

2013年7月9日，公司与北京工商大学正式签订了校企合作协议，促进企业进行传统产业改造和高新技术产业发展，研究高新技术项目和攻克企业技术难题，支持企业技术创新。这标志着公司在规范化发展的道路上迈出了重要的一步，为做大企业规模、提高经济效益，实现企业战略化经营格局，进一步奠定了良好的基础。

电话：0577-62799888

传真：0577-62793006

网址：www.chs.com.cn

成都川路塑胶集团有限公司

成都川路塑胶集团创建于1986年，是一家专业生产新型化学建材的中外合资企业，总部位于中国·成都国家经济技术开发区，是目前国内同行业中成立早、规模大、品种齐、质量优、开发能力强，品牌价值和企业固定资产近十亿元的名牌企业。

川路人以责任为己任，29年来始终坚持一个产品品牌（“川路”唯一品牌）、一个产品质量等级（国家标准等级）服务于市场，高品质的产品与服务获得了众多使用者的认可，川路品牌赢得了广泛的美誉度与忠诚度。

川路秉承“有责任·更信任”的企业理念，不断创新，追求卓越，坚持诚信为本，携手共赢，以质取胜，奉献社会。

川路塑胶集团是四川省高新技术企业和政府培育型大企业，是中国塑料加工工业协会理事及管道分会副理事长单位和全国塑料制品标准化技术委员会委员兼SC3副主任委员单位。集团拥有国家授权的博士后科研工作站及数项国家产品专利，是四川大学高分子材料实验基地。荣获了中国名牌、中国驰名商标、中国环境标志产品荣誉称号，通过了ISO9001质量管理体系认证、ISO14001环境管理体系认证、GB/T28001-2001职业健康管理体系等认证，被评为中国市场用户满意第一品牌及中国管材管件业最具影响力品牌称号。

川路塑胶集团在全国拥有分公司、总经销、特约经销800余家，组成了较完善的营销与服务网络，并与万科、保利、招商、阳光壹佰等著名地产公司形成战略合作。“川路管材”、“川路型材”等系列产品广泛应用于国内（外）城市化建设的建筑给（排）水、建筑门窗、电器穿线、电网改造、市政建设、农网改造、石油化工、新农村建设等众多领域。主要工程包括：毛主席纪念堂改造、小平故里、钓鱼台国宾馆、多国驻我国大使馆、布达拉宫改造、四位机库、二滩水电站、北京2008奥运主体育馆、上海世博园、三亚博鳌论坛会址、重庆朝天门广场、成都地铁、5·12灾后重建工程、喀麦隆议会大厦、赛班国际五星级酒店、巴哈马国家体育馆、非洲农场喷灌给水工程等。

川路塑胶集团以国家重大需求为导向，坚持以科学发展与自主创新为主要任务，投身于低碳、节能、环保的绿色建材行业，致力于为人们提供自然、健康的饮用水与温馨、舒适的生活空间。

地址：中国·成都国家经济开发区车城西二路88号

电话：028-84855666

广州鹿山新材料股份有限公司

广州鹿山新材料股份有限公司（以下简称“鹿山新材”）专注于高分子功能新材料的研究开发与应用实践，拥有由省级学科带头人、博士（后）、硕士组成的专业科研队伍，拥有国家博士后科研工作站、广东省企业技术中心、广东省工程技术研究开发中心、广东省功能性热熔胶工程实验室及广州市太阳能电池关键封装材料重点实验室，是广东省太阳光伏能源系统标准化委员会副秘书长单位。至今，鹿山新材已承担国家创新基金、国家火炬计划、省战略新兴产业核心技术攻关项目等60余项科研项目，荣获国家专利优秀奖、省专利金奖、省科技进步一等奖、国家重点新产品、省名牌产品、省著名商标、省创新型企业、市重合同守信用单位等多项荣誉和奖励。

鹿山新材每年投入大量经费用于新产品研发、实验设备更新改造、新技术产业化及人才资源引进，在反应接枝、热熔粘接、熔融共混、潜伏交联、反应合成等领域的技术水平达到国际先进水准。至今，已申请专利106件，授权专利71件，其中发明专利51件，实用新型专利20件。鹿山新材主要产品涵盖能源管道、复合建材、高阻隔包装、太阳电池封装材料、大分子相容剂、无卤阻燃材料、耐磨管道材料等应用领域，已逐渐成为世界级特种热熔胶和功能性高分子材料专家企业。

作为国家石油天然气输送管道材料的供应商和世界级能源管道建设的优胜供应商，鹿山新材在能源管道防腐领域的产品已经在我国西气东输工程、印度东气西输工程、中－俄管线、中哈管线、哥伦比亚国家油气管线等众多国内外重大工程中发挥了重要作用。产品包括聚乙烯胶粘剂、聚丙烯胶粘剂、外层聚乙烯、外层聚丙烯、用于配重管道中的防滑颗粒以及用于海底管道的PP保温防腐层材料，为客户提供完整的油气管道防腐解决方案。

鹿山新材复合建材热熔胶作为复合建材结构的关键连接材料使用，具有应用范围广、粘接性能优良、加工窗口宽、环保无溶剂等特点，被国内外建材行业广泛接受和推崇。产品包括铝塑板热熔胶、钢丝增强聚乙烯管粘接树脂、钢带增强聚乙烯螺旋波纹管粘接树脂、铝蜂窝板热熔胶膜、铝塑管热熔胶等多个门类，已成功应用于上海世博园中国馆、广州新白云机场、城市排污管道工程、苏州市政府大楼等知名工程项目。

鹿山新材太阳电池封装胶膜主要包括抗PID型EVA胶膜、双玻／高反EVA胶膜、PO胶膜、超轻超薄胶膜、聚酯胶膜等产品，应用于晶硅电池组件、非晶硅电池组件、柔性组件、双玻组件等多种类型太阳能电池组件封装领域，起到封装和力学保护的作用，确保太阳能电池的长期使用寿命及稳定功率输出。产品具有剥离强度大、耐老化性能优异、透光性好、收缩率低、绝缘性能佳等优点，具有国内领先的技术水平。

鹿山新材的多层阻隔包装用聚烯烃热熔胶由聚烯烃改性而成，具有粘接力稳定、晶点少、无气味、符合食品安全认证的优点，广泛应用于多层共挤阻隔包装领域，如多层塑料汽车油箱、化妆品软管、果冻杯、易挥发化学品包装膜、气柱保护膜、肉类、熟食食品包装膜等。产品技术具有国内领先水平，并且逐步取代国际品牌产品，服务于全球阻隔包装市场。

鹿山新材大分子相容剂具有接枝率高、颜色浅、气味小等优点，广泛应用于塑料抗冲击改性制品，塑料合金相容剂，聚合物／填料界面偶联剂、表面处理剂、油墨、粘接剂等领域。PEM、PPM系列蜡具有接枝率高、颜色浅、气味小等优点，广泛应用于颜料的分散剂、木塑相容剂、聚合物／填料界面偶联剂、热熔胶粘接促进剂等领域。CE系列扩链剂主要作为热塑性聚酯、尼龙、聚碳酸酯的功能性添加剂使用，用于回收聚酯瓶料的挤出增粘、聚酯片材冲击强度的提高、聚酯纤维、带材拉伸强度的改善，还可作为工程塑料合金共混改性的相容剂，效果可媲美国外同类产品。

鹿山新材开发出的聚烯烃复合耐磨管道料，既保持了HDPE管的易加工性和优良的物理机械性能，又具有优异的耐磨性能，主要用于气力、泵送浆体等物料的输送管道，为耐磨管道行业提供了一种高性价比的新选择。无卤阻燃材料通过特殊的高分子材料改性技术在保证材料达到优异阻燃效果的同时赋予材料良好的加工性能、力学性能，具有业内领先水平，能广泛应用于电线电缆、装饰装修、办公文体用品、汽车、建材等领域。

华亚东营塑胶有限公司

华亚东营塑胶有限公司是台湾台塑集团在山东省东营市投资的企业，总投资6000万美元，厂区占地165000平方米。年产管材6万吨，管件1万吨。公司自一九九六年投产以来，经营业绩稳定成长，年销售量已超过4万吨。在诸多重点工程如北京长安街绿化工程、奥运场馆工程、山东鲁北农改水工程、内蒙古引黄入呼工程中已成功使用。产品先后被建设部评为“科技成果重点推广产品”、“国家小康住宅建设推荐产品”、“工程建设重点推广产品”，并荣获“中国环境标志产品认证”、“名牌产品”、“著名商标”、“中国塑料行业二十强”等证书。目前公司已成为国内塑料管材、管件最为齐全的专业化生产工厂之一。

公司拥有台塑集团60年来积累的优良生产技术与管理经验，公司生产、管理及产品主要有以下特点：

1、原料品质优良。公司生产管材的主要原料均采用国内外公认品质优良的原料，其中对产品品质产生重要影响的稳定剂、润滑剂等辅料亦采用优质国外进口原料，从源头上保证了产品品质。

2、设备优良、技术先进，产品品质优良稳定。混料设备方面，公司整个生产系统的控制采用德国西门子中央控制系统；挤出设备方面，公司采用国际先进的奥地利辛辛那提双螺杆挤出机设备；检验设备方面，公司建立4个实验室，50余台实验设备，并于2008年获得了“国家级实验室”认证证书。公司设备全部采用自动化工艺流程，排除人为影响，再配合严格的品检控制，确保产品品质优良稳定。

3、采用环保有机锡配方，国内首创。公司产品完全按照GB国家标准生产，部分产品更采用ISO国际标准生产。公司为国内第一家采用有机锡配方代替传统铅系配方的塑料管生产企业，重金属铅析出高于国家输配水设备标准0.005ppm可达0.001ppm以下，完全符合国家饮用水及蒸馏水卫生指标。

4、管材、管件规格齐全，搭配比例合理。公司可供应管材4大类别600多种规格，管件1100多种规格。公司成品存货量充足，供应准确快速，可充分适合各种配管工程的需要。

5、规范的行销体系，确保产品的供应与服务。在营业推广过程中，建立完善的售前、售中、售后服务体系。公司现有一级经销商近200家，遍布全国20多个省（直辖市），凭借健全的经销商网络提高了供货速度及服务品质。公司正努力协助经销商团队开发并健全分销网络，目前山东及周边省份达到了分销商网络县级覆盖，未来几年公司将协助全国经销商建立好县级城市分销网络，做到让市场用户能就近采购到公司的产品，随时、随处都可享受到公司的服务。

6、管理先进、深获各界好评。采用台塑经营管理模式，不断推动生产销售5S活动，更坚持突破、创新、彻底、圆满的经营理念，对国内员工水平有效促进，火速推动本土经营目标。产品质量、品牌形象经由国家建设部、各省建委建设系统、建设工程行业协议、各层级品质评选单位先后认定与推荐，目前公司已奠立行业前导地位，并于1999年就已通过ISO9001与ISO14001认证。

华亚东营塑胶有限公司产品规格

管材系列	管材种类	管材规格
PVC管材	PVC-U排水管	Φ20～Φ630
	PVC-U排水管	Φ50～Φ400
	PVC-U实壁（中空）螺旋管	Φ75～Φ160
	PVC-U排水发泡管	Φ110
	PVC-U排水加强型螺旋（AD）管	Φ110
	PVC-U电工套管	Φ16～Φ40

续表

管材系列	管材种类	管材规格
PVC 管材	PVC-U 双壁波纹管	Φ110 ～ Φ500
	PVC-U 高尔夫专用管	Φ20 ～ Φ630
	PVC-M 给水用抗冲改性聚氯乙烯管	Φ20 ～ Φ630
PE 管材	PE 给水管	Φ20 ～ Φ630
	PE 燃气管	Φ20 ～ Φ630
	PE 双壁波纹管	Φ110 ～ Φ1000
PP-R 管材	PP-R 冷热水管	Φ20 ～ Φ110
PE-RT 管材	PE-RT 地暖管	Φ20 ～ Φ40
	PE-RT Ⅱ热力复合管	Φ63 ～ Φ315

电话：0546-8305238 转营业处
传真；0546-8307178
地址：山东省东营市东城东二路 251 号
邮编：257091
网址：http://www.hydyplst.com.cn
邮箱：huaya@hydyplst.com.cn

宁波力劲机械有限公司

宁波力劲机械有限公司隶属香港力劲科技集团，位于宁波经济技术开发区，占地面积 10 万平方米，成立于 2002 年。

宁波力劲机械有限公司是知名大型重型机械制造企业，主要生产通用型伺服精密注塑机、超大型两板式精密注塑机、双色／三色精密注塑机、全电动精密注塑机、直压式精密注塑机、微结构精密注塑机。

公司具有强大的研发设计、生产制造与检验测试能力，产品技术性能国内领先，国际先进。工程研发拥有一批在行业内具有中、高级职称的资深研发队伍，并与多所科研机构和知名高校长期合作，已取得多项国家专利。公司拥有数十台国际著名大型 CNC 加工中心，并配备超大型三坐标等先进检测设备。公司全面采用 ERP 管理系统、ISO9001 质量体系，是国家级高新技术企业。

浙江龙士达家居用品有限公司

浙江龙士达塑业有限公司主要生产经营塑料家居、橡胶、五金等系列用品而闻名于国内市场畅销全国各地，同时远销美国、欧洲、中东等国际市场。产品深受海内外消费者的青睐。

龙士达塑业有限公司从 1996 年创始以来，严格按照行业标准生产，各项指标均已通过有关部门监证，并荣获“中国知名品牌”、“质量、计量信得过单位”、“浙江名优产品”等荣誉称号。从而被广大消费者公认为是中国跨世纪颇具有潜力的新锐企业。

浙江众诚包装材料股份有限公司

浙江众成包装材料股份有限公司（股票代码：002522）坐落于全国首个国家级县域科学发展示范点——浙江嘉善。公司成立于 2001 年，是一家集科研、设计、生产、销售及售后服务于一体的全过程制造企业，是全球知名的高品质 POF 热收缩膜制造商和国内优秀的 POF 热收缩膜整体包装解决方案提供商。目前，公司年产能规模达 4.1 万吨，在职员工 450 余人。

公司自成立以来，始终坚持“赢在领先”的企业精神、“诚信拥抱客户，真情温暖员工”的经营理念和“差异化、个性化”市场战略，着力打造集约高效现代企业，致力于行业高精尖设备、先进生产工艺以及高端、高附加值产品的自主研发，核心设备自制。公司先后承担“国家火炬计划项目”4 项，累计获得国家授权专利 20 余项，先后获得“浙江省著名商标”、“浙江名牌产品”、“浙江省知名商号”、“浙江出口名牌”、“浙江省转型升级引领示范企业”、“浙江省绿色企业”、“中国轻工业塑料行业（塑料薄膜及包装）十强企业”、“国家高新技术企业”、“国家火炬计划重点高新技术企业”等多项荣誉。

经过多年扎实经营，公司自主研发制造的装备处于行业领先水平，生产的产品与国际同步，且大部分为国内首创，积累了超过 1500 家的优质客户，产品远销全球 60 多个国家和地区，成为国内市场占有率排名第一、全球市场占有率排名第二的 POF 热收缩膜行业领军企业。

地址：浙江省嘉善经济技术开发区柳溪路 26 号

网址：www.zjzhongda.com

电话：0573-84188888（总机）

传真：0573-84185237

销售热线：0573-84187777

股票代码：002522

泰瑞机器股份有限公司

泰瑞机器股份有限公司（以下简称泰瑞机器）作为行业著名的塑料注射成型机制造商之一，是行业一流的注塑机研发及制造基地，于 2006 年 8 月在国家级开发区——杭州经济技术开发区内投资建厂，如今占地面积已达 53000 平方米，具有年产 10000 台 450 ～ 60000 千牛锁模力注塑机的能力。公司多年来凭借产品品种齐全、个性化机型众多、质量优异和全球无时差服务而闻名于业界。产品远销世界近 90 多个国家和地区，同时还在土耳其、巴西、澳大利亚、印度和意大利等诸多国家和地区设立了办事处和代理商。公司投资上亿元建设的浙江泰瑞重型机械有限公司主要生产精密铸件及超大型注塑机，现已逐渐成为德清县最具活力企业，占地面积达 73000 平方米。

泰瑞重工的兴起，公司从机器生产最开始的铸件浇注到产品出厂的每一个环节进行合理的把控，做到质量保证、生产调配等多方面的自主控制优势。从泰瑞重工精密铸造开始，再到泰瑞机器的现代化高科技装配调试，以及大规模生产制造，覆盖注塑机械主、零部件的整个产业链，使泰瑞机器成为生产具有国内先进水平的大型精密铸件和生产智能化全闭环伺服驱动塑料成型设备的现代化综合企业。

泰瑞机器从国外引进十多台具有世界先进水平的卧式加工中心、五面体和多工位加工中心、落地数控镗铣加工中心和其它加工设备。以此为基础，泰瑞机器建成了一条现代化的加工运行体系。与浙江泰瑞重型机械有限公司投入的精密铸造设备同步运行，满足了泰瑞机器生产高端精密注塑机的配套和自主加工注塑机关键精密零部件的需要，从而为泰瑞机器完成万台精品注塑机提供质量和数量的保证。

公司先后被评为高新技术企业、国家火炬高新技术企业、浙江省技术中心、浙江省出口名牌、浙江省著名商标、杭州市专利试点企业、杭州市技术创新型试点企业、杭州市“百佳”创新型外贸企业及塑料行业十佳注塑机企业等多项荣誉。以此为契机，公司加强技术力量的培育，壮大自己的研发中心，强化新产品的研发力量。如今，所生产的 D 系列伺服节能注塑机已经成为市场热销的节能产品。

泰瑞机器始终以新技术、高精度为起点，以“打造泰瑞精品”为主线，通过引进、吸收国内外先进技术，运用标准化、规范化、精细化管理手段，采用 ERP 企业信息化管理系统和 UG 设计软件，形成了产品技术先进、生产制造快速、成本控制有效的优势。

地址：浙江省杭州经济技术开发区文泽北路 245 号

邮编：310018

电话：0751-86733377　4008-876-896

邮箱：tederic@tederic-cn.com

网址：http://www.tederic-cn.com/index.aspx

广东伊之密精密机械股份有限公司

广东伊之密精密机械股份有限公司，是专注于

“模压成型”专用机械设备的设计、研发、生产、销售及服务的高新技术企业，以高精度注射成型机、高性能铝镁合金压铸机、高品质橡胶机为主导产品。

自2002年创立发展至今，公司现已成为中国最具竞争力和发展潜力的大型装备综合服务商、中国最具规模的装备制造企业之一，是中国塑料机械工业协会副会长单位、国家级高新技术企业及国家级火炬计划项目实施单位。公司拥有省级企业技术中心、工程中心，并设立博士后科研工作站，率先通过了CE认证、ISO9001-2000版质量体系认证。公司各生产基地总占地面积逾20万平方米，拥有职工2000多名。

2011年3月，伊之密成功收购了美国百年企业HPM公司的全部知识产权，这是伊之密迈向全球化的重要里程碑。同年，为了进一步推动企业发展，优化企业格局，广东伊之密精密机械股份有限公司完成股份制改造。2014年股份公司旗下又相继成立了伊之密品牌高速包装和伊之密机器人自动化两个事业部，实现了伊之密在机械装备领域细分市场纵深发展的又一战略步骤。2015年1月23日伊之密成功登陆深交所A股市场（股票代码：300415），成为首家在深交所创业板上市的模压成型装备制造企业。

在全球，伊之密有多个技术服务中心和30多个海外经销商，业务覆盖近50个国家和地区。另外，伊之密计划在印度、南美、欧洲等重要海外市场建立海外生产基地，为全球客户提供更好的产品和服务。

无锡市佳盛高新改性材料有限公司

无锡市佳盛高新改性材料有限公司建于2002年初，是江苏省高新技术企业和国家火炬计划锡山新材料产业基地的成员企业。公司位于风景秀丽、富饶发达的无锡市锡山区荡口镇鹅湖工业园，紧靠沪宁高速公路，交通十分便利。

公司专业生产“佳盛”牌新型高分子材料改性剂和Pams 树脂系列产品，可作挤压和模塑成型加工助剂、改性剂、粘合剂、粘结剂、增粘剂、增强剂、增塑剂、抗氧剂、分散剂、润滑剂、高效燃料及热载体等用途，具体应用于高浓度、高阻燃、高填充塑料色母粒、塑料改性、橡塑鞋材、电线电缆料、热塑性弹性体、橡胶材料、热熔胶、油漆油墨、涂料、颜料、精密铸造等领域。

公司严把生产环节，加强技术改进，实行制度化、规范化内部质量管理，形成较强的科研开发能力、规模生产能力和经营管理能力，已获ISO9001：2000国际质量体系认证和ISO14001：2004环境管理体系认证。产品参照美国阿莫科Amoco Resin 18-210、18-240、18-290系列树脂标准进行生产检测，质量性能相同，同时产品符合欧盟SGS的（ROHS、PHAS）检测标准，是用户的最佳选择。产品销往全球，佳盛公司董事长—潘林根愿意同中外各界新老朋友携手合作、共同发展、再创辉煌。

地址：中国江苏省无锡市锡山区荡口镇鹅湖工业园

Add：E-hu Industrial Area, Dangkou Town, Wuxi City, Jiangsu, P.R. China

邮政编码（Postcode）：214116

电话（Tel）：0086-510-88520858，88748136

传真（Fax）：0086-510-88748340，512-65390573

网址（http）：//www.wx-jiasheng.com

E-mail：webmaster@wx-jiasheng.com

联系人（Attn）：

潘林根：0086-13906202341，13306202341

李晓勇 0086-13338762870，18962121918

南雄市金叶包装材料有限公司

南雄市金叶包装材料有限公司成立于1999年，是中国塑料加工工业协会副理事长单位、行业内首批获得“AAA”信用等级证书和率先通过ISO9001国际质量体系认证、ISO14001环境管理体系认证、OHSMS18001职业健康安全管理体系认证证书单位。公司注册资金1200万元，占地150余亩，员工近500人，已完成固定资产投资8500万元。公司拥有全自动塑料薄膜类生产线90余条，年产各类薄膜及塑料袋制品5万吨。2012年销售金额2.3亿元人民币，2013年销售金额是2.56亿元人民币，

2014 年更是突破销售 2.68 亿元人民币。属国内塑料薄膜制造行业龙头企业，无论是规模实力还是供货能力均居国内同行业前列。

公司技术力量雄厚，长期以来培养造就了一支由 40 多名技术人员组成的专业队伍，自配有产品检测中心和企业产品研发中心，并与国内有关院校科研机构建立了长期稳定的合作关系，专门从事工艺技术和新产品开发，从而确保了为广大用户提供优质、环保、安全、稳定的塑料薄膜系列产品。

公司主要产品“金叶”牌农膜、地膜、配色地膜、株距标记地膜、PE 热收缩膜、PE 缠绕膜及其他塑料包装系列产品，全部采用 100% 全新原料及代表世界薄膜技术顶级水平的艾克森美孚埃能宝茂金属工艺配方，因而使“金叶”品牌各类塑料薄膜产品从料质、强度、韧性、色泽、经济、节能、安全、环保等方面均达到国内顶尖水平，并相继荣获中国环境标志产品认证证书、广东省名牌产品、中国优质产品证书、中国著名品牌和中国著名商标等荣誉。

PE 热收缩膜产品主要供应江西省的赣州市烟草公司、抚州市烟草公司、吉安市烟草公司、南昌市烟草公司、新余市烟草公司、九江市烟草公司、宜春市烟草公司、上饶市烟草公司、鹰潭市烟草公司、萍乡市烟草公司、湖南省烟草公司、贵州省烟草公司、浙江省烟草公司、广东省烟草公司、陕西省烟草公司、福建省烟草公司、广西省烟草公司等。塑料包装袋系列产品热销全国主要大中城市知名连锁超市、商场，主要客户有跨国公司沃尔玛、乐购、深圳人人乐、新一佳、福建永辉、武商量贩、北京华联等。公司下设有专职的售后服务机构和物流配送中心，固定客户订单保证在 5 天内送到全国各地指定地点，深受用户好评。公司已连续多年被相关部门评为全国优质服务用户满意单位。

成都岷江自来水厂聚乙烯生产车间

成都市岷江自来水厂是一家多产业结合的大型集中式供水企业，供水区域覆盖全县 24 个乡镇，日最大供水量达 20 余万吨。其下属企业成都市岷江自来水厂双流聚乙烯管材生产车间是专业从事聚乙烯（PE）给水、燃气管材、管件的生产、销售和管材焊接技术指导服务的国有企业，其生产的产品统一注册商标为“清润”，前国家水利部常务副部长敬正书同志亲笔为“清润管业”题词。

车间荣获了国家质量监督检验检疫总局颁发的《特种设备制造许可证》—A 级证书、国家水利部灌排中心、四川省建设厅、四川省农田水利局、中国建筑金属结构协会给水排水设备分会颁发的产品推荐证书、成都市工商行政管理局颁发的《成都市著名商标》证书。目前已通过 ISO9001：2000 质量管理体系和 ISO14001：2004 环境管理体系认证。75% 以上的车间员工拥有大专以上学历，并聘请四川大学高分子材料系教授吴智华为技术顾问，以四川大学高分子材料系毕业生为技术骨干力量组建了技术部以来，依靠完善的管理，先进的科技，短短几年间取得了飞速的发展。2008 年 7 月 30 日被成都市委、成都市人民政府评为“抗震救灾过渡安置房建设先进单位”。

清润管材历来坚持以质量为中心，以管理求效益，依靠科技进步求发展的经营方针，建立不断发展具有“清润”特色的技术创新体系、生产管理体系、市场供需体系和服务体系，以“提高质量，保护环境，持续改善，永续经营”为基本理念。

“清润”牌给水管和燃气管是车间两大环保节能型产品，它们符合产业发展政策具有不生锈、质量轻、强度高、韧性好、耐腐蚀、施工维护方便、使用寿命长等优点。清润管材对产品的高要求，对销售人员严格的技术培训，对售后服务的不断完善，成就了清润，其产品得到了广大客户的认可，目前，清润管材已在四川、云南、甘肃、贵州、湖南、西藏、宁夏等省、市、自治区建立了营销服务网络。

舟山市通发机械有限公司

舟山市通发机械有限公司坐落于“浙江舟山群岛新区”，占地 20 余亩，成立于 1994 年，是一家集塑机研发、生产、销售于一体的浙江省高新技术企业，也是目前国内独家生产和销售“锥形同向双螺杆挤出机”的企业。

2010 年公司被国家工信部定为“锥形同向双螺杆挤出机”国家行业标准第一起草单位。公司为中国塑料加工工业协会理事单位，荣获“2009 年度中国塑料行业先进单位”，公司法人代表吴汉民荣获“中国塑料行业先进个人”。公司先后被评为“浙江省高新技术企业”、“浙江省级诚信民营企业”、“浙江省 AAA 级守合同重信用”、“浙江省级 AAA 级资信企业”等。公司已通过 ISO9001:2008 国际质量体系认证。

“锥形同向双螺杆挤出机”(国家发明专利号：2005 1 0118915.3）是公司自主研发成功并获国家发明专利的产品。2008 年被国家科学技术部、商务部、质量监督检验检疫总局、环境保护总局四部委联合认定为“国家重点新产品”。“锥形同向双螺杆挤出机”于 2007 年 12 月通过浙江省级产品鉴定：“锥形同向双螺杆挤出机”具有高混炼、高剪切、高挤压力、低挤出温度、塑化性能好等特点。比其他同类产品产量增加一倍以上，省电 50%。一台该机器一年节约电费和人工费超过35万元以上。该机主要性能参数达到国际先进水平，产品填补了国内外空白。

“锥形同向双螺杆挤出机”（2 根锥形螺杆同方向旋转，螺杆长径比达到 48：1），由于全面综合了“锥双”（喂料量大、高压挤出、低速、低剪切等）和“平双”（大长径比、高填充、强混炼等）的各方面优点,因此具有 超高产量(10-30吨/天)、超低能耗（1 吨制品最低耗电仅 80 度）、混炼分散效果和塑化性很好、低剪切、可低温加工、可添加高比例碳酸钙（80% 以上）和可用 100% 回收料进行再生产等众多领先优势，该机主要性能达到国际领先水平！

实力保证：比其他同类产品产量增加一倍以上，1 天省电 600 度以上，一年节约电费和人工费超过 15 万元以上。

上海白蝶管业科技股份有限公司

上海白蝶管业科技股份有限公司是由上海建筑材料（集团）总公司主要控股的高新技术企业，位于上海市奉贤区金汇镇。

企业自 1997 年底在国内率先开发生产了 PP-R 管道产品以来，在塑料管道的生产、销售方面已有十多年的历史。

公司建立了三大生产基地，拥有德国进口克劳斯玛菲、奥地利辛辛那提三层共挤、巴顿菲尔等具有全自动在线检测功能的管材挤出生产线和众多的注塑设备，并配备有多台进口管件焊制设备及检测试验设备，可生产口径自 16mm ～ 450mm 多种压力等级的 PP-R 管、PE 管、PE-RT 管、PP-R 稳态复合管、3S 聚丙烯静音排水管、PVC-U 排水管、PVC-U 电工套管、β.PP-R 管材和相配套的管配件，产品广泛应用于市政供水、饮用水、纯净水、建筑给排水、化工、医疗、燃气、采暖等领域，进一步扩大了白蝶产品的应用领域和市场占有率。

自成立以来，公司一贯秉持“品牌＋服务”的经营原则，销售额逐年稳步上升。产品质量稳定可靠，在广大消费者中赢得了良好的口碑，曾获上海装饰材料市场消费者满意产品证书、上海装饰材料市场十大畅销品牌证书、上海塑料行业名优产品证书、国家免检产品、上海市著名商标、上海市名牌产品等，并在 2009 年 1 月上海商情建筑市场调查中管材市场中名列第一。

作为中国塑料管道专业委员会副理事长单位、全国塑料制品标准化技术委员会（TC48/SC3）核心委员单位，完成了 PP-R 产品国家标准制订工作，获得了全国塑料制品标准化技术委员会颁发的优秀标准奖与杰出成就奖。

中国西部（重庆）塑料生态产业园

一、产业园简介

梁平，位于重庆市东北部，幅员面积 1892 平方公里，总人口 93 万，是“一带一路”和长江经济带的交集点，中西部地区承接产业转移的第一梯度。位于重庆梁平县工业园区的“中国西部（重庆）塑料生态产业园”2014 年 4 月开始建设，2015 年 4 月获中国塑料加工工业协会正式授牌。开园以来，已有浙江中财集团、浙江宁波博利隆碳纤维复合材料、广东狮特龙医用塑料、广东揭阳中兴家具塑料、重庆泽通管业、江苏金坛博盟车用塑胶、福建融康包装、四川大西洋集团公司等 50 余家大中型塑料企业入驻，产业集群逐步形成。预计到 2020 年，梁平生态塑料产业集群年产值将达到 400 亿元。

二、产业园发展前景及规划

产业园立足梁平、面向西南、辐射全国，预计到 2020 年，中国西部塑料生态产业园将打造成集塑料原材料及制品交易市场、塑料模具及机械生产、改性塑料及塑料复合材料研发生产、塑料制品加工、产品研发和检测等为一体的产业链，成为西部地区创新力强、影响力大、绿色、低碳、循环的塑料制品生产基地和集散地。

三、产业园优势

产业园发展生态塑料产业有七大优势：

1. 政治生态好

重庆市经信委、市科委等相关部门主要负责人也多次到梁平调研并组织研究出台专项政策支持梁平生态塑料等重点产业发展。中央政治局委员、重庆市委书记孙政才同志还特别强调指出：“梁平发展路数对、态势好、作风实”，并要求要进一步围绕“争做渝东北、渝东南地区‘面上保护、点上开发’的领头羊”目标，把经济总量做大、质量做优、效益做好，实现经济社会跨越发展。

2. 规划起点高

产业园由中国塑料加工工业协会、重庆市经济与信息化委员会、梁平县人民政府联合打造，规划面积 13.9 平方公里，近期 5.6 平方公里，致力于打造立足重庆、面向中西部、辐射全国的集塑料改性、塑料模具、塑料机械、塑料制品、交易市场及研发检测为一体的 500 亿级塑料产业集群。

3. 市场前景广

目前在中国大西南地区尚无有影响力、门类齐全、链条完整的塑料产业基地。以梁平为中心，500 公里为半径，可覆盖四川、贵州、湖南、湖北、陕西等省市，市场消费群体超过 3 亿，汽车、电子等行业具有较好的产业基础。 此外，重庆是全球最大笔记本生产基地、亚洲最大摩托车生产基地、全国最大汽车生产基地，塑料配套制品需求极大。根据预测分析，重庆及周边区域塑料产业市场需求到 2025 年将超过 1 万亿元人民币。

4. 物流运输快

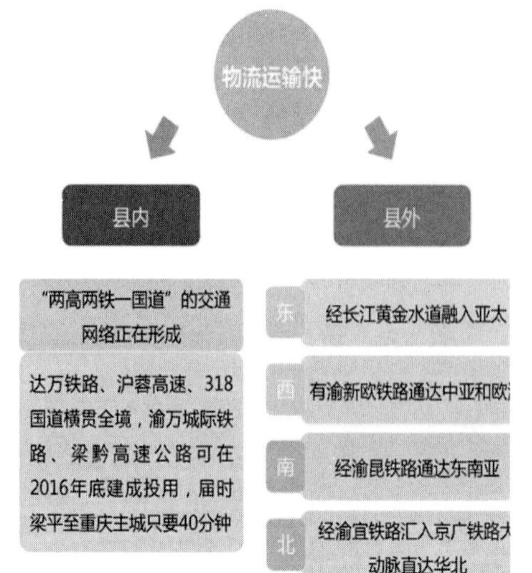

5. 生产要素齐

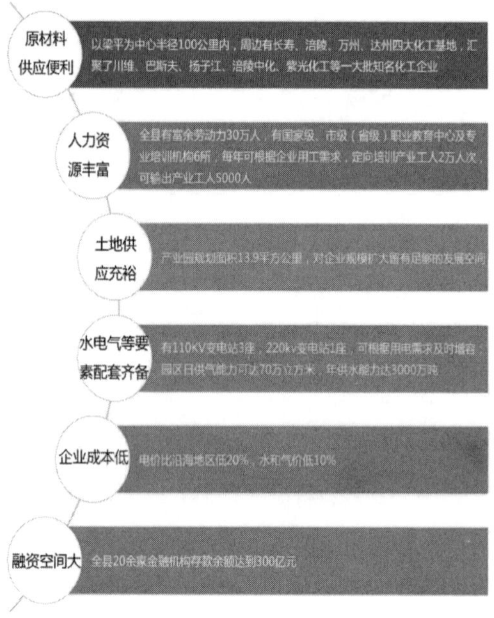

6. 优惠政策多

在国家层面享有西部大开发、长江经济带的优惠政策叠加，每年都有各项专项建设基金支持企业发展，仅 2015 年就为县内企业争取到年利息仅 1.2%、使用周期最长可达 20 年的专项建设基金近 3 亿元（其中受益最大的平伟光电科技集团得到专项建设基金 1.1 亿元）。市级层面专门设立了 800 亿十大战略新兴产业（含塑料在内的新材料）股权投资基金、200 亿产业发展引导基金。县级层面筹集 1.1 亿元设立 1000 万元创新发展基金、1000 万元种子基金、2000 万元中小企业微型企业扶持资金、2000 万元中小微型企业融资扶持资金、增大国有融资担保公司资本金5000万元扶持实体经济，还设有财税贡献奖、自主创新奖等多种奖项鼓励工业经济发展。

7. 服务机制灵活

全面推行“一站式”办公，提供企业专员服务，全程代理各项手续，执行外来投资者贵宾服务制度、企业挂牌保护制度，努力营造亲商、爱商、安商、护商的良好氛围，确保企业高兴而来、舒心而立、放心发展。

招商热线：023-53336312

53336313

53255546

南亚塑胶工业（厦门）有限公司

台塑跨国集团创建于1954年，截至2011年止，资产总额达6994亿元人民币，集团营业总额高达3703多亿元人民币，集团首创于台湾，初期以石化工业为主，后续投资遍及美国、东南亚，90年代起更积极投入中国市场。

从1995年起南亚公司陆续投入中国管材市场，现已分别创建南亚厦门公司、重庆公司、广州公司、山东东营公司、安徽芜湖公司、河南郑州公司、辽宁鞍山公司等。目前，PVC-U管材年产能达30万吨，PVC-U管件达1.5万吨，2007年再陆续开发PE、PPR管材、管件。后续并将加快速度在国内各地增建管材厂，未来，将在国内每省份至少投建一个管材厂，年产量目标将达100万吨以上，对国内PVC管材、管件的推广与应用，体现领头羊的角色。

总结台湾、美国50余年丰富经验，南亚塑料公司在国内投建的管材厂，充分展现九大特色：

1. 采用奥地利辛西那提挤出机、日本东芝注塑机等最先进生产设备；

2. 原料混合采用美国西门子计算机监控系统；封闭式螺旋供料系统，配方稳定、质量可靠；

3. 从供料、挤出、成型、喷字、切断以至于捆包，全程采用自动工艺流程，人为影响可以完全排除；

4. 产品质量标准，除完全符合GB国家标准外，部分产品更采取ISO国际标准，质量水平媲美国际先进国家。

5. 率先采用有机锡稳定剂（非铅盐稳定剂），卫生性能完全符合国家饮用水卫生指标及蒸馏水卫生指标，充分体现环保建材的优势；

6. 彻底落实质量检测，确保用户权益，并加上售前、售后服务体系，建立用户信得过首选品牌；

7. 产品规格齐全，管材口径从ϕ16mm～ϕ630mm，一应俱全；并配套427种给水管件，193种排水管件及21种电工管件，可完全满足各类工程设计需要；

8. 各地管材厂年产能达高3万吨以上，成品存货量充足，供应灵活快速，可充分搭配各类工程进度；

9. 采用台塑经营管理模式，不断推动生产销售5S活动，更坚持突破、创新、彻底、圆满的经营理念，对国内员工水平有效促进，火速推动本土经营目标。产品质量、品牌形象经由国家建设部、各省建委建设系统、建设工程行业协会、各层级质量评选单位，先后认定与推荐，同时获得国家免检证书，并已通过ISO-9001认证，目前已奠立行业前导地位。

中国联塑集团控股有限公司

中国联塑集团控股有限公司（简称：中国联塑，香港上市代号：2128）是国内大型建材家居产业集团，产品及服务涵盖管道产品、卫浴产品、整体厨房、型材门窗、装饰板材、消防器材、卫生材料、海洋养殖、五金建材电商平台等领域。2015年营业收入达152.64亿元人民币。

随着全球化、国际化进程步伐的推进，中国联塑已拥有逾40家控股子公司，拥有超过21个主要生产基地，分布于全国15个省份及加拿大和美国，不断完善战略布局，拓宽销售网络和市场空间，能够及时、高效地为顾客提供产品和服务。

中国联塑建有集团研究院，拥有各类科研人员1000多名，设有博士后科研工作站、CNAS国家认可实验室。目前，中国联塑拥有和正在申请的专利有逾3000项。科研成果先后入选国家火炬计划项目、国家重点新产品、全国建设行业科技成果推广项目和政府绿色采购清单；先后被国家有关部门授予国家高新技术企业、国家认定企业技术中心、中国建设科技自主创新优势企业、知识产权优势企业、建设部产业化示范基地、广东省政府质量奖等荣誉称号和奖项。

现阶段，中国联塑拥有10000多种产品，是国内建材家居领域产品体系齐全的生产商。中国联塑的产品被广泛应用于家居装修、民用建筑、市政给水、排水、电力通信、燃气、消防及农业、海洋养殖等领域。

公元集团·永高股份

公元塑业集团有限公司创建于1983年，是一家产业涉及塑料管道、塑料型材、光伏太阳能、家用电器开关插座和贸易等多个领域的大型集团。

永高股份有限公司是公元集团核心子公司，创建于1993年，系中国塑料加工工业协会副理事长单位、中国塑料加工工业协会塑料管道专委会理事长单位、浙江省化学建材会长单位、全国塑料制品标准化技术委员会（SAC/TC48/SC3）副主任委员单位、浙江省工业行业龙头骨干企业、浙江省第一批“三名”培育试点企业。公司于 2011 年 12 月 8 日在深交所上市，股票代码：002641。

公司集研发、生产、销售和服务于一体，为客户提供全面的塑料管道系统解决方案，是城乡管网建设的综合配套服务商。公司主导产品为 PVC-U、PPR、PE、PE-RT、CPVC 和 PB 六大主系列，共计 8000 余种不同规格品种的管材、管件，拥有年产 60 万吨的生产能力。产品主要应用于建筑给排水、市政工程、工业管网、农业灌溉、燃气管网、农村节水输送等诸多领域。“ERA 公元”商标在 89 个国家（地区）注册，并荣获多项国家级荣誉。凭借优异的产品性能和品牌认知度，“公元”牌塑料管道已广泛应用于国家重点工程项目和国际援建项目，并出口欧美、中东、非洲等百余个国家和地区。产销量居全国行业第二，出口量连续多年居全国行业第一。

公司为国家高新技术企业、国家火炬计划重点高新技术企业，建有国家级博士后科研工作站、国家级企业技术中心、省级重点企业研究院、国家级实验室（CNAS 认可）等创新平台，研发实力雄厚。目前，全集团累计共获得国家授权专利 332 项（其中，发明专利 43 项，实用新型专利 267 项，外观专利 22 项），专利技术覆盖 80% 的产品和工艺技术；公司主持或参与 23 项国家（行业）标准的制修订，是行业内起草标准最多的企业。同时，公司致力于高性能材料、智慧管网系统、高效新型管道系统等领域的研究开发，持续保持技术上的领先优势，引领我国塑料管道行业的发展。

公司先后荣获“全国文明单位”、“中国民营企业 500 强”、“中国轻工业百强企业”、“中国轻工业塑料行业十强企业”、 工商总局“守合同重信用企业”等荣誉。

禧天龙科技发展有限公司

禧天龙科技发展有限公司创始于 1990 年，前身为浙江华兴塑业，公司一直致力于科技创新与品牌发展，历经 20 余年的奋进与拼搏，迄今，禧天龙已经跃居为国内塑料家居行业集研发、制造、销售网络为一体的龙头企业。

禧天龙总部坐落于天津滨海高新技术开发区，占地面积 320 亩，建筑面积达 15 万米 ^{2}，员工 1000 余人，并拥有天津、北京、台州、成都四大生产基地，在北京、上海、广州、西安、成都、沈阳、临沂、石家庄、武汉、郑州设有办事处，在新加坡有海外分公司。销售服务网络覆盖了国内所有省份及直辖市，与家乐福、沃尔玛、华润万家、欧尚等各大知名连锁商超建立了长期的战略合作伙伴关系，通过和天猫、京东、1 号店等领先的电商平台合作，实现线上线下分销战略，保证了顾客可以随时随地更加便捷地体验禧天龙的产品和服务。2015 年“禧天龙家居生活馆”开始在越来越多的城市璀璨绽放，满足顾客“一站式生活家居”选购方案的服务理念，使禧天龙成为越来越多经销商及顾客青睐的品牌。

禧天龙具备成熟专业的研发团队和精密塑模的制作能力，拥有精加工中心及 250T-1400T 国内先进的节能型全电脑注塑设备 100 余台，配置了伺服机械手及意大利全自动大型中央供料系统，确保了产品质量的稳定性，并大幅度减轻了员工的劳动强度，提高了生产效率。

目前公司已经开发出近千种产品，并获得了数十项实用新型及产品外观设计专利，可以满足不同顾客的需求。凭借时尚的产品、卓越的品质、优良的服务，“禧天龙 CITYLONG”、“禧仕多”、“华兴”以及“乖乖兔”等品牌深受广大消费者的喜爱，已经成为广大消费者耳熟能详的品牌。

2015 年，先后投资 4 亿元的天津新厂正式投产，禧天龙重视科技创新和研发投入，通过引进全球最先进的注塑机、自动化机器人及自动化立体库等，使禧天龙在规模化经营的同时，成为行业走向智能生产的开创者。

2013 年禧天龙与凉山彝族妇女儿童发展中心合作，正式成立了“禧天龙爱心班”，资助凉山彝族地区贫困失依儿童完成学业，为越来越多的失依儿童送去了梦想和希望！

公司的“禧天龙 CITYLONG”、“禧仕多”、“华兴”，“citylife”系列品牌深受广大消费者的喜爱。

品牌荣誉：

2008 年 GB/T19001-2008/ISO9001:2008 质量认证

2009 年 北京市通州区台湖镇 精神文明建设公德之星

2011 年 荣获北京市著名商标

2012 年 北京市通州区安全生产标准化金安企业

2012 年 畅销金品 上海同类市场销售额市场占有率排名第二

2013 年 中国轻工业塑料行业（日用塑料）十强企业

2014 年 中国塑料加工工业协会 塑料家居用品专业委员会 常务副会长单位

2015 年 3A 级企业信用等级证书

2016 年 被中国塑料家居制品专业委员会授予诚信联盟单位

广东炜林纳新材料科技股份有限公司

广东炜林纳新材料科技股份有限公司成立于 2001 年，是一家新型股份制民营高新技术企业，主要从事稀土高分子功能助剂及各种塑料改性专用料的研究开发和生产经营。

公司现注册资金 3200 万元，总资产近 3 亿元，占地面积超 200 亩，各类稀土功能助剂及其改性塑料年产能力 3 万吨，未来将达 10 万吨。公司产、学、研结合，设有国家博士后科研工作站、省院士专家企业工作站、省稀土精细化工新材料企业重点实验室等研究开发机构，拥有雄厚的技术团队和自主创新能力。核心技术已获授权国家发明专利 24 项，产品技术成果获政府（省部级）科技进步一、二等奖。

目前公司助剂产品被广泛应用于通用塑料（PVC、PP、PE 等）、橡胶、涂料、无机粉体等多个加工行业和石化产品，功能改性料涵盖了通用塑料、工程塑料、热塑性弹性体等诸多品种，广泛应用于汽车、家电、电子电器、日用品、航空、建筑等领域。凭借稳定的产品质量、出色的技术服务，公司的产品获得广大客户的广泛好评，从而建立了稳定的客户群及销售网络。

公司产品：

PVC 稀土 / 钙 / 锌多功能环保稳定剂

聚烯烃成核剂及其母粒：α 成核剂、β 成核剂、增刚成核剂、透明成核剂

PVC 发泡制品整体配方、加工技术输出、支持

公司地址：广东省佛山市高明区沧江工业园西园

联系电话：+86-0757-66871800　66871832

邮　　箱：winner-sw@163.com

邮　　编：528521

传　　真：+86-0757-88892818

网　　址：www.cnwinner.cn

万达化工集团

万达化工集团作为中国万达集团下属七大产业集团之一，属国家大型一档企业，国家火炬计划重点高新技术企业，拥有资产 40 多亿元，占地 60 多万平方米，员工 1300 余名。公司先后通过 ISO9001、ISO14001 和 OHSAS18001 三大体系整合认证，拥有自主经营进出口权。公司以研发和生产石油化工和精细化工产品为主导方向，涵盖顺丁橡胶、ABS 高胶粉、MBS 塑料抗冲剂、ACR 塑料加工助剂、破乳剂、聚丙烯酰胺、二氨基二苯醚等几十种系列产品，并提供油田开采过程中的技术服务，是亚洲最大、世界第三 MBS 生产企业，国内最大的二氨基二苯醚生产企业。

主导产品：

MBS 塑料抗冲剂

ABS 高胶粉

ACR 塑料加工助剂

破乳剂、聚丙烯酰胺、二氨基二苯醚、顺丁橡胶

联系方式：

综合业务热线：0546-2065369

市场业务热线：0546-7732999

外贸业务热线：0546-2070999

售后服务热线：0546-7732068

企业传真：0546-2065598

办公邮箱：wdhgbgs@163.com

公司网站：http://www.wandahg.com

南通三信塑胶装备科技股份有限公司

南通三信塑胶装备科技股份有限公司成立于 1992 年，是一家集研发、生产与销售为一体的江苏省高新技术企业、江苏省创新型企业、江苏省薄膜流涎成型工程技术研究中心。主营产品有电晕处理机、多层共挤流涎薄膜机组和印花机。

公司现有职工 125 人，大专以上科技人员 35

人，研发人员21人。注册资金1081.4773万元，建有厂房及办公用房25000平方米，总资产达6000多万元，拥有先进设备和仪器130多台套。

公司在电晕处理技术、塑料薄膜流涎机组技术等领域做了许多开创性工作，始终走在全国同行的前列。“织物生态染色用常压低温等离子体处理设备”、“高速智能型多层共挤流涎薄膜机组”、“废橡胶、塑料再生粒料挤出复合成型装备”三项产品被认定为江苏省高新技术产品，列入国家火炬计划、江苏省科技支撑计划、国家中小企业创新基金项目。

公司十分重视自主品牌建设，公司拥有一套完整的质量保证体系，是国内行业中率先，同时通过ISO9001：2008质量体系认证，并多次被评为中国包装名牌产品、中国包装优秀企业、南通市名牌产品等。

公司研制并生产的表面电晕处理机达十大系列100多个品种，适用于各种材料的表面改性处理，CW3015电晕处理机曾被认定为国家重点新产品和高新技术产品，并被列入国家火炬计划项目。3DT曲面电晕处理机被认定为高新技术产品，并被列入国家火炬计划项目。多层共挤流涎膜机组共十多种，出口美国、俄罗斯、土耳其、越南等国家。

2015年4月24日，南通三信塑胶装备科技股份有限公司在全国中小企业股份转让系统有限责任公司挂牌，证券简称：三信科技；证券代码：832301.

广东德塑科技有限公司

广东德塑科技有限公司始创于1989年，世界体操全能冠军杨威为公司形象代言人，是一家专业生产塑料管道及塑料生产设备的大型民营科技企业。公司位于广东省鹤山市，占地面积300多亩，现有员工700多人，公司拥有80多条先进的挤出生产线和60多台注塑生产设备，并建有配套齐全的综合实验室和模具加工中心，是国内最先采用端面注塑工艺进行配件生产的企业，年生产能力10万吨以上。

公司主要生产“德塑”牌PE给水管、PE燃气管、PE通信子管、PE-RT地暖管、HDPE双壁波纹管、HDPE中空壁缠绕管、PP-R冷热水管、PVC-U给/排水管、PVC难燃线槽/线管、PVC-U通信管、PVC-C高压电力电缆管、PVC-U双壁波纹管以及各类开关、插座和配电箱等系列产品。产品广泛应用于市政排污、乡镇供水、农业排灌、民用建筑、燃气输送和电力通信等领域。

公司已通过ISO9001：2008质量管理体系、ISO14001：2004环境管理体系和GB/T28001-2011 idt OHSAS18001:2007职业健康安全管理体系认证。“德塑”商标被认定为“广东省著名商标”；德塑产品通过并获得“广东省名牌产品”称号、“节水产品认证”、“环境标志认证”、“优秀绿色环保产品证书”、“工程建设新技术新产品证书”、“采用国际标准产品标志证书”、“采用国际标准产品认可证书”、和“科学技术成果鉴定证书”，并连续三年入选《全国农村饮水安全工程材料设备产品信息年报》；公司荣获“重合同守信用”、“全国质量信用企业”、“民营科技企业”、“计量保证体系合格企业”、“ 2014年度广东省优秀自主品牌”、“ 2015年度广东省制造业100强” 和中国质量检验协会颁发的“全国质量和服务诚信优秀企业”等称号，并拥有多项产品专利。“德塑”产品质量和品牌知名度得到了广大用户的肯定和赞誉。

南亚塑胶工业（南通）有限公司

台湾南亚公司为促进两岸交流，拓展大陆市场，于1996年3月在江苏省南通市崇川经济开发区投资成立南亚塑胶工业股份有限公司南通厂区，全厂区占地面积48万平方米，总投资3.7亿美元（注册资本14115万美元），下属有南亚塑胶工业（南通）有限公司、南亚塑胶胶膜（南通）有限公司、南亚电气（南通）有限公司、南亚共和塑胶（南通）有限公司、中国南通华丰有限公司、南通华富塑胶有限公司等六家独立法人企业。

南亚塑胶工业（南通）有限公司专业生产PVC人造革、PVC薄膜、PU合成皮。产品广泛应用于车辆内饰材、箱包、鞋革、家具、吹气制品、建材相关产品、文具、胶带、浴帘、桌巾、夹网、装饰材、包装材等。公司秉承创办人王永庆先生“勤劳朴实、实事求是、追根究底、止于至善”的经营理念，推行全面质量管理活动，追求持续改善，提供客户完全满意的产品与服务，贡献社会。

南亚塑胶工业（南通）有限公司全面导入母公司各项管理制度，大力推动产品别、机台别经营负责制度，依照产品、机台特性成立产品别、机台别经营小组，发挥专业团队优势，提升整体经营绩效。

在组织机构方面，设立总经理室、管理处、资材处、工务处、会计处等服务单位，专门负责全厂区管理制度制订、推动及检核改善；原物料采购、仓储、人员招募、培训、考核，计算器网络维护；工程、设备管理、水、电、蒸汽等能源提供；经营绩效评核。依产品大类不同，设立独立的营业机构及生产厂，负责产品市场开发及生产制造成品仓储及客户服务等工作，体现专业特色，并于生产厂设立绩效组，负责产品经营绩效考核与改善，追求持续改进。

在管理制度方面，将全部管理制度区分为营业管理、资材管理、生产管理、财务及绩效管理、工程管理、人事管理等六大类，实行全企业计算机 ERP 管理，信息共享，且已通过 ISO9001、ISO14001、OHSAS18001、TS16949 及 3C 认证，并不断谋求改善。

通佳集团

通佳集团位于山东省济宁国家高新技术产业开发区，是集科、工、贸一体的现代化大型企业集团，是中国塑料机械工业协会副会长单位、中国塑料加工工业协会副理事长单位、国家重点高新技术企业、中国专利山东明星企业。

公司全面通过 ISO9001:2008、ISO14000、ISO18000 国际管理体系认证，拥有“国家级物理发泡塑料机械工程技术研究中心”和“山东省企业技术中心”，产品率先通过欧盟 CE 认证。公司主导产品有塑料发泡机械、塑料包装机械、塑料管材、网材、片板材机械、木塑机械、塑料注塑机、塑料中空成型机等九大系列 200 多种塑机新产品，多项产品填补国内空白，并分别被列为国家级重点新产品，国家级火炬计划项目、国家技术创新基金项目。产品销售遍及全国各地及世界六十多个国家和地区，并在世界 46 个国家和地区注册了“TONGJIA”商标。

通佳集团愿与国内外客户携手同进，共创辉煌。

日丰企业集团有限公司

日丰企业集团有限公司创建于 1996 年，前身为佛山市日丰企业有限公司，2015 年 11 月 17 日正式更名。日丰企业集团有限公司是一家集研发、生产、销售、服务为一体的大型国家高新技术企业。日丰产品涵盖给水、排水、供暖、燃气、套管、卫浴等领域，产品畅销世界一百多个国家和地区。

自公司成立以来，日丰一直将产品品质视为企业发展壮大的核心竞争力，坚持走品质为先的发展道路。日丰公司拥有国家认定企业技术中心、CNAS 认证实验室等研发机构，获得近四百余项国内外专利，这些都为产品品质提供了最有力的坚实保障。在涉及产品的原料选购、生产运输等环节，日丰公司严格加强把控，每一个工序，每一个细节，都做到精益求精。

以其卓越产品品质，日丰通过了美国 NSF、德国 SKZ 等六十多项国际认证，获得全球亿万用户的广泛认可。

华伟实业股份有限公司

华伟于公元 1976 年创立于台湾台中，以尼龙扎带制造起家，专注于尼龙扎带与配线器材的研发、制造、销售和服务，主要产品包括扎线带、电缆固定夹、电缆固定座、配线槽、波纹管、接线端子等各式紧固、保护、连接与标示配件，并于中国东莞、中国昆山、泰国春武里、泰国罗勇设立四处生产基地，事业经营版图横跨全球七十余国，为全球束带与配线器材领导大厂之一。

华伟致力于一贯化垂直整合作业，持续投注厂房整备与专业人力培育，从而提升产能效率、优化产品性能，生产基地更是通过 ISO 9001、ISO/TS 16949、ISO 14001 等质量暨环境管理系统验证，而相关产品亦取得 UL、CE、CSA、ABS、DNV GL、BV、CQC 等多项国际安全规范认证，并且符合 RoHS 指令、REACH 法规及各种环保标准规范，对于拓展国际市场布局不遗余力。

华伟拥有深厚的技术能力与丰富的产业经验，并且结合研发、设计、生产、营销、物流等全方位支持系统，提供电子电机、通讯、汽车、船舶、轨道车辆、能源、建筑、零售等各产业市场多元解决方案，优质的产品及卓越的服务备受顾客肯定。

台湾台中市南屯区工业区 26 路 1 号
TEL：886-4-23597777
FAX：886-4-23596705~6
Email：service@hwlok.com
http://www.hwlok.com

东莞华伟配线器材有限公司
广东省东莞市樟木头镇裕丰村银丰工业区
TEL：86-769-87787166
FAX：86-769-87191555

科莱恩化工（中国）有限公司

科莱恩是为涂料、印刷、塑料、消费类产品和其他特种应用提供有机颜料、颜料制备物和染料的全球领先提供商。

科莱恩可为塑料行业提供全面的着色剂——颜料、颜料制备物、染料和荧光增白剂，专为各市场应用中所有类型聚合物提供色彩。 公司的产品专门针对色母生产商、改性厂、聚合物及聚氯乙烯加工商、树脂和纤维制造商而定制。为市场提供广泛而创新的生动色彩成分有助于加强公司作为领先供应商的市场地位，进而惠及客户。

科莱恩为色母生产商、塑料加工商与设计师提供产品安全和监管环境中的广泛支持和服务元素。 科莱恩可提供全色谱中最广泛的着色剂。得益于强大的产品安全专门技术，科莱恩被公认为生态与安全挑战解决方案方面的市场领导者。

潍坊中云集团

中云集团是一家有着五十多年悠久历史的大型企业集团，经过几十年不断的积累、变革与重组，现已发展成为一家现代化民营高科技企业集团，目前集团拥有多家子公司，业务涉及新能源、塑料机械、金属精密铸造及投资领域。作为集团的核心业务领域之一，集团的两家全资子公司——潍坊中云机器有限公司与潍坊中云科研有限公司，专业从事各种塑料管材生产设备的研发与制造，均属中国一流的塑料管材生产设备专业制造商，凭借领先的技术和卓越的品质，在中国塑料机械行业内享有极高声誉，获得了用户的广泛认可，是目前中国塑料管材生产设备行业唯一的“中国驰名商标”持有者。可向用户提供全面的塑料管材生产技术和解决方案。其目前的主要业务范围为研发、制造系列高速型 PE/PP 双壁波纹管生产线、系列标准型 PE/PP 双壁波纹管生产线、系列高刚度塑钢复合螺纹管生产线、系列缠绕式全塑波纹管生产线、系列塑钢复合增强管生产线、系列聚烯烃类（PE/PP/PEX/PERT/PB）实壁管生产线，以及其它塑料管材生产设备。

时至今日，中云集团共占地面积 44 万平方米，建筑面积 28 万平方米，员工总数超过 1000 人，拥有五处生产与科研基地，各类机械加工与检测设备 500 余台套，年生产各类塑料管材生产设备 1000 余台套。

中云机器和中云科研通过了 ISO9001 国际质量体系认证和各项产品的 CE 认证，能向客户提供从产品研究开发、生产制造到售后服务的全程质量保证。中云机器和中云科研获得了众多荣誉，主要有：国家重点高新技术企业、国家火炬计划重点高新技术企业、山东省高新技术企业、山东省星火示范企业、山东省十佳民营高新技术企业、山东省著名商标、山东省先进民营企业、中国专利山东明星企业、山东省 AAA 级信用企业、山东省重合同守信用企业以及潍坊市十佳高新技术企业等众多荣誉称号。

中云机器与中云科研在塑料管材生产设备的研发和制造方面拥有丰富的经验，并且极富创新精神，众多创新性的塑料管材生产技术和解决方案被广泛应用。作为中国一流的塑料管材生产设备专业制造商，中云机器和中云科研一直致力于新技术、新工艺的研究、开发和应用，融汇国际上的最先进技术，并加以完善和创新。集团自主开发了十多项世界领先的关键核心技术，获得国家专利百余项，多项产品获得了国家级奖励：大口径 PE、PP、PVC 双壁波纹管生产线、铝塑复合管生产线、PP-R 管材生产线、一步法化学交联聚乙烯管材生产线、超高分子量聚乙烯管材生产线等分别被列入了国家级科技成果重点推广计划、国家级火炬计划项目、国家重点新产品、建设部科技成果推广转化指南项目。中云集团研发、制造的各类塑料管材生产设备，无论设备配置，还是技术指标，均达到或超过了同类进口生产线，其市场占有率不仅在国内遥遥领先，还出口到俄罗斯、日本、伊朗、伊拉克、罗马尼亚、科索沃、摩洛哥、乌克兰、土耳其、埃及、波兰、芬兰、秘鲁、阿根廷、科威特等四十几个国家和地区。

广东金明精机股份有限公司

广东金明精机股份有限公司（股票代码：300281）是一家集研发、设计、生产和销售于一体的全球知名薄膜装备供应商，也是行业内少数具备实力提供全系列薄膜装备及方案的领导品牌，产品涵盖薄膜吹塑机组、薄膜流延机组和薄膜拉伸机组。在设备设计研发、技术工艺等方面，金明拥有多项核心技术，特别在多层共挤技术领域处于国内领先水平，并被评为国家高新技术企业。

截至2014年，金明已经为全球40多个国家和地区的用户提供数千台专业设备和服务，成为全球生产规模最大的薄膜装备生产企业之一。

1987年，公司注册成立，经过12年的发展，在1999年，金明已经可以成功提供当时国内规格最大，也是亚洲最大、技术水平最高的超宽幅20m的农膜（土工膜）生产线，该生产线的土工膜制品被用于三峡工程项目。2004年，公司成功研制出了“七层共挤高阻隔膜吹塑机和五层共挤下吹（水冷式）薄膜吹塑机”等先进的专用装备，并在次年首次实现了销售订单突破1亿元，成功进入以色列等中东市场，开始建立与全球著名挤塑设备供应商普密斯的合作伙伴关系。2007年，公司携设备首次亮相德国杜塞尔多夫K展，开始全面开拓欧美市场。2011年，公司开始进入资本市场，顺利通过IPO并成功发行股票，并于2013年成功收购汕头市远东轻化装备有限公司，进一步壮大了公司规模。

2014年，金明筹备许久的实验中心正式建成。该实验中心是金明投入数亿资金和科研力量，携手国际多家知名原料生产商埃克森、陶氏、博禄等及部件供应商规划打造，是亚太区唯一一家专注于塑料薄膜的“体验式”实验中心。实验中心的创办，让客户能够亲身体验国际领先的制膜技术，为客户提供在吹膜领域涉及的配方实验、技术验证、生产工艺和操作培训等方面的解决方案，帮助客户优化薄膜生产设备及工艺，有利于整合薄膜行业的各大领域资源。

2015年，公司与清华大学（机械工程系）在智能机械、健康与康复器械领域建立战略合作，联合成立“清华大学（机械工程系）与广东金明精机股份有限公司智能康复机器人联合研究中心”。

公司将逐步开发工业制造智能技术、云技术等高新技术，围绕智能制造、智慧工厂、智慧机器人、大数据等新思路进行产业运营，推进公司产业数字化、智能化、网络化发展。

近几年，公司陆续成功研制出了“九层共挤高阻隔膜吹塑机”、5.5米宽幅“高产高速CPP流延机组”和11层高阻隔流延机组，掌握了高端薄膜成型设备的研发和制造技术，产品逐步从机械化生产向智能化生产转型升级。

30个春秋，让金明从一家不足10平方米的手工作坊发展成一家占地约10万平方米的，拥有全系列高端生产设备，具备全球最大薄膜装备生产能力的上市公司。如今，广东金明精机股份有限公司相比同行已具备领先优势，特别在技术创新研发、产品线布局、加工能力以及在工艺和服务方面，已经具备实力与欧美品牌同台竞争。

顾地科技企业

“顾地”品牌创建于1979年，成长于广东，发展于全国，是中国难燃PVC电工管和线槽的发明者和制造者。作为推动中国塑胶管道“以塑代钢”的先行者，顾地自创业以来，秉承“追求卓越品质，尽显顾地精华”的经营理念和“勇于创新、追求更高”的信念，引领了塑胶界一系列改革浪潮，为国家的建设和社会的繁荣作出了巨大贡献。

顾地科技股份有限公司（深交所A股上市企业，股票代码：002694）于2010年整体改制设立，日前在湖北、重庆、佛山、北京、河南、马鞍山、邯郸、甘肃拥有八大生产基地。产品广泛应用于建筑内给排水、市政给水、燃气、建筑采暖、市政排水排污等领域。产品畅销全国31个省（市），同时远销中亚、东南亚、非洲等国家，是目前国内最具规模和影响力的塑胶建材制造商之一。

公司是中国塑料加工工业协会副理事长单位、中国塑协塑料管道专委会副秘书长单位，同时也是全国塑料制品标准化技术委员会塑料管材、管件及阀门分技术委员会的核心成员单位，在行业内具有较高的知名度和美誉度。

公司拥有一支强大的科研团队，拥有近百名高学历、高水平的专业科研技术人才，拥有多项发明专利及实用新型专利，技术实力雄厚。最近几年，公司先后通过了ISO9001质量管理体系认证、ISO14001环境管理体系认证、OHSAS18001职业健康安全管理体系认证、压力管道元件制造许可认证及国家节水产品认证等多种准入制度，公司曾荣获“中国名牌产品”等称号。

（王浩 姜宛军）

南雄市金叶包装材料有限公司

南雄市金叶包装材料有限公司成立于1999年，是中国塑料加工工业协会副理事长单位、行业内首批获得“AAA”信用等级证书和率先通过ISO9001国际质量体系认证、ISO14001环境管理体系认证、OHSMS18001职业健康安全管理体系认证证书单位。公司注册资金：3300万元，占地150余亩，员工近500人，已完成固定资产投资8500万元；公司拥有全自动塑料薄膜类生产线90余条，年产各类薄膜及塑料袋制品5万吨，2012年销售金额2.3亿元人民币，2013年销售金额是2.56亿元人民币，2014年更是突破销售2.68亿元人民币。属国内塑料薄膜制造行业龙头企业，无论是规模实力还是供货能力均领先国内同行业。

公司技术力量雄厚，长期以来培养造就了一支由40多名技术人员组成的专业队伍，自配有产品检测中心和企业产品研发中心，并与国内有关院校科研机构建立了长期稳定的合作关系，专门从事工艺技术和新产品开发，从而确保了为广大用户提供优质、环保、安全、稳定的塑料薄膜系列产品。

低压吹膜车间

热收缩膜吹膜机组

制袋车间

农地膜产品

公司主要产品“金叶”牌农膜、地膜、配色地膜、株距标记地膜、PE热收缩膜、PE缠绕膜及其他塑料包装系列产品全部采用100%全新原料及代表世界薄膜技术顶级水平的艾克森美孚埃能宝茂金属工艺配方，因而使“金叶”品牌各类塑料薄膜产品从料质、强度、韧性、色泽、经济、节能、安全、环保等方面均达到国内顶尖水平，并相继荣获中国环境标志产品认证证书、广东省名牌产品、中国优质产品证书、中国著名品牌和中国著名商标等荣誉。

公司一贯坚持“质量第一、用户至上、优质服务、信守合同”的宗旨，凭着优质的产品、卓越的性价比、良好的信誉、完善的服务，赢得广大用户的亲睐。PE热收缩膜产品主要供应江西省的赣州市烟草公司、抚州市烟草公司、吉安市烟草公司、南昌市烟草公司、新余市烟草公司、九江市烟草公司、宜春市烟草公司、上饶市烟草公司、鹰潭市烟草公司、萍乡市烟草公司、湖南省烟草公司、贵州省烟草公司、浙江省烟草公司、广东省烟草公司、陕西省烟草公司、福建省烟草公司、广西省烟草公司等；塑料包装袋系列产品热销全国主要大中城市知名连锁超市、商场，主要客户有跨国公司沃尔玛、乐购、深圳人人乐、新一佳、福建永辉、武商量贩、北京华联等。公司下设有专职的售后服务机构和物流配送中心，固定客户订单保证在5天内送到全国各地指定地点，深受用户好评。公司已连续多年被相关部门评为全国优质服务用户满意单位。

“至诚守信、追求卓越”，南雄市金叶包装材料有限公司愿以国内同行业最具性价比的竞争优势为广大客户提供“金叶”牌优质产品，以提升行业产品等级，规范市场秩序，重塑行业尊严为己重，竭诚与国内各商家双赢合作，共谋发展，共创辉煌！

单位名称：南雄市金叶包装材料有限公司　　地　址：广东省南雄市湖口镇承平村罗路口
联系电话：0751-3656198、3656201　　传　真：0751-3656587
邮　　箱：nxjybz@vip.163.com　　网　址：http://www.nxjybz168.com

清润®

QINGRUN

成都岷江水厂

Chengdu Minjiang Waterworks

双流聚乙烯管材生产车间

四川省著名商标

成都岷江水厂是一家多产业结合的大型集中式供水企业，供水区域覆盖全县24个乡镇，日最大供水量达20余万吨。其下属企业成都市岷江自来水厂双流聚乙烯管材生产车间是专业从事聚乙烯（PE）给水、燃气管材、管件的生产、销售和管材焊接技术指导服务的国有企业，其生产的产品统一注册商标为“清润”，前国家水利部常务副部长敬正书同志亲笔为“清润管业”题词。

清润管业拥有PE管材生产线8条，具备dn20～630mm型号管材生产能力，管件生产设备10台，焊接设备200余台，差热分析仪、熔体流动速率仪、碳黑含量测试仪、电子拉力试验机、爆破耐压试验机等各性能检测设备20余台，具备从原材料进厂到dn20～630mm型号管材出厂检测能力，年最大产量17000吨，现固定资产达3000余万元。

清润管业聘请四川大学高分子材料系教授吴智华为技术顾问，以四川大学高分子材料系优秀人才为技术骨干力量。通过ISO9001：2008和ISO14001：2004国际质量环境管理体系认证，取得《涉及饮用水卫生安全产品卫生许可批件》、《特种设备制造许可证》A级、四川建设领域科技成果或应用技术备案等证书，荣获“四川省著名商标”、“成都市著名商标”、成都市AA级守合同重信用企业称号，入选《全国农村饮水安全工程材料设备产品信息年报》、《成都市地方产品配套目录》，信用等级达到AA级。因抗震救灾表现突出，2008年7月30日上级单位成都市岷江自来水厂被成都市委、成都市人民政府评为抗震救灾过渡安置房建设先进单位。2009年至2010年，连续二年荣获双流县“纳税攀登奖”。2010年与四川大学合作成立高分子科学与工程学院科研、人才培养、实习基地。清润管业还是中国塑料加工工业协会塑料管道专业委员会理事和中国工业防腐蚀技术协会、四川燃气协会、四川省村镇供水协会、重庆市燃气行业协会会员。

清润管业在四川、云南、甘肃、贵州、湖南、西藏、宁夏、重庆等省、市、自治区建立了营销服务网络。质量与信誉是清润管业永恒的主题。

通过 ISO9001: 2008 ISO14001: 2004 国际质量环境管理体系认证

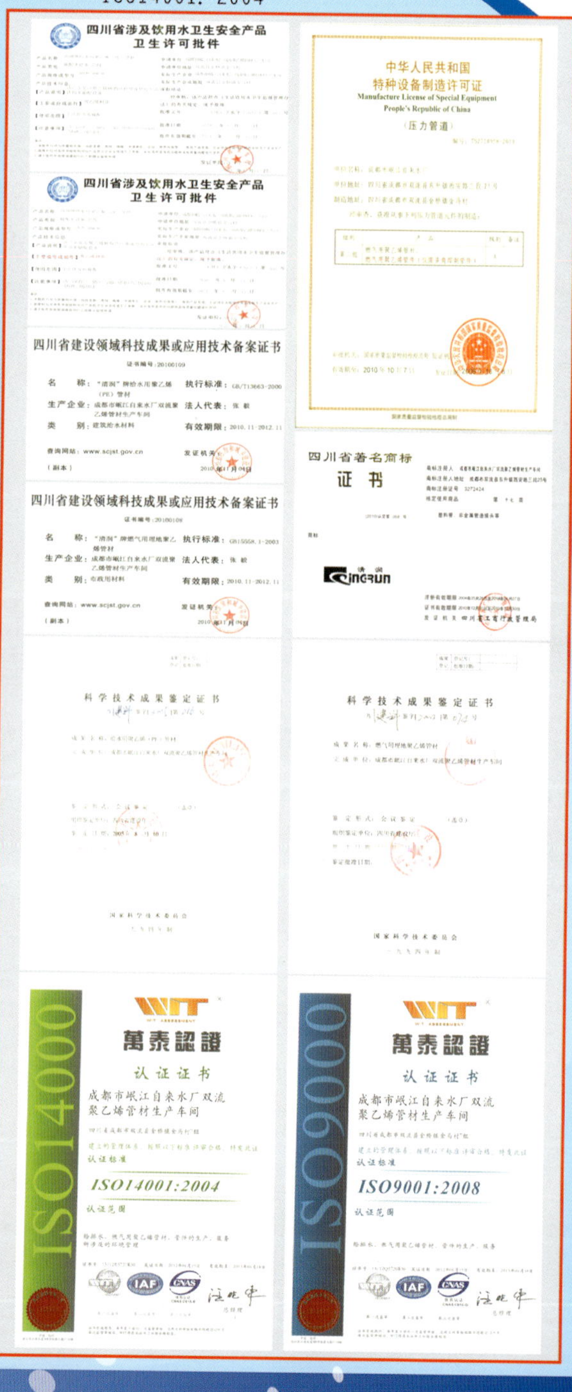

地址：四川省成都市双流县东升镇西安路三段25号

厂址：四川省成都市双流县金桥镇金马村　　邮编：610200

电话：028-67085966（市场开发科） 028-67085981（规划技术科） 传真：028-67085985

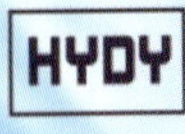

华亚东营

华亚东营塑胶有限公司

HUAYA DONGYING PLASTICS CORPORATION

勤劳朴实
止于至善

一、华亚东营塑胶有限公司简介：

华亚东营塑胶有限公司是台湾台塑集团在山东省东营市投资的企业，总投资6000万美元，厂区占地165000m^2。年产管材6万吨，管件1万吨。公司自一九九六年投产以来，经营业绩稳定成长，年销售量已超过4万吨。在诸多重点工程如北京长安街绿化工程、奥运场馆工程、山东鲁北农改水工程、内蒙古引黄入呼工程中已成功使用。产品先后被建设部评为“科技成果重点推广产品”、“国家小康住宅建设推荐产品”、“工程建设重点推广产品”，并荣获“中国环境标志产品认证”、“名牌产品”、“著名商标”　“中国塑料行业二十强”等证书。目前公司已成为国内塑料管材、管件最为齐全的专业化生产工厂之一。

二、公司拥有台塑集团60年来积累的优良生产技术与管理经验，公司生产、管理及产品主要有以下特点：

1、原料品质优良。公司生产管材的主要原料均采用国内外公认品质优良的原料，其中对产品品质产生重要影响的稳定剂、润滑剂等辅料亦采用优质国外进口原料，从源头上保证了产品品质。

2、设备优良、技术先进，产品品质优良稳定。混料设备方面，公司整个生产系统的控制采用德国西门子中央控制系统；挤出设备方面，公司采用国际先进的奥地利辛辛那提双螺杆挤出机设备；检验设备方面，公司建立4个实验室，50余台实验设备，并于2008年获得了“国家级实验室”认证证书。公司设备全部采用自动化工艺流程，排除人为影响，再配合严格的品检控制，确保产品品质优良稳定。

3、采用环保有机锡配方，国内首创。公司产品完全按照GB国家标准生产，部分产品更采用ISO国际标准生产。公司为国内第一家采用有机锡配方代替传统铅系配方的塑料管生产企业，重金属铅析出高于国家输配水设备标准0.005ppm可达0.001ppm以下，完全符合国家饮用水及蒸馏水卫生指标。

4、管材、管件规格齐全，搭配比例合理。公司可供应管材4大类别600多种规格，管件1100多种规格。公司成品存货量充足，供应准确快速，可充分适合各种配管工程的需要。

5、规范的行销体系，确保产品的供应与服务。在营业推广过程中，建立完善的售前、售中、售后服务体系。公司现有一级经销商近200家，遍布全国20多个省（直辖市），凭借健全的经销商网络提高了供货速度及服务品质。公司正努力协助经销商团队开发并健全分销网络，目前山东及周边省份达到了分销商网络县级覆盖，未来几年公司将协助全国经销商建立好县级城市分销网络，做到让市场用户能就近采购到我们的产品，随时、随处都可享受到公司的服务。

6、管理先进、深获各界好评。采用台塑经营管理模式，不断推动生产销售5S活动，更坚持突破、创新、彻底、圆满的经营理念，对国内员工水平有效促进，火速推动本土经营目标。产品质量、品牌形象经由国家建设部、各省建委建设系统、建设工程行业协议、各层级品质评选单位先后认定与推荐，目前公司已奠立行业前导地位，并于1999年就已通过ISO9001与ISO14001认证。

三、华亚东营塑胶有限公司产品规格：

管材系列	管材种类	管材规格
PVC管材	PVC-U排水管	Φ20-Φ630
	PVC-U排水管	Φ50-Φ400
	PVC-U实壁（中空）螺旋管	Φ75-Φ160
	PVC-U排水发泡管	Φ110
	PVC-U排水加强型螺旋（AD）管	Φ110
	PVC-U电工套管	Φ16-Φ40
	PVC-U双壁波纹管	Φ110-Φ500
	PVC-U高尔夫专用管	Φ20-Φ630
	PVC-M给水用抗冲改性聚氯乙烯管	Φ20-Φ630
PE管材	PE给水管	Φ20-Φ630
	PE燃气管	Φ20-Φ630
	PE双壁波纹管	Φ110-Φ1000
PP-R管材	PP-R冷热水管	Φ20-Φ110
PE-RT管材	PE-RT地暖管	Φ20-Φ40
	PE-RT Ⅱ热力复合管	Φ63-Φ315

华亚东营塑胶有限公司诚招全国各地经销商，详细合作方式请联系：

电话：0546-8305238转营业处　　传真：0546-8307178
地址：山东省东营市东城东二路251号　　邮编：257091
网址：http://www.hydyplst.com.cn　　邮箱：huaya@hydyplst.com.cn